Curso de Direito
# AMBIENTAL BRASILEIRO

Celso Antonio Pacheco Fiorillo

Curso de Direito
# AMBIENTAL BRASILEIRO

25ª edição (um quarto de século)
revista, atualizada e ampliada

2025

- O autor deste livro e a editora empenharam seus melhores esforços para assegurar que as informações e os procedimentos apresentados no texto estejam em acordo com os padrões aceitos à época da publicação, *e todos os dados foram atualizados pelo autor até a data da entrega dos originais à editora.* Entretanto, tendo em conta a evolução das ciências, as atualizações legislativas, as mudanças regulamentares governamentais e o constante fluxo de novas informações sobre os temas que constam do livro, recomendamos enfaticamente que os leitores consultem sempre outras fontes fidedignas, de modo a se certificarem de que as informações contidas no texto estão corretas e de que não houve alterações nas recomendações ou na legislação regulamentadora.

- Data do fechamento do livro: 09/09/2024

- O autor e a editora se empenharam para citar adequadamente e dar o devido crédito a todos os detentores de direitos autorais de qualquer material utilizado neste livro, dispondo-se a possíveis acertos posteriores caso, inadvertida e involuntariamente, a identificação de algum deles tenha sido omitida.

- Direitos exclusivos para a língua portuguesa
  Copyright ©2025 by
  **Saraiva Jur, um selo da SRV Editora Ltda.**
  *Uma editora integrante do GEN | Grupo Editorial Nacional*
  Travessa do Ouvidor, 11
  Rio de Janeiro – RJ – 20040-040

- **Atendimento ao cliente:** https://www.editoradodireito.com.br/contato

- Reservados todos os direitos. É proibida a duplicação ou reprodução deste volume, no todo ou em parte, em quaisquer formas ou por quaisquer meios (eletrônico, mecânico, gravação, fotocópia, distribuição pela Internet ou outros), sem permissão, por escrito, da **SRV Editora Ltda**.

- Capa: Lais Soriano
  Diagramação: Adriana Aguiar

- **DADOS INTERNACIONAIS DE CATALOGAÇÃO NA PUBLICAÇÃO (CIP)**
  **ODILIO HILARIO MOREIRA JUNIOR – CRB-8/9949**

---

F519c   Fiorillo, Celso Antonio Pacheco
Curso de Direito Ambiental Brasileiro / Celso Antonio Pacheco Fiorillo. – 25. ed. –
   São Paulo: Saraiva Jur, 2025.

1.008 p.
ISBN 978-85-5362-646-5 (Impresso)

1. Direito ambiental. 2. Meio ambiente. 3. Processo ambiental. 4. Licenciamento ambiental. I. Título.

|  |  |
|---|---|
|  | CDD 341.347 |
| 2024-2734 | CDU 34:502.7 |

Índices para catálogo sistemático:
1. Direito ambiental        341.347
2. Direito ambiental        34:502.7

---

*Ao João Antonio.*

"Daqui a duzentos ou trezentos anos, ou mesmo mil anos – não se trata de exatidão –, haverá uma vida nova.
Nova e feliz. Não tomaremos parte nessa vida, é verdade…

Mas é para ela que estamos vivendo hoje.
É para ela que trabalhamos e,
se bem que soframos, nós a criamos.

E nisso está o objetivo de nossa existência aqui."

(Tchekhov, *Três irmãs*)

# ÍNDICE

*Apresentação da 25ª edição*
*Um quarto de século: do meio ambiente natural ao meio ambiente digital* .... XXXV

## Parte I – DO DIREITO MATERIAL ............................................ 1

### Capítulo I – DIREITOS MATERIAIS CONSTITUCIONAIS METAINDIVIDUAIS 1

1. Introdução ................................................................................................ 1
2. Direitos difusos ...................................................................................... 4
    2.1. Transindividualidade ................................................................... 5
    2.2. Indivisibilidade ............................................................................ 5
    2.3. Titulares indeterminados e interligados por circunstâncias de fato ... 5
3. Direitos coletivos *stricto sensu* ........................................................ 6
    3.1. Transindividualidade e determinabilidade dos titulares ............. 7
    3.2. Indivisibilidade do objeto .......................................................... 7
4. Direitos individuais homogêneos ...................................................... 7
    4.1. Critério de distinção dos direitos ............................................ 8

### Capítulo II – FUNDAMENTOS CONSTITUCIONAIS DO DIREITO AMBIENTAL BRASILEIRO .............................................................................. 9

A) Introdução ............................................................................................ 9
1. Noções propedêuticas. O piso vital mínimo. O art. 225 estabelecendo as quatro concepções fundamentais no âmbito do direito ambiental brasileiro e a visão do Supremo Tribunal Federal (ADI 4.066) ........... 9
2. Visão antropocêntrica do direito constitucional ambiental ...................... 14
    2.1. A pessoa humana como destinatária do direito ambiental e as ADIs 4.066 e 3.470 ..................................................................... 14
    2.2. A vida em todas as suas formas como destinatária do direito ambiental. Os animais de estimação ........................................ 18
3. Definição legal de meio ambiente e a ADI 3.540 estabelecendo os vetores interpretativos do direito ambiental constitucional ..................... 19
4. Classificação do meio ambiente. Os quatro significativos aspectos que já indicávamos desde a 1ª edição de nosso *Curso de direito ambiental brasileiro* (2000) acolhidos e ratificados posteriormente pelo Supremo Tribunal Federal: a ADI 350 estabelecendo os vetores interpretativos do direito ambiental constitucional ..................................................... 20
    4.1. Meio ambiente natural .............................................................. 23

IX

4.2. Meio ambiente artificial ............................................................ 23

4.3. Meio ambiente cultural............................................................. 24

    4.3.1. Meio ambiente digital ................................................... 24

4.4. Meio ambiente do trabalho e a saúde ambiental ....................... 26

4.5. O patrimônio genético............................................................. 28

    4.5.1. O patrimônio genético (art. 225, § 1º, II e V) como direito tutelado pelo art. 5º, XXXV, da Constituição Federal ....... 28

    4.5.2. O patrimônio genético da pessoa humana (arts. 5º e 225, § 1º, II e V) como direito tutelado pelo art. 5º, XXXV, da Constituição Federal: a tutela jurídica do ADN e do ARN... 28

B) Princípios do direito ambiental na Constituição Federal de 1988 ......... 29

1. Noções preliminares. O princípio da legalidade vinculado ao princípio democrático visando a estruturar a interpretação do direito ambiental constitucional ..................................................................................... 29

2. O princípio do desenvolvimento sustentável balizando juridicamente o significado de desenvolvimento nacional como garantia constitucional indicada no âmbito do que estabelece o art. 3º, II, de nossa Carta Magna e reverberado nos princípios gerais da atividade econômica (art. 170 da CF): o necessário atendimento às necessidades e aspirações humanas e a ADI 4.269. A Constituição de 1988 e sua opção política pelo desenvolvimento sustentável, elencando a defesa do meio ambiente como um dos princípios a serem perseguidos pelo modelo econômico brasileiro: a ADI 6.137 ................................................................... 35

3. Princípio do poluidor-pagador e a interpretação do Supremo Tribunal Federal ..................................................................................... 53

    3.1. Responsabilidade denominada "civil" objetiva e responsabilidade por danos aos bens ambientais ................................................. 58

    3.2. Prioridade da reparação específica do dano ambiental ............... 59

    3.3. Poluidor .................................................................................. 61

    3.4. Dano ambiental ...................................................................... 62

    3.5. O dano e suas classificações: dano material, dano moral e dano à imagem em face dos bens ambientais ..................................... 63

    3.6. Solidariedade para suportar os danos causados ao meio ambiente 65

4. O princípio da prevenção, o estudo prévio de impacto ambiental e a atuação do Estado como agente normativo e regulador: a opção constitucional de estabelecer indelegáveis incumbências ao Poder Público visando assegurar a efetividade ao direito ao meio ambiente ecologicamente equilibrado. A desobediência ao princípio da prevenção e ao dever de proteção do meio ambiente ecologicamente equilibrado (art. 225 da Constituição da República) e a ADI 6.808 ................................ 65

    4.1. Prevenção ou precaução? O art. 225 da Constituição Federal e o dever de preservar os bens ambientais com fundamento na dignidade da pessoa humana (art. 1º, III, da CF), assim como nos valores sociais do trabalho e da livre-iniciativa (art. 1º, IV, da CF) ............. 73

        4.1.1. Conteúdo jurídico do princípio da precaução em face de seu enquadramento no sistema constitucional em vigor e a avaliação dos custos das medidas de prevenção (ou precaução?): o Supremo Tribunal Federal e o RE 627.189 76

4.1.1.1. Atividades de produção de bens e serviços com o uso de recursos naturais em face do princípio da precaução: incertezas científicas sobre a possibilidade de um produto, evento ou serviço desequilibrar o meio ambiente ou atingir a saúde dos cidadãos e exigências atribuídas ao Estado.... 79

4.1.1.2. O princípio da precaução e o novo conteúdo exigível no EPIA (art. 225, § 1º, IV, da CF) para instalação de obra ou atividade potencialmente causadora de significativa degradação do meio ambiente........... 81

5. Princípio da participação e a ADPF 651 ........... 81
   5.1. Informação ambiental ........... 83
   5.2. Educação ambiental ........... 84
   5.3. Política Nacional de Educação Ambiental........... 85
   5.4. Educação ambiental, o Parecer n. 635/2018 do Conselho Nacional de Educação/Câmara de Educação Superior e o reconhecimento do direito ambiental (art. 5º, § 3º) como disciplina autônoma........... 86

6. Princípio da ubiquidade e a dignidade da pessoa humana........... 86

7. O genérico e subjetivo rótulo de retrocesso ambiental e a impossibilidade de violação do princípio democrático: o denominado "princípio" da vedação do retrocesso, suas referências iniciais no âmbito do Supremo Tribunal Federal e sua eventual aplicação no direito ambiental constitucional em face da ADC 42........... 87

8. Princípio da soberania........... 94

C) Responsabilidade pelos danos causados ao meio ambiente ........... 100

1. Introdução ........... 100
   1.1. Inexistência de *bis in idem*........... 101

2. Responsabilidade denominada "civil"........... 101

3. Responsabilidade administrativa........... 102
   3.1. Fundamentos constitucionais da responsabilidade administrativa em matéria ambiental. Poder de polícia em matéria ambiental..... 102
   3.2. Regime da responsabilidade administrativa em face de condutas e atividades consideradas lesivas ao meio ambiente. Responsabilidade objetiva. Cláusula *due process*........... 105
   3.3. Sanções administrativas no âmbito infraconstitucional. A Lei n. 9.605/98, o conceito de infração administrativa ambiental e o destino dos valores arrecadados em pagamento de multas........... 106

4. Responsabilidade penal pelos danos causados ao meio ambiente........... 107
   4.1. A distinção entre o ilícito civil e o ilícito penal........... 107
   4.2. Tutela penal do meio ambiente........... 108
   4.3. Responsabilidade penal da pessoa jurídica........... 108
   4.4. Estado de Coisas Inconstitucional em face da Política Ambiental Brasileira ........... 109

Capítulo III – BENS AMBIENTAIS ........... 113

1. Introdução ........... 113
   1.1. O bem ambiental criado pela Constituição Federal de 1988 como terceiro gênero de bem conforme interpretação que desenvolve-

XI

mos desde o início do século e a contribuição dada pela doutrina italiana em face da análise dos direitos metaindividuais............... 113

2. Os bens ambientais em face de sua estrutura jurídica constitucional: bens essenciais à sadia qualidade de vida e de uso comum do povo. A orientação do Supremo Tribunal Federal (ADI 4.066 e ADI 3.470).... 138

2.1. Bens essenciais à sadia qualidade de vida: piso vital mínimo e a "tese" da "reserva do possível" (*der vorbehalt des möglichen*).... 140

2.2. Bens de uso comum do povo........................ 142

3. A natureza jurídica constitucional dos bens ambientais em face do direito constitucional de propriedade ...................... 143

4. Os bens ambientais atribuídos a entes federados e sua gestão ............. 149

5. Bens ambientais no plano infraconstitucional: a classificação dos bens prevista na Lei n. 10.406/2002 (bens públicos e bens particulares) e os bens de consumo indicados na Lei n. 8.078/90 .............................. 150

5.1. A distinção entre os bens públicos definidos em norma infraconstitucional e os bens ambientais definidos no plano constitucional: a interpretação do Supremo Tribunal Federal ...................... 151

6. Bens ambientais e segurança nacional........................ 154

6.1. A Política Nacional do Meio Ambiente sob a égide da ditadura militar e o conceito de segurança nacional ............................. 154

6.2. Bens ambientais no Estado Democrático de Direito e segurança nacional ............................... 157

6.3. Agressão estrangeira aos bens ambientais e o sistema nacional de mobilização (Lei n. 11.631/2007): uma verdade inconveniente?... 159

6.4. Tutela jurídica dos bens ambientais vinculados à segurança nacional em face da indústria de defesa brasileira........................... 160

**Capítulo IV – SUJEITO E OBJETO DO DIREITO AMBIENTAL BRASILEIRO: A RELAÇÃO JURÍDICA AMBIENTAL E OS BENS AMBIENTAIS SUBMETIDOS À PESSOA HUMANA**........................ 164

**Capítulo V – AS OBRIGAÇÕES AMBIENTAIS EM FACE DO DIREITO CONSTITUCIONAL BRASILEIRO** ........................ 166

1. Introdução ........................ 166

2. A obrigação imposta pela Constituição Federal ao Estado e à própria coletividade de proteger os bens ambientais em proveito do uso comum de brasileiros e estrangeiros residentes no País: os deveres ambientais em face dos recursos ambientais, dos bens culturais, da cidade e da saúde ambiental ........................ 168

3. Direito ao meio ambiente e relação jurídica ambiental: os bens ambientais submetidos à pessoa humana........................ 169

4. Os bens ambientais e sua natureza jurídica: reprise sintética ............. 170

5.  Causa geradora das obrigações ambientais e o uso dos bens ambientais no plano constitucional: as obrigações de fazer ou não fazer subordinadas aos princípios ambientais constitucionais da prevenção e do poluidor-pagador .................................................................................... 173

5.1.  Obrigações ambientais em face do princípio da prevenção: as obrigações preventivas e o estudo prévio de impacto ambiental (EPIA) ................................................................................................ 175

5.2.  A obrigação constitucional de reparar danos causados ao meio ambiente: obrigações ambientais em face do princípio do poluidor-pagador............................................................................................ 176

5.2.1.  Imprescritibilidade da pretensão de reparação civil de dano ambiental e a interpretação do Supremo Tribunal Federal (RE 654.833) ................................................................................ 177

5.2.2.  A prioridade da reparação específica do dano ambiental: retorno ao *statu quo ante* como critério balizador do uso dos bens ambientais ..................................................................... 178

5.2.3.  A denominada responsabilidade "civil" objetiva e a obrigação constitucional de reparar danos causados ao meio ambiente............................................................................................. 179

5.2.4.  A denominada "conjunção solidária" constitucional: a solidariedade para suportar os danos causados ao meio ambiente............................................................................................. 181

5.2.5.  O caso fortuito ou de força maior em face das obrigações ambientais ..................................................................................... 182

**Capítulo VI – COMPETÊNCIA EM MATÉRIA AMBIENTAL**............................. 185

1.  Noções propedêuticas.................................................................................... 185
2.  Competências constitucionais em matéria ambiental.................................. 185

2.1.  País e forma de Estado....................................................................... 185
2.2.  Estado Democrático de Direito........................................................... 186
2.3.  Território e forma de Estado .............................................................. 186
2.4.  Federalismo ......................................................................................... 186
2.5.  Soberania e autonomia ....................................................................... 187

3.  Critério de repartição de competências: predominância do interesse..... 187
4.  Classificação das competências.................................................................... 187

4.1.  Competência legislativa e as normas mais protetivas ao meio ambiente, com fundamento em suas peculiaridades regionais e na preponderância de seu interesse..................................................... 188
4.2.  Competência material ......................................................................... 190

5.  O Município, sua importância fundamental e preponderante na tutela da sadia qualidade de vida e a visão do Supremo Tribunal Federal..... 191
6.  Competências constitucionais em matéria ambiental, a Lei Complementar n. 140/2011 e os denominados assuntos de interesse local ................... 195

6.1.  Princípio da predominância do interesse, problemas e técnicas de repartição de competências ............................................................... 196
6.2.  Classificação das competências ........................................................ 197

XIII

6.3. A Política Nacional do Meio Ambiente com fundamento fixado no art. 23, VI e VII, da CF – a fixação do critério de competência material comum em face do direito ambiental no Brasil.............. 198

6.4. Município ................................................................................. 200

6.5. Municípios e cidades: a Lei do Meio Ambiente Artificial como importante norma ambiental vinculada aos interesses dos habitantes das cidades ................................................................................. 201

6.6. A Lei Complementar n. 140/2011 em face dos Municípios e a competência para legislar sobre assuntos de interesse local ......... 204

## Capítulo VII – LICENCIAMENTO AMBIENTAL E ESTUDO PRÉVIO DE IMPACTO AMBIENTAL ................................................................................. 206

1. Licenciamento ambiental e licença administrativa............................ 206
2. Natureza jurídica do licenciamento ambiental e sua gênese constitucional ............................................................................................... 208
3. Licenciamento ambiental: a sua discricionariedade ......................... 209
4. Procedimento administrativo............................................................ 210
   4.1. Etapas do licenciamento............................................................ 210
      4.1.1. Licença prévia ................................................................. 211
      4.1.2. Licença de instalação ...................................................... 211
      4.1.3. Licença de operação......................................................... 212
5. Ações administrativas de cooperação entre a União, os Estados, o Distrito Federal e os Municípios em face do licenciamento ambiental e a Lei Complementar n. 140/2011 ..................................................... 212
6. Estudo prévio de impacto ambiental (EIA/RIMA)............................ 214
   6.1. RIMA – Relatório de Impacto Ambiental.................................... 215
   6.2. A disciplina constitucional do estudo de impacto ambiental ........ 216
   6.3. Equipe multidisciplinar.............................................................. 217
   6.4. RAIAS – Relatório de Ausência de Impacto Ambiental............... 218
   6.5. Responsabilidade civil .............................................................. 218
   6.6. Exigência do EIA/RIMA: ato vinculado ou discricionário?.......... 219
7. Competência para o licenciamento e a Lei Complementar n. 140/2011 ... 220
8. A incidência do EIA/RIMA em todos os aspectos do meio ambiente .. 221
9. Audiência pública............................................................................. 221
   9.1. Obrigatoriedade ....................................................................... 221
   9.2. Local da audiência pública ....................................................... 221
   9.3. Momento do requerimento......................................................... 221
   9.4. Função da audiência pública...................................................... 222
10. Direito de o empreendedor desenvolver sua atividade em face de EIA/RIMA favorável no âmbito do direito ambiental brasileiro..................... 222
11. Razoabilidade da duração do procedimento de licenciamento ambiental como garantia constitucional da tutela jurídica dos bens ambientais..... 224
12. Concessão automática de licença ambiental para funcionamento de empresas que exerçam atividades classificadas como de risco médio e a ADI 6.808.................................................................................... 225

**Capítulo VIII – ZONEAMENTO AMBIENTAL E ESPAÇOS ESPECIALMENTE PROTEGIDOS**......................................................................................... 226

1. Princípio do desenvolvimento sustentável ........................................... 226
2. Espaços ambientais................................................................................ 226
   2.1. Espaços territoriais especialmente protegidos........................... 226
      2.1.1. A Lei n. 9.985/2000 e as Unidades de Conservação: Unidades de Proteção Integral e Unidades de Uso Sustentável... 227
   2.2. Zoneamento ambiental................................................................. 229
      2.2.1. Classificações do zoneamento ambiental.......................... 229
         2.2.1.1. Zoneamento para pesquisas ecológicas ................. 229
         2.2.1.2. Zoneamento em áreas de proteção ambiental (APAs) ...................................................................... 230
         2.2.1.3. Zoneamento nos parques públicos........................ 230

**Capítulo IX – ZONEAMENTO INDUSTRIAL E PARCELAMENTO DO SOLO...** 231

1. Introdução ............................................................................................. 231
2. Zonas de uso estritamente industrial................................................... 231
3. Zonas de uso predominantemente industrial ....................................... 232
4. Zonas de uso diversificado.................................................................... 232
5. Zonas de reserva ambiental .................................................................. 232
6. Saturação das zonas industriais ............................................................ 233
7. Relocalização de indústrias................................................................... 233
8. Parcelamento urbanístico do solo ........................................................ 234
   8.1. Disciplina legislativa.................................................................... 234
   8.2. Formas de parcelamento.............................................................. 235
      8.2.1. Loteamento........................................................................ 235
      8.2.2. Desmembramento ............................................................. 235
   8.3. Aprovação do projeto de loteamento e desmembramento............. 236
   8.4. Vedações ao parcelamento do solo............................................. 236

**Capítulo X – FLORA** ............................................................................... 237

1. Conceito e características....................................................................... 237
2. Competência constitucional.................................................................. 237
3. A Lei n. 12.651/2012 (Novo "Código Florestal") e a proteção e uso sustentável das florestas e demais formas de vegetação nativa............. 239
   3.1. Um novo Código Florestal ou mais uma lei que disciplina o uso dos bens ambientais, assim como o controle do espaço territorial?.. 239
   3.2. Breve comentário vinculado aos princípios gerais da Lei n. 12.651/2012................................................................................. 242
   3.3. O cômputo da área de preservação permanente no cálculo do percentual de Reserva Legal compreendido como salutar medida de incentivo à correta exploração da terra em harmonia com a necessária geração de desenvolvimento econômico em face da Lei n. 12.651/2012 ..................................................................... 249
4. Floresta Nacional.................................................................................. 250

XV

5. Natureza jurídica das florestas, sua gestão na ordem econômica capitalista e a Lei n. 11.284/2006 .......................................................... 251
   5.1. Natureza jurídica das florestas e seu uso sustentável ................... 251
   5.2. Gestão de florestas em face da Lei n. 11.284/2006 e a produção sustentável ................................................................................... 256
   5.3. Produção sustentável no âmbito da Lei n. 11.284/2006 e a exigência de estudo prévio de impacto ambiental ............................. 257
   5.4. Auditorias florestais em proveito da defesa das florestas como bens ambientais .......................................................................... 258
   5.5. Recursos financeiros oriundos dos preços da concessão florestal e o objetivo de garantir o desenvolvimento nacional e reduzir as desigualdades sociais e regionais .................................................. 258
6. Indenização vinculada à denominada cobertura vegetal em face do direito ambiental brasileiro ................................................................. 259
7. A denominada Política Nacional de Pagamento por Serviços Ambientais (Lei n. 14.119/2021) em face do direito ambiental constitucional ......... 261

**Capítulo XI – FAUNA** ........................................................................... **263**

1. Introdução ........................................................................................ 263
2. Conceito e generalidades ................................................................. 263
3. Classificações quanto ao hábitat ...................................................... 267
4. Natureza jurídica da fauna ............................................................... 268
5. A fauna como bem ambiental ........................................................... 268
6. Finalidades da fauna ........................................................................ 269
   6.1. Função ecológica ........................................................................ 269
   6.2. Função ecológica e a introdução de espécies exóticas ................ 270
   6.3. A reintrodução de espécies e a função ecológica ....................... 270
   6.4. Finalidade científica ................................................................... 270
   6.5. Finalidade recreativa .................................................................. 271
   6.6. Finalidade cultural ..................................................................... 272
      6.6.1. O conceito de crueldade ................................................... 272
      6.6.2. Farra do boi, rodeios e práticas religiosas ....................... 273
   6.7. Finalidade terapêutica em face da saúde da pessoa humana ....... 275
7. A fauna e a caça .............................................................................. 276
   7.1. Caça profissional ........................................................................ 276
   7.2. Caça de controle ........................................................................ 276
   7.3. Caça de subsistência ................................................................... 277
   7.4. Caça científica ........................................................................... 277
8. Rodeios de animais e a Lei n. 10.519/2002 .................................... 278
9. Manifestações culturais, fauna e direito ambiental ........................... 281
10. Criação e utilização de animais em atividades de ensino e pesquisa científica em face do direito ambiental constitucional: a Lei n. 11.794/2008 ...................................................................................... 283

XVI

11. A proibição do uso de animais para o desenvolvimento, experimentos e testes de produtos cosméticos, de higiene pessoal, perfumes e seus componentes................................................................................. 284

12. Práticas desportivas que utilizam animais em face do meio ambiente cultural e o bem-estar animal............................................................. 285

    12.1. Introdução............................................................................... 285

    12.2. A proteção da fauna dentro da relação jurídica ambiental constitucional: o art. 225, § 1º, VII, da Constituição Federal e os organismos que pertencem ao denominado reino animalia .......... 286

    12.3. A parte final do inciso VII do § 1º do art. 225 da Constituição Federal e a crueldade como conceito legal indeterminado ........... 291

    12.4. Práticas desportivas que utilizem animais, desde que sejam manifestações culturais x práticas que submetem animais à crueldade 296

        12.4.1. Tutela constitucional das práticas desportivas..................... 296

        12.4.2. Inexistência de crueldade em face de práticas desportivas que utilizem animais, desde que sejam manifestações culturais, conforme indicado no § 1º do art. 215 da Constituição Federal........................................................................ 298

        12.4.3. Inexistência de crueldade em face de práticas desportivas que sejam manifestações culturais registradas como bem de natureza imaterial integrante do patrimônio cultural brasileiro..................................................................... 300

        12.4.4. Inexistência de crueldade em face de práticas desportivas que sejam manifestações culturais regulamentadas por lei específica que assegure o bem-estar dos animais envolvidos.................................................................... 301

13. Animais de estimação, sua vida no âmbito doméstico (hábitat doméstico), sua relação familiar com a pessoa humana e sua tutela constitucional... 302

## Capítulo XII – RECURSOS HÍDRICOS ................................................ 307

1. Introdução ......................................................................................... 307
2. Classificação ..................................................................................... 307

    2.1. Quanto à sua localização com relação ao solo ............................ 307

3. Competência legislativa e a ADI 3.336.............................................. 307
4. Competência material........................................................................ 308
5. Poluição da água ............................................................................... 309
6. O mar territorial e sua proteção: a Constituição Federal, a Convenção das Nações Unidas sobre o Direito do Mar e a Política Nacional para os Recursos do Mar .............................................................................. 309
7. A proteção das águas doces ............................................................... 311
8. Poluição causada por lançamento de óleo em águas sob jurisdição nacional ............................................................................................. 311
9. Águas no novo Código Civil (Lei n. 10.406/2002) ............................ 312
10. Política Nacional de Segurança de Barragens (Lei n. 12.334/2010)...... 321
11. A Amazônia Azul e sua tutela jurídica em face do direito ambiental brasileiro............................................................................................ 323

11.1. Oceano, Mar e Plataforma Continental: significado científico e delimitação jurídica em face da evolução do direito constitucional brasileiro .................................................................................................. 323

11.1.1. Oceano, Mar e Plataforma Continental em face da Constituição Federal de 1988. ...................................................... 330

11.1.2. Os bens ambientais atribuídos a entes federados e sua gestão: a administração do mar e da plataforma continental... 331

## Capítulo XIII – POLUIÇÃO SONORA ................................................... **333**

1. Introdução ........................................................................................... 333
2. Conceito de som e ruído: a poluição sonora ..................................... 334
3. Natureza jurídica do ruído e seus efeitos .......................................... 335
4. Classificação do ruído ........................................................................ 336
   4.1. Quanto ao aspecto temporal ...................................................... 336
   4.2. Quanto ao aspecto do meio ambiente afetado .......................... 336
       4.2.1. Meio ambiente urbano ...................................................... 336
           4.2.1.1. Cultos religiosos ................................................. 336
           4.2.1.2. Bares e casas noturnas ...................................... 338
           4.2.1.3. Aeroportos .......................................................... 338
           4.2.1.4. Indústrias ........................................................... 339
           4.2.1.5. Veículos automotores ........................................ 339
       4.2.2. Meio ambiente doméstico. Poluição sonora que afete a vizinhança ......................................................................... 340
           4.2.2.1. Eletrodomésticos ................................................ 341
       4.2.3. Meio ambiente do trabalho ............................................... 342
       4.2.4. Meio ambiente rural .......................................................... 343
5. Tutela jurídica da saúde ambiental em face dos ruídos: os instrumentos preventivos no âmbito do meio ambiente artificial ............................. 343
   5.1. A experiência europeia em face da Diretiva 2002/49/CE do Parlamento Europeu e do Conselho, de 25 de junho de 2002 .......... 343
   5.2. Avaliação da poluição sonora no Brasil, sua condição de potencial causadora de significativa degradação da saúde ambiental e seu enquadramento constitucional ..................................................... 344
       5.2.1. O estudo prévio de impacto ambiental como principal instrumento preventivo em face dos ruídos no âmbito do meio ambiente artificial ................................................... 348
6. Tutela jurídica da saúde ambiental em face dos ruídos: os instrumentos repressivos no âmbito do meio ambiente artificial ............................. 350
   6.1. As condutas e atividades consideradas lesivas ao meio ambiente, sujeitando os infratores, pessoas físicas ou jurídicas, a sanções penais: alguns aspectos penais acerca da poluição sonora ............ 350
   6.2. As condutas e atividades consideradas lesivas ao meio ambiente, sujeitando os infratores, pessoas físicas ou jurídicas, à obrigação de reparar os danos causados: responsabilidade "civil" por danos à saúde ambiental em face da poluição sonora .......................... 352
       6.2.1. Tutela mediata e imediata do meio ambiente artificial ....... 352

6.2.2. Tutela jurídica da saúde ambiental em face do direito ambiental brasileiro: saúde pública, saúde ambiental e o conceito de saúde ambiental em face da Constituição Federal do Brasil ........................................................................ 353

6.2.3. Saúde ambiental em face do meio ambiente artificial e garantia constitucional do bem-estar dos habitantes das cidades ................................................................................................. 355

## Capítulo XIV – POLUIÇÃO VISUAL ............................................................. 357

1. Introdução ........................................................................................................... 357
2. Conceito de poluição visual ............................................................................ 358
3. Princípio do desenvolvimento sustentável .................................................. 359
4. A estética urbana ............................................................................................... 360
5. Limitações ao uso da propriedade por conta da proteção da estética .... 361
   5.1. Fachada ......................................................................................................... 361
   5.2. Bairros e cidades tombados ...................................................................... 362
6. Limitações de expressão em relação à forma e conteúdo por conta da proteção estética ................................................................................................. 362
   6.1. Publicidade ................................................................................................... 362
   6.2. A Lei dos Crimes Ambientais – Lei n. 9.605/98 .................................. 364
   6.3. Código de Trânsito Brasileiro – Lei n. 9.503/97 .................................. 364
   6.4. Propaganda eleitoral – Lei n. 9.504/97 .................................................. 365
7. Paisagem urbana e sua tutela em face do direito ambiental ................... 366

## Capítulo XV – POLUIÇÃO ATMOSFÉRICA ................................................ 370

1. Introdução ........................................................................................................... 370
2. Fenômenos da poluição atmosférica ............................................................. 370
   2.1. *Smog* ............................................................................................................. 370
   2.2. Efeito estufa ................................................................................................. 370
   2.3. Chuvas ácidas .............................................................................................. 371
3. Principais agentes causadores da poluição atmosférica ........................... 371
4. Tutela jurídica ..................................................................................................... 371
5. Emissão de poluentes por veículos automotores e medidas preventivas de tutela jurídica em face da poluição atmosférica – o rodízio de veículos automotores ............................................................................................ 372
6. Política Nacional sobre Mudança do Clima (Lei n. 12.187, de 29-12-2009) e as ações de mitigação das emissões de gases de efeito estufa .......... 373
7. Os poluentes atmosféricos, a Resolução CONAMA n. 491/2018 e a ADI 6.148 ........................................................................................................... 374

## Capítulo XVI – POLUIÇÃO POR RESÍDUOS SÓLIDOS ........................... 376

1. Lixo e resíduo ..................................................................................................... 376
   1.1. Conceito de resíduo sólido ....................................................................... 377
2. A urbanização e o lixo urbano ....................................................................... 377

XIX

2.1. Breve histórico............................................................................ 378
3. Natureza jurídica do lixo............................................................... 379
3.1. O lixo como bem de consumo.................................................... 380
4. Classificação dos resíduos sólidos.................................................. 381
4.1. Resíduos hospitalares............................................................... 382
4.2. Resíduos radioativos ou nucleares. Os resíduos nucleares em face da ADI 6.898............................................................................. 382
4.3. Resíduos químicos.................................................................... 383
4.4. Resíduos comuns...................................................................... 383
5. Aspectos legais............................................................................. 383
6. Tipos de tratamento do resíduo urbano........................................... 384
6.1. Deposição................................................................................. 385
6.2. Aterragem................................................................................. 385
6.3. Aproveitamento energético dos aterros..................................... 385
6.4. Compostagem........................................................................... 385
6.5. Reaproveitamento energético de resíduos................................. 386
6.5.1. Reaproveitamento energético direto............................... 386
6.5.2. Reaproveitamento energético indireto............................. 386
7. Causas agravantes do lixo urbano.................................................. 387
7.1. Aumento de consumo................................................................ 389
7.2. Produção de materiais artificiais e o lixo tecnológico.................. 389
8. Importação e exportação de resíduos.............................................. 390
9. A necessidade de uma nova interpretação para a gestão integrada e o gerenciamento dos resíduos sólidos: a Política Nacional de Resíduos Sólidos (Lei n. 12.305/2010) e a responsabilidade ambiental em face de material, substância, objeto ou bem descartado resultante de atividades humanas em sociedade............................................................... 391

## Capítulo XVII – POLUIÇÃO POR ATIVIDADES NUCLEARES........................... 396

1. Conceito....................................................................................... 396
2. Finalidades das atividades nucleares............................................... 396
3. Competência................................................................................. 397
4. Política Nuclear na Constituição Federal......................................... 397
5. Conselho Nacional de Energia Nuclear – CNEN.............................. 397
6. O Decreto n. 9.600/2018 e as diretrizes sobre a Política Nuclear Brasileira....................................................................................... 398
7. A competência privativa da União para a edição de leis que disponham sobre atividades nucleares de qualquer natureza e a ADI 6.858.......... 399

## Capítulo XVIII – AGROTÓXICOS........................................................... 400

1. Introdução.................................................................................... 400
2. Agrotóxicos e a poluição............................................................... 401
3. O tratamento jurídico dos agrotóxicos............................................ 402
3.1. Os agrotóxicos na Constituição Federal de 1988....................... 402

XX

3.2. A disciplina do Código de Defesa do Consumidor em relação aos agrotóxicos e o EIQ (*Environmental Impact Quotient of Pesticides* – Quociente de Impacto Ambiental)............................................... 403

3.3. Lei dos Agrotóxicos – Lei n. 7.802/89 ..................................... 405

4. Registro do produto agrotóxico e demais aspectos vinculados ao Decreto n. 4.074/2002 ............................................................................. 406

## Capítulo XIX – PATRIMÔNIO GENÉTICO ........................................ **408**

1. Noções preliminares ............................................................... 408
2. Patrimônio genético da pessoa humana e sua tutela jurídica ............... 409
3. Patrimônio genético de outros seres vivos (espécime vegetal, fúngico, microbiano ou animal) e sua tutela jurídica...................................... 411

   3.1. Tutela jurídica do patrimônio genético de espécies vegetais, animais, microbianas ou de outra natureza e seus reflexos na Lei n. 13.123/2015 (Acesso ao patrimônio genético do país).................. 412

4. Breves comentários à Lei de Biossegurança – Lei n. 11.105/2005. A posição do Supremo Tribunal Federal.............................................. 412

## Capítulo XX – MEIO AMBIENTE CULTURAL...................................... **421**

1. Meio ambiente e patrimônio cultural............................................ 421
2. Conceito de patrimônio cultural/bens culturais ............................... 421
3. Natureza jurídica do patrimônio cultural ...................................... 423
4. Competência sobre o patrimônio cultural...................................... 424
5. Tombamento ambiental cultural.................................................. 424

   5.1. Conceito e características...................................................... 424

   5.2. Classificação do tombamento ambiental .................................. 425

       5.2.1. Quanto à origem da sua instituição ............................... 425

           5.2.1.1. Instituído por lei ......................................... 425

           5.2.1.2. Por ato do Executivo.................................... 426

           5.2.1.3. Por via jurisdicional..................................... 426

       5.2.2. Quanto à eficácia...................................................... 426

           5.2.2.1. Provisório.................................................. 426

           5.2.2.2. Definitivo.................................................. 427

       5.2.3. Quanto ao bem a ser tombado...................................... 427

           5.2.3.1. Bem público e bem difuso.............................. 427

           5.2.3.2. Bem particular............................................ 427

6. Proteção internacional dos bens culturais...................................... 427

   6.1. Procedimento para inscrição do bem na lista do patrimônio cultural e natural mundial............................................................. 428

   6.2. Representatividade e universalidade da lista do patrimônio cultural.................................................................................. 428

   6.3. Fundo para o patrimônio cultural e natural mundial.................... 429

   6.4. Tombamento pela Unesco? .................................................. 429

   6.5. O Brasil e os bens inscritos na lista (sítios do patrimônio cultural e sítios do patrimônio natural) ............................................ 429

7. Racismo.............................................................................. 431

   7.1. Conceito de raça............................................................... 431

XXI

| | |
|---|---|
| 7.2. Origem e conceito | 431 |
| 7.3. Tratamento constitucional | 432 |
| 7.4. Meio ambiente e racismo | 433 |
| 7.5. Previsões infraconstitucionais sobre o racismo | 434 |
| 7.5.1. Histórico | 434 |
| 7.5.2. Legislação aplicável | 435 |
| 7.6. O racismo e a biotecnologia | 437 |
| 7.7. Estatuto da Igualdade Racial (Lei n. 12.288/2010) em face do meio ambiente cultural e os danos causados por discriminação étnica | 438 |
| 8. Liberdade de crença e a tutela das religiões em face do meio ambiente cultural | 439 |
| 8.1. Tutela da religião em face das culturas indígenas | 442 |
| 8.2. Tutela da religião em face das culturas afro-brasileiras | 443 |
| 8.3. Tutela da religião em face das culturas de outros grupos participantes do processo civilizatório nacional: as igrejas cristãs | 444 |
| 8.3.1. Tutela do catolicismo | 444 |
| 8.3.2. Tutela do protestantismo (evangélicos) | 447 |
| 9. Defesa das línguas brasileiras como bem ambiental em face do meio ambiente cultural | 448 |
| 9.1. Origem das línguas e a língua portuguesa | 448 |
| 9.2. Tutela jurídica das línguas brasileiras em face do meio ambiente cultural | 449 |
| 9.2.1. A tutela jurídica das línguas indígenas brasileiras | 449 |
| 9.2.2. A tutela jurídica da língua portuguesa brasileira | 450 |
| 9.2.3. Tutela jurídica das línguas africanas em face das culturas afro-brasileiras | 451 |
| 10. Tutela jurídica do desporto em face do meio ambiente cultural e o Estatuto de Defesa do Torcedor (Lei n. 10.671/2003) | 451 |
| 10.1. Meio ambiente cultural e desporto | 451 |
| 10.2. Desporto e lazer | 454 |
| 10.3. Entidades de prática desportiva e os direitos do torcedor | 455 |
| 10.4. Tutela jurídica do futebol no âmbito do direito ambiental brasileiro | 455 |
| 10.4.1. O futebol como desporto tutelado pela Constituição Federal | 455 |
| 10.4.2. Natureza jurídica do futebol como patrimônio cultural | 456 |
| 10.4.3. Tutela jurídica do futebol em face do meio ambiente cultural (CF, arts. 215 e 216) e as Leis n. 10.671/2003 e 9.615/98 | 458 |
| 10.4.3.1. Meio ambiente cultural e desporto | 458 |
| 10.4.3.2. Desporto e lazer | 459 |
| 10.4.3.3. O futebol como bem cultural vinculado ao direito ambiental brasileiro e o entendimento da Câmara Ambiental do Tribunal de Justiça do Estado de São Paulo | 459 |
| 10.5. As medidas de prevenção e repressão aos fenômenos de violência por ocasião de competições esportivas e a Lei n. 12.299/2010 | 474 |

11. O usufruto ambiental: meio ambiente cultural, terras tradicionalmente ocupadas pelos índios e o usufruto constitucional dos recursos ambientais.................................................................................................... 478

11.1. A questão das terras tradicionalmente ocupadas pelos índios em face da Constituição Federal: litígios de demarcação de terras indígenas no Brasil no âmbito do direito processual ambiental brasileiro........ 485

12. Tutela jurídica do meio ambiente digital no âmbito do meio ambiente cultural................................................................................................... 489

12.1. Meio ambiente cultural e internet: o potencial das tecnologias da comunicação para a sustentabilidade na sociedade da informação 489

12.1.1. Introdução ....................................................................... 489

12.1.2. O sentido da expressão "meio ambiente" e as relações humanas: a concepção cultural............................................ 491

12.1.3. A sustentabilidade na sociedade da informação................. 493

12.1.4. O uso da internet nas estratégias socioambientais............. 496

12.1.5. As redes virtuais como elemento do paradigma democrático...................................................................................... 500

12.2. Meio ambiente digit@l na sociedade da informação e sua tutela jurídica vinculada ao direito ambiental brasileiro......................... 502

12.2.1. A pessoa humana como destinatária do direito ambiental brasileiro............................................................................ 502

12.2.2. Meio ambiente cultural .................................................... 504

12.2.3. Meio ambiente cultural em face da sociedade da informação .................................................................................... 504

12.2.3.1. Meio ambiente e patrimônio cultural.................. 504

12.2.3.2. Conceito de patrimônio cultural ......................... 505

12.2.3.3. Natureza jurídica do patrimônio cultural e seus reflexos na comunicação social (art. 220 da CF): o meio ambiente digital......................................... 505

12.2.3.4. Sociedade da informação e meio ambiente digital ... 507

12.2.3.5. Inteligência artificial e a regulação das empresas transnacionais em face da tutela jurídica constitucional do meio ambiente digital......................... 511

12.2.3.6. Balizamento jurídico da censura no âmbito da tutela constitucional do meio ambiente digital..... 526

13. O direito da sociedade de usufruir das manifestações das culturas populares e a natureza jurídica do bem cultural em face de sua natureza jurídica de bem ambiental: o caso João Gilberto................................. 537

**Capítulo XXI – DIREITO DE ANTENA**................................................ **539**

1. Noções propedêuticas................................................................... 539
2. Conceito ...................................................................................... 540
3. O espectro eletromagnético........................................................... 541
4. Natureza jurídica do direito de antena........................................... 542

4.1. A utilização das ondas eletromagnéticas pelas rádios piratas........ 542

XXIII

5. O direito de antena adaptado à transmissão da comunicação através do espectro eletromagnético ....................................................................... 545
6. O direito de antena vinculado à captação da transmissão através do espectro eletromagnético ....................................................................... 546
   6.1. A defesa do consumidor ........................................................... 547
   6.2. Participação do Estado Democrático de Direito......................... 548
7. Tutela jurídica dos serviços de telecomunicação que usam a energia eletromagnética no âmbito da comunicação social................................ 548
   7.1. Introdução................................................................................ 548
   7.2. O processo eletromagnético: as ondas e o espectro eletromagnético........................................................................................ 550
   7.3. Informações por ondas eletromagnéticas: os trabalhos científicos de Michael Faraday e James Clark Maxwell.............................. 550
   7.4. O "espectro eletromagnético" como recurso ambiental (art. 3º, V, da Lei n. 6.938/81 e art. 2º, IV, da Lei n. 9.885/2000) e sua natureza jurídica de bem ambiental (art. 225 da Constituição Federal)................................................................................... 556
   7.5. Os serviços de telecomunicações que empregam a energia eletromagnética no âmbito da comunicação social em face das atividades previstas na ordem econômica constitucional................................ 558
   7.6. Os serviços de telecomunicações que empregam a energia eletromagnética no âmbito da comunicação social enquadrados constitucionalmente como atividade vinculada ao regime jurídico dos bens ambientais (art. 225, § 1º, IV, e § 3º)................................. 561
   7.7. Os serviços de telecomunicações que empregam a energia eletromagnética no âmbito da comunicação social como atividade potencialmente causadora de significativa degradação do meio ambiente e o estudo prévio de impacto ambiental (art. 225, § 1º, IV)..................................................................................... 561

**Capítulo XXII – O MEIO AMBIENTE ARTIFICIAL E AS CIDADES**................... **564**

1. Introdução ......................................................................................... 564
2. Objetivo da política de desenvolvimento urbano................................ 564
   2.1. Pleno desenvolvimento das funções sociais da cidade.................. 565
   2.2. Garantia do bem-estar dos seus habitantes................................ 566
3. Competência para a consecução dos objetivos de desenvolvimento da política urbana ................................................................................... 567
4. Plano Diretor..................................................................................... 567
5. O Estatuto da Cidade (Lei n. 10.257/2001) como a mais importante legislação brasileira em matéria de tutela do meio ambiente artificial.. 568
   5.1. O que é uma cidade? A cidade como bem ambiental .................. 568
      5.1.1. A tutela constitucional da cidade no âmbito do meio ambiente artificial................................................................. 572
      5.1.2. O Estatuto da Cidade (Lei n. 10.257/2001) como mais importante norma regulamentadora do meio ambiente artificial ............................................................................... 574

5.1.3. A garantia do direito a cidades sustentáveis como diretriz geral vinculada aos objetivos da política urbana ................ 576

    5.1.3.1. Direito à terra urbana ............................................. 577

    5.1.3.2. Direito à moradia ................................................. 577

    5.1.3.3. Direito ao saneamento ambiental ........................ 578

    5.1.3.4. Direito à infraestrutura urbana ............................ 580

    5.1.3.5. Direito ao transporte ............................................ 581

    5.1.3.6. Direito aos serviços públicos .............................. 581

    5.1.3.7. Direito ao trabalho ............................................... 582

    5.1.3.8. Direito ao lazer ..................................................... 582

5.1.4. Considerações finais ......................................................... 583

5.2. Importância do Estatuto da Cidade para a denominada política urbana ........................................................................................... 584

5.3. Responsabilidade pela aplicação do Estatuto da Cidade ............... 584

5.4. Instrumentos da política urbana destinados à tutela do meio ambiente artificial ............................................................................. 584

5.5. Instrumentos de tutela do meio ambiente artificial em face de áreas urbanas não utilizadas ou não edificadas ............................ 585

5.6. Ação de usucapião ambiental individual e ação de usucapião ambiental metaindividual: da usucapião especial de imóvel urbano .. 586

5.7. Meio ambiente artificial e concessão de uso em área pública ...... 586

5.8. Direito de superfície em face do Estatuto da Cidade .................... 587

5.9. Operações urbanas consorciadas em face do Estatuto da Cidade ..... 587

5.10. Estudo de Impacto de Vizinhança (EIV) em face do meio ambiente artificial ............................................................................. 587

5.11. O plano diretor como instrumento básico de tutela do meio ambiente artificial desenvolvido no Estatuto da Cidade .................... 588

5.12. O Estatuto da Cidade vinculado aos direitos difusos e coletivos: a ampliação da Lei n. 7.347/85 em decorrência do que estabelece a Lei n. 10.257/2001 ...................................................................... 591

5.13. Natureza jurídica da favela em face do meio ambiente artificial .. 592

6. Instrumentos de política urbana vinculados à tutela jurídica do meio ambiente artificial, regularização fundiária de assentamentos urbanos e a Lei n. 11.977/2009 ............................................................................. 596

## Capítulo XXIII – SAÚDE AMBIENTAL .................................................. 600

1. Introdução. Saúde pública e saúde ambiental ...................................... 600

2. Conceito de saúde ambiental em face da Constituição Federal do Brasil .... 601

3. Conceito jurídico de saúde em face do conceito jurídico de meio ambiente ................................................................................................... 603

4. Saúde ambiental em face do meio ambiente artificial e a garantia constitucional do bem-estar dos habitantes das cidades ...................... 605

5. O direito ao saneamento ambiental em face da tutela jurídica da saúde ambiental ............................................................................................... 606

XXV

6. Responsabilidade em face de lesão ou ameaça à saúde ambiental no plano constitucional e infraconstitucional. Tutela preventiva e reparação de dano causado por condutas e atividades consideradas lesivas à saúde ambiental. Poluição em face da saúde ambiental ................................... 610

7. Responsabilidade criminal em face da saúde ambiental no plano constitucional e infraconstitucional ..................................................................... 611

8. As pandemias em face da tutela jurídica da saúde ambiental: a Covid-19 como ameaça à saúde e à vida da população, as medidas para enfrentamento da emergência de saúde pública vinculadas ao que estabelece a Lei n. 13.979/2020 e seu adequado enquadramento jurídico em face do direito ambiental constitucional brasileiro............................................. 612

## Capítulo XXIV – MEIO AMBIENTE DO TRABALHO ......................................... 616

1. Noções propedêuticas............................................................................... 616

2. Enfoque constitucional do meio ambiente do trabalho. O conceito de meio ambiente do trabalho ......................................................................... 617

3. Da segurança e saúde no trabalho ......................................................... 620

4. Conceito de trabalho ................................................................................ 620

5. Embargo, interdição e greve.................................................................... 621

    5.1. Considerações gerais.......................................................................... 621

    5.2. O princípio da prevenção e os instrumentos de proteção.............. 622

    5.3. Interdição e embargo......................................................................... 622

    5.4. Greve ambiental................................................................................. 623

    5.5. Competência da Justiça do Trabalho em face da defesa do meio ambiente do trabalho......................................................................... 624

6. Responsabilidade das empresas que prestam serviços a terceiros em face da saúde ambiental/meio ambiente do trabalho.............................. 626

7. O meio ambiente do trabalho digital e a saúde dos trabalhadores ....... 627

    7.1. Introdução ........................................................................................... 627

    7.2. Meio ambiente do trabalho digital ................................................. 628

## Capítulo XXV – RECURSOS MINERAIS ......................................................... 633

1. Os recursos minerais como bens ambientais.......................................... 633

2. A atividade econômica em face dos recursos minerais e seu controle em proveito da dignidade da pessoa humana: o estudo prévio de impacto ambiental.................................................................................................... 635

3. Operações econômicas de aproveitamento de jazidas e a lavra em face dos recursos minerais: a aplicação do Código de Minas (Decreto-lei n. 227/67) e da Lei n. 7.805/89 ..................................................................... 636

4. Pesquisa e lavra dos recursos minerais em terras indígenas ................. 637

5. Participação do proprietário do solo nos resultados da lavra e a Lei n. 8.901/94....................................................................................................... 638

XXVI

6. O balizamento jurídico do ouro em face do direito ambiental ............. 639
7. Veículos elétricos ou veículos movidos à gasolina? A tutela jurídica do lítio em face do direito ambiental constitucional brasileiro ............. 643

## Capítulo XXVI – AUDITORIA AMBIENTAL ...................................................... 649

1. Auditoria ambiental ................................................................................ 649
2. Auditoria ambiental no Brasil: a ordem econômica em face dos bens ambientais ............................................................................................... 651
3. Auditoria ambiental em face das relações jurídicas de consumo: coletividade na condição organizada de fornecedora de bens ambientais e sua *performance* ....................................................................................... 652
4. Auditoria ambiental em face das relações jurídicas de consumo: o estado fornecedor e sua *performance* ...................................................... 653
5. Algumas conclusões ................................................................................ 653

## Capítulo XXVII – CLIMA ................................................................................. 655

1. Conceito. O relatório do painel intergovernamental sobre mudanças climáticas (2021) e o problema do aquecimento global ......................... 655
2. O Acordo de Paris sob a Convenção-quadro das Nações Unidas sobre Mudança do Clima (UNFCCC) e o Decreto Legislativo n. 140/2016... 657
3. A Política Nacional sobre Mudança do Clima – PNMC (Lei n. 12.187/2009) ............................................................................................. 661
4. O Fundo Nacional sobre Mudança do Clima (Fundo Clima) e a ADPF 708 ............................................................................................................ 662
5. As ações judiciais com o objetivo de combater as mudanças climáticas: o denominado "litígio climático" ........................................................... 663

## Parte II – DO DIREITO PROCESSUAL ...................................................... 667

## Capítulo I – OS DIREITOS METAINDIVIDUAIS E A NOVA ORDEM PROCEDIMENTAL – A JURISDIÇÃO CIVIL COLETIVA, O PRINCÍPIO DA LEGALIDADE E O ACESSO À JUSTIÇA – A SEGURANÇA JURÍDICA.... 667

1. Introdução ................................................................................................ 667
2. Aplicação subsidiária do Código de Processo Civil ............................. 669
3. Princípios inerentes à jurisdição civil coletiva .................................... 669
    3.1. Princípio do acesso à justiça na jurisdição civil coletiva ............. 670
    3.2. Princípio da igualdade na jurisdição civil coletiva ...................... 671

## Capítulo II – CONDIÇÕES E ELEMENTOS DA AÇÃO ...................................... 672

1. Introdução ................................................................................................ 672
2. Condições da ação ................................................................................... 672
    2.1. Possibilidade jurídica do pedido ................................................... 672
    2.2. Interesse ......................................................................................... 673

XXVII

| | |
|---|---|
| 2.3. Legitimidade das partes | 673 |
| 2.3.1. Legitimidade extraordinária e substituição processual | 674 |
| 3. Elementos da ação | 676 |
| 3.1. Partes | 676 |
| 3.2. Pedido | 676 |
| 3.3. Causa de pedir | 676 |

## Capítulo III – ANÁLISE DE ALGUNS ASPECTOS PROCESSUAIS GERAIS DA JURISDIÇÃO CIVIL COLETIVA ... 678

| | |
|---|---|
| 1. Legitimidade ativa | 678 |
| 1.1. A legitimidade das associações civis | 678 |
| 1.2. Natureza da legitimação ativa na jurisdição civil coletiva | 679 |
| 1.3. A legitimidade do Ministério Público e dos municípios | 680 |
| 2. Litisconsórcio entre os Ministérios Públicos | 681 |
| 3. Legitimidade passiva | 682 |
| 4. Desistência da ação | 683 |
| 5. Intervenção de terceiros | 683 |
| 6. Competência | 685 |
| 7. Litispendência | 686 |
| 8. Conexão e continência | 686 |
| 9. Prova | 687 |
| 10. Ônus da prova | 688 |
| 10.1. Momento da inversão | 689 |
| 11. Liminares | 690 |
| 12. Tutela antecipada da lide | 691 |
| 13. Tutela específica | 691 |
| 14. Recursos | 693 |
| 14.1. A denominada repercussão geral em face do direito ambiental brasileiro: a Lei n. 11.418/2006 e o direito processual ambiental | 693 |
| 15. Coisa julgada | 697 |
| 16. Liquidação coletiva e execução coletiva | 699 |
| 17. O valor arrecadado na condenação e o seu destino para o fundo criado pelo art. 13 da Lei n. 7.347/85 | 700 |
| 17.1. Fundo federal | 700 |
| 17.2. Fundos estaduais | 702 |
| 18. Prescrição na ação coletiva ambiental e a interpretação do Supremo Tribunal Federal (RE 654.833) | 708 |

## Capítulo IV – AÇÃO CIVIL PÚBLICA AMBIENTAL ... 710

| | |
|---|---|
| 1. Noções propedêuticas | 710 |
| 2. Breve histórico sobre a ação civil pública | 711 |
| 3. Ação coletiva para a tutela dos direitos individuais homogêneos | 711 |
| 4. Inquérito civil | 712 |
| 5. Compromisso de ajustamento | 713 |

5.1. Transação e compromisso de ajustamento de conduta .................. 714
5.2. Homologação do compromisso de ajustamento............................ 715

## Capítulo V – AÇÃO POPULAR AMBIENTAL...................................................... 716

1. Origens ............................................................................................. 716
2. Ação popular como instrumento de defesa vinculada a interesses difusos e sua evolução no ordenamento jurídico brasileiro ......................... 716
3. Objeto................................................................................................ 718
4. Legitimidade ativa. A ADI 4.467/2010 e a extinção do título de eleitor ... 718
5. Competência....................................................................................... 722
6. Pressuposto de cabimento ................................................................ 722
7. Legitimidade passiva ........................................................................ 722

## Capítulo VI – MANDADO DE SEGURANÇA COLETIVO AMBIENTAL........... 723

1. Noções propedêuticas........................................................................ 723
2. Do mandado de segurança tradicional ao mandado de segurança coletivo ... 725
3. Do mandado de segurança e suas características............................... 727
   3.1. Mandado de segurança e mandado de segurança coletivo............. 727
   3.2. O mandado de segurança coletivo e a legitimidade ativa.............. 728
   3.3. Partidos políticos, organizações sindicais, entidades de classe ou associações ............................................................................... 730
   3.4. Da cognição no mandado de segurança coletivo ambiental.......... 732
   3.5. O sujeito passivo do mandado de segurança ambiental ............... 734

## Capítulo VII – MANDADO DE INJUNÇÃO AMBIENTAL................................ 736

1. Introdução ......................................................................................... 736
2. Pressupostos materiais de cabimento do *writ*................................... 736
   2.1. Ausência de norma regulamentadora ........................................ 736
   2.2. Inviabilidade de exercício dos direitos e liberdades constitucionais e das prerrogativas prescritas na norma........................................ 737
3. Objeto................................................................................................ 738
4. Finalidade.......................................................................................... 739
5. Aplicabilidade e procedimento: a Lei n. 13.300, de 23 de junho de 2016 .................................................................................................. 740
6. Legitimidade ativa ............................................................................ 740
7. Legitimidade passiva ........................................................................ 741
8. Sentença em mandado de injunção.................................................... 742

## Capítulo VIII – *HABEAS DATA* AMBIENTAL................................................. 745

1. Tutela constitucional da informação.................................................. 745
2. A informação como bem e sua natureza jurídica. O patrimônio genético como bem ambiental .......................................................................... 746
3. Tutela processual do patrimônio genético: os direitos metaindividuais, a jurisdição civil coletiva e o direito processual ambiental.................... 746

XXIX

4. Tutela processual do patrimônio genético e *habeas data* ambiental: aspectos constitucionais e infraconstitucionais ............................................. 749

# Parte III – DIREITO CRIMINAL AMBIENTAL .......................... 751

## Capítulo I – DIREITO CRIMINAL CONSTITUCIONAL (CRIME, PENA E PRISÃO).... 751

1. Fundamentos constitucionais do direito criminal ..................................... 751
2. Fundamentos constitucionais do direito penal ......................................... 752
   2.1. Privação ou restrição da liberdade ................................................. 752
   2.2. Perda de bens .................................................................................. 752
   2.3. Multa ............................................................................................... 753
   2.4. Prestação social alternativa ........................................................... 753
   2.5. Suspensão ou interdição de direitos ............................................. 754
   2.6. Vedação de penas no direito constitucional em vigor ................. 754
3. Fundamentos constitucionais da prisão .................................................... 755

## Capítulo II – DIREITO CRIMINAL AMBIENTAL E DIREITO PENAL AMBIENTAL.... 757

1. Fundamentos constitucionais do direito ambiental e a aplicação de sanções penais .......................................................................................... 757
   1.1. Obediência aos fundamentos do Estado Democrático de Direito (art. 1º da CF) ................................................................................. 757
   1.2. Obediência aos objetivos fundamentais da República Federativa do Brasil (art. 3º da CF) ................................................................. 758
   1.3. Adequação ao direito criminal constitucional e ao direito penal constitucional como instrumentos de defesa da vida de brasileiros e estrangeiros residentes no País (art. 5º da CF) ........................... 758
   1.4. Adequação ao piso vital mínimo como valor fundamental a ser tutelado pelo direito criminal ambiental (art. 6º da CF) ............... 758
   1.5. Obediência e adequação ao direito ambiental constitucional (art. 225 da CF) ....................................................................................... 759
      1.5.1. Condutas e atividades consideradas lesivas ao meio ambiente sujeitam os infratores a sanções penais (art. 225, § 3º, da CF) ....................................................................... 759
      1.5.2. Pessoas físicas e pessoas jurídicas são consideradas constitucionalmente infratoras diante da condição de poluidoras e estarão sujeitas a sanções penais (art. 225, § 3º, da CF) ....... 760

## Capítulo III – SANÇÕES PENAIS DERIVADAS DE CONDUTAS E ATIVIDADES LESIVAS AO MEIO AMBIENTE (LEI FEDERAL N. 9.605/98) ................ 764

1. Disposições gerais ..................................................................................... 764
2. Aplicação da pena ...................................................................................... 765
3. Inquérito civil no âmbito da Lei n. 9.605/98 .......................................... 765

XXX

4. Da ação e do processo penal. Competência de processamento de inquérito policial e posterior ação penal com o objetivo de apurar a suposta prática de crime ambiental. Conteúdo da denúncia em face do direito criminal ambiental/direito penal ambiental .............................................. 766

5. Dos crimes contra o meio ambiente ................................................. 766

    5.1. Dos crimes contra a fauna e o princípio da insignificância ......... 766

        5.1.1. Da proteção diferenciada destinada aos animais de estimação em face da Lei n. 14.064/2020 ............................................ 767

    5.2. Dos crimes contra a flora e o princípio da insignificância ........... 768

    5.3. Da poluição e outros crimes ambientais ...................................... 769

        5.3.1. Sanções penais derivadas de condutas e atividades lesivas ao meio ambiente aplicadas à poluição (Lei n. 9.605/98).. 770

        5.3.2. Da poluição e outros crimes ambientais: o art. 54 e os danos à saúde humana ........................................................ 772

        5.3.3. Da poluição e outros crimes ambientais: o art. 54, § 2º, II, e a poluição atmosférica ............................................... 773

        5.3.4. Da poluição e outros crimes ambientais: o art. 56 e os produtos e substâncias tóxicas, perigosas ou nocivas à saúde ............................................................................... 773

    5.4. A Emenda Constitucional n. 45/2004 e a competência da Justiça do Trabalho visando a sanções penais ambientais: o art. 114, I e IX, da Constituição Federal .............................................................. 774

    5.5. Dos crimes contra o ordenamento urbano e o patrimônio cultural... 776

    5.6. Dos crimes contra a administração ambiental ............................... 776

# Parte IV – TUTELA JURÍDICA DO ECOTURISMO NO DIREITO AMBIENTAL BRASILEIRO ..................................................................... 777

## Capítulo I – O DIREITO AO LAZER VINCULADO AO ECOTURISMO .......... 777

## Capítulo II – O USO DOS BENS AMBIENTAIS EM PROVEITO DO ECOTURISMO ................................................................................................. 781

1. O uso do meio ambiente cultural em proveito do ecoturismo ............... 781

    1.1. Turismo religioso ........................................................................ 782

    1.2. Turismo gastronômico ................................................................ 784

    1.3. Turismo histórico ....................................................................... 786

    1.4. Turismo arqueológico ................................................................ 788

2. O uso do meio ambiente artificial em proveito do ecoturismo ............. 791

    2.1. O uso do meio ambiente artificial vinculado às atividades esportivas .............................................................................................. 796

3. O turismo de saúde ou "turismo de cura" em face do direito ambiental brasileiro .............................................................................................. 797

4. O uso do meio ambiente natural em proveito do ecoturismo. O turismo de aventura ........................................................................................... 799

XXXI

Capítulo III – O ECOTURISMO COMO ATIVIDADE ECONÔMICA VINCU-
LADA ÀS RELAÇÕES JURÍDICAS DE CONSUMO .................................... 804

1. Direitos e deveres dos fornecedores ......................................................... 804
2. Direitos e deveres do ecoturista................................................................ 807

## Parte V – AGROPECUÁRIA SUSTENTÁVEL EM FACE DO DIREI-TO AMBIENTAL BRASILEIRO .................................................. 811

Capítulo I – FUNDAMENTOS CONSTITUCIONAIS DA AGROPECUÁRIA
COMO ATIVIDADE ECONÔMICA: AGRICULTURA E PECUÁRIA E SUA
TUTELA JURÍDICA.......................................................................................... 811

Capítulo II – A AGRICULTURA NO PLANO JURÍDICO AMBIENTAL EM FACE
DO CONTROLE TERRITORIAL ...................................................................... 817

1. Introdução ................................................................................................... 817
2. A flora como recurso ambiental (bem ambiental) e sua tutela jurídica
infraconstitucional (patrimônio genético, sementes e mudas)................ 819
3. Agricultura com o emprego de técnicas que comportem risco para o
meio ambiente e agricultura orgânica...................................................... 821

Capítulo III – PECUÁRIA NO PLANO JURÍDICO AMBIENTAL EM FACE DO
CONTROLE TERRITORIAL.............................................................................. 823

1. A fauna como recurso ambiental (bem ambiental) e sua tutela jurídica
infraconstitucional (patrimônio genético).................................................. 824
2. Pecuária com o emprego de técnicas que comportem risco para o meio
ambiente e pecuária orgânica ................................................................... 824

Capítulo IV – TUTELA JURÍDICA DO AGRONEGÓCIO................................ 826

1. O agronegócio como atividade econômica em face do direito constitucional: a agricultura, a pecuária e o objetivo de produzir alimentos
visando a erradicar a fome em nosso País................................................ 826
2. O agronegócio como atividade econômica em face do direito constitucional: a agricultura e a pecuária vinculadas ao objetivo fundamental
constitucional de garantir o desenvolvimento nacional .......................... 831

Capítulo V – AGRONEGÓCIO, EMPRESAS ALIMENTARES E A SEGU-
RANÇA ALIMENTAR: AS PRÁTICAS ALIMENTARES SUSTENTÁVEIS,
SEU BALIZAMENTO NORMATIVO E A QUESTÃO DOS ALIMENTOS
ULTRAPROCESSADOS .................................................................................. 833

1. O acesso regular e permanente a alimentos: a alimentação da pessoa
humana ......................................................................................................... 843

2. Recursos de origem animal, vegetal e mineral e a alimentação: alimentos, sua natureza jurídica e seu balizamento constitucional em face dos princípios do direito ambiental brasileiro ............................................ 845

3. Recursos de origem animal e vegetal geneticamente modificados em proveito da produção de alimentos e sua tutela jurídica ....................... 846

## Parte VI – DIREITO AMBIENTAL TRIBUTÁRIO. A EMENDA CONSTITUCIONAL N. 132/2023 (REFORMA TRIBUTÁRIA) E A DEFESA DO MEIO AMBIENTE ESTABELECENDO A INTERPRETAÇÃO E APLICAÇÃO DAS NORMAS JURÍDICAS DO SISTEMA TRIBUTÁRIO NACIONAL.......................................................... 847

Capítulo I – DIREITO CONSTITUCIONAL TRIBUTÁRIO COMO INSTRUMENTO VINCULADO À TUTELA DOS BENS AMBIENTAIS................................. 847

Capítulo II – SISTEMA CONSTITUCIONAL TRIBUTÁRIO E SEUS PRINCÍPIOS GERAIS: A DIGNIDADE DA PESSOA HUMANA COMO FUNDAMENTO DESTINADO A INTERPRETAR OS IMPOSTOS, AS TAXAS E A CONTRIBUIÇÃO DE MELHORIA................................................................ 849

Capítulo III – A REFORMA TRIBUTÁRIA, A DEFESA DO MEIO AMBIENTE COMO UM DOS PRINCÍPIOS GERAIS DO SISTEMA TRIBUTÁRIO NACIONAL E OS IMPOSTOS DO PECADO ............................................. 855

## Parte VII – TUTELA JURÍDICA DA ENERGIA VINCULADA AO DIREITO AMBIENTAL BRASILEIRO ......................................... 873

1. Aspectos gerais.............................................................................. 873
2. Soberania energética em face da ordem econômica constitucional........ 881

## Parte VIII – "DIREITOS" DE LIBERDADE ECONÔMICA (LEI N. 13.874/2019) EM FACE DO DIREITO AMBIENTAL CONSTITUCIONAL ................................................................................. 887

1. A declaração de direitos de liberdade econômica estabelecida no plano infraconstitucional: os "princípios" que norteiam a Lei n. 13.874/2019 em face dos princípios constitucionais do direito ambiental ................. 893

2. A imprestabilidade da Lei n. 13.874/2019 na aplicação e interpretação do direito empresarial ambiental, bem como no que se refere à ordenação pública vinculada à proteção ambiental..................................... 894

   2.1. O direito empresarial ambiental e as atividades econômicas organizadas de produção e circulação de bens e serviços para o mercado: estrutura constitucional.......................................... 895

XXXIII

2.1.1. O direito empresarial ambiental e suas obrigações em face do direito ambiental constitucional brasileiro...................... 899

3. Direitos infraconstitucionais de toda pessoa, natural ou jurídica, essenciais para o desenvolvimento e o crescimento econômicos do País em face dos deveres constitucionais ambientais de toda pessoa, natural ou jurídica, para o crescimento e desenvolvimento sustentável do Brasil... 900

4. Propostas de edição e de alteração de atos normativos de interesse geral de agentes econômicos em face da ordem econômica constitucional e a realização de análise de impacto regulatório: a razoabilidade do impacto econômico condicionada ao direito ambiental constitucional... 901

## Parte IX – AS EMPRESAS TRANSNACIONAIS EM FACE DA ORDEM ECONÔMICA CONSTITUCIONAL E SEU ENQUADRAMENTO JURÍDICO NO PLANO DO DIREITO AMBIENTAL CONSTITUCIONAL BRASILEIRO ......................................... 905

1. O Brasil como uma economia de recursos ambientais e o uso lícito de referidos recursos pelas empresas transnacionais em face do direito ambiental constitucional brasileiro ....................................................... 913

2. A empresa transacional em face da relação jurídica ambiental.............. 918

3. ESG (*Environmental, Social and Corporate Governance*) como forma de publicidade e seu balizamento normativo em face da atuação das empresas transnacionais ....................................................................... 920

   3.1. Introdução............................................................................................ 920

   3.2. O direito empresarial ambiental brasileiro...................................... 924

   3.3. A obrigação constitucional das empresas em face da defesa do meio ambiente entendida como princípio geral da atividade econômica: a orientação do Supremo Tribunal Federal (ADI 3.540) e seus reflexos no sistema normativo...................................... 927

   3.4. A obrigação constitucional das empresas em face das relações de consumo: a publicidade enganosa e a publicidade abusiva............ 931

4. Regulação das empresas transnacionais no âmbito da Economia Digital em face do direito ambiental constitucional brasileiro........................ 933

*Bibliografia Básica* ............................................................................................... 953

*Bibliografia Complementar*.................................................................................. 957

# APRESENTAÇÃO DA 25ª EDIÇÃO

# UM QUARTO DE SÉCULO: DO MEIO AMBIENTE NATURAL AO MEIO AMBIENTE DIGITAL

Com milhares de citações que crescem de forma contínua todos os anos desde sua primeira edição no ano 2000 (citações indicadas pelo Google Acadêmico/ Scholar Google (https://scholar.google.com.br/citations?view_op=search_authors& hl=pt-BR&mauthors=label:direito_ambiental), nossa obra segue contribuindo com a satisfatória interpretação do Direito Ambiental Constitucional, registrando sua existência por UM QUARTO DE SÉCULO e gerando colaborações doutrinárias no âmbito das decisões proferidas por nossa Suprema Corte desde a tutela jurídica do MEIO AMBIENTE NATURAL até a tutela jurídica do MEIO AMBIENTE DIGITAL.

Com efeito.

Pela oportunidade do julgamento da ADPF 857 (Tribunal Pleno, Rel. Min. André Mendonça, Red. do acórdão Min. Flávio Dino, j. 20-3-2024, Publicação: 11-6-2024 (fls.19)) o Supremo Tribunal Federal destacou nossa interpretação a respeito do **CONCEITO de MEIO AMBIENTE DIGITAL em face de nova dimensão que "exsurge como desdobramento do conceito mais abrangente de meio ambiente cultural (CF, art. 215 e 216) e em interseção com o direito à comunicação social (CF, art. 220 a 224), como entende, por exemplo, o professor Celso Antônio Pacheco Fiorillo, relacionando-se às noções de 'espaço digital' ou 'ciberespaço', que deve ser efetivamente protegido e regrado pelo Direito** (FIORILLO, Celso Antônio Pacheco. *Curso de Direito Ambiental Brasileiro*. 23ª ed. São Paulo: SaraivaJur, 2023, p. 649-655)".

Assim, nossa Suprema Corte ratifica a perspectiva antropocêntrica de nosso Direito Ambiental Constitucional em proveito das necessidades e interesses da pessoa humana e seus VALORES CULTURAIS, hipertrofiando a cláusula constitucional proclamadora do direito fundamental ao meio ambiente ecologicamente equilibrado como essencial à sadia qualidade de vida (art. 225) fixada no âmbito das ADIs 3.470 (2019) e 4.066 (2018), que, pela oportunidade desta 25ª edição – UM QUARTO DE SÉCULO –, cabe uma vez mais destacar:

"A Constituição Federal de 1988, ao incluir entre seus princípios fundamentais a dignidade da pessoa humana (art. 1º, III), como fundamento destinado a interpretar todo o sistema constitucional, **adotou visão explicitamente antropocêntrica, que reflete em toda a legislação infraconstitucional – o que abarca também a legislação ambiental**. O Constituinte originário atribuiu aos brasileiros e estrangeiros residentes no País (arts. 12, I, e 52 da Carta Magna) posição de centralidade em relação ao nosso sistema de direito positivo. Nesse sentido o Princípio n. 1 da Declaração do Rio de Janeiro sobre Meio Ambiente e Desenvolvimento de 1992: 'Os seres humanos estão no centro das preocupações com o desenvolvimento sustentável. Têm direito a uma vida saudável e produtiva, em harmonia com a natureza'".

*Prof. Dr. Celso Antonio Pacheco Fiorillo*
Instagram @celsofiorillo

# Parte I
# DO DIREITO MATERIAL

## Capítulo I
### DIREITOS MATERIAIS CONSTITUCIONAIS
### METAINDIVIDUAIS

## 1. INTRODUÇÃO

Tradicionalmente, conforme demonstra o direito romano, o direito positivo sempre foi observado com base nos conflitos de direito individual. Essa tradição de privilegiar o direito individual foi acentuada no século XIX, por conta da Revolução Francesa. Após a Segunda Guerra Mundial, passou-se a detectar que os grandes temas adaptavam-se à necessidade da coletividade, não apenas num contexto individualizado, mas sim corporativo, coletivo. Não mais se poderia conceber a solução dos problemas sociais tendo-se em vista o binômio público/privado[1].

De fato, em vista das grandes mudanças experimentadas ao longo das últimas décadas, não mais podemos enxergar o nosso País, em pleno século XXI, com base no

---

1. Em sua *Teoria pura do direito*, livro escrito em 1934 e talvez uma das mais influentes obras do direito produzida durante o século XX (senão a mais influente para alguns...), Kelsen adverte: "Como exemplo particularmente característico da sistemática da moderna ciência do Direito, referiremos a fundamental distinção entre Direito público e privado que já acima foi várias vezes mencionada. Como se sabe, até hoje se não conseguiu alcançar uma determinação completamente satisfatória desta distinção. Segundo a concepção dominante, trata-se de uma repartição das relações jurídicas. Assim, o Direito privado representa uma relação entre sujeitos em posição de igualdade – sujeitos que têm juridicamente o mesmo valor – e o Direito público uma relação entre um sujeito supraordenado e um sujeito subordinado – entre dois sujeitos, portanto, dos quais um tem, em face do outro, um valor jurídico superior. A relação típica de Direito público é a que existe entre o Estado e o súdito. Também se costumam designar as relações jurídicas de Direito privado como relações jurídicas *tout court*, como relações 'de Direito' no sentido próprio e estrito da palavra, para lhes contrapor as relações de Direito público como relações 'de poder' ou 'de domínio'. Assim, em geral, a distinção entre Direito privado e público tem tendência para assumir o significado de uma oposição entre Direito e poder não jurídico ou semijurídico, e, especialmente, de um contraste entre Direito e Estado" (Hans Kelsen, *Teoria pura do direito*, trad. João Baptista Machado, 6. ed., São Paulo, Martins Fontes, 1998).

século XIX. A própria revolução tecnológica pela qual passamos determinou uma modificação brutal do nosso sistema com avanços que se projetaram na atual sociedade da informação[2]. Os grandes temas de conflitos de interesses estão adaptados não mais a situações iminentemente individuais, mas sim a conflitos coletivos.

Um estudo fundamental neste período de transformações ideológicas – Formações sociais e interesses coletivos diante da Justiça Civil, de Mauro Cappelletti[3] – passou a destacar de forma mais enfática que entre o público e o privado existia um abismo[4]. Não mais era possível solucionar litígios apegados à velha concepção de que cada indivíduo poderia ser proprietário de um bem. Ou, por outro lado, se o bem não fosse passível de apropriação, que ele seria gerido por uma pessoa jurídica de direito público interno, de modo que a tutela de valores como a água, o ar atmosférico, o controle de publicidade enganosa e abusiva, a saúde, a cultura etc. também caberia a esse mesmo gestor, que seria responsável tanto pela administração dos bens como pela tutela desses valores, caso sua gestão fosse defeituosa.

Por evidência, isso representava um absurdo. A defesa de valores de interesse geral da coletividade, conhecidos na classificação elaborada por Renato Alessi como *interesses públicos primários*, não poderia ficar a cargo da própria gestora deles, porquanto, não raras vezes, o seu *interesse*, enquanto *administradora* desses bens – *os interesses públicos secundários* –, não coincidia com o interesse público primário, representativo do interesse comum da coletividade. Assim, a defesa de valores de interesse público primário deveria ser promovida pela coletividade, através de representantes.

Importante frisar que a reflexão sobre os direitos que pairavam acima dos interesses individuais – os direitos metaindividuais – somente se fez presente com a existência dos conflitos de massa, o que foi sensivelmente acentuado após a Segunda Guerra Mundial. Com isso, somente passamos a considerar melhor os direitos metaindividuais a partir da necessidade processual de compô-los.

E, ao ponderar sobre os aspectos processuais para a defesa dos direitos metaindividuais, o ilustre Prof. José Carlos Barbosa Moreira[5] foi o primeiro a indicar que, em 1965, no Brasil, já possuíamos a defesa do direito metaindividual, por conta do procedimento

---

2. Celso Antonio Pacheco Fiorillo, *O direito de antena em face do direito ambiental no Brasil*, São Paulo, Saraiva, 2000; Celso Antonio Pacheco Fiorillo, *Princípios constitucionais do direito da sociedade da informação, A tutela jurídica do meio ambiente digital*, São Paulo, Saraiva, 2014; Celso Antonio Pacheco Fiorillo, *O marco civil da internet e o meio ambiente digital na sociedade da informação*, São Paulo, Saraiva, 2015; Celso Antonio Pacheco Fiorillo; Renata Marques Ferreira, *Tutela jurídica do patrimônio genético em face da sociedade da informação*, Rio de Janeiro, Lumen Juris, 2016; Celso Antonio Pacheco Fiorillo; Renata Marques Ferreira, *Liberdade de expressão e direito de resposta na sociedade da informação*, Rio de Janeiro, Lumen Juris, 2017; Celso Antonio Pacheco Fiorillo; Renata Marques Ferreira, *Tutela jurídica do WhatsApp na sociedade da informação*, Rio de Janeiro, Lumen Juris, 2017; Celso Antonio Pacheco Fiorillo, *Crimes no meio ambiente digital em face da sociedade da informação*, 2. ed., São Paulo, Saraiva, 2016.

3. Formações sociais e interesses coletivos diante da Justiça Civil, *RP*, São Paulo, Revista dos Tribunais, 5:7, 1977.

4. *Vide* Ação Direta de Inconstitucionalidade n. 1.923; origem: DF; Rel. Min. Ilmar Galvão.

5. *Temas de direito processual*, São Paulo, Saraiva, 1977, p. 110 e s.

trazido pela Lei n. 4.717, a Lei da Ação Popular. Afirmou-se que a ação popular tinha por finalidade proteger direito metaindividual, qual seja, o erário, e quem o fazia – o autor popular – ingressava com uma ação para discutir um conflito que dizia respeito à coletividade, de forma que esse autor popular não se caracterizava como um substituto processual, na medida em que não defendia apenas direito de terceiro, mas próprio também.

Dessa forma, a Lei n. 4.717/65 foi o primeiro diploma que, apesar de debater temas de direito instrumental, destacou questões de direito material fundamental. Esse reflexo configurou uma evolução doutrinária até que, em 1981, veio a ser editada a Lei n. 6.938, que estabeleceu, pela primeira vez, a Política Nacional do Meio Ambiente e tratou de defini-lo, destacando-o como uma interação de ordem química, física e biológica que permite, abriga e rege a vida em todas as suas formas.

A Lei n. 6.938/81 representou um grande impulso na tutela dos direitos metaindividuais e, nesse caminhar legislativo, em 1985, foi editada a Lei n. 7.347, que, apesar de ser tipicamente instrumental, veio a colocar à disposição um aparato processual toda vez que houvesse lesão ou ameaça de lesão ao *meio ambiente*, ao *consumidor*, aos *bens e direitos de valor artístico, estético, histórico, turístico e paisagístico*: a ação civil pública.

Deve-se frisar que, pela primeira vez, houve previsão expressa acerca dos interesses e direitos difusos e coletivos: no respectivo projeto de lei, em seu art. 1º, IV, o qual preceituava que a ação civil pública seria instrumento apto à defesa, além dos direitos supracitados, de *qualquer outro direito difuso e coletivo*. Entretanto, aludido inciso foi vetado pelo Presidente da República, sob a argumentação de que não havia no ordenamento jurídico definição legal para os interesses e direitos difusos e coletivos, de modo que, enquanto pendesse a delimitação de seu conteúdo, não seria viabilizada a defesa através de ação civil pública.

Sensível a esses fatos, o legislador constituinte de 1988 trouxe uma novidade importante: além de autorizar a tutela de direitos individuais, o que tradicionalmente já era previsto nas Constituições anteriores, passou a admitir a tutela de direitos coletivos (Título II – Dos Direitos e Garantias Fundamentais, Capítulo I – Dos Direitos e Deveres Individuais e Coletivos)[6], porque compreendeu a existência de uma *terceira espécie de bem*: o bem ambiental[7]. Tal fato pode ser verificado em razão do disposto no art. 225 da Constituição Federal, que consagrou a existência de um bem que não é público nem particular, mas sim de uso comum do povo, conforme didaticamente indicou o Supremo Tribunal Federal acolhendo nossa interpretação.

Em face dessa previsão constitucional (do bem ambiental), foi publicada a Lei n. 8.078, de 1990, que tratou de definir os direitos metaindividuais (direitos difusos,

---

6. "Reserva extrativista. Conflito de interesse. Coletivo *versus* individual. Ante o estabelecido no art. 225 da CF, conflito entre os interesses individual e coletivo resolve-se a favor deste último" (MS 25.284, Rel. Min. Marco Aurélio, j. 17-6-2010, Plenário, *DJe,* 13-8-2010).

7. "Os arts. 2º da Lei n. 8.176/91 e 55 da Lei n. 9.605/98 tutelam bens jurídicos distintos: o primeiro visa a resguardar o patrimônio da União; o segundo protege o meio ambiente. Daí a improcedência da alegação de que o art. 55 da Lei 9.605/1998 revogou o art. 2º da Lei 8.176/1991" (HC 89.878, Rel. Min. Eros Grau, j. 20-4-2010, 2ª Turma, *DJe,* 14-5-2010). *Vide,* de forma aprofundada no presente livro, Capítulo III – BENS AMBIENTAIS.

coletivos e individuais homogêneos) e acrescentou o antigo inciso IV do art. 1º da Lei n. 7.347/85, que havia sido vetado, possibilitando, desse modo, a utilização da ação civil pública para a defesa de qualquer interesse difuso e coletivo. Assim, tivemos a criação infraconstitucional dos direitos difusos, coletivos e individuais homogêneos[8].

Vejamos o conteúdo de cada um desses direitos metaindividuais.

## 2. DIREITOS DIFUSOS

A Lei n. 8.078/90, em seu art. 81, parágrafo único, I, trouxe um conceito legal, ao estabelecer que:

"Art. 81. A defesa dos interesses e direitos dos consumidores e das vítimas poderá ser exercida em juízo individualmente, ou a título coletivo.

Parágrafo único. A defesa coletiva será exercida quando se tratar de:

I – interesses ou direitos difusos, assim entendidos, para efeitos deste Código, os transindividuais, de natureza indivisível, de que sejam titulares pessoas indeterminadas e ligadas por circunstâncias de fato".

Por conta do aludido preceito, o direito difuso apresenta-se como um direito *transindividual*, tendo um objeto *indivisível*, titularidade *indeterminada* e interligada por *circunstâncias de fato*[9 e 10], sendo "firme a orientação do Supremo Tribunal Federal, no

---

8. É importante destacar que o direito brasileiro é um produto cultural, caracterizando-se, dentro de nossa realidade, por ser verdadeiro patrimônio cultural, constituindo-se em bem de natureza material e imaterial portador de referência (enquanto forma de expressão) à identidade e à ação, assim como à memória dos diferentes grupos formadores da sociedade brasileira (art. 216 da CF). Dessarte, nosso direito está intrinsecamente ligado, sob o ponto de vista jurídico, ao meio ambiente cultural.

*Vide* nosso *Direito processual ambiental brasileiro:* a defesa judicial do patrimônio genético, do meio ambiente cultural, do meio ambiente digital, do meio ambiente artificial, do meio ambiente do trabalho e do meio ambiente natural no Brasil, 7. ed., São Paulo, Saraiva, 2018.

9. "*Interesses difusos são aqueles que abrangem número indeterminado de pessoas unidas pelas mesmas circunstâncias de fato e coletivos aqueles pertencentes a grupos, categorias ou classes de pessoas determináveis, ligadas entre si ou com a parte contrária por uma relação jurídica base. A indeterminidade é a característica fundamental dos interesses difusos e a determinidade, a daqueles interesses que envolvem os coletivos. Direitos ou interesses homogêneos são os que têm a mesma origem comum (art. 81, III, da Lei n. 8.078, de 11-9-1990), constituindo-se em subespécie de direitos coletivos.* Quer se afirme interesses coletivos ou particularmente interesses homogêneos, *stricto sensu*, ambos estão cingidos a uma mesma base jurídica, sendo coletivos, explicitamente dizendo, porque são relativos a grupos, categorias ou classes de pessoas, que, conquanto digam respeito às pessoas isoladamente, não se classificam como direitos individuais para o fim de ser vedada a sua defesa em ação civil pública, porque sua concepção finalística destina-se à proteção desses grupos, categorias ou classe de pessoas" (RE 163.231, Rel. Min. Maurício Corrêa, j. 26-2-1997, Plenário, *DJ*, 29-6-2001). *No mesmo sentido:* RE 514.023-AgR, Rel. Min. Ellen Gracie, j. 4 de dezembro de 2009, 2ª Turma, *DJe*, 5 de fevereiro de 2010; RE 511.961, Rel. Min. Gilmar Mendes, j. 17 de junho de 2009, Plenário, *DJe*, de 13 de novembro de 2009.

10. "Ementa: CONSTITUCIONAL E PROCESSUAL CIVIL. AÇÃO CIVIL COLETIVA. DIREITOS TRANSINDIVIDUAIS (DIFUSOS E COLETIVOS) E DIREITOS INDIVIDUAIS HOMOGÊNEOS. DISTINÇÕES. LEGITIMAÇÃO DO MINISTÉRIO PÚBLICO. ARTS. 127 E 129, III, DA CF. LESÃO

sentido de que cabe ao Poder Judiciário, em situações excepcionais, determinar a implementação de políticas públicas por parte do Poder Executivo e a adoção de medidas assecuratórias aos direitos difusos, coletivos e individuais homogêneos reconhecidos pela Constituição Federal, sem que isso configure ingerência indevida de um Poder na esfera do outro"[11].

## 2.1. TRANSINDIVIDUALIDADE

O citado art. 81 da Lei n. 8.078/90, ao preceituar que os interesses ou direitos difusos são transindividuais, objetivou defini-los como aqueles que transcendem o indivíduo, ultrapassando o limite da esfera de direitos e obrigações de cunho individual. Como bem ensina Rodolfo de Camargo Mancuso, são os "interesses que depassam a esfera de atuação dos indivíduos isoladamente considerados, para surpreendê-los em sua dimensão coletiva"[12].

## 2.2. INDIVISIBILIDADE

O direito difuso possui a natureza de ser indivisível. Não há como cindi-lo. Trata--se de um objeto que, ao mesmo tempo, a todos pertence, mas ninguém em específico o possui. Um típico exemplo é o ar atmosférico. É uma "espécie de comunhão, tipificada pelo fato de que a satisfação de um só implica, por força, a satisfação de todos, assim como a lesão de um só constitui, *ipso facto*, lesão da inteira coletividade", conforme ensinamento de José Carlos Barbosa Moreira[13].

## 2.3. TITULARES INDETERMINADOS E INTERLIGADOS POR CIRCUNSTÂN-CIAS DE FATO

Os interesses ou direitos difusos possuem titulares indeterminados. Ao pensarmos no ar atmosférico poluído, não temos como precisar quais são os indivíduos afetados por ele. Talvez seja possível apenas delimitar um provável espaço físico que estaria sendo abrangido pela poluição atmosférica, todavia, seria inviável determinar todos os indivíduos afetados e expostos a seus malefícios.

---

A DIREITOS INDIVIDUAIS DE DIMENSÃO AMPLIADA. COMPROMETIMENTO DE INTERESSES SOCIAIS QUALIFICADOS. SEGURO DPVAT. AFIRMAÇÃO DA LEGITIMIDADE ATIVA" (RE 631111/GO, Rel. Min. Teori Zavascki, j. 7-8-2014, Tribunal Pleno, Acórdão Eletrônico, Repercussão Geral – Mérito, *DJe*-213, divulg. 29-10-2014, public. 30-10-2014).

11. Confiram-se, a propósito, os seguintes precedentes: ARE 955846-AgR, Rel. Min. Gilmar Mendes, 2ª Turma, *DJe*, 7-6-2017; RE 511.254, Rel. Min. Teori Zavascki, 2ª Turma, *DJe*, 8-3-2016; AI 692.541-AgR, Rel. Min. Roberto Barroso, 1ª Turma, *DJe*, 21-9-2015; RE 804.690-AgR, Rel. Min. Luiz Fux, 1ª Turma, *DJe*, 2-9-2014; AI 788.542-AgR, Rel. Min. Rosa Weber, 1ª Turma, *DJe*, 28-5-2014; e RE 577.996-AgR, Rel. Min. Gilmar Mendes, *DJe*, 29-4-2014.

12. *Comentários ao Código de Proteção do Consumidor*, Saraiva, 1991, p. 275.

13. A legitimação para a defesa dos interesses difusos no direito brasileiro, *RF, 276*:1.

Nesse contexto, temos que os titulares estão interligados por uma circunstância fática. Inexiste uma relação jurídica. Experimentam a mesma condição por conta dessa circunstância fática, que, no nosso exemplo, é a poluição atmosférica.

Como salientava Celso Bastos, tratava-se da "descoincidência" do interesse difuso com o interesse de uma determinada pessoa, abrangendo na verdade "toda uma categoria de indivíduos unificados por possuírem um denominador fático qualquer em comum"[14].

O Supremo Tribunal Federal[15], bem como o Tribunal Regional Federal da 3ª Região, em manifestações didáticas, elucidaram de forma clara a concepção de direitos difusos em conformidade com nosso posicionamento, exatamente no sentido descrito na presente obra[16].

## 3. DIREITOS COLETIVOS *STRICTO SENSU*[17 e 18]

Os direitos coletivos *stricto sensu* possuem definição legal, trazida pela Lei n. 8.078/90, em seu art. 81, parágrafo único, II, o qual preceitua que:

---

14. A tutela dos interesses difusos no direito constitucional brasileiro, *Vox Legis*, ano XIII, v. 152, ago. 1981, *passim*.

15. É a posição do próprio Supremo Tribunal Federal apontando no plano da interpretação judicial nossa visão, a saber:

"Meio ambiente. Direito à preservação de sua integridade (CF, art. 225). Prerrogativa qualificada por seu caráter de metaindividualidade. Direito de terceira geração (ou de novíssima dimensão) que consagra o postulado da solidariedade. Necessidade de impedir que a transgressão a esse direito faça romper, no seio da coletividade, conflitos intergeracionais. Espaços territoriais especialmente protegidos (CF, art. 225, § 1º, III). Alteração e supressão do regime jurídico a eles pertinente. Medidas sujeitas ao princípio constitucional da reserva de lei. Supressão de vegetação em área de preservação permanente. Possibilidade de a administração pública, cumpridas as exigências legais, autorizar, licenciar ou permitir obras e/ou atividades nos espaços territoriais protegidos, desde que respeitada, quanto a estes, a integridade dos atributos justificadores do regime de proteção especial. Relações entre economia (CF, art. 3º, II, c/c o art. 170, VI) e ecologia (CF, art. 225). Colisão de direitos fundamentais. Critérios de superação desse estado de tensão entre valores constitucionais relevantes. Os direitos básicos da pessoa humana e as sucessivas gerações (fases ou dimensões) de direitos (*RTJ*, *164*/158, *160*/161). A questão da precedência do direito à preservação do meio ambiente: uma limitação constitucional explícita à atividade econômica (CF, art. 170, VI). Decisão não referendada. Consequente indeferimento do pedido de Medida Cautelar" (MC na ADI 3.540-1-DF, Rel. Celso de Mello, j. 1º-9-2005).

16. "A matéria debatida na ação originária é efetivamente metaindividual, valendo a observação que se insere igualmente nos denominados direitos do consumidor, sendo a Universidade o elemento de ligação entre a atuação do Estado (oferecimento de ensino de 3º grau, gratuito) e o cidadão, este identificado como sendo aluno que tenha concluído o 2º grau, consumidor, indeterminado, ou seja, no dizer de Celso Antonio Pacheco Fiorillo 'os titulares estão interligados por uma circunstância fática. Inexiste uma relação jurídica. Experimentam a mesma condição por conta dessa circunstância fática...' (in *Curso de direito ambiental brasileiro*, Saraiva, 2000, p. 7)" (Ag 138.612-SP, Rel. Desa. Federal Marli Ferreira, j. 27-11-2001).

17. Quando nos reportarmos aos direitos coletivos *lato sensu*, abordaremos os direitos coletivos como gênero, de forma a abranger os direitos difusos, os coletivos *stricto sensu* e os individuais homogêneos.

18. "Independentemente de a própria lei fixar o conceito de interesse coletivo, é conceito de Direito Constitucional, na medida em que a Carta Política dele faz uso para especificar as espécies de interesses que compete ao Ministério Público defender (CF, art. 129, III)" (RE 213.015, Rel. Min. Néri da Silveira, j. 8-4-2002, *DJ*, 24-5-2002).

"Art. 81. A defesa dos interesses e direitos dos consumidores e das vítimas poderá ser exercida em juízo individualmente, ou a título coletivo.

Parágrafo único. A defesa coletiva será exercida quando se tratar de:

(...)

II – interesses ou direitos coletivos, assim entendidos, para efeitos deste Código, os transindividuais de natureza indivisível de que seja titular grupo, categoria ou classe de pessoas ligadas entre si ou com a parte contrária por uma relação jurídica base".

## 3.1. TRANSINDIVIDUALIDADE E DETERMINABILIDADE DOS TITULARES

O legislador, ao mencionar que os interesses ou direitos coletivos são transindividuais, pretendeu destacar que eles, assim como os difusos, transcendem o indivíduo, ultrapassando o limite da esfera de direitos e obrigações de cunho individual.

Entretanto, os direitos coletivos diferem-se dos difusos em razão da *determinabilidade dos titulares*. Como vimos, o direito difuso é aquele que se encontra difundido pela coletividade, pertencendo a todos e a ninguém ao mesmo tempo. Os coletivos, por sua vez, possuem como *traço característico* a determinabilidade dos seus titulares. Deve-se observar que, ainda que num primeiro momento não seja possível determinar todos os titulares, por conta da natureza do direito coletivo, esses *titulares* (que estão ligados por uma relação jurídica entre si ou com a parte contrária) são *identificáveis*.

## 3.2. INDIVISIBILIDADE DO OBJETO

Assim como o direito difuso, o coletivo tem como característica a indivisibilidade de seu objeto. Essa indivisibilidade está restrita à categoria, ao grupo ou à classe titular do direito, de forma que a satisfação de um só implica a de todos, e a lesão de apenas um constitui lesão de todos.

## 4. DIREITOS INDIVIDUAIS HOMOGÊNEOS

Encontramos a definição legal na Lei n. 8.078/90, em seu art. 81, parágrafo único, III, o qual, de maneira pouco elucidativa, preceituou:

"Art. 81. A defesa dos interesses e direitos dos consumidores e das vítimas poderá ser exercida em juízo individualmente, ou a título coletivo.

Parágrafo único. A defesa coletiva será exercida quando se tratar de:

(...)

III – interesses ou direitos individuais homogêneos, assim entendidos os decorrentes de origem comum".

Como podemos verificar, o legislador não trouxe elementos definidores dos direitos individuais homogêneos. Entretanto, é possível concluir que se trata de direitos *individuais,* cuja origem decorre de uma mesma causa. Na verdade, a característica de ser um direito coletivo é atribuída por conta da *tutela coletiva,* à qual esses direitos poderão ser submetidos.

A compreensão desse instituto como um direito individual e de objeto divisível somente é possível em decorrência da interpretação do *sistema processual* de liquidação e execução dos direitos individuais homogêneos, trazido pelo Capítulo II do Título III da Lei n. 8.078/90. Isso porque, em alguns dispositivos (arts. 91, 97, 98 e 100), pode-se constatar que os legitimados para a ação civil pública agem como legitimados extraordinários, pleiteando em nome próprio direito alheio. Além disso, o sistema prevê que a liquidação de sentença poderá ser promovida pelas vítimas ou seus sucessores, demonstrando o caráter individualizador das ofensas experimentadas e, por consequência, a divisibilidade do objeto dessa relação[19].

## 4.1. CRITÉRIO DE DISTINÇÃO DOS DIREITOS

Importante frisar a colocação elaborada por Nery Junior, o qual, com visão própria, esclarece que "um direito caracteriza-se como difuso (...) de acordo com o tipo de tutela jurisdicional e a pretensão levada a juízo"[20], aduzindo que "a pedra de toque do método classificatório" para qualificar um direito como difuso, coletivo ou individual é "o tipo de tutela jurisdicional que se pretende quando se propõe a competente ação judicial", sendo certo, para o autor, que, "da ocorrência de um mesmo fato, podem originar-se pretensões difusas, coletivas e individuais"[21].

---

19. STF, RE 699.580 AgR/SC, 2ª Turma, Rel. Min. Celso de Mello, j. 6 de agosto de 2013.

20. *Código de Processo Civil e legislação processual civil extravagante em vigor*, Revista dos Tribunais, 1994, p. 1.232.

21. *Código brasileiro de Defesa do Consumidor*, Rio de Janeiro, Forense Universitária, 1991, *passim.*

# Capítulo II
## FUNDAMENTOS CONSTITUCIONAIS DO DIREITO AMBIENTAL BRASILEIRO

## A) INTRODUÇÃO

### 1. NOÇÕES PROPEDÊUTICAS. O PISO VITAL MÍNIMO. O ART. 225 ESTABELECENDO AS QUATRO CONCEPÇÕES FUNDAMENTAIS NO ÂMBITO DO DIREITO AMBIENTAL BRASILEIRO E A VISÃO DO SUPREMO TRIBUNAL FEDERAL (ADI 4.066)

Conforme já tivemos oportunidade de mencionar, a Constituição Federal de 1988 consagrou de forma pioneira e importante a existência de um bem que não possui características de bem público e, muitos menos, privado, voltado à realidade do século XXI, das sociedades de massa, caracterizada por um crescimento desordenado e brutal evolução tecnológica com avanços que se projetaram na atual sociedade da informação.

Diante desse quadro, a nossa Carta Magna estruturou uma composição para a tutela dos valores ambientais, reconhecendo-lhes características próprias, desvinculadas do instituto da posse e da propriedade estabelecido em face de uma vetusta perspectiva cultural eurocêntrica, consagrando uma nova concepção ligada a direitos que muitas vezes transcendem a tradicional ideia dos direitos ortodoxos: os chamados direitos difusos.

Isso foi realizado por conta do art. 225 do Texto Constitucional, que nos forneceu os fundamentos básicos para a compreensão do instituto[1]. Dispõe seu *caput*:

"Art. 225. Todos têm direito ao meio ambiente ecologicamente equilibrado, bem de uso comum do povo e essencial à sadia qualidade de vida, impondo-se ao Poder Público e à coletividade o dever de defendê-lo e preservá-lo para as presentes e futuras gerações".

---

1. Cf. Celso Antonio Pacheco Fiorillo, Dos direitos humanos aos direitos e garantias fundamentais: direitos difusos. *Meio Ambiente, 10 anos de Constituição – uma análise,* Instituto Brasileiro de Direito Constitucional – IBDC, p. 145-9, out. 1998.

Podemos dividir esse dispositivo em quatro partes e analisá-las em separado. A primeira parte aponta, como *direito de todos*, a existência do direito a um meio ambiente ecologicamente equilibrado.

A primeira tarefa concentra-se no preenchimento do conteúdo do termo *todos*. Uma ideia inicial é de que a concepção *todos*, que traz a característica do bem difuso, estaria exteriorizada com base no que estabelece o art. 5º da Constituição Federal. Assim, *brasileiros e estrangeiros residentes* no País poderiam absorver a titularidade desse direito material. Tal concepção reafirma ainda o princípio da soberania, preceito fundamental da República Federativa do Brasil. Daí entendermos que a Constituição, ao fixar fundamentos visando a constituir um Estado Democrático de Direito, pretendeu destinar às pessoas humanas abarcadas por sua *soberania* o exercício pleno e absoluto do direito ambiental brasileiro[2].

Uma outra corrente estabelece o conteúdo da expressão *todos* presente no art. 1º, III, da Constituição Federal, sustentando que, além dos brasileiros e estrangeiros residentes no País, *toda e qualquer pessoa humana* teria a possibilidade de estar adaptada à tutela desses valores ambientais. Dessa forma, fazendo-se menção à pessoa humana, teríamos uma visão mais ampla do que a contida no art. 5º da Lei Maior. Com base nessa visão, não importaria perquirir se o destinatário da norma constitucional seria brasileiro ou estrangeiro, indígena ou alienígena. Qualquer pessoa humana, desde que sustentando essa condição, preencheria os requisitos de direito positivo necessários ao exercício de direitos ambientais em nosso país. Com isso, eliminaríamos um fator fundamental para todos os povos aglutinados em face de sua cultura: a soberania[3].

Registre-se a nossa discordância com esse posicionamento, porque entendemos que o povo, enquanto conjunto de indivíduos que falam a mesma língua, têm costumes e hábitos assemelhados, afinidades de interesses, história e tradições comuns, é quem exerce a titularidade do meio ambiente ecologicamente equilibrado, dentro de uma nova visão constitucional plenamente adaptada aos interesses de uma sociedade de massa[4], até mesmo porque o art. 225, ao definir o bem ambiental, preceitua-o como um bem de uso comum do *povo*.

Desse modo, defendemos que o alcance constitucional do termo *todos*, fixado no art. 225 da Carta Maior, estaria adstrito ao que estabelece o art. 5º, no sentido de que brasileiros e estrangeiros residentes no País é que delimitam a coletividade de pessoas, ainda que indefinidas, de um critério mais específico, com destaque para uma composição obviamente metaindividual[5].

2. Celso Antonio Pacheco Fiorillo, *O direito de antena em face do direito ambiental no Brasil,* São Paulo, Saraiva, 2000, p. 83.

3. Para um breve estudo do bem ambiental vinculado à soberania nacional, assim como nossa auto-determinação, *vide* Direito ambiental internacional e biodiversidade, publicado na *Revista do Centro de Estudos Judiciários do Conselho da Justiça Federal,* ano III, n. 8, 1999, Brasília, Distrito Federal.

4. Celso Antonio Pacheco Fiorillo, *O direito de antena,* cit., p. 83-4.

5. O *conceito constitucional de residência é evidentemente mais amplo* que o conceito infraconstitucional de domicílio previsto no art. 70 do Código Civil (Lei n. 10.406/2002).

A segunda parte do dispositivo a ser analisada relaciona-se à compreensão do *bem ambiental matéria que será analisada detalhadamente no presente livro.*

Com efeito, quando a Constituição Federal diz que todos têm direito a um meio ambiente ecologicamente equilibrado, aponta a existência de um direito vinculado à hipótese de um bem de *uso comum* do povo e essencial à sadia qualidade de vida.

Ao verificarmos o direito civil, notamos que os poderes básicos do direito material de propriedade tradicional do século XIX são compreendidos pelo direito de usar, fruir, gozar e dispor do bem. Por sua vez, a Constituição Federal de 1988 inova o ordenamento, destacando do bem ambiental alguns desses direitos e protegendo bens que não são suscetíveis de apropriação, seja pela pessoa física, seja pela pessoa jurídica. **Na verdade, a Constituição formulou inovação revolucionária no sentido de criar um terceiro gênero de bem, que, em face de sua natureza jurídica, não se confunde com os bens públicos e muito menos com os privados**[6]**.**

Isso passa a exigir do intérprete uma nova compreensão da estrutura apresentada pelo art. 20 da Constituição Federal, que estabelece quais os bens da União, porque diversos deles possuem características de bem ambiental, como os lagos, rios, ilhas fluviais e o próprio mar territorial, cabendo à União não a sua propriedade, porquanto o bem difuso é insuscetível de apropriação, mas sim a possibilidade de gerenciá-los.

A terceira análise da norma diz respeito à *estrutura finalística do direito ambiental*, porquanto esse bem de uso comum do povo, para que se caracterize como um bem ambiental e seja traduzido como difuso, tem de ser essencial à *sadia qualidade de vida.*

A concepção "essencial à sadia qualidade de vida" reporta-se aos destinatários da norma constitucional, que somos todos nós. Dessarte, a regra vinculada ao direito ambiental tem como objetivo a *tutela do ser humano* e, de forma mediata, outros valores que também venham a ser estabelecidos na Constituição Federal.

---

Dessarte, o turista que se encontra no País também terá direitos compatíveis com nosso sistema constitucional, como é o caso das relações jurídicas de consumo (Lei federal n. 8.078/90). *Vide* na presente obra a "Tutela jurídica do ecoturismo" (Parte IV).

De qualquer maneira, apenas para registro, uma vez que em princípio não se aplica ao sistema constitucional do direito ambiental o subsistema do denominado direito civil, o art. 73 do CC estabelece que: "Ter-se-á por domicílio da pessoa natural, que não tenha residência habitual, o lugar onde for encontrada", sendo certo que o Código Civil entende ser domicílio da pessoa natural o lugar onde ela estabelece sua residência com ânimo definitivo (art. 70). E o que é *residência* para o direito civil? Roberto de Ruggiero, depois de demonstrar "uma lenta transformação de conceitos que tem sua primeira origem na teoria romana do *domicilium*", explica que existiria uma tríplice distinção entre domicílio, residência e permanência ou estadia, sendo certo que, para o renomado professor da Universidade Real de Roma, residência é "o lugar da sede estável da pessoa" ou, como a lei se exprime, "o lugar em que uma pessoa tem sua habitação habitual". O Código Civil italiano de 16 de março de 1942 indica no art. 43 que "o domicílio de uma pessoa é o lugar em que ela estabelece a sede principal dos seus negócios e interesses", sendo certo que "a residência é o lugar em que a pessoa permanece habitualmente".

*Vide Código Civil italiano*, traduzido por Souza Diniz, Rio de Janeiro, Distribuidora Record, 1961; *Instituições de direito civil*, São Paulo, Saraiva, 1957, v. I: Introdução e Parte Geral – Direito das Pessoas.

6. Celso Antonio Pacheco Fiorillo, *O direito de antena*, cit., p. 86.

Por conta dessa visão, e conforme temos defendido desde o início do século[7], devemos compreender o que seja *essencial*, adotando um padrão mínimo de interpretação ao art. 225 em face dos dizeres do art. 1º, combinado com o art. 6º da Constituição Federal, que fixa o *piso vital mínimo*. Com efeito, um dos princípios fundamentais da República Federativa do Brasil é o da dignidade da pessoa humana, e, para que uma pessoa tenha a tutela mínima de direitos constitucionais adaptada ao direito ambiental, deve possuir uma vida não só sob o ponto de vista fisiológico, mas sobretudo concebida por valores outros, como os culturais, que são fundamentais para que ela possa sobreviver, em conformidade com a nossa estrutura constitucional. E é exatamente por conta dessa visão que apontamos o critério de dignidade da pessoa humana, dentro de uma visão adaptada ao direito ambiental, preenchendo o seu conteúdo com a aplicação dos preceitos básicos descritos no art. 6º da Constituição Federal[8].

Além disso, quando se fala em dignidade da pessoa humana e tutela do direito à vida, além do aspecto fisiológico anteriormente referido, obviamente, tem de se levar em consideração a possibilidade do desfrute, por toda e qualquer pessoa, do direito à educação, à saúde, ao trabalho, ao lazer, à segurança e aos demais preceitos dispostos no art. 6º.

Daí resultar bem evidenciado que nossa Constituição Federal estabelece claramente, em face da matéria anteriormente aduzida, o denominado "mínimo existencial" destinado a balizar os interesses/direitos da pessoa humana em nosso País ocasionando necessários reflexos no plano infraconstitucional[9 e 10].

O bem ambiental, fundamental, como declara a Carta Constitucional, e porquanto vinculado a aspectos de evidente importância à vida, merece tutela tanto do *Poder Público* como de *toda a coletividade*, tutela essa consistente num *dever*, e não somente em mera norma moral de conduta. E, ao referir-se à coletividade e ao Poder Público, leva--nos a concluir que a proteção dos valores ambientais estrutura tanto a sociedade, do ponto de vista de suas instituições, quanto se adapta às regras mais tradicionais das organizações humanas, como as associações civis, os partidos políticos e os sindicatos[11].

O quarto ponto a ser analisado é aquele que nos proporciona a compreensão do que seja um bem ambiental, isto é, um bem resguardado não só no interesse dos que

---

7. Celso Antonio Pacheco Fiorillo, *Curso de direito ambiental brasileiro*, 1. ed., 2000.

8. Cf. Celso Antonio Pacheco Fiorillo, Dos direitos humanos..., *10 anos de Constituição – uma análise,* cit., p. 148.

9. *Vide*, por exemplo, a Lei n. 14.181, de 1º de julho de 2021, que, ao alterar a Lei n. 8.078/90 (Código de Defesa do Consumidor) e a Lei n. 10.741, de 1º de outubro de 2003 (Estatuto do Idoso), para aperfeiçoar a disciplina do crédito ao consumidor e dispor sobre a prevenção e o tratamento do superendividamento, indica a necessidade de preservação do mínimo existencial como critério interpretativo estrutural da referida norma jurídica.

10. Para uma interessante análise no plano do direito alemão, *vide* Klaus Ferdinand Gärditz, Das verfassungsrechtliche Existenzminimum, in "Hartz IV"-Urteil des Bundesverfassungsgericht, Gärditz, "Hartz IV"-Urteil des BVerfG, BRJ 1/2010.

11. Cf. Celso Antonio Pacheco Fiorillo, Dos direitos humanos..., *10 anos de Constituição – uma análise*, cit., p. 149.

estão vivos, mas também no das futuras gerações. É a primeira vez que a Constituição Federal se reporta a direito futuro, diferentemente daquela ideia tradicional do direito de sucessão previsto no Código Civil. Portanto, a responsabilidade de tutela dos valores ambientais não diz somente respeito às nossas existências, mas também ao *resguardo das futuras gerações*[12].

Aludida preocupação veio contemplada na tutela da preservação do patrimônio genético, estrutura básica da vida humana, independentemente da concepção filosófica ou religiosa adotada. Hoje, ao se falar em tutela do direito à vida, muito antes de qualquer consideração sobre o nascituro, existe essa estrutura fundamental vinculada à organização do DNA (ácido desoxirribonucleico).

Assim, temos que o art. 225 estabelece quatro concepções fundamentais no âmbito do direito ambiental: a) de que todos têm direito ao meio ambiente ecologicamente equilibrado; b) de que o direito ao meio ambiente ecologicamente equilibrado diz respeito à existência de um bem de uso comum do povo e essencial à sadia qualidade de vida, criando em nosso ordenamento o *bem ambiental*; c) de que a Carta Maior determina tanto ao Poder Público como à coletividade o dever de defender o bem ambiental, assim como o dever de preservá-lo; d) de que a defesa e a preservação do bem ambiental estão vinculadas não só às presentes como também às futuras gerações.

O Supremo Tribunal Federal, através de didática lição da Ministra Rosa Weber, teve oportunidade de ratificar nosso entendimento, a saber:

"Direta e necessariamente extraídos da cláusula constitucional do direito à saúde tomada como princípio, somente podem ser afirmados, sem necessidade de intermediação política, os conteúdos desde já decididos pelo Poder Constituinte: aquilo que o Poder Constituinte, representante primário do povo soberano, textualmente decidiu retirar da esfera de avaliação e arbítrio do Poder Legislativo, representante secundário do povo soberano. Adotar essa postura frente às cláusulas constitucionais fundamentais não significa outra coisa senão levar a sério os direitos, como bem lembra o renomado professor da Escola de Direito da Universidade de Nova Iorque, Jeremy Waldron: 'Nós discordamos sobre direitos e é compreensível que seja assim. Não deveríamos temer nem ter vergonha de tal desacordo, nem abafá-lo e empurrá-lo para longe dos fóruns nos quais importantes decisões de princípios são tomadas em nossa sociedade. Nós devemos acolhê-lo. Tal desacordo é um sinal – o melhor sinal possível em circunstâncias modernas – de que as pessoas levam os direitos a sério. Evidentemente, (...) uma pessoa que se encontra em desacordo com outras não é por essa razão desqualificada de considerar sua própria visão como correta. Nós devemos cada um de nós, manter a fé nas nossas próprias convicções. Mas levar os direitos a sério é também uma questão de como responder à oposição de outros,

_____

12. Celso Antonio Pacheco Fiorillo, Dos direitos humanos..., *10 anos de Constituição – uma análise*, cit., p. 149.

até mesmo em uma questão de direitos. (...) Levar os direitos a sério, então, é responder respeitosamente a esse aspecto de alteridade e então estar disposto a participar vigorosamente – mas como um igual – na determinação de como devemos viver juntos nas circunstâncias e na sociedade que compartilhamos'.

Esse mesmo cuidado deve ser adotado pela Corte no que se refere à cláusula constitucional proclamadora do direito fundamental ao meio ambiente ecologicamente equilibrado como essencial à sadia qualidade de vida (art. 225), **sobre a qual registro a análise minuciosa de Celso Antônio Pacheco Fiorillo, para quem a Constituição da República conclui pela presença de quatro concepções fundamentais no âmbito do direito ambiental** (grifos nossos): a) de que todos têm direito ao meio ambiente ecologicamente equilibrado; b) de que o direito ao meio ambiente ecologicamente equilibrado diz respeito à existência de um bem de uso comum do povo e essencial à sadia qualidade de vida, **criando em nosso ordenamento o bem ambiental;** (grifos nossos) c) de que a Carta Magna determina tanto ao Poder Público como à coletividade o dever de defender o bem ambiental, assim como o dever de preservá-lo; d) de que a defesa e a preservação do bem ambiental estão vinculadas não só às presentes como também às futuras gerações"[13].

## 2. VISÃO ANTROPOCÊNTRICA DO DIREITO CONSTITUCIONAL AMBIENTAL

Cabe-nos neste momento questionar: a quem o direito ambiental serve? Seria somente ao homem ou a toda e qualquer outra forma de vida? O tema pode ser desenvolvido a partir de duas ideias fundamentais: a) a de que o destinatário do direito ambiental seria a pessoa humana; e b) a de que seu destinatário seria a vida em todas as suas formas. Passemos a analisar as duas ideias.

### 2.1. A PESSOA HUMANA COMO DESTINATÁRIA DO DIREITO AMBIENTAL E AS ADIS 4.066 E 3.470

A Constituição Federal de 1988, ao estabelecer em seus princípios fundamentais a *dignidade da pessoa humana* (art. 1º, III)[14] como fundamento destinado a interpretar

---

13. ADI 4.066/DF. Tribunal Pleno, Rel. Min. Rosa Weber, j. 24-8-2017, *DJe*, 043, divulg. 6-3-2018, public. 7-3-2018.

14. O postulado da *dignidade da pessoa humana* como verdadeiro valor-fonte que conforma, orienta e inspira todo o ordenamento constitucional vigente no Brasil tem merecido destaque por parte do Supremo Tribunal Federal.

*Vide*: HC 85.988-MC, Rel. Min. Celso de Mello, *DJ*, 10-6-2005.

No mesmo sentido: HC 85.237, Rel. Min. Celso de Mello, *DJ*, 29-4-2005, e HC 86.360, Rel. Min. Gilmar Mendes, *DJ*, 23-9-2005.

todo o sistema constitucional[15], adotou visão (necessariamente com reflexos em toda a legislação infraconstitucional – nela incluída toda a legislação ambiental) **explicitamente** *antropocêntrica*, atribuindo aos brasileiros e estrangeiros residentes no País (arts. 1º, I, e 5º da Carta Magna) uma posição de centralidade em relação ao nosso sistema de direito positivo[16].

De acordo com esta visão, temos que o direito ao meio ambiente é voltado para a *satisfação das necessidades humanas*[17]. Todavia, aludido fato, de forma alguma, impede que ele proteja a vida em todas as suas formas, conforme determina o art. 3º da Política Nacional do Meio Ambiente (Lei n. 6.938/81), cujo conceito de meio ambiente foi, a nosso ver, inteiramente recepcionado[18].

Se a Política Nacional do Meio Ambiente protege a vida em todas as suas formas, e não é só o homem que possui vida, então todos que a possuem são tutelados e protegidos pelo direito ambiental, sendo certo que um bem, *ainda que não seja vivo*, pode ser ambiental, na medida que possa ser essencial à sadia qualidade de vida de outrem, em face do que determina o art. 225 da Constituição Federal (bem material ou mesmo imaterial)[19].

Dessa forma, a vida que não seja humana só poderá ser tutelada pelo direito ambiental na medida em que sua existência implique garantia da sadia qualidade de vida do homem, uma vez que numa sociedade organizada este é destinatário de toda e qualquer norma[20].

Vale ressaltar nesse sentido o Princípio n. 1 da Declaração do Rio de Janeiro sobre Meio Ambiente e Desenvolvimento de 1992:

> "Os seres humanos estão no centro das preocupações com o desenvolvimento sustentável. Têm direito a uma vida saudável e produtiva, em harmonia com a natureza".

Na verdade, o direito ambiental possui uma necessária visão antropocêntrica, porquanto o único animal racional é o homem, cabendo a este a preservação das espécies, incluindo a sua própria. Do contrário, qual será o grau de valoração, se não for a humana, que determina, v.g., que animais podem ser caçados, em que época se pode fazê-lo, onde etc.?

---

15. Devemos entender o sistema constitucional como um discurso que constitui um todo cujas partes derivam umas das outras. Trata-se verdadeiramente de uma unidade de múltiplos conhecimentos reunidos sob uma única ideia. *Unidade* e *organização* significam a base de interpretação estrutural de nosso sistema constitucional.

16. "O meio ambiente não é incompatível com projetos de desenvolvimento econômico e social que cuidem de preservá-lo como patrimônio da humanidade. **Com isso, pode-se afirmar que o meio ambiente pode ser palco para a promoção do homem todo e de todos os homens**" (ACO 876-MC-AgR, Rel. Min. Menezes Direito, j. 19-12-2007, Plenário, *DJE*, 1º-8-2008).

17. A expectativa de vida é um indicador que puxa para baixo a posição do Brasil no *ranking* do IDH (Índice de Desenvolvimento Humano).

18. Celso Antonio Pacheco Fiorillo, *O direito de antena*, cit., p. 60.

19. Celso Antonio Pacheco Fiorillo, *O direito de antena*, cit., p. 60.

20. Celso Antonio Pacheco Fiorillo, *O direito de antena*, cit., p. 63.

Além disso, costuma-se afirmar que a Constituição Federal de 1988, ao proibir práticas cruéis contra os animais, teria deslocado a visão antropocêntrica do direito ambiental. Questões intrigantes envolvem o tema, que exige do aplicador da norma uma interpretação sistemática da Carta Constitucional, deixando de lado a literalidade do dispositivo. Exemplo disso é a questão da farra do boi, atividade cultural típica do Sul do País, que gera grandes embates na doutrina e na jurisprudência[21] e que será oportunamente analisada.

De qualquer modo, quando entram em choque o direito constitucional do animal de não ser submetido a práticas cruéis e o de manifestação da cultura do povo, parece-nos que a única opção a prevalecer é a *atividade cultural*, porquanto é a identidade de um povo, representando a personificação da sua dignidade como parte integrante daquela região. Todavia, deve ser ressaltada a hipótese de o animal ser uma *espécie ameaçada de extinção*. Nessa situação, estaria comprometida a própria perpetuação do costume em tela, e, vedando-se a prática, o animal teria um mínimo de chance de sobreviver na cadeia ecológica, de forma a se reclamar, na hipótese, a sua preservação.

Não se deve perder de vista que *crueldade* é um termo jurídico indeterminado, reclamando do intérprete o preenchimento de seu conteúdo. Para tanto, cumpre ao aplicador da norma questionar se a prática é *necessária* e *socialmente consentida*. Com isso, obrigamo-nos à reflexão do que seja cruel, na medida em que, se concluirmos que matar um animal é agir com crueldade, chegaremos ao absurdo de que a Constituição Federal estaria proibindo práticas comuns que garantem nossa subsistência. Exemplo disso é pensarmos no abate diário de mais de duzentos mil frangos no Brasil.

Por ora, urge observar que o art. 225 da Constituição Federal de 1988 busca estabelecer, no mundo do dever-ser, um meio ambiente ecologicamente equilibrado para a sadia qualidade de vida. Isso significa que a crueldade deriva de um não aproveitamento do animal *para fins de manutenção da própria sadia qualidade de vida*. Dessa forma, o que não se pode permitir é, por exemplo, que se abata um animal destinado ao consumo humano por um método que, comprovadamente, seja mais doloroso para ele. Interessante verificar que, por motivos biológicos, chegou-se à conclusão de que, quanto mais o animal sofre antes de ser abatido, maior será sua liberação de toxinas e hormônios, que, impregnados em sua carne, provocarão danos à saúde. Aludido fato, em última análise, retrata a presença da visão antropocêntrica no direito ambiental, porquanto não se submete o animal à crueldade em razão de ele ser titular do direito, mas sim porque essa vedação busca proporcionar ao *homem* uma vida com mais qualidade.

Por tudo isso, não temos dúvida em afirmar que não só existe uma visão antropocêntrica do meio ambiente em sede constitucional, mas também uma indissociável relação econômica do bem ambiental com o lucro que pode gerar, bem como com a sobrevivência do próprio meio ambiente. Além disso, a vida humana só será possível com a permanência dessa visão antropocêntrica – o que, obviamente, não permite

---

21. Verificar o acórdão do STF que julgou o RE 153.531-8 a respeito da prática da farra do boi, em Santa Catarina. Como se sabe, houve divergência de julgamentos entre o Ministro Maurício Corrêa (a favor da prática, com fundamento na manifestação cultural) e os demais, que acompanharam o Ministro Relator Francisco Rezek (contra a farra do boi, com fundamento na crueldade).

exageros –, visto que, como o próprio nome já diz, ecossistema engloba os seres e suas interações positivas em um determinado espaço físico[22].

Daí a segura orientação do STF, acolhendo nossa visão, conforme fixado nas ADIs 4.066 e 3.470, ao estabelecer explicitamente que "a Constituição Federal de 1988, ao incluir entre seus princípios fundamentais a dignidade da pessoa humana (art. 1º, III), como fundamento destinado a interpretar todo o sistema constitucional, adotou visão explicitamente antropocêntrica, que reflete em toda a legislação infraconstitucional – o que abarca também a legislação ambiental. O Constituinte originário atribuiu aos brasileiros e estrangeiros residentes no País (arts. 12, I, e 52 da Carta Magna) posição de centralidade em relação ao nosso sistema de direito positivo. Nesse sentido o Princípio n. 1 da Declaração do Rio de Janeiro sobre Meio Ambiente e Desenvolvimento de 1992: 'Os seres humanos estão no centro das preocupações com o desenvolvimento sustentável. Têm direito a uma vida saudável e produtiva, em harmonia com a natureza'"[23].

Em julho de 2022, a Assembleia Geral da ONU aprovou, com 161 votos a favor, oito abstenções[24] e nenhum voto contra uma resolução[25] que reconhece o acesso a um ambiente limpo, saudável e sustentável como um direito humano universal afirmando a necessidade de sua plena implementação.

Festejada como uma "resolução histórica" e muito importante no sentido de ajudar "a reduzir as injustiças ambientais, fechar as lacunas de proteção e capacitar as pessoas", a referida resolução baseada em obrigações de direitos humanos visando fornecer "limites vitais para políticas econômicas e modelos de negócios" ao enfatizar "a sustentação das obrigações legais de agir (em favor do meio ambiente), em vez de simplesmente permitir que seja uma política discricionária" sendo "mais eficaz, legítima e sustentável", apenas indica muito tardiamente a concepção que nossa Carta Magna de 1988 sempre indicou no sentido de estabelecer que a pessoa humana é o critério interpretativo fundamental destinado a balizar no plano normativo constitucional e infraconstitucional o meio ambiente (natural, artificial,cultural/digital e do trabalho/saúde ambiental).

Seguiu, portanto, orientação que sempre defendemos desde o início do século...[26].

---

22. O princípio da dignidade da pessoa humana foi apontado pelo STF inclusive em face da possibilidade de relativizar a coisa julgada conforme noticiado pelo STF em 2 de junho de 2011 através da matéria: **"STF relativiza coisa julgada e permite nova ação de investigação de paternidade"**.

23. ADI 3.470/RJ – Rio de Janeiro, Ação Direta de Inconstitucionalidade, Tribunal Pleno, Rel. Min. Rosa Weber, j. 29-11-2017, processo eletrônico, *DJe*-019, divulg. 31-1-2019, public. 1º-2-2019; ADI 4.066/DF – Distrito Federal, Ação Direta de Inconstitucionalidade, Tribunal Pleno, Rel. Min. Rosa Weber, j. 24-8-2017, processo eletrônico, *DJe*-043, divulg. 6-3-2018, public. 7-3-2018.

24. A Assembleia adotou "L.75" por uma votação registrada de 161 a favor, 0 contra e 8 abstenções (Bielorrússia, Camboja, China, Etiópia, Irã, Quirguistão, Federação Russa, Síria).

25. Resolution No. A/RES/76/300 – Topic The human right to a clean, healthy and sustainable environment i/ UN General Assembly declares access to clean and healthy environment a universal human right 28 July 2022 Climate and Environment https://news.un.org/en/story/2022/07/1123482.

26. FIORILLO,Celso Antonio Pacheco. *Curso de Direito Ambiental Brasileiro*, 1. ed., São Paulo: Saraiva, 2000.

## 2.2. A VIDA EM TODAS AS SUAS FORMAS COMO DESTINATÁRIA DO DIREITO AMBIENTAL. OS ANIMAIS DE ESTIMAÇÃO

Por intermédio dessa visão o direito ambiental teria por objeto a tutela de toda e qualquer vida[27]. Embora contrária à nossa visão antropocêntrica do direito ambiental brasileiro, bem como à orientação do Supremo Tribunal Federal, interessante realizar breve análise, até mesmo como forma de reforçarmos nosso posicionamento.

Temos para nós que esse entendimento leva-nos a conclusões despropositadas, como podemos perceber na defesa de Diogo de Freitas do Amaral, o qual preceitua que:

"Já não é mais possível considerar a proteção da natureza como um objetivo decretado pelo homem em benefício exclusivo do próprio homem. A natureza tem que ser protegida também em função dela mesma, como valor em si, e não apenas como um objeto útil ao homem. (...) A natureza carece de uma proteção pelos valores que ela representa em si mesma, proteção que, muitas vezes, terá de ser dirigida contra o próprio homem"[28].

Parece-nos inaceitável aludida concepção, porquanto devamos considerar a proteção da natureza como um objetivo decretado pelo homem exatamente em benefício exclusivo seu[29].

Do contrário, estaríamos desenvolvendo um raciocínio no sentido de que a nossa Constituição, de maneira inédita, teria estendido o direito ambiental a todas as formas de vida. Nosso direito positivo constitucional estaria, portanto, assumindo uma interpretação literal do que estabelece o art. 3º, I, da Lei n. 6.938/81, que reza ser meio ambiente "o conjunto de condições, leis, influências e interações de ordem física, química e biológica, que permite, abriga e rege a vida *em todas as suas formas*".

De acordo com essa posição, os *animais* assumiriam papel de destaque em face da proteção ambiental, enquanto *destinatários diretos do direito ambiental brasileiro*. Todavia, não nos parece razoável a ideia do animal, da fauna, da vida em geral

---

27. Conforme explicam os professores César da Silva Junior, Sezar Sasson e Paulo Sérgio Bedaque Santos, "com o avanço das pesquisas e a descoberta de muitos milhares de novos seres, especialmente micro-organismos, os biólogos aceitam atualmente o agrupamento dos seres vivos em cinco reinos.

Além do reino dos animais e do reino das plantas, temos também o reino monera (as bactérias), o reino protista (algas microscópicas e amebas) e o reino dos fungos.

Os vírus não se encaixam em nenhum dos cinco reinos dos seres vivos antes indicados, formando um grupo à parte. Cabe destacar que esses seres, parasitas de células vegetais, animais etc., incluindo bactérias, são responsáveis por inúmeras e importantes DOENÇAS HUMANAS, as denominadas VIROSES".

*Vide* a obra *Ciências* – Entendendo a Natureza – Os seres vivos no ambiente, 23. ed., Saraiva, 2009, p. 52.

Com relação ao reino das plantas, *vide* Capítulo VIII – Flora e Aspectos de Defesa.

Com relação ao reino animal, *vide* mais adiante Capítulo IX – Fauna e Aspectos de Defesa.

28. *Direito ao meio ambiente*, apresentação, Lisboa, Ed. INA, 1994.

29. Celso Antonio Pacheco Fiorillo, *O direito de antena*, cit., p. 63-4.

dissociada da relação com o homem. Isso importa uma vez mais reiterar que a proteção do meio ambiente existe, antes de tudo, para *favorecer o próprio homem* e, senão por via reflexa e quase simbiótica, proteger as demais espécies. De qualquer maneira, para aqueles que advogam a ideia antes debatida, o alcance constitucional do termo *todos*, fixado no art. 225 da Carta Magna, seria infinitamente maior, o que resultaria na revolução dos critérios de interpretar o direito positivo em vigor.

Daí, e sempre com visão antropocêntrica, defendermos a possibilidade de se estabelecer tutela constitucional diferenciada em face dos animais de estimação, sempre no sentido de assegurar a dignidade da pessoa humana[30].

## 3. DEFINIÇÃO LEGAL DE MEIO AMBIENTE E A ADI 3.540 ESTABELECENDO OS VETORES INTERPRETATIVOS DO DIREITO AMBIENTAL CONSTITUCIONAL

Feita uma análise inicial do direito ambiental na Constituição Federal de 1988, trataremos de conceituá-lo em face da legislação em vigor.

Primeiramente, verificando a própria terminologia empregada, extraímos que *meio ambiente* relaciona-se a tudo aquilo que nos circunda. Costuma-se criticar tal termo, porque pleonástico, redundante, em razão de *ambiente* já trazer em seu conteúdo a ideia de "âmbito que circunda", sendo desnecessária a complementação pela palavra *meio*.

O legislador infraconstitucional tratou de definir o meio ambiente, conforme se verifica no art. 3º, I, da Lei n. 6.938/81 (a Lei da Política Nacional do Meio Ambiente):

"Art. 3º Para os fins previstos nesta Lei, entende-se por:

I – meio ambiente, o conjunto de condições, leis, influências e interações de ordem física, química e biológica, que permite, abriga e rege a vida em todas as suas formas".

Em face da sistematização dada pela Constituição Federal de 1988, podemos objetivamente afirmar que o conceito de meio ambiente dado pela Lei da Política Nacional do Meio Ambiente *foi recepcionado*[31]. Isso porque a Carta Magna de 1988 buscou tutelar não só o meio ambiente natural, mas também o artificial, o cultural e o do trabalho.

Aludida conclusão é alcançada pela observação do art. 225 da Lei Maior, que utiliza a expressão *sadia qualidade de vida*. De fato, o legislador constituinte optou por estabelecer dois objetos de tutela ambiental: "um imediato, que é a qualidade do meio

---

30. Celso Antonio Pacheco Fiorillo e Renata Marques Ferreira, *Tutela jurídica dos animais de estimação em face do direito constitucional brasileiro*, Rio de Janeiro, Lumen Juris, 2019.

31. Celso Antonio Pacheco Fiorillo e Renata Marques Ferreira, *A política nacional do meio ambiente (Lei 6.938/81) em face do direito ambiental constitucional brasileiro*. Rio de Janeiro, Lumen Juris, 2021.

ambiente, e outro mediato, que é a saúde, o bem-estar e a segurança da população, que se vêm sintetizando na expressão da qualidade de vida"[32].

O Supremo Tribunal Federal, pela oportunidade de aduzir que a incolumidade do meio ambiente não pode ser comprometida por interesses empresariais nem ficar dependente de motivações de índole meramente econômica, ainda mais se se tiver presente que a atividade econômica, considerada a disciplina constitucional que a rege, está subordinada, dentre outros princípios gerais, àquele que privilegia a "defesa do meio ambiente" (CF, art. 170, VI), explicitou de maneira clara e inequívoca que referida expressão (a expressão defesa do meio ambiente) "traduz conceito amplo e abrangente das noções de meio ambiente natural, de meio ambiente cultural, de meio ambiente artificial (espaço urbano) e de meio ambiente laboral, consoante ressalta o magistério doutrinário (Celso Antonio Pacheco Fiorillo, *Curso de Direito Ambiental Brasileiro*, p. 20/23, item n. 4, 6. ed., 2005, Saraiva; José Afonso Da Silva, *Direito Ambiental Constitucional*, p. 21/24, itens n. 2 e 3, 4. ed., 2ª tir., 2003, Malheiros; José Roberto Marques, *Meio Ambiente Urbano*, p. 42/54, item n. 4, 2005, Forense Universitária, v.g.)"[33 e 34].

Com isso, conclui-se que a definição de meio ambiente é ampla e NECESSARIAMENTE DE ÍNDOLE CONSTITUCIONAL, devendo-se observar que o legislador optou por trazer um *conceito jurídico indeterminado*, já devidamente interpretado pelo Supremo Tribunal Federal em 2005 a fim de criar um espaço positivo de incidência da norma.

Senão vejamos.

## 4. CLASSIFICAÇÃO DO MEIO AMBIENTE. OS QUATRO SIGNIFICATIVOS ASPECTOS QUE JÁ INDICÁVAMOS DESDE A 1ª EDIÇÃO DE NOSSO *CURSO DE DIREITO AMBIENTAL BRASILEIRO* (2000) ACOLHIDOS E RATIFICADOS POSTERIORMENTE PELO SUPREMO

---

32. José Afonso da Silva. *Direito constitucional ambiental.* São Paulo: Malheiros Ed., 1994, p. 54.

33. ADI 3.540 MC/DF – Distrito Federal, Medida Cautelar na Ação Direta de Inconstitucionalidade, Tribunal Pleno, rel. Min. Celso de Mello, j. 1º-9-2005, *DJ*, 3-2-2006, p. 14, ement., v. 02219-03, p. 528.

34. "Faço referência, apenas para citar um exemplo memorável, ao julgamento da Ação Direta de Inconstitucionalidade 3.540, de relatoria do Ministro Celso de Mello, em que o Supremo Tribunal Federal reconheceu a existência do princípio da solidariedade intergeracional. Trata-se de precedente que cresce em relevância à medida que os limites de resiliência dos biomas vêm sendo testados e ameaçados, colocando em xeque a integridade da biosfera e agravando o quadro de escassez dos recursos naturais dos quais depende o futuro da humanidade. A decisão é importante por diversos aspectos. Primeiro, por contribuir para a construção de uma dogmática constitucionalmente adequada para o que se tem chamado de desenvolvimento sustentável, voltado essencialmente à integração da questão ambiental no processo de desenvolvimento socioeconômico. Segundo, pela enunciação dos vetores interpretativos e do substrato axiológico que devem informar a compreensão e a aplicação de toda a legislação existente sobre o tema" (ADPF 857, Tribunal Pleno, Rel. Min. André Mendonça, Red. do acórdão Min. Flávio Dino, j. 20-3-2024, Publicação: 11-6-2024).

## TRIBUNAL FEDERAL: A ADI 3.540[35] ESTABELECENDO OS VETORES INTERPRETATIVOS DO DIREITO AMBIENTAL CONSTITUCIONAL

Como acima foi dito, o termo *meio ambiente* é um conceito jurídico indeterminado, cabendo, dessa forma, ao intérprete o preenchimento do seu conteúdo. Assim, passaremos a classificar seus *aspectos*.

Primeiramente, cumpre frisar que é unitário o conceito de meio ambiente, porquanto todo este é regido por inúmeros princípios, diretrizes e objetivos que compõem a Política Nacional do Meio Ambiente. Não se busca estabelecer divisões estanques, isolantes, até mesmo porque isso seria um empecilho à aplicação da efetiva tutela.

A divisão do meio ambiente em aspectos que o compõem *busca facilitar* a identificação da *atividade* degradante e do *bem imediatamente agredido*. **Não se pode perder de vista que o direito ambiental tem como *objeto maior* tutelar a vida saudável**, de modo que a classificação apenas identifica o aspecto do meio ambiente em que valores maiores foram aviltados.

E com isso encontramos pelo menos quatro significativos aspectos que já indicávamos desde a 1ª edição de nosso *Curso* (2000) e que acabaram sendo acolhidos pelo Supremo Tribunal Federal: meio ambiente natural, artificial, cultural e do trabalho[36 e 37].

---

35. "Faço referência, apenas para citar um exemplo memorável, ao julgamento da Ação Direta de Inconstitucionalidade 3.540, de relatoria do Ministro Celso de Mello, em que o Supremo Tribunal Federal reconheceu a existência do princípio da solidariedade intergeracional. Trata-se de precedente que cresce em relevância à medida que os limites de resiliência dos biomas vêm sendo testados e ameaçados, colocando em xeque a integridade da biosfera e agravando o quadro de escassez dos recursos naturais dos quais depende o futuro da humanidade. A decisão é importante por diversos aspectos. Primeiro, por contribuir para a construção de uma dogmática constitucionalmente adequada para o que se tem chamado de desenvolvimento sustentável, voltado essencialmente à integração da questão ambiental no processo de desenvolvimento socioeconômico. **Segundo, pela enunciação dos vetores interpretativos e do substrato axiológico que devem informar a compreensão e a aplicação de toda a legislação existente sobre o tema.**" ADPF 857 – Órgão julgador: Tribunal Pleno – Relator: Min. André Mendonça – Redator do acórdão: Min. Flávio Dino, j. 20-3-2024 – Publicação: 11-6-2024.

36. "A atividade econômica não pode ser exercida em desarmonia com os princípios destinados a tornar efetiva a proteção ao meio ambiente. A incolumidade do meio ambiente não pode ser comprometida por interesses empresariais nem ficar dependente de motivações de índole meramente econômica, ainda mais se se tiver presente que a atividade econômica, considerada a disciplina constitucional que a rege, está subordinada, dentre outros princípios gerais, àquele que privilegia a 'defesa do meio ambiente' (CF, art. 170, VI), que traduz conceito amplo e abrangente das noções de meio ambiente natural, de meio ambiente cultural, de meio ambiente artificial (espaço urbano) e de meio ambiente laboral. Doutrina. Os instrumentos jurídicos de caráter legal e de natureza constitucional objetivam viabilizar a tutela efetiva do meio ambiente, para que não se alterem as propriedades e os atributos que lhe são inerentes, o que provocaria inaceitável comprometimento da saúde, segurança, cultura, trabalho e bem-estar da população, além de causar graves danos ecológicos ao patrimônio ambiental, considerado este em seu aspecto físico ou natural" (ADI 3.540-MC, Rel. Min. Celso de Mello, j. 1º-9-2005, Plenário, *DJ*, 3-2-2006).

37. Evoluímos na classificação em face do atual balizamento normativo do MEIO AMBIENTE DIGITAL. *Vide* Celso Antonio Pacheco Fiorillo, *A regulação das empresas transnacionais no âmbito da economia digital em face do direito ambiental constitucional brasileiro*. 1ª. ed. Rio de Janeiro: Lumen Juris, 2023; Celso Antonio Pacheco Fiorillo, *Balizamento jurídico da censura em face das empresas transnacionais de mídia social no Brasil no âmbito da tutela constitucional do meio ambiente digital*. Rio de Janeiro:

Evoluímos na classificação, conforme os leitores poderão observar a seguir.

De qualquer forma o Supremo Tribunal Federal continua ratificando nosso entendimento ao adotar o julgamento da ADI 3.540 como verdadeira dicção constitucional interpretativa do direito constitucional a um meio ambiente ecologicamente equilibrado[38].

Neste momento faremos uma análise breve acerca de cada um dos aspectos, reservando capítulos próprios para o aprofundamento dos temas.

---

Lumen Juris, 2023; Celso Antonio Pacheco Fiorillo, *Direito processual ambiental brasileiro*: a defesa judicial do patrimônio genético, do meio ambiente cultural, do meio ambiente digital, do meio ambiente artificial, do meio ambiente do trabalho e do meio ambiente natural no Brasil. 7ª ed. São Paulo: Saraiva, 2018; Celso Antonio Pacheco Fiorillo e Renata Marques Ferreira, *Tutela jurídica do patrimônio cultural brasileiro em face do direito ambiental constitucional*. Rio de Janeiro: Lumen Juris, 2018; Celso Antonio Pacheco Fiorillo e Renata Marques Ferreira, *Liberdade de expressão e direito de resposta na sociedade da informação*. Rio de Janeiro: Lumen Juris, 2017; Celso Antonio Pacheco Fiorillo e Renata Marques Ferreira, *Tutela jurídica do Whatsapp na sociedade da informação*. Rio de Janeiro: Lumen Juris, 2017; Celso Antonio Pacheco Fiorillo. *Crimes no meio ambiente digital em face da sociedade da informação*. 2ª ed. São Paulo: Saraiva, 2016; Celso Antonio Pacheco Fiorillo e Renata Marques Ferreira, *Tutela jurídica do patrimônio genético em face da sociedade da informação*. Rio de Janeiro: Lumen Juris, 2016; Celso Antonio Pacheco Fiorillo, *O marco civil da internet e o meio ambiente digital na sociedade da informação*. São Paulo: Saraiva, 2015; Celso Antonio Pacheco Fiorillo, *Princípios constitucionais do direito da sociedade da informação*: a tutela jurídica do meio ambiente digital. São Paulo: Saraiva, 2015; Celso Antonio Pacheco Fiorillo, *O direito de antena em face do direito ambiental no Brasil*, São Paulo: Saraiva, 2000.

38. *Vide* a interpretação do Ministro Luís Roberto Barroso, acolhida pelo STF no RE 519.778-AGR/RN (j. 24-6-2014, 1ª Turma, *DJe*, 1º-8-2014), a saber:

"Tal arranjo se justifica em face da absoluta relevância do direito a um meio ambiente ecologicamente equilibrado. A dicção constitucional, que o considera um 'bem de uso comum do povo e essencial à sadia qualidade de vida' (art. 225, *caput*), reforça o entendimento doutrinário de que se trata de um direito fundamental, vinculado a um dever de solidariedade de amplitude inclusive intergeracional, como já assentado pela jurisprudência deste Tribunal: '(...) A PRESERVAÇÃO DA INTEGRIDADE DO MEIO AMBIENTE: EXPRESSÃO CONSTITUCIONAL DE UM DIREITO FUNDAMENTAL QUE ASSISTE À GENERALIDADE DAS PESSOAS. – Todos têm direito ao meio ambiente ecologicamente equilibrado. Trata-se de um típico direito de terceira geração (ou de novíssima dimensão), que assiste a todo o gênero humano (*RTJ* 158/205-206). Incumbe, ao Estado e à própria coletividade, a especial obrigação de defender e preservar, em benefício das presentes e futuras gerações, esse direito de titularidade coletiva e de caráter transindividual (*RTJ* 164/158-161). O adimplemento desse encargo, que é irrenunciável, representa a garantia de que não se instaurarão, no seio da coletividade, os graves conflitos intergeneracionais marcados pelo desrespeito ao dever de solidariedade, que a todos se impõe, na proteção desse bem essencial de uso comum das pessoas em geral. Doutrina. A ATIVIDADE ECONÔMICA NÃO PODE SER EXERCIDA EM DESARMONIA COM OS PRINCÍPIOS DESTINADOS A TORNAR EFETIVA A PROTEÇÃO AO MEIO AMBIENTE. – A incolumidade do meio ambiente não pode ser comprometida por interesses empresariais nem ficar dependente de motivações de índole meramente econômica, ainda mais se se tiver presente que a atividade econômica, considerada a disciplina constitucional que a rege, está subordinada, dentre outros princípios gerais, àquele que privilegia a 'defesa do meio ambiente' (CF, art. 170, VI), que traduz conceito amplo e abrangente das noções de meio ambiente natural, de meio ambiente cultural, de meio ambiente artificial (espaço urbano) e de meio ambiente laboral. Doutrina. Os instrumentos jurídicos de caráter legal e de natureza constitucional objetivam viabilizar a tutela efetiva do meio ambiente, para que não se alterem as propriedades e os atributos que lhe são inerentes, o que provocaria inaceitável comprometimento da saúde, segurança, cultura, trabalho e bem-estar da população, além de causar graves danos ecológicos ao patrimônio ambiental, considerado este em seu aspecto físico ou natural. (...)'" (ADI 3.540-MC, Rel. Min. Celso de Mello).

## 4.1. MEIO AMBIENTE NATURAL

O meio ambiente natural ou físico é constituído pela atmosfera, pelos elementos da biosfera, pelas águas (inclusive pelo mar territorial), pelo solo, pelo subsolo (inclusive recursos minerais), pela fauna e pela flora. Concentra o fenômeno da homeostase, consistente no equilíbrio dinâmico entre os seres vivos e meio em que vivem.

O meio ambiente natural é mediatamente tutelado pelo *caput* do art. 225 da Constituição Federal e imediatamente, v.g., pelo § 1º, I, III e VII, desse mesmo artigo:

> "Art. 225. Todos têm direito ao meio ambiente ecologicamente equilibrado, bem de uso comum do povo e essencial à sadia qualidade de vida, impondo--se ao Poder Público e à coletividade o dever de defendê-lo e preservá-lo para as presentes e futuras gerações.
>
> § 1º Para assegurar a efetividade desse direito, incumbe ao Poder Público:
>
> I – preservar e restaurar os processos ecológicos essenciais e prover o manejo ecológico das espécies e ecossistemas;
>
> (...)
>
> III – definir, em todas as unidades da Federação, espaços territoriais e seus componentes a serem especialmente protegidos, sendo a alteração e a supressão permitidas somente através de lei, vedada qualquer utilização que comprometa a integridade dos atributos que justifiquem sua proteção;
>
> (...)
>
> VII – proteger a fauna e a flora, vedadas, na forma da lei, as práticas que coloquem em risco sua função ecológica, provoquem a extinção de espécies ou submetam os animais a crueldade".

## 4.2. MEIO AMBIENTE ARTIFICIAL

O meio ambiente artificial é compreendido pelo espaço urbano construído, consistente no conjunto de edificações (chamado de espaço urbano fechado), e pelos equipamentos públicos (espaço urbano aberto).

Este aspecto do meio ambiente está diretamente relacionado ao *conceito de cidade*. Vale verificar que o vocábulo "urbano", do latim *urbs, urbis*, significa cidade e, por extensão, seus habitantes. Não está empregado em contraste com o termo *campo* ou *rural*, porquanto qualifica algo que se refere a *todos os espaços habitáveis*, "não se opondo a rural, conceito que nele se contém: possui, pois, uma natureza ligada ao conceito de território"[39].

O meio ambiente artificial recebe tratamento constitucional não apenas no art. 225, mas também nos arts. 182, ao iniciar o capítulo referente à política urbana; 21, XX, que prevê a competência material da União Federal de instituir diretrizes para o

---

39. Frederico Spantigati, *Manuale di diritto urbanístico*. Milano: Giuffrè, 1969, p. 11.

desenvolvimento urbano, inclusive habitação, saneamento básico e transportes urbanos; 5º, XXIII, entre alguns outros.

No momento oportuno, verificaremos detidamente a proteção conferida ao meio ambiente artificial, não só em face da Constituição Federal de 1988[40] como em decorrência da mais importante norma vinculada ao Meio Ambiente Artificial, que é o Estatuto da Cidade (Lei n. 10.257/2001).

## 4.3. MEIO AMBIENTE CULTURAL

O conceito de meio ambiente cultural vem previsto no art. 216 da Constituição Federal, que o delimita da seguinte forma:

> "Art. 216. Constituem patrimônio cultural brasileiro os bens de natureza material e imaterial, tomados individualmente ou em conjunto, portadores de referência à identidade, à ação, à memória dos diferentes grupos formadores da sociedade brasileira, nos quais se incluem:
>
> I – as formas de expressão;
>
> II – os modos de criar, fazer e viver;
>
> III – as criações científicas, artísticas e tecnológicas;
>
> IV – as obras, objetos, documentos, edificações e demais espaços destinados às manifestações artístico-culturais;
>
> V – os conjuntos urbanos e sítios de valor histórico, paisagístico, artístico, arqueológico, paleontológico, ecológico e científico".

O bem que compõe o chamado patrimônio cultural traduz a história de um povo, a sua formação, cultura e, portanto, os próprios elementos identificadores de sua cidadania, que constitui princípio fundamental norteador da República Federativa do Brasil.

### 4.3.1. Meio ambiente digital

**Ratificando a matéria anteriormente indicada (Meio Ambiente Cultural), todo bem referente à nossa cultura, identidade, memória etc., uma vez reconhecido como patrimônio cultural, integra a categoria de *bem ambiental* e, em decorrência disso, *difuso*.**

Ademais, além de restar evidente no plano jurídico constitucional que **as formas de expressão, os modos de criar, fazer e viver integram o conceito jurídico constitucional de patrimônio cultural**, deve-se verificar que o art. 215, *caput* e § 1º, da Constituição Federal de 1988 determina:

> "Art. 215. O Estado garantirá a todos o pleno exercício dos direitos culturais e acesso às fontes da cultura nacional, e apoiará e incentivará a valorização e a difusão das manifestações culturais.

---

40. Para tanto, *vide* Parte I, Capítulo XX, referente ao meio ambiente artificial.

§ 1º O Estado protegerá **as manifestações das culturas populares**, indígenas e afro-brasileiras, e das de outros grupos participantes do processo civilizatório nacional".

Assim, ao estabelecer como dever do Poder Público, *com a colaboração da comunidade*, preservar o patrimônio cultural, a Constituição Federal ratifica a natureza jurídica de bem difuso, porquanto este é de uso comum de *todos*. Um uso preenchido pelos elementos de fruição (uso e gozo do bem objeto do direito) sem comprometimento de sua integridade, para que outros titulares, inclusive os de gerações vindouras, possam também exercer com plenitude o mesmo direito (art. 225 da CF).

Daí ficar bem caracterizado que as formas de expressão, assim como manifestações das culturas populares bem como dos grupos participantes de nosso processo civilizatório nacional, estão tuteladas pelo meio ambiente cultural no plano constitucional, a saber, a manifestação do pensamento, a criação, a expressão e a informação sob qualquer forma, processo ou veículo (art. 220 da CF) nada mais refletem que as formas, os processos e veículos usados pela pessoa humana, em face de seu atual estágio cultural (processo civilizatório nacional em que se encontram) destinada a satisfazer suas necessidades dentro de um padrão cultural vinculado à sua dignidade (art. 1º, III, da CF) diante da ordem jurídica do capitalismo (art. 1º, IV, da CF) e adaptada à tutela jurídica do meio ambiente cultural (arts. 215 e 216 da CF).

**O meio ambiente cultural por via de consequência manifesta-se no século XXI em nosso país exatamente em face de uma cultura que passa por diversos veículos reveladores de um novo processo civilizatório adaptado necessariamente à sociedade da informação**, a saber, de uma nova forma de viver relacionada a uma cultura de convergência em que as emissoras de rádio, televisão, o cinema, os *videogames*, a internet, as comunicações por meio de ligações de telefones fixos e celulares etc. moldam uma "nova vida" reveladora de uma nova faceta do meio ambiente cultural, a saber, **o meio ambiente digital**. Daí nosso Supremo Tribunal Federal aduzir que, "... de fato, não poderia ser diferente numa época em que nossa sociedade é descrita como 'sociedade da informação', na era da 'big data', ensejando o surgimento, inclusive, **do conceito de um meio ambiente digital**. 31. **Essa nova dimensão, produto do referido contexto social, exsurge como desdobramento do conceito mais abrangente de meio ambiente cultural (CF, art. 215 e 216) e em interseção com o direito à comunicação social (CF, art. 220 a 224), como entende, por exemplo, o professor Celso Antônio Pacheco Fiorillo, relacionando-se às noções de 'espaço digital' ou 'ciberespaço', que deve ser efetivamente protegido e regrado pelo Direito** (FIORILLO, Celso Antônio Pacheco. *Curso de Direito Ambiental Brasileiro*. 23. ed. São Paulo: SaraivaJur, 2023, p. 649-655)"[41] (grifos nossos).

---

41. "Assim, é que, tal como o meio ambiente natural, que é, ao mesmo tempo, (i) fim em si mesmo – bem jurídico a ser protegido de forma autônoma; e (ii) instrumento concretizador de uma plêiade de outros direitos fundamentais; também o meio ambiente digital goza dessa dupla dimensão, devendo ser tutelado e disciplinado pelo ordenamento jurídico a partir da edição de atos normativos próprios – como,

## 4.4. MEIO AMBIENTE DO TRABALHO E A SAÚDE AMBIENTAL

Constitui meio ambiente do trabalho o local onde as pessoas desempenham suas atividades laborais relacionadas à sua saúde, sejam remuneradas ou não, cujo equilíbrio está baseado na salubridade do meio e na ausência de agentes que comprometam a incolumidade físico-psíquica dos trabalhadores, independente da condição que ostentem (homens ou mulheres, maiores ou menores de idade, celetistas, servidores públicos, autônomos etc.). Nosso conceito de meio ambiente do trabalho vem sendo adotado inclusive pelo Tribunal Superior do Trabalho, balizando, por via de consequência, a imprescindível relevância da saúde ambiental em proveito da dignidade da pessoa humana[42].

---

no contexto do Brasil, se verifica com o Marco Civil da Internet – **na condição de bem jurídico fundamental; e, ao mesmo tempo, servir como instrumento de tutela à defesa de outros direitos fundamentais, realçando-se com especial atenção o próprio meio ambiente natural**" (ADPF 857, Tribunal Pleno, Rel. Min. André Mendonça, Red. do acórdão Min. Flávio Dino, j. 20-3-2024, Publicação: 11-6-2024).

42. *Vide* Acórdãos Ag-AIRR-605-10.2015.5.17.0005, 1ª Turma, Relator Ministro Walmir Oliveira da Costa, *DEJT* 4-9-2020, Ag-RR-1139-80.2017.5.17.0005, 3ª Turma, Relator Ministro Mauricio Godinho Delgado, *DEJT* 13-9-2019, RR-0001677-12.2015.5.17.0141, 3ª Turma, Relator Ministro Alberto Luiz Bresciani de Fontan Pereira, *DEJT* 7-12-2018, AIRR-588-77.2016.5.17.0121, 3ª Turma, Relator Ministro Mauricio Godinho Delgado, *DEJT* 24-8-2018, AIRR-1099-48.2015.5.17.0012, 8ª Turma, Relatora Ministra Dora Maria da Costa, *DEJT* 29-9-2017, AIRR – 1951-02.2015.5.17.0003, 8ª Turma, Relatora Dora Maria da Costa, *DEJT* 14-8-2017, AIRR 945-08.2015.5.17.0181, 2ª Turma, Relator: José Roberto Freire Pimenta, *DEJT* 5-5-2017, AIRR 726-17.2015.5.17.0012, 2ª Turma, Relator José Roberto Freire Pimenta, *DEJT* 28-4-2017, AIRR 566-39.2010.5.15.0071, 8ª Turma, Relatora: Dora Maria da Costa, CEJT 28-4-2017, AIRR 896-63.2015.5.21.0016, 8ª Turma, Relatora: Maria Cristina Irigoyen Peduzzi, *DEJT* 10-3-2017, AIRR 1124-38.2015.5.21.0016, 8ª Turma, Relatora: Maria Cristina Irigoyen Peduzzi, *DEJT* 3-3-2017, AIRR 929-53.2015.5.21.0016, AIRR – 929-53.2015.5.21.0016, 8ª Turma, Relator: Marcio Eurico Vitral Amaro, *DEJT* 12-12-2016, ARR – 1099-48.2015.5.17.0012, 8ª Turma, Relatora: Dora Maria da Costa, *DEJT* 2-12-2016, AIRR – 2099-11.2014.5.12.0060, 8ª Turma, Relatora: Dora Maria da Costa, *DEJT* 28-10-2016, AIRR – 421-32.2015.5.21.0041, 3ª Turma, Relator: Mauricio Godinho Delgado, *DEJT* 30-9-2016, RO – 327-27.2013.5.23.0000, Subseção II Especializada em Dissídios Individuais, Relator: Alberto Luiz Bresciani de Fontan Pereira, *DEJT* 5-8-2016, ARR – 157400-86.2011.5.17.0004, 8ª Turma, Relatora: Maria Cristina Irigoyen Peduzzi, *DEJT* 6-5-2016, AIRR – 11022-39.2014.5.18.0131, 8ª Turma, Relatora: Dora Maria da Costa, *DEJT* 4-3-2016, AIRR – 207-19.2012.5.19.0262, 1ª Turma, Relatora: Luiza Lomba, *DEJT* 18-12-2015, ED-RR – 2438-53.2012.5.03.0136, 2ª Turma, Relator: Claudio Armando Couce de Menezes, *DEJT* 27-11-2015, RR – 144000-40.2009.5.01.0062, 2ª Turma, Relator: Claudio Armando Couce de Menezes, *DEJT* 27-11-2015, RR – 1130-69.2010.5.02.0462, 2ª Turma, Relator: Claudio Armando Couce de Menezes, *DEJT* 27-11-2015, ED-ARR – 988-20.2013.5.03.0143, 2ª Turma, Relator: Claudio Armando Couce de Menezes, *DEJT* 27-11-2015, ED-RR – 1050-43.2011.5.05.0024, 2ª Turma, Relator: Claudio Armando Couce de Menezes, *DEJT* 27-11-2015, RR – 651-78.2011.5.01.0071, 2ª Turma, Relator: Claudio Armando Couce de Menezes, *DEJT* 27-11-2015, ARR – 394-21.2012.5.01.0038, 2ª Turma, Relator: Claudio Armando Couce de Menezes, *DEJT* 29-10-2015, ARR – 988-20.2013.5.03.0143, 2ª Turma, Relator: Claudio Armando Couce de Menezes, *DEJT* 9-10-2015, RR – 1050-43.2011.5.05.0024, 2ª Turma, Relator: Claudio Armando Couce de Menezes, *DEJT* 2-10-2015, RR – 1768-86.2012.5.02.0089, 2ª Turma, Relator: Claudio Armando Couce de Menezes, *DEJT* 2-10-2015, RR – 135700-18.2009.5.01.0021, 2ª Turma, Relator: Claudio Armando Couce de Menezes, *DEJT* 2-10-2015, RR – 698-81.2012.5.09.0657, 2ª Turma, Relator: Claudio Armando Couce de Menezes, *DEJT* 25-9-2015, RR – 213-55.2013.5.24.0002, 2ª Turma, Relator: Claudio Armando Couce de Menezes, *DEJT* 25-9-2015, AIRR – 20711-94.2013.5.04.0402, 2ª Turma, Relator: Claudio Armando Couce de Menezes, *DEJT* 25-9-2015, RR – 2438-53.2012.5.03.0136,

Caracteriza-se pelo complexo de bens imóveis e móveis de uma empresa ou sociedade, objeto de direitos subjetivos privados e invioláveis da saúde e da integridade física dos trabalhadores que a frequentam[43].

O meio ambiente do trabalho recebe tutela imediata pela Carta Constitucional no seu art. 200, VIII, ao prever que:

"Art. 200. Ao sistema único de saúde compete, além de outras atribuições, nos termos da lei:

(...)

VIII – colaborar na proteção do meio ambiente, nele compreendido o do trabalho".

Por outro lado, a redução dos riscos inerentes ao trabalho vinculado aos trabalhadores urbanos e rurais por meio de normas de saúde, higiene e segurança também passou a ser tutelada no âmbito de nossa Carta Magna conforme observamos:

"Art. 7º São direitos dos trabalhadores urbanos e rurais, além de outros que visem à melhoria de sua condição social:

(...)

XXIII – redução dos riscos inerentes ao trabalho, por meio de normas de saúde, higiene e segurança".

---

2ª Turma, Relator: Claudio Armando Couce de Menezes, *DEJT* 25-9-2015, RR – 734-11.2012.5.04.0028, 2ª Turma, Relator: Claudio Armando Couce de Menezes, *DEJT* 25-9-2015, RR – 482-42.2012.5.01.0076, 2ª Turma, Relator: Claudio Armando Couce de Menezes, *DEJT* 25-9-2015, AIRR – 1593-35.2011.5.02.0087, 2ª Turma, Relator: Claudio Armando Couce de Menezes, *DEJT* 26-6-2015, AIRR – 69800-37.2008.5.01.0017, 2ª Turma, Relator: Claudio Armando Couce de Menezes, *DEJT* 29-5-2015, AIRR – 495-30.2010.5.01.0070, 2ª Turma, Relator: Claudio Armando Couce de Menezes, *DEJT* 8-5-2015, AIRR – 40301-47.2013.5.13.0001, 2ª Turma, Relator: Claudio Armando Couce de Menezes, *DEJT* 31-3-2015, RR – 12-35.2012.5.09.0093, 2ª Turma, Relator: Claudio Armando Couce de Menezes, *DEJT* 31-3-2015, RR – 886-07.2012.5.04.0304, 2ª Turma, Relator: Claudio Armando Couce de Menezes, *DEJT* 31-3-2015, AIRR – 1485-61.2012.5.15.0102, 2ª Turma, Relator: Claudio Armando Couce de Menezes, *DEJT* 31-3-2015, AIRR – 1120-34.2012.5.14.0005, 2ª Turma, Relator: Claudio Armando Couce de Menezes, *DEJT* 19-12-2014, AIRR – 36100-74.2009.5.19.0004, 2ª Turma, Relator: Claudio Armando Couce de Menezes, *DEJT* 19-12-2014, AIRR – 2419-28.2012.5.03.0110, 2ª Turma, Relator: Claudio Armando Couce de Menezes, *DEJT* 19-12-2014, RR – 211800-33.2006.5.02.0072, 2ª Turma, Relator: Claudio Armando Couce de Menezes, *DEJT* 28-11-2014, RR – 2430-62.2012.5.02.0085, 2ª Turma, Relator: Claudio Armando Couce de Menezes, *DEJT* 28-11-2014, AIRR – 92-58.2012.5.02.0201, 2ª Turma, Relator: Claudio Armando Couce de Menezes, *DEJT* 31-10-2014, RR – 273000-93.2009.5.02.0053, 2ª Turma, Relator: Claudio Armando Couce de Menezes, *DEJT* 31-10-2014, RO – 9121-90.2011.5.02.0000, Órgão Especial, Relator: Guilherme Augusto Caputo Bastos, *DEJT* 12-9-2014, AIRR – 63900-74.2009.5.19.0005, 2ª Turma, Relator: Jose Roberto Freire Pimenta, *DEJT* 20-6-2014, RO – 6250-87.2011.5.02.0000, Seção Especializada em Dissídios Coletivos, Relatora: Katia Magalhaes Arruda, *DEJT* 21-2-2014, AIRR – 80600-56.2012.5.17.0012, 3ª Turma, Relator: Alberto Luiz Bresciani de Fontan Pereira, *DEJT* 20-9-2013, AIRR – 143100-90.2009.5.16.0013, 2ª Turma, Relator: Jose Roberto Freire Pimenta, *DEJT* 2-8-2013, RR – 125600-49.2005.5.15.0087, 4ª Turma, Relatora: Maria de Assis Calsing, *DEJT* 7-6-2013, ARR – 139000-97.2004.5.15.0077, 3ª Turma, Relator: Mauricio Godinho Delgado, *DEJT* 31-10-2012, RR – 167500-50.2004.5.15.0021, 8ª Turma, Relator: Marcio Eurico Vitral Amaro, *DEJT*: 2-12-2011.

43. Cf. Franco Giampietro, *La responsabilità per danno all'ambiente*. Milano: Giuffrè, 1988, p. 113.

Assim, a tutela imediata do meio ambiente do trabalho foi fixada pelos dispositivos constitucionais vinculados ao direito à saúde ambiental (arts. 196 a 200 da CF), sendo certo que a tutela *mediata* do meio ambiente do trabalho concentra-se no *caput* do art. 225 da Constituição Federal.

Importante verificar, todavia, que a proteção do direito do trabalho é *distinta* da assegurada ao meio ambiente do trabalho, porquanto esta última busca salvaguardar a saúde e a segurança do trabalhador no ambiente onde desenvolve suas atividades. O direito do trabalho, por sua vez, é o conjunto de normas jurídicas que disciplina as relações jurídicas entre empregado e empregador.

## 4.5. O PATRIMÔNIO GENÉTICO

### 4.5.1. O patrimônio genético (art. 225, § 1º, II e V) como direito tutelado pelo art. 5º, XXXV, da Constituição Federal

Conforme já tivemos a oportunidade de aduzir[44], o patrimônio genético brasileiro passou a receber tratamento jurídico a partir da Constituição Federal de 1988, em face do que estabelece o art. 225, § 1º, II e V, observando-se dessarte a proteção constitucional vinculada não só à vida humana, mas à vida em todas as suas formas, sempre em função da sadia qualidade de vida da pessoa humana (a mulher e o homem), revelando uma vez mais a clara posição antropocêntrica da Carta Magna.

O direito de agir, garantido pelo art. 5º, XXXV, assegura por via de consequência a possibilidade de submeter à apreciação do Poder Judiciário toda e qualquer lesão ou mesmo ameaça ao denominado patrimônio genético no âmbito constitucional.

O patrimônio genético merece proteção jurídica em face de relacionar-se à possibilidade trazida pela engenharia genética de utilização de gametas conservados em bancos genéticos para a construção de seres vivos, possibilitando a criação e o desenvolvimento de uma unidade viva sempre que houver interesse. Daí, em decorrência do evidente impacto da engenharia genética na pecuária, na avicultura, na agricultura etc., o entendimento constitucional de organizar as relações jurídicas advindas da complexidade de aludido tema.

### 4.5.2. O patrimônio genético da pessoa humana (arts. 5º e 225, § 1º, II e V) como direito tutelado pelo art. 5º, XXXV, da Constituição Federal: a tutela jurídica do ADN e do ARN

O direito de agir garantido pelo art. 5º, XXXV, assegura a possibilidade de submeter à apreciação do Poder Judiciário toda e qualquer lesão ou mesmo ameaça ao denominado patrimônio genético da pessoa humana no âmbito constitucional brasileiro.

O patrimônio genético da pessoa humana tem proteção ambiental constitucional observada em face do que determina o art. 225, § 1º, II e V, iluminada pelo art. 1º, III,

---

44. *Vide* Celso Antonio Pacheco Fiorillo e Renata Marques Ferreira, *Tutela jurídica do patrimônio genético em face da sociedade da informação*. Rio de Janeiro: Lumen Juris, 2016.

da Carta Magna, sendo certo que a matéria foi devidamente regulamentada pela Lei n. 11.105/2005, que define no âmbito infraconstitucional a tutela jurídica dos mais importantes materiais genéticos vinculados à pessoa humana.

De qualquer forma, cabe destacar que o direito ambiental constitucional, no que se refere ao patrimônio genético da pessoa humana, assegura a tutela jurídica não só individual das pessoas – como o direito às informações determinantes dos caracteres hereditários transmissíveis à descendência – abarcadas pela Carta Magna mas particularmente do povo brasileiro, observado em sua dimensão metaindividual, analisado nos dias de hoje por meio das novas "ferramentas" científicas desenvolvidas em proveito da tutela dos grupos participantes do processo civilizatório nacional[45].

É exatamente em defesa da "exuberante diversidade genética de nosso povo", na feliz expressão de Sérgio D. J. Pena, que restou assegurada a tutela jurisdicional judicial ante qualquer ameaça ou mesmo lesão ao patrimônio genético da pessoa humana em nosso país.

## B) PRINCÍPIOS DO DIREITO AMBIENTAL NA CONSTITUIÇÃO FEDERAL DE 1988

## 1. NOÇÕES PRELIMINARES. O PRINCÍPIO DA LEGALIDADE VINCULADO AO PRINCÍPIO DEMOCRÁTICO VISANDO A ESTRUTURAR A INTERPRETAÇÃO DO DIREITO AMBIENTAL CONSTITUCIONAL

*"O Governo ditatorial não é refreado pela lei, coloca-se acima dela e transforma em lei a própria vontade* (grifos nossos). *Mesmo quando são*

---

45. Entre as novas ferramentas científicas, merecem grande destaque os estudos filogeográficos realizados pelo Prof. Dr. Sérgio D. J. Pena. O conhecido pesquisador mineiro revelou, ao analisar brasileiros brancos, que a imensa maioria das patrilinhagens é europeia, enquanto a maioria das matrilinhagens (cerca de 60%) é ameríndia ou africana. Explica o professor da UFMG que "o homem moderno (*Homo sapiens*) teve uma origem única e relativamente recente (ao redor de 100.000 anos atrás) na África. A partir daí ele migrou e ocupou progressivamente a Ásia, a Europa, a Oceania, as Américas e todos os outros rincões da Terra. Essa diáspora foi acompanhada de diversificação morfológica, fruto da adaptação às condições climáticas e ambientais das diferentes regiões do mundo. Mas o genoma permaneceu igual, ou melhor, igualmente diferente entre os indivíduos. Estudos de genética molecular moderna demonstram que mais de 90% da diversidade genômica humana ocorre entre indivíduos e não entre populações de distintos continentes. *Em outras palavras, do ponto de vista biológico, não existem raças humanas*. Não houve tempo suficiente para sua formação e, agora, com a enorme mobilidade geográfica humana, nunca irá acontecer. Milhares de anos após a dispersão do grupo africano inicial dos homens, povos oriundos da Ásia (ameríndios), da Europa (portugueses) e da África (escravos da África Ocidental e Central) encontraram-se de novo no Brasil, durante o século XVI. Daí a imagem do PONTO DE ENCONTRO. A partir dessa confluência, iniciou-se um processo de mistura gênica inusitado em toda a história da Humanidade, gerando o brasileiro atual, que decidimos chamar, um pouco irreverentemente, de *Homo brasilis*". *Vide Homo brasilis*: aspectos genéticos, linguísticos, históricos e socioantropológicos da formação do povo brasileiro, Ribeirão Preto, FUNPEC-RP, 2002 – grifos nossos. Pena, ao elaborar o Prefácio da referida obra, conclui que, "como exposto acima, *biologicamente falando, não existem raças humanas. Mas elas certamente existem como construções sociais e culturais*" (grifos nossos).

29

*mantidas ou introduzidas normas que resguardam nominalmente os direitos de liberdade, ou limitam de outra forma o poder do Governo, estas normas jurídicas são apenas um véu exterior, com escassa ou nenhuma eficácia real, que o Governo ditatorial pode ignorar com discrição mais ou menos absoluta, recorrendo a outras leis que contradizem as primeiras ou que criam exceções, utilizando poderosos organismos políticos subtraídos ao direito comum ou invocando diretamente pretensos princípios superiores que guiam a ação do Governo e que prevalecem sobre qualquer lei. Este absolutismo do poder ditatorial torna caracteristicamente imprevisível e irregular a conduta do ditador ou da elite ditatorial".*

MARIO STOPPINO[46]

"Estado democrático de direito é Estado que mantem clássicas instituições governamentais e princípios como o da separação de poderes e da segurança jurídica. Erige-se sob o império da lei, a qual deve resultar da reflexão e codecisão de todos. Mas não é forma oca de governo, na qual possam conviver privilégios, desigualdades e oligocracias. Nele, há compromisso incindível com a liberdade e a igualdade, concretamente concebidas, com a evolução qualitativa da democracia e com a erradicação daquilo que o grande Pontes de Miranda chamou de o 'ser oligárquico' subsistente em quase todas as democracias".

ALIOMAR BALEEIRO[47]

O direito ambiental é uma ciência relativamente nova, porém *autônoma*. Essa independência lhe é garantida porque o direito ambiental possui os seus próprios princípios diretores, presentes no art. 225 da Constituição Federal[48, 49 e 50].

---

46. Mario Stoppino *in* Norberto Bobbio, Nicola Matteucci e Gianfranco Pasquino, *Dicionário de política I*. Brasília: Editora Universidade de Brasília, 1998.

Norberto Bobbio *in* Norberto Bobbio, Nicola Matteucci e Gianfranco Pasquino, *Dicionário de política I*. Brasília: Editora Universidade de Brasília, 1998.

47. *Limitações constitucionais ao poder de tributar*, Rio de Janeiro, Forense, 1999.

48. Com relação ao tema, a nova Lei de Proteção Ambiental da República Popular da China (Ordem do Presidente n. 9 que entrou em vigor em 1º de janeiro de 2015), país que abrange um terço da humanidade em população e possuidor da segunda maior economia do mundo, sendo o maior emissor de dióxido de carbono do planeta e **que se destaca como o principal importador de produtos brasileiros, particularmente de bens ambientais, evidenciou quatro (4) princípios ambientais básicos, a saber**: 1) princípio de proteção em primeiro lugar; 2) princípio de prevenção em primeiro lugar, governança abrangente; 3) princípio de participação pública; e 4) princípio de responsabilidade por danos.*Vide* em detalhes Celso Antonio Pacheco Fiorillo; Renata Marques Ferreira, Responsabilidade ambiental das empresas no âmbito do sistema normativo chinês, em face da responsabilidade ambiental das empresas no Brasil, *Revista Direito Ambiental e Sociedade*, v. 11, 2021.

49. A respeito dos Princípios de Direito Ambiental no Islã, *vide* Sayed Sikandar Shah Haneef, *Arab Law Quarterly*, vol. 17, n. 3 (2002).

50. A respeito dos Princípios na Legislação Ambiental Europeia ("...the Principles of European Environment Policy Article 174 n. 2EC sets out the principles on which European environment policy is based. These are: the high level of protection principle; the precautionary principle; the prevention

Vale esclarecer que o advento da Constituição proporcionou a recepção da Lei n. 6.938/81 em quase todos os seus aspectos, além da criação de competências legislativas concorrentes (incluindo as complementares e suplementares dos Municípios, previstas no art. 30, I e II, da CF), dando prosseguimento à Política Nacional de Defesa Ambiental. Esta *política* ganha destaque na Carta Constitucional, ao ser utilizada a expressão *ecologicamente equilibrado*, porquanto isso exige harmonia em todos os aspectos facetários que compõem o meio ambiente. Nota-se não ser proposital o uso da referida expressão (política) pela Lei n. 6.938/81, na medida em que pressupõe a existência de seus princípios norteadores.

Aludidos princípios constituem pedras basilares dos sistemas político-jurídicos dos diferentes Estados[51], sendo adotados no Brasil e em vários outros países como fruto da necessidade de uma tutela jurídica ambiental equilibrada e indicativos do caminho adequado para a proteção ambiental em conformidade com a realidade social e os valores culturais de cada Estado soberano.

Daí a necessidade de destacar o PRINCÍPIO DA LEGALIDADE, indicado explicitamente no art. 5º, II, da Carta Magna, como ponto de partida fundamental no sentido de interpretar de forma adequada a efetividade do direito ambiental constitucional. interpretado em face do **PRINCÍPIO DEMOCRÁTICO**. Assim objetivo inequívoco de nosso País assegurar como um dos PRINCÍPIOS FUNDAMENTAIS de nossa Lei Maior o direito dos brasileiros à liberdade de decidir, independentemente de influências estrangeiras, sobre a forma de governo, sistema de governo e, PRINCIPALMENTE, a respeito da forma que deve estabelecer seu desenvolvimento econômico, social e cultural. Recebe por parte do princípio da LEGALIDADE seu mais importante instrumento de efetividade estruturado no **PRINCÍPIO DEMOCRÁTICO** (art. 1º, *caput*, de nossa Lei Maior) verdadeira essência do Estado democrático de direito[52].

Com efeito.

Conforme ensina de maneira didática Norberto Bobbio[53] "na teoria política contemporânea, mais em prevalência nos países de tradição democrático-liberal, as definições de Democracia tendem a resolver-se e a esgotar-se num elenco mais ou menos amplo, segundo os autores, de regras de jogo, ou, como também se diz de "procedimentos universais". Entre eles: 1) o órgão político máximo, a quem é assinalada a função legislativa, deve ser composto de membros direta ou indiretamente eleitos pelo povo, em eleições de primeiro ou de segundo grau; 2) junto do supremo órgão legislativo deverá haver outras instituições com dirigentes eleitos, como os órgãos da administração local ou o chefe de Estado (tal como acontece nas repúblicas); 3) todos

---

principle; the source principle; the polluter pays principle and the safeguard clause"), *vide* Jan H. Jans and Hans H. B. Vedder, *European Environmental Law* (Third Edition) (January 1, 2008).

51. Kloepfer, *Umweltrecht*, p. 8, § 1º, 12.

52. Celso Antonio Pacheco Fiorillo, *As empresas transnacionais em face da soberania ambiental brasileira e os denominados acordos internacionais vinculados ao meio ambiente*, Rio de Janeiro, Lumen Juris, 2022.

53. Norberto Bobbio *in* Norberto Bobbio, Nicola Matteucci e Gianfranco Pasquino, *Dicionário de política I*. Brasília, Editora Universidade de Brasília, 1998.

os cidadãos que tenham atingido a maioridade, sem distinção de raça, de religião, de censo e possivelmente de sexo, devem ser eleitores".

Daí derivar do PRINCÍPIO DEMOCRÁTICO, conforme tivemos possibilidade de aduzir anteriormente, o PRINCÍPIO DA LEGALIDADE, indicado explicitamente no art. 5º, II, da Carta Magna e estruturado em face do que determina o art.1º, *caput*, de nossa Constituição Federal, como aspecto fundamental no sentido de bem compreender de que forma o ESTADO DEMOCRÁTICO de DIREITO baliza de forma efetiva os DEVERES e DIREITOS CONSTITUCIONAIS de TODOS os PODERES da REPÚBLICA repudiando práticas que lamentavelmente vêm historicamente ocorrendo em nosso País como, particularmente, a de interpretar o direito ambiental com fundamento em Resoluções, Portarias e Pareceres, bem como de atuação por parte de setores do Poder Judiciário motivada por descabido ativismo sem qualquer respeito ao princípio da legalidade[54].

Trata-se de necessariamente observar na aplicação do direito ambiental brasileiro o princípio chamado por Pontes de Miranda de "legalitariedade", a saber, "qualquer regra jurídica que crie dever de ação positiva (fazer) ou de ação negativa (deixar de fazer,

---

54. Mais de 5.000 (cinco mil) profissionais reunidos na VI Conferencia Nacional de Direito Ambiental organizada e realizada pela Comissão Nacional de Direito Ambiental do Conselho Federal da OAB adotaram nossa visão conforme indicado a seguir:

"Carta da 6ª Conferência de Direito Ambiental da OAB propõe novas diretrizes à advocacia – quinta-feira, 6 de junho de 2024 às 22h43 – Durante dois dias, advogados, juristas e especialistas discutiram o papel do Sistema de Justiça na sustentabilidade durante a 6ª Conferência Internacional de Direito Ambiental. O evento promovido pela Comissão Nacional de Direito Ambiental da OAB ocorreu nos dias 5 e 6 de junho, em formato virtual. Ao final do encontro, os participantes elaboraram e divulgaram a Carta de Diretrizes em Direito Ambiental da 6ª Conferência de Direito Ambiental do Conselho Federal da Ordem dos Advogados do Brasil.

Confira o teor do documento:

Carta de Diretrizes em Direito Ambiental – 6ª Conferência de Direito Ambiental do Conselho Federal da Ordem dos Advogados do Brasil

Os palestrantes e organizadores da VI 6ª Conferência de Direito Ambiental do Conselho Federal da Ordem dos Advogados do Brasil, que tratou do papel do Sistema de Justiça na sustentabilidade, ocorrida de 5 e 6 de junho de 2024, em ambiente virtual do Conselho Federal da OAB, concluíram como diretrizes de atuação da Comissão Nacional de Direito Ambiental para os próximos anos:

1) considerando que o direito ambiental é uma ciência relativamente nova, porém autônoma com independência garantida por seus próprios princípios constantes do art. 225 da Constituição Federal, atuar orientada a conduzir o Sistema de Justiça, de maneira geral a atuar com estrita observância ao PRINCÍPIO DA LEGALIDADE, indicado explicitamente no art. 5º, II, da Carta Magna, como ponto de partida fundamental no sentido de interpretar de forma adequada a efetividade do direito ambiental constitucional interpretado em face do PRINCÍPIO DEMOCRÁTICO.

2) Continuar apoiando projetos que gerem conhecimento no âmbito do Direito Ambiental;

3) Apoiar iniciativas legislativas e econômicas que compatibilizem o desenvolvimento humano, econômico, com a proteção constitucional do Meio Ambiente, com foco especial na preservação da soberania Nacional para a gestão dos recursos naturais.

Brasília 6 de junho de 2024.

Comissão Nacional de Direito Ambiental do CFOAB".

abster-se) tem de ser regra de *lei* com as formalidades que a Constituição exige"[55], ou seja, "ninguém, brasileiro ou estrangeiro, pode ser compelido a fazer, a deixar de fazer ou a tolerar que se faça alguma coisa, senão em virtude de lei", como adverte José Celso de Mello Filho[56].

Para os efeitos do referido princípio, "lei é todo ato normativo editado, ordinariamente, pelo Poder Legislativo, ou, excepcionalmente, pelo Poder Executivo (leis delegadas e decretos-lei), no desempenho de sua competência constitucional e segundo o rito estabelecido na própria Constituição. Apenas a lei *em sentido formal*, portanto, pode impor às pessoas um dever de prestação ou abstenção. Normas infralegais, ainda que veiculadoras de regras gerais, impessoais e abstratas, não atendem à exigência constitucional"[57].

Destarte, ratificando argumentação já desenvolvida anteriormente, resta evidente que uma prática relativamente comum em nosso país de interpretar o direito ambiental com fundamento em Resoluções[58], Portarias e pareceres é despicienda, sendo certo que, da mesma forma, os tratados ou convenções internacionais "estão hierarquicamente subordinados à autoridade normativa da Constituição da República. Em consequência, nenhum valor jurídico terão os tratados internacionais, que, incorporados ao sistema de direito positivo interno, transgredirem, formal ou materialmente, o texto da Carta Política"[59].

---

55. *Vide Comentários à Constituição de 1967 com a Emenda de 1969*, Rio de Janeiro, Forense, 1987, p. 1, t. V.

56. *Vide Constituição Federal anotada*, 2. ed., São Paulo, Saraiva, 1986, p. 429.

57. *Constituição Federal anotada*, 1. ed., São Paulo, Saraiva, 1984, p. 325. *Vide*, também, RE 318.873-AgR/SC, Rel. Min. Celso de Mello, AC 1.033-AgR-QO, Rel. Min. Celso de Mello, j. 25 de maio de 2006, Plenário, *DJ*, 16 de junho de 2006, e ADI 2.075-MC, Rel. Min. Celso de Mello, j. 7 de fevereiro de 2001, Plenário, *DJ*, 27 de junho de 2003.

58. *Vide* ADPF 749 – Órgão julgador: Tribunal Pleno/Relatora: Min. Rosa Weber/Julgamento: 14/12/2021/Publicação: 10/01/2022; ADPF 748 MC-Ref/Órgão julgador: Tribunal Pleno/Relatora: Min. Rosa Weber/Julgamento: 30/11/2020/Publicação: 10/12/2020; ADPF 748 MC-Ref/Órgão julgador: Tribunal Pleno/Relatora: Min. Rosa Weber/Julgamento: 30/11/2020/Publicação: 10/12/2020.

59. **"É na Constituição da República – e não na controvérsia doutrinária que antagoniza monistas e dualistas – que se deve buscar a solução normativa para a questão da incorporação dos atos internacionais ao sistema de direito positivo interno brasileiro** (grifos nossos). O exame da vigente Constituição Federal permite constatar que a execução dos tratados internacionais e a sua incorporação à ordem jurídica interna decorrem, no sistema adotado pelo Brasil, de um ato subjetivamente complexo, resultante da conjugação de duas vontades homogêneas: a do Congresso Nacional, que resolve, definitivamente, mediante decreto legislativo, sobre tratados, acordos ou atos internacionais (CF, art. 49, I) e a do Presidente da República, que, além de poder celebrar esses atos de direito internacional (CF, art. 84, VIII), também dispõe – enquanto Chefe de Estado que é – da competência para promulgá-los mediante decreto. O iter procedimental de incorporação dos tratados internacionais – superadas as fases prévias da celebração da convenção internacional, de sua aprovação congressional e da ratificação pelo Chefe de Estado – conclui-se com a expedição, pelo Presidente da República, de decreto, de cuja edição derivam três efeitos básicos que lhe são inerentes: (a) a promulgação do tratado internacional; (b) a publicação oficial de seu texto; e (c) a executoriedade do ato internacional, que passa, então, e somente então, a vincular e a obrigar

Ratificando, pois, o argumento de que o princípio da legalidade, interpretado pelo princípio democrático, estrutura o direito ambiental constitucional brasileiro[60], cabe indicar e desenvolver brevemente alguns princípios específicos do direito ambiental constitucional brasileiro que, obviamente, necessitam obedecer ao princípio da legalidade[61].

---

no plano do direito positivo interno. Precedentes" (ADI 1.480-MC / DF – Medida Cautelar na Ação Direta de Inconstitucionalidade, Rel. Min. Celso de Mello, j. 4-9-1997, publ. 18-5-2001, Tribunal Pleno, *DJ*, 18-5-2001, PP-00435 EMENT VOL-02031-02 PP-00213).

60. A inobservância ao princípio da legalidade pressupõe o reconhecimento de preceito de lei dispondo de determinada forma e provimento judicial em sentido diverso, ou, então, a inexistência de base legal e, mesmo assim, a condenação a satisfazer o que pleiteado (AI 147.203-AgR, Rel. Min. Marco Aurélio, j. 18-5-1993, 2ª Turma, *DJ*, 11-6-1993).

"O princípio constitucional da reserva de lei formal traduz limitação ao exercício das atividades administrativas e jurisdicionais do Estado. A reserva de lei – analisada sob tal perspectiva – constitui postulado revestido de função excludente, de caráter negativo, pois veda, nas matérias a ela sujeitas, quaisquer intervenções normativas, a título primário, de órgãos estatais não legislativos. Essa cláusula constitucional, por sua vez, projeta-se em uma dimensão positiva, eis que a sua incidência reforça o princípio, que, fundado na autoridade da Constituição, impõe à administração e à jurisdição a necessária submissão aos comandos estatais emanados, exclusivamente, do legislador" (ADI 2.075-MC, Rel. Min. Celso de Mello, j. 7-2-2001, *DJ*, 27-6-2003).

61. Salvo melhor juízo, exemplo claro e inequívoco de violação da legalidade constitucional pode ser constatado no âmbito da ADI 4.717 quando, pela oportunidade de justificar a aplicação de um imaginado "PRINCÍPIO DA PROIBIÇÃO DE RETROCESSO SOCIOAMBIENTAL", no âmbito do direito ambiental em face da análise de mérito de tema enfrentado no ano pelo STF, argumentou a excelentíssima Ministra Cármen Lúcia (fls. 29/30) o que segue:

"No mérito, é de assentar a contrariedade da Medida Provisória n. 558/2012 e a Lei n. 12.678/2012, ao princípio da proibição de retrocesso socioambiental."...

"No Direito Ambiental, Herman Benjamin **sustenta que o princípio da proibição de retrocesso, embora não expressamente previsto na Constituição da República, assume papel de verdadeiro princípio geral** (grifos nossos), à luz do qual deve ser avaliada a legitimidade de medidas legislativas que objetivem reduzir o patamar de tutela legal do meio ambiente:

**'É seguro afirmar que a proibição de retrocesso, apesar de não se encontrar, com nome e sobrenome, consagrada na nossa Constituição, nem em normas infraconstitucionais, e não obstante sua relativa imprecisão – compreensível em institutos de formulação recente e ainda em pleno processo de consolidação –, transformou-se em princípio geral do Direito Ambiental** (grifos nossos), a ser invocado na avaliação da legitimidade de iniciativas legislativas destinadas a reduzir o patamar de tutela legal do meio ambiente, mormente naquilo que afete em particular a) processos ecológicos essenciais, b) ecossistemas frágeis ou à beira de colapso, e c) espécies ameaçadas de extinção' (BENJAMIN, Antonio Herman. Princípio da proibição de retrocesso ambiental. *In:* Comissão de Meio Ambiente, Defesa do Consumidor e Fiscalização e Controle (org.). *O princípio da proibição de retrocesso ambiental.* Brasília: Senado Federal, p. 62)".

ADI 4717/AÇÃO DIRETA DE INCONSTITUCIONALIDADE/ Relator: Min. Cármen Lúcia/Relator do último incidente: Min. Cármen Lúcia (ADI-ED)

Julgamento: 05/04/2018/Publicação: 15/02/2019

Ementa: AÇÃO DIRETA DE INCONSTITUCIONALIDADE. MEDIDA PROVISÓRIA N. 558/2012. CONVERSÃO NA LEI N. 12.678/2012. INÉPCIA DA INICIAL E PREJUÍZO DA AÇÃO QUANTO AOS ARTS. 6º E 11 DA MEDIDA PROVISÓRIA N. 558/2012 E AO ART. 20 DA LEI N. 12.678/2012. POSSIBILIDADE DE EXAME DOS REQUISITOS CONSTITUCIONAIS PARA O EXERCÍCIO DA COMPETÊNCIA EXTRAORDINÁRIA NORMATIVA DO CHEFE DO EXECUTIVO. AUSÊNCIA DOS PRESSUPOSTOS DE RELEVÂNCIA E URGÊNCIA. ALTERAÇÃO DA ÁREA

## 2. O PRINCÍPIO DO DESENVOLVIMENTO SUSTENTÁVEL[62] BALIZANDO JURIDICAMENTE O SIGNIFICADO DE DESENVOLVIMENTO NACIONAL COMO GARANTIA CONSTITUCIONAL INDICADA NO ÂMBITO DO QUE ESTABELECE O ART. 3º, II, DE NOSSA CARTA MAGNA E REVERBERADO NOS PRINCÍPIOS GERAIS DA ATIVIDADE ECONÔMICA (ART. 170 DA CF): O NECESSÁRIO ATENDIMENTO ÀS NECESSIDADES E ASPIRAÇÕES HUMANAS E A ADI 4.269. A CONSTITUIÇÃO DE 1988 E SUA OPÇÃO POLÍTICA PELO DESENVOLVIMENTO SUSTENTÁVEL, ELENCANDO A DEFESA DO MEIO AMBIENTE COMO UM DOS PRINCÍPIOS A SEREM PERSEGUIDOS PELO MODELO ECONÔMICO BRASILEIRO: A ADI 6.137

Impregnado de caráter eminentemente constitucional e reverberado nos Princípios Gerais da Atividade Econômica estabelecidos em nossa Lei Maior (arts.170 e s.) "como fator de obtenção do justo equilíbrio entre as exigências da economia e as da

---

DE UNIDADES DE CONSERVAÇÃO POR MEDIDA PROVISÓRIA. IMPOSSIBILIDADE. CONFIGURADA OFENSA AO PRINCÍPIO DA PROIBIÇÃO DE RETROCESSO SOCIOAMBIENTAL. AÇÃO PARCIALMENTE CONHECIDA E, NESSA PARTE, JULGADA PROCEDENTE, SEM PRONÚNCIA DE NULIDADE. 1. Este Supremo Tribunal manifestou-se pela possibilidade e análise dos requisitos constitucionais para a edição de medida provisória após a sua conversão em lei. 2. A jurisprudência deste Supremo Tribunal admite, em caráter excepcional, a declaração de inconstitucionalidade de medida provisória quando se comprove abuso da competência normativa do Chefe do Executivo, pela ausência dos requisitos constitucionais de relevância e urgência. Na espécie, na exposição de motivos da medida provisória não se demonstrou, de forma suficiente, os requisitos constitucionais de urgência do caso. 3. As medidas provisórias não podem veicular norma que altere espaços territoriais especialmente protegidos, sob pena de ofensa ao art. 225, inc. III, da Constituição da República. 4. As alterações promovidas pela Lei n. 12.678/2012 importaram diminuição da proteção dos ecossistemas abrangidos pelas unidades de conservação por ela atingidas, acarretando ofensa ao princípio da proibição de retrocesso socioambiental, pois atingiram o núcleo essencial do direito fundamental ao meio ambiente ecologicamente equilibrado previsto no art. 225 da Constituição da República. 5. Ação direta de inconstitucionalidade parcialmente conhecida e, nessa parte, julgada procedente, sem pronúncia de nulidade".

Destarte causa com o devido respeito grande estranheza afirmar que "A proibição de retrocesso, apesar de não se encontrar, com nome e sobrenome, consagrada na nossa Constituição, nem em normas infraconstitucionais, e não obstante sua relativa imprecisão transformou-se em princípio geral do Direito Ambiental" [...] Se não se encontra com nome e sobrenome prevista em nossa Carta Magna ou em qualquer outra norma infraconstitucional, ou seja, SE NÃO SE ENCONTRA PREVISTO EM LEI, como pode um "princípio" denominado de "proibição de retrocesso" transformar-se em princípio geral do Direito Ambiental Brasileiro?

62. *Vide* o conteúdo da palestra "Litígios globais, meio ambiente e cidadania internacional", realizada em 22 de março de 2024, que desenvolvemos no evento "Sustentabilidade – desenvolvimento sustentável: significado jurídico e implementação pelos juízes e tribunais", atendendo ao convite formal que recebemos da Escola Paulista da Magistratura (EPM), em conjunto com o Centro de Estudos Judiciários (CEJ), de Portugal, a Scuola Superiore della Magistratura Della Repubblica Italiana (SSM), a Ècole Nationale de la Magistrature (ENM), da França, e a Escola Judicial da Espanha (EJE), com o apoio da Escola Nacional de Formação e Aperfeiçoamento de Magistrados (Enfam). Disponível em: https://epm.tjsp.jus.br/Noticias/Noticia/97720.

ecologia"[63 e 64], o princípio do desenvolvimento sustentável surgiu, inicialmente, de forma mais geral, na Conferência Mundial de Meio Ambiente, realizada em 1972[65 e 66], em Estocolmo, e repetida nas demais conferências sobre o meio ambiente[67].

---

63. "A questão do desenvolvimento nacional (CF, art. 3º, II) e a necessidade de preservação da integridade do meio ambiente (CF, art. 225): O princípio do desenvolvimento sustentável como fator de obtenção do justo equilíbrio entre as exigências da economia e as da ecologia. O princípio do desenvolvimento sustentável, além de impregnado de caráter eminentemente constitucional, encontra suporte legitimador em compromissos internacionais assumidos pelo Estado brasileiro e representa fator de obtenção do justo equilíbrio entre as exigências da economia e as da ecologia, subordinada, no entanto, a invocação desse postulado, quando ocorrente situação de conflito entre valores constitucionais relevantes, a uma condição inafastável, cuja observância não comprometa nem esvazie o conteúdo essencial de um dos mais significativos direitos fundamentais: o direito à preservação do meio ambiente, que traduz bem de uso comum da generalidade das pessoas, a ser resguardado em favor das presentes e futuras gerações" (ADI 3.540-MC, Rel. Min. Celso de Mello, j. 1º-9-2005, *DJ*, 3-2-2006).

64. Cabe apontar manifestação do Ministro Roberto Barroso, a saber: "Por relevante que seja, a defesa do meio ambiente é apenas um dos vetores constitucionais, que precisa ser conciliado com muitos outros. Dentre estes outros valores igualmente destacáveis, situa-se o desenvolvimento nacional, elevado à categoria de princípio fundamental da ordem constitucional brasileira (art. 3º, II). Disto resulta que o constituinte admitiu a hipótese de que certas atividades econômicas, ainda quando lesivas ao meio ambiente, deveriam ser exploradas". RE 519778 AgR/Órgão julgador: Primeira Turma/Relator: Min. Roberto Barroso/Julgamento: 24/06/2014/Publicação: 01/08/2014.

65. REPORT OF THE UNITED NATIONS CONFERENCE ON THE HUMAN ENVIRONMENT, Stockholm, 5 a 16 June 1972.

66. "The concept of sustainable development appears to have emerged by one of its earliest efforts in the global arena with the Stockholm Conference held in 1972. Many publications followed the conference with the central focus on man's overexploitation of the environment and the links between environment and development. Intergovernmental organizations, non-governmental organizations, nations, international organizations, the private sector and civil society were the actors taking part in these efforts. The first real attempt from the World Conservation Strategy (IUCN/WWF/UNEP, 1980) to define sustainable development is as follows:

'For development to be sustainable, it must take account of social and ecological factors, as well as economic ones; of the living and non-living resource base; and of the longterm as well as the short-term advantages and disadvantages of alternative action'" (Alba Kruja, Sustainable Economic Development, a Necessity of the 21st Century Mediterranean, *Journal of Social Sciences*, MCSER Publishing, Rome-Italy, v. 4, n. 10, October 2013, disponível em: <file:///C:/Users/USUARIO/Downloads/Sustainable_Economic_Development_a_Necessity_of_th.pdf>).

67. "La expresión 'desarrollo sostenible' ha cobrado una gran relevancia en la literatura económica en los últimos años. Y, como tantas veces sucede con términos que en algún momento se ponen de moda, no resulta fácil saber cuál es su sentido preciso, si es que lo tiene. La idea de que el desarrollo de una cierta actividad debe ser 'sostenible' si queremos que se mantenga a largo plazo es bastante clara. No se puede, por ejemplo, pensar que se podrá seguir explotando un determinado banco de pesca si no se sigue una estrategia racional, consistente en adaptar el volumen de capturas a su capacidad de reproducción y evitar que se capturen ejemplares muy jóvenes. Pero cosa muy diferente es tratar de aplicar estas ideas al conjunto de la actividad económica.

Lo que los teóricos del desarrollo sostenible afirman no es, en efecto, que el crecimiento de un sector se verá afectado en el futuro por su sobreexplotación, sino que el conjunto del desarrollo de la economía en el mundo llegará en un plazo no muy largo al estancamiento por una utilización inadecuada de los recursos naturales" (Francisco Cabrillo, La economía del desarrollo en el siglo XXI – El desafío actual consiste en extender el progreso a aquellos países y a aquellas personas que todavía hoy viven en condiciones lamentables, *Nueva Revista*, 2009, disponível em <https://www.nuevarevista.net/destacados/la-economia-del-desarrollo-en-el-siglo-xxi/>).

Todavia, a Comissão Mundial sobre o Meio Ambiente, criada em 1983 (Relatório Brundtland – 1987[68]), **ao estabelecer que o desenvolvimento sustentável, em essência**, "é um processo de transformação no qual a exploração de recursos, a direção dos investimentos, a orientação do desenvolvimento tecnológico e a mudança institucional se harmonizam e reforçam o potencial presente e futuro **a fim de atender às necessidades e aspirações humanas**", dirigindo-se também à empresa privada[69], **deixou explicitado**[70] que "**o desenvolvimento sustentável é aquele que atende às necessidades do presente sem comprometer a possibilidade de as gerações futuras atenderem a suas próprias necessidades**", contendo "**dois conceitos-chave**", a saber:

1º) *o conceito de "necessidades" (sobretudo as "necessidades" essenciais dos pobres do mundo, que devem receber prioridade máxima)* e

2º) a "**noção das limitações que o estágio da tecnologia e da organização social impõem ao meio ambiente, impedindo-o de atender às necessidades presentes e futuras**"[71, 72 e 68].

---

68. *Nosso futuro comum* – Comissão Mundial sobre o Meio Ambiente e Desenvolvimento, 2. ed., Rio de Janeiro: Fundação Getúlio Vargas, 1991.

69. "A Comissão se dirige também à empresa privada, desde a formada por uma só pessoa até a grande companhia multinacional.com um movimento total superior ao de muitos países, e com possibilidades de promover mudanças e melhorias de grande alcance" (*Nosso futuro comum* – Comissão Mundial sobre o Meio Ambiente e Desenvolvimento, 2. ed. Rio de Janeiro, Fundação Getúlio Vargas, 1991). Para um estudo detalhado, *vide* Celso Antonio Pacheco Fiorillo, *A gestão sustentável das empresas transnacionais e sua regulação em face do direito ambiental constitucional brasileiro*, Rio de Janeiro: Lumen Juris, 2021; Celso Antonio Pacheco Fiorillo e Renata Marques Ferreira, *Direito empresarial ambiental brasileiro e sua delimitação constitucional*, Rio de Janeiro, Lumen Juris, 2020.

70. "El origen del concepto de desarrollo sostenible está asociado a la preocupación creciente existente en la comunidad internacional en las últimas décadas del siglo XX al considerar el vínculo existente entre el desarrollo económico y social y sus efectos más o menos inmediatos sobre el medio natural. Esto, como se expondrá algo más adelante, no se trataba de un conflicto nuevo. Lo nuevo fue la magnitud y extensión alcanzada por el mismo, que condujo a una valoración sobre sus consecuencias futuras, incluida dentro de ellas la capacidad de supervivencia de la especie humana. La toma de conciencia a nivel mundial de la estrecha relación existente entre el desarrollo económico y el medio ambiente, tuvo su expresión en el marco de las Naciones Unidas con la creación por este organismo en el año 1983 de la Comisión de Desarrollo y Medio Ambiente, integrada por un grupo de personalidades del ámbito científico, político y social, representativo de los diversos intereses existentes en la comunidad internacional. Para dirigir esta Comisión fue designada la señora Gró Harlem Brundtland, en aquel entonces primer ministro de Noruega, quien tenía un papel destacado por sus criterios e intervenciones en los temas ambientales. En abril del año 1987 la Comisión publicó y dio a conocer su informe, titulado 'Nuestro futuro común' ('Our common future', en idioma inglés) conocido también como 'Informe Brundtland' (Brundtland, G.H., 1987) en el cuál se introduce el concepto de desarrollo sostenible, definido en estos términos: 'Está en manos de la humanidad asegurar que el desarrollo sea sostenible, es decir, asegurar que satisfaga las necesidades del presente sin comprometer la capacidad de las futuras generaciones para satisfacer las propias'" (Carlos Gómez Gutiérrez, *El desarrollo sostenible*: conceptos básicos, alcance y criterios para su evaluación, disponível em <https://en.unesco.org/>).

71. *Nosso futuro comum* – Comissão Mundial sobre o Meio Ambiente e Desenvolvimento, 2. ed. Rio de Janeiro, Fundação Getúlio Vargas,1991).

72. "El debate suscitado en torno al término Desarrollo Sostenible originaría la publicación, en 1987, del destacado trabajo de la Comisión de Medio Ambiente de las Naciones Unidas, bajo las órdenes de Gro

**Destarte, fixou o Relatório Brundtland que "satisfazer as necessidades e aspirações humanas é o principal objetivo do desenvolvimento"**[74], sendo certo que "a satisfação das necessidades essenciais depende em parte de que se consiga o crescimento potencial pleno, e o desenvolvimento sustentável exige claramente que haja crescimento econômico em regiões onde tais necessidades não estão sendo atendidas"[75 e 76].

---

Harlem Brundtland, entonces presidenta de la Comisión Mundial de Medio Ambiente y Desarrollo, titulado 'Nuestro Futuro Común' (CMMAD, 1988 (1987)) y más conocido como 'Informe Brundtland'. Esta obra marcó el punto de inflexión en el proceso de institucionalización del concepto de desarrollo sostenible, que hasta entonces había sido básicamente una mera discusión académica, y a partir de ese momento será trasladado a la esfera política. Además expuso la definición más difundida del término Desarrollo Sostenible: 'el Desarrollo Sostenible es el desarrollo que satisface las necesidades de la generación presente sin comprometer la capacidad de las generaciones futuras para satisfacer sus propias necesidades' (CMMAD, 1988 (1987), p. 67)" (Itziar Aguado Moralejo, Carmen Echebarria Miguel e José Maria Barrutia Legarreta, El desarrollo sostenible a lo largo de la historia del pensamiento económico, *Revista de Economía Mundial*, n. 21, 2009, p. 87-110).

73. "La 'Primera Cumbre de la Tierra', celebrada en Río de Janeiro, Brasil, en 1992, adoptó como objetivo político el concepto de desarrollo sostenible y dio paso a un conjunto de acuerdos internacionales llamados a enfrentar varios de los problemas ambientales recogidos en el 'Informe Brundtland'" (Carlos Gómez Gutiérrez, El desarrollo sostenible: conceptos básicos, alcance y criterios para su evaluación, disponível em <https://en.unesco.org/>).

74. "Satisfacer las necesidades humanas elementales se recalca como objetivo central del desarrollo sostenible. La más básica de las necesidades es disponer de un trabajo que permita asegurar la subsistencia. Crear fuentes de empleo con un ingreso que permita satisfacer las necesidades básicas, es un desafío que debe encarar cualquier proyecto de desarrollo sostenible" (Carlos Gómez Gutiérrez, El desarrollo sostenible: conceptos básicos, alcance y criterios para su evaluación, disponível em <https://en.unesco.org/>).

75. *Nosso futuro comum* – Comissão Mundial sobre o Meio Ambiente e Desenvolvimento, 2. ed., Rio de Janeiro, Fundação Getúlio Vargas, 1991.

76. "Em 1983, as Nações Unidas criaram a Comissão Mundial em Meio Ambiente e Desenvolvimento, presidida pela Premiê Norueguesa Gro Harlem Brundtland. Em 1987, a Comissão publica 'Our Common Future', mais conhecido pelo Relatório 'Brundtland'. Assim é definido o desenvolvimento sustentável ou duradouro, como aquele no qual o crescimento econômico privilegia: a) a durabilidade dos produtos; b) a satisfação das necessidades sociais básicas; c) a equidade entre os indivíduos da presente geração e os da futura; e d) a proteção do meio ambiente mediante gerenciamento ótimo do capital natural.

O relatório considera que o crescimento econômico é condição *sine qua non* da riqueza de qualquer sociedade, mas ele deve necessariamente mudar em sua qualidade, processo que deve ser realizado sem questionar a lógica do sistema capitalista.

É assim então que propõe, para as economias ricas e desenvolvidas, um capitalismo que assegure crescimento econômico centrado na qualidade de seus produtos, o qual será possível mediante a introdução de novas tecnologias que serão, ademais, protetoras do meio ambiente. Efetivamente, os progressos tecnológicos fruto da revolução científica que simbolizavam, já nos anos 80, o bilhete do capitalismo industrial ao da informação e do conhecimento, permitirão resolver dois dos maiores impactos negativos da ação do homem sobre o meio ambiente, a saber, o uso destrutivo dos recursos naturais e a redução da enorme quantidade dos desfeitos, abrindo dessa maneira uma fase na qual o crescimento econômico e a lógica do mercado seriam compatíveis com a preservação dos equilíbrios biológicos necessários à reprodução da vida no Planeta. Por sua vez, para as economias menos avançadas, subdesenvolvidas, em via de desenvolvimento ou 'emergentes', o relatório propõe crescimento econômico intenso e rápido que permita o aumento do rendimento médio das famílias, fenômeno que freará o incremento demográfico e eliminará a pobreza e as injustiças que são depredadoras do meio ambiente e que afetam principalmente as populações pobres.

Mais tarde, a Conferência das Nações Unidas sobre o Desenvolvimento Sustentável, realizada no Rio de Janeiro/BRASIL em junho de 2012 – a Rio+20[77] –, ao publicar seu documento final intitulado O FUTURO QUE QUEREMOS, reafirmou todos os princípios da Declaração do Rio sobre o Meio Ambiente e Desenvolvimento.

Com efeito.

Na Constituição Federal de 1988, o princípio do desenvolvimento sustentável encontra-se esculpido no *caput* do art. 225:

"Art. 225. Todos têm direito ao meio ambiente ecologicamente equilibrado..., impondo-se ao Poder Público e à coletividade o *dever de defendê-lo e preservá-lo para as presentes e futuras gerações*".

Constata-se que os recursos ambientais não são inesgotáveis, tornando-se inadmissível que as atividades econômicas desenvolvam-se alheias a esse fato[78]. Busca-se

---

O Relatório Brundtland propõe, finalmente, coordenação das políticas públicas e dessas com os atores privados, o que redundará em melhor funcionamento dos mercados, que, por sua vez, mediante a cooperação internacional e bom gerenciamento do governo mundial, evitarão o aumento da impressão ecológica" (Gustavo Arce, A economia mundial no século XXI, DOI: 10.5102/uri.v12i2.2585, file:///C:/Users/USUARIO/Downloads/A_economia_mundial_no_seculo_XXI.pdf).

77. Conferência das Nações Unidas sobre o Desenvolvimento Sustentável, a Rio+20, foi realizada de 13 a 22-6-2012, na cidade do Rio de Janeiro. A Rio+20 foi assim conhecida porque marcou os vinte anos de realização da Conferência das Nações Unidas sobre Meio Ambiente e Desenvolvimento (Rio-92) e contribuiu para definir a agenda do desenvolvimento sustentável para as próximas décadas. A proposta brasileira de sediar a Rio+20 foi aprovada pela Assembleia Geral das Nações Unidas, em sua 64ª Sessão, em 2009. O objetivo da Conferência foi a renovação do compromisso político com o desenvolvimento sustentável, por meio da avaliação do progresso e das lacunas na implementação das decisões adotadas pelas principais cúpulas sobre o assunto e do tratamento de temas novos e emergentes.

A Conferência teve dois temas principais:

• A economia verde no contexto do desenvolvimento sustentável e da erradicação da pobreza; e

• A estrutura institucional para o desenvolvimento sustentável (disponível em: <http:// www.rio20.gov.br>).

78. É o caso das instituições financeiras.

Durante o mês de maio de 2008, sessenta bancos signatários dos denominados Princípios do Equador estiveram reunidos em Washington, visando analisar os cinco anos do acordo que condiciona a concessão de créditos – a projetos de países emergentes com valor acima de US$ 10 milhões – à análise dos riscos sociais e ambientais do empreendimento.

Em 2003, dez instituições financeiras – ABN Amro, Barclays, Citigroup, Crédit Lyonnais, Crédit Suisse, HypoVereinsbank (HVB), Rabobank, Royal Bank of Scotland, WestLB e Westpac – criaram a ferramenta, voluntária, para verificar se os projetos que requeriam financiamento cumpriam as exigências de sustentabilidade, de acordo com critérios estabelecidos pelo IFC – International Finance Corporation, braço financeiro do Banco Mundial.

Esses critérios preveem especificações para cada categoria de projetos no que se refere aos cuidados com as populações atingidas pelas construções; à observação das condições de trabalho, dos níveis de poluição e das emissões de gases de efeito estufa; à realização de consultas públicas para verificação da viabilidade do projeto, entre outros.

A partir da análise, os projetos são classificados de acordo com o risco social e ambiental que apresentam: A – alto risco, B – médio risco e C – baixo risco. Para as categorias A e B, os bancos elaboram um relatório sugerindo mudanças no projeto, de maneira a adequá-los às exigências internacionais.

com isso a coexistência harmônica entre economia e meio ambiente. Permite-se o desenvolvimento, mas de forma sustentável, planejada, para que os recursos hoje existentes não se esgotem ou tornem-se inócuos.

Destarte, conforme entendimento já adotado pelo Supremo Tribunal Federal, "a análise de compatibilidade entre natureza e obra humana é ínsita à ideia de desenvolvimento sustentável, expressão popularizada pelo Relatório Brundtland, elaborado em 1987 pela Comissão Mundial sobre o Meio Ambiente e Desenvolvimento. A mesma organização eficiente dos recursos disponíveis que conduz ao progresso econômico, por meio da aplicação do capital acumulado no modo mais produtivo possível, é também aquela capaz de garantir o racional manejo das riquezas ambientais em face do crescimento populacional. Por conseguinte, a proteção ao meio ambiente, no contexto de um desenvolvimento sustentável, não equivale a uma visão estática dos bens naturais, que pugna pela proibição de toda e qualquer mudança ou interferência em processos ecológicos ou correlatos. A história humana e natural é feita de mudanças e adaptações, não de condições estáticas ou de equilíbrio"[79].

Por outro lado, ao observarmos atentamente o conteúdo do Relatório Brundtland, ficam evidentes seus reflexos interiorizados em nossa Lei Maior, não só em face do **art. 225**, mas **PRINCIPALMENTE** em decorrencia do próprio conteúdo estabelecido pelos artigos 1º, III (art. 1º A República Federativa do Brasil, formada pela união indissolúvel dos Estados e Municípios e do Distrito Federal, constitui-se em Estado Democrático de Direito e tem como fundamentos: III – a dignidade da pessoa humana) e **art. 3º, III** (art. 3º Constituem objetivos fundamentais da República Federativa do Brasil: III – erradicar a pobreza e a marginalização e reduzir as desigualdades sociais e regionais;) de nossa Constituição Federal.

Com efeito.

Ao explicitamente aduzir que **"satisfazer as necessidades e as aspirações humanas é o principal objetivo do desenvolvimento"** (grifos nossos)[80] e **"para que haja um desenvolvimento sustentável, é preciso que todos tenham atendidas as suas necessidades básicas e lhe sejam proporcionadas oportunidades de concretizar suas aspirações a uma vida melhor"** (grifos nossos)[81], o referido Relatório influenciou diretamente os fundamentos que estruturam nossa Lei das Leis, bem como

---

Até 2008, sessenta signatários participavam em todos os continentes, sendo certo que em 2007, segundo o *Infrastructure Journal*, 71% do montante destinado a projetos em países emergentes foram liberados sob as condições dos Princípios do Equador, o que corresponde a US$ 52,9 bilhões.

Em 2008, no Brasil, quatro bancos faziam parte dos Princípios do Equador: Banco do Brasil, Itaú, Bradesco e Unibanco.

79. ADC 42 / DF, Rel. Min. Luiz Fux, j. 28-2-2018, Tribunal Pleno, processo eletrônico *DJe*-175, divulg. 12-8-2019, public. 13-8-2019.

80. *Nosso futuro comum* – Comissão Mundial sobre o Meio Ambiente e Desenvolvimento, 2. ed., Rio de Janeiro, Fundação Getúlio Vargas, 1991.

81. *Nosso futuro comum* – Comissão Mundial sobre o Meio Ambiente e Desenvolvimento, 2. ed., Rio de Janeiro, Fundação Getúlio Vargas, 1991.

objetivos fundamentais também estabelecidos como princípios fundamentais, vez que acatou a concepção indicada no documento elaborado pela Comissão Mundial sobre o Meio Ambiente e Desenvolvimento (**"o conceito de "necessidades, sobretudo as necessidades essenciais dos pobres do mundo, que devem receber a máxima prioridade – grifos nossos")**[82].

A afirmação de que **"em essência o desenvolvimento sustentável é um processo de transformação no qual a exploração dos recursos, a direção dos investimentos, a orientação do desenvolvimento tecnológico e a mudança institucional se harmonizam e reforçam o potencial presente e futuro a fim de atender às necessidades e aspirações humanas"** (grifos nossos)[83] sintetiza pois de forma clara e didática que o art. 225 de nossa Constituição Federal tem sua interpretação necessariamente vinculada ao que determinam os arts. 1º e 3º de nossa Lei Maior.

Dessa forma, o princípio do desenvolvimento sustentável tem por *conteúdo* a manutenção das bases vitais da produção e reprodução do homem e de suas atividades, garantindo igualmente uma relação satisfatória entre os homens e destes com o seu ambiente, para que as futuras gerações também tenham oportunidade de desfrutar os mesmos recursos que temos hoje à nossa disposição.

Com isso, a noção e o conceito de *desenvolvimento*, formados num Estado de tradicional concepção liberal fixada em momento histórico absolutamente diferente dos dias de hoje, alteraram-se, porquanto não mais encontravam guarida na sociedade moderna. Passou-se a reclamar um papel ativo do Estado no socorro dos valores ambientais, conferindo outra noção ao conceito de *desenvolvimento*. A proteção do meio ambiente e o fenômeno desenvolvimentista (sendo composto pela livre-iniciativa) passaram a fazer parte de um objetivo comum, pressupondo "a convergência de objetivos das políticas de desenvolvimento econômico, social, cultural e de proteção ambiental[84].

---

82. *Nosso futuro comum* – Comissão Mundial sobre o Meio Ambiente e Desenvolvimento, 2. ed., Rio de Janeiro, Fundação Getúlio Vargas, 1991.

83. *Nosso futuro comum* – Comissão Mundial sobre o Meio Ambiente e Desenvolvimento, 2. ed., Rio de Janeiro, Fundação Getúlio Vargas, 1991.

84. O Tribunal Regional Federal da 3ª Região (São Paulo/Mato Grosso do Sul) adotou nosso entendimento, conforme se observa de importante decisão da Presidente do TRF, Desembargadora Federal Marli Marques Ferreira, ao enfrentar o tormentoso tema da queima da palha da cana-de-açúcar, a saber:

"Celso Antonio Pacheco Fiorillo, com a proficiência de profundo conhecedor da matéria e cuidando do Princípio do Desenvolvimento Sustentável, leciona:

'Com isso, a noção e o conceito de desenvolvimento, formados num Estado de concepção liberal, alteraram-se, porquanto não mais encontravam guarida na sociedade moderna. Passou-se a reclamar um papel ativo do Estado no socorro dos valores ambientais, conferindo outra noção ao conceito de desenvolvimento. A proteção do meio ambiente e o fenômeno desenvolvimentista (sendo composto pela livre-iniciativa) passaram a fazer parte de um objetivo comum, pressupondo 'a convergência de objetivos das políticas de desenvolvimento econômico, social, cultural e de proteção ambiental'" (TRF, 3ª Região, Proc. n. 2007.03.00.091882-6, requerente: Estado de São Paulo, requerido: Juízo Federal da 1ª Vara de Jaú – Seç. Jud. – SP, setembro de 2007).

A busca e a conquista de um 'ponto de equilíbrio' entre o desenvolvimento social, o crescimento econômico e a utilização dos bens ambientais exigem um adequado planejamento que tenha em conta os limites da sustentabilidade. O critério do desenvolvimento sustentável deve valer tanto para o território nacional na sua totalidade, áreas urbanas e rurais, como para a sociedade, para o povo, respeitadas as necessidades culturais e criativas do país"[85].

Como se percebe, o princípio possui grande importância e afeta diretamente o exercício de toda e qualquer atividade econômica (arts.170 e s. da CF), bem como ocasiona necessários reflexos na própria atuação do Estado como agente normativo e regulador, uma vez que numa sociedade desregrada, à deriva de parâmetros constitucionais balizadores da livre concorrência e da livre-iniciativa, o caminho inexorável para o caos ambiental é uma certeza. Não há dúvida de que o desenvolvimento econômico também é um valor precioso da sociedade. Todavia, a preservação ambiental e o desenvolvimento econômico *devem* coexistir, de modo que aquela não acarrete a anulação deste.

Em resumo, cabe **ratificar a mensagem do Relatório Brundtland de 1987** que, **ao estabelecer o conceito de desenvolvimento sustentável**, deixou claro que a comunicação da ONU foi dirigida "às pessoas, cujo bem-estar é o objetivo último de todas as políticas referentes a meio ambiente e desenvolvimento"[86].

Atento a esses fatos, o legislador constituinte de 1988 verificou que o crescimento das atividades econômicas merecia um novo tratamento. Não mais poderíamos permitir que elas se desenvolvessem alheias aos fatos contemporâneos. A preservação do meio ambiente passou a ser palavra de ordem, porquanto sua contínua degradação implicará diminuição da capacidade econômica do País, e não será possível à nossa geração e principalmente às futuras desfrutar uma vida com qualidade.

Assim, a livre-iniciativa, que rege as atividades econômicas, passou a ter necessariamente outro significado, necessitando de uma adequada interpretação contemporânea. A liberdade de agir e dispor tratada pelo Texto Constitucional (a livre-iniciativa) passou a ser compreendida de forma mais restrita, o que significa dizer que não existe a liberdade, a livre-iniciativa, voltada à disposição de um meio ambiente ecologicamente equilibrado. Busca-se, na verdade, a coexistência de ambos sem que a ordem econômica inviabilize um meio ambiente ecologicamente equilibrado e sem que este obste o desenvolvimento econômico.

Daí, como já dissemos anteriormente, a Constituição Federal estabelecer que a ordem econômica, fundada na *livre-iniciativa* (sistema de produção capitalista) e na *valorização do trabalho humano* (limite ao capitalismo selvagem), deverá regrar-se pelos ditames de *justiça social*, respeitando o princípio da *defesa do meio ambiente*, contido no inciso VI do art. 170. Assim, caminham lado a lado a livre concorrência e a defesa do meio ambiente, a fim de que a ordem econômica esteja voltada à

---

85. Ronaldo Mota Sardenberg, Ordenação territorial e desenvolvimento sustentável, *Folha de S.Paulo*, caderno I, p. 3, 24 abr. 1995.

86. *Nosso futuro comum* – Comissão Mundial sobre o Meio Ambiente e Desenvolvimento, 2. ed. Rio de Janeiro, Fundação Getúlio Vargas, 1991.

justiça social estruturada por desenvolvimento sustentável conforme o dispositivo abaixo indicado:

"Art. 170. A ordem econômica, fundada na valorização do trabalho humano e na livre-iniciativa, tem por fim assegurar a todos existência digna, conforme os ditames da justiça social, observados os seguintes princípios:

(...)

VI – defesa do meio ambiente, inclusive mediante tratamento diferenciado conforme o impacto ambiental dos produtos e serviços e de seus processos de elaboração e prestação".

Devemos lembrar que a ideia principal é assegurar a existência digna da pessoa humana, mediante uma vida com qualidade[87 e 88].

Com isso, ratificando o que foi aduzido anteriormente, o princípio não objetiva impedir o desenvolvimento econômico. Sabemos que a atividade econômica, na maioria das vezes, representa alguma degradação ambiental. Todavia, o que se procura é minimizá-la, pois pensar de forma contrária significaria dizer que nenhum empreendimento que venha a afetar o meio ambiente poderá ser instalado, e não é essa a concepção apreendida do texto. O correto é que as atividades sejam desenvolvidas lançando-se mão dos instrumentos existentes adequados para a menor degradação possível.

Por isso, delimita-se o princípio do desenvolvimento sustentável como o desenvolvimento que atenda às necessidades do presente, sem comprometer as futuras gerações dentro dos parâmetros anteriormente indicados[89].

---

87. "O princípio do desenvolvimento sustentável, além de impregnado de caráter eminentemente constitucional, encontra suporte legitimador em compromissos internacionais assumidos pelo Estado brasileiro e representa fator de obtenção do justo equilíbrio entre as exigências da economia e as da ecologia, subordinada, no entanto, a invocação desse postulado, quando ocorrente situação de conflito entre valores constitucionais relevantes, a uma condição inafastável, cuja observância não comprometa nem esvazie o conteúdo essencial de um dos mais significativos direitos fundamentais: o direito à preservação do meio ambiente, que traduz bem de uso comum da generalidade das pessoas, a ser resguardado em favor das presentes e futuras gerações" (ADI 3.540-MC, Rel. Min. Celso de Mello, j. 1º-9-2005, Plenário, *DJ*, 3-2-2006).

88. "É certo que a ordem econômica na Constituição de 1988 define opção por um sistema no qual joga um papel primordial a livre-iniciativa. Essa circunstância não legitima, no entanto, a assertiva de que o Estado só intervirá na economia em situações excepcionais. Mais do que simples instrumento de governo, a nossa Constituição enuncia diretrizes, programas e fins a serem realizados pelo Estado e pela sociedade. **Postula um plano de ação global normativo para o Estado e para a sociedade, informado pelos preceitos veiculados pelos seus arts. 1º, 3º e 170.** A livre-iniciativa é expressão de liberdade titulada não apenas pela empresa, mas também pelo trabalho. Por isso a Constituição, ao contemplá-la, cogita também da 'iniciativa do Estado'; não a privilegia, portanto, como bem pertinente apenas à empresa. Se de um lado a Constituição assegura a livre-iniciativa, de outro determina ao Estado a adoção de todas as providências tendentes a garantir o efetivo exercício do direito à educação, à cultura e ao desporto (arts. 23, V, 205, 208, 215 e 217, § 3º, da Constituição). Na composição entre esses princípios e regras há de ser preservado o interesse da coletividade, interesse público primário. O direito ao acesso à cultura, ao esporte e ao lazer são meios de complementar a formação dos estudantes" (ADI 1.950, Rel. Min. Eros Grau, j. 3-11-2005, Plenário, *DJ*, 2-6-2006). No mesmo sentido: ADI 3.512, j. 15-2-2006, Plenário, *DJ*, 23-6-2006.

89. Em nossa participação formal tanto na Rio+20 (palestra vinculada ao evento oficial Judiciário Federal Brasileiro e a Rio+20: diálogos interinstitucionais e experiências inovadoras realizado no Espaço

Assim, e em apertada síntese, a defesa do meio ambiente tem objetivos bem definidos no plano constitucional, com particular destaque à construção de uma sociedade livre, justa e solidária (art. 3º, I), garantir o desenvolvimento nacional(art. 3º, II) e particularmente, em face da realidade brasileira, erradicar a pobreza e a marginalização e reduzir as desigualdades sociais e regionais (art. 3º, III). Daí a orientação do STF advertindo que "não se deve desprezar que a mesma Constituição protetora dos recursos ambientais do país também exorta o Estado brasileiro a garantir a livre-iniciativa (artigos 1º, IV, e 170) e o desenvolvimento nacional (art. 3º, II), a erradicar a pobreza e a marginalização, a reduzir as desigualdades sociais e regionais (art. 3º, III; art. 170, VII), a proteger a propriedade (art. 5º, *caput* e XXII; art. 170 , II), a buscar o pleno emprego (art. 170, VIII; art. 6º) e a defender o consumidor (art. 5º, XXXII; art. 170, V) etc."[90].

Destarte, cabe ratificar, conforme aduzido anteriormente, que nossa Constituição Federal, ao fixar em 1988 os princípios fundamentais antes indicados (conteúdo dos arts.1º e 3º), teria adotado em certa medida parte das ideias contidas no documento intitulado Nosso Futuro Comum **e especificamente recepcionado o "conceito" de desenvolvimento sustentável**[91 e 92] **conforme indicado no art. 225 de nossa Lei Maior**[93].

---

do CNO no Parque dos Atletas em 14-6-2012) como na Cúpula dos Povos (palestra de abertura do evento Novos Direitos e Paradigmas realizado nos dias 20 e 21-6-2012 na OAB/RJ) reafirmamos uma vez mais e publicamente referida necessidade.

90. *DJ* 174 do dia 12-8-2019, Plenário, Republicações ADC/42 – Ação Declaratória de Constitucionalidade, Procedência: Distrito Federal, Rel. Min. Luiz Fux.

91. Desenvolvimento sustentável ou sustentabilidade?

**A expressão é "desenvolvimento sustentável"** conforme afirmação feita pela própria criadora da expressão a ex-premiê da Noruega Gro Harlem Brundtland, que chefiou a comissão que, em 1987, produziu o relatório "Nosso Futuro Comum", onde o conceito foi cunhado. Perguntada pelo jornal se estaria cansada do termo sustentabilidade, a norueguesa respondeu que "a expressão é 'desenvolvimento sustentável'. Nos últimos dez anos, as pessoas começaram a usar 'sustentabilidade' como forma alternativa. Sempre tive cuidado em não usar a palavra 'sustentabilidade' sozinha enquanto conceito. Precisamos de sustentabilidade em diversas áreas, mas também precisamos de desenvolvimento sustentável". Perguntada ainda se não achava que teria ocorrido abuso do conceito, a ex-premiê respondeu que "Sim. Acho que há mais abuso quando se fala de sustentabilidade. Essa palavra foi introduzida depois, como se entregasse aquilo que o desenvolvimento sustentável significa. Você precisa olhar cada empresa para saber se ela está adotando a sustentabilidade ou a responsabilidade social corporativa. Palavras sempre podem ser mal usadas. Mas você não pode dizer: 'Esse conceito foi distorcido, então o deixamos de lado'. Não acho que possamos encontrar uma maneira nova e melhor de descrever do que trataram a nossa comissão e a Rio-92. Não vale a pena reinventar a roda porque alguém tentou roubá-la. Ela vai ser roubada de novo".

Destarte, a palavra "sustentabilidade", muito usada nos dias de hoje e evidentemente com diferentes significados, que só podem evidentemente ser interpretados caso a caso, foi introduzida como forma alternativa da expressão "desenvolvimento sustentável" observada no documento elaborado pela Comissão Mundial sobre Meio Ambiente e Desenvolvimento em 1987.

*Vide* entrevista de Claudio Angelo, Jornal *Folha de São Paulo*, 22-3-2012. Existe um abuso do conceito de sustentabilidade. Criadora da expressão "desenvolvimento sustentável", Gro Brundtland diz que o ideal não foi posto em prática ainda.

92. No âmbito de nossa Carta Magna, cabe registrar que a palavra sustentabilidade está indicada devendo evidentemente ser interpretada de forma sistemática e dentro do contexto em que está indicada. Segue:

"Art. 43. Para efeitos administrativos, a União poderá articular sua ação em um mesmo complexo geoeconômico e social, visando a seu desenvolvimento e à redução das desigualdades regionais.

(...)

§ 2º Os incentivos regionais compreenderão, além de outros, na forma da lei:

(...)

III – isenções, reduções ou diferimento temporário de tributos federais devidos por pessoas físicas ou jurídicas.

(...)

§ 4º Sempre que possível, a concessão dos incentivos regionais a que se refere o § 2º, III, considerará critérios de **sustentabilidade ambiental** e redução das emissões de carbono.

(...)

Art. 92-B. As leis instituidoras dos tributos previstos nos arts. 156-A e 195, V, da Constituição Federal estabelecerão os mecanismos necessários, com ou sem contrapartidas, para manter, em caráter geral, o diferencial competitivo assegurado à Zona Franca de Manaus pelos arts. 40 e 92-A e às áreas de livre comércio existentes em 31 de maio de 2023, nos níveis estabelecidos pela legislação relativa aos tributos extintos a que se referem os arts. 126 a 129, todos deste Ato das Disposições Constitucionais Transitórias.

§ 1º Para assegurar o disposto no *caput*, serão utilizados, isolada ou cumulativamente, instrumentos fiscais, econômicos ou financeiros.

§ 2º Lei complementar instituirá **Fundo de Sustentabilidade e Diversificação Econômica do Estado do Amazonas**, que será constituído com recursos da União e por ela gerido, com a efetiva participação do Estado do Amazonas na definição das políticas, com o objetivo de fomentar o desenvolvimento e a diversificação das atividades econômicas no Estado.

(...)

Art. 159-A. Fica instituído o Fundo Nacional de Desenvolvimento Regional, com o objetivo de reduzir as desigualdades regionais e sociais, nos termos do art. 3º, III, mediante a entrega de recursos da União aos Estados e ao Distrito Federal para: (Incluído pela Emenda Constitucional n. 132, de 2023)

(...)

§ 2º Na aplicação dos recursos de que trata o *caput*, os Estados e o Distrito Federal priorizarão **projetos que prevejam ações de sustentabilidade ambiental** e redução das emissões de carbono. (Incluído pela Emenda Constitucional n. 132, de 2023)

(...)

Art. 163. Lei complementar disporá sobre:

(...)

VIII – sustentabilidade da dívida, especificando: (Incluído pela Emenda Constitucional n. 109, de 2021)

(...)

Art. 164-A. **A União, os Estados, o Distrito Federal e os Municípios devem conduzir suas políticas fiscais de forma a manter a dívida pública em níveis sustentáveis**, na forma da lei complementar referida no inciso VIII do *caput* do art. 163 desta Constituição (Incluído pela Emenda Constitucional n. 109, de 2021) Parágrafo único. A elaboração e a execução de planos e orçamentos devem refletir a compatibilidade dos indicadores fiscais com a **sustentabilidade da dívida** (Incluído pela Emenda Constitucional n. 109, de 2021)

Art. 165. (...)

§ 2º A Lei de Diretrizes Orçamentárias compreenderá as metas e prioridades da administração pública federal, estabelecerá as diretrizes de política fiscal e respectivas metas, em consonância com **trajetória sustentável da dívida pública**, orientará a elaboração da lei orçamentária anual, disporá sobre as alterações na legislação tributária e estabelecerá a política de aplicação das agências financeiras oficiais de fomento".

"A necessidade de equilíbrio fiscal relaciona-se diretamente com a capacidade de implementar e manter importantes políticas públicas, inclusive aquelas relacionadas à redução das desigualdades sociais. Sendo assim, para que se possa assegurar a concretude dos direitos sociais previstos na Constituição, é fundamental que se preserve o equilíbrio das contas públicas. Essa ponderação traduz a noção de **sustentabilidade**, segundo a qual é relevante e desejável que o desenvolvimento social buscado possa se prolongar ao longo do tempo, o que somente ocorrerá diante de um quadro de contas públicas equilibradas. Assim, para que as políticas públicas possam ser contínuas, exige-se um mínimo de controle e planejamento, evitando-se o endividamento público exagerado que pode, em última análise, comprometer a

**Referido conceito, por via de consequência, DEFINE O SIGNIFICADO DE DESENVOLVIMENTO NACIONAL como GARANTIA indicada no plano do que estabelece o art. 3º, II, de nossa Lei Maior. Daí** "O desenvolvimento nacional que cumpre realizar, um dos objetivos da República Federativa do Brasil, e o pleno emprego que impende assegurar supõem economia autossustentada, suficientemente equilibrada para permitir ao homem reencontrar-se consigo próprio, como ser humano e não apenas como um dado ou índice econômico"[94].

Com efeito.

Elaborado, como já aduzido anteriormente, pela Comissão Mundial sobre o Meio Ambiente e o Desenvolvimento[95] e dentro de um contexto em que **"o meio ambiente não existe como uma esfera desvinculada das ações, ambições e necessidades humanas"** (grifos nossos)[96], o **desenvolvimento sustentável**, na definição estabelecida em referido documento, **"é aquele que atende às necessidades do presente sem comprometer a possibilidade de as gerações futuras atenderem a suas próprias necessidades"**.

Repetindo: o desenvolvimento sustentável contém, conforme está escrito em referido documento que elabora sua definição, **dois conceitos-chave**:

1º) o conceito de "necessidades", sobretudo as necessidades essenciais dos pobres no mundo, que devem receber a máxima prioridade; e

2º) a noção das limitações que o estágio da tecnologia e da organização social impõe ao meio ambiente, impedindo-o de atender às necessidades presentes e futuras[97].

Consequentemente, ficou explicitamente indicado no Relatório Brundtland que **"satisfazer as necessidades e aspirações humanas é o principal objetivo do**

---

atividade estatal e os serviços prestados à sociedade. (...) **A diretriz da sustentabilidade orçamentária foi, portanto, eleita pelo legislador como um imperativo para a edição de outras normas, sobretudo aquelas que veiculam novas despesas ou renúncia de receita**" (STF, Medida Cautelar na Ação Direta de Inconstitucionalidade 7.633/DF, Rel. Min. Cristiano Zanin, Brasília, 25 de abril de 2024. Disponível em: https://portal.stf.jus.br/processos/downloadPeca.asp?id=15366562948&ext=.pdf).

93. "A QUESTÃO DO DESENVOLVIMENTO NACIONAL (CF, ART. 3º, II) E A NECESSIDADE DE PRESERVAÇÃO DA INTEGRIDADE DO MEIO AMBIENTE (CF, ART. 225): O PRINCÍPIO DO DESENVOLVIMENTO SUSTENTÁVEL COMO FATOR DE OBTENÇÃO DO JUSTO EQUILÍBRIO ENTRE AS EXIGÊNCIAS DA ECONOMIA E AS DA ECOLOGIA. – O princípio do desenvolvimento sustentável, além de impregnado de caráter eminentemente constitucional, encontra suporte legitimador em compromissos internacionais assumidos pelo Estado brasileiro e representa fator de obtenção do justo equilíbrio entre as exigências da economia e as da ecologia, subordinada, no entanto, a invocação desse postulado, quando ocorrente situação de conflito entre valores constitucionais relevantes, a uma condição inafastável, cuja observância não comprometa nem esvazie o conteúdo essencial de um dos mais significativos direitos fundamentais: o direito à preservação do meio ambiente, que traduz bem de uso comum da generalidade das pessoas, a ser resguardado em favor das presentes e futuras gerações" (ADI 3.540-MC/DF, Medida Cautelar na Ação Direta de Inconstitucionalidade, Rel. Min. Celso de Mello, j. 1º-9-2005, Tribunal Pleno, *DJ*, 3-2-2006 PP-00014 EMENT VOL-02219-03 PP-00528).

94. Eros Roberto Grau, *A ordem econômica na Constituição de 1988*, São Paulo, Malheiros, 2007.

95. *Vide Nosso futuro comum* – Comissão Mundial sobre Meio Ambiente e Desenvolvimento, 2. ed., Rio de Janeiro, Fundação Getúlio Vargas, 1991.

96. *Vide Nosso futuro comum* – Comissão Mundial sobre Meio Ambiente e Desenvolvimento, 2. ed., Rio de Janeiro, Fundação Getúlio Vargas, 1991, prefácio da Presidente.

97. *Vide Nosso futuro comum* – Comissão Mundial sobre Meio Ambiente e Desenvolvimento, 2. ed., Rio de Janeiro, Fundação Getúlio Vargas, 1991, prefácio da Presidente.

**desenvolvimento**" (grifos nossos), uma vez que "nos países em desenvolvimento, as necessidades básicas de grande número de pessoas – alimento, roupa, habitação, emprego – não estão sendo atendidas. Além dessas necessidades básicas, as pessoas também aspiram legitimamente uma melhor qualidade de vida"[98].

Destarte, "para que haja um desenvolvimento sustentável, é preciso que todos tenham atendidas as suas necessidades básicas e lhes sejam proporcionadas oportunidades de concretizar suas aspirações a uma vida melhor"[99], o que significa dizer que o DESENVOLVIMENTO NACIONAL como GARANTIA indicada no plano do que estabelece o art. 3º, II, de nossa Lei Maior está condicionado ao desenvolvimento sustentável.

Claro está que, ao estabelecer como princípios fundamentais constitucionais o objetivo de "erradicar a pobreza e a marginalização e reduzir as desigualdades sociais e regionais" (art. 3º, III), adotando como fundamento "a dignidade da pessoa humana" (art.1º, III)[100], nossa Constituição Federal teria, ao que tudo indica, usado claramente pelo menos um dos "conceitos-chave" do significado do conceito de desenvolvimento sustentável, inclusive com reflexo direto na positivação constitucional dos princípios gerais da atividade econômica que, praticamente repetindo o conteúdo do art. 1º da Carta Maior, estabelece que a ordem econômica é fundada na valorização do trabalho humano e na livre-iniciativa e tem por fim assegurar a todos existência digna, conforme os ditames da justiça social, observados alguns princípios, como o princípio da defesa do meio ambiente. Em síntese, e para usar a feliz expressão de Kruja, "sustainable development is an instant increase of welfare for all inhabitants, not compromising the welfare of others in the nearest and further future. So, in order to satisfy the concept of sustainable development, it should be studied the best possible use of all available economic resources for the production of maximum possible output of goods and services that are needed for the community now and in the future and the just distribution of this output"[101].

---

98. *Vide Nosso futuro comum* – Comissão Mundial sobre Meio Ambiente e Desenvolvimento, 2. ed., Rio de Janeiro, Fundação Getúlio Vargas, 1991, prefácio da Presidente.

99. *Vide Nosso futuro comum* – Comissão Mundial sobre Meio Ambiente e Desenvolvimento, 2. ed., Rio de Janeiro, Fundação Getúlio Vargas, 1991, prefácio da Presidente.

100. "O direito à integridade do meio ambiente – típico direito de terceira geração – constitui prerrogativa jurídica de titularidade coletiva, refletindo, dentro do processo de afirmação dos direitos humanos, a expressão significativa de um poder atribuído, não ao indivíduo identificado em sua singularidade, mas, num sentido verdadeiramente mais abrangente, à própria coletividade social. Enquanto os direitos de primeira geração (direitos civis e políticos) – que compreendem as liberdades clássicas, negativas ou formais – realçam o princípio da liberdade e os direitos de segunda geração (direitos econômicos, sociais e culturais) – que se identificam com as liberdades positivas, reais ou concretas – acentuam o princípio da igualdade, os direitos de terceira geração, que materializam poderes de titularidade coletiva atribuídos genericamente a todas as formações sociais, consagram o princípio da solidariedade e constituem um momento importante no processo de desenvolvimento, expansão e reconhecimento dos direitos humanos, caracterizados, enquanto valores fundamentais indisponíveis, pela nota de uma essencial inexauribilidade" (MS 22.164, Rel. Min. Celso de Mello, j. 30-10-1995, Pleno, *DJ*, 17-11-1995).

101. Alba Kruja, Sustainable Economic Development, a Necessity of the 21st Century Mediterranean, *Journal of Social Sciences* MCSER Publishing, Rome-Italy v. 4, n. 10, October 2013.

Daí o Supremo Tribunal Federal, adotando nossa interpretação, estabelecer que "o desenvolvimento sustentável passou, assim, a ser o objetivo a ser alcançado por todos os países, com previsão expressa no Princípio n. 4 da Declaração sobre o Meio Ambiente e Desenvolvimento (ECO-92, Rio de Janeiro, 1992), que firma:

**'Para alcançar o desenvolvimento sustentável, a proteção ambiental deve constituir parte integrante do processo de desenvolvimento, e não pode ser considerada isoladamente deste' destacando que 'no Brasil, a constitucionalização de uma ordem ambiental voltada ao dever estatal de proteção do meio ambiente, bem como seu deslocamento para o rol de direitos fundamentais, consagrou modelo de Estado que considera a proteção ambiental e o fenômeno do desenvolvimento um objetivo comum, pressupondo a convergência de objetivos das políticas de desenvolvimento econômico, social e cultural e de proteção ambiental'** (FIORILLO, Celso Antônio Pacheco. *Curso de Direito Ambiental Brasileiro*. 4. ed. São Paulo: Saraiva: 2003, p. 25)"[102 e 103].

Cuida-se, consequentemente, de dar efetividade a objetivo, a exemplo dos Objetivos de Desenvolvimento Sustentável (ODS) das Nações Unidas (Agenda 2030 para o Desenvolvimento Sustentável)[104], alinhado ao compromisso de "não deixar ninguém para trás[105] e chegar em primeiro lugar aos mais desfavorecidos na transição para uma

---

102. ADI 4.269 / DF, Rel. Min. Edson Fachin, j. 18-10-2017, Tribunal Pleno, Acórdão Eletrônico, *DJe*-019, divulg. 31-1-2019, public. 1º-2-2019.

103. No voto condutor do julgamento da Ação Direta de Inconstitucionalidade n. 4.269/DF (Plenário, *DJ* 1º.2.2019), o Ministro Edson Fachin ressaltou que, "no Brasil, a constitucionalização de uma ordem ambiental voltada ao dever estatal de proteção do meio ambiente, bem como seu deslocamento para o rol de direitos fundamentais, consagrou modelo de Estado que considera a proteção ambiental e o fenômeno do desenvolvimento 'um objetivo comum, pressupondo a convergência de objetivos das políticas de desenvolvimento econômico, social e cultural e de proteção ambiental' (FIORILLO, Celso Antônio Pacheco. *Curso de Direito Ambiental Brasileiro*. 4. ed. São Paulo: Saraiva: 2003, p. 25)".

**ADI 6137/Órgão julgador: Tribunal Pleno/Relator(a): Min. Cármen Lúcia/Julgamento: 29/05/2023/Publicação: 14/06/2023**

104. A cúpula das Nações Unidas para a adoção da agenda de desenvolvimento pós-2015 foi realizada de 25 a 27 de setembro de 2015, em Nova York e convocada como uma reunião plenária de alto nível da Assembleia Geral. Os 193 Estados-Membros da Organização das Nações Unidas (ONU) adotaram a Agenda 2030 para o Desenvolvimento Sustentável, composta pelos Objetivos de Desenvolvimento Sustentável (ODS).

Os objetivos adotados são os seguintes:

Objetivo 1. Acabar com a pobreza em todas as suas formas, em todos os lugares;

Objetivo 2. Acabar com a fome, alcançar a segurança alimentar e melhoria da nutrição e promover a agricultura sustentável;

Objetivo 3. Assegurar uma vida saudável e promover o bem-estar para todos, em todas as idades;

Objetivo 4. Assegurar a educação inclusiva e equitativa e de qualidade, e promover oportunidades de aprendizagem ao longo da vida para todos;

Objetivo 5. Alcançar a igualdade de gênero e empoderar todas as mulheres e meninas;

Objetivo 6. Assegurar a disponibilidade e gestão sustentável da água e saneamento para todos;

Objetivo 7. Assegurar o acesso confiável, sustentável, moderno e a preço acessível à energia para todos;

Objetivo 8. Promover o crescimento econômico sustentado, inclusivo e sustentável, emprego pleno e produtivo e trabalho decente para todos;

Objetivo 9. Construir infraestruturas resilientes, promover a industrialização inclusiva e sustentável e fomentar a inovação;

Objetivo 10. Reduzir a desigualdade dentro dos países e entre eles;

Objetivo 11. Tornar as cidades e os assentamentos humanos inclusivos, seguros, resilientes e sustentáveis;

Objetivo 12. Assegurar padrões de produção e de consumo sustentáveis;

Objetivo 13. Tomar medidas urgentes para combater a mudança do clima e seus impactos;

Objetivo 14. Conservação e uso sustentável dos oceanos, dos mares e dos recursos marinhos para o desenvolvimento sustentável;

Objetivo 15. Proteger, recuperar e promover o uso sustentável dos ecossistemas terrestres, gerir de forma sustentável as florestas, combater a desertificação, deter e reverter a degradação da terra e deter a perda de biodiversidade;

Objetivo 16. Promover sociedades pacíficas e inclusivas para o desenvolvimento sustentável, proporcionar o acesso à justiça para todos e construir instituições eficazes, responsáveis e inclusivas em todos os níveis;

Objetivo 17. Fortalecer os meios de implementação e revitalizar a parceria global para o desenvolvimento sustentável (disponível em <https://nacoesunidas.org/wp-content/uploads/2015/10/agenda2030--pt-br.pdf>).

105. "Não deixar ninguém para trás implica, concretamente, devolver o poder ao maior número possível de pessoas para que desempenhem um papel positivo como cidadãos ativos, maximizando a acessibilidade dos investimentos, novos estilos de vida e padrões de consumo e tecnologias sustentáveis para todas as pessoas, grupos e regiões no processo de transição. A transformação rumo à sustentabilidade não pode nem deve ser imposta de cima para baixo; só será bem-sucedida se assentar-se no apoio alargado e na participação ativa de todos.

Para alcançar os ODS sem deixar ninguém para trás, o CESE insta a Comissão Europeia, o Parlamento, o Conselho e os Estados-Membros a tomarem as seguintes medidas:

– criar um Pacto Ecológico e Social Europeu no âmbito de uma Estratégia de Desenvolvimento Sustentável da UE para 2050 que seja verdadeiramente dissociada da utilização excessiva dos recursos naturais e tenha como objetivo central a melhoria do bem-estar dos cidadãos. O CESE congratula-se com o facto de a nova Comissão tencionar lançar um Pacto Ecológico Europeu, mas insiste na necessidade de incluir nele as dimensões sociais;

– realizar uma avaliação sistemática dos potenciais efeitos colaterais negativos/positivos da transição na população da Europa (sobretudo os pobres e os grupos vulneráveis) e nas regiões estruturalmente frágeis e compreender melhor os fatores intergeracionais que promovem a sustentabilidade e a desigualdade;

– definir as estruturas e os instrumentos de governação adequados para a aplicação dos ODS e do Pacto Ecológico e Social Europeu, por exemplo, utilizando o Semestre Europeu, a iniciativa 'Legislar melhor' e o Quadro Financeiro Plurianual (QFP), incluindo os fundos no âmbito da política de coesão e os fundos sociais, para estimular a transformação;

– desenvolver uma maior compreensão da 'transição justa' (além do carvão) e executar na íntegra o Pilar Europeu dos Direitos Sociais de apoio à mesma, estimulando as reformas dos sistemas redistributivos (tributação adaptada, proteção social e investimentos sustentáveis e sociais), bem como o equilíbrio entre vida profissional e pessoal e a igualdade de gênero;

– garantir a todos igualdade de oportunidades e de acesso a ofertas de educação e formação adequadas;

– superar os obstáculos à participação ativa dos cidadãos que não possuem o capital financeiro e social necessário, os conhecimentos e informações necessários, nem acesso a oportunidades;

– introduzir políticas que beneficiem os cidadãos e protejam o ambiente, por exemplo, planos para combater a poluição atmosférica que tenham prioritariamente em conta os grupos vulneráveis, políticas de habitação social ecológica, etc.;

– promover uma economia social e colaborativa no âmbito da transição rumo à sustentabilidade (por exemplo, competências, economia circular, transição energética, promoção das cooperativas);

– prestar apoio às PME para que tenham êxito na transição e alcancem a competitividade sustentável através de melhor acesso às competências, ao financiamento, à inovação e à tecnologia;

via sustentável e resiliente, e de garantir que nenhum objetivo seja considerado cumprido, a menos que alcançado para todos" no âmbito de "preocupações sociais devem ser abordadas em plena sinergia com as preocupações ambientais e econômicas"[106].

Trata-se, por via de consequência, de ratificar O SIGNIFICADO DE DESENVOLVIMENTO NACIONAL como GARANTIA indicada no plano do que estabelece o art. 3º, II, de nossa Lei Maior em face dos balizamentos orientadores do que estabelecemos como desenvolvimento sustentável.

Devemos, todavia, destacar, conforme relatório de Investimento Mundial de 2021 da UNCTAD[107], que, devido à crise da Covid-19, os fluxos de investimento despencaram globalmente em 35% em 2020, afetando setores relevantes para os Objetivos de Desenvolvimento Sustentável (ODS) nos países em desenvolvimento, sendo certo que todos os setores de investimento de ODS, exceto o de energias renováveis, tiveram declínio de dois dígitos em relação aos níveis pré-pandemia com a crise, agravando o declínio em setores que já eram fracos antes da crise de saúde, como energia, alimentos e agricultura e saúde.

A recuperação, conforme documento antes referido[108], também deve ser desigual, com as economias desenvolvidas impulsionando o crescimento global em IED, com

---

– criar mais emprego de qualidade;

– elaborar uma estratégia para garantir que não só as cidades mas também as comunidades rurais se tornam mais integradoras, resilientes e sustentáveis;

– reforçar a proteção do clima e a adaptação às alterações climáticas na Europa para combater a desertificação e enfrentar a escassez de água e o despovoamento;

– dar aos jovens e às gerações futuras uma voz expressiva e fazer com que sejam tidos em conta nas decisões em matéria de sustentabilidade;

– promover uma política comercial sustentável que internalize as externalidades sociais e ambientais positivas e negativas do comércio" (*Jornal Oficial da União Europeia*, C 47/30, Parecer do Comitê Econômico e Social Europeu sobre o tema "Não deixar ninguém para trás na execução da Agenda 2030 para o Desenvolvimento Sustentável", Decisão da Plenária 21-2-2019, Base jurídica: art. 32, n. 2, do Regimento, disponível em <https://eurlex.europa.eu/legal-content/PT/TXT/HTML/?uri=CELEX:52019IE2446&from=ES>).

106. "Com fundamento nos princípios constitucionais do meio ambiente ecologicamente equilibrado, da proteção à saúde humana, do desenvolvimento sustentável e da equidade intergeracional, este Supremo Tribunal declarou válida proibição à importação de pneus usados ou remodelados (Arguição de Descumprimento de Preceito Fundamental n. 101/DF, de minha relatoria, *DJ* 4.6.2012): 'a) os elementos que compõem os pneus, dando-lhe durabilidade, são responsáveis pela demora na sua decomposição quando descartados em aterros; b) a dificuldade de seu armazenamento impele a sua queima, o que libera substâncias tóxicas e cancerígenas no ar; c) quando compactados inteiros, os pneus tendem a voltar à sua forma original e retornam à superfície, ocupando espaços que são escassos e de grande valia, em especial nas grandes cidades; d) pneus inservíveis e descartados a céu aberto são criadouros de insetos e outros transmissores de doenças; e) o alto índice calorífico dos pneus, interessante para as indústrias cimenteiras, quando queimados a céu aberto se tornam focos de incêndio difíceis de extinguir, podendo durar dias, meses e até anos; f) o Brasil produz pneus usados em quantitativo suficiente para abastecer as fábricas de remoldagem de pneus, do que decorre não faltar matéria-prima a impedir a atividade econômica" (ADI 5.592 / DF, Ação Direta de Inconstitucionalidade, Rel. Min. Cármen Lúcia, Rel. p/ Acórdão Min. Edson Fachin, j. 11-9-2019, Tribunal Pleno, processo eletrônico, *DJe*-051, divulg. 9-3-2020, public. 10-3-2020).

107. Disponível em: <https://unctad.org/webflyer/world-investment-report-2021?utm>. Acesso em: 31 ago. 2021.

108. Disponível em: <https://unctad.org/webflyer/world-investment-report-2021?utm>. Acesso em: 31 ago. 2021.

forte atividade de fusões e aquisições e apoio ao investimento público em larga escala. Os fluxos para a Ásia permanecerão resilientes, mas uma recuperação substancial para a África e para a América Latina e o Caribe é improvável no curto prazo.

De qualquer forma, é FUNDAMENTAL DESTACAR a importantíssima orientação de nosso Supremo Tribunal Federal[109], que, concordando uma vez mais com nossa interpretação, teve a oportunidade de aduzir o que segue:

"20. No art. 170 da Constituição da República, ao tratar da ordem econômica e da livre-iniciativa, são postos estes princípios para assegurar "a todos existência digna", prevendo a observância da "defesa do meio ambiente, inclusive mediante tratamento diferenciado conforme o impacto ambiental dos produtos e serviços e de seus processos de elaboração e prestação" (inc. VI). **Discorrendo sobre a ordem econômica e livre-iniciativa, Celso Antônio Pacheco Fiorillo explica que a Constituição de 1988 fez opção política pelo desenvolvimento sustentável, elencando a defesa do meio ambiente como um dos princípios a serem perseguidos pelo modelo econômico brasileiro:**

"A Constituição Federal de 1988 recepcionou um importante princípio, que surgiu inicialmente na Conferência Mundial do Meio Ambiente, realizada em 1972 em Estocolmo. O princípio do desenvolvimento sustentável encontra total respaldo no *caput* do art. 225 da Constituição, no momento em que o legislador transcreve que é dever do Poder Público e da coletividade defender e preservar o meio ambiente ecologicamente equilibrado para as presentes e futuras gerações. Desta forma, para que as atividades econômicas não se desenvolvam alheias ao fato de que os recursos ambientais são finitos e esgotáveis, é que o princípio do desenvolvimento sustentável foi inserido na nossa Carta Magna, com objetivo de harmonizar a economia e o meio

---

109. É exatamente vinculada a orientação do Supremo Tribunal Federal de que devemos interpretar o tema no plano infraconstitucional com destaque para algumas normas, dentre outras, a saber: Lei n. 9.433, de 8 de janeiro de 1997 – Institui a Política Nacional de Recursos Hídricos; Lei n. 9.985, de 18 de julho de 2000 – Regulamenta o art. 225, § 1º, incisos I, II, III e VII da Constituição Federal, institui o Sistema Nacional de Unidades de Conservação da Natureza e dá outras providências; Lei n. 10.257, de 10 de julho de 2001 – Regulamenta os arts. 182 e 183 da Constituição Federal, estabelece diretrizes gerais da política urbana e dá outras providências; Lei n. 11.284, de 2 de março de 2006 – Dispõe sobre a gestão de florestas públicas para a produção sustentável; Lei n. 11.445, de 5 de janeiro de 2007 – Estabelece as diretrizes nacionais para o saneamento básico; Lei n. 12.305, de 2 de agosto de 2010 – Institui a Política Nacional de Resíduos Sólidos; Lei n. 12.651, de 25 de maio de 2012 – Dispõe sobre a proteção da vegetação nativa (Código Florestal); Lei n. 13.576, de 26 de dezembro de 2017 – Dispõe sobre a Política Nacional de Biocombustíveis (RenovaBio); Lei n. 14.835, de 4 de abril de 2024 – Institui o marco regulatório do Sistema Nacional de Cultura (SNC), para garantia dos direitos culturais. A Medida Provisória n. 1.205, de 30 de dezembro de 2023, ao instituir o Programa Mobilidade Verde e Inovação – Programa MOVER, em seu Capítulo III (Tributação e dos Veículos Sustentáveis), considera sustentável "o automóvel ou veículo comercial leve que atender aos critérios específicos relativos a: I – emissão de dióxido de carbono (eficiência energético-ambiental), considerado o ciclo do poço à roda; II – reciclabilidade veicular; III – realização de etapas fabris no País; e IV – categoria do veículo" (art. 11, § 1º), sendo certo que, para ser caracterizado como sustentável, o veículo deverá se enquadrar nos índices de cada um dos critérios previstos no § 1º, conforme previsto em ato do Poder Executivo federal (art. 11, § 2º). Referidos veículos poderão ter alíquota específica de IPI, nos termos do disposto no regulamento.

ambiente de forma a garantir que as presentes e futuras gerações possam desfrutar de referidos bens.

É fato que o "liberalismo passou a ser inoperante diante do fenômeno da revolução das massas. A transformação sociopolítica, econômica e tecnológica trouxe consigo a necessidade de um modelo estatal intervencionista, com a finalidade de reequilibrar o mercado econômico. Com isso, a noção e o conceito de desenvolvimento, formados num Estado de concepção liberal, alteram-se, porquanto não mais encontravam guarida na sociedade moderna. Passou-se a reclamar um papel ativo do Estado no socorro dos valores ambientais, conferindo outra noção ao conceito de desenvolvimento. A proteção do meio ambiente e o fenômeno desenvolvimentista (sendo composto da livre-iniciativa) passaram a fazer parte de um objetivo comum, qual seja a harmonia constante entre os dois pontos, de forma que a preservação ambiental e o desenvolvimento econômico coexistam sem anular-se.

Assim, o legislador constituinte de 1988, ao verificar a necessidade de um novo tratamento para o crescimento das atividades econômicas, buscou a preservação do meio ambiente, porquanto sua contínua degradação implicaria em diminuição da própria capacidade econômica do País, impedindo assim o desfrute (não só da nossa, mas das futuras gerações) da vida com qualidade. Desta forma, a livre-iniciativa passa a ser compreendida de forma mais restrita, voltada a atender, e que esteja à disposição de um meio ambiente ecologicamente equilibrado. Tanto isso é verdade que a Constituição Federal estabelece que a ordem econômica, fundada na livre-iniciativa (sistema de produção capitalista) e na valorização do trabalho humano (limite ao capitalismo selvagem) deverá regrar-se pelos ditames da justiça social, respeitando o princípio da defesa do meio ambiente, contido no inciso VI do art. 170. (g.n.).

Destarte, o objetivo principal do art. 170 da Constituição Federal, que institui a ordem econômica no nosso país, é garantir a todos existência digna conforme os ditames da justiça social, observando alguns princípios dentre os quais o da defesa do meio ambiente, sem, entretanto, que este princípio venha obstar o desenvolvimento econômico. Ambas devem coexistir, o que nos dá uma tradução didática e clara do conceito de desenvolvimento sustentável. (...) Pudemos observar que a Constituição Federal de 1988 buscou garantir uma ordem econômica balizada por princípios dentre os quais destacamos o do meio ambiente.

O legislador expurgou de nossa sociedade o antigo sistema liberal, chamado capitalismo selvagem, adotando um modelo intervencionista, de índole keynesiana, totalmente balizado por princípios, tendo como objetivo a manutenção e efetivação da vida com qualidade, em consonância com o desenvolvimento econômico do nosso País. O modelo intervencionista do Estado, portanto, busca o efetivo cumprimento de uma economia fundada na valorização do trabalho humano e na livre-iniciativa, que assegure a todos os brasileiros e estrangeiros residentes no Brasil uma existência digna, o que não constitui mero enunciado descritivo, e sim uma norma condicionadora que estabelece os alicerces, os fundamentos da ordem econômica brasileira. Assim, fica claro que o princípio constitucional da ordem econômica fixado no art. 170, VI, da Constituição Federal, que estabelece a defesa do meio ambiente como princípio geral da atividade econômica em nosso País, visa a satisfação dos preceitos fundamentais descritos no art. 1º da Carta Maior, para dar efetividade ao Estado Democrático de Direito" (CANOTILHO, J. J. Gomes; MENDES, Gilmar F.; SARLET, Ingo W.; STRECK, Lenio L. (Coords.). Comentários à Constituição do Brasil. São Paulo: Saraiva/Almedina, 2013. p. 4660-4663).

*Vide* ADI 6.137/Órgão julgador: Tribunal Pleno/Relator(a): Min. Cármen Lúcia/ Julgamento: 29/05/2023/Publicação: 14/06/2023.

EMENTA: AÇÃO DIRETA DE INCONSTITUCIONALIDADE. DIREITO CONSTITUCIONAL E AMBIENTAL. LEI DO CEARÁ. PROIBIÇÃO DE PULVERIZAÇÃO AÉREA DE AGROTÓXICOS. DEFESA DO MEIO AMBIENTE E PROTEÇÃO À SAÚDE. COMPETÊNCIA CONCORRENTE DA UNIÃO, ESTADOS E MUNICÍPIOS. ARTS. 23 E 24 DA CONSTITUIÇÃO DA REPÚBLICA. VÍCIO FORMAL NÃO CONFIGURADO. PROPORCIONALIDADE DA MEDIDA. RISCOS GRAVES DA TÉCNICA DE APLICAÇÃO DE PESTICIDAS. PRINCÍPIOS DA PREVENÇÃO E PRECAUÇÃO EM MATÉRIA AMBIENTAL. INEXISTÊNCIA DE INCONSTITUCIONALIDADE MATERIAL. AÇÃO PARCIALMENTE CONHECIDA E, NESSA PARTE, JULGADA IMPROCEDENTE.

## 3. PRINCÍPIO DO POLUIDOR-PAGADOR E A INTERPRETAÇÃO DO SUPREMO TRIBUNAL FEDERAL

Podemos identificar no princípio do poluidor-pagador duas órbitas de alcance[110 e 104]: a) busca evitar a ocorrência de danos ambientais (*caráter preventivo*); e b) ocorrido o dano, visa à sua reparação (*caráter repressivo*)[112].

---

110. O princípio do poluidor-pagador (Verursacherprinzip) foi tido em consideração pela primeira vez na proteção do ambiente – por iniciativa do Grupo de Trabalho Interparlamentar do Bundestag Alemão (IPA) – na lei dos óleos usados/lei do óleo residual, de 23 de dezembro de 1968. Trata-se de um dos três princípios da legislação ambiental alemã entendido pois como uma verdadeira diretriz destinada a impor a carga de custo direto sobre aqueles que causam danos ambientais. Recebe, todavia, críticas como a de Michael Adams, que afirma tratar-se de "uma frase vazia" e devendo "ser descartado como um critério inadequado por advogados sensíveis quando se trata de decisões de responsabilidade em legislação ambiental". *Vide* Michael Adams, WARUM DAS "VERURSACHERPRINZIP" EINE LEERE WORTHÜLSE DARSTELLT UND VON FEINSINNIGEN JURISTEN BEI HAFTUNGSLASTENTSCHEIDUNGEN IM UMWELTRECHT ALS UNGEEIGNETES KRITERIUM VERWORFEN WERDEN SOLLTE, Memento vom 8. Februar 2014 im Internet Archive, Universität Hamburg, abgerufen am 29, März 2016.

111. No contexto da reparação de danos, a Lei de Proteção Ambiental da República Popular da China (Ordem do Presidente n. 9, que entrou em vigor em 1º de janeiro de 2015) também fixou a delimitação do tema como princípio estrutural no âmbito de suas disposições gerais, a exemplo da prevenção, visando, inclusive, atingir o efeito de "uso racional e eficaz de recursos escassos" e "prevenção de falhas do mercado de investimento", ao alocar os custos das medidas de prevenção e controle ambientais, **sendo, portanto, a expressão legislativa do "Princípio do Poluidor Pagador"**. *Vide* em detalhes Celso Antonio Pacheco Fiorillo e Renata Mendes Ferreira, Responsabilidade ambiental das empresas no âmbito do sistema normativo chinês, em face da responsabilidade ambiental das empresas no Brasil, *Revista Direito Ambiental e Sociedade*, v. 11, 2021.

112. O tema será detalhadamente analisado no Capítulo V – As obrigações ambientais em face do direito constitucional brasileiro.

Desse modo, num primeiro momento, impõe-se ao poluidor o dever de arcar com as despesas de prevenção dos danos ao meio ambiente que a sua atividade possa ocasionar. Cabe a ele o ônus de utilizar instrumentos necessários à prevenção dos danos[113]. Numa segunda órbita de alcance, esclarece este princípio que, ocorrendo danos ao meio ambiente em razão da atividade desenvolvida, o poluidor será responsável pela sua reparação.

O Supremo Tribunal Federal teve a oportunidade de enfrentar o tema indicando nosso posicionamento exatamente no sentido de adequar o tema à realidade brasileira e apontando de maneira didática o enfrentamento do denominado princípio do poluidor-pagador.

"O SENHOR MINISTRO MARCO AURÉLIO – Presidente, apenas para fazer uma correção no voto. Quem oficiou personificando o Ministério Público não apontou a fonte. Utilizei certa picardia, aludindo à criatividade do autor do parecer quanto à expressão 'poluidor-pagador'. E agora o Ministro Celso de Mello esclarece que essa expressão é do Professor Celso...

O SENHOR MINISTRO CELSO DE MELLO – **o Professor CELSO ANTO-NIO PACHECO FIORILLO, no seu 'Curso de Direito Ambiental', apenas consagra uma expressão que é de uso comum no direito ambiental, inclusive no plano do direito comparado**" (grifos nossos)[114].

---

113. *Vide* Celso Antonio Pacheco Fiorillo, *Direito processual ambiental brasileiro*: a defesa judicial do patrimônio genético, do meio ambiente cultural, do meio ambiente digital, do meio ambiente artificial, do meio ambiente do trabalho e do meio ambiente natural no Brasil, 7. ed., São Paulo, Saraiva, 2018.

114. Foi o debate realizado na Corte Suprema (ADI 3378, Órgão julgador: Tribunal Pleno, Relator: Min. Carlos Britto, Julgamento: 9-4-2008, Publicação: 20-6-2008), conforme indicado abaixo:

"O SENHOR MINISTRO CARLOS BRITTO (RELATOR) – Senhor Presidente, como proferi meu voto há muito tempo, vou fazer um breve resumo para tentar orientar os Senhores Ministros, não sem antes louvar o belo estudo, percuciente estudo, que fez o Ministro Marco Aurélio, divergindo de meu voto, como diria o poeta Manoel de Barros, com lítera elegância.

Senhor Presidente, o artigo central da lei agora adversada é o de número 36. Vou fazer a leitura dele, pedindo atenção de Vossas Excelências, para essa parte inicial.

Diz a lei:

'(...)

Art. 36. Nos casos de licenciamento ambiental de empreendimentos – é agora, é esse trecho – de significativo impacto ambiental nas palavras da lei...'.

O SENHOR MINISTRO MARCO AURÉLIO – O subjetivismo grassa. A Constituição remete ao meio ambiente degradado, quando contém referência ao infrator, à obrigação de indenizar, que necessariamente pressupõe o dano.

O SENHOR MINISTRO CARLOS BRITTO (RELATOR) – eu enfrentei esses questionamentos. O que diz a lei? O que é para a lei 'significativo impacto ambiental'?

Ela explica:

'(...) assim considerado pelo órgão ambiental competente – mas não fica nisso – com fundamento em estudo de impacto ambiental e respectivo relatório-EIA/RIMA, o empreendedor é obrigado a apoiar a implantação e manutenção de unidade de conservação do Grupo de Proteção Integral, de acordo com o disposto neste artigo e no regulamento desta Lei'.

Eu salto algumas páginas, Senhor Presidente, para lembrar que a Constituição realmente cuidou do meio ambiente do modo mais cuidadoso possível, fazendo dele, inclusive, um princípio de toda a ordem econômica.

E eu digo:

'(...) 10. De sua parte, inspirado nessa decidida opção política da Constituição de 1988, o legislador ordinário federal aprovou a Lei 9.985/2000 – agora posta na alça de mira desta ADI. Diploma legal que, ao instituir o Sistema Nacional de Unidades de Conservação da Natureza, criou, no seu art. 36, uma forma de compartilhamento das despesas com as medidas oficiais de específica prevenção ante empreendimentos de significativo impacto ambiental'.

Em nota de rodapé eu tive o cuidado de explicar:

'Essa obrigação de compensar os danos ambientais era anteriormente prevista na Resolução 10, de 3 de dezembro de 1987, do Conselho Nacional do Meio Ambiente – Conama, com a modificação operada pela Resolução 2, de 18 de abril de 1996'.

'Mais ainda: esse compartilhamento ou compensação é de ser arbitrado pelo órgão ambiental licenciador e não deverá ser inferior a meio por cento dos custos totais da implantação do empreendimento'.

Muito bem. Penso, ao contrário do sustentado na inicial e agora pelo eminente Ministro Marco Aurélio...

O SENHOR MINISTRO MARCO AURÉLIO – Veja Vossa Excelência que se tem, aí, o que apontei como delegação imprópria, porque, no caso, não há submissão a lei, mas à Administração Pública. Por isso, caminhei no sentido de rotular que o ônus revela verdadeira comissão e que, quanto maior o investimento pelo empreendedor, maior será o quantitativo recolhido, sem que se cogite do que a Constituição Federal requer que é a degradação, o fato verificado, o dano, porque não se pode cogitar de indenização, *a priori*, sem a verificação de dano.

O SENHOR MINISTRO CARLOS BRITTO (RELATOR) – Mas esse é o pressuposto da lei, que haja dano, significativo dano. A lei só incide diante de uma situação empírica de significativo dano ambiental.

O SENHOR MINISTRO MARCO AURÉLIO – Não, Ministro, cogita-se. E, a meu ver, em contrariedade até à ordem natural das coisas.

O SENHOR MINISTRO CARLOS BRITTO (RELATOR) – Verificada pericialmente.

O SR. MINISTRO RICARDO LEWANDOWSKI – Ministro, se Vossa Excelência permitir, apenas uma reflexão que quero fazer e talvez possa contribuir para o debate.

Tenho a impressão, eminente Ministro Marco Aurélio, pelo menos pela primeira leitura do dispositivo impugnado, que o art. 36, *caput*, o § 2º e o § 3º, em princípio, não vulneram a Constituição.

O SENHOR MINISTRO MARCO AURÉLIO – Ainda bem que é só impressão de Vossa Excelência!

O SENHOR MINISTRO RICARDO LEWANDOWSKI – É uma primeira leitura, estou apenas debatendo o tema e não estou votando ainda. Porque a obrigatoriedade de reparar o dano está em conformidade com o princípio do poluidor-pagador abrigado em nossa Constituição.

O SENHOR MINISTRO MARCO AURÉLIO – Por que dano, Ministro, se o empreendimento ainda não foi implantado?

O SR. MINISTRO RICARDO LEWANDOWSKI – Sim, mas é que vigora para o efeito do meio ambiente o princípio da precaução e também da antevisão, esse é um aspecto.

O SENHOR MINISTRO MARCO AURÉLIO – E se se cobra antecipadamente lançando como base de incidência o valor investido?

O SENHOR MINISTRO CARLOS BRITTO – Perfeito. Em rigor, eu não preciso dizer mais nada diante dessa intervenção. Ou seja, pericialmente, como diz o Ministro Celso de Mello.

O SENHOR MINISTRO RICARDO LEWANDOWSKI – Esses danos serão apurados em EIA/RIMA; também está previsto na Constituição. E, de outro lado, verifico que o art. 170, § 2º, incisos II, III, IV e VI, da nossa Constituição, sujeita à propriedade a sua 'função social', cumprimento da 'função social', com destaque para 'defesa do meio ambiente'.

Penso, apenas para concluir nessa primeira fase, que está em cogitação, para eventual declaração de inconstitucionalidade, é a prefixação de um percentual de meio por cento sobre o total dos custos do

55

empreendimento, de um lado; de outro a ampla discricionariedade que se atribui à autoridade de licenciamento ambiental.

Essa é a primeira colocação que gostaria de trazer à colação.

O SENHOR MINISTRO MARCO AURÉLIO – Isso porque o órgão é que fixará o percentual, numa delegação à margem da Constituição Federal.

O SENHOR RICARDO LEWANDOWSKI – Sim, mas vivemos num Estado Democrático de Direito.

O SENHOR MINISTRO CELSO DE MELLO – A questão é esta: acoima-se de inconstitucional o preceito normativo, porque infringente de certas regras da Constituição, inclusive dos postulados da legalidade, da harmonia e independência dos Poderes, da razoabilidade e da proporcionalidade. E é esse exatamente o ponto que estamos a debater. Mas tenho a impressão de que a leitura da lei permite que dela se extraia o reconhecimento de que teria havido uma outorga mais ampla de competência ao Poder Executivo. Na verdade, este ficaria jungido a determinados parâmetros que a lei em questão extrai do próprio texto da Constituição. Daí por que a exigência do estudo de impacto ambiental (EIA), cujas conclusões ficam consubstanciadas no relatório de impacto ambiental (RIMA), e que representam, como diz o eminente professor JOSÉ AFONSO DA SILVA, um pressuposto constitucional de efetividade do direito ao meio ambiente ecologicamente equilibrado.

O SENHOR MINISTRO MARCO AURÉLIO – Vossa Excelência me permite um aparte?

O SENHOR MINISTRO CELSO DE MELLO – Claro, com grande prazer.

O SENHOR MINISTRO MARCO AURÉLIO – Eu não desconheço.

O SENHOR MINISTRO CELSO DE MELLO – Esta é apenas uma reflexão.

O SENHOR MINISTRO MARCO AURÉLIO – Porque parece que suscitei algo inusitado, totalmente à margem da Constituição Federal, e não o fiz.

O SENHOR MINISTRO CELSO DE MELLO – De modo algum. As observações de Vossa Excelência estimularam o debate.

O SENHOR MINISTRO MARCO AURÉLIO – Vossa Excelência me permite? Vossa Excelência procedeu à leitura do inciso IV do art. 225. Realmente consta nesse inciso IV a exigência de licença:

'(...) exigir, na forma da lei, para instalação de obra ou atividade potencialmente causadora de significativa degradação do meio ambiente, estudo prévio de impacto ambiental, a que se dará publicidade'.

Não está em jogo, aqui, a feitura desse estudo; não está em jogo, aqui, a necessidade de obter-se licença. O que se discute é a responsabilidade daquele que deseje responsabilidade prévia sob o ângulo da indenização, implantar um empreendimento que possa degradar o meio ambiente – e aí foi quando disse que o subjetivismo grassa, e eu não concebo que, em se pagando, se possa implementar a degradação ao meio ambiente. Mas o que ressaltei no voto – vou deixar de lado a delegação, a carta em branco dada ao órgão do Executivo para fixar a indenização –, desde que respeitada a percentagem mínima, para mim, já uma comissão, considerada a implantação do empreendimento de meio por cento.

O SENHOR MINISTRO CARLOS BRITTO – Assim, toda multa vai ser uma comissão.

O SENHOR MINISTRO MARCO AURÉLIO – Um minutinho, Excelência, deixe pelo menos que complete o raciocínio. Estou dando combate à visão de três colegas, e Vossa Excelência não me deixa terminar o raciocínio!

O SENHOR MINISTRO CARLOS BRITTO (RELATOR) – Não, com muito gosto e muito prazer vamos ouvir Vossa Excelência.

O SENHOR MINISTRO MARCO AURÉLIO – Então o que temos? Temos um preceito. E é método de hermenêutica e aplicação do direito a tomada sistemática dos diversos preceitos. Há um preceito específico sobre a responsabilidade. É o do § 3º do mesmo art. 225:

'Art. 225. (...)

(...)

A definição do princípio foi dada pela Comunidade Econômica Europeia, que preceitua: "as pessoas naturais ou jurídicas, sejam regidas pelo direito público ou pelo direito privado, devem pagar os custos das medidas que sejam necessárias para eliminar a contaminação ou para reduzi-la ao limite fixado pelos padrões ou medidas equivalentes que assegurem a qualidade de vida, inclusive os fixados pelo Poder Público competente" (ver Diretivas da União Europeia).

Na Constituição Federal de 1988, encontramos o princípio previsto no art. 225, § 3º:

"§ 3º As condutas e atividades consideradas lesivas ao meio ambiente sujeitarão os infratores, pessoas físicas ou jurídicas, a sanções penais e administrativas, *independentemente da obrigação de reparar os danos causados*" (grifo nosso).

Vale observar que na órbita repressiva do princípio do poluidor-pagador há incidência da *responsabilidade civil*, porquanto o próprio pagamento resultante da poluição não possui caráter de pena, nem de sujeição à infração administrativa, o que, por evidente, não exclui a cumulatividade destas, como prevê a Constituição Federal no referido § 3º do art. 225.

Com isso, é correto afirmar que o princípio do poluidor-pagador determina a incidência e aplicação de alguns aspectos do regime jurídico da responsabilidade civil aos danos ambientais: a) a responsabilidade denominada "civil" objetiva; b) prioridade da reparação específica do dano ambiental; e c) solidariedade para suportar os danos causados ao meio ambiente[115].

---

§ 3º As condutas e atividades consideradas lesivas ao meio ambiente sujeitarão (...)'.

Sujeitarão a quem? A quem ainda está pedindo licença para implantar uma indústria, para implantar um empreendimento? Não!

Vou ler o que está em bom vernáculo, em bom português, no § 3º do art. 225:

'(...) os infratores, pessoas físicas ou jurídicas, a sanções penais e administrativas, independentemente da obrigação de reparar os danos causados'.

Não posso, por mais que me esforce, por mais que seja tentado a votar no sentido da preservação do meio ambiente, imaginar indenização sem dano. Não posso inverter a ordem natural das coisas, que tem força maior, e placitar a criação de verba indenizatória sem a verificação do dano, impondo o ônus dessa verba àquele que é simplesmente requerente da licença para instalar o empreendimento. E muito menos da forma que a lei o fez, ou seja, estabelecendo uma percentagem mínima, considerados os investimentos realizados, quanto mais investir – inclusive visando à proteção do meio ambiente –, mais pagará, e dando uma carta em branco ao órgão, visando a estipulação de outras percentagens, quem sabe, até mesmo, cem por cento do que investido!

O SENHOR MINISTRO MARCO AURÉLIO – **Presidente, apenas para fazer uma correção no voto. Quem oficiou personificando o Ministério Público não apontou a fonte. Utilizei certa picardia, aludindo à criatividade do autor do parecer quanto à expressão 'poluidor-pagador'. E agora o Ministro Celso de Mello esclarece que essa expressão é do Professor Celso...**

O SENHOR MINISTRO CELSO DE MELLO – **o Professor CELSO ANTONIO PACHECO FIORILLO, no seu 'Curso de Direito Ambiental', apenas consagra uma expressão que é de uso comum no direito ambiental, inclusive no plano do direito comparado".**

115. O tema será detalhadamente analisado no Capítulo V – As obrigações ambientais em face do direito constitucional brasileiro.

## 3.1. RESPONSABILIDADE DENOMINADA "CIVIL" OBJETIVA E RESPON- SABILIDADE POR DANOS AOS BENS AMBIENTAIS

Os autores, quase que de forma unânime, afirmam que a responsabilidade civil objetiva teve por principal razão de surgimento a *Revolução Industrial*[116]. Argumentam-se que, em decorrência desta, houve um exacerbado aumento do número de acidentes, funcionando como a razão para a modificação do sistema da responsabilidade civil, à medida que teria contribuído para a gênese da *responsabilidade sem culpa*, uma vez que a necessidade de demonstração do trinômio dano, culpa e nexo de causalidade criava embaraços para atender aos anseios da população.

De fato, parece-nos que a Revolução Industrial foi o vetor desencadeante do fenômeno de massificação social, mas certamente não o único. Chamamos de massificação social ou *rebelião das massas*[117], pois foram essas modificações interdependentes que alteraram, e ainda alteram, toda a sistemática jurídica, fazendo com que se questionem o papel da justiça, a saber, a sua efetividade e mesmo a sua própria função.

Tornando-se cada vez maior a insatisfação com a teoria subjetiva e evidenciada a sua incompatibilidade com o impulso desenvolvimentista de nosso tempo, por via de processo hermenêutico, começou-se a buscar técnicas hábeis para o desempenho de uma mais ampla cobertura para a reparação do dano. E assim surgiu a doutrina objetiva[118].

Carbonnier pondera que "a responsabilidade objetiva não importa em nenhum julgamento de valor sobre os atos do responsável. Basta que o dano se relacione materialmente com estes atos, porque aquele que exerce uma atividade deve assumir os riscos"[119].

Explica Caio Mário da Silva Pereira que "a doutrina objetiva, ao invés de exigir que a responsabilidade civil seja a resultante dos elementos tradicionais (culpa, dano e vínculo de causalidade entre um e outro) assenta na equação binária cujos polos são o dano e a autoria do evento danoso"[120].

O direito ambiental, atento a essas modificações e considerando a importância dos bens tutelados, adota a chamada *responsabilidade civil objetiva*. Claro está que não se cuida efetivamente de uma responsabilidade propriamente civil, uma vez que a Constituição Federal estabelece regra própria em face de obrigação de reparar danos causados a bens ambientais, ou seja, o que existe no âmbito constitucional é uma verdadeira responsabilidade pela lesão aos bens ambientais.

Cabe lembrar que, anteriormente à Constituição Federal de 1988 e no plano infraconstitucional, a Lei da Política Nacional do Meio Ambiente (Lei n. 6.938/81) já

---

116. Aguiar Dias, com a sua propriedade, credita a origem dessa responsabilidade aos idos do direito romano (*Da responsabilidade civil*. Rio de Janeiro: Forense, 1995, p. 20).

117. Ortega y Gasset, *La rebelión de las masas*, Barcelona, Bosch, 1970, p. 49.

118. Caio Mário da Silva Pereira, *Responsabilidade civil*, Rio de Janeiro, Forense, 1990, p. 279-80.

119. Apud Caio Mário da Silva Pereira, *Responsabilidade civil*, cit., p. 24.

120. *Responsabilidade civil*, cit., p. 287.

previa a responsabilidade objetiva do poluidor no seu art. 14, § 1º. Com a promulgação da Lei Maior tal norma infraconstitucional foi recepcionada, tendo como fundamento de validade o art. 225, § 3º, porquanto este não estabeleceu qualquer critério ou elemento vinculado à culpa como determinante para o dever de reparar o dano causado ao meio ambiente. Consagrou-se, portanto, a responsabilidade objetiva em relação aos danos ambientais.

A adoção pela Constituição Federal do regime da responsabilidade objetiva implica a *impossibilidade de alteração* desse regime jurídico da responsabilidade chamada civil, em matéria ambiental, por qualquer lei infraconstitucional.

## 3.2. PRIORIDADE DA REPARAÇÃO ESPECÍFICA DO DANO AMBIENTAL

Conforme já tivemos oportunidade de aduzir anteriormente, nossa Constituição Federal, ao estabelecer a obrigação de reparar os danos causados em face de condutas e atividades consideradas lesivas ao meio ambiente (art. 225, § 3º) EM MOMENTO ALGUM exigiu o dever de indenizar em dinheiro[121], ao contrário do que determinou expressamente no âmbito do procedimento de desapropriação (art.5º, XXIV – a lei estabelecerá o procedimento para desapropriação por necessidade ou utilidade pública, ou por interesse social, mediante justa e prévia **indenização em dinheiro** (grifos nossos), ressalvados os casos previstos nesta Constituição) ou mesmo em face das desapropriações de imóveis urbanos (art.182, § 3º As desapropriações de imóveis urbanos serão feitas com prévia e **justa indenização em dinheiro**)[122].

De qualquer forma, tem sido adotado o entendimento, pouco rigoroso, é verdade, sob a ótica do princípio da legalidade fixado em nossa Lei Maior, mas de evidente aplicação prática[123], de que o ressarcimento do dano ambiental pode ser feito de duas

---

121. No direito alemão, no plano infraconstitucional, a indenização em dinheiro só pode ser exigida por danos imateriais se a lei explicitamente ordenar isso (em particular a Seção 253 (2) BGB), a saber: "§ 253 Immaterieller Schaden (1) Wegen eines Schadens, der nicht Vermögensschaden ist, kann Entschädigung in Geld nur in den durch das Gesetz bestimmten Fällen gefordert werden. (2) Ist wegen einer Verletzungdes Körpers, der Gesundheit, der Freiheit oder der sexuellen Selbstbestimmung Schadensersatz zu leisten, kann auch wegen des Schadens, der nicht Vermögensschaden ist, eine billige Entschädigung in Geld gefordert werden. *Vide* Bürgerliches Gesetzbuch Buch 2 – Recht der Schuldverhältnisse (§§ 241 – 853) Abschnitt 1 – Inhalt der Schuldverhältnisse (§§ 241 – 304) Titel 1 – Verpflichtung zur Leistung (§§ 241 – 292).

122. O art. 184 de nossa Carta Magna, no que se refere à desapropriação por interesse social para fins de reforma agrária, indica, por outro lado, a "indenização em títulos da dívida agrária, com cláusula de preservação do valor real", resgatáveis no prazo de até vinte anos, a partir do segundo ano de sua emissão, e cuja utilização será definida em lei.

123. "O direito prático conhece dois caminhos para se atingir a reparação do dano: o da reparação natural (ou específica) e o da indenização pecuniária. A legitimidade teórica desta última, tratando-se de danos patrimoniais, pode deduzir-se assim: O dano patrimonial implica uma diminuição do patrimônio e este é, no fundo, um conceito aritmético. Logo, o dano (interesse) deve ser avaliado em dinheiro por meio de um cálculo diferencial, e, além disso, em dinheiro deve ser operada a sua reparação". *Vide* Hans Albrecht Fisher, *A reparação dos danos no direito civil*, Coimbra, Armenio Amado, 1938.

formas. A primeira delas ocorre com o que se denomina reparação natural ou específica, em que há o *ressarcimento "in natura"*. A segunda é a *indenização em dinheiro*.

Todavia, isso não significa que a reparação pode, indiferentemente, ser feita por um modo ou outro. Pelo contrário, *primeiramente*, deve-se verificar se é possível o retorno ao *statu quo ante* por via da *específica reparação*, e só depois de infrutífera tal possibilidade é que deve recair a condenação sobre um *quantum* pecuniário, até mesmo porque, por vezes, "é difícil a determinação do *quantum* a ser ressarcido pelo causador do ato feito, sendo sempre preferível a reparação natural, pela recomposição efetiva e direta do ambiente prejudicado"[124].

Observe-se que "com isso não se quer dizer que um dano ambiental seja reversível e completamente reparável, uma vez que não se conseguiria restaurar por completo um ecossistema afetado, por exemplo, por uma determinada poluição que lhe tenha sido causada. Se imaginarmos que numa área de 10 metros quadrados de floresta coabitam centenas de milhares de diferentes ecossistemas responsáveis pelo equilíbrio ecológico daquele específico meio ambiente, logo percebemos a impossibilidade técnica do homem em refazer o que somente em milhares de anos pôde ser lentamente arquitetado e construído pela natureza. Entretanto, ainda que não possa ser possível a idêntica reparação, é muito mais vantajosa a reparação específica, não só ao próprio homem como ao próprio meio ambiente, do que a indenização em pecúnia. Esta, repetimos, deve ser alcançada e objetivada na total impossibilidade de se conseguir aquela".

O fundamento dessa prevalência da reparação *in natura* decorre do art. 4º, VI, da Lei n. 6.938/81, ao cuidar dos objetivos da Política Nacional do Meio Ambiente:

"Art. 4º A Política Nacional do Meio Ambiente visará:
(...)
VI – à preservação e restauração dos recursos ambientais com vistas à sua utilização racional e disponibilidade permanente, concorrendo para a manutenção do equilíbrio ecológico propício à vida".

A cumulação de pedidos de ressarcimento pelos danos materiais e morais, ou até mesmo uma ação em que sejam pleiteados somente danos morais causados aos usuários do bem ambiental, por violação a este bem, que é de natureza difusa, *não tem o condão de afastar a reparação específica*, porquanto, como bem difuso, ele pertence a toda a coletividade, e a reparação específica faz-se inafastável quando possível.

Por derradeiro, vale ponderar que a terminologia empregada "poluidor-pagador" não exige a reparação em pecúnia, porquanto o termo *pagador* tem por conteúdo a reparação específica do dano.

Compreendido o sentido empregado ao termo *pagador*, passemos a identificar quem é o responsável pelo ressarcimento do dano ambiental: o *poluidor*.

---

124. Luis Rodrigues Wambier, *Liquidação do dano*, São Paulo, Revista dos Tribunais, 1998, p. 38.

## 3.3. POLUIDOR

O art. 225 da Constituição Federal fornece os critérios de identificação dos legitimados passivos numa ação de responsabilidade civil por dano ambiental, ao preceituar que é dever do *Poder Público* e da *coletividade* preservar e defender o meio ambiente.

Como se percebe, a própria Carta Constitucional socorreu-se de fórmula ampla, abrangendo, assim, todos (pessoas físicas ou jurídicas de direito público ou privado) que, de algum modo, forem os causadores do dano ambiental. A grande função do art. 225 é dizer que todos podem encaixar-se no conceito de poluidor e degradador ambiental. Com isso, os conceitos de *poluidor, poluição* e *degradação ambiental* do art. 3º da Lei n. 6.938/81 foram recepcionados pela Constituição Federal de 1988.

Vejamos o que preceitua o art. 3º da Lei n. 6.938/81:

"Art. 3º Para os fins previstos nesta Lei, entende-se por:

(...)

II – *degradação da qualidade ambiental*, a alteração adversa das características do meio ambiente;

III – *poluição*, a degradação da qualidade ambiental resultante de atividades que direta ou indiretamente:

a) prejudiquem a saúde, a segurança e o bem-estar da população;

b) criem condições adversas às atividades sociais e econômicas;

c) afetem desfavoravelmente a biota;

d) afetem as condições estéticas ou sanitárias do meio ambiente;

e) lancem matérias ou energia em desacordo com os padrões ambientais estabelecidos;

IV – *poluidor,* a pessoa física ou jurídica, de direito público ou privado, direta ou indiretamente, por atividade causadora de degradação ambiental" (grifos nossos).

Diante desses conceitos, percebe-se que haverá poluição com a degradação da *qualidade ambiental*, ou seja, com a ocorrência de qualquer alteração adversa das características do meio ambiente.

Todavia, mister que se preencha o conceito de qualidade ambiental. Seu conteúdo é dado pelo inciso que cuida de definir poluição, quando elenca todos os bens que são tutelados sob o rótulo de *qualidade ambiental*. São eles: a saúde, a segurança, o bem-estar da população, as condições normais das atividades sociais e econômicas, a preservação da biota (fauna e flora), a manutenção das condições estéticas (paisagem) e sanitárias do próprio meio ambiente, a existência e o respeito aos padrões ambientais estabelecidos.

Podemos notar que o conceito de poluição diz menos que o de degradação ambiental, pois, para que ocorra o primeiro, é mister que exista uma *atividade* que, direta

61

ou indiretamente, degrade a qualidade ambiental. Parece-nos que se condiciona a poluição à atividade de uma pessoa, física ou jurídica, o que não ocorre com a degradação ambiental.

Com isso, conclui-se que a única alteração da qualidade ambiental *indenizável* é aquela que resulte de uma degradação da qualidade ambiental (alteração adversa das características do meio ambiente) *e*, ao mesmo tempo, seja causada por uma atividade direta ou indiretamente praticada por uma pessoa física ou jurídica. Percebe-se que pode ocorrer degradação ambiental da qualidade ambiental, mas não haver poluição, já que esta reclama degradação ambiental condicionada ao exercício direto ou indireto de uma atividade.

No tocante ao conceito de *poluição*, deve-se salientar que o rol trazido pelo art. 3º da Lei n. 6.938/81 é *exemplificativo*, embora seja difícil a existência de uma atividade poluente não prevista dentre as alíneas do inciso III. De qualquer modo, havendo uma atividade poluente que não possa ser encartada nas hipóteses legais, é possível ao aplicador da norma a utilização do conceito de degradação ambiental, desde que exista uma *atividade* direta ou indireta que cause alteração adversa da qualidade do meio ambiente. Isso fará surgir o dever de reparar o dano ambiental causado.

Ademais, a poluição caracteriza-se pela ocorrência *de qualquer uma* das hipóteses previstas no inciso III do art. 3º, não reclamando a cumulatividade de situações. Vale observar que o legislador optou por conceituar poluição considerando o resultado de uma atividade (que prejudique a saúde, a segurança, afete a biota etc.) e, em alguns casos, definindo a própria conduta (lançar matéria ou energia em desacordo com os padrões ambientais estabelecidos), de tal forma que, ocorrendo alguma das hipóteses elencadas, deverá o seu causador indenizar o dano.

## 3.4. DANO AMBIENTAL[125]

Dentro da chamada teoria da responsabilidade civil, e reiterando argumentação antes desenvolvida, não há como falar em dever de indenizar sem a ocorrência do dano. Dessa feita, o termo *dano* constitui um dos alicerces essenciais da responsabilidade chamada civil, de modo que se faz imprescindível conceituá-lo.

Primeiramente, é importante ressaltar que inexiste, a nosso ver, relação indissociável entre a responsabilidade civil e o ato ilícito, de forma que haverá dano *mesmo que este não derive de um ato ilícito*. Observemos a seguinte situação: suponhamos que uma determinada empresa X emita efluentes dentro do padrão ambiental estabelecido pelo órgão competente. Admitindo que a fauna ictiológica seja contaminada

---

125. *Vide* de forma sistemática e detalhada no presente livro o Capítulo V – As obrigações ambientais em face do direito constitucional brasileiro.

pela referida descarga de dejetos, há, indiscutivelmente, apesar de a empresa ter agido licitamente, o dever de indenizar, pois, em face da responsabilidade objetiva, verifica--se apenas o dano (contaminação da biota) com o nexo de causalidade (oriundo da atividade da empresa), para que daí decorra o dever de indenizar.

Dessa forma, o conceito que se coaduna com o aqui exposto é o de que *dano é a lesão a um bem jurídico*.

Ocorrendo *lesão a um bem ambiental*, resultante de *atividade* praticada por pessoa física ou jurídica, pública ou privada, que direta ou indiretamente seja responsável pelo dano, não só há a caracterização deste como a identificação do poluidor, aquele que terá o dever de indenizá-lo.

## 3.5. O DANO E SUAS CLASSIFICAÇÕES: DANO MATERIAL, DANO MORAL E DANO À IMAGEM EM FACE DOS BENS AMBIENTAIS[126]

Neste tópico, para falarmos das classificações do dano, nós o dissociaremos de seus efeitos, demonstrando que suas classificações se dão por elementos que não são os mesmos que o identificam como dano. Apesar de serem vários os tipos de classificações constantes na doutrina, abordaremos apenas aquela que se refere ao *objeto*, que é o dano com *efeitos morais* e *patrimoniais*. Observe-se a remissão a efeitos, pois em verdade o *dano é uno em si mesmo*.

Com isso, temos que "deve-se notar que a distinção entre dano patrimonial e dano moral só diz respeito aos efeitos, não à origem do dano. Neste aspecto o dano é único e indivisível"[127].

Antes de prosseguirmos neste tópico, é importante ressaltar a distinção entre *dano à moral* e *dano com efeitos morais*. No primeiro caso, trata-se de direito da personalidade, ou seja, um bem juridicamente protegido. No segundo, cuida-se de efeitos resultantes de um dano. O primeiro pode ser a exteriorização, por exemplo, da honra agredida. Já o segundo é mero efeito, no exato sentido que quer significar o caráter extrapatrimonial do dano causado. Dessa forma, para evitar confusões terminológicas, adotaremos os termos *patrimoniais* e *extrapatrimoniais* para designar os efeitos resultantes de um dano. Outrossim, entendemos descabido o termo *moral* para indicar o efeito de um dano, porque ele não é antônimo de patrimonial (pois nem tudo que é extrapatrimonial refere-se à moral) e também porque a moral é vista como direito da personalidade e não mero efeito do dano.

---

126. Para um estudo completo do tema, *vide* Celso Antonio Pacheco Fiorillo, *Princípios do direito processual ambiental:* a defesa judicial do patrimônio genético, do meio ambiente cultural, do meio ambiente digital, do meio ambiente artificial, do meio ambiente do trabalho e do meio ambiente natural no Brasil, 6. ed., São Paulo, Saraiva, 2016.

127. Alfredo Minozzi, *Studio sul danno non patrimoniale*, apud Aguiar Dias, *Da responsabilidade civil*, cit., p. 340.

Feitas essas observações, e trazendo os aspectos doutrinários para a temática ambiental, temos que um dano ao meio ambiente, que é direito difuso, pode gerar consequências patrimoniais e extrapatrimoniais, que poderão ser cumulativamente exigidas em sede de ação de responsabilidade.

Nesse ponto, vale ressaltar a alteração na Lei da Ação Civil Pública (Lei n. 7.347/85) trazida pelo art. 88 da Lei Antitruste (Lei n. 8.884/94), que "deixou expressa essa circunstância quanto aos danos difusos e coletivos, que são indenizáveis quer sejam patrimoniais, quer sejam morais, permitida a sua cumulação".

Em que pese ser totalmente cabível a indenização por danos ambientais de efeitos extrapatrimoniais, problema surge quanto a sua liquidação. Isso porque, se já é difícil a liquidação do dano ambiental com efeito patrimonial, pois nunca há uma completa satisfação na reparação do meio ambiente, seja pelo cumprimento de uma obrigação específica, seja quando se trata de um valor em pecúnia, há redobrada dificuldade em se liquidar um dano "moral" decorrente de ofensa ao direito difuso ao meio ambiente.

De fato, a dificuldade encontrada reside na falta de parâmetros legais, e mesmo doutrinários, para a liquidação desse dano. De qualquer modo, podemos apresentar alguns critérios a serem observados para a estipulação do *quantum debeatur*: circunstâncias do fato, gravidade da perturbação (intensidade leve, moderada ou severa; tamanho da área afetada; duração da agressão; tempo de recuperação da área afetada) e condição econômica do poluidor[128].

Concluindo e visando a destacar de maneira didática em que medida a lesão ao direito material ambiental merece interpretação adequada ao que estabelece nossa Constituição Federal (art. 5º, V e X), a responsabilidade derivada de lesão aos bens ambientais comporta três modalidades de danos, conforme já tivemos oportunidade de mencionar em nossa obra *Princípios do direito processual ambiental*[129], a saber:

1) *DANO MATERIAL* – também chamado no subsistema civil de dano patrimonial, consiste em uma lesão (prejuízo) que venha a afetar determinado interesse relativo aos bens materiais de qualquer brasileiro ou estrangeiro residente no País (pessoa física ou jurídica), de forma individual ou coletiva (com reflexos no campo individual e metaindividual), representada pela deterioração ou mesmo pela perda (parcial ou integral) de aludidos bens materiais (corpóreos);

2) *DANO MORAL*[130] – consiste em uma lesão que venha a ofender determinado interesse que não seja corpóreo de qualquer brasileiro e estrangeiro residente no País (pessoa física), de forma individual ou coletiva (com reflexos no campo individual e metaindividual), constituída pela ofensa de valores imateriais da pessoa humana,

---

128. José Roque Nunes Marques, em sua dissertação de mestrado, orientada pelo Prof. Dr. Celso Antonio Pacheco Fiorillo, PUCSP, 1996, p. 36.

129. Celso Antonio Pacheco Fiorillo, *Princípios do direito processual ambiental*: a defesa judicial do patrimônio genético, do meio ambiente cultural, do meio ambiente digital, do meio ambiente artificial, do meio ambiente do trabalho e do meio ambiente natural no Brasil, 6. ed., São Paulo, Saraiva, 2016.

130. Para o *Dicionário de psicologia Dorsh*, "moral, do latim 'relativo aos costumes', é o conjunto das normas que determinam o comportamento e avaliação – consciência".

tutelados pela Constituição Federal, afetando fundamentalmente a denominada "paz interior" de referidas pessoas[131];

3) *DANO À IMAGEM* – consiste em uma lesão que venha a atingir determinado interesse vinculado à reprodução das pessoas humanas, de forma individual ou coletiva (com reflexos no campo individual e metaindividual), constituída pela ofensa de valores tutelados pela Carta Magna ligados às pessoas antes referidas e que de alguma forma afetem a representação da forma ou do aspecto de ser de qualquer brasileiro ou estrangeiro residente no País (pessoa física ou jurídica).

## 3.6. SOLIDARIEDADE PARA SUPORTAR OS DANOS CAUSADOS AO MEIO AMBIENTE

Como já pudemos destacar, o art. 225 da Constituição Federal tem por uma das suas grandes funções determinar como legitimados passivos pelos danos causados ao meio ambiente o Poder Público e a coletividade. Assim, é correto afirmar que "são legitimados passivos todos aqueles que, de alguma forma, foram os causadores do dano ambiental, sendo certo que a responsabilidade dos causadores *é solidária*[132], por expressa determinação do art. 3º, I, bem como pela Lei n. 6.938/81, que atribui a obrigação de indenizar o dano ambiental àqueles que, com a sua atividade, causaram dano" (grifo nosso) [133].

## 4. O PRINCÍPIO DA PREVENÇÃO, O ESTUDO PRÉVIO DE IMPACTO AMBIENTAL E A ATUAÇÃO DO ESTADO COMO AGENTE NORMATIVO E REGULADOR: A OPÇÃO CONSTITUCIONAL DE ESTABELECER INDELEGÁVEIS INCUMBÊNCIAS AO PODER PÚBLICO VISANDO ASSEGURAR A EFETIVIDADE AO DIREITO AO MEIO AMBIENTE ECOLOGICAMENTE EQUILIBRADO. A DESOBEDIÊNCIA AO PRINCÍPIO DA PREVENÇÃO E AO DEVER DE PROTEÇÃO DO MEIO AMBIENTE ECOLOGICAMENTE EQUILIBRADO (ART. 225 DA CONSTITUIÇÃO DA REPÚBLICA) E A ADI 6.808

A prevenção é preceito fundamental, uma vez que os danos ambientais, na maioria das vezes, são irreversíveis e irreparáveis[134]. Diante da impotência do sistema jurídico, incapaz de restabelecer, em igualdade de condições, uma situação idêntica à

---

131. A ofensa é de valores imateriais da pessoa humana, conforme defendemos em nosso *Princípios do processo ambiental*, op. cit.

132. No que se refere ao princípio da solidariedade, *vide* entendimento do Supremo Tribunal Federal na ADIn 1003-MC, Rel. Min. Celso de Mello, *DJ*, 10-9-1999.

133. Rosa Maria Barreto Borrielo de Andrade Nery, *Indenização do dano ambiental (responsabilidade civil e ação civil pública)*, dissertação de mestrado defendida na PUCSP, 1993, p. 85.

134. Pretender desenvolver no plano constitucional uma diferença entre prevenção e precaução seria, em nossa opinião, despiciendo.

anterior, adota-se o princípio da prevenção do dano ao meio ambiente como sustentáculo do direito ambiental, consubstanciando-se como seu *objetivo fundamental*.

Vale observar que desde a Conferência de Estocolmo, em 1972, o princípio da prevenção tem sido objeto de profundo apreço, içado à categoria de megaprincípio do direito ambiental. Na ECO-92, encontramo-lo presente:

Princípio 15 da Declaração do Rio de Janeiro sobre Meio Ambiente e Desenvolvimento (1992):

"Para proteger o meio ambiente medidas de precaução devem ser largamente aplicadas pelos Estados segundo suas capacidades. Em caso de risco de danos graves ou irreversíveis, a ausência de certeza científica absoluta não deve servir de pretexto para procrastinar a adoção de medidas efetivas visando a prevenir a degradação do meio ambiente".

A nossa Constituição Federal de 1988 expressamente adotou o princípio da prevenção, ao preceituar, no *caput* do art. 225, o dever do Poder Público e da coletividade de *proteger e preservar* o meio ambiente para as presentes e futuras gerações[135 e 136].

A prevenção e a preservação devem ser concretizadas por meio de uma *consciência ecológica*, a qual deve ser desenvolvida através de uma política de educação ambiental[137]. De fato, é a consciência ecológica que propiciará o sucesso no combate preventivo do dano ambiental.

De qualquer forma nossa Lei Maior estabelece instrumentos destinados a dar efetividade à realização do princípio da prevenção **com destaque para o estudo prévio de impacto ambiental (EIA/RIMA – art. 225, § 1º, IV)**[138 e 139] (instrumento usado na

---

Ainda que algumas normas jurídicas no plano infraconstitucional indiquem a existência de um princípio da precaução (como, por exemplo, a diretriz descrita no art. 1º da Lei n. 11.105/2005), o comando constitucional se destina na realidade a estabelecer, em face das especificidades do direito material, ambiental e constitucional, a plena eficácia do art. 5º, XXXV, da Carta Magna no que se refere evidentemente à possibilidade de ocorrer qualquer ameaça ao direito ambiental.

135. A respeito do **princípio da prevenção** no âmbito da Lei de Proteção Ambiental da República Popular da China – LPARPC (Ordem do Presidente n. 9, que entrou em vigor em 1º de janeiro de 2015), elaborada visando proteger e melhorar o meio ambiente e prevenir a poluição em obediência ao art. 26 da Constituição chinesa, *vide* em detalhes Celso Antonio Pacheco Fiorillo e Renata Marques Ferreira, Responsabilidade ambiental das empresas no âmbito do sistema normativo chinês, em face da responsabilidade ambiental das empresas no Brasil, *Revista Direito Ambiental e Sociedade*, v. 11, 2021.

136. A respeito do tema na legislação japonesa, *vide* Helmut Weidner, Japanese environmental policy in an international perspective: lessons for a preventive approach, In: Shigeto Tsuru, Helmut Weidner (Ed.), *Environmental policy in Japan*, Edition Sigma, Berlin, 1989; Shiro Kawashima, *A Survey of Environmental Law and Policy in Japan*, 20 N.C. J. Int'l L. & Com. Reg. 231, 1994).

137. *Vide* na presente obra Capítulo II, 5. Princípio da participação.

138. "Environmental impact assessment (EIA) is now 44 years old (beginning on 1 January 1970 when President Richard Nixon signed the National Environmental Policy Act in the USA). EIA is a systematic approach to identifying and evaluating positive and negative impacts on components of the environment that may arise from the implementation of infrastructure projects or policies (Petts 1999; Wang et al. 2006; Gilbuena et al. 2013). EIA is a mandatory process before approval of infrastructure projects with significant impacts on the environment (Tamura et al. 1994), such as roads (Zhou and Sheate 2011), water supply systems (Alagha and Mortaja 2005) and flood protection constructions (Ludwig et al. 1995).

atualidade por um grande número de países[140 e 141] e reconhecido em um grande número de convenções, protocolos e acordos internacionais)[142], bem como de outros mecanismos jurídicos como o manejo ecológico, o tombamento, as liminares, as sanções administrativas etc.[143]

---

Flood protection structures (FPS) have been created throughout the centuries to mitigate flood damage (Poulard et al. 2010; Gilbuena et al. 2013)" (M. Zeleňáková, L. Zvijáková (2017) Environmental Impact Assessment – State of the Art. In: Using Risk Analysis for Flood Protection Assessment. Springer, Cham, DOI <https://doi.org/10.1007/978-3-319-52150-3_1>).

139. "The emergence of environmental impact assessment (EIA) as a key component of environmental management over the last 40 years has coincided with the increasing recognition of the nature, scale and implications of environmental change brought about by human actions. During that time, EIA has developed and changed, influenced by the changing needs of decision-makers and the decision-making process, and by the experience of practice (Morgan 1998). At a time when it is more important than ever to scrutinize decisions that might have significant implications for people and communities, and the systems that comprise the natural environment, it is useful to take stock of the progress made in the field, and to reflect on current and future challenges. Accordingly, this paper has two parts. The first briefly examines the origins and development of EIA, to establish the current extent of EIA usage, the forms of impact assessment that have emerged and the contexts within which EIA is applied. The second part reflects on recent trends in EIA in the areas of theory development, practice and effectiveness, before drawing some broad conclusions about the current state of EIA, and the opportunities that are available to shape the future of EIA" (Richard K. Morgan (2012), Environmental impact assessment: the state of the art, *Impact Assessment and Project Appraisal*, 30:1, 5-14, DOI: 10.1080/14615517.2012.661557).

140. "Environmental Impact Assessment (EIA) has become a vital management tool worldwide. EIA is a means of evaluating the likely consequences of a proposed major action which will significantly affect the environment, before that action is taken.This new edition of Wood's key text provides an authoritative, international review of environmental impact assessment, comparing systems used in the UK, USA, the Netherlands, Canada, the Commonwealth of Australia and New Zealand and South Africa" (C. Wood (2002), *Environmental Impact Assessment*, London, Routledge, <https://doi.org/10.4324/9781315838953>).

141. A Lei de Proteção Ambiental da República Popular da China – LPARPC (Ordem do Presidente n. 9, que entrou em vigor em 1º de janeiro de 2015), com o objetivo de programar estratégias de desenvolvimento sustentável, prevenir efeitos adversos sobre o meio ambiente, após a implementação de projetos de planejamento e construção e promover o desenvolvimento coordenado da economia, da sociedade e do meio ambiente (art. 1º da Lei de Avaliação de Impacto Ambiental da República Popular da China, adotada na 30ª Reunião do Comitê Permanente do Nono Congresso Nacional do Povo, em 28 de outubro de 2002), **associa a aplicação do princípio da prevenção às necessárias avaliações de impacto ambiental**. *Vide*, em detalhes, Celso Antonio Pacheco Fiorillo e Renata Marques Ferreira, Responsabilidade ambiental das empresas no âmbito do sistema normativo chinês, em face da responsabilidade ambiental das empresas no Brasil, *Revista Direito Ambiental e Sociedade*, v. 11, 2021.

142. "…environmental impact assessment, or sometimes simply environmental assessment (EA), is recognized in a large number of international conventions, protocols and agreements, including:

• the Convention on Transboundary Environmental Impact Assessment;

• the Convention on Wetlands of International Importance;

• the Convention on Access to Information, Public Participation in Decision-making and Access to Justice in Environmental Matters;

• the United Nations Framework Convention on Climate Change;

• the United Nations Convention on the Law of the Sea;

• the Protocol on Environmental Protection to the Antarctic Treaty" (Richard K. Morgan (2012), Environmental impact assessment: the state of the art, *Impact Assessment and Project Appraisal*, 30:1, 5-14, DOI: 10.1080/14615517.2012.661557).

143. "A search carried out in November 2011 on the ECOLEX database (an environmental law information service jointly operated by UNEP, FAO and IUCN: http://www.ecolex.org) for legislation and

Daí, inclusive no plano internacional, a afirmação de Morgan, a saber: "EIA is well established around the world, as evidenced by its widespread use in statutory development control and other environmental law processes, and its presence in international law and lending institution standards. The use of EIA at different levels of decision-making is growing significantly, as is the range of decision-types for which it is now used. There is a well-developed support infrastructure, from professional groupings (such as the IAIA, and its national affiliates and branches), through to support units in international agencies (UNEP, World Bank, WHO etc.), and to national environmental agencies and tertiary institutions, providing capacity-building, guidance material and other resources. In addition, a vibrant community of researchers and practitioners is engaged in learning about this process, through case studies, and theory-based analyses. A feature of the literature over the last 15–20 years is the increasing maturity of EIA research, and in particular the growing influence of theoretical debates in related areas of knowledge, affecting how EIA is viewed, and potentially opening minds to alternative ways to look at the processes that make up the activity of EIA".

No Brasil, em decorrência de nossa estrutura constitucional, a efetiva prevenção do dano deve-se fundamentalmente ao papel constitucional exercido pelo Estado não só na punição correta do poluidor com o uso de um estimulante negativo contra a prática de agressões ao meio ambiente, mas também em face de ter adotado um liberalismo regulador de atividades econômicas que explicitamente acata princípios constitucionais ambientais, como base estrutural de seu sistema normativo[144].

Não se deve perder de vista ainda, no âmbito da atuação do Estado, que incentivos fiscais conferidos às atividades que atuem em parceria com o meio ambiente, bem como maiores benefícios às que utilizem tecnologias limpas, também são instrumentos a serem explorados na efetivação do princípio da prevenção[145].

Uma legislação severa que imponha multas e sanções mais pesadas funciona também como instrumento de efetivação da prevenção. Para tanto, é imprescindível que se leve em conta o poder econômico do poluidor, de modo a não desvirtuar o princípio através de um simples cálculo aritmético. Isso significa dizer que as penalidades deverão estar atentas aos benefícios experimentados com a atividade degradante, bem como com o lucro obtido à custa da agressão, de modo que essa atividade, uma vez penalizada, não compense economicamente.

---

treaties containing text references to 'environmental impact assessment', or to the Spanish and French equivalent terms, across all countries, indicates that 191 of the 193 member nations of the United Nations either have national legislation or have signed some form of international legal instrument that refers to the use of EIA" (Richard K. Morgan (2012), Environmental impact assessment: the state of the art, *Impact Assessment and Project Appraisal*, 30:1, 5-14, DOI: 10.1080/14615517.2012.661557).

144. "Art. 182, § 3º, da Constituição do Estado de Santa Catarina. Estudo de impacto ambiental. Contrariedade ao art. 225, § 1º, IV, da Carta da República. A norma impugnada, ao dispensar a elaboração de estudo prévio de impacto ambiental no caso de áreas de florestamento ou reflorestamento para fins empresariais, cria exceção incompatível com o disposto no mencionado inciso IV do § 1º do art. 225 da CF" (ADI 1.086, Rel. Min. Ilmar Galvão, j. 7-6-2001, Pleno, *DJ*, 10-8-2001).

145. Celso Antonio Pacheco Fiorillo e Renata Marques Ferreira, *Direito ambiental tributário*, 4. ed., São Paulo, Saraiva, 2018.

Oportuno salientar que não se quer com isso inviabilizar a atividade econômica, mas tão somente excluir do mercado o poluidor que ainda não constatou que os recursos ambientais são escassos, que não pertencem a uma ou algumas pessoas e que sua utilização encontra-se limitada na utilização do próximo, porquanto o bem ambiental é um bem de uso *comum* do povo.

O princípio da prevenção encontra-se presente ainda na ótica do Poder Judiciário[146] e da Administração.

Com efeito, a aplicação da jurisdição coletiva, que contempla mecanismos de tutela mais adaptados aos direitos difusos e à defesa dos bens ambientais, objetivando impedir a continuidade do evento danoso, bem como a possibilidade de ajuizamento de ações que apenas visem uma atuação preventiva, a fim de evitar o início de uma degradação (através de liminares, de tutela antecipada)[147], a aplicação do real e efetivo

---

146. A Câmara Especial do Meio Ambiente do Tribunal de Justiça do Estado de São Paulo já decidiu em 2006 que referido princípio não deve ter base apenas em possibilidade teórica de risco de degradação ambiental; deve prevenir e evitar situação que se mostra efetivamente apta à causação desse dano (*vide Revista Brasileira de Direito Ambiental*, coord. Celso Antonio Pacheco Fiorillo, ano 3, São Paulo, Fiuza, v. 9, jan./mar. 2007).

147. "Ainda que assim não fosse: que não houvesse uma quase unanimidade técnico-científica acerca da importância das medidas de distanciamento social e mesmo que não tivéssemos a agravante de reunirmos grupos vulneráveis em situações de baixa renda, o Supremo Tribunal Federal tem jurisprudência consolidada no sentido de que, em matéria de tutela ao meio ambiente e à saúde pública, devem-se observar os princípios da precaução e da prevenção. Portanto, havendo qualquer dúvida científica acerca da adoção da medida sanitária de distanciamento social – o que, vale reiterar, não parece estar presente – a questão deve ser solucionada em favor do bem saúde da população."

"DIREITO CONSTITUCIONAL E SANITÁRIO. ARGUIÇÕES DE DESCUMPRIMENTO DE PRECEITO FUNDAMENTAL. SAÚDE PÚBLICA E COVID-19. CAMPANHA PUBLICITÁRIA APTA A GERAR GRAVE RISCO À VIDA E À SAÚDE DOS CIDADÃOS. PRINCÍPIOS DA PRECAUÇÃO E DA PREVENÇÃO. CAUTELAR DEFERIDA. 1. Arguições de descumprimento de preceito fundamental contra a contratação e veiculação de campanha publicitária, pela União, afirmando que 'O Brasil Não Pode Parar', conclamando a população a retomar as suas atividades e, por conseguinte, transmitindo-lhe a impressão de que a pandemia mundial (Covid-19) não representa grave ameaça à vida e à saúde de todos os brasileiros. 2. As orientações da Organização Mundial de Saúde, do Ministério da Saúde, do Conselho Federal de Medicina, da Sociedade Brasileira de Infectologia, entre outros, assim como a experiência dos demais países que estão enfrentando o vírus, apontam para a imprescindibilidade de medidas de distanciamento social voltadas a reduzir a velocidade de contágio e a permitir que o sistema de saúde seja capaz de progressivamente absorver o quantitativo de pessoas infectadas. 3. Plausibilidade do direito alegado. Proteção do direito à vida, à saúde e à informação da população (art. 5º, *caput*, XIV e XXXIII, art. 6º e art. 196, CF). Incidência dos princípios da prevenção e da precaução (art. 225, CF), que determinam, na forma da jurisprudência do Supremo Tribunal Federal, que, na dúvida quanto à adoção de uma medida sanitária, deve prevalecer a escolha que ofereça proteção mais ampla à saúde. 4. Perigo na demora reconhecido. Disseminação da campanha 'O Brasil Não Pode Parar' que já se encontra em curso, ao menos com base em vídeo preliminar. Necessidade urgente de evitar a divulgação de informações que possam comprometer o engajamento da população nas medidas necessárias a conter o contágio da Covid-19, bem como importância de evitar dispêndio indevido de recursos públicos escassos em momento de emergência sanitária. 5. Medida cautelar concedida para vedar a produção e circulação, por qualquer meio, de qualquer campanha que pregue que 'O Brasil Não Pode Parar' ou que sugira que a população deve retornar às suas atividades plenas, ou, ainda, que expresse que a pandemia constitui evento de diminuta gravidade para a saúde e a vida da população. Determino, ainda, a sustação da contratação de qualquer campanha publicitária destinada ao mesmo fim.

Brasília, 31 de março de 2020" (ADPF 669-MC, Distrito Federal, Rel. Min. Roberto Barroso).

acesso à justiça e o princípio da igualdade real, estabelecendo tratamento paritário entre os litigantes, são instrumentos utilizados com vistas a salvaguardar o meio ambiente e a qualidade de vida. Daí inclusive o Supremo Tribunal Federal ter "jurisprudência consolidada no sentido de que, em matéria de tutela ao meio ambiente e à saúde pública, devem-se observar os princípios da precaução e da prevenção"[148].

Sob o prisma da Administração, e, portanto, no âmbito da atuação do Estado como agente normativo e regulador[149], encontramos a aplicabilidade do princípio da prevenção por intermédio das licenças[150 e 151], das sanções administrativas, da fiscalização e das autorizações, entre outros tantos atos do Poder Público, determinantes da sua função ambiental de tutela do meio ambiente[152], em face das incumbências impostas ao Poder Público por nossa Constituição Federal, sendo certo que existe jurisprudência firmada no âmbito do Supremo Tribunal Federal, no sentido de estabelecer que toda

---

148. ADPF 669-MC, Distrito Federal, Rel. Min. Roberto Barroso, Brasília, 31 de março de 2020.

149. Em relação ao caráter não absoluto da livre-iniciativa e à regulamentação do mercado, veja-se, citadas no presente livro, jurisprudência do STF, as ADIs 1.950/SP, *DJ*, 2-6-2006, e 3.512/ ES, *DJ*, 23-6-2006, e o RE 349.686/PE, *DJ*, 5-8-2005.

150. Importante observar que a Lei Complementar n. 140, de 8-12-2011, retirando sua força de validade da própria Constituição Federal, disciplinou, em seu art. 8º, XIV e XV, que são ações administrativas no âmbito dos Estados: promover o licenciamento ambiental de atividades ou empreendimentos utilizadores de recursos ambientais, efetiva ou potencialmente poluidores ou capazes, sob qualquer forma, de causar degradação ambiental; bem como promover o licenciamento ambiental de atividades ou empreendimentos localizados ou desenvolvidos em unidades de conservação instituídas pelo Estado, exceto Áreas de Proteção Ambiental.

151. "Projeto de integração do rio São Francisco com as bacias hidrográficas do Nordeste Setentrional. *Periculum in mora* não evidenciado. (...) A licença de instalação levou em conta o fato de que as condicionantes para a licença prévia estão sendo cumpridas, tendo o Ibama apresentado programas e planos relevantes para o sucesso da obra, dos quais resultaram novas condicionantes para a validade da referida licença de instalação. A correta execução do projeto depende, primordialmente, da efetiva fiscalização e empenho do Estado para proteger o meio ambiente e as sociedades próximas. Havendo, tão somente, a construção de canal passando dentro de terra indígena, sem evidência maior de que recursos naturais hídricos serão utilizados, não há necessidade da autorização do Congresso Nacional. O meio ambiente não é incompatível com projetos de desenvolvimento econômico e social que cuidem de preservá-lo como patrimônio da humanidade. Com isso, pode-se afirmar que o meio ambiente pode ser palco para a promoção do homem todo e de todos os homens. Se não é possível considerar o projeto como inviável do ponto de vista ambiental, ausente nesta fase processual qualquer violação de norma constitucional ou legal, potente para o deferimento da cautela pretendida, a opção por esse projeto escapa inteiramente do âmbito desta Suprema Corte. Dizer sim ou não à transposição não compete ao juiz, que se limita a examinar os aspectos normativos, no caso, para proteger o meio ambiente" (ACO 876 MC-AgR, Rel. Min. Menezes Direito, j. 19-12-2007, Pleno, *DJE*, 1º-8-2008).

152. "Agravo regimental em recurso extraordinário. 2. Legitimidade *ad causam*. Controvérsia infraconstitucional. 3. Direito Administrativo. 4. Responsabilidade civil do Estado. Perigo de dano ambiental. Depósito de agrotóxicos em local inapropriado. Periclitação da saúde pública e do ambiente. 5. Ofensa meramente reflexa ao texto constitucional. Controvérsia decidida com base nas legislações Federal e local. Incidência do Enunciado 280 da Súmula desta Corte. Leis federais 6.938/81 e 7.802/89; Lei estadual 12.493/99. Precedentes. 6. Dever do Estado de prevenção e reparação dos danos causados ao ambiente. Acórdão recorrido em conformidade com a jurisprudência do Supremo Tribunal Federal. 7. Ausência de argumentos capazes de infirmar a decisão agravada. 8. Agravo regimental a que se nega provimento" (STF, RE 559.622-AgR/PR, 2ª Turma, Rel. Min. Gilmar Mendes, j. 6-8-2013).

e qualquer previsão legal que dispense a elaboração de estudo prévio de impacto ambiental viola o art. 225, § 1º, IV, da Lei Maior[153].

Por esse motivo, o particular entendimento adotado pelo Supremo Tribunal Federal, em harmonia com o que temos defendido em todas as nossas obras desde o início do século[154], de que "a dispensa de licenciamento de atividades identificadas conforme o segmento econômico, independentemente de seu potencial de degradação, e a consequente dispensa do prévio estudo de impacto ambiental (art. 225, § 1º, IV, da CF) implicam proteção deficiente ao direito fundamental ao meio ambiente ecologicamente equilibrado (art. 225 da CF), cabendo ao Poder Público o exercício do poder de polícia ambiental visando a prevenir e mitigar potenciais danos ao equilíbrio ambiental"[155].

---

153. "Ementa: DIREITO CONSTITUCIONAL E AMBIENTAL. CONTROLE DE CONSTITU-CIONALIDADE DE LEI MUNICIPAL. PARÂMETRO. CONSTITUIÇÃO ESTADUAL. REPRODUÇÃO DE REGRA PREVISTA NA LEI MAIOR. POSSIBILIDADE. PROTEÇÃO DO MEIO AMBIENTE. ESTUDO PRÉVIO DE IMPACTO AMBIENTAL. DISPENSA PELO MUNICÍPIO. IMPOSSIBILIDADE. ADI 1.086/SC. PRECEDENTES. MATÉRIA COM INCONSTITUCIONALIDADE PRONUNCIADA PELO SUPREMO TRIBUNAL FEDERAL. PROCURADOR-GERAL DO ESTADO. DEFESA DO ATO IMPUGNADO. DESNECESSIDADE. ACÓRDÃO RECORRIDO PUBLICADO EM 07.11.2012. O entendimento adotado no acórdão recorrido não diverge da jurisprudência firmada no âmbito deste Supremo Tribunal Federal, no sentido de violar o art. 225, § 1º, IV, da Lei Maior, a previsão legal que dispense a elaboração de estudo prévio de impacto ambiental. Fundada a declaração de inconstitucionalidade proferida pela Corte de origem na incompatibilidade do art. 33, § 2º, da Lei Complementar Municipal 055/2004 com o art. 150, § 1º, IV, da Constituição do Estado do Rio Grande do Norte, reprodução da regra contida no art. 225, § 1º, IV, da Constituição Federal, não se divisa a alegada ofensa aos dispositivos constitucionais suscitados. O Supremo Tribunal Federal entende que Advogado-Geral da União e, nos Estados, o Procurador-Geral do Estado, não está obrigado a defender tese jurídica se sobre ela esta Corte já fixou entendimento pela inconstitucionalidade. As razões do agravo regimental não se mostram aptas a infirmar os fundamentos que lastrearam a decisão agravada, mormente no que se refere à conformidade entre o que decidido no acórdão recorrido e a jurisprudência desta Corte. Agravo regimental conhecido e não provido" (RE 739.998-AgR / RN, Agravo Regimental no Recurso Extraordinário, Rel. Min. Rosa Weber, j. 12-8-2014, 1ª Turma, processo eletrônico, *DJe*-165, divulg. 26-8-2014, public. 27-8-2014).

154. *Vide* Celso Antonio Pacheco Fiorillo, *Curso de direito ambiental*, São Paulo, Saraiva, 2000.

155. "Ementa: AÇÃO DIRETA DE INCONSTITUCIONALIDADE. CONSTITUCIONAL E AM-BIENTAL. FEDERALISMO E RESPEITO ÀS REGRAS DE DISTRIBUIÇÃO DE COMPETÊNCIA LEGISLATIVA. LEI ESTADUAL QUE DISPENSA ATIVIDADES AGROSSILVIPASTORIS DO PRÉ-VIO LICENCIAMENTO AMBIENTAL. INVASÃO DA COMPETÊNCIA DA UNIÃO PARA EDITAR NORMAS GERAIS SOBRE PROTEÇÃO AMBIENTAL. DIREITO FUNDAMENTAL AO MEIO AMBIENTE EQUILIBRADO E PRINCÍPIO DA PREVENÇÃO. INCONSTITUCIONALIDADE. 1. A competência legislativa concorrente cria o denominado 'condomínio legislativo' entre a União e os Estados-Membros, cabendo à primeira a edição de normas gerais sobre as matérias elencadas no art. 24 da Constituição Federal; e aos segundos o exercício da competência complementar – quando já existente norma geral a disciplinar determinada matéria (CF, art. 24, § 2º) – e da competência legislativa plena (supletiva) – quando inexistente norma federal a estabelecer normatização de caráter geral (CF, art. 24, § 3º). 2. A possibilidade de complementação da legislação federal para o atendimento de interesse regional (art. 24, § 2º, da CF) não permite que Estado-Membro dispense a exigência de licenciamento para atividades potencialmente poluidoras, como pretendido pelo art. 10 da Lei 2.713/2013 do Estado do Tocantins. 3. O desenvolvimento de atividades agrossilvipastoris pode acarretar uma relevante intervenção sobre o meio ambiente, pelo que não se justifica a flexibilização dos instrumentos de proteção ambiental, sem que haja um controle e fiscalização prévios da atividade. 4. A dispensa de licenciamento de atividades identificadas conforme o segmento econômico, independentemente de seu potencial de degradação, e a consequente dispensa do prévio estudo de impacto ambiental (art. 225, § 1º, IV, da CF) implicam proteção deficiente

Destarte a desobediência ao PRINCÍPIO da PREVENÇÃO recebeu didática orientação por parte de nosso Supremo Tribunal Federal na ADI 6.808 que, uma vez mais ratificando nossa interpretação, estabeleceu o que segue:

"EMENTA: AÇÃO DIRETA DE INCONSTITUCIONALIDADE. ARTS. 6º E 11-A DA LEI N. 11.598/2007, ALTERADOS PELO ART. 2º DA MEDIDA PROVISÓRIA N. 1.040/2021. CONVERSÃO DA MEDIDA PROVISÓRIA N. 1.040/2021 NA LEI N. 14.195/2021. INEXISTÊNCIA DE ALTERAÇÃO SUBSTANCIAL DAS NORMAS IMPUGNADAS. AUSÊNCIA DE PREJUÍZO PELO NÃO ADITAMENTO TEMPESTIVO DA PETIÇÃO INICIAL. CONVERSÃO DA APRECIAÇÃO DA MEDIDA CAUTELAR EM JULGAMENTO DE MÉRITO. PROCEDIMENTO AUTOMÁTICO E SIMPLIFICADO DE EMISSÃO DE ALVARÁ DE FUNCIONAMENTO E LICENÇAS AMBIENTAIS PARA ATIVIDADE DE RISCO MÉDIO NO SISTEMA DE INTEGRAÇÃO REDESIM. VEDAÇÃO DE COLETA DE DADOS ADICIONAIS PELO ÓRGÃO RESPONSÁVEL À REALIZADA NO SISTEMA REDESIM PARA A EMISSÃO DAS LICENÇAS E ALVARÁS PARA FUNCIONAMENTO DE EMPREENDIMENTOS AMBIENTAIS. **DESOBEDIÊNCIA AO PRINCÍPIO DA PREVENÇÃO E AO DEVER DE PROTEÇÃO DO MEIO AMBIENTE ECOLOGICAMENTE EQUILIBRADO (ART. 225 DA CONSTITUIÇÃO DA REPÚBLICA) (grifos nossos).** AÇÃO DIRETA JULGADA PARCIALMENTE PROCEDENTE PARA DAR INTERPRETAÇÃO CONFORME À CONSTITUIÇÃO. 1. Conversão da apreciação da medida cautelar em julgamento de mérito: prescindibilidade de novas informações. Princípio da razoável duração do processo. Precedentes. 2. A ausência de aditamento à petição inicial não importa no prejuízo da ação quando não constatada alteração substancial das normas impugnadas. Precedentes. 3. São inconstitucionais as normas pelas quais simplificada a obtenção de licença ambiental no sistema responsável pela integração (Redesim) para atividade econômica de risco médio e vedada a coleta adicional de informações pelo órgão responsável à realizada no sistema Redesim para a emissão das licenças e alvarás para o funcionamento do empresário ou da pessoa jurídica, referentes a empreendimentos com impactos ambientais. Não aplicação das normas questionadas em relação às licenças ambientais. 4. Ação direta conhecida quanto ao disposto no art. 6º-A e inc. III do art. 11-A da Lei n. 14.195/2021, decorrentes da conversão, respectivamente, do art. 6º e inc. II do art. 11 da Medida Provisória n. 1.040/2021. Julgamento de mérito. Parcial procedência do pedido para dar interpretação conforme à Constituição ao art. 6º-A e ao inc. III do art. 11-A da Lei n. 14.195/2021 no sentido de excluir a aplicação desses dispositivos às licenças em matéria ambiental"[156].

_____

ao direito fundamental ao meio ambiente ecologicamente equilibrado (art. 225 da CF), cabendo ao Poder Público o exercício do poder de polícia ambiental visando a prevenir e mitigar potenciais danos ao equilíbrio ambiental. 5. Ação direta julgada procedente" (ADI 5.312 / TO, Rel. Min. Alexandre de Moraes, j. 25-10-2018, Tribunal Pleno, processo eletrônico, *DJe*-026, divulg. 8-2-2019, public. 11-2-2019).

156. **ADI 6.808/DF – Distrito Federal – Ação Direta de Inconstitucionalidade – Rel. Min. Cármen Lúcia – j. 28-4-2022 – public. 14-7-2022 – Órgão julgador: Tribunal Pleno – Publicação –** processo eletrônico, *DJe*-139, divulg. 13-7-2022, public. 14-7-2022.

## 4.1. PREVENÇÃO OU PRECAUÇÃO? O ART. 225 DA CONSTITUIÇÃO FEDERAL E O DEVER DE PRESERVAR OS BENS AMBIENTAIS COM FUNDAMENTO NA DIGNIDADE DA PESSOA HUMANA (ART. 1º, III, DA CF), ASSIM COMO NOS VALORES SOCIAIS DO TRABALHO E DA LIVRE-INICIATIVA (ART. 1º, IV, DA CF)

Conforme já tivemos oportunidade de dizer[157], nossa Constituição Federal de 1988 expressamente adotou o princípio da prevenção[158], ao preceituar, no *caput* do art. 225, o dever do Poder Público e da coletividade de proteger e preservar os bens ambientais[159], de natureza difusa[160], para as presentes e futuras gerações.

Dessarte, o comando constitucional determina claramente a necessidade de preservar os bens ambientais evidentemente em harmonia com os fundamentos (art. 1º da CF) bem como objetivos (art. 3º da CF) explicitados como princípios constitucionais destinados a interpretar o direito ambiental constitucional brasileiro.

Ocorre que algumas normas infraconstitucionais em nosso País indicam a existência do denominado "princípio" da precaução, como, por exemplo, a diretriz indicada no art. 10 da Lei n. 11.105/2005, gerando interpretações equivocadas com forte viés destinado à paralisia total das atividades econômicas.

Com efeito.

Ao tratar da denominada proteção internacional do Meio Ambiente, Accioly, Silva e Casella[161], citando as conferências de Estocolmo (1972), Rio (1992) e Johannesburgo (2002), explicam a origem do termo precaução no Princípio 15 da Declaração do Rio de Janeiro sobre Meio Ambiente e Desenvolvimento, destacando que:

"Tradicionalmente os tratados ambientais costumavam ser não precaucionários. Espécies ameaçadas só seriam protegidas se houvesse prova científica da sua ameaça, assim como atividades poluentes só seriam consideradas de-

---

157. *Vide* nosso *Curso de direito ambiental brasileiro*, desde sua primeira edição.

158. Conforme indica Nelson Nery Jr., o princípio da prevenção (*Vorbeugungs prinzip*) "de atuação indispensável no domínio do ambiente, tem por escopo evitar a ocorrência de danos ambientais irreversíveis, cientificamente comprovados".

*Vide Constituição Federal comentada e legislação constitucional*, 2. ed., revista, ampliada e atualizada até 15-1-2009, São Paulo, Revista dos Tribunais.

159. Para um estudo aprofundado a respeito dos bens ambientais, inclusive no que se refere à contribuição dada pela doutrina italiana em face da análise dos direitos metaindividuais, *vide O direito de antena em face do direito ambiental brasileiro*, Coleção Clássicos do Direito Ambiental Brasileiro, Editora Fiuza, 2009, v. 1, bem como *Curso de direito ambiental brasileiro*, 10. ed., São Paulo, Saraiva, 2009.

160. Como ensina Nelson Nery Jr., "o bem ambiental, por ser difuso, caracteriza-se como uma terceira categoria de bens, que se associa à dos bens públicos e à dos bens privados". *Vide* Fiorillo, *Curso de direito ambiental, Cap. III.*

*Constituição Federal comentada e legislação constitucional*, 2. ed., revista, ampliada e atualizada até 15-1-2009, São Paulo, Revista dos Tribunais, p. 688.

161. *Manual de direito internacional público*, 17. ed., São Paulo, Saraiva, 2009.

gradantes se provada de forma concreta a relação de causalidade entre o dano e a atividade. Tal cenário começou a mudar com o início das negociações para a Convenção de Viena para a Proteção da Camada de Ozônio, de 1985, quando incertezas científicas poderiam impedir a adoção de medidas voltadas à restrição da produção e comercialização de gases que destroem a camada de ozônio.

Falta de comprovação científica sempre foi argumento para retardar ações de preservação do meio ambiente ou mesmo para impedi-las. *A partir da década de 1980 vários tratados e documentos passaram a fazer referência a tal princípio, muitas vezes de forma quase confundida com deveres gerais de prevenção de danos* (grifos nossos). *De qualquer forma, o princípio da precaução, representado pelo Princípio 15 da Declaração do Rio, também sofre de incipiente especificação de conteúdo normativo* (grifos nossos). Na forma como conhecida hoje, o princípio apenas limita-se a afirmar que a falta de certeza científica não deve ser usada como meio de postergar a adoção de medidas preventivas, quando houver ameaça séria de danos irreversíveis.

*Daí se extrai orientação normativa antes política que jurídica* (grifos nossos). Não se pode dizer, com base exclusivamente neste princípio, qual a conduta a ser tomada ante a ocorrência da atividade concreta que tenha potencial de degradação irreversível do meio ambiente. Deste se obtém somente mandamento para a tomada de iniciativas de precaução, seja por parte do Estado, dos Parlamentos ou da própria comunidade internacional, ainda que o risco de dano não possa ser cientificamente demonstrado.

Esse princípio foi objeto de algumas decisões internacionais, em especial no âmbito da OMC, mas *seu status jurídico – se soft Law,* princípio geral de direito ou norma consuetudinária – *permanece incerto*".

De fato, como esclarece Teresa Ancona Lopes, o "princípio" antes mencionado estaria dentro de uma proposta mais ampla destinada a gerenciar ou atenuar riscos de dano na chamada sociedade de riscos[162], sendo certo que teria sido introduzido pelo direito ambiental alemão na década de 1970 com vistas à proteção ambiental – é o *Vorsorgeprinzip*[163]. De qualquer forma, para a autora *"o princípio da precaução está*

---

162. Informa a professora titular da Faculdade de Direito da USP que "em 1986 é publicada na Alemanha a *Sociedade de Risco (Risikogesellschaft)* do filósofo da Escola de Frankfurt, Ulrich Beck, que se tornou desde então um dos livros mais influentes na análise social da última parte do século XX na Europa, sendo depois traduzido em diversos idiomas e tornando-se referência do problema do risco global em toda a parte ocidental do mundo. E sem dúvida, também no Brasil, apesar de ainda não se ter uma tradução para o português, é livro obrigatório e paradigmático quando se enfrenta o problema das incertezas sociais. Como mostra U. Beck, na verdade a 'sociedade de risco' (termo cunhado por ele) é ainda a sociedade industrial com o acréscimo da ciência e tecnologia avançadas" (*Princípio da precaução e evolução da responsabilidade civil*, Tese para Concurso de Professor Titular de Direito Civil da Faculdade de Direito da Universidade de São Paulo, 2008).

163. Para Nelson Nery Jr., o princípio da precaução (*Vorsorgegrundsatz*) "refere-se ao conteúdo e a intensidade de proteção ambiental. Significa que a política do ambiente não se limita à eliminação ou

*colocado dentro do princípio da prevenção* (grifos nossos) e ambos fazem parte da prudência"[164 e 165].

Reiteramos, portanto, em manifestação já realizada, que pretender desenvolver no plano constitucional brasileiro uma diferença entre prevenção e precaução seria, em nossa opinião, despicienda.

E mais.

Se considerarmos o "princípio da precaução" com base no "padrão" doutrinário eurocentrista, antes indicado, estaríamos diante de evidente violação dos arts. 3º, 5º, II e LVI, bem como dos arts. 218 e 219 da Constituição Federal.

Fácil perceber que importar a cultura alienígena, aliás, cultura alienígina vinculada a uma visão tão somente europeia[166], com argumentos antes políticos que jurídicos,

---

redução da poluição já existente ou iminente, mas assegura que a poluição é combatida na sua incipiência e que os recursos naturais são utilizados numa base de produção sustentada. Este princípio reveste-se de vários aspectos diferentes, tais como a manutenção da poluição a um nível tão baixo quanto possível, a redução dos materiais residuais, a proibição da deterioração significativa do ambiente, a redução dos riscos conhecidos, mas muito improváveis. Neste sentido: Eckard Rehbinder. O direito do ambiente na Alemanha (Amaral, *Direito do ambiente*, p. 257).

No entanto, 'essa concepção de precaução é evidentemente irrealista e perigosa, na medida em que sua aplicação provoca o risco de conduzir a uma paralisia total da atividade econômica' (Kourilsky-Viney. *Principe de précaution*, p. 63; Gossement, *Principe de précaution*, p. 370)" (*Constituição Federal comentada e legislação constitucional*, 2. ed., rev., ampl. e atual. até 15-1-2009, São Paulo, Revista dos Tribunais, p. 690).

164. *Princípio da precaução e evolução da responsabilidade civil*, Tese para Concurso de Professor Titular de Direito Civil da Faculdade de Direito da Universidade de São Paulo, 2008, p. 89.

165. Uma "diferença" entre precaução e prevenção chegou a ser indicada em voto isolado do ex--Ministro do STF Ayres Britto, a saber: "Acontece que esse caso me parece peculiar, e muito peculiar – se o superlativo for admitido eu diria peculiaríssimo –, porque a lei federal faz remissão à Convenção da Organização Internacional do Trabalho (OIT) 162, art. 3º, que, por versar tema que no Brasil é tido como de direito fundamental (saúde), tem o *status* de norma supralegal. Estaria, portanto, acima da própria lei federal que dispõe sobre a comercialização, produção, transporte etc., do amianto. (...) De maneira que, retomando o discurso do Min. Joaquim Barbosa, a norma estadual, no caso, cumpre muito mais a CF nesse plano da proteção à saúde ou de evitar riscos à saúde humana, à saúde da população em geral, dos trabalhadores em particular e do meio ambiente. A legislação estadual está muito mais próxima dos desígnios constitucionais, e, portanto, realiza melhor esse sumo princípio da eficácia máxima da Constituição em matéria de direitos fundamentais, e muito mais próxima da OIT, também, do que a legislação federal. Então, parece-me um caso muito interessante de contraposição de norma suplementar com a norma geral, levando-nos a reconhecer a superioridade da norma suplementar sobre a norma geral. E, como estamos em sede de cautelar, há dois princípios que desaconselham o *referendum* à cautelar: o princípio da precaução, que busca evitar riscos ou danos à saúde e ao meio ambiente para gerações presentes; e o princípio da prevenção, que tem a mesma finalidade para gerações futuras. Nesse caso, portanto, o *periculum in mora* é invertido e a plausibilidade do direito também contraindica o *referendum* a cautelar. Senhor Presidente, portanto, pedindo todas as vênias, acompanho a dissidência e também não referendo a cautelar" (ADI 3.937-MC, Rel. Min. Marco Aurélio, voto do Min. Ayres Britto, j. 4-6-2008, Plenário, *DJe*, 10-10-2008).

166. A legislação da CHINA, segunda maior economia do mundo, PRINCIPAL IMPORTADOR DE PRODUTOS BRASILEIROS (nos primeiros seis meses de 2021, o comércio bilateral Brasil/China totalizou US$ 71 bilhões, a saber, o maior da história do Brasil no relacionamento com qualquer país) e maior emissora de dióxido de carbono do Planeta, NÃO ADOTA O DENOMINADO "PRINCÍPIO DA

na feliz expressão de Accioly, Silva e Casella, muitas vezes leva o intérprete a observar o uso dos bens ambientais, assegurado pelo art. 225 da Carta Magna, de forma contrária aos princípios fundamentais indicados nos arts. 1º a 4º da Constituição Federal.

Assim, concluímos que no plano constitucional o art. 225 estabelece efetivamente o princípio da prevenção, sendo certo que o chamado "princípio da precaução", se é que pode ser observado no plano constitucional, estaria evidentemente colocado dentro do princípio constitucional da prevenção.

Cabe ainda destacar, em harmonia com decisão da Câmara Especial do Meio Ambiente do Tribunal de Justiça do Estado de São Paulo[167], que, ainda que possível argumentar no plano infraconstitucional a existência de um chamado "princípio" da precaução, não deve ele ter base apenas em possibilidade teórica de risco de degradação ambiental; deve prevenir e evitar situação que se mostra *efetivamente* apta à causação desse dano[168].

De qualquer forma, o STF, no âmbito do contexto do RE 627.189, entendeu por bem indicar o conteúdo jurídico do princípio da precaução.

Senão vejamos.

### 4.1.1. Conteúdo jurídico do princípio da precaução em face de seu enquadramento no sistema constitucional em vigor e a avaliação dos custos das medidas de prevenção (ou precaução?): o Supremo Tribunal Federal e o RE 627.189

O Supremo Tribunal Federal, ao julgar o RE 627.189[169], interpretou o polêmico tema do princípio da precaução, em contexto específico (saúde ambiental), mas evidentemente com reflexos para a análise sistemática do direito ambiental constitucional brasileiro.

Com efeito.

O Relator de referido recurso, entendendo que o assunto corresponderia "ao Tema n. 479 da Gestão por Temas da Repercussão Geral do portal do STF na internet"

---

PRECAUÇÃO". *Vide* Celso Antonio Pacheco Fiorillo e Renata Marques Ferreira, Responsabilidade ambiental das empresas no âmbito do sistema normativo chinês, em face da responsabilidade ambiental das empresas no Brasil, *Revista Direito Ambiental e Sociedade*, v. 11, p. 40-74, 2021. A legislação do JAPÃO, terceira maior economia do mundo, também não adota o referido princípio... *Vide* Helmut Weidner, Japanese environmental policy in an internationalperspective: lessons for a preventive approach, In: Tsuru Shigeto, Helmut Weidner (Ed.): *Environmental policy in Japan*, Edition Sigma, Berlin, 1989; Shiro Kawashima, *A Survey of Environmental Law and Policy in Japan*, 20 N.C. J. Int'l L. & Com. Reg. 231, 1994.

167. *Vide Revista Brasileira de Direito Ambiental*, coord. Celso Antonio Pacheco Fiorillo, ano 3, São Paulo, Fiuza, v. 9, jan./mar. 2007.

168. *Vide* STF, SL 683/RS, Rel. Min. Presidente Joaquim Barbosa, j. 8-8-2013, *DJe,* 14-8-2013.

169. RE 627.189/SP, Rel. Min. Dias Toffoli, j. 8-6-2016, Órgão Julgador: Tribunal Pleno, Public. Acórdão Eletrônico, Repercussão Geral – Mérito, *DJe*-066, divulg. 31-3-2017, public. 3-4-2017.

e que "trata, à luz dos arts. 5º, *caput* e inciso II, e 225 da Constituição Federal da possibilidade de se impor a concessionária de serviço público de distribuição de energia elétrica, por observância do princípio da precaução, a obrigação de reduzir o campo eletromagnético de suas linhas de transmissão, de acordo com padrões internacionais de segurança, em face de eventuais efeitos nocivos à saúde da população", aduziu na oportunidade que "o desafio do Supremo Tribunal Federal no julgamento de referido apelo extremo seria, dentre outros, o de verificar: i) sob a óptica constitucional, o conteúdo jurídico do princípio da precaução".

Destarte e depois de, sob sua ótica, aprofundar "a análise do conteúdo jurídico do princípio da precaução"[170], examinando na verdade o referido "princípio" tão somente em face da tutela jurídica da saúde ambiental e com fundamento teórico doutrinário alienígena adaptado a uma percepção jurídica de meio ambiente apartada da própria conceituação ampla e abrangente das quatro noções de meio ambiente estabelecidas pelo próprio STF com base em perspectiva doutrinária (ADIN 3.540), matéria detalhadamente tratada no presente livro, mas reconhecendo, todavia, que a definição do que seja "precaução" não seria absoluta sendo, pelo contrário, ainda "objeto de construção pela comunidade científica em todo o mundo" (fls. 10), bem como alertando que "o exagero em sua aplicação tem gerado reclamações não só na Comunidade Europeia, mas em todo o mundo" (fls. 14), e, por fim, esclarecendo em face dos argumentos desenvolvidos em seu voto que "todos esses elementos se coadunam com as normativas e as comunicações internacionais contemporâneas, mas, como já salientado, a **conceituação de 'prevenção'** (grifos nossos) não prescinde de outros elementos, tais como aqueles enunciados pela Comissão da União Europeia, os quais considero elementos essenciais para uma adequada decisão estatal" (fls. 17), enfrentou o que chamou de desafio proposto no sentido de estabelecer o conteúdo jurídico do princípio da precaução (ou prevenção?), aduzindo o que segue:

> "O princípio da precaução é um critério de gestão de risco a ser aplicado sempre que existirem incertezas científicas sobre a possibilidade de um produto, evento ou serviço desequilibrar o meio ambiente ou atingir a saúde

---

170. Em NENHUM MOMENTO o ilustre Relator analisa a matéria em face da legislação da CHINA, segunda maior economia do mundo, PRINCIPAL IMPORTADOR DE PRODUTOS BRASILEIROS (nos primeiros seis meses de 2021, o comércio bilateral Brasil/China totalizou US$ 71 bilhões, a saber, o maior da história do Brasil no relacionamento com qualquer país) e maior emissora de dióxido de carbono do Planeta...

Cabe destacar, conforme já aduzimos no presente livro, que a legislação de referida potência mundial NÃO ADOTA O DENOMINADO "PRINCÍPIO DA PRECAUÇÃO"... *Vide* Celso Antonio Pacheco Fiorillo e Renata Marques Ferreira, Responsabilidade ambiental das empresas no âmbito do sistema normativo chinês, em face da responsabilidade ambiental das empresas no Brasil, *Revista Direito Ambiental e Sociedade*, v. 11, 2021.

dos cidadãos, o que exige que o Estado analise os riscos, avalie os custos das medidas de prevenção e, ao final, execute as ações necessárias, as quais serão decorrentes de decisões universais, não discriminatórias, motivadas, coerentes e proporcionais".

O princípio da precaução, conforme estabelecido pelo Supremo Tribunal Federal no âmbito do contexto em que foi interpretado (RE 627.189), "é um critério de gestão de risco a ser aplicado sempre que existirem incertezas científicas sobre a possibilidade de um produto, evento ou serviço desequilibrar o meio ambiente ou atingir a saúde dos cidadãos, o que exige que o Estado analise os riscos, avalie os custos das medidas de prevenção e, ao final, execute as ações necessárias, as quais serão decorrentes de decisões universais, não discriminatórias, motivadas, coerentes e proporcionais"[171, 172 e 173].

Destarte, sempre que existirem incertezas científicas sobre a possibilidade de um produto, evento ou serviço desequilibrar o meio ambiente ou atingir a saúde dos cidadãos, incide o denominado princípio da precaução. Trata-se, na perspectiva do STF, de "critério de gestão de risco" **a ser exigido do Estado,** que deverá analisar os referidos riscos, avaliar os custos das medidas de prevenção (ou precaução?) e executar as ações necessárias, que deverão ser decorrentes de decisões universais, não discriminatórias, motivadas, coerentes e proporcionais.

Verificamos, pois, que o conteúdo jurídico do princípio da precaução no âmbito do contexto que foi interpretado (RE 627.189), bem como a avaliação dos custos das medidas de prevenção (ou precaução?) estabelecidas em referido conteúdo, só pode ser adequadamente compreendido em face **de necessária e preliminar interpretação**

---

171. A respeito da história e do contexto do princípio e suas aplicações ao direito, inclusive no âmbito da legislação norte-americana, *vide* Timothy O'Riordan e James Cameron, *Interpreting the Precautionary Principle*, Routledge, 2013.

172. Article 174 (2) of the European Community Treaty provides that all Community policy on the environment shall be based on the precautionary principle. Following the European Council's adoption of the Nice Declaration on the future of the European Union in December 2000, the principle's operational field has been extended also to health and safety policy. The characteristic feature of the precautionary principle is risk prevention in the face of scientific uncertainty. The precautionary principle aims to prevent harm before a hazard has come into existence. **However, European Law does not give any concrete definition of its content and consequences** (grifos nossos). Disponível em: <https://www.ecologic.eu/1126>. Acesso em: 31 ago. 2021.

173. "The lack of a universally endorsed definition of the principle creates ambiguity around its normative implications. The majority of definitions of the precautionary principle in EU law put forward an understanding of the principle as providing public authorities with the discretion to take protective measures insituations of scientific uncertainty. Despite the declaration of the precautionary principle as a general principle of EU law by the EU courts, there is no universally accepted definition of the precautionary principle in EU law." *Vide* Fact or Fiction? Case C-616/17 and the Compatibility of the EU Authorisation Procedure for Pesticides with the Precautionary Principle Paulini, *European Journal of Risk Regulation*, Volume 11, Issue 3, September 2020.

**sistemática das noções de meio ambiente existentes na Carta Magna e evidentemente em contexto econômico delimitado por nosso sistema normativo superior**[174 e 175].

#### 4.1.1.1. Atividades de produção de bens e serviços com o uso de recursos naturais em face do princípio da precaução: incertezas científicas sobre a possibilidade de um produto, evento ou serviço desequilibrar o meio ambiente ou atingir a saúde dos cidadãos e exigências atribuídas ao Estado

Conforme aduzido anteriormente, o princípio da precaução, no âmbito do contexto em que foi interpretado pelo Supremo Tribunal Federal no RE 627.189, é um critério de gestão de risco exigível a ser aplicado sempre que existirem incertezas científicas sobre a possibilidade de um produto, evento ou serviço desequilibrar o meio ambiente ou atingir a saúde dos cidadãos. Seria, pois, uma avaliação do risco (aspectos

---

174. Daí a importante interpretação do Ministro Fux, a saber : "Não se pode aceitar, de outro lado, a afirmação de que, à luz do princípio da precaução, legisladores e administradores teriam o dever de considerar sempre o pior cenário possível (*worst-case scenario*) na formulação da política pública, quando não for possível determinar com precisão os futuros impactos ambientais de determinada atividade. O economista Kenneth Arrow, laureado com o prêmio Nobel e que infelizmente nos deixou no ano de 2017, formulou, em coautoria com o também ganhador do prêmio Nobel de Economia Leonid Hurwicz, um célebre modelo de tomada de decisões em situações de incerteza (Arrow K. J.; Hurwicz L. An optimality criterion for decision-making under ignorance. *In*: *Uncertainty and expectations in economics*: Essays in Honour of G. L. S. Shackle,. C. F. Carter & J. L. Ford editors, 1972. p. 1-11). De acordo com esse modelo, são escolhas igualmente racionais para os tomadores de decisão assumir desde os resultados mais otimistas até os mais pessimistas, incluindo prognósticos intermediários entre esses dois extremos. Não cabe ao Judiciário, à míngua de norma constitucional expressa e específica em contrário, impor ao regulador arbitrariamente a assunção do cenário de pessimismo extremo de modo invariável. Em idêntico sentido se posicionou a Suprema Corte dos Estados Unidos, quando instada a enfrentar o tema no caso Robertson v. Methow Valley Citizens Council (490 U.S. 332, 1989). Conforme já afirmado anteriormente, naquele país uma lei federal (National Environmental Policy Act – Nepa) impõe à Administração Pública Federal a consideração de efeitos significativos no meio -ambiente que seus atos possam causar. Em cumprimento à determinação legal, um órgão administrativo (Council on Environmental Quality – CEQ) editou, em 1978, norma obrigando agências ambientais a sempre considerar, nos cenários de incerteza, o resultado mais pessimista (*worst-case scenario*) em avaliações de impacto ambiental (Eenvironmental Iimpact Sstatements – EIS). Como consequência, as agências passaram a realizar avaliações altamente especulativas ou implausíveis. Por esse motivo, a norma foi modificada em 1986 para exigir, nos casos de impossibilidade de obtenção de informações incompletas ou indisponíveis – por custos exorbitantes ou desconhecimento científico dos meios para tanto –, tão- somente uma declaração desse fato, em conjunto com um sumário da relevância da informação e dos dados existentes sobre a matéria. A Suprema Corte julgou válida a modificação, aduzindo que a obrigatoriedade de prognóstico do *worst-case scenario* distorce o processo decisório ao sobredimensionar danos altamente especulativos".

ADC 42/Órgão julgador: Tribunal Pleno/Relator: Min. Luiz Fux/Julgamento: 28/02/2018/Publicação: 13/08/2019.

175. *Vide*, no plano INFRACONSTITUCIONAL, Lei de Crimes e Infrações Administrativas Ambientais – Lei 9.605/98, art. 54, § 2º; Lei de Biossegurança – Lei 11.105/2005, art. 1º; Lei da Mata Atlântica – Lei 11.428/2006, art. 6º; Lei da Política Nacional sobre Mudança do Clima – Lei 12.187/2009, art. 3º; e Lei sobre Exposição Humana a Campos Elétricos, Magnéticos e Eletromagnéticos – Lei 11.934/2009. No que se refere ao meio ambiente do trabalho, *vide* especificamente o Decreto-lei 5.452, de 1º de maio de 1943 (CLT), artigos 75-E, 157 e 182.

positivos e negativos), definido como a combinação da probabilidade de um aconteci-mento e das suas consequências (ISO/IEC Guide 73), ligados às atividades econômi-cas que usam bens ambientais e particularmente àquelas que usam os recursos naturais destinados à transformação de produtos ou serviços.

Com efeito.

Como lembra Helena Mateus Jerónimo[176], "reconceitualizado por autores como Patrick Lagadec (1981) ou Ulrich Beck (1992 [1986]), circunscrito a desenvolvimen-tos tecnológicos com impactos potencialmente catastróficos no autor francês ou es-tendido à caracterização das sociedades dos nossos dias como no sociólogo alemão, o conceito de risco tem o engenho de ter trazido para as ciências sociais os novos perigos ambientais introduzidos pela tecnologia. Tal como foi popularizado pela obra Risk Society de Beck, o conceito de risco tem igualmente o mérito de analisar as mu-danças na natureza das ameaças atuais: são qualitativamente diferentes das existentes em épocas históricas anteriores quanto à sua capacidade de impacto no ecossistema e de aniquilamento da espécie humana, envolvem dinâmicas até agora desconhecidas e são o produto das ações e decisões humanas que se concretizam através do complexo científico-tecnológico-industrial".

Por outro lado, observando que "Risk refers toun certainty about and severity of the events and consequences (or outcomes) of an activity with respect to some thing that humans value", para usar a sugestão do conceito de risco de Terje Aven e Ortwin Renn[177], cuida-se, a rigor, de estabelecer uma verdadeira avaliação vinculada à ad-ministração de probabilidades de perigo ligadas à incerteza na ciência, como um dos elementos integrantes do processo de conhecimento e sua avaliação e por via de con-sequência como "parte inerente do método científico e, portanto, um elemento inerente da previsão científica", conforme ensinamentos de Palmer e Hardaker[178].

Assim, conforme estabelecido no RE 627.189, referido princípio exige **que o Es-tado** analise os riscos, avalie os custos das medidas de prevenção e, ao final, execute as ações necessárias, as quais serão decorrentes de "decisões universais, não discrimi-natórias, motivadas, coerentes e proporcionais", conforme aprimorada descrição usada pelo STF.

Verifica-se, pois, salvo melhor juízo, que o princípio da precaução, no âmbito do contexto em que foi interpretado pelo Supremo Tribunal Federal no RE 627.189, pro-curou aperfeiçoar a satisfatória compreensão do princípio constitucional econômico da defesa do meio ambiente (art. 170, VI), particularmente em face do "tratamento di-ferenciado conforme o impacto ambiental dos produtos e serviços e de seus processos de elaboração e prestação".

---

176. Helena Mateus Jerónimo, *Riscos, incertezas e acidentes:* enfrentando problemas tecnocientí-ficos, São Paulo, Fapesp/USP, 2011.

177. Terje Aven, Ortwin Renn, *Risk management and governance.* Concepts, guidelines and applications, Berlin, Springer, 2010.

178. Palmer, T. N., Hardaker P. J., *Handling uncertainty in science.* Public. 31-10-2011, DOI: 10.1098/rsta.2011.0280.

Assim estabeleceu na verdade o STF, em face das incumbências atribuídas constitucionalmente ao Poder Público no âmbito do direito constitucional ambiental, um verdadeiro novo conteúdo exigível para instalação de obra ou atividade potencialmente causadora de significativa degradação do meio ambiente, a saber, um conteúdo sempre exigível no plano da elaboração dos estudos prévios de impacto ambiental (art. 225, § 1º, IV).

### 4.1.1.2. O princípio da precaução e o novo conteúdo exigível no EPIA (art. 225, § 1º, IV, da CF) para instalação de obra ou atividade potencialmente causadora de significativa degradação do meio ambiente

A partir do RE 627.189, salvo melhor juízo, o Poder Público, em face da incumbência que lhe foi determinada pelo art. 225, § 1º, IV, deverá analisar os riscos, avaliar os custos das medidas de prevenção e, ao final, executar as ações necessárias, as quais serão decorrentes de "decisões universais, não discriminatórias, motivadas, coerentes e proporcionais", como procedimento de gestão de riscos obrigatório nas atividades econômicas vinculadas ao meio ambiente natural/recursos naturais.

Trata-se, por via de consequência, de análise qualitativa e quantitativa, que evidentemente não se reveste de caráter absoluto, a ser aplicada sempre que existirem incertezas científicas sobre a possibilidade de um produto, evento ou serviço desequilibrar o meio ambiente ou atingir a saúde dos cidadãos, tudo com a finalidade de balizar as atividades econômicas exercidas em harmonia com os princípios destinados a tornar efetiva a proteção ao meio ambiente.

## 5. PRINCÍPIO DA PARTICIPAÇÃO E A ADPF 651

Ao falarmos em participação, temos em vista a conduta de *tomar parte* em alguma coisa, *agir em conjunto*[179]. Dadas a importância e a necessidade dessa ação conjunta, esse foi um dos objetivos abraçados pela nossa Carta Magna, no tocante à defesa do meio ambiente.

---

179. No que se refere ao tema divulgação de informações e participação pública (Capítulo V), a Lei de Proteção Ambiental da República Popular da China (Ordem do Presidente n. 9, que entrou em vigor em 1º de janeiro de 2015), com o claro objetivo de resguardar o direito dos cidadãos de obter informações ambientais, bem como participar e supervisionar a proteção ambiental de acordo com a lei, destaca que as principais unidades de descarga de poluentes divulgarão com veracidade ao público os nomes de seus principais poluentes, métodos de descarga, concentração e quantidade total de descarga, condições de descarga que excedam os padrões e a construção e operação de instalações de prevenção da poluição e aceitará supervisão social, fixando, afinal, em seu Capítulo VI (Responsabilidade Legal), aspectos relevantes relacionados à prevenção (arts. 59, 63 e 65). *Vide*, de forma detalhada, Celso Antonio Pacheco Fiorillo e Renata Mendes Ferreira, Responsabilidade ambiental das empresas no âmbito do sistema normativo chinês, em face da responsabilidade ambiental das empresas no Brasil, *Revista Direito Ambiental e Sociedade*, v. 11, 2021.

A Constituição Federal de 1988, em seu art. 225, *caput*, consagrou na defesa do meio ambiente a atuação presente do *Estado* e da *sociedade civil* na proteção e preservação do meio ambiente, ao impor à coletividade e ao Poder Público tais deveres. Disso retira-se uma atuação conjunta entre organizações ambientalistas, sindicatos, indústrias, comércio, agricultura e tantos outros organismos sociais comprometidos nessa defesa e preservação.

Com isso, observa-se, comumente, em ações civis públicas, determinada ONG, ingressando como autora, sustentar caber à pessoa jurídica de direito público o dever de tutelar o meio ambiente. O ente público, por sua vez, ao responder à demanda, propõe reconvenção, alegando, corretamente, que o dever de tutela do meio ambiente cabe não apenas a ele, mas também àquela ONG, na medida em que esta recebe dotação orçamentária e há a previsão constitucional do art. 225, *caput*, que estrutura toda a sociedade na defesa do meio ambiente, de que todos (pessoas físicas e jurídicas) obrigam-se a tutelá-lo. Atente-se que não se trata de um aconselhamento, mas sim de um dever da coletividade.

Outrossim, oportuno considerar que o resultado dessa omissão participativa é um prejuízo a ser *suportado pela própria coletividade*, porquanto o direito ao meio ambiente possui *natureza difusa*. Além disso, o fato de a administração desse bem ficar sob a custódia do Poder Público não elide o dever de o povo atuar na conservação e preservação do direito do qual é titular.

O princípio da participação constitui ainda *um dos elementos do Estado Social de Direito*[180] (que também poderia ser denominado Estado Ambiental de Direito), porquanto todos os direitos sociais são a estrutura essencial de uma saudável qualidade de vida, que, como sabemos, é um dos pontos cardeais da tutela ambiental.

Nosso Supremo Tribunal Federal, pela oportunidade do julgamento da ADPF 651 e acolhendo uma vez mais nossa interpretação, entendeu que a eliminação da presença suficiente de representantes da sociedade civil na composição dos órgãos ambientais exclui a atuação da coletividade, além de conferir ao Poder Executivo o controle exclusivo de decisões e neutralizar o caráter plural, crítico e diversificado que deve ser inerente à atuação desses órgãos. De fato nossa Constituição Federal[181] assegura a participação da sociedade no planejamento das políticas sociais sendo certo que referida participação também está associada à definição das políticas públicas voltadas à

---

180. O Princípio n. 17 da Conferência de Estocolmo prevê que "deve ser confiada às instituições nacionais competentes a tarefa de planificar, administrar e controlar a utilização dos recursos ambientais dos Estados, com o fim de melhorar a qualidade do meio ambiente".

181. Art. 193. A ordem social tem como base o primado do trabalho, e como objetivo o bem-estar e a justiça sociais.

Parágrafo único. O Estado exercerá a função de planejamento das políticas sociais, assegurada, na forma da lei, a participação da sociedade nos processos de formulação, de monitoramento, de controle e de avaliação dessas políticas. (Incluído pela Emenda Constitucional n. 108, de 2020)

82

preservação do meio ambiente. Nessa perspectiva, denotam-se presentes dois elementos fundamentais para a efetivação dessa ação em conjunto: a *informação* e a *educação ambiental*, mecanismos de atuação, numa relação de complementaridade. Vejamos.

## 5.1. INFORMAÇÃO AMBIENTAL

A informação ambiental encontra respaldo legal nos arts. 6º, § 3º, e 10 da Política Nacional do Meio Ambiente.

Além disso, como é sabido, alguns princípios no direito ambiental constitucional se interpenetram, de modo a estabelecerem uma interdependência. Com isso, observa-se que a educação ambiental é efetivada mediante a informação ambiental, que é expressamente abraçada pela Constituição, no seu art. 225, § 1º, VI:

> "§ 1º Para assegurar a efetividade desse direito, incumbe ao Poder Público:
> (...)
> VI – promover a educação ambiental em todos os níveis de ensino e a conscientização pública para a preservação do meio ambiente".

Ressalte-se ainda que a informação ambiental é corolário do direito de ser informado, previsto nos arts. 220 e 221 da Constituição Federal. O citado art. 220 engloba não só o direito à informação, mas também o *direito a ser informado* (faceta do direito de antena), que se mostra como um direito difuso, sendo, por vezes, um limitador da liberdade de informar[182].

Deve-se frisar que inexiste qualquer violação da liberdade de informar, prevista no *caput* e § 1º do art. 220, porque este dispositivo prescreve que:

> "Art. 220. A manifestação do pensamento, a criação, a expressão e a informação, sob qualquer forma, processo ou veículo não sofrerão qualquer restrição, *observado o disposto nesta Constituição*.
>
> § 1º Nenhuma lei conterá dispositivo que possa constituir embaraço à plena liberdade de informação jornalística em qualquer veículo de comunicação social, observado o disposto no art. 5º, IV, V, X, XIII e XIV" (grifo nosso).

A ordem econômica e financeira constitucional, na qual está inserida a comunicação social, tem por princípio norteador, no seu art. 170, VI, a proteção do meio ambiente, o que nos propõe o entendimento de que a comunicação social deverá ser livre, dentro dos princípios de proteção e conservação do meio ambiente, porquanto a

---

182. "Como outro lado do direito de antena – vimos o lado que aponta a *transmissão* – as pessoas, ao captarem transmissões, podem ter violados direitos fundamentais em face de sua cidadania e dignidade enquanto pessoas humanas que são. Nossa Constituição aponta importante critério em defesa dos valores fundamentais já aduzidos: estabelece meios legais, através de leis federais, visando concretamente garantir à pessoa e à família a possibilidade de se defenderem de programas ou programações de rádio e televisão que contrariem o disposto no art. 221" (Celso Antonio Pacheco Fiorillo, *O direito de antena*, cit., p. 187).

manifestação do pensamento, a criação, a expressão e a informação "... não sofrerão qualquer restrição, observado o disposto nesta Constituição...". Isso significa que o art. 220 não torna intocável esse direito, reclamando a interpretação sistemática da Carta Constitucional.

Destarte, é relevante a orientação estabelecida pelo STF ao esclarecer que, "... em matéria ambiental, verifica-se a superlativa relevância atribuída à informação ambiental, ao dado. E, nesse contexto, a fundamentalidade de se promover o adequado tratamento do dado ambiental, além, obviamente, da sua disponibilização", verificando-se "dos julgados mais recentes o determinante embasamento nas informações ambientais trazidas à Corte, seja pelos autores das ações, seja pelos chamados 'amigos da corte'. Confira-se, a título ilustrativo, (i) a valoração do potencial lesivo à saúde e ao meio ambiente em geral, em se liberar determinado defensivo agrícola, no contexto do julgamento da ADPF n. 910/DF, Rel. Min. Cármen Lúcia, Tribunal Pleno, j. 3-7-2023, p. 14-7-2023; (ii) as considerações aduzidas acerca da quantidade e do percentual de empreendimentos que produziram externalidades ambientais negativas em decorrência da ausência de licenciamento adequado, ou de estudos ambientais realizados de acordo com os protocolos necessários, no bojo da ADI n. 4.529/MT, Rel. Min. Rosa Weber, Tribunal Pleno, j. 22-11-2022, p. 1º-12-2022; (iii) os dados quanto aos índices [a] de poluição atmosférica verificados nos grandes centros urbanos mundo afora, [b] dos níveis-limite tolerados pela saúde humana de acordo com estudos específicos sobre o tema, e [c] das alternativas tecnológicas disponíveis para tratamento do ar; no julgamento da ADI n. 6.148, Rel. Min. Cármen Lúcia, red. p/ acórdão Min. André Mendonça, Tribunal Pleno, j. 5-5-2022, p. 15-9-2022". Advertindo o seguinte: "**E, de fato, não poderia ser diferente numa época em que nossa sociedade é descrita como 'sociedade da informação', na era da 'big data', ensejando o surgimento, inclusive, do conceito de um meio ambiente digital. 31. Essa nova dimensão, produto do referido contexto social, exsurge como desdobramento do conceito mais abrangente de meio ambiente cultural (CF, art. 215 e 216) e em interseção com o direito à comunicação social (CF, art. 220 a 224), como entende, por exemplo, o professor Celso Antônio Pacheco Fiorillo, relacionando-se às noções de 'espaço digital' ou 'ciberespaço', que deve ser efetivamente protegido e regrado pelo Direito** (FIORILLO, Celso Antônio Pacheco. *Curso de Direito Ambiental Brasileiro*. 23. ed. São Paulo: SaraivaJur, 2023, p. 649-655)" (grifos nossos) (ADPF 857, Tribunal Pleno, Rel. Min. André Mendonça, Red. do acórdão Min. Flávio Dino, j. 20-3-2024, Publicação: 11-6-2024).

## 5.2. EDUCAÇÃO AMBIENTAL

A educação ambiental decorre do princípio da participação na tutela do meio ambiente, e, como acima mencionado, restou expressamente prevista na Constituição Federal, no seu art. 225, § 1º, VI. Buscou-se trazer consciência ecológica ao povo, titular do direito ao meio ambiente, permitindo a efetivação do princípio da participação na salvaguarda desse direito.

*Educar ambientalmente* significa: a) reduzir os custos ambientais, à medida que a população atuará como guardiã do meio ambiente; b) efetivar o princípio da prevenção; c) fixar a ideia de consciência ecológica, que buscará sempre a utilização de tecnologias limpas; d) incentivar a realização do princípio da solidariedade, no exato sentido que perceberá que o meio ambiente é único, indivisível e de titulares indetermináveis, devendo ser justa e distributivamente acessível a todos; e) efetivar o princípio da participação, entre outras finalidades.

Alguns exemplos de implementação do princípio da educação ambiental podem ser vistos na atuação legislativa sobre o meio ambiente, tais como os arts. 35 da Lei de Proteção à Fauna, 4º, V, da Lei n. 6.938/81 e 42 do vetusto Código Florestal (Lei n. 4.771/65), o qual, em especial, prescrevia que:

> "Art. 42. Dois anos depois da promulgação desta Lei, nenhuma autoridade poderá permitir a adoção de livros escolares de leitura que não contenham textos de educação florestal, previamente aprovados pelo Conselho Federal de Educação, ouvido o órgão florestal competente.
>
> § 1º As estações de rádio e televisão incluirão, obrigatoriamente, em suas programações, textos e dispositivos de interesse florestal, aprovados pelo órgão competente no limite mínimo de 5 (cinco) minutos semanais, distribuídos ou não em diferentes dias.
>
> § 2º Nos mapas e cartas oficiais serão obrigatoriamente assinalados os Parques e Florestas Públicas.
>
> § 3º A União e os Estados promoverão a criação e o desenvolvimento de escolas para o ensino florestal, em seus diferentes níveis".

## 5.3. POLÍTICA NACIONAL DE EDUCAÇÃO AMBIENTAL

Além do já exposto, foi promulgada a Lei n. 9.795, de 27 de abril de 1999, que estabeleceu a Política Nacional de Educação Ambiental (art. 6º). Definiu-se a educação ambiental como os processos pelos quais o indivíduo e a coletividade constroem valores sociais, conhecimentos, habilidades, atitudes e competências voltadas para a conservação do meio ambiente, bem de uso comum do povo, essencial à sadia qualidade de vida e sua sustentabilidade, sendo ainda um componente essencial e permanente da educação nacional que deve estar presente, de forma articulada, em todos os níveis e modalidades de processo educativo, em caráter formal e não formal, conforme observamos nos arts. 1º e 2º da aludida lei.

De acordo com os preceitos normativos em vigor, a educação ambiental deverá ser implementada no *ensino formal*, sendo desenvolvida no âmbito dos currículos das instituições de ensino públicas e privadas, englobando a educação básica, a superior, a especial, a profissional e a de jovens e adultos. Todavia, preceitua-se a sua *não implementação como disciplina específica* no currículo de ensino (art. 10, § 1º), facultando-se-a apenas nos cursos de pós-graduação, extensão e nas áreas voltadas ao aspecto metodológico da educação ambiental, quando esta se fizer necessário.

A educação ambiental será implementada ainda através de ações e práticas educativas voltadas à sensibilização da coletividade sobre as questões ambientais e à sua organização e participação na defesa da qualidade do meio ambiente. A esse processo deu-se o nome de *educação ambiental não formal*, porquanto realizada fora do âmbito escolar e acadêmico, o que, todavia, não exclui a participação das escolas e universidades na formulação e execução de programas e atividades vinculadas a esse fim (art. 13, parágrafo único, II). Dessa feita, temos que as instituições de ensino estão comprometidas com a educação ambiental tanto no ensino formal como não formal.

A Política Nacional de Educação Ambiental veio a reforçar que o meio ambiente ecologicamente equilibrado, bem de uso comum do povo e indispensável à sadia qualidade de vida, deve ser *defendido* e *preservado* pelo Poder Público e pela coletividade (o que importa dizer que é um dever de todos, pessoas físicas e jurídicas), por intermédio da construção de valores sociais, de conhecimentos, habilidades e atitudes voltadas à preservação desse bem pela implementação da educação ambiental.

## 5.4. EDUCAÇÃO AMBIENTAL, O PARECER N. 635/2018 DO CONSELHO NACIONAL DE EDUCAÇÃO/CÂMARA DE EDUCAÇÃO SUPERIOR E O RECONHECIMENTO DO DIREITO AMBIENTAL (ART. 5º, § 3º) COMO DISCIPLINA AUTÔNOMA

Trinta anos após a entrada em vigor de nossa Constituição Federal, o Ministério da Educação de nosso país, ao homologar, em dezembro de 2018, o Parecer n. 635 do Conselho Nacional de Educação/Câmara de Educação Superior, que trata da revisão das diretrizes curriculares nacionais do curso de graduação em Direito no que se refere às Diretrizes Curriculares do Curso de Graduação em Direito/Bacharelado a serem observadas pelas Instituições de Educação Superior – IES em sua organização curricular em todo o Brasil, indicou o reconhecimento do DIREITO AMBIENTAL (art. 5º, § 3º) como disciplina autônoma, incorporando visão que temos defendido há mais de 20 anos.

Destarte, mais que obedecer, ainda que tardiamente, ao que determina o art. 225, § 1º, VI de nossa Lei Maior, o MEC ratifica a condição do Direito Ambiental como ciência autônoma, independência que lhe é assegurada porque, conforme desde sempre defendemos, o direito ambiental possui seus próprios princípios diretores, presentes no art. 225 da Constituição Federal.

## 6. PRINCÍPIO DA UBIQUIDADE E A DIGNIDADE DA PESSOA HUMANA

Este princípio, fundamentado no art. 1º, *caput*, bem como no art. 1º, III, de nossa Carta Magna, vem evidenciar que o objeto de proteção do meio ambiente, localizado no epicentro dos direitos humanos[183], deve ser levado em consideração toda vez que uma política, atuação, legislação sobre qualquer tema, atividade, obra etc. tiver que

---

183. A respeito do conceito de direitos humanos, *vide* Nicola Matteucci, Direitos humanos, in *Dicionário de política*, 13. ed., Brasília, Editora UnB, 2010, p. 353, v. 1.

ser criada e desenvolvida. Isso porque, na medida em que possui como ponto cardeal de tutela constitucional a *vida* e a *qualidade de vida da pessoa humana*, tudo que se pretende fazer, criar ou desenvolver deve antes passar por uma consulta ambiental, enfim, para saber se há ou não a possibilidade de que o meio ambiente seja degradado.

Em outras linhas, visa a demonstrar qual é o objeto de proteção do meio ambiente, quando tratamos dos direitos humanos, pois toda atividade, legiferante ou política, sobre qualquer tema ou obra deve levar em conta a preservação da vida e, principalmente, da sua qualidade.

De fato, não há como pensar no meio ambiente dissociado dos demais aspectos da sociedade, de modo que ele exige uma atuação globalizada e solidária, até mesmo porque fenômenos como a poluição e a degradação ambiental não encontram fronteiras e não esbarram em limites territoriais.

Dessa forma, observa-se que o direito ambiental reclama não apenas que se "pense" em sentido global, mas também que se haja em âmbito local, pois somente assim é que será possível uma atuação sobre a causa de degradação ambiental e não simplesmente sobre seu efeito. De fato, é necessário combater as causas dos danos ambientais, e nunca somente os sintomas, porquanto, evitando-se apenas estes, a conservação dos recursos naturais será incompleta e parcial.

## 7. O GENÉRICO E SUBJETIVO RÓTULO DE RETROCESSO AMBIENTAL E A IMPOSSIBILIDADE DE VIOLAÇÃO DO PRINCÍPIO DEMOCRÁTICO: O DENOMINADO "PRINCÍPIO" DA VEDAÇÃO DO RETROCESSO, SUAS REFERÊNCIAS INICIAIS NO ÂMBITO DO SUPREMO TRIBUNAL FEDERAL E SUA EVENTUAL APLICAÇÃO NO DIREITO AMBIENTAL CONSTITUCIONAL EM FACE DA ADC 42

Desenvolvido originariamente no século XX[184], o chamado "princípio" da vedação do retrocesso foi bem explicado por Luís Roberto Barroso. Informa o constitucionalista que "por este princípio, **que não é expresso,** mas decorre do sistema jurídico-constitucional, entende-se que se uma lei, ao regulamentar um mandamento constitucional, instituir determinado direito, ele se incorpora ao patrimônio jurídico da cidadania e não pode ser arbitrariamente suprimido. Nessa ordem de ideias, uma lei posterior não pode extinguir um direito ou garantia, especialmente os de cunho social, sob pena de promover um retrocesso, abolindo um direito fundado na Constituição. O que se veda é o ataque à efetividade da norma, que foi alcançado a partir de sua regulamentação. Assim, por exemplo, se o legislador infraconstitucional deu concretude a uma norma programática ou tornou viável o exercício de um direito que dependia de

---

184. Como explica Thais Maria Riedel de Resende Zuba, trata-se do caso que encontrou acolhida na jurisprudência do Tribunal Constitucional de Portugal que no Acórdão 39, de 1984 (conforme *Diário da República*, 1ª série, n. 104, 5-5-1984) "declarou a inconstitucionalidade de uma lei que havia revogado boa parte da Lei do Serviço Nacional de Saúde. Sob o argumento de que com esta revogação estava o

sua intermediação, não poderá simplesmente revogar o ato legislativo, fazendo a situação voltar ao estado de omissão legislativa anterior" (grifos nossos)[185].

Por outro lado, em interessante artigo dedicado a Raymundo Faoro[186], o mesmo jurista Luís Roberto Barroso, acompanhado da constitucionalista Ana Paula de Barcellos, teve a oportunidade de afirmar que a chamada vedação do retrocesso **propõe se possa exigir do Judiciário** "a invalidade da revogação de normas que, regulamentando o princípio, concedam ou ampliem direitos fundamentais, sem que a revogação em questão seja acompanhada de uma política substitutiva ou equivalente".

Também Ingo Sarlet explica que "o princípio da vedação do retrocesso **decorre implicitamente do ordenamento constitucional brasileiro**"[187] (grifos nossos), observando que ele seria extraído do princípio do Estado Democrático de Direito, do princípio da dignidade da pessoa humana e do princípio da máxima eficácia e efetividade dos direitos fundamentais (art. 5º, § 1º, da CF).

Ocorre que **as poucas referências existentes sobre o referido "princípio" ("princípio" que, conforme indicamos, é interpretado por autores em face de análise cultural que reconhece sua existência de forma não expressa ou mesmo implícita em face do ordenamento constitucional brasileiro) reconhecidas pelo Supremo Tribunal Federal**, ou seja, interpretadas por parte do órgão máximo do Poder Judiciário, ocorreram em temas de **direito previdenciário através de votos vencidos**[188 e 189] ou ainda em matéria vinculada a **direitos políticos**[190].

---

legislador atentando contra o direito fundamental à saúde, vinculado ao que estabelece o art. 64 da Constituição portuguesa, ainda mais em se considerando que este deveria ser realizado justamente mediante a criação de um serviço nacional, geral e gratuito de saúde, a Corte portuguesa decidiu que haveria um retrocesso social caso se decidisse pela revogação da lei do Serviço à Saúde, que seria extinto sem colocar nada em seu lugar" (*O direito à seguridade social na Constituição de 1988 e o princípio da vedação do retrocesso*, dissertação de Mestrado defendida na PUCSP tendo como orientador o Prof. Dr. Wagner Balera, 2011).

185. Luís Roberto Barroso, *O direito constitucional e a efetividade das normas*, 5. ed., Rio de Janeiro, Renovar, 2001.

186. O começo da história. A nova interpretação constitucional e o papel dos princípios no direito brasileiro", disponível em <http://camara.rj.gov.br/setores/proc/revistaproc/revproc2003/arti_histdir-bras.pdf>.

187. Ingo Sarlet, A eficácia do direito fundamental à segurança jurídica: dignidade da pessoa humana, direitos fundamentais e proibição do retrocesso social no direito constitucional brasileiro, *Revista de Direito Social*, Porto Alegre, Notadez, n. 4, 2004.

188. Cf. Thais Maria Riedel de Resende Zuba, "O direito à Seguridade Social na Constituição de 1988 e o princípio da vedação do retrocesso", dissertação de Mestrado defendida na PUCSP, tendo como orientador o Prof. Dr. Wagner Balera, 2011.

189. No Supremo Tribunal Federal, *vide* o voto vencido do Ministro Sepúlveda Pertence na ADI 2.065-DF (o STF não conheceu da ação por maioria de votos) bem como o voto vencido do Ministro Celso de Mello na ADI 3.105-DF, com referência expressa ao *leading case* português, Acórdão 39/84 do Tribunal Constitucional luso (*DJU*, 18-2-2005, ADI 3.105/DF, Rel. Min. Ellen Gracie).

190. "O Plenário deferiu medida cautelar em ação direta de inconstitucionalidade, ajuizada pelo Procurador-Geral da República, para suspender os efeitos do art. 5º da Lei n. 12.034/2009, que dispõe sobre a criação, a partir das eleições de 2014, do voto impresso (...). Destacou-se o caráter secreto do

E no âmbito do direito ambiental constitucional?

No que se refere ao direito ambiental constitucional brasileiro cabe observar preliminarmente que estamos diante de uma ciência relativamente nova, porém *autônoma*[191].

**Essa independência lhe é garantida porque no Brasil o direito ambiental possui os seus próprios princípios diretores, presentes nos arts. 1º a 4º e 225 da Constituição Federal.**

Aludidos princípios constituem pedras basilares dos sistemas político-jurídicos dos Estados civilizados, sendo adotados internacionalmente como fruto da necessidade de uma ecologia equilibrada e indicativos do caminho adequado para a proteção ambiental, em conformidade com a realidade social e os valores culturais de cada Estado.

Destarte, dentre seus próprios princípios diretores, merece destaque em nossa Carta Magna, como já dissemos, o conteúdo do art. 225, que estabelece a existência jurídica de um bem que se estrutura como de uso comum do povo e essencial à sadia qualidade de vida, configurando nova realidade jurídica, disciplinando bem que não é público nem, muito menos, particular[192].

---

sufrágio no direito constitucional brasileiro (CF, art. 14), conquista destinada a garantir a inviolabilidade do querer democrático do eleitor e a intangibilidade do seu direito por qualquer forma de pressão. Reputou-se que a impressão do voto feriria o direito inexpugnável ao segredo, visto que configuraria prova do ato de cidadania. Assim, o papel seria desnecessário, pois o eleitor não haveria de prestar contas a quem quer que fosse e o sistema eletrônico dotar-se-ia de segurança incontestável, conforme demonstrado reiteradamente. Nesse sentido, concluiu-se que a impressão serviria para demonstração a terceiro e para vulnerar o segredo constitucionalmente assegurado ao cidadão. Consignou-se que o § 2º do dispositivo impugnado reforçaria essa assertiva, pois o número de identificação associado à assinatura digital poderia favorecer a coação de eleitores pela possibilidade de vincular o voto a compromissos espúrios. Por outro lado, a urna eletrônica, atualmente utilizada, permitiria que o resultado fosse transmitido às centrais sem a identificação do votante. Ademais, a impressão criaria discrímen em relação às pessoas com deficiências visuais e aos analfabetos, que não teriam como verificar seus votos, para o que teriam de buscar ajuda de terceiros, em detrimento do direito ao sigilo igualmente assegurado a todos. Frisou-se que a cada eleitor seria garantido o direito e o dever de um voto, apenas, e que o sistema atual asseguraria que somente se abriria a urna após a identificação do votante e a pessoa não seria substituída, sequer votaria mais de uma vez. Por seu turno, ao vedar a conexão entre o instrumento de identificação e a respectiva urna, o § 5º do artigo de que se cuida possibilitaria a permanência da abertura dela, pelo que poderia o eleitor votar mais de uma vez, ao ficar na cabine. Sublinhou-se, ademais, **o princípio da proibição de retrocesso, que seria aplicável também aos direitos políticos,** dentre os quais a invulnerabilidade do segredo de voto (CF, art. 60, § 4º, II). **No ponto, o Ministro Gilmar Mendes afastou esse fundamento, em razão do risco de se ter como parâmetro de controle não apenas a Constituição, mas as leis consideradas benéficas.** O Colegiado afirmou que o **princípio** democrático (CF, art. 1º) garantiria o voto sigiloso, que o sistema adotado – sem as alterações do art. 5º da Lei n. 12.034/2009 – propiciaria. Destacou-se que a alteração do processo conduziria à desconfiança no sistema eleitoral, própria das ditaduras" (ADI 4.543-MC, Rel. Min. Cármen Lúcia, j. 19-10-2011, Plenário, *Informativo 645*, destaques nossos).

191. Com relação à autonomia do direito ambiental brasileiro, o Supremo Tribunal Federal, acatando nossa visão, já se posicionou conforme ADI 4.022, Rel. Min. Rosa Weber, j. 24-8-2017, publ. 7-3-2018.

Por outro lado, o reconhecimento do Direito Ambiental como DISCIPLINA AUTÔNOMA/RAMO ESPECÍFICO DO DIREITO também restou explicitamente considerado no âmbito da nova matriz curricular nacional dos Cursos de Graduação em Direito no Brasil, conforme PARECER CNE/CES n. 635/2018.

192. A respeito da natureza jurídica dos bens ambientais, *vide* Celso Antonio Pacheco Fiorillo, *Curso de direito ambiental brasileiro*, 20. ed., São Paulo, Saraiva, 2020.

Referido conteúdo fixa a existência de uma norma vinculada ao meio ambiente ecologicamente equilibrado, reafirmando, ainda, que *todos* são titulares desse direito. Não se reporta a uma pessoa individualmente concebida, mas sim a uma coletividade de pessoas indefinidas, o que demarca um critério transindividual, em que não se determinam, de forma rigorosa, os titulares do direito.

O bem ambiental é, portanto, um bem de *uso comum do povo*, podendo ser desfrutado por toda e qualquer pessoa dentro dos limites constitucionais, e, ainda, um bem *essencial à qualidade de vida*. Devemos frisar que uma vida saudável reclama a satisfação dos fundamentos democráticos de nossa Constituição Federal, entre eles, o da dignidade da pessoa humana, conforme dispõe o art. 1º, III.

É, portanto, na somatória dos dois aspectos – bem de *uso comum do povo* e *essencial à sadia qualidade de vida* – que se estrutura constitucionalmente o bem ambiental.

Caberia então indagar: quais seriam no ordenamento positivo os bens essenciais à sadia qualidade de vida?

A resposta reside nos próprios fundamentos da República Federativa do Brasil, enquanto Estado Democrático de Direito: **são os bens fundamentais à garantia da dignidade da pessoa humana.** Isso importa afirmar que ter uma vida sadia é ter uma vida com dignidade.

Uma vida com dignidade reclama a satisfação dos valores (mínimos) fundamentais descritos no art. 6º da Constituição Federal, de forma a exigir do Estado que sejam assegurados, mediante o recolhimento dos tributos, pelo menos, educação, saúde, alimentação, trabalho, moradia, segurança, lazer, entre outros direitos básicos, indispensáveis ao desfrute de uma vida digna.

Trata-se de dar efetividade aos DIREITOS FUNDAMENTAIS DA PESSOA HUMANA (art. 1º, III, da Constituição Federal), não cabendo a qualquer pessoa, inclusive ao administrador público, preterir o PISO VITAL MÍNIMO (art. 6º da CF) na medida em que não se trata de "opção do governante", ou mesmo – como pretendem argumentar alguns, ainda com o olhar vinculado ao vetusto direito administrativo – de "opção discricionária do administrador", uma vez que não estamos cuidando de juízo discricionário, muito menos de tema a depender unicamente da vontade política.

Dessa feita, temos então que o art. 6º da Constituição fixa um *piso vital mínimo* de direitos que devem ser assegurados pelo Estado (que o faz mediante a cobrança de tributos), para o desfrute da sadia qualidade de vida.

Assim não existe qualquer necessidade em transportar para o direito ambiental constitucional o chamado "princípio" da vedação do retrocesso nos moldes importados de culturas alienígenas.

Com efeito.

Se uma norma infraconstitucional, ao estabelecer ou mesmo regulamentar um mandamento constitucional ambiental, instituir determinado direito, ele se incorporará ao patrimônio jurídico de brasileiros e estrangeiros residentes no País em face do que estabelecem os princípios fundamentais constitucionais que estruturam o direito ambiental constitucional brasileiro, a saber, os arts. 1º a 3º, bem como o art. 225 da Lei Maior.

Referidas normas não poderiam ser arbitrariamente suprimidas por ter sua gênese indicada de **forma explícita** nos princípios fundamentais da Carta Magna.

Trata-se de reconhecer que o fundamento do direito ambiental constitucional brasileiro, no atual Estado Democrático de Direito, guarda absoluta e explícita compatibilidade com a dignidade da pessoa humana (art.1º, III, da CF)[193].

Daí o Supremo Tribunal Federal, acatando uma vez mais nossa interpretação, ter estabelecido, pela oportunidade do julgamento da ADC 4.298[194], que "o princípio da vedação do retrocesso não se sobrepõe ao princípio democrático no afã de transferir ao Judiciário funções inerentes aos Poderes Legislativo e Executivo, nem justifica afastar arranjos legais mais eficientes para o desenvolvimento sustentável do país como um todo", afastando assim, de maneira clara e didática, "a tese de que a norma mais favorável ao meio ambiente deve sempre prevalecer (*in dubio pro natura*), reconhecendo-se a possibilidade de o regulador distribuir os recursos escassos com vistas à satisfação de outros interesses legítimos, mesmo que não promova os interesses ambientais no máximo patamar possível. Idêntica lição deve ser transportada para o presente julgamento, a fim de que seja refutada a aplicação automática da tese de 'vedação ao retrocesso' para anular opções validamente eleitas pelo legislador".

Portanto, ao fixar que "não é adequado desqualificar determinada regra legal como contrária ao comando constitucional de defesa do meio ambiente (art. 225, *caput*, CRFB), ou mesmo sob o genérico e subjetivo rótulo de retrocesso ambiental, ignorando as diversas nuances que permeiam o processo decisório do legislador, democraticamente investido da função de apaziguar interesses conflitantes por meio de regras gerais e objetivas", advertindo que "... não se deve desprezar que a mesma

---

193. O aludido "princípio" da vedação do retrocesso seria então, conforme lembra o Ministro Alexandre de Moraes, uma garantia que "se coaduna com os princípios da dignidade da pessoa humana e da segurança jurídica, estabelecendo um dever de progressividade em matérias sociais, econômicas, culturais e ambientais", ou seja, o fundamento jurídico de referido "princípio" na verdade está vinculado aos princípios da dignidade da pessoa humana (art.1º, III, da CF) e da legalidade (art. 5º, II, da CF). *Vide* ADI 5016 / BA, Rel. Min. Alexandre de Moraes, j. 11-10-2018, Tribunal Pleno, processo eletrônico, *DJe*-230, divulg. 26-10-2018, public. 29-10-2018.

194. *DJ*, n. 174, de 12-8-2019, Plenário Republicações, ADC 42/DF, Rel. Min. Luiz Fux. "Ementa: DIREITO CONSTITUCIONAL. DIREITO AMBIENTAL. ART. 225 DA CONSTITUIÇÃO. DEVER DE PROTEÇÃO AMBIENTAL. Necessidade de compatibilização com outros vetores constitucionais de igual hierarquia. Artigos 1º; IV; 3º, II e III; 5º, *caput* e XXII; 170, *caput* e incisos II, V, VII e VIII, da CRFB. Desenvolvimento sustentável. Justiça intergeracional. Alocação de recursos para atender as necessidades da geração atual. Escolha política. Controle judicial de políticas públicas. Impossibilidade de violação do princípio democrático. Exame de racionalidade estreita. Respeito aos critérios de análise decisória empregados pelo formador de políticas públicas. Inviabilidade de alegação de 'vedação ao retrocesso'. Novo Código Florestal. Ações diretas de inconstitucionalidade e ação declaratória de constitucionalidade julgadas parcial".

Constituição protetora dos recursos ambientais do país também exorta o Estado brasileiro a garantir a livre-iniciativa (artigos 1º, IV, e 170) e o desenvolvimento nacional (art. 3º, II), a erradicar a pobreza e a marginalização, a reduzir as desigualdades sociais e regionais (art. 3º, III; art. 170, VII), a proteger a propriedade (art. 5º, *caput* e XXII; art. 170, II), a buscar o pleno emprego (art. 170, VIII; art. 6º) e a defender o consumidor (art. 5º, XXXII; art. 170, V) etc.", o Supremo Tribunal Federal afastou de maneira didática o uso indiscriminado do genérico e subjetivo[195] rótulo de retrocesso ambiental em proveito do PRINCÍPIO DEMOCRÁTICO.

Cuida-se, por via de consequência, conforme tivemos oportunidade de publicamente advertir quando da realização da V Conferência de Direito Ambiental realizada pelo Conselho Federal da Ordem dos Advogados do Brasil, em junho de 2021 (maior conferência já realizada no País, com mais de 7.500 participantes)[196], de impedir que se interprete nosso sistema normativo constitucional em vigor e seus reflexos no plano infraconstitucional com fundamento em "princípios implícitos", ou ainda de caráter genérico e subjetivo, totalmente apartados da legalidade.

Por causa disso, a indispensável advertência de Francesco Ferrara[197], na oportunidade de desenvolver comentário a respeito da atividade interpretativa, destacar a necessidade de se "evitar os excessos", apontando o "perigo ainda mais grave de que o interprete, deixando-se apaixonar por uma tese, trabalhe de fantasia e julgue encontrar no direito positivo ideias e princípios que são antes o fruto das suas locubrações teóricas ou das preferencias sentimentais"...

A matéria recebeu por parte do Supremo Tribunal Federal relevantíssima interpretação em harmonia com nosso entendimento, no sentido de bem esclarecer que: "O Plenário do Supremo, na análise conjunta das ADIs 4.901, 4.902, 4.903, 4.937 e da ADC 42, todas da relatoria do Ministro Luiz Fux (*DJe* de 13 de agosto de 2019), decidiu pela constitucionalidade dos arts. 15 e 66 do Novo Código Florestal" consignando naquela oportunidade que "**o fundamento segundo o qual o princípio que veda o retrocesso não pode ser invocado de maneira desmedida, a ponto de comprometer a autonomia dos Poderes Legislativo e Executivo na criação de soluções legais**

---

195. "Se por 'ideologia' se entende, porém, não tudo o que não é realidade natural ou a sua descrição, mas uma representação não objetiva, influenciada por juízos de valor subjetivos, que encobre, obscurece ou desfoca o objeto do conhecimento, e se se designa por 'realidade' não apenas a realidade natural como objeto da ciência da natureza, mas todo o objeto do conhecimento e, portanto, também o objeto da ciência jurídica, o Direito positivo como realidade jurídica, então também uma representação do Direito Positivo se tem de manter isenta de ideologia (neste segundo sentido da palavra)" (Hans Kelsen, *Teoria pura do direito*, trad. João Baptista Machado, 6. ed., São Paulo, Martins Fontes, 1998).

196. Celso Antonio Pacheco Fiorillo, O genérico e subjetivo rótulo de retrocesso ambiental e a impossibilidade de violação do princípio democrático: o denominado "princípio" da vedação do retrocesso e seus reflexos em nossa Política Nacional do Meio Ambiente, in: *Coletânea de artigos sobre os 40 anos da Política Nacional do Meio Ambiente (Lei 6.938/81)*, Ordem dos Advogados do Brasil (Conselho Federal), Comissão Nacional de Direito Ambiental, Brasília: OAB Editora, 2021.

197. Francesco Ferrara, *Interpretação e aplicação das leis*, 3. ed., trad. de Manuel A. Domingues de Andrade, Coimbra, Armenio Amado Editor, 1978.

**e normativas que se revelem mais eficientes ao desenvolvimento sustentável do País"** (grifos nossos)[198].

Mais não é preciso dizer...[199].

---

198. ARE 1335470 AgR/SP – São Paulo – AgR no Recurso Extraordinário com Agravo – Rel. Min. Nunes Marques – j. 11-4-2022 – public. 28-4-2022 – Órgão julgador: Segunda Turma – processo eletrônico, *DJe*-080, divulg. 27-4-2022, public. 28-4-2022.

199. Salvo melhor juízo, exemplo claro e inequívoco de violação da legalidade constitucional pode ser constatado no âmbito da ADI 4.717 quando pela oportunidade de justificar a aplicação de um imaginado "PRINCÍPIO DA PROIBIÇÃO DE RETROCESSO SOCIOAMBIENTAL" no âmbito do direito ambiental em face da análise de mérito de tema enfrentado no ano de pelo STF argumentou a excelentíssima Ministra Cármen Lúcia (fls. 29/30) o que segue:

"No mérito, é de assentar a contrariedade da Medida Provisória n. 558/2012 e a Lei n. 12.678/2012, ao princípio da proibição de retrocesso socioambiental". (...)

"No Direito Ambiental, Herman Benjamin sustenta que o princípio da proibição de retrocesso, embora não expressamente previsto na Constituição da República, assume papel de verdadeiro princípio geral, à luz do qual deve ser avaliada a legitimidade de medidas legislativas que objetivem reduzir o patamar de tutela legal do meio ambiente:

'É seguro afirmar que a proibição de retrocesso, apesar de não se encontrar, com nome e sobrenome, consagrada na nossa Constituição, nem em normas infraconstitucionais, e não obstante sua relativa imprecisão – compreensível em institutos de formulação recente e ainda em pleno processo de consolidação –, transformou-se em princípio geral do Direito Ambiental, a ser invocado na avaliação da legitimidade de iniciativas legislativas destinadas a reduzir o patamar de tutela legal do meio ambiente, mormente naquilo que afete em particular a) processos ecológicos essenciais, b) ecossistemas frágeis ou à beira de colapso e c) espécies ameaçadas de extinção' (BENJAMIN, Antonio Herman. Princípio da proibição de retrocesso ambiental. In: Comissão de Meio Ambiente, Defesa do Consumidor e Fiscalização e Controle (org.). O princípio da proibição de retrocesso ambiental. Brasília: Senado Federal, p. 62)."

ADI 4.717/Ação Direta de Inconstitucionalidade/Relator: Min. Cármen Lúcia/Relator do último incidente: Min. Cármen Lúcia (ADI-ED)

Julgamento: 05/04/2018/Publicação:15/02/2019

Ementa: "AÇÃO DIRETA DE INCONSTITUCIONALIDADE. MEDIDA PROVISÓRIA N. 558/2012. CONVERSÃO NA LEI N. 12.678/2012. INÉPCIA DA INICIAL E PREJUÍZO DA AÇÃO QUANTO AOS ARTS. 6º E 11 DA MEDIDA PROVISÓRIA N. 558/2012 E AO ART. 20 DA LEI N. 12.678/2012. POSSIBILIDADE DE EXAME DOS REQUISITOS CONSTITUCIONAIS PARA O EXERCÍCIO DA COMPETÊNCIA EXTRAORDINÁRIA NORMATIVA DO CHEFE DO EXECUTIVO. AUSÊNCIA DOS PRESSUPOSTOS DE RELEVÂNCIA E URGÊNCIA. ALTERAÇÃO DA ÁREA DE UNIDADES DE CONSERVAÇÃO POR MEDIDA PROVISÓRIA. IMPOSSIBILIDADE. CONFIGURADA OFENSA AO PRINCÍPIO DA PROIBIÇÃO DE RETROCESSO SOCIOAMBIENTAL. AÇÃO PARCIALMENTE CONHECIDA E, NESSA PARTE, JULGADA PROCEDENTE, SEM PRONÚNCIA DE NULIDADE. 1. Este Supremo Tribunal manifestou-se pela possibilidade e análise dos requisitos constitucionais para a edição de medida provisória após a sua conversão em lei. 2. A jurisprudência deste Supremo Tribunal admite, em caráter excepcional, a declaração de inconstitucionalidade de medida provisória quando se comprove abuso da competência normativa do Chefe do Executivo, pela ausência dos requisitos constitucionais de relevância e urgência. Na espécie, na exposição de motivos da medida provisória não se demonstrou, de forma suficiente, os requisitos constitucionais de urgência do caso. 3. As medidas provisórias não podem veicular norma que altere espaços territoriais especialmente protegidos, sob pena de ofensa ao art. 225, inc. III, da Constituição da República. 4. As alterações promovidas pela Lei n. 12.678/2012 importaram diminuição da proteção dos ecossistemas abrangidos pelas unidades de conservação por ela atingidas, acarretando ofensa ao princípio da proibição de retrocesso socioambiental, pois atingiram o núcleo essencial do direito fundamental ao meio ambiente ecologicamente equilibrado previsto no art. 225 da Constituição da República. 5. Ação direta de inconstitucionalidade parcialmente conhecida e, nessa parte, julgada procedente, sem pronúncia de nulidade".

## 8. PRINCÍPIO DA SOBERANIA

O uso dos bens ambientais, particularmente no que se refere aos recursos naturais/recursos ambientais no Brasil, está subordinado, preliminarmente e desde logo, não só às especificidades do que determina o art. 225 de nossa Lei Maior como evidentemente aos princípios fundamentais de nossa Carta Magna (art. 1º, I a V), sendo certo que, utilizados para a elaboração de produtos destinados ao consumidor em nosso sistema econômico em vigor, também deverão obedecer ao que estabelece o conteúdo do art. 170 de nossa Constituição Federal.

Daí a relevância de se observar que o uso dos bens ambientais, particularmente no que se refere aos recursos naturais/recursos ambientais no Brasil, além de regrado constitucionalmente pela cidadania, pela dignidade da pessoa humana, pelos valores sociais do trabalho e da livre-iniciativa e pelo pluralismo político, tem na soberania (art. 1º, I) fundamento balizador normativo extremamente relevante, particularmente no que se refere às possibilidades de uso pelas empresas transnacionais em decorrência das características específicas e únicas de nosso país, possuidor que é de grande extensão territorial (quinto maior do mundo), com extensa área oceânica (5,7 milhões de km², o que equivale a, aproximadamente, metade da nossa massa continental), abrangendo não só diferentes ecossistemas como a maioria das espécies da Terra. É também rico em minérios e possuidor de um sistema denso e complexo de rios, um dos mais extensos do mundo, com oito grandes bacias hidrográficas, que drenam para o Atlântico.

Com efeito.

Como lembra Scherer[200], "Em 2016, na encíclica Laudato si', o papa Francisco abordou as questões ambientais numa visão global e tratou da importância de preservar os ecossistemas, entre os quais o da Amazônia, por causa de sua riqueza biológica, mas também por seu significado para o conjunto da vida, a humana incluída. É tarefa de cada país, mas também é dever da comunidade internacional, por meio de legítimos mecanismos de pressão da sociedade civil, ajudar a sensibilizar as comunidades e os governos locais quanto ao cumprimento de sua missão na preservação do meio ambiente e dos recursos naturais de suas nações. Mas o papa reconhece que o assunto requer 'um delicado equilíbrio, pois também não se podem ignorar os enormes interesses internacionais que, a pretexto de cuidar deles, podem atentar contra as soberanias

---

Destarte causa com o devido respeito grande estranheza afirmar que "A proibição de retrocesso, apesar de não se encontrar, com nome e sobrenome, consagrada na nossa Constituição, nem em normas infraconstitucionais, e não obstante sua relativa imprecisão transformou-se em princípio geral do Direito Ambiental"... Se não se encontra com nome e sobrenome prevista em nossa Carta Magna ou em qualquer outra norma infraconstitucional, ou seja, SE NÃO SE ENCONTRA PREVISTO EM LEI, como pode um "princípio" denominado de "proibição de retrocesso" transformar-se em princípio geral do Direito Ambiental Brasileiro?

200. Dom Odilo P. Scherer, Cardeal-Arcebispo de São Paulo, Sínodo da Amazônia, *O Estado de S. Paulo*, 13 jul. 2019.

nacionais'"[201]. E se refere a "propostas de internacionalização da Amazônia, que só servem a interesses econômicos de corporações internacionais" (n. 38).

Senão vejamos.

O advento da Constituição de 1988 não só proporcionou a recepção da Política Nacional do Meio Ambiente (Lei n. 6.938/81) em quase todos os seus aspectos como qualificou de forma superior o regramento jurídico ambiental brasileiro, estabelecendo a existência de seus princípios norteadores[202].

Aludidos princípios constituem pedras basilares dos sistemas político-jurídicos dos Estados civilizados, sendo adotados no Brasil e internacionalmente como fruto da necessidade de assegurar um meio ambiente ecologicamente equilibrado e indicativo do caminho adequado para a proteção ambiental, em conformidade com a realidade econômica, social e os valores culturais de cada Estado independente.

Assim, conforme já desenvolvido na presente obra, o meio ambiente, entendido como conceito amplo e abrangente das noções de meio ambiente natural, de meio ambiente cultural, de meio ambiente artificial (espaço urbano) e de meio ambiente laboral em face de sua gênese, fixada de forma explícita em nossa na Lei Maior[203 e 204],

---

201. A possibilidade de agressão estrangeira sempre existiu na história das civilizações, particularmente em face da necessidade de alguns países se apropriarem dos bens ambientais de outros. Uma reportagem publicada em maio de 2008 no jornal americano *The New York Times* afirmava que a sugestão feita por líderes globais de que a Amazônia não é patrimônio exclusivo de nenhum país estava causando preocupação no Brasil.

No texto, intitulado "De quem é essa floresta amazônica, afinal?", assinado pelo correspondente do jornal no Rio de Janeiro, Alexei Barrionuevo, o jornal dizia que "um coro de líderes internacionais está declarando mais abertamente a Amazônia como parte de um patrimônio muito maior do que apenas das nações que dividem o seu território".

O jornal citava o ex-vice-presidente americano Al Gore, que, em 1989, disse que, "ao contrário do que os brasileiros acreditam, a Amazônia não é propriedade deles, ela pertence a todos nós, conforme abaixo indicado:

"Now, with the world focusing on the promises of biodiversity and the perils of global warming, a chorus of international leaders have ever more openly declared the Amazon part of a patrimony far larger than that of the nations that share its territory. "Contrary to what Brazilians think, the Amazon is not their property, it belongs to all of us," Al Gore, then a senator, said in 1989" (*vide* Alexei Barrionuevo, Whose Rain Forest is this, anyway?, *The New York Times*, 18 de maio de 2018. Disponível em: https://www. nytimes.com/2008/05/18/weekinreview/18barrionuevo.html).

202. Celso Antonio Pacheco Fiorillo e Renata Marques Ferreira, *A política nacional do meio ambiente (Lei 6.938/81) em face do direito ambiental constitucional brasileiro*, Rio de Janeiro, Lumen Juris, 2021.

203. O superior estabelecimento da relação jurídica ambiental indicada no art. 225 recepciona, inclusive, como adverte Celso Fiorillo, o conceito de meio ambiente indicado na Política Nacional do Meio Ambiente (Lei n. 6.938/81). *Vide* Celso Antonio Pacheco Fiorillo e Renata Marques Ferreira, *A política nacional do meio ambiente (Lei 6.938/81) em face do direito ambiental constitucional brasileiro*, Rio de Janeiro, Lumen Juris, 2021.

204. ADI 3.540 MC/DF – Distrito Federal, Medida Cautelar na Ação Direta de Inconstitucionalidade, Tribunal Pleno, Rel. Min. Celso de Mello, j. 1º-9-2005, *DJ*, 3-2-2006, p. 14, ement., v. 02219-03, p. 528.

é estruturado e interpretado juridicamente em decorrência dos princípios e comandos por ela estabelecidos.

Dentre referidos princípios cabe destacar, no âmbito do presente estudo, o PRINCÍPIO DA SOBERANIA.

Com efeito.

Em sentido restrito, na sua significação moderna, o termo "soberania", conforme ensina Matteucci[205], "aparece, no final do século XVI, juntamente com o de Estado, para indicar, em toda sua plenitude, o poder estatal, sujeito único e exclusivo da política. Trata-se do conceito político-jurídico que possibilita ao Estado moderno, mediante sua lógica absolutista interna, impor-se à organização medieval do poder, baseada, por um lado, nas categorias e nos Estados, e, por outro, nas duas grandes coordenadas universalistas representadas pelo papado e pelo império: isto ocorre em decorrência de uma notável necessidade de unificação e concentração de poder, cuja finalidade seria reunir numa única instância o monopólio da força num determinado território e sobre uma determinada população, e, com isso, realizar no Estado a máxima unidade e coesão". Daí, em sentido lato, conforme esclarece referido autor, "o conceito político-jurídico de Soberania indica o poder de mando de última instância, numa sociedade política e, consequentemente, a diferença entre esta e as demais associações humanas em cuja organização não se encontra este poder supremo, exclusivo e não derivado. Este conceito está, pois, intimamente ligado ao de poder político: de fato a Soberania pretende ser a racionalização jurídica do poder, no sentido da transformação da força em poder legítimo, do poder de fato em poder de direito. Obviamente, são diferentes as formas de caracterização da Soberania, de acordo com as diferentes formas de organização do poder que ocorreram na história humana: em todas elas é possível sempre identificar uma autoridade suprema, mesmo que, na prática, esta autoridade se explicite ou venha a ser exercida de modos bastante diferentes". Lembra Matteucci que "o jurista Bodin identifica a essência da Soberania unicamente no 'poder de fazer e de anular as leis'", sendo certo que "o cientista político Hobbes evidencia, ao contrário, o momento da execução, isto é, o tipo de poder coagente como sendo o único a ter condições de impor determinados comportamentos e que representaria o único meio adequado ao fim, o de se fazer obedecer. De acordo com o primeiro, o soberano tem o monopólio do direito, mediante o poder legislativo; de acordo com o segundo, o monopólio da força ou da coerção física". Esclarece ainda que "a identificação da Soberania com o poder legislativo é levada às suas consequências extremas por Rousseau, com o conceito da vontade geral; para ele, o soberano pode fazer única e exclusivamente leis gerais e abstratas, e de maneira alguma decretos individuais".

Daí a conhecida lição de Kelsen[206] ao estabelecer que "El principio de la soberanía del Estado y su doctrina, tenida al menos hasta hoy como doctrina científica, fue

---

205. Norberto Bobbio; Nicola Matteucci; Gianfranco Pasquino, *Dicionário de política*, Brasília, UnB, 1998.

206. Hans Kelsen, La transformación del concepto de soberanía, *DPU*, n. 58, jul.-ago. 2014.

fundada en la segunda mitad del siglo XVI por el francés Jean Bodin. Surge en un momento en el que gran parte de los Estados europeos, desde un punto de vista secular, formalmente todavía está asociada al Sacro Imperio Romano, y desde un punto de vista espiritual integrada en la Iglesia, de manera que el Káiser sería señor feudal y el Papa la cabeza religiosa del principado; es este un tiempo en el que se eleva sobre los Estados, al menos la idea, de la doble autoridad de un orden jurídico secular y otro espiritual. En la lucha del Rey francés por su independencia frente al Káiser y el Papa, la doctrina de que el Estado presenta su esencia a partir de la más alta comunidad jurídica, es el principal instrumento intelectual, que el astuto jurista francés pone a disposición del rey en sus 'Six libres de la république'. Que este escrito se convirtiera em uno de los más afamados en la bibliografía de la teoría del estado y del derecho, hasta el punto de convertir velozmente el dogma de la soberanía del Estado en opinión dominante, es solo un síntoma de la quiebra de cualquier comunidad supraestatal, que en la forma de Imperium Romanum y Ecclesia Universalis había sostenido el mundo jurídico del medievo".

Trata-se, pois, como ensina Reale, de um poder originário e exclusivo do Estado "de declarar e assegurar por meios próprios a positividade de seu direito e de resolver, em última instância, sobre a validade de todos os ordenamentos internos"[207].

Destarte, nossa Lei Maior, ao estabelecer referido conceito como princípio fundamental, indica ser a soberania fundamento de nossa República e de nosso Estado Democrático de Direito (art. 1º, I), a saber, "o art. 1º da Constituição assenta como um dos fundamentos do Estado brasileiro a sua soberania"[208], que significa o poder

---

207. Miguel Reale, *Teoria do direito e do Estado*, São Paulo, Saraiva, 1984.

208. "Negativa, pelo presidente da República, de entrega do extraditando ao país requerente. (...) O Tratado de Extradição entre a República Federativa do Brasil e a República Italiana, no seu art. III, 1, *f*, permite a não entrega do cidadão da parte requerente quando 'a parte requerida tiver razões ponderáveis para supor que a pessoa reclamada será submetida a atos de perseguição'. (...) Deveras, antes de deliberar sobre a existência de poderes discricionários do presidente da República em matéria de extradição, ou mesmo se essa autoridade se manteve nos lindes da decisão proferida pelo Colegiado anteriormente, é necessário definir se o ato do chefe de Estado é sindicável pelo Judiciário, em abstrato. O art. 1º da Constituição assenta como um dos fundamentos do Estado brasileiro a sua soberania – que significa o poder político supremo dentro do território, e, no plano internacional, no tocante às relações da República Federativa do Brasil com outros Estados soberanos, nos termos do art. 4º, I, da Carta Magna. A soberania nacional no plano transnacional funda-se no princípio da independência nacional, efetivada pelo presidente da República, consoante suas atribuições previstas no art. 84, VII e VIII, da Lei Maior. A soberania, dicotomizada em interna e externa, tem na primeira a exteriorização da vontade popular (art. 14 da CRFB) através dos representantes do povo no parlamento e no governo; na segunda, a sua expressão no plano internacional, por meio do presidente da República. No campo da soberania, relativamente à extradição, é assente que o ato de entrega do extraditando é exclusivo, da competência indeclinável do presidente da República, conforme consagrado na Constituição, nas leis, nos tratados e na própria decisão do Egrégio STF na Ext 1.085. O descumprimento do Tratado, em tese, gera uma lide entre Estados soberanos, cuja resolução não compete ao STF, que não exerce soberania internacional, máxime para impor a vontade da República Italiana ao chefe de Estado brasileiro, cogitando-se de mediação da Corte Internacional de Haia, nos termos do art. 92 da Carta das Nações Unidas de 1945" (Rcl 11.243, Rel. p/ o ac. Min. Luiz Fux, j. 8-6-2011, P, *DJE*, 5-10-2011).

político supremo dentro do território, e, no plano internacional, no tocante às relações da República Federativa do Brasil com outros Estados soberanos, nos termos do art. 4º, I, da Carta Magna. A soberania nacional no plano transnacional funda-se no princípio da independência nacional, efetivada pelo presidente da República, consoante suas atribuições previstas no art. 84, VII e VIII, da Lei Maior, ou seja, trata-se de entender a soberania, como "poder de mando de última instância, numa sociedade política", para usar a tradicional lição de Matteucci, anteriormente indicada. Daí ser da competência do Conselho de Defesa Nacional (art. 91, § 1º, III), órgão de consulta do Presidente da República nos assuntos relacionados com a soberania nacional e a defesa do Estado democrático, propor os critérios e condições de utilização de áreas indispensáveis à segurança do território nacional e opinar sobre seu efetivo uso, especialmente na faixa de fronteira e nas relacionadas com a preservação e a exploração dos recursos naturais de qualquer tipo.

Assim, e corroborando a argumentação anteriormente aduzida, o Supremo Tribunal Federal estabeleceu que "os compromissos assumidos pelo Brasil em tratado internacional de que seja parte (§ 2º do art. 5º da Constituição) não minimizam o conceito de soberania do Estado-povo na elaboração da sua Constituição"[209], mantendo-se, pois, nos dias de hoje, "ainda intacto o padrão westfaliano de relacionamento horizontal entre os Estados, enquanto modelo fundado na soberania, na supremacia da ordem jurídica interna, na aplicação do direito internacional em conformidade com os ditames da legislação local e na consideração de um povo territorialmente localizado

---

209. Ementa: "'*HABEAS CORPUS*' PREVENTIVO. PRISÃO CIVIL DE DEPOSITÁRIO INFIEL DECRETADA EM AÇÃO DE DEPÓSITO DE BEM ALIENADO FIDUCIARIAMENTE (ART. 66 DA LEI N. 4.728/65 E DECRETO-LEI N. 911/69): ART. 5º, LXVII, DA CONSTITUIÇÃO E CONVENÇÃO AMERICANA SOBRE DIREITOS HUMANOS (PACTO DE SÃO JOSÉ DA COSTA RICA), DECR. N. 678/92. ALEGAÇÃO DE PRESCRIÇÃO DA PRETENSÃO PUNITIVA. I – Preliminar. Questão nova: prescrição. O Tribunal 'a quo' não pode ser considerado coator quanto às questões que não lhe foram submetidas e, neste caso, a autoridade coatora continua sendo o Juiz de primeiro grau: incompetência do Supremo Tribunal Federal. '*Habeas corpus*' não conhecido nesta parte. Precedentes. II – Mérito. 1 – A Constituição proíbe a prisão civil por dívida, mas não a do depositário que se furta à entrega de bem sobre o qual tem a posse imediata, seja o depósito voluntário ou legal (art. 5º, LXVII). 2 – Os arts. 1º (art. 66 da Lei n. 4.728/65) e 4º do Decreto-lei n. 911/69, definem o devedor alienante fiduciário como depositário, porque o domínio e a posse direta do bem continuam em poder do proprietário fiduciário ou credor, em face da natureza do contrato. 3 – A prisão de quem foi declarado, por decisão judicial, como depositário infiel é constitucional, seja quanto ao depósito regulamentado no Código Civil como no caso de alienação protegida pela cláusula fiduciária. 4 – Os compromissos assumidos pelo Brasil em tratado internacional de que seja parte (§ 2º do art. 5º da Constituição) não minimizam o conceito de soberania do Estado-povo na elaboração da sua Constituição; por esta razão, o art. 7º, n. 7, do Pacto de São José da Costa Rica, ('ninguém deve ser detido por dívida': 'este princípio não limita os mandados de autoridade judiciária competente expedidos em virtude de inadimplemento de obrigação alimentar') deve ser interpretado com as limitações impostas pelo art. 5º, LXVII, da Constituição. 5 – '*Habeas corpus*' conhecido em parte e, nesta parte, indeferido" (HC 73.044/SP – São Paulo, *Habeas Corpus*, 2ª Turma, Rel. Min. Maurício Corrêa, j. 19-3-1996, *DJ*, 20-9-1996, p. 34534, ement., v. 1842-02, p. 1).

como fonte de legitimidade, ainda que, em outras áreas, sobretudo na econômica, a heteronímia decisória tenda a avançar cada vez mais", como lembra Lewandowski[210].

Por via de consequência, devemos destacar que, no plano externo, a soberania traduz a ideia de igualdade de todos os Estados na comunidade internacional, associada à independência nacional, manifestando-se, principalmente, pela constituição de um sistema de normas jurídicas capaz de estabelecer as pautas fundamentais do comportamento humano dentro de determinado espaço territorial. Resta bem evidenciado que uma das principais características da soberania é o reconhecimento de sua independência na ordem internacional, não dependendo, pois, o Estado de qualquer poder supranacional e vinculando-se tão somente pelas normas de direito internacional resultantes de tratados livremente celebrados, conforme estabelece o princípio constitucional da legalidade. Daí restar bem estabelecido que a soberania é um poder, ou seja, é uma faculdade de impor aos outros um comando a que lhes fiquem a dever obediência, que se caracteriza por ser absoluto, ou seja, a soberania não está sujeita a condições ou obrigações determinados de forma impositiva por outrem, não recebendo ordens ou instruções de ninguém e não sendo responsável perante nenhum outro poder.

No plano interno, deve ser repetida e aplicada a lição de Reale no sentido de entender a soberania como um poder originário e exclusivo do Estado "de declarar e assegurar por meios próprios a positividade de seu direito e de resolver, em última instância, sobre a validade de todos os ordenamentos internos"[211], ou seja, de declarar e assegurar a necessária obediência à nossa Lei Maior, bem como a todo o sistema normativo em vigor em nosso País.

Por outro lado, é fundamental destacar que a soberania nacional é um dos princípios que balizam no plano constitucional a ordem econômica (art. 170, I). Destarte, ao lado da defesa do meio ambiente (art. 170, VI), a soberania nacional tem previsão específica em nossa ordem econômica constitucional, merecendo lugar de destaque nos princípios gerais da atividade econômica.

Em resumo, para usar a didática lição de Hillgruber[212], "La soberanía nacional significa, desde el punto de vista del derecho internacional dos cosas: Primero el reconocimiento del derecho exclusivo y universal del Estado a promulgar en su territorio normas jurídicas que vinculan a sus nacionales (soberanía territorial y personal), es decir el reconocimiento del poder de tomar la última decisión sobre personas y cosas en su territorio y de decidir sobre el estatus de las personas físicas y jurídicas (soberanía interior). En segundo lugar, en las relaciones exteriores la no sumisión a otros Estados, pues a todos ellos les reconoce el derecho internacional igual autoridad: par in parem non habet imperium (la llamada soberanía exterior)".

---

210. Enrique Ricardo Lewandowski, *Globalização, regionalização e soberania*, São Paulo, Juarez de Oliveira, 2004.

211. Miguel Reale, *Teoria do direito e do Estado*, cit.

212. Christian Hilgruber, Soberanía: la defensa de um concepto jurídico [Título original: Souveränität: Verteidigung eines Rechtsbegriffs, *Juristenzeitung* 22/2002, p. 1072-1080]. Traducción a cargo de Ariadna Aguilera Rull, Universitat Pompeu Fabra.

Por via de consequência, o uso dos bens ambientais, particularmente no que se refere aos recursos naturais/recursos ambientais no Brasil, está submetido aos princípios do direito ambiental constitucional, com destaque para o PRINCÍPIO DA SOBERANIA.

Daí, quando da realização da V CONFERÊNCIA DE DIREITO AMBIENTAL DO CONSELHO FEDERAL DA ORDEM DOS ADVOGADOS DO BRASIL, que tratou dos DESAFIOS E RESPONSABILIDADES DA ADVOCACIA AMBIENTAL NA PRESERVAÇÃO, SUSTENTABILIDADE E SOBERANIA DOS BIOMAS BRASILEIROS, ocorrida de 7 a 8 de junho de 2021, com a participação de mais de 7.500 profissionais (recorde histórico no âmbito de congressos de direito ambiental realizados no Brasil), a referida Conferência adotar nossa proposta como diretriz de atuação da Comissão Nacional de Direito Ambiental da OAB para os próximos anos, a saber:

> "Pela oportunidade DE NOSSA CONFERÊNCIA NACIONAL e no momento em que estamos todos – os milhares de colegas advogados que participam de nosso evento e todos nós palestrantes – avançando juntos no caminho do desenvolvimento sustentável é fundamental reafirmar que todo Estado tem, e deve exercer livremente, a soberania plena e permanente sobre todas as suas riquezas, recursos naturais e atividade econômica. A Floresta Amazônica Brasileira, a Mata Atlântica, a Serra do Mar, o Pantanal Mato-Grossense, a Zona Costeira, enfim, todos os nossos biomas são patrimônio nacional e, portanto patrimônio do povo brasileiro. É o povo brasileiro que delimita de que forma os bens ambientais devem ser usados sempre em proveito de suas necessidades e portanto em obediência à uma Constituição que determina que o uso dos bens ambientais deve fundamentalmente estar vinculado à defesa da dignidade da pessoa humana"[213].

## C) RESPONSABILIDADE PELOS DANOS CAUSADOS AO MEIO AMBIENTE

### 1. INTRODUÇÃO

O art. 225, § 3º, da Constituição Federal previu a *tríplice responsabilidade do poluidor* (tanto pessoa física como jurídica) do meio ambiente: a sanção penal, por conta da chamada responsabilidade penal (ou responsabilidade criminal), a sanção administrativa, em decorrência da denominada responsabilidade administrativa, e a sanção que, didaticamente poderíamos denominar civil, em razão da responsabilidade vinculada à obrigação de reparar danos causados ao meio ambiente.

---

213. Disponível em: <https://s.oab.org.br/arquivos/2021/06/17ad422f-c8c3-4e74-ad3e-43d97d84ab57.pdf>. Acesso em: 31 ago. 2021.

Num primeiro ponto de análise, temos que os ilícitos civil, administrativo e penal encontram-se absortos num mesmo conceito: a antijuridicidade. Inexiste uma distinção embrionária; todos os tipos estão relacionados como uma reação do ordenamento jurídico contra a antijuridicidade praticada. Todavia, há diferenças entre essas três *penalidades*. Entre os critérios identificadores da natureza dos ilícitos, podemos indicar: a) o reconhecimento do objeto tutelado por cada um; e b) o reconhecimento do órgão que imporá a respectiva sanção.

O elemento identificador da sanção (se é de natureza administrativa, penal ou civil) é o *objeto* precípuo de tutela. Se tratarmos de *sanção administrativa* é porque o objeto de tutela precípuo são os *interesses da administração* (que acarretará a limitação dos excessos do individualismo). Terá lugar aludida sanção devido ao descumprimento das regras e princípios deônticos do sistema violado. Já o elemento de discernimento da sanção de natureza administrativa para os demais tipos (penal e civil) concentra-se no regime jurídico a que está sujeita.

Isso porque, havendo um processo judicial como meio próprio de apuração da antijuridicidade para fins de aplicação da sanção, em que há o exercício do direito constitucional de ação e todas as demais garantias constitucionais para atuar em juízo, mediante prestação jurisdicional, sob o império da coisa julgada, estaremos diante de uma sanção civil ou penal. A civil visa, regra geral, a uma limitação patrimonial, enquanto a penal normalmente importa numa limitação da liberdade (privação ou restrição), perda de bens, multa, prestação social alternativa ou suspensão/interdição de direitos[214].

Assim, pode-se afirmar que o que irá interessar ao exegeta do direito não é a análise do conteúdo da lesão ou da reação, mas o regime jurídico do ato praticado, sua específica eficácia jurídica, bem como o meio posto à disposição do Estado para aplicar as normas legais.

## 1.1. INEXISTÊNCIA DE *BIS IN IDEM*

O art. 225, § 3º, da Constituição Federal, ao preceituar que as condutas e atividades lesivas ao meio ambiente sujeitarão seus infratores, pessoas físicas ou jurídicas, a infrações penais e administrativas, independente da obrigação de reparar os danos causados, consagrou a *regra da cumulatividade das sanções*, até mesmo porque, como visto, as sanções penais, civis e administrativas, além de protegerem objetos distintos, estão sujeitas a regimes jurídicos diversos.

## 2. RESPONSABILIDADE DENOMINADA "CIVIL"[215]

Como foi destacado, a responsabilidade chamada civil pelos danos causados ao meio ambiente é do tipo *objetiva*, em decorrência de o art. 225, § 3º, da Constituição

---

214. *Vide* Parte III – Direito Criminal Ambiental.

215. O tema será detalhadamente analisado no Capítulo V – As obrigações ambientais em face do direito constitucional brasileiro.

Federal preceituar a "(...) obrigação de reparar os danos *causados*" ao meio ambiente, sem exigir qualquer elemento subjetivo para a configuração da responsabilidade civil.

Como já salientado, o art. 14, § 1º, da Lei n. 6.938/81 foi recepcionado pela Constituição, ao prever a responsabilidade *objetiva* pelos danos causados ao *meio ambiente* e também a *terceiros*. Além disso, a responsabilidade civil pelos danos ambientais é *solidária*, conforme aplicação do art. 3º, I, da Carta Magna.

## 3. RESPONSABILIDADE ADMINISTRATIVA

### 3.1. FUNDAMENTOS CONSTITUCIONAIS DA RESPONSABILIDADE ADMINISTRATIVA EM MATÉRIA AMBIENTAL. PODER DE POLÍCIA EM MATÉRIA AMBIENTAL

O § 3º do art. 225 da Constituição Federal informa que as condutas e atividades consideradas lesivas ao meio ambiente sujeitarão os infratores, pessoas físicas ou jurídicas, a sanções administrativas.

*Sanções administrativas* são *penalidades* impostas por órgãos vinculados de forma direta ou indireta aos entes estatais[216] (União, Estados, Municípios e mesmo Distrito Federal[217]), nos limites de competências estabelecidas em lei, com o objetivo de impor regras de conduta àqueles que também estão ligados à Administração no âmbito do Estado Democrático de Direito. As *sanções administrativas*, conforme orientação de doutrina tradicionalmente vinculada ao denominado "direito público"[218], *estão ligadas*

---

216. O pluralismo político, a partir do que estabelecem os fundamentos da Constituição Federal (art. 1º, IV), orienta em nosso sistema constitucional a "conduta" dos entes estatais. Embora os partidos políticos estejam formalmente relacionados no plano jurídico com o princípio da soberania popular (arts. 14 e 17 da Carta Magna), existindo em princípio para atender aos anseios do povo, visam na realidade o PODER. Os entes estatais, por via de consequência, estão claramente "contaminados" pelas orientações dos partidos/pessoas que dirigem o Estado Democrático de Direito de forma passageira (União, Estados, Municípios e mesmo Distrito Federal) com finalidades nem sempre coincidentes com o chamado "bem comum". Daí a necessidade de nossa Carta Magna orientar a defesa dos bens ambientais, inclusive diante do Estado quando este atua como poluidor. *Vide* os temas pluralismo político e poderes da União no âmbito da Constituição Federal em nosso *Princípios do processo ambiental*, Saraiva, 2004, *passim*. *Vide* o tema Estado poluidor na obra *Estado poluidor*, de Sergio Luis Mendonça Alves, Ed. Juarez de Oliveira, 2003.

217. "Em Ação Direta de Inconstitucionalidade, o Ministro Marco Aurélio teve a oportunidade de salientar que compete à Polícia Militar, além de outras atribuições definidas em lei, (...) a garantia do exercício do *poder de polícia* dos órgãos e entidades públicas, especialmente das áreas fazendária, sanitária, *de proteção ambiental*, de uso e ocupação do solo e do patrimônio histórico e cultural do *Distrito Federal*" (Medida Liminar 1.045-0-DF, j. 27-5-1998).

218. Conforme já ensinava José Antonio Pimenta Bueno, Marquês de São Vicente, "*O Direito Público, jus publicum, quod ad statum reipublicae spectat, tem por domínio todas as relações do cidadão para com o Estado*, relações de interesse geral, e que por isso mesmo não pertencem à ordem privada. Ele organiza as condições do bem-ser comum; seu norte é o *salus publica suprema lex*; atende e protege

*ao denominado poder de polícia*[219] enquanto atividade da[220 e 214] Administração Pública que, limitando ou disciplinando direito, interesse ou liberdade, regula a prática de ato ou abstenção de fato em razão de interesse público vinculado à segurança, à higiene, à ordem, aos costumes, à disciplina da produção e do mercado, ao exercício de atividades econômicas dependentes de concessão ou autorização do Poder Público, à tranquilidade pública ou mesmo respeito à propriedade e aos direitos individuais e coletivos[221].

---

especialmente o interesse coletivo, *bene esse civitatis*, e por amor dele despreza o interesse individual nos casos em que lhe é subordinado, pois que fora desses casos deve respeitá-lo como um direito reconhecido e independente" (grifos nossos). *Vide* Direito público brasileiro e análise da Constituição do Império, in *José Antonio Pimenta Bueno, Marquês de São Vicente*, organização e introdução de Eduardo Kugelmas, São Paulo, Ed. 34, 2002.

219. Explica o Ministro Carlos Velloso que "o poder de polícia está conceituado no art. 78 do CTN" (Ação Direta de Inconstitucionalidade-Medida Liminar 2.586-4; Requerente: Confederação Nacional da Indústria; Requerido: Presidente da República – Congresso Nacional; Publicação: 1º-8-2003). Embora o conceito esteja vinculado a tributo, previsto no art. 145, II, da Carta Magna (taxas), vem sendo utilizado em subsistemas jurídicos os mais variados no âmbito de nossa legislação em vigor.

220. *Polícia*, para Sergio Bova, "é uma função do Estado que se concretiza numa instituição de administração positiva e visa a pôr em ação as limitações que a lei impõe à liberdade dos indivíduos e dos grupos para salvaguarda e manutenção da ordem pública, em suas várias manifestações: da segurança das pessoas à segurança da propriedade, da tranquilidade dos agregados humanos à proteção de qualquer outro bem tutelado com disposições penais". Interessante indicar que o termo *polícia* teve no decorrer dos séculos um primeiro significado, como explica o docente da Universidade de Turim, diretamente etimológico de conjunto das instituições necessárias ao funcionamento e à conservação da cidade-Estado, passando o termo a indicar, na Idade Média, a boa ordem da sociedade civil, da competência das autoridades políticas do Estado, em contraposição à boa ordem moral, do cuidado exclusivo da autoridade religiosa. Na Idade Moderna o significado de Polícia chegou a compreender toda a atividade da Administração Pública, identificando-se com o denominado ESTADO DE POLÍCIA, com que se designava um ordenamento em que toda a função administrativa era indicada com o termo "polícia". Esse termo voltou a ter um significado mais restrito quando, no início do século XIX, passou a identificar-se como a atividade tendente a assegurar a defesa da comunidade de perigos internos, perigos que, conforme destaca Bova, "estavam representados nas ações e situações contrárias à ordem pública e segurança pública". A defesa da ordem pública "se exprimia na repressão de todas aquelas manifestações que pudessem desembocar numa mudança das relações político-econômicas entre as classes sociais, enquanto a segurança pública compreendia a salvaguarda da integridade física da população, nos bens e nas pessoas, contra os inimigos naturais e sociais". Conclui o mestre que, "na sociedade atual, caracterizada por uma evidente diferenciação de classes, a defesa dos bens da população, que poderia parecer uma atividade destinada à proteção de todo o agregado humano, se reduz à tutela das classes possuidoras de bens que precisam de defesa", sendo na verdade a segurança pública "uma atividade orientada a consolidar a ordem pública e, consequentemente, o estado das relações de força entre classes e grupos sociais". *Vide Dicionário de política*, de Norberto Bobbio, Nicola Matteucci e Gianfranco Pasquino, Brasília, Ed. da Universidade de Brasília/ Gráfica Editora Hamburg, 1986.

221. O termo *Estado de Polícia* adquiriu seu significado técnico no campo historiográfico como ensina Pierangelo Schiera. Trata-se de uma expressão "criada pela historiografia para indicar um bem preciso e circunstanciado fenômeno histórico". A expressão, segundo o professor da Universidade de Trento, "remonta mais precisamente àqueles historiadores constitucionais alemães da metade do século XIX que, movidos por um compromisso liberal-burguês, correspondente ao ideal constitucional do 'Estado de direito', entenderam contrapor a este, como fase antitética ou ao menos anterior ao

Cabe todavia destacar que, em se tratando da tutela jurídica de bens ambientais e observando os fundamentos do Estado Democrático de Direito, o poder de polícia não estaria vinculado a interesse público e sim a *interesse difuso*. *Daí o poder de polícia em matéria ambiental estar ligado, por via de consequência, a atividades da Administração Pública destinadas a regular prática de atos ou mesmo fatos em razão da defesa de bens de uso comum do povo reputados constitucionalmente essenciais à sadia qualidade de vida (art. 225 da CF)*.

Assim, a Constituição Federal entendeu por bem autorizar os órgãos antes mencionados, observados evidentemente todos os parâmetros previstos no conteúdo da Carta Magna[222 e 223] e analisados sistematicamente com particular destaque para a cláusula do *due process*[224] (art. 5º, LIV e LV), a impor sanções as mais variadas (advertência, multas, apreensão de bens, destruição ou mesmo inutilização de produtos, suspensão de venda e fabricação de produtos, embargo ou mesmo demolição de obras, embargo ou mesmo suspensão parcial ou total de atividades e ainda restritiva de direitos) destinadas a resguardar os bens ambientais vinculados ao uso comum do povo.

Dessarte, importa registrar que condutas e atividades consideradas lesivas ao patrimônio genético, ao meio ambiente cultural, ao meio ambiente artificial, ao meio ambiente do trabalho e ao meio ambiente natural sujeitam em princípio os infratores (pessoas físicas e jurídicas) não só a sanções penais e à obrigação de reparar os danos causados mas também a sanções derivadas da denominada responsabilidade administrativa[225].

---

desenvolvimento histórico das formas estatais, precisamente o Estado de polícia". Vale destacar que a própria origem do termo, como ensina Schiera, "já sugere a intenção pejorativa com que foi inventado e usado por longo tempo", referindo-se "evidentemente à parte aposta do termo, ou seja, a polícia, que, na classificação das formas de vida estatal implícita no uso historiográfico, conforme antes indicado, devia contrapor-se ao direito como dimensão não só mais limitada e circunstanciada, mas também degenerativa em relação a ele". *Vide*, de Norberto Bobbio, Nicola Matteucci e Gianfranco Pasquino, *Dicionário de política*, cit.

222. O chamado "poder discricionário", verdadeiro fetiche vinculado ao Poder Público (discricionariedade administrativa é a possibilidade que tem o Poder Público de praticar ou deixar de praticar determinado ato conforme entenda esse ato conveniente ou inconveniente para a administração, conforme lição de José Cretella Júnior), vem sendo devidamente mitigado em sistemas constitucionais atrelados a Estados Democráticos de Direito e evidentemente no âmbito da tutela jurídica da vida em todas as suas formas. Daí importante acórdão, de que foi relator o Ministro Néri da Silveira, que impõe limites ao poder discricionário, destacando na oportunidade que "os atos do poder público, além de sujeitos aos princípios da legalidade e moralidade, também devem atender aos princípios da justiça" (RE 173.820-1. Recurso Extraordinário. Mandado de Segurança. *Informativo STF* 44.1996).

223. Em matéria vinculada à tutela jurídica da vida em todas as suas formas, a chamada escolha do administrador sempre deverá obedecer aos princípios do direito ambiental analisados em face dos princípios fundamentais da Carta Magna.

224. *Vide* nosso *Curso de direito ambiental brasileiro*, cit.

225. A Lei n. 6.938/81 já estabelecia no art. 9º, IX, como instrumento da política nacional do meio ambiente, "as penalidades disciplinares ou compensatórias ao não cumprimento das medidas necessárias à preservação ou correção da degradação ambiental".

## 3.2. REGIME DA RESPONSABILIDADE ADMINISTRATIVA EM FACE DE CONDUTAS E ATIVIDADES CONSIDERADAS LESIVAS AO MEIO AMBIENTE. RESPONSABILIDADE OBJETIVA. CLÁUSULA *DUE PROCESS*

O poder de polícia em matéria ambiental, conforme já aduzido, visa a defender além de preservar os bens ambientais não só para as presentes, como para as futuras gerações. Da mesma forma, o dever de defender e preservar os bens ambientais também são impostos à coletividade, que evidentemente tem interesse em resguardar a vida em todas as suas formas. Assim, foi nossa Constituição que entendeu por bem estabelecer, exatamente em obediência ao conteúdo do art. 225, critério racional destinado a assegurar o uso dos bens ambientais em proveito do povo: delimitou a responsabilidade objetiva[226] como regra jurídica a ser seguida em face de qualquer violação aos bens ambientais fundada na denominada teoria do risco – teoria absolutamente adaptada à ordem econômica do capitalismo e às regras definidas pelos arts. 170 e seguintes da Carta Magna – sendo irrelevante a conduta (dolo ou culpa) das pessoas físicas ou jurídicas que eventualmente se encontrem na condição de poluidoras.

Devemos, todavia, ressaltar que referida responsabilidade poderá, sempre como regra, ser discutida no âmbito do Poder Judiciário[227]; é que, conforme já tivemos oportunidade de aduzir, o fato de a Administração dever agir somente no sentido positivo

---

226. Na responsabilidade objetiva é desnecessária a demonstração da conduta do agente (dolo ou culpa). Todavia os seguintes requisitos são indispensáveis na verificação de aludida responsabilidade: 1) o ato; 2) o dano; 3) o nexo de causalidade entre o ato e o dano.

227. O *processo administrativo*, como ensina de forma magnífica Alcides de Mendonça Lima, só pode ser compreendido como procedimento administrativo na medida em que "o termo processo deve ser usado exclusivamente para a atividade dos órgãos judiciários no exercício de jurisdição contenciosa". Já ensinava o consagrado jurista, ainda sob a égide da carta constitucional baseada em governo ditatorial, que "é por via do processo que o direito é dito, que o conflito de interesses é solvido. Isso não ocorre na esfera administrativa, pois, no Brasil, o prejudicado com a decisão ainda pode submeter o caso à apreciação do Poder Judiciário (art. 153, § 4º, da Constituição de 1967/69). Assim sendo, quando a Administração forma um expediente, que toma a feição formal aparente de 'processo', o nome adequado é procedimento, porque o que for decidido nunca será palavra final a respeito do assunto controvertido. Aquele que se sentir lesado (v.g. – um particular, na imposição de multa ou outra sanção fiscal; o funcionário punido, desde a mera advertência até sua demissão, conforme a falta que lhe for atribuída e reconhecida) ainda poderá tentar a via jurisdicional própria (v.g. – mandado de segurança; ação ordinária de anulação do ato, com ou sem pedido de perdas e danos etc.)".

A Constituição Federal de 1988, estabelecida com base no Estado Democrático de Direito, ao assegurar a qualquer brasileiro ou estrangeiro residente no País a prerrogativa de submeter à apreciação do Judiciário toda e qualquer lesão ou ameaça a direito (art. 5º, XXXV) para que ele possa "dizer o direito" de forma definitiva – o que ocorrerá mediante sentença/coisa julgada – impede que órgão parcial, ou seja, órgão que conduz o devido processo legal com objetivo determinado, aprecie em grau definitivo determinada questão. A evidente parcialidade do Poder Executivo enquanto protagonista do hoje denominado processo administrativo (e muitas vezes no âmbito do próprio Poder Judiciário e do Ministério Público, em processos administrativos disciplinares contra juízes e promotores ou ainda de empregadores que se utilizam de "processos administrativos" internos elaborados em proveito daqueles que ocasionalmente ocupam cargos de direção e desenvolvidos por "comissões" organizadas e ajustadas de comum acordo com o patrão e em prejuízo dos empregados) macula o processo de diálogo comprometido com a busca da verdade, ferindo não só a razão de ser da democracia mas particularmente os direitos materiais

da lei, isto é, quando lhe é por ela permitido, indica a incidência da cláusula *due process* também no subsistema conhecido como direito administrativo. A doutrina norte-americana tem-se ocupado do tema, dizendo ser manifestação do princípio do devido processo legal o controle dos atos administrativos não só pela própria administração mas pela via judicial. Daí os limites do poder de polícia da Administração principalmente em matéria ambiental sofrerem o controle da *cláusula do "due process"*[228].

## 3.3. SANÇÕES ADMINISTRATIVAS NO ÂMBITO INFRACONSTITUCIONAL. A LEI N. 9.605/98, O CONCEITO DE INFRAÇÃO ADMINISTRATIVA AMBIENTAL E O DESTINO DOS VALORES ARRECADADOS EM PAGAMENTO DE MULTAS

Embora a Lei n. 9.605/98 tenha procurado estabelecer um capítulo específico (Capítulo VI) para regrar de maneira geral infrações administrativas ambientais, inclusive com a previsão de sanções e critérios destinados a apurar infrações ambientais (processo administrativo), encontramos na verdade várias normas em nosso ordenamento jurídico reservadas a estabelecer a denominada responsabilidade administrativa em face dos bens ambientais, observados no plano do patrimônio genético, meio ambiente cultural, meio ambiente artificial, meio ambiente do trabalho e meio ambiente natural[229].

De qualquer maneira, a Lei n. 9.605/98, devidamente aplicada, configura-se atualmente importante instrumento destinado a defender assim como a preservar os bens ambientais.

Trazendo definição de infração administrativa ambiental com finalidade puramente "didática" ("Art. 70. Considera-se infração administrativa ambiental toda ação ou omissão que viole regras jurídicas de uso, gozo, promoção, proteção e recuperação do meio ambiente"), a Lei n. 9.605/98 aplica-se a qualquer poluidor, a saber, pessoa física ou jurídica, de direito público ou privado, que por ação ou omissão viole a tutela jurídica dos bens ambientais (uso, gozo, promoção, proteção e mesmo recuperação de aludidos bens).

Referido poluidor, para defender-se em decorrência de processo administrativo instaurado (art. 70, §§ 1º, 2º, 3º e 4º), tem assegurado o contraditório bem como a ampla defesa (art. 5º, LV e LVI), observando os prazos fixados no art. 71 da norma antes referida.

---

fundamentais de brasileiros e estrangeiros residentes no País, conforme descrito no art. 5º da Carta Magna. Para um estudo completo, *vide* nosso *Princípios do processo ambiental*, cit.

Desse modo, a razão de ser do processo administrativo indicada no art. 5º, LV, da Constituição Federal está situada no plano constitucional, única e exclusivamente com a finalidade de ajustar o Poder Executivo (ou aqueles que pretendam utilizar-se de referido "processo") a todas as exigências do devido processo legal constitucional, no sentido de evidenciar que a "palavra definitiva e final" destinada a apreciar diferentes conflitos caberá sempre, sob a égide da Constituição Federal de 1988, ao Poder Judiciário.

228. No que se refere à análise da *cláusula do "due process"* e dos incisos LIV e LV do art. 5º da Constituição Federal, *vide* nosso *Princípios do processo ambiental*, cit.

229. *Vide* nosso *Curso de direito ambiental*, cit., e *Princípios do processo ambiental*, cit.

Os valores arrecadados em pagamento de multas por infração ambiental (arts. 73 a 75)[230], na medida em que se destinam à tutela de bens ambientais de natureza jurídica difusa, são revertidos para o Fundo Nacional do Meio Ambiente[231], Fundo Naval[232], fundos estaduais[233] ou mesmo municipais para resguardar, diante de casos concretos, a tutela jurídica dos bens essenciais à sadia qualidade de vida.

A responsabilidade administrativa em matéria ambiental, em resumo, tem como finalidade obrigar os órgãos vinculados de forma direta ou indireta aos entes estatais (União, Estados, Municípios e Distrito Federal) a defender e preservar os bens ambientais para as presentes e futuras gerações ante a proteção indicada pela Constituição Federal aos interesses difusos e coletivos em proveito da dignidade da pessoa humana.

## 4. RESPONSABILIDADE PENAL PELOS DANOS CAUSADOS AO MEIO AMBIENTE[234]

### 4.1. A DISTINÇÃO ENTRE O ILÍCITO CIVIL E O ILÍCITO PENAL

A distinção fundamental, trazida pelos doutrinadores, está baseada numa sopesagem de valores, estabelecida pelo legislador, ao determinar que certo fato fosse contemplado com uma sanção penal, enquanto outro com uma sanção civil ou administrativa.

Determinadas condutas, levando-se em conta a sua repercussão social e a necessidade de uma intervenção mais severa do Estado, foram erigidas à categoria de tipos penais, sancionando o agente com multas, restrições de direito ou privação de liberdade.

Ontologicamente, como se costuma afirmar, os ilícitos não se diferem, ocorrendo apenas uma distinção de gravidade do ato. Como afirma o i. Magistrado Flávio Augusto Monteiro de Barros: "as razões que inclinam o legislador a conduzir a punição de certos ilícitos na esfera do direito administrativo ou do direito civil, ao invés de puni-lo na órbita do direito penal, são de política criminal"[235].

Na verdade, a ilicitude é uma só. Em regra, deveria importar sempre uma pena, porém esta é tida como um mal não só para o delinquente e sua família como para o próprio Estado, obrigado a gastos e dispêndios[236].

---

230. O Decreto n. 3.179/99 dispõe sobre a especificação das sanções aplicáveis às condutas e atividades lesivas ao meio ambiente.

231. A Lei n. 7.797/89 criou o Fundo Nacional do Meio Ambiente, regulamentado pelo Decreto n. 3.524/2000.

232. O Fundo Naval foi criado pelo Decreto n. 20.923/32.

233. No Estado de São Paulo foi criado o Fundo Estadual de Reparação de Interesses Difusos Lesados pelo Decreto n. 27.070/97, legitimado pela Lei estadual n. 6.536/89.

234. *Vide* de forma mais aprofundada nosso *Crimes ambientais*, Saraiva.

235. Flávio Augusto Monteiro de Barros, *Aplicação da lei penal e teoria geral do crime*, apostila do Curso Preparatório para Concursos – CPC, São Paulo, 1997, p. 68.

236. E. Magalhães Noronha, *Direito penal*, 31. ed., São Paulo, Saraiva, 1995, v. 1.

Ademais, tendo em vista a falta de instrumentos compatíveis com a finalidade da sanção penal, tem o Estado procurado intervir apenas em situações que envolvam, em regra, ofensas de maior vulto à segurança de toda coletividade. Trata-se do princípio da intervenção mínima do Estado. Apresentando-se a sanção civil eficaz para a proteção da ordem legal, desnecessário que ele intervenha, de modo a estabelecer através do legislador a aplicação de sanção penal.

Como pondera o sempre brilhante Nélson Hungria, o ilícito penal é a violação do ordenamento jurídico contra a qual, pela sua intensidade ou gravidade, a única sanção adequada é a pena, enquanto o ilícito civil é a violação da ordem jurídica para cuja debelação bastam as sanções atenuadas da indenização, execução forçada, restituição *in specie*, breve prisão coercitiva, anulação do ato etc.[237]. Como se verifica, a distinção está atrelada essencialmente aos valores atribuídos a determinadas condutas, em vista das circunstâncias da época, da potencialidade do dano objetivo e do alarde social.

## 4.2. TUTELA PENAL DO MEIO AMBIENTE

Verificando a importância do meio ambiente, porquanto este é um *direito fundamental*, bem de uso comum do povo, o legislador infraconstitucional elaborou a Lei n. 9.605/98, a qual disciplinou os crimes ambientais, atento ao preceito trazido pelo art. 5º, XLI, da Constituição Federal, que determina:

"XLI – a lei punirá qualquer discriminação atentatória dos direitos e liberdades fundamentais".

Desse modo, fez-se com que a tutela do meio ambiente fosse implementada através da forma mais severa de nosso ordenamento: pela tutela penal. Além disso, a mesma Lei n. 9.605/98 inovou consideravelmente o ordenamento jurídico penal, pois, em conformidade com o art. 225, § 3º, da Constituição Federal de 1988, trouxe a possibilidade da penalização da pessoa jurídica.

## 4.3. RESPONSABILIDADE PENAL DA PESSOA JURÍDICA

A penalização da pessoa jurídica foi um dos avanços trazidos pela Constituição Federal de 1988. Avanço na medida em que se constatava que as grandes degradações ambientais não ocorriam por conta de atividades singulares, desenvolvidas por pessoas físicas. Elas apresentavam-se de forma corporativa. Com isso, fez-se necessário, a exemplo de outros países (como França, Noruega, Portugal e Venezuela), que a pessoa jurídica fosse responsabilizada penalmente.

Muita controvérsia foi trazida também. Ademais deve ser ressaltado que a responsabilidade penal da pessoa jurídica não é aceita de forma pacífica. Pondera-se que não há como conceber o crime sem um *substractum* humano. Na verdade, o grande

---

237. *Comentários ao Código Penal*, Rio de Janeiro, Forense, 1977, v. 1, t. 2, p. 35.

inconformismo da doutrina penal clássica reside na inexistência da conduta humana, porquanto esta é da essência do crime. Dessa forma, para aqueles que não admitem crime sem conduta humana, torna-se inconcebível que a pessoa jurídica possa cometê-lo.

Na verdade, temos que com o art. 225, § 3º, da Constituição, o legislador constituinte abriu a possibilidade dessa espécie de sanção à pessoa jurídica. Trata-se de política criminal, que, atenta aos acontecimentos sociais, ou melhor, à própria dinâmica que rege atualmente as atividades econômicas, entendeu por bem tornar mais severa a tutela do meio ambiente.

Afirma-se que o legislador constituinte teve como fonte inspiradora o direito penal francês, em vigor desde 1º de março de 1994, o qual preceitua que:

> "As pessoas morais, com exceção do Estado, são penalmente responsáveis, segundo as distinções dos arts. 121-4 a 121-7 e nos casos previstos em lei ou regulamento, pelas infrações praticadas por sua conta, pelos seus órgãos ou representantes".

Além dessa enumeração bastante clara acerca da responsabilidade penal da pessoa jurídica, o ordenamento penal francês estabeleceu a alteração de diversos dispositivos com o propósito de torná-los coerentes com o novo Código Penal, através da denominada Lei de Adaptação.

No Brasil a matéria tem merecido importantes interpretações por parte da Jurisprudência, com apoio em doutrina que observa a existência de um direito criminal, bem como de sanções penais de acordo com as necessidades da tutela dos direitos difusos. É o que teremos oportunidade de observar na Parte III da presente obra.

## 4.4. ESTADO DE COISAS INCONSTITUCIONAL EM FACE DA POLÍTICA AMBIENTAL BRASILEIRA

Pedido de reconhecimento do estado de coisas inconstitucional com o reconhecimento de violação massiva de direitos fundamentais na política ambiental brasileira foi negado pelo Supremo Tribunal Federal, conforme julgamento proferido em 15 de março de 2024 em face da ADPF 760 e da ADO 54, que cobravam a elaboração de um plano governamental para preservação da Amazônia e pediam a declaração de violação massiva de direitos fundamentais (estado de coisas inconstitucional) na política ambiental de proteção do bioma[238, 239, 240 e 241].

---

238. Pedido de reconhecimento de violação massiva de direitos fundamentais na política ambiental brasileira – Processos relacionados: ADPF 760/ADO 54 – julgamento em 14 de março de 2024: "A ministra Cármen Lúcia, relatora, fixou em seu voto diversas providências a serem tomadas pelo governo federal e que foram acolhidas pelo Plenário. No entanto, a seu ver, mesmo com os avanços do último ano, a situação na política ambiental ainda se mostra inconstitucional, devendo ser reconhecida a violação de direitos. Nesse ponto, ficou vencida juntamente com os Ministros Edson Fachin e Luiz Fux".

"A maioria do Plenário acompanhou o voto do Ministro André Mendonça para negar o pedido de reconhecimento de violação massiva de direitos fundamentais na política ambiental brasileira. Isso porque, embora ainda não esteja concluído, está em curso, desde o ano passado, um processo de retomada pelo Estado brasileiro do efetivo exercício de seu dever constitucional de proteção do bioma amazônico. Para o Ministro André Mendonça, contudo, mesmo com a reativação, em 2023, do PPCDAm e de outras medidas, a proteção ainda é insuficiente no que diz respeito ao monitoramento, prevenção e combate à macrocriminalidade, o que exige um comprometimento efetivo do governo federal em relação ao futuro do meio ambiente, com acompanhamento constante, controle das políticas públicas e revisão das metas e indicadores. Na sessão de hoje, ao endossar essa compreensão, o Ministro Nunes Marques ressaltou que no último ano houve um claro avanço no que diz respeito à proteção do meio ambiente sem necessidade de intervenção do Judiciário, o que demonstra, a seu ver, que há um processo evolutivo em marcha. O Ministro Luís Roberto Barroso, presidente do Supremo, salientou que declarar o estado de coisas inconstitucional, mesmo reconhecendo o processo de retomada das políticas de proteção, pode ter impacto negativo sobre o País, na medida em que o Brasil caminha para assumir um papel de liderança global em matéria ambiental. A ministra Cármen Lúcia, relatora, fixou em seu voto diversas providências a serem tomadas pelo governo federal e que foram acolhidas pelo Plenário. No entanto, a seu ver, mesmo com os avanços do último ano, a situação na política ambiental ainda se mostra inconstitucional, devendo ser reconhecida a violação de direitos. Nesse ponto, ficou vencida juntamente com os Ministros Edson Fachin e Luiz Fux" (grifos nossos) (Disponível em: https://portal.stf.jus.br/noticias/verNoticiaDetalhe.asp?idConteudo=529459&ori=1 14/03/2024. Acesso em: 17 mar. 2024).

239. "O Plenário do Supremo Tribunal Federal (STF), por unanimidade, determinou à União que apresente, em 90 dias, plano de prevenção e combate a incêndios no Pantanal e na Amazônia, com monitoramento, metas e estatísticas. **A decisão foi tomada na sessão desta quarta-feira (20), no julgamento das Arguições de Descumprimento de Preceito Fundamental (ADPFs) 743, 746 e 857. Os processos integram a chamada 'pauta verde'. O colegiado, no entanto, negou pedido de reconhecimento de violação massiva de direitos fundamentais (estado de coisas inconstitucional) na política de combate a incêndios e queimadas no Pantanal e na região amazônica**, mas reconheceu a necessidade de providências a serem adotadas para o cumprimento do direito ao meio ambiente ecologicamente equilibrado. Nesse ponto, a maioria seguiu o voto do relator, Ministro André Mendonça, e ficaram vencidos a ministra Cármen Lúcia e os Ministros Luiz Fux e Edson Fachin. Para a divergência, mesmo com os avanços do último ano, a situação na política ambiental ainda se mostra inconstitucional" (grifos nossos) (Disponível em: https://portal.stf.jus.br/noticias/verNoticiaDetalhe.asp?idConteudo=529919&ori=1. Acesso em: 21 mar. 2024).

240. "5. A audiência pública produziu aportes informativos e argumentativos essenciais, com esclarecimentos de questões fáticas e jurídicas necessárias para a contextualização e elucidação do problema posto. 6. **O quadro normativo e fático da Amazônia Legal traduz a realidade de um autêntico estado de coisas inconstitucional na Amazônia Legal**, a revelar um cenário de tutela insuficiente e deficiente dos biomas patrimônios nacionais por parte do Estado brasileiro. 7. **O retrato contemporâneo da Amazônia Legal não responde aos deveres de tutela assumidos pelo Estado constitucional brasileiro, expressamente desenhado no art. 225 da Constituição e na arquitetura legislativa, como prescreve a Lei n. 12.187/2009, que instituiu a Política Nacional sobre Mudança do Clima – PNMC**. Tampouco responde à normativa internacional, devidamente ratificada e promulgada pelo Estado brasileiro, a demonstrar seu comprometimento político e jurídico com a centralidade e importância da tutela do meio ambiente, em particular a proteção contra o desmatamento e as mudanças climáticas, a saber a Convenção-Quadro sobre Mudanças Climáticas de 1992 (Decreto n. 2.652 de 1º de julho de 1998); o Protocolo de Kyoto, de 2005 (Decreto n. 5.445 de 12 de maio de 2015); e o Acordo de Paris, aprovado no final de 2015 e em vigor desde 2016 (Decreto n. 9.073, de 5 de junho de 2017)" (ADO 59, Tribunal Pleno, Rel. Min. Rosa Weber, j. 3-11-2022, Publicação: 16-8-2023).

241. "EMENTA: CONSTITUCIONAL. AMBIENTAL. ARGUIÇÃO DE DESCUMPRIMENTO DE PRECEITO FUNDAMENTAL. MODIFICAÇÃO FÁTICA DOS ELEMENTOS CARACTERIZADORES DO ESTADO DE COISAS EXISTENTE NO MOMENTO DA PROPOSITURA DAS AÇÕES. PAULATINA RETOMADA DA NORMALIDADE DAS POLÍTICAS PÚBLICAS AMBIENTAIS.

Com efeito.

Sem qualquer previsão em nosso sistema normativo, o denominado "Estado de Coisas Inconstitucional (ECI)" é um instituto criado pela Corte Constitucional Colombiana e declarado quando a Corte se depara com uma situação de violação massiva e generalizada de direitos fundamentais que afeta um número amplo de pessoas. O Supremo Tribunal Federal, no julgamento da medida cautelar na ADPF 347/DF, que tratou sobre as condições desumanas do sistema carcerário brasileiro, inovou, todavia, ao apresentar esse instituto ao ordenamento jurídico do país[242 e 243]. Na oportunidade, o Ministro Marco Aurélio (relator) aduziu que o requerente alegava "estado de coisas inconstitucional" explicando que, segundo a Corte Constitucional da Colômbia[244], que introduziu o conceito, a configuração pressupõe: situação de violação generalizada de direitos fundamentais, inércia ou incapacidade reiterada e persistente das autoridades públicas em modificarem a situação e necessidade de atuação, visando superar as transgressões, de uma pluralidade de órgãos. Ante as premissas fixadas pela Corte Constitucional da Colômbia para caracterizar o "estado de coisas inconstitucional", não é possível indicar, com segurança, entre os problemas de direitos enfrentados no Brasil, como saneamento básico, saúde pública e violência urbana, todos que se encaixam nesse conceito. Todavia, as dificuldades em fixar o alcance maior

---

DESCARACTERIZAÇÃO DO ESTADO DE COISAS INCONSTITUCIONAL. NECESSIDADE DE ADOÇÃO DE MEDIDAS PARA O COMPLETO RESTABELECIMENTO DA NORMALIDADE CONSTITUCIONAL. PROCEDÊNCIA EM PARTE" (ADPF 857, Tribunal Pleno, Rel. Min. André Mendonça, Red. do acórdão Min. Flávio Dino, j. 20-3-2024, Publicação: 11-6-2024).

242. **ADPF 347**, Tribunal Pleno, Rel. Min. Marco Aurélio, Red. do acórdão Min. Luís Roberto Barroso, j. 4-10-2023, Publicação: 19-12-2023. Disponível em: https://redir.stf.jus.br/paginadorpub/paginador.jsp?docTP=TP&docID=773553256.

243. "Não obstante o Supremo Tribunal Federal já tenha abraçado a categoria do estado de coisas inconstitucional na apreciação da medida cautelar na ADPF 347, da relatoria do Min. Marco Aurélio, **tenho para mim que referido precedente ostenta limites claros, não se prestando a justificar a substituição dos atores políticos por membros do Poder Judiciário, tampouco a invasão do domínio que, em países com tradição democrática, é reservado aos gestores públicos e membros do Parlamento**" (ADPF 857, Tribunal Pleno, Rel. Min. André Mendonça, Red. do acórdão Min. Flávio Dino, j. 20-3-2024, Publicação: 11-6-2024).

244. "Dentro de los factores valorados por la Corte para definir si existe un estado de cosas inconstitucional, cabe destacar los siguientes: (i) la vulneración masiva y generalizada de varios derechos constitucionales que afecta a un número significativo de personas; (ii) la prolongada omisión de las autoridades en el cumplimiento de sus obligaciones para garantizar los derechos; (iii) la adopción de prácticas inconstitucionales, como la incorporación de a acción de tutela como parte del procedimiento para garantizar el derecho conculcado; (iv) la no expedición de medidas legislativas, administrativas o presupuestales necesarias para evitar la vulneración de los derechos; (v) la existencia de un problema social cuya solución compromete la intervención de varias entidades, requiere la adopción de un conjunto complejo y coordinado de acciones y exige un nivel de recursos que demanda un esfuerzo presupues-tal adicional importante; (vi) si todas las personas afectadas por el mismo problema acudieran a la acción de tutela para obtener la protección de sus derechos, se produciría una mayor con-gestión judicial" (Sentencia T-025/04. Disponível em: https://www.corteconstitucional.gov.co/relatoria/2004/t-025-04.htm). *Vide* também Corte Constitucional da Colômbia, Sentencia SU-559, de 6 de novembro de 1997; Sentencia T-068, de 5 de março de 1998; Sentencia SU-250, de 26 de maio de 1998; Sentencia T-590, de 20 de outubro de 1998; Sentencia T-525, de 23 de julho de 1999; Sentencia T-153, de 28 de abril de 1998.

do termo não impedem que seja consignada uma zona de certeza positiva: a situação do sistema carcerário brasileiro enquadra-se no que se chama de "estado de coisas inconstitucional"[245]. Destarte, conforme o próprio STF acabou advertindo, "o reconhecimento do estado de coisas inconstitucional é uma técnica que deve ser vista *cum grano salis* e com a devida preocupação de ser manuseada como um 'soldado de reserva', a ser convocado quando resta manifesta situação patológica de falência estrutural da política pública de proteção e efetivação de direitos fundamentais"[246].

---

245. **ADPF 347**, Tribunal Pleno, Rel. Min. Marco Aurélio, Red. do acórdão Min. Luís Roberto Barroso, j. 4-10-2023, Publicação: 19-12-2023. Disponível em: https://redir.stf.jus.br/paginadorpub/paginador.jsp?docTP=TP&docID=773553256.

246. "EMENTA: CONSTITUCIONAL. AMBIENTAL. ARGUIÇÃO DE DESCUMPRIMENTO DE PRECEITO FUNDAMENTAL. MODIFICAÇÃO FÁTICA DOS ELEMENTOS CARACTERIZADORES DO ESTADO DE COISAS EXISTENTE NO MOMENTO DA PROPOSITURA DAS AÇÕES. PAULATINA RETOMADA DA NORMALIDADE DAS POLÍTICAS PÚBLICAS AMBIENTAIS. DESCARACTERIZAÇÃO DO ESTADO DE COISAS INCONSTITUCIONAL. NECESSIDADE DE ADOÇÃO DE MEDIDAS PARA O COMPLETO RESTABELECIMENTO DA NORMALIDADE CONSTITUCIONAL. PROCEDÊNCIA EM PARTE. 1. O reconhecimento do estado de coisas inconstitucional é uma técnica que deve ser vista *cum grano salis* e com a devida preocupação de ser manuseada como um 'soldado de reserva', a ser convocado quando resta manifesta situação patológica de falência estrutural da política pública de proteção e efetivação de direitos fundamentais" (ADPF 857, Tribunal Pleno, Rel. Min. André Mendonça, Red. do acórdão Min. Flávio Dino, j. 20-3-2024, Publicação: 11-6-2024).

# Capítulo III
# BENS AMBIENTAIS

## 1. INTRODUÇÃO

A partir da segunda metade de século XX, em decorrência dos fenômenos de massa, quando se observou a formação da denominada "sociedade de massa", os bens de natureza difusa passaram a ser objeto de maior preocupação pelo aplicador do direito e mesmo pelos cientistas e legisladores como um todo. Observados pela doutrina italiana, principalmente a partir da visão de Cappelletti[1], do abismo criado entre o público e o privado, preenchido pelos direitos metaindividuais, emergiram os denominados *bens de natureza difusa, como alternativa fundamental em face da dogmática jurídica estabelecida até o século XX*[2].

Dessa forma, em contraposição ao Estado e aos cidadãos, ao público e ao privado, iniciou-se no Brasil, com a Constituição Federal de 1988, uma nova categoria de bens: os bens de uso comum do povo e essenciais à sadia qualidade de vida. Esses bens não se confundem com os denominados bens públicos, tampouco com os denominados bens particulares (ou privados).

## 1.1. O BEM AMBIENTAL CRIADO PELA CONSTITUIÇÃO FEDERAL DE 1988 COMO TERCEIRO GÊNERO DE BEM CONFORME INTERPRETAÇÃO QUE DESENVOLVEMOS DESDE O INÍCIO DO SÉCULO E A CONTRIBUIÇÃO DADA PELA DOUTRINA ITALIANA EM FACE DA ANÁLISE DOS DIREITOS METAINDIVIDUAIS

Ao estabelecer a existência de um bem que tem duas características específicas, a saber, ser essencial à sadia qualidade de vida e de uso comum do povo, a Constituição de 1988 formulou inovação objetiva, no sentido de criar um terceiro gênero de bem

---

1. Formações sociais e interesses coletivos diante da justiça civil, *RP*, São Paulo, Revista do Tribunais, 5:7 e s., 1997.

2. Celso Antonio Pacheco Fiorillo. *O direito de antena em face do direito ambiental no Brasil*, tese de livre-docência em Direito Ambiental, São Paulo, 1999, p. 175.

que, em face de sua natureza jurídica, não se confunde com os bens públicos e muito menos com os bens privados. Daí, concordando com nossa interpretação desenvolvida desde o início do século[3], o Supremo Tribunal Federal recentemente aduzir que "há, atualmente, um certo consenso em torno da necessidade de tutela integral do meio ambiente, **considerado pela jurisprudência do Tribunal um bem jurídico autônomo, merecedor de ampla tutela constitucional**" (grifos nossos) sendo "certo que a Constituição Federal, mediante abordagem ética do tema, consagrou **o meio ambiente como bem jurídico merecedor de tutela diferenciada** (grifos nossos), circunstância essa que impõe ao 'poder público e à coletividade o dever de defendê-lo e preservá-lo para as presentes e futuras gerações' (art. 225). Nessa toada, o texto constitucional dispôs que a ordem econômica deve se pautar pela 'proteção do meio ambiente, inclusive mediante tratamento diferenciado conforme o impacto ambiental dos produtos e serviços e de seus processos de elaboração e prestação' (art. 170, inciso VI)"[4].

Já desenvolvemos em vários estudos anteriores raciocínio adaptado ao tema, mas sentimos a necessidade de reiterar também na presente obra **a enorme contribuição dada pela doutrina italiana** em face da análise dos direitos metaindividuais, trazendo à colação as importantes lições de Carlo Malinconico vinculadas aos bens ambientais e desenvolvidas na clássica obra *I beni ambientali*, em face da importante contribuição teórica destinada a aprofundar o tema.

Explica Malinconico que a noção tradicional de bem ambiental está disposta na Lei italiana n. 1.497, de 29 de junho de 1939, que delimita seu campo de aplicação a certo tipo de bem que se distingue muito mais em razão de uma valoração técnico-discricionária de caráter prevalentemente estético ou cultural do que em virtude de suas próprias características físicas[5].

Todavia, esclarece o mestre italiano que o uso do termo "ambiente", nos dias de hoje[6], está-se difundindo na linguagem comum, como consequência da acentuada atenção pública à ecologia e às fontes de poluição, dentro de uma acepção de bem da coletividade, que se deve proteger justamente da agressão dos agentes poluentes.

Sob o estímulo de casos que atingiram profundamente a opinião pública na Itália, também a terminologia jurídica entendeu por bem adotar a noção de "bem da coletividade", tendo atingido sua consagração nos textos legislativos, como o que foi instituído pelo Ministério do Ambiente italiano (Lei n. 349, de 8-7-1986).

---

3. Celso Antonio Pacheco Fiorillo, *Curso de direito ambiental brasileiro*, 1. ed., São Paulo, Saraiva, 2000.

4. RE 607109/PR, Repercussão Geral, Tribunal Pleno, Rel. Min. Rosa Weber, Red. do acórdão: Min. Gilmar Mendes, j. 8-6-2021, public. 13-8-2021.

5. Cabe lembrar que a Constituição italiana não indica, ao contrário da Constituição brasileira de 1988, a existência dos bens ambientais.

6. A obra foi publicada pela Cedam em 1991.

Assim, ainda que a doutrina italiana, desde o clássico trabalho de Massimo Severo Giannini[7], procurasse contribuir para a definição do ambiente sob o perfil jurídico, considera Malinconico em sua obra que, "em verdade, ao lado de uma descrição sempre mais abrangente do termo ambiente, como ecossistema com todas as características físicas, químicas, biológicas e territoriais", verificar-se-ia uma "acentuada dificuldade de dar uma correta definição sob o aspecto jurídico". Daí inclusive alguns autores peninsulares, como o próprio Giannini[8], negarem a existência de uma noção de ambiente unitária e juridicamente eficaz, e outros, a exemplo de Corasaniti[9], exatamente ao contrário, assumirem a existência dessa noção.

O importante, a rigor, seria verificar se o ambiente efetivamente possui uma configuração jurídica que o qualifique como bem em sentido próprio, e, no caso de se dar resposta positiva, qual a relação entre essa nova noção e aquela tradicional de bem ambiental, tanto mais que o ambiente compreende, em certo sentido, os bens individualmente considerados. Outra ideia seria, em vez de o ambiente não poder ser configurado em face da legislação italiana à época, ainda que a qualificação de bem ambiental pudesse ser reconhecida exclusivamente para certas coisas, determinar, nesta segunda hipótese, qual a relevância jurídica do termo "ambiente".

Visando a encontrar o perfil jurídico adaptado à definição de ambiente impõe-se uma busca terminológica, como ensina Malinconico, já que a própria Lei italiana n. 349/86 utiliza ambas as noções – ambiente e bem ambiental – para descrever o mesmo objeto.

Com efeito. O art. 1º da Lei italiana n. 1.497/39, que criou a noção tradicional de bem ambiental, submetia a disciplina prevista para as belezas naturais, em razão do seu considerável interesse público, ao seguinte:

a) as coisas imóveis possuidoras de características visíveis de beleza natural ou de alguma particularidade geológica;
b) as mansões (*ville*), os jardins e os parques que, não contemplados pelas leis que tutelam os bens de interesse artístico ou histórico, distinguem-se pela sua beleza incomum;
c) o conjunto de bens imóveis que compõem um aspecto característico, o qual possui valor estético tradicional;
d) as belezas panorâmicas, consideradas como quadros naturais, e igualmente os denominados *belvederi*, acessíveis ao público, dos quais se tenha o prazer de aproveitar a vista que lhes é inerente.

Verifica-se que a Lei italiana n. 1.497/39 apontava a noção de beleza natural coincidindo com o "bonito por natureza", tendendo a assegurar um valor essencialmente

---

7. Ambiente, ensaio sobre os seus diversos aspectos jurídicos, *Rivista Trimestrale di Diritto Pubblico*, *passim*, 1973.

8. Ambiente, *Rivista*, cit., *passim*.

9. A tutela dos interesses difusos defronte ao juiz ordinário, *Rivista di Diritto Civile*, p. 180 e s., 1978.

estético, observando-se, porém que referido valor, ainda que fosse preponderante, não seria o único a ser assegurado pela norma apontada. O que poderia resumir-se dessa mesma norma, deixando de lado o aspecto meramente estético, seriam os seguintes critérios de individuação do bem tutelado, conforme lição de Alibrandi-Ferri[10]: o critério científico, o critério histórico-social e o critério de fruição pública. Os objetos assim especificados, diferentemente do que ocorre com os bens culturais, são caracterizados em razão de sua natureza diversa, podendo consistir em bens imóveis vistos de modo singular ou em conjunto de grande porte, que podem compreender vastas porções territoriais, circunstância esta valorizada por Giampietro, visando exatamente a demonstrar a homogeneidade do meio ambiente em relação aos bens ambientais de que se cuida[11], assumindo tal característica particularmente os imóveis elencados nos n. 3 e 4 do citado art. 1º da Lei italiana n. 1.497/39.

Qualquer que seja, todavia, a sua consistência, é certo que os bens antes mencionados teriam sido definidos pela doutrina italiana e mesmo pela jurisprudência local como bens jurídicos em seu sentido próprio (art. 810 do Código Civil italiano)[12].

Destarte, assim como para os bens culturais, tutelados pela Lei italiana n. 1.089, de 1º de junho de 1939, igualmente para as chamadas "belezas naturais" recorreu-se inicialmente a uma noção civilística das limitações administrativas ao direito de propriedade, como bem destacam Zanobini[13] e Cantucci[14], para explicar a limitação das faculdades da propriedade privada quando tais bens viessem a ser qualificados como belezas naturais.

Sucessivamente, o regime dos bens culturais foi explicado em termos mais precisos, abandonando a teoria das limitações ao direito de propriedade, não apropriada para justificar todos os efeitos ligados àquela qualificação e especialmente aos poderes atribuídos à Administração Pública sobre tais bens. Constatou-se que estes teriam assumido a *configuração de bens de interesse público* sobre os quais a Administração pretendia possuir verdadeiros e próprios poderes *in rem*. Estaríamos tratando, como explica parte da doutrina italiana[15], de bens privados que assumiriam a finalidade de "público interesse", sendo certo que deveriam sujeitar-se a um particular regime no

---

10. *Os bens culturais e ambientais*, Milano, Giuffrè, 1985, p. 45.

11. *A responsabilidade pelo dano ambiental*, Milano, Giuffrè, 1988, p. 165.

12. "LIBRO TERZO-DELLA PROPRIETA-TITOLO I-DEI BENI-CAPO I

Dei beni in generale

Art. 810. Nozione

Sono beni le cose che possono formare oggetto di diritti (**Coisas que podem ser objeto de direitos são bens).**"

13. *Curso de direito administrativo*, Milano, Giuffrè, 1958, v. 4, p. 210.

14. *A tutela jurídica dos bens de interesse artístico e histórico*, Padova, Cedam, 1953, p. 205.

15. V. M. Grisolia, *A tutela das obras de arte*, Roma, 1952, p. 202; G. Palma, *Bens de interesse público e conteúdo da propriedade*, Napoli, 1971, e A. M. Sandulli, Bens públicos, in *Enciclopédia del diritto*, Milano, Giuffrè, v. 5, p. 279.

que diz respeito à *disponibilidade* (vínculos quanto à destinação, modificação etc.), porquanto neste caso a Administração possuiria poderes sobre tais bens, tratando-se, no caso, daquilo que alguns doutrinadores afirmam ser "bens de propriedade privada que pertencem à pública", conceito este que teria sido utilizado inicialmente para as obras de arte.

Por fim caberia destacar a lição de Giannini[16], na medida em que qualificou como "propriedade coletiva dominical" o complexo de bens histórico-artísticos, salientando que os pertencentes ao Estado são caracterizados em razão da destinação (não com fins "fazendários", porém) e podem ser gozados livremente pela coletividade, reconhecendo nos bens privados dotados das mesmas características uma "propriedade fracionada" (privada e pública, sobre o mesmo bem). Como consequência o autor reconstruiu de forma unitária a teoria dos referidos bens – de propriedade pública ou privada – como "bens públicos", qualidade esta que levaria à desnecessidade do título – público ou privado – que se atribui ao "bem patrimonial".

Essa última conclusão não é adotada por Malinconico, na medida em que, citando Alibrandi-Ferri, o regime jurídico do bem cultural possuiria de fato um núcleo comum, consistente na garantia de sua conservação, mas enriquecendo-se de outros perfis quando bem dominical, visando a assumir, nesta hipótese, a mais ampla extensão possível (conservação, fruição pública, valorização). Quando, ao contrário, a propriedade do bem é privada, o ordenamento limita ao mínimo a força do conteúdo típico do direito sobre o bem, permitindo a perda da posse no benefício do interesse público somente na presença de específicas exigências de conservação e sempre com caráter temporal[17], não parecendo assim que a configuração do bem cultural como bem imaterial fosse idônea a reduzir para unidade um regime que apresenta diferenças substanciais.

Malinconico destaca ainda que a evidente coexistência de vários poderes sobre o mesmo bem, satisfazendo interesses que não são homogêneos – patrimonial e privado de um lado, público de outro –, se é suficiente, segundo afirma Pugliatti[18], para configurar uma pluralidade de bens em relação a uma mesma coisa física, não parece hábil para permitir a configuração do bem cultural como bem imaterial. A circunstância de que algumas características histórico-artísticas do bem sejam "funcionalizadas" pelo ordenamento na busca de um interesse público não parece ser para Malinconico o argumento decisivo, visando a abstrair tais características da coisa que as exprime. Opinar diversamente significaria particularizar algumas faculdades inerentes à coisa e transformá-la em objeto autônomo e imaterial do Poder Público, repetindo a artificiosa construção que distinguiu a teoria dos bens reais sobre os bens alheios, às vezes configurados como direitos sobre direitos. De fato, como ensina D'Amélio[19], os Poderes

---

16. *Os bens públicos*, Roma, Bulzoni, 1963, p. 89 e s.
17. Ver jurisprudência italiana no *Consiglio di Stato*, sez. IV, 18-1-77, Rass. Avv. Stato, p. 555, 1977.
18. Bens, in *Enciclopedia del diritto*, cit., v. 5, p. 174.
19. Ambiente (tutela do): o direito administrativo, in *Enciclopédia jurídica*, Milano, Giuffrè, 1988, p. 3.

Públicos têm por objeto o bem material, ainda que limitado a algumas das utilidades das quais ele seria capaz.

Para Malinconico não parece existir dúvida que o bem cultural, assim como o ambiental, tem natureza material e que a coexistência de *bens* distintos sobre a mesma coisa deriva da relevância que para a noção destes assume a utilidade garantida pelo ordenamento, utilidade que, neste caso, seria plural e, portanto, levaria à constituição de bens materiais distintos.

Daí a beleza natural revelar-se no ordenamento jurídico italiano como único bem imóvel, ou conjunto de coisas imóveis, com uma conotação intrinsecamente ligada a um relevante interesse público na sua conservação e fruição coletiva, e que por isso prescinde da propriedade pública ou privada, sujeito à gestão pública relativamente a algumas faculdades, subtraídas do proprietário e submetidas ao controle público através de uma autorização, como afirma Giannini[20].

O interesse público que permanece na base da configuração da "beleza natural" seria, na visão de Malinconico, preponderantemente estético, mas igualmente outros interesses seriam assegurados pelos institutos, devendo ser considerados: a singularidade geológica (art. 1º, n. 1, da Lei italiana n. 1.497/39), que reivindica proteção por si, independentemente do prestígio estético; o valor tradicional próprio de certos complexos; e a função pública, mesmo que conexa ao critério estético.

A pluralidade de valores que levariam às "belezas naturais" teria permitido na doutrina italiana uma ampliação do modelo jurídico ditado por estas últimas a outros bens, caracterizados pela finalidade a um interesse público, através de uma disciplina jurídica similar àquela que diz respeito às belezas naturais. Observou-se nessa evolução, de forma substancial, que, além das diferenças específicas das disciplinas individualmente tomadas, verificava-se uma homogeneidade de institutos quando se compara um bem de propriedade pública com fins culturais a outro (público ou privado, mas o fenômeno é mais relevante neste caso) que tenha como perspectiva a sua utilização por parte do proprietário.

Alibrandi e Ferri afirmam que mesmo constituindo a beleza natural, no estado atual da evolução normativa, o núcleo que caracteriza o bem ambiental, não significa que esta última categoria não possa ser assumida no sentido geral para a proteção de um regime territorial quando forem utilizados esquemas análogos aos adotados no que diz respeito às belezas naturais. Segundo tais autores, a existência de um "implícito reconhecimento normativo da qualificação dos bens ambientais" somente às belezas naturais definidas e reguladas pela Lei italiana n. 1.497/39 não pode, todavia, representar obstáculo lógico a um correto emprego da mesma fórmula definidora com relação a outras formas de tutela ambiental que adotem esquemas semelhantes àqueles sobre os quais é construída a disciplina das belezas naturais. É ainda possível, e talvez não

_____

20. *Direito administrativo*, Milano, Giuffrè, v. 2, 1970.

improdutivo, assumir a categoria de bens ambientais como base de reconstrução de um quadro unitário da proteção ambiental do território[21].

Dentro do raciocínio desenvolvido, seria de rigor registrar que a adoção de um conceito unitário de bem cultural e ambiental foi objeto de aprofundamento de duas comissões italianas[22]: a comissão de análise para tutela e valorização do patrimônio histórico, arqueológico, artístico e das paisagens (chamada Comissão Franceschini, em razão do nome de seu presidente) e a comissão a respeito da tutela e valorização dos bens culturais (denominada Comissão Papaldo, também em virtude do nome de seu presidente). Particularmente, a Comissão Franceschini propôs a respeito dos bens ambientais uma definição descritiva articulada da seguinte maneira: a) bens ambientais do tipo *paisagístico*, por sua vez sublinhados em áreas naturais caracterizadas pela singularidade geológica (p.ex., montes, rochas, praias etc.); áreas ecológicas dotadas de prestígio naturalístico; paisagens artificiais criadas pelo homem; b) bens ambientais do tipo *urbanístico*, consistentes em estruturas assentadas, urbanas ou não.

O resultado que surgiu na citada comissão permitiu a *ampliação da noção de bem cultural em geral e de bem ambiental em particular*. No que diz respeito a este último, mesmo continuando a preponderar o valor estético, foi significativo o acoplamento do bem ambiental ao bem cultural, partilhando assim a função essencial do meio de difusão da cultura, acessível à utilização direta por parte dos cidadãos.

A proposta mais notável, no caso, como lembra Cantucci[23], consistia no enquadramento dos bens ambientais na mais vasta disciplina do território e na eliminação do plano paisagístico como instrumento de gestão dos bens ambientais, para que todos os planos – culturais e urbanísticos – convergissem em um único plano regulador urbanístico, mesmo ainda prevista a distinção entre urbanismo e tutela dos bens ambientais[24].

Significativa, a propósito, era a qualificação dos bens ambientais dada pelas duas comissões citadas aos centros históricos como estruturas de assentamento urbano constitutivas de uma unidade cultural e testemunhas das características de uma cultura urbana viva.

Os estudos dessas comissões encontraram eco na legislação italiana com o advento do Decreto-Lei n. 657, de 14 de dezembro de 1974, que instituía o "Ministério dos Bens Culturais e para o Ambiente", dicção modificada em sede de conversão (Lei italiana n. 5, de 29-1-1975) para o nome "Ministério para os Bens Culturais e Ambientais". O art. 2º do decreto-lei apontado confiou ao Ministério dos Bens Culturais a tutela e a valorização do patrimônio cultural italiano, bem como a promoção da arte e da cultura na Itália e no exterior (§ 1º), mostrando-se evidente o acolhimento no texto

_____

21. *Os bens culturais*, cit., p. 46.

22. Ver *Comissão Franceschini para salvação dos bens culturais na Itália*, Roma, 1967. A relação e as declarações da Comissão encontram-se na *Rivista Trimestrale di Diritto Pubblico*, 1996, p. 119.

23. Bens culturais e ambientais, in *Novíssimo digesto italiano*, Apêndice, Torino, UTET, p. 724.

24. *Comissão Franceschini...*, Decl. XXXIX e XLVI.

legislativo de um conceito mais moderno de cultura, no qual assumem valor de formação não apenas os objetos de arte, mas também os bens ambientais, como "coisas e quadros naturais", de valor estritamente estético, porque a cultura do indivíduo é dada também por sua formação intelectual, com vistas ao enriquecimento da sua sensibilidade e, por consequência, também da coletividade.

O conceito de cultura antes exposto surge como o que mais se aproxima do dispositivo previsto na Constituição italiana ("Art. 9º A república promove o desenvolvimento da cultura e a pesquisa científica e técnica. Tutela a paisagem e o patrimônio histórico e artístico da Nação"), no qual é mencionado o patrimônio histórico e artístico conjuntamente com a paisagem, em uma única função de formação da personalidade do indivíduo. Aquilo que, de um outro lado, justifica a inclusão dessa norma, objeto de críticas no início por parte da doutrina mais tradicional italiana, entre os valores fundamentais da República italiana.

O § 4º do mesmo art. 2º atribui ao novo ministério a tarefa de promover as iniciativas necessárias para a proteção do patrimônio histórico e artístico da nação, *bem como do ambiente, com atenção às áreas arqueológicas e naturais*. Desta última terminologia surge evidenciada a referência às áreas naturais particularizadas pela Comissão Franceschini como uma subdivisão dos bens ambientais. Enfim, o § 5º do já referido art. 2º dispõe que o ministro dos Bens Culturais e Ambientais deve ser ouvido pelo ministro das Obras Públicas ao final da formulação das propostas a respeito das linhas fundamentais de sistematização do território nacional, quanto ao perfil artístico e ambiental (art. 9º, último parágrafo, n. 1, do Decreto do Presidente da República n. 8, de 15-1-1972).

Posteriormente, através do Decreto do Presidente da República n. 805, de 3 de dezembro de 1975, relativo à organização do Ministério para os Bens Culturais e Ambientais, confirmou-se a ampliação do bem ambiental sob uma ótica "cultural". Referido decreto, antes de mais nada, qualificou os bens culturais como *patrimônio nacional*, a cuja tutela são chamados cumulativamente Estado e regiões, coordenados entre si. Em segundo lugar, delineou referido patrimônio, e consequentemente a mesma categoria dos bens culturais e ambientais, como um compêndio aberto e abarcador de "qualquer outro bem do patrimônio cultural nacional que não entre na competência de outras administrações estatais".

Significativa é igualmente a circunstância de que o art. 31 do citado decreto do Presidente da República, ao estabelecer as competências dos órgãos locais do ministério, não confere às superintendências para os bens ambientais e arquitetônicos somente a tutela das "belezas naturais" que dizem respeito à Lei n. 1.497, de 29 de junho de 1939, com as sucessivas modificações (§ 4º), mas lhes atribui outrossim a *tutela ambiental dos bens culturais contemplados pela Lei italiana n. 1.089, de 1º de junho de 1939*, acolhendo assim o acima denominado "conceito de bens naturais" dos objetos de arte (§ 3º). Deve além disso ser assinalado, com referência a essa norma, o ônus da colaboração entre superintendências e regiões e Prefeituras, as chamadas *Comuni*, que na Itália indicam os entes públicos nos quais se subdivide o território do Estado, no que diz respeito ao aspecto urbanístico da tutela e da valorização desses mesmos bens.

Continuando no exame dessa norma, é importante destacar a circular da Presidência do Conselho de Ministros de 24 de junho de 1982, em tema de realizações de obras públicas e atribuições do Ministério dos Bens Culturais e Ambientais. Tal circular, ao regulamentar sua precedente, de 20 de abril de 1982, pontuava que "a exigência de prévio exame de competência dos órgãos da Administração para os bens culturais e ambientais dos projetos de obras públicas refere-se indistintamente a todos os projetos relativos às obras destinadas a ser realizadas sobre áreas vinculadas a interesses histórico-artísticos, nos termos da Lei italiana n. 1.089, de 1º de junho de 1939 (vínculo direto, a teor dos arts. 2º e 3º, e indireto, de acordo com o art. 21), e paisagísticos, no sentido do disposto na Lei italiana n. 1.497, de 29 de junho de 1939, e no art. 82, último parágrafo, do Decreto do Presidente da República n. 616, de 14 de julho de 1977".

No ano de 1984 importante decreto (21-9-1984) do ministro para os Bens Culturais e Ambientais estendeu a noção de bem ambiental.

Esse provimento, que se reportava ao art. 9º da Constituição italiana e às competências reservadas ao Estado pelo Decreto do Presidente da República n. 6.161, de 24 de julho de 1977, submetia a um vínculo "paisagístico" extensas zonas do território natural (1/4 do território), segundo parte da doutrina italiana; nada menos que 2/3, no pressuposto de que "(...) as zonas do território nacional que recaiam em faixas territoriais que sinalizam as grandes linhas de articulação do solo e das costas constituem por si só, na sua estrutura natural, o primeiro e irrenunciável patrimônio de belezas naturais do território nacional".

O assim chamado *Decreto Galasso* vinculava então ao sentido do art. 1º, n. 1, 3 e 4, da Lei italiana n. 1.497, de 29 de junho de 1939, as costas, os rios, os córregos, os cursos d'água, as montanhas, as geleiras, os parques, as reservas, os bosques, as florestas, as áreas concedidas às universidades de agronomia ou destinadas a usos civis, em consideração ao relevante valor paisagístico e à sua essência de realidade individualizada no território por evidentes características físicas.

Sucessivamente uma série de disputas judiciais ocorreu na Itália em face do Decreto Galasso, a respeito das quais teceremos comentários posteriormente, seu conteúdo foi quase integralmente recepcionado pelo Decreto-Lei italiano n. 312, de 27 de junho de 1985, convertido na Lei italiana n. 431, com modificações, em 8 de agosto de 1985, pelo menos no que se refere à individualização das áreas a serem tuteladas.

Foi observado em relação a essa extensão da tutela dos bens, como bem observa Torregrossa[25], que, dado o caráter transitório do vínculo assim imposto sobre eles, em decorrência da previsão de especificação sucessiva a cargo dos planos paisagísticos, nada foi mudado na noção de bem ambiental – e paisagístico em particular. Por

_____

25. *Introdução ao direito urbanístico*, Milano, Giuffrè, p. 107.

enquanto o específico interesse estético que justifica a imposição do vínculo deverá ser individualizado por ocasião da redação dos planos paisagísticos de nova concepção (art. 1º, *bis*).

Malinconico afirma que deve ser assinalado a propósito que, mesmo devendo--se partilhar o fundamento estético-cultural da paisagem (e, então, igualmente o bem ambiental) e da tutela que lhes é garantida pelo ordenamento, o art. 9º da Constituição italiana privilegia o valor cultural em relação ao estético, como se evidencia da unitária consideração do patrimônio artístico-histórico com aquele naturalístico. Para o autor italiano, portanto, seria correto *encontrar na cultura e não na essência meramente naturalística do bem material o fundamento da tutela constitucional*. Todavia, é igualmente verdadeiro que o valor cultural e as suas expressões são variáveis, em razão de sua conexão com o ordenamento social e dos valores da sociedade. Portanto, não se pode desconhecer, nesta ótica, que a coletividade, não apenas nacional, mas também internacional, assumiu como valor cultural, formativo do indivíduo, não somente o "belo por natureza" como, por reação a uma degradação ambiental sempre mais marcada, a ordem natural de certas áreas ainda não irremediavelmente comprometidas. Nessa visão, o equilíbrio dos fatores naturais entre si e com o ser humano vale para atribuir às áreas sobre as quais esse equilíbrio é encontrado um valor cultural particularmente sentido.

Em outros termos, o bem ambiental existe efetivamente apenas através do filtro da valoração e da sublimação que o ser humano efetua ao atribuir ao bem natural um significado transcendente ao dado meramente material.

De fato, para Malinconico, a sensibilidade humana modificou-se substancialmente, dando relevo e significado particulares a "quadros naturalísticos", cuja conotação não advém exclusivamente da sua beleza estética, mas igualmente da sua correspondência com o assinalado equilíbrio.

O autor da obra *I beni ambientali* acredita que a essa mesma interpretação antes aludida parecem aderir o assim chamado Decreto Galasso e os provimentos legislativos que o seguiram. Desde a Lei n. 1.497/39, que tratava das belezas naturais, protegiam-se, como se observou, além da beleza estética, outros valores, como o geológico, encontrado na "singular" formação natural. A Constituição objetivamente ampliou o relevo não apenas estético, mas cultural da paisagem, como meio de formação do indivíduo, em uma correspondência entre o grupo social, no qual se forma e se explica sua personalidade (art. 2º), e o ambiente, que garante um equilibrado desenvolvimento do seu amadurecimento psíquico-físico.

Os relevos do território, que revelam sua particular conformação e quase constituem sua identidade, assumem para a coletividade um valor especial e até, como assinala o mencionado Decreto Galasso, elevam-se a uma parte considerável do patrimônio paisagístico nacional. Riqueza, portanto, natural (com evidentes reflexos econômicos) que não permanece, de resto, exclusivamente como tal, mas que, justamente através do processo de apropriação cultural do ser humano ou, como afirma

Torregrossa[26], de "humanização", vem a configurar-se como bem ambiental, segundo a terminologia acolhida no ordenamento jurídico italiano. Naturalmente não desaparecem os objetivos adjacentes que acompanham a tutela do bem paisagístico, em particular a preocupação de tutelar contra a poluição vastas zonas do território nacional. Tal constatação, porém, não é suficiente para excluir a conclusão a que se chegou, tanto mais que a todos os vínculos paisagísticos se ligam efeitos, quando menos indiretos, de tutela ambiental.

Nem mesmo serve para obstaculizar a configuração das áreas, como bens ambientais, a sua extensão, porquanto esta é até pressuposto de uma particular categoria de belezas naturais: as belezas panorâmicas (art. 1º, n. 4, da Lei n. 1.497/39).

Enfim, a natureza transitória do vínculo imposto e do regime jurídico que o autoriza, a teor do art. 7º da Lei n. 1.497/39, em consequência da previsão normativa dos planos paisagísticos ou igualmente urbanístico-territoriais que contêm as normas de uso e valorização ambiental (art. 1º, *bis*), não parece suficiente para excluir a natureza dos bens ambientais "paisagísticos" nas áreas assim especificadas pelo legislador.

A predisposição daqueles instrumentos de planificação ambiental funda-se exatamente na especificação dos bens efetuada pelo legislador e, portanto, na sua particular qualificação jurídica de bens que possuem interesse geral e são objeto de poder público com finalidade de interesse geral. Como consequência, a Administração competente poderá adotar os citados planos reguladores e impor disciplina, evidentemente na consideração específica dos valores paisagísticos e ambientais e das atividades compatíveis com estes, mas no pressuposto de uma avaliação já advinda do legislador, que delimitou a área de um particular valor ambiental.

De outra parte, nem mesmo para as tradicionais belezas naturais o vínculo comporta um controle administrativo a respeito da gestão do bem, voltado a evitar o seu prejuízo. O plano paisagístico ou urbanístico-territorial reporta o regime de bens a uma programação geral e cumpre uma avaliação preventiva do efetivo valor paisagístico dos bens abstratamente individualizados pelo legislador, realizando na fase de planejamento o poder discricionário da Administração. Isso, todavia, não retira o fato de que as áreas tuteladas pelo legislador permaneçam com a conotação de um particular valor mesmo depois da emanação dos planos paisagísticos e na hipótese de que estes não prevejam cautelas específicas para sua extensão, senão pela sujeição a um particular poder de planejamento da Administração.

Portanto, o vínculo legal imposto pelo Decreto-Lei n. 312, de 1985, permanece, mesmo que na sede administrativa não esteja prevista uma norma especial do uso do bem em questão. A natureza legal do vínculo, de outro lado, parece excluir problemas de inconstitucionalidade da norma se se considerar que a ausência de uma específica individualização dos valores estéticos do bem vinculado por parte da Administração

---

26. *Introdução*, cit., p. 94.

comporta a ilegitimidade do vínculo imposto no sentido da Lei n. 1.497, de 1939, mas nada impede que o legislador possa encontrar em amplas categorias de bens características tais que impliquem a necessidade de solicitar a vinculação, tanto mais que, como já se assinalou, a avaliação feita pelo legislador no caso específico está em consonância com o disposto no art. 9º da Constituição, em virtude da aderência da previsão normativa à atual concepção cultural da coletividade.

Aliás, cumpre sublinhar que justamente a norma do art. 1º, *bis*, ressalta como no ordenamento vigente o bem ambiental – mesmo mantendo um imprescindível conteúdo cultural e, portanto, uma avaliação subjetiva em relação à análise dos valores que tal bem representa para o homem –, assumiu uma dimensão mais ampla que aquela tradicional (estética). De fato, o citado dispositivo legal, ao lado do valor paisagístico, coloca como objetivo do planejamento territorial o valor ambiental, confirmando assim que assume prestígio para o sistema a existência de uma área naturalística que não decorre do sentido extremo da raridade, mas – de modo mais espontâneo – do equilíbrio dos vários componentes ambientais.

Vimos, portanto, que, pelo desenvolvimento da doutrina italiana, se o bem ambiental permanece distinto de uma específica consideração acerca da sua identidade objetiva e dos seus valores particulares, não há dúvida que a atenção da coletividade, no nível nacional e mundial, foi atraída pelo estado geral das riquezas naturais, objeto de agressão sempre mais sufocante por parte das atividades humanas.

A água, o ar, o solo, tempos atrás considerados riquezas abundantes e ilimitadas pela natureza e, por consequência, utilizáveis sem freio, manifestaram uma degradação alarmante. Tal situação assumiu a perspectiva de inevitável catástrofe, ao menos na visão de alguns, tanto que se falou de "rovinografia", termo que decorre do termo inglês *doomwriting*[27 e 28]. E se excessos pessimistas não ajudam a resolver o problema, não é menos certo que o alarme não seja justificado, tanto mais que ao pessimismo de alguns contrapõe-se a irresponsável indiferença de muitos.

Tais preocupações levaram a uma reconsideração do problema dos recursos ambientais, sob uma ótica que não os configura como entidades inexauríveis e, desse modo, deixadas à livre utilização, mas como bens coletivos de interesse geral.

Remonta ao ano de 1972 a Declaração de Estocolmo sobre o ambiente, que contém a afirmação solene de que as riquezas naturais do globo (ar, água, terra, flora, fauna e particularmente as zonas que constituem ecossistemas naturais) devem ser preservadas no interesse das gerações presentes e futuras, mediante planejamentos e atentas gestões. No mesmo período o legislador italiano interveio, tutelando, ainda que com uma legislação fragmentada, o ar e a água (Leis n. 615, de 13-7-1966, chamada Lei "anti-smog", e n. 319, de 10-5-1976, denominada Lei Merli, respectivamente).

---

27. Rovinografia (*doomwriting*) significa visão fatalmente pessimista do futuro, que prevê catástrofes e desgraças e que escreve a seu respeito.

28. Torregrossa, *Introdução*, cit., p. 14.

Fatal portanto a passagem à qualificação do ambiente como bem, algumas vezes em função da proteção da saúde, pública e individual, outras por si só, prescindindo de efeitos sobre esta última. Como consequência dessa base eram propostos tais "remédios", ou como reação do indivíduo na tutela de seus próprios direitos (propriedade, condições de trabalho), ou como reação de sujeitos exponenciais de interesses difusos (justamente de todos aqueles pertencentes a determinada coletividade).

Contemporaneamente a tais reflexões delineia-se o contraste acerca da qualificação do meio ambiente, especificado por alguns como verdadeiro e próprio bem jurídico, dotado de autonomia própria no que tange aos componentes isolados do ecossistema, e considerado segundo outros como não sendo outra coisa senão uma expressão convencional, representativa de um complexo de fatores, que continuariam a ter a própria individualidade[29].

Diante da evolução antes apontada, Malinconico apresenta algumas teorias do ambiente como bem jurídico unitário que merecem ser estudadas. Vejamos.

1) *Teoria da especificação do elemento unificador no direito subjetivo individual (direito de propriedade, direito à saúde, direito ao ambiente)*

A primeira base tendente à composição unitária dos componentes ambientais isoladamente tomados em um único bem jurídico move-se sob a intenção de reencontrar tal elemento de ligação na posição do sujeito, individual ou coletivo, que possui interesse na tutela do ambiente. Em primeiro lugar, a posição subjetiva que aparece tutelável relativamente à poluição é aquela do *direito de propriedade*. Recorre-se, portanto ao instinto da imissão na propriedade de outrem e dos conexos limites à tutela da salubridade dos bens fundiários (arts. 844 e 890 do Código Civil italiano)[30]. O relacionamento entre o indivíduo e o ambiente vem assim desenvolvido sob uma ótica de propriedade[31].

A doutrina italiana não deixou de evidenciar as consequências negativas que derivaram da aceitação da chamada "técnica proprietária" de tutela do ambiente. Antes

---

29. Uma acurada exposição dos vários fundamentos da doutrina e da jurisprudência na matéria obtém-se nas obras de A. Giampietro, *A responsabilidade pelo dano ambiental*, cit., p. 121 e s., e P. D'Amélio, Ambiente..., in *Enciclopédia*, cit., p. 8 e s.

30. "Art. 844. Imissões: o proprietário de um imóvel não pode impedir a entrada de fumaça ou calor, as exalações, os ruídos, os 'balanços' e propagações similares derivadas do imóvel vizinho, se não superam os limites toleráveis, devendo-se levar em conta as condições do lugar. Na aplicação dessa norma o juiz deve adaptar as exigências da produção com as razões da propriedade. Pode levar em conta a prioridade de um determinado uso."

"Art. 890. Distanciamento necessário entre as unidades fabris e os depósitos nocivos e perigosos: quem pretender fabricar, nos limites do imóvel, ainda que sobre ele haja um muro divisório, fornos, lareiras, estábulos e similares, ou pretender colocar material úmido ou explosivos ou de qualquer outro modo nocivo, ou então implantar maquinário, dos quais pode decorrer perigo de ocorrência de danos, deve observar as distâncias estabelecidas pelos regulamentos e, na falta, aquelas necessárias a preservar os imóveis vizinhos de possíveis danos à solidez, salubridade e segurança."

31. Na jurisprudência a tese foi acolhida na Cass. SS. UU. 9-4-1973, n. 999, im F. I., 1974, I, p. 843 e s.; Corte Cost., n. 247/74, *Jurisprudência Italiana*, 1975.

de mais nada, a ligação entre tutela ambiental e propriedade fundiária introduz uma clara disparidade de tratamento entre os sujeitos tutelados. Além disso, é inerente, nessa perspectiva, a possibilidade de introduzir condicionamentos na tutela do direito à saúde, que é próprio do instituto em questão, se se considerar que a tutela do proprietário é subordinada à composição dos vários interesses de relevância diversa. Finalmente, para a incidência – na teoria das imissões – da situação do "lugar". Dado que este último tem condições de influenciar a citada composição, introduzir-se-iam discriminações na base do diferente desenvolvimento ou da diversa "possibilidade" da área de que se trata.

Outra reconstrução unitária do meio ambiente foi tentada com referência à diferente posição subjetiva individual e particularmente a um direito personalíssimo: o *direito à saúde*, na sua configuração de *direito ao ambiente saudável*. O fundamento de tal direito foi reconhecido no art. 32 da Constituição[32]. Outrossim, mesmo tendo tido tal teoria uma acolhida favorável, principalmente na jurisprudência[33], esse fundamento encontrou na doutrina críticas que surgem como insuperáveis.

Se, de fato, pode resultar excessiva a tese que reduz a eficácia do art. 32 da Constituição a um mero direcionamento da Administração, negando assim que tal norma constitucional assuma relevo nas relações privadas e também nos relacionamentos existentes entre os cidadãos e a Administração Pública[34], o direito à saúde não surge em todo caso em condições de assegurar a unidade do meio ambiente no sentido jurídico. O valor daquela norma foi muitas vezes enfatizado pela jurisprudência italiana, mesmo quando a tutela de um determinado interesse podia ser assegurada recorrendo-se aos instrumentos previstos no Código Civil italiano, particularmente nos seus arts. 844 e 890 (quando substituíam os pressupostos) ou então 2.043. E de fato o objeto da pretensão individual não pode dizer respeito à integridade psicofísica do sujeito, assegurada justamente por aquelas normas, sobretudo se "revisitadas" à luz da disposição constitucional. Não, todavia, como foi sublinhado, condições ambientais, não apenas prejudiciais, mas inclusive propícias ao desenvolvimento psicofísico do indivíduo[35]. Faltaria, se se quisesse adotar a tese contrária, qualquer especificação do objeto de direito, assim como instrumentos idôneos de tutela judicial[36].

A tais convincentes considerações deve-se acrescentar que, da noção de bem jurídico, acolhe-se a definição usual na teoria geral do direito, sendo essencial a tal

---

32. "A República tutela a saúde como direito fundamental do indivíduo e interesse da coletividade e garante tratamento gratuito aos indigentes. Ninguém pode ser obrigado a um determinado tratamento a não ser por posição legal. A lei não pode em nenhum caso violar os limites impostos ao respeito à pessoa humana."

33. Cass. SS. UU. 6-10-1979, *Jurisprudência Italiana*, 1980.

34. Torregrossa, Perfis da tutela ambiental, in *Estudos para os cento e cinquenta anos do Conselho de Estado*, Milano, Giuffrè, 1981.

35. F. Giampietro, *A responsabilidade*, cit., p. 140.

36. D'Amélio, Ambiente..., in *Enciclopédia*, cit., p. 4.

configuração a conjugação dos dois requisitos – da utilidade que se pode obter do bem e da posição subjetiva atribuída pelo ordenamento à fruição daquela utilidade.

Consequentemente, não se pode duvidar que a utilidade que deriva do específico recurso ambiental normalmente não assume valor unitário (p.ex., a água poderá ser usada com fins industriais, agrícolas etc.)[37], assim como a utilidade que advém do complexo equilíbrio dos componentes ambientais não se reduz ao benefício particular do indivíduo, de modo que nem mesmo é possível configurar posições subjetivas que assegurem tal benefício.

*2) Teoria do ambiente como objeto unitário de interesses difusos*

Outra perspectiva utilizada para a elaboração de um conceito unitário do ambiente como bem jurídico é o chamamento à figura do *interesse difuso*. Tradicionalmente, com essa expressão faz-se referência ao interesse que cada membro da comunidade atribui a determinadas utilidades, não em consideração de sua específica posição, mas por pertencer à generalidade dos indivíduos que compõem aquela coletividade (*uti civis*). Conclui-se disso que o *interesse difuso*, justamente porque não se refere exclusiva e inteiramente a um sujeito público ou privado, nem a um "centro de imputação" de interesses coletivos (ainda que não elevado pelo ordenamento a pessoa jurídica), é um *interesse adéspota* (sem dono). Não há, substancialmente, nessa hipótese um sujeito que se possa definir como seu titular e que seja por essa razão legitimado a fazê-lo valer como próprio. Em consideração ao seu sentido indiferenciado e pelo fato de pertencer à coletividade no seu conjunto, nega-se geralmente que esse interesse constitua posição subjetiva tutelada pelo ordenamento, e daí se faz derivar uma nova compreensão entre os interesses de mero fato[38].

Mesmo sem pretender enfrentar de modo completo nesta sede a temática dos interesses difusos, deve-se observar que, no estado atual da evolução legislativa e jurisprudencial, não parece ser possível configurar o interesse difuso como posição subjetiva relevante em linha geral pelo ordenamento. Se, de fato, este último requer, para uma tal figura, a individualidade da posição e a sua atribuição particular a um sujeito ou, quando menos, a um "centro de imputação", deve-se concluir que tais requisitos estão apenas no direito subjetivo (interesse individual tutelado pelo direito de modo direto e imediato) e no interesse legítimo (diferenciado porque pessoal e qualificado pela imposição à Administração do ônus de dar o valor no exercício de seus poderes públicos). Nem parece suficiente para superar esse relevo a tese – mesmo que estimulante – de que a relevância coletiva de um interesse tira a necessidade de um relacionamento direto entre a apropriação de uma situação e a possibilidade de obtenção da tutela[39].

---

37. Torregrossa, Perfis..., in *Estudos*, cit., p. 876.

38. A. M. Sandulli, *Manual de direito administrativo*, Milano, Giuffrè, 1982, v. 1, p. 95 e s.

39. Rodotá, *Introdução à responsabilidade da empresa pelos danos ambientais e aos consumidores*, Milano, Giuffrè, 1978, p. 19-20.

Isso não retira o fato de que o surgimento de valores coletivos (em função de um complemento ou de uma alternativa relativamente àqueles públicos ou privados) seja um fenômeno de particular relevo no mundo contemporâneo. Apesar de tal importância, da qual o legislador teve consciência no período entre 1980-1986[40], sobretudo com a lei que foi instituída pelo Ministério do Ambiente italiano (Lei n. 349, de 8-7-1986, art. 18) e com as iniciativas em tema de reforma no procedimento administrativo (disposições que levam à melhoria do relacionamento entre cidadãos e Administração Pública no desenrolar da atividade administrativa), não parece para o momento superar o limite da *gestão participativa* da função pública e da previsão de *ações populares* do tipo substitutivo ou corretivo das dos poderes públicos, ações cuja natureza excepcional impõe expressa previsão normativa.

Nem pode surgir redutora a limitação de relevo dos interesses difusos, não apenas pelos problemas que eles trazem sob o perfil da legitimação para exprimi-los e da eficácia das decisões que lhes dizem respeito, mas também porque justamente o interesse público, que a tais interesses se liga, postula a intervenção de um sujeito que seja capaz de superar os detalhes inevitavelmente conexos às iniciativas da parte[41]. Esse papel não pode ser conferido, pelo menos com os instrumentos processuais atualmente disponíveis, exclusivamente ao juiz, distorcendo-se em caso contrário "a tipologia histórica das situações subjetivas deduzíveis em relação à administração" e introduzindo-se "uma forma nova e anômala de participação do privado no procedimento de formação da vontade administrativa por meio do juiz"[42].

Deve-se ainda acrescentar que dificilmente pode trazer um resultado útil a sobredita figura para introduzir uma característica de unidade à noção de ambiente, justamente porque a incerta delimitação daquela não permite a individualização de um objeto preciso da tutela, enquanto não se pode nem ao menos colocar-se em dúvida que um interesse difuso subsiste mesmo em relação aos componentes (água, ar etc.) do ambiente. Igualmente por essa via permaneceria indeterminado o bem que se pretende definir.

### 3) Teoria do ambiente como objeto unitário de planejamento urbano

Outra perspectiva unitária para o meio ambiente foi formulada com referência ao planejamento urbano. O instrumento de programação do setor seria idôneo para reunir todos os aspectos de tutela ambiental, de modo que se poderia atribuir a esse último conceito uma característica unitária[43].

---

40. Santaniello, A legitimação à tutela do ambiente e dos bens ambientais, in *Escritos em homenagem a Massimo Severo Giannini*, Milano, Giuffrè, v. 2, p. 650-653.

41. Torregrossa, *Introdução*, cit., p. 19.

42. D'Amélio, Ambiente..., in *Enciclopédia*, cit., p. 3; Zanuttigh, Direito ambiental e tutela jurisdicional, *Revista de Direito Processual*, 2:720 e s., 1979.

43. De Lise, A tutela do meio ambiente no quadro do assentamento do território, in *Os problemas jurídicos e econômicos da tutela do meio ambiente*, Como, 21-22 de outubro de 1977, Milano, 1978, p. 31 e s.; Di Giovine Squillante, *Ambiente e poder*, Milano, 1975, p. 80.

Todavia, foram opostas fundadas objeções, pois o planejamento urbanístico, como qualquer outro procedimento de planejamento, é voltado para delinear modalidades de composição dos vários interesses que ali estão representados, que resultam já individualizados por outras normas, e não para especificar novos interesses substanciais, assegurando sua proteção. Desse modo, nem mesmo a existência de um procedimento relativo ao planejamento, sede ideal para uma análise não limitada dos problemas ambientais, é por si só idônea para atribuir unitariedade ao meio ambiente, no caso de este já não possuir tal requisito por força de outras disposições[44].

### 4) Teoria do ambiente como bem público (e portanto do erário) na jurisprudência da Corte de Contas (Tribunal de Contas) italiana

A partir da Decisão n. 39[45], de 15 de maio de 1973, o Tribunal de Contas italiano, ao afirmar a responsabilidade de um funcionário do Estado, do presidente do Parque Nacional d'Abruzzi e de alguns administradores locais porque tornaram possível, com o seu consentimento, a edificação de vários complexos no território do parque, individualizou o dano ao erário na lesão do patrimônio público (ambiental), objeto de específicas disposições de tutela.

Essa orientação foi reforçada na sucessiva Decisão n. 61[46], de 8 de setembro de 1979, na qual se afirmou a responsabilidade de funcionários públicos pelo dano consequente ao descarregamento de resíduos poluentes no mar, por parte da Monteedison di Scarlino, reconhecido no prejuízo trazido ao meio ambiente, definido como "o conjunto de bens e utilidades economicamente apreciáveis que estão à disposição e em uso pela coletividade, e a respeito dos quais o Estado (ou o ente territorial) assume a obrigação de tutela, concedendo a esses bens, nos diversos níveis legais, uma proteção especial".

Característica dessa orientação é a conotação do bem ambiental como bem patrimonial do Estado e da consequente natureza pública (no sentido de erário) do dano que lhe é provocado. Por outro lado, essa característica não explica como a "patrimonialidade" de tal complexo de recursos pode assegurar unidade ao ambiente na sua complexidade, porquanto o fenômeno poderia igualmente justificar-se imaginando a inserção no patrimônio do Estado das riquezas naturais, no seu sentido singular, em vez do ambiente na sua complexidade. A isso deve-se acrescentar que, com essa configuração, o Estado assume a aparência de sujeito exponencial de toda a coletividade organizada e, portanto, de intérprete dos interesses difusos que são inerentes a esta última, com todas as implicações dessa construção. Além disso, não é possível deixar de dizer que a presença de normas específicas de tutela de determinados recursos no âmbito do direito objetivo, cujo respeito é confiado também ao poder (de controle e de repressão) da administração, se é válida para configurar o objeto da tutela particular

---

44. Torregrossa, *Introdução*, cit., p. 21.

45. *Foro amm.*, I, 3, p. 247.

46. *Foro Ital.*, v. 3, p. 593, 1979.

como interesse público, não é circunstância por si só suficiente para que a posição da Administração se forme como direito sobre um bem no sentido jurídico.

5) *A tese da uniformidade do meio ambiente no que tange ao dano ambiental, a teor do art. 18 da Lei n. 349, de 8 de julho de 1986*

Com a entrada em vigor da Lei n. 349/86, instituidora do Ministério do Ambiente italiano, parte da doutrina peninsular – depois de atenta reflexão acerca dos precedentes doutrinários e jurisprudenciais em matéria ambiental – especificou, no seu art. 18, a norma reconhecedora do valor unificador do meio ambiente como *bem imaterial*[47].

Foi particularmente observado que os pressupostos de tal configuração como bem jurídico autônomo são: a) subsistência de uma disciplina do meio ambiente autônoma e distinta em relação ao regime jurídico dos bens, privados ou públicos, e das *res communes omnium* que o compõem; b) título jurídico autônomo da proteção do meio ambiente em relação à proteção dos seus componentes; c) funcionalidade dessa específica disciplina em benefício da coletividade, com o consequente limite ao exercício dos direitos dominiais ou da atividade privada e pública. A norma que contém os necessários requisitos foi reconhecida no art. 18 da lei instituidora do Ministério italiano, que, na ótica da reparação do dano, considera como *objeto* da própria proteção o ambiente globalmente considerado e como *sujeito* da pretensão indenizatória o Estado: respectivamente objeto e sujeito, diversos daqueles relevantes na tutela dos componentes do ambiente individualmente considerados. O pressuposto de tal especificidade de disciplina deveria ser individuado justamente na diversidade do bem tutelado, conclusão esta última que sublinharia a utilidade da nova disciplina enquanto não substantiva, mas integrante daquela, quer administrativa, quer civilmente, relativa aos vários componentes ambientais[48].

A tese segundo a qual a disciplina específica da ação de ressarcimento do dano ambiental é idônea, sob o perfil objetivo e subjetivo, a integrar os extremos do bem

---

47. F. Giampietro, *A responsabilidade*, cit., p. 171 e s., particularmente p. 177.

48. F. Giampietro, *A responsabilidade*, cit., p. 173-175. O autor, depois de ter individualizado à luz da nova norma (art. 1º, § 2º) a noção do termo "ambiente", compreendendo todos os seus componentes químicos, físicos e biológicos (ar, água, solo, flora, fauna), não apenas como garantia da reunião dos interesses fundamentais da coletividade, em particular os bens culturais e ambientais, a salubridade e o equilibrado desenvolvimento produtivo, sublinha que apenas uma noção "autônoma" de ambiente torna profícuo o novo ordenamento. Os bens que singularmente compõem o ambiente são, segundo ele, já tutelados pelas normas "setoriais" que lhes dizem respeito, seja através do exercício necessário dos poderes administrativos, seja através da experiência da ação aquiliana de ressarcimento do dano. Se o ambiente não assumisse um relevo autônomo, a ação do art. 18 da Lei italiana n. 349/86 seria inócua (porque antecipada pelo exercício preventivo dos poderes de tutela administrativa) e de todo modo menos eficaz, relativamente àquelas dos arts. 2.050 e 2.051 do Código Civil italiano (tais artigos dizem respeito à responsabilidade em virtude do exercício de atividades perigosas e à responsabilidade pelo dano causado aos bens sob custódia). Em particular: a) não seria possível invocar as presunções de responsabilidade; b) não poderia ser invocado o princípio da solidariedade entre os vários corresponsáveis; c) não seria suficiente a culpa genérica para fazer surgir a responsabilidade se se mostrasse, pelo novo ordenamento, necessária a "culpa específica"; d) seria problemático o recurso à ação inibitória.

130

jurídico autônomo, mesmo que habilmente exposta, não parece que possa ser partilhada. Antes de mais nada, sob o perfil objetivo, não é sem significado o fato de que justamente a lei que institui o Ministério do Ambiente italiano não delimita o âmbito do ambiente. Em segundo lugar, mesmo se essa lacuna fosse colmatada com o recurso da interpretação sistemática, esta é essencialmente descritiva. Nem se pode diversamente arguir a circunstância da presença de uma nova disciplina *específica* do dano ambiental, porque a utilidade e a finalidade desta última não podem ser específicas na introdução de um novo bem imaterial, mas em uma nova técnica de repressão aos danos causados aos vários recursos naturais, por meio da ação reparatória, que possui – como parâmetro de valor – não apenas o peculiar recurso natural atingido, mas o ambiente na sua complexidade. Em substância, pela nova previsão ampliam-se, antes de mais nada, os efeitos da disciplina que tutela os bens singularmente analisados, porquanto a violação de uma norma em particular não determinará apenas a obrigação de ressarcir o dano causado àquele específico recurso natural, mas a tudo o que compõe o meio ambiente, por força dos efeitos decorrentes da inter-relação existente.

Quanto ao perfil subjetivo, ao revés, não parece decisiva a atribuição (por sua vez não exclusiva) ao Estado da legitimação para o exercício de tal ação reparatória, na medida em que se liga não tanto à *propriedade* do meio ambiente, mas à natureza dos interesses gerais da coletividade, que pelo sistema diz respeito ao Estado, para surgir preferencialmente conexa – aquela legitimação – ao mesmo poder do Estado de perseguir o interesse (público) à conservação ambiental.

Deve-se assinalar, além disso, que a teoria da natureza unitária do meio ambiente, como *valor distinto dos bens que o compõem*, foi acolhida após a entrada em vigor da Lei n. 349/86 por civilistas de monta[49]. Nos seus comentários há uma gradativa diminuição da incerteza, como quando o dano ambiental é especificado na *lesão de um interesse público à salvaguarda do meio ambiente* e ressalta-se que tal interesse tem *natureza não patrimonial*[50]. Permanecem desse modo a esclarecer, sob o perfil teórico, se a lesão daquele interesse público, a respeito do qual o novo ordenamento legal comina uma responsabilidade civil estruturada diversamente dos cânones tradicionais e mais próxima do modelo penal[51], é lesão de uma entidade suscetível de ser objeto de

---

49. Alpa, Natureza jurídica do dano ambiental, o dano ambiental com referência à responsabilidade civil, Benevento, 2-3 de outubro de 1987, *Rivista Trimestrale degli Appalti*, 1987, especialmente na p. 1.147, onde o autor destaca: "Evidentemente, não se pode reconhecer a existência de situações subjetivas no comando dos bens; os direitos do ambiente são conceitos que se relacionam, nem podem exprimir-se recorrendo ainda uma vez à lógica da propriedade, ainda que sob a forma coletiva ou difusa". Ver art. 1. 655 do Código Civil: é o contrato através do qual uma parte assume, com a organização dos meios necessários e assumindo o risco, a realização de uma obra ou de um serviço, com o correspondente pagamento em dinheiro.

50. Alpa e Bigliazzi-Geri. O art. 18 da Lei n. 349, de 1986, em relação aos arts. 2.043 e s. do Código Civil.

51. Maddalena, Novos endereçamentos do Tribunal de Contas, in *Direito e ambiente*; material de doutrina e jurisprudência comentado por Almerighi e Alpa; parte 1 – direito civil, Milano, Giuffrè, 1984, p. 223 e s.

direitos (e, portanto, de um bem no sentido jurídico) ou, ao contrário, de um interesse público que permanece como tal e a cuja tutela da autoridade, por meio do exercício do poder administrativo[52], acresce-se a ação de ressarcimento dos danos provocados ao meio ambiente.

De resto deve-se ainda sublinhar que à sugestão terminológica do ambiente como bem jurídico unitário não escapou nem mesmo a Corte Constitucional. Assim, na Sentença n. 641, de 30 de dezembro de 1987[53], a Corte observou que na lei que instituiu o Ministério do Ambiente (Lei n. 349/86) não apenas está prevista a criação de um "centro de referência do interesse público ambiental", que realiza a recondução à unidade das ações político-administrativas que têm como finalidade a sua tutela, mas também configurado o ambiente como "(...) um bem imaterial unitário se bem que com vários componentes, cada um dos quais pode igualmente constituir, isolada e separadamente, objeto de tutela; mas todas, no seu conjunto, podem ser reconduzidas à unidade. O fato de que o ambiente pode ser fruído sob várias formas e diferentes modos, assim como pode ser objeto de várias normas que asseguram a tutela dos vários aspectos nos quais se exprime, não diminui nem ataca a sua natureza e a sua substância como bem unitário o ordenamento toma em consideração (...). O ambiente é, assim, um bem jurídico enquanto reconhecido e tutelado por normas". Não é, porém sem significado que a mesma sentença logo depois acresça: "Não é certamente possível como objeto que pode ser intencionalmente apropriado: mas como objeto que pertence à categoria dos assim chamados 'bens livres', sendo possível sua fruição pela coletividade e pelos indivíduos", e ainda: "A legitimação para agir, que é atribuída ao Estado e aos entes 'menores', não encontra seu fundamento no fato de que estes enfrentaram despesas para reparar o dano ou no fato de que estes tenham sofrido uma perda econômica, mas na sua função de tutelar a coletividade e a comunidade no próprio âmbito territorial e em razão do interesse no equilíbrio ecológico, biológico e sociológico do território". Em síntese: "As (...) violações se traduzem em substância na ineficácia das finalidades protetivas e que por si sós constituem dano. A responsabilidade que se contrai é corretamente inserida no âmbito e no esquema da tutela aquiliana (art. 2.043 do Código Civil)", dotada não apenas da função geral de reintegração do patrimônio do que sofreu o dano, mas igualmente de "deveres preventivos e sancionadores".

Do desenvolvimento das teorias do ambiente como bem jurídico unitário conclui Malinconico que, de tudo o que foi observado, sobressai que do bem ambiental pode-se falar apenas com referência a coisas suscetíveis de ser objeto de direitos, segundo

---

52. G. Greco, A ilícita degradação do ambiente e o problema do ressarcimento dos danos sofridos pelos entes públicos (titulares de poder e não de direitos sobre aquele bem), *Imprensa amb.*, p. a., p. 458-459, 1984.

53. G. Greco, A ilícita degradação do ambiente e o problema do ressarcimento dos danos sofridos pelos entes públicos (titulares de poder e não de direitos sobre aquele bem), *Imprensa amb.*, p. a., p. 458-459, 1984.

a definição que se retira do art. 810 do Código Civil italiano[54]. O direito subjetivo, de outro lado, é configurado como interesse tutelado pela norma em vista da utilidade que ele pode garantir ao seu titular. É verdade que, quando o titular do bem é um ente público, a fruição pode ser estendida à generalidade dos cidadãos (exemplo típico é aquele dos bens dominicais de fruição direta por parte da comunidade), mas, igualmente em tais hipóteses, o instrumento por meio do qual citado objetivo é realizado pelo ordenamento consiste na atribuição do bem em propriedade (pública) a um ente, que exercita sobre ele os poderes dominicais, eventualmente em concurso com aqueles administrativos de autotutela.

A particularidade da construção dogmática do bem ambiental em sentido próprio está nisto: o bem não apenas pode ser objeto de direitos (propriedade) – referentes, segundo o caso, a um ente público ou privado –, mas, nesta segunda hipótese, tem como escopo a fruição pública, atribuindo direitos que são relativos a um ente público. Além disso, a subsistência desse necessário e específico interesse público não é reconhecível empiricamente, mas sim através de um provimento da Administração, que o especifica sobre a base de uma previsão legal de utilidade igualmente coletiva do bem.

Tal construção não parece adaptar-se à noção de ambiente, do qual se pode dizer apenas que o ordenamento tende a configurá-lo como uma entidade unitária e a garantir-lhe uma disciplina global pelas diversas interações que se estabelecem entre seus componentes. Todavia, nem o ente privado nem o público podem dizer-se titulares de direitos sobre o ambiente ou sobre as riquezas individualmente consideradas que o compõem. Não o primeiro (privado), que, além do mais, arguirá um direito de propriedade sobre os bens fundiários, com as conexas faculdades de desfrute, sempre – e para todos os bens – delimitadas pelo ordenamento à tutela dos interesses dos vizinhos e da coletividade. Não o ente público, a quem não é devolvida pela norma a função de individualizar um específico interesse público, imanente ao bem de propriedade privada, tanto mais se se considerar que o objeto do poder do indivíduo e o objeto do Poder Público seriam de qualquer modo entidades absolutamente diversas. O indivíduo arroga-se o direito de utilizar o bem nos limites consentidos pelas leis, enquanto o ente público exercita poderes para tutelar a globalidade dos recursos naturais, não apropriáveis por um sujeito único, público ou privado que seja.

Com tais observações não se pretende contestar a utilidade de uma consideração unitária do ambiente, inclusive sob o perfil jurídico, mas unicamente sublinhar a diversidade conceitual dos fenômenos. Se sobre tal perspectiva de fundo houver acordo, pode-se efetivamente concluir que a questão do caráter unitário do "bem" ambiente arrisca tornar-se mera exercitação dialética.

---

54. O art. 810 do Código Civil italiano está inserido no Título I, que diz respeito aos bens, no Capítulo I: dos bens em geral. Esse dispositivo legal dispõe que são bens as coisas que podem ser objeto de direitos.

Para concluir sobre esse ponto, não se deve nem ao menos esquecer o relevo que assume a noção de ambiente na normação comunitária, em consideração à prevalência que esta última assume nos confrontos da legislação nacional. Assim, a Diretiva comunitária n. 85/337, de 27 de junho de 1985, concernente à avaliação do impacto ambiental de determinados projetos públicos e privados, em seu art. 3º, prescreve que essa estimativa deve resguardar os seguintes fatores:

a) o homem, a fauna e a flora;

b) o solo, a água, o ar, o clima e a paisagem;

c) a interação entre os fatores que digam respeito ao primeiro e ao segundo item;

d) os bens materiais e o patrimônio cultural.

Não há dúvida pois que no ordenamento comunitário o ambiente tem uma valência meramente descritiva, dissolvendo-se depois na pluralidade dos *fatores* que o compõem.

Vimos, portanto, pela importante contribuição da doutrina italiana e principalmente em face da análise de Carlo Malinconico, a dificuldade de se estabelecer um critério unívoco a respeito do bem ambiental, particularmente em decorrência da existência de várias teorias do ambiente como bem jurídico unitário (teoria da especificação do elemento unificador no direito subjetivo individual, teoria do ambiente como objeto unitário de interesses difusos, teoria do ambiente como objeto unitário de planejamento urbano, teoria do ambiente como bem público e, portanto, do erário, na jurisprudência da Corte de Contas italiana, e a tese da uniformidade do meio ambiente no que tange ao dano ambiental, a teor do art. 18 da Lei italiana n. 349, de 8-7-1986).

No Brasil, todavia, e esse é um aspecto curioso no desenvolvimento histórico de nosso direito, **a Constituição Federal de 1988**, de forma paradigmática, **não só define o que é bem ambiental como possibilita seja verificada sua natureza jurídica**.

Com efeito.

O art. 225 da Constituição Federal estabelece, como já tivemos oportunidade de afirmar[55], que o meio ambiente ecologicamente equilibrado é bem de uso comum do povo e essencial à sadia qualidade de vida. Destarte, ao enunciá-lo como essencial à qualidade de vida, o dispositivo recepcionou o conceito de meio ambiente estabelecido na Política Nacional do Meio Ambiente (Lei n. 6.938/81), qual seja, "o conjunto de condições, leis, influências e interações de ordem física, química e biológica, que permite, abriga e rege a vida em todas as suas formas" (art. 3º, I), dentro de uma concepção que determina uma estreita e correta ligação entre a tutela do meio ambiente e a defesa da pessoa humana.

A expressão "sadia qualidade de vida" faz com que o intérprete, com segurança, associe o direito à vida ao direito à saúde (na exata medida do que sustentam

_____

55. *Vide todas* as edições de nosso *Curso de direito ambiental brasileiro*, Saraiva desde o ano 2000 até hoje.

Malinconico em sua obra clássica[56] e mesmo Ruiz[57]), dentro de uma visão da legislação brasileira destinada a impedir que o meio ambiente viesse a ser apenas uma questão de sobrevivência, mas, efetivamente, "algo mais" dentro de um parâmetro, vinculando o direito à vida em face de uma tutela à saúde com padrões de qualidade e dignidade.

Nota-se portanto que, dentro de uma "divisão" do meio ambiente em patrimônio genético, cultural, artificial, do trabalho e natural, a visão nele estabelecida não possui outra função senão delimitar seu espectro, a que se está referindo dentro de uma aparente dissociação vinculada a um sentido meramente expletivo, na medida em que o conceito de meio ambiente, por tudo o que temos defendido, é indissociável da inexorável lição adaptada ao direito à vida da pessoa humana.

Exatamente nesse sentido, a lição de Giannini[58], quando afirma que o meio ambiente não pode ter um tratamento fragmentalizado ou isolado em setores estanques, ou mesmo as ideias de Prieur[59], dentro de uma concepção em que o ambiente seria "a expressão das alterações e das relações dos seres vivos, incluindo o homem, entre eles e o seu meio, sem surpreender que o direito do ambiente seja, assim, um direito de interações que tende a penetrar em todos os setores do direito para aí introduzir a ideia de ambiente".

Com fundamento nessas considerações preliminares acerca do direito ao meio ambiente podemos identificar a natureza jurídica do chamado bem ambiental em face de nosso atual ordenamento jurídico em vigor.

Foi principalmente a partir da segunda metade do século XX, em decorrência do surgimento dos fenômenos de massa, quando se observou a formação da denominada "sociedade de massa", que os bens de natureza difusa passaram a ser objeto de maior preocupação do aplicador do direito e mesmo dos cientistas e legisladores como um todo. Observados pela doutrina italiana, principalmente a partir da visão de Cappelletti[60], do abismo criado entre o "público e o privado", preenchido pelos direitos metaindividuais, emergiram os denominados *bens de natureza difusa* como uma alternativa fundamental em face da dogmática jurídica estabelecida até o século XX.

Em decorrência da tradicional contraposição entre o Estado e os cidadãos, entre o público e o privado, iniciou-se no Brasil, a partir do advento da Carta Magna de 1988, uma nova categoria de bens de uso comum do povo e essenciais à sadia qualidade de vida.

Referidos bens, como se nota, não se confundem com os denominados bens privados (ou particulares) nem com os chamados bens públicos. Senão, vejamos.

---

56. *I beni*, cit., *passim*.

57. *El derecho al ambiente como derecho de participación*, Bilbao, Ed. Ararteko, 1992, p. 89-90.

58. *Direito administrativo*, cit., *passim*.

59. *Direito ambiental*, 2. ed., Paris, Dalloz, 1991, p. 13 e s.

60. Formações sociais e interesses coletivos diante da Justiça Civil, *RP*, 5:7 e s., São Paulo, Revista dos Tribunais, 1977.

A Lei Federal n. 3.071/16 (Código Civil), ao ser criada sob a égide da Constituição Republicana de 1891 (tratava-se do texto da Carta norte-americana completado com algumas disposições das Constituições suíça e argentina, conforme lembra José Afonso da Silva[61]), estabeleceu em seu art. 65 interessante dicotomia a respeito dos bens particulares e públicos, a saber:

"Art. 65. São Públicos os bens de domínio nacional pertencentes à União, aos Estados ou aos Municípios. Todos os outros são particulares, seja qual for a pessoa a que pertencerem".

Destarte, já advertia na oportunidade Diniz, ser bem particular "o pertencente a pessoa natural ou a pessoa jurídica de direito privado", enquanto bem público "é o que tem por titular do seu domínio uma pessoa jurídica de direito público interno, podendo ser federal, se pertencente à União, estadual, se do Estado, ou municipal, se do Município". O atual Código Civil em nada alterou a visão antes apontada.

Claro está que a dicotomia antes estabelecida por força de norma infraconstitucional (o Código Civil) tem razão de ser hoje no contexto constitucional em vigor apenas e tão somente em face do que a Carta Magna efetivamente tenha recepcionado.

Todavia, com o advento da Constituição Federal de 1988, e a estruturação do bem ambiental em face do que determina o conteúdo do art. 225 da Lei das Leis, nosso sistema de direito positivo traduziu a necessidade de orientar um novo subsistema jurídico orientado para a realidade do século XXI, tendo como pressuposto a moderna sociedade de massas dentro de um contexto de tutela de direitos e interesses adaptados às necessidades principalmente metaindividuais. Foi exatamente através do enfoque antes aludido que em 1990 surgiu a Lei Federal n. 8.078, que, além de estabelecer uma nova concepção vinculada aos direitos das relações de consumo, criou a estrutura que fundamenta a natureza jurídica de um novo bem, que não é público nem privado: *o bem difuso.*

Definidos como transindividuais e tendo como titulares pessoas indeterminadas e ligadas por circunstâncias de fato, os denominados interesses ou direitos difusos (art. 81, parágrafo único, I, da Lei n. 8.078/90) pressupõem, sob a ótica normativa, a existência de um bem "de natureza indivisível". Criado pela Constituição Federal de 1988, conforme estabelece o art. 129, III, o direito difuso passou, a partir de 1990, a possuir *definição legal, com evidente reflexo na própria Carta Magna*, configurando nova realidade para o intérprete do direito positivo.

De fato, como já chegamos a afirmar várias vezes, a atual Carta Magna aponta dispositivos modernos versando sobre interesses difusos em face de uma concepção desenvolvida pela doutrina brasileira e particularmente pela contribuição de importantes

---

61. *Curso*, cit., p. 71.

juristas como Nelson Nery Junior[62] que, com a edição da Lei n. 8.078/90, passou a assumir contornos mais claros no direito positivo.

Dessarte poderíamos indicar na atual Constituição Federal do Brasil, ao contrário da italiana, em que a doutrina tem que elaborar grande esforço para "interpretar" normas constitucionais no sentido de lhes atribuir valor de "direito difuso", como vimos anteriormente, uma série de normas que assumem claramente a característica de direito transindividual, de natureza indivisível, de que são titulares pessoas indeterminadas e ligadas por circunstâncias de fato.

Assim, o princípio de que todos são iguais perante a lei, o direito à vida digna, o uso da propriedade adaptado à sua função social, a higiene e a segurança do trabalho, a educação, o incentivo à pesquisa e ao ensino científico, o amparo à cultura, a saúde, o meio ambiente natural, o consumidor, a proteção ao patrimônio cultural, a própria concepção vinculada à proteção da família, da criança, do adolescente e do idoso e *principalmente algumas regras vinculadas à comunicação social pressupõem, necessariamente, a existência do bem ambiental, observada sua natureza jurídica de bem difuso*[63].

Daí podermos reiterar nossa visão no sentido de que o art. 225 da Constituição, ao estabelecer a existência jurídica de um bem que se estrutura como sendo de uso comum do povo e essencial à sadia qualidade de vida, configura uma nova realidade jurídica, disciplinando bem que não é público nem, muito menos, particular.

O art. 225 estabelece, por via de consequência, a existência de uma norma constitucional vinculada ao meio ambiente ecologicamente equilibrado, assim como reafirma que *todos*, e não tão somente as pessoas naturais, as pessoas jurídicas de direito privado ou mesmo as pessoas jurídicas de direito público interno, *são* titulares desse direito, não se reportando, por conseguinte, a uma pessoa individualmente concebida, mas sim a uma coletividade de pessoas indefinidas, no sentido de destacar uma posição para além da visão individual, demarcando critério nitidamente transindividual, em que não se pretende determinar, de forma rigorosa, seus titulares.

O povo, portanto, é quem exerce a titularidade do bem ambiental dentro de um critério, adaptado à visão da existência de um "bem que não está na disponibilidade particular de ninguém, nem de pessoa privada nem de pessoa pública".

O bem ambiental criado pela Constituição Federal de 1988 é, pois, um bem de *uso comum*, a saber, um bem que pode ser desfrutado por toda e qualquer pessoa dentro dos limites constitucionais.

Além disso, para que o bem tenha a estrutura de ambiental, deve ser, além de *uso comum do povo, essencial à sadia qualidade de vida*.

---

62. *Vide Constituição Federal comentada e legislação constitucional* – Atualizada até 10 de abril de 2006, São Paulo, Revista dos Tribunais.

63. *Vide* Fundamentos constitucionais do direito ambiental brasileiro em nosso *Direito ambiental tributário*, São Paulo, Saraiva, 2005.

Quais seriam no ordenamento positivo os bens essenciais à sadia qualidade de vida?

A resposta está nos próprios fundamentos da República Federativa do Brasil enquanto Estado Democrático de Direito: são os bens fundamentais à garantia da dignidade da pessoa humana.

Referidos bens, por via de consequência, encontram correlação com os direitos fundamentais da pessoa humana apontados no art. 6º da Constituição Federal: o direito à educação, à saúde, ao trabalho, ao lazer, à segurança, à previdência social, à proteção à maternidade, à proteção à infância e mesmo o direito à assistência aos desamparados, todos eles já comentados na presente hora.

É, portanto da somatória dos dois aspectos aqui comentados, a saber, ser essencial à sadia qualidade de vida e **de uso comum de todos que se estrutura constitucionalmente o bem ambiental criado pela Constituição Federal de 1988.**

## 2. OS BENS AMBIENTAIS EM FACE DE SUA ESTRUTURA JURÍDICA CONSTITUCIONAL: BENS ESSENCIAIS À SADIA QUALIDADE DE VIDA E DE USO COMUM DO POVO. A ORIENTAÇÃO DO SUPREMO TRIBUNAL FEDERAL (ADI 4.066 E ADI 3.470)

O art. 225 da Constituição Federal reitere-se, ao estabelecer a existência jurídica de um bem que se estrutura como sendo essencial à sadia qualidade de vida e de uso comum do povo, configurou nova realidade jurídica, disciplinando bem que não é particular nem, muito menos, público[64].

Esse dispositivo constitucional fixa a existência de uma norma vinculada ao meio ambiente ecologicamente equilibrado, reafirmando, ainda, que *todos* são titulares desse direito. Não se reporta a uma pessoa individualmente concebida, mas sim a uma coletividade de pessoas indefinidas, o que demarca um critério transindividual, em que não se determinam, de forma rigorosa, os titulares do direito.

O bem ambiental é, portanto, um bem essencial à sadia qualidade de vida de *uso comum do povo*, podendo ser desfrutado por toda e qualquer pessoa dentro dos limites constitucionais. Devemos frisar que uma vida saudável reclama a satisfação dos fundamentos democráticos de nossa Constituição Federal, entre eles, o da dignidade da pessoa humana, conforme dispõe o art. 1º, III. Daí a necessidade de se reforçar no plano constitucional a tutela do **BEM JURÍDICO AMBIENTAL**[65].

---

64. Celso Antonio Pacheco Fiorillo, *O direito de antena*, cit., p. 117.

65. RECURSO EXTRAORDINÁRIO. DIREITO PENAL. CRIME AMBIENTAL. RESPONSABILIDADE PENAL DA PESSOA JURÍDICA. CONDICIONAMENTO DA AÇÃO PENAL À IDENTIFICAÇÃO E À PERSECUÇÃO CONCOMITANTE DA PESSOA FÍSICA QUE NÃO ENCONTRA AMPARO NA CONSTITUIÇÃO DA REPÚBLICA. 1. O art. 225, § 3º, da Constituição Federal não condiciona a responsabilização penal da pessoa jurídica por crimes ambientais à simultânea persecução penal da pessoa física em tese responsável no âmbito da empresa. A norma constitucional não impõe a

Destarte, é didática a manifestação da Ministra Rosa Weber ao analisar a cláusula constitucional proclamadora do direito fundamental ao meio ambiente ecologicamente equilibrado como essencial à sadia qualidade de vida, a saber:

"Direta e necessariamente extraídos da cláusula constitucional do direito à saúde tomada como princípio, somente podem ser afirmados, sem necessidade de intermediação política, os conteúdos desde já decididos pelo Poder Constituinte: aquilo que o Poder Constituinte, representante primário do povo soberano, textualmente decidiu retirar da esfera de avaliação e arbítrio do Poder Legislativo, representante secundário do povo soberano. Adotar essa postura frente às cláusulas constitucionais fundamentais não significa outra coisa senão levar a sério os direitos, como bem lembra o renomado professor da Escola de Direito da Universidade de Nova Iorque, Jeremy Waldron: 'Nós discordamos sobre direitos e é compreensível que seja assim. Não deveríamos temer nem ter vergonha de tal desacordo, nem abafá-lo e empurrá-lo para longe dos fóruns nos quais importantes decisões de princípios são tomadas em nossa sociedade. Nós devemos acolhê-lo. Tal desacordo é um sinal – o melhor sinal possível em circunstâncias modernas – de que as pessoas levam os direitos a sério. Evidentemente, (...) uma pessoa que se encontra em desacordo com outras não é por essa razão desqualificada de considerar sua própria visão como correta. Nós devemos cada um de nós, manter a fé nas nossas próprias convicções. Mas levar os direitos a sério é também uma questão de como responder à oposição de outros, até mesmo em uma questão de direitos. (...) Levar os direitos a sério, então, é responder respeitosamente a esse aspecto de alteridade e então estar disposto a participar vigorosamente – mas como um igual – na determinação de como devemos viver juntos nas circunstâncias e na sociedade que compartilhamos'.

---

necessária dupla imputação. 2. As organizações corporativas complexas da atualidade se caracterizam pela descentralização e distribuição de atribuições e responsabilidades, sendo inerentes, a esta realidade, as dificuldades para imputar o fato ilícito a uma pessoa concreta. 3. Condicionar a aplicação do art. 225, § 3º, da Carta Política a uma concreta imputação também a pessoa física implica indevida restrição da norma constitucional, expressa a intenção do constituinte originário não apenas de ampliar o alcance das sanções penais, mas também de evitar a impunidade pelos crimes ambientais frente às imensas dificuldades de individualização dos responsáveis internamente às corporações, **além de reforçar a tutela do bem jurídico ambiental** (grifos nossos). 4. A identificação dos setores e agentes internos da empresa determinantes da produção do fato ilícito tem relevância e deve ser buscada no caso concreto como forma de esclarecer se esses indivíduos ou órgãos atuaram ou deliberaram no exercício regular de suas atribuições internas à sociedade, e ainda para verificar se a atuação se deu no interesse ou em benefício da entidade coletiva. Tal esclarecimento, relevante para fins de imputar determinado delito à pessoa jurídica, não se confunde, todavia, com subordinar a responsabilização da pessoa jurídica à responsabilização conjunta e cumulativa das pessoas físicas envolvidas. Em não raras oportunidades, as responsabilidades internas pelo fato estarão diluídas ou parcializadas de tal modo que não permitirão a imputação de responsabilidade penal individual. 5. Recurso Extraordinário parcialmente conhecido e, na parte conhecida, provido (RE 548.181/PR. Rel. Min. Rosa Weber, j. 6-8-2014, 1ª Turma, *DJe*-213, divulg. 29-10-2014, public. 30-10-2014).

Esse mesmo cuidado deve ser adotado pela Corte no que se refere à cláusula constitucional proclamadora do direito fundamental ao meio ambiente ecologicamente equilibrado como essencial à sadia qualidade de vida (art. 225), sobre a qual registro a análise minuciosa de Celso Antônio Pacheco Fiorillo, para quem a Constituição da República conclui pela presença de quatro concepções fundamentais no âmbito do direito ambiental (grifos nossos): a) de que todos têm direito ao meio ambiente ecologicamente equilibrado; b) **de que o direito ao meio ambiente ecologicamente equilibrado diz respeito à existência de um bem de uso comum do povo e essencial à sadia qualidade de vida, criando em nosso ordenamento o bem ambiental;** (grifos nossos) c) de que a Carta Magna determina tanto ao Poder Público como à coletividade o dever de defender o bem ambiental, assim como o dever de preservá-lo; d) de que a defesa e a preservação do bem ambiental estão vinculadas não só às presentes como também às futuras gerações"[66 e 67].

É, portanto, conforme já tivemos a oportunidade de aduzir anteriormente, da somatória dos dois aspectos – bem *essencial à sadia qualidade de vida* e de *uso comum do povo* – que se estrutura constitucionalmente o bem ambiental.

## 2.1. BENS ESSENCIAIS À SADIA QUALIDADE DE VIDA: PISO VITAL MÍNIMO E A "TESE" DA "RESERVA DO POSSÍVEL" (*DER VORBEHALT DES MÖGLICHEN*)

Os bens essenciais à sadia qualidade de vida são estabelecidos em face dos próprios fundamentos da República Federativa do Brasil, enquanto Estado Democrático de Direito: são os bens fundamentais à garantia da dignidade da pessoa humana importando afirmar que ter uma vida sadia é ter uma vida com dignidade (art. 1º, III).

---

66. ADI 4.066/DF. Tribunal Pleno, Rel. Min. Rosa Weber, j. 24-8-2017, *DJe*-043, divulg. 6-3-2018, public. 7-3-2018.

67. "Já no que se refere à cláusula constitucional proclamadora do direito fundamental ao meio ambiente ecologicamente equilibrado como essencial à sadia qualidade de vida (art. 225), registro a análise minuciosa de Celso Antonio Pacheco Fiorillo, para quem a Constituição da República conclui pela presença de quatro concepções fundamentais no âmbito do direito ambiental: a) de que todos têm direito ao meio ambiente ecologicamente equilibrado; b) de que o direito ao meio ambiente ecologicamente equilibrado diz respeito à existência de um bem de uso comum do povo e essencial à sadia qualidade de vida, criando em nosso ordenamento o bem ambiental; c) de que a Carta Magna determina tanto ao Poder Público como à coletividade o dever de defender o bem ambiental, assim como o dever de preservá-lo; d) de que a defesa e a preservação do bem ambiental estão vinculadas não só às presentes como também às futuras gerações. A Constituição Federal de 1988, ao incluir entre seus princípios fundamentais a dignidade da pessoa humana (art. 1º, III), como fundamento destinado a interpretar todo o sistema constitucional, adotou visão explicitamente antropocêntrica, que reflete em toda a legislação infraconstitucional — o que abarca também a legislação ambiental" (ADI 3.470 / RJ, Rel. Min. Rosa Weber, j. 29-11-2017, Tribunal Pleno, processo eletrônico, *DJe*-019, divulg. 31-1-2019, public. 1º-2-2019).

Uma vida com dignidade reclama, portanto a satisfação dos valores (mínimos) fundamentais descritos no art. 6º da Constituição Federal, de forma a exigir do Estado que seja assegurada a educação, a saúde, a alimentação, o trabalho, a moradia, o transporte, o lazer, a segurança, a previdência social, a proteção à maternidade e à infância, a assistência aos desamparados, tudo na forma estabelecida em nossa Constituição sendo, pois bens indispensáveis ao desfrute de uma vida digna.

Trata-se de dar efetividade aos DIREITOS FUNDAMENTAIS DA PESSOA HUMANA (art. 1º, III, da CF), não cabendo ao administrador público preterir o PISO VITAL MÍNIMO na medida em que não se trata de "opção do governante" ou mesmo – como pretendem argumentar alguns, ainda com o olhar vinculado ao vetusto direito administrativo – de "opção discricionária do administrador", uma vez que não estamos cuidando de juízo discricionário, muito menos de tema a depender unicamente da vontade política.

Claro está que, por esse motivo, a tese da denominada "reserva do possível (*Der Vorbehalt des Möglichen)*" não pode evidentemente ser oposta ao PISO VITAL MÍNIMO[68].

---

68. O Superior Tribunal de Justiça entendeu por bem acolher nossa interpretação conforme decisão abaixo, a saber:

"CRECHE. RESERVA DO POSSÍVEL. TESE ABSTRATA.

A tese da reserva do possível (*Der Vorbehalt des Möglichen*) assenta-se na ideia romana de que a obrigação impossível não pode ser exigida *(impossibilium nulla obligatio est)*. Por tal motivo, não se considera a insuficiência de recursos orçamentários como mera falácia. Todavia, observa-se que a reserva do possível está vinculada à escassez, que pode ser compreendida como desigualdade. Bens escassos não podem ser usufruídos por todos e, justamente por isso, sua distribuição faz-se mediante regras que pressupõem o direito igual ao bem e a impossibilidade do uso igual e simultâneo. Essa escassez, muitas vezes, é resultado de escolha, de decisão: quando não há recursos suficientes, a decisão do administrador de investir em determinada área implica escassez de outra que não foi contemplada. Por esse motivo, em um primeiro momento, a reserva do possível não pode ser oposta à efetivação dos direitos fundamentais, já que não cabe ao administrador público preteri-la, visto que não é opção do governante, não é resultado de juízo discricionário, nem pode ser encarada como tema que depende unicamente da vontade política. Nem mesmo a vontade da maioria pode tratar tais direitos como secundários. Isso porque a democracia é, além dessa vontade, a realização dos direitos fundamentais. Portanto, aqueles direitos que estão intimamente ligados à dignidade humana não podem ser limitados em razão da escassez, quando ela é fruto das escolhas do administrador. *Não é por outra razão que se afirma não ser a reserva do possível oponível à realização do mínimo existencial* (grifos nossos). Seu conteúdo, que não se resume ao mínimo vital, abrange também as condições socioculturais que assegurem ao indivíduo um mínimo de inserção na vida social. Sendo assim, não fica difícil perceber que, entre os direitos considerados prioritários, encontra-se o direito à educação. No espaço público (no qual todos são, *in abstrato*, iguais e cuja diferenciação dá-se mais em razão da capacidade para a ação e discurso do que em virtude de atributos biológicos), local em que são travadas as relações comerciais, profissionais e trabalhistas, além de exercida a cidadania, a ausência de educação, de conhecimento, em regra, relega o indivíduo a posições subalternas, torna-o dependente das forças físicas para continuar a sobreviver, ainda assim, em condições precárias. Eis a razão pela qual os arts. 227 da CF/88 e 4º da Lei n. 8.069/90 dispõem que a educação deve ser tratada pelo Estado com absoluta prioridade. No mesmo sentido, o art. 54, IV, do ECA prescreve que é dever do Estado assegurar às crianças de zero a seis anos de idade o atendimento em creche e pré-escola. Portanto, na hipótese, o pleito do MP encontra respaldo legal e jurisprudencial. Porém é preciso ressalvar a hipótese de que, mesmo com a alocação dos recursos no atendimento do mínimo existencial, persista a carência orçamentária

Dessa feita, temos que o art. 6º da Constituição fixa um *piso vital mínimo* de direitos[69] que devem ser assegurados pelo Estado (que o faz mediante a cobrança de tributos), para o desfrute da sadia qualidade de vida[70].

Por via de consequência, no plano da Carta Magna em vigor, os bens essenciais à sadia qualidade de vida são aqueles vinculados ao superior conteúdo normativo do Piso Vital Mínimo (art. 6º da CF).

## 2.2. BENS DE USO COMUM DO POVO

Como já tivemos a oportunidade de analisar em nossas obras[71] esta característica do bem ambiental, a saber, ser um bem de uso comum do povo conforme explicita

---

para atender a todas as demandas. Nesse caso, a escassez não seria fruto da escolha de atividades não prioritárias, mas sim da real insuficiência orçamentária. Em situações limítrofes como essa, não há como o Poder Judiciário imiscuir-se nos planos governamentais, pois eles, dentro do que é possível, estão de acordo com a CF/88, não havendo omissão injustificável. Todavia, a real insuficiência de recursos deve ser demonstrada pelo Poder Público, não sendo admitido que a tese seja utilizada como uma desculpa genérica para a omissão estatal no campo da efetivação dos direitos fundamentais, principalmente os de cunho social. Dessarte, no caso dos autos, em que não há essa demonstração, impõe-se negar provimento ao especial do Município. Precedentes citados do STF: AgRg no RE 410.715-SP, *DJ*, 3-2-2006; do STJ: REsp 1.041.197-MS, *DJe*, 16-9-2009; REsp 764.085-PR, *DJe*, 10-12-2009, e REsp 511.645-SP, *DJe*, 27-8-2009" (REsp 1.185.474-SC, Rel. Min. Humberto Martins, j. 20-4-2010).

69. *Vide* precedentes citados do STF: MC na ADPF 45-DF (*DJ*, 4-5-2004); AgRg no RE 595.595-SC (*DJe*, 29-5-2009); do STJ: REsp 575.998-MG (*DJ*, 16-11-2004), e REsp 429.570-GO (*DJ*, 22-3-2004) (REsp 1.041.197-MS, Rel. Min. Humberto Martins, j. 25-8-2009).

70. O Supremo Tribunal Federal não só reconhece a importância do *piso vital mínimo* como destaca a possibilidade de intervenção do Poder Judiciário em face do Estado, visando a assegurar a todos o acesso aos bens ambientais. *Vide* ADPF 45, Rel. Min. Celso de Mello, *DJ*, 4-5-2004, a saber:

"Não obstante a formulação e a execução de políticas públicas dependam de opções políticas a cargo daqueles que, por delegação popular, receberam investidura de mandato eletivo, cumpre reconhecer que não se revela absoluta, nesse domínio, a liberdade de conformação do legislador, nem a de atuação do Poder Executivo. É que, se tais Poderes do Estado agirem de modo irrazoável ou procederem com a clara intenção de neutralizar, comprometendo-a, a eficácia dos direitos sociais, econômicos e culturais, afetando como decorrência casual de uma injustificável inércia estatal ou de um abusivo comportamento governamental aquele núcleo intangível consubstanciador de um conjunto irredutível de condições mínimas necessárias à existência digna e essenciais à própria sobrevivência do indivíduo, aí, então justificar-se-á, como precedentemente já enfatizado – e até mesmo por razões fundadas em imperativo ético-jurídico – a possibilidade de intervenção do Poder Judiciário, em ordem a viabilizar, a todos, o acesso aos bens cuja fruição lhes haja sido injustamente recusada pelo Estado."

71. Celso Antonio Pacheco Fiorillo, *Curso de direito ambiental brasileiro*, 18. ed., rev., ampl. e atual. São Paulo, Saraiva, 2018; Celso Antonio Pacheco Fiorillo; Renata Marques Ferreira, *Direito ambiental tributário*, 4. ed., São Paulo, Saraiva, 2018; Celso Antonio Pacheco Fiorillo, *Direito processual ambiental brasileiro, antigo Princípios do direito processual ambiental – A defesa judicial do patrimônio genético, do meio ambiente cultural, do meio ambiente digital, do meio ambiente artificial, do meio ambiente do trabalho e do meio ambiente natural no Brasil*, 7. ed., São Paulo, Saraiva, 2018; Celso Antonio Pacheco Fiorillo; Renata Marques Ferreira, *Comentários ao Código Florestal Lei 12.651/2012*, 2. ed., São Paulo, Saraiva, 2018; Celso Antonio Pacheco Fiorillo, Paulo Ferreira; Dione Mari Morita, *Licenciamento ambiental*. 3. ed., São Paulo, Saraiva, 2018; Celso Antonio Pacheco Fiorillo; Renata Marques Ferreira, *Tutela jurídica da saúde em face do direito ambiental brasileiro – saúde ambiental e meio ambiente do trabalho*, Rio de Janeiro, Lumen Juris, 2018; Celso Antonio Pacheco Fiorillo; Renata Marques Ferreira,

indicação do art. 225 da Constituição Federal, importa apenas reafirmar que ele consiste em bem que pode ser usado por toda e qualquer pessoa, dentro dos limites fixados no texto constitucional e particularmente no plano da ordem econômica capitalista estruturada em nossa Lei Maior (art. 1º, IV, e 170 e s. da CF).

Não cabe, portanto, exclusivamente a uma pessoa ou grupo, tampouco se atribui a quem quer que seja sua titularidade. Dissociado no plano infraconstitucional, dos poderes que a relação jurídica de propriedade atribui a seu titular, conforme consagrava o art. 524 do Código Civil de 1916 e ratificado pelo dispositivo (seu "clone") do atual Código Civil de 2002 (art. 1.228), esse bem definido constitucionalmente estabelece relação jurídica apenas de uso, e ainda assim uso que importe assegurar às próximas gerações as mesmas condições que as presentes desfrutam (art. 225 da CF).

A Constituição Federal destaca por via de consequência um dos poderes atribuídos pelo direito de propriedade historicamente construído no plano infraconstitucional (direito civil) e o transporta ao art. 225 da Constituição Federal, de modo que, sendo bem de uso comum, todos poderão usá-lo nos limites fixados pelo sistema normativo constitucional.

Destarte, destinados que estão ao seu uso, os bens ambientais são transformados em produtos e serviços obedecendo necessariamente ao conteúdo do art. 170, VI, de nossa Lei Maior.

## 3. A NATUREZA JURÍDICA CONSTITUCIONAL DOS BENS AMBIENTAIS EM FACE DO DIREITO CONSTITUCIONAL DE PROPRIEDADE

Como já afirmamos, o bem ambiental, segundo o art. 225 da Constituição, é "*de uso comum do povo*", ou seja, ninguém, no plano constitucional, pode estabelecer relação jurídica com o bem ambiental que venha implicar a possibilidade do exercício de outras prerrogativas individuais ou mesmo coletivas (como as de gozar, dispor, fruir, destruir, fazer com o bem ambiental, de forma absolutamente livre, tudo aquilo que for da vontade, do desejo da pessoa humana, no plano individual ou metaindividual), além do direito de usar o bem ambiental. Enfim, a Constituição da República não autoriza fazer com o bem ambiental, de forma ampla, geral e irrestrita, aquilo que permite fazer com outros bens em face do direito de propriedade.

Destarte, o bem ambiental, diante da manifestação constitucional que informa sua natureza jurídica, não guarda compatibilidade com o direito de propriedade historicamente estruturado com fundamento em visão eurocêntrica.

Com efeito.

Conforme explica Gilissen[72], "nas *Instituições* (2, 4, 4) da época de Justiniano, o proprietário tem uma *plena potestas* sobre a coisa. Os glosadores dirão que a

---

*Tutela jurídica do patrimônio cultural brasileiro em face do direito ambiental constitucional*, Rio de Janeiro, Lumen Juris, 2018.

72. *Introdução histórica ao direito*, 2. ed., Lisboa, Fundação Calouste Gulbenkian, p. 635.

propriedade é o *ius utendi et abutendi*, o direito de usar e abusar da coisa. Pothier vai buscar na doutrina romanista[73] a fórmula: *usus, fructus, abusus*. A Declaração dos Direitos do Homem de 1789[74] considera a propriedade como "inviolável e sagrada". *Fonte de riqueza e, daí, de poder, a propriedade, tanto mobiliária como imobiliária, está na base do capitalismo* (grifos nossos). De qualquer forma, explica o autor, "o historiador constata que não existe *uma* definição de propriedade, mas um grande número, que varia de acordo com as épocas e com as regiões", confirmando afirmação de Dahrendof, citado por Hespanha[75], que disse, de modo perspicaz, que "sobre as diversas formas de propriedade, sobre as condições sociais de existência, levanta-se toda uma construção de sensações diversas e especificamente conformadas, de ilusões, de maneiras de pensar e de concepção de vida. Qualquer classe as cria e as estrutura a partir dos seus fundamentos materiais e das situações sociais correspondentes".

A partir da Declaração dos Direitos do Homem (1793), o Código de Napoleão (*Code Civil* de 1804) entendeu por bem estabelecer, em seu art. 544, a definição de propriedade como "o direito de gozar e de dispor das coisas da forma mais absoluta, desde que delas não se faça um uso proibido pelas leis ou regulamentos", definição importante para a organização jurídica dos demais países europeus que acabou por provocar reflexos em suas colônias[76, 77 e 78].

---

73. "O direito romano definiu a propriedade, *jus utendi et abutendi re sua, quateus juris ratio patitur*, como o direito de usar e abusar dos bens contanto que a razão do direito o permita. Tentou-se justificar a palavra *abusar* dizendo que ela exprime o domínio absoluto, e não o abuso insensato e imoral. Distinção inútil, imaginada para a santificação da propriedade e sem efeito contra os delírios de gozo, que não prevê nem reprime. O proprietário é o senhor de deixar apodrecer os frutos, semear sal no campo, usar as vacas em trabalhos na areia, transformar uma vinha em deserto e converter uma horta num parque: tudo isso é, sim ou não, abuso? *Em matéria de propriedade o uso e o abuso confundem-se necessariamente* (grifos nossos)."
*Vide* Proudhon, *O que é a propriedade?*, 2. ed., 1975, Lisboa, Ed. Estampa, p. 35.

74. "A declaração de direitos colocou a propriedade entre os direitos naturais e imprescritíveis do homem, que são, assim, em número de quatro: a *liberdade*, a *igualdade*, a *propriedade*, a *segurança*. Que método seguiram os legisladores de 93 para fazer esta enumeração? **Nenhum** (grifo nosso): estabeleceram princípios enquanto dissertavam de um modo geral sobre leis e soberania, segundo sua opinião. Fizeram tudo às apalpadelas ou de improviso."
*Vide* Proudhon, *O que é a propriedade?*, cit., p. 38.

75. *Poder e instituições na Europa do antigo regime*, Lisboa, Fundação Calouste Gulbenkian, p. 236.

76. Hespanha e Malheiros explicam que a propriedade e os outros direitos reais na tradição jurídica portuguesa revelam um programa no plano normativo, "progressivamente realizado desde a segunda metade do século XVIII, de instituição de uma propriedade fundada no direito natural, plena e absoluta, perpétua e entendida como uma relação simplesmente privada". Revelaram que "os grandes monumentos legislativos do séc. XIX rematam a evolução no sentido individualista", sendo "paradigmáticas as definições de propriedade da Constituição de 1822 ("Art. 5º *A propriedade é um direito sagrado e inviolável, que tem qualquer português, de dispor à sua vontade de todos os seus bens, segundo as leis (...)*" – grifos nossos) e do Código Civil de 1867 ("Art. 2.167º Diz-se direito de propriedade a faculdade que o homem tem de aplicar à conservação de sua existência, e ao melhoramento da sua condição, tudo quanto para esse fim legitimamente adquiriu, e de que, portanto, pode dispor livremente"). *Vide* Introdução histórica ao direito, cit., p. 651.

77. Martin Wolff, ao explicar o conteúdo da propriedade, cujo conceito reconhece ser de natureza equívoca, estabelece:

Já o sistema constitucional no Brasil, a partir de 1824, passou a apontar o direito de propriedade, seguramente influenciado pelos países europeus/metrópoles, **revelando seu conteúdo ideológico de garantir a economia capitalista**, e variando de acordo com o tempo.

Senão, vejamos.

A Constituição do Império do Brasil, jurada em 25 de março de 1824, explicava no art. 179 que a inviolabilidade dos Direitos Civis e Políticos dos Cidadãos brasileiros não só seria garantida pela Constituição do Império, pela maneira que passava a indicar em seus incisos, como tinha por base a liberdade, a segurança individual e a propriedade, que passava a ser garantida como direito em toda sua plenitude (art. 179, XXII), muito embora não definisse seu conteúdo, ao contrário do exemplo do legislador português de 1822.

Por outro lado, ao adotar como forma de governo o regime representativo, a Constituição da República dos Estados Unidos do Brasil, promulgada em 24 de fevereiro de 1891, passou a estabelecer normas constitucionais que não só continuavam a assegurar a inviolabilidade da propriedade, nos termos dos incisos indicados em face do art. 72, como mantinham referido direito (o direito de propriedade) "em toda sua plenitude" (§ 17 do art. 72), ainda apontando a possibilidade de restringir aludido direito, que uma vez mais não definia, em face de desapropriação por necessidade ou utilidade pública.

A Constituição da República dos Estados Unidos do Brasil, promulgada em 16 de julho de 1934, reitera a inviolabilidade do direito à propriedade, nos termos dos incisos do art. 113, garantindo no n. 17 aludido direito "na forma que a lei determinar", passando igualmente a assegurar a propriedade de marcas de "industria e commercio"

---

"*I. La posición jurídica que el parágrafo 903 C.c, y el artículo 14 ConstRF otorgan al propietario, pude precisarse más detelladamente en cuatro sentidos*:

1. El propietario puede *proceder* con la cosa a *su arbitrio*, dentro de los límites impuestos por el ordenamiento jurídico, sea por medio de actos efectivos de señorío (uso, consumo, destrucción), sea por disposiciones jurídicas (enajenación, gravamen). Éste es el "*núcleo positivo*" de la propiedad privada.

2. El propietario puede – también dentro de los límites de la ley – *excluir a otros* de toda intromisión en la cosa: '*núcleo negativo*'.

3. El propietario tiene el deber de ejercer su derecho atendiendo también a los interes sociales (art. 14, ap. 2 ConstRF).

4. Al propietario cuyas atribuciones de señorío o de exclusión han quedado más restringidas de lo que es habitual o al que se imponen unos deberes sociales más fuertes de lo ordinario, la ley le concede a veces una *pretensión a ser compensado en metálico*, como si sua propiedad hubiera sido menoscabada."

*Vide* Martín Wolff, *Tratado de derecho civil*; derecho de cosas, Barcelona, Bosch, 1971, t. III, v. 1º, p. 335.

78. A Lei Fundamental da República Federal da Alemanha estabelece em seu art. 14º (propriedade, direito sucessório, expropriação):

(1) A propriedade e o direito sucessório são garantidos. O seu conteúdo e os seus limites são determinados por lei.

(2) A propriedade obriga. O seu uso deve ao mesmo tempo servir para o bem-estar geral.

145

(n. 19), mas adotando idêntico critério àqueles mencionados pelas Cartas superadas, no sentido de não estabelecer no plano constitucional uma definição, ou seja, um conteúdo constitucional normativo do direito de propriedade.

No que se refere à Constituição dos Estados Unidos do Brasil, decretada em 10 de novembro de 1937, ao assegurar no art. 122 o direito à propriedade nos termos de seus incisos, indica no n. 14 que o conteúdo assim como os limites do direito constitucional de propriedade "serão definidos nas leis que lhe regularem o exercício", sendo certo que a "Carta Magna" do ditador Getúlio Vargas inovou as possibilidades constitucionais de limitação à propriedade em face da Lei Constitucional n. 5, de 10 de março de 1942[79].

Com a Constituição dos Estados Unidos do Brasil promulgada em 18 de setembro de 1946, a propriedade vem assegurada em face do art. 141, nos termos de seus incisos, e garantida nos termos do § 16 do art. 141, assim como assegurada em decorrência das marcas de indústria e comércio (§ 18 do art. 141), sem que o legislador constitucional tivesse qualquer preocupação em estabelecer seu conteúdo ou mesmo limites no plano da Carta Magna.

A Constituição do Brasil promulgada em 24 de janeiro de 1967, seguindo a trajetória da história constitucional antes apontada, assegura o direito à propriedade nos termos dos incisos do art. 150, sendo certo que o § 22 do aludido artigo garante o direito de propriedade, uma vez mais sem definir no plano maior seu conteúdo e limites. Referida Constituição de 1967, com a redação dada pela Emenda Constitucional n. 1/69, reiterou a inviolabilidade do direito à propriedade condicionada aos termos indicados no art. 153, indicando o § 22 ser "assegurado o direito de propriedade", com as tradicionais exceções em face de desapropriação e, via de regra, sem estabelecer seu conteúdo normativo.

Quando a atual Constituição da República Federativa do Brasil, de 5 de outubro de 1988, organiza nosso Estado Democrático de Direito em face dos fundamentos da dignidade da pessoa humana, resta garantida a brasileiros e estrangeiros residentes no país, pela primeira vez na história constitucional brasileira, a inviolabilidade do direito à propriedade, não só na perspectiva dos fundamentos estabelecidos no art. 1º, mas enquanto Direitos e Garantias Fundamentais em face de direitos individuais e coletivos, nos termos do inciso XXII ("é garantido o direito de propriedade"), mas condicionado a atender aquilo que a Carta Magna de 1988 chamou de "função social" (art. 5º, XXIII)[80].

---

79. A Lei Constitucional n. 5, de 10 de março 1942, assegurava ao Presidente da República, uma vez declarado o Estado de Emergência, decretar desde que com prévia aquiescência do Poder Legislativo, a suspensão das garantias constitucionais atribuídas à propriedade (art. 2º da Lei Constitucional n. 5/42, que deu nova redação ao art. 166 da CF).

80. Conforme ensina Nelson Nery Junior, a função social da propriedade "vem do art. 153 da Constituição alemã de 1919 (Constituição de Weimar), que o art. 153, *in fine*, estabeleceu, por inspiração do civilista Martin Wolff, os princípios de que "a propriedade obriga" (*Eigentum verpflichtet*) e da "função

Ainda que nossa Carta Maior se utilize da expressão "propriedade" em várias outras oportunidades no plano dos *Direitos e Deveres Individuais e Coletivos* (propriedade particular – art. 5º, XXV; pequena propriedade rural – art. 5º, XXVI; propriedade das marcas, nomes de empresas e outros signos distintivos – art. 5º, XXIX), no plano dos *Incentivos Regionais* (pequenos e médios proprietários rurais – art. 43, § 3º), no plano da *Tributação e Orçamento* (competência da União para instituir imposto sobre propriedade territorial rural com alíquotas fixadas de forma a desestimular a manutenção de propriedades improdutivas – art. 153, § 4º; competência do Município para instituir impostos sobre propriedade predial – art. 156, I), no plano da *Ordem Econômica e Financeira* (princípios da Ordem Econômica – propriedade privada, art. 170, II, e função social da propriedade, art. 170, III; jazidas como propriedade distinta da do solo, garantia ao concessionário da propriedade do produto da lavra e participação do proprietário do solo nos resultados da lavra – art. 176 e parágrafos; propriedade urbana – art. 182, § 2º; propriedade do solo urbano – art. 182, § 4º; propriedade de outro imóvel urbano ou rural – art. 183; pequena e média propriedade rural – art. 185, II, e propriedade rural – arts. 186 e 190), no plano da *Comunicação Social* (propriedade de empresa jornalística e de radiodifusão sonora e de sons e de imagens – art. 222) e ainda no plano do *Meio Ambiente Cultural* (propriedade definitiva aos remanescentes das comunidades dos quilombos – art. 68 do Ato das Disposições Constitucionais Transitórias), **cabe destacar que** *em momento algum a Constituição Federal em vigor* *DEFINE O CONTEÚDO DA PROPRIEDADE.*

Como podemos observar, nosso direito constitucional, como produto cultural que é, entendeu por bem, ao longo de mais de um século, não estabelecer na Carta Maior a definição ou mesmo o conteúdo do instituto, que "está na base do capitalismo"[81], como afirma Gilissen, deixando ao legislador infraconstitucional a missão de explicar e delimitar o direito de propriedade (caso a caso), ocasionando interpretações muitas vezes falaciosas, por força da forte influência do subsistema material civil em nossa cultura jurídica – e evidentemente de seus conceitos e fundamentos elaborados com a ideologia triunfante que assegurou a vitória dos valores burgueses, tão bem observados no Código de Napoleão assim como nas legislações dos demais países europeus –, como instrumento normativo fundamental destinado a organizar desde o século XIX a ordem econômica que sempre imperou em nosso País e se estabeleceu no plano jurídico através de nossas Constituições (de 1824, 1891, 1934, 1937, 1946, 1967, 1969 e 1988).

---

social da propriedade" (*Gebrauch nach Gemeinem Besten*). *Vide Novo Código Civil e legislação extravagante anotados*, São Paulo, Revista dos Tribunais, atualizado até 15-3-2002, p. 418.

81. No mês de março de 2007, depois de treze anos de muito debate, foi transformada em lei a proposta que protege na China o direito à propriedade privada.

O texto, com 274 artigos, aprovado pela Assembleia Nacional Popular (o Parlamento Chinês), que entrou em vigor em 1º de outubro de 2007, estabelece que "a propriedade do Estado, da coletividade, do indivíduo e de outras partes é objetivo de proteção legal, e ninguém nem nenhuma instituição pode atentar contra ela". Será ainda objeto de muito debate saber se efetivamente o direito à propriedade privada se estenderá à zona rural onde vivem 900 milhões dos habitantes do país, que somam 1,3 bilhão.

Daí ser relativamente comum enfrentarmos interpretações jurídicas no sentido de que o direito de propriedade no sistema constitucional brasileiro é o direito de propriedade construído na Revolução Francesa, ou seja, o direito regrado a partir do art. 544 do Código de Napoleão, que acabou inclusive por influenciar nossa legislação em face dos conceitos apontados em nosso Código Civil[82].

Podemos concluir que, independentemente do conceito de propriedade que se queira observar no plano constitucional, não poderíamos, em hipótese alguma, confundir as relações jurídicas que envolvem determinados bens vinculados às pessoas humanas em face do conceito infraconstitucional de propriedade construído historicamente em face de ideologia eurocêntrica (relação em que se pode gozar, dispor, fruir, destruir, fazer com o bem aquilo que for da vontade de seu proprietário) com as relações jurídicas que envolvem os bens ambientais (relação adstrita única e exclusivamente ao uso do bem).

O simples argumento de que, em princípio, não podemos destruir o bem ambiental[83], por força do que determina o art. 225 da Constituição Federal (ao contrário dos bens ligados à pessoa humana pela estrutura jurídica da propriedade definida no plano histórico infraconstitucional, em que existe até mesmo a possibilidade de o proprietário destruir a coisa, conforme já ensinava Martin Wolff[84]), já é suficiente no sentido de corroborar a natureza jurídica do bem ambiental como única e exclusivamente ao uso comum do povo e, por via de consequência, elaborada na ordem econômica do capitalismo para atender às relações de consumo, mercantis e outras importantes relações destinadas à pessoa humana, dentro de uma nova concepção constitucional criada em 1988, que tem na dignidade da pessoa humana seu mais importante fundamento.

---

82. O Código Civil de 1916 (Lei n. 3.071, de 1º-1-1916, que regulava em seu art. 1º, os direitos e obrigações de ordem privada concernentes às pessoas, aos bens e às suas relações, elaborado sob a égide da Constituição da República dos Estados Unidos do Brazil promulgada a 24 de fevereiro de 1891) estabelecia no art. 524 que "A lei assegura ao **proprietário** o *direito de usar, gozar e dispor de seus bens* (grifos nossos), e de reavê-los do poder de quem quer que injustamente os possua".

O Código Civil de 2002 (Lei n. 10.406, de 10-1-2002, que regula, conforme explica Nelson Nery Junior, "as relações jurídicas civis, vale dizer, as relações jurídicas entre as pessoas naturais e jurídicas entre si e em face das coisas que possam ser de sua titularidade", dispondo também "sobre temas centrais fundamentais do Direito Comercial, unificando, por assim dizer, o direito obrigacional") estabelece no art. 1.228 que: "**O proprietário tem a** *faculdade de usar, gozar e dispor da coisa* (grifos nossos), e o direito de reavê-la do poder de quem quer que injustamente a possua ou detenha".

Como notamos no que se refere ao conceito de propriedade, os Códigos brasileiros dos séculos XX e XXI repetem fundamentalmente o Código de Napoleão, do século XIX, estabelecendo curiosa visão de um Brasil no século XXI fundamentalmente idêntico à França de Napoleão Bonaparte no plano jurídico antes referido...

83. A propósito dos arts. 14º (propriedade, direito sucessório e expropriação) e 15º (socialização) da Lei Fundamental da República Federal da Alemanha, comenta Nuno Rogerio que a combinação do art. 14º com o 15º "confere-nos a circunstância político-partidária de aprovação da Constituição, em que o CDU e o SPD, em função da doutrina social da Igreja e de uma visão 'marxista democrática', depois esbatida e até abandonada, estatuíram o credo comum do valor social da propriedade. A estruturação e fraseamento da norma lembra irresistivelmente uma citação ínsita na 'Filosofia do Direito', de Gustav Radbruch (que foi parlamentar e Ministro da Justiça em Weimar): '*tem o homem que possui a Venus Ludovici o direito de a destruir?*' (grifos nossos). *Vide A lei fundamental da República Federal da Alemanha com um ensaio e anotações de Nuno Rogerio*" (Coimbra, Coimbra Ed., 1996, p. 141).

84. *Tratado de derecho civil; derecho de cosas*, cit., p. 335.

Destarte, tanto na perspectiva dos Direitos e Garantias Fundamentais em face de direitos individuais e coletivos (inciso XXII), condicionado a atender aquilo que a Carta Magna de 1988 chamou de "função social" (art. 5º, XXIII)[85] como em decorrência das várias outras oportunidades citadas anteriormente em que nossa Constituição Federal se utiliza da expressão "propriedade", resta cabalmente demonstrado que em momento algum a Constituição Federal em vigor define o conteúdo normativo da propriedade sendo pois instituto que deve ser interpretado de forma sistemática dentro do contexto da ordem econômica estabelecida por nossa Constituição Federal (arts. 1º, IV c/c 170 e s.) e, em face do direito ambiental constitucional, associado necessariamente à relação jurídica de uso dos bens ambientais definida no art. 225 da Carta Magna.

Exatamente por esta razão a circunstância de o Poder Público atuar na forma do que indica o art. 225, § 1º, de nossa Lei Maior visando a balizar o uso dos bens ambientais não lhe confere, só por si – considerando-se os princípios que tutelam, em nosso sistema normativo, o direito de propriedade –, a prerrogativa de subtrair-se ao pagamento de indenização compensatória ao particular, quando a atividade pública, decorrente do exercício de atribuições em tema de direito ambiental, impedir ou afetar a válida exploração econômica vinculada ao uso dos bens ambientais.

Daí o Supremo Tribunal Federal adotar entendimento didático ao esclarecer que "a norma inscrita no art. 225, § 4º, da Constituição deve ser interpretada de modo harmonioso com o sistema jurídico consagrado pelo ordenamento fundamental, notadamente com a cláusula que, proclamada pelo art. 5º, XXII, da Carta Política, garante e assegura o direito de propriedade em todas as suas projeções, inclusive aquela concernente à compensação financeira devida pelo Poder Público ao proprietário atingido por atos imputáveis à atividade estatal"[86].

## 4. OS BENS AMBIENTAIS ATRIBUÍDOS A ENTES FEDERADOS E SUA GESTÃO

A Constituição Federal em diversos artigos determina serem da União ou dos Estados os bens ambientais, conforme verificamos nos arts. 20, III, IV, V e VIII, e 26, I, II e III. Haveria uma antinomia constitucional?

---

85. Conforme ensinam Nelson Nery Junior e Rosa Maria de Andrade Nery, a função social da propriedade "vem do art. 153 da Constituição alemã de 1919 (Constituição de Weimar), que o art. 153, *in fine*, estabeleceu, por inspiração do civilista Martin Wolff, os princípios de que "a propriedade obriga" (*Eigentum verpflichtet*) e da "função social da propriedade" (*Gebrauch nach Gemeinem Besten*).

*Vide Novo Código Civil e legislação extravagante anotados*, São Paulo, Revista dos Tribunais, atualizado até 15-3-2002, p. 418.

86. "RECURSO EXTRAORDINÁRIO. ESTAÇÃO ECOLÓGICA. RESERVA FLORESTAL NA SERRA DO MAR. PATRIMÔNIO NACIONAL (CF, ART. 225, § 4º). LIMITAÇÃO ADMINISTRATIVA QUE AFETA O CONTEÚDO ECONÔMICO DO DIREITO DE PROPRIEDADE. DIREITO DO PROPRIETÁRIO À INDENIZAÇÃO. DEVER ESTATAL DE RESSARCIR OS PREJUÍZOS DE ORDEM PATRIMONIAL SOFRIDOS PELO PARTICULAR. RE NÃO CONHECIDO" (RE 134.297/SP, Rel. Min. Celso de Mello, j. 13-6-1995, 1ª Turma, *DJ*, 22-9-1995, p. 30.597, ement. v. 01.801-04, p. 670).

Definitivamente não. Essa conclusão dá-se pelo fato de que os bens indicados nos incisos dos arts. 20 e 26 de nossa Lei Maior, de natureza jurídica estabelecida pela própria Constituição Federal (art. 225), eram, até o advento da Lei Maior de nosso Estado Democrático de Direito, interpretados em face de norma jurídica infraconstitucional (o Código Civil) de inequívoca influência cultural em nosso País.

Diante desse novo quadro constitucional, os bens que possuem as características de bem ambiental (de uso comum do povo e indispensável à sadia qualidade de vida) não são propriedade de qualquer dos entes federados, o que significa dizer, por exemplo, que os rios e lagos de que trata o art. 20, III, da Constituição Federal não são bens de propriedade da União. Na verdade, ela atua como *simples gestora de um bem* que pertence à coletividade, devendo geri-lo sempre com a participação direta da sociedade.

Dessa forma, temos que a Constituição Federal, ao outorgar o "domínio" de alguns bens à União ou aos Estados, não nos permite concluir que tenha atribuído a eles a titularidade de bens ambientais. Significa dizer tão somente que a União ou o Estado (dependendo do bem) serão seus *gestores*[87], de forma que toda vez que alguém quiser explorar algum dos aludidos bens deverá estar autorizado pelo respectivo ente federado, porquanto este será o ente responsável pela "administração" do bem e pelo dever de prezar pela sua gestão.

## 5. BENS AMBIENTAIS NO PLANO INFRACONSTITUCIONAL: A CLASSIFICAÇÃO DOS BENS PREVISTA NA LEI N. 10.406/2002 (BENS PÚBLICOS E BENS PARTICULARES) E OS BENS DE CONSUMO INDICADOS NA LEI N. 8.078/90

O Código Civil de 1916, ao ser criado, sob a égide da Constituição Republicana de 1891, estabeleceu:

"Art. 65. São públicos os bens de domínio nacional pertencentes à União, aos Estados, ou aos Municípios. Todos os outros são particulares, seja qual for a pessoa a que pertencerem".

Destarte, o bem particular seria em face da lei antes referida aquele "pertencente à pessoa natural ou a pessoa jurídica de direito privado", enquanto o bem público seria

---

87. "Competência. Crime previsto no art. 46, parágrafo único, da Lei n. 9.605/98. Depósito de madeira nativa proveniente da Mata Atlântica. Art. 225, § 4º, da Constituição Federal. – **Não é a Mata Atlântica, que integra o patrimônio nacional a que alude o art. 225, § 4º, da Constituição Federal, bem da União**. – Por outro lado, o interesse da União para que ocorra a competência da Justiça Federal prevista no art. 109, IV, da Carta Magna tem de ser direto e específico, e não, como ocorre no caso, interesse genérico da coletividade, embora aí também incluído genericamente o interesse da União. – Consequentemente, a competência, no caso, é da Justiça Comum estadual. Recurso extraordinário não conhecido" (RE 300.244/SC, Rel. Min. Moreira Alves, j. 20-11-2001, 1ª Turma, *DJ*, 19-12-2001, p. 27, ement. v. 2.054-06, p. 1.179).

150

"o que tem por titular do seu domínio uma pessoa jurídica de direito público interno, podendo ser federal, se pertencente à União, estadual, se do Estado, ou municipal, se do Município"[88].

Tanto a definição de bem particular quanto a de bem público estariam, portanto, claramente vinculadas ao conceito/interpretação da propriedade estabelecida no subsistema civil de 1916 construído ideologicamente a partir de vetusto modelo eurocêntrico. Por outro lado o Código Civil de 2002 (Lei n. 10.406/2002) – que na verdade não se caracterizou propriamente por ser um novo Código em face de adotar as mesmas concepções ideológicas e econômicas do século XIX – em nada alterou como não poderia deixar de ser, os fundamentos interpretativos antes indicados.

Todavia, com o advento da Constituição Federal de 1988, aludida dicotomia trazida pelo Código Civil de 1916 (e mantida pelo Código de 2002...) recebeu tratamento distinto. Isto porque nosso sistema positivo traduziu a necessidade de orientar um novo sistema e um novo subsistema jurídico direcionados para a realidade do século XXI, tendo como pressuposto a moderna sociedade de massas dentro de um contexto de tutela de direitos e interesses adaptados às necessidades, principalmente metaindividuais no plano da ordem econômica do capitalismo.

Assim entendeu por bem nossa Lei Maior definir os bens jurídicos fundamentais para a ordem econômica estabelecida pela Carta Magna (arts. 1º, IV, c/c 170 e s. da CF) destacando por via de consequência – no plano constitucional repita-se – a tutela jurídica dos bens destinados ao uso dos brasileiros e estrangeiros residentes no País em proveito de suas necessidades (art. 225 da CF).

Destinados que estão ao seu uso, os bens ambientais, conforme estabelecido explicitamente pelo art. 225 da Lei Maior, são transformados em produtos e serviços obedecendo necessariamente ao conteúdo do art. 170, VI, de nossa Lei Maior.

Com isso estabeleceu o legislador infraconstitucional novo sistema jurídico destinado ao balizamento dos bens que são transformados em produtos e serviços: a Lei n. 8.078/90.

Referida norma, em sintonia com a Constituição Federal, delimitou no plano inferior o enquadramento dos bens ambientais – transformados em produtos e serviços – em face do que estabelece o art. 170 e s. da Constituição Federal.

## 5.1. A DISTINÇÃO ENTRE OS BENS PÚBLICOS DEFINIDOS EM NORMA INFRACONSTITUCIONAL E OS BENS AMBIENTAIS DEFINIDOS NO PLANO CONSTITUCIONAL: A INTERPRETAÇÃO DO SUPREMO TRIBUNAL FEDERAL

Como já tivemos oportunidade de demonstrar anteriormente, a doutrina italiana insinua que não é somente o traço de titularidade que diferencia um bem ambiental/

___
88. Maria Helena Diniz, *Dicionário jurídico*, São Paulo, Saraiva, 1998, v. 1, p. 394.

bem difuso de outro coletivo. Sustenta a distinção num critério objetivo, que reside na indivisibilidade do bem, objeto sobre o qual resultará o interesse respectivo.

A Lei Federal n. 8.078/90 (conhecida como Código de Defesa do Consumidor), em seu art. 81, parágrafo único, I e II, estabeleceu como critério discernidor entre um e outro direito justamente o elemento subjetivo, ou seja, a determinabilidade ou não dos titulares do bem, uma vez que pelo critério objetivo ambos os bens são indivisíveis, sejam oriundos de interesse coletivo ou difuso.

Entre bem difuso e bem público, contudo, haveria tênue liame, que se reforça diante da aplicação do critério subjetivo para a distinção de cada um deles.

Primeiramente, o Código Civil de 1916, em seu art. 66, estabeleceu:

> "Os bens públicos são:
>
> I – de uso comum do povo, tais como mares, rios, estradas, ruas e praças;
>
> II – os de uso especial, tais como os edifícios ou terrenos aplicados a serviço ou estabelecimento federal, estadual ou municipal;
>
> III – os dominicais, isto é, os que constituem o patrimônio da União, dos Estados, ou dos municípios, como objetivo de direito pessoal, ou real de cada uma dessas entidades".

Pelo que se observa, até o surgimento da Lei Federal n. 8.078/90, tínhamos no plano infraconstitucional a prevalência da dicotomia público/privado, de modo que os bens hoje designados metaindividuais/difusos, tendo em vista o critério da indeterminabilidade dos titulares e da indivisibilidade de seu objeto, eram tratados sob o rótulo de públicos.

Sem ter criado critério distintivo dos bens, mas utilizando-se da classificação estabelecida ao que tudo indica pelo art. 66 do Código Civil de 1916, a atual Constituição Federal em algumas oportunidades cuidou de abordá-los tácita e expressamente. Como exemplo, podemos citar o art. 5º, LXXIII, que preceitua:

> "LXXIII – qualquer cidadão é parte legítima para propor ação popular que vise a anular ato lesivo **ao** *patrimônio público* ou de entidade de que o Estado participe, à moralidade administrativa, **ao** *meio ambiente* e ao patrimônio histórico e cultural(...)" (grifo nosso).

Com esse dispositivo, observamos que o legislador constituinte distinguiu **os bens pertencentes ao patrimônio público dos pertencentes a toda a coletividade**. Isso se torna mais evidente ao constatarmos que ele tratou de forma diversa patrimônio público e meio ambiente, numa clara alusão ao fato de que este não constitui aquele.

Outro exemplo a ser trazido é o art. 129, III, da Constituição Federal, o qual explicitamente dispôs:

> "Art. 129. São funções institucionais do Ministério Público:
>
> (...)

III – promover o inquérito civil e a ação civil pública, para a proteção do *patrimônio público* e social, do *meio ambiente* e de outros interesses difusos e coletivos" (grifo nosso).

Com isso, temos tratamento diferenciado despendido ao bem público e aos bens ambientais, na medida em que foi ressaltado, mais uma vez, que meio ambiente não é patrimônio público, até mesmo porque conclusão contrária a esta obrigar-nos-ia a acreditar na redundância do legislador constituinte.

Ademais, deve-se frisar que, ao fazer-se distinção entre bem público e bem ambiental, não se colocam em xeque o princípio da legalidade e o poder-dever de a Administração agir conforme os ditames legais e em benefício da coletividade. Concebe-se, efetivamente, em nosso ordenamento jurídico positivado, uma terceira categoria de bem, que é o bem ambiental, cuja titularidade difere daquela própria do bem público.

Tanto isso é verdade que o legislador constituinte demonstrou sua existência, ao aludir a bem ambiental (art. 225), de uso comum do povo, cuja defesa incumbe tanto ao Poder Público quanto à coletividade.

Não se pode olvidar, como critério diferenciador, que o bem público tem como titular o Estado (ainda que deva geri-lo em função e em nome da coletividade), ao passo que o bem ambiental repousa sua titularidade no próprio povo. Com isso, eventuais condenações ao ressarcimento do dano a um bem de natureza pública e a outro de natureza ambiental possuirão destinos diferentes. No primeiro caso, o objeto da arrecadação será destinado ao Estado, enquanto no segundo, em princípio, destinar-se-á ao fundo criado pela Lei n. 7.347/85 – Fundo de Defesa de Direitos Difusos (Lei n. 9.008/95) – ou mesmo a Fundos Estaduais.

A distinção entre bem público e bem ambiental reclama ainda a análise não só do art. 66 do Código Civil de 1916 como de sua "cópia" no Código Civil de 2002 (art. 99). O legislador de 1916 atribuiu ao que se denomina atualmente bem ambiental a característica de espécie de bem público; o legislador civil de 2002, como dissemos, transportou o conceito do final do século XIX/início do século XX pura e simplesmente para o século XXI... Resta evidente que os conceitos do subsistema civil *não guardam compatibilidade* com o conceito descrito no art. 225 da Constituição Federal.

No ano de 2010 o Supremo Tribunal Federal acolheu nossa interpretação, conforme podemos observar:

"Os arts. 2º da Lei n. 8.176/91 e 55 da Lei n. 9.605/98 tutelam **bens jurídicos distintos: o primeiro visa a resguardar o patrimônio da União; o segundo protege o meio ambiente** (grifos nossos). Daí a improcedência da alegação de que o art. 55 da Lei n. 9.605/98 revogou o art. 2º da Lei n. 8.176/91"[89 e 90].

---

89. HC 89.878, Rel. Min. Eros Grau, j. 20-4-2010, 2ª Turma, *DJe*, 14-5-2010.

90. Em idêntico sentido:

"*HABEAS CORPUS*. PENAL. PROCESSUAL PENAL. EXTRAÇÃO DE OURO. INTERESSE PATRIMONIAL DA UNIÃO. ART. 2º DA LEI N. 8.176/91. CRIME CONTRA O MEIO AMBIENTE. ART. 55 DA LEI N. 9.605/98. BENS JURÍDICOS DISTINTOS. CONCURSO FORMAL. INEXISTÊNCIA DE CONFLITO APARENTE DE NORMAS. AFASTAMENTO DO PRINCÍPIO DA ESPECIALIDADE. INCOMPETÊNCIA DO JUIZADO ESPECIAL FEDERAL. 1. Como se trata, na espécie

Destarte, como já afirmado em edições anteriores de nosso *Curso de direito ambiental brasileiro*, reiteramos afirmação no sentido de que não só o art. 66, I, do Código Civil de 1916 não teria sido recepcionado em sua inteireza pela Constituição Federal como o art. 99, I, do Código Civil de 2002 encontra-se frontalmente em choque com a Constituição Federal.

## 6. BENS AMBIENTAIS E SEGURANÇA NACIONAL

### 6.1. A POLÍTICA NACIONAL DO MEIO AMBIENTE SOB A ÉGIDE DA DITADURA MILITAR E O CONCEITO DE SEGURANÇA NACIONAL

Elaborada em plena ditadura militar, a Lei n. 6.938/81, ao estabelecer a política nacional do meio ambiente, teve por objetivo a preservação, melhoria e recuperação da qualidade ambiental propícia à vida, no sentido de assegurar, naquela oportunidade, condições ao desenvolvimento socioeconômico no Brasil, assim como aos interesses da segurança nacional, conceito que verdadeiramente "fundamentava" a interpretação da Constituição em vigor (EC n. 1/69).

O conceito de segurança nacional em vigor era o da ditadura militar, tendo sido formulado pelas Forças Armadas do período[91, 92 e 93], a saber, o conceito enunciado pelo

---

vertente, de concurso formal entre os delitos do art. 2º da Lei n. 8.176/91 e do art. 55 da Lei n. 9.605/98, **que dispõem sobre bens jurídicos distintos (patrimônio da União e meio ambiente, respectivamente – grifos nossos)**, não há falar em aplicação do princípio da especialidade para fixar a competência do Juizado Especial Federal. 2. Ordem denegada" (STF, HC 111.762/RO, Rel. Min. Cármen Lúcia, j. 13-11-2012, 2ª Turma, *DJe,* 4-12-2012).

91. Explica José Celso de Mello Filho que o conceito de segurança nacional atuava como "fator restritivo ou limitativo da autonomia política de entidades federadas, das liberdades públicas, das prerrogativas parlamentares e de inúmeros princípios constitucionais". Ver *Constituição Federal anotada*, 2. ed. ampl. e atual. até a EC n. 27/85, Saraiva, 1986.

92. Para uma visão doutrinária bem didática a respeito do tema vale transcrever a "memorável" lição do administrativista Hely Lopes Meirelles, citada por José Celso de Mello Filho em sua obra *Constituição Federal anotada* (MEIRELLES, Hely Lopes. Poder de polícia e segurança nacional, *Revista dos Tribunais*, v. 61, n. 445, p. 287-298, nov. 1972), que nos informa de que forma alguns juristas conceituavam o tema segurança nacional de acordo com as exigências da ditadura militar:

**Poder de polícia e segurança nacional(\*)**

Hely Lopes Meirelles

Sumário:

I – Considerações sobre o Estado e seus poderes. II – Os poderes administrativos. III – O poder de polícia. IV – A segurança nacional. V – Meios de efetivação da segurança. VI – Considerações finais.

(\*) Conferência proferida na Escola Superior de Guerra, em 24 de maio de 1972.

IV – A Segurança Nacional

O conceito de segurança nacional é novo e pouco difundido em doutrina, não obstante a Constituição da República e as leis mais recentes a ela referirem com frequência. Há, assim, uma conceituação legal e uma conceituação doutrinária que passaremos a analisar.

**Conceituação Legal** – A Constituição da República (Emenda Constitucional n. 1, de 1969) alude várias vezes à segurança nacional, mas em nenhum dispositivo nos fornece o seu conceito, contentando-se em declarar que toda pessoa natural ou jurídica é responsável por ela, nos limites definidos em lei (art. 86) e em esclarecer que o Conselho de Segurança Nacional é o órgão incumbido da formulação e execução da política de segurança nacional (art. 87), indicando a composição desse órgão (art. 88) e sua competência (art. 89).

Somente o Decreto-Lei n. 898, de 29-8-1969, que define os crimes contra a segurança nacional e a ordem política e social, assim a conceitua: "Art. 2º A segurança nacional é a garantia da consecução dos objetivos nacionais contra antagonismos, tanto internos como externos. Art. 3º A segurança nacional compreende, essencialmente, medidas destinadas à preservação da segurança externa e interna, inclusive a prevenção e repressão da guerra psicológica adversa e da guerra revolucionária ou subversiva".

Ambos os conceitos não satisfazem. São indicações pragmáticas, mais de objetivos a atingir que de caracterização conceitual da nova instituição. O art. 3º acima transcrito chega a empregar impropriamente o verbo "compreende", quando o correto seria "admite", porque na verdade a segurança nacional não "compreende medidas", mas apenas "admite", "utiliza" ou "adota" medidas de prevenção e repressão às atividades que visa conter ou coibir. O art. 2º, conquanto indique o conteúdo da segurança nacional, é excessivamente vago, e omisso nas suas demais características.

**Conceituação Doutrinária** – A conceituação doutrinária de segurança nacional vem basicamente de estudos da Escola Superior de Guerra, através de seus dirigentes e do seu Corpo Permanente de Professores. O inegável é que essa doutrina é uma formulação das Forças Armadas, consideradas pela Constituição da República "essenciais à execução da polícia de segurança nacional" e destinadas "à defesa da Pátria e à garantia dos poderes constituídos, da lei e da ordem" (art. 91). Se assim é, devemos ouvir inicialmente os mais categorizados representantes das Forças Armadas, que já definiram, conceituaram ou explicaram a segurança nacional.

Iniciemos pela palavra de um ilustrado ex-Comandante da própria Escola Superior de Guerra, o General-de-Exército, Augusto Fragoso, que assim se pronunciou sobre o tema: "Nos estudos doutrinários sedimentou-se bem o entendimento, não mais sujeito a controvérsias, de que segurança e desenvolvimento ou desenvolvimento e segurança são noções fortemente integradas entre si, intimamente entrosadas e interligadas – sobrepostas mesmo em largas porções dos respectivos campos – integrantes ambas da Política Nacional, que pode ser admitida até também una e indivisível, tal como admitimos que sejam a Estratégia e o Poder Nacional" ("A Escola Superior de Guerra", exposição feita ao empresariado de São Paulo, em dezembro de 1970, publicada in "Problemas Brasileiros", n. 88, p. 19 e s.). Outro culto representante das Forças Armadas, o Gen. Golbery do Couto e Silva, afirma que "no amplo quadro da Política Nacional, o Desenvolvimento e a Segurança intimamente se entrosam, reciprocamente se condicionam e acentuadamente se interdependem, chegando mesmo, por vezes, a se confundir numa faixa de recobrimento" (in "Planejamento Estratégico").

Ainda recentemente, o ilustre Gen. Carlos de Meira Mattos, que em sucessivos estudos vem divulgando a doutrina da Revolução de 64, reafirmou a necessidade do desenvolvimento para sustentação do nosso regime e consecução dos objetivos nacionais, nestes termos: "O desenvolvimento pela via democrática é o compromisso mais sério da Revolução no presente estágio de processo revolucionário brasileiro. Implantado o desenvolvimento pela via democrática estaremos consolidando a única democracia autêntica e legítima, porque assentada na prosperidade e no bem-estar da população. Não se conhece no mundo nenhuma verdadeira democracia que coexista com a pobreza, a fome e a ignorância". E rematou com esta oportuna advertência de segurança nacional: "Quanto maior a Nação, maiores as aspirações e necessidades, e maior o Poder necessário a conduzi-la" ("Revolução Democracia e Poder", in *O Estado de S.Paulo*; de 9-4-1972, p. 27). Na mesma linha, sustenta o Cel. Antônio Lepiane, em substancioso estudo, que: "Ao realizar a Política de Desenvolvimento, a Nação necessita, paralelamente, que seja mantido um grau adequado de garantia para propiciar o bem-estar coletivo. Esse grau adequado de garantia é a segurança nacional" ("O que é a Segurança Nacional", São Paulo, 1968, p. 4) e logo adverte que "no campo doutrinário não se afigura fácil definir, com precisão e rigorismo, o que realmente segurança significa, aquilo em que consiste, o que abarca e o que implica" (in ob. e loc. cits.).

Entre os juristas, o tema tem merecido algumas especulações doutrinárias, mas sem precisar as características e conteúdo da segurança nacional. O Prof. Caio Tácito, num repasse histórico sobre a segurança nacional, nos idos de 1962, demarcou o campo de sua atuação, numa apreciação analítica em que

155

demonstra tratar-se de uma situação de defesa dos interesses nacionais, e nos aponta os seus objetivos nestes termos: "Se a ordem social contemporânea é, por natureza, instável e evolutiva, exige, para o seu desenvolvimento pacífico, um conjunto de fatores permanentes, que representam, a nosso ver, os objetivos da segurança nacional, a saber: a) defesa da integridade territorial; b) preservação da soberania nacional; c) manutenção da ordem pública; d) estabilidade das instituições políticas; e) equilíbrio econômico; f) equilíbrio social" ("A Segurança Nacional no Direito Brasileiro", in *RDA*, 1962, v. 69/19 e s.).

O Prof. Manoel de Oliveira Franco Sobrinho, em erudito estudo, informa-nos que: "A razão política da segurança nacional reside na verdade de que os acontecimentos externos influem nas sociedades nacionais e nos indivíduos, tornando precárias certas linhas de defesa que mantêm certas nações soberanas e independentes", passando a justificar a autodefesa dos Estados modernos através das medidas de segurança de seu povo e de suas instituições, mas em nenhum ponto conceitua a segurança nacional, limitando-se a caracterizar a segurança interna como um dos "direitos do Estado" para a preservação das instituições quando ameaçadas por inimigos internos ou externos ("A Segurança Interna nas Cartas Constitucionais do Brasil", in *RDP*, 1969, v. 10/25 e s.).

Em recente monografia, o Prof. Mário Pessoa discorre longamente sobre "o direito da segurança nacional", conceituando-a como "a completa funcionalidade das coisas essenciais que se prendem direta ou indiretamente à Coletividade Humana, por esta preservada através do seu respectivo Estado. Baseia-se na valorização da eficiência. É a conceituação do autor ("O Direito da Segurança Nacional", Biblioteca do Exército e Revista dos Tribunais, 1971, p. 99). Com o devido respeito a esse autor, permitimo-nos discordar do seu conceito porque a segurança nacional não é em si mesma "a completa funcionalidade das coisas essenciais", admitindo-se, quando muito, que ela visa a propiciar essa "completa funcionalidade" a que o ilustre professor alude. Não nos parece também que o fundamento da segurança nacional seja a "valorização da eficiência", mas sim o interesse nacional na preservação de pessoas, bens, instituições ou política, que o Estado se dispunha a tutelar para atingir os objetivos presentes ou futuros da Nação.

Mas não só a doutrina tem-se esforçado por definir a segurança nacional, como também a jurisprudência, na esteira desta decisão do STF, que assim a conceituou: "Segurança nacional envolve toda a matéria pertinente à defesa da integridade do território, independência, sobrevivência e paz do País, suas instituições e valores materiais ou morais contra ameaças externas e internas, sejam elas atuais e imediatas, ou ainda em estado potencial próximo ou remoto" (Recurso Extraordinário n. 62.739, julgado em 23-8-1967, in *RDP*, v. 5/223). Conceituação analítica, plenamente satisfatória, quando indica o campo de incidência da segurança nacional.

Porém, correta e completa conceituação se nos afigura a elaborada pela Escola Superior de Guerra, segundo a qual: Segurança nacional é o grau relativo de garantia que, através de ações políticas, econômicas, psicossociais e militares, o Estado proporciona, em determinada época, à Nação que jurisdiciona, para a consecução ou manutenção dos objetivos nacionais, a despeito dos antagonismos ou pressões existentes ou potenciais.

Realmente, temos para nós que: Segurança nacional é a situação de garantia, individual, social e institucional que o Estado assegura a toda a Nação, para a perene tranquilidade de seu povo, pleno exercício dos direitos e realização dos objetivos nacionais, dentro da ordem jurídica vigente. É a permanente e total vigilância do Estado sobre o seu território, para garantia de seu povo, de seu regime político e de suas instituições.

93. Instituições de Estado, neutras e imparciais, a serviço da Pátria, da democracia, da Constituição, de todos os Poderes e do povo brasileiro, as Forças Armadas (Marinha, Exército e Aeronáutica), atualmente, estão totalmente adaptadas ao nosso Estado Democrático de Direito, sendo instituições nacionais permanentes e regulares sob a autoridade suprema de um Presidente da República eleito pelo povo conforme estabelecem os arts. 142 e 143 da Constituição Federal de 1988. Verifica-se, pois, que "o texto constitucional de 1988 inseriu as Forças Armadas no âmbito do controle civil do Estado, como 'instituições nacionais permanentes e regulares'. Esses atributos qualificam as Forças Armadas como órgãos de Estado, e não de governo, indiferentes às disputas que normalmente se desenvolvem no processo político. Essa perspectiva institucional reflete-se nas funções substantivas destinadas às Forças Armadas, quais sejam: a) a defesa da Pátria; b) a garantia dos poderes constitucionais; e c) por iniciativa de qualquer dos três poderes, a garantia da lei e da ordem. Trata-se de missão de altíssima relevância para a sustentação material do Estado Democrático de Direito, a ser realizada nos estritos termos dos procedimentos e dos limites desenhados pela Constituição".

art. 2º da Lei Federal n. 6.620/78, revogada pela Lei n. 7.710/83, que, conforme apontado por José Celso de Mello Filho[94], explicava o tema como "o estado de garantia proporcionado à Nação, para a consecução dos seus objetivos nacionais, dentro da ordem jurídica vigente". Os "critérios" constitucionais eram informados pelos arts. 86 a 89 da "Carta" de 1969, com competência da União (art. 8º) no que se refere a "planejar e promover" o desenvolvimento de referida segurança nacional. O denominado Conselho de Segurança Nacional, presidido pelo Presidente da República, com a participação do Vice-Presidente da República, assim como de todos os Ministros de Estado, era o órgão de mais alto nível na assessoria direta ao Presidente da República.

Evidente que a tutela dos bens ambientais, assim como a "proteção da dignidade da vida humana", descrita no art. 2º da Lei n. 6.938/81, estava adaptada aos interesses do Conselho de Segurança Nacional, estruturado juridicamente pela EC n. 1/69. Dessarte os recursos ambientais (a atmosfera, as águas interiores, superficiais e subterrâneas, os estuários, o mar territorial, o solo, o subsolo, os elementos da biosfera, a fauna e a flora), previstos na Lei n. 6.938/81 (art. 3º, V), observavam natureza jurídica orientada pelo art. 8º, XVII, *c, h* e *i*, a saber, natureza jurídica de bens de absoluto uso, gozo e fruição do Estado.

Com o restabelecimento da democracia, os bens ambientais passaram a ser de uso comum do povo, apontando natureza jurídica, que em momento algum guardam compatibilidade com as vetustas interpretações autoritárias baseadas em superado direito administrativo. A Política Nacional do Meio Ambiente passou por via de consequência a ser interpretada em face da existência de um Estado democrático de direito, superando a antiga análise doutrinária baseada em "entulho" autoritário.

## 6.2. BENS AMBIENTAIS NO ESTADO DEMOCRÁTICO DE DIREITO[95] E SEGURANÇA NACIONAL

Com a democracia e o estabelecimento do Estado Democrático de Direito, a Política Nacional do Meio Ambiente passou a ser orientada pelo novo sistema constitucional em vigor: fundamentado não só pelo princípio da soberania[96] como pelos princípios da dignidade da pessoa humana e pelos valores sociais do trabalho e da livre-iniciativa

---

Daí restar bem estabelecido nos dias de hoje que "nos quase 30 anos de democracia no Brasil, sob a Constituição de 1988, as Forças Armadas têm cumprido o seu papel constitucional de maneira exemplar: profissionais, patrióticas e institucionais. Presta um desserviço ao país quem procura atirá-las no varejo da política".

*Vide:* Medida Cautelar na Ação Direta de Inconstitucionalidade 6.457, Distrito Federal, Rel. Min. Luiz Fux, Brasília, 12 de junho de 2020; Mandado de Injunção 7.311, Distrito Federal, Rel. Min. Roberto Barroso, Brasília, 10 de junho de 2020.

94. *Constituição Federal anotada*, 2. ed. ampliada e atualizada até a EC n. 27/85, Saraiva, 1986.

95. Para estudo aprofundado dos bens ambientais em nossa Constituição Federal *vide* nosso *Curso de direito ambiental brasileiro*, 9. ed., Saraiva, 2008.

96. A respeito do tema, *vide*, na presente obra, o item "Princípio da soberania" (Parte I, Capítulo II).

(ordem jurídica do capitalismo), sendo certo que a Lei n. 6.938/81 passou a ter sua interpretação fixada nos arts. 225 e 23, VI e VII, da Magna Carta.

A ideologia da ditadura, tendo o Estado como o centro de toda e qualquer interpretação, foi substituída pela ideologia de uma democracia que aponta a dignidade da pessoa humana como mais importante vetor interpretativo.

Assim a preservação, melhoria e recuperação da qualidade ambiental passaram a ser objetivos destinados à tutela de uma vida digna da pessoa humana (art. 1º, III, da CF), no sentido de assegurar no Brasil condições ao desenvolvimento sustentável, observando interesses de uma "Segurança nacional" compatível com nosso Estado Democrático de Direito.

Dessarte os recursos ambientais, como bens de uso comum do povo (art. 225 da CF), devem guardar compatibilidade com um novo conceito de segurança nacional, fundamental para assegurar na democracia não só os interesses de brasileiros e estrangeiros residentes no País, mas adaptado à defesa dos bens ambientais como assunto diretamente relacionado à nossa soberania nacional (art. 1º, IV), independência nacional (art. 4º, I) e, evidentemente, à defesa do próprio Estado Democrático de Direito (art. 1º, *caput*).

Daí a Constituição Federal em vigor ter criado o Conselho de Defesa Nacional (art. 91 da CF), órgão de consulta do Presidente da República nos assuntos relacionados com a soberania nacional assim como a defesa do Estado democrático, com competência delimitada no § 1º do art. 91, o que inclui, evidentemente, os recursos ambientais[97 e 98].

---

97. O próprio tema Segurança Nacional em harmonia com os bens ambientais está indicado no inciso III do § 1º do art. 91 da Constituição Federal, a saber:

"Art. 91. O Conselho de Defesa Nacional é órgão de consulta do Presidente da República nos assuntos relacionados com a soberania nacional e a defesa do Estado democrático, e dele participam como membros natos:

I – o Vice-Presidente da República;

II – o Presidente da Câmara dos Deputados;

III – o Presidente do Senado Federal;

IV – o Ministro da Justiça;

V – o Ministro de Estado da Defesa;

VI – o Ministro das Relações Exteriores;

VII – o Ministro do Planejamento;

VIII – os Comandantes da Marinha, do Exército e da Aeronáutica.

§ 1º Compete ao Conselho de Defesa Nacional:

III – propor os critérios e condições de utilização de áreas indispensáveis à **segurança** do território **nacional** e **opinar sobre seu efetivo uso**, especialmente na faixa de fronteira e **nas relacionadas com a preservação e a exploração dos recursos naturais de qualquer tipo**" (destaques nossos).

98. *Vide* também, na presente obra, o item "Princípio da soberania" (Part I, Capítulo II).

Trata-se de registrar, para jamais esquecer, a lembrança de Scherer[99] ao aduzir que "em 2016, na encíclica Laudato si', o papa Francisco abordou as questões ambientais numa visão global e tratou da importância de preservar os ecossistemas, entre os quais o da Amazônia, por causa de sua riqueza biológica, mas também por seu significado para o conjunto da vida, a humana incluída. É tarefa de cada país, mas também é dever da comunidade internacional, por meio de legítimos mecanismos de pressão da sociedade civil, ajudar a sensibilizar as comunidades e os governos locais quanto ao cumprimento de sua missão na preservação do meio ambiente e dos recursos naturais de suas nações. Mas o papa reconhece que o assunto requer 'um delicado equilíbrio, pois também não se podem ignorar os enormes interesses internacionais que, a pretexto de cuidar deles, podem atentar contra as soberanias nacionais'. E se refere a 'propostas de internacionalização da Amazônia, que só servem a interesses econômicos de corporações internacionais' (n. 38)".

## 6.3. AGRESSÃO ESTRANGEIRA AOS BENS AMBIENTAIS E O SISTEMA NACIONAL DE MOBILIZAÇÃO (LEI N. 11.631/2007): UMA VERDADE INCONVENIENTE?

No campo de Defesa Nacional organizou nossa Constituição Federal importante dispositivo destinado a tutelar os recursos naturais em face da agressão estrangeira: compete privativamente ao Presidente da República declarar guerra, no caso de agressão estrangeira, autorizado pelo Congresso Nacional ou referendado por ele, quando ocorrida no intervalo das sessões legislativas, e, nas mesmas condições, decretar, total ou parcialmente, a mobilização nacional (art. 84, XIX, da CF).

A mobilização nacional se destina a tutelar os bens ambientais em face de eventual agressão estrangeira, sendo importante mecanismo de defesa dos bens de uso comum do povo[100].

---

99. Dom Odilo P. Scherer, Cardeal-Arcebispo de São Paulo, Sínodo da Amazônia, *O Estado de S. Paulo*, 13 jul. 2019.

100. A possibilidade de agressão estrangeira sempre existiu na história das civilizações, particularmente em face da necessidade de alguns países se apropriarem dos bens ambientais de outros países. Uma reportagem publicada em maio de 2008 no jornal americano *The New York Times* afirmava que a sugestão feita por líderes globais de que a Amazônia não é patrimônio exclusivo de nenhum país estava causando preocupação no Brasil.

No texto, intitulado "De quem é esta floresta amazônica, afinal?", assinado pelo correspondente do jornal no Rio de Janeiro, Alexei Barrionuevo, o jornal dizia que "um coro de líderes internacionais está declarando mais abertamente a Amazônia como parte de um patrimônio muito maior do que apenas das nações que dividem o seu território".

O jornal citava o ex-vice-presidente americano Al Gore, que, em 1989, disse que, "ao contrário do que os brasileiros acreditam, a Amazônia não é propriedade deles, ela pertence a todos nós", conforme abaixo indicado:

"Now, with the world focusing on the promises of biodiversity and the perils of global warming, a chorus of international leaders have ever more openly declared the Amazon part of a patrimony far larger

Com efeito.

Definida pela Lei n. 11.631/2007 como "o conjunto de atividades planejadas, orientadas e empreendidas pelo Estado, complementando a Logística Nacional, destinadas a capacitar o País para realizar ações estratégicas, no campo da Defesa Nacional, diante de agressão estrangeira" (art. 2º, I), terá sua execução decretada por ato do Poder Executivo, autorizado pelo Congresso Nacional ou referendado por ele, quando no intervalo das sessões legislativas (art. 4º), devendo especificar o espaço geográfico do território nacional em que será realizada, assim como as medidas necessárias à sua execução (parágrafo único do art. 4º). Cabe salientar que a própria reorientação da produção, da comercialização, da distribuição e do consumo de bens (inclusive os bens ambientais) e da utilização de serviços está abrangida pela norma antes referida.

Os bens ambientais passam por via de consequência a ter tutela jurídica ampla também no sentido de adequar a Política Nacional do Meio Ambiente ao conceito democrático de segurança nacional, adaptado aos fundamentos do Estado Democrático de Direito[101].

## 6.4. TUTELA JURÍDICA DOS BENS AMBIENTAIS VINCULADOS À SEGURANÇA NACIONAL EM FACE DA INDÚSTRIA DE DEFESA BRASILEIRA

Conforme explica Roberto Carlos Bernardes[102] ao contrário do que previam os analistas mais otimistas, o século XXI teve seu início marcado por uma onda de conflitos bélicos regionais e sociais exacerbados. Mudanças climáticas e ambientais dramáticas têm exigido a implementação de projetos nacionais de pesquisas tecnológicas para explorar uma nova matriz energética sustentável e alternativa[103].

Em 2008, eclodiu uma grave crise financeira global, não totalmente superada e ainda emitindo sinais de vida na Europa, com riscos de propagação e contágio pelo Velho Continente. Outro fato relevante foi o desempenho expressivo das economias emergentes, a exemplo da China, do Brasil e da Índia, nos mercados de produção e consumo global, ascendendo a um novo *status* de liderança como potências regionais.

---

than that of the nations that share its territory. "Contrary to what Brazilians think, the Amazon is not their property, it belongs to all of us," Al Gore, then a senator, said in 1989" (*vide* Alexei Barrionuevo, Whose Rain Forest is this, anyway?, *The New York Times*, 18 de maio de 2018. Disponível em: https://www.nytimes.com/2008/05/18/weekinreview/18barrionuevo.html).

101. *Vide* Fundamentos do Estado Democrático de Direito em nossa obra *Princípios do direito processual ambiental*, 3. ed., São Paulo, Saraiva, 2008.

102. Por que construir uma base industrial de defesa forte e dinâmica?, in São Bernardo do Campo, Grande ABC-Nova Fronteira da Indústria de Defesa, *Cadernos de São Bernardo do Campo*, v. 2, 1. ed. out. 2011, MP Editora Ltda., p. 35 e s.

103. Para uma análise jurídica aprofundada, *vide* nosso *Curso de direito da energia: tutela jurídica da água, do petróleo, do bicombustível, dos combustíveis nucleares, do vento e do sol*, 3. ed., São Paulo, Saraiva, 2012.

Nesse quadro de grandes desafios globais, o Brasil vivencia uma condição histórica única, posicionando-se como um ator relevante no cenário mundial: foi classificado em 2017 como a oitava maior economia do mundo[104], tem a quinta maior área territorial, abriga a quinta maior população e, incluindo as estimativas do programa de prospecção do pré-sal, tem posição de detentor de grandes reservas de petróleo[105].

É também classificado por vários organismos científicos internacionais como o país com a maior diversidade e banco genético do mundo[106], considerando-se todas as regiões da Amazônia, a Mata Atlântica, a caatinga, o Pantanal e a chamada Amazônia Azul (que abrange as zonas costeiras marítimas constituídas por 3,5 milhões de quilômetros quadrados sob jurisdição brasileira, interagindo com grande variedade de ecossistemas litorâneos e marítimos).

O Brasil é ainda privilegiado por sua disponibilidade de água: 12% da água doce superficial no mundo, 53% do manancial de água doce na América do Sul, além do maior rio do planeta, o Amazonas, que corre em quase sua totalidade em território brasileiro.

"Dotado dessas riquezas naturais e econômicas, paradoxalmente, o país enfrenta desequilíbrios sociais e necessita de estratégia e indústria de defesa à altura dos desafios e restrições que serão impostos ao seu desenvolvimento futuro. A existência de uma base industrial de defesa (BID)[107] competitiva e integrada entre espaço, defesa e aeronáutica pode promover o avanço tecnológico com a geração de externalidades dinâmicas significativas (*spill – overs*) – inclusive pela aplicação civil dessas tecnologias de natureza dual[108] – em outros setores da economia e regiões que hospedam esses investimentos. Essa indústria é intensiva em ciência e conhecimento, gerando produtos e serviços de alto valor agregado e densidade tecnológica, oportunidades de ocupações científicas com salários elevados, estimulando indiretamente o consumo e a oferta local de conhecimento.

_____
104. Fonte: https://www.imf.org/external/index.htm.

105. Para uma análise jurídica aprofundada *vide* nosso *Curso de direito da energia*: tutela jurídica da água, do petróleo, do biocombustível, dos combustíveis nucleares, do vento e do sol, cit.

106. Para uma análise jurídica aprofundada, *vide* nosso *Biodiversidade, patrimônio genético e biotecnologia no direito ambiental brasileiro*, São Paulo, Saraiva, 2012.

107. Base industrial de defesa (BID) é definida como "o conjunto das empresas e instituições civis e militares do país que participam de uma ou mais etapas de pesquisa, desenvolvimento conjunto de empresas e produção, distribuição e manutenção de produtos de defesa, aí incluídas as empresas estratégicas de defesa". Associação Brasileira das Indústrias de Materiais de Defesa e Segurança (ABIMDE).

108. Um exemplo das potencialidades da aproximação entre a produção civil e a militar é a aeronave de vigilância BEM 145 AEW&C, desenvolvida a partir da plataforma comercial do ERJ-145. A experiência internacional é repleta de casos bem-sucedidos de tecnologias desenvolvidas no campo dos setores aeroespacial e de defesa com amplo uso civil: computador, GPS, redes neurais, máquinas-ferramenta, telefone celular, *laser*, entre outras.

A consolidação de uma base industrial de defesa depende da organização de grandes programas de Pesquisa e Desenvolvimento (P&D) e da arquitetura de uma rede com extensa capilaridade de atores para interagir com as instituições de Ciência, Tecnologia e Inovação (CT&I). Como consequência, a implementação de uma estratégia de crescimento para o setor promoveria impactos sinergéticos na *performance* do balanço de pagamentos e nas exportações de produtos e serviços de alta e média intensidades tecnológicas (ABDI, 2010)".

Ocorre que **tão importante quanto** a existência "da organização de grandes programas de Pesquisa e Desenvolvimento (P&D) e da arquitetura de uma rede com extensa capilaridade de atores para interagir com as instituições de Ciência, Tecnologia e Inovação (CT&I)" dependerá também a base industrial de defesa, para se tornar viável no plano normativo, de sua necessária adequação ao direito ambiental constitucional.

Dependente fundamentalmente dos bens ambientais, a Indústria de Defesa Brasileira **preliminarmente** está obrigada a observar o necessário Licenciamento Ambiental[109] para ser efetivamente implementada.

Com efeito.

Exigência constitucional dirigida a todo empreendedor (inclusive evidentemente à Indústria de Defesa), privado ou público, nacional ou estrangeiro, e vinculado à instalação de obras ou quaisquer atividades potencialmente causadoras de degradação do meio ambiente (meio ambiente não só natural mas também artificial, cultural, digital e particularmente do trabalho) o Licenciamento Ambiental vinculado à indústria de defesa deverá necessariamente ser observado sob pena de ser fulminado no âmbito judicial (art. 225, § 1º, IV, da CF)[110].

Por outro lado, também no âmbito constitucional, a pesquisa tecnológica da indústria de defesa deverá estar voltada **preponderantemente** para a solução dos problemas brasileiros e para o desenvolvimento do sistema produtivo nacional e regional (art. 218, § 2º, da CF).

De qualquer forma, para podermos estabelecer uma importante indústria de defesa – de fato muito importante para nosso país – não podemos deixar de obedecer aos princípios fundamentais de nossa Carta Magna, vinculados ao Estado Democrático de Direito[111].

Se, por um lado, a soberania de nosso país, adaptada a um democrático conceito de segurança nacional destinado a assegurar nossa efetiva independência nacional, depende efetivamente do adequado uso dos bens ambientais vinculados à indústria

---

109. Para um estudo adequado, *vide* nosso *Licenciamento ambiental*, 3. ed. São Paulo, Saraiva, 2019.

110. *Vide* nosso *Princípios do direito processual ambiental*: a defesa judicial do patrimônio genético, do meio ambiente cultural, do meio ambiente digital, do meio ambiente artificial, do meio ambiente do trabalho e do meio ambiente natural no Brasil, 7. ed. São Paulo, Saraiva, 2018.

111. *Vide* nosso *O direito de antena em face do direito ambiental no Brasil*. São Paulo: Ed. Fiúza, 2009 (Clássicos do Direito Ambiental, v. 1).

de defesa[112], conforme anteriormente indicado, não podemos esquecer que **todos os princípios fundamentais de nossa Constituição** deverão ser obedecidos para tornar viável uma base industrial importante em proveito da cidadania, dignidade e respeito às atuais e futuras gerações de brasileiros (art. 225 da CF).

A indústria de defesa brasileira, por via de consequência, deverá estar integralmente associada aos interesses da população brasileira em face dos comandos constitucionais que organizam nosso Estado Democrático de Direito.

---

112. Carlos Afonso Pierantoni Gamboa, em seu artigo "A necessidade de organizar um setor estratégico", comenta que "a base industrial de defesa representa um dos pilares que definem uma nação como soberana. Soberania não para resolver disputas apenas pela força, mas para respaldar ações de diplomacia" (in São Bernardo do Campo, Grande ABC-Nova Fronteira da Indústria de Defesa, *Cadernos de São Bernardo do Campo*, v. 2, 1. ed., outubro de 2011, MP Editora Ltda., p. 69 e s.).

# Capítulo IV

## SUJEITO E OBJETO DO DIREITO AMBIENTAL BRASILEIRO: A RELAÇÃO JURÍDICA AMBIENTAL E OS BENS AMBIENTAIS SUBMETIDOS À PESSOA HUMANA

Conforme advertia Kelsen[1], "em estreita conexão com os conceitos de dever jurídico e de direito subjetivo (*Berechtigung*) está, segundo a concepção tradicional, o conceito de relação jurídica. Esta é definida como relação entre sujeitos jurídicos, quer dizer, entre o sujeito de um dever jurídico e o sujeito do correspondente direito (*Berechtigung*) ou – o que não é o mesmo – como relação entre um dever jurídico e o correspondente direito 115 (*Berechtigung*) – definição em que as palavras 'dever' (*Pflicht*) e 'direito' (*Berechtigung*) devem ser entendidas no sentido da teoria tradicional".

Sujeito do direito[2], já ensinava Clóvis Beviláqua[3] no início do século XX, fundamentando sua ideia nas "bases em que repousa a organização jurídica da sociedade segundo a elaborou a civilização do Occidente"[4], é "o ser, a que a ordem jurídica assegura o poder de agir contido no direito (...) os sujeitos dos direitos são as pessoas naturaes e jurídicas"[5].

Já o objeto é "o bem ou vantagem, sobre que o sujeito exerce o poder conferido pela ordem jurídica. Podem ser objeto do direito:

1º Modos de ser da própria pessoa na vida social (a existência, a liberdade, a honra, etc.);

2º As acções humanas;

3º As coisas corpóreas ou incorporeas, entre estas ultimas incluindo-se os produtos da inteligência".

---

1. Hans Kelsen, *Teoria pura do direito*, trad. João Baptista Machado, 6. ed., São Paulo, Martins Fontes, 1998.

2. "É sujeito jurídico, segundo a teoria tradicional, quem é sujeito de um dever jurídico ou de uma pretensão ou titularidade jurídica (*Berechtigung*)" (Hans Kelsen, *Teoria pura do direito*, trad. João Baptista Machado, 6. ed., São Paulo, Martins Fontes, 1998.

3. *Vide Teoria geral do direito civil*, 3. ed., Livraria Francisco Alves, 1946, p. 65.

4. *Vide* Prefácio de *Teoria geral do direito civil*, elaborado em 1928, 3. ed., Livraria Francisco Alves, 1946.

5. *Vide Teoria geral do direito civil*, 3. ed., Livraria Francisco Alves, 1946, p. 64.

Assim, ao explicar o conceito de objeto do direito, imediatamente o autor do Código Civil brasileiro de 1916 destacava que "relação de direito é o laço, que, sob a garantia da ordem jurídica, submete o objeto ao sujeito", para logo em seguida esclarecer que:

> "A relação de direito somente se pode estabelecer entre pessoas, ensinam muitos dos mais notáveis civilistas; porem, melhor traduzem a verdade dos factos os que distinguem duas categorias de relações, umas actuando sobre objetos naturais, e outras ligando pessoas entre si, as quaes podem denominar-se direitos de dominação e direitos que impõem deveres directos às outras pessoas. Foi naturalmente tendo em vista esta diferença fundamental entre as relações de direito que Teixeira de Freitas propoz distribuir toda a matéria do direito civil em duas grandes classes: os direitos reaes e os pessoaes. Effectivamente o direito é uma expansão da personalidade, e essa expansão, que pressuppoe sempre a ordem jurídica, ora se realiza pela apropriação de cousas da natureza, ora pelo relevo de algum dos seus modos de ser ou qualidades, ora, finalmente, pela restricção imposta à atividade jurídica de outrem"[6].

Com efeito.

Nosso sistema constitucional em vigor, ao estabelecer como princípio fundamental interpretativo de todos os dispositivos da Lei Maior a dignidade da pessoa humana, fixou a pessoa humana como "o ser, a que a ordem jurídica assegura o poder de agir contido no direito", indicando os bens ambientais, detalhadamente tratados no Capítulo anterior, como o objeto sobre o qual a pessoa humana exerce o poder conferido por nossa Carta Magna.

Destarte, a relação jurídica ambiental existente em nosso sistema normativo é, pois, o "laço" que sob a garantia da Constituição Federal interpretada em face de seus princípios fundamentais submete os bens ambientais à pessoa humana[7].

---

6. *Vide Teoria geral do direito civil*, 3. ed., Livraria Francisco Alves, 1946, p. 66/67.

7. "A Constituição Federal de 1988, ao incluir entre seus princípios fundamentais a dignidade da pessoa humana (art. 1º, III), como fundamento destinado a interpretar todo o sistema constitucional, adotou visão explicitamente antropocêntrica, que reflete em toda a legislação infraconstitucional – o que abarca também a legislação ambiental. O Constituinte originário atribuiu aos brasileiros e estrangeiros residentes no País (arts. 12, I, e 52 da Carta Magna) posição de centralidade em relação ao nosso sistema de direito positivo. Nesse sentido, o Princípio n. 1 da Declaração do Rio de Janeiro sobre Meio Ambiente e Desenvolvimento de 1992: 'Os seres humanos estão no centro das preocupações com o desenvolvimento sustentável. Têm direito a uma vida saudável e produtiva, em harmonia com a natureza'" (ADI 4.066 / DF, Rel. Min. Rosa Weber, j. 24-8-2017, Tribunal Pleno, processo eletrônico, *DJe*-043, divulg. 6-3-2018, public. 7-3-2018). No mesmo sentido, ADI 3.470 / RJ, Rel. Min. Rosa Weber, j. 29-11-2017, Tribunal Pleno, processo eletrônico, *DJe*-019, divulg. 31-1-2019, public. 1º-2-2019.

# Capítulo V
## AS OBRIGAÇÕES AMBIENTAIS EM FACE DO DIREITO CONSTITUCIONAL BRASILEIRO

## 1. INTRODUÇÃO

Conforme já indicado na presente obra, nossa Constituição Federal, ao delimitar pela primeira vez em nossa história constitucional a tutela normativa dos bens ambientais, indicando sua natureza jurídica, estruturada diretamente no texto de nossa Carta Magna, estabeleceu os deveres e direitos ambientais (art. 225, §§ 1º a 7º), fixando a defesa do meio ambiente como princípio geral da atividade econômica (art. 170, VI). Destarte, criou explicitamente, no plano normativo em vigor, superiores regras gerais destinadas a estabelecer todos os comandos fundamentais destinados a interpretar a tutela jurídica constitucional do meio ambiente.

Daí, e com fundamento no desenvolvimento da doutrina especializada, nosso Supremo Tribunal Federal ter acolhido e estabelecido em nosso ordenamento jurídico pátrio o conceito amplo e abrangente das quatro noções de meio ambiente, a saber, meio ambiente natural, meio ambiente cultural, meio ambiente artificial (espaço urbano) e meio ambiente laboral, na célebre ADI 3.540, julgada em 2005, que fixou de maneira clara e didática a denominada obrigação constitucional ambiental.

Destarte, é dos referidos dispositivos constitucionais que fixam o uso dos bens ambientais necessariamente balizados pela defesa do meio ambiente que nascem as obrigações ambientais[1]; daí, nas hipóteses de lides ambientais, a necessidade de nossa Carta Magna estabelecer claramente ser da competência do Supremo Tribunal Federal julgar as causas decididas em única ou última instância, quando a decisão recorrida contrariar os dispositivos constitucionais antes referidos.

---

1. Trata-se evidentemente de hipótese estabelecida diretamente pela Constituição Federal, que não se confunde com o direito das obrigações desenvolvido historicamente no plano de regras infraconstitucionais e particularmente do denominado Direito Civil, ou seja, como observa Gilissen, de obrigação caracterizada como "uma relação jurídica entre duas ou mais pessoas, pela qual uma delas (o credor) tem o direito de exigir um certo facto de outrem (o devedor)", definida nas *Instituições* de Justiniano como um "*iuris vinculum, quo necessitate adstringimur alicuius solvendae rei* (III,13)" e não criando "um direito de crédito, geralmente chamado "direito pessoal", por oposição aos "direitos reais"; direito este que "não é oponível *erga omnes*", não existindo senão entre as partes" (John Gilissen, *Introdução histórica ao direito*, 2. ed., Lisboa, Calouste Gulbenkian, 1995).

Ocorre que, não raras vezes, temos observado decisões judiciais que, afrontando a superior orientação de nosso sistema normativo estruturado com fundamentos nos dispositivos antes referidos, apreciam questões ambientais constitucionais a partir de regras normativas infraconstitucionais, pretendendo inclusive – como observado em alguns casos – estabelecer interpretação "pacífica" e mesmo "definitiva" a respeito dos deveres e direitos ambientais constitucionais, inclusive no âmbito das obrigações ambientais, com fundamento estabelecido tão somente em leis federais, olvidando ou mesmo desprezando, salvo melhor juízo, as regras jurídicas de nossa Lei Maior no que se refere ao direito ambiental constitucional.

Senão, dentre outros, vejamos exemplo interessante.

Os Ministros da 1ª Turma do Superior Tribunal de Justiça (STJ), ao resolverem aprovar no final do ano de 2018 um verbete registrando o que seria sua "interpretação pacífica" ou "majoritária" a respeito de tema vinculado ao direito ambiental constitucional, aprovaram a seguinte Súmula:

Súmula 623 – "As obrigações ambientais possuem natureza *propter rem*"[2], sendo admissível cobrá-las do proprietário ou possuidor atual e/ou dos anteriores, à escolha do credor.

Destarte, embora a referida Súmula, editada pela 1ª Turma do Superior Tribunal de Justiça (STJ) [3, 4 e 5], não tenha o condão de pacificar o tema das obrigações ambientais

---

2. A denominada obrigação de natureza *propter rem* (em razão da coisa), como obrigação originada da titularidade de uma hipótese jurídica vinculada aos denominados direitos reais e sempre/necessariamente prevista em lei, está historicamente associada ao desenvolvimento do direito civil, sendo costumeiramente interpretada em face de uma análise infraconstitucional. Tendo sua gênese no denominado direito das coisas (direito civil), está estruturada em face da tutela jurídica dos bens estabelecida no subsistema civil e via de regra associada aos direitos de posse e propriedade dos bens móveis e imóveis. Trata-se, por via de consequência, de associar o tema ao subsistema denominado "privado", recordando que o Código Civil de 1916 (Lei n. 3.071/1916), ao estabelecer em sua Parte Geral que "Este Código regula os direitos e obrigações de ordem privada concernentes às pessoas, aos bens e às suas relações" (Disposição Preliminar, art. 1º), regulou bens públicos e bens particulares (arts. 65 a 68), bem como modalidades das obrigações de ordem privada (arts. 863 a 927), no plano INFRACONSTITUCIONAL; o Código de 2002 (Lei n. 10.406/2002), norma jurídica igualmente INFRACONSTITUCIONAL, praticamente reproduz o conteúdo da matéria antes referida (bens públicos – arts. 98 a 103; modalidades das obrigações: arts. 233 a 285).

A respeito de obrigações *propter rem*, dentre outros, *vide* a clássica obra de Hassen Aberkane, Essai d'une théorie générale de l'obligation propter rem en droit positif français: contribution à l'étude de la distinction des droits de créance et des droits réels. *Revue Internationale de Droit Comparé*, v. 11, n. 2, abr.-jun. 1959.

A respeito da tipicidade dos direitos reais, *vide*, de forma mais ampla, Guido Alpa; Mario Bessone, *Poteri dei privati e statuto della proprietà*, Padova, CEDAM, 1980.

3. Conforme indica em seu próprio *site* institucional, o STJ "é a corte responsável por uniformizar a interpretação da lei federal em todo o Brasil", sendo de sua responsabilidade" a solução definitiva dos casos civis e criminais que não envolvam matéria constitucional nem a justiça especializada" (http://www.stj.jus.br/sites/STJ/default/pt_BR/Institucional/Atribui%C3%A7%C3%B5es).

4. Art. 105. Compete ao Superior Tribunal de Justiça: (...) III – julgar, em recurso especial, as causas decididas, em única ou última instância, pelos Tribunais Regionais Federais ou pelos tribunais dos Estados, do Distrito Federal e Territórios, quando a decisão recorrida: a) contrariar tratado ou lei federal, ou negar-lhes vigência; b) julgar válido ato de governo local contestado em face de lei federal; (Redação dada pela Emenda Constitucional n. 45, de 2004) c) der a lei federal interpretação divergente da que lhe haja atribuído outro tribunal.

5. "O STJ foi criado, na lição de Andrighi, com a missão de 'zelar pela uniformidade de interpretação do direito pátrio, fazendo valer a vontade da lei federal em todo território nacional'.

no âmbito de nosso ordenamento jurídico em vigor, adotando inclusive visão reduzida da noção jurídica de meio ambiente[6], notamos claramente no exemplo mencionado hipótese destinada a orientar as obrigações ambientais com fundamento em regras tão somente infraconstitucionais, afrontando de forma clara e inequívoca a gênese constitucional dos deveres/obrigações ambientais.

Assim, entendemos adequado, pela oportunidade, desenvolver na presente obra análise jurídica constitucional a respeito do tema das obrigações ambientais, indicando brevemente o significado constitucional da matéria, inclusive com fundamento na interpretação que vem sendo utilizada pelo Supremo Tribunal Federal.

Senão vejamos.

## 2. A OBRIGAÇÃO IMPOSTA PELA CONSTITUIÇÃO FEDERAL AO ESTADO E À PRÓPRIA COLETIVIDADE DE PROTEGER OS BENS AMBIENTAIS EM PROVEITO DO USO COMUM DE BRASILEIROS E ESTRANGEIROS RESIDENTES NO PAÍS: OS DEVERES AMBIENTAIS EM FACE DOS RECURSOS AMBIENTAIS, DOS BENS CULTURAIS, DA CIDADE E DA SAÚDE AMBIENTAL

Conforme interpretado pelo Supremo Tribunal Federal (ADI 3.540), incumbe ao Estado e à própria coletividade a especial obrigação de defender e preservar, em benefício das presentes e futuras gerações, o direito ambiental, a saber, as relações jurídicas vinculadas ao meio ambiente natural, ao meio ambiente cultural, ao meio ambiente artificial (espaço urbano) e ao meio ambiente laboral, submetendo-se à obrigação constitucional antes referida.

O adimplemento de referido encargo, que é irrenunciável na interpretação estabelecida pelo STF, representa a garantia de que não se instaurarão, no seio da coletividade, os graves conflitos intergeneracionais marcados pelo desrespeito ao dever de

---

Com efeito... vontade da lei federal... e não dispositivos da Constituição Federal..." (*vide* Fátima Nancy Andrighi, Comentário ao art. 105, III, letra "c", da Constituição Federal, in *Comentários à Constituição do Brasil,* J. J. Gomes Canotilho e outros, São Paulo, Saraiva, 2018.

6. Ao estabelecer que "as obrigações ambientais possuem natureza *propter rem*", a 1ª Turma do Superior Tribunal de Justiça, além de adotar terminologia imprópria no âmbito do direito ambiental constitucional, manifestou entendimento, salvo melhor juízo, fundamentado tão somente na inconstitucional perspectiva da existência de um direito ambiental absorvido integralmente e totalmente pelo subsistema normativo civil; por outro lado, ainda que possamos vislumbrar uma tentativa da 1ª Turma do STJ de identificar a tutela jurídica dos recursos ambientais definidos em normas infraconstitucionais enquadrados no âmbito de "obrigações ambientais de índole civil", cuida-se de visão tecnicamente/juridicamente limitada e mesmo inconstitucional que desconsidera por completo a orientação do STF no que se refere às noções jurídicas de meio ambiente conforme estabelece de maneira didática a ADI 3.540. Destarte, *data venia*, argumentar a existência de "obrigação ambiental *propter rem"* (particularmente no âmbito do meio ambiente artificial, do meio ambiente cultural e principalmente do meio ambiente do trabalho/saúde ambiental) é desconsiderar pura e simplesmente a causa geradora das obrigações ambientais (a Constituição Federal), bem como a orientação evolutiva do Supremo Tribunal Federal, consolidada na cláusula constitucional proclamadora do direito fundamental ao meio ambiente (ADI 4.066).

168

solidariedade, que a todos se impõe, na proteção desse bem essencial de uso comum das pessoas em geral (o bem ambiental).

Destarte, o uso dos bens ambientais na ordem econômica balizada em nossa Constituição Federal (uso evidentemente autorizado visando à transformação dos bens ambientais em produto ou mesmo serviço) está condicionado não só, evidentemente, ao que determinam os princípios fundamentais constitucionais (arts. 1º a 4º da CF), como particularmente às superiores obrigações fixadas diretamente a partir do que determinam os referidos arts. 225 e 170, VI, da Constituição Federal dentro de uma perspectiva mais ampla destinada a fundamentar a gênese da obrigação ambiental no plano da denominada relação jurídica ambiental em face do meio ambiente natural (recursos ambientais como bens ambientais, tutelados pelo art. 225 da CF), do meio ambiente cultural (bens culturais como bens ambientais tutelados pelos arts. 215 e 216 da Constituição Federal), do meio ambiente artificial (a cidade como bem ambiental, tutelada pelos arts. 182 e 183 da CF) e do meio ambiente do trabalho (a saúde como bem ambiental, tutelada pelos arts. 196 a 200 da CF).

Assim, o uso dos bens ambientais no plano da ordem econômica estabelecida em nossa Constituição Federal está condicionado às obrigações fixadas pela Lei Maior, ou seja, para que se estabeleça a exata dimensão das obrigações ambientais necessitamos ter clareza de que, no plano constitucional, as obrigações ambientais estão vinculadas não só aos recursos ambientais, mas igualmente a bens ambientais outros também abarcados pela relação jurídica ambiental, conforme didaticamente indicado anteriormente.

Passemos, pois, a uma breve recordação no que se refere à análise da relação jurídica ambiental, bem como da natureza jurídica dos bens ambientais.

## 3. DIREITO AO MEIO AMBIENTE E RELAÇÃO JURÍDICA AMBIENTAL: OS BENS AMBIENTAIS SUBMETIDOS À PESSOA HUMANA

Sujeito do direito, já ensinava Clóvis Beviláqua[7] no início do século XX, fundamentando sua ideia nas "bases em que repousa a organização jurídica da sociedade segundo a elaborou a civilização do Occidente"[8], é "o ser, a que a ordem jurídica assegura o poder de agir contido no direito (...) os sujeitos dos direitos são as pessoas naturaes e jurídicas"[9].

Já o objeto é "o bem ou vantagem, sobre que o sujeito exerce o poder conferido pela ordem jurídica. Podem ser objeto do direito:

1º Modos de ser da própria pessoa na vida social (a existência, a liberdade, a honra, etc.);

---

7. Clóvis Beviláqua, *Teoria geral do direito civil*, 3. ed., Livraria Francisco Alves, 1946.

8. Clóvis Beviláqua, Prefácio de *Teoria geral do direito civil*, elaborado em 1928, 3. ed., Livraria Francisco Alves, 1946.

9. Clóvis Beviláqua, *Teoria geral do direito civil*, 3. ed., Livraria Francisco Alves, 1946.

2º As acções humanas;

3º As coisas corpóreas ou incorporeas, entre estas ultimas incluindo-se os produtos da inteligência".

Assim, ao explicar o conceito de objeto do direito, ainda que em plano infraconstitucional, imediatamente o autor do Código Civil brasileiro de 1916 destacava que "relação de direito é o laço, que, sob a garantia da ordem jurídica, submete o objeto ao sujeito", para logo em seguida esclarecer que "a relação de direito somente se pode estabelecer entre pessoas, ensinam muitos dos mais notáveis civilistas; porém, melhor traduzem a verdade dos factos os que distinguem duas categorias de relações, umas actuando sobre objetos naturais, e outras ligando pessoas entre si, as quaes podem denominar-se direitos de dominação e direitos que impõem deveres directos às outras pessoas. Foi naturalmente tendo em vista esta diferença fundamental entre as relações de direito que Teixeira de Freitas propoz distribuir toda a matéria do direito civil em duas grandes classes: os direitos reaes e os pessoaes. Effectivamente o direito é uma expansão da personalidade, e essa expansão, que pressuppoe sempre a ordem jurídica, ora se realiza pela apropriação de cousas da natureza, ora pelo relevo de algum dos seus modos de ser ou qualidades, ora, finalmente, pela restricção imposta à atividade jurídica de outrem"[10].

Com efeito.

Nosso sistema constitucional em vigor, ao estabelecer como princípio fundamental interpretativo de todos os dispositivos da Lei Maior a dignidade da pessoa humana (art. 1º, III, da CF), fixou a pessoa humana como "o ser, a que a ordem jurídica assegura o poder de agir contido no direito", indicando os bens ambientais (art. 225 da CF), como o objeto que a pessoa humana exerce o poder conferido por nossa Carta Magna.

Destarte, a relação jurídica ambiental existente em nosso sistema normativo é, pois, o "laço" que, sob a garantia da Constituição Federal interpretada em face de seus princípios fundamentais, submete os bens ambientais à pessoa humana.

Daí e a partir da existência constitucional da relação jurídica ambiental, as obrigações ambientais derivarem da tutela jurídica dos bens ambientais estabelecida em nossa Constituição Federal.

## 4. OS BENS AMBIENTAIS E SUA NATUREZA JURÍDICA: REPRISE SINTÉTICA

Reprisando matéria já abordada de forma detalhada no presente livro, vimos que, pelo ensejo dos 30 anos de vigência do Direito Ambiental Constitucional, nosso Supremo Tribunal Federal, por meio de didática lição da Ministra Rosa Weber (ADI 4.066/

---

10. Clóvis Beviláqua, *Teoria geral do direito civil*, 3. ed., Livraria Francisco Alves, 1946.

DF, Ação Direta de Inconstitucionalidade, Tribunal Pleno, Rel. Min. Rosa Weber, j. 24-8-2017, *DJe,* divulg. 6-3-2018, public. 7-3-2018), destacando as quatro concepções fundamentais no âmbito do direito ambiental (fixando a denominada cláusula constitucional proclamadora do direito fundamental ao meio ambiente), condicionou de forma clara e didática as obrigações ambientais vinculadas à natureza jurídica dos bens ambientais, a saber:

"Direta e necessariamente extraídos da cláusula constitucional do direito à saúde tomada como princípio, somente podem ser afirmados, sem necessidade de intermediação política, os conteúdos desde já decididos pelo Poder Constituinte: aquilo que o Poder Constituinte, representante primário do povo soberano, textualmente decidiu retirar da esfera de avaliação e arbítrio do Poder Legislativo, representante secundário do povo soberano. Adotar essa postura frente às cláusulas constitucionais fundamentais não significa outra coisa senão levar a sério os direitos, como bem lembra o renomado professor da Escola de Direito da Universidade de Nova Iorque, Jeremy Waldron: 'Nós discordamos sobre direitos e é compreensível que seja assim. Não deveríamos temer nem ter vergonha de tal desacordo, nem abafá-lo e empurrá-lo para longe dos fóruns nos quais importantes decisões de princípios são tomadas em nossa sociedade. Nós devemos acolhê-lo. Tal desacordo é um sinal – o melhor sinal possível em circunstâncias modernas – de que as pessoas levam os direitos a sério. Evidentemente, (...) uma pessoa que se encontra em desacordo com outras não é por essa razão desqualificada de considerar sua própria visão como correta. Nós devemos cada um de nós, manter a fé nas nossas próprias convicções. Mas levar os direitos a sério é também uma questão de como responder à oposição de outros, até mesmo em uma questão de direitos. (...) Levar os direitos a sério, então, é responder respeitosamente a esse aspecto de alteridade e então estar disposto a participar vigorosamente – mas como um igual – na determinação de como devemos viver juntos nas circunstâncias e na sociedade que compartilhamos'.

Esse mesmo cuidado deve ser adotado pela Corte no que se refere à cláusula constitucional proclamadora do direito fundamental ao meio ambiente ecologicamente equilibrado como essencial à sadia qualidade de vida (art. 225), sobre a qual registro a análise minuciosa de Celso Antônio Pacheco Fiorillo, para quem a Constituição da República conclui pela presença de quatro concepções fundamentais no âmbito do direito ambiental: a) de que todos têm direito ao meio ambiente ecologicamente equilibrado; b) *de que o direito ao meio ambiente ecologicamente equilibrado diz respeito à existência de um bem de uso comum do povo e essencial à sadia qualidade de vida, criando em nosso ordenamento o bem ambiental;* (grifos nossos) c) *de que a Carta Magna determina tanto ao Poder Público como à coletividade o dever de defender o bem ambiental, assim como o dever de preservá-lo;* d) de que a defesa e a preservação do bem ambiental estão vinculadas não só às presentes como também às futuras gerações".

Passados 30 anos de existência do direito ambiental constitucional, nosso direito ambiental brasileiro consolida-se ao receber interpretação de nosso Supremo Tribunal Federal que não só ratifica as quatro concepções fundamentais estruturantes do direito ambiental constitucional como adota entendimento claro e didático a respeito da natureza jurídica do BEM AMBIENTAL como essencial à sadia qualidade de vida da pessoa humana. Note-se que o STF, ao tratar da matéria, analisava a saúde como bem ambiental.

Com efeito.

A criação constitucional do bem ambiental, apresentando natureza jurídica própria, vem recebendo por parte do Supremo Tribunal Federal destacada interpretação. Note-se que a ADI 3.540, julgada em 2005 e influenciada pela doutrina especializada, já deixava clara "a especial obrigação de defender e preservar, em benefício das presentes e futuras gerações", o direito ambiental visando exatamente à "proteção desse bem essencial de uso comum das pessoas em geral". Em 2010 o STF evolui não só no sentido de reafirmar a existência do bem ambiental como estabelecer taxativamente sua diferença em face do bem público, a saber:

"Ementa: *HABEAS CORPUS*. PENAL E PROCESSUAL PENAL. ARTS. 2º DA LEI N. 8.176/91 E 55 DA LEI N. 9.605/98. *TUTELA DE BENS JURÍDICOS DISTINTOS* (grifos nossos). REVOGAÇÃO. NÃO OCORRÊNCIA. 1. Os artigos 2º da Lei n. 8.176/91 e 55 da Lei n. 9.605/98 *tutelam bens jurídicos distintos: o primeiro visa a resguardar o patrimônio da União; o segundo protege o meio ambiente* (grifos nossos). 2. Daí a improcedência da alegação de que o artigo 55 da Lei n. 9.605/98 revogou o artigo 2º da Lei n. 8.176/91. Ordem indeferida" (HC 89.878/SP – São Paulo, *Habeas Corpus,* 2ª Turma, Rel. Min. Eros Grau, j. 20-4-2010, *DJe*-086, divulg. 13-5-2010, public. 14-5-2010, ement., v. 02401-01, p. 208, *RT,* v. 99, n. 898, 2010, p. 501-503).

O tema da autonomia dos bens ambientais é novamente reafirmado em julgamento ocorrido em 2012[11] para então ser destacado em decisão proferida no ano de 2013 no famoso RE 548.181.

Destarte. os bens ambientais, bens essenciais de uso comum das pessoas em geral, conforme explicitamente indicado pela ADI 3.540, passaram a ter natureza jurídica

---

11. "Ementa: *HABEAS CORPUS*. PENAL. PROCESSUAL PENAL. EXTRAÇÃO DE OURO. INTERESSE PATRIMONIAL DA UNIÃO. ART. 2º DA LEI N. 8.176/1991. CRIME CONTRA O MEIO AMBIENTE. ART. 55 DA LEI N. 9.605/1998. *BENS JURÍDICOS DISTINTOS* (grifos nossos). CONCURSO FORMAL. INEXISTÊNCIA DE CONFLITO APARENTE DE NORMAS. AFASTAMENTO DO PRINCÍPIO DA ESPECIALIDADE. INCOMPETÊNCIA DO JUIZADO ESPECIAL FEDERAL. 1. Como se trata, na espécie vertente, de concurso formal entre os delitos do art. 2º da Lei n. 8.176/1991 e do art. 55 da Lei n. 9.605/1998, que dispõem sobre *bens jurídicos distintos (patrimônio da União e meio ambiente, respectivamente)* (grifos nossos), não há falar em aplicação do princípio da especialidade para fixar a competência do Juizado Especial Federal. 2. Ordem denegada."

própria a partir de sua gênese constitucional[12], merecendo da parte do Supremo Tribunal Federal relevante reforço interpretativo[13].

É, portanto, dos fundamentos constitucionais antes referidos que se estrutura juridicamente em nosso país o uso dos bens ambientais e por via de consequência o balizamento normativo das obrigações ambientais.

## 5. CAUSA GERADORA DAS OBRIGAÇÕES AMBIENTAIS E O USO DOS BENS AMBIENTAIS NO PLANO CONSTITUCIONAL: AS OBRIGAÇÕES DE FAZER OU NÃO FAZER SUBORDINADAS AOS PRINCÍPIOS AMBIENTAIS CONSTITUCIONAIS DA PREVENÇÃO E DO POLUIDOR-PAGADOR

A obrigação, como estabelecia Carvalho Santos em análise do tema no plano infraconstitucional, "é relação jurídica patrimonial em virtude da qual o devedor é vinculado a uma prestação de índole positiva, ou negativa para com o credor (POLACCO, *Obbligazioni*, n. 1[14]). Consiste, por conseguinte, a substância das obrigações em ser

---

12. Com relação à natureza jurídica dos bens ambientais *vide* Celso Antonio Pacheco Fiorillo, *Curso de direito ambiental brasileiro,* São Paulo, Saraiva, 2019.

Com relação ao uso dos bens ambientais na ordem econômica do capitalismo prevista em nosso sistema constitucional, *vide* Celso Antonio Pacheco Fiorillo e Renata Marques Ferreira, *O agronegócio em face do direito ambiental constitucional brasileiro*: as empresas rurais sustentáveis, Rio de Janeiro, Lumen Juris, 2018.

13. "RECURSO EXTRAORDINÁRIO. DIREITO PENAL. CRIME AMBIENTAL. RESPONSABILIDADE PENAL DA PESSOA JURÍDICA. CONDICIONAMENTO DA AÇÃO PENAL À IDENTIFICAÇÃO E À PERSECUÇÃO CONCOMITANTE DA PESSOA FÍSICA QUE NÃO ENCONTRA AMPARO NA CONSTITUIÇÃO DA REPÚBLICA. 1. O art. 225, § 3º, da Constituição Federal não condiciona a responsabilização penal da pessoa jurídica por crimes ambientais à simultânea persecução penal da pessoa física em tese responsável no âmbito da empresa. A norma constitucional não impõe a necessária dupla imputação. 2. As organizações corporativas complexas da atualidade se caracterizam pela descentralização e distribuição de atribuições e responsabilidades, sendo inerentes, a esta realidade, as dificuldades para imputar o fato ilícito a uma pessoa concreta. 3. Condicionar a aplicação do art. 225, § 3º, da Carta Política a uma concreta imputação também a pessoa física implica indevida restrição da norma constitucional, expressa a intenção do constituinte originário não apenas de ampliar o alcance das sanções penais, mas também de evitar a impunidade pelos crimes ambientais frente às imensas dificuldades de individualização dos responsáveis internamente às corporações, *além de reforçar a tutela do bem jurídico ambiental* (grifos nossos). 4. A identificação dos setores e agentes internos da empresa determinantes da produção do fato ilícito tem relevância e deve ser buscada no caso concreto como forma de esclarecer se esses indivíduos ou órgãos atuaram ou deliberaram no exercício regular de suas atribuições internas à sociedade, e ainda para verificar se a atuação se deu no interesse ou em benefício da entidade coletiva. Tal esclarecimento, relevante para fins de imputar determinado delito à pessoa jurídica, não se confunde, todavia, com subordinar a responsabilização da pessoa jurídica à responsabilização conjunta e cumulativa das pessoas físicas envolvidas. Em não raras oportunidades, as responsabilidades internas pelo fato estarão diluídas ou parcializadas de tal modo que não permitirão a imputação de responsabilidade penal individual. 5. Recurso Extraordinário parcialmente conhecido e, na parte conhecida, provido" (RE 548.181/PR, Recurso Extraordinário, 1ª Turma, Rel. Min. Rosa Weber, j. 6-8-2013, acórdão eletrônico, *DJe*-213, divulg. 29-10-2014, public. 30-10-2014.

14. Vittorio Polacco, *Le obbligazioni nel diritto civile italiano*, Imprenta, Roma, Athenaeum, 1915.

alguém constrangido a dar, fazer ou prestar alguma coisa"[15]. Sendo em regra "apreciáveis economicamente" e "redutíveis a uma soma em dinheiro"[16], como advertia Beviláqua[17], submete-se evidentemente à ordem econômica constitucional em vigor (art. 1º, IV, c/c o art. 170 e s. da CF).

Ao esclarecer, também no plano infraconstitucional, as causas geradoras das obrigações, advertia Beviláqua que as fontes das obrigações (o contrato, o chamado quase contrato, atos ilícitos e vontade unilateral) "admitiriam ainda uma simplificação, se as reduzíssemos a duas: – o ato humano e a lei, elementos que se não devem dissociar de modo completo, porque o ato humano desprovido de sanção legal é juridicamente improfícuo e, por outro lado, a lei exige a insuflação vital da atividade humana, para descer do mundo abstrato, onde paira e rutila, sem o que não conseguirá realizar o fim a que se destina"[18].

Assim, fundamentada como já referido anteriormente, diretamente no texto de nossa Lei Maior (art. 225, §§ 1º a 7º, especificamente § 1º, IV, e § 3º, da CF), e em face de balizamento que guarda necessariamente harmonia com os princípios gerais da atividade econômica (art. 170, VI), a causa geradora das obrigações ambientais está explícita e diretamente relacionada à tutela jurídica constitucional do meio ambiente em face das quatro noções de meio ambiente indicadas pela interpretação do Supremo Tribunal Federal: as obrigações ambientais vinculadas à tutela jurídica do meio ambiente natural (recursos ambientais como bens ambientais, tutelados pelo art. 225 da CF[19]), as obrigações ambientais vinculadas à tutela jurídica do meio ambiente cultural (bens culturais como bens ambientais, tutelados pelos arts. 215 e 216 da Constituição Federal[20]), as obrigações ambientais vinculadas à tutela jurídica do meio ambiente artificial (a cidade como bem ambiental, tutelada pelos arts. 182 e 183 da CF[21]) e as obrigações ambientais vinculadas à tutela jurídica do meio ambiente do trabalho (a saúde como bem ambiental, tutelada pelos arts. 196 a 200 da CF[22]).

---

15. J. M. de Carvalho Santos, *Código Civil brasileiro interpretado*: Parte Geral (arts. 863-927), 6. ed., Rio de Janeiro, Freitas Bastos, 1953, v. IX.

16. "Excepcionalmente, porém, essa redução não se dará, sendo em todo o caso, necessário recorrer a um critério pecuniário para constranger à execução ou para punir a inexecução".

17. Clóvis Beviláqua, *Direito das obrigações*, 8. ed., Rio de Janeiro, Francisco Alves, 1954.

18. Clóvis Beviláqua, *Direito das obrigações*, cit.

19. *Vide*, especificamente, Celso Antonio Pacheco Fiorillo e Renata Marques Ferreira, *Comentários ao "Código" Florestal*: Lei n. 12.651/2012, 2. ed., São Paulo, Saraiva, 2018; Celso Antonio Pacheco Fiorillo e Renata Marques Ferreira, *O agronegócio em face do direito ambiental constitucional brasileiro*: as empresas rurais sustentáveis. Rio de Janeiro, Lumen Juris, 2018; Celso Antonio Pacheco Fiorillo e Renata Marques Ferreira, *Segurança alimentar e desenvolvimento sustentável*: a tutela jurídica da alimentação e das empresas alimentares em face do direito ambiental brasileiro, Rio de Janeiro, Lumen Juris, 2019.

20. *Vide*, especificamente, Celso Antonio Pacheco Fiorillo e Renata Marques Ferreira, *Tutela jurídica do patrimônio cultural brasileiro em face do direito ambiental constitucional*, Rio de Janeiro, Lumen Juris, 2018.

21. *Vide*, especificamente, Celso Antonio Pacheco Fiorillo e Renata Marques Ferreira, *Comentários ao Estatuto da Cidade*: Lei n. 10.257/2001 – Lei do Meio Ambiente Artificial, 7. ed., São Paulo, Saraiva, 2019.

22. *Vide*, especificamente, Celso Antonio Pacheco Fiorillo e Renata Marques Ferreira, *Tutela jurídica da saúde em face do direito ambiental brasileiro*: saúde ambiental e meio ambiente do trabalho, Rio de Janeiro, Lumen Juris, 2018.

Podendo ser definida teoricamente a partir da lição de Beviláqua[23], a obrigação ambiental, em face de sua gênese constitucional, visa "constranger" o Estado e a própria coletividade a rigorosamente obedecer às superiores balizas normativas no que se refere ao uso dos bens ambientais (recursos ambientais, bens culturais, cidades e saúde). Trata-se, portanto, de obrigação constitucional via de regra estabelecida em um fazer ou não fazer[24], dentro de princípios constitucionais que subordinam o uso dos bens ambientais assegurados em nossa ordem econômica à defesa do meio ambiente (art. 170, VI, da CF).

Daí, e sempre em obediência aos mandamentos constitucionais, a aplicação dos denominados princípios da prevenção e do poluidor-pagador no que se refere à interpretação e efetividade das obrigações ambientais.

Senão vejamos.

## 5.1. OBRIGAÇÕES AMBIENTAIS EM FACE DO PRINCÍPIO DA PREVENÇÃO: AS OBRIGAÇÕES PREVENTIVAS E O ESTUDO PRÉVIO DE IMPACTO AMBIENTAL (EPIA)

Em face da superior orientação constitucional, em um primeiro momento, e como regra, impõe-se ao obrigado o dever de arcar com as despesas de prevenção dos danos ao meio ambiente que sua atividade possa ocasionar (meio ambiente natural, meio ambiente cultural, meio ambiente artificial e meio ambiente do trabalho).

Daí, inclusive, a incumbência constitucional estabelecida ao Poder Público visando exigir, na forma da lei, para instalação de obra ou atividade potencialmente causadora de significativa degradação do meio ambiente, estudo prévio de impacto ambiental, a que se dará publicidade (EPIA – art. 225, § 1º, IV).

---

23. Obrigação "é a relação transitória de direito, que nos constrange a dar, fazer ou não fazer alguma coisa, em regra economicamente apreciável, em proveito de alguém que, por ato nosso ou de alguém conosco juridicamente relacionado, ou em virtude de lei, adquiriu o direito de exigir de nós essa ação ou omissão". *Vide* Clóvis Beviláqua, *Direito das obrigações,* cit.

24. Daí o art. 225 da Constituição Federal para assegurar a efetividade do direito ao meio ambiente incumbir o Poder Público:

§ 1º Para *assegurar* a efetividade desse direito, incumbe ao Poder Público:

I – *preservar e restaurar* os processos ecológicos essenciais e *prover* o manejo ecológico das espécies e ecossistemas; II – *preservar* a diversidade e a integridade do patrimônio genético do País e *fiscalizar* as entidades dedicadas à pesquisa e manipulação de material genético; III – *definir*, em todas as unidades da Federação, espaços territoriais e seus componentes a serem especialmente protegidos, sendo a alteração e a supressão permitidas somente através de lei, vedada qualquer utilização que comprometa a integridade dos atributos que justifiquem sua proteção; IV – *exigir*, na forma da lei, para instalação de obra ou atividade potencialmente causadora de significativa degradação do meio ambiente, estudo prévio de impacto ambiental, a que se dará publicidade; V – *controlar* a produção, a comercialização e o emprego de técnicas, métodos e substâncias que comportem risco para a vida, a qualidade de vida e o meio ambiente; VI – *promover* a educação ambiental em todos os níveis de ensino e a conscientização pública para a preservação do meio ambiente; VII – *proteger* a fauna e a flora, *vedadas*, na forma da lei, as práticas que coloquem em risco sua função ecológica, provoquem a extinção de espécies ou submetam os animais a crueldade.

Notamos, portanto, que nossa Constituição Federal, visando dar efetividade ao princípio da prevenção, criou um inédito instrumento destinado a fixar obrigação preventiva àqueles que pretendem instalar obra ou mesmo atividade potencialmente causadora de significativa degradação ao meio ambiente (meio ambiente natural, meio ambiente cultural, meio ambiente artificial e meio ambiente do trabalho).

Referida obrigação, por força constitucional, será via de regra sempre exigível daqueles que, atuando na ordem econômica capitalista, necessitem usar bens ambientais visando à elaboração de produtos ou mesmo à realização de serviços.

## 5.2. A OBRIGAÇÃO CONSTITUCIONAL DE REPARAR DANOS CAUSADOS AO MEIO AMBIENTE: OBRIGAÇÕES AMBIENTAIS EM FACE DO PRINCÍPIO DO POLUIDOR-PAGADOR

Podemos identificar no princípio do poluidor-pagador duas órbitas de alcance: a) busca evitar a ocorrência de danos ambientais (*caráter preventivo*); e b) ocorrido o dano, visa à sua reparação (*caráter repressivo*).

Desse modo e conforme já aduzimos anteriormente, num primeiro momento, impõe-se ao poluidor, na condição de obrigado, o dever de arcar com as despesas de prevenção dos danos ao meio ambiente que sua atividade possa ocasionar. Cabe a ele, além da elaboração do necessário EPIA, o ônus de utilizar instrumentos necessários à prevenção dos danos.

Numa segunda órbita de alcance, esclarece esse princípio que, ocorrendo danos ao meio ambiente em razão da atividade desenvolvida, o poluidor será responsável por sua reparação, ou seja, e conforme advertência do Ministro Marco Aurélio na ADI 3.378, "o fato verificado, o dano, porque não se pode cogitar de indenização, *a priori*, sem a verificação de dano". A obrigatoriedade de reparar o dano está, pois, em conformidade com o princípio de direito ambiental constitucional do poluidor-pagador.

A definição do princípio foi dada pela Comunidade Econômica Europeia, que preceitua: "as pessoas naturais ou jurídicas, sejam regidas pelo direito público ou pelo direito privado, devem pagar os custos das medidas que sejam necessárias para eliminar a contaminação ou para reduzi-la ao limite fixado pelos padrões ou medidas equivalentes que assegurem a qualidade de vida, inclusive os fixados pelo Poder Público competente".

Na Constituição Federal de 1988, encontramos o princípio previsto no art. 225, § 3º:

"§ 3º As condutas e atividades consideradas lesivas ao meio ambiente sujeitarão os infratores, pessoas físicas ou jurídicas, a sanções penais e administrativas, *independentemente da obrigação de reparar os danos causados*" (grifo nosso).

Uma vez mais – e sempre – cabe recordar que o Supremo Tribunal Federal teve a oportunidade de enfrentar o tema indicando nosso posicionamento exatamente no sentido de adequar o tema à realidade brasileira[25].

---

25. A respeito de nosso posicionamento, *vide* na presente obra a análise do denominado princípio do poluidor-pagador conforme interpretado pelo STF na ADI 3.378-6-DF (julgada em abril de 2008).

Vale observar que na órbita repressiva do princípio do poluidor-pagador há incidência da denominada *"responsabilidade civil"*, porquanto o próprio pagamento resultante da poluição não possui caráter de pena, nem de sujeição a infração administrativa, o que, por evidente, não exclui a cumulatividade destas, como prevê a Constituição Federal no referido § 3º do art. 225.

Com isso, é correto, pela oportunidade, reafirmar que o princípio do poluidor-pagador determina a incidência e aplicação de alguns aspectos do regime jurídico da impropriamente denominada "responsabilidade civil" em face dos danos ambientais: a) a prioridade da reparação específica do dano ambiental; b) a denominada responsabilidade chamada civil objetiva; e c) solidariedade para suportar os danos causados ao meio ambiente.

### 5.2.1. Imprescritibilidade da pretensão de reparação civil de dano ambiental e a interpretação do Supremo Tribunal Federal (RE 654.833)

Não há confundir a possibilidade de valoração pecuniária do bem ambiental para fins de reparação do dano, no âmbito de sistema constitucional vinculado à ordem jurídica capitalista (até mesmo porque, em última análise, a tudo cominam-se valores pecuniários), com a natureza jurídica desse bem. O que se pretende dizer é que o fato de se estabelecer reparação pecuniária em face de dano não torna o bem ambiental disponível dentro da tradicional concepção, hoje superada, que delimitava nosso sistema normativo no âmbito da existência do direito privado e do direito público. Não se pode olvidar que, no âmbito da relação jurídica definida em nossa Lei Maior, o meio ambiente está vinculado à existência de bem, via de regra de natureza difusa, objeto de direito fundamental de toda a coletividade, de forma que, sendo essencial à vida com qualidade (sadia qualidade de vida), é imprescritível, irrenunciável e inalienável.

Trata-se, pois, de bem essencial, como denuncia o art. 225, *caput*, da Constituição Federal, de modo a ser inconcebível a existência digna de um indivíduo (art. 1º, III, da CF) se ele não tiver ao seu alcance um meio ambiente sadio e ecologicamente equilibrado. Dessarte, dada a natureza jurídica constitucional do meio ambiente, bem como o seu caráter de essencialidade, as ações coletivas destinadas à sua tutela são imprescritíveis conforme defendemos desde a primeira edição de nosso Curso no ano 2000[26 e 27].

---

26. Exatamente na linha dos argumentos que defendemos desde a primeira edição de nosso *Curso de direito ambiental brasileiro*, o Superior Tribunal de Justiça confirmou, em maio de 2007, que as ações coletivas de reparação de dano ambiental são imprescritíveis ("A ação de reparação/recuperação ambiental é imprescritível.") *Vide* REsp 647.493, STJ, 2ª Turma, Rel. Min. João Otávio Noronha.

27. "Ementa: CONSTITUCIONAL E ADMINISTRATIVO. RECURSO EXTRAORDINÁRIO. DANO AO MEIO AMBIENTE. REPARAÇÃO CIVIL. IMPRESCRITIBILIDADE. REPERCUSSÃO GERAL RECONHECIDA. 1. Revela especial relevância, na forma do art. 102, § 3º, da Constituição, a questão acerca da imprescritibilidade da pretensão de reparação civil do dano ambiental. 2. Repercussão geral da matéria reconhecida, nos termos do art. 1.035 do CPC" (RE 654.833 RG/AC –Repercussão Geral

Em 2020 o Supremo Tribunal Federal adotou nossa interpretação fixando a seguinte tese: "É imprescritível a pretensão de reparação civil de dano ambiental"[28].

### 5.2.2. A prioridade da reparação específica do dano ambiental: retorno ao statu quo ante como critério balizador do uso dos bens ambientais

Dano, na clássica definição estabelecida por Fischer, é "todo o prejuízo que o sujeito de direitos sofra através da violação dos seus bens jurídicos", advertindo que, "na verdade, dentro do direito positivo o dano só interessa enquanto facto que condiciona a aplicação duma *pena* ou a constituição dum *dever de indemnizar* como consequências jurídicas"[29].

Com efeito. `

O ressarcimento do dano ambiental vinculado ao inadequado uso dos bens ambientais pode ser feito de duas formas. A primeira delas ocorre com o que se denomina reparação natural ou específica, em que há o *ressarcimento in natura*. A segunda é a *indenização em dinheiro*[30].

Todavia, isso não significa que a reparação pode, indiferentemente, ser feita por um modo ou outro. Pelo contrário, *primeiramente,* deve-se verificar se é possível o retorno ao *statu quo ante* por via da *específica reparação*, e só depois de infrutífera tal possibilidade é que deve recair a condenação sobre um *quantum* pecuniário, até mesmo porque, por vezes, "é difícil a determinação do *quantum* a ser ressarcido pelo causador do ato feito, sendo sempre preferível a reparação natural, pela recomposição efetiva e direta do ambiente prejudicado"[31]. De fato, como lembra Fischer, "o sistema de reparação natural é evidentemente muito mais adequado para atingir o fim ideal

---

no Recurso Extraordinário, Tribunal Pleno, Rel. Min. Alexandre de Moraes, j. 31-5-2018, meio eletrônico, processo eletrônico, *DJe*-126, divulg. 25-6-2018, public. 26-6-2018).

28. Decisão: O Tribunal, por maioria, apreciando o tema 999 da repercussão geral, extinguiu o processo, com julgamento de mérito, em relação ao Espólio de Orleir Messias Cameli e a Marmud Cameli ltda, com base no art. 487, III, b, do Código de Processo Civil de 2015, ficando prejudicado o recurso extraordinário, nos termos do voto do Relator, vencidos os Ministros Gilmar Mendes, Marco Aurélio e Dias Toffoli (Presidente), que davam provimento ao recurso. O Ministro Roberto Barroso acompanhou o Relator com ressalvas. Foi fixada a seguinte tese: "É imprescritível a pretensão de reparação civil de dano ambiental", nos termos do voto do Relator. Falou, pela assistente Associação Ashaninka do Rio Amônia – APIWTXA, o Dr. Antonio Rodrigo Machado de Sousa. Não participou deste julgamento, por motivo de licença médica no início da sessão, o Ministro Celso de Mello (art. 2º, § 5º, da Res. 642/2019) Plenário, Sessão Virtual de 10-4-2020 a 17-4-2020. RE 654.833 processo eletrônico público número único: sem número único recurso extraordinário, Origem: AC - ACRE Rel. Min. Alexandre de Moraes.

29. Daí sua clássica obra ocupar-se "do dano como facto constitutivo e determinante do dever jurídico de indemnizar" (Hans Albrecht Fischer, *A reparação dos danos no direito civil,* Coimbra: Arménio Amado Editor, 1938).

30. "O direito pratico conhece dois caminhos para se atingir o resultado da reparação do dano: o da reparação natural (ou específica) e o da indemnização pecuniária" (Hans Albrecht Fischer, *A reparação dos danos no direito civil,* cit.).

31. Luis Rodrigues Wambier, *Liquidação do dano*, São Paulo, Revista dos Tribunais, 1998.

de 'restaurar', sendo indiferentemente aplicável aos danos patrimoniais e não patrimoniais, que muitas vezes se confundem entre as consequências dum mesmo acto"[32].

Assim, o adequado uso dos bens ambientais com vistas à sua utilização racional e disponibilidade permanente em face de superior orientação constitucional (art. 170, VI c/c art. 225 da CF) orienta a prevalência da reparação *in natura*, influenciando necessariamente todas as normas infraconstitucionais ambientais[33]. Daí, na lição clássica contida na obra de Enneccerus revisada por Lehmann[34], "la compensación de los daños puede hacerse restableciendo efetivamente el estado que existiria de no haberse producido el acontecimiento causa del daño (reposición natural § 249 C.c) o, de manera imperfecta, sólo con dinero a tenor del valor (prestación del interés pecuniário)".

### 5.2.3. A denominada responsabilidade "civil" objetiva e a obrigação constitucional de reparar danos causados ao meio ambiente

Como observado anteriormente, nossa Carta Magna (art. 225, § 3º), em face de condutas e atividades consideradas lesivas ao meio ambiente (meio ambiente natural, meio ambiente cultural, meio ambiente artificial e meio ambiente do trabalho), sujeita os infratores, pessoas físicas ou jurídicas, à obrigação de reparar danos causados dentro, evidentemente, das hipóteses, observando-se caso a caso, previstas em nossa Lei Maior, conforme temos aduzido em nossas obras[35].

Destarte, o uso de bens ambientais (os recursos ambientais, os bens culturais, as cidades e a saúde) em desacordo com as superiores orientações do direito ambiental constitucional submete os obrigados a reparar o dano causado, tendo em vista, na sempre lembrada lição do Ministro Celso de Mello, "a especial obrigação de defender e preservar, em benefício das presentes e futuras gerações, esse direito de titularidade coletiva e de caráter transindividual".

Trata-se, pois, de responsabilidade fixada por nossa Constituição Federal (e não tão somente por regras infraconstitucionais...), em face da ordem econômica capitalista e dos riscos dela derivados (art. 1º, IV, c/c art. 170 e s.), que visa assegurar a reparação do dano entendido, na lição clássica contida na obra de Enneccerus revisada por

---

32. Hans Albrecht Fischer, *A reparação dos danos no direito civil,* cit.

33. Lei n. 6.938/81(Política Nacional do Meio Ambiente):

"Art. 4º A Política Nacional do Meio Ambiente visará: (...) VI – à preservação e restauração dos recursos ambientais com vistas à sua utilização racional e disponibilidade permanente, concorrendo para a manutenção do equilíbrio ecológico propício à vida".

34. Ludwig Enneccerus, *Derecho de obligaciones,* Barcelona, Bosch, 1954.

35. Trata-se de reafirmar no plano do direito ambiental constitucional a aplicação, caso a caso, do art. 5º, V, da CF (que assegura indenização por dano material, moral ou à imagem) e do art. 5º, X, da CF (que assegura o direito a indenização por dano material ou moral).

*Vide* Celso Antonio Pacheco Fiorillo, *Direito processual ambiental brasileiro:* a defesa judicial do patrimônio genético, do meio ambiente cultural, do meio ambiente digital, do meio ambiente artificial, do meio ambiente do trabalho e do meio ambiente natural no Brasil, 7. ed., São Paulo, Saraiva, 2018.

Lehmann[36], como "toda desventaja que experimentamos en nuestros bienes jurídicos (património, cuerpo, vida, salud, honor, crédito, bienestar, capacidad de adquisición, etc.)". Daí, ao estabelecer comando destinado ao dever de reparar danos causados ao meio ambiente, ter nossa Lei Maior cuidado também da "manera imperfecta, sólo con dinero a tenor del valor (prestación del interés pecuniário)"[37].

Aqui, evidentemente, não estabeleceu nossa Constituição Federal uma regra de "reponsabilidade civil"[38] estruturada na clássica teoria da responsabilidade contratual sob o fundamento da culpa[39], associada à doutrina que fundamenta historicamente o subsistema normativo civil vinculado à ideologia de um "direito privado" ou mesmo de quaisquer outras regras estabelecidas a partir de interpretação emanada diretamente de leis federais.

Na verdade, cuidou nossa Carta Magna, isto sim, de deixar explicitado de forma clara e inequívoca comando destinado a reparar danos causados em virtude de condutas e atividades consideradas lesivas ao meio ambiente praticadas por infratores (pessoas físicas ou jurídicas) dentro de interpretação própria de gênese constitucional, ou seja, e lembrando a clássica lição de Alvino Lima[40], citando Josserand[41], "quem guarda os benefícios que o acaso de sua atividade lhe proporciona deve, inversamente, suportar os males decorrentes da mesma atividade".

Por via de consequência e visando estabelecer o uso dos bens ambientais em harmonia com a defesa do meio ambiente dentro de hipóteses de responsabilidade em que, conforme já tivemos oportunidade de aduzir, não importaria "nenhum julgamento de valor sobre os atos do responsável", bastando "que o dano se relacione

---

36. Ludwig Enneccerus, *Derecho de obligaciones*, cit.

37. A legitimidade teórica da reparação de dano mediante indenização pecuniária poderia ser deduzida, na lição de Fischer, do seguinte modo: "o dano patrimonial implica uma diminuição do património e este é, no fundo, um conceito aritmético. Logo, o dano (interesse) deve ser avaliado em dinheiro por meio dum calculo diferencial, e, além disso, em dinheiro deve ser operada a sua reparação" (Hans Albrecht Fischer, *A reparação dos danos no direito civil*, cit.).

38. "La responsabilità civile assolve (in ogni tempo e in ogni luogo) quattro funzioni fondamentali. Si indicano così: a) la funzione di reagire all'atto illecito dannoso, allo scopo di risarcire i soggetti ai quali il danno è stato recato; b) la funzione di ripristinare lo status quo ante nel quale il danneggiato versava prima di subire il pregiudizio; c) la funzione di riaffermare il potere sanzionatorio (o 'punitivo') dello stato; d) la funzione di 'deterrente' per chiunque intenda compiere atti o svolgere attività da cui possano derivare effetti pregiudizievoli per i terzi. A queste quattro funzioni si affiancano pio alcune funzioni sussidiarie, che più propriamente attengono agli effetti economici della responsabilità civile: e) la distribuzione delle 'perdite', da un lato, f) l'allocazione dei costi dall'altro. Quest'ultima espressione si riferisce ai costi relativi all'assunzione del rischio, ripartiti tra operazioni di prevenzione e operazioni di risarcimento del danno" (Guido Alpa, *La responsabilità civile*: Parte Generale, Torino, UTET Giuridica, 2010).

39. Como já ensinava Alvino Lima, "os requisitos essenciais para a teoria da responsabilidade subjetiva, que integram a responsabilidade aquiliana são: 1º) o ato ou omissão violadora do direito de outrem; 2º) o dano produzido por esse ato ou omissão; 3º) a relação de causalidade entre o ato ou omissão e o dano; 4º) a culpa" (Alvino Lima, *Culpa e risco*, 2. ed., São Paulo, Revista dos Tribunais, 1998).

40. Alvino Lima, *Culpa e risco*, cit.

41. Louis Josserand, *Les transports en service intérieur et en service international*, Rousseau, 1926.

materialmente com estes atos, porque aquele que exerce uma atividade deve assumir os riscos", nossa Constituição Federal está assentada "na equação binária cujos polos são o dano e a autoria do evento danoso".

Assim, determina nossa Constituição Federal, diretamente e independentemente de critérios outros fixados em normas infraconstitucionais (art. 225, § 3º), que as condutas e atividades consideradas lesivas ao meio ambiente sujeitarão os infratores, pessoas físicas ou jurídicas, à obrigação de reparar os danos causados. Trata-se de dever de reparação em que é irrelevante o dolo ou culpa dos infratores (responsabilidade objetiva), exigindo-se, todavia, necessariamente, além da existência do dano a existência do nexo de causalidade entre o fato e o dano, a saber, "sólo se ha de indemnizar aquel daño que constituya una consecuencia del hecho que obliga a la indemnización", na precisa advertência de Enneccerus[42].

## 5.2.4. A denominada "conjunção solidária" constitucional: a solidariedade para suportar os danos causados ao meio ambiente

Tendo sua estrutura jurídica fixada diretamente no texto de nossa Carta Magna, conforme amplamente desenvolvido anteriormente, interpretada a partir dos princípios fundamentais constitucionais (art. 1º, I a IV, da CF) e estabelecida em face da defesa do meio ambiente como princípio geral da atividade econômica (art. 170, VI), as obrigações ambientais estão constitucionalmente ligadas aos deveres indicados no art. 225 da Constituição Federal impostos ao Poder Público e à coletividade.

Daí, exatamente no sentido de compatibilizar a ordem econômica constitucional (art. 170 e s. da CF) com os deveres estabelecidos pela cláusula constitucional proclamadora do direito fundamental ao meio ambiente (art. 225 da CF), interpretado particularmente pelo que estabelece o art. 3º, I, de nossa Lei Maior, a existência, no plano das obrigações ambientais, da denominada solidariedade passiva[43].

Referida solidariedade, estabelecida, como dissemos, no plano constitucional, visa assegurar o adimplemento da obrigação ambiental por parte de qualquer dos obrigados, admitindo-se, todavia, a faculdade de fazer valer a obrigação a todos simultaneamente.

---

42. "Dicho de otro modo, es indispensable un nexo causal" (Ludwig Enneccerus, *Derecho de obligaciones*, cit.).

43. No plano infraconstitucional, e evidentemente em face de interpretação outra que não a constitucional em vigor, cabe lembrar a interessante lição de Clóvis Beviláqua a respeito do tema:

"Considere-se a solidariedade *passiva*. Em virtude da conjunção solidária, o credor poderá pedir o cumprimento da obrigação a qualquer dos condevedores, sem que este possa alegar o benefício da divisão. Se, porém, preferir, tem a faculdade de fazer valer o seu direito a todos simultaneamente, abrangendo-os, sob o mesmo golpe de ação. Permite-se-lhe ainda escolher, apalpar a força de resistência dos devedores, Demandando um que não se mostre em boas condições de satisfazê-lo plenamente, por debilidade patrimonial, lhe é lícito recuar, voltando-se para outro, a ver se oferece mais solidez".

Constatada, pois, a denominada "conjunção solidária" constitucional, determinada pelo art. 225 (Poder Público e coletividade), tem o obrigado, depois de haver satisfeito a obrigação ambiental, "o direito de exigir, de cada um de seus consócios na dívida, sua parte respectiva, distribuindo-se igualmente, por todos, a porção insolúvel, que porventura restar" conforme ensinava Beviláqua[44].

### 5.2.5. O caso fortuito ou de força maior em face das obrigações ambientais

A questão vinculada à possibilidade do caso fortuito ou de força maior permitir uma "isenção de responsabilidade"[45], em face de circunstâncias excepcionais que eventualmente possam envolver determinados eventos, sempre teve por parte da doutrina, principalmente no âmbito do Direito Civil, interpretação contovertida. Daí a advertência de Carvalho Santos[46] ao esclarecer que "desde tempos antiquíssimos que na fixação do conceito de caso fortuito ou de força maior surgiram divergências radicais entre os doutores, firmando-se duas doutrinas, uma das quais baseava-se no critério *objetivo*, procurando caracterizá-la com elementos decorrentes dos próprios acontecimentos, sem o menor apreço às condições pessoais e à diligencia do obrigado, enquanto a outra, fundada num critério todo *subjetivo*, identificava aquela noção com ausência de culpa".

De qualquer maneira, o fato é que, no âmbito do subsistema normativo (Direito Civil), a força maior ou evento fortuito apareceu pela primeira vez no Código Napoleônico de 1804 ("par suite d'une force majeure ou d'un cas fortuit")[47], sendo certo que, embora a causa da força maior tenha se originado no direito europeu continental, poucos subsistemas de Direito Civil acabaram por descrever expressamente o que se entende pelos referidos termos.

---

44. Clóvis Beviláqua, *Direito das obrigações*, cit.

45. "Em regra, o caso fortuito ou a força maior é uma causa da irresponsabilidade, quer da inexecução completa e definitiva da obrigação, quer da simples mora" (J. M. de Carvalho Santos, *Código Civil brasileiro interpretado*: direito das obrigações (arts.1.037-1.078), v. XIV, 5. ed., Rio de Janeiro/São Paulo, Freitas Bastos,1955).

46. J. M. de Carvalho Santos, *Código Civil brasileiro interpretado*: direito das obrigações (arts.1.037-1.078), v. XIV, 5. ed., Rio de Janeiro/São Paulo, Freitas Bastos,1955.

47. Code Civil Français, 1804:

"Art. 1.184. Il n'y a lieu à aucuns dommages et intérêts lorsque, par suite d'une force majeure ou d'un cas fortuit, le débiteur a été empêché de donner ou de faire ce à quoi il était obligé, ou a fait ce qui lui était interdit".

Passando posteriormente a ser definida pelo Code Civil ("Art. 1.218 - Il y a force majeure en matière contractuelle lorsqu'un événement écha-ppant au contrôle du débiteur, qui ne pouvait être raisonnablement prévu lors de la conclusion du contrat et dont les effets ne peuvent être évités par des mesures appropriées, empêche l'exécution de son obligation par le débiteur" – version consolidée au 14 février 2020). A partir daí passamos a verificar os critérios de imprevisibilidade e irresistibilidade desenvolvidos pelos Tribunais.

No Brasil, o tema vem indicado originariamente no Código Civil de 1916 (Lei n. 3.071), no âmbito das consequências da inexecução das obrigações, ao definir o art.1.058 que "o devedor não responde pelos prejuízos resultantes de caso fortuito, ou força maior, se expressamente não se houver por eles responsabilizado, exceto nos casos dos arts. 955, 956 e 957", fixando referida lei, no parágrafo único do artigo mencionado, que "o caso fortuito, ou de força maior, verifica-se no fato necessário, cujos efeitos não era possível evitar, ou impedir". Daí a didática orientação de Carvalho Santos ao afirmar que "o nosso Código Civil, por isso mesmo, orientou-se bem, estabelecendo a sinonímia entre o caso fortuito e a força maior, ao defini-los, no parágrafo único do artigo que comentamos, da mesma forma"[48].

Por sua vez, o Código Civil de 2002 (Lei n. 10.406/2002), ao estabelecer, no título vinculado ao inadimplemento das obrigações, que "o devedor não responde pelos prejuízos resultantes de caso fortuito ou força maior, se expressamente não se houver por eles responsabilizado" (art. 393), repetiu o conteúdo do Código de 1916 ao reafirmar que "o caso fortuito ou de força maior verifica-se no fato necessário, cujos efeitos não era possível evitar ou impedir" (parágrafo único).

Verifica-se, pois, de forma clara e inequívoca, que a lei civil não só equipara como sempre equiparou o caso fortuito e a força maior (CC de 1916, art. 1.058, parágrafo único, e CC de 2002, art. 393, parágrafo único) "ao conceituar o caso fortuito ou de força de um fato necessário, a dizer – de um acontecimento para o qual não concorra de nenhum modo o devedor, nem pela sua ação, nem pela sua vontade"[49], deduzindo-se, portanto, de referido requisito exigido pelo legislador civil para a caracterização do caso fortuito "é que este jamais pode provir de ato culposo do obrigado"[50].

São, portanto, *data venia*, objetivamente desnecessárias as diferentes posições doutrinárias que pretenderam desenvolver uma distinção entre ambos os fenômenos, uma vez que, para fins de efetividade, pouco importa a distinção na medida em que, como dissemos anteriormente, a lei iguala – e sempre igualou – caso fortuito e força maior.

Cabe, todavia, observar que, dentro de referido debate doutrinário, restou relativamente bem evidenciado que dois requisitos devem estar provados para ficar caracterizado o caso fortuito ou de força maior: o requisito da inevitabilidade do acontecimento (requisito objetivo) e o requisito da ausência de culpa na produção do evento (requisito subjetivo)[51].

---

48. J. M. de Carvalho Santos, *Código Civil brasileiro interpretado*: direito das obrigações (arts. 1.037-1.078), v. XIV, 5. ed., Rio de Janeiro/São Paulo, Freitas Bastos,1955.

49. J. M. de Carvalho Santos, *Código Civil brasileiro interpretado*: direito das obrigações (arts. 1.037-1.078), v. XIV, 5. ed., Rio de Janeiro/São Paulo, Freitas Bastos,1955.

50. J. M. de Carvalho Santos, *Código Civil brasileiro interpretado*: direito das obrigações (arts. 1.037-1.078), v. XIV, 5. ed., Rio de Janeiro/São Paulo, Freitas Bastos,1955.

51. No âmbito da Convenção das Nações Unidas sobre Contratos de Compra e Venda Internacional de Mercadorias – Uncitral, firmada pela República Federativa do Brasil, em Viena, em 11 de abril de 1980

De qualquer forma, tratando-se de obrigações ambientais, e não de obrigações derivadas do subsistema civil, o caso fortuito ou de força maior deve ser interpretado em face da matéria desenvolvida no presente Capítulo, em estrita obediência ao que estabelece o direito ambiental constitucional e não, evidentemente, em consonância com regras estabelecidas no plano infraconstitucional.

(Decreto n. 8.327/2014 ) na Seção IV – Exclusão de responsabilidade, art. 79, identificamos as três principais características que devem estar presentes para que a cláusula de força maior encontre aplicação concreta: 1) a estranheza do evento da esfera de controle da parte obrigada; 2) a imprevisibilidade do evento no momento da assinatura do contrato; 3) a natureza intransponível do fato impeditivo ou de seus resultados.

# Capítulo VI
## COMPETÊNCIA EM MATÉRIA AMBIENTAL

## 1. NOÇÕES PROPEDÊUTICAS

A partir da Constituição Federal de 1988, a estrutura política em matéria ambiental passou a ter seus fundamentos fixados em dois dispositivos constitucionais apontados no art. 1º da Lei n. 6.938/81 (Política Nacional do Meio Ambiente), com redação determinada pela Lei n. 8.028/90: os arts. 23, VI e VII, e 225. Isso exigiu do intérprete uma nova visão de aplicação do direito positivo, baseado no critério de *competência material cumulativa* e de *predominância do bem difuso* em face dos bens públicos ou privados, estabelecendo os parâmetros para a tutela do direito ambiental no Brasil.

Com isso, a análise prévia dos referidos dispositivos constitucionais é fundamental para a compreensão do presente capítulo.

## 2. COMPETÊNCIAS CONSTITUCIONAIS EM MATÉRIA AMBIENTAL

### 2.1. PAÍS E FORMA DE ESTADO

A palavra *país* revela-nos a ideia de unidade geográfica, onde se assenta a manifestação da cultura, história e economia do povo brasileiro[1].

O conceito de país não se confunde com o de Estado. Com efeito, este é a ficção jurídica que possui poder com fim específico e essencial destinado a regular as relações entre os membros de uma população sobre determinado território. Retiram-se do conceito de Estado quatro elementos essenciais: povo, território, poder e finalidade.

Dessa forma, não podemos ter pelo conceito de país o mesmo de Estado. Exemplificando, é correto afirmar que o nome do nosso país é Brasil, enquanto o do nosso Estado é República Federativa do Brasil. A Constituição Federal de 1988 adotou para o nosso direito positivo um critério semelhante àquele verificado pelo direito

---

[1]. A palavra "país" é derivada do latim *pagense*, subentendendo-se território rural ou mesmo região, terra ou território (Celso Antonio Pacheco Fiorillo, *O direito de antena*, cit., p. 1-2).

constitucional português, definindo, em seu primeiro artigo, o *objeto da Lei Fundamental*, qual seja, o *nosso país*.

## 2.2. ESTADO DEMOCRÁTICO DE DIREITO

Vale observar que o art. 1º da Constituição da República Federativa do Brasil preceitua que: "A República Federativa do Brasil, formada pela união indissolúvel dos Estados e Municípios e do Distrito Federal, constitui-se em *Estado democrático de direito*" (grifo nosso).

No tocante ao Brasil ser um Estado de Direito, aludida afirmativa significa a existência de um Estado que se subordina ou submete-se à legalidade, ao regime constitucional. Por sua vez, o Estado Democrático caracteriza-se pela existência de um ente Constitucional baseado em *fundamentos democráticos* (incisos I a V do art. 1º da CF)[2].

## 2.3. TERRITÓRIO E FORMA DE ESTADO

Território é o limite espacial onde o Estado exerce o seu poder de império. A forma de Estado é o modo pelo qual será exercido esse poder, visando à aplicação dos seus fins sobre a população.

Se o exercício desse poder de império não se encontra ramificado, estamos diante de um Estado Unitário, enquanto um Estado Federal caracteriza-se pela união de vários Estados, que cederam sua soberania a um ente central, mantendo somente poderes de autoconstituição, auto-organização, autogoverno e autoadministração.

## 2.4. FEDERALISMO

O federalismo significa uma forma de Estado, denominada Estado Federal ou Federação, caracterizada pela união de Estados-membros, dotados de autonomia político-constitucional.

Essa forma de Estado nasceu nos Estados Unidos da América, em 1787, com a Constituição norte-americana. No nosso país foi introduzida em 1889, com a proclamação da República.

O Estado Federal é dotado de personalidade jurídica de direito público internacional, enquanto a União é a entidade federal com personalidade jurídica de direito público interno, autônoma em relação aos Estados-membros e a quem cabe o exercício das prerrogativas de soberania do Estado brasileiro.

---

2. Para uma análise mais pormenorizada da relação existente entre cada um dos fundamentos constitucionais, bem como sua correlação com outros instrumentos democráticos, *vide* Celso Antonio Pacheco Fiorillo, *O direito de antena*, cit., p. 7 e s.

## 2.5. SOBERANIA E AUTONOMIA

No federalismo deve-se frisar que o titular da soberania é o Estado Federal, enquanto os Estados-membros são detentores de autonomia.

Como titular da soberania, o Estado Federal exerce-a no aspecto externo, pelo fato de ser pessoa jurídica de direito público externo. Já no âmbito interno, vê-se representado pela União, detentora do exercício desse poder.

Com relação à autonomia, esta é formada por dois elementos essenciais: a) existência de órgãos governamentais próprios; e b) posse de competências exclusivas. Em relação à posse de competências exclusivas, ela será maior ou menor de acordo com a formação histórica do Estado federado.

## 3. CRITÉRIO DE REPARTIÇÃO DE COMPETÊNCIAS: PREDOMINÂNCIA DO INTERESSE

Na repartição de competências legislativas aplica-se o *princípio da predominância dos interesses*, de modo que à União caberão as matérias de interesse nacional, aos Estados, as de interesse regional, enquanto aos Municípios tocarão as competências legislativas de interesse local[3].

Essa é a regra norteadora da repartição de competências. Todavia, em algumas matérias, em especial no direito ambiental, questões poderão existir não só de interesse local, mas também regional ou, até mesmo, nacional. Fácil visualizarmos essa situação, ao mencionarmos problemas como os da Amazônia, o polígono das secas, entre alguns outros.

Atento a esse fato, o legislador constituinte adotou o sistema alemão de repartição de competências, criando, para tanto, as exclusivas, as privativas com possibilidade de delegação, as concorrentes com a formação das normas gerais e as suplementares e residuais dos Estados e Municípios.

## 4. CLASSIFICAÇÃO DAS COMPETÊNCIAS

Podemos dividir as competências em *material* e *legislativa*.

A *competência material*, por sua vez, subdivide-se em:

a) *exclusiva*: aquela reservada a uma entidade com exclusão das demais. É prevista no art. 21 da Constituição Federal;

b) *comum*: é a competência atribuída a todos os entes federados, que, em pé de igualdade, exercem-na, sem, todavia, excluir a do outro, porquanto esta competência é cumulativa. É prevista no art. 23 da Constituição Federal.

---

3. *Vide* ADI 2.938, Rel. Min. Eros Grau, j. 9-6-2005, Plenário, *DJ*, 9-12-2005.

A *competência legislativa* subdivide-se em:

a) *exclusiva*: é a atribuída a um ente com a exclusão dos demais, sendo certo que esta competência é indelegável. É prevista no art. 25, §§ 1º e 2º, da Constituição Federal;

b) *privativa*: é a enumerada como própria de uma entidade, todavia passível de delegação e suplementação da competência. É prevista pelo art. 22 e parágrafo único da Constituição Federal;

c) *concorrente*: é a competência prevista no art. 24 da Constituição Federal, a qual se caracteriza pela possibilidade de União, Estados e Distrito Federal disporem sobre o mesmo assunto ou matéria, sendo que à União caberá legislar sobre normas gerais[4];

d) *suplementar*: correlata à concorrente, é a que atribui competência a Estados, Distrito Federal (art. 24, § 2º) e Municípios (art. 30, II) para legislarem sobre normas que suplementem o conteúdo de princípios e normas gerais ou que supram a ausência ou omissão destas.

## 4.1. COMPETÊNCIA LEGISLATIVA[5] E AS NORMAS MAIS PROTETIVAS AO MEIO AMBIENTE, COM FUNDAMENTO EM SUAS PECULIARIDADES REGIONAIS E NA PREPONDERÂNCIA DE SEU INTERESSE

A Constituição Federal de 1988 atribui competência legislativa sobre assuntos do meio ambiente à União, aos Estados e ao Distrito Federal, conforme dispõe o art. 24, V, VI e VII. Como se observa, trata-se de competência legislativa concorrente, estando limitada a União a estabelecer normas gerais (art. 24, § 1º). Aos Estados e ao Distrito Federal caberá a suplementação dessas normas gerais. Daí o Supremo Tribunal Federal, adotando nossa interpretação, estabelecer que "embora a União detenha, a teor do art. 21, inciso XIX, da Constituição Federal, a competência exclusiva para 'instituir sistema nacional de gerenciamento de recursos hídricos e definir critérios de outorga de direitos de seu uso', além da competência privativa para legislar sobre águas (art. 22, IV, da CF/88), não se há de olvidar que aos estados-membros compete, de forma concorrente, legislar sobre proteção ao meio ambiente (art. 24, VI e VIII, da CF), o que inclui, evidentemente, a proteção dos recursos hídricos.

---

4. "AGRAVO REGIMENTAL NO RECURSO EXTRAORDINÁRIO. CONSTITUCIONAL. MEIO AMBIENTE. ZONA COSTEIRA. COMPETÊNCIA CONCORRENTE. AUTONOMIA MUNICIPAL LIMITADA À COMPETÊNCIA DA UNIÃO E DOS ESTADOS. PRECEDENTES. AGRAVO REGIMENTAL AO QUAL SE NEGA PROVIMENTO" (STF, RE 527.008 AgR/SC, 2ª Turma, Rel. Min. Cármen Lúcia, j. 17-9-2013).

5. "AGRAVO REGIMENTAL NO AGRAVO DE INSTRUMENTO. CONSTITUCIONAL E ADMINISTRATIVO. 1. COMPETÊNCIA CONCORRENTE PARA LEGISLAR SOBRE DIREITO AMBIENTAL. PRECEDENTES. 2. ANULAÇÃO DE AUTO DE INFRAÇÃO. OFENSA CONSTITUCIONAL INDIRETA. 3. AGRAVO REGIMENTAL AO QUAL SE NEGA PROVIMENTO" (STF, AI 856.768 AgR/MG, 2ª Turma, Min. Cármen Lúcia, j. 16-10-2012, *DJe*, 9-11-2012).

Como já tivemos oportunidade de salientar diante dessa celeuma, em que não restou claro ser competência da União legislar sobre a matéria águas ou caber a ela somente a edição de normas gerais, temos que a melhor interpretação é extraída com base no art. 24, de modo que a competência para legislar sobre normas gerais é atribuída à União, cabendo aos Estados e ao Distrito Federal legislar complementarmente[6].

Esse entendimento mostra-se consentâneo, inclusive, com a previsão constitucional que defere aos estados-membros o domínio das águas superficiais ou subterrâneas, como antes referido"[7].

---

6. Daí o STF entender que nem toda norma que impõe obrigação a agentes privados e, por consequência, produz, direta ou indiretamente, impactos sobre a atividade empresarial, usurpa a competência legislativa privativa da União, a saber:

"EMENTA: AGRAVO INTERNO. RECURSO EXTRAORDINÁRIO COM AGRAVO. LEI 4.318/2018 DO ESTADO DE RONDÔNIA. NORMA ESTADUAL QUE DETERMINA A INSTAÇÃO DE BALANÇAS ELETRÔNICAS PELOS MATADOUROS E FRIGORÍFICAOS EM ATIVIDADE NO ESTADO. CONSTITUCIONALIDADE. AUSÊNCIA DE OFENSA À COMPETÊNCIA DA UNIÃO PARA LEGISLAR SOBRE DIREITO CIVIL E COMERCIAL. 1. O Sindicato das Indústrias Frigoríficas de Mato Grosso e Rondônia – SINDIFRIGO ajuizou Ação Civil Pública de Obrigação de Não Fazer contra o Estado de Rondônia, por meio da qual busca provimento jurisdicional que obrigue o requerido a deixar de exigir a instalação e o funcionamento de balanças eletrônicas pelos matadouros e matadouros-frigoríficos em atividade, conforme previsto na Lei Estadual 4.318/2018. 2. O Tribunal de origem entendeu que a Lei Estadual 4.318/2018 invade a competência da União para legislar sobre matéria civil e comercial, pois interfere na organização interna das empresas comerciais. Isso porque a exigência de que os frigoríficos disponibilizem acesso aos dados de pesagens diretamente interligados ao indicador de pesagens das balanças, em tempo real, para um computador da entidade representativa dos pecuaristas e do órgão de controle e fiscalização, viola a proteção das informações comerciais dos frigoríficos, além de a medida ser desnecessária uma vez que todos os estabelecimentos que exercem atividade de abate de bovinos já utilizam de balança no processo de aferição do peso da carcaça, embora de modelo diferente do estabelecido na lei estadual. 3. O Estado Recorrente alegou, por sua vez, que a Lei Estadual está no âmbito de sua competência comum e concorrente, pois trata, respectivamente, de saúde e meio ambiente (arts. 23, II e VI da CF), além de produção e consumo (art. 24, V, da CF), na medida em que visa aperfeiçoar as atividades fiscalizatórias e dar maior eficiência no controle sanitário e ambiental, bem como conferir maior transparência aos resultados das pesagens por parte dos frigoríficos aos produtores de gado rondonienses. 4. Ao estabelecer que os matadouros e matadouros-frigoríficos em atividade no Estado de Rondônia instalem balanças eletrônicas pelos frigoríficos, a fim de promover a transparência dos resultados das pesagens de carcaças de animais abatidos, o conteúdo versado na norma questionada não interfere no núcleo essencial do Direito Civil, de modo que não usurpa a competência privativa da União estabelecida no art. 22, I, da Constituição Federal de 1988. 5. Esta CORTE já decidiu que nem toda norma que impõe obrigação a agentes privados e, por consequência, produz direta ou indiretamente, impactos sobre a atividade empresarial, usurpa a competência legislativa privativa da União. 6. A Lei do Estado de Rondônia 4.318/2018, ao exigir a instalação e o funcionamento de balanças eletrônicas pelos matadouros e matadouros-frigoríficos em atividade naquele ente federativo, bem como o repasse das informações em tempo real para um computador da entidade representativa dos pecuaristas e do órgão de controle e fiscalização, propicia o aperfeiçoamento das atividades fiscalizatórias e o controle sanitário, de forma a conferir mais segurança aos consumidores locais. Assim, insere-se na previsão do art. 24, V, da Constituição. 7. Agravo Interno a que se nega provimento" (ARE 1.472.813 AgR, 1ª Turma, Rel. Min. Alexandre de Moraes, j. 5-6-2024, public. 11-6-2024).

7. ADI 3.336/RJ, Rel. Min. Dias Toffoli, j. 14-2-2020, Tribunal Pleno, processo eletrônico, *DJe*-047, divulg. 5-3-2020, public. 6-3-2020.

Todavia, não se deve perder de vista que aos Municípios também é atribuída a competência legislativa suplementar, determinando o art. 30, II, competir a eles suplementar a legislação federal e a estadual no que couber.

Dessa forma, podemos afirmar que à União caberá a fixação de pisos mínimos de proteção ao meio ambiente, enquanto aos Estados e Municípios, atendendo aos seus interesses regionais e locais, a de um "teto" de proteção. Com isso, oportuno frisar que os Estados e Municípios *jamais poderão legislar*, de modo a oferecer *menos proteção* ao meio ambiente do que a União, porquanto, como já ressaltado, a esta cumpre, tão só, fixar regras gerais.

Além disso, a competência concorrente dos Estados e supletiva dos Municípios revela-se importante, porquanto aqueles e estes, em especial estes, encontram-se *mais atentos e próximos* aos interesses e peculiaridades de uma determinada região, estando mais aptos a efetivar a proteção ambiental reclamada pelo Texto Constitucional.

Com isso, é correto afirmar que não é a União que detém em nosso ordenamento jurídico o maior número de competências exclusivas e privativas; os Estados, os Municípios e mesmo o Distrito Federal passaram a partir de 1988 a ter maior autonomia no sentido de poderem legislar sobre grande número de matérias.

Em linhas gerais, podemos concluir que a *competência legislativa* em matéria ambiental estará sempre *privilegiando a maior e mais efetiva preservação do meio ambiente*, independentemente do ente político que a realize, porquanto todos receberam da Carta Constitucional aludida competência (arts. 24, V, VI e VII, e 30, II), destacando-se, conforme já estabelecido pelo Supremo Tribunal Federal, que "a sobreposição de opções políticas por graus variáveis de proteção ambiental constitui circunstância própria do estabelecimento de competência concorrente sobre a matéria", sendo certo que, "em linha de princípio, admite-se que os Estados editem normas mais protetivas ao meio ambiente, com fundamento em suas peculiaridades regionais e na preponderância de seu interesse, conforme o caso"[8].

## 4.2. COMPETÊNCIA MATERIAL

A proteção do meio ambiente, a saber do meio ambiente natural, cultural, do trabalho/saúde ambiental e artificial, está adaptada à *competência material comum*, ou seja, proteção ambiental adstrita a normas que conferem deveres aos entes da Federação e não simplesmente faculdades. Com isso, buscou o legislador constituinte estabelecer competências materiais *comuns a todos* os entes da Federação brasileira, a saber, União, Estados, Distrito Federal e Municípios.

Por vezes, o fato de a competência ser comum a todos os entes federados poderá tornar difícil a tarefa de discernir qual a norma administrativa mais adequada a uma determinada situação. Os critérios que deverão ser verificados para tal análise são: a) o critério

---

8. ADI 5.996/AM, Rel. Min. Alexandre de Moraes, j. 15-4-2020, Tribunal Pleno, processo eletrônico, *DJe*-105, divulg. 29-4-2020, public. 30-4-2020.

da preponderância do interesse; e b) o critério da colaboração (cooperação) entre os entes da Federação, conforme determina o já transcrito parágrafo único do art. 23.

Desse modo, deve-se buscar, como regra, privilegiar a *norma que atenda de forma mais efetiva ao interesse comum*, conforme orientação do próprio Supremo Tribunal Federal que acolheu nossa interpretação em tema vinculado à saúde ambiental[9].

Em relação à lei complementar mencionada no dispositivo, deve ser dito que, enquanto não elaborada, a responsabilidade pela proteção do meio ambiente é comum e solidária a todos os entes da Federação.

## 5. O MUNICÍPIO, SUA IMPORTÂNCIA FUNDAMENTAL E PREPONDE-RANTE NA TUTELA DA SADIA QUALIDADE DE VIDA E A VISÃO DO SUPREMO TRIBUNAL FEDERAL

O Município, adotado como ente federativo, conforme preceituam os arts. 1º e 18 da Constituição Federal, recebeu autonomia, possuindo competências exclusivas (art. 30) e organização política própria (art. 29).

Isso possibilita uma tutela mais efetiva da sadia qualidade de vida, porquanto é no Município que nascemos, trabalhamos, nos relacionamos, ou seja, é nele que efetivamente vivemos. Na verdade, é o Município que passa a reunir efetivas condições de atender de modo imediato às necessidades locais, em especial em um país como o Brasil, de proporções continentais e cultura diversificada.

Interessante verificarmos que o texto constitucional, ao atribuir ao Município competência para legislar sobre assuntos locais, está-se referindo aos interesses que atendem de modo imediato às necessidades locais, ainda que tenham repercussão sobre as necessidades gerais do Estado ou do País. Com isso, questões como o fornecimento domiciliar de água potável, o serviço de coleta de lixo, o trânsito de veículos e outros temas típicos do meio ambiente natural, artificial, cultural e do trabalho no âmbito do Município, embora de interesse local, "não deixam de afetar o Estado e mesmo o país".

O Supremo Tribunal Federal teve a oportunidade de ratificar nosso entendimento em mais de uma oportunidade. Destarte, cabe observar a importante lição do Ministro Celso de Melo:

---

9. O Plenário do Supremo Tribunal Federal (STF), por unanimidade, confirmou, em 15-4-2020, o entendimento de que as medidas adotadas pelo Governo Federal na Medida Provisória (MP) n. 926/2020 para o enfrentamento do coronavírus não afastam a competência concorrente nem a tomada de providências normativas e administrativas pelos Estados, pelo Distrito Federal e pelos Municípios, decisão esta vinculada ao referendo da medida cautelar deferida em março de 2020 pelo Ministro Marco Aurélio na Ação Direta de Inconstitucionalidade (ADI) 6.341. Na oportunidade restou confirmado, pelo STF, o entendimento que referida medida não afastaria os atos a serem praticados pelos Estados, pelo Distrito Federal e pelos Municípios, que têm competência concorrente para legislar sobre saúde pública (art. 23, II, da Constituição). *Vide* Medida Cautelar na Ação Direta de Inconstitucionalidade 6.341, Distrito Federal, Rel. Min. Marco Aurélio.

"Reconheço que o Município dispõe de competência para legislar sobre o meio ambiente, desde que o faça nos limites do interesse local, em ordem a que a regulação normativa municipal esteja em harmonia com as competências materiais constitucionalmente deferidas à União Federal e aos Estados-membros.

Esse entendimento tem apoio em autorizado magistério doutrinário (JOSÉ AFONSO DA SILVA, *Direito Ambiental Constitucional*, p. 81/82, item n. 14, 9. ed., 2011, Malheiros; CELSO ANTONIO PACHECO FIORILLO, *Curso de Direito Ambiental Brasileiro*, p. 219/220, item n. 4.2, 2012, Saraiva; PAULO AFFONSO LEME MACHADO, *Direito Ambiental Brasileiro*, p. 442/444, item n. 3, 2013, Malheiros), como se depreende da expressiva lição de PAULO DE BESSA ANTUNES (*Direito Ambiental*, p. 110/111, item n. 2.3, 15ª ed., 2013, Atlas):

'O art. 30 da Constituição Federal atribui aos Municípios competência para legislar sobre: assuntos de interesse local; suplementar a legislação federal e estadual no que couber; promover, no que couber, adequado ordenamento territorial, mediante planejamento e controle do uso, do parcelamento e da ocupação do solo urbano; promover a proteção do patrimônio histórico-cultural local, observadas a legislação e a ação fiscalizadora federal e estadual. Parece claro, na minha análise, que o meio ambiente está incluído no conjunto de atribuições legislativas e administrativas municipais e, em realidade, os Municípios formam um elo fundamental na complexa cadeia de proteção ambiental. A importância dos Municípios é evidente por si mesma, pois as populações e as autoridades locais reúnem amplas condições de bem conhecer os problemas e mazelas ambientais de cada localidade, sendo certo que são as primeiras a localizar e identificar o problema. É através dos Municípios que se pode implementar o princípio ecológico de agir localmente, pensar globalmente. Na verdade, entender que os Municípios não têm competência ambiental específica é fazer uma interpretação puramente literal da Constituição Federal'.

**Tenho por inquestionável, por isso mesmo, que assiste ao Município competência constitucional para formular regras e legislar sobre proteção e defesa do meio ambiente, que representa encargo irrenunciável que incide sobre todos e cada um dos entes que integram o Estado Federal brasileiro**" (grifos nossos)[10].

---

10. "RECURSO EXTRAORDINÁRIO EM AÇÃO DIRETA DE INCONSTITUCIONALIDADE ESTADUAL. LIMITES DA COMPETÊNCIA MUNICIPAL. LEI MUNICIPAL QUE PROÍBE A QUEIMA DE PALHA DE CANA-DE-AÇÚCAR E O USO DO FOGO EM ATIVIDADES AGRÍCOLAS. LEI MUNICIPAL N. 1.952, DE 20 DE DEZEMBRO DE 1995, DO MUNICÍPIO DE PAULÍNIA. RECONHECIDA REPERCUSSÃO GERAL. ALEGAÇÃO DE VIOLAÇÃO AOS ARTS. 23, *CAPUT* E PARÁGRAFO ÚNICO, N. 14, 192, § 1º E 193, XX E XXI, DA CONSTITUIÇÃO DO ESTADO DE SÃO PAULO E ARTS. 23, VI E VII, 24, VI E 30, I E II DA CRFB".

O tema já havia sido enfrentado anteriormente, oportunidade em que o Ministro Celso de Mello já advertia:

"**Cumpre destacar, por oportuno, ante a inquestionável procedência de suas observações, a seguinte passagem do voto do eminente Ministro AYRES BRITTO, proferido por ocasião do julgamento plenário da ADI 3.338/DF, no sentido de que: '(...) além de a Constituição conferir a competência material aos Estados e Municípios para 'proteger o meio ambiente e combater a poluição em qualquer de suas formas' (art. 23, VI), ela, Constituição Federal, também na matéria, confere a competência de ordem legislativa, expressamente, art. 24, inciso VI'** (grifei).

Essa mesma compreensão do tema é também perfilhada por autorizado magistério doutrinário (JOSÉ AFONSO DA SILVA, *Direito Ambiental Constitucional*, p. 81/82, item n. 14, 9. ed., 2011, Malheiros; CELSO ANTONIO PACHECO FIORILLO, *Curso de Direito Ambiental Brasileiro*, p. 219/220, item n. 4.2, 2012, Saraiva; PAULO AFFONSO LEME MACHADO, *Direito Ambiental Brasileiro*, p. 442/444, item n. 3, 2013, Malheiros), como se depreende da expressiva lição de PAULO DE BESSA ANTUNES (*Direito Ambiental*, p. 110/111, item n. 2.3, 15. ed., 2013, Atlas):

'**O art. 30 da Constituição Federal atribui aos Municípios competência para legislar sobre: assuntos de interesse local; suplementar a legislação federal e estadual no que couber; promover, no que couber, adequado ordenamento territorial, mediante planejamento e controle do uso, do parcelamento e da ocupação do solo urbano; promover a proteção do patrimônio histórico-cultural local, observadas a legislação e a ação fiscalizadora federal e estadual. Parece claro, na minha análise, que o meio ambiente está incluído no conjunto de atribuições legislativas e administrativas municipais e, em realidade, os Municípios formam um elo fundamental na complexa cadeia de proteção ambiental. A importância dos Municípios é evidente por si mesma, pois as populações e as autoridades locais reúnem amplas condições de bem conhecer os problemas e mazelas ambientais de cada localidade, sendo certo que são as primeiras a localizar e identificar o problema. É através dos Municípios que se pode implementar o princípio ecológico de agir localmente, pensar globalmente. Na verdade, entender que os Municípios não têm competência ambiental específica é fazer uma interpretação puramente literal da Constituição Federal'**[11].

Com isso, entendemos que é efetivamente no Município que os brasileiros e estrangeiros residentes no país exercem, em sua plenitude, os fundamentos outorgados pelo Estado democrático de Direito: a dignidade da pessoa humana combinada com a

---

11. RE 665.688 AgR/SC, Rel. Min. Celso de Mello, 2ª Turma, j. 2-12-2014.

soberania popular e com o pluralismo político; é no Município que a pessoa, normalmente, nasce, cresce, alcança a maturidade e envelhece; é no Município que a pessoa humana se educa, cuida de sua saúde, trabalha, se diverte, convive com fatores de segurança/insegurança; é ainda no Município que restarão evidenciados os permanentes conflitos do capital em face do trabalho dentro de ambientes artificiais frequentemente poluídos (poluição de todas as formas) e é principalmente no Município e a partir da localidade em que possui sua casa que a pessoa humana, como que em uma síntese necessária e fundamental de exercício pleno de seus direitos constitucionais, poderá exercer o direito de se informar e mesmo de informar outras pessoas dentro de uma necessária convivência social com o mundo todo a partir da utilização dos meios de comunicação social.

Assim, temos que a Carta Constitucional trouxe importante relevo para o Município, particularmente em face do direito ambiental brasileiro, na medida em que é a partir dele que a pessoa humana poderá usar os denominados bens ambientais, visando à plena integração social, com base na moderna concepção de cidadania[12].

---

12. "'AÇÃO CAUTELAR INOMINADA'. DIREITO AMBIENTAL. CRIAÇÃO DE RESERVA EXTRATIVISTA. PROCEDIMENTO DE INSTITUIÇÃO DESSA UNIDADE DE USO SUSTENTÁVEL. NECESSIDADE DE REALIZAÇÃO DE CONSULTA PÚBLICA (LEI N. 9.985/2000, ART. 22, § 2º E § 3º, C/C O DECRETO N. 4.340/2002, ART. 5º, *CAPUT*). PRECEDENTE DO SUPREMO TRIBUNAL FEDERAL. INSTITUIÇÃO, PELA UNIÃO FEDERAL, DE RESERVA EXTRATIVISTA EM ÁREA QUE COMPREENDE TERRAS PÚBLICAS PERTENCENTES A UM ESTADO-MEMBRO DA FEDERAÇÃO. EXISTÊNCIA DE POTENCIAL CONFLITO FEDERATIVO. INSTAURAÇÃO DA COMPETÊNCIA ORIGINÁRIA DO SUPREMO TRIBUNAL FEDERAL COMO TRIBUNAL DA FEDERAÇÃO. PRECEDENTES. DESAPROPRIAÇÃO, PELA UNIÃO FEDERAL, DE BENS INTEGRANTES DO PATRIMÔNIO PÚBLICO ESTADUAL. A QUESTÃO DA PRIMAZIA EXPROPRIATÓRIA. POSSIBILIDADE DO ATO EXPROPRIATÓRIO, SUJEITO, NO ENTANTO, QUANTO À SUA EFETIVAÇÃO, À PRÉVIA AUTORIZAÇÃO LEGISLATIVA DO CONGRESSO NACIONAL (DL N. 3.365/41, ART. 2º, § 2º). CONTROLE POLÍTICO, PELO PODER LEGISLATIVO DA UNIÃO, DO ATO EXCEPCIONAL DE EXPROPRIAÇÃO FEDERAL DE BENS INTEGRANTES DO PATRIMÔNIO IMOBILIÁRIO ESTADUAL. DOUTRINA. NECESSIDADE DE OBSERVÂNCIA DO REGULAR PROCEDIMENTO EXPROPRIATÓRIO, INCLUSIVE COM O RECONHECIMENTO DO DEVER DA UNIÃO FEDERAL DE INDENIZAR O ESTADO-MEMBRO. PRECEDENTES DO SUPREMO TRIBUNAL FEDERAL. CONFLITO ENTRE A UNIÃO FEDERAL E AS DEMAIS UNIDADES FEDERADAS NO EXERCÍCIO, EM TEMA AMBIENTAL, DE SUA COMPETÊNCIA MATERIAL COMUM. CRITÉRIOS DE SUPERAÇÃO DESSE CONFLITO: CRITÉRIO DA PREPONDERÂNCIA DO INTERESSE E CRITÉRIO DA COLABORAÇÃO ENTRE AS PESSOAS POLÍTICAS. RECONHECIMENTO, NA ESPÉCIE, EM JUÍZO DE DELIBAÇÃO, DO CARÁTER MAIS ABRANGENTE DO INTERESSE DA UNIÃO FEDERAL. INOCORRÊNCIA, AINDA, DE SITUAÇÃO DE IRREVERSIBILIDADE DECORRENTE DA CONSULTA PÚBLICA CONVOCADA PELO IBAMA. AUSÊNCIA, NA ESPÉCIE, DOS PRESSUPOSTOS DA PLAUSIBILIDADE JURÍDICA (*FUMUS BONI JURIS*), DE UM LADO, E DA POSSIBILIDADE DE LESÃO IRREPARÁVEL OU DE DIFÍCIL REPARAÇÃO (*PERICULUM IN MORA*), DE OUTRO. MEDIDA LIMINAR INDEFERIDA. INTERPOSIÇÃO DE RECURSO DE AGRAVO. RECURSO DE AGRAVO IMPROVIDO. NÃO COMPROVAÇÃO DO AJUIZAMENTO DA AÇÃO PRINCIPAL. ART. 796 DO CÓDIGO DE PROCESSO CIVIL. VÍNCULO DE ACESSORIEDADE E DE DEPENDÊNCIA DO PROCESSO CAUTELAR EM RELAÇÃO À CAUSA PRINCIPAL. CONSEQUENTE EXTINÇÃO ANÔMALA DO PROCESSO CAUTELAR SEM RESOLUÇÃO DE MÉRITO.

Vê-se, portanto, considerada a repartição constitucional de competências em matéria ambiental, que, na eventualidade de surgir conflito entre as pessoas políticas no desempenho de atribuições que lhes sejam

A matéria foi uma vez mais ratificada pelo STF, adotando integralmente nosso entendimento conforme indicado abaixo:

"Ementa: Direito constitucional e ambiental. Ação direta de inconstitucionalidade. Constituição do Estado do Ceará. Licenciamento ambiental. Resguardo à competência municipal. 1. Ação direta de inconstitucionalidade contra o art. 264 da Constituição do Estado do Ceará. Alegação de que o dispositivo impugnado, ao exigir a anuência de órgãos estaduais para o licenciamento ambiental, viola o princípio federativo e a autonomia municipal. 2. O Município é competente para legislar sobre o meio ambiente no limite do seu interesse local e desde que tal regramento seja harmônico com a disciplina estabelecida pelos demais entes federados (art. 24, VI, c/c art. 30, I e II, da Constituição Federal). Tema 145/STF. 3. Cabe aos municípios promover o licenciamento ambiental das atividades ou empreendimentos que possam causar impacto ambiental de âmbito local. Precedentes. 4. Procedência do pedido, para dar interpretação conforme ao art. 264 da Constituição do Estado do Ceará a fim de resguardar a competência municipal para o licenciamento de atividades e empreendimentos de impacto local. Tese de julgamento: 'É inconstitucional interpretação do art. 264 da Constituição do Estado do Ceará de que decorra a supressão da competência dos Municípios para regular e executar o licenciamento ambiental de atividades e empreendimentos de impacto local'"[13].

## 6. COMPETÊNCIAS CONSTITUCIONAIS EM MATÉRIA AMBIENTAL, A LEI COMPLEMENTAR N. 140/2011 E OS DENOMINADOS ASSUNTOS DE INTERESSE LOCAL

Cabe resumir a matéria anteriormente indicada pela oportunidade de estabelecer breve análise da Lei Complementar n. 140/2011.

Com efeito.

---

comuns – como sucederia, p.ex., no exercício da competência material a que aludem os incisos VI e VII do art. 23 da Constituição –, tal situação de antagonismo resolver-se-á mediante aplicação do critério da preponderância do interesse e, quando tal for possível, pela utilização do critério da cooperação entre as entidades integrantes da Federação, **como observa, em preciso magistério, Celso Antonio Pacheco Fiorillo (Curso de Direito Ambiental Brasileiro, p. 79, item n. 4.2, 7. ed., 2006, Saraiva)** grifos nossos: 'Por vezes, o fato de a competência ser comum a todos os entes federados poderá tornar difícil a tarefa de discernir qual a norma administrativa mais adequada a uma determinada situação. Os critérios que deverão ser verificados para tal análise são: a) o critério da preponderância do interesse; e b) o critério da colaboração (cooperação) entre os entes da Federação, conforme determina o já transcrito parágrafo único do art. 23. Desse modo, deve-se buscar, como regra, privilegiar a norma que atenda de forma mais efetiva ao interesse comum'".

Isso significa que, concorrendo projetos da União Federal e do Estado-membro visando à instituição, em determinada área, de reserva extrativista, o conflito de atribuições será suscetível de resolução, caso inviável a colaboração entre tais pessoas políticas, pela aplicação do critério da preponderância do interesse, valendo referir – como já assinalado – que, ordinariamente, os interesses da União revestem-se de maior abrangência" (Ag. Reg. na Medida Cautelar na Ação Cautelar 1.255, Rel. Min. Celso de Mello, Plenário, j. 27-06-2007).

13. ADI 2.142, Tribunal Pleno, Rel. Min. Roberto Barroso, j. 27-6-2022, public. 4-7-2022.

Conforme se verifica na obra *O direito de antena em face do direito ambiental no Brasil*[14], a Lei n. 6.938/81 (Política Nacional do Meio Ambiente), importante instrumento infraconstitucional de tutela do direito à vida em nosso país, editada sob a égide da Constituição de 1969 (EC n. 1, de 17-10-1969), veio a guardar compatibilidade com a Constituição em vigor em face do que estabeleceu a Lei n. 8.028, de 12 de abril de 1990.

Destarte, a partir de 1990, a estrutura da política nacional em matéria ambiental passou a ter seus fundamentos fixados em dois dispositivos constitucionais, a saber: os arts. 23, VI e VII, e 225, guiando o intérprete para uma nova visão de aplicação do direito positivo em nosso país, baseado em critério de competência material cumulativa e predominância do bem difuso ambiental em face dos denominados bens públicos ou privados, estabelecendo relevantes parâmetros para a tutela do direito ambiental no Brasil.

A análise dos referidos dispositivos constitucionais nos leva a observar o que seria, em nosso entender, a atribuição de fundamental importância adaptada à competência atribuída aos Municípios destinada a legislar em matéria ambiental como típico e didático "assunto de interesse local".

Senão, vejamos.

## 6.1. PRINCÍPIO DA PREDOMINÂNCIA DO INTERESSE, PROBLEMAS E TÉCNICAS DE REPARTIÇÃO DE COMPETÊNCIAS

Tradicionalmente aplica-se na repartição das competências legislativas o denominado princípio da predominância dos interesses, a saber, à União cabe as matérias de interesse nacional, aos Estados, as de interesse regional, enquanto os Municípios ficam com as competências legislativas de interesse local. Daí o Supremo Tribunal Federal já ter esclarecido que "a Constituição Federal de 1988, presumindo de forma absoluta para algumas matérias a presença do princípio da predominância do interesse, estabeleceu, *a priori*, diversas competências para cada um dos entes federativos – União, Estados-Membros, Distrito Federal e Municípios – e, a partir dessas opções, pode ora acentuar maior centralização de poder, principalmente na própria União (CF, art. 22), ora permitir uma maior descentralização nos Estados-Membros e nos Municípios (CF, arts. 24 e 30, inciso I)"[15].

Todavia, essa tradicional forma de repartição de competências encontra grande dificuldade em face do direito ambiental, ou seja, o que seria de interesse local, regional ou nacional?

Tentando enfrentar a dificuldade antes apontada, surgem por parte da doutrina ortodoxa as denominadas "técnicas" de repartição de competências, a saber:

---

14. A obra foi publicada no início do século XXI pela Editora Saraiva.

15. ADI 5.996/AM, Rel. Min. Alexandre de Moraes, j. 15-4-2020, Tribunal Pleno, processo eletrônico, *DJe*-105, divulg. 29-4-2020, public. 30-4-2020.

a) enumeração de poderes da União – por esta técnica, enumerados os poderes da União, tudo o que restar será de competência dos Estados (poderes remanescentes);

b) enumeração de poderes dos Estados – por esta técnica, enumerados os poderes dos Estados, tudo o que restar será de competência da União;

c) enumeração de competências de entidades federativas – por esta técnica cuida--se de uma enumeração exaustiva de poderes para todos os entes, gradualmente, a saber, primeiro para a União, depois para os Estados e por fim para os Municípios, sendo diferente da técnica indicada na letra "a" na medida em que existe enumeração;

d) sistema alemão – por esta técnica, restam criadas as denominadas competências exclusivas, privativas com possibilidade de delegação, competências concorrentes com a formação de normas gerais e competências suplementares e residuais dos Estados e Municípios.

Destarte, embora a Constituição alemã desenvolva uma ideia peculiar de estruturação de um regime federal em face da Lei Fundamental baseada em um Estado composto da Federação e dos denominados *Lander*, parece correto afirmar que a ideia germânica teria sido adotada pela Constituição Federal em nosso país, ou seja, o critério de distribuição de competências legislativas no direito constitucional positivo brasileiro estaria de fato a adotar a mesma visão da Carta Magna germânica, em que se verificam competências exclusivas, concorrentes etc.[16].

Essa visão, por outro lado, não é idêntica ao direcionamento alemão, na medida em que hoje, com a unificação europeia, grande parte dos princípios tradicionais está sendo reestruturada.

Além disso, nossa Carta guarda um pormenor importantíssimo vinculado à matéria ora debatida em face da existência dos Municípios, ente da Federação dotado de autonomia que ocupa posição importantíssima no sistema constitucional brasileiro.

## 6.2. CLASSIFICAÇÃO DAS COMPETÊNCIAS

No que diz respeito às competências, enquanto diversidade de poder-dever de que se servem os órgãos estatais para realizar suas funções ou "faculdade juridicamente atribuída a uma entidade, ou a um órgão ou agente do Poder Público para emitir decisões", como afirma José Afonso da Silva[17], estabeleceu a Constituição Federal, em razão da denominada autonomia da União, Estados-membros e Municípios, dois grandes grupos.

Vejamos.

a) *Competência material:*

*Exclusiva* (art. 21) – atribuída a uma entidade com exclusão das demais;

---

16. Para uma completa visão do direito constitucional alemão, *vide* Benda, Maihofer, Hesse e Heyde, *Manual de derecho constitucional*, Madrid, Marcial Pons Ediciones Jurídicas y Sociales, 1996, p. 613-75.

17. *Curso*, cit., *passim*.

*Comum* **cumulativa ou paralela (art. 23)** – consiste num campo de atuação comum às várias entidades, sem que o exercício de uma venha a excluir a competência de outra, que pode assim ser exercida cumulativamente. Significa a possibilidade de praticar certos atos, em determinada esfera, juntamente e em pé de igualdade.

b) *Competência legislativa*:

*Exclusiva* **(art. 25, §§ 1º e 2º)** – atribuída a uma entidade com exclusão das demais;

*Privativa* **(art. 22)** – enumerada como própria de uma entidade, com possibilidade, no entanto, de delegação e competência suplementar (art. 22 e seu parágrafo único). Difere da exclusiva na medida em que esta é indelegável, já que não admite suplementariedade nem delegação;

*Concorrente* **(art. 24)** – conceito que compreende dois elementos, a saber, possibilidade de disposição sobre o mesmo assunto ou matéria por mais de uma entidade federativa, bem como primazia da União no que tange a normas gerais[18];

*Suplementar* **(art. 24, § 2º)** – vinculada à competência concorrente, significando o poder de formular normas que desdobrem o conteúdo de princípios e normas gerais ou que supram a ausência ou omissão destas.

## 6.3. A POLÍTICA NACIONAL DO MEIO AMBIENTE COM FUNDAMENTO FIXADO NO ART. 23, VI E VII, DA CF – A FIXAÇÃO DO CRITÉRIO DE COMPETÊNCIA MATERIAL COMUM EM FACE DO DIREITO AMBIENTAL NO BRASIL

Ao estruturar a Política Nacional do Meio Ambiente com base no que estabelece o art. 23, VI e VII, da Carta Magna, a Lei n. 6.938/81, modificada pela Lei n. 8.028/90,

---

18. "Ementa: CONSTITUCIONAL. FEDERALISMO E RESPEITO ÀS REGRAS DE DISTRIBUIÇÃO DE COMPETÊNCIA. DIREITO AMBIENTAL. PESCA. LEI ESTADUAL 12.557/2006 DO RIO GRANDE DO SUL. REGRAMENTO DA PESCA SEMIPROFISSIONAL NO ÂMBITO DO ESTADO-MEMBRO. NECESSIDADE DE OBSERVÂNCIA DA LEI FEDERAL DE NORMAS GERAIS ANTERIORES À LEI ESTADUAL. LEI FEDERAL SUPERVENIENTE. SUSPENSÃO DA LEI ESTADUAL NO QUE LHE FOR CONTRÁRIA. 1. As regras de distribuição de competências legislativas são alicerces do federalismo e consagram a fórmula de divisão de centros de poder em um Estado de Direito. A análise das competências concorrentes (CF, art. 24) deverá priorizar o fortalecimento das autonomias locais e o respeito às suas diversidades, de modo a assegurar o imprescindível equilíbrio federativo, em consonância com a competência legislativa remanescente prevista no § 1º do artigo 25 da Constituição Federal. 2. Compete à União, aos Estados e ao Distrito Federal legislar concorrentemente sobre pesca (CF/88, art. VI). À União cabe legislar sobre normas gerais, de observância cogente aos demais entes da federação (CF/88, art. 24, § 1º). 3. A superveniência de lei federal sobre normas gerais suspende a eficácia da lei estadual, no que lhe for contrária (CF/1988, art. 24, § 4º). Assim, lei estadual que entre em conflito com superveniente lei federal com normas gerais em matéria de legislação concorrente não é, por esse fato, inconstitucional, havendo apenas suspensão da sua eficácia. 4. É indelegável a uma entidade privada a 'atividade típica de Estado, que abrange até poder de polícia, de tributar e de punir' (ADI 1.717, Rel. Min. Sydney Sanches, DJ de 28-3-2003). 5. Medida Cautelar confirmada. Ação Direta julgada parcialmente procedente para declarar a inconstitucionalidade do art. 2º, *caput* e parágrafo único, e do art. 3º, *caput* e parágrafo único, ambos da Lei 12.557/2006 do Estado do Rio Grande do Sul" (ADI 3.829 / RS, Rel. Min. Alexandre de Moraes, j. 11-4-2019, Tribunal Pleno, processo eletrônico, *DJe*-103, divulg. 16-5-2019, public. 17-5-2019).

pretendeu estabelecer critério de proteção do meio ambiente adaptado à chamada competência material comum, ou seja, proteção ambiental adstrita a normas que conferem deveres aos entes da Federação e não simplesmente faculdades.

A orientação constitucional, portanto, é estabelecer competências materiais *comuns* a todos os entes da Federação brasileira, a saber, União, Estados, Distrito Federal e Municípios.

Luciana Costa da Fonseca, em trabalho acadêmico que orientamos no século passado[19], salienta, após análise de cada uma das repartições de competências ambientais previstas na Carta Magna, que estaríamos na verdade diante de "uma única matéria que tem, por assim dizer, várias facetas relevantes, acerca das quais o tratamento não é idêntico, *mas sistemático*. Em função da própria natureza multifacetada do meio ambiente nem seria conveniente um tratamento único para aspectos tão distintos". Continuando seu estudo, a autora articula seu raciocínio com a finalidade de concluir que "quando da interpretação da norma para aplicação ao caso concreto é necessário ter atenção para o critério de colaboração entre os entes da Federação, especialmente no que se refere ao meio ambiente, por força dos arts. 23, VI, e 225. Daí por que, diante do caso concreto, devemos observar a preponderância da matéria em exame. Muitas vezes não será fácil discernir acerca da norma mais adequada, mas dois critérios auxiliarão na análise da questão: **o critério da preponderância do interesse e da colaboração entre os entes da Federação**" (destaques nossos).

Com efeito.

É exatamente a partir da concepção antes aduzida que notamos a posição sobranceira dos Municípios como local em que exercitamos concretamente nosso "direito à vida".

Por outro lado, devemos notar que, embora a Política Nacional do Meio Ambiente (Lei n. 6.938/81) não se reporte explicitamente a outros dispositivos descritos na Constituição Federal relacionados à competência legislativa ambiental (arts. 22, IV, XII e XXVI, e 24, VI e VIII), resta evidente que eventuais dúvidas podem ser superadas em decorrência do que estabelece o art. 30, I, que outorga competência aos Municípios para "legislar sobre assuntos de interesse local".

Cabe aqui reiterarmos manifestação anterior no sentido de destacar o Município como ente da Federação: dotado de autonomia, tal qual os Estados, e de organização política própria, reúne efetivas condições de atender de modo imediato às necessidades locais, particularmente em país como o Brasil, de proporções continentais e cultura diversificada, como já aduzido anteriormente.

Daí não ser difícil concluir que, ao fixar critério de competência material comum no campo do direito ambiental, pretendeu a Política Nacional do Meio Ambiente destacar a participação do Município como ente da Federação.

---

19. *A repartição de competências em matéria ambiental na Constituição Federal de 1988*, esboço visando ao desenvolvimento em dissertação de mestrado para análise do professor orientador Dr. Celso Antonio Pacheco Fiorillo, 1998, *passim*.

É no Município que os brasileiros e estrangeiros residentes no País exercem, em sua plenitude, os fundamentos outorgados pelo Estado Democrático de Direito: a dignidade da pessoa humana combinada com a soberania popular e o pluralismo político. É nele que a pessoa normalmente nasce, cresce, alcança a maturidade e envelhece, educa-se, cuida de sua saúde, trabalha, diverte-se e convive com fatores de segurança/insegurança. É ainda no Município que restarão evidenciados os permanentes conflitos do capital em face do trabalho dentro de ambientes artificiais frequentemente poluídos (poluição de todas as formas), assim como é *principalmente nele* e a partir da localidade em que possui sua casa que a pessoa humana, como que em uma síntese necessária e fundamental de exercício pleno de seus direitos constitucionais, poderá exercer o direito de se informar e mesmo de informar outras pessoas dentro de uma necessária convivência social com o mundo todo a partir da utilização dos meios de comunicação social.

É, portanto, a partir do Município que a pessoa humana poderá usar os chamados bens ambientais, visando plena integração social baseada na moderna concepção de cidadania.

## 6.4. MUNICÍPIO

O legislador constituinte, ao adotar o Município como ente da Federação (CF, arts. 1º e 18), eliminou antiga lide doutrinária a respeito.

Dotado de autonomia, tal qual os Estados, já que detentor de competências exclusivas (CF, art. 30) e organização política própria (art. 29), o Município ocupa posição "sobranceira e privilegiada, em nosso cenário jurídico", na magnífica afirmação de Carrazza[20].

O Município, em face do que determina a Constituição Federal, é livre para organizar-se, consultando seus interesses particulares e observando tão somente as restrições que balizam os critérios gerais de competência direcionados pela Lei Maior.

Os próprios eleitores no Brasil, ao que tudo indica, sempre apontaram os Municípios como mais importantes para o dia a dia da população.

Pesquisa realizada no século passado (entre os dias 27 de novembro e 1º de dezembro de 1998[21], com 2 mil eleitores em todo o País), já destacava que as prefeituras prestavam os melhores serviços e deveriam ficar com a maior parte dos recursos públicos arrecadados, sendo certo que 54% dos pesquisados entendiam que elas proporcionavam a maior parte dos serviços na área da saúde, 60% entendiam que as prefeituras prestavam a maior parte dos serviços na área da educação e 68% entendiam que as prefeituras são mais importantes no dia a dia da população, numa inequívoca demonstração de que o exercício dos direitos e deveres constitucionais assegurado em nosso país é exercitado, concretamente, nos Municípios.

É no Município que nascemos, trabalhamos, nos relacionamos, ou seja, é nele que vivemos.

---

20. *Curso*, cit., p. 98.

21. Encomendada pela Associação Paulista dos Municípios (APM) ao IBOPE, conforme matéria publicada pelo jornal *O Estado de S.Paulo*, p. A6, 26-12-1998.

Significativo, por outro lado, que o governo federal apontava, no levantamento, sempre a última colocação, mostrando, de forma significativa, a visão tanto quanto possível "real" do povo em face da União. Acreditamos que nos dias de hoje as cidades – gerenciadas pelo Poder Público Municipal – continuam a ser o mais importante espaço destinado à vida concreta da pessoa humana.

Daí entendermos, como Roque Antonio Carrazza, o verdadeiro conteúdo da fórmula "assuntos de interesse local", apontada no art. 30, I, da CF, como aqueles que atendem de modo imediato às necessidades locais, ainda que com repercussão sobre as gerais do Estado ou do País.

Assim, é absolutamente correto afirmar que o fornecimento domiciliar de água potável, o serviço de coleta de lixo, o trânsito de veículos e outros temas típicos do meio ambiente natural, artificial, cultural e do trabalho no âmbito do Município, embora de interesse local, "não deixam de afetar o Estado e mesmo o País".

Claro está, portanto, que a Carta Magna trouxe importante relevo para o Município, particularmente em face do direito ambiental brasileiro[22].

## 6.5. MUNICÍPIOS E CIDADES: A LEI DO MEIO AMBIENTE ARTIFICIAL COMO IMPORTANTE NORMA AMBIENTAL VINCULADA AOS INTERESSES DOS HABITANTES DAS CIDADES

Depois de onze anos de tramitação, o Senado aprovou o Estatuto da Cidade (Lei n. 10.257/2001), instrumento que passou a disciplinar, mais que o uso puro e simples da propriedade urbana, as principais diretrizes do *meio ambiente artificial*, fundado no equilíbrio ambiental (art. 1º, parágrafo único) e em face do tratamento jurídico descrito nos arts. 182 e 183 da Constituição Federal.

O objetivo do legislador foi o de tratar o meio ambiente artificial não só em decorrência do que estabelece constitucionalmente o art. 225, na medida em que a individualização dos aspectos do meio ambiente tem puramente função didática, mas também em decorrência do que delimitam os arts. 182 e 183 da Constituição Federal, visando a estabelecer aos operadores do Direito facilidade maior no manejo da matéria, inclusive com a utilização dos instrumentos jurídicos trazidos fundamentalmente pelo direito ambiental constitucional brasileiro em face do vetusto direito administrativo que sempre disciplinou a tutela jurídica dos Municípios.

Destarte, na execução da política urbana, torna-se verdadeiro afirmar que o meio ambiente artificial passa a receber uma tutela mediata (revelada pelo art. 225 da Constituição Federal, em que encontramos uma proteção geral ao meio ambiente como tutela da vida em todas as suas formas, centrada na dignidade da pessoa humana) e uma tutela imediata (que passa a receber tratamento jurídico aprofundado em decorrência da regulamentação dos arts. 182 e 183 da CF), relacionando-se diretamente às cidades harmonizadas com o conceito normativo de Município, sendo, portanto, impossível desvincular da

---

22. *Vide* STF, RE 474.922 AgR/SC, 2ª Turma, Min. Cármen Lúcia, j. 27-11-2012, *DJe*, 20-2-2013.

execução da política urbana o conceito de direito à sadia qualidade de vida, assim como do direito à satisfação dos valores da dignidade da pessoa humana e da própria vida.

Daí restar bem posicionada a concepção de que a execução da política urbana determinada pela Lei n. 10.257/2001 deverá ser orientada em decorrência dos principais objetivos do direito ambiental constitucional e especificamente pela realização dos valores estabelecidos pelo art. 1º da Carta Magna.

As normas de ordem pública e interesse social, que passam a regular o uso da propriedade[23] nas cidades, deixam de ter caráter única e exclusivamente individual[24],

---

23. Conforme explica Gilissen, "nas Instituições (2, 4, 4) da época de Justiniano, o proprietário tem uma *plena potestas* sobre a coisa". Os glosadores dirão que a propriedade é o *ius utendi et abutendi*, o direito de usar e abusar da coisa. Pothier vai buscar na doutrina romanista a fórmula: *usus, fructus, abusus.* A Declaração dos Direitos do Homem do século XVIII considera a propriedade como "inviolável e sagrada". Fonte de riqueza, e, daí, de poder, *a propriedade, tanto mobiliária como imobiliária, está na base do capitalismo.* O Código de Napoleão (*Code Civil* de 1804) entendeu por bem estabelecer em seu art. 544 a definição de propriedade como "o direito de gozar e de dispor das coisas da forma mais absoluta, desde que delas não se faça um uso proibido pelas leis ou regulamentos". O direito constitucional brasileiro, como produto cultural que é, entendeu por bem, ao longo de mais de um século (Constituições de 1824, 1891, 1934, 1937, 1946, 1967 e 1969), não estabelecer em seu texto a definição ou mesmo conteúdo do instituto da propriedade, deixando ao legislador infraconstitucional a missão de explicar bem como delimitar o direito de propriedade caso a caso. *Nossa atual Constituição Federal (1988) se utiliza do termo "propriedade" em várias oportunidades, a saber*: 1) art. 5º, XXII – é garantido o direito de propriedade; 2) art. 5º, XXIII – a propriedade atenderá a sua função social; 3) art. 5º, XXV – propriedade particular; 4) art. 5º, XXVI – pequena propriedade rural; 5) art. 5º, XXIX – propriedade das marcas, nomes de empresas e outros signos distintivos; 6) art. 43, § 3º – pequenos e médios proprietários rurais; 7) art. 153, § 4º – competência da União para instituir imposto sobre propriedade territorial rural, com alíquotas fixadas de forma a desestimular a manutenção de propriedades improdutivas; 8) art. 156, I – competência do Município para instituir impostos sobre propriedade predial; 9) art. 170, II – propriedade privada; 10) art. 170, III – função social da propriedade; 11) art. 176 e parágrafos – jazidas como propriedade distinta da do solo, garantia ao concessionário da propriedade do produto da lavra e participação do proprietário do solo nos resultados da lavra; 12) art. 182, § 2º – propriedade urbana; 13) art. 182, § 4º – propriedade do solo urbano; 14) art. 183 – propriedade de outro imóvel urbano ou rural; 15) art. 185, I – pequena e média propriedade rural; 16) art. 185, II – propriedade produtiva; 17) art. 186 – propriedade rural; 18) art. 190 – propriedade rural; 19) art. 222 – propriedade de empresa jornalística e de radiodifusão sonora e de sons e imagens; 20) art. 68 do ADCT – propriedade definitiva aos remanescentes das comunidades dos quilombos. *Podemos concluir que a propriedade, no âmbito de nossa Carta Magna em vigor, é um instrumento jurídico de controle da economia capitalista.*

24. O Código Civil (Lei n. 10.406/2002), ao tratar da propriedade em geral, reconhece em suas disposições preliminares a necessidade de compatibilizar a faculdade de usar, gozar e dispor da coisa, assim como o direito de reavê-la (art. 1.228), com suas *finalidades econômicas e sociais*, de forma que seja preservado, de conformidade com o estabelecido em lei especial, o *equilíbrio ecológico* (§ 1º do art. 1.228), ou seja, o equilíbrio destinado a resguardar o patrimônio genético, o meio ambiente cultural, o meio ambiente artificial, o meio ambiente do trabalho e o meio ambiente natural (arts. 225, 215 e 216, 182 e 183 e 196 a 200 da Carta Magna). Destarte, não só por determinação maior (CF, arts. 5º, XXIII, e 170, III), mas também em decorrência de interpretação sistemática (Leis n. 10.257/2001 e n. 10.406/2002), a propriedade no âmbito individual (Código Civil) ou coletivo (Estatuto da Cidade) deverá observar necessariamente sua *função social*, sendo este, como ensina Nelson Nery Jr., "princípio de ordem pública, que não pode ser derrogado por vontade das partes". Os autores são didáticos ao informar que "o CC 2.035, parágrafo único, é expresso nesse sentido, ao dizer que nenhuma convenção pode prevalecer se contrariar preceitos de ordem pública, como é o caso da função social da propriedade e dos contratos (CC 421)". *Vide Código Civil anotado e legislação extravagante.*

assumindo valores metaindividuais na medida em que o uso da propriedade, em decorrência do que determina o art. 1º, parágrafo único, do Estatuto da Cidade, passa a ser regulado em prol do bem coletivo, da segurança e do bem-estar dos cidadãos, assim como do equilíbrio ambiental.

Diante do critério antes mencionado, a denominada propriedade urbana assume feição ambiental, ou seja, deixa de ser considerada como simplesmente imóvel localizado dentro de limites impostos, burocraticamente, pelo legislador infraconstitucional ou mesmo situado em zona determinada por ele visando a incidência de impostos, na forma do que estabelecia superada doutrina no plano das Constituições pretéritas, e passa a se destinar fundamentalmente à moradia, visando a assegurar, originariamente, a dignidade da pessoa humana.

A partir do Estatuto da Cidade, o uso da propriedade só pode ser entendido à luz do que estabelecem os incisos III e IV do art. 1º da Constituição Federal (dignidade da pessoa humana em face da ordem jurídica do capitalismo). Por via de consequência, a cidade, a partir da Carta Magna em vigor, como bem ensinava Milton Santos[25], tem de ser considerada dentro daquilo que o saudoso mestre chamava de *dinâmica territorial*, o que implica a análise do território a partir da dinâmica social. "Num território", ensinava o geógrafo, "quando ele é analisado a partir da dinâmica social, ele é perceptível pelas coisas que são fixas e pelas que se movimentam. As coisas que se movimentam é que dão valor às que são fixas. Para entender a vida no território ou a vida nacional, é preciso jogar com os dois. Essa geografia do movimento é indispensável se eu pretendo produzir um retrato dinâmico. E aí se inclui o dinheiro: um dos grandes elementos da vida nacional é a mobilidade do dinheiro, nas suas diversas formas".

O bem coletivo apontado no parágrafo único reafirma a visão constitucional criada a partir de 1988 de superar a tradicional e superada dicotomia bens públicos *x* bens privados, atrelada a toda e qualquer relação jurídica possível em nosso sistema constitucional até a edição da Carta Magna. Com acepção clara, o uso da propriedade passa a ser estabelecido em prol do bem ambiental (art. 225 da CF), com todas as consequências jurídicas dele derivadas.

A segurança e o bem-estar, como direitos materiais constitucionais sempre apontados nas normas ambientais[26], deixam de ser observados juridicamente tão somente em decorrência de reflexos criminais ou penais, passando a ter sua verdadeira importância, que é a de garantir a incolumidade físico-psíquica dos cidadãos no que diz respeito às suas principais atividades na ordem jurídica do capitalismo, ou seja, a segurança e o bem-estar passam a orientar o uso da propriedade no que toca aos direitos fundamentais adaptados à dignidade da pessoa humana, sem desconsiderar as necessidades que decorrem dos sistemas econômicos capitalistas.

---

25. *O Brasil*: território e sociedade no século XXI, *passim*.

26. *Vide* a Lei n. 6.938/81 – Política Nacional do Meio Ambiente, que já reconhecia a segurança e o bem-estar como direitos materiais ambientais fundamentais que podem ser lesados ou ameaçados por poluição (art. 3º, III, *a*).

O equilíbrio ambiental define efetivamente a diferença entre o direito pretérito (antes da Constituição Federal de 1988) e o direito atual. O uso da propriedade está condicionado ao meio ambiente cultural, ao meio ambiente do trabalho e ao meio ambiente natural, da mesma maneira que, diretamente, por força do Estatuto da Cidade, ao meio ambiente artificial, fundamento direto da presente lei.

Cabe ainda estabelecer que as normas do Estatuto da Cidade são de ordem pública, de maneira que o magistrado deve apreciar de ofício qualquer questão relativa às relações jurídicas disciplinadas na Lei n. 10.257/2001, já que não incide nessa matéria o princípio dispositivo. Sobre elas, como muito bem ensina Nelson Nery Jr.[27], não se opera a preclusão, e as questões que dela surgem podem ser decididas e revistas a qualquer tempo e grau de jurisdição.

## 6.6. A LEI COMPLEMENTAR N. 140/2011 EM FACE DOS MUNICÍPIOS E A COMPETÊNCIA PARA LEGISLAR SOBRE ASSUNTOS DE INTERESSE LOCAL

Ao pretender fixar normas, exatamente nos termos dos incisos III (meio ambiente cultural), VI (proteção do meio ambiente e combate à poluição em todas as suas formas) e VII (preservação das florestas, da fauna e da flora) do *caput* e do parágrafo único do art. 23 da Constituição Federal visando a cooperação entre a União, os Estados, o Distrito Federal[28] e os Municípios nas ações administrativas decorrentes do exercício da competência comum relativas à proteção das paisagens naturais notáveis à proteção do meio ambiente, ao combate da poluição em qualquer de suas formas e à preservação das florestas, da fauna e da flora, a **Lei Complementar n. 140/2011 se harmoniza com o conteúdo da Lei n. 6.938/81 ratificando no plano legislativo todos os argumentos anteriormente aduzidos**.

Mais que definir licenciamento ambiental[29] referida norma jurídica destaca como ação administrativa dos Municípios "elaborar o Plano Diretor, observando os zoneamentos ambientais" (art. 9º, IX) obedecendo objetivamente não só o que determina o § 1º do art. 182 da Constituição Federal como o que estabelecem os arts. 4º, III, *a*, e arts. 39 a 42 da Lei do Meio Ambiente Artificial (Lei n. 10.257/2001 – Estatuto da Cidade)[30].

---

27. *Código de Processo Civil comentado e legislação processual civil extravagante em vigor*, p. 1.878.

28. *Vide* ADI 3.338, Rel. p/ o ac. Min. Eros Grau, j. 31-8-2005, Plenário, *DJ*, 6-9-2007.

29. "Art. 2º Para os fins desta Lei Complementar, consideram-se: **I – licenciamento ambiental**: o procedimento administrativo destinado a licenciar atividades ou empreendimentos utilizadores de recursos ambientais, efetiva ou potencialmente poluidores ou capazes, sob qualquer forma, de causar degradação ambiental (...)."

30. Art. 40, § 2º, da Lei n. 10.257/2001: "**O Plano Diretor deverá englobar o território do Município como um todo**" (destaque nosso).

Destarte, ao ratificar o plano diretor como instrumento básico da política de desenvolvimento e de expansão urbana, fortalece a lei complementar a atuação da Câmara Municipal visando estabelecer exatamente os interesses locais que devem ser legislados não só em face das relações jurídicas que atuam devido à propriedade do solo urbano, como evidentemente em face da tutela jurídica das cidades sustentáveis no âmbito da Lei do Meio Ambiente Artificial (art. 2º, I, da Lei n. 10.257/2001).

Repetindo: é no Município que nascemos, trabalhamos, nos relacionamos, ou seja, é nele que vivemos. Não existe interesse local mais importante que os interesses concretamente vinculados à vida dos habitantes das cidades (art. 182 da CF).

Daí a Lei Complementar n. 140/2011 reafirmar o "desejo" constitucional de um país que necessita erradicar a pobreza e a marginalização também em face de uma legislação ambiental local destinada a reduzir as desigualdades sociais e regionais, desigualdades que se observam de forma clara e inequívoca quando observamos as 5.565 cidades brasileiras.

# Capítulo VII
## LICENCIAMENTO AMBIENTAL[1] E ESTUDO PRÉVIO DE IMPACTO AMBIENTAL

## 1. LICENCIAMENTO AMBIENTAL E LICENÇA ADMINISTRATIVA

Inicialmente, faz-se necessário distinguir o licenciamento ambiental da licença administrativa. Sob a ótica do direito administrativo, a *licença* é espécie de ato administrativo "unilateral e vinculado, pelo qual a Administração faculta àquele que preencha os requisitos legais o exercício de uma atividade"[2]. Com isso, a licença é vista como ato declaratório e vinculado.

O licenciamento ambiental, por sua vez, vinculado que está ao princípio constitucional ambiental da prevenção[3], tendo por via de consequência gênese e natureza jurídica estruturadas diretamente na Constituição Federal[4, 5 e 6], é um complexo de

---

1. Para um estudo aprofundado *vide* nosso *Licenciamento ambiental*, 3. ed., São Paulo. Saraiva, 2019.

2. Maria Sylvia Zanella di Pietro, *Direito administrativo,* 6. ed., São Paulo, Atlas, 1996.

3. ADI 5.312/TO – Ação Direta de Inconstitucionalidade, Tribunal Pleno, Rel. Min. Alexandre de Moraes, j. 25-10-2018, processo eletrônico, *DJe*-026, divulg. 8-2-2019, public. 11-2-2019.

4. Ratificando nosso entendimento, indicado desde a primeira edição de nosso Curso no ano 2000, o Supremo Tribunal Federal estabeleceu de forma clara e didática que **"O licenciamento ambiental tem fundamento constitucional e não pode ser suprimido, ainda que de forma indireta, por lei"** (grifos nossos) (ADI 6.808, Tribunal Pleno, Rel. Min. Cármen Lúcia, j. 28-4-2022, public. 14-7-2022).

5. "É válido destacar que o § 1º do art. 225 da CRFB/1988, ao estabelecer atribuir ao Poder Público a assunção de medidas efetivas para assegurar a todos 'o direito ao meio ambiente ecologicamente equilibrado', estabeleceu um regime constitucional ambiental de preservação e fiscalização que, dentre outros aspectos, é especificamente voltado para atividades 'potencialmente causadoras de significativa degradação ao meio ambiente'. Nesse contexto, o 'licenciamento ambiental' apresenta-se, no âmbito infraconstitucional, como um dos instrumentos previstos pela Lei 6.938/1981 (art. 9º, VI, dessa lei que instituiu o denominado 'Plano Nacional do Meio Ambiente' – PNMA) e que se sujeitam à competência normativa do CONAMA, como órgão deliberativo, para 'estabelecer, mediante proposta do IBAMA, normas e critérios para o licenciamento de atividades efetiva ou potencialmente poluidoras, a ser concedido pelos Estados e supervisionado pelo IBAMA' (Lei 6.938/1981, art. 8º, I, na redação conferida pela Lei 7.804/1989)" (ADI 3.074-AgR / DF, Rel. Min. Teori Zavascki, j. 28-5-2014, Tribunal Pleno, acórdão eletrônico, *DJe*-114, divulg. 12-6-2014, public. 13-6-2014).

6. "Ementa: AÇÃO DIRETA DE INCONSTITUCIONALIDADE. AMBIENTAL. §§ 1º, 2º E 3º DO ART. 29 DA LEI N. 14.675, DE 13.4.2009, ALTERADA PELA LEI N. 17.893, DE 23.1.2020, DE

etapas que compõe procedimento administrativo próprio e peculiar[7], o qual objetiva a concessão de licença ambiental, sendo certo que "a Constituição não autoriza que um ato legislativo ingresse no domínio normativo atribuído pela Constituição aos órgãos administrativos para a execução de atividades relacionadas ao Poder de Polícia Ambiental"[8]. Dessa forma, não é possível identificar isoladamente a licença ambiental, porquanto esta é uma das fases do procedimento.

A Lei Complementar n. 140/2011 considera licenciamento ambiental "o procedimento administrativo destinado a licenciar atividades ou empreendimentos utilizadores de recursos ambientais, efetiva ou potencialmente poluidores ou capazes, sob qualquer forma, de causar degradação ambiental". Daí o Supremo Tribunal Federal, concordando com nossa interpretação, aduzir que "A Lei Complementar n. 140/2011, que trata da repartição de competências sobre a matéria de cooperação entre a União, os Estados, o Distrito Federal e os Municípios nas ações administrativas decorrentes do exercício da competência comum relativas à proteção das paisagens naturais notáveis, à proteção do meio ambiente, ao combate à poluição em qualquer de suas formas e à preservação das florestas, da fauna e da flora, conceitua no inc. I do art. 2º o licenciamento ambiental como: I – o procedimento administrativo destinado a licenciar atividades ou empreendimentos utilizadores de recursos ambientais, efetiva

---

SANTA CATARINA. DISPENSA E SIMPLIFICAÇÃO DO LICENCIAMENTO AMBIENTAL PARA ATIVIDADES DE LAVRA A CÉU ABERTO. OFENSA À COMPETÊNCIA DA UNIÃO PARA EDITAR NORMAS GERAIS SOBRE PROTEÇÃO DO MEIO AMBIENTE. DESOBEDIÊNCIA AO PRINCÍPIO DA PREVENÇÃO E DO DEVER DE PROTEÇÃO DO MEIO AMBIENTE ECOLOGICAMENTE EQUILIBRADO (ART. 225 DA CONSTITUIÇÃO DA REPÚBLICA). AÇÃO JULGADA PROCEDENTE. 1. Instruído o feito nos termos do art. 10 da Lei n. 9.868/1999, é de cumprir o imperativo constitucional de conferir-se celeridade processual, com o conhecimento e julgamento definitivo de mérito da ação direta por este Supremo Tribunal, ausente a necessidade de novas informações. Precedentes. 2. É formalmente inconstitucional a subversão da lógica sistêmica das normas gerais nacionais pela Assembleia Legislativa de Santa Catarina ao instituir dispensa e licenciamento simplificado ambiental para atividades de lavra a céu aberto. 3. A dispensa e simplificação de licenciamento ambiental às atividades de mineração pelo legislador estadual esvaziou o procedimento de licenciamento ambiental estabelecido na legislação nacional, em ofensa ao art. 24 da Constituição da República. 4. O estabelecimento de procedimento de licenciamento ambiental estadual que torne menos eficiente a proteção do meio ambiente equilibrado quanto às atividades de mineração afronta o *caput* do art. 225 da Constituição da República por inobservar o princípio da prevenção. 5. Ação direta de inconstitucionalidade julgada procedente para declarar inconstitucionais os §§ 1º, 2º e 3º do art. 29 da Lei n. 14.675/2009 de Santa Catarina" (ADI 6650, Tribunal Pleno, Rel. Min. Cármen Lúcia, j. 27.04.2021, public. 5-5-2021).

7. "O licenciamento ambiental dá-se por procedimento administrativo que pode incluir, a depender do potencial de degradação e impacto, o estudo previsto no inc. IV do § 1º do art. 225 da Constituição da República, nos termos do que dispõem o Decreto n. 99.274/1990 do Presidente da República e a Resolução n. 237/1997 do Conselho Nacional do Meio Ambiente – CONAMA. No inc. IV do § 4º do art. 225 da Constituição da República, delega-se à lei a forma de regulamentação do estudo prévio de impacto ambiental, e impõe a sua exigência à 'atividade potencialmente causadora de significativa degradação do meio ambiente'" (ADI 6.808, Tribunal Pleno, Rel. Min. Cármen Lúcia, j. 28-4-2022, public. 14-7-2022).

8. ADI 5.077/DF, Tribunal Pleno, Rel. Min. Alexandre de Moraes, j. 25-10-2018, processo eletrônico, *DJe*-250, divulg. 22-11-2018, public. 23-11-2018.

ou potencialmente poluidores ou capazes, sob qualquer forma,de causar degradação ambiental"[9].

Cabe lembrar que a Resolução Conama n. 237/97, embora evidentemente sem ter qualquer validade normativa em face do que determina o art. 59 de nossa Constituição Federal, também teve a oportunidade de definir, no seu art. 1º, I, *licenciamento ambiental* como o "procedimento administrativo pelo qual o órgão ambiental competente licencia a localização, instalação, ampliação e a operação de empreendimentos e atividades utilizadoras de recursos ambientais consideradas efetiva ou potencialmente poluidoras ou daquelas que, sob qualquer forma, possam causar degradação ambiental, considerando as disposições legais e regulamentares e as normas técnicas aplicáveis ao caso".

A Resolução Conama n. 237/97 também definiu *licença ambiental* (art. 1º, II), ao preceituar que é o "ato administrativo pelo qual o órgão ambiental competente estabelece as condições, restrições e medidas de controle ambiental que deverão ser obedecidas pelo empreendedor, pessoa física ou jurídica, para localizar, instalar, ampliar e operar empreendimentos ou atividades utilizadoras dos recursos ambientais consideradas efetiva ou potencialmente poluidoras ou aquelas que, sob qualquer forma, possam causar degradação ambiental".

Como veremos mais adiante, o licenciamento ambiental é dividido em três fases: a) licença prévia (LP); b) licença de instalação (LI); e c) licença de funcionamento (LF). Observaremos também que durante essas fases podemos encontrar a elaboração do estudo prévio de impacto ambiental e o seu respectivo relatório (EIA/RIMA), bem como a realização de audiência pública, em que se permite a efetiva participação da sociedade civil.

## 2. NATUREZA JURÍDICA DO LICENCIAMENTO AMBIENTAL E SUA GÊNESE CONSTITUCIONAL

Como determina o art. 9º, IV, da Lei da Política Nacional do Meio Ambiente (Lei n. 6.938/81), o licenciamento ambiental é um *instrumento de caráter preventivo* de tutela do meio ambiente, tendo gênese e natureza jurídica estruturadas diretamente na Constituição Federal, vinculado que está ao princípio ambiental constitucional da prevenção, conforme aduzido anteriormente[10].

---

9. ADI 6.808, Tribunal Pleno, Rel. Min. Cármen Lúcia, j. 28-4-2022, public. 14-7-2022.

10. "Ementa: AÇÃO DIRETA DE INCONSTITUCIONALIDADE. INC. IV E § 7º DO ART. 12 DA LEI COMPLEMENTAR N. 5/1994 DO AMAPÁ, ALTERADA PELA LEI COMPLEMENTAR ESTADUAL N. 70/2012. LICENÇA AMBIENTAL ÚNICA. DISPENSA DE OBTENÇÃO DAS LICENÇAS PRÉVIAS, DE INSTALAÇÃO E DE OPERAÇÃO, ESTABELECIDAS PELO CONAMA (INC. I DO ART. 8º DA LEI N. 6.938/1981). OFENSA À COMPETÊNCIA DA UNIÃO PARA EDITAR NORMAS GERAIS SOBRE PROTEÇÃO DO MEIO AMBIENTE. DESOBEDIÊNCIA AO PRINCÍPIO DA PREVENÇÃO E DO DEVER DE PROTEÇÃO DO MEIO AMBIENTE ECOLOGICAMENTE

O licenciamento ambiental não é ato administrativo simples, mas sim um encadeamento de atos administrativos, o que lhe atribui a condição de procedimento administrativo. Além disso, importante frisar que a licença administrativa constitui ato vinculado, o que denuncia uma grande distinção em relação à licença ambiental, porquanto esta é, como regra, ato discricionário[11].

## 3. LICENCIAMENTO AMBIENTAL: A SUA DISCRICIONARIEDADE

Podemos afirmar que a licença ambiental – enquanto licença – deixa de ser um ato vinculado para ser um ato com discricionariedade *sui generis*. Prevista, no plano infraconstitucional, no art. 10 da Lei 6.938/81, é instrumento de controle preventivo da Administração Pública sobre empreendimentos e atividades utilizadoras de recursos ambientais e efetiva ou potencialmente poluidoras ou capazes de causar degradação ambiental, ou seja, a exigência de licença ambiental para empreendimentos e atividades potencialmente danosos ao meio ambiente deve ser necessariamente entendida em face do princípio da prevenção como medida pela qual se permite ao Poder Público o controle e a fiscalização do cumprimento da legislação ambiental.

Com isso, *será possível* a outorga de *licença ambiental ainda que o estudo prévio de impacto ambiental seja desfavorável*. O justificador dessa possibilidade decorre do próprio texto constitucional, nos seus arts. 170, V, e 225, ao aludirem à existência do desenvolvimento sustentável, a fim de permitir um equilíbrio entre a proteção ao meio ambiente e a livre concorrência, norteadores do desenvolvimento econômico. Sendo o EIA/RIMA desfavorável, o equilíbrio entre o meio ambiente ecologicamente equilibrado e o desenvolvimento econômico será objeto de estudo da Administração para a concessão ou não da licença ambiental, observando-se, todavia, a advertência já estabelecida por nosso Supremo Tribunal Federal ao esclarecer que a dispensa de licenciamento ambiental seria possível "apenas após o estudo de cada caso, devendo se dar decisão tecnicamente fundamentada do órgão ambiental, havendo de se comprovar que a atividade específica não é potencial nem efetivamente poluidora, nem agressiva ao meio ambiente ecologicamente equilibrado"[12].

Dentro da análise do licenciamento ambiental, são imprescindíveis algumas considerações acerca do estudo prévio de impacto ambiental e seu respectivo relatório (EIA/RIMA).

Primeiramente, cumpre esclarecer que o EIA/RIMA *nem sempre é obrigatório*, porquanto o próprio texto constitucional condiciona a existência desse instrumento às

---

EQUILIBRADO (ART. 225 DA CONSTITUIÇÃO DA REPÚBLICA). AÇÃO JULGADA PROCEDENTE PARA DECLARAR A INCONSTITUCIONALIDADE DO INC. IV E DO § 7º DO ART. 12 DA LEI COMPLEMENTAR N. 5/1994 DO AMAPÁ, ALTERADA PELA LEI COMPLEMENTAR ESTADUAL N. 70/2012" (ADI 5475, Tribunal Pleno, Rel. Min. Cármen Lúcia, j. 20-4-2020, public. 3-6-2020).

11. *Vide* ADI 3.252-MC, Rel. Min. Gilmar Mendes, j. 6-4-2005, Plenário, *DJe*, 24-10-2008.

12. ADI 6.808, Tribunal Pleno, Rel. Min. Cármen Lúcia, j. 28-4-2022, public. 14-7-2022.

obras e atividades potencialmente causadoras de significativa degradação ambiental (art. 225, § 1º, IV), e nem toda atividade econômica possui essa característica.

Deve-se observar que a existência de um EIA/RIMA *favorável* condiciona a autoridade à outorga da licença ambiental, existindo, dessa feita, o direito de o empreendedor desenvolver sua atividade econômica. Temos nessa hipótese o único caso de uma *licença ambiental vinculada.* De fato, se a defesa do meio ambiente é limitadora da livre-iniciativa (art. 170, VI), e inexistem danos àquele, não haverá razão para que o empreendimento não seja desenvolvido.

Por outro lado, se o EIA/RIMA mostra-se *desfavorável,* totalmente ou em parte, caberá à Administração, segundo critérios de conveniência e oportunidade, avaliar a concessão ou não da licença ambiental, porquanto, como já foi realçado, o desenvolvimento sustentável é princípio norteador da preservação do meio ambiente e do desenvolvimento da ordem econômica. Essa possibilidade retrata uma discricionariedade *sui generis.* Evidentemente, a concessão da licença deverá ser fundamentada, atacando cada um dos pontos que se mostraram impactantes ao meio ambiente, sob pena de ferir o preceito contido no art. 37 da Constituição Federal.

Interessante verificar que o EIA/RIMA atua como elemento de restrição da discricionariedade que ele mesmo criou, porquanto permite à Administração, com base nos elementos do estudo, a concessão ou não da licença.

## 4. PROCEDIMENTO ADMINISTRATIVO

Primeiramente, ressaltamos que todo o procedimento de licenciamento ambiental deverá ser elaborado de acordo com os princípios do devido processo legal, o que implica dizer que "dez aspectos principais estão ligados ao respeito pleno do *due process* na área do EIA/RIMA: a) um órgão neutro; b) notificação adequada da ação proposta e de sua classe; c) oportunidade para a apresentação de objeções ao licenciamento; d) o direito de produzir e apresentar provas, aí incluindo-se o direito de apresentar testemunhas; e) o direito de conhecer a prova contrária; f) o direito de contraditar testemunhas; g) uma decisão baseada somente nos elementos constantes da prova produzida; h) o direito de se fazer representar; i) o direito à elaboração de autos escritos para o procedimento; j) o direito de receber do Estado auxílio técnico e financeiro; l) o direito a uma decisão escrita motivada".

Com isso, podemos afirmar que o licenciamento ambiental será regido pelo princípio da moralidade ambiental, legalidade ambiental, publicidade, finalidade ambiental, princípio da supremacia do interesse difuso sobre o privado, princípio da indisponibilidade do interesse público, entre outros.

## 4.1. ETAPAS DO LICENCIAMENTO

O licenciamento ambiental, observado no plano infraconstitucional, é feito em três etapas distintas e insuprimíveis: a) outorga da licença prévia; b) outorga da licença de instalação; e c) outorga da licença de operação. Ressalte-se que entre

210

uma etapa e outra podem-se fazer necessários o EIA/RIMA e a audiência pública. Assim, conforme inclusive já decidiu o STF "A expedição de licenças ambientais específicas para as fases de planejamento, instalação e operacionalização de empreendimentos potencialmente poluidores não é arbitrária ou juridicamente indiferente: representa uma cautela necessária para a efetividade do controle exercido pelo órgão ambiental competente"[13].

### 4.1.1. Licença prévia

A licença prévia vem enunciada no art. 8º, I, da Resolução Conama n. 237/97 como aquela concedida na fase preliminar do planejamento da atividade ou empreendimento, aprovando a sua localização e concepção, atestando a viabilidade ambiental e estabelecendo os requisitos básicos e condicionantes a serem atendidos nas próximas fases de implementação.

Importante verificar que a licença prévia tem prazo de validade de até cinco anos, conforme dispõe o art. 18, I, da mesma resolução.

### 4.1.2. Licença de instalação

A licença de instalação, obrigatoriamente precedida pela licença prévia, é aquela que "autoriza a instalação do empreendimento ou atividade de acordo com as especificações constantes dos planos, programas e projetos aprovados, incluindo as medidas de controle ambiental e demais condicionantes, da qual constituem motivo determinante", conforme preceitua o art. 8º, II, da Resolução Conama n. 237/97[14].

Assim como a prévia, a licença de instalação também possui prazo de validade, que não poderá superar seis anos, conforme dispõe o art. 18, II, da resolução.

---

13. "Ementa: CONSTITUCIONAL E ADMINISTRATIVO. AGRAVO REGIMENTAL NA RECLAMAÇÃO. EXPEDIÇÃO DE AUTORIZAÇÃO PROVISÓRIA PARA REALIZAÇÃO DE ATIVIDADES AGRÍCOLAS POTENCIALMENTE DANOSAS AO MEIO AMBIENTE. AFRONTA AO QUE DECIDIDO NA ADI 5.475. RECURSO DE AGRAVO A QUE SE NEGA PROVIMENTO. 1. A expedição de licenças ambientais específicas para as fases de planejamento, instalação e operacionalização de empreendimentos potencialmente poluidores não é arbitrária ou juridicamente indiferente: representa uma cautela necessária para a efetividade do controle exercido pelo órgão ambiental competente. 2. Declarada a inconstitucionalidade do inc. IV e o § 7º do art. 12 da Lei Complementar n. 5/1994 do Amapá e, portanto, insubsistentes os licenciamentos únicos eventualmente expedidos com base em tal regramento, se mostra indevido autorizar a realização de empreendimentos potencialmente danosos ao meio ambiente, ainda que provisoriamente, sob pena de violação ao que decidido na ADI 5.475 (Rel. Min. CÁRMEN LÚCIA). 3. Decisão reclamada que estende a eficácia das normas declaradas inconstitucionais pelo Supremo Tribunal Federal, com efeito substitutivo à modulação de efeitos rejeitada no julgamento da ação direta de inconstitucionalidade, caracterizando usurpação da competência exercida pelo Supremo Tribunal Federal. 4. Recurso de Agravo a que se nega provimento" (Rcl. 46136 AgR-segundo, 1ª T., Rel(a). Min. Alexandre de Moraes, j. 31-5-2021, public. 4-6-2021).

14. *Vide* ACO 876-MCAgRg, Rel. Min. Menezes Direito, j. 19-12-2007, Plenário, *DJe*, 1º-8-2008.

### 4.1.3. Licença de operação

A licença de operação, também chamada de licença de funcionamento, sucede a de instalação e tem por finalidade autorizar a "operação da atividade ou empreendimento, após a verificação do efetivo cumprimento do que consta das licenças anteriores, com as medidas de controle ambiental e condicionantes determinados para a operação", conforme dispõe o art. 8º, III, da Resolução Conama n. 237/97.

## 5. AÇÕES ADMINISTRATIVAS DE COOPERAÇÃO ENTRE A UNIÃO, OS ESTADOS, O DISTRITO FEDERAL E OS MUNICÍPIOS EM FACE DO LICENCIAMENTO AMBIENTAL E A LEI COMPLEMENTAR N. 140/2011

Ao fixar normas, nos termos dos incisos III, VI e VII do *caput* e do parágrafo único do art. 23 da Constituição Federal, para a cooperação entre a União, os Estados, o Distrito Federal e os Municípios nas ações administrativas decorrentes do exercício da competência comum relativas à proteção das paisagens naturais notáveis, à proteção do meio ambiente, ao combate à poluição em qualquer de suas formas e à preservação das florestas, da fauna e da flora, a Lei Complementar n. 140/2011 indicou seus objetivos específicos no exercício da competência comum a que se refere, a saber (**art. 3º, I a IV, da LC n. 140/2011**):

1) proteger, defender e conservar o meio ambiente ecologicamente equilibrado, promovendo gestão descentralizada, democrática e eficiente;

2) garantir o equilíbrio do desenvolvimento socioeconômico com a proteção do meio ambiente, observando a dignidade da pessoa humana, a erradicação da pobreza e a redução das desigualdades sociais e regionais;

3) harmonizar as políticas e ações administrativas para evitar a sobreposição de atuação entre os entes federativos, de forma a evitar conflitos de atribuições e garantir uma atuação administrativa eficiente;

4) garantir a uniformidade da política ambiental para todo o País, respeitadas as peculiaridades regionais e locais.

Verifica-se que ficou absolutamente claro o comando normativo da norma interpretadora dos incisos III, VI e VII do *caput* e do parágrafo único do art. 23 da Carta Magna: **as ações administrativas de cooperação entre a União, os Estados, o Distrito Federal e os Municípios deverão fundamentalmente garantir o equilíbrio do desenvolvimento socioeconômico com a proteção do meio ambiente, observando a dignidade da pessoa humana, a erradicação da pobreza e a redução das desigualdades sociais e regionais, bem como garantindo a uniformidade da política ambiental para todo o País** *respeitadas as peculiaridades regionais e locais*.

Destarte, dentre as ações administrativas antes mencionadas – que necessariamente deverão estar vinculadas ao que determina o art. 3º da Lei Complementar n. 140/2011 bem como os arts. 1º e 3º da Constituição Federal conforme tivemos oportunidade de aduzir – mereceu destaque o **conteúdo normativo do LICENCIAMENTO AMBIENTAL**, conforme abaixo definido:

a) ações administrativas da **União** vinculadas a promover o **licenciamento ambiental** de empreendimentos e atividades (art. 7º, XIV, da LC n. 140/2011):

1) localizados ou desenvolvidos conjuntamente no Brasil e em país limítrofe;

2) localizados ou desenvolvidos no mar territorial, na plataforma continental ou na zona econômica exclusiva;

3) localizados ou desenvolvidos em terras indígenas;

4) localizados ou desenvolvidos em unidades de conservação instituídas pela União, exceto em Áreas de Proteção Ambiental (APAs);

5) localizados ou desenvolvidos em 2 (dois) ou mais Estados;

6) de caráter militar, excetuando-se do licenciamento ambiental, nos termos de ato do Poder Executivo, aqueles previstos no preparo e emprego das Forças Armadas, conforme disposto na Lei Complementar n. 97, de 9 de junho de 1999;

7) destinados a pesquisar, lavrar, produzir, beneficiar, transportar, armazenar e dispor material radioativo, em qualquer estágio, ou que utilizem energia nuclear em qualquer de suas formas e aplicações, mediante parecer da Comissão Nacional de Energia Nuclear (CNEN); ou

8) que atendam tipologia estabelecida por ato do Poder Executivo, a partir de proposição da Comissão Tripartite Nacional, assegurada a participação de um membro do Conselho Nacional do Meio Ambiente (Conama), e considerados os critérios de porte, potencial poluidor e natureza da atividade ou empreendimento;

b) ações administrativas dos **Estados** vinculadas a promover o **licenciamento ambiental** de empreendimentos e atividades (art. 8º, XIV e XV, da LC n. 140/2011):

1) utilizadores de recursos ambientais, efetiva ou potencialmente poluidores ou capazes, sob qualquer forma, de causar degradação ambiental, ressalvado o disposto nos arts. 7º e 9º;

2) localizados ou desenvolvidos em unidades de conservação instituídas pelo Estado, exceto em Áreas de Proteção Ambiental (APAs);

c) ações administrativas dos **Municípios, observadas as atribuições dos demais entes federativos mencionados e em face do que estabelecem os arts. 182 e 183 da Constituição Federal bem como da Lei n. 10.257/2001 (Estatuto da Cidade)**, vinculadas a promover o **licenciamento ambiental** de empreendimentos e atividades (art. 9º, XIV, da LC n. 140/2011):

1) que causem ou possam causar impacto ambiental de **âmbito local**, conforme tipologia definida pelos respectivos Conselhos Estaduais de Meio Ambiente, considerados os critérios de porte, potencial poluidor e natureza da atividade; ou

2) localizados em unidades de conservação instituídas pelo Município, exceto em Áreas de Proteção Ambiental (APAs).

A lei deixou claro (art. 13) que os empreendimentos e atividades serão licenciados ou autorizados, ambientalmente, **por um único ente federativo**, em conformidade com as atribuições estabelecidas nos termos da referida lei complementar.

## 6. ESTUDO PRÉVIO DE IMPACTO AMBIENTAL (EIA/RIMA)

Evidenciada sua existência no princípio da prevenção do dano ambiental, o EIA/RIMA constitui um dos mais importantes *instrumentos de proteção* do meio ambiente. Sua essência é preventiva e pode compor uma das etapas do licenciamento ambiental.

Trata-se de um instrumento originário do ordenamento jurídico americano, tomado de empréstimo por outros países, como a Alemanha, a França e, por evidência, o Brasil.

Com a Constituição Federal de 1988, o estudo prévio de impacto ambiental passou a ter *índole constitucional*[15 e 16], porque anteriormente somente podíamos verificar a existência de um instrumento similar na Lei de Zoneamento Industrial (Lei n. 6.803/80), no seu art. 10, § 3º, que exigia um estudo prévio acerca das avaliações de impacto para a aprovação das zonas componentes do zoneamento urbano. Todavia, ele distanciava-se muito do atual instrumento constitucional de prevenção do meio ambiente: o EIA/RIMA, já que aquele meio estatuído na Lei de Zoneamento não previa a participação pública. Além disso, o seu campo de aplicação estava restrito aos casos

---

15. *Vide* STF, RE 650.909 AgR/RJ, 2ª Turma, Min. Ricardo Lewandowski, j. 17-4-2012, *DJe*, 3-5-2012.

16. Conforme noticiou o STF, em 1º de setembro de 2009, **liminar do STF dispensou hidrelétrica em Mato Grosso de prévia aprovação de estudo de impacto ambiental.**

"O Ministro Joaquim Barbosa, do Supremo Tribunal Federal, concedeu liminar ao Sindicato da Construção, Geração, Transmissão e Distribuição de Energia Elétrica e Gás no Estado de Mato Grosso (Sincremat), dispensando a elaboração de Estudo de Impacto Ambiental (EIA) para aproveitamento hidrelétrico com potência entre 1 e 30 megawatts (Pequenas Centrais Hidrelétricas – PCHs).

A decisão foi tomada nos autos da Reclamação (Rcl.) 8.530, proposta pelo sindicato contra decisão liminar do Juízo da 2ª Vara Federal da Seção Judiciária de Mato Grosso que, em uma ação civil pública, condicionou os aproveitamentos energéticos mencionados à prévia aprovação de EIA pela secretaria estadual.

**Alegações**

O Sindicato alega que a decisão da 2ª Vara teria usurpado competência da Suprema Corte, pois teria pretendido realizar 'controle de constitucionalidade da Lei Complementar Estadual n. 35/95, alterada pela LC n. 70/2000, mormente no tocante ao enunciado normativo previsto no § 1º do art. 24, cuja regra dispensa a elaboração do EIA para os empreendimentos que exploram o aproveitamento hidrelétrico com potência entre 1 e 30 megawatts'.

Ainda segundo o Sincremat, 'a decisão em questão mais se assemelha a uma ação de controle concentrado de constitucionalidade, pois extirpa totalmente da cena jurídica o já mencionado art. 24, XI, da Lei Complementar Estadual 38/95, a pretexto de ser incompatível com o art. 225, § 1º, inciso IV, da Constituição Federal (CF)'. Dito artigo exige apresentação de EIA referente a obra potencialmente causadora de dano ambiental.

**Decisão**

Ao conceder a liminar determinando que a Secretaria Estadual de Meio Ambiente de MT se abstenha de conceder ou renovar quaisquer licenças ambientais sem apresentação de estudo de impacto ambiental para PCHs, o Ministro Joaquim Barbosa observou verificar, em uma análise ligeira dos autos, estarem 'presentes os requisitos que ensejam a concessão da liminar'.

'Com efeito, parece haver confusão entre a questão incidental (inconstitucionalidade parcial da Lei Complementar Estadual n. 70/2000) com o pressuposto necessário para o julgamento da lide, uma vez que referida lei dispensa a elaboração de EIA para os empreendimentos que exploram o aproveitamento hidrelétrico com potência entre 1 e 30 megawatts', complementou o ministro" (Rcl 8.530).

de aprovação de estabelecimento das zonas estritamente industriais e, ainda, não integrava um procedimento de licenciamento ambiental.

Em 1981, com a Lei da Política Nacional do Meio Ambiente, o EIA/RIMA foi elevado à categoria de *instrumento* dessa política, conforme dispõe o art. 9º, III, da Lei n. 6.938. Entretanto não havia exigência do conteúdo mínimo, bem como não foi trazida expressamente disposição que determinasse que o estudo fosse prévio ao desenvolvimento do empreendimento.

Com o Decreto n. 88.351/83, regulamentador da Lei da Política Nacional do Meio Ambiente, posteriormente revogado pelo Decreto n. 99.274/90, foi outorgada competência ao Conama para fixar os critérios norteadores do EIA com a finalidade de licenciamento. A Resolução Conama n. 1/86 tratou do tema, exemplificando situações em que o EIA se fazia necessário, tornando-o obrigatório nas hipóteses descritas no art. 2º da resolução, por considerá-las significativamente impactantes ao meio ambiente.

Aludida Resolução Conama n. 1/86 tratou também de contemplar as alternativas tecnológicas e de localização do projeto, confrontando-as com as hipóteses de não execução deste; de identificar e avaliar sistematicamente os impactos ambientais gerados nas fases de implantação e operação da atividade; de definir os limites da área geográfica a ser direta ou indiretamente afetada pelos impactos (área de influência do projeto), considerando, ainda, a bacia hidrográfica na qual se localiza e os planos e programas governamentais propostos e em implantação na área de influência do projeto e sua compatibilidade.

O conteúdo do estudo também foi trazido pela resolução, que previu a existência de um diagnóstico da situação ambiental presente, antes da implantação do projeto, possibilitando fazer comparações com as alterações ocorridas posteriormente, caso o projeto seja aceito. Esse diagnóstico deverá levar em consideração os aspectos ambientais (na larga acepção conceitual que possui). Além disso, será necessário elaborar uma previsão dos eventuais impactos ao meio ambiente, diagnosticando danos potenciais. Feita a previsão, deverá haver a indicação no EIA das medidas que possam ser mitigadoras dos impactos previamente previstos, bem como a elaboração de um programa de acompanhamento e monitoramento destes.

Vale fixar que cabe ao proponente do projeto o dever de pagar as custas do EIA/RIMA, sendo que o art. 8º da resolução *exemplificativamente* demonstra os tipos de atividades que deverão ser feitas pela equipe e pagas pelo proponente do projeto[17].

## 6.1. RIMA – RELATÓRIO DE IMPACTO AMBIENTAL

A existência de um relatório de impacto ambiental tem por finalidade tornar compreensível para o público o conteúdo do EIA, porquanto este é elaborado segundo critérios técnicos. Assim, em respeito ao princípio da informação ambiental, o RIMA deve ser claro e acessível, retratando fielmente o conteúdo do estudo, de modo

---

17. *Vide* arts. 11, 12 e 17 da Resolução Conama n. 237/97.

compreensível e menos técnico. O relatório de impacto ambiental e o seu correspondente estudo deverão ser encaminhados para o órgão ambiental competente para que se procedam a análises sobre o licenciamento ou não da atividade[18].

## 6.2. A DISCIPLINA CONSTITUCIONAL DO ESTUDO DE IMPACTO AMBIENTAL

A Constituição Federal de 1988 tratou de forma pioneira do estudo prévio de impacto ambiental, ao prever, no seu art. 225, § 1º, IV, que:

> "§ 1º Para assegurar a efetividade desse direito, incumbe ao Poder Público:
> (...)
> IV – exigir, na forma da lei, para instalação de obra ou atividade potencialmente causadora de significativa degradação do meio ambiente, estudo prévio de impacto ambiental, a que se dará publicidade".

Ao elevar a necessidade do estudo prévio de impacto ambiental à condição de norma constitucional, o legislador constituinte deu grande passo[19]. Todavia críticas devem ser feitas em relação à maneira como ele foi previsto.

A Constituição Federal, através do aludido dispositivo, passou a admitir a existência de atividades impactantes que não se sujeitam ao EIA/RIMA, porquanto o estudo somente será destinado àquelas atividades ou obras potencialmente causadoras de *significativa degradação* do meio ambiente. Além disso, a atividade de *significativa impactação* não foi definida, de forma que se criou um conceito jurídico indeterminado, o que, por evidência, dificulta a tarefa do operador da norma. Vale frisar ainda que a palavra *obra* também não foi definida, de modo a sugerir que qualquer uma pode estar sujeita à execução do EIA/RIMA.

Assim, admitimos que o EIA/RIMA nem sempre poderá ser exigido nas obras ou atividades que não forem de significativa impactação e que o conceito de obra ou atividade deverá ser compreendido de forma ampla. Na verdade, o referencial à exigência do estudo encontra-se vinculado ao *efeito* e à *impactação* que possa causar e não propriamente à natureza do empreendimento (obra, atividade, construção etc.).

Oportuno salientar que a Constituição Federal estabeleceu uma presunção de que toda obra ou atividade é significativamente impactante ao meio ambiente, cabendo, portanto, àquele que possui o projeto demonstrar o contrário, não se sujeitando, dessa feita, à incidência e execução do EIA/RIMA.

Por derradeiro, cumpre-nos mencionar que algumas vozes doutrinárias têm sustentado que a exigência do EIA/RIMA é inconstitucional, uma vez que o art. 225, § 1º,

---

18. *Vide* ADI 1.505, Rel. Min. Eros Grau, j. 24-11-2004, Plenário, *DJ*, 4-3-2005.
19. *Vide* ADI 1.086, Rel. Min. Ilmar Galvão, j. 7-6-2001, Plenário, *DJ*, 10-8-2001.

IV, prescreve a necessidade de que *lei* o exija, e, como sabemos, a imposição do EIA/ RIMA foi trazida por intermédio de resoluções: primeiramente, através da Resolução Conama n. 1/86 e, posteriormente, da Resolução Conama n. 237/97.

Apesar da aparente inconstitucionalidade, a exigência trazida pelo art. 225, § 1º, IV, é cumprida. Isso porque a lei a que se refere o texto constitucional é a de n. 6.938/81 (Lei da Política Nacional do Meio Ambiente). Esta, por sua vez, menciona a criação do Conselho Nacional do Meio Ambiente – Conama – e, no art. 8º, II, determina ser competência deste, quando julgar necessário, a realização de estudos das alternativas e das possíveis consequências ambientais de projetos públicos ou privados, requisitando aos órgãos federais, estaduais e municipais, bem assim a entidades privadas, as informações indispensáveis para a apreciação de estudos de impacto ambiental, e respectivos relatórios, no caso de obras ou atividades de significativa degradação ambiental, especialmente nas áreas consideradas patrimônio nacional.

Dessa forma, as resoluções do Conama, no tocante à implementação do EIA/ RIMA, são constitucionais, na medida em que a Lei n. 6.938/81 expressamente atribuiu a esse órgão competência para exigir o EIA/RIMA, fixando o modo e a forma de sua execução.

## 6.3. EQUIPE MULTIDISCIPLINAR

O EIA/RIMA deve ser realizado por uma equipe técnica multidisciplinar, que contará com profissionais das mais diferentes áreas, como, por exemplo, geólogos, físicos, biólogos, psicólogos, sociólogos, entre outros, os quais avaliarão os impactos ambientais positivos e negativos do empreendimento pretendido. Objetiva-se com isso a elaboração de um estudo completo e profundo a respeito da pretensa atividade.

A Resolução Conama n. 1/86, no seu art. 7º, previa a realização do estudo prévio de impacto ambiental por uma equipe multidisciplinar habilitada, *não dependente* direta ou indiretamente do proponente do projeto, e ressalvava que este seria responsável tecnicamente pelos resultados apresentados. Com isso, conferia-se à equipe uma independência total.

A Resolução Conama n. 237/97 revogou expressamente o citado art. 7º e passou a dispor no seu art. 11 que:

"Art. 11. Os estudos necessários ao processo de licenciamento deverão ser realizados por profissionais legalmente habilitados, às expensas do empreendedor.

Parágrafo único. O empreendedor e os profissionais que subscrevem os estudos previstos no *caput* deste artigo serão responsáveis pelas informações apresentadas, sujeitando-se às sanções administrativas, civis e penais".

Com a nova disciplina não se impõe mais que a equipe técnica seja independente do proponente do projeto, mas também não autoriza, de maneira clara, que seja dependente[20]. Deve ser ressaltado que a sistemática da responsabilidade objetiva, como norteadora para averiguação do dever de reparar os danos ambientais, exige de todos os envolvidos, em especial da equipe multidisciplinar, um trabalho imparcial, o que talvez seja capaz de suprir a falha do legislador.

## 6.4. RAIAS – RELATÓRIO DE AUSÊNCIA DE IMPACTO AMBIENTAL

Por conta da imprecisão constitucional acerca da expressão "significativa degradação do meio ambiente", tem-se o instrumento do RAIAS. Como mencionado, a Constituição Federal estabeleceu uma presunção relativa (*juris tantum*) de que toda atividade é causadora de impactação ao meio ambiente, de forma a caber ao proponente do projeto, dentro do início do procedimento de licenciamento, trazer o RAIAS à apreciação do órgão público licenciador, para que este possa determinar se a execução do EIA deve ou não ser feita.

Nesse contexto, o RAIAS é uma "espécie" de EIA, porquanto deverá conter informações de técnicos habilitados que justifiquem a desobrigação de se fazer o estudo prévio de impacto ambiental. Assim, de forma concisa, o RAIAS deverá possuir o conteúdo mínimo do EIA, traçado pelas resoluções do Conama.

Interessante frisar que, no Estado de São Paulo, o RAP – Relatório Ambiental Preliminar – faz as vezes do RAIAS. O RAP, previsto na Resolução SMA (Secretaria de Meio Ambiente) n. 42/94, deve instruir o pedido de licença ambiental pretendido pelo empreendedor, tendo por *objetivo* orientar o órgão ambiental acerca da solicitação ou dispensa da elaboração do estudo prévio de impacto ambiental, conforme preceitua o art. 3º da aludida resolução.

## 6.5. RESPONSABILIDADE CIVIL

Cumpre-nos questionar de que forma o Poder Público, tendo outorgado a licença de operação, será responsável pelos danos causados pela atividade do empreendedor. Vejamos as diversas situações.

1) Se não houve EIA/RIMA, estando o órgão público convencido do RAIAS: o Poder Público será responsável, na medida em que existe nexo causal entre seu ato e o dano ocorrido, isto é, ele concorreu para a prática do resultado danoso.

2) Se houve EIA/RIMA, e este foi favorável (totalmente), tendo sido concedida a licença: inexiste a responsabilidade do Estado, pois a licença neste caso tratou-se de mero ato vinculado.

Vale frisar que, se o EIA/RIMA for dado como favorável e os danos ambientais ocorridos pressupuserem um desacerto da equipe multidisciplinar, de forma a existirem

---

20. Isso porque, no art. 12 da Proposta de Resolução (atual art. 11), constava que "Os estudos ambientais integrantes do procedimento licenciatório deverão ser realizados às expensas do empreendedor, por profissionais legalmente habilitados, *que poderão estar vinculados ao mesmo*".

resultados técnicos comprometedores, a *equipe deverá responder solidária e objetivamente* pelos danos causados ao meio ambiente, juntamente com o proponente do projeto. Deve ser ressaltado, todavia, que, caso o parecer da equipe tenha sido favorável, mas o dano surgido por conta de outro aspecto, inexistirá nexo de causalidade entre as situações previstas e qualificadas pela equipe e a lesão ambiental. Dessa forma, em que pese a conclusão favorável da equipe, não haverá responsabilidade.

3) Se houve EIA/RIMA, e este foi desfavorável (no todo ou em parte), tendo sido concedida a licença: há responsabilidade solidária do Estado, porquanto resta configurado o nexo de causalidade entre o seu ato de concessão da licença e o dano causado ao meio ambiente.

4) Se houve EIA/RIMA, e este foi desfavorável, não tendo sido concedida a licença: inexiste como regra a responsabilidade do Estado, exceto se restar provado que ele se quedou inerte, e, por conta de sua omissão, o dano ambiental ocorreu.

## 6.6. EXIGÊNCIA DO EIA/RIMA: ATO VINCULADO OU DISCRICIONÁRIO?

Como já foi salientado, o art. 2º da Resolução Conama n. 1/86 trazia de forma exemplificativa algumas atividades que estariam sujeitas ao estudo prévio de impacto ambiental. Por conta disso, muito se discutiu sobre a obrigatoriedade de execução do EIA/RIMA nessas hipóteses. Entendíamos que aludido rol, além de exemplificativo, trazia uma presunção *juris et jure* de execução do EIA/RIMA.

A Resolução Conama n. 237/97 alterou essa situação, uma vez que, por intermédio de seu art. 3º, foi trazido um rol (mais amplo que o previsto pela Resolução Conama n. 1/86) de atividades necessariamente *sujeitas ao licenciamento ambiental*, todavia, *sem vincular* o licenciamento à realização do EIA/RIMA. Dessa forma, as atividades elencadas no Anexo I da Resolução n. 237/97 devem passar por um procedimento de licenciamento ambiental, conforme estabelece o art. 2º, § 1º, da Resolução Conama n. 237/97, que, por sua vez, poderá ou não ter o respaldo do EIA/RIMA, em razão de o art. 3º não estabelecer para as atividades enumeradas no Anexo I qualquer presunção de potencialidade de causarem significativa degradação ambiental.

Com isso, nada impede que o órgão ambiental competente para o licenciamento dispense a elaboração do EIA/RIMA se verificar, pelo RAP ou RAIAS, que a atividade não causará um impacto significativo, podendo, todavia, exigir estudos complementares, conforme estabelece o parágrafo único do art. 3º:

"Parágrafo único. O órgão ambiental competente, verificando que a atividade ou empreendimento não é potencialmente causador de significativa degradação do meio ambiente, definirá os estudos ambientais pertinentes ao respectivo processo de licenciamento".

Dessa forma, ao menos em relação àquele rol trazido pelo Anexo I, entendemos inexistir discricionariedade do órgão ambiental competente, devendo ser elaborado estudo prévio de impacto ambiental para atividades e obras nele descritas.

## 7. COMPETÊNCIA PARA O LICENCIAMENTO E A LEI COMPLEMENTAR N. 140/2011

A Resolução Conama n. 1/86, nos seus arts. 2º e 3º, estabelecia a competência para o licenciamento ambiental, atribuindo-a aos órgãos estaduais e à Sema (hoje Ibama), supletivamente, de forma a possibilitar que os Municípios envolvidos fizessem a mesma exigência, se a situação local reclamasse[21]. Aludida prerrogativa encontrava-se de acordo com a divisão de competências materiais trazida pela Constituição Federal, conforme estabelece o seu art. 23, VI, em que se atribui à União, aos Estados, Distrito Federal e Municípios a competência comum para proteger o meio ambiente e combater a poluição em qualquer de suas formas, sendo certo que "a competência legislativa dos estados, mesmo que desempenhada para a preservação do meio ambiente, não pode se incompatibilizar com o modelo de distribuição de competências definido na Constituição da República"[22].

A Resolução Conama n. 237/97 alterou as regras de competência para o licenciamento, fixando, em seu art. 7º, que os empreendimentos e atividades seriam licenciados *em um único nível de competência*. Pela Resolução Conama n. 237/97, observávamos que as licenças ambientais deveriam ser expedidas pelo Ibama para os empreendimentos e atividades com significativo impacto ambiental de âmbito nacional ou regional, conforme preceituava o art. 4º. O Ibama, por sua vez, deveria considerar o exame técnico procedido pelos órgãos ambientais dos Estados e Municípios que abrigavam a atividade ou empreendimento. Além disso, sendo a atividade potencialmente causadora de significativo impacto ambiental em âmbito regional, seria possível ao Ibama delegar aos Estados a competência para o licenciamento.

Todavia, ao fixar normas, nos termos dos incisos III, VI e VII do *caput* e do parágrafo único do art. 23 da Constituição Federal, para a cooperação entre a União, os Estados, o Distrito Federal e os Municípios nas ações administrativas decorrentes do

---

21. Concordando com nossa interpretação, adotou o Supremo Tribunal Federal o seguinte entendimento:

"Ementa: Direito constitucional e ambiental. Ação direta de inconstitucionalidade. Constituição do Estado do Ceará. Licenciamento ambiental. Resguardo à competência municipal. 1. Ação direta de inconstitucionalidade contra o art. 264 da Constituição do Estado do Ceará. Alegação de que o dispositivo impugnado, ao exigir a anuência de órgãos estaduais para o licenciamento ambiental, viola o princípio federativo e a autonomia municipal. 2. O Município é competente para legislar sobre o meio ambiente no limite do seu interesse local e desde que tal regramento seja harmônico com a disciplina estabelecida pelos demais entes federados (art. 24, VI, c/c 30, I e II, da Constituição Federal). Tema 145/STF. 3. Cabe aos municípios promover o licenciamento ambiental das atividades ou empreendimentos possam causar impacto ambiental de âmbito local. Precedentes. 4. Procedência do pedido, para dar interpretação conforme ao art. 264 da Constituição do Estado do Ceará a fim de resguardar a competência municipal para o licenciamento de atividades e empreendimentos de impacto local. Tese de julgamento: 'É inconstitucional interpretação do art. 264 da Constituição do Estado do Ceará de que decorra a supressão da competência dos Municípios para regular e executar o licenciamento ambiental de atividades e empreendimentos de impacto local'" (ADI 2.142, Tribunal Pleno, Rel. Min. Roberto Barroso, j. 27-6-2022, public. 4-7-2022).

22. ADI 7.509, Tribunal Pleno, Rel. Min. Cármen Lúcia, j. 4-4-2024, public. 10-4-2024.

exercício da competência comum relativas à proteção das paisagens naturais notáveis, à proteção do meio ambiente, ao combate à poluição em qualquer de suas formas e à preservação das florestas, da fauna e da flora, **a Lei Complementar n. 140/2011** fixou no plano normativo em face do que efetivamente determina nossa Constituição Federal os critérios destinados a observar a competência para o licenciamento ambiental, conforme especificado no item 5 deste capítulo.

## 8. A INCIDÊNCIA DO EIA/RIMA EM TODOS OS ASPECTOS DO MEIO AMBIENTE

Como já tivemos a oportunidade de verificar, o meio ambiente possui conceito multifacetário, dividindo-se em vários aspectos: meio ambiente do trabalho, artificial, natural e cultural.

Em que pese existir uma inevitável associação entre o estudo prévio de impacto ambiental e o meio ambiente natural, o EIA/RIMA não é um instrumento somente voltado a esse aspecto. Assim, é *perfeitamente aplicável* às demais "partições" do meio ambiente, a saber, meio ambiente artificial, cultural e do trabalho (*vide,* p.ex., em face do direito de antena).

## 9. AUDIÊNCIA PÚBLICA

### 9.1. OBRIGATORIEDADE

A audiência pública poderá ou não acontecer, não tendo cunho obrigatório. A sua formação ocorrerá: a) quando o órgão competente para a concessão da licença julgar necessário; b) quando cinquenta ou mais cidadãos requererem ao órgão ambiental a sua realização; c) quando o Ministério Público solicitar a sua realização.

Todavia, caso não seja realizada a audiência pública, tendo havido requerimento de alguns dos legitimados, a licença concedida será inválida.

### 9.2. LOCAL DA AUDIÊNCIA PÚBLICA

Com o propósito de facilitar a participação da sociedade, a audiência deverá ser marcada e realizada em local acessível.

### 9.3. MOMENTO DO REQUERIMENTO

Os aspectos procedimentais da audiência pública são regidos pelas Resoluções n. 1/86 e 9/87, uma vez que a Resolução n. 237/97 não veio a regular a matéria. Se a iniciativa partir do órgão competente para a concessão da licença, ela se dará antes de iniciada a execução do EIA ou, se depois de recebido o RIMA, durante o prazo estabelecido pelo art. 10 da Resolução Conama n. 1/86.

Sendo a iniciativa de outro legitimado, é necessário que a solicitação seja feita durante o prazo de quarenta e cinco dias, contados do recebimento do RIMA. Para tanto, cabe ao órgão público fixar em edital e anunciar em imprensa local a abertura do referido prazo para a solicitação da audiência pública.

## 9.4. FUNÇÃO DA AUDIÊNCIA PÚBLICA

Baseada no fundamento constitucional do direito de informação, que decorre do princípio da participação da população, a audiência tem por objetivo expor as informações do RIMA e, através disso, recolher críticas e sugestões com relação à instalação da atividade local. Com isso, permite-se a participação popular.

## 10. DIREITO DE O EMPREENDEDOR DESENVOLVER SUA ATIVIDADE EM FACE DE EIA/RIMA FAVORÁVEL NO ÂMBITO DO DIREITO AMBIENTAL BRASILEIRO

Conforme já afirmado, a Constituição Federal em vigor, ao estabelecer a existência de um terceiro "tipo" de bem – o ambiental[23] –, reestruturou o direito positivo brasileiro eliminando a antiga e ultrapassada visão que estabelecia um divisor de águas no campo doutrinário: a existência, de um lado, do denominado direito privado (e as relações jurídicas adaptadas aos bens privados) e, de outro, do denominado direito público e as relações jurídicas vinculadas aos bens públicos.

Dessarte, o Direito Ambiental no Brasil, estabelecido por força das normas constitucionais que organizam as relações jurídicas em face dos bens ambientais, exatamente para assegurar a efetividade desse direito, incumbiu ao Poder Público, conforme já afirmado na presente obra, "exigir, na forma da lei, para a instalação de obra ou atividade potencialmente causadora de significativa degradação do meio ambiente, estudo prévio de impacto ambiental, a que se dará publicidade" (art. 225, § 1º, IV, da CF).

Criado exatamente para se constituir em um dos mais importantes instrumentos de proteção ao meio ambiente, com estrutura complexa conforme já indicado, o EIA/RIMA – já observado anteriormente em nossa legislação infraconstitucional e particularmente em face da Lei Federal n. 6.938/81 – está intimamente ligado ao denominado licenciamento ambiental dentro dos critérios verificados no presente Capítulo VI.

De natureza jurídica absolutamente diferente da licença administrativa[24], ratificamos posição no sentido de que o licenciamento ambiental é o complexo de etapas

---

23. Para um estudo mais aprofundado do bem ambiental, *vide O direito de antena em face do direito ambiental no Brasil*, São Paulo, Saraiva, 2000.

24. Observe-se novamente a interpretação de Maria Sylvia Zanella di Pietro ao ensinar que a *licença* é espécie de ato administrativo "unilateral e vinculado, pelo qual a Administração faculta àquele que preencha os requisitos legais o exercício de uma atividade" (*Direito administrativo*, 6. ed., São Paulo, Atlas, *passim*).

que compõe procedimento estatal específico que objetiva a concessão de *licença ambiental*. Instrumento de caráter preventivo da tutela do meio ambiente, conforme determina o art. 9º, IV, da Lei da Política Nacional do Meio Ambiente (Lei n. 6.938/81), o licenciamento ambiental não é ato estatal simples, mas sim um encadeamento de atos, o que lhe atribui a condição de procedimento específico. Cuida de ato discricionário na medida em que o EIA visa a um estudo amplo merecedor de complexas e sofisticadas interpretações, particularmente em face de enumerar os inconvenientes e os convenientes de determinado empreendimento, assim como de ofertar as soluções pertinentes à mitigação de eventuais impactos ambientais negativos e também de medidas compensatórias.

Daí a possibilidade de outorga de licença ambiental, ainda que o estudo prévio de impacto ambiental seja desfavorável, hipótese que podemos admitir por força do que se interpreta na análise combinada dos arts. 170, V, e 225 da Constituição Federal, que fixam, no plano normativo interno, a visão doutrinária do denominado *desenvolvimento sustentável* a fim de permitir um perfeito equilíbrio entre a proteção do meio ambiente e a livre concorrência, norteadoras do desenvolvimento econômico em nosso país.

Cumpre reiterar, por via de consequência, que o EIA/RIMA nem sempre é obrigatório, na medida em que o direito positivo condiciona a existência desse instrumento às obras e atividades potencialmente causadoras de significativa degradação ambiental (art. 225, § 1º, IV). Além disso, nem toda atividade econômica possui essa característica. Todavia, a existência de EIA/RIMA *favorável* efetivamente condicionará a autoridade à outorga da licença ambiental. Daí surgir o direito de o empreendedor desenvolver sua atividade econômica.

O Tribunal Regional Federal da 3ª Região bem observou a hipótese que comentamos. É clara a interpretação da Desembargadora Federal Marli Ferreira em face de agravo de instrumento tirado dos autos de ação cautelar preparatória de ação civil pública promovida pelo Ministério Público Federal e pelo Ministério Público do Estado de Mato Grosso do Sul, quando decidiu:

> "Na hipótese dos autos, tenho que da decisão agravada resultará evidentemente grave lesão e dano de difícil reparação, sendo por igual relevante a fundamentação invocada.
>
> Segundo dados constantes dos autos, todas as pendências em relação ao EIA/RIMA ou já foram ou estão sendo ou serão implementadas, dentro do cronograma avençado, sendo certo que a capacidade geradora de energia somente em um dos trechos será de 1.814,4 MW.
>
> *Acrescento que não é efetivamente permitido ao Poder Judiciário proibir que o órgão encarregado de licenciar cumpra a lei, mesmo porque sendo 'o EIA/RIMA favorável, condiciona-se a autoridade à outorga da licença ambiental, existindo, dessa feita, o direito de o empreendedor desenvolver sua ativi-*

*dade'* (Celso Antonio Pacheco Fiorillo, *Curso de direito ambiental*, São Paulo, Saraiva, 1. ed., p. 64)"[25].

Concluímos, portanto, que, na medida em que o EIA/RIMA favorável condiciona a autoridade à outorga de licença ambiental, inexistem óbices para que a ordem jurídica do capitalismo esteja plenamente adaptada às necessidades de desenvolvimento da pessoa humana como valor maior protegido pelo direito ambiental brasileiro.

## 11. RAZOABILIDADE DA DURAÇÃO DO PROCEDIMENTO DE LICENCIAMENTO AMBIENTAL COMO GARANTIA CONSTITUCIONAL DA TUTELA JURÍDICA DOS BENS AMBIENTAIS

A EC n. 45/2004 acrescentou inciso fundamental vinculado ao art. 5º da Constituição Federal, que assegura garantia constitucional com imediatos reflexos no procedimento de licenciamento ambiental, a saber: "LXXVIII – a todos, no âmbito judicial e administrativo, são assegurados a razoável duração do processo e os meios que garantam a celeridade da sua tramitação".

Dessarte, a norma antes referida, de eficácia plena e imediata, conforme estabelece o § 1º do art. 5º da Constituição Federal, garante aos brasileiros e estrangeiros residentes no País o direito constitucional à razoável duração do procedimento de licenciamento ambiental, procedimento este que, conforme já afirmamos, deve obedecer a todos os princípios constitucionais do devido processo legal.

Razoável duração do procedimento de licenciamento ambiental significa o dever imposto constitucionalmente ao Poder Público (responsável que é no sentido de assegurar a exigência constitucional do estudo prévio de impacto ambiental na forma estabelecida pelo art. 225, § 1º, IV) de assegurar aos empreendedores um prazo de duração baseado em razões sólidas, a saber, aceitável de forma racional e jamais motivado por fundamentos político/ideológicos.

Devemos lembrar, de forma reiterada, que o Poder Público não é dono dos bens ambientais: tem missão constitucional, delegada pelo povo (art. 1º, parágrafo único, da CF), destinada a gerenciar os bens ambientais, jamais impedindo que eles possam ser usados em proveito dos brasileiros e estrangeiros residentes no País.

Dessarte, a garantia constitucional da razoável duração do procedimento de licenciamento ambiental, exatamente por ser um conceito legal indeterminado, será concretamente preenchida/declarada pela juíza/juiz de direito sempre que um caso concreto for levado ao conhecimento do Poder Judiciário para sua apreciação (art. 50, XXXV, da CF).

---

25. AgI 2001.03.00.0000007-5.

## 12. CONCESSÃO AUTOMÁTICA DE LICENÇA AMBIENTAL PARA FUNCIONAMENTO DE EMPRESAS QUE EXERÇAM ATIVIDADES CLASSIFICADAS COMO DE RISCO MÉDIO E A ADI 6.808

O Supremo Tribunal Federal (STF), acatando uma vez mais nossa interpretação, decidiu em 2022, que é inconstitucional a concessão automática de licença ambiental para funcionamento de empresas que exerçam atividades classificadas como de risco médio. A matéria foi bem esclarecida com fundamento no PRINCÍPIO da PREVENÇÃO a saber:

"EMENTA: AÇÃO DIRETA DE INCONSTITUCIONALIDADE. ARTS. 6º E 11-A DA LEI N. 11.598/2007, ALTERADOS PELO ART. 2º DA MEDIDA PROVISÓRIA N. 1.040/2021. CONVERSÃO DA MEDIDA PROVISÓRIA N. 1.040/2021 NA LEI N.14.195/2021. INEXISTÊNCIA DE ALTERAÇÃO SUBSTANCIAL DAS NORMAS IMPUGNADAS. AUSÊNCIA DE PREJUÍZO PELO NÃO ADITAMENTO TEMPESTIVO DA PETIÇÃO INICIAL. CONVERSÃO DA APRECIAÇÃO DA MEDIDA CAUTELAR EM JULGAMENTO DE MÉRITO. PROCEDIMENTO AUTOMÁTICO E SIMPLIFICADO DE EMISSÃO DE ALVARÁ DE FUNCIONAMENTO E LICENÇAS AMBIENTAIS PARA ATIVIDADE DE RISCO MÉDIO NO SISTEMA DE INTEGRAÇÃO REDESIM. VEDAÇÃO DE COLETA DE DADOS ADICIONAIS PELO ÓRGÃO RESPONSÁVEL À REALIZADA NO SISTEMA REDESIM PARA A EMISSÃO DAS LICENÇAS E ALVARÁS PARA FUNCIONAMENTO DE EMPREENDIMENTOS AMBIENTAIS. DESOBEDIÊNCIA AO PRINCÍPIO DA PREVENÇÃO E AO DEVER DE PROTEÇÃO DO MEIO AMBIENTE ECOLOGICAMENTE EQUILIBRADO (ART. 225 DA CONSTITUIÇÃO DA REPÚBLICA). AÇÃO DIRETA JULGADA PARCIALMENTE PROCEDENTE PARA DAR INTERPRETAÇÃO CONFORME À CONSTITUIÇÃO. 1. Conversão da apreciação da medida cautelar em julgamento de mérito: prescindibilidade de novas informações. Princípio da razoável duração do processo. Precedentes. 2. A ausência de aditamento à petição inicial não importa no prejuízo da ação quando não constatada alteração substancial das normas impugnadas. Precedentes. 3. São inconstitucionais as normas pelas quais simplificada a obtenção de licença ambiental no sistema responsável pela integração (Redesim) para atividade econômica de risco médio e vedada a coleta adicional de informações pelo órgão responsável à realizada no sistema Redesim para a emissão das licenças e alvarás para o funcionamento do empresário ou da pessoa jurídica, referentes a empreendimentos com impactos ambientais. Não aplicação das normas questionadas em relação às licenças ambientais. 4. Ação direta conhecida quanto ao disposto no art. 6º-A e inc. III do art. 11-A da Lei n. 14.195/2021, decorrentes da conversão, respectivamente, do art. 6º e inc. II do art. 11 da Medida Provisória n. 1.040/2021. Julgamento de mérito. Parcial procedência do pedido para dar interpretação conforme à Constituição ao art. 6º-A e ao inc. III do art. 11-A da Lei n. 14.195/2021 no sentido de excluir a aplicação desses dispositivos às licenças em matéria ambiental"[26].

---

26. ADI 6.808, Rel. Min. Cármen Lúcia, j. 28-4-2022, public. 14-7-2022.

# Capítulo VIII
## ZONEAMENTO AMBIENTAL E ESPAÇOS ESPECIALMENTE PROTEGIDOS

## 1. PRINCÍPIO DO DESENVOLVIMENTO SUSTENTÁVEL

Ao tratarmos dos princípios relativos ao meio ambiente, tivemos a oportunidade de abordar o princípio do desenvolvimento sustentável, o qual se encontra constitucionalmente amparado no art. 225, que prevê o dever da coletividade e do Poder Público de preservar o meio ambiente para as presentes e futuras gerações.

O zoneamento ambiental é um tema que se encontra relacionado ao aludido princípio, porquanto objetiva disciplinar de que forma será compatibilizado o desenvolvimento industrial, as zonas de conservação da vida silvestre e a própria habitação do homem, tendo em vista sempre, como já frisado, a manutenção de uma vida com qualidade às presentes e futuras gerações.

Não se deve perder de vista que a própria função social da propriedade ganha relevo nesse campo, porque, como sabemos, a propriedade cumpre essa função na medida em que atende às diretrizes traçadas pelo plano diretor, o qual nada mais é que um instrumento com o propósito de garantir bem-estar aos habitantes de determinado Município.

## 2. ESPAÇOS AMBIENTAIS

Os espaços ambientais, tomados em sentido amplo, são as porções do território estabelecidas com a finalidade de proteção e preservação, total ou parcial, do meio ambiente[1]. Dividem-se em *espaços especialmente protegidos* e *zoneamento ambiental*.

### 2.1. ESPAÇOS TERRITORIAIS ESPECIALMENTE PROTEGIDOS

O art. 225, § 1º, III, da Constituição Federal estabelece que compete ao Poder Público o dever de definir, em todas as unidades da Federação, espaços territoriais e

---

1. Cf. José Afonso da Silva, *Direito constitucional ambiental,* cit., p. 158.

seus componentes a serem especialmente protegidos, sendo a alteração e a supressão permitidas somente através de lei[2], vedada qualquer utilização que comprometa a integridade dos atributos que justifiquem a sua proteção.

Tendo em vista aludido preceito, o art. 9º, VI, da Política Nacional do Meio Ambiente (Lei n. 6.938/81), que determina que os espaços territoriais especialmente protegidos são *instrumentos da Política Nacional do Meio Ambiente*, foi recepcionado pela Constituição Federal de 1988.

Os espaços especialmente protegidos podem estar localizados em áreas públicas ou privadas. Por serem dotados de atributos ambientais, merecem um tratamento diferenciado e especial, porque, uma vez assim declarados, sujeitar-se-ão ao regime jurídico de interesse público.

### 2.1.1. A Lei n. 9.985/2000 e as Unidades de Conservação: Unidades de Proteção Integral e Unidades de Uso Sustentável

A Lei n. 9.985/2000, ao regulamentar o art. 225, § 1º, I, II, III e VII, da Constituição Federal, estabeleceu conceito legal ao disciplinar as unidades de conservação como sendo os *espaços territoriais e seus recursos ambientais* – a atmosfera, as águas interiores bem como superficiais e subterrâneas, os estuários, o mar territorial, o solo, o subsolo, os elementos da biosfera, a *fauna* e a *flora*, incluindo as águas jurisdicionais, com características naturais relevantes, legalmente instituídos pelo Poder Público, com o objetivo de conservação e limites definidos, sob regime especial de administração, ao qual se aplicam garantias adequadas de proteção (art. 2º, I)[3].

As unidades de conservação, criadas por ato do Poder Público[4], fazem parte do Sistema Nacional de Unidades de Conservação da Natureza – SNUC e são constituídas pelo conjunto de unidades de conservação federais, estaduais e municipais de acordo com o disposto na referida Lei n. 9.985/2000. Divididas em dois grupos, a saber, as *Unidades de Proteção Integral* (cujo objetivo básico é preservar a natureza, sendo admitido apenas o uso indireto dos seus recursos naturais salvo exceções previstas na própria lei ora mencionada) e as *Unidades de Uso Sustentável* (cujo objetivo básico é compatibilizar a conservação da natureza com o uso sustentável de parcelas integrantes do SNUC), passaram, por força de lei, a ter composição bem delimitada com objetivos fixados pela norma.

---

2. A Constituição do Brasil atribui ao poder público e à coletividade o dever de defender um meio ambiente ecologicamente equilibrado (CF, art. 225, § 1º, III). A delimitação dos espaços territoriais protegidos pode ser feita por decreto ou por lei, sendo esta imprescindível apenas quando se trate de alteração ou supressão desses espaços. Precedentes (MS 26.064, Rel. Min. Eros Grau, j. 17-6-2010, P, *DJE*, 6-8-2010). RE 417.408 AgR, 1ª Turma, Rel. Min. Dias Toffoli, j. 20-3-2012, *DJE*, 26-4-2012.

3. *Vide* STF, MS 26.189 AgR/DF, 1ª Turma, Rel. Min. Dias Toffoli, j. 6-3-2013, *DJe,* 10-4-2013.

4. "Não ofende direito subjetivo algum de particular o decreto que, para criar unidade de proteção integral, se baseia em procedimento onde se observaram todos os requisitos da Lei 9.985/2000" (MS 27.622, Rel. Min. Cezar Peluso, j. 24-6-2010, P, *DJE*, 13-8-2010).

Dessarte o grupo das *Unidades de Proteção Integral* (art. 8º da Lei n. 9.985/2000) é composto pelas seguintes categorias de unidades de conservação:

1) *Estação Ecológica*, com objetivo definido no art. 9º, de posse e domínio públicos, sendo que as áreas particulares incluídas em seus limites serão desapropriadas na forma da lei;

2) *Reserva Biológica*, com objetivo definido no art. 10, de posse e domínio públicos, sendo que as áreas particulares incluídas em seus limites serão desapropriadas na forma da lei;

3) *Parque Nacional*, com objetivo definido no art. 11, de posse e domínio públicos, sendo que as áreas particulares incluídas em seus limites serão desapropriadas na forma da lei;

4) *Monumento Natural*, com objetivo definido no art. 12, podendo ser constituído por áreas particulares com eventual desapropriação prevista na forma da lei;

5) *Refúgio de Vida Silvestre*, com objetivo definido no art. 13, podendo ser constituído por áreas particulares com eventual desapropriação prevista na forma da lei.

Por sua vez, o grupo das *Unidades de Uso Sustentável* (art. 14 da Lei n. 9.985/2000) é composto pelas seguintes categorias de unidades de conservação:

1) *Áreas de Proteção Ambiental*, definida no art. 15, é constituída por terras públicas ou privadas;

2) *Áreas de Relevante Interesse Ecológico*, definida no art. 16, é constituída por terras públicas ou privadas;

3) *Floresta Nacional*, definida no art. 17, é de posse e domínio públicos, sendo que as áreas particulares incluídas em seus limites devem ser desapropriadas de acordo com o que dispõe a lei;

4) *Reserva Extrativista*, definida no art. 18, é de domínio público com uso concedido às populações extrativistas tradicionais na forma da lei, sendo que as áreas particulares incluídas em seus limites devem ser desapropriadas de acordo com o que dispõe a lei;

5) *Reserva de Fauna*, definida no art. 19, é de posse e domínio públicos, sendo que as áreas particulares incluídas em seus limites devem ser desapropriadas de acordo com o que dispõe a lei;

6) *Reserva de Desenvolvimento Sustentável*, definida no art. 20, é de domínio público com uso das áreas ocupadas pelas populações tradicionais regulado pela lei, sendo que as áreas particulares incluídas em seus limites devem ser, quando necessário, desapropriadas, na forma da lei;

7) *Reserva Particular do Patrimônio Natural*, definida no art. 21, é uma área privada gravada com perpetuidade na forma da lei.

228

## 2.2. ZONEAMENTO AMBIENTAL

Zoneamento é uma medida não jurisdicional, oriunda do poder de polícia, com dois fundamentos: a repartição do solo urbano municipal e a designação do seu uso.

Atribui-se a essa medida diferentes denominações, como zoneamento urbano, zoneamento industrial ou zoneamento ambiental. Todavia, como bem esclarece José Afonso da Silva, isso é irrelevante, pois o que importa é que o fim colimado seja o interesse da coletividade, tendo-se por propósito uma melhoria da qualidade de vida.

Descendo a detalhes, podemos verificar que o zoneamento ambiental possui apenas uma diferença de enfoque do urbano, uma vez que o objetivo daquele é a *proteção do meio ambiente*, de modo que o uso permitido será estritamente limitado.

De qualquer modo, tanto o zoneamento ambiental como o industrial constituem limitações de uso do solo particular, incidindo diretamente na *limitação da propriedade*, com base no preceito constitucional de que a propriedade deve cumprir sua função social, conforme verificamos nos arts. 5º, XXIII, 182, § 2º, e 170.

O zoneamento ambiental constitui *um dos instrumentos da Política Nacional do Meio Ambiente,* porque a má distribuição do parcelamento e da ocupação do solo urbano colocam-se como fatores de depreciação da qualidade de vida. Seu fundamento constitucional encontra-se previsto nos arts. 21, XX, que preceitua caber à União instituir diretrizes para o desenvolvimento urbano, inclusive habitação, saneamento básico e transportes urbanos; 30, VIII, que fixa a competência dos Municípios para promover, no que couber, adequado ordenamento territorial, mediante planejamento e controle do uso, do parcelamento e da ocupação do solo urbano; e 182, que cuida da política urbana. O fundamento legal do zoneamento é encontrado na Política Nacional do Meio Ambiente (Lei n. 6.938/81, art. 9º).

Vale verificar que a solução dos problemas criados pela urbanização dá-se com a intervenção do Poder Público nos diversos setores da sociedade, com a finalidade de transformar o meio urbano e criar novas formas urbanas. Chama-se esse fenômeno de urbanificação, ou seja, um processo de correção da urbanização, baseado na renovação urbana, que é a reurbanificação.

### 2.2.1. Classificações do zoneamento ambiental

O zoneamento ambiental classifica-se em: zoneamento para pesquisas ecológicas; em parques públicos; em áreas de proteção ambiental; costeiro; e industrial (que será oportunamente abordado em capítulo à parte).

#### 2.2.1.1. Zoneamento para pesquisas ecológicas

Dentro das estações ecológicas é possível que pelo menos 10% da sua área seja destinada a pesquisas ecológicas, podendo haver modificações no ambiente que mereçam proteção, desde que exista um prévio zoneamento promovido pela autoridade competente.

## 2.2.1.2. Zoneamento em áreas de proteção ambiental (APAs)

Previsto na Lei n. 6.902/81, trata-se de um zoneamento ecológico-econômico, que estabelecerá normas de uso, de acordo com o meio ambiente local. Pode ser composto de: zonas de preservação da vida silvestre, de conservação da vida silvestre (admite-se o uso moderado e autossustentado da biota) e de uso agropecuário (não se permite a utilização de produtos químicos que importem riscos ao meio ambiente).

## 2.2.1.3. Zoneamento nos parques públicos

Com o propósito de assegurar a melhor preservação dos parques públicos, o Decreto n. 84.017/79, em seu art. 9º, tornou possível o zoneamento, de acordo com suas próprias características. Poderá haver zona primitiva, intangível, de uso extensivo, histórico-cultural, de recuperação e de uso especial. Entretanto, importante frisar que se trata de ato da Administração, ficando a critério desta a conveniência e oportunidade.

# Capítulo IX
# ZONEAMENTO INDUSTRIAL E PARCELAMENTO DO SOLO

## 1. INTRODUÇÃO

Como já tivemos oportunidade de abordar, o zoneamento constitui uma medida oriunda do poder de polícia, tendo por fundamento a repartição do solo municipal em zonas e a designação de seu uso. Para tanto, o objeto a ser buscado é sempre o interesse da coletividade, com o propósito de proporcionar melhoria da qualidade de vida e, desse modo, garantir a realização do preceito encartado pelo art. 225 da Constituição Federal.

Já sabemos que o zoneamento industrial é uma das espécies do zoneamento ambiental. Zonear significa repartir o solo e dar a este determinada designação de uso. O zoneamento industrial tem por objeto a repartição do solo com a finalidade de *induzir* um melhor desenvolvimento da atividade industrial, de forma a minimizar possíveis impactos ao meio ambiente e compatibilizá-la com a proteção ambiental.

Essa preocupação nasceu em decorrência do declínio da qualidade de vida nos grandes centros urbanos. Com isso, tendo em vista a necessidade de elaboração de um esquema de zoneamento urbano, em 2 de julho de 1980 foi promulgada a Lei Federal n. 6.803, que dividiu o solo, criando três espécies de zonas. Vejamos cada uma delas.

## 2. ZONAS DE USO ESTRITAMENTE INDUSTRIAL

Conforme estabelece o art. 2º da Lei n. 6.803/80, as zonas de uso estritamente industrial destinam-se, preferencialmente, à localização de estabelecimentos industriais cujos resíduos sólidos, líquidos e gasosos, ruídos, vibrações, emanações e radiações possam causar perigo à saúde, ao bem-estar e à segurança da população, mesmo depois da aplicação de métodos adequados de controle e tratamento de efluentes.

Nas zonas de uso estritamente industrial é vedado o estabelecimento de quaisquer atividades não essenciais às suas funções básicas. Além disso, deverão as indústrias situar-se em áreas que possam assimilar a respectiva poluição e onde sejam criados *anéis verdes*, de modo a fazerem um isolamento com as regiões vizinhas, evitando acidentes.

A criação de uma zona estritamente industrial é objeto de licenciamento ambiental (art. 2º, XIII, da Resolução Conama n. 1/86 e Anexo I da Resolução Conama n. 237/97), não sendo permitido que a empresa nela localizada desenvolva suas atividades sem utilizar-se dos mecanismos necessários ao combate da poluição. Busca-se somente confinar num mesmo local as indústrias, de modo que os efeitos impactantes sejam sentidos de forma mais tênue.

## 3. ZONAS DE USO PREDOMINANTEMENTE INDUSTRIAL

As zonas de uso predominantemente industrial destinam-se, preferencialmente, à instalação de indústrias cujos processos, submetidos a métodos adequados de controle e tratamento de efluentes, não causem incômodos sensíveis às demais atividades urbanas nem perturbem o repouso noturno da população. Com isso, temos que outras atividades que não as industriais poderão ser desenvolvidas. Essa conclusão é abstraída do art. 2º, § 2º, da Lei n. 6.803/80, que veda somente nas zonas de uso estritamente industrial o estabelecimento de quaisquer atividades não essenciais às suas funções básicas.

Deve-se frisar a exigência de formação de áreas de proteção ambiental, no seu interior, para que se minimize o risco de acidentes e poluição dos demais usos do solo urbano.

## 4. ZONAS DE USO DIVERSIFICADO

As zonas de uso diversificado destinam-se à localização de estabelecimentos industriais cujo processo produtivo seja complementar das atividades do meio urbano ou rural em que se situem, e com elas se compatibilizem, independentemente do uso de métodos especiais de controle da poluição, não ocasionando, em qualquer caso, inconvenientes à saúde, ao bem-estar e à segurança das populações vizinhas, conforme preceitua o art. 4º da Lei n. 6.803/80.

Esta zona comporta as indústrias que não desenvolvem atividades impactantes ao meio ambiente, caracterizando-se como uma zona mista, na medida em que permite outras atividades complementares à vida urbana ou rural.

## 5. ZONAS DE RESERVA AMBIENTAL

De acordo com o art. 7º da Lei n. 6.803/80, caberá aos Estados, ouvidos os Municípios interessados, aprovar padrões de uso e ocupação do solo, bem como de zonas de reserva ambiental, nas quais, por suas características culturais, ecológicas, paisagísticas, ou pela necessidade de preservação de mananciais e proteção de áreas especiais, ficará vedada a localização de estabelecimentos industriais. Dessa forma, nelas não é permitido o desenvolvimento de qualquer atividade industrial.

## 6. SATURAÇÃO DAS ZONAS INDUSTRIAIS

As zonas de uso industrial, independentemente de sua categoria, são classificadas em: não saturadas, em vias de saturação e saturadas, conforme o disposto no art. 5º da lei em análise. Aludida classificação tem por fim determinar, no caso de comprovada saturação do meio ambiente, a *relocalização de indústrias.*

O grau de saturação é estabelecido em vista dos padrões ambientais, os quais se relacionam com a emissão de poluentes e o tipo de área zoneada e com a qualidade da população atacada pela poluição. A fixação desses padrões é de competência complementar e suplementar da União, Estados, Distrito Federal e Municípios.

## 7. RELOCALIZAÇÃO DE INDÚSTRIAS

Disciplinando as situações pelas quais indústrias ou grupos industriais não resultam confinados nas zonas industriais definidas pela Lei n. 6.803/80, o § 3º do art. 1º veio a estabelecer que:

> "§ 3º As indústrias ou grupos de indústrias já existentes, que não resultarem confinadas nas zonas industriais definidas de acordo com esta Lei, serão submetidas à instalação de equipamentos especiais de controle e, nos casos mais graves, à relocalização".

Por conta desse preceito, se a empresa já existir e o solo urbano delimitar área que não se coadune com a sua permanência na região que já ocupava, ainda que adotados mecanismos de redução de impactos ambientais e estes não tenham proporcionado os efeitos desejados, deverá haver a sua relocalização.

Com isso, passa-se a questionar o cabimento ou não de indenização pela relocalização. Nesses casos, ela é descabida, pois o dever de indenizar existe somente quando se viola um direito de outrem, e a empresa não possui o direito de poluir. Frise-se ainda inexistir qualquer direito adquirido de permanecer no local. A permanência de uma empresa, bem como o desenvolvimento de suas atividades estão condicionados ao cumprimento de padrões ambientais. Isso é facilmente visualizado ao analisarmos as renovações de licenças de operação, que exigem o estrito cumprimento dos padrões ambientais.

Saliente-se, todavia, que a Lei n. 6.803/80 previu que os projetos destinados à relocalização de indústrias e à redução da poluição ambiental, em especial aqueles em zonas saturadas, terão condições especiais de financiamento, bem como incentivos fiscais e bancários.

Situação distinta se impõe caso se trate de desapropriação, hipótese em que, além dos incentivos do Poder Público, será devida indenização, nos termos da Constituição Federal.

## 8. PARCELAMENTO URBANÍSTICO DO SOLO

Como já comentado, podemos verificar que o meio ambiente, para fins didáticos, é dividido em aspectos, recebendo destaque o meio ambiente natural, o cultural, o do trabalho e, o que nos interessa à análise do presente tema, o meio ambiente artificial.

O meio ambiente artificial, como salientado, abarca todo o espaço construído, bem como todos os espaços habitáveis pelo homem, de forma que esse aspecto do meio ambiente está diretamente relacionado ao conceito de cidade.

Ao recordarmos as funções sociais da cidade, que constituem um dos objetivos da política de desenvolvimento urbano, conforme nos indica o art. 182 da Constituição Federal, verificamos que, em linhas gerais, elas são cumpridas quando se proporciona a seus habitantes uma vida com qualidade, satisfazendo os direitos fundamentais, em consonância com o que estabelece o art. 225 da Carta Magna. Basicamente, podemos identificar quatro principais funções sociais da cidade, vinculando-a às possibilidades que possam ser oferecidas quanto à habitação, à livre circulação, ao lazer e às oportunidades de trabalho.

Nesse contexto, o parcelamento urbanístico do solo tem por finalidade efetivar o cumprimento das funções sociais da cidade, estabelecendo regramentos para o melhor aproveitamento do espaço urbano e, com isso, a obtenção da sadia qualidade de vida preceituada pela nossa Constituição Federal de 1988.

### 8.1. DISCIPLINA LEGISLATIVA

Tendo em vista a necessidade de regular o parcelamento do solo urbano, o legislador infraconstitucional elaborou em 1979 a Lei Federal n. 6.766, que veio a ser promulgada em 19 de dezembro daquele ano. Posteriormente, ela foi modificada pela Lei n. 9.785, de 1999. Todavia, deve-se considerar a necessidade de alteração do sistema jurídico em relação aos bens, os quais ainda possuem enfoque no instituto da propriedade privada, porquanto nem sempre o sistema anterior à concepção trazida pela Constituição de 1988 guarda compatibilidade com as regras inerentes ao bem ambiental. Essa situação encontra-se presente em relação ao parcelamento do solo urbano, cabendo ao intérprete a adaptação da lei aos novos institutos.

Importante frisar que, a fim de melhor adequar o previsto na lei federal às peculiaridades regionais e locais, caberá aos Estados, ao Distrito Federal e aos Municípios estabelecer normas complementares relativas ao parcelamento do solo municipal.

234

## 8.2. FORMAS DE PARCELAMENTO

Diz a lei federal que o parcelamento do solo urbano poderá ser feito mediante *loteamento* ou *desmembramento*. Por parcelamento devemos compreender a criação de lotes com o propósito de edificação destinada a habitação, comércio ou atividade industrial, neste último caso em conformidade com as normas sobre zoneamento industrial.

### 8.2.1. Loteamento

Conforme preceitua o art. 2º, § 1º, da Lei n. 6.766/79, considera-se loteamento a subdivisão de gleba em lotes destinados a edificação, com abertura de novas vias de circulação, de logradouros públicos ou prolongamento, modificação ou ampliação das vias existentes.

Desse modo, somente será possível falar em loteamento quando, além da divisão em lotes, houver também a criação de *vias de circulação*, as quais passarão ao domínio público. Com isso, temos um procedimento de urbanização, atribuindo infraestrutura àquela parcela de solo.

Além disso, os loteamentos deverão atender a outros requisitos, tais como a destinação de áreas à implantação de equipamento urbano e comunitário, bem como a espaços livres de uso público.

Os lotes devem ter área mínima de 125 metros quadrados, ressalvada a possibilidade de lei estadual ou municipal determinar maiores exigências. Essa lei citada tem por finalidade satisfazer uma das funções sociais da cidade, qual seja, garantir condições mínimas de habitação.

Ao longo das águas correntes e dormentes e das faixas de domínio público das rodovias, ferrovias e dutos, será obrigatória a reserva de uma faixa *non edificandi* de quinze metros de cada lado. As vias de loteamento deverão articular-se com as adjacentes oficiais. Com isso, objetiva-se cumprir mais uma das funções sociais da cidade: a livre circulação, possibilitando o fácil acesso às vias principais.

Importante frisar que, conforme preceituava o art. 4º, § 1º, da Lei n. 6.766/79, a percentagem de áreas públicas não poderia ser inferior a 35% da gleba. Todavia, com as alterações introduzidas pela Lei n. 9.785/99, não mais se exige um percentual mínimo, competindo ao Município sua fixação.

### 8.2.2. Desmembramento

Considera-se desmembramento a subdivisão de gleba em lotes destinados a edificação, com aproveitamento do sistema viário existente, desde que *não implique* a abertura de novas vias e logradouros públicos, *nem* prolongamento, modificação ou ampliação dos já existentes, conforme dispõe o art. 2º, § 2º, da Lei n. 6.766/79.

Desse modo, o desmembramento é caracterizado pela divisão de gleba em lotes sem que haja a abertura de novas vias de circulação, importando, pois, na inexistência de atos de urbanização.

As disposições urbanísticas exigidas para o loteamento aplicam-se ao desmembramento.

## 8.3. APROVAÇÃO DO PROJETO DE LOTEAMENTO E DESMEMBRAMENTO

A aprovação de projeto de loteamento ou desmembramento caberá à prefeitura municipal ou ao Distrito Federal, quando for o caso.

Importante verificar que, em se tratando de glebas localizadas em áreas de interesse especial, como, por exemplo, as de proteção aos mananciais ou ao patrimônio cultural, histórico, paisagístico e arqueológico, quando o loteamento ou desmembramento localizar-se em área limítrofe do Município, ou que pertença a mais de um, nas regiões metropolitanas ou em aglomerações urbanas, bem como quando o loteamento abranger área superior a um milhão de metros quadrados, *aos Estados caberão o exame e a anuência prévia* para posterior aprovação pelos Municípios.

Uma vez aprovado o projeto de loteamento ou desmembramento, o loteador deverá submetê-lo ao Registro Imobiliário, mediante acompanhamento de alguns documentos, entre eles, cópia do ato de aprovação do loteamento e comprovante do termo de verificação pela prefeitura da execução das obras exigidas por legislação municipal, que incluirão, no mínimo, a execução das vias de circulação do loteamento, demarcação dos lotes, quadras e logradouros e das obras de escoamento das águas pluviais ou da aprovação de um cronograma.

## 8.4. VEDAÇÕES AO PARCELAMENTO DO SOLO

O parcelamento do solo não será permitido em algumas situações, tais como em terrenos alagadiços e sujeitos a inundações; que tenham sido aterrados com material nocivo à saúde pública; com declividade igual ou superior a 30%, salvo se atendidas exigências específicas das autoridades competentes; onde as condições geológicas não aconselhem a edificação, bem como em áreas de preservação ecológica ou naquelas onde a poluição impeça condições sanitárias suportáveis, até a sua correção.

Como se pode observar, aludidas vedações têm por finalidade garantir a satisfação das funções sociais da cidade, proporcionando aos seus habitantes vida com qualidade.

# Capítulo X
## FLORA

## 1. CONCEITO E CARACTERÍSTICAS

Os termos *flora* e *floresta*[1] não possuem, no texto constitucional, o mesmo significado. O primeiro é o coletivo que engloba o conjunto de espécies vegetais[2] de uma determinada região, enquanto floresta, por sua vez, é um dos conteúdos do continente flora. O Anexo I da Portaria n. 486-P do IBDF (item 18) define floresta como a "formação arbórea densa, de alto porte, que recobre área de terra mais ou menos extensa".

Dessa feita, flora é um termo mais amplo que floresta, estando a compreender esta última.

## 2. COMPETÊNCIA CONSTITUCIONAL

Na Constituição Federal de 1988, a competência em matéria florestal está prevista nos arts. 23, VII (competência material comum), e 24, VI (competência legislativa concorrente).

---

1. *Vide* STF, ARE 683.104 AgR/PA, 1ª Turma, Min. Luiz Fux, j. 11-9-2012, *DJe*, 25-9-2012.

2. "O reino das plantas (ou *Plantae*) inclui todos os organismos multicelulares capazes de realizar fotossíntese. Ele é dividido em quatro grupos principais:

1. Briófitas – musgos;

2. Pteridófitas – samambaias e avencas;

3. Coníferas – sempre-viva, pinheiros e abetos;

4. Angiospermas – são as plantas mais comuns;

4.1. Monocotiledôneas (aveia, trigo, grama, tulipas, narcisos e lírios);

4.2. Dicotiledoneas;

4.2.1. Plantas Herbáceas – bulbos, rizomas e tubérculos;

4.2.2. Árvores Decíduas – madeira que faz parte das ditas "madeiras de lei" e é usada para carpintaria pesada ou decorativa;

4.2.3. Arbustos".

*Vide Dicionário Oxford de ciências da natureza*, organizado por Chris Prescott, Oxford University Press, 2012, p. 58 e s.

Interessante verificar que o legislador constituinte, no art. 23, VII, ao disciplinar a competência comum da União, dos Estados, do Distrito Federal e Municípios, prescreve o dever de preservarem a fauna, a flora e as florestas, sendo redundante, porquanto, se floresta é tipo de flora, bastaria a menção feita ao coletivo.

O art. 225, § 1º, VII, de forma mais técnica, prescreveu ao Poder Público o dever de proteger a fauna e a flora. Percebe-se que a proteção das florestas nesse dispositivo nem é discutida, uma vez que se encontra inserida no conceito daquela última. Além disso, o § 4º do referido dispositivo constitucional estabelece que "A Floresta Amazônica brasileira, a Mata Atlântica, a Serra do Mar, o Pantanal Mato-Grossense[3] e [4] e a Zona Costeira são patrimônio nacional, e sua utilização far-se-á, na forma da lei, dentro de condições que assegurem a preservação do meio ambiente, inclusive quanto ao uso dos recursos naturais".

O art. 24 da Constituição Federal, ao tratar da competência legislativa concorrente, utilizou no seu inciso VI apenas o vocábulo *floresta*, de modo a sugerir que sobre

---

3. "O Plenário do Supremo Tribunal Federal (STF) reconheceu nesta quinta-feira (6-6-2024), por maioria, omissão do Congresso Nacional em editar lei que garanta a preservação do Pantanal Mato--grossense. A decisão foi tomada no julgamento da Ação Direta de Inconstitucionalidade por Omissão (ADO) 63, relatada pelo Ministro André Mendonça. De acordo com a decisão, o Legislativo deverá regulamentar o tema em até 18 meses. Caso uma nova lei não seja editada no prazo, caberá ao Supremo determinar providências adicionais, substitutivas ou supletivas para garantir o seu cumprimento. A maioria da Corte acompanhou o voto do relator, Ministro André Mendonça, que considera indispensável uma regulamentação que garanta a proteção desse bioma. Em seu voto, o ministro observou que há leis estaduais e discussões no Senado sobre o tema, mas, a seu ver, ainda é preciso uma lei federal específica para o Pantanal. 'Penso que, já passados 35 anos sem que essa regulamentação se concretize, torna-se imperioso o reconhecimento da omissão inconstitucional em função da não regulamentação de uma lei ou estatuto específico para o Pantanal', afirmou. O relator foi acompanhado pelos Ministros Flávio Dino, Nunes Marques, Edson Fachin, Luiz Fux, Dias Toffoli, Cármen Lúcia, Gilmar Mendes e Luís Roberto Barroso, presidente do tribunal. Em seu voto, Barroso destacou a situação de degradação ambiental vivida no Pantanal, vítima de incêndios nos últimos anos. 'Estamos diante de um quadro em que a legislação que existe não está sendo suficiente', disse o presidente do Supremo" (STF reconhece omissão do Congresso e fixa prazo de 18 meses para lei de proteção ao Pantanal. 6-6-2024. Disponível em: https://portal.stf.jus.br/ noticias/verNoticiaDetalhe.asp?idConteudo=545737&ori=1).

4. "Decisão: O Tribunal, por maioria, julgou parcialmente procedente o pedido formulado, com o reconhecimento da existência de omissão inconstitucional e fixação do prazo de 18 (dezoito) meses para que ela seja sanada. Foi fixada a seguinte tese de julgamento: '1. Existe omissão inconstitucional relativamente à edição de lei regulamentadora da especial proteção do bioma Pantanal Mato-Grossense, prevista no art. 225, § 4º, *in fine*, da Constituição. 2. Fica estabelecido o prazo de 18 (dezoito) meses para o Congresso Nacional sanar a omissão apontada, contados da publicação da ata de julgamento. 3. Revela--se inadequada, neste momento processual, a adoção de provimento normativo de caráter temporário atinente à aplicação extensivo-analógica da Lei da Mata Atlântica (Lei n. 11.428, de 2006) ao Pantanal Mato-Grossense. 4. Não sobrevindo a lei regulamentadora no prazo acima estabelecido, caberá a este Tribunal determinar providências adicionais, substitutivas e/ou supletivas, a título de execução da presente decisão. 5. Nos termos do art. 24, §§ 1º a 4º, da CF/88, enquanto não suprida a omissão inconstitucional ora reconhecida, aplicam-se a Lei n. 6.160/2023, editada pelo Estado do Mato Grosso do Sul, e a Lei n. 8.830/2008, editada pelo Estado do Mato Grosso'. Tudo nos termos do voto do Relator, vencidos os Ministros Cristiano Zanin e Alexandre de Moraes, que julgavam improcedente a ação. Presidência do Ministro Luís Roberto Barroso. Plenário, 6-6-2024" (ADO 63/MS, 0049720-12.2021.1.00.0000, Rel. Min. André Mendonça).

o coletivo *flora* não haveria competência legislativa. Todavia, aludida distinção no tratamento parece advir de imprecisão terminológica. De qualquer forma, ainda que a distinção não decorra de um equívoco, a flora é também objeto dessa competência, na medida em que o inciso VI refere-se à proteção do meio ambiente e à defesa do solo e dos recursos naturais.

Dessa forma, no tocante à competência constitucional, conclui-se que o tratamento jurídico dispensado à flora e à floresta é o mesmo.

## 3. A LEI N. 12.651/2012 (NOVO "CÓDIGO FLORESTAL") E A PROTEÇÃO E USO SUSTENTÁVEL DAS FLORESTAS E DEMAIS FORMAS DE VEGETAÇÃO NATIVA

### 3.1. UM NOVO CÓDIGO FLORESTAL OU MAIS UMA LEI QUE DISCIPLINA O USO DOS BENS AMBIENTAIS, ASSIM COMO O CONTROLE DO ESPAÇO TERRITORIAL?

A Lei n. 12.651, de 25 de maio de 2012, revogou a Lei n. 4.771/65, que instituiu em nosso País o Código Florestal (art. 83)[5].

Destarte, pela oportunidade do início dos debates relativos à elaboração da nova norma jurídica que "substituiria" o antigo Código, alguns setores midiáticos de forte controle social passaram a citar as diferentes iniciativas legislativas que acabaram por determinar o conteúdo da Lei n. 12.651/2012 como sendo o "novo" Código Florestal, diploma normativo que viria então a substituir o anterior, gerando por parte de diferentes segmentos – inclusive no âmbito jurídico – uma visão inadequada do que efetivamente se estabeleceu no seu conteúdo.

Com efeito.

Em teoria geral do direito[6], código é "um conjunto ordenado de princípios e disposições legais alusivos *a certo ramo do direito positivo*, redigido sob a forma de artigos, que, às vezes, se subdividem em parágrafos e incisos, agrupando-se em capítulos, títulos e livros", ou seja, codificar é "elaborar um código *para regular determinada matéria, num dado País, com autorização do poder competente*".

Claro está que, ao pretender estabelecer "normas gerais sobre a proteção da vegetação, áreas de Preservação Permanente e as áreas de reserva legal, assim como a exploração florestal, suprimento de matéria-prima florestal, controle da origem dos produtos florestais e o controle e prevenção dos incêndios florestais prevendo instrumentos econômicos e financeiros para o alcance de seus objetivos" (art. 1º-A), *a Lei*

---

5. Para um estudo detalhado, *vide* Celso Antonio Pacheco Fiorillo e Renata Marques Ferreira, *Comentários ao "Código" Florestal*: Lei n. 12.651/2012, 2. ed., São Paulo, Saraiva, 2018.

6. *Vide* Maria Helena Diniz, *Dicionário jurídico*, São Paulo, Saraiva, 2008, p. 708.

*n. 12.651/2012 não regulamentou por completo a tutela jurídica da vegetação nativa, bem como florestas existentes em nosso País e, por via de consequência, referida norma jurídica não pode ser denominada um Código Florestal.*

Daí também não ter sido observada na elaboração da Lei n. 12.651/2012, pelo que se sabe, a tramitação formal imposta pelas Casas Legislativas aos códigos, o que, de qualquer forma – tramitação formal adequada ou inadequada –, não desconstituiria os argumentos anteriormente apontados destinados a estabelecer em teoria geral do direito o que é efetivamente um código no âmbito jurídico[7].

Assim, desde logo é necessário observar que a aplicação da Lei n. 12.651/2012 necessariamente deverá guardar compatibilidade não só com a tutela constitucional das florestas e demais formas de vegetação nativa, mas também com as demais normas infraconstitucionais em vigor que tutelam os temas indicados pelo "código", como é o caso, dentre outras, da *Lei n. 11.284/2006*, que dispõe *sobre a gestão de florestas públicas* para a produção sustentável, e da *Lei n. 9.985/2000, que regulamenta o art. 225, § 1º, I, II, III e VII, da Constituição Federal*, e mesmo da Lei n. 8.629/93, que regulamenta os dispositivos constitucionais, bem como disciplina as disposições relativas à reforma agrária *no Estado Democrático de Direito.*

Também deve a Lei n. 12.651/2012 observar a necessária aplicação das normas que *tutelam a utilização e proteção da vegetação nativa vinculada a biomas específicos* e que estão plenamente em vigor como, por exemplo, a *Lei n. 11.428/2006, que*

---

7. Como explica Luciana Botelho Pacheco, "o que o Regimento Interno da Câmara chama de *projetos de código* são, na verdade, determinados projetos de lei ordinária ou complementar que, por sua abrangência ou especial complexidade, *obtêm um tratamento diferenciado por parte dos legisladores* [grifos nossos], seja no tocante ao processo da elaboração de seu texto, normalmente envolvendo vários capítulos e títulos dedicados ao trato das mais variadas partes componentes da matéria, seja no que diz respeito ao processo de sua apreciação pelas comissões e pelo Plenário normalmente muito mais longo e pontuado de formalidades que os projetos de lei comum.

Um projeto de código apresentado à Câmara será distribuído a uma só comissão, de caráter temporário, especialmente constituída para o exame e a emissão de parecer sobre ele (cf. arts. 205 e s., Regimento Interno da Câmara dos Deputados). Perante essa comissão é que poderão ser apresentadas emendas ao projeto, no prazo de vinte sessões contado de sua instalação.

Para a apresentação de parecer sobre a matéria, serão nomeados dentre os membros da comissão especial um relator-geral e tantos relatores parciais quanto o número de partes do projeto o exigir. Aos relatores parciais competirá examinar exclusivamente as partes que lhes tenham sido distribuídas para relatar, encaminhando pareceres parciais ao relator-geral, a quem competirá sistematizar o texto final a ser submetido à apreciação do órgão técnico.

Encerrada a fase dos trabalhos na comissão especial, o projeto de código será submetido, em turno único, à discussão e votação do Plenário, que destinará sessões exclusivas para isso, não incluindo em pauta nenhuma outra proposição. Salvo quando não houver mais oradores inscritos para o debate, os projetos de código ficarão em discussão por, no mínimo, cinco sessões, quando poderá ser encerrada e iniciada a respectiva votação, observando-se, a partir daí, basicamente as mesmas regras previstas para a apreciação de projetos de lei em geral" (Como se fazem as leis, *Biblioteca Digital da Câmara dos Deputados*, 2009, disponível em: <http://bd.camara.gov.br>.

*dispõe sobre a utilização e proteção da vegetação nativa do Bioma Mata Atlântica*[8 e 7] e da *Lei n. 7.661/88 que, ao instituir o Plano Nacional de Gerenciamento Costeiro, orienta a utilização nacional dos recursos da Zona Costeira.*[9]

De qualquer forma, para entender de forma adequada o significado do tema preponderante indicado no "Código", a saber, a tutela da vegetação e das florestas, merece ser destacado, conforme explica Henry W. Art[10], que *vegetação* diz respeito a "todas as plantas que se desenvolvem numa determinada área ou região que a caracterizam; combinação de diferentes comunidades vegetais ali encontradas", sendo certo que está estruturalmente associada ao conceito de *bioma*, que pode ser definido[11 e 12] como "amplo conjunto de ecossistemas terrestres, *caracterizados por tipos fisionômicos semelhantes de vegetação* com diferentes tipos climáticos".

Por outro lado, conforme explicam Conti e Furlan[13], "as *formações vegetais que ocupam maior extensão territorial* são as *florestas*"; daí a palavra *floresta* ser, "portanto, um *termo genérico* para designar um tipo de formação no qual o *elemento dominante são as árvores*, formando dossel".

Destarte, a correta interpretação da Lei n. 12.651/2012, no que se refere ao tema preponderante abarcado pela norma, bem como os demais aspectos também observados, *só pode ser realizada em face e a partir da Constituição Federal*, a saber, do diploma normativo que traz unidade e ordenação à tutela jurídica da vegetação nativa, assim como dos demais bens ambientais em nosso País.

---

8. O art. 83 da Lei n. 12.651/2012 revogou tão somente o antigo Código Florestal (Lei n. 4.771/65), a Lei n. 7.754/89 e a Medida Provisória n. 2.166-67/2001.

Destarte, estão em pleno vigor as seguintes normas jurídicas, dentre outras, que necessariamente deverão ser observadas em face da tutela jurídica da vegetação nativa bem como florestas no Brasil:

a) Lei n. 11.428/2006, que dispõe sobre a utilização e proteção da vegetação nativa do Bioma Mata Atlântica e dá outras providências;

b) Lei n. 11.284/2006, que dispõe sobre a gestão de florestas públicas para a produção sustentável;

c) Lei n. 9.985/2000, que regulamenta o art. 225, § 1º, I, II, III e VII, da Constituição Federal;

d) Lei n. 9.605/98 – Crimes Ambientais;

e) Lei n. 8.629/93 – Reforma Agrária;

f) Lei n. 6.938/81 – Lei da Política Nacional do Meio Ambiente.

9. *Vide* STF, RE 300.244/SC, 1ª Turma, Min. Moreira Alves, j. 20-11-2001, *DJ*, 19-12-2001.

10. *Dicionário de ecologia e ciências ambientais*, São Paulo, Melhoramentos, 1998, p. 354.

11. Jurandyr L. Sanches Ross, *Geografia do Brasil*, 5. ed., São Paulo, Edusp, 2008, p. 138.

12. Dashefsky informa que as regiões secas da Terra estão divididas em grandes ecossistemas chamados biomas, cada um com determinadas combinações de clima, geologia e grupos de organismos relativamente estáveis. Os dois fatores mais importantes que determinam os tipos de plantas e animais encontrados em cada um desses biomas são a temperatura e a pluviosidade. Os especialistas discordam em relação ao número dos diferentes tipos de biomas; algumas descrições incluem seis, outras vinte. Oito biomas são relacionados aqui: 1) deserto; 2) tundra; 3) pastagem; 4) savana; 5) bosque; 6) floresta conífera; 7) floresta temperada decídua e 8) floresta tropical úmida (H. Steven Dashefsky, *Dicionário de ciência ambiental*, 3. ed., São Paulo, Gaia, 2003, p. 46).

13. Jurandyr L. Sanches Ross, *Geografia do Brasil*, 5. ed., São Paulo, Edusp, 2008, p. 155.

Assim, não temos em nosso País, com o advento da Lei n. 12.651/2012, um novo Código Florestal.

O que temos é uma nova norma jurídica que, associada às demais disposições normativas em vigor destinadas a tutelar os bens ambientais indicados na nova lei, será aplicada com base nos fundamentos constitucionais do direito ambiental constitucional, este, sim, o verdadeiro Código Florestal em nosso Estado Democrático de Direito.

## 3.2. BREVE COMENTÁRIO VINCULADO AOS PRINCÍPIOS GERAIS DA LEI N. 12.651/2012

Conforme desenvolvemos amplamente em nossa obra *Comentários ao "Código" Florestal:* Lei n. 12.651/2012[14], ao pretender estabelecer "normas gerais sobre a proteção da vegetação, áreas de preservação permanente e as áreas de reserva legal, assim como a exploração florestal, suprimento de matéria-prima florestal, controle da origem dos produtos florestais e o controle e prevenção dos incêndios florestais prevendo instrumentos econômicos e financeiros para o alcance de seus objetivos" (art. 1º-A), a *Lei n. 12.651/2012 não regulamentou por completo a vegetação nativa, bem como florestas abarcadas pelo nosso direito positivo e, por via de consequência, não é propriamente um Código Florestal* que substitui a Lei n. 4.771/65 (nosso antigo Código Florestal)[15].

Desde logo, necessitamos observar o significado do termo *vegetação nativa*, citado em cinco dos seis princípios orientadores do "Código".

Como indicado anteriormente em face da explicação de Henry W. Art[16], o termo *vegetação* remete a "todas as plantas que se desenvolvem numa determinada área ou região que a caracterizam; combinação de diferentes comunidades vegetais ali encontradas", sendo certo que ela está estruturalmente associada ao conceito de *bioma*, que pode ser definido[17 e 18] como "amplo conjunto de ecossistemas terrestres, *caracterizados por tipos fisionômicos semelhantes de vegetação* com diferentes tipos climáticos".

---

14. Saraiva, 2018.

15. *Vide*, por exemplo, como já indicada, a Lei n. 11.428/2006, que dispõe sobre a utilização e proteção específicas da vegetação nativa do Bioma Mata Atlântica (art. 225, § 4º, da CF), estabelecendo no plano infraconstitucional as normas de conservação, proteção, regeneração e utilização do referido Bioma. Claro está que a tutela jurídica das formações florestais nativas e ecossistemas associados definidos em seu art. 2º, bem como os manguezais, as vegetações de restingas, campos de altitude, brejos interioranos e encraves florestais do Nordeste brasileiro indicados em referida norma não são tutelados pelo "Código", e sim pelo conteúdo específico da citada Lei n. 11.428/2006.

16. *Dicionário de ecologia e ciências ambientais*, São Paulo, Melhoramentos, 1998, p. 354.

17. Jurandyr L. Sanches Ross, *Geografia do Brasil*, 5. ed., São Paulo, Edusp, 2008, p. 138.

18. Dashefsky informa que as regiões secas da Terra estão divididas em grandes ecossistemas chamados biomas, cada um com determinadas combinações de clima, geologia e grupos de organismos relativamente estáveis. Os dois fatores mais importantes que determinam os tipos de plantas e animais encontrados em cada um desses biomas são a temperatura e a pluviosidade. Os especialistas discordam em relação ao número dos diferentes tipos de biomas; algumas descrições incluem seis, outras vinte. Oito biomas são relacionados aqui: 1) deserto; 2) tundra; 3) pastagem; 4) savana; 5) bosque; 6) floresta

Por outro lado, Stephen Jay Gould afirma, numa tradução livre e resumida do contexto original de seu trabalho, que o conceito de plantas nativas é uma "noção que engloba uma notável mistura de aspectos biológicos, ideias inválidas, falsos prolongamentos, direcionamentos éticos e políticos, ambos utilizados de maneira imprevista"[19].

Destarte, e inexistindo definição normativa a respeito do significado de "nativo", resta evidente considerar que *vegetação nativa é uma vegetação "nascida em ou oriunda de determinado local*[20]*"*, o que nos leva a afirmar que o *conceito de vegetação nativa, no plano normativo, deverá necessariamente ser aferido caso a caso em face das regras do direito processual ambiental*[21].

Assim, referida lei, que, como demonstrado anteriormente, também cuida de vegetação nativa, a exemplo de várias outras normas em vigor, pretende:

I – estabelecer "normas gerais" sobre:

1) proteção da vegetação;

2) áreas de Preservação Permanente;

3) áreas de Reserva Legal;

4) exploração florestal;

5) suprimento de matéria-prima florestal;

6) controle da origem dos produtos florestais;

7) controle e prevenção dos incêndios florestais; e

II – prever instrumentos econômicos e financeiros para o alcance de seus objetivos.

A Lei n. 12.651/2012, como indica em seu parágrafo único do art. 1º-A, tem como objetivo o desenvolvimento sustentável[22], a saber, visa a compatibilizar as necessidades dos brasileiros e estrangeiros residentes no país portadores de dignidade que são (art. 1º, III, da CF) com a ordem econômica do capitalismo (arts. 1º, IV, e 170, VI, da CF) adequando o uso equilibrado da vegetação, bem como dos espaços territoriais e seus componentes (art. 225, § 1º, III, da CF) em função do desenvolvimento nacional (arts. 3º, III, e 218/219 da CF), bem como da erradicação da pobreza[23] e da marginalização, reduzindo as desigualdades sociais e regionais (art. 3º, II e III).

---

conífera; 7) floresta temperada decídua e 8) floresta tropical úmida (H. Steven Dashefsky, *Dicionário de ciência ambiental*, 3. ed., São Paulo, Gaia, 2003, p. 46).

19. *Vide* Stephen Jay Gould, *An evolutionary perspective on strengths, fallacies, and confusions in the concept of native plants*, v. 58, n. 1, 1998, disponível em: <http://arnoldia.arboretum.harvard.edu/issues/186>.

20. *Dicionário Houaiss da língua portuguesa*, Rio de Janeiro, Objetiva, 2009, p. 1.343.

21. A respeito do tema, *vide*, de forma aprofundada, nosso *Princípios do direito processual ambiental*, São Paulo, Saraiva, 2012.

22. A respeito do tema, *vide*, de forma ampla, nosso *Curso de direito ambiental brasileiro*, São Paulo, Saraiva, 2013.

23. Conforme temos afirmado desde o século passado (*vide* nosso exame de Livre-docência realizado no ano de 1999), a *pobreza* é a mais grave forma de poluição. É o caso de reiterar o que indicamos na apresentação desta 14ª edição de nosso *Curso de direito ambiental brasileiro* (p. 33), pela oportunidade da realização no Brasil da Rio+20.

Destarte, observando-se necessariamente o objetivo citado pelo parágrafo único do art. 1º-A do "Código", a aplicação da Lei n. 12.651/2012 em face de seus *princípios específicos* necessariamente deverá guardar compatibilidade não só com a tutela constitucional das florestas e demais formas de vegetação nativa, mas também – como já afirmado anteriormente – com as normas jurídicas constitucionais vinculadas ao uso da biodiversidade, ao uso do solo (urbano e rural, observando também o regime constitucional em face das terras devolutas, terras tradicionalmente ocupadas pelos índios, terras públicas e terras ocupadas pelos remanescentes das comunidades quilombolas) e ao uso dos recursos hídricos, temas indicados em seu parágrafo único, que se submetem à interpretação sistemática constitucional.

A lei deverá também guardar compatibilidade com as demais normas infraconstitucionais em vigor que tutelam os temas indicados pelo "Código" (como é o caso – para citar tão somente o tema da proteção de vegetação nativa – da Lei n. 11.284/2006, que dispõe sobre a gestão de florestas públicas para a produção sustentável, e da Lei n. 9.985/2000, que regulamenta o art. 225, § 1º, I, II, III e VII, da Constituição Federal) e as normas que tutelam especificamente a utilização e proteção de bens ambientais, como é o caso – para citar tão somente o tema da proteção da flora – da vegetação nativa vinculada a biomas específicos e que estão plenamente em vigor, como, por exemplo, a Lei n. 11.428/2006, que dispõe sobre a utilização e proteção da vegetação nativa do Bioma Mata Atlântica[24 e 25].

---

24. A conservação, a proteção, a regeneração e a utilização do Bioma Mata Atlântica, patrimônio nacional, observarão o que estabelece esta lei, bem como a legislação ambiental vigente, determina o art. 1º da Lei n. 11.428/2006. Para os efeitos de referida norma, "consideram-se integrantes do Bioma Mata Atlântica as seguintes formações florestais nativas e ecossistemas associados, com as respectivas delimitações estabelecidas em mapa do Instituto Brasileiro de Geografia e Estatística – IBGE, conforme regulamento: Floresta Ombrófila Densa; Floresta Ombrófila Mista, também denominada de Mata de Araucárias; Floresta Ombrófila Aberta; Floresta Estacional Semidecidual; e Floresta Estacional Decidual, bem como os manguezais, as vegetações de restingas, campos de altitude, brejos interioranos e encraves florestais do Nordeste", sendo certo que "somente os remanescentes de vegetação nativa no estágio primário e nos estágios secundário inicial, médio e avançado de regeneração na área de abrangência definida no *caput* deste artigo terão seu uso e conservação regulados por esta Lei" (parágrafo único do art. 2º da Lei n. 11.428/2006). A Lei do Bioma Mata Atlântica estabelece também alguns conceitos normativos (art. 3º), que evidentemente são os aplicáveis ao Bioma, a saber:

I – pequeno produtor rural: aquele que, residindo na zona rural, detenha a posse de gleba rural não superior a 50 (cinquenta) hectares, explorando-a mediante o trabalho pessoal e de sua família, admitida a ajuda eventual de terceiros, bem como as posses coletivas de terra considerando-se a fração individual não superior a 50 (cinquenta) hectares, cuja renda bruta seja proveniente de atividades ou usos agrícolas, pecuários ou silviculturais ou do extrativismo rural em 80% (oitenta por cento) no mínimo;

II – população tradicional: população vivendo em estreita relação com o ambiente natural, dependendo de seus recursos naturais para a sua reprodução sociocultural, por meio de atividades de baixo impacto ambiental;

III – pousio: prática que prevê a interrupção de atividades ou usos agrícolas, pecuários ou silviculturais do solo por até 10 (dez) anos para possibilitar a recuperação de sua fertilidade;

IV – prática preservacionista: atividade técnica e cientificamente fundamentada, imprescindível à proteção da integridade da vegetação nativa, tal como controle de fogo, erosão, espécies exóticas e invasoras;

Uma vez mais devemos reiterar matéria já comentada, visando a bem estabelecer o tema preponderante absorvido pela Lei n. 12.651/2012, em face da manifestação de Henry W. Art[26], ao aduzir que *vegetação* são "todas as plantas que se desenvolvem numa determinada área ou região que a caracterizam; combinação de diferentes comunidades vegetais ali encontradas", sendo certo que ela está estruturalmente associada ao conceito de *bioma*, que pode ser definido[27 e 28] como "amplo conjunto de ecossistemas terrestres, *caracterizados por tipos fisionômicos semelhantes de vegetação*, com diferentes tipos climáticos".

---

V – exploração sustentável: exploração do ambiente de maneira a garantir a perenidade dos recursos ambientais renováveis e dos processos ecológicos, mantendo a biodiversidade e os demais atributos ecológicos, de forma socialmente justa e economicamente viável;

VI – enriquecimento ecológico: atividade técnica e cientificamente fundamentada que vise à recuperação da diversidade biológica em áreas de vegetação nativa, por meio da reintrodução de espécies nativas;

VII – utilidade pública:

a) atividades de segurança nacional e proteção sanitária;

b) as obras essenciais de infraestrutura de interesse nacional destinadas aos serviços públicos de transporte, saneamento e energia, declaradas pelo poder público federal ou dos Estados;

VIII – interesse social:

a) as atividades imprescindíveis à proteção da integridade da vegetação nativa, tais como: prevenção, combate e controle do fogo, controle da erosão, erradicação de invasoras e proteção de plantios com espécies nativas, conforme resolução do Conselho Nacional do Meio Ambiente – Conama;

b) as atividades de manejo agroflorestal sustentável praticadas na pequena propriedade ou posse rural familiar que não descaracterizem a cobertura vegetal e não prejudiquem a função ambiental da área;

c) demais obras, planos, atividades ou projetos definidos em resolução do Conselho Nacional do Meio Ambiente.

25. Reiteramos que o art. 83 da Lei n. 12.651/2012 revogou tão somente o antigo Código Florestal (Lei n. 4.771/65), a Lei n. 7.754/89 e a Medida Provisória n. 2.166-67/2001. Destarte, estão em pleno vigor as seguintes normas jurídicas, dentre outras, que necessariamente deverão ser observadas em face da tutela jurídica da vegetação nativa bem como florestas no Brasil:

1) Lei n. 11.428/2006, que dispõe sobre a utilização e proteção da vegetação nativa do Bioma Mata Atlântica e dá outras providências;

2) Lei n. 11.284/2006, que dispõe sobre a gestão de florestas públicas para a produção sustentável;

3) Lei n. 9.985/2000, que regulamenta o art. 225, § 1º, I, II, III e VII, da Constituição Federal;

4) Lei n. 9.605/98 – Crimes Ambientais;

5) Lei n. 8.629/93 – Reforma Agrária;

6) Lei n. 6.938/81 – Lei da Política Nacional do Meio Ambiente.

26. *Dicionário de ecologia e ciências ambientais*, São Paulo, Melhoramentos, 1998, p. 354.

27. Jurandyr L. Sanches Ross, *Geografia do Brasil*, 5. ed., São Paulo, Edusp, 2008, p. 138.

28. Dashefsky informa que as regiões secas da Terra estão divididas em grandes ecossistemas chamados biomas, cada um com determinadas combinações de clima, geologia e grupos de organismos relativamente estáveis. Os dois fatores mais importantes que determinam os tipos de plantas e animais encontrados em cada um desses biomas são a temperatura e a pluviosidade. Os especialistas discordam em relação ao número dos diferentes tipos de biomas; algumas descrições incluem seis, outras vinte. Oito biomas são relacionados aqui: 1) deserto; 2) tundra; 3) pastagem; 4) savana; 5) bosque; 6) floresta conífera; 7) floresta temperada decídua e 8) floresta tropical úmida (H. Steven Dashefsky, *Dicionário de ciência ambiental*, 3. ed., São Paulo, Gaia, 2003, p. 46).

Por outro lado, conforme explicam Conti e Furlan[29], "as *formações vegetais que ocupam maior extensão territorial* são as *florestas*"; daí a palavra *floresta* ser, "portanto, um *termo genérico* para designar um tipo de formação no qual o *elemento dominante são as árvores*, formando dossel".

Destarte, a correta interpretação da Lei n. 12.651/2012 só pode ser realizada em face da Constituição Federal, a saber, do diploma normativo que traz unidade e ordenação à tutela jurídica da vegetação nativa em nosso País.

Assim, é o direito ambiental constitucional o ponto de partida destinado a estabelecer os princípios interpretativos do novo "Código" Florestal, que deverão orientar as especificidades indicadas nos incisos I a VI da Lei n. 12.651/2012 (princípios específicos interpretativos da lei ora comentada).

Fica evidente que o fundamento central da tutela jurídica das florestas e demais formas de vegetação nativa indicados no "Código" visa a organizar parâmetros destinados ao uso de referidos bens ambientais em face do que determinam os arts. 1º e 170 da Carta Magna, no âmbito de nosso território nacional. A lei está evidentemente adaptada ao que determina o art. 1º, I, de nossa Constituição Federal.

Assim, as florestas e demais formas de vegetação nativa existentes em nosso País, como já dissemos, destinam-se a promover o desenvolvimento econômico dos brasileiros (art. 3º, II, da CF), observando, principalmente em face do que determina o art. 3º, I, o conteúdo do art. 3º, III, da Constituição Federal.

Vale reiterar que os termos *flora* e *floresta* não possuem, no texto constitucional, o mesmo significado.

O primeiro é o coletivo, que engloba o conjunto de espécies vegetais de uma determinada região, enquanto floresta, por sua vez, é um dos conteúdos do continente flora. Desta feita, flora é um termo mais amplo que floresta, estando a compreender esta última. Daí restar bem evidenciado que a tutela jurídica da flora prevista em nosso ordenamento jurídico também resguarda as florestas e as demais formas de vegetação nativa no Brasil.

Pela lei ora comentada, a proteção da vegetação está vinculada às necessidades dos brasileiros (art. 1º, III), em face de uma ordem econômica fundada não só na valorização do trabalho humano como na livre-iniciativa, mas principalmente em decorrência da defesa dos bens ambientais mediante tratamento diferenciado conforme o impacto ambiental dos produtos e serviços e de seus processos de elaboração e prestação (art. 170, VI, da CF).

Assim, o reconhecimento das florestas existentes no território brasileiro e demais formas de vegetação nativa como bens ambientais (art. 225 da CF), associado à afirmação do compromisso soberano do Brasil (art. 1º, I, da CF) com a preservação de suas florestas e demais formas de vegetação nativa, da biodiversidade, do solo e

---

29. Jurandyr L. Sanches Ross, *Geografia do Brasil*, 5. ed., São Paulo, Edusp, 2008, p. 155.

dos recursos hídricos e com a integridade do sistema climático, passa a se articular de maneira harmônica, com o reconhecimento estratégico da produção rural (Princípio da Função Estratégica da Atividade Agropecuária, art. 1º-A, II) na recuperação e manutenção das florestas e demais formas de vegetação nativa. O papel destas está não só na sustentabilidade da produção agropecuária como também com o modelo de desenvolvimento ecologicamente sustentável que concilie o uso produtivo da terra e a contribuição de serviços coletivos das florestas e demais formas de vegetação nativa privadas em obediência ao que estabelecem os arts. 184 a 191 da Carta Magna.

Notamos dessa forma que as normas do "Código" guardam por via de consequência obediência ao comando constitucional direcionado à execução e planejamento da política agrícola (art. 187 da CF), indicando de que forma o setor de produção – que envolve produtores e trabalhadores rurais –, bem como os setores de comercialização, de armazenamento e de transporte deverão se organizar em face das atividades florestais (art. 187, § 1º, da CF).

Os objetivos dos princípios específicos do "Código", indicados nos incisos do art. 1º-A são claros: *visam a estabelecer a interpretação das normas do "Código" vinculadas à erradicação da pobreza*[30] e a marginalização, bem como reduzir as desigualdades sociais e regionais existentes em nosso País, com o *uso racional e equilibrado dos bens ambientais* tutelados pela Lei n. 12.651/2012, *dentro de um novo "conceito" de "economia verde"*, a saber, uma economia no contexto do desenvolvimento sustentável e erradicação da pobreza como uma das ferramentas importantes disponíveis para garantir o desenvolvimento nacional (art. 3º, II) em proveito da dignidade dos brasileiros (art. 1º, III, da CF)[31].

---

30. *Adotando uma clara visão antropocêntrica*, os 188 países que participaram em junho de 2012 da Conferência das Nações Unidas sobre o Desenvolvimento Sustentável realizada no Brasil (a Rio+20) indicaram em documento formal que *a erradicação da pobreza é o maior desafio global que o mundo enfrenta atualmente e é um requisito indispensável para o desenvolvimento sustentável*.

Tema 10

Documento final de La Conferencia

El futuro que queremos

I. Nuestra visión común

2. "La erradicación de la pobreza es el mayor problema que afronta el mundo en la actualidad y una condición indispensable del desarrollo sostenible. A este respecto estamos empeñados en liberar con urgencia a la humanidad de la pobreza y el hambre."

Distr. limitada,19 de junho de 2012, Español

31. Documento final de La Conferencia

El futuro que queremos

III. La economia verde en el contexto del desarrollo sostenible y la erradicación de la pobreza.

56. Afirmamos que cada país dispone de diferentes enfoques, visiones, modelos e instrumentos, en función de sus circunstancias y prioridades nacionales, para lograr el desarrollo sostenible en sus tres dimensiones, que es nuestro objetivo general. A este respecto, consideramos que la economia verde en el contexto del desarrollo sostenible y la erradicación de la pobreza es uno de los instrumentos más importantes disponibles para lograr el desarrollo sostenible y que podria ofrecer alternativas en cuanto formulación de políticas, pero no deberia consistir en un conjunto de normas rigidas. Ponemos de relieve que la

O desenvolvimento sustentável como objetivo apontado na lei claramente indica a necessidade de se aplicar o "Código" em função do bem-estar das gerações presentes e futuras, fixando a interpretação da lei vinculada ao crescimento econômico destinado à melhoria da qualidade de vida da população brasileira (art. 1º-A, II).

Por outro lado, notamos também a forte preocupação do legislador em direcionar o conteúdo principiológico do "Código" em face da tutela jurídica do espaço territorial rural brasileiro em proveito das necessidades da pessoa humana em ambiente de economia capitalista: o uso do solo e sua preservação associados à produção de alimentos e bioenergia em proveito do bem-estar das gerações presentes e futuras está explicitamente contemplado nos incisos I, III e V do art. 1º-A da lei[32].

Verifique-se ainda, em face de sua elementar importância para a dignidade da pessoa humana, que o "Código", preocupado em estabelecer regras destinadas a orientar a definição do uso do espaço territorial rural e seus componentes a serem especialmente protegidos (art. 225, § 1º, III, da CF), não se olvida em tutelar no plano

---

economia verde deberia contribuir a la erradicación de la pobreza y el crecimiento económico sostenible, aumentando la inclusión social, mejorando el bienestar humano y creando oportunidades de empleo y trabajo decente para todos, manteniendo al mismo tiempo el funcionamiento saludable de los ecosistemas de la Tierra.

32. A publicação *As perspectivas para a agricultura e desenvolvimento rural nas Américas* ("Perspectivas de la agricultura y del desarrollo rural en las Américas: una mirada hacia América Latina y el Caribe"), apresentada pela Organização das Nações Unidas para Agricultura e Alimentação (FAO), Comissão Econômica para a América Latina e o Caribe (Cepal) e Instituto Interamericano de Cooperação para Agricultura (IICA), traz uma radiografia do contexto macroeconômico da América Latina e do Caribe, o estado de sua agricultura, pecuária, silvicultura, pesca e desenvolvimento rural, e inclui uma seção especial que discute a posse da terra na região.

A desaceleração global e a alta variabilidade climática são os principais desafios para a agricultura regional no curto prazo, segundo o estudo. O momento é favorável, portanto, para um maior investimento do Estado na agricultura, especialmente na área de pesquisa, desenvolvimento e inovação, essencial para o aumento da produtividade.

O Brasil é citado no relatório como um líder na região, sendo considerado, assim como a Argentina, uma potência agroalimentar. O país apresenta a maior proporção de todas as cifras pecuárias na América Latina, o que inclui a metade de todos os suínos e bovinos para carne e leite e cerca de 40% das aves de granja.

Entretanto, a produtividade do país ainda é baixa se comparada com outras da região. O desflorestamento, desnecessário ao aumento da produtividade segundo uma vasta gama de pesquisas na área, também chama a atenção no Brasil – país que mais investe em pesquisas agrícolas na região.

Em relação à posse da terra, o relatório aponta que a região está passando por uma mudança estrutural, incluindo processos de concentração fundiária. A região tem milhões de pequenas fazendas que coexistem com propriedades de médio e grande porte, criando uma estrutura agrária muito heterogênea, na qual a distribuição desigual de bens perpetua e acentua as diferenças de produtividade.

A situação do Brasil exemplifica esta situação dúbia vivida pela região. O país, ao mesmo tempo em que conduz um processo de reforma agrária desde sua redemocratização, em 1985, lidera, junto com a Argentina, o *ranking* de grilagens na região.

– Um aspecto chave para avançar em direção à erradicação total da fome na região é que os pequenos agricultores tenham maior acesso a recursos como terra. Dado o forte crescimento econômico e agrícola regional, é inaceitável que 49 milhões ainda passem fome – afirmou o Representante Regional da FAO, Raúl Benítez (ONU BRASIL. Disponível em: <http://www.fao.org/alc/file/media/pubs/2012/perspectivas.pdf>).

infraconstitucional o *direito à alimentação* (art. 6º da CF), direito fundamental associado ao **piso vital mínimo**, associando o crescimento econômico em função da melhoria de qualidade de vida da população brasileira (art. 1º-A, parágrafo único, II).

Conclui-se que, na interpretação dos 84 artigos da Lei n. 12.651/2012, não podemos e não devemos deixar de considerar que a proteção da vegetação, a delimitação do uso de espaços territoriais rurais (a saber, das áreas de preservação permanente e de reserva legal), assim como o uso sustentável da água e demais bens ambientais descritos em seu conteúdo têm como parâmetro estrutural o bem-estar das gerações presentes e futuras dos brasileiros, seguindo o "Código" a superior orientação constitucional.

Daí a Lei n. 12.651/2012 determinar também que o "Código" deverá observar como critério principiológico o fomento à pesquisa científica e tecnológica, na busca da inovação para uso sustentável do solo e da água, a recuperação e a preservação das florestas e demais formas de vegetação nativa (inciso V do art. 1º-A), voltando-se preponderantemente para a solução dos problemas brasileiros, assim como para o desenvolvimento do sistema produtivo nacional e regional, como determina a Constituição Federal (art. 218, § 2º, da CF).

A matéria foi apreciada pelo Supremo Tribunal Federal conforme indicado em nossa obra[33] *Comentários ao "Código" Florestal* sendo certo que, pela oportunidade sublinhou nossa Corte Suprema que "O Código Florestal ostenta legitimidade institucional e democrática, sendo certo que a audiência pública realizada nas presentes ações apurou que as discussões para a aprovação da Lei questionada se estenderam por mais de dez anos no Congresso Nacional. Destarte, no âmbito do Parlamento, mais de 70 (setenta) audiências públicas foram promovidas com o intuito de qualificar o debate social em torno das principais modificações relativas ao marco regulatório da proteção da flora e da vegetação nativa no Brasil. Consectariamente, além da discricionariedade epistêmica e hermenêutica garantida ao Legislativo pela Constituição, também militam pela autocontenção do Judiciário no caso em tela a transparência e a extensão do processo legislativo desenvolvido, que conferem legitimidade adicional ao produto da atividade do Congresso Nacional[34]".

## 3.3. O CÔMPUTO DA ÁREA DE PRESERVAÇÃO PERMANENTE NO CÁLCULO DO PERCENTUAL DE RESERVA LEGAL COMPREENDIDO COMO SALUTAR MEDIDA DE INCENTIVO À CORRETA EXPLORAÇÃO DA TERRA EM HARMONIA COM A NECESSÁRIA GERAÇÃO DE DESENVOLVIMENTO ECONÔMICO EM FACE DA LEI N. 12.651/2012

A questão jurídica vinculada à possibilidade, ou não, considerados fatos anteriores à entrada em vigor da Lei n. 12.651, de 25 de maio de 2012 – novo Código

---

33. Celso Antonio Pacheco Fiorillo e Renata Marques Ferreira, *Comentários ao "Código" Florestal:* Lei n. 12.651/2012, 2. ed., São Paulo, Saraiva, 2018.

34. *DJ*, n. 174, de 12-8-2019, Plenário Republicações. Ação Declaratória de Constitucionalidade n. 42/DF, Rel. Min. Luiz Fux.

Florestal –, de se computar a área de preservação permanente para efeito de cálculo do percentual de Reserva Legal instituída no imóvel merece brevíssima análise cabendo advertir desde logo que no âmbito de referido tema deve ser observado o chamado "princípio" *tempus regit actum*, de forma a não se admitir a aplicação das disposições do novo Código Florestal a fatos pretéritos.

Com efeito.

O Plenário do Supremo, na análise conjunta das ADIs 4.901, 4.902, 4.903, 4.937 e da ADC 42, todas da relatoria do Ministro Luiz Fux (*DJe* de 13 de agosto de 2019), decidiu pela constitucionalidade dos arts. 15 e 66 do Novo Código Florestal **consignando EXPRESSAMENTE naquela oportunidade que "o fundamento segundo o qual o princípio que veda o retrocesso não pode ser invocado de maneira desmedida, a ponto de comprometer a autonomia dos Poderes Legislativo e Executivo na criação de soluções legais e normativas que se revelem mais eficientes ao desenvolvimento sustentável do País"** (grifos nossos). Destarte o "direito ao meio ambiente ecologicamente equilibrado, a todos reconhecido pela Constituição Federal (art. 225, *caput*), bem como o ônus de sua defesa e preservação se mostram compatíveis com a eficácia retroativa dos dispositivos da Lei n. 12.651/2012, entre os quais os arts. 15 e 66, impugnados na ação civil pública da qual tirado o presente recurso, declarados constitucionais pelo Plenário do Supremo Tribunal Federal nas aludidas ações de controle concentrado" conforme bem estabelecido por nosso Supremo Tribunal Federal[35]. Daí "o cômputo da área de preservação permanente no cálculo do percentual de Reserva Legal foi compreendido como salutar medida de incentivo à correta exploração da terra em harmonia com a necessária geração de desenvolvimento econômico"[36].

## 4. FLORESTA NACIONAL

A Lei n. 9.985/2000[37] delimitou ser a Floresta Nacional uma "área com cobertura florestal de espécies predominantemente nativas", tendo como objetivo básico "o uso múltiplo sustentável dos recursos florestais e a pesquisa científica, com ênfase em métodos de exploração sustentável de florestas nativas" (art. 17).

Estabelece a lei que a Floresta Nacional é de posse e domínio públicos, sendo que as áreas particulares incluídas em seus limites devem ser desapropriadas de

---

35. 11/04/2022, Segunda Turma, AgR no Recurso Extraordinário com Agravo n. 1.335.470, São Paulo, Rel. Min. Nunes Marques.

36. 11/04/2022, Segunda Turma, AgR no Recurso Extraordinário com Agravo n. 1.335.470, São Paulo, Rel. Min. Nunes Marques.*Vide*, ainda, EM IDÊNTICA LINHA de ENTENDIMENTO, os seguintes precedentes de ambas as Turmas do STF: RE 1.051.404 AgR, Primeira Turma, Min. Roberto Barroso, *DJe* de 16 de novembro de 2020; Rcl 42.889 AgR, Primeira Turma, Min. Alexandre de Moraes, *DJe* de 9 de abril de 2021. Especificamente, no que se refere a IRRETROATIVIDADE, DESENVOLVIMENTO SUSTENTÁVEL, CÓDIGO FLORESTAL: RE 1.051.404 AgR (1ª T.); Rcl 42.889 AgR (1ª T.). *Vide* ADC 42, ADI 4.901, ADI 4.902, ADI 4.903 e ADI 4.937, do STF.

37. *Vide* STF, ADI 3.378-DF, Rel. Min. Carlos Britto, j. 9-4-2008, Tribunal Pleno, *DJe*-112, divulg., 19-6-2008, public. 20-6-2008. ement v. 2.324-02, p. 242.

acordo com o que dispõe a norma. Admite-se nas Florestas Nacionais a permanência de populações tradicionais que a estejam habitando quando de sua criação sempre em conformidade com o que estabelece o regulamento, assim como o Plano de Manejo da Unidade. A visitação pública e a pesquisa são permitidas, na forma da lei, sendo certo que a Floresta Nacional deverá dispor de um Conselho Consultivo estabelecido conforme disciplina o § 5º do art. 17 da Lei n. 9.985/2000.

A unidade da categoria Floresta Nacional, quando criada pelo Estado ou pelo Município, será denominada, respectivamente, Floresta Estadual ou Floresta Municipal[38].

## 5. NATUREZA JURÍDICA DAS FLORESTAS, SUA GESTÃO NA ORDEM ECONÔMICA CAPITALISTA E A LEI N. 11.284/2006

### 5.1. NATUREZA JURÍDICA DAS FLORESTAS E SEU USO SUSTENTÁVEL

Conforme já tivemos oportunidade de aduzir inúmeras vezes, as florestas[39], como formações arbóreas densas, de alto porte, que recobrem área de terra mais ou menos extensa, fazem parte de um dos conteúdos do continente flora[40] e, por via de consequência, são caracterizadas juridicamente como recurso ambiental (art. 2º, IV,

---

38. No julgamento do Mandado de Segurança 26.012 impetrado pelo Sindicato dos Produtores Rurais de Novo Progresso (Pará), que teve como relatora a Min. Ellen Gracie e foi realizado em julho de 2006, o Supremo Tribunal Federal entendeu ser legal o uso de decreto para criar e ampliar áreas de conservação ambiental que atinjam propriedades particulares. O sindicato questionava a criação da Floresta Nacional do Jamanxion, que teria gerado a desapropriação de imóveis rurais privados nos limites da reserva.

39. Conforme o *Dicionário de ecologia e ciências ambientais* (Henry W. Art, Melhoramentos, 1998), floresta *é um grande grupo de árvores*, especialmente (mas não necessariamente) as que crescem tão próximas umas das outras que os topos se tocam ou se sobrepõem, sombreando o solo e podendo ou não ter sub-bosque extensivo.

40. Como o fato principal de diferenciação é muitas vezes a vegetação, ensinam Hervé Théry e Neli Aparecida Mello, ela serve de referência, tanto quanto os ecossistemas, para fundamentar a análise dos *grandes conjuntos naturais do País*, a saber:

"1-) O *ecossistema amazônico* é constituído principalmente pela *floresta equatorial amazônica* e pela *floresta tropical*, com pequenas extensões de cerrados em Roraima e Amapá, sendo que neste último Estado se encontra uma zona costeira de mangues e praias.

É um dos ecossistemas brasileiros mais conhecidos mundialmente, devido às ameaças decorrentes dos grandes desmatamentos e do risco de perda da biodiversidade. Outros interesses decorrem das perspectivas de remuneração dos serviços ambientais e de recursos para as indústrias de biotecnologia, domínios nos quais a investigação e os mecanismos jurídicos e financeiros são ainda embrionários;

2-) Os *ecossistemas dos cerrados* e do meio-norte são basicamente formados pelos cerrados e cerradões, estes com *matas* mais densas e altas, e estendem-se num eixo longitudinal nordeste-sudoeste, cobrindo o Mato Grosso do Sul (menos o Pantanal), o sul de Mato Grosso, o oeste de Minas Gerais, Bahia, Goiás e Tocantins, acompanhando a fronteira entre o Maranhão e o Piauí. Os cerrados foram transformados profundamente pela expansão da potente frente pioneira agrícola a partir dos anos de 1970, quando as pesquisas da Empresa Brasileira de Pesquisa Agropecuária (Embrapa) permitiram desenvolver variedades e modos de culturas (especialmente a correção de acidez dos solos de calcário) adaptados ao ecossistema, até então visto como inutilizável.

da Lei n. 9.985/2000 e art. 3º, V, da Lei n. 6.938/81), definido no plano constitucional como bem ambiental (art. 225 da CF).

O § 4º do art. 225 da Carta Magna[41] indica claramente que a Floresta Amazônica brasileira[42], a Mata Atlântica, a Serra do Mar, o Pantanal Mato-Grossense e a Zona Costeira são patrimônio nacional, sendo certo que sua utilização deverá ser feita na

---

Os movimentos ambientalistas protestaram contra os estragos irreversíveis promovidos sobre os cerrados e obtiveram sua inclusão na lista IUCN/WWF/Unep entre os ecossistemas ameaçados de extinção;

3-) *Caatinga* ("*floresta branca*" em tupi) é, ao mesmo tempo, nome de ecossistema e sua vegetação dominante, uma *mata* espinhosa que ocupa o interior semiárido do Nordeste. Encontra-se em oito dos nove Estados dessa região, à exceção do Maranhão, já pré-amazônico;

4-) O *ecossistema do Pantanal* é um complexo de vegetação heterogênea, um mosaico de cerrados, florestas e até mesmo de caatinga. São terras baixas, alagadiças, inundadas durante uma parte do ano, e é essa inundação periódica que promove o fluxo de nutrientes responsável pela grande riqueza de flora e fauna do Pantanal. Inúmeros programas nacionais e internacionais de proteção ao ambiente foram instaurados para defender esse ecossistema único, a mais vasta superfície de pântanos continentais do mundo: são quase 140 mil quilômetros quadrados. Esse ecossistema é frágil e está ameaçado, ao mesmo tempo, pelo crescimento da pecuária extensiva nas suas partes baixas, pela dispersão do mercúrio (utilizado pelos exploradores de ouro) e dos resíduos de pesticidas (utilizados pelos agricultores) carreados do planalto que o domina, e pela exploração de suas *matas* de galeria, o que aumenta a erosão e a sedimentação;

5-) Os *ecossistemas costeiros e a mata atlântica* acompanham o litoral de norte a sul. Têm uma "profundidade" variável, que se reduz à estreita faixa costeira ao Norte e Nordeste, do Amapá a Salvador (BA), enquanto ao sul dessa cidade essas formações ampliam-se, encobrindo inteiramente os Estados do Espírito Santo e do Rio de Janeiro, alongando-se pelos Estados mais meridionais. A vegetação predominante nesses ecossistemas é, respectivamente, um complexo de praias, dunas e mangues, e *floresta pluvial* densa. Essas regiões litorâneas foram as primeiras ocupadas pela colonização portuguesa e também onde se desenrolaram muitos dos ciclos econômicos da história brasileira, por isso a transformação da natureza foi mais profunda. Os remanescentes da *mata atlântica* (menos de 7% das extensões iniciais) foram declarados Reserva da Biosfera pela Unesco, em consequência de pressões empreendidas por ONGs como a SOS Mata Atlântica;

6-) As *florestas semicaducifólias* (que perdem em parte suas folhas na estação fria, em oposição às florestas equatoriais, que as perdem mas as reconstituem continuamente) formam uma zona de transição para os climas subtropicais. Cobrem – ou cobriam – o centro-oeste de São Paulo e o norte do Paraná, antes da passagem da frente do café: essa densa vegetação foi abatida a partir da primeira metade do século XX, e atualmente só há remanescentes, em geral, nas margens dos rios;

7-) O *ecossistema dos pinhais*, originalmente formado pela *mata das araucárias*, associa uma *floresta subtropical* misturada com vegetação herbácea ou arbustiva e ocupa os planaltos basálticos ocidentais da bacia do Paraná. A partir do início do século XX, a atividade madeireira e exportação das cascas de araucárias provocaram a substituição da *floresta* por uma região agrícola inicialmente produtora de milho e trigo, seguida de soja. A vegetação apresenta apenas cerca de 20% da original, e a araucária praticamente desapareceu, exceto em zonas de difícil acesso;

8-) Os *ecossistemas do extremo sul* (a campanha gaúcha) são formados por colinas cobertas por vegetação campestre, enquanto nas vertentes mais acentuadas ocorre uma vegetação mais densa e mais diversificada. A criação de bovinos, as queimadas periódicas destinadas a regenerar os pastos, o pisoteio do gado, a cultura da soja e do arroz desencadearam processos erosivos às vezes catastróficos, e causaram o empobrecimento dos solos. O que ameaça gravemente certas zonas críticas" (extraído da obra *Atlas do Brasil – disparidades e dinâmicas do território*, de Hervé Thery e Neli Aparecida de Mello, Editora da Universidade de São Paulo, 2005).

41. *Vide* STF, RE 259.267 AgR/SP, 2ª Turma, Min. Maurício Corrêa, j. 18-3-2003.

42. *Vide* STF, MS 25.391/DF, Tribunal Pleno, Min. Ayres Britto, j. 12-5-2010, *DJe*, 1º-10-2010.

forma da lei, mas dentro de condições que assegurem a preservação do meio ambiente, inclusive quanto ao uso dos recursos naturais[43].

Dessarte, como bens ambientais que são, as florestas não se submetem atualmente à tradicional interpretação, hoje superada, vinculada ao regime jurídico destacado pela relação jurídica de propriedade, embora evidentemente se sujeitem ao regime jurídico/econômico do uso comum em proveito da orientação constitucional (arts. 1º, III e IV, 170 e s. e 225 da CF) imposta a brasileiros e estrangeiros residentes no país a partir de 1988[44, 45 e 46].

---

43. "RECURSO EXTRAORDINÁRIO. ESTAÇÃO ECOLÓGICA. RESERVA FLORESTAL NA SERRA DO MAR. PATRIMÔNIO NACIONAL (CF, ART. 225, § 4º). LIMITAÇÃO ADMINISTRATIVA QUE AFETA O CONTEÚDO ECONÔMICO DO DIREITO DE PROPRIEDADE. DIREITO DO PROPRIETÁRIO À INDENIZAÇÃO. DEVER ESTATAL DE RESSARCIR OS PREJUÍZOS DE ORDEM PATRIMONIAL SOFRIDOS PELO PARTICULAR. RE NÃO CONHECIDO. Incumbe ao Poder Público o dever constitucional de proteger a flora e de adotar as necessárias medidas que visem a coibir práticas lesivas ao equilíbrio ambiental. Esse encargo, contudo, não exonera o Estado da obrigação de indenizar os proprietários cujos imóveis venham a ser afetados, em sua potencialidade econômica, pelas limitações impostas pela Administração Pública. A proteção jurídica dispensada as coberturas vegetais que revestem as propriedades imobiliárias não impede que o *dominus* venha a promover, dentro dos limites autorizados pelo Código Florestal, o adequado e racional aproveitamento econômico das árvores nelas existentes. A jurisprudência do Supremo Tribunal Federal e dos Tribunais em geral, tendo presente a garantia constitucional que protege o direito de propriedade, firmou-se no sentido de proclamar a plena indenizabilidade das matas e revestimentos florestais que recobrem áreas dominiais privadas objeto de apossamento estatal ou sujeitas a restrições administrativas impostas pelo Poder Público. Precedentes. A circunstância de o Estado dispor de competência para criar reservas florestais não lhe confere, só por si – considerando-se os princípios que tutelam, em nosso sistema normativo, o direito de propriedade –, a prerrogativa de subtrair--se ao pagamento de indenização compensatória ao particular, quando a atividade pública, decorrente do exercício de atribuições em tema de direito florestal, impedir ou afetar a válida exploração econômica do imóvel por seu proprietário. A norma inscrita no art. 225, § 4º, da Constituição deve ser interpretada de modo harmonioso com o sistema jurídico consagrado pelo ordenamento fundamental, notadamente com a cláusula que, proclamada pelo art. 5º, XXII, da Carta Política, garante e assegura o direito de propriedade em todas as suas projeções, inclusive aquela concernente a compensação financeira devida pelo Poder Público ao proprietário atingido por atos imputáveis a atividade estatal. O preceito consubstanciado no art. 225, § 4º, da Carta da República, além de não haver convertido em bens públicos os imóveis particulares abrangidos pelas florestas e pelas matas nele referidas (Mata Atlântica, Serra do Mar, Floresta Amazônica brasileira), também não impede a utilização, pelos próprios particulares, dos recursos naturais existentes naquelas áreas que estejam sujeitas ao domínio privado, desde que observadas as prescrições legais e respeitadas as condições necessárias a preservação ambiental. A ordem constitucional dispensa tutela efetiva ao direito de propriedade (CF/88, art. 5º, XXII). Essa proteção outorgada pela Lei Fundamental da República estende-se, na abrangência normativa de sua incidência tutelar, ao reconhecimento, em favor do *dominus*, da garantia de compensação financeira, sempre que o Estado, mediante atividade que lhe seja juridicamente imputável, atingir o direito de propriedade em seu conteúdo econômico, ainda que o imóvel particular afetado pela ação do Poder Público esteja localizado em qualquer das áreas referidas no art. 225, § 4º, da Constituição. Direito ao meio ambiente ecologicamente equilibrado: a consagração constitucional de um típico direito de terceira geração (CF, art. 225, *caput*)" (STF, RE 134.297/SP, 1ª Turma, Min. Celso de Mello, j. 13-6-1995).

44. Trata-se, portanto, de uma relação jurídica estabelecida entre brasileiros em face das florestas como bens ambientais, ou seja, bens reputados constitucionalmente "essenciais à sadia qualidade de vida" e "de *uso comum do povo*" (art. 225 da CF).

Como se nota por força do que determina a Constituição Federal, a relação jurídica antes referida não está relacionada à tradicional definição histórico-cultural/jurídica de propriedade, substantivo derivado do adjetivo latino *proprius* que significa "que é de um indivíduo ou de um objeto específico, sendo apenas seu". O conceito que daí emerge, como destaca muito bem Giuliano Martignetti, é o de "objeto que pertence a alguém de modo exclusivo", logo seguido da implicação jurídica: "direito de possuir alguma coisa", ou seja, "de dispor de alguma coisa de modo pleno, sem limites".

Não é difícil concluir que uma relação jurídica que vincula um bem a alguém de modo exclusivo e que possibilita a alguém dispor de alguma coisa, de modo pleno, sem limites (relação jurídica de propriedade), não se compatibiliza com uma relação jurídica adaptada a bens essenciais à sadia qualidade de vida e de "uso comum do povo" (relação jurídica ambiental).

45. O Supremo Tribunal Federal, em face de decisão paradigmática publicada em março de 2001, desenvolveu importante contribuição justamente vinculada à natureza jurídica das florestas como bens ambientais.

Trata-se do RE 300.244-9, distribuído em 15-3-2001, tendo como relator o Ministro Moreira Alves em face de ação penal contra acusado de suposta prática de crime previsto na Lei de Crimes Ambientais (Lei n. 9.605/98), consistente no fato de o mesmo possuir em depósito, sem autorização ou licença de órgão competente, *madeira nativa proveniente da Mata Atlântica*.

Nessa oportunidade o STF entendeu que compete à Justiça Comum o julgamento da ação penal contra acusado de suposta prática de crime previsto no art. 46, parágrafo único, da Lei n. 9.605/98, uma vez que a competência da Justiça Federal para a causa somente se justificará quando houver detrimento de interesse direto e específico da União (CF, art. 109, IV), não sendo suficiente o fato de o crime haver sido praticado *na Mata Atlântica, a qual não é bem de propriedade da União*.

*A Turma considerou que a inclusão da Mata Atlântica no "patrimônio nacional" a que alude o art. 225, § 4º, fez-se para a proteção do meio ambiente ecologicamente equilibrado a que a coletividade brasileira tem direito, configurando, assim, uma proteção genérica à sociedade.*

46. O adequado e racional aproveitamento econômico das árvores, como já afirmado, está obviamente submetido à ordem econômica do capitalismo. O Supremo Tribunal Federal apreciou o tema de maneira clara:

"Recurso Extraordinário – Estação ecológica – Reserva florestal na Serra do Mar – Patrimônio nacional (CF, art. 225, § 4º) – Limitação administrativa que afeta o conteúdo econômico do direito de propriedade – Direito do proprietário a indenização – Dever estatal de ressarcir os prejuízos de ordem patrimonial sofridos pelo particular – Recurso Extraordinário não conhecido.

– Incumbe ao Poder Público o dever constitucional de proteger a flora e de adotar as necessárias medidas que visem a coibir práticas lesivas ao equilíbrio ambiental. Esse encargo, contudo, *não exonera* o Estado da *obrigação* de indenizar os proprietários cujos imóveis venham a ser afetados, em sua potencialidade econômica, pelas limitações impostas pela Administração Pública.

– A proteção jurídica dispensada às coberturas vegetais que revestem as propriedades imobiliárias *não impede* que o *dominus* venha a promover, dentro dos limites autorizados pelo Código Florestal, o adequado e racional aproveitamento econômico das árvores nelas existentes. A Jurisprudência do Supremo Tribunal Federal e dos Tribunais em geral, tendo presente a garantia constitucional que protege o direito de propriedade, firmou-se no sentido de proclamar a plena *indenizabilidade* das matas e revestimentos florestais que recobrem áreas dominiais privadas objeto de apossamento estatal ou sujeitas a restrições administrativas impostas pelo Poder Público. *Precedentes.*

– A circunstância de o Estado dispor de competência para criar reservas florestais *não lhe confere*, só por si – considerando-se os princípios que tutelam em nosso sistema normativo o direito de propriedade –, a prerrogativa de subtrair-se ao pagamento de indenização compensatória ao particular, quando a atividade pública, decorrente do exercício de atribuições em tema de direito florestal, impedir ou afetar a válida exploração econômica do imóvel do proprietário.

Daí a nova norma estabelecer critérios de índole econômica destinados a viabilizar os recursos florestais na condição de produtos[47] e serviços[48] (art. 30, II, III e IV), exatamente no sentido de compatibilizar as relações jurídicas de consumo (Lei n. 8.078/90) com o uso racional e sustentável dos bens ambientais, observando, necessariamente, em face do que estabelecem os arts. 1º e 3º da Constituição Federal, as especificidades das pessoas vinculadas às comunidades locais (arts. 3º, X, 4º, II, e 6º da Lei de Gestão das Florestas)[49].

Dessarte, compete ao Estado democrático de direito[50], em decorrência da incumbência que lhe foi imposta pelo § 1º do art. 225, gerir as florestas obedecendo aos comandos constitucionais e sempre no sentido de usar os bens ambientais em proveito da orientação indicada pelo sistema constitucional em vigor.

---

– A norma inscrita no art. 225, § 4º, da Constituição deve ser interpretada de modo harmonioso com o sistema jurídico consagrado pelo ordenamento fundamental, notadamente com a cláusula que, proclamada pelo art. 5º, XXII, da Carta Política, garante e assegura o direito de propriedade em *todas* as suas projeções, inclusive aquela concernente à compensação financeira devida pelo Poder Público ao proprietário atingido por atos imputáveis à atividade estatal.

– O preceito consubstanciado no art. 225, § 4º, da Carta da República, além de *não haver* convertido em bens públicos os imóveis particulares abrangidos pelas florestas e matas nele referidas (*Mata Atlântica, Serra do Mar, Floresta Amazônica Brasileira*), *também não impede* a utilização, *pelos próprios particulares*, dos recursos naturais existentes naquelas áreas que estejam sujeitas ao domínio privado, desde que observadas as prescrições legais e respeitadas as condições necessárias à preservação ambiental.

– A ordem constitucional dispensa tutela efetiva ao direito de propriedade (CF/88, art. 5º, XXII). Essa proteção outorgada pela Lei Fundamental da República estende-se, na abrangência normativa de sua incidência tutelar, ao reconhecimento, em favor do *dominus*, da *garantia de compensação financeira*, sempre que o Estado, mediante atividade que lhe seja juridicamente imputável, atingir o direito de propriedade em seu conteúdo econômico, ainda que o imóvel particular afetado pela ação do Poder Público esteja localizado em *qualquer* das áreas referidas no art. 225, § 4º, da Constituição.

– *Direito ao meio ambiente ecologicamente equilibrado*: a consagração constitucional de um típico direito de *terceira* geração (CF, art. 225, *caput*) (RE 134.297-SP, Rel. Min. Celso de Mello, j. 13-6-1995).

47. Os *empreendedores* que usam os elementos ou características de determinada floresta visando gerar *produtos florestais*, a saber, produtos madeireiros e não madeireiros gerados pelo manejo florestal sustentável, se submetem, na condição de *fornecedores*, ao regime jurídico das relações de consumo definido na Lei n. 8.078/90.

48. Os *empreendedores* que usam os elementos ou características de determinada floresta visando a gerar *serviços florestais*, a saber, turismo/ecoturismo e outras ações decorrentes do manejo e conservação da floresta não caracterizados como produtos florestais, se submetem, na condição de *fornecedores*, ao regime jurídico das relações de consumo definido na Lei n. 8.078/90.

49. O emprego controlado de fogo para as práticas agropastoris e florestais está regulamentado pelo Decreto Federal n. 2.661/98.

50. O Estado democrático de direito tem a incumbência constitucional de gerir as florestas e não a incumbência de se apropriar de referidos bens ambientais.

É sempre importante recordar (*vide* o tema na presente obra in Fundamentos constitucionais da responsabilidade administrativa em matéria ambiental. Poder de polícia em matéria ambiental) que os entes estatais estão claramente "contaminados" pela orientação dos partidos/pessoas que dirigem o Estado democrático de direito de forma passageira (União, Estados, Municípios e mesmo o Distrito Federal) com finalidades nem sempre coincidentes com o chamado "bem comum".

Daí a necessidade de nossa Carta Magna orientar a defesa dos bens ambientais, inclusive em face do Estado quando atua como poluidor.

## 5.2. GESTÃO DE FLORESTAS EM FACE DA LEI N. 11.284/2006 E A PRODUÇÃO SUSTENTÁVEL

Adotando uma série de princípios destinados a gerir as florestas como bens ambientais observados com base em um sistema constitucional que determina o equilíbrio jurídico entre os valores sociais do trabalho e da livre-iniciativa (art. 1º, IV) em face da dignidade dos brasileiros (art. 1º, I e III), a Lei n. 11.284/2006 procura estabelecer o uso eficiente e racional das florestas brasileiras (art. 2º, II), destinadas à elaboração por parte dos empreendedores de produtos e serviços (art. 2º, IV), em proveito da pessoa humana com resultados bem como benefícios concretos destinados a nossa população (art. 2º, III).

Com isso a lei pretende aparentemente cumprir o princípio constitucional da ordem econômica fixado no art. 170, VI, da Carta Magna que, ao estabelecer a defesa do meio ambiente como princípio geral da atividade econômica em nosso País, destaca a necessidade de se observar o tratamento diferenciado conforme o impacto ambiental dos produtos e serviços e de seus processos de elaboração e prestação.

Estabelecendo a necessidade de defender e preservar as florestas para as presentes e futuras gerações de brasileiros, a Lei de Gestão de Florestas[51] visa a proteger os bens ambientais brasileiros (proteção dos ecossistemas, solo, água, biodiversidade e patrimônio cultural, prevista como princípio definido no art. 20, I), procurando garantir, por outro lado, condições estáveis e seguras destinadas a estimular investimentos de longo prazo no manejo, conservação, recuperação (art. 2º, VIII) das florestas, bem como promover a difusão de pesquisa florestal em harmonia com a visão constitucional que indica a pesquisa tecnológica voltada preponderantemente para a solução dos problemas brasileiros, e para o desenvolvimento do sistema produtivo nacional (art. 218, § 2º, da CF e art. 2º, VI, da Lei n. 11.284/2006).

Dessarte, a norma estabelece no plano jurídico um sistema de gestão de florestas destinado a criar produtos e serviços em proveito do desenvolvimento sustentável,

---

51. Ao dispor sobre a gestão de florestas que chamou "públicas", a formulação legislativa observada na Lei n. 11.284/2006 se apresenta como *mais uma lei brasileira de baixa qualidade jurídica* para usar a feliz e significativa expressão do Ministro Celso de Mello do Supremo Tribunal Federal (*vide* entrevista no jornal *O Estado de S.Paulo*, 15-3-2006, Nacional, p. A13).

De fato.

Na medida em que referida norma cuida de bem ambiental (as florestas como recursos ambientais que são), não podemos, no plano constitucional, apontar florestas "públicas" ou "privadas". São florestas com a natureza jurídica que a Carta Magna estabeleceu conforme o art. 225 (bem de uso comum do povo).

Destarte, em decorrência da orientação maior de índole constitucional, o conceito de floresta definido no art. 3º, I, da Lei n. 11.284 deve ser observado em face do gerenciamento de referidos bens ambientais, naturais ou mesmo plantados, por parte da União, dos 26 Estados brasileiros, dos mais de 5.560 Municípios em nosso País e mesmo do Distrito Federal, localizados nos diversos biomas brasileiros.

Com fundamento no mesmo raciocínio derivado da Carta Magna, as concessões observadas no art. 48 da Lei n. 11.284/2006 devem seguir o mesmo parâmetro antes aludido.

256

viabilizando o importante instituto da *concessão florestal*[52 e 53], delegação onerosa definida no art. 3º, VII[54 e 55], destinado a incrementar o uso dos bens ambientais através da atividade dos empreendedores com absoluto respeito às *comunidades locais* e seus interesses econômicos (arts. 4º, II, e 6º da Lei n. 11.284/2006).

## 5.3. PRODUÇÃO SUSTENTÁVEL NO ÂMBITO DA LEI N. 11.284/2006 E A EXIGÊNCIA DE ESTUDO PRÉVIO DE IMPACTO AMBIENTAL

Claro está que a exploração de produtos e serviços florestais, objeto da concessão florestal (art. 14 da Lei n. 11.284/2006) deverá obedecer à determinação constitucional indicada no art. 225, § 1º, IV (Estudo Prévio de Impacto Ambiental).

Com efeito.

Exatamente em decorrência de estarmos diante de obra ou atividade potencialmente causadora de significativa degradação do meio ambiente (o uso de florestas tendo como objeto a exploração de produtos e serviços), o Poder Público, como regra, está incumbido de exigir dos empreendedores o estudo prévio de impacto ambiental a que se dará publicidade. Despiciendo, por via de consequência, o conteúdo do § 1º do art. 18 da Lei de Gestão de Florestas, na medida em que afrontam a regra constitucional antes referida.

O processo de licenciamento ambiental[56] para uso sustentável das florestas é medida que, vale repetir, se impõe como regra no âmbito de nosso sistema jurídico

---

52. A Floresta Nacional do Jamari, em Rondônia, unidade de conservação federal com 220 mil hectares, foi escolhida em setembro de 2007 como primeira região do Brasil onde se permite a concessão florestal. Conforme informações do Poder Executivo (2007), dos 193,8 milhões de hectares que constam no denominado Cadastro Geral de Florestas Públicas da União, 43 milhões seriam passíveis de concessão.

53. Em maio de 2008, o Presidente do STF, Ministro Gilmar Mendes, determinou que a concorrência para a concessão da Floresta Nacional do Jamari, em Rondônia, poderia prosseguir normalmente, observando que "não se pode confundir concessão florestal com concessão dominial", vez que "a concessão florestal não implica transferência da posse da terra pública, mas sim a delegação onerosa do direito de praticar o manejo florestal sustentável na área".

Ver *STA* 235.

54. As concessões florestais deverão evidentemente obedecer à tutela dos direitos difusos na medida em que estamos cuidando das florestas como bens ambientais.

Para um estudo mais pormenorizado, *vide* na presente obra Responsabilidade administrativa em matéria ambiental.

55. As licitações para a concessão florestal deverão observar, além dos princípios da legalidade, impessoalidade, moralidade e publicidade, o princípio constitucional da *eficiência* (art. 37 da CF).

Os princípios indicados no art. 13 da Lei n. 11.284/2006, além de óbvios por força do comando maior constitucional, necessariamente deverão se harmonizar com processo de outorga em que a eficiência merecerá fundamental importância.

56. O art. 82 da Lei de Gestão de Florestas estabelece que a Lei Criminal Ambiental (Lei n. 9.605/98) passa a vigorar acrescida dos arts. 50-A e 69-A. Elaborar ou apresentar, no licenciamento, concessão florestal ou qualquer outro procedimento administrativo, estudo, laudo ou relatório ambiental total ou parcialmente falso ou enganoso, inclusive por omissão, é crime com pena de reclusão de 3 (três) a 6 (seis) anos e multa.

constitucional cabendo ao Poder Judiciário dirimir eventuais dúvidas em face de casos concretos.

## 5.4. AUDITORIAS FLORESTAIS EM PROVEITO DA DEFESA DAS FLORESTAS COMO BENS AMBIENTAIS

Sempre tivemos a oportunidade de defender que a existência de um instrumento de gestão ambiental destinado a facilitar o controle da gestão das práticas com eventual impacto ambiental, bem como de avaliação das políticas de ambiente dos empreendedores que atuam no Brasil, ou seja, a existência da denominada auditoria ambiental, deveria seguir necessariamente em nosso País os direitos e deveres determinados pela legislação a todo e qualquer empreendedor que veicule produtos ou realize prestação de serviços (fornecedor) vinculados a bens ambientais.

Foi exatamente o que estabeleceu a Lei n. 11.284/2006, seguindo a melhor doutrina.

Os arts. 42 e 43 da Lei de Gestão das Florestas estabelecem o conteúdo normativo das denominadas *auditorias florestais*. De caráter independente e reconhecidas por ato administrativo do órgão gestor (§ 3º do art. 42 da Lei n. 11.284/2006), as auditorias terão a finalidade de apresentar suas constatações, a saber, constatação de regular cumprimento do contrato de concessão[57], constatação de deficiências sanáveis, ou ainda constatação de descumprimento (art. 42, § 2º, I, II e III).

Além disso, a fiscalização das florestas como bem de uso comum do povo por parte de qualquer brasileiro (isolado ou organizado) também passa a ser autorizada pelo art. 43 da referida norma, desde que observados os requisitos definidos nos incisos I e II do art. 43, mas com a clara finalidade de restar estabelecida uma nova visão destinada à tutela dos direitos difusos em nosso País.

## 5.5. RECURSOS FINANCEIROS ORIUNDOS DOS PREÇOS DA CONCESSÃO FLORESTAL E O OBJETIVO DE GARANTIR O DESENVOLVIMENTO NACIONAL E REDUZIR AS DESIGUALDADES SOCIAIS E REGIONAIS

Os recursos financeiros oriundos dos preços[58] da concessão florestal serão destinados aos Estados, aos Municípios e ao denominado Fundo Nacional de Desenvolvimento

---

57. Os contratos de concessão têm previsão definida nos arts. 27 a 35 da Lei de Gestão de Florestas. São típicos contratos vinculados a bens ambientais devendo, por via de consequência, obedecer a todos os mandamentos constitucionais que definem os negócios jurídicos ambientais.

58. O pagamento de preço está indicado no art. 36, I e II, da Lei n. 11.284/2006, sendo certo que os §§ 1º e 2º do mesmo artigo, bem como os arts. 37 e seu parágrafo único, 39, II, § 1º e seu inciso II apontam pormenores a respeito do tema.

258

Florestal[59 e 60], exatamente no sentido de propiciar resultados econômicos em face do uso da floresta como bem ambiental.

É importante mencionar que os arts. 36 a 40 da Lei n. 11.284/2006 devem ser interpretados em harmonia com os objetivos fundamentais perseguidos por nossa Carta Magna (art. 3º) particularmente em face da necessidade de se garantir o desenvolvimento nacional com o uso racional e equilibrado das florestas em proveito das futuras gerações, bem como da urgência de se utilizar instrumentos jurídicos/econômicos em proveito da redução das desigualdades sociais e regionais existentes em nosso País[61].

## 6. INDENIZAÇÃO VINCULADA À DENOMINADA COBERTURA VEGETAL EM FACE DO DIREITO AMBIENTAL BRASILEIRO

A indenização da denominada cobertura vegetal deve ser observada em decorrência da tutela jurídica da flora como bem ambiental interpretado em face do sistema constitucional e infraconstitucional em vigor.

Dessarte, nas hipóteses em que ocorrer a aplicação de instrumentos destinados à tutela da flora em face de sua natureza jurídica em proveito da coletividade, como nas desapropriações em espaços territoriais ou urbanos, os preceitos constitucionais deverão evidentemente ser observados de modo rigoroso.

Daí restar evidente que, em sistema constitucional de economia capitalista (art. 1º, IV, c/c arts. 170 e s. da CF), não pode ocorrer desapropriação sem que fique caracterizada a denominada INDENIZAÇÃO JUSTA prevista nos arts. 5º, XXIV, 182, § 3º, e 184 da Carta Magna, que se aplica tanto aos deveres e direitos individuais como aos deveres e direitos coletivos, hipótese adequada à tutela dos bens ambientais.

Cabe destacar, conforme já tivemos oportunidade de aduzir, que nossa Constituição Federal entendeu por bem considerar como fundamento do Estado Democrático de Direito os *valores sociais da livre-iniciativa*, e não simplesmente a livre-iniciativa, adotando no plano jurídico, em nossa visão, um liberalismo econômico redefinido por J. M. KEYNES, que considera a intervenção do Estado na economia e nos próprios

---

59. A Lei n. 11.284/2006 determina que os recursos financeiros oriundos dos preços da concessão florestal de unidades localizadas em áreas gerenciadas pela União serão distribuídos na forma do art. 39, sendo certo que o repasse dos recursos a Estados e Municípios previsto nesse artigo será condicionado à necessária instituição de conselho de meio ambiente pelo respectivo ente federativo, com participação social na forma do § 3º, I e II, do referido art. 39.

60. A Lei de Gestão de Florestas além de dispor sobre a gestão do importante bem ambiental criou mais um fundo: o *Fundo Nacional de Desenvolvimento Florestal* (art. 41).

Em princípio, o referido Fundo terá a incumbência de fomentar o desenvolvimento de atividades sustentáveis de base florestal em nosso País, promovendo, em obediência ao art. 218, § 2º, da Carta Magna, a inovação tecnológica do setor voltada preponderantemente para a solução dos problemas brasileiros, bem como para o desenvolvimento do sistema produtivo nacional e regional.

61. A respeito do tema, *vide* Celso Antonio Pacheco Fiorillo e Renata Marques Ferreira, *Direito ambiental tributário*, 4. ed., São Paulo, Saraiva, 2018.

monopólios como parte de uma evolução racional e, ao que tudo indica, "natural" no processo de desenvolvimento do capitalismo.

Adota, por via de consequência, nossa Constituição Federal, no plano normativo, a necessidade de defender o sistema dos efeitos das crises cíclicas, organizando limites à livre-iniciativa.

Da ideia de adotar como fundamento do Estado Democrático de Direito da República Federativa do Brasil o DIRIGISMO ESTATAL – autorizador de intervenções reguladoras[62] permanentes em nossa economia CAPITALISTA[63] –, estabeleceu nossa Carta Magna os fundamentos da ordem econômica e financeira do Brasil onde a soberania, a defesa do consumidor, a defesa do meio ambiente, a função social da propriedade, entre outros princípios descritos no art. 170, explicam juridicamente, de forma clara e didática, que nossa Constituição não adotou o liberalismo em sua concepção original[64], disciplinando, no campo jurídico, a atuação econômica dos capitalistas dentro da tendência (que ainda hoje se revela...) de o Estado manter uma intervenção reguladora permanente na economia capitalista.

Fica evidente, em face do que argumentamos, que não pode ocorrer desapropriação de bem ambiental apartado da correta interpretação constitucional.

Daí a cobertura vegetal ser indenizável como insumo vinculado à ordem econômica do capitalismo: há de se considerar, como tem decidido a jurisprudência do STF, que a existência de matas valoriza o espaço territorial, sendo seu preço afetado por essa realidade. A localização da área, aptidão para exercício de atividades econômicas, áreas protegidas por lei, dimensões, além de pesquisa econômica de mercado são exemplos de critérios destinados a calcular o denominado valor justo para indenização vinculada a determinada cobertura vegetal.

---

62. Fernando Facury Scaff, nas conclusões de sua tese de doutorado, indica de maneira clara as influências sofridas pelo Estado Intervencionista em face dos diversos grupos econômicos, apontando a influência das "forças econômicas do capital". *Vide* sua obra *Responsabilidade do Estado Intervencionista*, São Paulo, Saraiva, 1990, Conclusões (A democratização e a responsabilidade do Estado intervencionista).

63. Novamente nos utilizando das preciosas lições do *Novíssimo dicionário*, temos que o capitalismo é o sistema econômico e social predominante na maioria dos países industrializados ou em fase de industrialização, baseado na separação entre *trabalhadores juridicamente livres* (que dispõem apenas da força de trabalho e a vendem em troca de salário) e *capitalistas* (os quais são proprietários dos meios de produção e contratam os trabalhadores para *produzir mercadorias* – bens dirigidos para o mercado) *VISANDO A OBTENÇÃO DE LUCRO*.

64. Como doutrina que correspondia aos anseios de poder da burguesia, explica Sandroni, o LIBERALISMO defendia em suas origens:

1) a mais ampla liberdade individual;

2) A DEMOCRACIA REPRESENTATIVA COM SEPARAÇÃO E INDEPENDÊNCIA ENTRE OS TRÊS PODERES (EXECUTIVO, LEGISLATIVO E JUDICIÁRIO);

3) o direito inalienável à PROPRIEDADE;

4) a LIVRE-INICIATIVA e a concorrência como princípios básicos capazes de harmonizar os interesses individuais e coletivos e gerar o progresso social.

## 7. A DENOMINADA POLÍTICA NACIONAL DE PAGAMENTO POR SERVIÇOS AMBIENTAIS (LEI 14.119/2021) EM FACE DO DIREITO AMBIENTAL CONSTITUCIONAL

Oriunda do Projeto de Lei 312/2015, a Lei 14.119/2021, ao pretender estabelecer o que seria uma Política Nacional de Pagamento de Serviços Ambientais (aliás mais uma Política Nacional em nosso direito ambiental brasileiro...), nada mais fez que delimitar alguns balizamentos normativos vinculados tão somente a aspectos do meio ambiente natural, demonstrando sofrível técnica legislativa e limitada percepção não só da natureza jurídica dos bens ambientais como de nossa ordem econômica constitucional em vigor conforme amplamente desenvolvido na presente obra.

Com efeito.

Definindo serviços ambientais como as "atividades individuais ou coletivas que **favorecem** (grifo nosso) a manutenção, a recuperação ou a melhoria dos serviços ecossistêmicos" (art. 2º, III) e apontando o pagamento por serviços ambientais como a "**transação de natureza voluntária** (grifos nossos), mediante a qual um pagador de serviços ambientais transfere a um provedor desses serviços recursos financeiros ou outra forma de remuneração, nas condições acertadas, respeitadas as disposições legais e regulamentares pertinentes" (art. 2º, IV), a Lei 14.119/2021 procura estabelecer, dentro de sua limitadíssima visão no sentido de balizar bens ambientais única e exclusivamente no plano dos recursos ambientais/recursos naturais, alguns mecanismos regulatórios visando remunerar e mesmo "precificar" o que denomina ser os serviços ecossistêmicos, entendidos como os" benefícios relevantes para a sociedade gerados pelos ecossistemas, em termos de manutenção, recuperação ou melhoria das condições ambientais" (art. 2º, II) nas modalidades de: a) serviços de provisão, entendidos como "os que fornecem bens ou produtos ambientais utilizados pelo ser humano para consumo ou comercialização, tais como água, alimentos, madeira, fibras e extratos, entre outros" (art. 2º, II, "a"), b) serviços de suporte, indicados como os que "mantêm a perenidade da vida na Terra, tais como a ciclagem de nutrientes, a decomposição de resíduos, a produção, a manutenção ou a renovação da fertilidade do solo, a polinização, a dispersão de sementes, o controle de populações de potenciais pragas e de vetores potenciais de doenças humanas, a proteção contra a radiação solar ultravioleta e a manutenção da biodiversidade e do patrimônio genético (art. 2º, II, "b"), c) serviços de regulação, concebidos como "os que concorrem para a manutenção da estabilidade dos processos ecossistêmicos, tais como o sequestro de carbono, a purificação do ar, a moderação de eventos climáticos extremos, a manutenção do equilíbrio do ciclo hidrológico, a minimização de enchentes e secas e o controle dos processos críticos de erosão e de deslizamento de encostas" (art. 2º, II, "c") e o que apontou como d) serviços culturais, a saber aqueles que "constituem benefícios não materiais providos pelos ecossistemas, por meio da recreação, do turismo, da identidade cultural, de experiências espirituais e estéticas e do desenvolvimento intelectual, entre outros" (art. 2º, II, "d").

Destarte, advertindo que as modalidades de pagamento **deverão ser previamente pactuadas entre pagadores e provedores de serviços ambientais** (art. 3º, § 2º), a referida norma jurídica estabelece o que seriam as referidas singularidades de pagamento por serviços ambientais, tais como pagamento direto, monetário ou não monetário; prestação de melhorias sociais a comunidades rurais e urbanas; compensação vinculada a certificado de redução de emissões por desmatamento e degradação; títulos verdes (*green bonds*); comodato e mesmo Cota de Reserva Ambiental (CRA), instituída pela Lei n. 12.651/2012 (art. 3º, I a VI).

A lei, todavia, deixa explicitado – e daí, salvo melhor juízo, sua evidente fragilidade – que o pagamento por serviços ambientais está vinculado a uma transação voluntária, ou seja, trata-se de hipótese desprovida de qualquer obrigatoriedade, decorre de uma adesão espontânea, e por via de consequência não coercitiva desconhecendo a conhecida lição de Bobbio ao advertir que "conforme ensina a tendência principal da teoria do Direito, que **o caráter específico do ordenamento normativo do Direito em relação às outras formas de ordenamentos normativos** (grifos nossos), tais como a moral social, os costumes, os jogos, os desportos e outros, **consiste no fato de que o Direito recorre, em última instância, à força física para obter o respeito das normas, para tornar eficaz, como se diz, o ordenamento em seu conjunto** (grifos nossos), **a conexão entre Direito entendido como ordenamento normativo coativo** (grifos nossos) e política torna-se tão estreita, que leva a considerar o Direito como o principal instrumento através do qual as forças políticas, que têm nas mãos o poder dominante em uma determinada sociedade, exercem o próprio domínio"[65].

No que se refere ao contrato de pagamento por serviços ambientais, que deve ser registrado no Cadastro Nacional de Pagamento por Serviços Ambientais (art. 13), estabeleceu a norma jurídica presentemente comentada que o "regulamento definirá as cláusulas essenciais para cada tipo de contrato de pagamento por serviços ambientais" (art. 12) consideradas obrigatórias aquelas relativas: a) aos direitos e às obrigações do provedor, incluídas as ações de manutenção, de recuperação e de melhoria ambiental do ecossistema por ele assumidas e os critérios e os indicadores da qualidade dos serviços ambientais prestados (art. 12, I); aos direitos e às obrigações do pagador, incluídos as formas, as condições e os prazos de realização da fiscalização e do monitoramento (art. 12, II) e c) às condições de acesso, pelo poder público, à área objeto do contrato e aos dados relativos às ações de manutenção, de recuperação e de melhoria ambiental assumidas pelo provedor, em condições previamente pactuadas e respeitados os limites do sigilo legal ou constitucionalmente previsto, advertindo que, no caso de propriedades rurais, o contrato pode ser vinculado ao imóvel por meio da instituição de servidão ambiental[66].

_____

65. Norberto Bobbio; Nicola Matteucci; Gianfranco Pasquino, *Dicionário de política*, Brasília, UnB, 1998.

66. A respeito do tema, *vide* nosso Celso Antonio Pacheco Fiorillo e Renata Marques Ferreira, *A política nacional do meio ambiente (Lei 6.938/81) em face do direito ambiental constitucional brasileiro*, Rio de Janeiro, Lumen Juris, 2021.

# Capítulo XI
## FAUNA[1]

## 1. INTRODUÇÃO

"Uma tarefa das mais complexas no âmbito do Direito Ambiental é o estudo da fauna, pelo simples fato de que tais bens possuem uma atávica concepção de natureza privatista, fortemente influenciada pela nossa doutrina civilista do começo deste século, que os estudava exclusivamente como algo que poderia ser objeto de propriedade, no exato sentido que era vista como *res nullius*. Diz Orlando Gomes: 'Há coisas que podem integrar o patrimônio das pessoas, mas não estão no de ninguém. São as *res nullius* e as *res derelictae*. *Res nullius,* as que a ninguém pertence atualmente, mas podem vir a pertencer pela *ocupação*, como os animais de caça e pesca'."

Entretanto, essa concepção foi modificada, porque passou-se a constatar e valorizar a inevitável influência da fauna na formação do equilíbrio ecológico, o qual é imprescindível à sobrevivência das espécies, em especial do homem.

Buscando resguardar as espécies, porquanto a fauna, através da sua *função ecológica*, possibilita a manutenção do equilíbrio dos ecossistemas, é que se passou a considerá-la como um bem de uso comum do povo, indispensável à sadia qualidade de vida. Com isso, abandonou-se no seu tratamento jurídico o regime privado de propriedade, verificando-se que a importância das suas funções reclamava uma tutela jurídica adequada à sua natureza. Dessa forma, em razão de suas *características* e *funções*, a fauna recebe a natureza jurídica de bem ambiental.

Vale ressaltar que, em vista da necessidade de conservação e preservação da fauna, resta desautorizado o entendimento de que ela seja *res nullius*. Isso porque as espécies são de todos os indetermináveis titulares que têm o direito difuso ao meio ambiente.

## 2. CONCEITO E GENERALIDADES

A Constituição Federal de 1988, no seu art. 225, § 1º, VII, ao aludir à proteção da fauna, não delimitou o seu conceito, possibilitando ao legislador infraconstitucional o

---

1. Para um estudo detalhado, *vide* Celso Antonio Pacheco Fiorillo e Renata Marques Ferreira, *Tutela jurídica dos animais de estimação em face do direito constitucional brasileiro*, cit.

preenchimento dessa lacuna. Segundo esse dispositivo, constitui tarefa do Poder Público "proteger a fauna e a flora, vedadas, *na forma da lei*, as práticas que coloquem em risco sua função ecológica, provoquem a extinção de espécies ou submetam os animais a crueldade" (grifo nosso).

O preenchimento desse conceito possibilitou em parte a recepção da Lei n. 5.197/67 (Lei de Proteção à Fauna)[2], que determina, em seu art. 1º, *caput*, que:

> "Art. 1º Os animais de quaisquer espécies em qualquer fase do seu desenvolvimento e que vivem naturalmente fora do cativeiro, constituindo a fauna silvestre, bem como seus ninhos, abrigos e criadouros naturais são propriedades do Estado, sendo proibida a sua utilização, perseguição, destruição, caça ou apanha".

Todavia, esse artigo tratou de restringir o conteúdo da fauna, resumindo o objeto de proteção da lei à *fauna silvestre*. Entretanto, o legislador constituinte *não pretendeu delimitar* a fauna a ser tutelada, porquanto objetiva-se que a lei busque preservá-la, colocando-a a salvo das práticas que representem risco a sua função ecológica e à extinção das espécies e que submetam os animais a crueldade.

Aceitar que a única fauna a ser tutelada é a silvestre é distanciar-se do comando constitucional, porque, se assim fosse, os animais domésticos não seriam objeto de tutela. Deve-se observar em relação a estes que, embora não possuam função ecológica e não corram risco de extinção (porquanto são domesticados), na condição de integrantes do coletivo fauna, devem ser protegidos contra as práticas que lhes sejam cruéis, de acordo com o senso da coletividade.

Dessa feita, o fato de a Lei de Proteção à Fauna não se reportar à fauna doméstica não autoriza a realização de práticas cruéis contra os animais que a integrem. Na verdade, a Lei n. 5.197/67 restringiu-se apenas ao tratamento legal da fauna silvestre porque esta é que correria o risco de extinção ou perda da sua função ecológica, em razão das ações predatórias humanas.

Concluindo, a Constituição Federal, ao prescrever a incumbência do Poder Público e da coletividade de proteger a fauna, fê-lo de forma ampla, não restringindo a tutela à fauna silvestre somente[3]. Basta citar passagem do voto do Ministro

---

2. Como vimos, em razão de suas *características* e *funções*, a fauna recebeu a natureza jurídica de bem ambiental em face do que determina a Constituição Federal. Destarte, os animais de quaisquer espécies mencionados no art. 1º – excluindo-se evidentemente os animais domésticos em face da interpretação sistemática do art. 225 em relação aos arts. 1º, III, 6, 215, 216 e 226 da Constituição Federal –, não são propriedades do Estado e, sim, bens de uso comum do povo eventualmente gerenciados pelo Estado.

3. O Supremo Tribunal Federal, acolhendo nossa interpretação, decidiu:

"AÇÃO DIRETA DE INCONSTITUCIONALIDADE. BRIGA DE GALOS (LEI FLUMINENSE N. 2.895/98). LEGISLAÇÃO ESTADUAL QUE, PERTINENTE A EXPOSIÇÕES E A COMPETIÇÕES ENTRE AVES DAS RAÇAS COMBATENTES, FAVORECE ESSA PRÁTICA CRIMINOSA. DIPLOMA LEGISLATIVO QUE ESTIMULA O COMETIMENTO DE ATOS DE CRUELDADE CONTRA GALOS DE BRIGA. CRIME AMBIENTAL (LEI N. 9.605/98, ART. 32). MEIO AMBIENTE. DIREITO À

Celso de Mello para que possamos entender de forma clara e didática o comando de nossa Constituição:

"(...) O fundamento em que se apoia a pretensão de inconstitucionalidade do diploma legislativo em referência reside na prática de atos revestidos de inquestionável crueldade contra aves das Raças Combatentes (*gallus-gallus*) que são submetidas a maus-tratos, em competições promovidas por infratores do ordenamento constitucional e da legislação ambiental, que transgridem, com seu comportamento delinquencial, a regra constante do inciso VII do § 1º do art. 225 da Constituição da República, que contém prescrição normativa cujo teor está assim enunciado:

'*Art. 225* (...)

§ 1º *Para assegurar a efetividade* desse direito, *incumbe* ao poder público: (...)

*VII – proteger* a fauna e a flora, *vedadas*, na forma da lei, *as práticas que coloquem em risco* sua função ecológica, *provoquem* a extinção de espécies ou *submetam os animais a crueldade.*' (grifei)

Vê-se, daí, que o constituinte objetivou, com a proteção da fauna e com a vedação, dentre outras, de práticas que 'submetam os animais a crueldade', assegurar a efetividade do direito fundamental à preservação da integridade do meio ambiente, que traduz conceito amplo e abrangente das noções de meio ambiente natural, de meio ambiente cultural, de meio ambiente artificial (espaço urbano) e de meio ambiente laboral, consoante ressalta o magistério doutrinário (FIORILLO, Celso Antônio Pacheco, *Curso de Direito Ambiental Brasileiro*, 6. ed., São Paulo, Saraiva, 2005, p. 20-23, item n. 4; SILVA, José Afonso da, *Direito Ambiental Constitucional*, 4. ed., 2. tir., São Paulo, Malheiros, 2003, p. 21-24, itens 2 e 3. MARQUES, José Roberto, *Meio Ambiente Urbano*, São Paulo, Forense Universitária, 2005, p. 42-54, item 4".

Destarte, de acordo com esse entendimento, conceitua-se a fauna como o coletivo de animais de uma dada região ou era particular[4], ou seja, organismos que pertencem ao denominado Reino Animalia[5].

---

PRESERVAÇÃO DE SUA INTEGRIDADE (CF, ART. 225). PRERROGATIVA QUALIFICADA POR SEU CARÁTER DE METAINDIVIDUALIDADE. DIREITO DE TERCEIRA GERAÇÃO (OU DE NOVÍSSIMA DIMENSÃO) QUE CONSAGRA O POSTULADO DA SOLIDARIEDADE. PROTEÇÃO CONSTITUCIONAL DA FAUNA (CF, ART. 225, § 1º, VII). DESCARACTERIZAÇÃO DA BRIGA DE GALO COMO MANIFESTAÇÃO CULTURAL. RECONHECIMENTO DA INCONSTITUCIONALIDADE DA LEI ESTADUAL IMPUGNADA. AÇÃO DIRETA PROCEDENTE. LEGISLAÇÃO ESTADUAL QUE AUTORIZA A REALIZAÇÃO DE EXPOSIÇÕES E COMPETIÇÕES ENTRE AVES DAS RAÇAS COMBATENTES. NORMA QUE INSTITUCIONALIZA A PRÁTICA DE CRUELDADE CONTRA A FAUNA. INCONSTITUCIONALIDADE." (STF, ADI 1.856/RJ, Tribunal Pleno, Min. Celso de Mello, j. 26-5-2011, *DJe*, 14-10-2011).

4. *Vide Dicionário de ecologia e ciências ambientais*, de Henry W. Art, Editora Unesp, 1998, p. 229.

5. *Vide Dicionário de ciências biológicas e biomédicas*, de Villela e Ferraz, Atheneu, 2007, p. 17.

"O Reino Animal ou Animalia", conforme explica o *Dicionário Oxford de Ciências Naturais*[6], "inclui a maioria dos organismos multicelulares que não fazem fotossíntese".

Pode ser dividido em dois grupos principais chamados vertebrados e invertebrados, possuindo em sua maioria "características específicas como[7]:

1. Nutrição heterotrófica[8];

2. Movimento, o que lhes permite procurar pelo seu alimento;

3. Sistema nervoso e órgãos sensoriais bem desenvolvidos, o que lhe permite responder rapidamente a estímulos;

4. Células com núcleo e sem parede celular.

O *Dicionário Oxford* indica alguns invertebrados (aqueles que não possuem coluna vertebral ou espinha):

1. Cnidários – hidras, águas-vivas, corais e anêmonas-do-mar; número aproximado de espécies[9]:10.000;

2. Platelmintos – planárias, trematódeos e tênias; número aproximado de espécies: 25.000;

3. Anelídeos – minhocas e sanguessugas; número aproximado de espécies: 14.000;

4. Equinodermos – estrelas-do-mar, ouriços-do-mar e pepinos-do-mar; número aproximado de espécies: 6.000;

5. Moluscos – caramujos, lesmas, mariscos, ostras, lulas e polvos; número aproximado de espécies: 100.000;

6. Crustáceos – tatuzinhos-de-jardim, camarões, caranguejos e lagostas; número aproximado de espécies: 39.000;

7. Aracnídeos – aranhas, carrapatos e escorpiões; número aproximado de espécies: 60.000;

8. Insetos (mais de 70% dos animais conhecidos) – formigas, pulgas, abelhas; número aproximado de espécies: mais de 1.000.000;

---

6. Organizado por Chris Prescott, Oxford University Press, 2012, p. 54 e s.

7. "O Reino animal apresenta vários grandes filos. Um deles é o filo dos cordados, que inclui o grupo dos vertebrados. Em oposição, todos os demais filos são reconhecidos popularmente como invertebrados; portanto, não constituem um grupo natural de classificação." *Vide Ciências – entendendo a natureza*, César da Silva Junior, Sezar Sasson e Paulo Sanches, Saraiva, 2009, p. 93.

8. De heterótrofo, a saber: "organismo ou célula incapaz de sintetizar moléculas complexas de carbono a partir de moléculas muito simples. Dependem de um suprimento externo de compostos de carbono, obtidos de plantas ou animais. Sinônimo: heterotrófico consumidor". *Vide Dicionário de ciências biológicas*, op. cit., p. 138.

9. "A espécie é a unidade de base da CLASSIFICAÇÃO dos seres vivos, cujos princípios foram estabelecidos no século XVII pelo naturalista sueco Carl Von Linné". *Vide Dicionário das ciências*, sob direção de Lionel Salem, Unicamp, 1995, p. 204.

9. Miriápodes – centopeias e piolhos-de-cobra; número aproximado de espécies: 13.000;

10. Protozoários com características de animais – amebas e paramécio; número aproximado de espécies: 30.000.

Com relação aos vertebrados (número aproximado de espécies: 46.000), temos:

1. Peixes – ósseos (bacalhau e salmão) e cartilaginosos (tubarão e arraia);

2. Anfíbios – rãs, pererecas, sapos, tritões e salamandras;

3. Répteis – serpentes, lagartos, crocodilos, tartarugas e jabutis bem como os extintos dinossauros;

4. Aves – sabiá, beija-flor, rouxinol, tucano, arara, papagaio, ema, avestruz, pinguim;

5. Mamíferos – gambá, canguru, ornitorrinco, macacos, símios e humanos"[10].

## 3. CLASSIFICAÇÕES QUANTO AO HÁBITAT

a) *Silvestre*

Denomina-se fauna silvestre o conjunto de animais que vivem em liberdade, fora do cativeiro, conforme preceitua o art. 1º da Lei n. 5.197/67. O *critério* determinante desta classificação relaciona-se ao fato de a espécie desenvolver sua *vida natural em liberdade ou fora do cativeiro*. Dessa forma, se um animal silvestre for domesticado, passará a ostentar a classificação de doméstico, em que pese ser originariamente silvestre. Pode-se exemplificar aludida situação no caso dos javalis, que, enquanto criados e reproduzidos em cativeiro, são domésticos. Isso, todavia, não impede a existência de javalis silvestres que vivam em liberdade.

b) *Domésticos*

A fauna doméstica é aquela que não vive em liberdade, mas em cativeiro, sofrendo modificação do seu hábitat natural. Convive geralmente em harmonia com a presença humana, inclusive estabelecendo com esta um vínculo de dependência para sobreviver.

Como já foi salientado anteriormente, os animais domésticos não são objeto de tutela da Lei de Proteção à Fauna e como regra não possuem função ecológica, nem correm risco de extinção. Entretanto, a sua existência traz benefícios relacionados ao bem-estar psíquico do homem.

Por derradeiro, vale destacar a dúvida que surge em relação aos animais gerados em *criadouros artificiais*: qual a sua natureza: animais silvestres ou domésticos?

A Lei n. 5.197/67, em seu art. 3º, § 2º, ao permitir o comércio de espécies provenientes de criadouros devidamente legalizados, acaba por colocá-los entre os espécimes da fauna silvestre:

---

10. *Vide Dicionário Oxford de ciências da natureza*, organizado por Chris Prescott, Oxford University Press, 2012, p. 54 e s.

"Art. 3º É proibido o comércio de espécimes da fauna silvestre e de produtos e objetos que impliquem a sua caça, perseguição, destruição ou apanha.

§ 1º Excetuam-se os espécimes provenientes de criadouros devidamente legalizados".

Em que pese essa indicação trazida pela Lei n. 5.197/67, melhor seria, até por extensão do que determina seu art. 1º, considerar os animais que vivem em criadouros como domésticos, "porque perderam, ainda que tenham tido primitivas gerações silvestres, o caráter de independência do homem para o exercício de suas funções vitais, o nicho e o hábitat de seus ancestrais, submetendo-se, portanto, ao regime jurídico da fauna doméstica e não silvestre como sugere a norma em tela".

## 4. NATUREZA JURÍDICA DA FAUNA

Os animais são bens sobre os quais incide a ação da pessoa humana. Com isso, deve-se frisar que *animais e vegetais não são sujeitos de direitos*[11], porquanto a proteção do meio ambiente existe para favorecer a própria pessoa humana e somente por via reflexa para proteger as demais espécies.

## 5. A FAUNA COMO BEM AMBIENTAL

Cumpre-nos delimitar qual o regime de titularidade a que a fauna está sujeita.

Inicialmente, deve-se mencionar que houve uma substancial alteração no regime da titularidade da fauna. Isso porque, sob o prisma do Código de Caça (Decreto-Lei n. 5.894/43) e do Código de Pesca (Decreto-Lei n. 794/38), as espécies componentes da fauna eram consideradas *res nullius*, ou seja, algo que, embora passível de domínio, em dado momento não possuía senhor, seja pelo fato de nunca ter tido um, seja, ainda, por ter sido abandonado.

Com o advento da Lei n. 5.197/67, que revogou os antigos Códigos de Caça e Pesca, o tratamento dispensado à fauna refletiu a preocupação do legislador com a esgotabilidade do bem e a sua importância no equilíbrio do ecossistema necessário

---

11. "Lei n. 9.985, de 18 de julho de 2000.

Regulamenta o art. 225, § 1º, incisos I, II, III e VII da Constituição Federal, institui o Sistema Nacional de Unidades de Conservação da Natureza e dá outras providências.

Art. 2º Para os fins previstos nesta Lei, entende-se por: (...)

IV – recurso ambiental: a atmosfera, as águas interiores, superficiais e subterrâneas, os estuários, o mar territorial, o solo, o subsolo, os elementos da biosfera, a fauna e a flora;"

Lei n. 6.938, de 31 de agosto de 1981.

"Art. 3º Para os fins previstos nesta Lei, entende-se por: (...)

V – recursos ambientais: a atmosfera, as águas interiores, superficiais e subterrâneas, os estuários, o mar territorial, o solo, o subsolo, os elementos da biosfera, a fauna e a flora." (Redação dada pela Lei n. 7.804, de 1989)

à manutenção das espécies. Através do art. 1º da citada lei, a fauna silvestre era tida como um bem público, pertencente à União.

Com a conjugação legislativa existente entre a Constituição Federal (art. 225) e o Código de Proteção e Defesa do Consumidor (art. 81, parágrafo único, I), temos que os chamados bens ambientais não mais são enquadrados na categoria de públicos, mas sim na de *bens difusos*.

Dessa forma, enquanto a fauna e a flora possuírem a denominada *função ecológica* a que alude a Constituição Federal no seu art. 225, § 1º, VII, elas serão consideradas *bens ambientais* e, por conseguinte, *difusos*. Portanto, a titularidade da fauna é indeterminável. Isso porque os bens difusos não são passíveis de apropriação, já que submetidos a um regime de administração pelo Estado, que permite o uso e gozo racional, com a conservação deles, em virtude de sua titularidade indeterminável.

## 6. FINALIDADES DA FAUNA

A finalidade da fauna é determinada diante do benefício que a sua utilização trará ao ser humano. Com isso, podemos destacar, entre as principais, as funções recreativa, científica, ecológica, econômica, cultural e mesmo visando métodos terapêuticos em face da saúde da pessoa humana.

### 6.1. FUNÇÃO ECOLÓGICA

Esta função vem destacada no art. 225, § 1º, VII, da Constituição, ao vedar as atividades contra a fauna e a flora que coloquem em risco a sua *função ecológica*, a extinção das espécies e a crueldade contra os animais. Ao falar em função ecológica dos bens ambientais, aludida assertiva relaciona-se diretamente com a manutenção do equilíbrio ecológico mencionado no *caput* do artigo, essencial à sadia qualidade de vida.

A função ecológica é cumprida na medida em que a fauna participa da manutenção e equilíbrio do ecossistema, sendo responsável pela criação de um ambiente sadio, o qual, como sabido, é essencial à vida com qualidade.

Na verdade, como tivemos oportunidade de verificar, é a *função ecológica* o elemento *determinante* para a caracterização da fauna como *bem de natureza difusa. A contrario sensu*, isso implica dizer que nem toda fauna tem tais características e que somente as que não as possuem é que são objeto de apropriação. Desse modo, quando ela não preencher os requisitos de ser *essencial à sadia qualidade de vida* e *bem de uso comum do povo*, não consistirá em bem difuso, estando sujeita ao regime de propriedade do direito civil. Exemplo disso é a fauna doméstica, em virtude da ausência de função ecológica responsável pelo equilíbrio do ecossistema.

## 6.2. FUNÇÃO ECOLÓGICA E A INTRODUÇÃO DE ESPÉCIES EXÓTICAS

Dentro da análise da função ecológica, deve-se verificar a introdução de espécies exóticas no ecossistema. Por tais entendem-se aquelas que não são nativas do meio ambiente ou da área onde vivem ou vão ser introduzidas.

As implicações contrárias, ecológicas ou econômicas, de introduções exóticas podem levar a sérias consequências, sendo que em muitos casos a espécie introduzida aumenta em número e torna-se uma praga, destruidora do ambiente e impossível de ser erradicada.

Por conta dessas situações, antes de ocorrer a introdução de uma espécie exótica, animal ou vegetal, num determinado ecossistema, deve haver um estudo prévio de impacto ambiental para que se perceba exatamente as influências negativas e positivas daquela introdução.

## 6.3. A REINTRODUÇÃO DE ESPÉCIES E A FUNÇÃO ECOLÓGICA

Este é outro método de aproveitamento da fauna, consistente na reintrodução de uma espécie que tenha sido exterminada no local. Tem por finalidade assegurar a sobrevivência de uma espécie, mantendo a sua função ecológica, ou então restaurar uma população esgotada que tenha desaparecido.

Para tanto, a reintrodução de espécie também exige cautelas, de modo que o estudo prévio de impacto ambiental não poderá ser dispensado.

## 6.4. FINALIDADE CIENTÍFICA

Dizer que a fauna possui uma finalidade científica implica salientar que o animal poderá ser utilizado para fins de experimentos, testes em laboratórios, entre outras atividades, sempre asseverada a sua destinação científica ou tecnológica bem definida.

A finalidade científica da fauna foi primeiramente prevista pela Lei n. 5.197/67, no seu art. 14. As reservas biológicas criadas pelo art. 5º do Código Florestal trouxeram restrições ao exercício de atividades nesses locais. Além disso, com o desenvolvimento da biotecnologia, a previsão da utilização da fauna e seus componentes para finalidades científicas não escapou à lei, como se verifica no art. 8º, V, ao vedar, nas atividades relacionadas a organismos geneticamente modificados, a intervenção *in vivo* em material genético de animais.

De fato, a criação da insulina, o interferon, o GH sintético, o soro antiofídico e o contigen são exemplos que demonstram a importância da ciência e da utilização animal na obtenção de medicamentos e produtos farmacológicos contra as mais diversas doenças e patogenias que afetam o homem.

## 6.5. FINALIDADE RECREATIVA

A Constituição Federal, ao elencar os direitos sociais, assegura a todos o direito ao lazer, que proporciona aos indivíduos, em conjunto com os demais direitos sociais (os quais oferecem o piso vital mínimo), o desfrute de uma sadia qualidade de vida.

O direito ao lazer, todavia, pode chocar-se com o dever de preservação e conservação da fauna e da flora, porque, em certos casos, ele poderá ser exercido pela utilização daquelas. Como foi visto, o texto constitucional impõe a manutenção da função ecológica da fauna, bem como o combate às práticas que provoquem a extinção de espécies e submetam os animais a crueldade.

Diante de uma situação conflitante, em que ambos os direitos são difusos e provenientes da mesma raiz jurídica de direito ambiental (direito ao lazer e preservação e conservação da fauna), deve-se analisar o conflito em conformidade com o princípio do desenvolvimento sustentável[12], de modo a compatibilizar a conservação do meio ambiente e o exercício de certas atividades.

Com isso, o que vai determinar a solução do conflito é a casuística, em que deverão ser sopesadas a relação custo-benefício da agressão à fauna (com as implicâncias na *função ecológica*) e a relação entre a necessidade daquela prática de lazer e a formação do bem-estar psíquico. Realizada essa operação, será então possível determinar se se trata da prevalência de um exercício do direito ambiental vinculado ao lazer ou à preservação da função ecológica da fauna.

A atividade de recreação que envolva a fauna silvestre depende de prévia autorização (e não licença, conforme menciona a Lei de Proteção à Fauna) do Poder Público competente, ainda que se trate de propriedade particular, porquanto, como já mencionado, a fauna silvestre é bem difuso, não podendo ser usado de modo privilegiado pelo proprietário do espaço da terra em que se situa.

Diante da finalidade recreativa, a natureza jurídica do bem jurídico que compõe a fauna é de bem ambiental. Por exemplo, tratando-se de um jardim zoológico[13] (mesmo que particular), a fauna ali existente, por ser silvestre, é de natureza difusa. Para que isso não ocorra, é necessário que ela não possua função ecológica.

Em relação aos clubes particulares de caça e pesca de animais selvagens, deve restar claro que a espécie pescada ou caçada não é propriedade do associado, exatamente porque não constitui *res nullius*. A fauna existente nesses locais é bem difuso, o que, todavia, não impede o associado de usar e gozar do bem. Torna-se inaceitável,

---

12. Apesar de o princípio do desenvolvimento sustentável estar preso atavicamente à noção de equilíbrio entre economia e meio ambiente, não só nesse contexto deve ser invocado. Na verdade, reclama-se a sua utilização toda vez que estivermos diante de choques entre direitos difusos diversos.

13. Considera-se jardim zoológico qualquer coleção de animais silvestres mantidos vivos em cativeiro ou em semiliberdade e expostos à visitação pública (art. 1º da Lei n. 7.173/83).

portanto, diante do princípio da isonomia, abraçado pelo nosso texto constitucional, qualquer tratamento diferenciador da população, em relação ao acesso à utilização e fruição da fauna silvestre. Assim, se a fauna silvestre é difusa e autorizada legalmente como forma de recreação, não se podem permitir privilégios para o exercício dessa atividade ao grupo ou categoria de pessoas filiadas a clubes, porquanto a fauna e o direito ao lazer que proporciona são difusos, conforme preceitua o art. 81, parágrafo único, I, do Código de Defesa do Consumidor.

Todavia, deve-se frisar que, tratando-se de criadouros que não conservem, ainda que artificialmente, o hábitat e o nicho ecológico do animal, de modo que as funções vitais dependam de influência humana, estaremos diante da fauna doméstica, apropriável. Dessa forma, o animal pescado, que antes era do proprietário do espaço territorial onde é exercida a atividade de pesca, passa a ser de quem pagou para pescá-lo.

## 6.6. FINALIDADE CULTURAL

Como sabemos, a fauna é comumente utilizada como forma de preservação e exercício da cultura dos diversos grupos da sociedade brasileira. Citamos como exemplos a prática sulista da farra do boi, o sacrifício de animais no candomblé, entre outros.

Nesses casos muito se questiona acerca da infringência ao preceito constitucional previsto no art. 225, § 1º, VII, o qual veda que os animais sejam submetidos a práticas cruéis. A análise desse tema reclama a verificação de alguns aspectos. Vejamos.

### 6.6.1. O conceito de crueldade

O termo *crueldade* é a qualidade do que é cruel, que, por sua vez, segundo o dicionário Aurélio Buarque de Holanda[14], significa aquilo que se satisfaz em fazer mal, duro, insensível, desumano, severo, rigoroso, tirano.

Diante dessa denotação, o art. 225, § 1º, VII, da Constituição Federal *busca proteger a pessoa humana* e não o animal. Isso porque a saúde psíquica da pessoa humana não lhe permite ver, em decorrência de práticas cruéis, um animal sofrendo. Com isso, a tutela da crueldade contra os animais *fundamenta-se no sentimento humano*, sendo esta – a pessoa humana – o sujeito de direitos[15].

Essa interpretação tem por fundamento a visão antropocêntrica do direito ambiental, de modo que todo ato realizado *com o propósito de garantir o bem-estar humano* não caracterizará a crueldade prevista no texto constitucional.

---

14. *Novo dicionário Aurélio da língua portuguesa*, 2. ed., Melhoramentos, p. 189.

15. Como já tivemos oportunidade de aduzir anteriormente, na ADI 1.856, o Plenário do Supremo Tribunal Federal (STF) considerou inconstitucional a Lei estadual n. 2.895/98, do Rio de Janeiro, que autoriza e disciplina a realização de competições entre "galos combatentes" conforme noticiado pelo STF em 26-5-2011.

Dessa forma, ser cruel significa *submeter o animal a um mal além do absolutamente necessário*[16]. Compreender de forma diversa, atribuindo a tutela preceituada pela norma ao sentimento de dor do animal com relação a ele mesmo, implica inviabilizar a utilização da fauna pelo homem como bem essencial à sadia qualidade de vida. Não seria admissível, pois, por exemplo, que frangos fossem deixados em regime de confinamento, com um dia de dezoito horas, apenas diante da luz e a uma temperatura adequada para a sua engorda mais célere.

A crueldade só estará caracterizada se a prática contra o animal *não tiver por finalidade proporcionar ao homem uma sadia qualidade de vida* ou, na hipótese de estar presente esse propósito, os meios empregados não forem os absolutamente necessários à atividade[17]. Questionando esses critérios, analisaremos a farra do boi, os rodeios e as práticas religiosas.

### 6.6.2. Farra do boi, rodeios e práticas religiosas

Como vimos, o conceito de crueldade está afeto à saúde psíquica do próprio homem, de modo que este determina o que é ou não cruel.

A farra do boi, os rodeios e as práticas religiosas que se utilizam de animais são essencialmente culturais[18]. Como já tivemos a oportunidade de abordar, o meio

---

16. Érika Bechara, *A proteção da fauna sob a ótica constitucional*, dissertação de mestrado orientada pelo Prof. Dr. Celso Antonio Pacheco Fiorillo, PUCSP, 1998, p. 72.

17. A Lei n. 2.895/98 do Estado do Rio de Janeiro, ao autorizar e disciplinar a realização de competições entre "galos combatentes", autoriza e disciplina a submissão desses animais a tratamento cruel, o que a Constituição não permite: CF, art. 225, § 1º, VII (ADInMC-1856/RJ, Rel. Min. Carlos Velloso, j. 3-9-1998).

18. Concordando com nossa interpretação, decidiu o Supremo Tribunal Federal:

"É constitucional a lei de proteção animal que, a fim de resguardar a liberdade religiosa, permite o sacrifício ritual de animais em cultos de religiões de matriz africana. Com base nessa orientação, o Plenário, por maioria, negou provimento a recurso extraordinário em que discutida a constitucionalidade da Lei estadual 12.131/2004, que acrescentou o parágrafo único ao art. 2º da Lei 11.915/2003 do estado do Rio Grande do Sul (Código Estadual de Proteção aos Animais). Para a Corte, a legislação local está em consonância com a Constituição Federal (CF). (...) Sob o prisma material, o colegiado asseverou que a temática envolve a exegese de normas fundamentais, alcançando a conformação do exercício da liberdade de culto e de liturgia. A religião desempenha papel importante em vários aspectos da vida da comunidade, e essa centralidade está consagrada no art. 5º, VI, da CF. Pontuou que o Estado brasileiro tem o dever de proteger as 'manifestações das culturas populares, indígenas e afro-brasileiras, e das de outros grupos participantes do processo civilizatório nacional' (art. 215, § 1º, da CF). Nessa perspectiva, o modo de ser e viver das comunidades, bem como a experiência da liberdade religiosa são vivenciadas com base em práticas não institucionais. Ademais, entendeu não ter havido violação aos princípios da laicidade e da igualdade. A proteção legal às religiões de matriz africana não representa um privilégio, mas sim um mecanismo de assegurar a liberdade religiosa, mantida a laicidade do Estado. De fato, o Estado não pode estar associado a nenhuma religião, nem sob a forma de proteção nem de perseguição, numa separação formal entre Igreja e Estado. A laicidade do Estado veda o menosprezo ou a supressão de rituais, principalmente no tocante a religiões minoritárias ou revestidas de profundo sentido histórico e social. A CF promete uma sociedade livre de preconceitos, entre os quais o religioso. A cultura afro-brasileira merece maior atenção do Estado, por conta de sua estigmatização, fruto de preconceito estrutural. A proibição do

ambiente é composto por alguns aspectos e, entre estes, o cultural, que possui tutela imediata nos arts. 215 e 216 da nossa Carta Magna.

Ao tutelar o meio ambiente cultural, a Constituição Federal de 1988 preceituou o apoio e o incentivo à valorização e à difusão das manifestações culturais, conforme dispõe o art. 215. Todavia, como verificamos, o incentivo à manifestação cultural da farra do boi, dos rodeios e das práticas religiosas que se utilizam de animais pode implicar a submissão de animais à crueldade.

Trata-se, na verdade, de um *aparente conflito* entre o meio ambiente natural e o meio ambiente cultural. Dirimindo essa aparente litigiosidade interna, utilizamos o princípio do desenvolvimento sustentável, o qual exigirá a análise específica de cada caso e não determinará, em definitivo, a prevalência de um aspecto em relação a outro[19].

Um dos aspectos a ser verificado é se o animal submetido a supostas práticas cruéis *encontra-se em via de extinção*. Havendo o risco de extinção da espécie, será vedada a prática cultural, porquanto permitir sua continuidade implicaria não tutelar o meio ambiente natural e tampouco o meio ambiente cultural, uma vez que com a extinção a prática cultural perderia seu objeto. Além disso, uma prática somente é tida como cultural na medida em que traz a *identificação de valores* de uma região ou população. Caso tenha por finalidade apenas uma atividade mercadológica, será vedada, porquanto estaria desafeta às tradições culturais. Exemplo disso é a tourada, que se objetivava trazer para o Brasil. Para nós, ela seria uma prática inconstitucional, porquanto não expressaria um exercício baseado no nosso patrimônio cultural[20].

---

sacrifício negaria a própria essência da pluralidade cultural, com a consequente imposição de determinada visão de mundo. Essa designação de especial proteção aos cultos de culturas historicamente estigmatizadas não ofende o princípio da igualdade, sendo válida a permissão do sacrifício de animais a determinado segmento religioso, como previsto na norma questionada. Por fim, a Corte entendeu que admitir a prática de imolação não significa afastar o amparo aos animais estampado no art. 225, § 1º, VII, da CF. Deve-se evitar que a tutela de um valor constitucional relevante aniquile o exercício de um direito fundamental, revelando-se desproporcional impedir todo e qualquer sacrifício religioso quando diariamente a população consome carnes de várias espécies" (RE 494.601, Rel. p/ o ac. Min. Edson Fachin, j. 28-3-2019, P, Informativo 935).

19. A Lei n. 10.220/2001, ao instituir normas gerais relativas à atividade de peão de rodeio, admitiu provas de destreza "no dorso de animais equinos ou bovinos" bem como "provas de rodeios", a saber, montarias, vaquejadas e provas de laço.

20. **Tribunal mantém multa ao Estado por permitir Farra do Boi mas reduz seu valor.**

Cabe destacar a dificuldade que o Estado de Santa Catarina admite ter para cumprir a ordem judicial consistente na adoção de medidas para coibir a prática da "Farra do Boi", a saber:

"O Tribunal de Justiça manteve condenação imposta ao governo estadual pelo descumprimento de ordem judicial consistente na adoção de medidas para coibir a prática da 'Farra do Boi' em território catarinense ao longo dos anos de 2002, 2003, 2004, 2005 e 2006.

Em decisão da 1ª Câmara de Direito Público, contudo, por maioria de votos, o valor da multa aplicada inicialmente em R$ 1,1 milhão foi reduzida para R$ 500 mil. Segundo o desembargador Vanderlei Romer, relator da matéria, as provas contidas nos autos demonstram que, ainda que insuficientes, o Executivo adotou medidas para tentar refrear a prática proibida em decisão do Supremo Tribunal Federal.

'O cumprimento deficiente não autoriza a exclusão da multa, mas permite a sua redução', explicou o magistrado. Para ele, campanhas chegaram a ser feitas e, em alguns períodos, as forças policiais

Diante disso, a prática da farra do boi, *nas localidades em que constitui exercício tradicional da cultura da região*, não importa violação ao preceito constitucional que veda práticas cruéis contra os animais, ainda que a saúde psíquica dos demais brasileiros que não fazem parte daquela região seja agredida com tal atividade cultural.

Por outro lado, desenvolvendo-se essa mesma prática em uma outra cidade que não tenha aludidos traços culturais e pretendendo-se, com isso, utilizá-la como forma de captação pecuniária, caracterizar-se-á ofensa constitucional à vedação da submissão dos animais à crueldade. Deve-se verificar que, inexistindo valores culturais de identificação de uma população ou povo, deixa de existir o aparente conflito entre o meio ambiente cultural e o meio ambiente natural, porquanto não mais existem valores culturais a serem privilegiados pela questionada prática.

## 6.7. FINALIDADE TERAPÊUTICA EM FACE DA SAÚDE DA PESSOA HUMANA

A Terapia Assistida por Animais (TAA), conforme destacam Almeida, Nascimento e Duarte, "é uma estratégia complementar que consiste em uma intervenção direcionada, individualizada e com critérios específicos, na qual o animal é parte integrante no tratamento", sendo certo que "o principal elemento é o emprego de animais (cachorros, gatos, coelhos, tartarugas, pássaros, entre outros) com a finalidade terapêutica de auxiliar no tratamento de pacientes", com visitas que podem "acontecer com a presença de um único animal ou um grupo deles"[21].

Destarte, como método terapêutico dentro de uma abordagem multidisciplinar e interdisciplinar, nas áreas de saúde, visando ao desenvolvimento biopsicossocial de pessoas com deficiência e/ou necessidades especiais, observamos também a relevância da fauna no que se refere a sua relação com a pessoa humana.

Verifique-se por exemplo a equoterapia, como método de reabilitação que utiliza o cavalo em abordagem interdisciplinar nas áreas de saúde, educação e equitação voltada ao desenvolvimento biopsicossocial da pessoa com deficiência, conforme estabelece a Lei n. 13.830/2019, que, ao dispor sobre referida prática, estabelece as normas jurídicas vinculadas ao tema.

---

demonstraram desejo de efetivamente coibir os tais festejos. Porém, a partir de informações colacionadas aos autos, com base em relatos jornalísticos, ficou demonstrado que as ocorrências continuaram e, em algumas localidades, até recrudesceram.

A ação original foi proposta por uma organização não governamental de defesa do meio ambiente. A multa aplicada, e agora reduzida, entretanto, não reverterá em seu benefício. Ela deverá ser recolhida ao Fundo Estadual para Recuperação de Bens Lesados. O relator lembra que a verba, desta forma, poderá inclusive ser utilizada para a realização de campanhas educativas e medidas de prevenção para a coibição total da farra do boi (Apelação Cível n. 2009.050178-1)" (<http://www.direito.memes.com.br/portal/portal.jsf.?post=24279>).

21. Fabiane de Amorim Almeida, Audrey Avelar do Nascimento e Adriana Maria Duarte, Terapia assistida por animais: a experiência dos enfermeiros com o uso desta prática em um hospital oncológico. *Investigação Qualitativa em Saúde//Investigación Cualitativa en Salud*, v. 2, Atas CIAIQ2016.

# 7. A FAUNA E A CAÇA

A caça é uma atividade permitida[22] e regulamentada em nosso ordenamento jurídico[23], e, de fato, acreditamos que, em algumas hipóteses, não deva ser extirpada, mas sim controlada, dentro de um critério de sustentabilidade. Podemos verificar que a criação de espaços ambientais especialmente protegidos é a forma encontrada pelo Estado, responsável pela *administração* dos bens ambientais (§ 1º do art. 225 da CF), para salvaguardar, inclusive, a fauna da ação predatória do homem.

Limitando a atividade predatória de caça, a Lei de Proteção à Fauna (antes denominada Código de Caça) estabelece restrições e permissões com relação a essa atividade. Vejamos.

## 7.1. CAÇA PROFISSIONAL

A caça profissional era conceituada pelo Decreto-Lei n. 5.894/43, o qual definia que o caçador profissional era aquele que procurava auferir lucros com o produto de sua atividade. Todavia, a Lei n. 5.197/67 – Lei de Proteção à Fauna – *proibiu* a caça profissional, conforme verificamos em seu art. 2º:

"Art. 2º É proibido o exercício da caça profissional".

Em face da esgotabilidade do bem ambiental fauna silvestre, assim como diante da sua importância no equilíbrio do ecossistema, e tendo em contrapartida os altos níveis de desemprego que assolam os países de terceiro mundo, se admitíssemos ou continuássemos a admitir a caça profissional, isso ocasionaria, por certo, um verdadeiro caos ecológico. Dessa forma, devemos aplaudir a vedação da caça profissional pela Lei de Proteção à Fauna.

## 7.2. CAÇA DE CONTROLE

A caça de controle destina-se ao reequilíbrio do ecossistema, em decorrência do aumento populacional de alguns animais.

O art. 3º, § 2º, da Lei n. 5.197/67 trata da matéria, determinando que:

---

22. O Plenário do Supremo Tribunal Federal (STF) ,em sessão virtual encerrada em 26-6-2020, julgou parcialmente procedente a Ação Direta de Inconstitucionalidade (ADI) 5.977 para permitir, no Estado de São Paulo, as modalidades conhecidas como caça de controle e caça científica. Por maioria de votos, o colegiado declarou a nulidade parcial do art. 1º e a inconstitucionalidade do art. 3º da Lei estadual n. 16.784/2018, excluindo de sua incidência a coleta de animais nocivos e a coleta destinada a fins científicos, hipóteses já previstas na Lei Nacional de Proteção à Fauna (Lei n. 5.197/1967).

23. Para a atividade de caça se faz necessária a obtenção da autorização/fiscalização do exército, conforme disposto no art. 1º, XXXIV, do Decreto n. 3.665/2000, R-105, que assim dispõe: "Art. 1º Este regulamento tem por finalidade estabelecer as normas necessárias para a correta fiscalização das atividades exercidas por pessoas físicas e jurídicas, que envolvam produtos controlados pelo Exército".

"§ 2º Será permitida, mediante licença da autoridade competente, a apanha de ovos, larvas e filhotes que se destinem aos estabelecimentos acima referidos, bem como a destruição de animais silvestres considerados nocivos à agricultura ou à saúde pública".

O aumento da espécie pode decorrer da própria ação do homem ou até mesmo de alterações no quadro natural em que vivem. Independentemente da causa determinante, a caça de controle é concebida.

Todavia, importa-nos questionar se, diante da caça de controle, a fauna silvestre deixa de ter função ecológica. Como foi possível verificar, a função ecológica da fauna silvestre reflete a harmonia entre a relação da sua existência e o hábitat em que vive. Entretanto, havendo uma superpopulação que impeça o equilíbrio, a função ecológica deixa de existir. Dessa forma, diante da caça de controle, a fauna silvestre deixa de possuir função ecológica.

Vale salientar ser ponderável que, antes que se proceda à caça de controle, existam atividades de *manejo ecológico* e avaliações de impacto ambiental.

É necessário frisar que, por disposição legal, o produto decorrente da caça de controle *não é passível de comercialização*, conforme determina o art. 3º da Lei n. 5.197/67:

"Art. 3º É proibido o comércio de espécimes da fauna silvestre e de produtos e objetos que impliquem a sua caça, perseguição, destruição ou apanha".

Assim, temos que a permissão conferida pelo § 2º desse art. 3º somente diz respeito à caça e não ao seu comércio.

## 7.3. CAÇA DE SUBSISTÊNCIA

A caça de subsistência é permitida, apesar de a Lei de Proteção à Fauna não prever tratamento sobre ela, porque o fundamento de sua existência baseia-se na própria inviolabilidade do direito à vida. Desse modo, se a caça é de subsistência, legítima a sua prática, pois o que se tutela é o exercício do direito à vida.

Vale frisar que, com fundamento no já aludido art. 3º, o que se permite é a caça de subsistência e *não o comércio do seu produto*.

## 7.4. CAÇA CIENTÍFICA

Esta espécie de caça é justificada pela finalidade científica da fauna. A Lei de Proteção à Fauna reservou-lhe tratamento no art. 14, ao preceituar que:

"Art. 14. Poderá ser concedida a cientistas, pertencentes a instituições científicas, oficiais ou oficializadas, ou por estas indicadas, licença especial para coleta de material destinado a fins científicos, *em qualquer época*.

§ 1º Quando se tratar de cientistas estrangeiros, devidamente credenciados pelo país de origem, deverá o pedido de licença ser aprovado e encaminhado ao órgão público federal competente, por intermédio de instituição científica oficial do país.

§ 2º As instituições a que se refere este artigo, para efeito de renovação anual da licença, darão ciência ao órgão público federal competente das atividades dos cientistas licenciados no ano anterior.

§ 3º As licenças referidas neste artigo não poderão ser utilizadas para fins comerciais ou esportivos.

§ 4º Aos cientistas das instituições nacionais que tenham por lei a atribuição de coletar material de zoológico, para fins científicos, *serão concedidas licenças permanentes*" (grifo nosso).

Cabem a esse artigo alguns reparos. Primeiramente, deve-se mencionar que a licença não pode ser concedida *em qualquer época*, porquanto a própria lei, no seu art. 10, *j*, determina que não poderá haver caça de espécies silvestres fora do período permitido.

Aludido período é fixado pelo órgão público federal competente, nos termos do art. 8º da Lei n. 5.197/67. Dessa feita, se um determinado animal estiver em fase de reprodução, não se permitirá, nem para fins científicos, a sua captura, caça ou apanha. Restrições ainda existirão em relação aos locais onde poderá ser praticada a caça.

Além disso, não há como conceber a autorização permanente, mas apenas para determinada época, em certos locais, respeitando-se as condições específicas daquele bioma. Acrescente-se ainda que o art. 8º acaba por não permitir que a autorização tenha validade para mais de um ano, uma vez que determina que: anualmente será publicada e atualizada: "a) a relação das espécies cuja utilização, perseguição, caça ou apanha será permitida, indicando e delimitando as respectivas áreas; b) a época e o número de dias em que o ato será permitido; c) a quota diária de exemplares cuja utilização, perseguição, caça ou apanha será permitida".

## 8. RODEIOS DE ANIMAIS E A LEI N. 10.519/2002

A Lei n. 10.519/2002, ao dispor sobre a promoção, assim como a fiscalização da defesa sanitária animal quando da realização de rodeio[24], acabou por compatibilizar a

---

24. O rodeio surgiu com os *cowboys* nas fazendas do Oeste americano, no século XIX, como atividade de exibição e disputa dos trabalhadores depois do trabalho (passavam o tempo livre brincando de montaria e de laço). Em Barretos, cidade do interior de São Paulo cuja principal atividade econômica é a agropecuária e que conta nos dias de hoje com o Parque do peão, projetado pelo arquiteto Oscar Niemeyer, para abrigar a tradicional Festa do Peão de Boiadeiro, o primeiro registro de rodeio é de 1955 (enquanto o gado era levado das fazendas para os frigoríficos, os peões competiam entre si para "sair da rotina", dando início às competições, então realizadas em circos improvisados). O cutiano – modalidade inventada no Brasil que consiste em prova a cavalo com peão puxando esporas que não têm pontas ao longo do pescoço do animal em direção ao arreio – a prova da moda. Ainda que de duvidoso valor cultural, em face das modas de viola sertanejas, da religiosidade em certa medida existente quando dos encontros, bem como

proteção jurídica do meio ambiente natural em face do meio ambiente cultural e do trabalho, harmonizando no plano infraconstitucional a defesa da fauna em face dos modos de viver de alguns brasileiros em determinadas regiões do País.

A lei determina a aplicação das disposições gerais relativas à defesa sanitária animal aos rodeios de animais, definindo-os como "as atividades de montaria ou de cronometragem e as provas de laço, nas quais são avaliados a habilidade do atleta em dominar o animal com perícia e o desempenho do próprio animal" (art. 1º, parágrafo único, da Lei n. 10.519/2002), fixando vários deveres às entidades promotoras do rodeio não só no que se refere à integridade física dos animais[25] como evidentemente em favor dos denominados profissionais do rodeio[26].

Os profissionais do rodeio, a saber, os peões de boiadeiro, "os madrinheiros", os "salva-vidas" (também conhecidos como peões-palhaços), os domadores, os porteiros, os juízes e os locutores, passam a ter alguns benefícios, que deverão ser suportados economicamente pelos organizadores/entidades promotoras de rodeios, dentro de uma visão legislativa que consolida aludidas atividades não só no plano cultural mas principalmente no econômico.

A partir da Lei n. 10.519/2002, estão autorizados os organizadores de rodeio a promover as atividades descritas no parágrafo único do art. 1º, desde que comuniquem ao órgão estadual competente a realização das provas com antecedência mínima de trinta dias, demonstrando aptidão legal para cumprir com suas obrigações em todos os planos – e evidentemente no plano ambiental – e indicando desde logo o médico veterinário responsável, inclusive para os efeitos do que estabelece o art. 3º, II, da regra ambiental ora comentada.

Dessarte, as entidades promotoras do rodeio passam a ter, por força de lei, algumas obrigações, destinadas não só a resguardar a integridade física dos profissionais que atuam nas atividades como a própria integridade física dos animais participantes do evento[27]. No que se refere aos profissionais, a lei determina caber às entidades promotoras do rodeio, a suas expensas, prover: 1) infraestrutura completa para

---

a presença do berrante e de comidas típicas, os rodeios sem dúvida alguma se destacam como importante atividade econômica vinculada ao lazer de brasileiros, principalmente nas regiões Centro-Oeste, Sul e Sudeste, levando às arenas do país muitas vezes público maior que o atraído pelo futebol nos estádios (segundo dados da Federação Nacional do Rodeio Completo, as 1.200 competições realizadas no Brasil no ano de 1997 reuniram 24 milhões de espectadores – sete vezes mais que os jogos do Campeonato Brasileiro de futebol do mesmo ano). Dentre as provas existentes no rodeio brasileiro se destacam a prova de montaria em touro, o cutiano, o peão a cavalo, duplas – cabeceiro/peseiro, velocidade, tambor (para mulheres) etc.

25. Estudos de médicos veterinários estabelecem argumentos no sentido de que, além da dor física, o barulho, as luzes e as cordas usadas como apetrechos nos animais causam estresse.

26. Pesquisas demonstram que cada pulo do animal é sentido pela coluna do peão como se ele tivesse caído sentado no chão. A repetição dos impactos pressiona os discos gelatinosos que separam as vértebras, principalmente da região lombar, sendo comum advir a hérnia de disco.

27. Entre os animais participantes do rodeio merecem destaque os touros (nelore, holandês, caracu, *red bull*) e os cavalos (árabe, crioulo, manga-larga e quarto de milha).

atendimento médico, com ambulância de plantão e equipe de primeiros socorros, com presença obrigatória de clínico geral (art. 3º, I); 2) arena das competições e bretes (corredores dentre fileiras de estacas ou aramados por onde os animais são conduzidos para a arena) cercados com material resistente e com piso de areia ou outro material acolchoador, próprio para o amortecimento do impacto de eventual queda do peão de boiadeiro (art. 3º, IV)[28]; e 3) contrato de seguro pessoal de vida e invalidez temporária destinado aos aludidos profissionais (art. 6º). Já no que se refere à incolumidade física dos animais, determina a lei que a entidade promotora assegure: 1) médico veterinário habilitado, responsável pela garantia da boa condição física e sanitária dos animais (observando-se inclusive, conforme determina o art. 2º, o controle da febre aftosa e da anemia infecciosa equina) e pelo cumprimento das normas disciplinadoras a quem a lei atribui a obrigação de impedir maus-tratos e injúrias de qualquer ordem (art. 3º, II); 2) transporte dos animais em veículos apropriados e instalação de infraestrutura que garanta a integridade física deles durante sua chegada, acomodação e alimentação (art. 3º, III); 3) arena das competições e bretes cercados com material resistente e com piso de areia ou outro material acolchoador, próprio para o amortecimento do impacto de eventual queda do animal montado (art. 3º, IV).

A lei também estabeleceu regras vinculadas aos apetrechos técnicos utilizados nas montarias no âmbito da realização de rodeios no sentido de delimitar, no plano infraconstitucional, a determinação estabelecida no art. 225, VII, da Constituição Federal. Os acessórios antes mencionados não poderão, conforme determina o art. 4º da lei, causar injúrias ou ferimentos aos animais, devendo obedecer a normas estabelecidas pela entidade representativa do rodeio, que deverá, por sua vez, apoiar-se naquilo que a lei chama de "regras internacionalmente aceitas" (art. 4º). A lei disciplina ainda que as cintas, cilhas e barrigueiras[29] deverão ser confeccionadas em lã natural, com dimensões adequadas, para garantir o que o legislador chama de "conforto dos animais" (art. 4º, § 1º). O uso de esporas com rosetas pontiagudas ou qualquer outro instrumento destinado a ocasionar ferimento nos animais – tais como chicotes – passa a ser expressamente proibido pela lei (art. 4º, § 2º), inclusive aparelhos que provoquem choques elétricos.

As condutas e atividades consideradas pela Lei n. 10.519/2002 lesivas aos destinatários da norma – a saber, profissionais do rodeio e animais participantes das atividades – sujeitarão os infratores (pessoas físicas ou jurídicas vinculadas à atividade) não só às sanções administrativas indicadas no art. 7º, I a III (advertência por escrito, suspensão temporária e suspensão definitiva do rodeio, que se aplicam evidentemente apenas em face da atividade econômica organizada) como a "outras penalidades

---

28. Estudos mostram que de fato são frequentes em rodeios as distensões enquanto o peão está montado, assim como as torções e fraturas quando ele cai. Os acidentes mais frequentes são as fraturas, as torções e as distensões musculares.

29. Assim como eventualmente o sedém ou sedenho, tira feita de lã ou de rabo de cavalo que, ao ficar atada à virilha do bicho, estimula-lhe os pulos.

previstas em legislação específica" (art. 7º), o que nos leva a observar necessariamente a aplicação da Lei n. 9.605/98 em matéria criminal e da Lei n. 6.938/81 e demais normas cabíveis no plano da obrigação de reparar dano causado.

Daí ser importante observar que a responsabilidade chamada civil das entidades promotoras de rodeios, principalmente em face dos profissionais responsáveis pelas atividades indicadas no parágrafo único do art. 1º, é objetiva, em decorrência de cuidarmos de matéria adstrita ao direito ambiental brasileiro.

## 9. MANIFESTAÇÕES CULTURAIS, FAUNA E DIREITO AMBIENTAL

O art. 215 da Constituição Federal, ao determinar ao Estado Democrático de Direito o apoio e o incentivo à valorização assim como à difusão das *manifestações culturais*, adotou importante visão destinada a assegurar, concretamente, a tutela do patrimônio cultural brasileiro[30], em proveito dos grupos que formaram a sociedade brasileira (art. 216).

Assim, as *práticas culturais em nosso país, entendidas fundamentalmente como atividades de recepção e produção cultural*, estão claramente associadas aos *hábitos culturais* (entendendo-se por *hábito*, como explica Teixeira Coelho[31], uma disposição duradoura adquirida pela reiteração do ato), particularmente diante de atividades que "movem um grupo ou comunidade numa determinada direção, previamente definida sob um ponto de vista estético, ideológico etc.", restando embutida em referida *concepção um juízo de valor*.

Referidos hábitos, num primeiro momento, foram incorporados em nossa Carta Magna de 1988 a partir da proteção das diferentes manifestações das culturas participantes de nosso processo civilizatório, a saber, as culturas populares[32], indígenas, afro-brasileiras, bem como de outros grupos participantes do processo civilizatório nacional[33], conforme estabelece o art. 215, § 1º, da Constituição Federal, no sentido de respeitar nossa mais importante biodiversidade: a humana.

---

30. O *direito brasileiro*, conforme argumentamos de forma reiterada, é exemplo claro de produto cultural, caracterizando-se, dentro de nossa realidade, por ser *verdadeiro patrimônio cultural*, constituindo bem de natureza material e imaterial portador de referência (enquanto forma de expressão) à identidade, à ação, assim como à memória dos diferentes grupos formadores da sociedade brasileira (art. 216). O direito brasileiro, por via de consequência, diz respeito ao meio ambiente cultural.

31. *Dicionário crítico de política cultural*, Fapesp/Iluminuras, 1997, *passim*.

32. Bem representativo da *cultura popular* é a celebração feita ao bode na cidade de Cabeceiras (2 a 6 de junho) no Cariri Paraibano. A *Festa do Bode Rei* enfatiza a importância do animal na economia da região e sua capacidade de resistência e adaptação à seca nordestina. Quem vai ao Cariri tem até mesmo a oportunidade de degustar a denominada gastronomia "bodística", formada por pratos como pizza de bode, mec bode, pinga bode, xixi de cabrita, buchada, linguiça e carne de sol feita de bode.

33. No que se refere à *cultura associada aos imigrantes* (portugueses, alemães, italianos, espanhóis, japoneses, sírio-libaneses etc.), *vide* nosso *O direito de antena em face do direito ambiental no Brasil*, São Paulo, Saraiva, 2000, *passim*.

Todavia, não se olvidou nossa Carta Magna de igualmente observar a tutela jurídica evidenciada pelos *novos hábitos* criados por força da fortíssima influência dos *meios de comunicação social*, principalmente em face da *programação de emissoras de rádio e televisão* (arts. 220 a 224 da CF), afetando os modos de criar, fazer e mesmo de viver dos brasileiros e estrangeiros residentes no País. Por via de consequência, os diferentes temas vinculados à cultura brasileira e, portanto, às manifestações culturais (inclusive o direito constitucional em vigor) necessariamente passaram a se submeter também aos novos hábitos culturais antes mencionados, revelando as diferentes posturas relacionadas a interpretar o direito positivo.

Daí o conceito jurídico de fauna ter evoluído não só em função de sua inclusão formal no texto constitucional positivado (art. 225, § 1º, VII), senão em decorrência de uma nova interpretação jurídica, fundamentada nos novos hábitos culturais dos brasileiros, hábitos em que as necessidades da pessoa humana devem observar condutas equilibradas em face dos recursos ambientais, além de hábitos "criados" pela sociedade de consumo, controladora dos meios de comunicação social.

Dessarte, restou bem posicionada a evolução cultural refletida nas normas jurídicas: outrora definida como coisa[34], passando a fauna a ser protegida constitucionalmente como bem ambiental[35, 36, 37 e 38] dentro de uma nova visão em que a proteção

---

34. Explica Robert Delort que a atividade de criação dos *animais na Idade Média* se definia de maneira socioeconômica, mas também biológica e *cultural*. Na explicação do autor, não podemos dissociar "o conjunto de modificações nas relações dos grupos humanos com as espécies vegetais ou animais, cujo efeito é substituir uma exploração sem contrapartida (predação) por uma relação simbiótica da qual essas espécies tiram proveito", da definição dada em 1992 por A. Gautier de "um processo de microevolução iniciado pelo isolamento de um número restrito de indivíduos de uma espécie selvagem particular, em um nicho ecológico especial, estabelecido pelo homem e que obriga esses animais a viverem e a se reproduzirem sob sua tutela e em seu proveito". Dessa forma, diz o autor, "são buscados produtos de alimentação (carne, gordura, ovos, leite, até moluscos ou mel), de vestuário (couro, lã, seda, crina, plumas, pele), de ornamentação, de energia e força (boi, cavalo, asno, mula), de comportamentos bem orientados (gato e, sobretudo, cachorro) de uma companhia objeto de numerosas transferências; e, às vezes, tudo isso ao mesmo tempo. Acima de tudo, nesse processo, o homem manifesta sua vontade de dominação sobre os seres vivos em seu conjunto e, em particular, sobre aqueles que podem claramente expressar sua submissão, mesmo porque, na Criação (*Gênesis* 1, 28), Deus claramente convocou o homem para dominar os animais. A submissão, amansamento ou adestramento individual de certos animais selvagens aconteceu durante toda a Idade Média, mas a verdadeira domesticação estendeu-se por milênios e ainda está em curso, com a constituição de espécies ou de raças diferentes das primitivas". *Vide Dicionário temático do ocidente medieval*, de Jacques Le Goff e Jean-Claude Schmitt, Imprensa Oficial/Edusc, 2002, v. 1, *passim*.

35. Em Roma, os *animais assim como os escravos* eram tratados juridicamente como *coisas móveis que se deslocavam por força orgânica própria* – os chamados *semoventes* (*que se movem por si*). Explica José Carlos Moreira Alves que " às coisas semoventes alude uma Constituição de Justiniano (C, 7, 37, 3, 1, *d*), do ano de 531 d. C.)".

*Vide Direito romano*, 7. ed. rev. e acrescentada, Rio de Janeiro, Forense, 1990, v. 1.

da vida em todas as suas formas deve atender ao fundamento da dignidade da pessoa humana (art. 1º, III, da CF), ante seu conteúdo cultural.

Podemos concluir que as novas normas jurídicas ambientais, como as Leis n. 9.605/98 (sanções penais e administrativas derivadas de condutas e atividades lesivas ao meio ambiente), 9.985/2000 (regulamenta o art. 225, § 1º, I, II, III e VII, da CF) e 10.519/2002 (dispõe sobre a promoção e a fiscalização da defesa sanitária animal quando da realização de rodeio e dá outras providências) passaram a revelar claramente essa nova "tendência" destinada a adequar as manifestações culturais diante da fauna no sentido de harmonizar nossas práticas culturais em proveito da dignidade da pessoa humana.

## 10. CRIAÇÃO E UTILIZAÇÃO DE ANIMAIS EM ATIVIDADES DE ENSINO E PESQUISA CIENTÍFICA EM FACE DO DIREITO AMBIENTAL CONSTITUCIONAL: A LEI N. 11.794/2008

Destinada a regulamentar o inciso VII do § 1º do art. 225 da Constituição Federal, estabelecendo procedimentos para o uso científico de animais (criação e utilização de animais em atividades de ensino e pesquisa científica), a Lei n. 11.794/2008 não só restringe a utilização de animais em atividades educacionais aos estabelecimentos de ensino superior e estabelecimentos de educação profissional técnica de nível médio da área biomédica como ratifica a interpretação antropocêntrica do direito ambiental em proveito da vida ao definir a morte do animal por "meios humanitários"[39].

---

36. Martin Wolff, ao explicar o tema da aquisição da propriedade por apropriação, destaca que "apropiación es la adquisición de la propiedad por acto propio unilateral. Respecto a las cosas muebles, tiene lugar mediante aprehensión de la posesión en nombre propio. Pude ser apropiación libre si la facultad de adquirir corresponde a todos o apropiación en base a un 'derecho de apropiación'. Solo son susceptibles de apropiación libre las *cosas nullius*, o sean, las cosas cuya propiedad no es de nadie. *Las que nunca han sido propiedad de nadie, como las conchas en la playa o los animales fieros en libertad. Los animales encerrados en jaulas y, divergindo del derecho común, los que hallan en los parques zoológicos, así como los peces en aguas derradas de propiedad privada (como estanques) no son cosas* nullius". Para uma consulta ampla a respeito dos animais e sua natureza jurídica no direito alemão, *vide Derecho de cosas*, por Martin Wolff, 3. ed., Barcelona, Bosch, 1971, *passim*.

37. Conforme afirmava Orlando Gomes: "Há *coisas* que podem integrar o patrimônio das pessoas, mas não estão no de ninguém. São as *res nullius* e as *res derelictae*. *Res nullius* as que a ninguém pertencem atualmente, mas podem vir a pertencer pela ocupação como os *animais* de caça e pesca". *Vide* Orlando Gomes, *Introdução ao direito civil*, 12. ed., Rio de Janeiro, Forense, p. 208; no mesmo sentido Clóvis Beviláqua, *Código Civil comentado*, 10. ed., 1956, v. 3, p. 108 e s.

38. A *fauna*, conforme estabelece o *art. 2º, IV, da Lei n. 9.985/2000*, é em nossa legislação um *recurso ambiental*, tendo natureza jurídica de *bem ambiental*. A Lei n. 6.938/81, com redação dada pela Lei n. 7.804/89, já estabelecia que a fauna devia ser entendida juridicamente como recurso ambiental.

39. "Art. 3º Para as finalidades desta Lei entende-se por:

(...)

**IV – morte por meios humanitários: a morte de um animal em condições que envolvam, segundo as espécies, um mínimo de sofrimento físico ou mental.**"

Dessarte, a norma reconhece no plano infraconstitucional o comando da Carta Magna destinado a vedar práticas que submetam os animais[40] a crueldade, observando evidentemente necessária interpretação sistemática em face dos arts. 205 a 207, 215, 216, bem como arts. 217 a 219 da Constituição Federal, estabelecendo, portanto, a referida norma federal, "uma natureza permissiva no que diz respeito à utilização de animais em atividades de ensino e pesquisas científicas, desde que sejam observadas algumas condições relacionadas aos procedimentos adotados, que visam a evitar e/ou atenuar o sofrimento dos animais"[41].

## 11. A PROIBIÇÃO DO USO DE ANIMAIS PARA O DESENVOLVIMENTO, EXPERIMENTOS E TESTES DE PRODUTOS COSMÉTICOS, DE HIGIENE PESSOAL, PERFUMES E SEUS COMPONENTES

Exatamente em face da matéria aduzida anteriormente (CRIAÇÃO E UTILIZAÇÃO DE ANIMAIS EM ATIVIDADES DE ENSINO E PESQUISA CIENTÍFICA EM FACE DO DIREITO AMBIENTAL CONSTITUCIONAL: A LEI N. 11.794/2008) e pela oportunidade do julgamento da ADI 5.966[42], o Supremo Tribunal Federal teve a oportunidade de apreciar o tema da utilização de animais para o desenvolvimento, experimentos e testes de produtos cosméticos, de higiene pessoal e perfumes, sendo certo que destacou a atuação da legislação de vários Estados que optaram por seguir um movimento mundial no sentido de proibir os experimentos e testes de cosméticos em animais, o que não torna censurável o exercício de competência concorrente para tratar do tema, visando à proteção da vida animal como é o caso dos Estados de São Paulo (Lei n. 15.316/2014), Paraná (Lei n. 18.668/2015), Amazonas (Lei n. 289/2015), Pará(Lei n. 8.361/2016), Mato Grosso do Sul (Lei n. 4.538/2017), Rio de Janeiro (Lei n. 7.814/2017) e Minas Gerais (Lei n. 23.050/2018). Assim, uma vez mais realçando nossa interpretação, estabeleceu o STF entendimento no sentido de que "em matéria de proteção ambiental, especificamente, e aqui entra a defesa da fauna, a opção tomada pelo Constituinte foi a de partilhar competências materiais e legiferantes", tudo conforme assinalado no julgado com a transcrição do art. 24, VI, da CF acatando opção "por seguir um movimento mundial no sentido de proibir os experimentos e testes de cosméticos em animais".

---

40. "Art. 2º O disposto nesta Lei aplica-se aos animais das espécies classificadas como filo **Chordata**, subfilo **Vertebrata**, observada a legislação ambiental.

Art. 3º Para as finalidades desta Lei entende-se por:

I – filo **Chordata**: animais que possuem, como características exclusivas, ao menos na fase embrionária, a presença de notocorda, fendas branquiais na faringe e tubo nervoso dorsal único;

II – subfilo **Vertebrata**: animais cordados que têm, como características exclusivas, um encéfalo grande encerrado numa caixa craniana e uma coluna vertebral;"

41. ADI 5.996 / AM, Rel. Min. Alexandre de Moraes, j. 15-4-2020, Tribunal Pleno, processo eletrônico, *DJe*-105, divulg. 29-4-2020, public. 30-4-2020.

42. ADI 5.996 / AM, Rel. Min. Alexandre de Moraes, j. 15-4-2020, Tribunal Pleno, processo eletrônico, *DJe*-105, divulg. 29-4-2020, public. 30-4-2020.

## 12. PRÁTICAS DESPORTIVAS QUE UTILIZAM ANIMAIS EM FACE DO MEIO AMBIENTE CULTURAL E O BEM-ESTAR ANIMAL

### 12.1. INTRODUÇÃO

Proposta pelo Senador Otto Alencar e visando a acrescentar o § 7º ao art. 225 da Constituição Federal, para permitir a realização de práticas desportivas que utilizem animais dentro de um contexto de manifestações culturais registradas como patrimônio cultural brasileiro que não atentem contra o bem-estar animal, a EC 96/2016, depois de passar por regular tramitação legislativa, foi aprovada com a seguinte redação[43]:

> "Art. 225. (...)
>
> § 7º Para fins do disposto na parte final do inciso VII do § 1º deste artigo, não se consideram cruéis as práticas desportivas que utilizem animais, desde que sejam manifestações culturais, conforme o § 1º do art. 215 desta Constituição Federal, registradas como bem de natureza imaterial integrante do patrimônio cultural brasileiro, devendo ser regulamentadas por lei específica que assegure o bem-estar dos animais envolvidos" (incluído pela Emenda Constitucional n. 96, de 2017).

Destarte, dentro de uma análise sistemática da Lei Maior, notamos que a Constituição Federal, ao garantir a proteção da fauna (art. 225, VII, da Lei Maior), veda (impede) na forma da lei: 1) práticas que coloquem em risco sua função ecológica, 2) práticas que provoquem a extinção de espécies, bem como 3) práticas que submetam os animais a crueldade, sendo certo que, no que se refere a práticas que submetam animais à crueldade, a **Constituição Federal não considera cruel prática desportiva que utilize animais**[44] desde que:

"1) sejam manifestações culturais, conforme o § 1º do art. 215 desta Constituição Federal,

2) que referidas manifestações culturais sejam registradas como bem de natureza imaterial integrante do patrimônio cultural brasileiro,

3) que referidas manifestações culturais sejam regulamentadas por lei específica que assegure o bem-estar dos animais envolvidos".

O tema merece análise visando a sua efetividade, em face de necessária interpretação sistemática no âmbito do direito ambiental constitucional.

Senão, vejamos.

---

43. Entrou em vigor em 6 de junho de 2017.

44. A obrigação de o Estado garantir a todos o pleno exercício de direitos culturais, incentivando a valorização e a difusão das manifestações, não prescinde da observância do disposto no inciso VII do art. 225 da Carta Federal, o qual veda prática que acabe por submeter os animais à crueldade. Discrepa da norma constitucional a denominada "vaquejada" (ADI 4.983, Rel. Min. Marco Aurélio, j. 6-10-2016, P, *DJE*, 27-4-2017).

## 12.2. A PROTEÇÃO DA FAUNA DENTRO DA RELAÇÃO JURÍDICA AMBIENTAL CONSTITUCIONAL: O ART. 225, § 1º, VII, DA CONSTITUIÇÃO FEDERAL E OS ORGANISMOS QUE PERTENCEM AO DENOMINADO REINO ANIMALIA

Indicada no plano constitucional em face do necessário contexto interpretativo do art. 225 da Constituição Federal, contexto devidamente desenvolvido na forma do que já aludimos anteriormente na presente obra, podemos afirmar, como de fato sempre afirmamos[45], que uma tarefa das mais complexas no âmbito do direito ambiental brasileiro é o estudo da fauna, pelo simples fato de que tais bens sempre possuíram, em face de tradicional interpretação jurídica e cultural eurocêntrica e do século XIX, uma atávica concepção de natureza privatista, fortemente influenciada pela nossa doutrina civilista do começo do século XX, que os estudava exclusivamente como algo que poderia ser objeto de propriedade, no exato sentido que eram vistos como *res nullius*.

Lembrando nosso sempre Mestre Orlando Gomes: "Há coisas que podem integrar o patrimônio das pessoas, mas não estão no de ninguém. São as *res nullius* e as *res derelictae*. *Res nullius*, as que a ninguém pertence atualmente, mas podem vir a pertencer pela ocupação, como os animais de caça e pesca".

Entretanto, essa concepção foi modificada, porque se passou a constatar e valorizar a inevitável influência da fauna na formação do equilíbrio ecológico e cultural, o qual é imprescindível à sobrevivência da pessoa humana.

Buscando resguardar as espécies, porquanto a fauna, através da sua função ecológica, possibilita a manutenção do equilíbrio dos ecossistemas, é que se passou a considerá-la como um bem de uso comum do povo, indispensável à sadia qualidade de vida.

Com isso, abandonou-se no seu tratamento jurídico o regime privado de propriedade, verificando-se que a importância das suas funções reclamava uma tutela jurídica adequada à sua natureza. Dessa forma, em razão de suas características e funções, a fauna, com o advento de nossa Carta Magna, passou a receber natureza jurídica de bem ambiental.

Vale ressaltar que, em vista da necessidade de conservação e preservação da fauna, resta desautorizado o entendimento de que ela seja *res nullius*. Isso porque as espécies são articuladas em proveito de todos os indetermináveis titulares que têm o direito difuso ao meio ambiente, ou seja, o direito ao uso dos bens ambientais na forma disciplinada por nossa Constituição Federal.

Destarte, a Constituição Federal de 1988, no seu art. 225, § 1º, VII, ao aludir à proteção da fauna, **não delimitou o seu conceito**, possibilitando ao legislador infraconstitucional o preenchimento dessa lacuna.

---

45. *Vide*, até o momento, as vinte edições de nossa obra *Curso de direito ambiental brasileiro*, da 1ª edição (Celso Antonio Pacheco Fiorillo, *Curso de direito ambiental brasileiro*, 1. ed., Saraiva, 2000) até a presente edição (Celso Antonio Pacheco Fiorillo, *Curso de direito ambiental brasileiro*, 18. ed., rev., ampl. e atual., Saraiva, 2018).

Segundo o referido dispositivo, constitui tarefa do Poder Público "proteger a fauna e a flora, vedadas, *na forma da lei*, as práticas que coloquem em risco sua função ecológica, provoquem a extinção de espécies ou submetam os animais a crueldade".

O preenchimento desse conceito, como tarefa essencial visando a dar efetividade ao comando constitucional, possibilitou em parte a recepção da Lei n. 5.197/67 (Lei de Proteção à Fauna)[46], que determina, em seu art. 1º, *caput*, que:

> "Art. 1º Os animais de quaisquer espécies em qualquer fase do seu desenvolvimento e que vivem naturalmente fora do cativeiro, constituindo a fauna silvestre, bem como seus ninhos, abrigos e criadouros naturais são propriedades do Estado, sendo proibida a sua utilização, perseguição, destruição, caça ou apanha".

Todavia, esse artigo tratou de restringir o conteúdo da fauna, resumindo o objeto de proteção da lei à *fauna silvestre*. Entretanto, o legislador constituinte *não pretendeu delimitar* a fauna a ser tutelada, porquanto objetiva-se que a lei busque preservá-la, colocando-a a salvo das práticas que representem risco a sua função ecológica e à extinção das espécies e que submetam os animais a crueldade.

Aceitar que a única fauna a ser tutelada é a silvestre é distanciar-se do comando constitucional, porque, se assim fosse, os animais domésticos não seriam objeto de tutela. Deve-se observar em relação a estes que, embora não possuam função ecológica e não corram risco de extinção (porquanto são domesticados), na condição de integrantes do coletivo fauna, devem ser protegidos contra as práticas que lhes sejam cruéis, de acordo com o senso da coletividade.

Por outro lado, o fato de a Lei de Proteção à Fauna não se reportar à fauna doméstica não autoriza a realização de práticas cruéis contra os animais que a integrem. Na verdade, a Lei n. 5.197/67 restringiu-se apenas ao tratamento legal da fauna silvestre porque esta é que correria o risco de extinção ou perda da sua função ecológica, em razão das ações predatórias humanas.

Concluindo, a Constituição Federal, ao prescrever a incumbência do Poder Público e da coletividade de proteger a fauna, fê-lo de forma ampla, não restringindo a tutela à fauna silvestre somente[47 e 48].

---

46. Como vimos, em razão de suas *características* e *funções*, a fauna recebeu a natureza jurídica de bem ambiental em face do que determina a Constituição Federal. Destarte, os animais de quaisquer espécies mencionados no art. 1º da Lei n. 5.197/67 – excluindo-se evidentemente os animais domésticos, em face da interpretação sistemática do art. 225 da CF combinado com o conteúdo indicado nos arts. 1º, III, 6º, 215, 216 e 226 da Constituição Federal –, não são propriedades do Estado e, sim, bens de uso comum do povo eventualmente gerenciados pelo Estado.

47. Cabe ratificar que no âmbito do atual direito ambiental constitucional os animais são bens sobre os quais incide a ação da pessoa humana. Com isso, deve-se frisar que animais e vegetais não são sujeitos de direitos, porquanto a proteção do meio ambiente existe para favorecer a própria pessoa humana e somente por via reflexa para proteger as demais espécies. Com relação ao regime de titularidade a que a fauna está sujeita devemos mencionar ainda que houve uma substancial alteração no regime da

titularidade da fauna. Isso porque, sob o prisma do Código de Caça (Decreto-Lei n. 5.894/43) e do Código de Pesca (Decreto-Lei n. 794/38), as espécies componentes da fauna eram consideradas *res nullius*, ou seja, algo que, embora passível de domínio, em dado momento não possuía senhor, seja pelo fato de nunca ter tido um, seja, ainda, por ter sido abandonado.

Com o advento da Lei n. 5.197/67, que revogou o antigo Código de Caça (Decreto-Lei n. 5.894/43), o tratamento dispensado à fauna refletiu a preocupação do legislador com a esgotabilidade do bem e a sua importância no equilíbrio do ecossistema necessário à manutenção das espécies. Através do art. 1º da citada lei, a fauna silvestre era tida como um bem público, pertencente à União.

Com a conjugação legislativa existente entre a Constituição Federal (art. 225) e o Código de Proteção e Defesa do Consumidor (art. 81, parágrafo único, I), temos que os chamados bens ambientais não mais são enquadrados na categoria de públicos, mas sim na de bens difusos.

Dessa forma, enquanto a fauna e a flora possuírem a denominada função ecológica a que alude a Constituição Federal no seu art. 225, § 1º, VII, elas serão consideradas bens ambientais e, por conseguinte, difusos. Portanto, a titularidade da fauna é indeterminável. Isso porque os bens difusos não são passíveis de apropriação, já que submetidos a um regime de administração pelo Estado, que permite o uso e gozo racional, com a conservação deles, em virtude de sua titularidade indeterminável.

*Vide*, de forma detalhada e ampla:

Celso Antonio Pacheco Fiorillo, *Curso de direito ambiental brasileiro*, 17. ed., rev., ampl. e atual., São Paulo, Saraiva, 2015. Celso Antonio Pacheco Fiorillo; Paulo Ferreira; Dione Mari Morita, *Licenciamento ambiental*, 2. ed., São Paulo, Saraiva, 2015. Celso Antonio Pacheco Fiorillo, *Princípios do direito processual ambiental*: a defesa judicial do patrimônio genético, do meio ambiente cultural, do meio ambiente digital, do meio ambiente artificial, do meio ambiente do trabalho e do meio ambiente natural no Brasil, 6. ed., São Paulo, Saraiva, 2016. Celso Antonio Pacheco Fiorillo; Renata Marques Ferreira, *Tutela jurídica do patrimônio genético em face da sociedade da informação*, Rio de Janeiro, Lumen Juris, 2016. Celso Antonio Pacheco Fiorillo, *Crimes ambientais*, São Paulo, Saraiva, 2012. Celso Antonio Pacheco Fiorillo; Renata Marques Ferreira, *Direito ambiental contemporâneo*. São Paulo, Saraiva, 2015. Celso Antonio Pacheco Fiorillo; Renata Marques Ferreira, *Curso de direito da energia*: tutela jurídica da água, do petróleo, do biocombustível, dos combustíveis nucleares, do vento e do sol, 3. ed., São Paulo, Saraiva, 2015. Celso Antonio Pacheco Fiorillo; Renata Marques Ferreira, *Direito ambiental tributário*, 3. ed., São Paulo, Saraiva, 2010. Celso Antonio Pacheco Fiorillo; Renata Marques Ferreira, *Comentários ao estatuto da cidade – Lei n. 10.257/2001 – lei do meio ambiente artificial*, São Paulo, Saraiva, 6. ed., 2014. Celso Antonio Pacheco Fiorillo; Renata Marques Ferreira, *Comentários ao código florestal – Lei n. 12.651/2012*, São Paulo, Saraiva, 2013. Celso Antonio Pacheco Fiorillo; Renata Marques Ferreira, Fundamentos constitucionais do direito ambiental brasileiro, *Revista do Instituto do Direito Brasileiro (RIDB)* da Faculdade de Direito da Universidade de Lisboa, 2012, p. 867.

48. O Supremo Tribunal Federal, acolhendo nossa interpretação, decidiu:

"AÇÃO DIRETA DE INCONSTITUCIONALIDADE. BRIGA DE GALOS (LEI FLUMINENSE N. 2.895/98). LEGISLAÇÃO ESTADUAL QUE, PERTINENTE A EXPOSIÇÕES E A COMPETIÇÕES ENTRE AVES DAS RAÇAS COMBATENTES, FAVORECE ESSA PRÁTICA CRIMINOSA. DIPLOMA LEGISLATIVO QUE ESTIMULA O COMETIMENTO DE ATOS DE CRUELDADE CONTRA GALOS DE BRIGA. CRIME AMBIENTAL (LEI N. 9.605/98, ART. 32). MEIO AMBIENTE. DIREITO À PRESERVAÇÃO DE SUA INTEGRIDADE (CF, ART. 225). PRERROGATIVA QUALIFICADA POR SEU CARÁTER DE METAINDIVIDUALIDADE. DIREITO DE TERCEIRA GERAÇÃO (OU DE NOVÍSSIMA DIMENSÃO) QUE CONSAGRA O POSTULADO DA SOLIDARIEDADE. PROTEÇÃO CONSTITUCIONAL DA FAUNA (CF, ART. 225, § 1º, VII). DESCARACTERIZAÇÃO DA BRIGA DE GALO COMO MANIFESTAÇÃO CULTURAL. RECONHECIMENTO DA INCONSTITUCIONALIDADE DA LEI ESTADUAL IMPUGNADA. AÇÃO DIRETA PROCEDENTE. LEGISLAÇÃO ESTADUAL QUE AUTORIZA A REALIZAÇÃO DE EXPOSIÇÕES E COMPETIÇÕES ENTRE AVES DAS RAÇAS COMBATENTES. NORMA QUE INSTITUCIONALIZA A PRÁTICA DE CRUELDADE CONTRA A FAUNA. INCONSTITUCIONALIDADE. A promoção de briga de galos, além de caracterizar prática criminosa tipificada na legislação ambiental, configura conduta atentatória à Constituição da República, que veda a submissão de animais a atos de crueldade, cuja natureza perversa, à semelhança da 'farra do boi' (RE 153.531/SC), não permite sejam eles qualificados como inocente manifestação cultural, de caráter meramente folclórico. Precedentes. A proteção jurídico-constitucional dispensada à fauna abrange

Basta citar passagem do voto do Ministro Celso de Mello para que possamos entender de forma clara e didática o comando de nossa Constituição:

"(...) O fundamento em que se apoia a pretensão de inconstitucionalidade do diploma legislativo em referência reside na prática de atos revestidos de inquestionável crueldade contra aves das Raças Combatentes (*gallus-gallus*) que são submetidas a maus-tratos, em competições promovidas por infratores do ordenamento constitucional e da legislação ambiental, que transgridem, com seu comportamento delinquencial, a regra constante do inciso VII do § 1º do art. 225 da Constituição da República, que contém prescrição normativa cujo teor está assim enunciado:

'*Art. 225.* (...)

*§ 1º Para assegurar a efetividade* desse direito, *incumbe* ao poder público:

*VII – proteger* a fauna e a flora, *vedadas*, na forma da lei, *as práticas que coloquem em risco* sua função ecológica, *provoquem* **a extinção de espécies ou** *submetam os animais a crueldade.*' (grifei)

Vê-se, daí, que o constituinte objetivou, com a proteção da fauna e com a vedação, dentre outras, de práticas que 'submetam os animais a crueldade', assegurar a efetividade do direito fundamental à preservação da integridade do meio ambiente, que traduz conceito amplo e abrangente das noções de meio ambiente natural, de meio ambiente cultural, de meio ambiente artificial (espaço urbano) e de meio ambiente laboral, consoante ressalta o magistério doutrinário (FIORILLO, Celso Antônio Pacheco, *Curso de Direito Ambiental Brasileiro*, 6. ed., São Paulo, Saraiva, 2005, p. 20-23, item n. 4; SILVA, José Afonso da, *Direito Ambiental Constitucional*, 4. ed., 2. tir., São Paulo, Malheiros, 2003, p. 21-24, itens 2 e 3. MARQUES, José Roberto, *Meio Ambiente Urbano*, São Paulo, Forense Universitária, 2005, p. 42-54, item 4".

---

tanto os animais silvestres quanto os domésticos ou domesticados, nesta classe incluídos os galos utilizados em rinhas, pois o texto da Lei Fundamental vedou, em cláusula genérica, qualquer forma de submissão de animais a atos de crueldade. Essa especial tutela, que tem por fundamento legitimador a autoridade da Constituição da República, é motivada pela necessidade de impedir a ocorrência de situações de risco que ameacem ou que façam periclitar todas as formas de vida, não só a do gênero humano, mas, também, a própria vida animal, cuja integridade restaria comprometida, não fora a vedação constitucional, por práticas aviltantes, perversas e violentas contra os seres irracionais, como os galos de briga (*gallus-gallus*). Magistério da doutrina. ALEGAÇÃO DE INÉPCIA DA PETIÇÃO INICIAL. Não se revela inepta a petição inicial, que, ao impugnar a validade constitucional de lei estadual, (a) indica, de forma adequada, a norma de parâmetro, cuja autoridade teria sido desrespeitada, (b) estabelece, de maneira clara, a relação de antagonismo entre essa legislação de menor positividade jurídica e o texto da Constituição da República, (c) fundamenta, de modo inteligível, as razões consubstanciadoras da pretensão de inconstitucionalidade deduzida pelo autor e (d) postula, com objetividade, o reconhecimento da procedência do pedido, com a consequente declaração de ilegitimidade constitucional da lei questionada em sede de controle normativo abstrato, delimitando, assim, o âmbito material do julgamento a ser proferido pelo Supremo Tribunal Federal. Precedentes" (STF, ADI 1.856/RJ, Tribunal Pleno, Min. Celso de Mello, j. 26-5-2011, *DJe*, 14-10-2011).

Destarte, de acordo com esse entendimento, **conceitua-se a fauna como o coletivo de animais de uma dada região ou era particular**[49], **ou seja, organismos que pertencem ao denominado Reino Animalia**[50].

"O Reino Animal ou Animalia", conforme explica o *Dicionário Oxford de ciências naturais*[51], "inclui a maioria dos organismos multicelulares que não fazem fotossíntese".

O referido reino pode ser dividido em **dois grupos principais** chamados **vertebrados e invertebrados**, possuindo em sua maioria "características específicas como[52]:

1. Nutrição heterotrófica[53];

2. Movimento, o que lhes permite procurar pelo seu alimento;

3. Sistema nervoso e órgãos sensoriais bem desenvolvidos, o que lhes permite responder rapidamente a estímulos;

4. Células com núcleo e sem parede celular.

**O Dicionário Oxford indica alguns invertebrados** (aqueles que não possuem coluna vertebral ou espinha):

1. Cnidários – hidras, águas-vivas, corais e anêmonas-do-mar; número aproximado de espécies[54]: 10.000;

2. Platelmintos – planárias, trematódeos e tênias; número aproximado de espécies: 25.000;

3. Anelídeos – minhocas e sanguessugas; número aproximado de espécies: 14.000;

4. Equinodermos – estrelas-do-mar, ouriços-do-mar e pepinos-do-mar; número aproximado de espécies: 6.000;

5. Moluscos – caramujos, lesmas, mariscos, ostras, lulas e polvos; número aproximado de espécies: 100.000;

---

49. *Vide* Henry W. Art, *Dicionário de ecologia e ciências ambientais*, Editora Unesp, 1998, p. 229.

50. *Vide* Villela e Ferraz, *Dicionário de ciências biológicas e biomédicas*, Atheneu, 2007, p. 17.

51. Organizado por Chris Prescott, Oxford University Press, 2012, p. 54 e s.

52. "O Reino animal apresenta vários grandes filos. Um deles é o filo dos cordados, que inclui o grupo dos vertebrados. Em oposição, todos os demais filos são reconhecidos popularmente como invertebrados; portanto, não constituem um grupo natural de classificação". *Vide* César da Silva Junior, Sezar Sasson e Paulo Sanches, *Ciências – entendendo a natureza*, Saraiva, 2009, p. 93.

53. De heterótrofo, a saber: "organismo ou célula incapaz de sintetizar moléculas complexas de carbono a partir de moléculas muito simples. Dependem de um suprimento externo de compostos de carbono, obtidos de plantas ou animais. Sinônimo: heterotrófico consumidor". *Vide Dicionário de ciências biológicas*, op. cit., p. 138.

54. "A espécie é a unidade de base da CLASSIFICAÇÃO dos seres vivos, cujos princípios foram estabelecidos no século XVII pelo naturalista sueco Carl Von Linné". *Vide Dicionário das ciências*, sob direção de Lionel Salem, Unicamp, 1995, p. 204.

6. Crustáceos – tatuzinhos-de-jardim, camarões, caranguejos e lagostas; número aproximado de espécies: 39.000;

7. Aracnídeos – aranhas, carrapatos e escorpiões; número aproximado de espécies: 60.000;

8. Insetos (mais de 70% dos animais conhecidos) – formigas, pulgas, abelhas; número aproximado de espécies: mais de 1.000.000;

9. Miriápodes – centopeias e piolhos-de-cobra; número aproximado de espécies: 13.000;

10. Protozoários com características de animais – amebas e paramécio; número aproximado de espécies: 30.000.

**Com relação aos vertebrados (número aproximado de espécies: 46.000), temos:**

1. Peixes – ósseos (bacalhau e salmão) e cartilaginosos (tubarão e arraia);

2. Anfíbios – rãs, pererecas, sapos, tritões e salamandras;

3. Répteis – serpentes, lagartos, crocodilos, tartarugas e jabutis bem como os extintos dinossauros;

4. Aves – sabiá, beija-flor, rouxinol, tucano, arara, papagaio, ema, avestruz, pinguim;

5. Mamíferos – gambá, canguru, ornitorrinco, macacos, símios e humanos"[55].

Destarte fica evidente que sem a necessária interpretação sistemática da tutela jurídica constitucional da fauna como bem ambiental articulado em proveito da satisfação das necessidades humanas, inclusive evidentemente as necessidades culturais como a de não tratar os animais com crueldade, necessitaríamos um novo regime constitucional em proveito dos "direitos" não só de alguns mamíferos, mas de TODOS os vertebrados e invertebrados participantes do reino animal...

É, portanto, a tutela jurídica do meio ambiente cultural que estabelece o balizamento necessário destinado a indicar parâmetros jurídicos tanto quanto possível adequados em proveito da razoável interpretação da parte final do art. 225, § 1º, VII, da Constituição Federal.

## 12.3. A PARTE FINAL DO INCISO VII DO § 1º DO ART. 225 DA CONSTITUIÇÃO FEDERAL E A CRUELDADE COMO CONCEITO LEGAL INDETERMINADO

Para assegurar a efetividade do direito ambiental constitucional, estruturado na forma do que já foi aludido anteriormente, estabeleceu a Carta Magna no inciso VII do § 1º do art. 225 como uma das incumbências impostas ao Poder Público (e evidentemente a toda a comunidade em face de necessária interpretação sistemática) "proteger

---

55. *Vide Dicionário Oxford de ciências da natureza*, organizado por Chris Prescott, Oxford University Press, 2012, p. 54 e s.

a fauna e a flora, vedadas, na forma da lei, as práticas que coloquem em risco sua função ecológica, provoquem a extinção de espécies ou submetam os animais a crueldade", ou seja, determina nossa Constituição Federal, na parte final do inciso VII do § 1º do art. 225 que são vedadas em nosso ordenamento, na forma do que for estabelecido em lei, **"práticas que submetam animais a crueldade"**[56].

Ocorre que nossa Constituição Federal não define o que é crueldade, ou seja, estabelece um conceito legal indeterminado[57] que necessita ser interpretado visando a ter efetividade.

---

56. "AÇÃO DIRETA DE INCONSTITUCIONALIDADE. BRIGA DE GALOS (LEI FLUMINENSE N. 2.895/98). LEGISLAÇÃO ESTADUAL QUE, PERTINENTE A EXPOSIÇÕES E A COMPETIÇÕES ENTRE AVES DAS RAÇAS COMBATENTES, FAVORECE ESSA PRÁTICA CRIMINOSA. DIPLOMA LEGISLATIVO QUE ESTIMULA O COMETIMENTO DE ATOS DE CRUELDADE CONTRA GALOS DE BRIGA. CRIME AMBIENTAL (LEI N. 9.605/98, ART. 32). MEIO AMBIENTE. DIREITO À PRESERVAÇÃO DE SUA INTEGRIDADE (CF, ART. 225). PRERROGATIVA QUALIFICADA POR SEU CARÁTER DE METAINDIVIDUALIDADE. DIREITO DE TERCEIRA GERAÇÃO (OU DE NOVÍSSIMA DIMENSÃO) QUE CONSAGRA O POSTULADO DA SOLIDARIEDADE. PROTEÇÃO CONSTITUCIONAL DA FAUNA (CF, ART. 225, § 1º, VII). DESCARACTERIZAÇÃO DA BRIGA DE GALO COMO MANIFESTAÇÃO CULTURAL. RECONHECIMENTO DA INCONSTITUCIONALIDADE DA LEI ESTADUAL IMPUGNADA. AÇÃO DIRETA PROCEDENTE.

O fundamento em que se apoia a pretensão de inconstitucionalidade do diploma legislativo em referência reside na prática de atos revestidos de inquestionável crueldade contra aves das Raças Combatentes (*gallus-gallus*) que são submetidas a maus-tratos, em competições promovidas por infratores do ordenamento constitucional e da legislação ambiental, que transgridem, com seu comportamento delinquencial, a regra constante do inciso VII do § 1º do art. 225 da Constituição da República, que contém prescrição normativa cujo teor está assim enunciado:

'Art. 225. (...)

§ 1º Para assegurar a efetividade desse direito, incumbe ao poder público: (...)

VII – proteger a fauna e a flora, vedadas, na forma da lei, as práticas que coloquem em risco sua função ecológica, provoquem a **extinção de espécies** ou submetam os animais a crueldade.' (grifei).

Vê-se, daí, que o constituinte objetivou, com a proteção da fauna e com a vedação, dentre outras, de práticas que "submetam os animais a crueldade", assegurar a efetividade do direito fundamental à preservação da integridade do meio ambiente, que traduz conceito amplo e abrangente das noções de meio ambiente natural, de meio ambiente cultural, de meio ambiente artificial (espaço urbano) e de meio ambiente laboral, consoante ressalta o magistério doutrinário (Celso Antônio Pacheco Fiorillo, *Curso de Direito Ambiental Brasileiro,* p. 20/23, item n. 4, 6. ed., 2005, Saraiva; José Afonso da Silva, *Direito Ambiental Constitucional,* p. 21/24, itens n. 2 e 3, 4. ed., 2. tir., 2003, Malheiros; José Roberto Marques, *Meio Ambiente Urbano,* p. 42/54, item n. 4. 2005, Forense Universitária, v.g.) (ADI 1.856/RJ. Rel. Min. Celso de Mello, Tribunal Pleno, j. 26-5-2011).

57. Nery Junior explica que conceitos legais indeterminados são palavras: "(...) indicadas na lei, de conteúdo e extensão altamente vagos, imprecisos e genéricos, e por isso mesmo esse conceito é abstrato e lacunoso. Sempre se relacionam com a hipótese de fato posta em causa. Cabe ao juiz, no momento de fazer a subsunção do fato à norma, preencher os claros e dizer se a norma atua ou não no caso concreto. (...)" (*Novo código civil e legislação extravagante anotados,* São Paulo, Revista dos Tribunais, 2002, p. 5, nota 13 ao art. I).

Adverte referido jurista que:

"Os conceitos legais indeterminados se transmudam em conceitos determinados pela função que têm de exercer no caso concreto. Servem para propiciar e garantir a aplicação correta, equitativa do preceito ao caso concreto. (...) O juiz torna concretos, vivos, Determinando-os pela função, os denominados conceitos legais indeterminados. (...)" (idem. p. 6, nota 16 ao art. I).

O que seria crueldade no âmbito do que estabelece a parte final do inciso VII do § 1º do art. 225 da Constituição Federal?

Em várias ocasiões já tivemos oportunidade de aduzir que o termo crueldade é a qualidade do que é cruel, que, por sua vez, segundo o *Dicionário Aurélio Buarque de Holanda*[58], significa aquilo que se satisfaz em fazer mal, duro, insensível, **desumano**, severo, rigoroso, tirano. Trata-se, conforme explica o *Dicionário Houaiss*, do "prazer em fazer o mal".

Diante de referida denotação, o art. 225, § 1º, VII, da Constituição Federal, em sua parte final, busca evidente e fundamentalmente proteger a pessoa humana e seus valores culturais em face de sua relação histórica, cultural e afetiva com a fauna, e não os animais como destinatários da norma[59 e 60].

---

58. *Novo Aurélio Século XXI*: o dicionário da língua portuguesa, 1999, p. 586.

59. Como já tivemos oportunidade de aduzir em nossa obra *Curso de direito ambiental brasileiro*, citada várias vezes no presente estudo, na ADI 1.856, o Plenário do Supremo Tribunal Federal (STF) considerou inconstitucional a Lei Estadual n. 2.895/98, do Rio de Janeiro, que autoriza e disciplina a realização de competições entre "galos combatentes", conforme noticiado pelo STF em 26-5-2011:

"A questão foi discutida na análise da Ação Direta de Inconstitucionalidade (ADI) 1.856, proposta pela Procuradoria-Geral da República (PGR) e julgada procedente pela unanimidade dos ministros da Corte.

Para a PGR, a lei estadual afrontou o art. 225, *caput*, § 1º, inciso VII, da Constituição Federal, 'nos quais sobressaem o dever jurídico de o Poder Público e a coletividade defender e preservar o meio ambiente, e a vedação, na forma da lei, das práticas que submetem os animais a crueldades'. Conforme a ação, a lei questionada possibilita a prática de competição que submete os animais a crueldade (rinhas de brigas de galos) em flagrante violação ao mandamento constitucional proibitivo de práticas cruéis envolvendo animais.

Para o Ministro Celso de Mello, a norma questionada estaria em 'situação de conflito ostensivo com a Constituição Federal', que veda a prática de crueldade contra animais. 'O constituinte objetivou – com a proteção da fauna e com a vedação, dentre outras, de práticas que submetam os animais à crueldade – assegurar a efetividade do direito fundamental à preservação da integridade do meio ambiente, que traduz conceito amplo e abrangente das noções de meio ambiente natural, cultural, artificial (espaço urbano) e laboral', salientou na oportunidade.

Ele recordou que este teria sido o quarto caso similar apreciado pela Corte. Observou que a lei fluminense é idêntica a uma lei catarinense declarada inconstitucional pelo Plenário do Supremo no exame da ADI 2.514. 'A jurisprudência do Supremo mostra-se altamente positiva ao repudiar leis emanadas de Estados-membros que, na verdade, culminam por viabilizar práticas cruéis contra animais em claro desafio ao que estabelece e proíbe a Constituição da República', disse.

De acordo com o relator, as brigas de galo são inerentemente cruéis 'e só podem ser apreciadas por indivíduos de personalidade pervertida e sádicos'. Ele afirmou que tais atos são incompatíveis com a CF, tendo em vista que as aves das raças combatentes são submetidas a maus-tratos, 'em competições promovidas por infratores do ordenamento constitucional e da legislação ambiental que transgridem com seu comportamento delinquencial a regra constante'.

'O respeito pela fauna em geral atua como condição inafastável de subsistência e preservação do meio ambiente em que vivemos, nós, os próprios seres humanos', destacou o relator. 'Cabe reconhecer o impacto altamente negativo que representa para incolumidade do patrimônio ambiental dos seres humanos a prática de comportamentos predatórios e lesivos à fauna, seja colocando em risco a sua função ecológica, seja provocando a extinção de espécies, seja ainda submetendo os animais a atos de crueldade', completou Celso de Mello.

O ministro assinalou que o Supremo, em tema de crueldade contra animais, tem advertido em sucessivos julgamentos que a realização da referida prática mostra-se frontalmente incompatível com o disposto no art. 225, § 1º, inciso VII, da Constituição da República. Ele citou como precedentes o Recurso Extraordinário (RE) 153.531 e as ADIs 2.514 e 3.776, que dispõem não só sobre rinhas e brigas de galo, mas sobre a 'farra do boi'.

O relator afirma que, em período anterior à vigência da Constituição Federal de 1988, o Supremo – em decisões proferidas há quase 60 anos – já enfatizava que as brigas de galos, por configurarem atos de crueldade contra as referidas aves, 'deveriam expor-se à repressão penal do Estado'.

Assim, naquela época, a Corte já teria reconhecido que a briga de galo não é um simples esporte, pois maltrata os animais em treinamentos e lutas que culminam na morte das aves. O Supremo, conforme o Ministro Celso de Mello, também rejeitou a alegação de que a prática de brigas de galo e da 'farra do boi' pudessem caracterizar manifestação de índole cultural, fundados nos costumes e em práticas populares ocorridas no território nacional.

Celso de Mello ressaltou ainda que algumas pessoas dizem que a briga de galo 'é prática desportiva ou como manifestação cultural ou folclórica'. No entanto, avaliou ser essa uma 'patética tentativa de fraudar a aplicação da regra constitucional de proteção da fauna, vocacionada, entre outros nobres objetivos, a impedir a prática criminosa de atos de crueldade contra animais'.

Além da jurisprudência, o entendimento de que essas brigas constituem ato de crueldade contra os animais também seria compartilhado com a doutrina, segundo afirmou o Ministro Celso de Mello. Conforme os autores lembrados pelo relator, a crueldade está relacionada à ideia de submeter o animal a um mal desnecessário.

Os ministros, à unanimidade, acompanharam o voto do relator pela procedência da ADI. O Ministro Ayres Britto afirmou que a Constituição repele a execução de animais, sob o prazer mórbido. 'Esse tipo de crueldade caracteriza verdadeira tortura. Essa crueldade caracterizadora de tortura se manifesta no uso do derramamento de sangue e da mutilação física como um meio, porque o fim é a morte', disse o ministro, ao comentar que o jogo só é válido se for praticado até morte de um dos galos.

'Os galos são seres vivos. Da tortura de um galo para a tortura de um ser humano é um passo, então não podemos deixar de coibir, com toda a energia, esse tipo de prática', salientou. Ele também destacou que a Constituição Federal protege todos os animais sem discriminação de espécie ou de categoria. Já o Ministro Marco Aurélio analisou que a lei local apresenta um vício formal, uma vez que 'o trato da matéria teria que se dar em âmbito federal'".

60. "O Plenário do Supremo Tribunal Federal (STF) julgou procedente a Ação Direta de Inconstitucionalidade (ADI) 4.983, ajuizada pelo procurador-geral da República contra a Lei n. 15.299/2013, do Estado do Ceará, que regulamenta a vaquejada como prática desportiva e cultural no estado. A maioria dos ministros acompanhou o voto do relator, Ministro Marco Aurélio, que considerou haver 'crueldade intrínseca' aplicada aos animais na vaquejada.

O julgamento da matéria teve início em agosto de 2015, quando o relator, ao votar pela procedência da ação, afirmou que o dever de proteção ao meio ambiente (art. 225 da Constituição Federal) sobrepõe-se aos valores culturais da atividade desportiva.

Em seu voto (leia a íntegra), o Ministro Marco Aurélio afirmou que laudos técnicos contidos no processo demonstram consequências nocivas à saúde dos animais: fraturas nas patas e rabo, ruptura de ligamentos e vasos sanguíneos, eventual arrancamento do rabo e comprometimento da medula óssea. Também os cavalos, de acordo com os laudos, sofrem lesões.

Para o relator, o sentido da expressão 'crueldade' constante no inciso VII do § 1º do art. 225 da Constituição Federal alcança a tortura e os maus-tratos infringidos aos bois durante a prática da vaquejada. Assim, para ele, revela-se 'intolerável a conduta humana autorizada pela norma estadual atacada'.

Na mesma ocasião, o Ministro Edson Fachin divergiu do relator e votou pela improcedência da ação. Para ele, a vaquejada consiste em manifestação cultural, o que foi reconhecido pela própria Procuradoria--Geral da República na petição inicial. Esse entendimento foi seguido, também naquela sessão, pelo Ministro Gilmar Mendes. Na sessão de 2 de junho deste ano, os Ministros Luís Roberto Barroso, Rosa Weber e Celso de Mello seguiram o relator. Já os Ministros Teori Zavascki e Luiz Fux seguiram a divergência, no sentido da validade da lei estadual.

O julgamento foi retomado na sessão desta quinta-feira (6) com a apresentação do voto-vista do Ministro Dias Toffoli, favorável à constitucionalidade da lei cearense. Ele entendeu que a norma não

Isso porque a saúde psíquica da pessoa humana não lhe permite ver, em decorrência de práticas cruéis, um animal sofrendo. **Com isso, a tutela da crueldade contra os animais fundamenta-se no sentimento humano, sendo esta – a pessoa humana – o sujeito de direitos**[61]**.**

**Dessa forma, no âmbito da parte final do dispositivo comentado, ser cruel significaria submeter o animal a um mal em face de valores históricos, culturais e afetivos não admitidos pela sociedade contemporânea, dentro evidentemente de parâmetros estabelecidos pela Constituição Federal.**

---

atenta contra nenhum dispositivo da Constituição Federal. 'Vejo com clareza solar que essa é uma atividade esportiva e festiva, que pertence à cultura do povo, portanto há de ser preservada', disse. Segundo o ministro, na vaquejada há técnica, regramento e treinamento diferenciados, o que torna a atuação exclusiva de vaqueiros profissionais.

Na sessão de hoje, também votaram os Ministros Ricardo Lewandowski, e a presidente da Corte, Ministra Cármen Lúcia, ambos pela procedência da ação.

Dessa forma, seguiram o relator os Ministros Luís Roberto Barroso, Rosa Weber, Ricardo Lewandowski, Celso de Mello e a presidente da Corte, Ministra Cármen Lúcia. Ficaram vencidos os Ministros Edson Fachin, Teori Zavascki, Luiz Fux, Dias Toffoli e Gilmar Mendes" (Notícias STF, quinta-feira, 6 out. 2016. STF julga inconstitucional lei cearense que regulamenta vaquejada. Disponível em: < http://www.stf.jus.br/portal/cms/verNoticiaDetalhe.asp?idConteudo=326838>; <http://www.stf.jus.br/arquivo/cms/noticiaNoticiaStf/anexo/ADI4983relator.pdf>.

61. Conforme informado em 6 de outubro de 2010 pela Coordenadoria de Editoria e Imprensa (SLS 1289): "Animais diagnosticados com leishmaniose poderão ser submetidos à eutanásia em Campo Grande (MS), independente de consentimento dos proprietários. Mas a decisão, do Superior Tribunal de Justiça (STJ), mantém vedado o ingresso de agentes do Centro de Controle de Zoonoses local em residências sem a concordância expressa do morador.

A determinação é da Corte Especial, que confirmou decisão do presidente do STJ, Ministro Ari Pargendler. O entendimento atende em parte pedido de suspensão de liminar apresentado pela União contra decisão do Tribunal Regional Federal da 3ª Região (TRF3).

Segundo a União, a leishmaniose é doença com alto índice de letalidade, principalmente em crianças com menos de 1 ano e adultos acima de 50. Na capital sul-mato-grossense, entre 2006 e 2008 teria havido 32 mortes em quase 400 casos da doença. De acordo com o pedido, o tratamento do cão infectado não atende à saúde pública, por não reduzir o papel do animal de reservatório do parasita, apenas reduzindo os sinais clínicos.

Por isso, o ente federativo afirmou não ser possível deixar à discricionariedade do dono do animal a realização do controle e combate à enfermidade grave em humanos. Nessa situação, a preservação do direito à propriedade violaria a supremacia do interesse público, ao colocar em risco a saúde pública, concluiu a União.

Mas o presidente do STJ não concordou com a alegação em sua totalidade. Segundo seu entendimento, a inviolabilidade do domicílio decorre da Constituição. Dessa forma, a decisão que a preserva não poderia ser tida como ofensiva à ordem ou saúde públicas.

Conforme o ministro presidente, por outro lado, manter a exigência de consentimento para a eutanásia e autorizar a recusa do sacrifício do animal doente pelo proprietário, mesmo mediante termo de responsabilidade ainda que condicionado à supervisão de veterinário, pode não evitar a transmissão da doença, o que gera potencial de grave lesão à saúde pública.

A decisão conclui que, se o animal estiver em via pública, os agentes de controle de zoonoses podem proceder aos exames sanitários e às consequências necessárias".

Compreender de forma diversa, atribuindo a tutela preceituada pela norma ao sentimento de dor do animal com relação a ele mesmo, implica desconsiderar a natureza jurídica da fauna como bem ambiental.

## 12.4. PRÁTICAS DESPORTIVAS QUE UTILIZEM ANIMAIS, DESDE QUE SEJAM MANIFESTAÇÕES CULTURAIS X PRÁTICAS QUE SUBMETEM ANIMAIS À CRUELDADE

Conforme já indicado anteriormente, no que se refere a práticas que submetam animais à crueldade, a Constituição Federal *não considera cruel* prática desportiva que utilize animais desde que:

"1) sejam manifestações culturais, conforme o § 1º do art. 215 desta Constituição Federal,

2) que referidas manifestações culturais sejam registradas como bem de natureza imaterial integrante do patrimônio cultural brasileiro,

3) desde que referidas manifestações culturais sejam regulamentadas por lei específica que assegure o bem-estar dos animais envolvidos".

Destarte, a incumbência constitucional determinada ao Poder Público de proteger a fauna, vedando na forma da lei práticas que submetam animais à crueldade no sentido de assegurar a efetividade da relação jurídica ambiental descrita no *caput* do art. 225 da Carta Magna, passa a ser interpretada em face da necessária observância do conteúdo do disposto na parte final do inciso VII do § 1º em harmonia com o conteúdo indicado no § 7º, visando evidentemente a um aprimoramento da adequada interpretação da defesa da fauna em proveito das necessidades, inclusive culturais, da pessoa humana, como é o caso das práticas desportivas asseguradas pelo art. 217 da Constituição Federal.

Trata-se, por via de consequência, de reconhecer constitucionalmente as *práticas desportivas* como importante direito constitucional assegurado aos brasileiros e estrangeiros residentes no País (art. 217), reconhecendo ao mesmo tempo a necessidade de balizar referido direito não só com a defesa do meio ambiente cultural (arts. 215 e 216) como também em face do conteúdo indicado no art. 225, § 1º, VII, parte final, da Constituição Federal.

Senão, vejamos.

### 12.4.1. Tutela constitucional das práticas desportivas

Conforme já tivemos oportunidade de destacar, a estrutura jurídica do meio ambiente no Brasil possui, pelo seu próprio conceito desenvolvido na Lei n. 6.938/81, integrado ao art. 225 da Constituição Federal, uma conotação multifacetária, na medida em que o objeto de proteção se verifica em pelo menos quatro aspectos distintos (meio ambiente cultural, artificial, do trabalho e natural), os quais preenchem o conceito da sadia qualidade de vida.

Ao tutelar o meio ambiente cultural, o objeto imediato de proteção relacionado à qualidade de vida em nosso país é o *patrimônio cultural brasileiro*, conceituado constitucionalmente (art. 216) como "os bens de natureza material e imaterial, tomados individualmente ou em conjunto, portadores de referência à identidade, à ação, à memória dos diferentes grupos formadores da sociedade brasileira, nos quais se incluem as formas de expressão; os modos de criar, fazer e viver; as criações científicas, artísticas e tecnológicas; as obras, objetos, documentos, edificações e demais espaços destinados às manifestações artístico-culturais; os conjuntos urbanos e sítios de valor histórico, paisagístico, artístico, arqueológico, paleontológico, ecológico e científico", não fazendo a Carta Magna restrição a qualquer tipo de bem, de modo que podem ser eles materiais ou imateriais, singulares ou coletivos, móveis ou imóveis, mas sempre passíveis de proteção independentemente do fato de terem sido criados por intervenção humana.

Como recreação, passatempo, lazer, o *desporto*, embora explicitamente indicado no art. 217 da Constituição Federal, passou a ter *natureza jurídica de bem ambiental a partir de 1988* na medida em que se encontra claramente integrado ao conteúdo do art. 216, por ser importante forma de expressão (art. 216, I), portadora de referência à identidade, à ação, à memória dos diferentes grupos formadores da sociedade brasileira.

*O desporto faz parte, em síntese, do patrimônio cultural brasileiro* (art. 216, *caput*, da CF)[62], sendo dever do Estado observar sua proteção assim como incentivar as manifestações desportivas de criação nacional (art. 217, IV).

Abrangendo tanto as *práticas formais* (reguladas por normas nacionais e internacionais e pelas regras de prática desportiva de cada modalidade, aceitas pelas respectivas entidades nacionais de administração do desporto[63], conforme estabelece o art. 1º,

---

62. Daí a existência do art. 4º, § 2º, da Lei n. 9.615/98, que estabelece: "A organização desportiva do País, fundada na liberdade de associação, *integra o patrimônio cultural brasileiro* e é considerada de elevado interesse social".

63. As *entidades nacionais de administração do desporto* são pessoas jurídicas de direito privado, com organização e funcionamento autônomo e competências definidas em seus estatutos (art. 16 da Lei n. 9.615/98) integrantes do Sistema Nacional do Desporto (art. 13 da Lei n. 9.615/98), cuja finalidade é a de promover e aprimorar as práticas desportivas de rendimento previstas no art. 3º, III, da Lei n. 9.615/98. As *práticas desportivas de rendimento* têm como finalidade obter resultados e integrar pessoas e comunidades do País e estas com as de outras nações, podendo ser organizadas das seguintes formas, conforme determina a legislação em vigor:

1) Desporto de rendimento organizado e praticado de *forma profissional*, que se caracteriza pela remuneração pactuada em contrato formal de trabalho entre o atleta e a entidade de prática desportiva (art. 3º, parágrafo único, I, da Lei n. 9.615/98) e

2) Desporto de rendimento organizado e praticado de *modo não profissional*, que se caracteriza pela liberdade de prática e pela inexistência de contrato de trabalho, sendo permitido o recebimento de incentivos materiais e de patrocínio (art. 3º, parágrafo único, II, da Lei n. 9.615/98).

Verificamos que a lei autoriza o uso do desporto em proveito da valorização do trabalho humano e da livre-iniciativa, o que não significa dizer que as entidades nacionais de administração do desporto, assim como as *entidades de prática desportiva* (arts. 13, VI, e 16 da Lei n. 9.615/98), possam desconsiderar no plano jurídico nacional os princípios fundamentais que orientam o desporto brasileiro (art. 2º da

§ 1º, da Lei n. 9.615/98) como as *não formais* (caracterizadas pela liberdade lúdica de seus praticantes, ou seja, que se faz por gosto sem outro objetivo que o próprio prazer de fazê-lo visando mais ao divertimento puro e simples, como indica o art. 1º, § 2º, da Lei n. 9.615/98), no desporto deve-se observar de qualquer forma e necessariamente o fundamento da dignidade da pessoa humana (art. 1º, III) como importante critério delimitador da ordem econômica (art. 170, § 1º, IV, da CF), sempre no sentido de respeitar as necessidades de brasileiros e estrangeiros residentes no País no que se refere ao importante direito ao lazer (art. 6º da CF) como componente do denominado "piso vital mínimo".

Destarte, a possibilidade de o desporto ser articulado no plano econômico, até mesmo praticado profissionalmente (arts. 26 a 46), não desnatura sua natureza jurídica, devendo ser interpretado seu uso (tanto para aqueles que praticam o desporto como para aqueles que prestam serviços fomentando aludida prática) dentro dos parâmetros da ordem jurídica do capitalismo orientada por nosso sistema constitucional, assim como por regras infraconstitucionais delimitadoras deste.

Esta portanto a razoável interpretação constitucional do significado de práticas desportivas, em face do que determina o art. 217 da Constituição Federal e com evidentes reflexos no que estabelece o novo conteúdo da regra fixada pelo § 7º do art. 225 de nossa Lei Maior.

### 12.4.2. Inexistência de crueldade em face de práticas desportivas que utilizem animais, desde que sejam manifestações culturais, conforme indicado no § 1º do art. 215 da Constituição Federal

Estabelece nossa Constituição Federal que:

"Art. 215. O Estado garantirá a todos o pleno exercício dos direitos culturais e acesso às fontes da cultura nacional, e apoiará e incentivará a valorização e a difusão das manifestações culturais.

§ 1º O Estado protegerá as manifestações das culturas populares, indígenas e afro-brasileiras, e das de outros grupos participantes do processo civilizatório nacional".

Com efeito.

Conforme já nos manifestamos em diversas oportunidades, o art. 215 da Constituição Federal, ao determinar ao Estado Democrático de Direito o apoio e o incentivo à valorização, assim como à difusão das *manifestações culturais*, adotou importante

---

Lei n. 9.615/98) e também, evidentemente, as determinações constitucionais que regram o desporto como bem ambiental, integrante do patrimônio cultural brasileiro (arts. 1º, III, 170, VI, 182, 183, 215, 216 e 225 da Carta Magna).

visão destinada a assegurar, concretamente, a tutela do patrimônio cultural brasileiro[64], em proveito dos grupos que formaram a sociedade brasileira (art. 216).

Assim, as *práticas culturais em nosso país, entendidas fundamentalmente como atividades de recepção e produção cultural*, estão claramente associadas aos *hábitos culturais* (entendendo-se por *hábito*, como explica Teixeira Coelho[65], uma disposição duradoura adquirida pela reiteração do ato), particularmente diante de atividades que "movem um grupo ou comunidade numa determinada direção, previamente definida sob um ponto de vista estético, ideológico, etc.", restando embutida em referida *concepção um juízo de valor*.

Referidos hábitos, num primeiro momento, foram incorporados em nossa Carta Magna de 1988 a partir da proteção das diferentes manifestações das culturas participantes de nosso processo civilizatório, a saber, as culturas populares, indígenas, afro-brasileiras, bem como de outros grupos participantes do processo civilizatório nacional, conforme estabelece o art. 215, § 1º, da Constituição Federal, no sentido de respeitar nossa mais importante biodiversidade: a humana.

Todavia, não se olvidou nossa Carta Magna de igualmente observar a tutela jurídica evidenciada pelos novos hábitos criados por força da fortíssima influência dos meios de comunicação social, principalmente em face da programação de emissoras de rádio e televisão (arts. 220 a 224 da CF) e evidentemente dos meios digitais/internet, afetando os modos de criar, fazer e mesmo de viver dos brasileiros e estrangeiros residentes no País.

Por via de consequência, os diferentes temas vinculados à cultura brasileira e, portanto, às manifestações culturais (inclusive o direito constitucional em vigor) necessariamente passaram a se submeter também aos novos hábitos culturais antes mencionados, revelando as diferentes posturas relacionadas a interpretar o direito positivo.

Daí o conceito jurídico de fauna ter evoluído não só em função de sua inclusão formal no texto constitucional positivado (art. 225, § 1º, VII), senão em decorrência de uma nova interpretação jurídica fundamentada nos novos hábitos culturais dos brasileiros, hábitos em que as necessidades da pessoa humana devem observar condutas equilibradas em face dos recursos ambientais, além de hábitos "criados" pela sociedade de consumo controladora dos meios de comunicação social.

Destarte, restou bem posicionada a evolução cultural refletida nas normas jurídicas: outrora definida como coisa, e passou a fauna a ser protegida constitucionalmente

---

64. O *direito brasileiro*, conforme argumentamos de forma reiterada, é exemplo claro de produto cultural, caracterizando-se, dentro de nossa realidade, por ser *verdadeiro patrimônio cultural*, constituindo bem de natureza material e imaterial portador de referência (enquanto forma de expressão) à identidade, à ação, assim como à memória dos diferentes grupos formadores da sociedade brasileira (art. 216). O direito brasileiro, por via de consequência, diz respeito ao meio ambiente cultural.

65. *Dicionário crítico de política cultural*, Fapesp/Iluminuras, 1997, *passim*.

como bem ambiental, dentro de uma nova visão em que a proteção da vida em todas as suas formas deve atender ao fundamento da dignidade da pessoa humana (art. 1º, III, da CF), ante seu conteúdo cultural.

Podemos concluir que as novas normas jurídicas ambientais, como as Leis n. 9.605/98 (sanções penais e administrativas derivadas de condutas e atividades lesivas ao meio ambiente), 9.985/2000 (regulamenta o art. 225, § 1º, I, II, III e VII, da CF) e 10.519/2002 (dispõe sobre a promoção e a fiscalização da defesa sanitária animal quando da realização de rodeio e dá outras providências), passaram a revelar claramente essa nova "tendência" destinada a adequar as manifestações culturais diante da fauna, no sentido de harmonizar nossas práticas culturais em proveito da dignidade da pessoa humana.

Daí, portanto, a interpretação a ser dada em face do que manifestações culturais, conforme indicado no § 1º do art. 215 da Constituição Federal.

### 12.4.3. Inexistência de crueldade em face de práticas desportivas que sejam manifestações culturais registradas como bem de natureza imaterial integrante do patrimônio cultural brasileiro

Ao instituir o Registro de Bens Culturais de Natureza Imaterial que constituem patrimônio cultural brasileiro, o Decreto n. 3.551/2000, sempre adotando como referência a continuidade histórica do bem e sua relevância nacional para a memória, a identidade e a formação da sociedade brasileira, estabelece critérios de registro em livros na forma do que indica o § 1º do art. 1º, a saber: 1) Livro de Registro dos Saberes, onde serão inscritos conhecimentos e modos de fazer enraizados no cotidiano das comunidades; 2) Livro de Registro das Celebrações, onde serão inscritos rituais e festas que marcam a vivência coletiva do trabalho, da religiosidade, do entretenimento e de outras práticas da vida social; 3) Livro de Registro das Formas de Expressão, onde serão inscritas manifestações literárias, musicais, plásticas, cênicas e lúdicas e 4) Livro de Registro dos Lugares, onde serão inscritos mercados, feiras, santuários, praças e demais espaços onde se concentram e reproduzem práticas culturais coletivas. A norma jurídica, por outro lado, é explícita em assegurar que outros livros de registro poderão ser abertos para a inscrição de bens culturais de natureza imaterial que constituam patrimônio cultural brasileiro e não se enquadrem nos livros definidos no § 1º do art. 1º do Decreto n. 3.551/2000.

Destarte resta evidente que não existem grandes dificuldades normativas para que quaisquer práticas desportivas possam ser registradas como bens culturais em face da amplitude de possibilidades autorizadas pelo Decreto n. 3.551/2000.

De qualquer forma, o registro é pressuposto estrutural indicado pela Lei Maior, visando aos efeitos descritos pelos comandos normativos que estamos comentando.

### 12.4.4. Inexistência de crueldade em face de práticas desportivas que sejam manifestações culturais regulamentadas por lei específica que assegure o bem-estar dos animais envolvidos

A necessidade da existência de lei específica que assegure o bem-estar dos animais envolvidos em face de determinadas práticas desportivas absorvidas pelo comando constitucional também é, a exemplo do registro, pressuposto estrutural indicado pela Lei Maior, visando os efeitos descritos pelos comandos normativos que estamos comentando.

Cuida-se aqui de tentar estabelecer o significado de "bem-estar dos animais", assim como de seu enfoque normativo[66], na medida em que, a partir de 2017, a expressão "bem-estar dos animais" passa a ter índole constitucional.

Preliminarmente é necessário compreender algumas noções metajurídicas sobre bem-estar animal a fim de permitir medições científicas precisas, redação de documentos legais e discussões públicas.

Sabemos que dentre os conceitos mais aceitos no meio científico está a definição de Broom (1986)[67], em que o bem-estar de um indivíduo é seu estado em relação às tentativas de adaptar-se ao seu ambiente. Buscando a praticidade para avaliação de sistemas produtivos, podemos aplicar esse conceito entendendo o bem-estar como o grau de dificuldade que um animal enfrenta (e demonstra) para viver onde está.

Também aceito e utilizado o Conceito das Cinco Liberdades, descrito por Brambell (1965)[68]; trata-se de princípios cujos ideais utópicos podem ser utilizados como diretrizes para avaliação das práticas de manejo. Cabe aqui observar que foi em 1965 que o governo do Reino Unido encomendou uma investigação, liderada pelo professor

---

66. Lei n. 11.794, de 8 de outubro de 2008: estabelece procedimentos para o uso científico de animais;

Lei n. 10.519, de 17 de julho de 2002: dispõe sobre a promoção e fiscalização da defesa sanitária animal quando da realização de rodeio e dá outras providências;

Lei n. 9.605, de 12 de fevereiro de 1998: Lei de Crimes Ambientais;

Decreto n. 9.013/2017: aprova o novo Regulamento da Inspeção Industrial e Sanitária de Produtos de Origem Animal;

Instrução Normativa n. 46/2011: aprova o Regulamento Técnico para os Sistemas Orgânicos de Produção Animal e Vegetal;

Instrução Normativa n. 13/2010: aprova Regulamento Técnico para Exportação de Ruminantes Vivos para o Abate;

Instrução Normativa n. 56/2008: estabelece os procedimentos gerais de Recomendações de Boas Práticas de Bem-Estar para Animais de Produção e de Interesse Econômico (Rebem), abrangendo os sistemas de produção e o transporte;

Instrução Normativa n. 3/2000: aprova o Regulamento Técnico de Métodos de Insensibilização para o Abate Humanitário de Animais de Açougue;

Instrução Normativa n. 12/2017: credenciamento de entidades para treinamento em abate humanitário.

67. D. M. Broom (1986), Indicators of poor welfare, *British Veterinary Journal*, v. 142, p. 524-526.

68. Roger Brambell (1965), Report of the Technical Committee to Enquire Into the Welfare of Animals Kept Under Intensive Livestock Husbandry Systems, Cmd. (Great Britain. Parliament), H. M. Stationery Office, p. 1-84.

Roger Brambell, no bem-estar dos animais de criação intensiva, em parte em resposta às preocupações levantadas no livro de Ruth Harrison, em 1964, *Animal Machines*. O relatório Brambell declarou: "Um animal deve pelo menos ter liberdade de movimento suficiente para poder sem dificuldade, virar-se, se preparar, levantar-se, deitar-se e esticar os membros". Sendo certo que esta breve recomendação ficou conhecida como Cinco Liberdades de Brambell.

O conceito orientativo para as ações da CTBEA é o conceito de bem-estar utilizado pela OIE – Organização Mundial de Saúde Animal, em que um bom grau de bem-estar animal significa um animal que está seguro, saudável, confortável, bem nutrido, livre para expressar comportamentos naturais e sem sofrer de estados mentais negativos, como dor, frustração e estresse.

Percebe-se uma tendência da sociedade brasileira e dos mercados importadores de produtos de origem animal em demandar dos governos padrões mínimos de bem-estar animal nas cadeias produtivas. Isso porque as questões envolvidas possuem forte presença nos códigos morais e éticos de vários países, sendo que o tratamento apropriado dos animais não é mais aceito como alternativa de livre escolha.

Produtores e empresas que atendem aos requisitos de bem-estar animal estão em posição privilegiada nas negociações, pois esses requisitos se tornam características intrínsecas do produto, expressando um valor econômico potencial. Acrescentamos que pequenas alterações de manejo e instalações, mesmo associadas a baixos investimentos, podem representar uma elevação importante no padrão de bem-estar dos animais, minimizando perdas nos sistemas produtivos.

No plano normativo é importante lembrar que o Decreto n. 24.645/34, ao estabelecer em nosso País medidas de proteção aos animais, já indicava detalhada descrição do que seriam medidas de proteção animal, sendo certo que desde 2004 a OIE – Organização Internacional de Saúde Animal tem desenvolvido normas de proteção dos animais em face do denominado Código Sanitário dos Animais Terrestres, sempre adaptadas às diferentes etapas da produção e para diferentes espécies.

Entendemos, todavia, que a necessidade da edição de uma lei específica é condição estrutural, visando a dar efetividade ao conteúdo do art. 225, § 7º, da Constituição Federal.

## 13. ANIMAIS DE ESTIMAÇÃO, SUA VIDA NO ÂMBITO DOMÉSTICO (HÁBITAT DOMÉSTICO), SUA RELAÇÃO FAMILIAR COM A PESSOA HUMANA E SUA TUTELA CONSTITUCIONAL

Conforme já tivemos oportunidade de aduzir[69], merece atenção a necessidade não só de constatar as especificidades dos animais de estimação em face de sua relação de afeto com a pessoa humana como circunscrever o tema à domesticação.

---

69. Celso Antonio Pacheco Fiorillo e Renata Marques Ferreira, *Tutela jurídica dos animais de estimação em face do direito constitucional brasileiro*. Rio de Janeiro, Lumen Juris, 2019.

Assim, o local específico onde vivem referidos animais, ou seja, o hábitat, que oferece as condições climáticas, físicas e alimentares adequadas para seu desenvolvimento, é a casa das pessoas humanas que guardam relação de afeto com eles.

Com efeito.

Relembrando a lição de Durand[70], a domesticação, desde a Idade Média, em decorrência de um processo de microevolução desencadeado pelo isolamento de um pequeno número de indivíduos de determinada espécie silvestre em um nicho ecológico especial estabelecido pelo homem, obrigando esses animais a viver e se reproduzir sob sua tutela e para seu benefício, acabou por estabelecer que a palavra "doméstico", como adverte referido autor[71], obviamente evocava a *domus,* a casa. E a casa, verdadeiro "endereço" dos animais de estimação, evoca naturalmente a vida privada...

A proteção da vida privada[72], por sua vez, tem previsão normativa estabelecida em nossa Constituição Federal em face do que determina o art. 5º, X (que indica ser inviolável a vida privada das pessoas, assegurado o direito a indenização pelo dano material ou moral decorrente de sua violação).

Com relação ao que poderíamos indicar como conceito de vida privada, cabe destacar a lição de Ronaldo Vainfas que, ao analisar a obra *História da vida privada*[73], coleção dirigida por Philippe Aries e Georges Duby, esclareceu:

> "Opondo-se ao público e distinguindo-se de vida cotidiana, a vida privada seria, portanto, para Georges Duby, o objeto histórico de uma área particular, 'uma zona de imunidade oferecida ao recolhimento, onde todos podemos abandonar as armas e as defesas das quais convém nos munir aos nos arriscarmos

---

70. "Nous circonscrivons la domestication comme un processus de microévolution déclenché par l'isolation d'un nombre restreint d'individus d'une espèce sauvage particulière, dans une niche écologique spéciale établie par l'homme, obligeant ces animaux à vivre et à se reproduire sous as tutelle et pour son bénéfice."

*Vide* Robert Durand, *L'homme, l'animal domestique et l'environnement du Moyen Âge au XVIIIe siècle,* Ouest Editions, 1993.

71. "Il faut enfin insister sur l'aspect culturel et les rapports des animaux et des hommes. Au départ le mot 'domestique' évoque évidemment la domus, la maison, mais ne saurait concerner ni la souris ou la mouche 'domestiques', quelles que soient les modifications que les parasites peuvent subir au contact des parasités; ni a fortiori les hirondelles aux solives ou les cigognes sur les cheminées ou les coupoles, même si elles sont non seulement tolérées mais encore souhaitées voire protégées, aidées et exploitées, sentimentalement ou socialement. Toutes gardent un irréductible caractère 'sauvage': elles naissent et se développent en dehors du rôle et des soins (voire contre la volonté) des hommes" (*vide* Robert Durand, *L'homme, l'animal domestique et l'environnement du Moyen Âge au XVIIIe siècle,* cit.).

72. A privacidade (termo calcado no inglês *privacy*) como o direito à reserva de informações pessoais e da própria vida privada: *the right to be let alone* (literalmente "o direito de ser deixado em paz") – *vide* o artigo de Warren e Brandeis The right to privacy, originalmente publicado na *Harvard Law Review,* v. IV, 15 dez. 1890, n. 51.890. Disponível em: http://groups.csail.mit.edu/mac/classes/6.805/articles/privacy/Privacy_brand_warr2.html.

73. *Vide* Georges Duby em seu prefácio a *História da vida privada*: do Império Romano ao ano mil. São Paulo: Companhia das Letras, 1990.

no espaço público...'. Este lugar, afirma com nitidez, é o da familiaridade. 'Doméstico. Íntimo' (Duby 1992: 10). No entanto, apesar de localizar no plano doméstico o cenário por excelência da vida privada, Duby sugere que se amplie e diversifique o enfoque do espaço privado, habilitando-se o historiador a captar o movimento de progressiva privatização de outros lugares que, desde a Idade Média, teria ocorrido no Ocidente. Privatização reativa ao fortalecimento do Estado, à voracidade do espaço público. Da moradia aos lugares de trabalho, e desses aos de lazer ('lugares propícios às cumplicidades e aos repousos masculinos'), afirma Duby que o alcance da vida privada pode ser bem maior do que se imagina".

Repousos masculinos à parte, Duby desenvolve melhor sua definição no volume 2 da coleção, livro dedicado à vida privada "Da Europa Feudal à Renascença". E certamente o faz sem deixar de, uma vez mais, advertir o leitor para que não espere do livro "um quadro acabado", mas sim "incompleto", "recheado de pontos de interrogação", enfim um esboço (advertência repetida pelos organizadores dos outros volumes e vários autores).

Duby desenvolve a definição tomando por eixo a questão do poder e por temas o vocabulário, o direito e a feudalidade.

Confirma-se, de todo modo, uma noção de privacidade oposta à autoridade, ao Estado.

O latim das crônicas e leis da Roma clássica, de que a Idade Média fora herdeira, reservaria o vocábulo *publicus* para a esfera da soberania, do poder de regalia, ao passo que *privatus* e seus múltiplos derivados seriam reservados "aos comportamentos de intimidade"", sobretudo no âmbito das fraternidades.

Historicizando a noção de privado em relação à Idade Média, *Duby propõe a vida privada como "vida de família, não individual, e fundada na confiança mútua" (Duby 1985 v.2: 23). É no âmbito da familiaridade e do doméstico, portanto, que Duby situa o território da vida privada* (grifos nossos) embora no texto de medievalista insista em que domesticidade e familiaridade nada têm a ver com individualismo"[74].

Assim, com base na análise da coleção dirigida por Ariés e Duby, *entende Vainfas que "vida privada é conceito mais explicitamente ligado à domesticidade, à familiaridade ou a espaços restritos que podem emular a privacidade análoga à que se atribuiu à família a partir do século XIX) (grifos nossos)"*[75], e, adotando o conceito

---

74. *Vide* Ronaldo Vainfas, *História da vida privada*: dilemas, paradigmas, escalas. Disponível em: http://www.scielo.br/pdf/anaismp/v4n1/a02v4n1.pdf.

75. "Seja como for, o exame dos artigos permitiu a identificação de certas temáticas mais recorrentes que, ancorada na agregação ou associação de temas afins, resultou em seis categorias, a saber:

1) Familiaridade: relações domésticas e de parentesco, ritos, instituições privadas, papéis, regras de convívio;

2) individualismo, intimidades, sexualidades, sentimentos pessoais;

pericial/histórico do significado de vida privada, trata-se tão somente de observar o conteúdo dos arts. 215 e 216 da Constituição Federal, ou seja, o modo de viver assegurado constitucionalmente aos grupos que integram o processo civilizatório nacional, no sentido de explicitar o real significado do balizamento jurídico-constitucional do direito à vida privada.

Com efeito.

Vinculada estruturalmente aos modos de criar, fazer e viver da pessoa humana em nosso país (art. 216, II da Constituição Federal), a vida privada tem, por via de consequência, na "vida de família, não individual, e fundada na confiança mútua"[76], bem como na "domesticidade", um de seus mais relevantes aspectos; é portanto no hábitat doméstico, ou seja, na casa, que as relações afetivas fundamentais para a dignidade da pessoa humana existem dentro de um contexto familiar, ou seja, dentro de um contexto sociocultural em que o núcleo familiar se caracteriza como "o principal lócus institucional de concreção dos direitos fundamentais que a própria Constituição designa por 'intimidade e vida privada' (inciso X do art. 5º)", conforme já estabeleceu o Supremo Tribunal Federal na ADPF 132/RJ[77].

---

3) Civilidade: educação, regras de sociabilidade, modelos de vida privada;

4) Relações entre o público e o privado;

5) Espaços domésticos, casa, moradia e arquitetura doméstica;

6) Identidades culturais e vida privada" (*vide* Ronaldo Vainfas in História da vida privada: dilemas, paradigmas, escalas. Disponível em: http://www.scielo.br/pdf/anaismp/v4n1/a02v4n1.pdf).

76. Trata-se, no contexto de nossa Constituição em vigor, como ensinam Moraes e Teixeira, "das denominadas famílias democráticas" *configuradas por meio de estruturas as mais diversas* (grifos nossos)".

*Vide* Maria Cecília Bodin de Moraes; Ana Carolina Brochardo Teixeira, in J. J. Gomes Canotilho e outros (org.), *Comentários à Constituição do Brasil*, 2. ed., São Paulo, Saraiva, 2018, v. 1, p. 2217.

77. "3. TRATAMENTO CONSTITUCIONAL DA INSTITUIÇÃO DA FAMÍLIA. RECONHECIMENTO DE QUE A CONSTITUIÇÃO FEDERAL NÃO EMPRESTA AO SUBSTANTIVO 'FAMÍLIA' NENHUM SIGNIFICADO ORTODOXO OU DA PRÓPRIA TÉCNICA JURÍDICA. A FAMÍLIA COMO CATEGORIA SOCIOCULTURAL E PRINCÍPIO ESPIRITUAL. DIREITO SUBJETIVO DE CONSTITUIR FAMÍLIA. INTERPRETAÇÃO NÃO REDUCIONISTA. O *caput* do art. 226 confere à família, base da sociedade, especial proteção do Estado. Ênfase constitucional à instituição da família. Família em seu coloquial ou proverbial significado de núcleo doméstico, pouco importando se formal ou informalmente constituída, ou se integrada por casais heteroafetivos ou por pares homoafetivos. A Constituição de 1988, ao utilizar-se da expressão 'família', não limita sua formação a casais heteroafetivos nem a formalidade cartorária, celebração civil ou liturgia religiosa. Família como instituição privada que, voluntariamente constituída entre pessoas adultas, mantém com o Estado e a sociedade civil uma necessária relação tricotômica. *Núcleo familiar que é o principal lócus institucional de concreção dos direitos fundamentais que a própria Constituição designa por 'intimidade e vida privada' (inciso X do art. 5º)* (grifos nossos). Isonomia entre casais heteroafetivos e pares homoafetivos que somente ganha plenitude de sentido se desembocar no igual direito subjetivo à formação de uma autonomizada família. Família como figura central ou continente, de que tudo o mais é conteúdo. Imperiosidade da interpretação não reducionista do conceito de família como instituição que também se forma por vias do casamento civil. Avanço da Constituição Federal de 1988 no plano dos costumes. Caminhada na direção do pluralismo como categoria sociopolítico-cultural. Competência do Supremo Tribunal Federal para manter, interpretativamente, o Texto Magno na posse do seu fundamental atributo da coerência, o que passa pela eliminação de preconceito quanto à orientação sexual das pessoas" (ADPF 132/RJ – Arguição de Descumprimento de Preceito Fundamental,

Como regra, portanto, é na casa, ou seja, no hábitat doméstico, que a família, "em seu coloquial ou proverbial significado de núcleo doméstico" (para usar expressão estabelecida pela ADPF 132/RJ), vive parte importantíssima de seus mais importantes, senão fundamentais, relacionamentos afetivos.

Daí, como já foi aduzido anteriormente, não existir qualquer dúvida, observando a história em face de diferentes culturas e principalmente da cultura brasileira, de que resta suficientemente evidenciado que os animais de estimação[78], ao guardar com a pessoa humana, no âmbito do espaço doméstico – a *domus*, a casa –, uma relação estruturada no afeto, ou seja, constatada historicamente que, no plano cultural, as relações entre os animais e as pessoas no âmbito da casa cumpriram no passado e no presente os chamados "requisitos de companhia personalizada, bem como entretenimento", restou concretamente evidenciado ao longo de nossa história uma verdadeira "relação familiar entre animais de estimação e donos que celebramos e satirizamos hoje".

É, portanto, da notória relação afetiva da pessoa humana para com o animal de estimação que surge a casa – o hábitat doméstico –, como espaço vital em que, como adverte Perrot dentro do contexto da matéria que estamos desenvolvendo, os animais passam a "pertencer" à família.

Em consequência, ratificando afirmação feita no início do presente livro, resta desde logo bem evidenciado que a relação jurídica aplicável aos referidos animais que vivem nas casas (amparados portanto pela proteção constitucional da vida privada) e se encontram tutelados pela pessoa humana em face de laços de sentimentos – os animais de estimação e seu verdadeiro vínculo familiar com a pessoa humana no âmbito doméstico – guarda especificidade não alcançada tão somente pelo contemporâneo e objetivo balizamento normativo dos animais/da fauna como bens ambientais previstos em nosso sistema normativo pátrio, devendo, pois, sua tutela jurídica ser interpretada exatamente em face das particularidades desenvolvidas anteriormente, constatadas historicamente e necessariamente em proveito da dignidade da pessoa humana (art. 1º, III, da CF), e em seu contemporâneo contexto histórico, social e cultural (arts. 216 e 226 da CF) e dentro da garantia constitucional de proteção da vida privada (art. 5º, X, da CF).

Daí os animais de estimação, ao contrário dos animais em geral, gozarem, no plano jurídico constitucional em vigor, de tutela constitucional diferenciada em seu proveito, observando-se evidentemente a necessária harmonização com os demais princípios gerais interpretativos de nossa Lei Maior, em face dos mais relevantes valores objetivos e subjetivos que caracterizam a dignidade da pessoa humana em seu contexto de evolução social, cultural e histórica.

---

Tribunal Pleno, Rel. Min. Ayres Britto, j. 5-5-2011, *DJe*-198, divulg. 13-10-2011, public. 14-10-2011, ement., v. 02607-01, p. 1).

78. *No Brasil, há mais de 132,4 milhões de animais de estimação, de acordo com o Instituto Brasileiro de Geografia e Estatística (IBGE).* Calcula-se que os lares brasileiros possuam mais de *52 milhões de cães,* mais de *37 milhões de aves, 22 milhões de felinos* e *18 milhões de peixes.* Entre os animais de estimação exóticos e menos populares estão répteis, anfíbios e invertebrados.

# Capítulo XII
# RECURSOS HÍDRICOS

## 1. INTRODUÇÃO

A água[1], conforme determina o art. 3º, V, da Lei n. 6.938/81, bem como o art. 2º, IV, da Lei n. 9.985/2000, é um recurso ambiental, tendo por via de consequência natureza jurídica constitucional em face de sua condição de bem ambiental (art. 225 da CF). Como sabemos, é essencial às funções vitais e existe na biosfera na forma líquida (salgada e doce), sólida (doce) e de vapor (doce). Sua forma líquida constitui cerca de 97,72% da encontrada na biosfera, sendo 97% salgada e somente 0,72% doce.

## 2. CLASSIFICAÇÃO

### 2.1. QUANTO À SUA LOCALIZAÇÃO COM RELAÇÃO AO SOLO

*Subterrâneas*: lençóis freáticos localizados a certa profundidade no subsolo;

*Superficiais*: as que se mostram na superfície da Terra. Dividem-se em internas (rios, lagos e mares interiores) e externas (mar territorial, alto-mar, águas contíguas).

## 3. COMPETÊNCIA LEGISLATIVA E A ADI 3.336

A Constituição Federal tratou da competência legislativa sobre águas em diferentes dispositivos, permitindo interpretações variadas sobre o tema.

Primeiramente, o legislador constituinte atribuiu à União competência privativa:

---

1. Dotado de uma extensa rede hidrográfica e com um clima excepcional, que assegura chuvas abundantes e regulares em quase todo o seu território, o Brasil dispõe de *15% da água doce existente no mundo*. Isso quer dizer, conforme informa o Atlas do Meio Ambiente do Brasil, que, dos 113 trilhões de metros cúbicos de água disponíveis para a vida terrestre e para o homem, 17 trilhões estão vinculados para o desfrute dos brasileiros. Daí inclusive a importância das seis grandes bacias hidrográficas: Amazonas, Tocantins, São Francisco, Paraná, Paraguai e Uruguai.

"Art. 22. Compete privativamente à União legislar sobre:

(...)

IV – águas, energia, informática, telecomunicações e radiodifusão".

Verificamos que o termo *águas* foi empregado de forma genérica, sem especificar tipo ou modalidade, permitindo, portanto, uma ampla interpretação.

Mais à frente, ao enumerar no art. 24 as competências concorrentes da União, Estados e Distrito Federal, o legislador constituinte atribui-lhes, no inciso VI, competência para legislar sobre meio ambiente (sendo a água um recurso natural, restou compreendida no inciso). Ainda nesse mesmo artigo, determinou-se a competência concorrente da União, Estados e Distrito Federal para legislar sobre a responsabilidade por dano ao meio ambiente, o que engloba aspectos da poluição da qualidade da água.

Diante dessa celeuma, em que não restou claro ser competência da União legislar sobre a matéria águas ou caber a ela somente a edição de normas gerais, temos que a melhor interpretação é extraída com base no art. 24, de modo que a competência para legislar sobre normas gerais é atribuída à União, cabendo aos Estados e ao Distrito Federal legislar complementarmente, interpretação que foi plenamente acolhida pelo Supremo Tribunal Federal[2], e ao Município, suplementarmente, com base no art. 30, II, da Constituição Federal.

## 4. COMPETÊNCIA MATERIAL

A Constituição Federal atribuiu à União, aos Estados, ao Distrito Federal e aos Municípios competência material em relação à proteção de recursos naturais. Isso porque, conforme preceitua o art. 23, VI, delegou-se a todos os entes federados a competência material para proteger o meio ambiente e combater a poluição em qualquer de suas formas.

Vale frisar que essa competência material deverá ser verificada ainda que o ente federado não tenha exercido sua atribuição legislativa. Ademais, deverá ser verificado se o bem a ser tutelado é de gerência da União (art. 20, III) ou do Estado (art. 26, I), para que se possa determinar qual o ente responsável pela aplicação das sanções aplicáveis ao caso.

---

2. "... embora a União detenha, a teor do art. 21, inciso XIX, da Constituição Federal, a competência exclusiva para 'instituir sistema nacional de gerenciamento de recursos hídricos e definir critérios de outorga de direitos de seu uso', além da competência privativa para legislar sobre águas (art. 22, IV, da CF/88), não se há de olvidar que aos estados-membros compete, de forma concorrente, legislar sobre proteção ao meio ambiente (art. 24, VI e VIII, da CF), o que inclui, evidentemente, a proteção dos recursos hídricos.

Como salienta Celso Antonio Pacheco Fiorillo, '[d]iante dessa celeuma, em que não restou claro ser competência da União legislar sobre a matéria águas ou caber a ela somente a edição de normas gerais, temos que a melhor interpretação é extraída com base no art. 24, de modo que a competência para legislar sobre normas gerais é atribuída à União, cabendo aos Estados e ao Distrito Federal legislar complementarmente (...)'

308

## 5. POLUIÇÃO DA ÁGUA

O conceito de poluição, previsto no art. 13, § 1º, do Decreto n. 73.030/73, encontra-se em conformidade com o art. 3º, III, da Política Nacional do Meio Ambiente, ao preceituar que a poluição da água é "qualquer alteração química, física ou biológica que possa importar em prejuízo à saúde, à segurança e ao bem-estar das populações, causar dano à flora e fauna, ou comprometer o seu uso para finalidades sociais e econômicas".

As alterações são causadas por lançamento, descarga ou emissão de substâncias em qualquer estado químico, de forma a comprometer, direta ou indiretamente, as propriedades naturais da água. Entre tais substâncias destacam-se as *orgânicas* e as *inorgânicas* (resíduos não biodegradáveis).

A matéria orgânica é descarregada nos aterros sanitários, comprometendo até os lençóis freáticos, permitindo a proliferação de bactérias, que acabam competindo com as espécies aquáticas na luta pelo oxigênio, dizimando-as e causando um desequilíbrio ecológico.

As matérias inorgânicas, ou não biodegradáveis, são as biologicamente resistentes, como, por exemplo, as substâncias plásticas, os herbicidas, pesticidas e inseticidas, além dos inúmeros dejetos de processos industriais.

## 6. O MAR TERRITORIAL E SUA PROTEÇÃO: A CONSTITUIÇÃO FEDERAL, A CONVENÇÃO DAS NAÇÕES UNIDAS SOBRE O DIREITO DO MAR E A POLÍTICA NACIONAL PARA OS RECURSOS DO MAR

A Constituição Federal, ao determinar, no seu art. 20, V e VI, que os recursos naturais da plataforma continental e da zona econômica exclusiva, bem como o mar territorial, são "bens" da União, a saber, bens ambientais gerenciados pela União, balizou de forma superior a matéria.

Destarte, conforme estabelece o Art. 2.1 da Convenção das Nações Unidas sobre o Direito do Mar, com validade normativa em nosso país, conforme estabelece o Decreto n. 99.165/90, a soberania do Estado costeiro estende-se além do seu território e das suas águas interiores e, no caso de Estado arquipélago, das suas águas arquipelágicas, a uma zona de mar adjacente designada pelo nome de mar territorial. Por mar territorial (CNUDM, Artigos 2 a 4) devemos compreender, pois, toda água situada até uma faixa de doze milhas marítimas de largura, medidas a partir do baixa-mar do litoral continental e insular brasileiro. Cabe destacar que no mar territorial estão as

---

(*Curso de direito ambiental brasileiro*, 10. ed., São Paulo, Saraiva, 2009, p. 203). Esse entendimento mostra-se consentâneo, inclusive, com a previsão constitucional que defere aos estados-membros o domínio das águas superficiais ou subterrâneas, como antes referido" (ADI 3.336 / RJ, Rel. Min. Dias Toffoli, j. 14-2-2020, Tribunal Pleno, processo eletrônico, *DJe*-047, divulg. 5-3-2020, public. 6-3-2020).

reservas do pré-sal, e dele retiramos "cerca de 85% do petróleo, 75% do gás natural e 45% do pescado produzido no País"[3]. Por nossas rotas marítimas, escoamos mais de 95% do comércio exterior brasileiro, sendo certo que em referida área existem recursos naturais e uma rica biodiversidade ainda inexplorados.

A *zona contígua* estende-se da linha da base do mar territorial até vinte e quatro milhas marítimas, e o *alto-mar* consiste nas águas situadas além dela.

A *plataforma continental* a que se refere o texto constitucional compreende o leito e o subsolo das áreas submarinas, que se estendem além do seu mar territorial e alcançam até duzentas milhas marítimas, contadas da linha de base do seu mar territorial até a borda exterior da margem continental (CNUDM, Artigos 76 e 77).

A *zona econômica exclusiva* – ZEE (CNUDM, Artigos 55 a 57) é a compreendida além do mar territorial, em que o Estado costeiro exerce soberania e jurisdição para fins de exploração e aproveitamento, conservação e gestão de recursos naturais vivos e não vivos nela localizados, estendendo-se até a distância máxima de 200 M (370 km), medida a partir das linhas de base adotadas pelo Estado costeiro. Cabe destacar que, na zona econômica exclusiva, o Estado costeiro tem direitos de soberania para fins de exploração e aproveitamento, conservação e gestão dos recursos naturais, vivos ou não vivos, das águas sobrejacentes ao leito do mar, do leito do mar e seu subsolo, e no que se refere a outras atividades com vista à exploração e aproveitamento da ZEE para fins econômicos, como a produção de energia a partir da água, das correntes e dos ventos. Também tem jurisdição no que se refere à: 1) colocação e utilização de ilhas artificiais, instalações e estruturas; 2) investigação científica marinha; 3) proteção e preservação do meio marinho, tudo em conformidade com os Artigos 55 a 57 da CNUDM.

Tendo por finalidade orientar o desenvolvimento das atividades que visem à efetiva utilização, exploração e aproveitamento dos recursos vivos, minerais e energéticos do Mar Territorial, da Zona Econômica Exclusiva e da Plataforma Continental, de acordo com os interesses nacionais, de forma racional e sustentável para o desenvolvimento socioeconômico do País, gerando emprego e renda e contribuindo para a inserção social e tendo como objetivo, dentre outros, incentivar a exploração e o aproveitamento sustentável dos recursos do mar, das águas sobrejacentes ao leito do mar, do leito do mar e seu subsolo, e das áreas costeiras adjacentes, foi aprovada a Política Nacional para os Recursos do Mar – PNRM (Decreto n. 5.377/2005), adotando entre seus princípios básicos a definição de prioridades para os programas e ações, conforme previsto no plano plurianual e, também, em função de sua contribuição para a defesa dos interesses nacionais e do desenvolvimento sustentável do País; a adoção do princípio da precaução na exploração e aproveitamento sustentável dos recursos do mar, bem como a proteção da biodiversidade e do patrimônio genético existente nas áreas marinhas sob jurisdição nacional e zona costeira adjacente, também foram contempladas.

---

3. Disponível em: https://www.mar.mil.br/hotsites/amazonia_azul/.

## 7. A PROTEÇÃO DAS ÁGUAS DOCES

Trata-se de um dos mais importantes recursos para a existência da vida. Como sabemos, a água desempenha as mais variadas funções, como abastecimento doméstico e industrial, irrigação, preservação da fauna e da flora, geração de energia, transporte e diluição de despejos.

Tendo em vista ser um bem finito, sua preservação reclama empenho não só do Poder Público, mas em especial de toda coletividade, através de usos moderados, evitando-se desperdícios.

No Brasil merece destaque o Aquífero Guarani, enorme reservatório de águas subterrâneas de 1 milhão e 200 mil quilômetros quadrados que se estende pelos territórios não só de nosso País (840.000 km) como também do Uruguai (58.500 km) e Argentina (355.000 km), compreendendo uma área equivalente à dos países da Inglaterra, França e Espanha juntos.

A Lei n. 9.433, de 8 de janeiro de 1997, instituiu a Política Nacional de Recursos Hídricos, que regulamentou o inciso XIX do art. 21 da Constituição Federal, criando o Sistema Nacional de Gerenciamento de Recursos Hídricos.

Todavia, aludida lei, no seu art. 1º, ao estabelecer os fundamentos da Política Nacional de Recursos Hídricos, refletiu uma impropriedade. No inciso I desse artigo, preceituou-se que a água é um bem de domínio público. Tal assertiva padece de inconstitucionalidade, porquanto, conforme foi demonstrado, a água é um bem tipicamente ambiental, sendo, portanto, de uso comum do povo, e, em conformidade com a Lei n. 8.078/90 (art. 81, parágrafo único, I), *bem difuso*. Dessa forma, o art. 1º, I, encontra-se em total desarmonia com o texto constitucional, não encontrando neste qualquer suporte de validade.

## 8. POLUIÇÃO CAUSADA POR LANÇAMENTO DE ÓLEO EM ÁGUAS SOB JURISDIÇÃO NACIONAL

A Lei n. 9.966/2000, ao dispor sobre a prevenção, o controle bem como a fiscalização da poluição causada por lançamento de óleo e outras substâncias nocivas ou perigosas em águas sob jurisdição nacional, veio a estabelecer em nosso país os *princípios básicos* a serem obedecidos na movimentação de óleo (*qualquer forma de hidrocarboneto – petróleo e seus derivados – incluindo óleo cru, óleo combustível, borra, resíduos de petróleo e produtos refinados*) bem como outras *substâncias nocivas ou perigosas* (qualquer substância que, se descarregada nas águas, é capaz de gerar riscos ou causar danos à saúde humana, ao ecossistema aquático ou prejudicar o uso da água e de seu entorno) em *portos organizados* (construídos e aparelhados para atender às necessidades da navegação bem como para a movimentação e armazenamento de mercadorias, concedido ou explorado pela União, cujo tráfego e operações portuárias estejam sob jurisdição de uma autoridade portuária), *instalações portuárias* (instalações ou, ainda, terminais explorados por pessoa jurídica de direito público ou de direito privado, dentro ou fora da área do porto organizado, utilizados na movimentação e armazenagem de mercadorias destinadas ou provenientes de transporte aquaviário), *plataformas* (instalação ou estrutura, fixa ou móvel, localizada em águas sob jurisdição nacional, destinada a atividade direta ou indiretamente relacionada com a pesquisa e a lavra de recursos minerais oriundos do leito das águas interiores ou de seu subsolo, ou do mar, da plataforma continental ou de seu subsolo) e *navios* (embarcação de qualquer tipo que opere em ambiente aquático, inclusive hidrofólios, veículos a colchão de ar, submersíveis e outros engenhos flutuantes) em águas sob jurisdição nacional.

Referida norma aplica-se ainda em face das seguintes hipóteses:

1) quando ausentes os pressupostos para aplicação da Convenção Internacional para a Prevenção da Poluição Causada por Navios – Marpol 73/78 (concluída em Londres em 2-11-1973, alterada pelo Protocolo de 1978, concluído em Londres em 17-2-1978, e emendas posteriores, ratificadas pelo Brasil);

2) às embarcações nacionais, portos organizados, instalações portuárias, dutos, plataformas e suas instalações de apoio, em caráter complementar à Marpol 73/78;

3) às embarcações, plataformas e instalações de apoio estrangeiras, cuja bandeira arvorada seja ou não de país contratante da Marpol 73/78, quando em águas sob jurisdição nacional;

4) às instalações portuárias especializadas em outras cargas que não óleo e substâncias nocivas ou perigosas, e aos estaleiros, marinas, clubes náuticos e outros locais e instalações similares.

A lei não só estabelece no âmbito jurídico definições e classificações básicas em face do tema como também direciona regramento claro visando a prevenir, a controlar assim como a combater a poluição em águas sob jurisdição nacional. Delimita regras para transporte e descarga de óleo e substâncias nocivas e perigosas, estabelecendo infrações e penas em caso de descumprimento do disposto na presente lei.

Revogando § 4º do art. 14 da Lei n. 6.938/81 a Lei n. 9.966/2000 indica, com pormenores, os responsáveis pelo cumprimento da norma (autoridade marítima, órgãos federal, estadual e municipal do meio ambiente, órgão regulador da indústria do petróleo), fixando diferentes atribuições e competências.

## 9. ÁGUAS NO NOVO CÓDIGO CIVIL (LEI N. 10.406/2002)

A Lei n. 10.406, de 10 de janeiro de 2002, instituiu o novo Código Civil brasileiro, que entrou em vigor em 11 de janeiro de 2003[4].

---

4. Ao contrário do antigo Código Civil (Lei n. 3.071/16), que estabelecia de forma absolutamente clara, no art. 1º, como DISPOSIÇÃO PRELIMINAR, que o Código regulava "*os direitos e obrigações de ordem privada concernente às pessoas, aos bens e às suas relações*" (grifo meu), o Código Civil em vigor (Lei n. 10.406/2002) é omisso no sentido de esclarecer os direitos e obrigações que regula, tendo seu primeiro artigo disciplinado a capacidade da pessoa (art. 2º do Código de 1916) como aspecto inicial a ser

Entre os temas desenvolvidos pela nova lei está o das *Águas*[5], curiosamente regrado na Parte Geral, Livro II (Dos Bens), Título Único (Das diferentes classes de bens), Capítulo III (Dos bens públicos) – arts. 99, I, e 100 –, assim como na Parte Especial, Livro III (Direito das Coisas), Título III (Da propriedade), Capítulo V (Dos direitos de vizinhança), Seção V (Das águas) e Seção VII (Direito de construir) – arts. 1.288 a 1.296, 1.309 e 1.310 –, repetindo visão do século passado (que tinha como substrato ideológico o século XIX), como se as normas do século XXI, principalmente para o Brasil e em face de sua estrutura de águas[6], pudessem continuar adstritas a

---

considerado na legislação "nova". Todavia adotamos a visão de Nelson Nery Junior e Rosa Maria de Andrade Nery (*Novo Código Civil e legislação extravagante anotados*, São Paulo: Revista dos Tribunais, 2002), que entendem que o Código Civil "regula as relações jurídicas civis, vale dizer, as relações jurídicas entre as pessoas naturais e jurídicas entre si e em face das coisas que possam ser de sua titularidade. Dispõe, também, sobre temas centrais fundamentais do direito comercial, unificando, por assim dizer, o direito obrigacional. Nem todas as relações jurídicas de direito privado são regidas pelo CC, pois, por exemplo, as relações trabalhistas e as de consumo têm regulamento próprio, na CLT e no CDC, respectivamente. Pode-se afirmar, também, que as relações jurídicas mercantis que permanecem regidas pelo CCom (comércio marítimo) e leis esparsas (v.g., sociedades anônimas) continuam sob esses regimes especiais. O CC se aplica subsidiariamente, entretanto, quando a norma invocada for compatível com o sistema da lei especial". Claro está que, de qualquer forma e em face de qualquer outro posicionamento doutrinário, todos os subsistemas jurídicos (Código Civil, Código de Defesa do Consumidor, Consolidação das Leis do Trabalho, Lei da Política Nacional do Meio Ambiente, Lei do Sistema Nacional de Unidades de Conservação da Natureza etc.) devem obediência ao sistema constitucional, sendo verdadeiramente despicienda qualquer outra análise que não venha a observar o comando da Carta Magna.

5. Composta de dois elementos químicos (conforme demonstrado por Antoine-Laurent Lavoisier no século XVIII), o *hidrogênio* e o *oxigênio, a água é um composto químico* contendo dois átomos de hidrogênio e um átomo de oxigênio ($H_2O$) – observando-se todavia que dependendo de alguns fatores, como, principalmente, a temperatura, podemos encontrar misturas em diversas proporções de: $H_2O$; $H_4O_2$; $H_6O_3$, e daí alguns especialistas sugerirem nos dias de hoje que as moléculas de água deveriam ser representadas por $(H_2O)n$, indicando agrupamento de *n* moléculas de água – sendo a substância mais abundante sobre o globo terrestre e o constituinte essencial à vida. A água existe nos três estados da matéria: gás, sólido e líquido. A forma gasosa, a saber, o vapor de água, é preponderante na atmosfera; o estado sólido apresenta-se em cerca de dez formas cristalinas diferentes (uma das estruturas de gelo mais frequentes consiste em um cristal molecular), observando-se ainda, conforme nos informa o *Dicionário de Ciências* (sob a direção de Lionel Salem), que a água líquida tem a propriedade de ser transparente (incolor) em pequenas espessuras e azul em grandes espessuras, sendo a fase mais estudada por ser o solvente de maior utilidade tanto na indústria como na vida cotidiana. O *ciclo da água* ou *hidrológico* está ligado ao ciclo energético terrestre, ou seja, à distribuição da energia proveniente do Sol, que é a responsável pelo transporte da água do mar e da própria Terra para grandes altitudes, de onde se derrama, na forma de chuva e de neve, sobre os continentes conforme ensina Samuel Murgel Branco. A energia calorífica do Sol aplicada à superfície das águas (oceanos, lagos ou do próprio solo úmido) produz a sua evaporação (enriquecimento do ar em vapor), que, uma vez não absorvida pelo ar, condensa-se voltando ao estado líquido; da totalidade das *chuvas* que caem à superfície da Terra, somente 30% escoam diretamente para os rios, ficando a maior parte infiltrada no solo preenchendo os espaços vazios existentes entre os grãos de argila, de areias ou de rochas mais consolidadas (*águas subterrâneas*).

6. *A Bacia Amazônica é a maior bacia hidrográfica do mundo*, com uma drenagem de 5,8 milhões de $km^2$, sendo 3,9 milhões no Brasil (o rio Amazonas é responsável por 20% da água doce despejada anualmente nos oceanos por todos os rios do mundo; é o maior do mundo em volume de água). A bacia do Prata é a segunda maior bacia da América do Sul, drenando uma área correspondente a 10,5% do território brasileiro, com 3,2 milhões de $km^2$. A bacia do rio São Francisco é a terceira bacia hidrográfica do Brasil e a única totalmente brasileira, drenando uma área de 640.000 $km^2$ e ocupando 8% do território

valores bem como a concepções pensadas e criadas em momento histórico e dentro de uma cultura absolutamente diferente do momento e cultura dos dias atuais[7, 8 e 9].

---

nacional. A bacia Araguaia-Tocantins drena 767.000 km², sendo certo que, ao longo do litoral brasileiro, existem pequenas bacias hidrográficas, denominadas bacias do Atlântico Sul, divididas em três trechos: Norte-Nordeste, Leste e Sudeste. *Merecem também grande destaque as águas subterrâneas em nosso país* (responsável pelo abastecimento de 72% dos 645 Municípios do Estado de São Paulo, segundo a Cetesb, sendo 47% inteiramente abastecidos pelas águas subterrâneas, como as cidades de Ribeirão Preto, Catanduva, Caçapava etc.), e particularmente o *Aquífero Guarani, maior manancial de água doce subterrâneo transfronteiriço do mundo*, localizado na região centro-leste da América do Sul, ocupando uma área de 1,2 milhão de km², estendendo-se pelo Brasil, Paraguai, Uruguai e Argentina, e que se constitui em importantíssima reserva estratégica para o abastecimento da população, para o desenvolvimento das atividades econômicas e de lazer. *Em volume d'água a maior cachoeira do mundo* está localizada na fronteira entre o Brasil e a Argentina – as *Cataratas do Iguaçu* (que significa "água grande", na língua dos índios guaranis –, com uma vazão média de 1.756 m³ por segundo). *As chuvas são, em geral, abundantes no Brasil*, com exceção do Sertão Nordestino (semiárido – quente, com chuvas escassas e mal distribuídas, local onde se encontra o polígono das secas): ocorrem chuvas o ano todo na Amazônia (clima equatorial), no verão, no Brasil Central (clima tropical quente e úmido ou subúmido), assim como no Sudeste (tropical de altitudes) e Sul (subtropical ou temperado quente).

7. É muito interessante a lembrança de Martin Wolff ao destacar que "en el *antiguo* derecho alemán, las aguas, igual que los bosques, son de uso de todos os naturales de la comarca o nación". Por outro lado sublinha que "El derecho *romano* preveía el uso público sólo para las aguas de corriente constante: los *flumina perennia* se consideran como *flumina pública*; los rios que, intermitentemente, se secan y los riachuelos (rivi) no se prestan para el uso público, y son *privata*. También esta distinción pasó al derecho común alemán" (*Derecho de cosas*, v. 1, cit., *passim*).

8. O tema "Das águas" era estabelecido no *Código Civil de 1916* tanto na Parte Geral, Livro II (Dos Bens), Título Único (Das diferentes classes de bens), Capítulo III (Dos bens públicos e particulares) como na Parte Especial, Livro II (Direito das Coisas), Título II (Da propriedade), Capítulo II (Da propriedade imóvel), Seção V (Das águas – arts. 563 a 568, e Do direito de construir – arts. 584 e 585).

9. Como explicam Francisca Neta A. Assunção e Maria Augusta A. Bursztyn, integrantes do Centro de Desenvolvimento Sustentável da UnB, datam da época do Brasil Colônia as primeiras normas legais que afetavam direta e indiretamente os recursos hídricos do Brasil, a saber:

1) Ordenações Afonsinas e Filipinas – bastante avançadas para sua época, pois foram elaboradas para a Península Ibérica, que convivia com escassez de água;

2) a proibição, pelos holandeses, do lançamento de bagaço de cana nos rios e açudes pelos senhores de engenho;

3) as Cartas Régias de 1796 e 1799, a primeira criando a figura do "juiz conservador das matas"; e a segunda proibindo o corte da floresta e a derrubada de algumas espécies madeireiras de valor comercial;

4) a Ordem de 9 de abril de 1809, que prometia liberdade aos escravos que denunciassem os contrabandistas de madeira (pau-brasil e tapinhoã);

5) a Lei n. 317, de 1843, que previa multa e apreensão das embarcações que fossem encontradas com contrabando de pau-brasil; e

6) a Lei n. 601, chamada "Lei das Terras", que estabelecia pena de prisão de dois a seis meses e multa de "cem mil réis" pela derrubada e queimada das matas.

Explicam a pesquisadora e a professora que "com a proclamação da República a maior parte dos dispositivos legais vigentes, da época do Brasil Colônia, foram extintos e novas leis foram elaboradas e aprovadas, como o Código Penal Brasileiro (estabelecido pelo Decreto n. 847, de 11-10-1890), que previa pena de prisão para a pessoa que *envenenasse fontes públicas ou particulares, tanques ou viveiros de peixes e víveres destinados ao consumo, e corrompesse a água potável de uso comum ou particular, tornando-a impossível de beber ou nociva à saúde*". Destacam as autoras do artigo "As políticas das águas no Brasil" que o governo "só veio se preocupar com a elaboração de normas legais que regulamentassem

Com efeito.

Conforme ensina Maria Helena Diniz[10], "ante o grande valor das águas pelo papel que têm na satisfação das necessidades humanas[11] e no progresso de uma nação[12], impõe-se a existência de normas idôneas para atender a esses reclamos e solucionar os conflitos que, porventura, surgirem".

Na verdade, a alegada existência de normas idôneas vinculadas a delimitar juridicamente o grande valor das águas na satisfação das necessidades de brasileiros e estrangeiros residentes no País encontra verdadeiro amparo nos dias de hoje, fundamentalmente na *Constituição Federal de 1988*, devendo os subsistemas jurídicos obedecer às diretrizes maiores da Carta Magna.

---

atividades produtivas (mineração, agricultura e pesca) e normatizassem a utilização de recursos naturais, como floresta e água, *a partir de 1906*, sendo que no caso dos recursos hídricos, o Projeto do Código de Águas foi elaborado no *ano seguinte* (pelo jurista Alfredo Valladão, a pedido do Ministro da Indústria, Viação e Obras Públicas) e encaminhado à Câmara dos Deputados para a apreciação. *Mas a edição do Código de Águas só veio a ocorrer quase três décadas depois, devido a sua inadequação tanto aos dispositivos da Constituição Federal vigente quanto aos problemas relacionados às secas periódicas que ocorriam no semiárido nordestino*" (grifos nossos). De fato o *Decreto n. 24.643, de 10 de julho de 1934*, Decreto do Governo Provisório, com força de lei, elaborado com base em legislações vigentes na Europa, principalmente França e Itália, que são países de clima úmido, criou um *Código de Águas* em certa medida inadequado para a realidade brasileira, o que demonstra ser costume no Brasil a elaboração de leis no plano civil sempre com "espírito europeu" e nunca verdadeiramente destinadas aos interesses dos brasileiros.

10. *Curso de direito civil brasileiro*; direito das coisas, 14. ed. atual., São Paulo: Saraiva, 1999, p. 224.

11. Como fator indispensável à manutenção da vida de todos os seres terrestres, a água é utilizada na irrigação dos solos, na dessedentação de animais de criação e no abastecimento das cidades, aspecto mais complexo nos dias de hoje, na importante visão de Samuel Murgel Branco. *Todavia merece destaque, como lembra Ilza Araujo Leão de Andrade, docente da UFRN, a importância da água para os brasileiros sobretudo como um bem necessário à vida.* Explica a professora, em seu artigo "A política de águas no Nordeste: o conflito entre o público e o privado e as tentativas de democratização de gestão", que "o nordeste brasileiro convive com índices extremos de escassez que atingem o próprio consumo humano, *tornando o acesso à água uma questão de sobrevivência e um elemento primário no rol das necessidades básicas da população* (grifos nossos), principalmente a que encontra-se localizada na região semiárida onde o problema é quase uma constante. *O Nordeste, diz a autora, possui a segunda maior concentração de população do país e tem apenas 3% dos recursos hídricos nacionais* (grifos nossos), estando boa parte do seu território localizada no 'polígono das secas'. Os Estados do Ceará, Rio Grande do Norte, Paraíba e Pernambuco, por exemplo, têm mais de 80% do seu território circunscrito no polígono".

12. *A agressão dos Estados Unidos contra o Iraque também foi pela água* (além do petróleo), conforme ficou demonstrado no 1º Fórum Alternativo Mundial realizado em Florença, Itália. O Iraque é o país do Oriente Médio mais rico em água, sendo certo que o controle da área significa o controle da água em toda a região. É fundamental ressaltar que, há mais de sete mil anos, os rios Tigre e Eufrates, cujas nascentes se encontram na Turquia, vêm garantindo a irrigação dos campos no grande planalto da Mesopotâmia (que significa "a terra entre os rios"), berço das primeiras cidades da história. Vale lembrar que após a 1ª Guerra do Golfo ocorreu uma grande discussão internacional a respeito da possível construção de um "Aqueduto da Paz" que levaria a água do Tigre e do Eufrates até os países do Golfo Pérsico e, por extensão, até Israel, país que atualmente controla toda a água do vale do Rio Jordão, utilizando 80% dos recursos hídricos palestinos (a disponibilidade média de água *per capita* é de 260 litros diários para os israelenses e de 70 litros para os palestinos, sendo que para cavar poços é necessária a autorização do exército israelense). Destarte, fica impossível evitar as disputas políticas para o controle da água em todo o mundo, disputas que normalmente, e historicamente, se transformam em guerras...

Dessarte, a água, ao ser definida constitucionalmente como exemplo didático de "bem essencial à sadia qualidade de vida", passou a ser caracterizada juridicamente como *bem ambiental* (art. 225 da CF), levando o legislador a definir, no plano infraconstitucional imediatamente ligado ao comando da Carta Magna, "as águas interiores, superficiais e subterrâneas", assim como "os estuários" e "o mar territorial" como *recurso ambiental,* não só em face da Lei n. 9.985/2000 (Lei de Unidades de Conservação da Natureza, que regulamentou o art. 225, § 1º, I, II, III e VII, da CF) como, evidentemente, em decorrência do que determina a Lei n. 6.938/81 (Lei da Política Nacional do Meio Ambiente)[13].

Por via de consequência, a água, por determinação superior, repita-se, passou a ser regrada em face de relações jurídicas disciplinadas a partir do comando constitucional, ou seja, normatizada em função de sua natureza jurídica (natureza jurídica de bem ambiental, conforme indicado no mencionado art. 225 da Carta da República) e harmonizada à ordem econômica do capitalismo (arts. 1º, IV, e 170 e s. da Carta Maior). Daí a possibilidade de inserir a água, como bem ambiental, em diversas relações jurídicas absolutamente adaptadas à ordem econômica do capitalismo (relações de consumo, ordem econômica etc.), *sempre em função da possibilidade de gerenciar seu uso; jamais em face de um "direito de propriedade"*[14].

---

13. Embora a Lei n. 9.433/97(Institui a Política Nacional de Recursos Hídricos), inspirada no modelo francês, tenha criado (ou pelo menos tentado...) uma legislação sobre recursos hídricos (inclusive reconhecendo a água como bem ambiental adaptado à ordem econômica do capitalismo), ficou seriamente comprometida toda sua estrutura, sob o aspecto jurídico, em face da edição da Lei n. 9.984/2000, que criou a Agência Nacional de Águas – ANA, entidade destinada exatamente a implementar referida Política Nacional de Recursos Hídricos. Isso porque seria de duvidosa constitucionalidade a Lei n. 9.984/2000, criada para atuar ao largo do Estado Democrático de Direito, dentro de um modelo, além de lesivo, ao que tudo indica, destinado única e exclusivamente a proteger serviços transferidos pura e simplesmente à iniciativa privada.

14. Quando a atual Constituição da República Federativa do Brasil, de 5 de outubro de 1988, entendeu por bem organizar nosso Estado Democrático de Direito em face dos fundamentos da dignidade da pessoa humana, garantiu a brasileiros e estrangeiros residentes no País, pela primeira vez na história do direito constitucional brasileiro, a inviolabilidade do direito à propriedade não só na perspectiva dos fundamentos estabelecidos no art. 1º, mas enquanto direito e garantia fundamental em face dos direitos individuais e coletivos, nos termos do inciso XXII ("é garantido o direito de propriedade"), condicionado porém a atender àquilo que a Carta Magna de 1988 chamou de "função social" (art. 5º, XXIII), regra oriunda, ao que tudo indica, do art. 153 da Constituição alemã de 1919 (Constituição de Weimar), que, no art. 153, *in fine,* estabeleceu, sob inspiração do civilista Martin Wolff, os princípios de que "a propriedade obriga" (*Eigentum verpflichtet*) e da "função social da propriedade" (*Gebrauch nach Gemeinem Besten*). Todavia é importante destacar que EM MOMENTO ALGUM A ATUAL CONSTITUIÇÃO FEDERAL EM VIGOR DEFINE O CONTEÚDO DA PROPRIEDADE, ainda que se utilize da expressão "propriedade" em várias outras oportunidades. Como produto cultural que é, a Constituição de nosso país entendeu por bem, ao longo de mais de um século, não estabelecer de forma positivada a definição ou mesmo o conteúdo do instituto, que "está na base do capitalismo", como afirma Gilissen, deixando ao legislador infraconstitucional a missão de explicar bem como delimitar o direito de propriedade (caso a caso). Todavia a interpretação doutrinária do instituto da propriedade em nosso país acabou sendo fortemente "contaminada" por força da enorme influência do subsistema material civil em nossa cultura jurídica (e mesmo na de outros países), evidenciando frequentemente os conceitos e fundamentos elaborados a partir da ideologia triunfante que assegurou a vitória dos valores burgueses, tão bem observados no Código de

Cabe lembrar que, como recurso ambiental, a água já era preocupação do mundo greco-romano, não só por sua importância vital mas também pela preocupação que havia, originariamente na Grécia, em relacionar as águas à incolumidade físico-psíquica da pessoa humana[15], justamente no sentido de observar os fatores do meio físico em face das doenças tanto endêmicas como epidêmicas. Quando Roma conquistou o mundo mediterrâneo não só assumiu o legado da cultura grega como também a Medicina e as ideias sanitárias gregas, imprimindo, no entanto, como bem observado por George Rosen, às importantes concepções dos gregos seus interesses próprios. Daí a genialidade dos romanos como construtores de sistemas de esgotos e de banhos e de suprimentos de água e outras instalações sanitárias, oferecendo exemplo ao mundo e deixando sua marca na História[16], particularmente com a construção de aquedutos[17].

---

Napoleão, assim como nas legislações dos demais países europeus. O Código de Napoleão, como instrumento normativo importantíssimo destinado a organizar desde o século XIX a ordem econômica europeia e de suas colônias, acabou "inspirando" fortemente nossos doutrinadores e evidentemente as concepções de propriedade estabelecidas no plano jurídico através de nossas Constituições (de 1824, 1891, 1934, 1937, 1946, 1967 e 1969). Daí ser relativamente comum enfrentarmos interpretações jurídicas no sentido de que o direito de propriedade no sistema constitucional brasileiro é o direito de propriedade indicado em nosso subsistema civil, subsistema fortemente influenciado a partir do direito regrado no art. 544 do Código de Napoleão. Podemos concluir que, independentemente do conceito de propriedade que se queira observar, não podemos em hipótese alguma confundir as relações jurídicas que envolvem determinados bens vinculados às pessoas humanas em face da propriedade (propriedade concebida como relação jurídica em que se pode gozar, dispor, fruir, destruir, fazer com o bem aquilo que for da conveniência ou mesmo vontade de seu proprietário) com as relações jurídicas que envolvem os bens ambientais (relação adstrita única e exclusivamente ao uso do bem por força constitucional), como é o caso da água. Para um estudo mais aprofundado *vide* nosso *Curso de direito ambiental brasileiro*, Saraiva, 2003.

15. George Rosen ensina que "a crença na harmonia entre o homem e o ambiente se evidencia muito no livro *Ares, águas e lugares*. Nunca é demais enaltecer essa obra, o primeiro esforço sistemático para apresentar as relações causais entre fatores do meio físico e doença e, por mais de dois mil anos, o terreno teórico para a compreensão das *doenças endêmicas* (do grego *endo + demo*, designando as doenças endógenas, nativas, que sempre existem dentro de uma população) e *epidêmicas* (que significam doenças que vêm de fora e cuja prevalência supera os valores habituais, sendo certo que quando se alastram geograficamente se tornam pandemias). A esse respeito, não se deu nenhuma mudança fundamental até o final do século XIX, quando as novas ciências da Bacteriologia e da Imunologia se instituíram. O autor de *Ares, águas e lugares* reconhecia a presença contínua de certas doenças na população; chamava-as *endêmicas,* termo que ainda usamos. Sabia, ainda, que a frequência de outras doenças, nem sempre presentes, por vezes aumentava em demasia; chamou-as *epidêmicas,* um termo também corrente. No livro, tenta-se responder à pergunta: "Quais são os fatores responsáveis pela endemicidade local? Os oito parágrafos introdutórios apresentam e resumem esses fatores essenciais: clima, solo, *água* (grifo meu), modo de vida e nutrição" (in *Uma história da saúde pública*, 2. ed., Ed. Unesp, p. 37).

16. A obra *De Aquis Urbis Romae* (Os aquedutos da cidade de Roma), de Sexto Júlio Frontino (c.40 – 104 d.C.), é uma das mais importantes como fonte de informação sobre o suprimento de água em Roma.

17. Os *aquedutos* de mais remota origem de que há notícia são pré-históricos e teriam sido construídos na China. Embora existam vestígios de canalização de água encontrados nas antigas cidades da Babilônia, Assíria e Pérsia, assim como na Judeia, foram os romanos que efetivamente desenvolveram técnica apurada visando à obtenção de águas não contaminadas, resolvendo o problema do abastecimento, com a construção dos denominados aquedutos. "Meios caros de captação", como explica Daniel Roche, os aquedutos "impunham por toda a parte imagem de uma fidelidade romana e monumental, à antiga, de uma grandeza urbana e de uma liberalidade aquática fora do comum e de todas as proporções com as disponibilidades que eles traziam. Seu desaparecimento, entre os séculos V e XII, nos antigos territórios

Ocorre que, conforme se observa da evolução do papel da água diante das necessidades das pessoas humanas, a tutela jurídica de referido bem ambiental necessita, nos dias de hoje, de uma visão que possa transcender a singela (porém notável à época) hipótese de se regrar juridicamente canais, galerias ou mesmo encanamentos destinados a conduzir a água de um lugar para outro, tendo como destinatários uma população e principalmente uma economia que em nada lembra a complexidade contemporânea.

Como bem ambiental que é, definida pelo art. 225 da Constituição Federal, a água desde 1988 deixou portanto de ser considerada bem público[18], sendo incompatíveis com a Carta Magna os arts. 99, I, e 100[19] do novo Código Civil.

---

da Gália foi muito mais pela brutalidade das invasões bárbaras do que pelo desaparecimento do urbanismo e a ruralização da civilização. Seu reaparecimento progressivo estava ligado ao esforço conjunto dos poderes leigos e eclesiásticos desejosos de responder às necessidades das novas aglomerações: abastecer os bairros afastados dos rios e lutar contra os incêndios, temíveis das cidades de madeira". O aqueduto da cidade espanhola de *Segóvia*, construído nos primeiros anos da era cristã e utilizado até o final do século XX, retrata bem a imagem antes descrita. Trecho final de um sistema de 12 quilômetros que captava água do Rio Frio, na vizinha Serra de Guadarrama, e a trazia bem fresca até a parte alta da então romana Segobriga, traça um V ao longo de seus 728 metros de extensão, tendo 118 arcos (mais da metade duplos) e 25.000 blocos de granito encaixados a seco, sem nenhuma argamassa. Fruto da excelente engenharia da época, em que uma única e decisiva pedra, a chave, se encarregava de transferir todo o peso da estrutura para o solo, mantendo-a suspensa, atravessa nos dias de hoje a Plaza del Azoguejo, antigo mercado ao ar livre e atual coração de Segóvia. No Brasil o *Aqueduto da Carioca*, também conhecido como os *Arcos da Lapa*, foi construído no século XVIII (1719/1750) visando ao abastecimento de água na cidade do Rio de Janeiro (fundada exatamente para impedir a ocupação francesa e implantada em lugar estratégico – a entrada da Baía da Guanabara – visando os futuros combates), diante da dificuldade dos habitantes, que, para ter acesso à água, tinham de recorrer ao rio Carioca, situado fora dos limites da cidade. O aqueduto mais famoso do Brasil atravessa o vale entre o morro de Santa Teresa e o morro de Santo Antônio, percorrendo uma extensão total de 6.600 m sendo a parte das arcadas constituída de duas séries de 42 arcos de volta completa, atingindo 17,60 m de altura e 270 m de extensão. *Vide* Rocco, *História das coisas banais* – nascimento do consumo séc. XVII – XIX, Rio de Janeiro, 2000, *passim*; *Arcuatum Opus – Arcos da Carioca*, de José de Souza Reis, bem como *Vida urbana*, de Veríssimo, Bittar e Alvarez.

18. *São bens ambientais os indicados no art. 20 e seus incisos da Constituição Federal*. De fato, referidos bens, de natureza difusa e pertencentes a todos, devem ser geridos e protegidos pelo Poder Público, assim como pelo cidadão, conforme prevê o art. 225 da Constituição da República. *Vide*, no século XXI, dentre outros, os posicionamentos de Beatriz Souza Costa (*Meio ambiente como direito à vida no direito comparado*, Dissertação de Mestrado defendida na Universidade Federal de Minas Gerais – UFMG, 2003), Ana Paula Fernandes Nogueira da Cruz (*A tutela ambiental do ar atmosférico*, Dissertação de Mestrado defendida na Pontifícia Universidade Católica de São Paulo – PUCSP, transformada em livro publicado pela Editora Esplanada, 2002), Consuelo Yatsuda Moromizato Yoshida (*Poluição em face das cidades no direito ambiental brasileiro*: a relação entre degradação social e degradação ambiental, Tese de Doutorado defendida na Pontifícia Universidade Católica de São Paulo – PUCSP, 2001), Filippe Augusto Vieira de Andrade ("O patrimônio cultural e os deveres de proteção e preservação", artigo publicado na obra *Temas de direito urbanístico* do CAOHURB, vinculado ao Ministério Público do Estado de São Paulo, Imprensa Oficial do Estado, 2001), Liliana Allodi Rossit (*O meio ambiente do trabalho no direito ambiental brasileiro*, Dissertação de Mestrado defendida na Pontifícia Universidade Católica de São Paulo – PUCSP, transformada em livro publicado pela LTr, 2001), Durval Salge Júnior (Instituição do bem ambiental no Brasil pela Constituição Federal de 1988, Dissertação de Mestrado defendida na Universidade Metropolitana de Santos – Unimes, 2001), e Rui Carvalho Piva (*Bem ambiental*, Dissertação de Mestrado defendida na Pontifícia Universidade Católica de São Paulo – PUCSP, transformada em livro publicado pela Editora Max Limonad, 2000).

19. Ao contrário do que estabelece o art. 100 do novo Código Civil, não existem impedimentos constitucionais no sentido de que os rios e mares possam ser utilizados, como bens ambientais, em proveito da ordem econômica do capitalismo (arts. 1º, IV, e 170 e s. da CF).

Por outro lado, a água, como bem de natureza jurídica difusa, está, por via de consequência, muito mais agregada à execução de uma política urbana, com a utilização de instrumentos de garantia de tutela do meio ambiente artificial determinada juridicamente pelo Estatuto da Cidade – Lei n. 10.257/2001[20] (passando pois a ser orientada em decorrência dos principais objetivos do direito ambiental constitucional e, em especial, pela realização dos valores estabelecidos pelo art. 1º da Constituição Federal, adstritos ao meio ambiente artificial), do que pura e simplesmente vinculada a uma tutela privada adaptada a um arcaico "direito de vizinhança", de duvidosa constitucionalidade, disciplinador de temas como o da "propriedade de nascente"[21], o "direito de construção de açudes"[22], o "direito de aqueduto"[23] ou ainda delimitador de

---

20. Para uma visão com pormenores, *vide* Celso Antonio Pacheco Fiorillo e Renata Marques Ferreira, *Comentários ao Estatuto da Cidade:* Lei n. 10.257/2001 – Lei do Meio Ambiente Artificial, 7. ed., São Paulo, Saraiva, 2019.

21. O art. 1.290 do novo Código Civil trata da exótica e inconstitucional figura do "proprietário de nascente" copiando o art. 565 do Código Civil de 1916, que adotava entendimento, combinado posteriormente com o Código de Águas (Dec. n. 26.643/34), de que a fonte ou nascente (nascentes, para os efeitos legais da época, *como as águas* que surgem naturalmente ou por indústria humana, e correm dentro de um só prédio particular, e ainda que o transponham, quando elas não tenham sido abandonadas pelo proprietário do mesmo) fazia parte do terreno em que brotava e, por isso, seria também de propriedade do dono do terreno em que estava localizada, assim como a água na extensão em que o atravessava. O art. 1.290 do novo Código Civil, ao adotar o entendimento de que a fonte é propriedade do dono do prédio, autorizando-o a gozar e dispor da água da maneira mais absoluta, viola a Constituição Federal, conforme já tivemos oportunidade de aduzir.

22. Os *açudes* (palavra portuguesa de origem árabe) foram e ainda são concebidos como construções (de terra, pedra, cimento etc.) destinadas a represar águas. Claro está que, em face da atual orientação constitucional, no que se refere à natureza jurídica das águas, torna-se complexa a real possibilidade de alguém ser proprietário do conteúdo do açude, principalmente em locais susceptíveis à desertificação (como no semiárido brasileiro, que representa 57% do território nordestino); não do açude propriamente dito...

23. Como meio pelo qual se transportava a água (canal), o aqueduto foi disciplinado, tanto no Código Civil de 1916 como no Código de Águas de 1934, dentro de uma concepção estruturada em face do direito privado ortodoxo. É importante ressaltar que o sistema constitucional aplicável quando da entrada em vigor do Código Civil de 1916 era o da Carta Magna de 1891, elaborado em proveito da República mas ainda delimitado, de forma absolutamente clara, em decorrência dos "dois grandes interesses" que formavam o direito desde a Constituição Imperial de 1824: o direito público e o direito particular. É clássica a lição de José Antonio Pimenta Bueno, pela oportunidade de estabelecer comentários a respeito da Constituição do Império, ao ensinar que "O Direito Público, *jus publicum, quod ad statum reipublicae spectai,* tem por domínio todas as relações do cidadão para com o Estado, relações de interesse geral, e que por isso mesmo não pertencem à ordem privada", sendo o direito particular, *jus privatum, quod ad singularum utilitatem spectat,* aquele que "tem por domínio as relações que se agitam não entre o cidadão e o Estado, sim entre os indivíduos na razão ou intuito de seus interesses particulares". A tradicional divisão entre direito público e direito particular refletiu seu conteúdo em todas as Cartas Magnas brasileiras, até que a Constituição Federal de 1988, rompendo com a visão tradicional, absolutamente imprestável para a tutela dos direitos fundamentais da pessoa humana em nosso país no final do século XX e início do século XXI, estabeleceu a tutela dos direitos difusos e coletivos e a configuração dos bens ambientais como *tertium genus* em face dos bens particulares e dos bens públicos.

Destarte *os arts. 1.293, 1.294, 1.295 e 1.296 do novo Código Civil,* elaborados em face de uma estrutura jurídica hoje superada, tanto no plano constitucional como no plano infraconstitucional, só poderão ser efetivamente observados e aplicados no campo normativo se eventualmente adaptados (se é que possamos adaptar...) às determinações da Carta Maior de 1988, particularmente no que se refere ao art. 225.

deveres impostos ao possuidor de imóvel em face de poluição de águas, institutos jurídicos pensados com base em momento histórico (1916), em que no Brasil possuíamos apenas 27.540.614 habitantes, o que corresponde, no ano 2000, a um número menor que a população do Estado de São Paulo (36.966.527 pessoas).

Dessarte, ao continuar a tratar a água, em pleno século XXI, como simples tema adaptado ao "direito de vizinhança", vinculado ao direito de propriedade, desconsidera o novo Código Civil a realidade brasileira: uma realidade marcada pela necessidade de acomodar quase 170.000.000 de seres humanos, com a existência de mais de um milhão de pessoas em algumas capitais do País dentro de estruturas em que grande parte das moradias se encontram em "bairros espontâneos", que estão a necessitar não só de "aquedutos" mas de uma completa e bem-estruturada organização para adequar a pessoa humana ao meio ambiente artificial.

Longe de pretender criticar o notável trabalho desenvolvido pelos juristas idealizadores do novo Código Civil, precisamos lembrar que sem a água não existe respiração, reprodução, fotossíntese, quimiossíntese, hábitats e *nichos ecológicos* para a maioria das espécies existentes. Sua ausência ou contaminação implica forma de poluição[24] cujas consequências não são outras senão degradar diretamente a própria vida.

Por outro lado, o próprio governo reconhece, atualmente, a necessidade de combater a fome no Brasil, o que significa visão destinada a combater a sede.

Daí causar estranheza o "retorno" do tratamento da água na "evolução legislativa", superadas as visões do Código Civil de 1916 e do Código de Águas (Dec. n. 26.643/34), para o "Direito Civil das Coisas", desconsiderando a importância desse precioso bem ambiental, inclusive como produto em face das relações jurídicas de consumo existentes em países de estrutura jurídica capitalista como o Brasil (art. 3º, § 1º, da Lei n. 8.078/90).

O novo Código Civil, ainda que estruturado ideologicamente em sua Parte Geral com base na "obra imperecível de Teixeira de Freitas e de Clóvis Beviláqua", como reconhece o ilustre mestre de todos nós Professor Miguel Reale[25], merece ser aplau-

---

24. O *art. 1.309 do novo Código Civil* proíbe construções "capazes de poluir, ou inutilizar, para uso ordinário, a água do poço, ou nascente alheia, a elas preexistentes", bem como não permite "escavações ou quaisquer outras obras que tirem ao poço ou à nascente de outrem a água indispensável às suas necessidades normais" (*art. 1.310*). Referidas regras já estavam disciplinadas de forma bem mais ampla e adequada à realidade brasileira pela própria Lei n. 6.938/81 (Lei da Política Nacional do Meio Ambiente), quando o legislador, ao definir poluição como a degradação da qualidade ambiental resultante de atividades que direta ou indiretamente possam afetar recursos ambientais (e dentre eles as águas), também relacionava a poluição à saúde, segurança, bem-estar da população etc.

25. No que se refere à tentativa de atualizar o Código de 1916, diz o jurista que, "(...) Convidado pelo então Ministro da Justiça, Luiz Antonio da Gama e Silva, o primeiro cuidado que tive foi indagar das razões do insucesso de meus antecessores. Convenci-me de que o obstáculo insuperável consistia na infeliz ideia de dividir a Lei Civil em vigor para instaurar, ao lado de um amplo Código de Direito das Obrigações, um mirrado projeto de Código Civil, decepado de sua Parte Geral, obra imperecível de Teixeira de Freitas e de Clóvis Beviláqua. Resolvi, assim, manter, quanto possível, a estrutura e as prescrições do código vigente, acrescentando-lhe, porém, uma parte nova sobre o Direito de Empresa, dado o obsoletismo

dido na medida em que procura adequar-se às novas necessidades da pessoa humana no Brasil do século XXI.

Todavia precisamos reconhecer que seu aperfeiçoamento é dever de toda a sociedade brasileira[26]. Daí a contribuição do direito ambiental constitucional, criado para as presentes e futuras gerações, no sentido de compatibilizar os avanços reconhecidamente observados na nova lei com as fundamentais diretrizes encontradas em nossa Carta Magna, visando, fundamentalmente, a assegurar a dignidade da pessoa humana em nosso país, dignidade que, sem uma visão adequada do controle jurídico dos bens ambientais essenciais à sadia qualidade de vida, efetivamente não existirá.

## 10. POLÍTICA NACIONAL DE SEGURANÇA DE BARRAGENS (LEI N. 12.334/2010)

Estabelecida para balizar juridicamente as barragens destinadas à acumulação de água para quaisquer usos, à disposição final ou temporária de rejeitos (barragem de rejeito, como ensina Herbert Rafael[27], é uma estrutura de terra construída para armazenar resíduos de mineração) e à acumulação de resíduos industriais que apresentem pelo menos uma das características definidas pelo legislador (art. 1º, I a V, da Lei n. 12.334/2010), a Política Nacional de Segurança de Barragens define o empreendedor como pessoa física ou jurídica que detenha outorga, licença, registro, concessão, autorização ou outro ato que lhe confira direito de operação da barragem e do respectivo reservatório, ou, subsidiariamente, aquele com direito real sobre as terras onde a barragem se localize, se não houver quem as explore oficialmente (art. 2º, IV, da Lei n. 12.334/2010).

Em face de referida norma jurídica, os empreendedores são os responsáveis legais pela segurança da barragem (sabendo-se que a segurança de uma barragem é

---

do Código Comercial de 1850, que já acarretara a 'unidade das obrigações' civis e comerciais na jurisprudência nacional, por se aplicar sempre o Código Civil em ambas as hipóteses. Embora tentado pela ideia da 'unificação do Direito Privado', compreendi que era necessário manter a autonomia do Direito Comercial, mas injetando-lhe a ideia – força da livre empresa, visto não ser mais o comércio a atividade econômica dominante, em concorrência com as poderosas criações das indústrias e dos serviços de comunicação. Embora não se tenha feito nenhuma referência a esse ponto, o certo é que o modelo final do novo Código Civil foi originariamente por mim concebido, em 1969, com uma Parte Geral e cinco Livros Especiais, sem o que, penso eu, a reforma não teria vingado". *Vide* artigo "A engenharia jurídica", *O Estado de S.Paulo*, sábado, 1-3-2003, A-2.

26. O próprio deputado Ricardo Fiuza (PPB-PE), que exerceu a relatoria geral do Projeto n. 634/75 que deu origem à Lei n. 10.406, de 10 de janeiro de 2002, reconhece a necessidade de "complementação de alguns dispositivos, cuja modificação não foi possível fazer anteriormente, face aos impedimentos regimentais já longamente expostos, quando da votação final do PL 634". Destarte apresentou Projeto de Lei à Câmara dos Deputados prevendo a alteração de mais de 150 artigos do texto da Lei n. 10.406/2002 que instituiu o novo Código Civil.

27. Herbert Miguel Angel Maturano Rafael, *Análise do potencial de liquefação de uma barragem de rejeito*, dissertação (Mestrado em Engenharia Civil), Pontifícia Universidade Católica do Rio de Janeiro, Rio de Janeiro, 2012.

instrumento de alcance da sustentabilidade socioambiental como estabelece o art. 4º, V, da Lei n. 12.334/2010), pelos danos decorrentes de seu rompimento, vazamento ou mau funcionamento e, independentemente da existência de culpa, pela reparação desses danos (art. 4º, III), particularmente em face dos fundamentos estabelecidos pelo art. 4º da aludida Política. Daí as obrigações definidas pela lei indicadas no art. 17, como, dentre outras, a de prover os recursos necessários à garantia de segurança da barragem e, em caso de acidente ou desastre, à reparação dos danos à vida humana, ao meio ambiente e aos patrimônios público e privado, até a completa descaracterização da estrutura (art. 17, I), a de organizar e manter em bom estado de conservação as informações e a documentação referentes ao projeto, à construção, à operação, à manutenção, à segurança e, quando couber, à desativação da barragem (art. 17, III), bem como a de permitir o acesso irrestrito do órgão fiscalizador, da autoridade licenciadora do Sisnama, do órgão de proteção e defesa civil e dos órgãos de segurança pública ao local da barragem e das instalações associadas e à sua documentação de segurança (art. 17, VI), sendo certo que a barragem que não atender aos requisitos de segurança nos termos da legislação pertinente deverá ser recuperada, desativada ou descaracterizada pelo seu empreendedor, que deverá comunicar ao órgão fiscalizador as providências adotadas (art. 18).

A Lei n. 14.066/2020 acrescentou o Capítulo V-A – Das infrações e das sanções, estabelecendo como infração administrativa o descumprimento pelo empreendedor das obrigações estabelecidas nesta Lei, em seu regulamento ou em instruções dela decorrentes emitidas pelas autoridades competentes (art. 17-A). O processo administrativo terá prazos distintos (art. 17-B) e as infrações administrativas sujeitam o infrator a uma ou mais de diversas penalidades (art. 17-C). Por fim, o valor das multas de que trata este Capítulo deve ser fixado por regulamento e atualizado periodicamente, com base nos índices estabelecidos na legislação pertinente, observado o mínimo de dois mil reais e o máximo de um bilhão de reais (art. 17-E).

De qualquer forma, claro está que, explorando a barragem em benefício próprio no sentido de desenvolver lucrativa atividade econômica em seu proveito (o Brasil é considerado o segundo maior produtor de minério de ferro do mundo e o maior exportador dessa matéria-prima para a China[28], sendo certo que a empresa Vale S/A apresentou lucro recorrente de R$ 8,3 bilhões e distribuiu dividendos da ordem de US$ 1,142 bilhão, apenas no terceiro trimestre de 2018[29]), os empreendedores do segmento antes referido, além de submetidos às regras infraconstitucionais definidas na Política Nacional de Segurança de Barragens, subordinam-se no plano constitucional, particularmente, às superiores normas jurídicas balizadoras de nossa ordem econômica.

---

28. Disponível em: http://www.mme.gov.br. Acesso em: 26 jan. 2019.

29. Disponível em: http://vale.com/PT/investors/information market/quartelyresults/ResultadosTrimestrais/vale_IFRs_BRL_3T18p.pdf. Acesso em: 26 jan. 2019.

## 11. A AMAZONIA AZUL E SUA TUTELA JURÍDICA EM FACE DO DIREITO AMBIENTAL BRASILEIRO[30]

### 11.1. OCEANO, MAR E PLATAFORMA CONTINENTAL: SIGNIFICADO CIENTÍFICO E DELIMITAÇÃO JURÍDICA EM FACE DA EVOLUÇÃO DO DIREITO CONSTITUCIONAL BRASILEIRO

O **oceano**, conforme observa Campos[31] "é o principal reservatório de água da Terra, estendendo-se por cerca de 70% da superfície, em uma camada com profundidade média de aproximadamente 4 mil metros. Com 97% de todo o volume de água do planeta, o oceano desempenha papel-chave no ciclo hidrológico, processo pelo qual a água é continuamente transferida entre os diferentes compartimentos do sistema". Constituído por **água salgada**, a exemplo do **mar**[32 e 33] ("referência geral a uma área do oceano que é relativamente bem encerrada por massas de terra" na definição de Art[34]), o oceano é dividido, conforme lição do autor antes citado, "nas áreas geográficas antártica, ártica, atlântica, índica e pacífica"[35].

Dentre referidas áreas, observamos então que o **Oceano Atlântico**, com aproximadamente 106 milhões de km², conectado aos oceanos Ártico (norte), Pacífico (sudoeste), Índico (sudeste), e Antártico (Sul) e possuindo uma profundidade máxima de 7.750 metros, além de banhar diversos países do mundo (está localizado entre três continentes: América, a leste, e Europa e África, a oeste), **circunda toda a costa do Brasil**.

As águas que hoje identificamos como o Oceano Atlântico, conforme esclarecem LoisI e Garcia[36], "sofreram uma das transformações geográficas mais radicais

---

30. Para um estudo detalhado, *vide* Celso Antonio Pacheco Fiorillo e Renata Marques Ferreira, *A Amazônia Azul e seu uso econômico sustentável em face da tutela jurídica do direito ambiental brasileiro*. Rio de Janeiro, Lumen Juris, 2021.

31. Edmo J. D. Campos, *Revista USP*, São Paulo, n. 103, p. 55-66, 2014.

32. "In terms of geography, seas are smaller than oceans and are usually located where the land and ocean meet. Typically, seas are partially enclosed by land."

NOAA. What's the difference between an ocean and a sea?, National Ocean Service website: < https://oceanservice.noaa.gov/facts/oceanorsea.html>. Acesso em 14 jun. 2020.

33. Para grande parte dos especialistas/pesquisadores, existiriam três fatores principais que separam **mares e oceanos**: área, profundidade e vida marinha, sendo certo que, em apertada e didática síntese, os oceanos sempre serão maiores e mais profundos que os mares; com relação à vida marinha, os mares tendem a ter uma variedade maior de vida marinha do que os oceanos, vez que, sendo mais rasos, permitem que mais luz solar penetre, promovendo a fotossíntese, que permite o adequado desenvolvimento das plantas e dos animais. Disponível em: <https://examples.yourdictionary.com/examples-of-food-chains.html>.

34. Henry Art, *Dicionário de ecologia e ciências ambientais*, São Paulo, Melhoramentos, 1998.

35. Henry Art, *Dicionário de ecologia e ciências ambientais*, São Paulo, Melhoramentos, 1998.

36. Carla Lois e João Carlos Garcia, Do oceano dos clássicos aos mares dos impérios: transformações cartográficas do Atlântico sul, *Anais do Museu Paulista: História e Cultura Material*, vol. 17, n. 2, São Paulo, jul.-dez./2009.

da modernidade: desde os tempos clássicos tinham sido consideradas como um mar que circundava o conjunto das terras habitadas, genericamente conhecido como Mar Oceano; pelo século XV, a experiência da navegação europeia em direcção a oeste implicou uma nova percepção do que até então se imaginava como um vasto mar", sendo certo que, para referidos autores "entre finais do século XV e inícios do XIX, no quadro das explorações marítimas ibéricas, circulou um amplo universo de imagens sobre o oceano Atlântico. Essas imagens dão conta de um espaço organizado em função de construções teóricas, historiográficas e científicas, ideológicas e geopolíticas, socioeconômicas, mas também da realidade prática".

Ao longo do século XVI, época em que Portugal inicia a colonização do Brasil[37], o Atlântico, conforme argumentam os autores antes mencionados, "constituiu-se como um espaço de comunicação que, mais do que separar, unia não tanto o 'velho' ao 'novo' mundo, mas também as duas partes de um mesmo mundo, o ocidente cristão. Deste modo, não parece obra do acaso que o Atlântico ficasse disposto, quase como um eixo, nos mapas mundo da época".

Da colonização aos dias atuais, restaram bem caracterizadas as iniciativas destinadas à ocupação do litoral, de defesa contra os invasores holandeses e franceses no século XVII, passando pela importantíssima etapa de independência nacional com o balizamento jurídico das primeiras regras constitucionais vinculadas à tutela do **espaço oceânico brasileiro**, vinculados à sua soberania, bem como posterior adaptação, desde que em harmonia com nossas regras constitucionais, das primeiras leis sobre a definição da extensão do **mar territorial** e da zona contígua na década de 1960; a assinatura (1982), a ratificação (1987) e a entrada em vigor internacionalmente e para o Brasil (1994) da CNUDM3 e o pleito para extensão da **plataforma continental** para além do limite de 200 milhas náuticas.

Com efeito.

Tendo como referência a área do Oceano Atlântico que circunda toda a costa do Brasil, o mar foi mencionado pela **Constituição de 1824** (art. 15. E' da attribuição da Assembléa Geral: XI. Fixar annualmente, sobre a informação do Governo, as forças de **mar**, e terra ordinarias, e extraordinarias. XII. Conceder, ou negar a entrada de forças estrangeiras de terra e **mar** dentro do Imperio, ou dos portos delle.; art. 102. O Imperador é o Chefe do Poder Executivo, e o exercita pelos seus Ministros de Estado. V. Nomear os Commandantes da Força de Terra, e **Mar**, e removel-os, quando assim o

---

37. "No final do século XV, o poderio marítimo havia se deslocado para a Península Ibérica. Com uma vasta experiência náutica e tradição marítima, Portugal exerceu uma bem sucedida pressão sobre a Espanha para estabelecer uma partilha nas terras americanas descobertas pela expedição de Colombo, culminando com a assinatura do Tratado de Tordesilhas. A chegada de uma frota portuguesa ao Brasil e sua consequente colonização era apenas uma questão de tempo. Entretanto, ao invés de aproveitar sua supremacia nos mares para estabelecer um império comercial, Portugal e Espanha preferiram ocupar as terras e saquear as riquezas das suas colônias, sendo incapazes de defender suas rotas marítimas dos ataques holandeses e franceses." Miguel Jorge Elias Zogahib, *Comércio marítimo*, Rio de Janeiro, FEMAR, 2007.

pedir o Serviço da Nação; art. 146. Emquanto a Assembléa Geral não designar a Força Militar permanente de **mar**, e terra, substituirá, a que então houver, até que pela mesma Assembléa seja alterada para mais, ou para menos; art. 148. Ao Poder Executivo compete privativamente empregar a Força Armada de **Mar**, e Terra, como bem lhe parecer conveniente á Segurança, e defesa do Imperio.)[38] associado a evidente contexto de defesa militar da independência nacional e da soberania[39 e 40]. Importante observar que o art. 15, XV, da Carta do Império, quando apontava ser "da attribuição da Assembléa Geral: XV. Regular a administração dos **bens Nacionaes**, e decretar a sua alienação", já fixava critério destinado a delimitar os bens considerados de relevância constitucional (os denominados bens "nacionaes"). Daí Silva advertir, citando Marota Rangel, que, logo após a independência, o Brasil não fixou propriamente os limites da plataforma continental", só o fazendo por meio da Circular nº 92, de 31 de julho de 1850, firmada pelo ministro da Marinha e dirigida aos presidentes das províncias, em três milhas marítimas[41].

A **Constituição de 1891**, já em contexto republicano, destacava em seu art. 14 que "As forças de terra e **mar** são instituições nacionais permanentes, destinadas à defesa da Pátria no exterior e à manutenção das leis no interior" sendo de competência da Câmara "a iniciativa do adiamento da sessão legislativa e de todas as leis

---

38. Tendo sua origem ligada ao próprio nascimento do país a ação da Marinha foi necessária para evitar a fragmentação do Brasil e garantir a consolidação da Independência. Assim, "a 14 de novembro de 1822, dois meses após sua proclamação, fazia-se ao mar a primeira esquadra brasileira, rumo a Montevidéu, com a missão de expulsar as forças que lutavam para manter a Província Cisplatina sob o domínio português". Tendo participado durante o Brasil Monárquico de praticamente todos os conflitos em que o país se envolveu, desde a guerra de independência, a Confederação do Equador e a Guerra Cisplatina, ainda no reinado de Pedro I, até a Guerra do Paraguai e as diversas revoltas populares do século XIX, a Marinha do Brasil é considerada a força mais antiga. Disponível em: <https://www.marinha.mil.br/content/historia-naval>. Acesso em: 31 ago. 2021.

39. "Art. 1. O IMPERIO do Brazil é a associação Politica de todos os Cidadãos Brazileiros. Elles formam uma Nação livre, e independente, que não admitte com qualquer outra laço algum de união, ou federação, que se opponha á sua Independencia."

Art. 98. O Poder Moderador é a chave de toda a organização Politica, e é delegado privativamente ao Imperador, como Chefe Supremo da Nação, e seu Primeiro Representante, para que incessantemente vele sobre a manutenção da Independencia, equilibrio, e harmonia dos mais Poderes Politicos".

40. "Com medo das tentativas de ocupação estrangeira finalmente virem a concretizar-se, durante 308 anos Portugal manteve a colônia brasileira fechada ao comércio marítimo internacional. Até que, acossada pelas tropas de Napoleão Bonaparte e instada a fazê-lo pela aliada Inglaterra, a corte portuguesa transferiu-se para a colônia ultramarina, declarando (em 28 de janeiro de 1808) os portos brasileiros abertos "às nações amigas", ou seja, ao comércio com a corte britânica. A partir daí, teve início uma atividade comercial rústica, porém intensa, à margem das baías, rios e enseadas, em pontes de madeira. A despeito disso, somente em 1869, o Decreto Imperial n° 1.746 autorizou a construção de armazéns nos portos do Império, construções estas que somente começaram a efetivar-se já no período Republicano". Miguel Jorge Elias Zogahib, *Comércio marítimo*, Rio de Janeiro, FEMAR, 2007.

41. Alexandre Pereira da Silva, O novo pleito brasileiro no mar: a plataforma continental estendida e o Projeto Amazônia Azul, *Revista Brasileira de Política Internacional*, Brasília, v. 56, n. 1, p. 104-121, 2013; Vicente Marotta Rangel (1974). Brazil. In: ZACKLIN, Ralph (ed.), *The changing law of the sea – Western hemisphere perspectives*, Leiden, Sijthoff, 2013.

de impostos, das leis de fixação das forças de terra e **mar**, da discussão dos projetos oferecidos pelo Poder Executivo e a declaração da procedência, ou improcedência da acusação contra o Presidente da República, nos termos do art. 53, e contra os Ministros de Estado nos crimes conexos com os do Presidente da República" (art. 29) bem como do Congresso Nacional "17. fixar, annualmente, as forças de terra e **mar**, prorogada a fixação anterior, quando até 15 de janeiro não estiver a nova em vigor" (art. 34). Indicava ainda em seu art. 48 que "compete privativamente ao Presidente da República 3º) exercer ou designar quem deva exercer o comando supremo das forças de terra e **mar** dos Estados Unidos do Brasil, quando forem chamadas às armas em defesa interna ou externa da União apontando também competência aos "juizes e Tribunaes Federaes" para " processar e julgar: g) as questões de **direito marítimo**[42] e navegação, assim no **oceano** como nos rios e lagos do paiz" estabelecendo (art. 77) que "os militares de terra e mar terão foro especial nos delitos militares". Estabeleceu previsão a respeito da marinha mercante (art. 87, § 4º – O Exército e a Armada compor-se-ão pelo voluntariado, sem prêmio e na falta deste, pelo sorteio, previamente organizado. Concorrem para o pessoal da Armada a Escola Naval, as de Aprendizes de Marinheiros e a Marinha Mercante mediante sorteio). Já estava a indicar a Carta de 1891, conforme anteriormente assinalado, a existência de "questões de direito marítimo" dentro de um contexto histórico em que as relações econômicas desenvolvidas pelos transportes marítimos (uso do mar com finalidade mercantil por parte dos transportes marítimos) seguramente estavam a merecer adequado balizamento normativo constitucional no âmbito das nações[43 e 44]. Verificamos todavia que no âmbito infraconstitucional a Lei

---

42. Que deve ser entendido como um ramo jurídico único, que estaria a disciplinar, em princípio, a *navegação marítima* conforme lição de Maniatis, a saber: "Le droit maritime constitue une branche spécifique unique du droit, régissant en principe la navigation maritime. Il est divisé en droit maritime public et en droit maritime privé, dont la sous-branche commerciale a connu un développement privilégié. La doctrine semble partagée sur la question de l'autonomie de cette branche, qui a été récemment mise en cause par diverses évolutions législatives et jurisprudentielles en France. Une nouvelle tendance a émergé, à cultiver à part le droit de la navigation de la plaisance, comme cela est le cas italien du Code de l'activité nautique de plaisance, qui pourrait être comparé avec le Code du tourisme. En outre, le droit au transport est explicitement consacré en droit positif tandis que le droit de l'homme à l'eau, issu du droit international, gagne du terrain même dans les Constitutions. Le droit maritime pas seulement est doté d'autonomie, exemplifiée par le concept particulier du navire et du capitaine à la limite de leur métamorphose juridique, mais l'autonomie a été récemment enrichie par le droit de l'activité nautique de plaisance, qui constitue une véritable sous-branche du droit maritime". Antoine Maniatis, Le Droit Maritime Neptunus, *e. revue Université de Nantes*, vol. 24, 2018/2.

43. No plano infraconstitucional, estabelecia a Lei 556, de 25-6-1850 (Código Comercial), Parte Segunda – Do Comércio Marítimo: "Art. 460 – Toda embarcação brasileira destinada à **navegação do alto mar**, com exceção somente das que se empregarem exclusivamente nas pescarias das costas, deve ser registrada no Tribunal do Comércio do domicílio do seu proprietário ostensivo ou armador (artigo nº 484), e sem constar do registro não será admitida a despacho".

44. "No século XIX, surgiam em quase todos os países da Europa os primeiros Códigos Comerciais com capítulo próprio dedicado ao Direito Marítimo, podendo ser divididos em três principais grupos: i) Países que seguiram as bases das Ordenanças Francesas e do Código Comercial Francês (Espanha, Portugal, Itália, Brasil, Argentina, México etc.); ii) Países que seguiram as bases do Código Alemão de 1897 (Suécia, Dinamarca, Noruega etc.); e iii) Países que seguiram as bases anglo-saxônicas, onde o Direito

3.071/1916 (**Código Civil de 1916**) indicava os mares como bens públicos (art. 66) de uso comum "administrados pelos poderes públicos" e que podiam " ser utilizados por quaisquer pessôas, respeitadas as leis e os regulamentos", conforme lição de Bevilaqua[45]. Interessante destacar, como recorda Silva[46], que, "para a Conferência de Haia de 1930 sobre a Codificação do Direito Internacional, as instruções dadas à delegação brasileira eram no sentido de advogar o alargamento do mar territorial. Clóvis Beviláqua (*apud* Trindade 2012, 218), consultor jurídico do Itamaraty, em parecer sobre a questão do mar territorial em Anteprojeto para Convenção de 1930 – emitido em 17 de outubro de 1930 –, frisava que:

> (...) insisto no meu voto para que se dilate a zona do mar territorial, a fim de que as necessidades do direito administrativo possam ser realizadas dentro das prescrições do direito internacional, isto é, para que a jurisdição do Estado tenha o mesmo limite, nos mares adjacentes ao seu território, quer para as relações internacionais, quer para a aplicação dos regulamentos administrativos."

A **Constituição de 1934** atribuia competência privativa da União (art. 5º, VIII) no que se referia a "prover aos serviços da polícia marítima e portuária, sem prejuízo dos serviços policiais dos Estados" e competência aos juízes federais para processar e julgar em primeira instância (art. 81) "g) as questões de **Direito marítimo** e navegação no **oceano** ou nos rios e lagos do País, e de navegação aérea" (grifos nossos).

A **Constituição de 1937**, por sua vez, indicava ser de competência privativa da União (art. 15) "VII – explorar ou dar em concessão os serviços de telégrafos, radiocomunicação e navegação aérea, inclusive as instalações de pouso, bem como as vias férreas que liguem diretamente portos marítimos a fronteiras nacionais ou transponham os limites de um Estado; VIII – criar e manter alfândegas e entrepostos e prover aos serviços da polícia marítima e portuária" estabelecendo também (art. 16) que seria de competência privativa da União "o poder de legislar sobre: XIII – alfândegas e entrepostos; a polícia marítima, a portuária e a das vias fluviais". Estabelecida em período ditatorial, a Constituição de 1937 dava destaque aos militares de terra e mar indicando (art. 160) que a lei organizaria "o estatuto dos militares de terra e mar, obedecendo, entre outros, aos seguintes preceitos desde já em vigor: b) as patentes e postos são garantidos em toda a plenitude aos oficiais da ativa, da reserva e aos reformados do Exército e da Marinha" acrescentando, no que se referia ao tema da segurança nacional (art. 162), que "todas as questões relativas à segurança nacional" seriam "estudadas pelo Conselho de Segurança Nacional e pelos órgãos especiais criados para atender à

---

Marítimo não é codificado (Inglaterra – Merchant Shipping Act e Estados Unidos – Harter Act)." Godofredo Mendes Vianna e Munique de Souza Mendes, *Direito marítimo*, FGV Direito Rio, v. 1.

45. Clóvis Bevilaqua, *Theoria geral do direito civil*, 3. ed. Rio de Janeiro, Livraria Francisco Alves, 1946.

46. Alexandre Pereira da Silva, O novo pleito brasileiro no mar: a plataforma continental estendida e o Projeto Amazônia Azul, *Revista Brasileira de Política Internacional*, Brasília, v. 56, n. 1, p. 104-121, 2013; Antonio Augusto Cançado Trindade, *Repertório da prática brasileira do direito internacional público*: período 1919–1940. 2. ed. Brasília: FUNAG, 2012.

emergência da mobilização indicando um Conselho de Segurança Nacional presidido pelo Presidente da República e constituído pelos Ministros de Estado e pelos Chefes de Estado-Maior do Exército e da Marinha".

Com a redemocratização, a **Constituição de 1946** estabeleceu competência à União (art. 5º) visando "VII – superintender, em todo o território nacional, os serviços de polícia marítima, aérea e de fronteiras" bem como de "XII – explorar, diretamente ou mediante autorização ou concessão, os serviços de telégrafos, de radiocomunicação, de radiodifusão, de telefones interestaduais e internacionais, de navegação aérea e de vias férreas que liguem portos marítimos a fronteiras nacionais ou transponham os limites de um Estado". Incluiu a Marinha (art. 176) no âmbito das Forças Armadas "constituídas essencialmente pelo Exército, Marinha e Aeronáutica" no contexto das " instituições nacionais permanentes, organizadas com base na hierarquia e na disciplina, sob a autoridade suprema do Presidente da República e dentro dos limites da lei".

Com o advento do regime militar de 1964, esclarece Luiz Alberto Figueiredo Machado[47] que "o domínio sobre a plataforma ganharia foro constitucional. O artigo 4º da Constituição de 24 de janeiro de 1967 a incluiria, ainda como plataforma submarina, entre os bens da União. A Emenda Constitucional n. 1, de 17 de outubro de 1969, repetiria o dispositivo, alterando porém a denominação para 'plataforma continental'".

De fato.

A **Constituição de 1967**, em contexto autoritário, conforme observado anteriormente, inovou ao incluir entre os bens da União (art. 4º) "III – a **plataforma submarina**", apontando competência à União (art. 8º) para "VII – organizar e manter a polícia federal com a finalidade de prover: a) os serviços de polícia marítima, aérea e de fronteiras" e explorar, diretamente ou mediante autorização ou concessão (XV) "d) as vias de transporte entre portos marítimos e fronteiras nacionais ou que transponham os limites de um Estado, ou Território". Estabeleceu competência à União para "XVII – legislar sobre b) direito civil, comercial, penal, processual, eleitoral, agrário, aéreo, marítimo e do trabalho". Daí o Decreto 28.840/50, considerando que a plataforma submarina, que borda os continentes e ilhas e se prolonga sob o alto mar, seria um verdadeiro **território submerso constituindo, com as terras a que é adjacente, uma só unidade geográfica**, assim como também considerando que o interesse da declaração da soberania, ou do domínio e jurisdição, dos Estados, sobre a parte assim acrescida ao território nacional, estava ganhando notória importância em consequência da possibilidade, cada vez maior, da exploração, ou do aproveitamento, das riquezas naturais encontradas, constatando que, em consequência, vários Estados da América, mediante declarações ou decretos de seus Presidentes, estavam afirmando os direitos que lhes cabiam, de domínio e jurisdição, ou de soberania, sobre a parte da plataforma submarina, contígua e correspondente ao território nacional (como, por exemplo,

---

47. Luiz Alberto Figueiredo Machado, *A plataforma continental brasileira e o direito do mar*: considerações para uma ação política, Brasília, Fundação Alexandre de Gusmão, 2015.

as declarações do Presidente dos Estados Unidos da América, de 28 de setembro de 1945; do Presidente do México, de 29 de outubro de 1945 e do Presidente do Chile, de 25 de junho de 1947; decretos do Presidente da Argentina, de 11 de outubro de 1946, e do Peru, de 1º de agôsto de 1947) cabendo, portanto, em tais condições, que ao Governo brasileiro, para salvaguarda dos direitos do Brasil sobre a plataforma submarina na parte correspondente ao seu território continental e as sua ilhas também formulasse idêntica declaração e, ainda, também considerando na oportunidade que a declaração dos direitos do Brasil se tornava urgente e inadiável na medida em que a pesca, nas águas territoriais e em alto mar, estava sendo objeto de leis nacionais e de convenções internacionais podendo ser conveniente aos interesses do Brasil participar de novas convenções ou promulgar novas leis sobre a matéria, ter estabelecido o que segue: art. 1º Fica expressamente reconhecido que a plataforma submarina, na parte correspondente ao território, continental e insultar, do Brasil se acha integrada neste mesmo território, sob jurisdição e domínio, exclusivos, da União Federal; art. 2º O aproveitamento e a exploração de produtos ou riquezas naturais, que se encontram nessa parte do território nacional, dependem, em todos os casos, de autorização, ou concessão federal; art. 3º Continuam em pleno vigor as normas sôbre a navegação nas águas sobrepostas à plataforma acima referida, sem prejuízo das que venham a ser estabelecidas, especialmente sôbre a pesca nessa região.

Já a **emenda Constitucional n. 1, de 17.10.1969**, indicou de forma clara e inequívoca o **mar territorial** como bem da União (art. 4º, VI), assim como a **plataforma continental**[48] (art. 4º, III), ratificando a competência da União para "executar os ser-

---

48. "Considera-se *plataforma continental* (grifos nossos) aquela faixa mais rasa da margem continental que circunda a maioria dos continentes, com a configuração de tabuleiro ou terraço, e termina, em direção ao mar, em uma inflexão relativamente abrupta, denominada quebra da plataforma" sendo a "província oceânica mais bem conhecida e estudada, por sua importância econômica e estratégica de produtora de petróleo e outros recursos minerais, local mais favorável para a pesca, e rota obrigatória de navios, especialmente os de pequena cabotagem. Como indica o nome, *a plataforma continental é o prolongamento do próprio continente* (grifos nossos). Tem configuração mais ou menos plana, suavemente inclinada mar adentro, de fácil identificação nos mapas batimétricos".

Cabe destacar que "A geomorfologia da *plataforma continental brasileira* (grifos nossos) é diversificada. A plataforma mais larga é encontrada no norte, com uma largura máxima de 320 km, enquanto no sudeste e sul alcança em torno de 220 km. Em contraste, no nordeste e em parte do leste a plataforma é estreita, variando geralmente de 20 a 50 km e, esporadicamente, apresentando mais que 90 km de largura. Uma exceção ocorre na região do banco de Abrolhos, localizado no meio da plataforma leste, sendo que ali atinge-se um máximo de 240 km de largura. A plataforma mais estreita, com 8 km, é encontrada ao largo de Salvador. As águas da plataforma sustentam mais de 30% da produção oceânica total, devido à fertilização por nutrientes transportados por rios, ressurgências costeiras e de borda de plataforma e remineralização de nutrientes bênticopelágicos. As regiões de plataformas tropicais onde ocorrem ressurgências e estuários de grandes rios estão entre as mais produtivas dos oceanos. As plataformas das regiões Sudeste e Sul são responsáveis por 50% da produção comercial pesqueira do Brasil".

*Vide* Mauricio Marino, Caracterização morfossedimentar da plataforma continental interna da enseada dos ingleses – SC com o apoio a arqueologia subaquática, Dissertação submetida ao Programa de Pós-Graduação em Geografia, área de Concentração Utilização e Conservação dos Recursos Naturais, do Centro de Filosofia e Ciências Humanas da Universidade Federal de Santa Catarina Florianópolis: 2006;

viços de polícia marítima, aérea e de fronteiras" (art. 8º, "a"), "XV – explorar, diretamente ou mediante autorização ou concessão: d) as vias de transporte entre portos marítimos e fronteiras nacionais ou que transponham os limites de Estado ou Território" bem como competência da União para" XVII – legislar sôbre: b) direito civil, comercial, penal, processual, eleitoral, agrário, marítimo, aeronáutico, espacial e do trabalho" atribuindo "ao Congresso Nacional, com a sanção do Presidente da República, dispor sôbre tôdas as matérias de competência da União, especialmente: VI – limites do território nacional; espaço aéreo e marítimo; bens do domínio da União; (art. 43), ratificando a Marinha no âmbito das Forças Armadas (art. 90). Temos, pois, que, a partir da Emenda Constitucional n. 1, de 17.10.1969, o mar territorial, bem como a plataforma constitucional, alcançam explicitamente prestigio constitucional tutelados como bens da União evidentemente em contexto diferente daquele que posteriormente será delimitado com o retorno do Estado Democrático de Direito.

Realmente.

Esclarecia Mello Filho[49] que a relação constante do art. 4º não exauria "os bens componentes do patrimônio federal" indicando em sua obra o mar territorial e a "plataforma continental ou submarina" no plano do "domínio público da União". Ao tratar especificamente da plataforma constitucional, "área constitucionalmente posta sob domínio federal", aduziu que teria sido a "Carta Federal de 1967 o primeiro instrumento constitucional a explicitar a titularidade dominial da União sobre a sua 'plataforma submarina'" destacando que, "embora esse domínio só viesse a ser recentemente **constitucionalizado**, jamais foi ele reivindicado à União pelas entidades federadas", constatando que "o uso e a exploração dos recursos naturais, existentes no território submerso do Brasil, **pertencem à Federação**, em cujo âmbito existem comunidades e ordens jurídicas, que coalescem".

## 11.1.1. Oceano, Mar e Plataforma Continental em face da Constituição Federal de 1988

Delimitados constitucionalmente em contexto democrático no âmbito de uma ordem jurídica econômica capitalista, e a partir de um novo balizamento jurídico que, ao superar a tradicional divisão histórica bem público/bem particular, estabelece a existência de um terceiro tipo de bem de índole constitucional, o **BEM AMBIENTAL** (art. 225), o **Mar** (enquanto área do **oceano** encerrada pelas massas de terra nacionais) e a **Plataforma Continental** mereceram da parte da Carta de 1988 assinalação específica, a saber:

---

Hernani Aquini Fernandes Chaves, Sylvio G. Zembruscki e Augusto M. França, Geomorfologia da margem continental brasileira e das áreas oceânicas adjacentes. Série do Projeto REMAC, n. 7, p. 7-23, 1979; José Antônio Baptista Neto e Cleverson Guizan Silva, *Introdução à geologia marinha*, cap. 2, p 37-46, Rio de Janeiro, Interciência, 2004 e Renata Crespo Pereira e Abílio Soares-Gomes, *Bilogia marinha*, Rio de Janeiro, Interciência, 2003.

49. José Celso Mello Filho, *Constituição Federal anotada*, 2. ed. São Paulo, Saraiva, 1986.

"Art. 20. São bens da União: (...)

V – os recursos naturais da **plataforma continental** e da zona econômica exclusiva;

VI – o **mar territorial**;

(...)

§ 1º É assegurada, nos termos da lei, à União, aos Estados, ao Distrito Federal e aos Municípios a participação no resultado da exploração de petróleo ou gás natural, de recursos hídricos para fins de geração de energia elétrica e de outros recursos minerais no respectivo território, **plataforma continental**[50], **mar territorial** ou zona econômica exclusiva, ou compensação financeira por essa exploração".

Definidos juridicamente no plano infraconstitucional como **RECURSOS AMBIENTAIS**, conforme estabelecido pela **Política Nacional do Meio Ambiente (Lei 6.838/81)**[51], e regulamentados bem como ratificados pela Lei 9.985/2000 (que regulamenta o art. 225, § 1º, incisos I, II, III e VII da Constituição Federal)[52], **o mar territorial e a plataforma continental** passaram a ter **natureza jurídica de bem ambiental** sendo sua gestão vinculada à União.

### 11.1.2. Os bens ambientais atribuídos a entes federados e sua gestão: a administração do mar e da plataforma continental

A Constituição Federal em diversos artigos determina serem da União ou dos Estados os bens ambientais, conforme verificamos nos arts. 20, III, IV, V e VIII, e 26, I, II e III. Haveria uma antinomia constitucional?

---

50. Uma plataforma continental, conforme esclarece Sapulla em sua obra *Zonas de Importância marítima e soberania*, "consiste de uma plataforma submarina cuja profundidade média não excede 200 metros, sendo esta próxima as margens do continente que se inclina suavemente em direção as bacias oceânicas. A plataforma continental termina quando há uma acentuada variação na declividade e consequentemente na sua profundidade, neste trecho, o local recebe o nome de Talude Continental. A plataforma continental não possui um valor fixo, ela varia ao longo da costa de um país, e em alguns casos, a diferença é enorme, como é o caso do Brasil". Assim, sendo prolongamento do próprio continente (grande massa de terra cercada por água), ou seja, uma faixa de terra submersa existente em todo litoral de todo o continente, que, em um suave declive, termina ao dar origem ao talude continental e compreendendo o leito e o subsolo das áreas submarinas que se estendem além do seu mar territorial, em toda a extensão do prolongamento natural de seu território terrestre, *a plataforma continental no plano infraconstitucional tem natureza jurídica de recurso ambiental, conforme estabelecem as Leis 6.938/81 (art. 3º, V) e 9.985/2000 (art. 2º, IV)*.

51. Fundamentada na Constituição Federal de 1988 (art. 1º), a Lei 6.938/81, ao estabelecer a Política Nacional do Meio Ambiente, determina que para os fins previstos em referida norma jurídica entende-se por *recursos ambientais*: a atmosfera, as águas interiores, superficiais e subterrâneas, os estuários, *o mar territorial*, o solo, *o subsolo*, os elementos da biosfera, a fauna e a flora (art. 3º, V).

52. Art. 2º Para os fins previstos nesta Lei, entende-se por: (...) IV – *recurso ambiental*: a atmosfera, as águas interiores, superficiais e subterrâneas, os estuários, *o mar territorial*, o solo, *o subsolo*, os elementos da biosfera, a fauna e a flora.

Definitivamente, não. Essa conclusão dá-se pelo fato de que os bens indicados nos incisos dos arts. 20 e 26 de nossa Lei Maior, de natureza jurídica estabelecida pela própria Constituição Federal (art. 225), eram, até o advento da Lei Maior de nosso Estado Democrático de Direito, interpretados em face de norma jurídica infraconstitucional (o Código Civil), de inequívoca influência cultural em nosso País.

Diante desse novo quadro constitucional, os bens que possuem as características de bem ambiental (de uso comum do povo e indispensável à sadia qualidade de vida) não são propriedade de qualquer dos entes federados, o que significa dizer, por exemplo, que os rios e lagos de que trata o art. 20, III, da Constituição Federal não são bens de propriedade da União. Na verdade, ela atua como *simples gestora de um bem* que pertence à coletividade, DE USO COMUM DO POVO, devendo geri-lo sempre com a participação direta da sociedade.

Dessa forma, temos que a Constituição Federal, ao outorgar o "domínio" de alguns bens à União ou aos Estados, não nos permite concluir que tenha atribuído a eles a titularidade de bens ambientais. Significa dizer tão somente que a União ou o Estado (dependendo do bem) serão seus *gestores*[53], de forma que toda vez que alguém quiser explorar algum dos aludidos bens deverá estar autorizado pelo respectivo ente federado, porquanto este será o ente responsável pela "administração" do bem e pelo dever de prezar pela sua gestão.

Daí o atual posicionamento constitucional ao fixar a administração do mar e da plataforma continental no âmbito da União (art. 20 da CF).

---

53. "Competência. Crime previsto no art. 46, parágrafo único, da Lei n. 9.605/98. Depósito de madeira nativa proveniente da Mata Atlântica. Art. 225, § 4º, da Constituição Federal. – **Não é a Mata Atlântica, que integra o patrimônio nacional a que alude o art. 225, § 4º, da Constituição Federal, bem da União.** – Por outro lado, o interesse da União para que ocorra a competência da Justiça Federal prevista no art. 109, IV, da Carta Magna tem de ser direto e específico, e não, como ocorre no caso, interesse genérico da coletividade, embora aí também incluído genericamente o interesse da União. – Consequentemente, a competência, no caso, é da Justiça Comum estadual. Recurso extraordinário não conhecido" (RE 300.244/SC, Rel. Min. Moreira Alves, j. 20-11-2001, 1ª Turma, *DJ*, 19-12-2001, p. 27, ement. v. 2.054-06, p. 1.179).

# Capítulo XIII
# POLUIÇÃO SONORA

## 1. INTRODUÇÃO

Pela oportunidade de comentar a obra *Discord*: the Story of Noise, de Mike Goldsmith, lembra Andrew Robinson (2012) que "ao contrário de nossos olhos, nossos ouvidos não têm tampas. Mesmo quando estamos dormindo, permanecemos alerta aos ruídos – os sons das coisas que batem na noite. De fato, as respostas elétricas dos nossos cérebros aos sons são usadas pelos cirurgiões para indicar o grau de nossa inconsciência durante a cirurgia. Nossos ancestrais moradores de cavernas devem ter dependido para a sua sobrevivência na sensibilidade de sua audição tanto quanto, senão mais do que, a clareza (ou não) de sua visão".

Com efeito.

É da análise de Mike Goldsmith (2012) que podemos perceber que o ruído é um problema amplamente reconhecido vinculado à preocupação de saúde no mundo moderno, observando-se desde a Revolução Industrial a tentativa de os governos legislarem no sentido de controlar a poluição sonora, se ela vem de aviões aéreos ou vizinhos próximos.

Ao descrever a dificuldade para enfrentar no campo normativo a questão dos ruídos excessivos, Goldsmith indica três razões, a saber:

1) a dificuldade histórica de medição do ruído, que dependia em grande parte de relatórios subjetivos até a invenção de microfones portáteis com amplificação eletrônica em meados do século XX;

2) a aceitação generalizada de que as pessoas têm "tanto algum tipo de direito de se expressar e, ao mesmo tempo, algum tipo de direito à paz";

3) o fato familiar de que nunca podemos concordar com o que o barulho é: um motor de moto *revving* ou um concerto de *rock* pode ser música para alguns ouvidos, uma cacofonia insuportável para os outros.

Para o referido autor fornecer até mesmo uma definição "frouxa do ruído" seria difícil. "Som indesejado" – uma definição comum desde a Idade Média – seria um conceito muito amplo para ser útil, preferindo usar o conceito de "som fora de lugar", que teria sido sugerido por um físico britânico em 1931.

Por outro lado, explicam Bressane, Mochizuk, Caram e Roveda (Bressane, A.; Mochizuki, P. S.; Caram, R. M.; Roveda, J. A. F, 2015) que "a poluição sonora consiste no ruído excessivo, emissão e propagação de energia acústica que altera as condições ambientais em níveis superiores aos padrões estabelecidos, comprometendo a saúde humana e demais formas de vida (BRESSANE, SANTARINE e MAURICIO, 2010).

Na falta de controle, seus impactos a tornaram uma das mais graves formas de degradação urbana, com efeitos sobre o *stress* e qualidade de vida, humor e distúrbios comportamentais, desempenho físico e mental, hipertensão, alterações bioquímicas e hormonais (FOLSCHER et al. 2014; BASNER et al., 2014; PORTELA et al., 2013; SZEREMETA e ZANNIN, 2013; FIRDAUS, 2010; PAZ e ZANNIN, 2009; BABIS-CH, 2008; STANSFELD e MATHESON, 2003; ZANNIN et al., 2002).

Dessa forma, além de afetar a saúde pública, a poluição sonora ainda pode comprometer atividades socioeconômicas e a manutenção da biodiversidade urbana, ao afugentar e interferir na reprodução da fauna que atua como dispersora genética da flora (HALFWERK et al., 2011; KIGHT e SWADDLE, 2011; BARBER, CROOKS e FRISTRUP, 2011; GOINES e HAGLER, 2007)".

Destarte, a poluição sonora, em seu âmbito difuso, passou a merecer no século XXI – momento em que, conforme observa o Centro Regional de Informação das Nações Unidas, 54 por cento da população mundial vive em áreas urbanas, uma proporção que se espera venha a aumentar para 66 por cento em 2050 – um novo tratamento jurídico em face da nova realidade que apresenta claramente um problema: como podemos enfrentar no âmbito de nosso meio ambiente artificial, ou seja, no âmbito das cidades brasileiras, a questão do controle do ruído excessivo em decorrência da necessidade de proteger juridicamente a dignidade da pessoa humana em face da tutela jurídica da saúde ambiental?

## 2. CONCEITO DE SOM E RUÍDO: A POLUIÇÃO SONORA

A primeira consideração que devemos fazer, ao falarmos em poluição sonora, é perquirir a distinção entre *som* e *ruído*. Para os amantes de uma boa música, certamente a identificação de um ruído não é tarefa difícil. De qualquer forma, defini-lo não é uma prática tão fácil quanto constatá-lo.

Nesse contexto, podemos afirmar que *som* é qualquer variação de pressão (no ar, na água...) que o ouvido humano possa captar, enquanto *ruído* é o som ou conjunto de sons indesejáveis, desagradáveis, perturbadores. O critério de distinção é o *agente perturbador*, que pode ser variável, envolvendo o fator psicológico de tolerância de cada indivíduo.

Interessante verificarmos que a preocupação com o ruído urbano é antiga em São Paulo. Tanto isso é verdade que, em 1840, os carros de bois cujos eixos rangessem por falta de graxa eram multados. Em 1912, um ato municipal proibia o estalo de chicotes daqueles que conduziam carruagens.

334

O problema chegou inclusive a merecer por parte do Supremo Tribunal Federal, em momento anterior à atual Carta Magna (RE 95.219/SP, Rel. Min. Décio Miranda, j. 22-11-1983, Órgão Julgador: 2ª Turma) superficial enfrentamento. Todavia, vinculado à análise da matéria circunscrita à lide individual e associado à interpretação civilista do denominado direito de vizinhança/uso nocivo da propriedade, o julgado não apresentava soluções para a existência dos ruídos excessivos em sua dimensão metaindividual.

## 3. NATUREZA JURÍDICA DO RUÍDO E SEUS EFEITOS

O ruído possui a natureza jurídica de *agente poluente*.

Difere, evidentemente, em alguns pontos de outros agentes poluentes, como os da água, do ar, do solo, principalmente no que diz respeito à nocividade e ao objeto da contaminação. Todavia, isso não o descaracteriza, conforme depreendemos da Lei n. 6.938/81, porquanto afeta principalmente os homens, cessa a propagação (e não os efeitos) com a extinção da sua fonte e pode ser evitado, porque existe tecnologia para tanto, o que por problemas metajurídicos não é exigido ou, se o é, não é praticado, sem uma punição justa pelo desrespeito à norma.

O rumor das indústrias e a agitação do comércio, infelizmente, impõem-se aos cidadãos como ônus normais da vida urbana, em contraprestação das vantagens que essas atividades lhes proporcionam, de forma que o ruído passa a constituir atualmente um dos principais problemas ambientais dos grandes centros urbanos e, eminentemente, uma preocupação com a saúde ambiental.

Assim, na condição de agente poluente e em face de dimensão metaindividual, o ruído – seja em face de condutas ou mesmo em face de atividades consideradas lesivas à saúde ambiental – tem enquadramento previsto no plano constitucional em face do que indica o art. 225, assim como enquadramento infraconstitucional em decorrência do que estabelece o art. 3º, III, da Lei n. 6.938/81.

Trata-se, pois, de observar a existência da denominada poluição sonora como "uma espécie de poluição ambiental que possui o caráter peculiar de nocividade orgânica, que não produz fumaça, não torna o solo estéril, mas perturba a mente, abala o equilíbrio, deteriorando o meio ambiente social, prejudicando a saúde e o bem-estar" conforme didaticamente indicado em julgado do Supremo Tribunal Federal (RHC 117.465/DF, Rel. Min. Ricardo Lewandowski, j. 4-2-2014, Órgão Julgador: 2ª Turma).

Destarte, para assegurar a adequada tutela jurídica da saúde ambiental em face dos ruídos usando os instrumentos normativos úteis para seu enfrentamento no âmbito do meio ambiente artificial, necessitamos observar, em face dos princípios constitucionais do direito ambiental, duas esferas, a saber: a esfera preventiva e a esfera repressiva.

Senão vejamos.

# 4. CLASSIFICAÇÃO DO RUÍDO

## 4.1. QUANTO AO ASPECTO TEMPORAL

Acerca das características temporais do ruído, adotamos a classificação doutrinária, que os divide em:

a) *contínuo*: pouca oscilação da frequência e acústica, que se mantêm constantes. É denominado ruído ambiental de fundo;

b) *flutuantes*: os níveis de pressão acústica e espectro de frequência variam em função do tempo, de forma periódica ou aleatória, como acontece no tráfego de automóveis de determinada via pública;

c) *transitórios*: o ruído se inicia e termina em período determinado; e

d) *de impacto*: aumentos elevados de pressão acústica. São transitórios. É o caso de um avião que ultrapassa a barreira do som.

## 4.2. QUANTO AO ASPECTO DO MEIO AMBIENTE AFETADO

### 4.2.1. Meio ambiente urbano

O ruído é um fenômeno tipicamente urbano, sendo este aspecto do meio ambiente grande objeto de preocupação do Poder Público e da coletividade. Em referência a isso, verificaremos o tratamento dispensado a algumas atividades poluidoras. Vejamos.

#### 4.2.1.1. Cultos religiosos

Questão interessante surge no tocante aos cultos religiosos, porquanto constituem um direito fundamental do indivíduo, como prescreve o art. 5º, VI, da Constituição Federal. Todavia, em que pese aludida garantia, tal preceito *não autoriza a poluição sonora*. Com efeito, o dispositivo é claro ao assegurar o livre exercício dos cultos religiosos e garantir, *na forma da lei*, a proteção aos locais de culto e a suas liturgias. Pois bem, deve-se conciliar essa liberdade com o princípio da preservação do meio ambiente, objeto da Resolução Conama n. 1/90, que prescreve a observância dos padrões estabelecidos pela Associação Brasileira de Normas Técnicas – ABNT.

"O Conselho Nacional do Meio Ambiente – Conama (...) resolve:

I – A emissão de ruídos, em decorrência de quaisquer atividades industriais, comerciais, sociais ou recreativas, inclusive as de propaganda política, obedecerá, no interesse da saúde, do sossego público, aos padrões, critérios e diretrizes estabelecidos nesta Resolução.

II – São prejudiciais à saúde e ao sossego público, para os fins do item anterior, os ruídos com níveis superiores aos considerados aceitáveis pela norma

NBR 10.152 – Avaliação do Ruído em Áreas Habitadas visando o conforto da comunidade, da Associação Brasileira de Normas Técnicas – ABNT.

III – Na execução dos projetos de construção ou de reformas de edificações para atividades heterogêneas, o nível de som produzido por uma delas não poderá ultrapassar os níveis estabelecidos pela NBR 10.152 (...)".

A expressão *na forma da lei* significa de acordo com a legislação em vigor, e a norma do Conama ajusta-se à competência que lhe foi dada pela Lei n. 6.938/81. Nem dentro dos templos, nem fora deles, podem os praticantes de determinado credo prejudicar o direito ao sossego e à saúde dos que forem vizinhos ou estiverem nas proximidades das práticas litúrgicas

No Município de São Paulo verifica-se a existência da Lei n. 11.501/94 (modificada pela Lei n. 11.986/96), que prescreve a necessidade de adequação a padrões fixados para os níveis de ruído e vibrações, bem como a necessidade de tratamento acústico que limite a passagem de som para o exterior, no caso de utilização de fonte sonora com transmissão ao vivo ou qualquer sistema de amplificação.

Lei n. 11.986/96:

"Art. 3º Os estabelecimentos, instalações ou espaços, inclusive aqueles destinados ao lazer, cultura e hospedagem, e institucionais de toda espécie, devem adequar-se aos mesmos padrões especiais fixados para os níveis de ruído e vibrações e estão obrigados a dispor de tratamento acústico que limite a passagem de som para o exterior, caso suas atividades utilizem fonte sonora com transmissão ao vivo ou qualquer sistema de amplificação."

Além disso, para os estabelecimentos enquadrados na Lei n. 11.986/96, preceitua-se a obrigatoriedade de *alvará de funcionamento* para locais de reunião ou *licença de localização e funcionamento*. Outrossim, o pedido deverá estar acompanhado de laudo técnico comprobatório de tratamento acústico, assinado por empresa idônea não fiscalizadora (art. 4º, VI). Aludidas autorização e licença terão respectivamente validade legal de um e dois anos, todavia, poderão ser cassadas antes de decorrido esse prazo, conforme preceitua o art. 6º da citada lei:

"Art. 6º O Alvará de Funcionamento para Locais de Reunião e a Licença de Localização e Funcionamento perderão a validade legal, respectivamente, de um e dois anos, ou poderão ser cassados antes de decorrido esse prazo, em qualquer dos seguintes casos:

I – mudança de uso dos estabelecimentos especificados no art. 3º;

II – mudança da razão social;

III – alterações físicas do imóvel, tais como reformas e ampliações que impliquem a redução do isolamento acústico requerido;

IV – qualquer alteração na proteção acústica ou nos termos contidos no Alvará de Funcionamento para Locais de Reunião e na Licença de Localização e Funcionamento".

Interessante verificar que os sinos de templos que abrigam cultos de qualquer natureza, desde que os sons tenham duração não superior a sessenta segundos, sejam utilizados apenas para assinalação das horas e dos ofícios religiosos e carrilhões, os sons emitidos durem não mais que quinze minutos, com intervalos de seis horas, no horário compreendido entre 7 e 22 h, recebem tratamento de exceção, sendo sua prática permitida, a teor do art. 4º, IV, da Lei Municipal de São Paulo n. 11.804/95.

### 4.2.1.2. Bares e casas noturnas

Como sabemos, principalmente em grandes centros, os bares e as casas noturnas são objeto de diversão de muitos. Todavia, os ruídos produzidos por essas atividades acabam por prejudicar o sossego de moradores vizinhos[1]. Para tanto, verifica-se no Município de São Paulo que a já citada Lei n. 11.501/94 dispensou aos bares e casas noturnas o mesmo tratamento dado aos cultos, sujeitando-os às prescrições do citado art. 3º.

Assim, cumpre dizer que os bares e as casas noturnas, para o seu regular funcionamento, deverão adequar-se aos padrões fixados para os níveis de ruído e vibrações, bem como proceder a tratamento acústico quando suas atividades utilizarem fonte sonora com transmissão ao vivo ou qualquer sistema de amplificação.

Além disso, faz-se necessária a obtenção de alvará ou licença, que possuirão validade legal de respectivamente um ano e dois anos, ressalvando-se a possibilidade de cassação antes da expiração do prazo, bem como de vistoria pela autoridade competente.

### 4.2.1.3. Aeroportos

O transporte aéreo também é fonte de poluição, porquanto os ruídos neles produzidos mostram-se incompatíveis com os padrões permitidos para as zonas residenciais. Não se deve perder de vista que, nos casos em que aviões quebram a barreira do som, aspectos inanimados do meio ambiente também são atingidos.

A prevenção aos malefícios da poluição sonora deve ser feita ainda que o aeroporto tenha sido instalado na localidade antes da ocupação residencial. Interessante verificar que alguns países europeus, tais como a França e a Alemanha, instituíram uma taxa a ser paga pela empresa e por todo passageiro embarcado, valor este utilizado, entre outros fins, para ajuda financeira à insonorização dos edifícios[2].

---

1. A 5ª Turma do Superior Tribunal de Justiça (STJ) determinou o trancamento de ação penal contra empresário instaurada para a apuração da possível prática de delito contra o meio ambiente, a saber, o empresário teria sido denunciado porque sua choperia teria causado poluição sonora e, consequentemente, desconforto às pessoas que residiam nas imediações do estabelecimento.

*Vide* HC 48.276; Origem: Mato Grosso; Impetrante: Ulisses Rabaneda dos Santos; Impetrado: 2ª Câmara Criminal do Tribunal de Justiça do Estado do Mato Grosso; Rel. Min. Gilson Dipp; julgamento: maio 2006.

2. Acerca dessa proposição na França, ver com profundidade Michel Prieur, *Droit de l'environnement*, 3. ed., Paris, Dalloz, 1996, p. 492.

### 4.2.1.4. Indústrias

Os ruídos causados pelas indústrias afetam o meio ambiente artificial (a vizinhança de um modo geral) e o meio ambiente do trabalho. Tanto isso é verdade que, como já salientado, a poluição sonora e o estresse auditivo são a terceira causa de maior incidência de doenças do trabalho.

Caracteriza-se a indústria como fonte poluidora do meio ambiente artificial quando o ruído projeta-se para além do âmbito interno do estabelecimento, causando, basicamente, o que chamamos de ruídos ambientais de fundo, ou seja, contínuos. Como ressaltado, a indústria também é fonte poluidora do meio ambiente do trabalho, todavia, a esse respeito falaremos mais adiante.

Ao empregarmos o vocábulo *indústrias,* consideramos toda atividade de construção e obras públicas que, mesmo de forma ocasional, seja fonte geradora de ruídos. Sendo as indústrias uma das principais geradoras da poluição sonora, o ordenamento jurídico não poderia furtar-se a sua disciplina. Com efeito, a Lei n. 6.803/80 (Lei de Zoneamento Industrial) procurou dividir as áreas em: *zona de uso estritamente industrial, predominantemente industrial* e *de uso diversificado.* Além disso, preceituou-se que o ruído causado pelas indústrias é vetor determinante da *alocação* do estabelecimento a uma zona adequada.

A poluição sonora ainda é objeto de preocupação jurídico-ambiental do Conama, o qual, na Resolução n. 1/90, observou:

"O Conselho Nacional do Meio Ambiente – Conama, no uso das atribuições que lhe confere o inciso I, do § 2º, do art. 8º, do seu Regimento Interno, o art. 10 da Lei n. 7.804, de 18 de julho de 1989, e

Considerando que os problemas dos níveis excessivos de ruído estão incluídos entre os sujeitos ao Controle da Poluição de Meio Ambiente;

Considerando que a deteriorização da qualidade de vida, causada pela poluição, está sendo continuamente agravada nos grandes centros urbanos;

Considerando que os critérios e padrões deverão ser abrangentes e de forma a permitir fácil aplicação em todo o Território Nacional, resolve:

I – A emissão de ruídos, em decorrência de quaisquer atividades industriais, comerciais, sociais e recreativas, inclusive as de propaganda política, obedecerá, no interesse da saúde, do sossego público, aos padrões, critérios e diretrizes estabelecidos nesta Resolução".

### 4.2.1.5. Veículos automotores

Os veículos automotores revelam-se a principal fonte de ruídos urbanos, sendo responsáveis por cerca de 80% das perturbações sonoras. Necessário observar que, ao falarmos em veículos urbanos, estamos considerando o tráfego urbano em seu conjunto.

A matéria vem sendo regulada, ainda que em face de frágil constitucionalidade, pelo Conama, que estabelece, na Resolução n. 8/93 (que modificou a Res. Conama n. 1/90):

"Art. 1º Estabelecer, para veículos automotores nacionais e importados, exceto motocicletas, motonetas, ciclomotores, bicicletas com motor auxiliar e veículos assemelhados, limites máximos de ruído com o veículo em aceleração e na condição de parado.

§ 1º Para os veículos nacionais produzidos para o mercado interno, entram em vigor os limites máximos de ruído com o veículo em aceleração, definidos na Tabela 1A desta resolução, conforme o cronograma abaixo, por marca do fabricante".

Por sua vez, a Resolução Conama n. 237/97 proibiu a utilização de itens de ação indesejável, definindo-os como quaisquer peças, componentes, dispositivos ou procedimentos operacionais em desacordo com a homologação do veículo que reduzam ou possam reduzir a eficácia do controle da emissão de ruído e de poluentes atmosféricos, ou produzam variações indesejáveis ou descontínuas dessas emissões em condições que possam ser esperadas durante a sua operação em uso normal.

Não se deve perder de vista, todavia, que o Código de Trânsito Brasileiro cuidou da matéria, determinando no seu art. 104, entre outras prescrições, o controle de emissão de ruídos, os quais deverão ser avaliados por meio de inspeção periódica. Ainda, no art. 105, V, determinou a obrigatoriedade da utilização de dispositivo destinado ao controle de emissão de ruído, segundo as normas estabelecidas pelo Conselho Nacional de Trânsito – Contran. E, por derradeiro, prescreveu a infração administrativa do art. 229, consistente em "usar indevidamente no veículo aparelho de alarme ou que produza sons e ruído que perturbem o sossego público, em desacordo com normas fixadas pelo Contran", cominando a perda de quatro pontos (infração média), multa e possibilidade de remoção do veículo.

Urge salientar que "as emissões de som de veículos automotores são reguladas pelo Conselho Nacional de Trânsito – Contran. Mas a responsabilidade da poluição sonora gerada pelo trânsito de veículos em uma estrada ou em uma via pública – analisada em conjunto e não em cada veículo – tem que ser centrada no órgão público gestor desse domínio público. Distingue-se, assim, a poluição sonora causada pelo tráfego da poluição causada por um veículo, que também pode ser apurada"[3].

### 4.2.2. Meio ambiente doméstico. Poluição sonora que afete a vizinhança

Aquele em que a poluição sonora afeta o interior dos lares. Os efeitos podem ter como origem o interior da casa ou ser derivados de ruídos de fundo exterior. Pode

---

3. Paulo Affonso Leme Machado, *Direito ambiental brasileiro*, cit., p. 423.

340

ocorrer também hipótese de poluição sonora que afete mais do que o vizinho de parede, chegando a perturbar uma vizinhança[4]. Citaremos a seguir algumas fontes poluidoras.

### 4.2.2.1. Eletrodomésticos

A Resolução Conama n. 20/94 instituiu o *selo ruído*, a fim de que seja identificado o nível de potência sonora (medido em decibel) emitido por cada eletrodoméstico.

Ponderando-se que o ruído excessivo prejudica a saúde física e mental, afetando particularmente a audição e que, entre outras máquinas, motores, equipamentos e dispositivos, os eletrodomésticos são de amplo uso pela população, bem como que a utilização de tecnologias adequadas e conhecidas permite atender às necessidades de redução de níveis de ruído, buscou a resolução minimizar os efeitos maléficos causados pelo uso de tais aparelhos:

> "Art. 1º Instituir o selo ruído, como forma de indicação do nível de potência sonora, medido em decibel – db(A), de uso obrigatório a partir desta Resolução para aparelhos eletrodomésticos, que venham a ser produzidos, importados e que gerem ruídos no seu funcionamento".

E, para sanar dúvidas a respeito do conceito de eletrodoméstico, o parágrafo único do art. 1º esclarece que se considera como tal o aparelho elétrico projetado para a utilização residencial ou semelhante. Acrescente-se ainda que aludido selo ruído deverá ser solicitado ao Ibama pelo fabricante do aparelho ou pelo representante legal, conforme preceitua o art. 3º da Resolução n. 20/94:

> "Art. 3º O fabricante de eletrodomésticos ou seu representante legal e importador deverão solicitar ao IBAMA a obtenção do Selo Ruído para toda sua linha de fabricação, encaminhando, para tanto, a relação completa de seus modelos".

Em que pese a inexistência de normas no tocante à emissão de som, isso não exime o fornecedor da obrigatoriedade de salvaguardar a incolumidade físico-psíquica do consumidor. Nesse contexto, discordamos do i. Prof. Paulo Affonso Leme Machado:

> "Não se introduziram explicitamente normas de emissão de som, e dessa forma, por enquanto, esse selo terá uma tarefa educativa no sentido de fazer o consumidor ter ciência prévia da capacidade de geração de ruído do aparelho elétrico a ser adquirido e/ou utilizado".

---

4. Se a poluição sonora afeta mais do que o vizinho de parede e chega a perturbar uma vizinhança, pode-se considerar que o meio ambiente está sendo afetado e, nesse caso, o Ministério Público tem competência para atuar. O entendimento é de que o art. 3º da Lei n. 6.938 define que poluição sonora também é prejudicial à saúde, ao bem-estar e à segurança da população. Para o Ministro Castro Meira, da Segunda Turma, os especialistas da área apontam a poluição sonora como um dos maiores problemas dos grandes centros urbanos. O ministro decidiu, então, que o MP tem legitimidade para dar continuidade à ação (REsp 1.051.306).

Isso porque a obrigatoriedade do fornecedor em prestar todas as informações acerca do produto colocado no mercado está prevista na Lei n. 8.078/90, entre os direitos básicos do consumidor, cabendo ao fornecedor ainda tutelar a integridade físico--psíquica daquele. Observe-se:

"Art. 6º São direitos básicos do consumidor:

I – a proteção da vida, saúde e segurança contra os riscos provocados por práticas no fornecimento de produtos e serviços considerados perigosos ou nocivos;

II – a educação e divulgação sobre o consumo adequado dos produtos e serviços, asseguradas a liberdade de escolha e a igualdade nas contratações;

III – a informação adequada e clara sobre os diferentes produtos e serviços, com especificação correta de quantidade, características, composição, qualidade e preço, bem como sobre os riscos que apresentem".

### 4.2.3. Meio ambiente do trabalho

Verifica-se, que, principalmente nas indústrias siderúrgicas e metalúrgicas e em atividades de grande porte, o ruído apresenta-se como algo nefasto à saúde do trabalhador.

Na verdade, existem poucas regulamentações adiantadas no campo da prevenção e manutenção de um ambiente do trabalho sadio. No que diz respeito à proteção auditiva, há os protetores auriculares. Existem dois tipos aprovados e utilizados pelas empresas: o *plug* e o tipo concha.

O *plug*, de uma forma geral, não é muito aceito por ser causa de desconforto, não possibilitando aos usuários uso contínuo por toda a jornada de trabalho. Isso porque esses protetores são ditos de tamanho "universal", o que impede, de fato, uma adaptação perfeita à pessoa.

O tipo concha também recebe diversas críticas. Os trabalhadores alegam que ele abafa o ouvido e o desconforto acaba sendo maior, principalmente em locais onde o ruído é muito elevado.

Em ambos os casos o desconforto gerado faz com que o trabalhador não use o equipamento por todo tempo, resultado da não atenuação pretendida[5].

Citamos esses exemplos para frisar a necessidade de se criarem novos tipos de equipamentos e formas de conservação do ambiente do trabalho. O que se verifica é que, por exemplo, aqueles protetores auriculares são inadequados para alguns tipos de trabalhadores com constituição física diversa daquela considerada "universal". Daí

---

5. Celso Antonio Pacheco Fiorillo e Thereza Cristina Nahas, Meio ambiente do trabalho: riscos ambientais e espaços ambientais criados – prevenção e reparação, *Estudos de direito*, São Paulo, LTr, 1998, p. 612.

as constantes reclamações. O fato de determinado equipamento ter sido aprovado não significa que esteja, efetivamente, protegendo. Todavia, a empresa está cumprindo as normas expendidas e, por isso, não pode ser penalizada. A situação é incoerente com os fins que se quer atingir[6].

### 4.2.4. Meio ambiente rural

Neste caso o meio ambiente afetado é propriamente o natural, principalmente o localizado nas áreas não urbanas, compreendendo a fauna, a flora e a população situadas no meio ambiente natural. E é esse o objeto de tutela do meio ambiente rural.

## 5. TUTELA JURÍDICA DA SAÚDE AMBIENTAL EM FACE DOS RUÍDOS: OS INSTRUMENTOS PREVENTIVOS NO ÂMBITO DO MEIO AMBIENTE ARTIFICIAL

### 5.1. A EXPERIÊNCIA EUROPEIA EM FACE DA DIRETIVA 2002/49/CE DO PARLAMENTO EUROPEU E DO CONSELHO, DE 25 DE JUNHO DE 2002

Ao estudar os impactos da poluição sonora, Bressane, Mochizuk, Caram e Roveda (A. Bressane; P. S. Mochizuki; R. M. Caram; J. A. F. Roveda, 2015) explicam que:

> "A Comunidade Europeia institucionalizou um programa global, uniforme e integrado, visando coordenar políticas e iniciativas comuns aos Estados-Membros (UNIÓN EUROPEA, 1996).

> Dessa forma foi instituída a Diretiva 42 (EUROPEAN UNION, 2002) por meio da qual vem sendo desenvolvida a Cartografia Estratégica do Ruído, definida como o conjunto de estudos e ações para implantar instrumentos aplicáveis ao controle da poluição sonora integrado ao ordenamento territorial. Entre as regulamentações dessa diretiva, destaca-se o Decreto-Lei 9 (PORTUGAL, 2007), que estabelece a delimitação espacial do território em zonas conforme sua sensibilidade ao ruído, a saber:

> – zonas sensíveis, muita sensibilidade ao ruído, admitindo 55 dB(A) diurnos e 45 dB(A) noturnos;

> – zonas mista de grau I, bastante sensibilidade ao ruído, admitindo 60 dB(A) diurnos e 50 dB(A) noturnos;

> – zona mista de grau II, com alguma sensibilidade ao ruído, admitindo 65 dB(A) diurnos e 60 dB(A) noturnos.

---

6. Celso Antonio Pacheco Fiorillo e Thereza Cristina Nahas, *Meio ambiente do trabalho...*, *Estudos*, cit., p. 612.

As zonas sensíveis consistem naquelas destinadas à habitação, escolas, hospitais e espaços de lazer, existentes ou previstos. Por sua vez, as zonas mistas são as que possuem ocupação destinada para outros usos.

Como base nessas diretrizes, mapas de zoneamento acústico vêm sendo elaborados para o território de cidades europeias, com a representação da distribuição geográfica de padrões limite de nível sonoro, visando o enquadramento futuro das áreas em uma condição desejada (MATEOS, VILLALTA e ALBA, 2012; KING, MURPHY e RICE, 2011; DIAZ et al., 2010; MURPHY e KING, 2010; KING e RICE, 2009; PICCOLO, PLUTINO e CANNISTRARO, 2005).

Embora Prascevic et al. (2013) apontem a ausência de uma metodologia internacionalmente reconhecida para o zoneamento acústico, diversos estudos sobre mapeamento acústico urbano têm sido realizados no Brasil, com avanços em procedimentos de análise, envolvendo medições e simulações (FIEDLER e ZANNIN, 2015a, 2015b; BUNN e ZANNIN, 2015; SOUZA FILHO et al., 2015; ENGEL et al., 2014; ZANNIN et al., 2013; ZANNIN e SANT'ANA, 2011)".

Com efeito.

No quadro da luta contra as perturbações sonoras, a União Europeia efetivamente procurou definir uma abordagem comum com vista a evitar, prevenir ou reduzir prioritariamente os efeitos prejudiciais da exposição ao ruído no ambiente. Referida abordagem relativa à avaliação e gestão do ruído ambiente, conforme fixado na Diretiva n. 2002/49/CE do Parlamento Europeu e do Conselho, de 25 de junho de 2002, assenta na determinação cartográfica da exposição ao ruído segundo métodos comuns, na informação das populações e na execução de planos de ação a nível local. A diretiva de fato, ao procurar igualmente servir de base à preparação de medidas comunitárias relativas às fontes de ruído, teve como objetivo lutar contra o ruído apreendido pelas populações nos espaços construídos, nos parques públicos ou noutros locais tranquilos de aglomerações, nas zonas calmas do campo, na proximidade das escolas e dos hospitais, e assim como noutros edifícios e zonas sensíveis ao ruído.

## 5.2. AVALIAÇÃO DA POLUIÇÃO SONORA NO BRASIL, SUA CONDIÇÃO DE POTENCIAL CAUSADORA DE SIGNIFICATIVA DEGRADAÇÃO DA SAÚDE AMBIENTAL E SEU ENQUADRAMENTO CONSTITUCIONAL

Em nosso País a identificação entre som e ruído vem sendo feita por meio da utilização de unidades de medição do nível de ruído. Com isso, definem-se, também, os padrões de emissão aceitáveis e inaceitáveis, criando-se e permitindo-se a verificação do ponto limítrofe com o ruído. O nível de intensidade sonora (que corresponde à energia transmitida pelas vibrações) expressa-se habitualmente em decibéis (db). A frequência permite distinguir a altura do som e corresponde ao número de vibrações por segundo. A sua unidade de valor é o hertz (Hz).

344

A tutela jurídica do meio ambiente e da saúde humana vem sendo regulada pela Resolução Conama n. 1/90, a qual adota os padrões estabelecidos pela Associação Brasileira de Normas Técnicas – ABNT e pela norma NBR n. 10.152, que diz respeito à avaliação do ruído em áreas habitadas, visando ao conforto da comunidade.

Alguns dos valores apontados pela NBR n. 10.152:

| LOCAIS | db (A) |
|---|---|
| HOSPITAIS | |
| apartamentos, enfermarias, berçários, centros cirúrgicos | 35-45 |
| laboratórios, áreas para uso do público | 40-50 |
| serviços | 45-55 |
| ESCOLAS | |
| bibliotecas, sala de música, salas de desenho | 35-45 |
| salas de aula, laboratório | 40-50 |
| circulação | 45-55 |
| RESIDÊNCIAS | |
| dormitórios | 35-45 |
| salas de estar | 40-50 |
| RESTAURANTES | 40-50 |
| ESCRITÓRIOS | |
| salas de reunião | 30-40 |
| salas de gerência, salas de projeto e de administração | 35-45 |
| salas de computadores | 45-65 |
| salas de mecanografia | 50-60 |
| IGREJAS E TEMPLOS | 40-50 |

Observe-se, todavia, que o Supremo Tribunal Federal, ao que tudo indica adotando claramente a orientação doutrinária antes referida, não só entendeu pertinente a incorporação de referida resolução como critério interpretativo da matéria como entendeu que o tema ruído deve ser enfrentado com o uso de medida e mesmo princípio vigente no direito ambiental, a saber:

"AGRAVO REGIMENTAL NO AGRAVO DE INSTRUMENTO. CIVIL E PROCESSO CIVIL. DIREITO DE VIZINHANÇA. POLUIÇÃO SONORA. LEI MUNICIPAL. LIMITES. RESOLUÇÃO DO CONAMA. PROVA. REDUÇÃO DE RUÍDO. AR-CONDICIONADO. AUSÊNCIA DO NECESSÁRIO PREQUESTIONAMENTO. OFENSA REFLEXA AO TEXTO DA CONSTITUIÇÃO FEDERAL. REEXAME DO CONJUNTO FÁTICO-PROBATÓRIO JÁ CARREADO AOS AUTOS. IMPOSSIBILIDADE. INCIDÊNCIA DA SÚMULA 279/STF.

1. O requisito do prequestionamento é indispensável, por isso que inviável a apreciação, em sede de recurso extraordinário, de matéria sobre a qual não se pronunciou o Tribunal de origem, incidindo o óbice da Súmula 282 do Supremo Tribunal Federal.

2. A violação indireta ou reflexa das regras constitucionais não enseja recurso extraordinário. Precedentes: AI n. 738.145 – AgR, Rel. Min. Celso de Mello, 2ª Turma, *DJ*, 25-2-11; AI n. 482.317-AgR, Rel. Min. Ellen Gracie, 2ª Turma, *DJ*, 15-3-11; AI n. 646.103-AgR, Rel. Ministra Cármen Lúcia, 1ª Turma, *DJ*, 18-3-11.

3. A alegação de ofensa aos postulados da legalidade, do devido processo legal, da ampla defesa, da motivação dos atos decisórios, do contraditório, dos limites da coisa julgada e da prestação jurisdicional, se ocorrente, seria indireta ou reflexa. Precedentes: AI n. 803.857-AgR, Rel. Min. Celso de Mello, 2ª Turma, *DJ*, 17-3-11; AI n. 812.678-AgR, Rel. Min. Ellen Gracie, 2ª Turma, *DJ*, 8-2-11; AI n. 513.804-AgR, Rel. Min. Joaquim Barbosa, 1ª Turma, *DJ*, 1º-2-11.

4. A Súmula 279/STF dispõe *verbis*: Para simples reexame de prova não cabe recurso extraordinário.

5. É que o recurso extraordinário não se presta ao exame de questões que demandam revolvimento do contexto fático-probatório dos autos, adstringindo-se à análise da violação direta da ordem constitucional.

6. *In casu*, o acórdão originariamente recorrido assentou:

'APELAÇÃO CÍVEL. DIREITO DE VIZINHANÇA. POLUIÇÃO SONORA. LEI MUNICIPAL. LIMITES. RESOLUÇÃO DO CONAMA. PROVA. REDUÇÃO DE RUÍDO. AR-CONDICIONADO. DECISÃO INTERLOCUTÓRIA. MULTA DIÁRIA *ASTREINTES*. TÍTULO JUDICIAL. LUCROS CESSANTES INDEVIDOS.

1. A norma municipal fixa limites máximos que, na realidade, são superiores aos limites máximos fixados na resolução pelo órgão ambiental federal competente (Resolução n. 01/90 do Conama e NBR 10.152), devendo a última se sobrepor à norma local.

2. A perícia judicial comprovou que, no período da noite, a emissão de ruído decorrente do acionamento do aparelho de ar-condicionado do réu, ultrapassa o nível permitido para o período noturno. Assim, devem ser tomadas medidas para evitar tal efeito, por dizer respeito ao princípio da precaução, vigente no direito ambiental.

3. Havendo decisão interlocutória que, em antecipação de tutela, impôs obrigação de fazer mediante *astreintes*, essa pena pecuniária deverá ser determinada no título judicial, em relação à unidade temporal dessa multa (dia, semana

ou mês) e a data a partir de quando devida, devendo ser fixada na decisão que julga definitivamente a demanda, caso haja elementos para assim o fazer.

4. Conforme o § 6º, do art. 461 do CPC, o juiz pode revisar a periodicidade das astreintes de ofício, quando se mostrar desproporcional.

5. Não há lucros cessantes quando não há comprovação cabal de que o faturamento do autor restou consideravelmente diminuído por causa do ruído causado pelo ar-condicionado do réu. Deram parcial provimento ao primeiro apelo e, quanto ao segundo, desacolheram a preliminar e negaram provimento. Unânime'.

7. Agravo regimental desprovido" (STF, AI 781.547 AgR/RS, 1ª Turma, Min. Luiz Fux, j. 13-3-2012, *DJe*, 29-3-2012).

Embora discutível no plano normativo constitucional a existência de referido "princípio" indicado pelo STF, vez que, na verdade, o art. 225 da Constituição Federal estabelece efetivamente o princípio da prevenção[7], sendo certo que o chamado "princípio da precaução" mencionado no julgado está evidentemente colocado dentro do princípio constitucional da prevenção, o fato é que, conforme estabelecido pelo STF, a tutela jurídica a ser adotada em face dos ruídos tem no direito ambiental constitucional sua resposta.

---

7. "SOMENTE QUANDO PRODUZIREM EFEITOS SONOROS RUIDOSOS. PROTEÇÃO À SAÚDE E AO MEIO AMBIENTE. IMPACTOS GRAVES E NEGATIVOS ÀS PESSOAS COM TRANSTORNO DO ESPECTRO AUTISTA. DANOS IRREVERÍSVEIS ÀS DIVERSAS ESPÉCIES ANIMAIS. IMPROCEDÊNCIA. 1. O princípio geral que norteia a repartição de competência entre as entidades competentes do Estado Federal é o da predominância do interesse, competindo à União atuar em matérias e questões de interesse geral; aos Estados, em matérias e questões de interesse regional; aos Municípios, assuntos de interesse local e, ao Distrito Federal, tanto temas de interesse regional quanto local. 2. As competências municipais, dentro dessa ideia de predominância de interesse, foram enumeradas no art. 30 da Constituição Federal, o qual expressamente atribuiu aos Municípios a competência para legislar sobre assuntos de interesse local (art. 30, I) e para suplementar a legislação federal e a estadual no que couber (art. 30, II). A jurisprudência do SUPREMO TRIBUNAL FEDERAL já assentou que a disciplina do meio ambiente está abrangida no conceito de interesse local e que a proteção do meio ambiente e da saúde integram a competência legislativa suplementar dos Municípios. Precedentes. 3. A jurisprudência desta CORTE admite, em matéria de proteção da saúde e do meio ambiente, que os Estados e Municípios editem normas mais protetivas, com fundamento em suas peculiaridades regionais e na preponderância de seu interesse. A Lei Municipal 16.897/2018, ao proibir o uso de fogos de artifício de efeito sonoro ruidoso no Município de São Paulo, promoveu um padrão mais elevado de proteção à saúde e ao meio ambiente, tendo sido editada dentro de limites razoáveis do regular exercício de competência legislativa pelo ente municipal. 4. Comprovação técnico-científica dos impactos graves e negativos que fogos de estampido e de artifício com efeito sonoro ruidoso causam às pessoas com transtorno do espectro autista, em razão de hipersensibilidade auditiva. Objetivo de tutelar o bem-estar e a saúde da população de autistas residentes no Município de São Paulo. 5. Estudos demonstram a ocorrência de danos irreversíveis às diversas espécies animais. Existência de sólida base técnico-científica para a restrição ao uso desses produtos como medida de proteção ao meio ambiente. Princípio da prevenção (grifos nossos) 6. Arguição de Preceito Fundamental julgada" (ADPF 567, Tribunal Pleno, Rel. Min. Alexandre de Moraes, j. 1-3-2021, public. 29-3-2021).

### 5.2.1. O estudo prévio de impacto ambiental como principal instrumento preventivo em face dos ruídos no âmbito do meio ambiente artificial

Tendo em vista os impactos que tornaram os ruídos excessivos uma das mais graves formas de degradação urbana, podemos efetivamente estabelecer como principal instrumento jurídico de controle preventivo da poluição ambiental no âmbito do meio ambiente artificial em proveito da defesa da saúde ambiental o estudo prévio de impacto ambiental definido no art. 225, § 1º, IV, da Constituição Federal.

Evidenciada sua existência no princípio da prevenção do dano ambiental, o EIA/RIMA constitui efetivamente um dos mais importantes instrumentos de proteção do meio ambiente. A sua essência é estruturalmente preventiva e pode compor uma das etapas do licenciamento ambiental.

Trata-se de um instrumento originário do ordenamento jurídico americano, tomado de empréstimo por outros países, como a Alemanha, a França e, por evidência, o Brasil, sendo certo que com a Constituição Federal de 1988, o estudo prévio de impacto ambiental passou a ter índole constitucional, vez que anteriormente somente podíamos verificar a existência de um instrumento similar na Lei de Zoneamento Industrial (Lei n. 6.803/80), no seu art. 10, § 3ª, que exigia um estudo prévio acerca das avaliações de impacto para a aprovação das zonas componentes do zoneamento urbano. Todavia, embora em princípio adequada para a prevenção no que se refere à poluição sonora, referido instrumento editado em momento anterior ao atual Estado Democrático de Direito distanciava-se muito do atual instrumento constitucional de prevenção do meio ambiente, o EIA/RIMA, já que aquele meio estatuído na Lei de Zoneamento não previa a participação pública. Além disso, o seu campo de aplicação estava restrito aos casos de aprovação de estabelecimento das zonas estritamente industriais e, ainda, não integrava um procedimento de licenciamento ambiental propriamente dito.

Conforme esclarece o autor antes mencionado, "em 1981, com a Lei da Política Nacional do Meio Ambiente, o EIA/RIMA foi elevado à categoria de instrumento dessa política, conforme dispõe o art. 9ª, III, da Lei n. 6.938. Entretanto não havia exigência do conteúdo mínimo, bem como não foi trazida expressamente disposição que determinasse que o estudo fosse prévio ao desenvolvimento do empreendimento".

Com o Decreto n. 88.351/83, regulamentador da Lei da Política Nacional do Meio Ambiente, posteriormente revogado pelo Decreto n. 99.274/90, foi outorgada competência ao Conama para fixar os critérios norteadores do EIA com a finalidade de licenciamento. A Resolução Conama n. 1/86 tratou do tema, exemplificando situações em que o EIA se fazia necessário, tornando-o obrigatório nas hipóteses descritas no art. 2º da resolução, por considerá-las significativamente impactantes ao meio ambiente.

Aludida Resolução Conama n. 1/86 tratou também de contemplar as alternativas tecnológicas e de localização do projeto, confrontando-as com as hipóteses de não execução deste; de identificar e avaliar sistematicamente os impactos ambientais

348

gerados nas fases de implantação e operação da atividade; de definir os limites da área geográfica a ser direta ou indiretamente afetada pelos impactos (área de influência do projeto), considerando, ainda, a bacia hidrográfica na qual se localiza e os planos e programas governamentais propostos e em implantação na área de influência do projeto e sua compatibilidade.

O conteúdo do estudo também foi trazido pela resolução, que previu a existência de um diagnóstico da situação ambiental presente, antes da implantação do projeto, possibilitando fazer comparações com as alterações ocorridas posteriormente, caso o projeto seja aceito. Esse diagnóstico deverá levar em consideração os aspectos ambientais (na larga acepção conceitual que possui). Além disso, será necessário elaborar uma previsão dos eventuais impactos ao meio ambiente, diagnosticando danos potenciais. Feita a previsão, deverá haver a indicação no EIA das medidas que possam ser mitigadoras dos impactos previamente previstos, bem como a elaboração de um programa de acompanhamento e monitoramento destes.

Sua disciplina constitucional, conforme já indicado anteriormente, foi tratada de forma pioneira no art. 225, § 1º, IV, a saber;

"§ 1º Para assegurar a efetividade desse direito, incumbe ao Poder Público:
(...)
IV – exigir, na forma da lei, para instalação de obra ou atividade potencialmente causadora de significativa degradação do meio ambiente, estudo prévio de impacto ambiental, a que se dará publicidade".

Oportuno salientar que a Constituição Federal estabeleceu uma presunção de que toda obra ou atividade é significativamente impactante ao meio ambiente, cabendo, portanto, àquele que possui o projeto demonstrar o contrário, não se sujeitando, dessa feita, à incidência e execução do EIA/RIMA.

Outrossim não devemos olvidar evidentemente alguns outros instrumentos de controle da poluição sonora, tais como: a) o *zoneamento ambiental*, consistente em um instrumento conferido ao Município para fazer o zoneamento da cidade, estabelecendo setores ou zonas residenciais, comerciais e industriais; b) os critérios utilizados para o *licenciamento* de uma atividade, o estudo prévio de impacto ambiental (EIA/RIMA); c) o *monitoramento ambiental*; d) o Relatório de Impacto de Vizinhança – RIVI, instituído pelo Decreto Municipal (SP) n. 34.713/94; e) o *revestimento acústico* dos estabelecimentos; f) o *uso de equipamentos* apropriados, entre outros instrumentos jurisdicionais de proteção do meio ambiente"; acrescentando ainda, dentro dessa perspectiva do combate à poluição sonora", a Resolução n. 2/90 criou o *Programa Nacional de Educação e Controle de Poluição Sonora*, que foi norma inspiradora do citado selo ruído.

## 6. TUTELA JURÍDICA DA SAÚDE AMBIENTAL EM FACE DOS RUÍDOS: OS INSTRUMENTOS REPRESSIVOS NO ÂMBITO DO MEIO AMBIENTE ARTIFICIAL[8]

Conforme já aduzimos anteriormente, na condição de agente poluente, o ruído – seja mediante condutas ou mesmo atividades consideradas lesivas à saúde ambiental – tem enquadramento previsto no plano constitucional em face do que indica o art. 225, assim como enquadramento infraconstitucional em decorrência do que estabelece o art. 3º, III, da Lei n. 6.938/81, sendo certo que para assegurar a adequada tutela jurídica da saúde ambiental diante de referida forma de poluição possuímos em nosso ordenamento jurídico instrumentos normativos úteis para seu enfrentamento, não só na esfera preventiva, como já tivemos oportunidade de desenvolver anteriormente de forma breve, mas também em face da esfera repressiva.

Senão, vejamos.

## 6.1. AS CONDUTAS E ATIVIDADES CONSIDERADAS LESIVAS AO MEIO AMBIENTE, SUJEITANDO OS INFRATORES, PESSOAS FÍSICAS OU JURÍDICAS, A SANÇÕES PENAIS: ALGUNS ASPECTOS PENAIS ACERCA DA POLUIÇÃO SONORA

A Lei das Contravenções Penais (Decreto-Lei n. 3.688/41) prevê no seu art. 42 a contravenção de perturbação do trabalho ou do sossego alheios, consistente em:

"Art. 42. Perturbar alguém, o trabalho ou o sossego alheios:

I – com gritaria ou algazarra;

II – exercendo profissão incômoda ou ruidosa, em desacordo com as prescrições legais;

III – abusando de instrumentos sonoros ou sinais acústicos;

IV – provocando ou não procurando impedir barulho produzido por animal de que tem guarda:

Pena – prisão simples, de 15 (quinze) dias a 3 (três) meses, ou multa".

Importante ressaltar que aludida contravenção não penaliza todo e qualquer ruído pequeno, de leve rumor, que em indivíduos mais irritadiços podem causar incômodos. Desse modo, excluem-se rumores usuais de uma casa, como o arrastar de móveis, as festinhas normais (de aniversário), que são manifestações expansivas da alegria e nas quais não se nota a intenção de querer molestar ou ofender.

Analisando o Projeto de Lei dos Crimes Ambientais, observa-se que seu art. 59 incriminava a conduta de "produzir sons, ruídos ou vibrações em desacordo com as

---

8. Para um estudo detalhado, *vide* Celso Antonio Pacheco Fiorillo e Renata Marques Ferreira, *Tutela jurídica da saúde em face do direito ambiental brasileiro:* saúde ambiental e meio ambiente do trabalho, Rio de Janeiro, Lumen Juris, 2018.

prescrições legais ou regulamentares, ou desrespeitando as normas sobre emissão de ruídos e vibrações resultantes de quaisquer atividades", com a pena de detenção de três meses a um ano e multa. Todavia, aludido dispositivo foi vetado pelo Presidente da República, fundamentando para tanto que:

"O bem juridicamente tutelado é a qualidade ambiental, que não poderá ser perturbada por poluição sonora, assim compreendida a produção de sons, ruídos e vibrações em desacordo com as prescrições legais ou regulamentares, ou desrespeitando as normas sobre emissão e imissão de ruídos e vibrações resultantes de quaisquer atividades.

O art. 42 do Decreto-Lei n. 3.688, de 3 de outubro de 1941, que define as contravenções penais, já tipifica a perturbação do trabalho ou do sossego alheio, tutelando juridicamente a qualidade ambiental de forma mais apropriada e abrangente, punindo com prisão simples, de 15 dias a 3 meses, ou multa, a perturbação provocada pela produção de sons em níveis inadequados ou inoportunos, conforme normas legais ou regulamentares.

Tendo em vista que a redação do dispositivo tipifica penalmente a produção de sons, ruídos ou vibrações em desacordo com as normas legais ou regulamentares, não a perturbação da tranquilidade ambiental provocada por poluição sonora, além de prever penalidade em desacordo com a dosimetria penal vigente, torna-se necessário o veto do art. 59 da norma projetada".

Em que pese o veto presidencial (contribuído por um forçoso *lobby* dos evangélicos), a poluição sonora ainda subsiste como *crime*, a teor do disposto no art. 54 da Lei n. 9.605/98 – a Lei dos Crimes Ambientais. Prevê o citado artigo:

"Art. 54. Causar poluição de qualquer natureza em níveis tais que resultem ou possam resultar em danos à saúde humana, ou que provoquem a mortandade de animais ou a destruição significativa da flora:

Pena – reclusão, de 1 (um) a 4 (quatro) anos, e multa.

§ 1º Se o crime é culposo:

Pena – detenção, de 6 (seis) meses a 1 (um) ano, e multa".

O tipo penal em tela prevê como criminosa a conduta de causar poluição *de qualquer natureza*. Como já foi visto, a natureza jurídica do ruído é de poluente, em conformidade com a Lei da Política Nacional do Meio Ambiente (Lei n. 6.938/81). Assim, satisfeitos os elementos normativos do tipo (poluição... em níveis tais que...), a conduta de causar poluição sonora poderá subsumir-se ao tipo penal descrito no art. 54 da Lei n. 9.605/98.

Poder-se-ia questionar se a contravenção penal do art. 42 não estaria então revogada pela norma do art. 54 da Lei n. 9.605/98, porquanto ostenta o caráter de norma posterior e disciplinadora da mesma matéria. A resposta a essa indagação é negativa, porque o objeto jurídico tutelado pela norma contravencional (art. 42) e pelo tipo penal (art. 54) é distinto.

Com efeito, a infração penal prevista pela Lei de Contravenções Penais, no seu art. 42, diz respeito a perturbar o trabalho ou o sossego de *alguém*. Denota-se na contravenção, como assim deveria ser, um menor potencial ofensivo, não reclamando o dispositivo que essa ofensa tenha um caráter difuso.

Por outro lado, ao analisarmos o tipo penal descrito no art. 54, o bem jurídico tutelado possui caráter de difusibilidade, e não poderia ser de outra forma, porquanto, como crime ambiental que é, a natureza do bem jurídico tutelado é de bem difuso. Além disso, essa poluição deverá resultar ou, ao menos, ter potencialidade de resultar danos à saúde humana. Como se depreende da contravenção penal, aquilo que significa perturbar pode não ter necessariamente o caráter de poluição sonora. De qualquer forma, ainda que o tenha, a contravenção sempre identificará uma vítima determinada, uma vez que o tipo contravencional reclama como elementar perturbar o trabalho ou sossego de alguém.

O tipo penal descrito no art. 54 da Lei n. 9.605/98 trata-se de tipo anormal, o que significa dizer que não é composto somente de elementos descritivos, mas também normativos. Como sabemos, estes exigem do magistrado um juízo de valor acerca da interpretação de termos jurídicos ou extrajurídicos.

Pois bem, ao ser descrita a conduta de causar lesão ou ameaça ao meio ambiente, a expressão *poluição* constitui um termo jurídico que reclama do intérprete a valoração do seu conteúdo. Como sabemos, a Lei da Política Nacional do Meio Ambiente (Lei n. 6.938/81) descreve no art. 3º, III, seu conceito, de modo que se faz imprescindível ao aplicador da norma o preenchimento do tipo penal por meio do substrato trazido por essa lei.

Urge salientar ainda que o delito em tela é um *crime de perigo concreto*, o que significa dizer que o legislador não presumiu o perigo, exigindo do acusador a sua prova. A adoção de crimes de perigo encontra-se em perfeita consonância com o direito ambiental, privilegiando-se o princípio da prevenção. Dessa forma, a conduta criminosa já estará caracterizada com a *potencialidade de dano*, sendo desnecessária para a tipificação a realização do resultado naturalístico danoso.

## 6.2. AS CONDUTAS E ATIVIDADES CONSIDERADAS LESIVAS AO MEIO AMBIENTE, SUJEITANDO OS INFRATORES, PESSOAS FÍSICAS OU JURÍDICAS, À OBRIGAÇÃO DE REPARAR OS DANOS CAUSADOS: RESPONSABILIDADE "CIVIL" POR DANOS À SAÚDE AMBIENTAL EM FACE DA POLUIÇÃO SONORA

### 6.2.1. *Tutela mediata e imediata do meio ambiente artificial*

Conforme já tivemos a oportunidade de aduzir anteriormente, a poluição sonora, em seu âmbito difuso, passou a merecer no século XXI um novo tratamento jurídico em face da nova realidade que necessita enfrentar no âmbito de nosso meio ambiente artificial, ou seja, no âmbito das cidades brasileiras a questão do controle do ruído excessivo.

Assim, nosso sistema normativo, adaptado ao século XXI, também trouxe respostas objetivas para a defesa da saúde ambiental em face do meio ambiente artificial nas hipóteses de danos ocasionados pela produção de ruídos.

Com efeito.

Conforme já observamos em várias oportunidades, o meio ambiente artificial é compreendido pelo espaço urbano construído, consistente no conjunto de edificações (chamado espaço urbano fechado) e pelos equipamentos denominados públicos (espaço urbano aberto). Dessa forma, todo o espaço construído, bem como todos os espaços habitáveis pela pessoa humana, compõem o meio ambiente artificial.

O objetivo do legislador, como explicam os doutrinadores antes mencionados:

"Foi o de tratar o meio ambiente artificial não só em decorrência do que estabelece constitucionalmente o art. 225 da CF, na medida em que a individualização dos aspectos do meio ambiente tem puramente função didática, mas também em decorrência do que estabelecem os arts. 182 e 183 da Constituição Federal no sentido de direcionar aos operadores de direito facilidade maior no manejo da matéria, inclusive com a utilização dos instrumentos jurídicos trazidos fundamentalmente pelo direito ambiental constitucional brasileiro.

Assim, na chamada execução da política urbana, torna-se verdadeiro afirmar que o meio ambiente artificial passa a receber uma tutela mediata (revelada pelo art. 225 da Constituição Federal, em que encontramos a proteção geral ao meio ambiente enquanto tutela da vida em todas as suas formas, centrada na dignidade da pessoa humana) e uma tutela imediata (que passa a receber tratamento jurídico aprofundado em decorrência da regulamentação dos arts. 182 e 183), relacionando-se diretamente às cidades. É, portanto, impossível desvincular da execução da política urbana o conceito de direito à sadia qualidade de vida, assim como o direito à satisfação dos valores da dignidade da pessoa humana e da própria vida".

Verificamos, portanto, que foi exatamente em proveito da defesa da saúde ambiental assegurada de forma difusa aos habitantes das cidades brasileiras que nosso legislador adotou critério objetivo no que se refere a danos ocasionados por ruídos excessivos.

### 6.2.2. Tutela jurídica da saúde ambiental em face do direito ambiental brasileiro: saúde pública, saúde ambiental e o conceito de saúde ambiental em face da Constituição Federal do Brasil

Ao desenvolver a matéria, já tivemos oportunidade de considerar a saúde ambiental dentro do que se denominou historicamente saúde pública, como um tema (e seus problemas...) resultante dos efeitos que o ambiente (natural, cultural e artificial) exerce sobre o bem-estar físico e mental/psíquico da pessoa humana, como parte integrante de uma comunidade.

O dicionário médico *Manuila* explica que "nos países onde coexistem o setor público e o privado" a saúde pública é "o conjunto dos esforços organizados da coletividade no campo da saúde e da doença, estando a terapêutica individual mais ou menos excluída". "Em outros países, onde todos os serviços de saúde são públicos, a expressão *saúde pública* adquire significado geral e se estende praticamente a todos os campos que concernem, de perto ou de longe, à saúde de um indivíduo concebido unicamente como membro da coletividade."

Assim, a saúde ambiental relaciona-se evidentemente à história da comunidade, entendida como um conjunto de pessoas com interesses mútuos que vivem no mesmo local e se organizam dentro dum conjunto de normas e de seus problemas de saúde pública no âmbito da história da civilização.

Trata-se de compreender, em síntese, os problemas que sempre existiram, existem e muito provavelmente continuarão a existir, dos efeitos que o ambiente exerce sobre o bem-estar físico e mental/psíquico da pessoa humana nos locais em que vive.

Assim, explicam os autores antes mencionados que para compreender o conceito de saúde ambiental em face da Carta Magna, ou seja, reconhecer, no plano superior normativo, "a importância notável da comunidade para promover a saúde e prevenir e tratar a doença", necessitamos observar em que medida a saúde e o meio ambiente foram (e são...) incorporados ao nosso sistema jurídico.

Com efeito.

Estabelecida no plano normativo como um direito social (art. 6º), a saúde é "direito de todos e dever do Estado, garantido mediante políticas sociais e econômicas que visem à redução do risco de doença e de outros agravos e ao acesso universal e igualitário às ações e serviços para sua promoção, proteção e recuperação" (art. 196), "cabendo ao Poder Público dispor, nos termos da lei, sobre sua regulamentação, fiscalização e controle, devendo sua execução ser feita diretamente ou através de terceiros e, também, por pessoa física ou jurídica de direito privado" (art. 197).

As ações e serviços de saúde, constitucionalmente considerados de "relevância pública" (art. 197), "integram uma rede regionalizada e hierarquizada e constituem um sistema único" (art. 198), organizado de acordo com diretrizes fixadas pela Carta Magna (sendo a participação da comunidade a diretriz de grande destaque em face de nosso Estado Democrático de Direito, conforme indica o art. 198, III), sendo certo que compete ao referido Sistema Único de Saúde, além de outras atribuições, nos termos da lei, "colaborar na proteção do meio ambiente, nele compreendido o do trabalho" (art. 200, VIII).

Por via de consequência é a Constituição Federal que vincula o conceito jurídico de saúde ao conceito jurídico de meio ambiente, sendo certo que o conceito técnico/pericial de saúde elaborado pela Organização Mundial de Saúde (que entendemos ser aceitável, uma vez que ainda reúne importantes parâmetros destinados ao

354

preenchimento de referido conceito legal indeterminado) estabelece o significado da expressão que pode ser entendida como "um estado de completo bem-estar físico, mental e social e não somente ausência de afecções e enfermidades"

Destarte, cinco elementos estruturam o conceito de saúde, a saber:

1) **um estado de completo bem-estar físico**, dentro de um entendimento, como explica Alberto de Vita, de que "o bem-estar físico objetivo está relacionado à ausência ou a mínimos graus de doença, incapacidade e desconfortos musculoesqueléticos";

2) **um estado de completo bem-estar mental**, dentro de um entendimento associado ao "espiritual, relativo à mente", relativo à "parte incorpórea, inteligente ou sensível do ser humano";

3) **um estado de completo bem-estar social**, tema diretamente "concernente a uma comunidade, a uma sociedade humana, ao relacionamento dos indivíduos";

4) **ausência de afecções**, entendida como "perturbação orgânica caracterizada por distúrbio das funções fisiológicas ou psíquicas", sendo um "termo genérico que serve para conceituar *anomalia, disfunção, lesão, doença, síndrome*"; e

5) **ausência de enfermidades**, entendida como "estado de um indivíduo que, congênita ou fortuitamente (após um acidente), não possui mais sua integridade corporal ou funcional, sem que sua saúde geral seja totalmente comprometida".

Assim, concluem os autores, interpretado com fundamento nos princípios fundamentais de nossa Constituição Federal (arts. 1º a 4º), o conceito jurídico constitucional de saúde, como direito metaindividual de índole fundamentalmente social (arts. 5º e 6º da CF), assegura aos brasileiros e estrangeiros residentes no País (arts. 1º, III, e 5º) o conteúdo dos cinco elementos anteriormente descritos (estado de completo bem-estar físico, mental e social, além de ausência de afecções e enfermidades) vinculado ao dever do Estado de reduzir o risco de doença e de outros agravos, bem como o de prestar serviços para a promoção, proteção e recuperação da saúde mediante políticas sociais e econômicas (Estado fornecedor) a serem realizadas no âmbito da organização da comunidade, com particular destaque para a tutela jurídica dos habitantes das nossas cidades, as cidades do Brasil (tutela jurídica da saúde em face do meio ambiente artificial).

### 6.2.3. *Saúde ambiental em face do meio ambiente artificial e garantia constitucional do bem-estar dos habitantes das cidades*

Relacionada, como já dissemos, à história da comunidade, a saúde ambiental é entendida como um conjunto de pessoas com interesses mútuos, que vivem no mesmo local e se organizam dentro dum conjunto de normas e de seus problemas de saúde. Trata-se de compreender, em síntese, os problemas que sempre existiram, existem e muito provavelmente continuarão a existir, dos efeitos que o ambiente exerce sobre o bem-estar físico e mental/psíquico da pessoa humana nos locais em que vive, ou seja, nas cidades em que vive.

Com a edição da Constituição Federal de 1988, fundamentada em sistema econômico capitalista, que necessariamente tem seus limites impostos pela dignidade da pessoa humana (art. 1º, III e IV), a cidade – e suas duas realidades, a saber, os estabelecimentos regulares e os estabelecimentos irregulares (aglomerados subnormais ou favelas) – passou a ter natureza jurídica ambiental, ou seja, desde 1988 a cidade deixou de ser observada a partir de regramentos adaptados tão somente aos bens privados ou públicos, e passou a ser disciplinada em face da estrutura jurídica dos bens ambientais (art. 225 da CF), de forma mediata e de forma imediata, em decorrência das determinações constitucionais emanadas dos arts. 182 e 183 da Carta Magna (meio ambiente artificial).

Portanto, a cidade, a partir da Constituição Federal de 1988, passou a obedecer à denominada ordem urbanística, dentro de parâmetros jurídicos adaptados ao final do século XX e início do século XXI, a saber, passou a obedecer aos parâmetros fixados pelo direito ambiental constitucional sendo certo que, em decorrência de sua natureza jurídica ambiental, passou a ser observada não só em função de seu território, mas também em face de sua estrutura econômica, indicando claramente a saúde ambiental, em obediência ao comando da Carta Magna, como parâmetro interpretativo a ser seguido como garantia do direito a cidades sustentáveis indicadas inclusive no art. 2º da Lei n. 10.257/2001, como em obediência aos fundamentos constitucionais que garantem a defesa da saúde ambiental em proveito dos habitantes das cidades.

Destarte, claro está que qualquer lesão à saúde dos habitantes das cidades, nela incluída os ruídos excessivos, sujeita os infratores, pessoas físicas ou jurídicas, à obrigação de reparar os danos causados.

# Capítulo XIV
# POLUIÇÃO VISUAL

## 1. INTRODUÇÃO

O tema referente à poluição visual ganha relevo especial em relação ao *meio ambiente artificial*, porque, como teremos mais à frente oportunidade de verificar detalhadamente[1], esse meio ambiente está relacionado aos espaços habitados pelo homem (tanto rurais como urbanos)[2 e 3].

---

1. Verificar Parte I, Capítulo XIX, referente ao meio ambiente cultural.

2. Nossa posição, manifestada desde o final do século passado, conforme indicado na 1ª edição de nosso *Curso de direito ambiental brasileiro* (fls. 121), acabou sendo adotada pelo Supremo Tribunal Federal, a saber:

"Direito constitucional e ambiental. Planejamento urbano. Meio ambiente e paisagem urbana. Publicidade e propaganda externa. Poluição visual. Interpretação da Lei municipal paulista n. 14.223/2006. Competência municipal para legislar sobre assuntos de interesse local. (...) O acórdão recorrido assentou que a Lei municipal n. 14.223/2006 – denominada Lei Cidade Limpa – trata de assuntos de interesse local, entre os quais, a ordenação dos elementos que compõem a paisagem urbana, com vistas a evitar a poluição visual e bem cuidar do meio ambiente e do patrimônio da cidade" (AI 799.690-AgR, Rel. Min. Rosa Weber, j. 10-12-2013, 1ª Turma, *DJe*, 3-2-2014).

3. "Trata-se de agravo de instrumento interposto contra decisão que negou seguimento a recurso extraordinário, ao fundamento de que as razões nele aduzidas são insuficientes para infirmar o acórdão recorrido, bem como da necessidade de exame de matéria infraconstitucional.

O Tribunal de Justiça do Estado de São Paulo afirmou a constitucionalidade da Lei n. 14.223/2006 do Município de São Paulo (conhecida como Lei Cidade Limpa), negando provimento à apelação, em acórdão assim ementado:

'LEI DOS ANÚNCIOS – Lei Municipal n. 14.223, de 26 de setembro de 2006, que dispõe sobre a ordenação dos elementos que compõem a paisagem urbana no território do Município de São Paulo, é matéria de natureza ambiental e tem como finalidade adequar a função da propriedade em função da paisagem urbana, relacionada com o uso comum do povo.

INCONSTITUCIONALIDADE – A lei não é inconstitucional, pois o Município não usurpou a competência constitucional conferida à União, uma vez que a citada norma legal não diz respeito ao âmbito econômico da publicidade ou propaganda, mas sim ao que se refere ao meio ambiente, arquitetura e urbanismo, possuindo o Município competência concorrente para legislar sobre tais matérias.

LIVRE-INICIATIVA – A lei não veda o exercício de profissão e/ou atividade, desde que obedeça à lei.

DIREITO DE PROPRIEDADE – Deve obedecer ao princípio constitucional da função social.

Nesse contexto, intuitivamente, destacam-se as cidades. Estas, por sua vez, possuem funções a ser cumpridas, previstas no próprio texto constitucional, não lhes sendo legítimo um desenvolvimento desordenado. A Constituição, ao tratar da política urbana, revelou essa preocupação em seu art. 182, o qual, em última análise, busca salvaguardar o bem-estar dos habitantes.

A poluição visual, na contramão dessa garantia, caracteriza-se como uma ofensa à integridade psíquica dos indivíduos que numa determinada cidade residem ou transitam, violando diretamente o preceito garantidor de uma vida com qualidade. Para tanto, com o propósito de efetivar a preocupação do legislador constituinte em relação ao bem-estar dos habitantes, a legislação infraconstitucional regulou a *forma* e o *conteúdo* de determinados meios de expressão (como a publicidade, a pichação, algumas restrições constantes no Código de Trânsito Brasileiro), bem como tratou de *limitar a utilização da propriedade privada* (são exemplos algumas regras do direito de vizinhança trazidas pelo Código Civil), de modo que aludidas práticas não constituam óbices à obtenção e desfrute da sadia qualidade de vida.

## 2. CONCEITO DE POLUIÇÃO VISUAL

A Política Nacional do Meio Ambiente (Lei n. 6.938/81), em seu art. 3º, III, define poluição como:

> "III – poluição, a degradação da qualidade ambiental resultante de atividades que direta ou indiretamente:
>
> a) prejudiquem a saúde, a segurança e o bem-estar da população;
>
> b) criem condições adversas às atividades sociais e econômicas;
>
> c) afetem desfavoravelmente a biota;
>
> d) afetem as condições estéticas ou sanitárias do meio ambiente;
>
> e) lancem matérias ou energia em desacordo com os padrões ambientais estabelecidos".

---

DIREITO ADQUIRIDO E NEGÓCIO JURÍDICO PERFEITO – A autorização que permite a publicidade exterior e utilização de anunciar geralmente é precária e dentro do poder discricionário da administração – Inexiste afronta ao direito adquirido e ao ato jurídico perfeito.

PRINCÍPIOS DA PROPORCIONALIDADE E RAZOABILIDADE – A lei tem por finalidade ordenar o espaço público e regulá-lo no que diz respeito à paisagem urbana – Controle de poluição visual – Razão pela qual não se vislumbra qualquer excesso.

AUDIÊNCIAS PÚBLICAS – Foram realizadas três – As autoridades e pessoas interessadas eram convidadas, logo não era obrigatória a participação – A finalidade da participação popular é discutir os temas ligados à matéria (projeto de lei), apenas para fornecer subsídios ao Legislativo.

INDENIZAÇÃO – Precariedade do ato que autoriza não enseja direito à indenização, a qual, aliás, deve ser comprovada.

Recurso improvido'" (AI 732.901/SP, Rel. Min. Gilmar Mendes, *DJe*, 27-8-2013).

Como podemos observar, tutelam-se "o homem e a sua comunidade, o patrimônio público e privado, o lazer e o desenvolvimento econômico por meio das diferentes atividades (alínea *b*), a flora e a fauna (biota), a paisagem e os monumentos naturais, inclusive os arredores naturais desses monumentos. Os locais de valor histórico ou artístico podem ser enquadrados nos valores estéticos em geral, cuja degradação afeta também a qualidade ambiental (alínea *d*)"[4].

Em face desse preceito e tendo em vista que o meio ambiente artificial busca tutelar a sadia qualidade de vida nos espaços habitados pelo homem, temos que a poluição visual é qualquer alteração resultante de atividades que causem degradação da qualidade ambiental desses espaços, vindo a prejudicar, direta ou indiretamente, a saúde, a segurança e o bem-estar da população, bem como a criar condições adversas às atividades sociais e econômicas ou a afetar as condições estéticas ou sanitárias do meio ambiente.

Diante disso, resta ainda mais evidente que a poluição visual não está restrita à estética urbana, sendo esta apenas uma das facetas de sua incidência. Em grau maior, ela prejudica a própria saúde, e, por decorrência, a obtenção de uma vida saudável.

## 3. PRINCÍPIO DO DESENVOLVIMENTO SUSTENTÁVEL

De acordo com a política de desenvolvimento urbano, estabeleceu-se, entre seus objetivos, a garantia do bem-estar aos habitantes, determinando aos Municípios a execução desse preceito (art. 182 da CF). Por outro lado, a Constituição Federal, ao tratar da ordem econômica (art. 170), a qual está fundada na valorização do trabalho humano e na livre-iniciativa e tem por fim assegurar a todos uma existência digna, prescreveu a observância de alguns princípios, como o da utilização da propriedade privada (inciso II), o do cumprimento da função social da propriedade (inciso III), o da livre concorrência (inciso IV), o da defesa do consumidor (inciso V) e o da defesa do meio ambiente (inciso VI).

Esses preceitos estabelecem dois sistemas: um de liberdades (em relação à utilização da propriedade privada, à livre concorrência e à livre-iniciativa) e outro de limitações (em relação ao cumprimento da função social da propriedade, à defesa do consumidor e à defesa do meio ambiente) quanto à utilização da paisagem urbana. Somados à incumbência do Município de executar os objetivos da política urbana, podem determinar um aparente conflito de direitos entre os dois sistemas, de modo que um contraponha-se ao outro.

Para a solução desse embate, reclama-se a aplicação do princípio do desenvolvimento sustentável. Como já foi salientado, este tem por *conteúdo* a manutenção das bases vitais da produção e reprodução do homem e de suas atividades, garantindo igualmente uma relação satisfatória entre os homens e destes com o seu ambiente, para

---

4. Paulo Affonso Leme Machado, *Direito ambiental brasileiro*, cit., p. 263-4.

que as futuras gerações também tenham oportunidade de desfrutar os mesmos recursos que temos hoje à nossa disposição.

A poluição visual, na maioria das vezes, dá-se de maneira gradativa, permitindo que nos acostumemos com a desarmonia visual. Essa paulatina poluição dos espaços urbanos deve ser contida, sob pena de inviabilizar-se às futuras gerações a oportunidade de desfrutarem um meio ambiente artificial harmônico.

Além disso, deve-se ter em vista que não é toda poluição visual que deve ser contida e repreendida. O próprio desenvolvimento de certas atividades econômicas reclama o seu exercício. A modificação ambiental deve influir de maneira nociva ou inconveniente, direta ou indiretamente, na saúde, na segurança e no bem-estar da população, nas atividades sociais e econômicas da comunidade. Além disso, existem atividades necessárias à sociedade, de maneira que se tolera o seu desenvolvimento. Hely Lopes Meirelles, citado por José Afonso da Silva, asseverou que "essas alterações, quando normais e toleráveis não merecem contenção e repressão, só exigindo combate quando se tornam intoleráveis e *prejudiciais* à comunidade, caracterizando poluição reprimível. Para tanto, há necessidade de prévia fixação técnica e legal dos índices de *tolerabilidade*, ou seja, dos padrões admissíveis de alterabilidade de cada ambiente, para cada atividade poluidora"[5].

Ao se falar em tolerabilidade, tem-se em vista um critério de sustentabilidade, de forma a permitir que o desenvolvimento da ordem econômica não inviabilize a existência de uma harmonia visual. Isso porque, entre as funções sociais da cidade, temos que o desenvolvimento econômico é somente uma delas, de modo que as cidades estão comprometidas com o bem-estar de seus habitantes. Não é possível conceber que os espaços de uma cidade sejam destinados precipuamente ao uso comercial, sob pena de inviabilizar-se a satisfação de suas demais funções sociais[6]. Dessarte, a ordenação da paisagem urbana, com reflexo imediato na harmonia visual, é fator colaborador do bem-estar psíquico dos habitantes de uma cidade.

## 4. A ESTÉTICA URBANA

A estética urbana constitui um dos fatores determinantes da obtenção de uma vida com qualidade. Como bem ressalta o i. Prof. José Afonso da Silva: "a boa aparência das cidades surte efeitos psicológicos importantes sobre a população, equilibrando, pela visão agradável e sugestiva de conjuntos e elementos harmoniosos, a carga neurótica que a vida cotidiana despeja sobre as pessoas que nela hão de viver, conviver e sobreviver"[7].

---

5. *Direito ambiental constitucional*, 2. ed., São Paulo, Malheiros Ed., p. 12.

6. Verificaremos mais à frente, no capítulo referente ao meio ambiente artificial, que a cidade possui fundamentalmente quatro funções: garantir habitação, livre circulação, lazer e mercado de trabalho.

7. *Direito urbanístico brasileiro*, São Paulo, Malheiros Ed., 1995, p. 273.

Infelizmente, verificamos que a poluição visual, que se coloca como fator impeditivo da obtenção de uma vida saudável, é traço característico de metrópoles, as quais são tomadas por um número considerável de *outdoors*, faixas, cartazes, painéis eletrônicos, fachadas de néon, entre outros instrumentos de publicidade. Na verdade, como já frisado, temos que o problema da poluição visual não está adstrito apenas ao estético, mas sim relacionado à questão de saúde da população.

Como ressaltado, as cidades devem cumprir sua função social, proporcionando a seus habitantes bem-estar. As metrópoles, em que pese serem grandes focos comerciais, não podem ser entendidas como um espaço destinado somente à vida econômica, de modo que se faz imprescindível privilegiar outros aspectos, a fim de permitir a coexistência de atividades econômicas e o desfrute de bem-estar dos habitantes daquela localidade.

Na verdade, observamos que a estética urbana constitui há muito uma preocupação. A fim de que se obtenha a tutela de um meio ambiente harmônico, por vezes haverá a necessidade de se *limitar a utilização da propriedade privada*, a qual deverá respeitar regras, tais como as referentes ao levantamento de fachadas, à distância entre uma e outra construção, bem como à possibilidade ou não de colocação de cartazes e anúncios[8].

## 5. LIMITAÇÕES AO USO DA PROPRIEDADE POR CONTA DA PROTEÇÃO DA ESTÉTICA

### 5.1. FACHADA

Como nos ensina o Prof. José Afonso da Silva, *fachada* é qualquer das faces externas de uma edificação, quer seja edificação principal, quer complementar, como torres, caixas-d'água, chaminés ou similares. A *fachada principal*, por sua vez, é a voltada para logradouro público.

---

8. Nesse sentido Hely Lopes Meirelles asseverava que: "A estética urbana tem constituído perene preocupação dos povos civilizados e se acha integrada nos objetivos do moderno Urbanismo, que não visa apenas às obras utilitárias, mas cuida também dos aspectos artísticos, panorâmicos, monumentais e históricos, de interesse cultural, recreativo e turístico da comunidade.

A proteção estética da cidade e de seus arredores enseja as mais diversas limitações ao uso da propriedade particular. Desde a forma, altura e disposição das construções até a apresentação das fachadas e o levantamento de muros sujeitam-se a imposições edilícias, destinadas a compor harmoniosamente o conjunto e a dar boa aparência às edificações urbanas (...). A mesma proteção estética deve estender-se aos arredores da cidade, para preservação das vistas panorâmicas, das paisagens naturais e dos locais de particular beleza.

(...)

Outro aspecto sujeito à regulamentação edilícia em benefício da estética urbana é a colocação de anúncios e cartazes. Na realidade, nada compromete mais a boa aparência de uma cidade que o mau gosto e a impropriedade de certos anúncios em dimensões avantajadas e cores gritantes, que tiram a vista panorâmica de belos sítios urbanos e entram em conflito estético com o ambiente que os rodeia. Por outro lado, a publicidade artisticamente concebida em cartazes e luminosos alinda a cidade e caracteriza as zonas comerciais, merecendo o incentivo das Prefeituras através de estímulos fiscais que favoreçam a sua adoção. Bem por isso, dispõe o Município do poder de regular, incentivar e conter tal atividade na área urbana e em seus arredores, como medida de proteção estética da cidade" (*Direito municipal brasileiro*, São Paulo, Malheiros Ed., 1998, p. 427-8).

Por conta desse conteúdo, as fachadas (principais ou não) possuem considerável compromisso com a paisagem urbana, influenciando na harmonia de seus traços. Por essa razão, costuma-se exigir tratamento arquitetônico e acabamento adequado das fachadas dos edifícios, especialmente em relação às principais.

Todavia, ao buscarmos concretizar a sadia qualidade de vida, preceituada pelo art. 225 da Constituição Federal, e a garantia de bem-estar, encartada como um dos objetivos da política de desenvolvimento urbano (art. 182), o tratamento arquitetônico e o acabamento adequado deveriam ser exigidos não apenas para o tratamento da fachada em si, mas também para sua harmonia com o conjunto das edificações próximas. Essa preocupação, todavia, fez-se presente em relação aos bens imóveis tombados.

## 5.2. BAIRROS E CIDADES TOMBADOS

Como podemos verificar, o tratamento arquitetônico e o acabamento adequado são instrumentos que possibilitam a harmonia do meio ambiente artificial. Todavia, para que se estabeleça de forma efetiva aludida harmonia, o mais correto seria que a prescrição se estendesse às edificações próximas. Encontramos presente tal determinação apenas em relação aos bens tombados, conforme preceitua o art. 18 do Decreto-Lei n. 25/37:

> "Art. 18. Sem prévia autorização do Serviço do Patrimônio Histórico e Artístico Nacional, não se poderá, na vizinhança da coisa tombada, fazer construção que lhe impeça ou reduza a visibilidade nem nela colocar anúncios ou cartazes, sob pena de ser mandada destruir a obra ou retirado o objeto, impondo--se neste caso a multa de cinquenta por cento (50%) do valor do mesmo objeto".

Devemos observar que esse artigo faz alusão ao termo *visibilidade*. Na verdade, temos que a sua utilização procurou indicar a *respeitabilidade* do imóvel. Como bem salienta o i. Prof. Hely Lopes Meirelles: "Na vizinhança dos imóveis tombados não se poderá fazer qualquer construção que lhes impeça ou reduza a visibilidade (...). O conceito de redução da visibilidade, para fins de Lei de Tombamento, é amplo, abrangendo não só a tirada da vista da coisa tombada como a modificação do ambiente ou da paisagem adjacente, a diferença de estilo arquitetônico, e tudo o mais que contraste ou afronte a harmonia do conjunto, tirando o valor histórico ou a beleza original da obra ou do sítio protegido"[9].

## 6. LIMITAÇÕES DE EXPRESSÃO EM RELAÇÃO À FORMA E CONTEÚDO POR CONTA DA PROTEÇÃO ESTÉTICA

### 6.1. PUBLICIDADE

Consciente da ineficácia do Código Civil de 1916 no tratamento de relações contratuais de consumo e atendendo à determinação constitucional em que o poder

---

9. *Direito de construir*, São Paulo, Malheiros Ed., 1996, p. 131.

constituinte originário de 1988 elencou entre as garantias fundamentais, no art. 5º, XXXII, a defesa do consumidor, o legislador infraconstitucional trouxe-nos o Código de Defesa do Consumidor (Lei n. 8.078/90), que tratou de responder a uma antiga exigência da economia de mercado, que estava à míngua de mecanismos jurídicos adequados para contrabalancear os desníveis existentes entre os grandes fornecedores de bens e serviços, inclusive públicos, e os consumidores em geral, para efeito de aquisição e gozo das utilidades próprias, na satisfação de necessidades primárias[10].

"A verdade é que do modelo estático da compra e venda – de um dar – passamos para um modelo dinâmico, complexo, reiterado e de fazeres de longa duração, como nos contratos de serviços (...). Passamos de um contrato bilateral e comutativo, para o modelo de um contrato múltiplo, conexo, triangular ou plúrimo, onde nos polos encontram-se uma variada gama de sujeitos, como o fornecedor direto e a cadeia de fornecedores indiretos e sujeitos protegidos (individuais ou coletivos), como o consumidor-contratante, o consumidor *stricto sensu* e os consumidores equiparados"[11].

A realidade social de há muito era diversa e indicava a necessidade de mudança no refletir o direito. Essa dinâmica social clamava por um ordenamento jurídico mais adequado às necessidades dos consumidores.

Com isso, "no novo modelo contratual, contemplado pelo Código de Defesa do Consumidor, há uma revalorização da palavra empregada e do risco profissional, aliada a uma grande censura intervencionista do Estado quanto ao conteúdo do contrato. É um acompanhar mais atento para o desenvolvimento da prestação, um valorizar da informação e da confiança despertada. Alguns denominam renascimento da autonomia da vontade protegida. O esforço deve ser agora para garantir uma proteção da vontade dos mais fracos, como os consumidores. Garantir uma autonomia real da vontade do contratante mais fraco, uma vontade protegida pelo direito, vontade liberta das pressões e dos desejos impostos pela publicidade e por métodos agressivos de venda, é o objetivo"[12].

E, diante dessa realidade, verificamos que o Código de Defesa do Consumidor veio a fixar a forma e o conteúdo da publicidade. No tocante a este, vedaram-se as publicidades enganosa e abusiva (art. 37); quanto à forma, exigiu-se que a publicidade fosse veiculada de modo a possibilitar a sua fácil e imediata identificação (art. 36), bem como de maneira a não induzir o consumidor a comportar-se de forma prejudicial ou perigosa a sua saúde ou segurança (art. 68). Em relação a este último preceito, deve-se mencionar que diversos *outdoors,* faixas, cartazes, fachadas de néon e, principalmente, painéis eletrônicos acabam por fazê-lo, distraindo os motoristas e comprometendo a visualização das sinalizações.

---

10. Carlos Alberto Bittar, O advento do Código de Defesa do Consumidor e seu regime básico, *Revista de Direito do Consumidor,* v. 2, mar. 1992.

11. Cláudia Lima Marques, *Contratos no Código de Defesa do Consumidor,* 3. ed., São Paulo, Revista dos Tribunais, p. 95-6.

12. Cláudia Lima Marques, *Contratos,* cit., p. 96.

Em decorrência disso, como bem ressalta o Prof. José Afonso da Silva, temos que:

"As restrições podem chegar à proibição de anúncios em determinadas zonas de uso, em determinados locais, logradouros, objetos etc. Tudo depende de peculiaridades de cada cidade. Mas em geral são proibidos anúncios, em qualquer zona, nos seguintes casos: ao longo das vias de tráfego de elevado nível (vias expressas); nos monumentos públicos e em suas proximidades de modo a não prejudicar sua visibilidade (do monumento); nos bens e locais tombados e em suas proximidades de modo a não prejudicar sua visibilidade; nas pontes, viadutos, passarelas; sobre as árvores de vias públicas; sobre postes, torres ou qualquer estrutura destinada a suportar as redes aéreas dos meios de comunicação e de energia elétrica; em qualquer parte dos cemitérios; nas proximidades de semáforos sempre que possam confundir sua visão ou interpretação"[13].

## 6.2. A LEI DOS CRIMES AMBIENTAIS – LEI N. 9.605/98

Como foi visto, o legislador infraconstitucional, sensível aos fatos sociais e em atenção à determinação constitucional (art. 225, § 3º), editou a Lei n. 9.605/98, que veio punir penalmente os infratores responsáveis, entre outros delitos, pelo crime de poluição, bem como pelos crimes contra o ordenamento urbano e o patrimônio cultural.

Ao estabelecer os crimes contra o ordenamento urbano, limitou-se, em relação à forma, a liberdade de expressão, com o propósito de tutelar a estética urbana e, por decorrência, salvaguardar a sadia qualidade de vida. Tipificaram-se como crime condutas como as de alterar o aspecto ou estrutura de edificação (art. 63); promover construção em solo não edificável, ou no seu entorno, assim considerado em razão de seu valor paisagístico, ecológico, artístico, turístico, histórico, cultural... (art. 64); bem como pichar, grafitar ou por outro meio conspurcar edificação ou monumento urbano (art. 65).

## 6.3. CÓDIGO DE TRÂNSITO BRASILEIRO – LEI N. 9.503/97

O Código de Trânsito Brasileiro (melhor seria Código Brasileiro de Trânsito), refletindo a crescente preocupação do legislador com temas relacionados ao meio ambiente artificial, previu normas delimitadoras da forma de expressão, tais como os arts. 81 e 82, os quais disciplinam:

"Art. 81. Nas vias públicas e nos imóveis é proibido colocar luzes, publicidade, inscrições, vegetação e mobiliário que possam gerar confusão, interferir na visibilidade da sinalização e comprometer a segurança do trânsito.

---

13. *Direito urbanístico brasileiro*, cit., p. 282.

Art. 82. É proibido afixar sobre a sinalização de trânsito e respectivos su-portes, ou junto a ambos, qualquer tipo de publicidade, inscrições, legendas e símbolos que não se relacionem com a mensagem da sinalização".

Com isso, mais uma vez objetivou-se limitar a liberdade em prol da tutela da estética visual e, por decorrência, do desfrute da sadia qualidade de vida.

## 6.4. PROPAGANDA ELEITORAL – LEI N. 9.504/97

A Lei n. 9.504, de 1997, modificada pelas Leis n. 11.300/2006, 12.034/2009, 12.891/2013 e 13.165/2015, atenta a determinados fatos sociais relacionados ao meio ambiente artificial, trouxe, em seu art. 37, a tutela da manutenção da estética urbana durante os períodos de eleição:

"Art. 37. Nos bens cujo uso dependa de cessão ou permissão do poder público, ou que a ele pertençam, e nos bens de uso comum, inclusive postes de iluminação pública, sinalização de tráfego, viadutos, passarelas, pontes, paradas de ônibus e outros equipamentos urbanos, é vedada a veiculação de propaganda de qualquer natureza, inclusive pichação, inscrição a tinta e exposição de placas, estandartes, faixas, cavaletes, bonecos e assemelhados. (*Redação dada pela Lei n. 13.165, de 2015.*)

§ 1º A veiculação de propaganda em desacordo com o disposto no *caput* deste artigo sujeita o responsável, após a notificação e comprovação, à restau-ração do bem e, caso não cumprida no prazo, a multa no valor de R$ 2.000,00 (dois mil reais) a R$ 8.000,00 (oito mil reais). (*Redação dada pela Lei n. 11.300, de 2006.*)

§ 2º Não é permitida a veiculação de material de propaganda eleitoral em bens públicos ou particulares, exceto de: (Redação dada pela Lei n. 13.488, de 2017.)

I – bandeiras ao longo de vias públicas, desde que móveis e que não difi-cultem o bom andamento do trânsito de pessoas e veículos; (Incluído pela Lei n. 13.488, de 2017.)

II – adesivo plástico em automóveis, caminhões, bicicletas, motocicletas e janelas residenciais, desde que não exceda a 0,5 m$^2$ (meio metro quadrado). (Incluído pela Lei n. 13.488, de 2017.)

§ 3º Nas dependências do Poder Legislativo, a veiculação de propaganda eleitoral, fica a critério da Mesa Diretora.

§ 4º Bens de uso comum, para fins eleitorais, são os assim definidos pela Lei n. 10.406, de 10 de janeiro de 2002 – Código Civil e também aqueles a que a população em geral tem acesso, tais como cinemas, clubes, lojas, centros comer-ciais, templos, ginásios, estádios, ainda que de propriedade privada. (*Incluído pela Lei n. 12.034, de 2009.*)

§ 5º Nas árvores e nos jardins localizados em áreas públicas, bem como em muros, cercas e tapumes divisórios, não é permitida a colocação de propaganda eleitoral de qualquer natureza, mesmo que não lhes cause dano. (*Incluído pela Lei n. 12.034, de 2009.*)

§ 6º É permitida a colocação de mesas para distribuição de material de campanha e a utilização de bandeiras ao longo das vias públicas, desde que móveis e que não dificultem o bom andamento do trânsito de pessoas e veículos. (*Redação dada pela Lei n. 12.891, de 2013.*)

§ 7º A mobilidade referida no § 6º estará caracterizada com a colocação e a retirada dos meios de propaganda entre as seis horas e as vinte e duas horas. (*Incluído pela Lei n. 12.034, de 2009.*)

§ 8º A veiculação de propaganda eleitoral em bens particulares deve ser espontânea e gratuita, sendo vedado qualquer tipo de pagamento em troca de espaço para esta finalidade". (*Incluído pela Lei n. 12.034, de 2009.*)

## 7. PAISAGEM URBANA E SUA TUTELA EM FACE DO DIREITO AMBIENTAL

Conforme já tivemos oportunidade de salientar[14], o uso dos bens ambientais está condicionado a uma perfeita integração dos fundamentos constitucionais indicados no art. 1º da Carta Magna, no sentido de compatibilizar a ordem econômica do capitalismo aos interesses de brasileiros e estrangeiros residentes no País que são portadores do direito ao piso vital mínimo (arts. 1º, III, e 6º da CF), considerando claramente as especificidades da República Federativa do Brasil (art. 3º da Carta da República).

Dessarte, a adequada ordenação dos elementos que compõem a denominada *paisagem*[15] *urbana*, entendida como espaço aéreo bem como superfície externa observada no âmbito do meio ambiente artificial, cultural e natural, implica a correta atuação do Estado democrático de direito em proveito do uso do referido espaço e superfície, atendendo os fundamentos, bem como os objetivos impostos por nossa Constituição

---

14. *O direito de antena em face do direito ambiental no Brasil*, Saraiva, 2000; *vide* também Celso Antonio Pacheco Fiorillo e Renata Marques Ferreira, Comentários ao Estatuto da Cidade: Lei n. 10.257/2001 – Lei do Meio Ambiente Artificial, 7. ed., São Paulo, Saraiva, 2019.

15. É fundamental observar que a paisagem é um conjunto de componentes de um determinado espaço que pode ser apreendido pelo *olhar da pessoa humana*. A função do olhar para a pessoa humana é exercer o sentido da *visão*, a saber, perceber o mundo exterior pelos órgãos da vista.

A paisagem, por via de consequência, é percebida pela pessoa humana de diferentes formas, sendo certo que as formas de expressão bem como os modos de criar, fazer e viver propalados nos dias de hoje em nossa sociedade, inclusive pelos diferentes meios de comunicação social (Rádio/Televisão), influenciam de forma evidente a interpretação do que possa significar paisagem.

De qualquer maneira, cabe destacar que o conceito de paisagem está absolutamente associado ao conceito de cultura.

Federal; os interesses da ordem econômica devem necessariamente guardar compatibilidade com os interesses dos habitantes das diferentes cidades no Brasil[16, 17 e 18].

No âmbito do que estabelece a Carta Magna de 1988, a paisagem (conjunto paisagístico) é um bem ambiental incluído explicitamente no art. 216, V, merecendo proteção em face de quaisquer danos ou ameaças, na forma do que estabelece o art. 216, § 4º, da Magna Carta.

A paisagem nas cidades (conjunto urbano paisagístico) absorve, evidentemente, não só aspectos vinculados ao meio ambiente natural (recursos naturais) mas, principalmente, todas as formas de expressão, bem como modos de viver dos diferentes grupos formadores de determinada sociedade abrangida por determinado espaço territorial.

Daí reiterarmos manifestação[19] no sentido de deixar claro que qualquer plano paisagístico ou urbanístico territorial reporta o regime de bens ambientais a uma programação geral e cumpre uma avaliação preventiva do efetivo valor paisagístico dos bens abstratamente considerados pelo legislador, em decorrência do que estabelece o sistema constitucional em vigor.

Observamos, portanto, que a paisagem urbana, ao receber tutela jurídica, necessita considerar a defesa do meio ambiente cultural, artificial e natural no plano da ordem econômica capitalista, isto é, a paisagem urbana tem que ser observada no que

---

16. Kevin Lynch destaca que "as imagens ambientais são o resultado de um processo bilateral entre o observador e seu ambiente. Este último sugere especificidades e relações, e o observador – com grande capacidade de adaptação e à luz de seus próprios objetivos – seleciona, organiza e confere significado àquilo que vê. A imagem assim desenvolvida limita e enfatiza o que é visto, enquanto a imagem em si é testada, num processo constante de interação, contra a informação perceptiva filtrada. Desse modo, a imagem de uma determinada realidade pode variar significativamente entre observadores diferentes" (*vide A imagem da cidade*, Martins Fontes, 2006).

17. Para Ernest Burden, a paisagem urbana é "representada pela silhueta de grupos de estruturas urbanas que formam um perfil, incluindo marcos e elementos naturais, como colinas, montanhas ou grandes corpos de água" (*Dicionário ilustrado de arquitetura*, 2. ed., Bookman, 2006). Celson Ferrari estabelece um sentido amplo e um sentido restrito a respeito da paisagem urbana, a saber: "1. Em sentido amplo, impressão provocada por uma cidade em quem tem uma apreensão visual demorada do conjunto de suas fachadas arquitetônicas, logradouros públicos e mobiliário urbano; é a roupagem com que a cidade se apresenta; 2. Em sentido restrito ou parcial, apreensão visual de uma porção do espaço urbano, p.ex., um trecho de rua, uma praça, o casario ou jardins, principalmente" (*Dicionário de urbanismo*, Disal Editora, 2004).

18. A Lei n. 14.223, de 26-9-2006 (*DOM* de São Paulo, 27-9-2006), ao dispor sobre a ordenação dos elementos que compõem a paisagem urbana visíveis a partir de logradouro público no território do Município de São Paulo, *considera paisagem urbana*, para fins de aplicação de aludida norma jurídica, *o espaço aéreo e a superfície externa de qualquer elemento natural ou construído visíveis por qualquer observador situado em áreas de uso comum do povo (art. 2º).*

Resta evidente que a finalidade da norma mencionada anteriormente é estabelecer o uso econômico de bens ambientais destinados a atender o conteúdo normativo das cidades sustentáveis.

19. *Vide O direito de antena*, cit., *passim*.

se refere à aplicação da tutela jurídica ambiental dentro do contexto da sociedade contemporânea na qual vigora, como lembra Marilena Chauí, a ideologia pós-moderna[20].

O equilíbrio de interesses dos diversos agentes que atuam nas cidades brasileiras deverá ser considerado no que se refere ao uso da paisagem urbana. A tutela jurídica dos bens ambientais é que deverá regrar a atuação da ordem econômica, principalmente no que se refere ao direito de informar (oferta de produtos e serviços através de publicidade) adstrito aos fornecedores.

Compete ao legislador local (Constituição Federal, art. 30, I, observando o que determina o art. 182 da Carta Magna) estabelecer o conjunto de normas destinado a tutelar a paisagem de cada cidade brasileira, observando sempre duplo objetivo: garantir o bem-estar dos habitantes das diferentes cidades brasileiras, bem como criar normas destinadas a atender o objetivo de ordenar o pleno desenvolvimento das funções sociais da cidade.

Daí, poderá o legislador fixar objetivos específicos de ordenação da paisagem[21], indicar diretrizes destinadas a regulamentar a colocação de elementos que compõem

---

20. "Na sociedade contemporânea, na qual vigora a ideologia pós-moderna, a ideia de patrimônio cultural e ambiental é acrescida de três inovações:

– a ideia pós-moderna de que as cidades são 'empórios de estilos e de imagens', sistemas descentrados de sinais, exigindo por isso a multiplicação quantitativa de objetos do patrimônio, com a multiplicação de 'objetos históricos', surgindo o museu do telefone, o do rádio, o do disco, o do cinema, o do telégrafo, o do avião, o do selo, o do automóvel, e assim por diante;

– a ideia de que as cidades enquanto tais são museus num sentido novo: reservam-se edifícios e logradouros, parques e rios, lagos e bosques aos quais se atribui a qualidade de semióforos, de maneira a garantir, de um lado, que todo o restante possa ser devastado pela especulação imobiliária e, de outro, que a preservação cultural e ambiental produza 'retorno positivo de imagem' aos governantes, além de isenções fiscais para empresas privadas que se dispõem à 'preservação'. Em outras palavras, o patrimônio cultural e ambiental, que era fonte de poder para o Estado-Nação torna-se simplesmente uma questão econômica e política de *marketing*;

– a inversão do sentido originário de semióforo a partir do surgimento do mercado de 'antiguidades'. De fato, como vimos, o semióforo é justamente o objeto retirado do circuito econômico porque possui função simbólica. Com o surgimento e crescimento do mercado de antiguidades, surge a ideia de que qualquer objeto, documento, texto pode aceder à condição de objeto-significação ou de objeto histórico a partir das decisões de um determinado tipo de mercado sobre o que é 'antigo'".

*Vide* Marilena Chauí: Natureza, cultura, patrimônio ambiental, in *Meio ambiente: patrimônio cultural da USP*, Edusp/Imprensa Oficial, 2003.

21. A Lei n. 14.223/2006 indica como *objetivos de ordenação da paisagem do Município de São Paulo* o atendimento ao interesse público em consonância com os direitos fundamentais da pessoa humana e *as necessidades de conforto ambiental, com a melhoria da qualidade de vida urbana*, assegurando, entre outros, os seguintes objetivos:

1) o bem-estar estético, cultural e ambiental da população;

2) a segurança das edificações e da população;

3) a valorização do ambiente natural e construído;

4) a segurança, a fluidez e o conforto nos deslocamentos de veículos e pedestres;

5) a percepção e a compreensão dos elementos referenciais da paisagem;

6) a preservação da memória cultural;

7) a preservação e a visualização das características peculiares dos logradouros e das fachadas;

determinada paisagem urbana[22], fixar estratégias destinadas a orientar a atuação do Estado democrático de direito na implantação de uma política de paisagem urbana específica para determinada cidade[23], bem como definir normas locais destinadas a estabelecer compatibilidade entre os interesses dos fornecedores e consumidores vinculados às relações jurídicas de consumo[24].

Dessarte, resta bem evidenciado que qualquer conduta ou atividade lesiva à paisagem urbana sujeita os infratores, pessoas físicas ou jurídicas, a sanções penais e administrativas, independentemente da obrigação de reparar os danos causados na forma do que estabelece o § 3º do art. 225 da Constituição Federal[25].

---

8) a preservação e a visualização dos elementos naturais tomados em seu conjunto e em suas peculiaridades nativas;

9) o fácil acesso e a utilização das funções e serviços de interesse coletivo nas vias e logradouros;

10) o fácil e rápido acesso aos serviços de emergência, tais como bombeiros, ambulâncias e polícia;

11) o equilíbrio de interesses dos diversos agentes atuantes na cidade para a promoção da melhoria da paisagem do Município.

22. A Lei n. 14.223/2006 é constituída de *diretrizes* a serem observadas na colocação dos elementos que integram a paisagem urbana:

1) o livre acesso de pessoas e bens à infraestrutura urbana;

2) a priorização da sinalização de interesse público, com vistas a não confundir motoristas na condução de veículos e garantir a livre e segura locomoção de pedestres;

3) o *COMBATE À POLUIÇÃO VISUAL, BEM COMO O COMBATE À DEGRADAÇÃO AMBIENTAL*;

4) a proteção, preservação e recuperação do patrimônio cultural, histórico, artístico, paisagístico, de consagração popular, bem como do meio ambiente natural ou construído da cidade;

5) a compatibilização das modalidades de anúncios com os locais onde possam ser veiculados nos termos da norma antes referida;

6) a implantação de sistema de fiscalização efetivo, ágil, moderno, planejado e permanente.

23. As estratégias para a implantação da política de paisagem urbana na cidade de São Paulo são definidas pelo art. 5º da Lei n. 14.223/2006.

24. O *anúncio*, como veículo de comunicação visual, presente na paisagem visível de logradouro público e destinado a viabilizar o direito constitucional de informar vinculado aos fornecedores, bem como o direito constitucional de ser informado assegurado aos consumidores passa a ser disciplinado pelos arts. 6º, 7º (aquilo que a lei não considera anúncio), 8º, 9º, 10, 11 e s. da norma referida.

É evidente que a validade dos dispositivos mencionados depende de uma interpretação sistemática em face da Lei n. 8.078/90, bem como das demais normas constitucionais aplicáveis.

25. *Vide* ainda o que estabelecem as Leis n. 6.938/81 e 9.605/98.

# Capítulo XV
## POLUIÇÃO ATMOSFÉRICA

## 1. INTRODUÇÃO

A proteção da qualidade do ar é tomada na sua acepção mais ampla, estendendo-se essa tutela a toda massa que rodeia a Terra, definida pelas ciências naturais como atmosfera.

Quando ocorre alteração e degradação do ar, comprometendo-se, dessa forma, os processos fotossintéticos e a vegetação aquática e terrestre, estamos diante da poluição atmosférica, que contribui para inúmeras patologias, como, por exemplo, o enfisema, a bronquite, a rinite alérgica e as deficiências visuais[1]. Para agravar toda essa situação, temos que a poluição atmosférica é transfronteiriça, de modo que os animais e o próprio vento cuidam de espalhá-la a grandes distâncias da sua fonte[2].

## 2. FENÔMENOS DA POLUIÇÃO ATMOSFÉRICA

### 2.1. SMOG

O *smog*, que é um fenômeno dos grandes centros urbanos, caracteriza-se por uma massa de ar estagnado, composto por diversos gases, vapores de ar e fumaça, que, na cadeia da poluição, termina nos nossos pulmões.

### 2.2. EFEITO ESTUFA

É o fenômeno de isolamento térmico do planeta, em decorrência da presença de determinados gases na atmosfera, ou seja, é o aquecimento global da temperatura na

---

1. A agência especializada em câncer da Organização Mundial da Saúde, a Agência Internacional para Pesquisa sobre Câncer (IARC), anunciou em 17-10-2013 que classificou o ar exterior (poluição) como *carcinogênico para humanos* (Grupo 1). As partículas em suspensão, o componente principal de poluição do ar, foram avaliadas separadamente e também classificadas como *carcinogênico para humano*s. Trata-se de gravíssimo problema de saúde ambiental. *Vide*: <http://www.iarc.fr/>.

2. *Vide* STF, ADI 3.338/DF, Tribunal Pleno, Min. Joaquim Barbosa, j. 31-8-2005, *DJe*, 6-9-2007.

superfície da Terra devido à grande quantidade de gases tóxicos oriundos da queima de combustíveis fósseis (carvão e petróleo), florestas e pastagens.

A destruição da camada de ozônio agrava esse quadro, porquanto ela absorve os raios solares ultravioleta, que não são mais retidos nessa camada, incidindo diretamente sobre a atmosfera. Os gases nesta retidos conservam a temperatura, daí o nome *efeito estufa*, em analogia à situação de uma estufa que conserva calor.

A maioria dos gases causadores do efeito estufa ocorre naturalmente na atmosfera terrestre (p.ex., o metano) e são imprescindíveis para a vida no planeta.

## 2.3. CHUVAS ÁCIDAS

Fenômeno corrosivo que ataca não só metais. A sua ocorrência é creditada à presença de ácido sulfúrico no ar, resultante de reações com os compostos de enxofre provenientes da queima de carvão mineral nas fornalhas industriais e sistemas de aquecimento doméstico. É circunstância agravante o fato de esse fenômeno não encontrar barreiras físicas e ser letal à vida lacustre, prejudicando, ainda, as florestas e os solos, com consequente prejuízo à saúde humana.

## 3. PRINCIPAIS AGENTES CAUSADORES DA POLUIÇÃO ATMOSFÉRICA

A emissão de substâncias (gases e vapores) no estado sólido, líquido e gasoso, causando alteração adversa ao meio ambiente, decorrente de atividade humana, resulta em poluição atmosférica[3].

As principais causas da poluição atmosférica são decorrentes dos processos de obtenção de energia, das atividades industriais, principalmente aquelas que envolvem combustão, e dos transportes, em que recebem destaque os veículos automotores, em especial o transporte ferroviário.

No tocante à poluição atmosférica causada pelos veículos, são necessários a implementação e o estímulo de determinadas medidas, como: o incentivo e a melhora do uso dos demais meios de transporte menos agressivos ao meio ambiente; a informação à população dos danos causáveis pela poluição atmosférica, desenvolvendo-se, desse modo, consciência ecológica; o controle da qualidade dos combustíveis; a criação de níveis de emissão de poluentes, entre outras medidas.

## 4. TUTELA JURÍDICA

A tutela jurídica do ar atmosférico pode ser encontrada em alguns diplomas, entre os quais citamos a Lei das Contravenções Penais (art. 38); o Código Penal (art. 252); a Lei dos Crimes Ambientais; a Lei de Zoneamento (Lei n. 6.803/80); a Lei da Política

---

3. *Vide* STF, AI 742.562 AgR/SP, 1ª Turma, Min. Rosa Weber, j. 5-3-2013, *DJe*, 20-3-2013.

Nacional do Meio Ambiente (Lei n. 6.938/81); a Resolução Conama n. 18/86, que institui o Programa de Controle da Poluição do Ar por Veículos Automotores – Proconve; a Resolução Conama n. 5/89, que criou o Programa Nacional de Qualidade do Ar – Pronar; a Resolução Conama n. 3/90; a Resolução Conama n. 8/90; e as Leis n. 8.723/93 e 9.294/96.

## 5. EMISSÃO DE POLUENTES POR VEÍCULOS AUTOMOTORES E MEDIDAS PREVENTIVAS DE TUTELA JURÍDICA EM FACE DA POLUIÇÃO ATMOSFÉRICA – O RODÍZIO DE VEÍCULOS AUTOMOTORES

A Lei n. 10.203/2001, ao autorizar os governos estaduais e municipais a estabelecer, por meio de planos específicos, normas e medidas adicionais de controle da poluição do ar para veículos automotores em circulação, em consonância com as exigências do Proconve (Programa Nacional de Controle de Poluição por Veículos Automotores), ratificou as regras descritas na Lei n. 8.723/93, que dispõe sobre a redução de emissão de poluentes por veículos automotores.

Referidas normas, que se harmonizam, não só estabelecem controle sobre fabricantes de motores e veículos automotores e sobre fabricantes de combustíveis (que ficam obrigados a tomar providências necessárias visando a reduzir os níveis de emissão de monóxido de carbono, óxido de nitrogênio, hidrocarbonetos, álcoois, aldeídos, fuligem, material particulado e outros compostos poluentes), para os veículos comercializados no Brasil, como estabelecem rigoroso critério também para os veículos importados (que ficam obrigados, por força de lei, a atender aos mesmos limites de emissão e demais exigências estabelecidas na totalidade de suas vendas no mercado nacional).

Exatamente com a finalidade de prevenir a poluição atmosférica é que a Lei n. 10.203/2001 fixou a regra, em obediência ao raciocínio de que as normas ambientais locais estabelecem melhor controle para a qualidade de vida do cidadão, estabelecendo que "os Municípios com frota total igual ou superior a 3 (três) milhões de veículos poderão implantar programas próprios de inspeção periódica de emissões de veículos em circulação, competindo ao Poder Público Municipal, no desenvolvimento de seus respectivos programas, estabelecer processos e procedimentos diferenciados, bem como limites e periodicidades mais restritivos, em função do nível local de comprometimento do ar".

Daí a possibilidade, em função das características locais de tráfego e poluição do ar, dos órgãos ambientais, de transporte e de trânsito planejarem bem como implantarem medidas de redução da circulação de veículos, reorientação do tráfego e revisão do sistema de transportes, entre elas, o hoje conhecido *rodízio* de veículos[4] (critério adotado em alguns Municípios "orientando" os proprietários de veículos automotores a respeitar o rodízio de acordo com o algarismo final de suas chapas, "impedindo" que

---

4. *Vide* RMS 19.820-SP, Rel. Min. Luiz Fux, j. 9-10-2007.

os veículos, pelo menos uma vez por semana, possam se locomover dentro de determinada área sob pena de imposição de multa; o rodízio, em algumas localidades, muitas vezes é suspenso de acordo com a eventual diminuição na frota de veículos, como, por exemplo, no período das chamadas férias escolares). A ideia é exatamente incentivar o uso de transporte coletivo – particularmente as modalidades de baixo potencial poluidor –, no sentido de integrar as normas de meio ambiente artificial e de proteção ao meio ambiente natural com destaque à proteção da incolumidade físico-psíquica da pessoa humana.

As Leis n. 10.203/2001 e 8.723/93 estão em absoluta sintonia com o direito ambiental constitucional na medida em que, ao procurar evitar provável lesão à incolumidade físico-psíquica de brasileiros e estrangeiros residentes no país (a saúde), adotam importante critério preventivo, ou seja, medida fundamental para a proteção do meio ambiente.

## 6. POLÍTICA NACIONAL SOBRE MUDANÇA DO CLIMA (LEI N. 12.187, DE 29-12-2009) E AS AÇÕES DE MITIGAÇÃO DAS EMISSÕES DE GASES DE EFEITO ESTUFA

Com princípios, objetivos, diretrizes e instrumentos fixados em lei (Lei n. 12.187/2009), foi instituída a Política Nacional sobre Mudança do Clima no fim do ano de 2009[5] estabelecendo definições jurídicas para temas como "efeitos adversos da mudança do clima" (art. 2º, II), "gases de efeito estufa" (art. 2º, V), "mudança do clima" (art. 2º, VIII, com "interessante" definição, a saber, **mudança do clima** é a "**mudança de clima** que possa ser direta ou indiretamente atribuída à atividade humana que altere a composição da atmosfera mundial e que se some àquela provocada pela variabilidade climática natural observada ao longo de períodos comparáveis") etc.[6].

---

5. O Estado do Amazonas tem sua Política Estadual sobre Mudanças Climáticas desde junho de 2007 (Lei n. 3.135), indicando conteúdo normativo para o que seria o "princípio" da precaução, a saber, "prática de procedimentos que, mesmo diante da ausência da certeza científica formal acerca da existência de um risco de dano sério ou irreversível, permitam prever esse dano, como garantia contra os riscos potenciais que não possam ser ainda identificados, de acordo com o estado atual do conhecimento" (art. 1º, § 1º, II, *b*).

O "princípio" da norma antes referida é evidentemente de duvidosa constitucionalidade.

6. "Art. 2º Para os fins previstos nesta Lei, entende-se por:

I – adaptação: iniciativas e medidas para reduzir a vulnerabilidade dos sistemas naturais e humanos frente aos efeitos atuais e esperados da mudança do clima;

II – efeitos adversos da mudança do clima: mudanças no meio físico ou biota resultantes da mudança do clima que tenham efeitos deletérios significativos sobre a composição, resiliência ou produtividade de ecossistemas naturais e manejados, sobre o funcionamento de sistemas socioeconômicos ou sobre a saúde e o bem-estar humanos;

III – emissões: liberação de gases de efeito estufa ou seus precursores na atmosfera numa área específica e num período determinado;

IV – fonte: processo ou atividade que libere na atmosfera gás de efeito estufa, aerossol ou precursor de gás de efeito estufa;

Para alcançar os importantes objetivos da Política Nacional sobre Mudanças do Clima, estabeleceu a norma jurídica que o Brasil deverá adotar como compromisso nacional voluntário ações de mitigação das emissões de gases de efeito estufa, com vistas em reduzir entre 36,1% (trinta e seis inteiros e um décimo por cento) e 38,9% (trinta e oito inteiros e nove décimos por cento) suas emissões projetadas até 2020 (art. 12).

De qualquer forma, trata-se de relevante iniciativa destinada a estabelecer uma nova cultura para reduzir a vulnerabilidade dos sistemas naturais e humanos diante dos efeitos atuais e esperados da mudança do clima.

## 7. OS POLUENTES ATMOSFÉRICOS, A RESOLUÇÃO CONAMA N. 491/2018 E A ADI 6.148

No que se refere à qualidade do ar cabe destacar que pela oportunidade do julgamento da ADI 6.148 no mês de maio de 2022, o Supremo Tribunal Federal decidiu conhecer de referida ação direta de inconstitucionalidade[7] julgando a mesma improcedente bem como, a partir da análise das teses trazidas na inicial em cotejo com a jurisprudência da Corte, declarando ser constitucional a Resolução CONAMA n. 491/2018[8].

---

V – gases de efeito estufa: constituintes gasosos, naturais ou antrópicos, que, na atmosfera, absorvem e reemitem radiação infravermelha;

VI – impacto: os efeitos da mudança do clima nos sistemas humanos e naturais;

VII – mitigação: mudanças e substituições tecnológicas que reduzam o uso de recursos e as emissões por unidade de produção, bem como a implementação de medidas que reduzam as emissões de gases de efeito estufa e aumentem os sumidouros;

VIII – mudança do clima: mudança de clima que possa ser direta ou indiretamente atribuída à atividade humana que altere a composição da atmosfera mundial e que se some àquela provocada pela variabilidade climática natural observada ao longo de períodos comparáveis;

IX – sumidouro: processo, atividade ou mecanismo que remova da atmosfera gás de efeito estufa, aerossol ou precursor de gás de efeito estufa; e

X – vulnerabilidade: grau de suscetibilidade e incapacidade de um sistema, em função de sua sensibilidade, capacidade de adaptação, e do caráter, magnitude e taxa de mudança e variação do clima a que está exposto, de lidar com os efeitos adversos da mudança do clima, entre os quais a variabilidade climática e os eventos extremos."

7. O STF declarou em 5 de maio de 2022 ser constitucional a Resolução CONAMA n. 491/2018, que dispõe sobre os padrões de qualidade do ar conforme a ADI 6.148, Processo Eletrônico Público, Número Único: 7000227-15.2019.1.00.0000, Ação Direta de Inconstitucionalidade, Origem: DF-Distrito Federal, Rel. Min. Cármen Lúcia, Redator do acórdão: Min. André Mendonça.

8. A referida Resolução, ao estabelecer padrões de qualidade do ar, adota a definição de POLUENTE ATMOSFÉRICO como "qualquer forma de matéria em quantidade, concentração, tempo ou outras características, que tornem ou possam tornar o ar impróprio ou nocivo à saúde, inconveniente ao bem--estar público, danoso aos materiais, à fauna e flora ou prejudicial à segurança, ao uso e gozo da propriedade ou às atividades normais da comunidade" estabelecendo o PADRÃO DE QUALIDADE do AR como "um dos instrumentos de gestão da qualidade do ar, determinado como valor de concentração de um poluente específico na atmosfera, associado a um intervalo de tempo de exposição, para que o meio ambiente e a saúde da população sejam preservados em relação aos riscos de danos causados pela poluição

Não obstante, em que pese não haver vício de inconstitucionalidade, determinou o STF que, no prazo de vinte e quatro meses a contar da publicação do referido acórdão, o CONAMA edite nova resolução sobre a matéria, a qual deverá levar em consideração: (i) as atuais orientações da Organização Mundial da Saúde sobre os padrões adequados da qualidade do ar; (ii) a realidade nacional e as peculiaridades locais; bem como (iii) os primados da livre iniciativa, do desenvolvimento social, da redução da pobreza e da promoção da saúde pública seguindo o bem elaborado voto do Ministro André Mendonça, Redator para o acórdão[9].

---

atmosférica".*Vide*: https://www.in.gov.br/materia/-/asset_publisher/Kujrw0TZC2Mb/content/id/51058895. Acesso em: 8 de maio de 2022.

9. Estabeleceu, por fim, o STF que decorrido o prazo de vinte e quatro meses antes indicado, sem a edição de novo ato que represente avanço material na política pública relacionada à qualidade do ar, passarão a vigorar os parâmetros estabelecidos pela Organização Mundial da Saúde enquanto perdurar a omissão administrativa na edição da nova Resolução.

# Capítulo XVI
## POLUIÇÃO POR RESÍDUOS SÓLIDOS

### 1. LIXO E RESÍDUO

Lixo[1] e resíduo[2] tendem a significar a mesma coisa. De forma genérica, podemos afirmar que constituem toda substância resultante da não interação entre o meio e aqueles que o habitam, ou somente entre estes, não incorporada a esse meio, isto é, que determina um descontrole entre os fluxos de certos elementos em um dado sistema ecológico. Em outras palavras, é o "resto", a "sobra" não reaproveitada pelo próprio sistema, oriunda de uma desarmonia ecológica.

Como afirmamos, aludidos conceitos tendem a trazer o mesmo conteúdo. Vejamos como isso ocorre.

Seu estudo permite-nos constatar que a palavra *resíduo* possui um sentido mais amplo e apresenta-se como termo mais técnico. Vê-se empregado como gênero do vocábulo *lixo* (lixo hospitalar, lixo industrial, lixo nuclear...).

Do ponto de vista econômico, poderíamos dizer que lixo é o resto sem valor, enquanto resíduo é meramente o resto. Todavia, juridicamente, os institutos não são tratados dessa forma. A Política Nacional do Meio Ambiente (Lei n. 6.938/81), em seu art. 3º, diz ser poluente toda e qualquer forma de matéria ou energia que, direta ou indiretamente, causa poluição ao meio ambiente. São substâncias sólidas, líquidas ou gasosas ou em qualquer estado da matéria que geram poluição. Com isso, inexiste distinção quanto ao tratamento jurídico, sendo lixo e resíduo *poluentes*.

Neste capítulo serão objeto do nosso estudo os resíduos sólidos, os quais são os principais poluentes do solo[3] e subsolo, principalmente em face do advento da Lei da Política Nacional de Resíduos Sólidos, a Lei n. 12.305, de 2 de agosto de 2010.

---

1. Para definição de lixo *vide* o art. 2º, XV, da Lei n. 9.966/2000, que dispõe sobre a prevenção, o controle e a fiscalização da poluição causada por lançamento de óleo e outras substâncias nocivas ou perigosas em águas sob jurisdição nacional.

2. *Vide* a Lei da Política Nacional de Resíduos Sólidos – Lei n. 12.305, de 2 de agosto de 2010.

3. *Vide* STF, AI 786.312 AgR/SP, 1ª Turma, Rel. Min. Luiz Fux, j. 23-3-2011, *DJe,* 10-5-2011.

## 1.1. CONCEITO DE RESÍDUO SÓLIDO

A Resolução Conama n. 5/93, de duvidosa constitucionalidade como grande parte das resoluções, no seu art. 1º, estabelecia:

"Para os efeitos desta Resolução definem-se:

I – resíduos sólidos: conforme a NBR n. 10.004, da Associação Brasileira de Normas Técnicas – ABNT – 'Resíduos nos estados sólido e semissólido, que resultam de atividades da comunidade de origem: industrial, doméstica, hospitalar, comercial, agrícola, de serviços e de varrição. Ficam incluídos nesta definição os lodos provenientes de sistemas de tratamento de água, aqueles gerados em equipamentos e instalações de controle de poluição, bem como determinados líquidos cujas particularidades tornem inviável seu lançamento na rede pública de esgotos ou corpos d'água, ou exijam para isso soluções técnica e economicamente inviáveis, em face da melhor tecnologia disponível'".

Com isso, verificávamos que a denominação *resíduo sólido* incluía as descargas de materiais sólidos provenientes das operações industriais, comerciais, agrícolas e da comunidade. Em outras palavras, podíamos afirmar que os resíduos sólidos eram "considerados qualquer lixo, refugo, lodo, lamas e borras resultantes de atividades humanas de origem doméstica, profissional, agrícola, industrial, nuclear ou de serviço, que neles se depositam, com a denominação genérica de lixo, o que se agrava constantemente em decorrência do crescimento demográfico dos núcleos urbanos e especialmente das áreas metropolitanas"[4].

Em face da Lei da Política Nacional de Resíduos Sólidos – Lei n. 12.305, de 2 de agosto de 2010 –, resíduos sólidos são definidos como "material, substância, objeto ou bem descartado resultante de atividades humanas em sociedade, a cuja destinação final se procede, se propõe proceder ou se está obrigado a proceder, nos estados sólido ou semissólido, bem como gases contidos em recipientes e líquidos cujas particularidades tornem inviável o seu lançamento na rede pública de esgotos ou em corpos d'água, ou exijam para isso soluções técnica ou economicamente inviáveis em face da melhor tecnologia disponível" (art. 3º, XVI).

## 2. A URBANIZAÇÃO E O LIXO URBANO

Urbanização consiste no "processo pelo qual a população urbana cresce em proporção superior à população rural. Não se trata de mero crescimento das cidades, mas de fenômeno de concentração urbana. A sociedade em determinado país reputa-se urbanizada quando a população urbana ultrapassa a 50%. Por isso, um dos índices apontados pelos economistas para definir um país desenvolvido está no seu grau de urbanização"[5].

---

4. Conceito trazido pelo art. 75 do Decreto n. 28.687/82, que regulamenta a Lei n. 3.858/80 do Estado da Bahia.

5. José Afonso da Silva, *Direito urbanístico brasileiro*, cit., p. 21.

## 2.1. BREVE HISTÓRICO

A Revolução Industrial foi o grande marco impulsionador do fenômeno da urbanização, sendo por muitos considerada a transformação social mais importante do século XX.

No Brasil, o fenômeno da urbanização intensificou-se nos idos da década de 60. Na de 70, o crescimento da população urbana superou o da população total, enquanto nos idos de 80 cresceu mais de 40%, sendo que o aumento total da população brasileira foi de 27%.

A migração para os grandes centros é ocasionada pelo abandono do meio rural com a ilusão de que eles proporcionarão soluções para os problemas da população rural. Todavia, verificamos que fato distinto é o que ocorre, uma vez que os migrantes, sem qualificação profissional, acabam desenvolvendo, na maioria dos casos, fenômenos outros, como o do subemprego. Com isso, o resultado é o aumento das favelas, da pobreza e da criminalidade.

Esses fatos, associados aos problemas econômico-sociais dos grandes centros urbanos, agravam as condições de vida nestes com a contínua degradação do meio ambiente, trazendo implicações à saúde e deterioração dos serviços e do próprio tratamento dos resíduos sólidos. Além disso, a má distribuição do parcelamento e ocupação do solo urbano constitui fator de depreciação da qualidade de vida.

Com tudo isso, o lixo urbano está inserido no fenômeno da urbanização e atinge de forma considerável os valores ambientais[6]. Estima-se a inexistência de locais ade-

---

6. Conforme noticiou o jornal *O Estado de S.Paulo* (21-8-2010), "mais de 70% das cidades brasileiras despejam lixo em locais que não são adequados: vazadouros a céu aberto e aterros controlados. Somente 27,7% dão o destino correto aos resíduos sólidos, em aterros sanitários. A forma mais irregular de destinação, os lixões, foi a que menos cresceu nos últimos oito anos, mas ainda é a opção de cinco em cada dez prefeituras (50,8%).

Entre os Municípios com serviço de coleta, o uso dos lixões foi maior nos Estados das Regiões Nordeste e Norte (89,3% e 85,5%). O Estado que mais usa este destino é o Piauí (97,8%), seguido por Maranhão (96,3%) e Alagoas (96,1%). Os Estados que apresentaram menor proporção de Municípios que usam lixões são os das Regiões Sul e Sudeste (15,8% e 18,7%).

Embora a opção que mais tenha crescido entre os Municípios tenha sido os aterros sanitários, o avanço ainda é muito pequeno. Há 21 anos, apenas 1,1% das cidades usava este tipo de local. Em 2000, aumentou para 17,3% e em 2008, para 27,7%.

'É um absurdo o País ter mais de 70% das cidades sem o condicionamento adequado', afirmou o diretor do Núcleo Interdisciplinar em Meio Ambiente (Nima) da PUC-Rio, o geógrafo Luiz Felipe Guanaes Rêgo. 'Despejar lixo em vazadouros polui o lençol freático, entope e provoca o assoreamento dos rios. Para as cidades, entope o sistema de drenagem, além de outras consequências. Ou seja, além de ser um problema para o meio ambiente, afeta a saúde pública. O investimento em aterros sanitários deveria ser prioridade em termos de políticas públicas.'

A pesquisa apontou, também, para a existência de catadores de lixo em 27% das cidades que faziam coleta em 2008.

Dos 5.564 Municípios brasileiros, apenas 994 faziam coleta seletiva de seu lixo em 2008 – 17,86% do total. O gerente da pesquisa, Antonio Tadeu de Oliveira, admitiu que o número, se comparado com

quados para a deposição do lixo gerado na cidade de São Paulo, o que acaba exigindo que se faça em áreas inadequadas ou extrapolando os limites técnicos que regulam a vida dos aterros.

Outrossim, lixo e consumo são fenômenos indissociáveis, porquanto o aumento da sociedade de consumo, associado ao desordenado processo de urbanização, proporciona maior acesso aos produtos (os quais têm sua produção impulsionada por técnicas avançadas).

Dessa forma, o lixo urbano atinge de forma mediata e imediata os valores relacionados com saúde, habitação, lazer, segurança, direito ao trabalho e tantos outros componentes de uma vida saudável e com qualidade. Além de atingir o meio ambiente urbano, verificamos que o lixo é um fenômeno que agride também o próprio meio ambiente natural (agressão do solo, da água, do ar), bem como o cultural, desconfigurando valores estéticos do espaço urbano.

## 3. NATUREZA JURÍDICA DO LIXO

Nos moldes do art. 3º, III, da Lei da Política Nacional do Meio Ambiente (Lei n. 6.938/81), o lixo urbano possui a natureza jurídica de *poluente*. Como sabemos, determina aludido dispositivo que a *poluição* existe quando há "degradação da qualidade ambiental resultante das atividades que direta ou indiretamente: a) prejudiquem a saúde, a segurança e o bem-estar da população; b) criem condições adversas às atividades sociais e econômicas; c) afetem desfavoravelmente a biota; d) afetem as condições estéticas ou sanitárias do meio ambiente; e) lancem matérias ou energia em desacordo com os padrões ambientais estabelecidos".

Com isso, entendemos que o lixo urbano, *desde o momento em que é produzido*, já possui a natureza jurídica de poluente, porque, assumindo o papel de resíduo urbano, deverá ser submetido a um processo de tratamento que, por si só, constitui, mediata ou imediatamente, forma de degradação ambiental.

Importante frisar que o fato de o lixo receber uma classificação própria (classe I – resíduos perigosos; classe II – não inertes; e classe III – inertes), como veremos adiante, *não desnatura* o seu papel de *poluente*. Na verdade, admite-se a existência de

---

outros países, é pequeno. 'Mas podemos notar que, na pesquisa anterior, realizada em 2000, detectamos que apenas 451 Municípios realizavam coleta seletiva', disse.

Economia. 'O poder público e a sociedade têm de se conscientizar que o produto reciclado é bom para a economia como um todo', emendou Rêgo. 'As pessoas se sentem bem quando põem o lixo para fora de casa, mas não pensam no que esses resíduos mal aproveitados podem causar para o meio ambiente e os custos disso. Lixo é insumo, é energia.'

Outra preocupação trazida pela pesquisa foi o que as cidades fazem com os resíduos hospitalares. Quatro em cada dez cidades brasileiras despejam esses resíduos em lixões. A Região Nordeste é a que menos faz o controle, destinando 70% do lixo hospitalar para vazadouros. A Região Sul é a que mais se preocupa, destinando 64% dos resíduos para aterros sob controle".

resíduos sólidos com níveis aceitáveis de poluição e determina-se com isso um trata-mento do lixo de acordo com as normas estabelecidas. Dessarte, resíduos classificados como perigosos exigem do próprio responsável pela sua criação o tratamento do lixo no local da produção. Por sua vez, os resíduos tidos como não inertes e inertes obrigam não só o Poder Público (responsável pela execução da política urbana, à luz do art. 182 da CF), mas também a própria coletividade na tarefa de cooperação.

Considerando *resíduo* o lixo urbano que não consegue reintegrar-se com o meio e tendo a natureza jurídica de poluente, poderíamos afirmar, nesta linha de raciocínio, que todos nós somos seres poluidores, porquanto, atrelados às nossas funções vitais, possuímos um sistema excretor. Deve-se verificar, a título de exemplo, que os excre-mentos humanos constituem parcela notável do lixo urbano.

Todavia, aludida conclusão torna-se inviável, porque não é o caráter fisiológico de defecar ou urinar que torna poluente determinada atividade, mas sim a ausência de um devido tratamento. Deve-se ter em vista que o art. 225 da Constituição Federal, como já nos reportamos, ao garantir o direito ao meio ambiente ecologicamente equili-brado, tutela o próprio direito à vida. E, por óbvio, a manutenção do sistema excretor é pressuposto de vida e existência. Desse modo, inexiste atividade poluente pelo sistema excretor humano. A poluição, na verdade, é gerada pelo próprio caos urbano, pela falta de uma política urbana, incumbência do Poder Público. Com isso, responsabilizar a coletividade por essa atividade é sobrecarregá-la, uma vez que já possui o ônus de conviver com tais problemas.

## 3.1. O LIXO COMO BEM DE CONSUMO

Por mais lamentável que seja, mostra-nos o dia a dia que milhares de pessoas tiram o seu sustento do lixo urbano. Isso, na verdade, vem ao encontro da concepção teórica de Malthus, o qual considerava que a população cresce em progressão geomé-trica, enquanto a produção de alimentos, em progressão aritmética, de forma que nem todos poderiam ter acesso a alimentos, cabendo aos restos a função de provisão de subsistência de uma maioria miserável.

Com isso, merece destaque o problema de considerar-se o lixo urbano como ten-do a natureza jurídica de direito difuso. Todavia, devemos nos questionar se o fato de milhares de pessoas garantirem sua subsistência a partir do lixo urbano o transforma em um direito difuso *desses sobreviventes*.

Para esse questionamento podemos encontrar dois caminhos defensáveis. Sob o enfoque *jurídico*, não há como entender aludido exercício como um direito difu-so, porquanto o ponto de partida consiste em uma premissa falsa, ocasionando, por evidência, uma conclusão falaciosa. O art. 225 traz a garantia de um meio ambiente ecologicamente equilibrado, bem de uso comum do povo e essencial à sadia qualidade de *vida*. Tutela-se uma *vida com qualidade*, e não somente um direito à sobrevivência.

Assim, não há como admitir que se esteja exercitando um direito à vida, por-que, ao se alimentar do lixão, um sem-número de doenças estaria minando aquele indivíduo. Fica visível a amplitude do conceito de meio ambiente do art. 225 da Constituição Federal de 1988, ao conceber a existência de uma vida com qualidade. Com isso, estaríamos agravando um problema social, decorrente de uma política urbana defeituosa, que não foi capaz de efetivar a função social da cidade, conforme prescreve o art. 182 da Carta Magna.

Um segundo caminho a ser apresentado é *metajurídico*. Consideram-se o lixo e aqueles que dele se apropriam como objeto e sujeito de uma relação de consumo, em que os catadores do lixão seriam tidos como destinatários finais (consumidores), o produto, o próprio lixo e o fornecedor, o Estado, que, por conta de sua omissão no cumprimento da política urbana, possibilitou o surgimento desse produto.

Essa concepção encontra amparo na realidade. Não podemos simplesmente ignorar que cabe ao Estado promover a política urbana. Do não atendimento desse direito constitucionalmente garantido é que nasce a imediatista noção de lixo como bem de consumo, até mesmo porque, antes de se falar em *direito à sadia qualidade de vida*, estabelecido no art. 225 da Constituição Federal de 1988, o indivíduo teria primeiramente que sobreviver.

De qualquer modo, existem perigos em admitir a existência de resíduos e considerá-los *bens de consumo*, uma vez que isso importaria na permissão de um descumprimento do dever estatal. A grande verdade é que o Estado, responsável majoritário por esses problemas de política urbana, na qual a temática do lixo está inserida, deve encontrar soluções justas e eficazes, num plano fático-jurídico, de modo a eliminar as agressões oriundas do lixo urbano, e, ao mesmo tempo, conceder àqueles dependentes o direito não só a um meio ambiente sadio, mas à própria sobrevivência.

## 4. CLASSIFICAÇÃO DOS RESÍDUOS SÓLIDOS

Os resíduos sólidos podem ser classificados, diante de uma didática, porém frágil "regra", em decorrência dos fundamentos constitucionais do direito ambiental, levando-se em conta suas propriedades físicas, químicas e infectocontagiosas, em classes, conforme preceitua a nova versão da NBR 10004:2004, a saber:

– **Resíduos classe I: Perigosos**

– **Resíduos classe II: Não Perigosos** (Os códigos para alguns resíduos desta classe encontram-se no anexo H da referida NBR.)

– **Resíduos classe II A: Não Inertes** (Aqueles que não se enquadram nas classificações de resíduos classe I – Perigosos – ou de resíduos classe II B – Inertes –, nos termos desta Norma. Os resíduos classe II A – Não inertes – podem ter propriedades, tais como: biodegradabilidade, combustibilidade ou solubilidade em água.)

– **Resíduos classe II B: Inertes** (Quaisquer resíduos que, quando amostrados de uma forma representativa, segundo a ABNT NBR 10007, e submetidos a um contato dinâmico e estático com água destilada ou desionizada, à temperatura ambiente, conforme ABNT NBR 10006, não tiverem nenhum de seus constituintes solubilizados a concentrações superiores aos padrões de potabilidade de água, excetuando-se aspecto, cor, turbidez, dureza e sabor, conforme anexo G da referida NBR.)

Os resíduos perigosos são aqueles que, em razão de suas quantidades, concentrações, características físicas, químicas ou biológicas, podem causar ou contribuir, de forma significativa, para a mortalidade ou incidência de doenças irreversíveis, ou impedir a reversibilidade de outras, ou apresentar perigo imediato ou potencial à saúde pública ou ao ambiente, quando transportados, armazenados, tratados ou dispostos de forma inadequada. Devem receber tratamento no próprio local de produção, sob cuidados técnicos, por apresentarem alto grau de nocividade ao meio ambiente e ao ser humano.

De acordo com a origem dos resíduos e a substância que forma o seu conteúdo, podemos classificá-los em hospitalares, radioativos ou nucleares, químicos e comuns. Vejamos.

## 4.1. RESÍDUOS HOSPITALARES

Provenientes dos estabelecimentos de saúde, constituem os grandes geradores de problemas à população. Estão compreendidos como resíduos hospitalares: sangue e hemoderivados, excreções, secreções, restos oriundos de áreas de isolamento, fetos e peças anatômicas, bem como objetos perfurantes ou cortantes capazes de causar punctura ou corte.

Tendo em vista os problemas trazidos pelos resíduos hospitalares, bem como os riscos de contaminação que representam, a Associação Brasileira de Normas Técnicas – ABNT estabelece uma série de normas para conceituar e denominar os resíduos gerados nos hospitais, laboratórios, clínicas e demais serviços de saúde. Busca-se com isso facilitar a classificação, a separação e o destino do material a partir do seu conhecimento.

## 4.2. RESÍDUOS RADIOATIVOS OU NUCLEARES. OS RESÍDUOS NUCLEARES EM FACE DA ADI 6.898

Os resíduos radioativos ou nucleares não são somente aqueles oriundos de usinas nucleares, mas também os radioisótopos usados com finalidades medicinais e terapêuticas. Isso porque a Constituição Federal, no seu art. 21, XXIII, c, dispensou o mesmo tratamento às atividades nucleares e às que se utilizam dos radioisótopos, aí incluídos o uso médico e terapêutico, porquanto estes, assim como os anteriores, apresentam risco potencial à saúde pública e ao meio ambiente devido às suas características radioativas.

Esses corpos emitem radiações que podem provocar, por radiação direta ou contaminação interna, lesões no organismo (eritemas da pele, câncer e mutações genéticas). Dessa forma, o lixo apresenta riscos potenciais para o homem e, ainda que diminuam com o tempo, perduram por vários milhares de séculos.

Em face da relevância do tema foi elaborada a Lei n. 10.308/2001, que dispõe sobre a seleção de locais, a construção, o licenciamento, a operação, a fiscalização, os custos, a indenização, a responsabilidade civil, bem como as garantias referentes aos depósitos de rejeitos radioativos.

A matéria foi balizada inclusive em face do julgamento da ADI 6.898,conforme indicado abaixo:

"Ementa: Direito Constitucional. Ação Direta de Inconstitucionalidade. Dispositivos da Constituição do Estado do Paraná que dispõem sobre atividades nucleares, energia e extração de gás xisto. Usurpação de Competência da União. 1. São inconstitucionais, por vício formal, dispositivos da Constituição paranaense que tratam sobre resíduos nucleares e impõem condições para a construção de centrais termoelétricas, hidrelétricas e de perfuração de poços para a extração de gás xisto, em razão da violação à competência privativa da União para explorar tais serviços e legislar a seu respeito (arts. 21, XII, *b*, XIX e XXIII e 22, IV e XXVI, da Constituição Federal). Precedentes. 2. Ação direta de inconstitucionalidade cujo pedido se julga procedente, para declarar, por vício formal, a inconstitucionalidade dos arts. 207, § 1º, VIII (expressão 'e resíduos nucleares') e XVI, e 209 da Constituição do Estado do Paraná"[7].

## 4.3. RESÍDUOS QUÍMICOS

Este tipo de lixo apresenta alto teor de nocividade e riscos à saúde e ao meio ambiente devido às suas características químicas. Podemos citar como exemplo as drogas quimioterápicas e os produtos nelas contaminados; os materiais farmacêuticos (medicamentos vencidos, contaminados, interditados ou não utilizados); os demais produtos considerados perigosos, conforme a classificação da NBR n. 10.005, da ABNT (tóxicos, corrosivos, inflamáveis e reativos).

## 4.4. RESÍDUOS COMUNS

Incluem-se aqui os orgânicos e inorgânicos não insertos nos grupos anteriores.

## 5. ASPECTOS LEGAIS

O gerenciamento dos resíduos sólidos não se submete a um regime jurídico único, porquanto varia de acordo com a localidade onde são gerados e com o seu conteúdo.

A Resolução Conama n. 5, de 1993, estabelece regras sobre o acondicionamento dos resíduos sólidos, prescrevendo a necessidade de serem observadas as normas da ABNT. Todavia, os *resíduos hospitalares* guardam algumas particularidades. Por exigência do princípio da informação ambiental, devem ser colocados numa embalagem

---

7. ADI 6.898, Tribunal Pleno, Rel. Min. Roberto Barroso, j. 19-10-2021, public. 18-11-2021.

devidamente identificada como substância infectante. Existindo objetos perfurocortantes, é necessário, além da identificação, que sejam antes embalados em sacos plásticos e insertos em recipiente rígido. Além disso, não é permitida a reciclagem em qualquer hipótese e somente quando devidamente tratados, os resíduos hospitalares assumem a natureza de resíduos comuns para fins de disposição final.

Em relação aos *resíduos químicos*, devem ser submetidos a tratamento e disposição final específicos, de acordo com as características de toxicidade, inflamabilidade, corrosividade e reatividade, segundo exigências do órgão ambiental competente. Em se tratando de resíduos radioativos, aplicam-se as exigências da Comissão Nacional de Energia Nuclear – CNEN.

Os denominados *resíduos comuns* recebem tratamento semelhante aos resíduos domiciliares. Todavia, existindo na região qualquer tipo de endemia, serão tratados da mesma forma que os resíduos hospitalares.

Vale frisar que, encontrando-se o resíduo misturado e não sendo possível a separação de um material de outro, será tratado como resíduo hospitalar.

O tratamento do resíduo, seja via aterro sanitário, seja por reciclagem, aproveitamento energético direto ou outro meio, exige a respectiva licença de tratamento concedida pelo órgão ambiental competente. Em algumas situações, é necessário ainda um estudo prévio de impacto ambiental, como, por exemplo, no caso de aterro sanitário, em conformidade com o art. 2º da Resolução Conama n. 1/86:

> "Art. 2º Dependerá de elaboração de estudo de impacto ambiental e respectivo Relatório de Impacto Ambiental – RIMA, a serem submetidos à aprovação do órgão estadual competente, e da SEMA em caráter supletivo, o licenciamento de atividades modificadoras do meio ambiente, tais como:
> (...)
> X – aterros sanitários, processamento e destino final de resíduos tóxicos ou perigosos".

Através desse preceito, é possível constatar que no tocante ao tratamento de resíduos hospitalares, químicos e radioativos há presunção absoluta de constituírem atividade modificadora do meio ambiente. Com isso, seu tratamento só poderá ser feito se restar seguro que, ante a sua disposição no meio ambiente, estão eliminadas as características de periculosidade e é possível a preservação dos recursos naturais, assim como o atendimento aos padrões de qualidade ambiental e de saúde pública, conforme determina o art. 10 da Resolução Conama n. 5/93.

## 6. TIPOS DE TRATAMENTO DO RESÍDUO URBANO

A progressiva geração de resíduos com alta potencialidade de risco ao meio ambiente, em decorrência do acentuado processo de urbanização, exige a intervenção do Poder Público nos diversos setores da sociedade, com o propósito de transformar o meio e criar novas formas urbanas. Vejamos quais são os tipos de tratamento do resíduo urbano.

## 6.1. DEPOSIÇÃO

A técnica de deposição de lixo é pouco recomendada, porquanto acarreta inúmeros prejuízos sanitários, econômicos, ambientais e sociais. Apesar disso, em razão de sua implementação rápida, fácil e com baixos custos, tem sido largamente utilizada.

É a técnica mais antiga de processamento dos resíduos e consiste na simples deposição do lixo nos diversos espaços ambientais, o que acarreta periculosidade elevada ao meio ambiente.

## 6.2. ATERRAGEM

Os aterros sanitários são os locais especialmente concebidos para receber lixo e projetados de forma a que se reduza o perigo para a saúde pública e para a segurança. A vida útil prevista está compreendida entre três e cinco anos, porque o lugar onde o lixo é depositado deve ser periodicamente recoberto com terra.

## 6.3. APROVEITAMENTO ENERGÉTICO DOS ATERROS

Constitui uma variação dos aterros sanitários, concebido de forma a possibilitar a extração e a utilização do gás combustível (em especial o metano), produzido pela digestão dos elementos orgânicos.

A utilização desta técnica encontra-se limitada, em razão de problemas tecnológicos acerca do alto consumo energético na compressão do gás para armazenamento. Além disso, existem problemas relativos ao próprio projeto e à operação da aterragem em si.

## 6.4. COMPOSTAGEM

Utilizada desde as primeiras sociedades agrícolas, consiste na transformação do material orgânico em composto rico em nutrientes indispensáveis aos vegetais, pela atuação *catalisadora* de micro-organismos aeróbios e anaeróbios.

Os pontos favoráveis que podem ser apontados concernem à formação de nutrientes para o solo, à prevenção contra a erosão, ao aumento da umidade do solo e ao impedimento de sua acidificação.

Por outro lado, desvantagens também são oferecidas por este método de tratamento. Nem sempre o material que compõe a massa residual urbana é formado de elementos orgânicos, o que faz com que a presença de lixos industriais acabe poluindo o próprio solo. Além disso, atesta-se que a energia gasta pelos centros urbanos com esta forma de tratamento é maior do que os eventuais benefícios obtidos. Ressalte-se ainda a existência de estudos que demonstram que os adubos sintéticos, apesar de num primeiro momento aumentarem a produtividade, acabam por contribuir para a degradação do solo.

## 6.5. REAPROVEITAMENTO ENERGÉTICO DE RESÍDUOS

Podemos indicar duas grandes vantagens do reaproveitamento energético: a) redução das perdas ou agressões ao meio ambiente; e b) utilização da matéria-prima energética trazida pelo lixo.

O reaproveitamento energético dos resíduos pode ser dividido em duas modalidades diferentes: a) reaproveitamento direto via conversão térmica; e b) reaproveitamento indireto através da reciclagem ou reutilização de elementos. A finalidade comum dessas duas modalidades consiste na redução da quantidade de resíduos a ser depositada definitivamente no ambiente natural e na diminuição da perda energética que a deposição definitiva representa. Todavia, apesar dessas vantagens, nenhuma das técnicas pode ser considerada como solução para o problema do lixo.

### 6.5.1. Reaproveitamento energético direto

Diz respeito ao aproveitamento do potencial energético a partir da queima de parcela de componentes da massa de resíduos, que serve de combustível para centrais térmicas. Este método congrega dois objetivos: a) gerar energia; e b) solucionar problemas de parte do resíduo sólido.

Todavia, apesar dessas vantagens, inconvenientes também são trazidos. Por exemplo, podemos mencionar que como a massa residual urbana não é homogênea, há dificuldade para queimar determinados materiais, o que acarreta enorme gasto para a manutenção dos processos operacionais, além disso, existe a necessidade de pré--seleção dos resíduos com alto poder calorífico, sendo necessário que tais locais de conversão térmica sejam próximos aos grandes centros urbanos.

Sabemos que a queima do lixo gera uma série de riscos à saúde, devido à liberação dos gases tóxicos (dioxinas, monóxido de carbono etc.). As dioxinas são produtos mais perigosos: são bioacumulativos e, em pequenas quantidades, entram na cadeia alimentar do homem, trazendo uma série de danos[8].

### 6.5.2. Reaproveitamento energético indireto

Consiste, basicamente, na reciclagem, que é uma técnica amplamente em conformidade com os aspectos de desenvolvimento sustentado que norteiam a política ambiental.

Apesar de ser um dos melhores métodos de tratamento de resíduos, sofre limitações no emprego, porquanto o seu processamento exige a separação do material consumido, bem como um pré-processamento que englobe a lavagem, a descontaminação e o condicionamento dos componentes. Além disso, deve ser verificado que este método resolveria apenas parte do problema, já que nem todos os componentes constituem elementos recicláveis.

---

8. Eduardo Jorge e Adriano Diogo, Incineração, *Folha de S.Paulo*, Caderno São Paulo, p. 2, 3 out. 1995.

# 7. CAUSAS AGRAVANTES DO LIXO URBANO

Como sabemos, o lixo urbano constitui um enorme problema para a sociedade. A situação vem sendo determinada, em específico, por dois fatores: aumento de consumo e produção de materiais artificiais[9].

---

9. A Lei paulista n. 13.577/2009 dispõe sobre diretrizes e procedimentos para a proteção da qualidade do solo e gerenciamento de áreas contaminadas, e dá outras providências correlatas.

Alguns dispositivos merecem destaque, a saber:

"Art. 1º Esta lei trata da proteção da qualidade do solo contra alterações nocivas por contaminação, da definição de responsabilidades, da identificação e do cadastramento de áreas contaminadas e da remediação dessas áreas de forma a tornar seguros seus usos atual e futuro.

Art. 2º Constitui objetivo desta lei garantir o uso sustentável do solo, protegendo-o de contaminações e prevenindo alterações nas suas características e funções, por meio de:

I – medidas para proteção da qualidade do solo e das águas subterrâneas;

II – medidas preventivas à geração de áreas contaminadas;

III – procedimentos para identificação de áreas contaminadas;

IV – garantia à saúde e à segurança da população exposta à contaminação;

V – promoção da remediação de áreas contaminadas e das águas subterrâneas por elas afetadas;

VI – incentivo à reutilização de áreas remediadas;

VII – promoção da articulação entre as instituições;

VIII – garantia à informação e à participação da população afetada nas decisões relacionadas com as áreas contaminadas.

Art. 3º Para efeitos desta lei, são adotadas as seguintes definições:

I – água subterrânea: água de ocorrência natural na zona saturada do subsolo;

II – Área Contaminada: área, terreno, local, instalação, edificação ou benfeitoria que contenha quantidades ou concentrações de matéria em condições que causem ou possam causar danos à saúde humana, ao meio ambiente ou a outro bem a proteger;

III – Área Contaminada sob Investigação: área contaminada na qual estão sendo realizados procedimentos para determinar a extensão da contaminação e os receptores afetados;

IV – Área com Potencial de Contaminação: área, terreno, local, instalação, edificação ou benfeitoria onde são ou foram desenvolvidas atividades que, por suas características, possam acumular quantidades ou concentrações de matéria em condições que a tornem contaminada;

V – Área Remediada para o Uso Declarado: área, terreno, local, instalação, edificação ou benfeitoria anteriormente contaminada que, depois de submetida à remediação, tem restabelecido o nível de risco aceitável à saúde humana, considerado o uso declarado;

VI – Área Suspeita de Contaminação: área, terreno, local, instalação, edificação ou benfeitoria com indícios de ser uma área contaminada;

VII – avaliação de risco: é o processo pelo qual são identificados, avaliados e quantificados os riscos à saúde humana, ao meio ambiente e a outros bens a proteger;

VIII – avaliação preliminar: avaliação inicial, realizada com base nas informações disponíveis, visando fundamentar a suspeita de contaminação de uma área;

IX – cadastro de Áreas Contaminadas: conjunto de informações referentes aos empreendimentos e atividades que apresentam potencial de contaminação e às áreas suspeitas de contaminação e contaminadas, distribuídas em classes de acordo com a etapa do processo de identificação e remediação da contaminação em que se encontram;

X – cenário de exposição: conjunto de variáveis sobre o meio físico e a saúde humana estabelecidas para avaliar os riscos associados à exposição dos indivíduos a determinadas condições e em determinado período de tempo;

XI – classificação de área: ato administrativo por meio do qual o órgão ambiental classifica determinada área durante o processo de identificação e remediação da contaminação;

XII – declaração de encerramento de atividade: ato administrativo pelo qual o órgão ambiental atesta o cumprimento das condicionantes estabelecidas pelo Plano de Desativação do Empreendimento e pela legislação pertinente;

XIII – fase livre: ocorrência de substância ou produto em fase separada e imiscível quando em contato com a água ou o ar do solo;

XIV – intervenção: ação que objetive afastar o perigo advindo de uma área contaminada;

XV – investigação confirmatória: investigação que visa comprovar a existência de uma área contaminada;

XVI – investigação detalhada: processo de aquisição e interpretação de dados de campo que permite o entendimento da dinâmica das plumas de contaminação em cada um dos meios físicos afetados;

XVII – órgão ambiental: órgãos ou entidades da administração direta, indireta e fundacional do Estado e dos Municípios, instituídos pelo Poder Público, responsáveis pela proteção e melhoria da qualidade ambiental, administração de recursos naturais e manutenção e recuperação da qualidade de vida;

XVIII – remediação de área contaminada: adoção de medidas para a eliminação ou redução dos riscos em níveis aceitáveis para o uso declarado;

XIX – risco: probabilidade de ocorrência de um efeito adverso em um receptor sensível;

XX – solo: camada superior da crosta terrestre constituída por minerais, matéria orgânica, água, ar e organismos vivos;

XXI – superficiário: detentor do direito de superfície de um terreno, por tempo determinado ou indeterminado, mediante escritura pública registrada no Cartório de Registro de Imóveis, nos termos da Lei federal n. 10.257, de 9 de julho de 2001;

XXII – Valor de Intervenção: concentração de determinada substância no solo e na água subterrânea acima da qual existem riscos potenciais diretos e indiretos à saúde humana, considerado um cenário de exposição genérico;

XXIII – Valor de Prevenção: concentração de determinada substância acima da qual podem ocorrer alterações prejudiciais à qualidade do solo e da água subterrânea;

XXIV – Valor de Referência de Qualidade: concentração de determinada substância no solo e na água subterrânea que define um solo como limpo ou a qualidade natural da água subterrânea.

Art. 4º São instrumentos, dentre outros, para a implantação do sistema de proteção da qualidade do solo e para o gerenciamento de áreas contaminadas:

I – Cadastro de Áreas Contaminadas;

II – disponibilização de informações;

III – declaração de informação voluntária;

IV – licenciamento e fiscalização;

V – Plano de Desativação do Empreendimento;

VI – Plano Diretor e legislação de uso e ocupação do solo;

VII – Plano de Remediação;

VIII – incentivos fiscais, tributários e creditícios;

IX – garantias bancárias;

X – seguro ambiental;

## 7.1. AUMENTO DE CONSUMO

A relevância deste fator está na estreita relação entre o aumento populacional e a geração de resíduos, com o agravante do crescimento na geração *per capita*, imposto pela sociedade de consumo atual.

Como bem ressalta o Prof. Paulo Affonso Leme Machado:

"O volume dos resíduos sólidos está crescendo com o incremento do consumo e com a maior venda dos produtos. Destarte, a toxicidade dos resíduos sólidos está aumentando com o maior uso de produtos químicos, pesticidas, como o advento da energia atômica. Seus problemas estão sendo ampliados pelo crescimento da concentração das populações urbanas e pela diminuição ou encarecimento das áreas destinadas a aterros sanitários"[10].

## 7.2. PRODUÇÃO DE MATERIAIS ARTIFICIAIS E O LIXO TECNOLÓGICO

Este fator relaciona-se com a variedade e a "evolução" dos tipos de resíduos gerados em razão do desenvolvimento tecnológico[11]. Isso porque esses "novos" materiais

---

XI – auditorias ambientais;

XII – critérios de qualidade para solo e águas subterrâneas;

XIII – compensação ambiental;

XIV – fundos financeiros;

XV – educação ambiental.

Art. 13. São considerados responsáveis legais e solidários pela prevenção, identificação e remediação de uma área contaminada:

I – o causador da contaminação e seus sucessores;

II – o proprietário da área;

III – o superficiário;

IV – o detentor da posse efetiva;

V – quem dela se beneficiar direta ou indiretamente.

Parágrafo único. Poderá ser desconsiderada a pessoa jurídica quando sua personalidade for obstáculo para a identificação e a remediação da área contaminada."

10. *Direito ambiental brasileiro*, cit., p. 338.

11. A Lei paulista n. 13.576, de 6 de julho de 2009, institui normas e procedimentos para a reciclagem, gerenciamento e destinação final de lixo tecnológico.

Merecem destaque os seguintes dispositivos:

"Art. 1º Os produtos e os componentes eletroeletrônicos considerados lixo tecnológico devem receber destinação final adequada que não provoque danos ou impactos negativos ao meio ambiente e à sociedade.

Parágrafo único. A responsabilidade pela destinação final é solidária entre as empresas que produzam, comercializem ou importem produtos e componentes eletroeletrônicos.

Art. 2º Para os efeitos desta lei, consideram-se lixo tecnológico os aparelhos eletrodomésticos e os equipamentos e componentes eletroeletrônicos de uso doméstico, industrial, comercial ou no setor de serviços que estejam em desuso e sujeitos à disposição final, tais como:

são, via de regra, não degradáveis em curto espaço de tempo, fato este determinante para atender a um menor custo, com consequente ganho de benefício.

No que concerne à destinação final do lixo urbano, muitos fatores, como a negligência do Poder Público, custos elevados e inadequação do processamento do lixo, elevam ainda mais a agressão ao meio ambiente.

Não se deve tentar resolver o problema dos resíduos sólidos urbanos com o ataque às suas consequências, mas sim às causas do problema, as quais, como sabemos, relacionam-se com os aumentos de consumo pela população, de sua distribuição espacial (política urbana), das limitações e sustentabilidade ambiental do planeta, das desigualdades sociais, do desenvolvimento de *novos* materiais *artificiais*, entre outros.

## 8. IMPORTAÇÃO E EXPORTAÇÃO DE RESÍDUOS

Os países industrializados há muito utilizavam a exportação de resíduos como forma alternativa de eliminação do problema. Eram, pois, exportadores para os países em desenvolvimento, em troca de amortizações de juros externos, empréstimos, financiamentos de obras e programas, entre outras vantagens.

No entanto, esse quadro vem sendo modificado e de fato tende a se alterar. Um exemplo que podemos citar refere-se aos Estados Unidos, onde, desde março de 1992, o EPA (*Environmental Policy Agency*) tem desenvolvido severo controle na exportação de resíduos. Além disso, a resolução votada pelos integrantes da Convenção da Basileia

---

I – componentes e periféricos de computadores;

II – monitores e televisores;

III – acumuladores de energia (baterias e pilhas);

IV – produtos magnetizados.

Art. 3º A destinação final do lixo tecnológico, ambientalmente adequada, dar-se-á mediante:

I – processos de reciclagem e aproveitamento do produto ou componentes para a finalidade original ou diversa;

II – práticas de reutilização total ou parcial de produtos e componentes tecnológicos;

III – neutralização e disposição final apropriada dos componentes tecnológicos equiparados a lixo químico.

§ 1º A destinação final de que trata o *caput* deverá ocorrer em consonância com a legislação ambiental e as normas de saúde e segurança pública, respeitando-se as vedações e restrições estabelecidas pelos órgãos públicos competentes.

§ 2º No caso de componentes e equipamentos eletroeletrônicos que contenham metais pesados ou substâncias tóxicas, a destinação final deverá ser realizada mediante a obtenção de licença ambiental expedida pela Secretaria do Meio Ambiente, que poderá exigir a realização de estudos de impacto ambiental para a autorização.

Art. 4º Os produtos e componentes eletroeletrônicos comercializados no Estado devem indicar com destaque, na embalagem ou rótulo, as seguintes informações ao consumidor:

I – advertência de que não sejam descartados em lixo comum;

II – orientação sobre postos de entrega do lixo tecnológico;

sobre o Controle dos Movimentos dos Resíduos Perigosos através de Fronteiras, promulgada por intermédio do Decreto n. 875, de 19 de julho de 1993, proíbe a exportação de produtos perigosos dos países industrializados para aqueles em desenvolvimento.

Inspirada na referida convenção, surgiu a Resolução Conama n. 7, de 4 de maio de 1994, determinando de forma abrangente o conteúdo do termo *resíduos*, incluindo no rol as sucatas, os desperdícios, os rejeitos, as escórias, as sobras, as carcaças, os lixos, as aparas, os descartes, as cinzas, as borras, as lamas, os lodos, as limalhas, os cacos e os cavacos. Além disso, aludida resolução classificou os resíduos em perigosos, indesejáveis e outros, fixando regras específicas para cada uma das classes.

## 9. A NECESSIDADE DE UMA NOVA INTERPRETAÇÃO PARA A GESTÃO INTEGRADA E O GERENCIAMENTO DOS RESÍDUOS SÓLIDOS: A POLÍTICA NACIONAL DE RESÍDUOS SÓLIDOS (LEI N. 12.305/2010) E A RESPONSABILIDADE AMBIENTAL EM FACE DE MATERIAL, SUBSTÂNCIA, OBJETO OU BEM DESCARTADO RESULTANTE DE ATIVIDADES HUMANAS EM SOCIEDADE

Todos os itens anteriormente abordados necessitam nova interpretação em face da Lei da Política Nacional de Resíduos Sólidos – Lei n. 12.305, de 2 de agosto de 2010.

Com efeito.

A norma jurídica antes citada integrou à Política Nacional do Meio Ambiente (Lei n. 6.938/81)[12] um conjunto de princípios, objetivos, instrumentos, diretrizes, metas e ações destinados ao **gerenciamento dos resíduos sólidos** definidos como "material, substância, objeto ou bem descartado resultante de atividades humanas em sociedade, a cuja destinação final se procede, se propõe proceder ou se está obrigado a proceder, nos estados sólido ou semissólido, bem como gases contidos em recipientes e líquidos cujas particularidades tornem inviável o seu lançamento na rede pública de esgotos ou em corpos d'água, ou exijam para isso soluções técnica ou economicamente inviáveis em face da melhor tecnologia disponível" (art. 3º, XVI).

---

III – endereço e telefone de contato dos responsáveis pelo descarte do material em desuso e sujeito à disposição final;

IV – alerta sobre a existência de metais pesados ou substâncias tóxicas entre os componentes do produto.

Art. 5º É de responsabilidade da empresa que fabrica, importa ou comercializa produtos tecnológicos eletroeletrônicos manter pontos de coleta para receber o lixo tecnológico a ser descartado pelo consumidor."

12. "Art. 4º A Política Nacional de Resíduos Sólidos reúne o conjunto de princípios, objetivos, instrumentos, diretrizes, metas e ações adotados pelo Governo Federal, isoladamente ou em regime de cooperação com Estados, Distrito Federal, Municípios ou particulares, com vistas à gestão integrada e ao gerenciamento ambientalmente adequado dos resíduos sólidos.

Art. 5º A Política Nacional de Resíduos Sólidos integra a Política Nacional do Meio Ambiente e articula-se com a Política Nacional de Educação Ambiental, regulada pela Lei n. 9.795, de 27 de abril de 1999, com a Política Federal de Saneamento Básico, regulada pela Lei n. 11.445, de 2007, e com a Lei n. 11.107, de 6 de abril de 2005."

Dessarte, a gestão dos resíduos sólidos bem como dos rejeitos[13] passa a ter subsistema próprio que **necessariamente deve ser interpretado** em face do **direito ao saneamento ambiental** como garantia de bem-estar assegurado aos habitantes das cidades do Brasil (art. 182 da CF).

Por outro lado, deve também a Lei n. 12.305/2010 ser implementada dentro de uma política concreta de desenvolvimento urbano por parte de cada um dos gestores dos 5.565 municípios do País (Poder Público municipal) em face não só do dever atribuído pela Carta Magna de ordenar o pleno desenvolvimento das funções sociais das cidades brasileiras vinculado à nossa realidade (art. 3º da CF) como evidentemente com visão adaptada à ordem econômica do capitalismo[14] dentro dos parâmetros fixados pela Constituição Federal (arts. 1º, IV, e 170, VI).

---

13. Art. 3º, XV: "rejeitos: resíduos sólidos que, depois de esgotadas todas as possibilidades de tratamento e recuperação por processos tecnológicos disponíveis e economicamente viáveis, não apresentem outra possibilidade que não a disposição final ambientalmente adequada".

14. Daí ter sido colocado o Capítulo V, que trata "Dos Instrumentos Econômicos", a saber:

"Art. 42. O poder público poderá instituir medidas indutoras e linhas de financiamento para atender, prioritariamente, às iniciativas de:

I – prevenção e redução da geração de resíduos sólidos no processo produtivo;

II – desenvolvimento de produtos com menores impactos à saúde humana e à qualidade ambiental em seu ciclo de vida;

III – implantação de infraestrutura física e aquisição de equipamentos para cooperativas ou outras formas de associação de catadores de materiais reutilizáveis e recicláveis formadas por pessoas físicas de baixa renda;

IV – desenvolvimento de projetos de gestão dos resíduos sólidos de caráter intermunicipal ou, nos termos do inciso I do *caput* do art. 11, regional;

V – estruturação de sistemas de coleta seletiva e de logística reversa;

VI – descontaminação de áreas contaminadas, incluindo as áreas órfãs;

VII – desenvolvimento de pesquisas voltadas para tecnologias limpas aplicáveis aos resíduos sólidos;

VIII – desenvolvimento de sistemas de gestão ambiental e empresarial voltados para a melhoria dos processos produtivos e ao reaproveitamento dos resíduos.

Art. 43. No fomento ou na concessão de incentivos creditícios destinados a atender diretrizes desta Lei, as instituições oficiais de crédito podem estabelecer critérios diferenciados de acesso dos beneficiários aos créditos do Sistema Financeiro Nacional para investimentos produtivos.

Art. 44. A União, os Estados, o Distrito Federal e os Municípios, no âmbito de suas competências, poderão instituir normas com o objetivo de conceder incentivos fiscais, financeiros ou creditícios, respeitadas as limitações da Lei Complementar n. 101, de 4 de maio de 2000 (Lei de Responsabilidade Fiscal), a:

I – indústrias e entidades dedicadas à reutilização, ao tratamento e à reciclagem de resíduos sólidos produzidos no território nacional;

II – projetos relacionados à responsabilidade pelo ciclo de vida dos produtos, prioritariamente em parceria com cooperativas ou outras formas de associação de catadores de materiais reutilizáveis e recicláveis formadas por pessoas físicas de baixa renda;

III – empresas dedicadas à limpeza urbana e a atividades a ela relacionadas.

Art. 45. Os consórcios públicos constituídos, nos termos da Lei n. 11.107, de 2005, com o objetivo de viabilizar a descentralização e a prestação de serviços públicos que envolvam resíduos sólidos, têm prioridade na obtenção dos incentivos instituídos pelo Governo Federal".

**Assim, as regras jurídicas que se aplicam aos resíduos sólidos continuam a ter gênese constitucional em face da tutela jurídica do meio ambiente artificial**; o que a Lei n. 12.305/2010 instituiu foram tão somente normas destinadas a fixar no plano inferior "princípios, objetivos e instrumentos", bem como " diretrizes relativas à gestão integrada e ao gerenciamento de resíduos sólidos, incluídos os perigosos, às responsabilidades dos geradores e do poder público e aos instrumentos econômicos aplicáveis" (art. 1º), o que deverá ser feito em harmonia com os Planos Diretores (art. 182, § 1º, da CF) e sempre com a finalidade de estabelecer uma política de desenvolvimento adaptada à garantia do direito a cidades sustentáveis (art. 2º, I, da Lei n. 10.257/2001 – Estatuto da Cidade).

Em decorrência de sua evidente natureza jurídica ambiental, aplicam-se à Política Nacional de Resíduos Sólidos todos os princípios constitucionais do direito ambiental brasileiro; a responsabilidade das pessoas físicas ou jurídicas, de direito público ou privado, responsáveis, direta ou indiretamente, pela geração de resíduos sólidos e das que desenvolvam ações relacionadas à gestão integrada ou ao gerenciamento de resíduos sólidos é, em regra, solidária e objetiva[15, 16 e 17].

Dessarte, como não poderia ser de forma diferente (art. 225, § 3º, da CF), sujeitam-se também as pessoas físicas ou jurídicas, de direito público ou privado, responsáveis, direta ou indiretamente, pela geração de resíduos sólidos, e as que desenvolvam ações relacionadas à gestão integrada ou ao gerenciamento de resíduos sólidos ao regime da Lei n. 9.605/98 observando-se evidentemente o estrito controle normativo aplicável ao direito criminal ambiental[18].

---

Art. 46. O atendimento ao disposto neste Capítulo será efetivado em consonância com a Lei Complementar n. 101, de 2000 (Lei de Responsabilidade Fiscal), bem como com as diretrizes e objetivos do respectivo plano plurianual, as metas e as prioridades fixadas pelas leis de diretrizes orçamentárias e no limite das disponibilidades propiciadas pelas leis orçamentárias anuais.

15. Para uma visão aprofundada, *vide* nosso *Estatuto da cidade comentado*: lei do meio ambiente artificial, 4. ed., São Paulo, Revista dos Tribunais, 2010; na presente obra, *vide* Capítulo XX – Meio Ambiente Artificial.

16. "Art. 2º Aplicam-se aos resíduos sólidos, além do disposto nesta Lei, nas Leis n. 11.445, de 5 de janeiro de 2007, 9.974, de 6 de junho de 2000, e 9.966, de 28 de abril de 2000, as normas estabelecidas pelos órgãos do Sistema Nacional do Meio Ambiente (Sisnama), do Sistema Nacional de Vigilância Sanitária (SNVS), do Sistema Unificado de Atenção à Sanidade Agropecuária (Suasa) e do Sistema Nacional de Metrologia, Normalização e Qualidade Industrial (Sinmetro)."

17. Art. 1º, § 1º: "Estão sujeitas à observância desta Lei as pessoas físicas ou jurídicas, de direito público ou privado, responsáveis, direta ou indiretamente, pela geração de resíduos sólidos e as que desenvolvam ações relacionadas à gestão integrada ou ao gerenciamento de resíduos sólidos".

18. "Art. 51. Sem prejuízo da obrigação de, independentemente da existência de culpa, reparar os danos causados, a ação ou omissão das pessoas físicas ou jurídicas que importe inobservância aos preceitos desta Lei ou de seu regulamento sujeita os infratores às sanções previstas em lei, em especial às fixadas na Lei n. 9.605, de 12 de fevereiro de 1998, que 'dispõe sobre as sanções penais e administrativas derivadas de condutas e atividades lesivas ao meio ambiente, e dá outras providências', e em seu regulamento.

Art. 52. A observância do disposto no *caput* do art. 23 e no § 2º do art. 39 desta Lei é considerada obrigação de relevante interesse ambiental para efeitos do art. 68 da Lei n. 9.605, de 1998, sem prejuízo da aplicação de outras sanções cabíveis nas esferas penal e administrativa.

A lei proíbe ainda de forma explícita o lançamento de resíduos sólidos ou rejeitos a céu aberto, a saber, os denominados "lixões", assim como a fixação de habitações temporárias ou permanentes nas áreas de disposição final de resíduos ou de rejeitos, indicando também de forma clara ser vedada a importação de resíduos sólidos perigosos e rejeitos[19].

Cabe ainda mencionar, dentro da necessidade de uma nova interpretação para a gestão integrada e o gerenciamento dos resíduos sólidos, a instituição da denominada **responsabilidade compartilhada pelo ciclo de vida dos produtos** (arts. 3º, XVII, e 30 a 36) como um "conjunto de atribuições individualizadas e encadeadas dos fabricantes, importadores, distribuidores e comerciantes, dos consumidores e dos titulares dos serviços públicos de limpeza urbana e de manejo dos resíduos sólidos, para minimizar o volume de resíduos sólidos e rejeitos gerados, bem como para reduzir os impactos causados à saúde humana e à qualidade ambiental decorrentes do ciclo de vida dos produtos, nos termos desta Lei" assim como o **sistema de logística reversa** caracterizado, na forma do art. 3º, XII, "por um conjunto de ações, procedimentos e meios destinados a viabilizar a coleta e a restituição dos resíduos sólidos ao setor empresarial, para reaproveitamento, em seu ciclo ou em outros ciclos produtivos, ou outra destinação final ambientalmente adequada"[20 e 21].

---

Art. 53. O § 1º do art. 56 da Lei n. 9.605, de 12 de fevereiro de 1998, passa a vigorar com a seguinte redação:

'Art. 56. (...)

§ 1º Nas mesmas penas incorre quem:

I – abandona os produtos ou substâncias referidos no *caput* ou os utiliza em desacordo com as normas ambientais ou de segurança;

II – manipula, acondiciona, armazena, coleta, transporta, reutiliza, recicla ou dá destinação final a resíduos perigosos de forma diversa da estabelecida em lei ou regulamento.

(...)'"

19. *Vide* ADPF 101, Rel. Min. Cármen Lúcia, j. 11-3-2009, Plenário, *Informativo* 538.

20. *Vide* STA 171-AgR, Rel. Min. Presidente Ellen Gracie, j. 12-12-2007, Plenário, *DJE*, 29-2-2008. **No mesmo sentido**: STA 118-AgR, Rel. Min. Presidente Ellen Gracie, j. 12-12-2007, Plenário, *DJE*, 29-2-2008.

21. "Art. 33. São obrigados a estruturar e implementar sistemas de logística reversa, mediante retorno dos produtos após o uso pelo consumidor, de forma independente do serviço público de limpeza urbana e de manejo dos resíduos sólidos, os fabricantes, importadores, distribuidores e comerciantes de:

I – agrotóxicos, seus resíduos e embalagens, assim como outros produtos cuja embalagem, após o uso, constitua resíduo perigoso, observadas as regras de gerenciamento de resíduos perigosos previstas em lei ou regulamento, em normas estabelecidas pelos órgãos do Sisnama, do SNVS e do Suasa, ou em normas técnicas;

II – pilhas e baterias;

III – pneus;

IV – óleos lubrificantes, seus resíduos e embalagens;

V – lâmpadas fluorescentes, de vapor de sódio e mercúrio e de luz mista;

VI – produtos eletroeletrônicos e seus componentes.

§ 1º Na forma do disposto em regulamento ou em acordos setoriais e termos de compromisso firmados entre o poder público e o setor empresarial, os sistemas previstos no *caput* serão estendidos a produtos comercializados em embalagens plásticas, metálicas ou de vidro, e aos demais produtos e embalagens, considerando, prioritariamente, o grau e a extensão do impacto à saúde pública e ao meio ambiente dos resíduos gerados.

§ 2º A definição dos produtos e embalagens a que se refere o § 1º considerará a viabilidade técnica e econômica da logística reversa, bem como o grau e a extensão do impacto à saúde pública e ao meio ambiente dos resíduos gerados.

§ 3º Sem prejuízo de exigências específicas fixadas em lei ou regulamento, em normas estabelecidas pelos órgãos do Sisnama e do SNVS, ou em acordos setoriais e termos de compromisso firmados entre o poder público e o setor empresarial, cabe aos fabricantes, importadores, distribuidores e comerciantes dos produtos a que se referem os incisos II, III, V e VI ou dos produtos e embalagens a que se referem os incisos I e IV do *caput* e o § 1º tomar todas as medidas necessárias para assegurar a implementação e operacionalização do sistema de logística reversa sob seu encargo, consoante o estabelecido neste artigo, podendo, entre outras medidas:

I – implantar procedimentos de compra de produtos ou embalagens usados;

II – disponibilizar postos de entrega de resíduos reutilizáveis e recicláveis;

III – atuar em parceria com cooperativas ou outras formas de associação de catadores de materiais reutilizáveis e recicláveis, nos casos de que trata o § 1º.

§ 4º Os consumidores deverão efetuar a devolução após o uso, aos comerciantes ou distribuidores, dos produtos e das embalagens a que se referem os incisos I a VI do *caput*, e de outros produtos ou embalagens objeto de logística reversa, na forma do § 1º.

§ 5º Os comerciantes e distribuidores deverão efetuar a devolução aos fabricantes ou aos importadores dos produtos e embalagens reunidos ou devolvidos na forma dos §§ 3º e 4º.

§ 6º Os fabricantes e os importadores darão destinação ambientalmente adequada aos produtos e às embalagens reunidos ou devolvidos, sendo o rejeito encaminhado para a disposição final ambientalmente adequada, na forma estabelecida pelo órgão competente do Sisnama e, se houver, pelo plano municipal de gestão integrada de resíduos sólidos.

§ 7º Se o titular do serviço público de limpeza urbana e de manejo de resíduos sólidos, por acordo setorial ou termo de compromisso firmado com o setor empresarial, encarregar-se de atividades de responsabilidade dos fabricantes, importadores, distribuidores e comerciantes nos sistemas de logística reversa dos produtos e embalagens a que se refere este artigo, as ações do poder público serão devidamente remuneradas, na forma previamente acordada entre as partes.

§ 8º Com exceção dos consumidores, todos os participantes dos sistemas de logística reversa manterão atualizadas e disponíveis ao órgão municipal competente e a outras autoridades informações completas sobre a realização das ações sob sua responsabilidade."

# Capítulo XVII
## POLUIÇÃO POR ATIVIDADES NUCLEARES

### 1. CONCEITO

A energia nuclear extraída de alguns átomos constitui verdadeiro bem ambiental. No entanto, sua utilização reclama cautela, porquanto envolve riscos e danos à sadia qualidade de vida, à medida que libera radiação ionizante no meio ambiente. Com isso, o tema passa a receber tratamento destacado.

Por atividade nuclear entende-se toda aquela que promova, direta ou indiretamente, a liberação de radiação ionizante, independentemente da finalidade a que se destina.

### 2. FINALIDADES DAS ATIVIDADES NUCLEARES

De acordo com o art. 21, XXIII, *a* e *b,* da Constituição Federal, as atividades nucleares podem destinar-se a várias finalidades, dentre as quais destacamos: a econômica, consistente na obtenção de energia, a medicinal e a científica, através da utilização de radioisótopos.

As finalidades medicinal e científica merecem destaque maior, uma vez que claramente destinadas à tutela da dignidade da pessoa humana.

Por outro lado, a finalidade econômica da atividade nuclear consiste na obtenção de energia, ganhando relevo na medida em que os abastecimentos petroleiros mundiais tornam-se vulneráveis, além do desaparecimento do excedente das produções elétricas, do envelhecimento dos parques elétricos, do aumento das necessidades energéticas dos países em desenvolvimento e da necessidade de limitar as emissões de gás de efeito estufa.

Vale ainda lembrar que a obtenção de energia através da atividade nuclear encontra pontos negativos: ausência de tecnologia apropriada e infraestrutura administrativa que comporte a instalação e o desenvolvimento de obtenção de energia a partir de reatores nucleares; a dúvida de que esse meio seja economicamente mais viável que o tradicional, bem como o aspecto sociocultural, que é o elemento mais difícil de ser superado, na medida em que desastres como o de Chernobyl, o do Césio 137, em Goiás, e o da bomba de Hiroshima, entre outros, permanecem vivos na memória das populações.

## 3. COMPETÊNCIA

Caso a atividade nuclear seja destinada à exploração dos serviços e instalações nucleares de qualquer natureza, essa exploração será de competência exclusiva da União. Com isso, busca-se evitar a ocorrência de riscos nucleares.

Todavia, se a finalidade da atividade nuclear não for a exploração de serviços e instalações nucleares, mas sim científica, medicinal, agrícola ou industrial, mediante a utilização de radioisótopos, então será possível que não só a União tenha exclusividade sobre a referida atividade nuclear. Entretanto, ainda aqui, a permissão e a concessão cabem, exclusivamente, a ela.

Assim, a exploração de serviços e instalações nucleares fica monopolizada pela União, enquanto a utilização de radioisótopos para pesquisa e uso medicinal, agrícola, industrial e de atividades análogas pode ser concedida ou permitida a particulares.

## 4. POLÍTICA NUCLEAR NA CONSTITUIÇÃO FEDERAL

A Constituição Federal de 1988 traçou uma verdadeira política nuclear, estabelecendo princípios e condições. Vejamos.

Primeiramente, considera-se atividade nuclear não só as instalações nucleares, mas também o uso de radioisótopos para fins medicinais, agrícolas, industriais ou de pesquisa. Além disso, toda a atividade nuclear destinada à exploração de serviços e instalações nucleares desenvolvida no nosso território só será admitida para fins pacíficos e depois da aprovação do Congresso Nacional (art. 49, XIV, da CF). Com isso, não se permite que o Poder Executivo centralize as decisões a respeito desse tipo de atividade.

Em relação à responsabilidade civil pelos danos causados por atividades nucleares, será aferida pelo sistema da responsabilidade objetiva, conforme preceitua o art. 21, XXIII, *c*, da Constituição Federal. Com isso, consagraram-se a inexistência de qualquer tipo de exclusão da responsabilidade (incluindo caso fortuito ou força maior), a ausência de limitação no tocante ao valor da indenização e a solidariedade da responsabilidade.

De acordo com o art. 22, IV (o qual engloba a energia nuclear), a competência legislativa é privativa da União. Todavia, isso não exclui a possibilidade da competência concorrente da União, Estados, Distrito Federal e Municípios para legislar sobre o controle da poluição (arts. 24, VI, e 30, I) e ainda pela responsabilidade por dano ao meio ambiente (art. 24, VIII).

Vale frisar ainda que as usinas nucleares que operem com reator nuclear deverão ter a sua localização definida em lei federal, sem o que não poderão ser instaladas.

## 5. CONSELHO NACIONAL DE ENERGIA NUCLEAR – CNEN

Criado pela Lei n. 4.118/62, trata-se de uma autarquia federal responsável por diversas funções relativas às atividades nucleares, tais como a promoção e a fiscalização da utilização da energia nuclear; o licenciamento da construção de qualquer instalação nuclear no País; a aplicação de sanções administrativas, entre outras.

## 6. O DECRETO N. 9.600/2018 E AS DIRETRIZES SOBRE A POLÍTICA NUCLEAR BRASILEIRA

Ocupando posição de destaque no *ranking* mundial de reserva de urânio, com uma usina em construção iniciada nos anos 1980, paralisada durante décadas, retomada em 2010 e novamente suspensa em 2015 (Angra 3), e possuindo duas usinas nucleares em operação (Angra 1 e Angra 2), cuja produção de eletricidade, da ordem de 15 TWh, responde por cerca de 2,5% da matriz de oferta de energia elétrica, o Brasil passou a ter, a partir de dezembro de 2018, uma Política Nuclear organizada conforme diretrizes estabelecidas no Decreto n. 9.600/2018.

Referida norma infraconstitucional, decretada pelo Presidente da República dentro de uma iniciativa governamental destinada a impulsionar e mesmo promover a pesquisa e exploração de urânio como relevante insumo subordinado à energia elétrica em parceria com setores vinculados à livre-iniciativa, visa, ao que tudo indica, não só atender à demanda interna como as exportações. Trata-se de "um caso peculiar na discussão da energia e do meio ambiente", como já advertia Antonio Leite, no âmbito de nossa ordem econômica constitucional.

Destarte, percebe-se claramente que o conteúdo de referido decreto, ao estabelecer sua finalidade de "orientar o planejamento, as ações e as atividades nucleares e radioativas no País, em observância à soberania nacional, com vistas ao desenvolvimento, à proteção da saúde humana e do meio ambiente" (art. 1º), a partir de um Programa Nuclear Brasileiro, como "conjunto de projetos e atividades relacionados com a utilização, para fins pacíficos, da energia nuclear sob a orientação, o controle e a supervisão do Governo federal" (art. 2º, X), pretende efetivamente "flexibilizar" a atuação das Indústrias Nucleares do Brasil, empresa estatal de economia mista vinculada ao Ministério das Minas e Energia que exerce em nome da União a gestão da produção e comercialização de materiais nucleares, em proveito do que seria uma "abertura" do referido setor econômico.

Todavia, a possibilidade de atuação de empresas privadas na pesquisa, prospecção, produção e mesmo beneficiamento de urânio em face da denominada Política Nuclear Brasileira, diante particularmente dos objetivos específicos relativos à indústria do setor nuclear, prevista no art. 7º do Decreto n. 9.600/2018, está, todavia antes de tudo e preliminarmente, condicionada às superiores normas constitucionais delimitadoras da tutela jurídica da energia nuclear (arts. 21, XXIII, art. 21, XXIII, *a*, art. 22, XXVI, e art. 49, XIV), sendo certo que as referidas empresas do setor nuclear, ligadas que estão a atividade econômica que comporta risco para a vida, a qualidade de vida e o meio ambiente, também estão necessariamente submetidas aos comandos normativos indicados especificamente nos arts. 225, § 1º, V, § 6º, da nossa Lei Maior e demais

398

dispositivos aplicáveis, sujeitando-se, por via de consequência, ao que estabelecem as superiores normas constitucionais balizadoras do direito ambiental e merecendo, pois, por parte dos estudiosos do direito, satisfatória análise.

## 7. A COMPETÊNCIA PRIVATIVA DA UNIÃO PARA A EDIÇÃO DE LEIS QUE DISPONHAM SOBRE ATIVIDADES NUCLEARES DE QUAL-QUER NATUREZA E A ADI 6.858

Nosso Supremo Tribunal Federal, pela oportunidade do julgamento da ADI 6.858 e adotando uma vez mais nossa interpretação amplamente detalhada no presente livro, teve a oportunidade de destacar que a União tem competência privativa para a edição de leis que disponham sobre atividades nucleares de qualquer natureza, transporte e utilização de materiais radioativos e localização de usinas nucleares. Daí a Corte Superior ter estabelecido que a jurisprudência do STF, aplicada em diversas ações contra normas estaduais contendo proibições ou restrições similares, é pacífica em considerar inconstitucionais dispositivos nos quais os estados dispõem sobre atividades que se relacionem de alguma forma com o setor nuclear vez que, de fato, é a nossa Constituição que estabelece as atribuições e responsabilidades de cada ente da federação, de forma a evitar eventuais sobreposições de atribuições.

# Capítulo XVIII
# AGROTÓXICOS

## 1. INTRODUÇÃO

A modernização da agricultura determinou a sua mecanização e a crescente utilização de insumos modernos, como fertilizantes químicos e agrotóxicos.

A utilização desenfreada de substâncias agrotóxicas sem qualquer controle ou mesmo avaliação prévia contamina os alimentos e, por via de consequência, os seres humanos que os consomem, comprometendo sua incolumidade físico-psíquica[1 e 2]. Essa cons-

---

1. "A presente revisão bibliográfica **aborda resultados científicos dos impactos de agrotóxicos utilizados em cultivos agrícolas, sobre o meio ambiente e a saúde humana.** Os cultivos agrícolas brasileiros demandam alto consumo de agrotóxicos, sendo estes de efeitos variáveis, podendo atingir facilmente organismos não alvos, a exemplo de predadores, organismos de solo, polinizadores, bem como aqueles presentes em ecossistemas aquáticos, o que pode causar desequilíbrio ambiental e problemas à saúde humana. O uso indiscriminado de produtos fitossanitários levou o Brasil a ocupar uma indesejável liderança do ranking mundial de consumo de agrotóxicos. Há necessidade de mais incentivos à adoção de práticas agroecológicas, capacitação daqueles que manipulam os agrotóxicos, bem **como a proibição de princípios ativos já comprovadamente nocivos ao ambiente e à saúde humana, somados à fiscalização rígida por órgãos ambientais competentes.** Termos para indexação: impactos ambientais, impactos sociais, práticas agrícolas" (grifos nossos) (Diana Cléssia Vieira Belchior, Althiéris de Souza Saraiva, Ana Maria Córdova López e Gessiel Newton Scheidt, Impactos de agrotóxicos sobre o meio ambiente e a saúde humana. *Cadernos de Ciência & Tecnologia*, Brasília, v. 34, n. 1, p. 135-151, jan./abr. 2014. Disponível em: https://ainfo.cnptia.embrapa. br/digital/bitstream/item/164063/1/Impactos-de-agrotoxicos-sobre-o-meio-ambiente.pdf).

2. "'Dossiê Abrasco: um alerta sobre os impactos dos agrotóxicos na saúde', publicado pela Escola Politécnica de Saúde Joaquim Venâncio (EPSJV/Fiocruz) e a Editora Expressão Popular. 'O dossiê busca alertar a sociedade e as autoridades sobre a necessidade de políticas públicas que possam proteger e promover a saúde humana e ambiental. A situação é grave, de grande vulnerabilidade e exposição a substâncias tóxicas. O livro reúne informações de centenas de livros e artigos científicos que revelam a correlação direta entre agrotóxicos e problemas de saúde e contaminação ambiental'. (...) No primeiro capítulo, 'Segurança Alimentar e Nutricional e Saúde', são abordados os riscos da ingestão de alimentos com agrotóxicos, o uso massivo de agrotóxicos para a produção de alimentos no Brasil e os desafios para a ciência e as alternativas ao uso dos venenos como a agroecologia. O capítulo propõe ainda dez ações urgentes para o enfrentamento da questão do agrotóxico como um problema de saúde pública como priorizar a implantação de uma Política Nacional de Agroecologia, estimular debates sobre o tema, banir no Brasil os agrotóxicos já proibidos em outros países, proibir a pulverização aérea de agrotóxicos

tatação insurge-se de forma contraposta ao determinado pelo art. 225 da Constituição Federal, que, em última análise, busca garantir uma vida com qualidade.

## 2. AGROTÓXICOS E A POLUIÇÃO

A utilização dos agrotóxicos na agricultura, em princípio, pode determinar a poluição de praticamente todo o meio ambiente natural, tendo em vista que se reflete na água, no solo e no ar atmosférico[3]. Com isso, passa a existir maior preocupação com a formação de um regramento jurídico que efetivamente controle essa atividade[4].

---

e fortalecer as políticas de aquisição de alimentos produzidos sem agrotóxicos para a merenda escolar, entre outras ações. No capítulo 'Saúde, Ambiente e Sustentabilidade', o livro trata das consequências do agronegócio para os povos do campo e das florestas, a insustentabilidade socioambiental do agronegócio brasileiro e relata alguns exemplos dos impactos do agrotóxico na saúde ambiental em diversas partes do Brasil. A segunda parte aborda ainda a omissão do Sistema Único de Saúde em relação às políticas de enfrentamento dos impactos dos agrotóxicos na saúde e as formas de luta contra os agrotóxicos, como a Campanha Permanente Contra os Agrotóxicos e Pela Vida, lançada em 2011, e o Fórum Nacional de Combate aos Efeitos dos Agrotóxicos na Saúde e no Meio Ambiente do Ministério Público. O terceiro capítulo, 'Conhecimento Científico e Popular: construindo a ecologia de saberes', traz uma reflexão crítica sobre a saúde coletiva como campo da ciência moderna. Nesta parte, estão ainda 15 cartas de comunidades atingidas pelos agrotóxicos ou que estão construindo uma alternativa agroecológica relatando suas experiências, além de apontamentos de caminhos para a superação desse modelo. Essa terceira parte do Dossiê foi construída por pesquisadores da Abrasco em articulação com outros pesquisadores e, principalmente, militantes da Campanha Permanente Contra os Agrotóxicos e Pela Vida. No último e inédito capítulo, 'A crise do paradigma do agronegócio e as lutas pela agroecologia', o livro aborda questões como a desregulamentação dos agrotóxicos no Brasil, as lutas contra os agrotóxicos na sociedade civil e em instituições públicas, além de trazer com maior fôlego, entre as partes do livro, a trajetória da luta pela agroecologia, exemplos de suas diferentes expressões através de experiências agroecológicas em diversas localidades do Brasil, além de contextualizar e apresentar a Política Nacional de Agroecologia e Produção Orgânica e outras algumas iniciativas de políticas públicas que fazem avançar essa estratégia de promoção de vida no campo" (Talita Rodrigues, Dossiê Abrasco: um alerta sobre os impactos dos agrotóxicos na saúde, *Fiocruz*, 20 abr. 2015. Disponível em: https://www.epsjv.fiocruz.br/noticias/reportagem/dossie-abrasco-um-alerta-sobre-os-impactos-dos-agrotoxicos-na-saude).

3. "EMENTA: AÇÃO DIRETA DE INCONSTITUCIONALIDADE. DIREITO CONSTITUCIONAL E AMBIENTAL. LEI DO CEARÁ. PROIBIÇÃO DE PULVERIZAÇÃO AÉREA DE AGROTÓXICOS. DEFESA DO MEIO AMBIENTE E PROTEÇÃO À SAÚDE. COMPETÊNCIA CONCORRENTE DA UNIÃO, ESTADOS E MUNICÍPIOS. ARTS. 23 E 24 DA CONSTITUIÇÃO DA REPÚBLICA. VÍCIO FORMAL NÃO CONFIGURADO. PROPORCIONALIDADE DA MEDIDA. RISCOS GRAVES DA TÉCNICA DE APLICAÇÃO DE PESTICIDAS. PRINCÍPIOS DA PREVENÇÃO E PRECAUÇÃO EM MATÉRIA AMBIENTAL. INEXISTÊNCIA DE INCONSTITUCIONALIDADE MATERIAL. AÇÃO PARCIALMENTE CONHECIDA E, NESSA PARTE, JULGADA IMPROCEDENTE. 1. A legitimidade das entidades de classe para ajuizar ações de controle abstrato condiciona-se ao preenchimento do requisito da pertinência temática consistente na correlação entre o objeto do pedido de declaração de inconstitucionalidade e os fins institucionais da associação. No caso, a pertinência temática limita-se às normas referentes à pulverização de agrotóxicos, não abrangendo a íntegra do diploma legal questionado. Precedentes. 2. A vedação à pulverização aérea de agrotóxicos é matéria afeta à saúde e ao meio ambiente, listada entre as competências administrativas comuns e entre as competências legislativas concorrentes da União, dos Estados e dos Municípios (incs. II e VI do art. 23; incs. VI e XII do art. 24, todos da

# 3. O TRATAMENTO JURÍDICO DOS AGROTÓXICOS

## 3.1. OS AGROTÓXICOS NA CONSTITUIÇÃO FEDERAL DE 1988

O art. 225, § 1º, V, da Constituição determina caber ao Poder Público controlar a produção, a comercialização e o emprego de técnicas, métodos e substâncias que comportem risco para a qualidade de vida e para o meio ambiente. Assim, observamos que a preocupação com a efetiva lesão à incolumidade físico-psíquica dos seres humanos viabilizou a constitucionalização da matéria referente às substâncias agrotóxicas.

As técnicas, os métodos e as substâncias mencionadas no texto referem-se notadamente aos agrotóxicos, em face da importância da manutenção de um padrão de produtividade, apesar de comprometer a saúde humana de forma direta e, de forma indireta, alterar a biodiversidade do solo e das águas, pela aplicação de pesticidas.

Com isso podemos verificar que o texto constitucional permitiu o seu emprego, mas tratou de responsabilizar o Poder Público pelo controle das atividades, a fim de assegurar a efetividade do direito ao meio ambiente. Dessa maneira, a Magna Carta obrigou os entes federados a estarem presentes na atividade de controle, não deixando livre a negociação entre produtores e consumidores. Daí nosso Supremo Tribunal Federal, uma vez mais adotando nosso posicionamento, indicar relevante orientação a respeito do tema em face da ADI 6.137 conforme indicado na ementa abaixo:

"EMENTA: AÇÃO DIRETA DE INCONSTITUCIONALIDADE. DIREITO CONSTITUCIONAL E AMBIENTAL. LEI DO CEARÁ. PROIBIÇÃO DE PULVERIZAÇÃO AÉREA DE AGROTÓXICOS. DEFESA DO MEIO AMBIENTE E PROTEÇÃO À SAÚDE. COMPETÊNCIA CONCORRENTE DA UNIÃO, ESTADOS E MUNICÍPIOS. ARTS. 23 E 24 DA CONSTITUIÇÃO DA REPÚBLICA. VÍCIO

---

Constituição da República). 3. A Lei n. 7.802/89 é expressa ao preservar a competência legislativa dos Estados para regulamentar 'o uso, a produção, o consumo, o comércio e o armazenamento dos agrotóxicos'. Não há óbice a que os Estados editem normas mais protetivas à saúde e ao meio ambiente quanto à utilização de agrotóxicos. A regulamentação nacional limita-se a traçar os parâmetros gerais sobre a matéria, estabelecendo atividades de coordenação e ações integradas. Precedentes: ADI n. 3470, *DJe* 1º-2-2019; RE n. 761.056, *DJe* 20-3-2020; RE n. 286.789/RS, *DJ* 8-4-2005. 4. A livre iniciativa não impede a regulamentação das atividades econômicas pelo Estado, especialmente quando esta se mostra indispensável para resguardo de outros valores prestigiados pela Constituição, como a dignidade da pessoa humana, a valorização do trabalho humano, a livre concorrência, a função social da propriedade, a defesa do consumidor e do meio ambiente e a busca do pleno emprego. 5. A norma questionada não se comprova desarrazoada nem refoge à proporcionalidade jurídica do direito à livre iniciativa e o do direito à saúde e ao meio ambiente ecologicamente equilibrado, estabelecendo restrição razoável e proporcional às técnicas de aplicação de pesticidas no Estado do Ceará, após constatação científica dos riscos envolvidos na pulverização aérea de agrotóxicos. 6. Ação direta parcialmente conhecida quanto às normas sobre vedação à pulverização de agrotóxicos previstas no § 1º e no *caput* do art. 28-B na Lei Estadual n. 12.228/93 e, nessa parte, julgado improcedente o pedido" (ADI 6.137, Tribunal Pleno, Rel. Min. Cármen Lúcia, j. 29-5-2023, public. 14-6-2023).

4. *Vide* STF, RE 559.622 AgR/PR, 2ª Turma, Rel. Min. Gilmar Mendes, j. 6-8-2013, *DJe*, 22-8-2013.

FORMAL NÃO CONFIGURADO. PROPORCIONALIDADE DA MEDIDA. RISCOS GRAVES DA TÉCNICA DE APLICAÇÃO DE PESTICIDAS. PRINCÍPIOS DA PREVENÇÃO E PRECAUÇÃO EM MATÉRIA AMBIENTAL. INEXISTÊNCIA DE INCONSTITUCIONALIDADE MATERIAL. AÇÃO PARCIALMENTE CONHECIDA E, NESSA PARTE, JULGADA IMPROCEDENTE. 1. A legitimidade das entidades de classe para ajuizar ações de controle abstrato condiciona-se ao preenchimento do requisito da pertinência temática consistente na correlação entre o objeto do pedido de declaração de inconstitucionalidade e os fins institucionais da associação. No caso, a pertinência temática limita-se às normas referentes à pulverização de agrotóxicos, não abrangendo a íntegra do diploma legal questionado. Precedentes. 2. A vedação à pulverização aérea de agrotóxicos é matéria afeta à saúde e ao meio ambiente, listada entre as competências administrativas comuns e entre as competências legislativas concorrentes da União, dos Estados e dos Municípios (incs. II e VI do art. 23; incs. VI e XII do art. 24, todos da Constituição da República). 3. A Lei n. 7.802/1989 é expressa ao preservar a competência legislativa dos Estados para regulamentar "o uso, a produção, o consumo, o comércio e o armazenamento dos agrotóxicos". Não há óbice a que os Estados editem normas mais protetivas à saúde e ao meio ambiente quanto à utilização de agrotóxicos. A regulamentação nacional limita-se a traçar os parâmetros gerais sobre a matéria, estabelecendo atividades de coordenação e ações integradas. Precedentes: ADI n. 3470, *DJe* 1º.2.2019; RE n. 761.056, *DJe* 20.3.2020; RE n. 286.789/RS, *DJ* 08.4.2005. 4. A livre-iniciativa não impede a regulamentação das atividades econômicas pelo Estado, especialmente quando esta se mostra indispensável para resguardo de outros valores prestigiados pela Constituição, como a dignidade da pessoa humana, a valorização do trabalho humano, a livre concorrência, a função social da propriedade, a defesa do consumidor e do meio ambiente e a busca do pleno emprego. 5. A norma questionada não se comprova desarrazoada nem refoge à proporcionalidade jurídica do direito à livre-iniciativa e o do direito à saúde e ao meio ambiente ecologicamente equilibrado, estabelecendo restrição razoável e proporcional às técnicas de aplicação de pesticidas no Estado do Ceará, após constatação científica dos riscos envolvidos na pulverização aérea de agrotóxicos. 6. Ação direta parcialmente conhecida quanto às normas sobre vedação à pulverização de agrotóxicos previstas no § 1º e no *caput* do art. 28-B na Lei estadual n. 12.228/1993 e, nessa parte, julgado improcedente o pedido"[5].

## 3.2. A DISCIPLINA DO CÓDIGO DE DEFESA DO CONSUMIDOR EM RELAÇÃO AOS AGROTÓXICOS E O EIQ (*ENVIRONMENTAL IMPACT QUOTIENT OF PESTICIDES* – QUOCIENTE DE IMPACTO AMBIENTAL)

O Código de Defesa do Consumidor, respeitando os critérios constitucionais no que diz respeito à manutenção da qualidade de vida e à proteção ambiental vinculada

---

5. ADI 6.137, Tribunal Pleno, Rel. Min. Cármen Lúcia, j. 29-5-2023, public. 14-6-2023.

à incolumidade físico-psíquica do homem, articula a necessidade da tutela de valores ambientais com a tutela legal do consumidor[6].

Isso porque o art. 4º da Lei n. 8.078/90, ao traçar a Política Nacional de Relações de Consumo, fixa o atendimento das necessidades dos consumidores, o respeito a sua dignidade, saúde e segurança, a proteção de seus interesses econômicos, a melhoria de sua qualidade de vida, bem como a transparência das relações de consumo.

Tal determinação passa a exigir a preservação do meio ambiente como forma de garantir a qualidade de vida do homem inserido no mercado de consumo. De qualquer forma, vale lembrar que mais importante do que discutirmos o volume ou valor do consumo de agrotóxicos por área ou produção "é avançarmos na análise do risco dos defensivos que estamos consumindo", conforme advertem Carbonari e Vellini[7]. Para referidos autores, "a análise de risco é mais adequada para garantirmos o uso seguro das tecnologias utilizadas na proteção de plantas. A análise de risco acrescenta um ingrediente fundamental, levando em consideração também o nível de exposição, além do perigo", sendo certo que "uma das ferramentas já consolidada e com grande aceitação por agências reguladoras e instituições de pesquisa no mundo é o EIQ (*environmental impact quotient of pesticides* – quociente de impacto ambiental), desenvolvido em 1992 por pesquisadores do New York State Integrated Pest Management (Kovach et al., 1992). O EIQ permite quantificar e estabelecer comparações quanto ao risco do consumo de defensivos agrícolas, levando em consideração uma série de fatores como a dose de ingrediente ativo aplicada, características físico-químicas e toxicológicas e dinâmica ambiental de cada composto. Essa ferramenta permite ainda avaliar o risco associado a diferentes componentes, sendo eles o consumidor dos produtos agrícolas, o trabalhador envolvido na manipulação e aplicação e o ambiente"[8].

---

6. Marcos José Pereira Damasceno, *A utilização de agrotóxicos*, cit., p. 65.

7. Caio Antonio Carbonari; Edivaldo Domingues Vellini, *A importância da modernização da lei dos agrotóxicos*. Disponível em: https://www2.unesp.br/portal#!/debate-academico/a-importancia-da-modernizacao-da-lei-dos-agrotoxicos/.

8. "Quando fazemos o levantamento do EIQ para o uso de todas as classes de agrotóxicos no Brasil, em algumas das culturas mais importantes quanto a área plantada e consumo de agrotóxicos (milho, soja, cana-de-açúcar e algodão), no período de 2002 a 2015, os resultados evidenciam o uso racional de defensivos agrícolas no Brasil e demonstram que os EIQs associados a estas culturas são iguais ou em muitos casos inferiores aos EIQs de outros importantes países produtores destas culturas.

Mais do que isso, quando analisamos o EIQ médio para cada aplicação de defensivos para o conjunto de informações dessas quatro culturas, observamos uma tendência muito significativa de queda nos riscos. No período de 2002 a 2015 tivemos uma redução de 51, 37, 34 e 38% nos valores de EIQs, respectivamente para o trabalhador, consumidor, ambiente e campo (correspondendo à média dos três componentes)" (Caio Antonio Carbonari; Edivaldo Domingues Vellini, *A importância da modernização da lei dos agrotóxicos*. Disponível em: https://www2.unesp.br/portal#!/debate-academico/a-importancia-da-modernizacao-da-lei-dos-agrotoxicos/).

## 3.3. LEI DOS AGROTÓXICOS – LEI N. 7.802/89

A Lei n. 7.802/89, ao dispor sobre a pesquisa, a experimentação, a produção, a embalagem e rotulagem, o transporte, o armazenamento, a comercialização, a propaganda comercial, a utilização, a importação, a exportação, o destino final dos resíduos e embalagens, o registro, a classificação, o controle, a inspeção e a fiscalização de agrotóxicos, seus componentes e afins, regula a matéria, definindo agrotóxicos, no seu art. 2º, I, *a* e *b,* como "os produtos e os agentes de processos físicos, químicos ou biológicos, destinados ao uso nos setores de produção, no armazenamento e beneficiamento de produtos agrícolas, nas pastagens, na proteção de florestas, nativas ou implantadas, e de outros ecossistemas e também de ambientes urbanos, hídricos e industriais, cuja finalidade seja alterar a composição da flora ou da fauna, a fim de preservá-las da ação danosa de seres vivos considerados nocivos", bem como as "substâncias e produtos empregados como desfolhantes, dessecantes, estimuladores e inibidores de crescimento"[9].

Vale frisar que a citada lei, além de conceituar agrotóxicos (e verifique-se que ela fala em agrotóxico e não em defensivos agrícolas), estabelece explicitamente que só poderão ser produzidos, exportados, importados, comercializados e utilizados, se previamente registrados em órgão federal, de acordo com as diretrizes e exigências dos órgãos federais responsáveis pelos setores da saúde, do meio ambiente e da agricultura (art. 3º), tratando também de regular a produção e a comercialização dessas substâncias, estabelecendo requisitos a serem cumpridos antes de sua disponibilização no mercado (art. 8º).

---

9. "De forma recorrente é dado destaque ao fato do Brasil ser o maior consumidor mundial de agrotóxicos, apenas levando-se em consideração o valor comercializado. No entanto, a análise das informações sobre uso de agrotóxicos demanda a normalização dos dados por área cultivada ou por quantidade de produção. Após a normalização das informações dos valores referentes ao uso de agrotóxicos por unidade de área, observa-se que o Brasil ocupa a sétima posição entre 20 países analisados, tendo à sua frente Japão, Coreia do Sul, Alemanha, França, Itália e Reino Unido. Quando a normalização foi feita por quantidade produzida, o Brasil passa a ocupar a décima terceira posição, tendo sido superado também por Canadá, Espanha, Austrália, Argentina, Estados Unidos e Polônia.

Mais importante do que discutirmos o volume ou valor do consumo de agrotóxicos por área ou produção é avançarmos na análise do risco dos defensivos que estamos consumindo. A análise de risco é mais adequada para garantirmos o uso seguro das tecnologias utilizadas na proteção de plantas. A análise de risco acrescenta um ingrediente fundamental, levando em consideração também o nível de exposição, além do perigo" (*vide* Caio Antonio Carbonari; Edivaldo Domingues Vellini, *A importância da modernização da lei dos agrotóxicos.* Disponível em: https://www2.unesp.br/portal#!/debate-academico/a-importancia-da-modernizacao-da-lei-dos-agrotoxicos/).

## 4. REGISTRO DO PRODUTO AGROTÓXICO E DEMAIS ASPECTOS VINCULADOS AO DECRETO N. 4.074/2002[10]

O Decreto n. 4.074/2002, que regulamenta a Lei dos Agrotóxicos (Lei n. 7.802/89)[11], em seu art. 1º, XLII, definiu o *registro do produto* como ato privativo de órgão federal competente, que atribui o direito de produzir, comercializar, exportar, importar, manipular ou utilizar agrotóxicos, seus componentes e afins, reservando aos Estados, Municípios e Distrito Federal apenas competência para o *registro de empresa e prestador de serviço.*

Esse decreto cuida tanto da competência particular como conjunta vinculada aos Ministérios da Agricultura, Pecuária e Abastecimento, Meio Ambiente e Saúde. Estabeleceu (art. 95) o denominado Comitê Técnico de Assessoramento para Agrotóxicos, viabilizando a atuação harmônica dos órgãos encarregados de avaliar todas as questões vinculadas aos agrotóxicos.

Com isso, temos que o registro se reveste de características de licenciamento de atividade, que encontra fundamento legal no art. 10 da Lei n. 6.938/81.

O referido decreto (art. 31 e incisos) proíbe a utilização de elementos que revelem características teratogênicas, carcinogênicas ou mesmo mutagênicas de conformidade com resultados atualizados de experiências da comunidade científica. Veda ainda o registro de agrotóxicos que se revelem mais perigosos para o homem do que os testes de laboratório, com animais, puderem inicialmente demonstrar, assim como aqueles que provoquem distúrbios hormonais, danos ao aparelho reprodutor, de acordo com procedimentos e experiências atualizados na comunidade científica.

Igualmente, merece destaque a proibição de agrotóxicos cujas características causem danos ao meio ambiente (art. 31, VIII). A regra assegura, por via de consequência,

---

10. O Decreto n. 10.833, de 7 de outubro de 2021, alterou o Decreto n. 4.074, de 4 de janeiro de 2002, que regulamenta a Lei n. 7.802, de 11 de julho de 1989, que dispõe sobre a pesquisa, a experimentação, a produção, a embalagem e rotulagem, o transporte, o armazenamento, a comercialização, a propaganda comercial, a utilização, a importação, a exportação, o destino final dos resíduos e embalagens, o registro, a classificação, o controle, a inspeção e a fiscalização de agrotóxicos, seus componentes e afins. Disponível em: https://www.planalto.gov.br/ccivil_03/_Ato2019-2022/2021/Decreto/D10833.htm#art1.

11. Argumentando que o país tem uma legislação segura para a regulação do uso de fertilizantes e agrotóxicos (Lei n. 7.802/1989 e Decreto n. 4.074/2002) partidos políticos ingressaram com Arguições de Descumprimento de Preceito Fundamental (ADPFs) 656 e 658 em face de dispositivos da Portaria 43/2020 do Ministério da Agricultura, Pecuária e Abastecimento/Secretaria de Defesa Agropecuária que liberam o registro tácito de agrotóxicos e afins. O Supremo Tribunal Federal (STF), por unanimidade, e adotando como fundamento o princípio da precaução, concedeu em 22-6-2020 medida cautelar para suspender os efeitos de dispositivos da referida Portaria 43/2020, decisão tomada na sessão virtual do Plenário concluída em 15/6, no julgamento das referidas Arguições de Descumprimento de Preceito Fundamental (ADPFs).

Na oportunidade o ministro relator assinalou que, da Constituição Federal, é possível deduzir diversos princípios que traduzem um verdadeiro direito constitucional ambiental, dentre eles o da precaução. "Isso significa que, onde existam ameaças de riscos sérios ou irreversíveis, não será utilizada a falta de certeza científica total como razão para o adiamento de medidas eficazes, em termos de custo, para evitar a degradação ambiental."

não só a tutela da saúde da pessoa humana, mas também do patrimônio genético e do meio ambiente natural em face de necessária interpretação constitucional.

O tema foi enfrentado por nosso Supremo Tribunal Federal, a saber:

"EMENTA: ARGUIÇÃO DE DESCUMPRIMENTO DE PRECEITO FUNDAMENTAL. DECRETO N. 4.074/2002, MODIFICADO PELO DECRETO N. 10.833/2021. CONTROLE DE AGROTÓXICOS, COMPONENTES E AFINS. AFRONTA A PRECEITOS FUNDAMENTAIS GARANTIDORES DO DIREITO FUNDAMENTAL À SAÚDE E AO MEIO AMBIENTE ECOLOGICAMENTE EQUILIBRADO. PRINCÍPIOS DA PREVENÇÃO E DA PRECAUÇÃO. VEDAÇÃO AO RETROCESSO SOCIOAMBIENTAL. ARGUIÇÃO DE DESCUMPRIMENTO FUNDAMENTAL PARCIALMENTE CONHECIDA E JULGADA, EM PARTE, PROCEDENTE.

Decisão: O Tribunal, por maioria, a) converteu o julgamento da medida cautelar em definitivo de mérito; b) não conheceu da arguição de descumprimento de preceito fundamental quanto ao inc. IV do art. 6º e ao art. 41 do Decreto n. 4.074/2002, alterado pelo Decreto n. 10.833/2021; e c) conheceu parcialmente da arguição de descumprimento de preceito fundamental e julgou parcialmente procedente o pedido para: c.1) declarar a inconstitucionalidade do inc. I do art. 6º do Decreto n. 10.833/2021, pelo qual revogado o inc. III do art. 2º do Decreto n. 4.074/2002; c.2) declarar a inconstitucionalidade do inc. X do art. 2º e dos §§ 2º e 3º do art. 69 do Decreto n. 4.074/2002, modificado pelo Decreto n. 10.833/2021; c.3) declarar a inconstitucionalidade do § 8º do art. 86 do Decreto n. 4.074/2002, modificado pelo Decreto n. 10.833/2021; c.4) dar interpretação conforme à Constituição ao inc. I do § 14 do art. 10 do Decreto n. 4.074/2002, alterado pelo Decreto n. 10.833/2021, para que a expressão 'mesmo ingrediente ativo' seja compreendida como a totalidade dos ingredientes ativos dos produtos técnicos, pré-misturas, agrotóxicos ou afins que busque se registrar; c.5) dar interpretação conforme à Constituição ao inc. XV do art. 2º do Decreto n. 4.074/2002 para que a publicidade aos resumos de pedidos e concessões de registro seja realizada por meio do acesso livre, sem a exigência de cadastro para consulta dessas informações; c.6) dar interpretação conforme à Constituição ao § 2º do art. 31 do Decreto n. 4.074/2002, alterado pelo Decreto n. 10.833/2021, para que os critérios referentes aos procedimentos, aos estudos e às evidências suficientes sejam aqueles aceitos por instituições técnico-científicas nacionais ou internacionais reconhecidas. Tudo nos termos do voto da Relatora, vencidos os Ministros André Mendonça e Nunes Marques, que não conheciam da arguição e, vencidos em relação às questões preliminares, no mérito, julgavam improcedentes os pedidos" (ADPF 910, Tribunal Pleno, Rel. Min. Cármen Lúcia, j. 3-7-2023, public. 14-7-2023).

# Capítulo XIX
## PATRIMÔNIO GENÉTICO[1]

## 1. NOÇÕES PRELIMINARES

O *patrimônio genético* passou a receber tratamento jurídico a partir da Constituição Federal de 1988, conforme orienta o art. 225, § 1º, II e V.

A moderna visão de nossa Constituição procurou destacar, já no final do século passado, a necessidade de preservar não só a diversidade e a integridade do referido patrimônio genético brasileiro, como também determinar incumbência constitucional destinada ao Poder Público, no sentido de fiscalizar as entidades que se dedicam à pesquisa e à manipulação de aludido material genético em nosso País (art. 225, II, da CF).

Daí a autorização constitucional com os limites impostos no próprio texto antes referido (arts. 1º, III, e 225, § 1º, II, IV e V), para dar viabilidade jurídica à produção e à comercialização, bem como emprego de técnicas (como a *engenharia genética*), métodos e substâncias que comportem risco para a vida, a qualidade de vida e o meio ambiente (art. 225, § 1º, V).

Como a produção, a comercialização, bem como o emprego de técnicas, métodos e substâncias que comportem riscos para a vida, a qualidade de vida e o meio ambiente serão controlados necessariamente pelo Poder Público e, na medida em que observamos concretamente nas hipóteses antes mencionadas, a existência de atividades que, pelo menos potencialmente, podem causar significativa degradação ambiental, restou claramente definida pela Constituição Federal a *exigência de Estudo Prévio de Impacto Ambiental* – EIA –, a que se dará publicidade (art. 225, § 1º, IV) como regra básica destinada a assegurar as atividades mencionadas no art. 225, § 1º, V, dentro de uma ordem jurídica vinculada à economia capitalista (art. 1º, IV, c/c o art. 170, VI, da CF), em harmonia com os critérios constitucionais vinculados às pesquisas tecnológicas (arts. 218 e 219 da CF) e sempre em proveito da dignidade da pessoa humana (art. 1º, III, da CF).

---

1. Para um estudo aprofundado, *vide* Celso Antonio Pacheco Fiorillo e Renata Marques Ferreira, *Tutela jurídica do patrimônio genético em face da sociedade da informação*, Rio de Janeiro, Lumen Juris, 2016.

No plano constitucional merecem destaque tanto a tutela jurídica do *patrimônio genético humano* como a tutela jurídica do patrimônio genético de *outros seres vivos* (*espécime vegetal, animal, fúngico e microbiano*), sempre no sentido de estabelecer tutela jurídica vinculada a *bens ambientais,* na forma do que indica o *caput* do art. 225 de nossa Carta Magna.

## 2. PATRIMÔNIO GENÉTICO DA PESSOA HUMANA E SUA TUTELA JURÍDICA

A tutela jurídica do patrimônio genético da pessoa humana[2] tem proteção ambiental constitucional observada em face do que determina o art. 225, § 1º, II, IV e V, iluminada pelo art. 1º, III, da Carta Magna, sendo certo que a matéria foi devidamente regrada no plano infraconstitucional pela *Lei n. 11.105, de 24 de março de 2005*[3], que não só regulamentou os incisos II, IV e V do § 1º do art. 225 da Constituição Federal como estabeleceu normas de segurança, assim como mecanismos de fiscalização de atividades que envolvam organismos geneticamente modificados, os chamados OGMs[4].

A chamada *Lei de Biossegurança* procurou destacar no plano jurídico ambiental a tutela jurídica referente ao patrimônio genético da pessoa humana assegurando em sede infraconstitucional tanto a tutela jurídica individual das pessoas humanas[5] (como o direito às informações determinantes dos caracteres hereditários transmissíveis à

---

2. O *genoma humano* é a sequência de mais de 3 bilhões de unidades químicas que formam o DNA da espécie, a molécula que armazena o material genético dos seres vivos. Em 2004 estimava-se o número de genes da pessoa humana entre 20 mil e 25 mil. Quanto menor for o número de genes na pessoa humana, mais complexa deve ser sua biologia molecular. Se os genes são apenas 20 mil, torna-se quase impossível explicar o repertório de mais de 100 mil proteínas da espécie humana sem recorrer às funções reguladoras de sequências que não codificam nenhuma proteína e eram chamadas até bem recentemente de "DNA lixo".

3. A *Lei de Biossegurança* foi aprovada na Câmara dos Deputados por 352 votos a 60 ao cabo de atribulada tramitação de 14 meses nas duas Casas do Congresso.

O texto, em apertada síntese, não só regulamenta incisos da Constituição Federal destinados a tutelar o patrimônio genético como bem ambiental, mas também aponta no plano infraconstitucional normas para pesquisa, cultivo e comércio de produtos transgênicos, autorizando, ainda, o uso de células de embriões humanos em experimentos para fins terapêuticos. A Lei de Biossegurança criou o denominado Conselho Nacional de Biossegurança – CNBS, reestruturando a Comissão Técnica Nacional de Biossegurança – CTNBio. Para uma análise jurídica completa da lei, *vide* nosso *Comentários à lei de biossegurança,* Saraiva, 2005.

4. *Organismo geneticamente modificado – OGM –* é um organismo cujo material genético – ADN/ ARN (os ácidos ADN e ARN são materiais genéticos que contêm *informações* determinantes dos caracteres hereditários transmissíveis à descendência) – tenha sido *modificado* por qualquer técnica de *engenharia genética* na forma do que estabelece o art. 3º, V, da Lei n. 11.105/2005. Para uma análise mais aprofundada, *vide* nosso *Comentários à lei de biossegurança,* Saraiva, 2005.

5. Com relação aos temas célula germinal humana, clonagem (inclusive para fins terapêuticos e reprodutivos), assim como células-tronco embrionárias e seus reflexos no âmbito das relações jurídicas, *vide* nosso *Comentários à lei de biossegurança,* Saraiva, 2005.

409

descendência), como particularmente *a tutela jurídica do povo brasileiro* observado em sua dimensão metaindividual[6].

Exatamente em defesa da "exuberante diversidade genética de nosso povo", na feliz expressão de Sergio D. J. Pena, que restou assegurada a tutela material do patrimônio genético da pessoa humana em face dos dispositivos contidos na Lei de Biossegurança[7].

Dessarte, a Lei n. 11.105/2005 estabeleceu critérios destinados a observar a responsabilidade civil, administrativa e criminal em decorrência de eventuais condutas ou mesmo atividades consideradas lesivas ao patrimônio genético da pessoa humana[8].

---

6. A tutela jurídica metaindividual da pessoa humana em nosso país (povo brasileiro) deve ser analisada no século XXI com novas ferramentas científicas desenvolvidas em proveito da tutela dos grupos participantes do processo civilizatório nacional (arts. 215 e 216 da CF).

Dentre as novas ferramentas científicas merecem grande destaque os estudos filogeográficos realizados pelo Prof. Dr. Sergio D. J. Pena. O pesquisador mineiro revelou, ao analisar brasileiros, que a maioria das patrilinhagens é europeia, enquanto a maioria das matrilinhagens (cerca de 60%) é ameríndia ou africana. Explica o professor da Universidade Federal de Minas Gerais que "o homem moderno (*Homo sapiens*) teve uma origem única e relativamente recente (ao redor de 100.000 anos atrás) na África. A partir daí ele migrou e ocupou progressivamente a Ásia, a Europa, a Oceania, as Américas e todos os outros rincões da Terra. Essa diáspora foi acompanhada de diversificação morfológica, fruto da adaptação às condições climáticas e ambientais das diferentes regiões do mundo. Mas o genoma permaneceu igual, ou melhor, igualmente diferente entre os indivíduos. Estudos de genética molecular moderna demonstram que mais de 90% da diversidade genômica humana ocorre entre indivíduos e não entre populações de distintos continentes. *EM OUTRAS PALAVRAS, DO PONTO DE VISTA BIOLÓGICO, NÃO EXISTEM RAÇAS HUMANAS* (destaques nossos). Não houve tempo suficiente para sua formação e, agora, com a enorme mobilidade geográfica humana, nunca irá acontecer. Milhares de anos após a dispersão do grupo africano inicial dos homens, povos oriundos da Ásia (ameríndios), da Europa (portugueses) e da África (escravos da África Ocidental e Central) encontraram-se de novo no Brasil durante o século XVI. *Daí a imagem do ponto de encontro. A partir dessa confluência iniciou-se um processo de mistura gênica inusitado em toda a história da humanidade* (destaques nossos), *GERANDO O BRASILEIRO ATUAL*, que decidimos chamar, um pouco irreverentemente, de *Homo brasilis*". Pena, ao elaborar o Prefácio da obra *Homo brasilis* – aspectos genéticos, linguísticos, históricos e socioantropológicos da formação do povo brasileiro, conclui que, "como exposto acima, biologicamente falando, não existem raças humanas. Mas elas certamente existem como construções sociais e culturais". *Vide* obra citada, Funpec-RP 2002, Ribeirão Preto.

7. Um estudo genético, realizado no ano de 2007, identificou pela primeira vez por meio de DNA as regiões da África que mais contribuíram para a formação do povo brasileiro.

O trabalho, liderado pelo médico geneticista Prof. Dr. Sérgio Danilo Pena, professor titular de bioquímica da Universidade Federal de Minas Gerais, indicou que a maior parte dos ancestrais do grupo analisado veio do centro-oeste da África – região que inclui Angola, Congo e Camarões – seguido pelo Oeste (Nigéria, Gana, Togo, Costa do Marfim) e pelo Sudeste Africano. Segundo o estudo, feito em um grupo de negros em São Paulo (estudo que tem representatividade nacional na medida em que, com as migrações internas, durante e após a escravidão, a cidade se tornou de certa forma um caldeirão genético do Brasil), 44,5% tinham um ancestral no centro-oeste da África, 43% no oeste da África e 12,3% no sudeste, na região onde fica hoje Moçambique. O estudo analisou o DNA mitocondrial dos indivíduos; chamado de marcador de linhagem, o DNA mitocondrial é passado pela mãe para os filhos.

8. Para um estudo completo a respeito da obrigação de reparar danos causados ao patrimônio genético da pessoa humana bem como das sanções penais e administrativas, *vide* Celso Antonio Pacheco Fiorillo e Renata Marques Ferreira, *Tutela jurídica do patrimônio genético em face da sociedade da informação*, Rio de Janeiro, Lumen Juris, 2016.

## 3. PATRIMÔNIO GENÉTICO DE OUTROS SERES VIVOS (ESPÉCIME VEGETAL, FÚNGICO, MICROBIANO OU ANIMAL) E SUA TUTELA JURÍDICA

O patrimônio genético é a *informação* de origem genética[9] contida em amostras do todo ou de parte de espécime vegetal, fúngico, microbiano ou animal[10], na forma de moléculas e substâncias provenientes do metabolismo desses seres vivos e de extratos obtidos desses organismos vivos ou mortos, encontrados em condições *in situ*, inclusive domesticados, ou mantidos em coleções *ex situ*[11], desde que coletados em condições *in situ* no território brasileiro, na plataforma continental ou na zona econômica exclusiva[12].

Destarte, a partir da Carta Magna de 1988, entidades dedicadas à pesquisa e manipulação de material genético poderão desenvolver suas atividades destinadas preponderantemente para a solução dos problemas brasileiros (art. 218, § 2º, c/c o art. 3º da CF), condicionadas evidentemente não só à preservação da diversidade e integridade do patrimônio genético para as presentes e futuras gerações (art. 225 da CF) como aos fundamentos indicados no art. 1º da Constituição Federal[13].

A incumbência antes referida também foi estabelecida em face da produção, comercialização, bem como emprego de técnicas, métodos e substâncias que possam comportar risco para a vida, qualidade de vida e meio ambiente. As atividades antes mencionadas, desenvolvidas em ordem econômica capitalista deverão se submeter a Estudo Prévio de Impacto Ambiental por determinação constitucional (art. 225, § 1º, II, IV e V).

Também em face de outros seres vivos a Lei n. 11.105/2005 estabeleceu critérios destinados a regrar a responsabilidade civil, administrativa e criminal em decorrência de eventuais condutas ou mesmo atividades consideradas lesivas a espécime vegetal, fúngico, microbiano ou animal.

---

9. Os *genes* são unidades que determinam os *caracteres hereditários* (transmissão de caracteres de uma geração às outras), sendo instruções codificadas para a construção de *proteínas* (macromolécula biológica formada por várias cadeias de aminoácidos, eventualmente ligadas a um composto diferente, e que representam mais da metade do peso seco das células, determinando a maior parte das suas estruturas e funções).

10. O primeiro cão clonado do mundo comemorou seu aniversário de um ano no dia 24 de abril de 2006. O cachorro de nome Snuppy foi apresentado por uma equipe de cientistas da Coreia do Sul no ano de 2005, sendo certo que o processo que envolveu a clonagem foi complicado e caro. No total, 1.095 embriões reconstruídos foram colocados em 123 "mães" de aluguel. Dois deles chegaram a nascer, mas um morreu 22 dias após o parto, devido a uma pneumonia. Os dois cães foram criados a partir de células da pele de um animal adulto.

11. Manutenção de amostra de componente do patrimônio genético fora de seu hábitat natural, em coleções vivas ou mortas.

12. Conforme já estabelecia a Medida Provisória n. 2.186-16, de 23 de agosto de 2001.

13. No que se refere aos produtos transgênicos, *vide* nosso *Comentários à lei de biossegurança*, Saraiva, 2005.

411

## 3.1. TUTELA JURÍDICA DO PATRIMÔNIO GENÉTICO DE ESPÉCIES VEGETAIS, ANIMAIS, MICROBIANAS OU DE OUTRA NATUREZA E SEUS REFLEXOS NA LEI N. 13.123/2015 (ACESSO AO PATRIMÔNIO GENÉTICO DO PAÍS)

A Lei n. 13.123/2015, norma jurídica que não se aplica ao patrimônio genético humano (art. 4º), ao regulamentar o inciso II do § 1º e o § 4º do art. 225 da Constituição Federal, bem como o art. 1º, a alínea *j* do art. 8º, a alínea *c* do art. 10, o art. 15 e os §§ 3º e 4º do art. 16 da Convenção sobre Diversidade Biológica (promulgada pelo Decreto n. 2.519, de 16 de março de 1998), entendeu por bem dispor sobre o acesso ao patrimônio genético, sobre a proteção e o acesso ao conhecimento tradicional associado e sobre a repartição de benefícios para conservação e uso sustentável da biodiversidade. Referida lei, em obediência à natureza constitucional dos bens ambientais (art. 225 da CF), define patrimônio genético do País como bem de uso comum do povo encontrado em condições *in situ*, inclusive as espécies domesticadas e as populações espontâneas, ou mantido em condições *ex situ*, desde que encontrado em condições *in situ* no território nacional, na plataforma continental, no mar territorial e na zona econômica exclusiva (art. 1º, I).

A exploração econômica de produto acabado ou material reprodutivo oriundo de acesso ao patrimônio genético, ou seja, exploração econômica de produto acabado ou material reprodutivo oriundo de bem ambiental, deve obedecer não só às especificidades da Lei n. 13.123/2015, como, evidentemente e desde logo, aos princípios do direito ambiental determinados pela Constituição Federal e disciplinadores dos bens ambientais conforme amplamente desenvolvido nesta obra[14].

## 4. BREVES COMENTÁRIOS À LEI DE BIOSSEGURANÇA – LEI N. 11.105/2005. A POSIÇÃO DO SUPREMO TRIBUNAL FEDERAL[15]

A Lei n. 11.105, de 24 de março de 2005, ao regulamentar os incisos II, IV e V do § 1º do art. 225 da Constituição Federal, entendeu por bem estabelecer normas de

---

14. Para um estudo aprofundado, *vide* Celso Antonio Pacheco Fiorillo e Renata Marques Ferreira, *Tutela jurídica do patrimônio genético em face da sociedade da informação*, Rio de Janeiro, Lumen Juris, 2016.

15. O Plenário do STF, no julgamento da ADI 3.510, declarou a constitucionalidade do art. 5º da Lei de Biossegurança (Lei n. 11.105/2005), por entender que as pesquisas com células-tronco embrionárias não violam o direito à vida ou o princípio da dignidade da pessoa humana.

"O Magno Texto Federal não dispõe sobre o início da vida humana ou o preciso instante em que ela começa. Não faz de todo e qualquer estádio da vida humana um autonomizado bem jurídico, mas da vida que já é própria de uma concreta pessoa, porque nativiva (teoria 'natalista', em contraposição às teorias 'concepcionista' ou da 'personalidade condicional'). E, quando se reporta a 'direitos da pessoa humana' e até a 'direitos e garantias individuais' como cláusula pétrea, está falando de direitos e garantias do indivíduo-pessoa, que se faz destinatário dos direitos fundamentais 'à vida, à liberdade, à igualdade, à segurança e à propriedade', entre outros direitos e garantias igualmente distinguidos com o timbre da fundamentalidade (como direito à saúde e ao planejamento familiar). Mutismo constitucional hermeneuticamente significante de transpasse de poder normativo para a legislação ordinária. A potencialidade de algo para

segurança e mecanismos de fiscalização de atividades vinculadas aos denominados organismos geneticamente modificados – OGM[16] – e seus derivados, dispondo sobre a denominada Política Nacional de Biossegurança – PNB.

*Assim, a nova Política Nacional de Biossegurança visa a preservar a diversidade, bem como a integridade do patrimônio genético*[17] *do Brasil*, definindo critérios normativos destinados a estabelecer a incumbência constitucional indicada ao Poder Público no sentido de fiscalizar as entidades dedicadas à pesquisa e manipulação de material genético, além de fixar as regras jurídicas destinadas a controlar a produção, a comercialização, assim como o emprego de técnicas, métodos e substâncias que comportem risco para a vida, a qualidade de vida e o meio ambiente (art. 225, § 1º, II e V, da CF).

Claro está que a preservação da diversidade, assim como da integridade do patrimônio genético antes mencionado, deverá não só estar necessariamente adaptada aos

---

se tornar pessoa humana já é meritória o bastante para acobertá-la, infraconstitucionalmente, contra tentativas levianas ou frívolas de obstar sua natural continuidade fisiológica. Mas as três realidades não se confundem: o embrião é o embrião, o feto é o feto e a pessoa humana é a pessoa humana. Donde não existir pessoa humana embrionária, mas embrião de pessoa humana. O embrião referido na Lei de Biossegurança (*in vitro* apenas) não é uma vida a caminho de outra vida virginalmente nova, porquanto lhe faltam possibilidades de ganhar as primeiras terminações nervosas, sem as quais o ser humano não tem factibilidade como projeto de vida autônoma e irrepetível. O direito infraconstitucional protege por modo variado cada etapa do desenvolvimento biológico do ser humano. Os momentos da vida humana anteriores ao nascimento devem ser objeto de proteção pelo direito comum. O embrião pré-implanto é um bem a ser protegido, mas não uma pessoa no sentido biográfico a que se refere a Constituição" (ADI 3.510, Rel. Min. Ayres Britto, j. 29-5-2008, Plenário, *DJe*, 28-5-2010).

16. *Organismos geneticamente modificados – OGM – são corpos vivos* (unicelulares ou multicelulares cujos diferentes componentes funcionam como um todo para realizar processos vitais; animais, plantas, fungos e micróbios são todos organismos) *cujo material genético – ADN/ARN* (os ácidos ADN e ARN são estruturas bioquímicas que contêm *informações* determinantes dos caracteres hereditários transmissíveis à descendência) *tenha sido modificado por qualquer técnica de engenharia genética na forma do que estabelece o art. 3º, V, da Lei n. 11.105/2005.*

17. A Medida Provisória n. 2.186-1916 já definia *patrimônio genético* como informação de origem genética, contida em amostras do todo ou de parte de espécime vegetal, fúngico, microbiano ou animal, na forma de moléculas e substâncias provenientes do metabolismo desses seres vivos e de extratos obtidos desses organismos vivos ou mortos, encontrados em condições *in situ*, inclusive domesticados, ou mantidos em coleções *ex situ*, desde que coletados em condições *in situ* no território nacional, na plataforma continental ou na zona econômica exclusiva.

Evidente que o uso do patrimônio genético brasileiro está adstrito ao que estabelece o art. 1º, I, da Carta Magna (a *Soberania* como fundamento destinado a interpretar as normas constitucionais em vigor) assim como ao que indica o art. 4º, I (o princípio da *Independência Nacional,* destinado a orientar as relações internacionais da República Federativa do Brasil).

Em se tratando de tutelar no plano constitucional, um dos mais importantes, senão o mais importante bem ambiental brasileiro – o patrimônio genético –, cabe ser didático: *o patrimônio genético brasileiro é um bem ambiental de uso comum do povo brasileiro, gerenciado pelo Estado brasileiro e vinculado a atividades de pesquisa e mesmo econômicas destinadas preponderantemente (mas não exclusivamente) a assegurar o piso vital mínimo (art. 6º da Constituição Federal).*

Daí a constitucionalidade do uso do patrimônio genético, não só destinado a atividades de pesquisa (§ 1º do art. 1º da Lei n. 11.105/2005) como a atividades comerciais (§ 2º do art. 1º da Lei n. 11.105/2005).

direitos dos destinatários da norma constitucional por força do que estabelece o art. 1º, III, da CF (brasileiros e estrangeiros residentes no País) como observar *o uso do patrimônio genético como bem ambiental*, em face da ordem econômica do capitalismo (art. 1º, IV, c/c o art. 170, VI, da CF).

Daí um dos pontos importantes da Lei n. 11.105/2005, no sentido de viabilizar no plano infraconstitucional o apoio e estímulo às empresas que invistam em pesquisa e criação de tecnologias adequadas ao Brasil (art. 218, § 4º, da CF) dentro de orientação constitucional voltada preponderantemente para a solução de problemas brasileiros, assim como para o desenvolvimento do sistema produtivo nacional e regional (arts. 3º e 218, § 2º, da CF), interpretação que veio a ser adotada em 2008 pelo Supremo Tribunal Federal concordando com nosso posicionamento jurídico[18].

A Lei n. 11.105/2005 se destina, portanto, a viabilizar no plano infraconstitucional a moderna visão de nossa Carta Magna, que já procurava destacar no final do século passado a necessidade de preservar não só a diversidade como a integridade de referido patrimônio genético brasileiro. A norma aludida não se esqueceu de também determinar em referido plano jurídico de que forma a incumbência constitucional destinada ao Poder Público, no sentido de fiscalizar as entidades que se dedicam à pesquisa, assim como manipulação de aludido material genético em nosso País, deverá ser realizada concretamente.

Dessarte, a autorização constitucional com os limites impostos na própria Carta Magna (arts. 1º, III, e 225, § 1º, II, IV e V, da CF) passa a ser regulamentada pela Lei n. 11.105/2005, visando a dar viabilidade jurídica à produção e comercialização[19], bem como emprego de técnicas (como a engenharia genética), métodos e substâncias que comportem risco para a vida, a qualidade de vida e o meio ambiente (art. 225, § 1º, V, da CF).

Como a produção, a comercialização, bem como o emprego de técnicas, métodos e substâncias que comportem riscos para a vida, a qualidade de vida e o meio ambiente serão controlados necessariamente pelo Poder Público e, na medida em que observarmos concretamente nas hipóteses antes mencionadas, a existência de atividades que pelo menos potencialmente possam causar significativa degradação ambiental, a Lei n. 11.105/2005 será interpretada no sentido de sempre observar a determinação

---

18. *Vide* o voto do Ministro Carlos Britto na Ação Direta de Inconstitucionalidade 3510-0-DF proposta pelo Procurador-Geral da República tendo por alvo o art. 5º da Lei federal n. 11.105 (Lei da Biossegurança), publicado integralmente em nossa *Revista Brasileira de Direito Ambiental*, ano 4, v. 13, jan./mar. 2008.

19. A Ministra Ellen Gracie, do Supremo Tribunal Federal, adotando nossa posição, exarou despacho observando que as atividades de produção e comercialização da soja geneticamente modificada foram "expressamente autorizadas pela Lei 11.105/2005 (Lei de Biossegurança) e pelo Decreto 5.534/2005, além de monitoradas pela Comissão Técnica Nacional de Biossegurança – CTNBio".

Destacou na oportunidade a Ministra do STF ser "premissa inafastável a conclusão de que as atividades relacionadas à soja transgênica, incluída a exportação comercial, estão, até o presente momento, dentro da plena legalidade" (*vide* STF, Suspensão de Segurança n. 2.912, apreciada em abril de 2006).

constitucional contida no art. 225, § 1º, IV, ou seja, o Estudo Prévio de Impacto Ambiental a que se dará sempre publicidade. Assim, o Poder Público deverá exigir, na forma da lei, o EIA sempre que ocorrer iniciativa destinada a instalar obra[20] ou mesmo atividade potencialmente causadora de significativa degradação ambiental.

A Lei n. 11.105/2005, estruturada basicamente, como já tivemos oportunidade de observar nos arts. 1º, I, III e IV; 3º, 218 e 219 e 225 da Constituição Federal, passa a organizar normas de segurança, assim como os mecanismos de fiscalização vinculados às seguintes atividades ou mesmo obras descritas no art. 1º, a saber:

1) *Construção* de Organismos Geneticamente Modificados e seus derivados;

2) *Cultivo* de Organismos Geneticamente Modificados e seus derivados;

3) *Produção* de Organismos Geneticamente Modificados e seus derivados;

4) *Manipulação* de Organismos Geneticamente Modificados e seus derivados;

5) *Transporte* de Organismos Geneticamente Modificados e seus derivados;

6) *Transferência* de Organismos Geneticamente Modificados e seus derivados;

7) *Importação* de Organismos Geneticamente Modificados e seus derivados;

8) *Exportação* de Organismos Geneticamente Modificados e seus derivados;

9) *Armazenamento* de Organismos Geneticamente Modificados e seus derivados;

10) *Pesquisa* de Organismos Geneticamente Modificados e seu derivados;

11) *Comercialização* de Organismos Geneticamente Modificados e seus derivados;

12) *Consumo* de Organismos Geneticamente Modificados e seus derivados;

13) *Liberação* no Meio Ambiente de Organismos Geneticamente Modificados e seus derivados;

14) *Descarte* de Organismos Geneticamente Modificados e seus derivados.

As 14 obras/atividades mencionadas no art. 1º poderão se desenvolver, desde que obedecendo às imposições constitucionais já mencionadas e orientadas necessariamente pelas diretrizes apontadas em referido artigo. São *diretrizes* fixadas no art. 1º da Lei n. 11.105/2005 destinadas a estruturar no plano infraconstitucional a Política Nacional de Biossegurança, o que segue:

1) *Primeira diretriz da Política Nacional de Biossegurança – o estímulo ao Avanço Científico na área de Biossegurança e Biotecnologia,* ou seja, diretriz destinada a incitar atividades destinadas ao desenvolvimento da sistematização do conhecimento nas áreas de *biossegurança* (a saber, conjunto de estudos e procedimentos que visam a controlar os eventuais problemas suscitados por pesquisas biológicas, assim como em face de suas aplicações) e *biotecnologia* (a saber, uso da ciência aplicada para produzir

---

20. *Obra*, no âmbito da Lei n. 11.105/2005, é tudo aquilo que resultar de um trabalho ou mesmo de uma ação humana no âmbito do patrimônio genético. A Constituição Federal de 1988 entendeu ser a obra fator fundamental vinculado à tutela dos bens ambientais (art. 225, § 1º, IV).

organismos vivos com características particulares, especialmente pela manipulação de material genético diferente; a biotecnologia vai da inseminação artificial à *engenharia genética*[21], merecendo destaque a denominada manipulação genética ou tecnologia de ADN recombinante, que nada mais é que a alteração de genes ou de material genético para produzir novos traços desejáveis nos organismos ou para eliminar os indesejáveis; cuida-se aqui da transferência artificial de genes de um organismo para outro semelhante ou inteiramente diferente).

A primeira diretriz fixada no art. 1º da Lei de Biossegurança estabelece no plano infraconstitucional os critérios destinados ao cumprimento da determinação constitucional contida no art. 218, que impõe ao Estado o dever de promover e incentivar o desenvolvimento científico, a pesquisa e a capacitação tecnológica, e apoiar a formação de recursos humanos nas áreas de ciência, pesquisa e tecnologia concedendo, assim, aos que delas se ocupem meios e condições especiais de trabalho (art. 218, § 3º, da CF).

A diretriz visa obviamente ao progresso das ciências no Brasil (art. 218, § 1º)[22], destinado evidentemente a assegurar a dignidade da pessoa humana (art. 1º, III, c/c o art. 218, § 1º, da CF) dentro de uma ordem jurídica adaptada à economia capitalista (art. 1º, IV, c/c o art. 170, VI, da CF): daí a clara orientação da Carta Magna para estabelecer que a pesquisa tecnológica deverá estar voltada preponderantemente para a solução dos problemas brasileiros, assim como para o desenvolvimento do sistema produtivo nacional e regional (art. 218, § 2º, c/c os arts. 3º e 170, VI, da CF).

Importa registrar que a orientação constitucional é destinada a brasileiros e estrangeiros residentes no País no plano dos direitos individuais e coletivos (art. 5º da CF): o Estado tem o dever de incentivar o desenvolvimento científico, a pesquisa e a capacitação tecnológica em face dos organismos geneticamente modificados, visando desde o cidadão pesquisador (o *cientista*[23]) até entidades organizadas em proveito

---

21. A Lei n. 11.105/2005 define *engenharia genética* como atividade de produção e manipulação de moléculas de ADN/ARN recombinante (art. 3º, V).

22. "O termo ciência, enquanto atividade individual, faz parte do catálogo dos direitos fundamentais da pessoa humana (inciso IX do art. 5º da CF). Liberdade de expressão que se afigura como clássico direito constitucional-civil ou genuíno direito de personalidade. Por isso que exigente do máximo de proteção jurídica, até como signo de vida coletiva civilizada. Tão qualificadora do indivíduo e da sociedade é essa vocação para os misteres da Ciência que o Magno Texto Federal abre todo um autonomizado capítulo para prestigiá-la por modo superlativo (capítulo de n. IV do Título VIII). A regra de que 'o Estado promoverá e incentivará o desenvolvimento científico, a pesquisa e a capacitação tecnológicas' (art. 218, *caput*) é de logo complementada com o preceito (§ 1º do mesmo art. 218), que autoriza a edição de normas como a constante do art. 5º da Lei de Biossegurança. A compatibilização da liberdade de expressão científica com os deveres estatais de propulsão das ciências que sirvam à melhoria das condições de vida para todos os indivíduos. Assegurada, sempre, a dignidade da pessoa humana, a Constituição Federal dota o bloco normativo posto no art. 5º da Lei n. 11.105/2005 do necessário fundamento para dele afastar qualquer invalidade jurídica (Min. Cármen Lúcia)" (ADI 3.510, Rel. Min. Ayres Britto, j. 29-5-2008, Plenário, *DJe*, 28-5-2010).

23. Embora criada a palavra *cientista* no século XIX pela Associação Britânica para o Progresso da Ciência (mais precisamente em 1840, em Glasgow), desde o momento em que a pessoa humana começou

da pesquisa, e estabelecer as regras de apoio e estímulo às empresas que invistam em pesquisa (art. 218, § 4º, da CF).

2) *Segunda diretriz da Política Nacional de Biossegurança – a proteção à vida e à saúde humana, animal e vegetal*, ou seja, diretriz destinada a impor no plano infraconstitucional não só ao Poder Público, mas também àqueles que se dedicam às atividades de pesquisa ou mesmo às atividades de uso comercial dos OGMs a defesa e preservação da vida, assim como saúde humana, animal e vegetal em face de obras/atividades vinculadas aos corpos vivos, cujo material genético – ADN/ARN venha a ser submetido a modificações por qualquer técnica de engenharia genética.

No que se refere à diretriz de proteção da vida humana, vale relembrar manifestação contida em nossa obra *O direito de antena em face do direito ambiental no Brasil*[24], a saber:

"Que poderíamos considerar, para efeito de tratamento constitucional, direito à vida humana?

O Prêmio Nobel de Medicina François Jacob destaca que para haver a possibilidade de vida 'é preciso que algumas moléculas se organizem e comecem a se reproduzir'".

A molécula é constituída por um grupo de átomos (átomo significa indivisível, tendo sua noção se concretizado dentro da ciência durante o século XIX; os químicos descobriram que massas relativamente envolvidas numa reação química podem ser explicadas supondo-se que todo composto químico é constituído de um número muito grande de moléculas idênticas e que cada uma é formada por certo número de átomos, geralmente diferentes), sendo correto afirmar que nas formas de vida atuais a duplicação das células (minúsculos componentes de que todos os seres vivos são constituídos) e a transmissão das características genéticas de uma espécie para outra se dá através do DNA (conhecido também como ADN, é a abreviação de ácido desoxirribonucleico). O núcleo celular contém, em abundância, substâncias que se combinam com os corantes básicos e que foram chamadas, por essa razão, de ácidos nucleicos. Existem dois tipos: DNA[25] e RNA[26]. São moléculas muito longas, de estrutura repetitiva, formadas

---

a reunir conhecimentos para sua vida diária, há cerca de 10.000 anos no Oriente Médio, teve início a atividade destinada a auxiliar a espécie humana.

Passando pela revolução que mudou a forma de encarar a natureza, gerando a moderna concepção científica (início do século XV até o fim do século XVI) até nossos dias em pleno século XXI, mulheres e homens como Tales de Mileto, Pitágoras, Hipócrates, Aristóteles, Euclides, Arquimedes, Galeno, Roger Bacon, Alberto Magno, Leonardo da Vinci, Paracelso (Theophrastus Philippus Aureolus Bombastus von Hohenheim), Gilbert, Vesálio, Copérnico, Kepler, Galileu Galilei, Descartes, Hooke, Halley, Newton, Herschel, Leibniz, Francis Bacon, James Watt, Fermat, Pascal, Cavendish, Coulumb, Galvani, Franklin, Priestley, Volta, Boyle, Lavoisier, Hutton, Leyden, Malpighi, Harvey, Lineu, Hales, Ray etc.

24. Saraiva, 2000, *passim*.

25. A Lei n. 11.105/2005 define *ácido desoxirribonucleico – ADN –* como material genético que contém informações determinantes dos caracteres hereditários transmissíveis à descendência (art. 3º, II).

26. Conhecido também como ARN (abreviação de ácido ribonucleico), existe no núcleo e no citoplasma das células. São moléculas extremamente longas com estrutura repetitiva formada por cadeias de

por uma cadeia de moléculas pequenas, os nucleotídeos. Cada nucleotídeo é composto de uma base, um açúcar (desoxirribose para o DNA, ribose para o RNA) e um fosfato.

O DNA funciona como um código em que estão todas as instruções que permitem a continuidade da vida. É ele que diz, por exemplo, se determinado ser vivo deve ter rabo e orelhas ou se terá asas, bicos e penas.

O problema é que o DNA não pode reproduzir-se sem um adequado suprimento de proteínas[27]. E para haver proteínas é preciso que antes exista vida.

Então como poderia surgir vida sem proteína e vice-versa?

É aquela história do ovo ou da galinha: quem veio primeiro, o DNA ou a proteína? Manfred Eigen explica que "os escolásticos[28] uma vez se perguntaram o que veio antes – se a galinha ou o ovo, ou seja, em termos mais modernos, as proteínas ou os ácidos nucleicos, a função ou a informação?

O mundo do RNA, portador da legislatura genética e um executivo funcional, talvez ofereça uma saída para esse dilema. Devo admitir que não sabemos (ainda) como as primeiras moléculas de RNA ingressaram no mundo. De uma perspectiva histórica, as proteínas deveriam ter aparecido primeiro, mas a precedência histórica não é necessariamente idêntica à precedência causal. A organização evolucionária exige armazenamento de informações autorreplicáveis e nós apenas conhecemos os ácidos nucleicos como capazes de assumir tal papel. Portanto, o RNA, ou um precursor, teria sido necessário para colocar o carrossel da evolução em movimento"[29].

Para tentar resolver esse dilema o cientista e pesquisador do Instituto Pasteur afirma que "a solução é tentar entender as origens da vida fora dos parâmetros pelos quais

---

pequenas moléculas, os nucleotídeos. *Vide O direito de antena em face do direito ambiental no Brasil*, Saraiva, 2000, *passim*.

A Lei n. 11.105/2005 define *ácido ribonucleico – ARN –* como material genético que contém informações determinantes dos caracteres hereditários transmissíveis à descendência (art. 3º, II).

27. A *proteína* é uma macromolécula biológica formada por uma ou várias cadeias de aminoácidos (moléculas que possuem uma função ácido carboxílico e uma função amina primária) eventualmente ligadas a um diferente grupo proteico. As proteínas representam mais da metade do peso seco das células e determinam a maior parte das estruturas e funções.

28. Explica Nicola Abbagnano que nos primeiros séculos da Idade Média era chamado de *scholasticus* o professor de artes liberais e, depois, o docente de filosofia ou teologia que lecionava primeiro na escola do convento ou da catedral, depois na Universidade, significando, portanto, a escolástica literalmente a filosofia da escola. O problema fundamental da escolástica é levar o homem a compreender a verdade revelada, uma vez que ela é o exercício da atividade racional (ou, na prática, o uso de alguma filosofia determinada, neoplatônica ou aristotélica), com vistas no acesso à verdade religiosa, à sua demonstração ou ao seu esclarecimento nos limites em que isso é possível "apresentando um arsenal defensivo contra a incredulidade e as heresias".

A *escolástica*, portanto, não é uma filosofia autônoma como, por exemplo, a filosofia grega: *seu dado ou sua limitação é o ensinamento religioso, o dogma.* Para exercer essa tarefa, não confia apenas nas forças da razão, mas chama em seu socorro a tradição religiosa ou filosófica, recorrendo às chamadas *auctoritates* (decisão de um concílio, de uma máxima bíblica, a *sententia* de um padre da Igreja ou mesmo de um grande filósofo pagão, árabe ou judaico). *Vide Dicionário de filosofia*, Martins Fontes, 1998.

29. Michael P. Murphy e Luke J. O'Neill, *O que é a vida – 50 anos depois – especulações sobre o futuro da biologia*, Editora Unesp/Cambridge University Press, 1997, *passim*.

a conhecemos atualmente. No começo, em vez de DNA, teríamos estruturas mais simples como o RNA". Ele tem dois atributos de que precisamos: sabemos que pode copiar a si mesmo e substituir o papel das proteínas como catalisador nessas reações.

Chegou-se pois à conclusão de que antes do mundo do DNA havia o RNA, mas para nós, especialistas, mesmo o RNA é demasiadamente complicado. Precisamos de algo anterior ao mundo do RNA, uma espécie de reação mineral, algum tipo de cristal ou argila, que poderia de certa forma manter a memória da reação.

É em torno disso que a discussão está girando hoje.

Para se ter uma referência jurídica possível destinada a verificar quando a vida humana tem seu início basta verificar qual o critério normativo (cultural) destinado a apontar quando a vida termina.

Com efeito, a legislação brasileira adota critério específico no sentido de definir juridicamente quando a vida termina. Conforme indica o art. 3º da Lei n. 9.434/97 a *morte encefálica* é definida por resolução do Conselho Federal de Medicina.

Referido Conselho, ao estabelecer que a morte encefálica seja caracterizada através da realização de exames clínicos e complementares durante intervalos de tempo variáveis (próprios para determinadas faixas etárias), considera que a parada total e irreversível das funções encefálicas equivale à morte, ou seja, observada a parada total e irreversível das funções do cérebro, e por via de consequência das funções neurais[30], a vida termina (Resolução n. 1.480, de 8-8-1997).

Dessarte, para a lei em vigor, a vida termina quando para a atividade nervosa.

Se a vida humana termina quando para a atividade nervosa, podemos concluir que a vida humana começa quando se inicia a atividade nervosa.

Daí ser possível afirmar, em face da legislação em vigor, que *a vida humana inicia quando começa o sistema nervoso, a saber, a partir de 14 dias de gestação*[31].

Em consequência, no âmbito jurídico, a proteção da vida humana deve ser observada não só em face do que estabelece a Lei n. 6.938/81, como também em decorrência do parâmetro jurídico definido na Lei n. 9.434/97 antes referido.

Daí resta evidente que a diretriz antes mencionada é destinada a *comandar* as normas de segurança e os mecanismos de fiscalização sobre a construção, o cultivo, a produção, a manipulação, o transporte, a transferência, a importação, a exportação, o armazenamento, a pesquisa, a comercialização, o consumo, a liberação no meio ambiente e o descarte de OGMs e seus derivados.

---

30. Estrutura constituída de células nervosas sendo o nervo um "cordão" que conduz impulsos formados por fibras motoras e sensitivas. *Vide Dicionário médico para leigos*, do Hospital das Clínicas da Faculdade de Medicina da Universidade de São Paulo – in <http://www.hcnet.usp.br>.

31. *Vide* Células-tronco adultas e embrionárias, artigo da Profa. Dra. Mayana Zatz, in *Revista Brasileira de Direito Ambiental*, coordenação de Celso Antonio Pacheco Fiorillo, ano 1, n. 1, Editora Fiuza. *Vide* ainda entrevistas da Profa. Dra. Mayana Zatz no jornal *O Estado de S.Paulo*, J4, 6-2-2005, bem como na revista *Pesquisa Fapesp*, n. 110, abril de 2005.

3) *Terceira diretriz da Política Nacional de Biossegurança – a observância do* princípio da precaução *para a proteção do meio ambiente,* ou seja, diretriz destinada a fazer cumprir no plano infraconstitucional o que estabelece o *caput* do art. 225 da Carta Magna. O princípio da prevenção ou da precaução foi expressamente adotado por nossa Constituição Federal, conforme já tivemos oportunidade de aduzir e é certo que a Política Nacional de Biossegurança pretendeu estabelecer no plano infraconstitucional a precaução, como princípio a ser observado no âmbito das normas de segurança, e mecanismos de fiscalização de atividades que envolvam organismos geneticamente modificados.

Juridicamente, o princípio da precaução deverá ser verificado caso a caso, ou seja, em face de eventual ameaça à vida em todas as suas formas, e os instrumentos do direito processual ambiental deverão dirimir a controvérsia. Dessarte, o que se procura é constatar *pericialmente* a eventual existência de lesão ou ameaça ao bem ambiental, a saber, através de *perícia complexa* poderemos ter resposta jurídica em face da efetiva caracterização do princípio da precaução.

Com efeito, conforme já tivemos oportunidade de manifestar, o conteúdo material do patrimônio genético previsto na Constituição Federal, assim como na Lei n. 11.105/2005, está a exigir dos profissionais de direito e, principalmente, dos juízes, preparo adequado.

# Capítulo XX
# MEIO AMBIENTE CULTURAL[1]

## 1. MEIO AMBIENTE E PATRIMÔNIO CULTURAL

Como já foi ressaltado, o meio ambiente possui, pelo seu próprio conceito desenvolvido no plano infraconstitucional em face da Lei n. 6.938/81, integrado ao art. 225 da Constituição Federal, uma conotação multifacetária, porquanto o objeto de proteção verifica-se em pelo menos cinco aspectos distintos (patrimônio genético, meio ambiente natural, artificial, cultural e do trabalho), os quais preenchem o conceito da sadia qualidade de vida.

Ao se tutelar o meio ambiente cultural, o objeto imediato de proteção relacionado com a qualidade de vida é o patrimônio cultural de um povo. Vejamos o seu conceito.

## 2. CONCEITO DE PATRIMÔNIO CULTURAL/BENS CULTURAIS

Como sabemos, a palavra "patrimônio" vem do latim *patrimonium* (*patri*, pai + *monium*, recebido), sendo certo que o termo estaria historicamente ligado ao conceito de herança. Assim, a palavra "patrimônio" estaria relacionada àquilo que se transmite por hereditariedade, ou seja, de pais para filhos ou de ascendentes para descendentes. Associada à cultura, a palavra "patrimônio" poderia ser explicada vinculada àquilo que se transmite em face dos atos, efeitos ou modos de cultivar dentro de um processo de formação e desenvolvimento vinculada às atividades de desenvolvimento da vida em todas as suas formas.

Daí, especificamente no âmbito das atividades da pessoa humana, o patrimônio cultural estaria então ligado fundamentalmente a uma noção de hereditariedade vinculada aos processos de formação e desenvolvimento das atividades da pessoa humana associados à cultura.

Um dos primeiros conceitos de patrimônio cultural foi trazido pelo art. 1º do Decreto-Lei n. 25/37, que determinava constituir patrimônio histórico e artístico nacional

---

1. Para um estudo detalhado, *vide* Celso Antonio Pacheco Fiorillo e Renata Marques Ferreira, *Tutela jurídica do patrimônio cultural brasileiro em face do direito ambiental constitucional*, Rio de Janeiro, Lumen Juris, 2018.

421

o conjunto dos bens móveis e imóveis existentes no País, cuja conservação seja de interesse público, quer por vinculação a fatos memoráveis da história do Brasil, quer por seu excepcional valor arqueológico ou etnográfico, bibliográfico ou artístico.

Nossa Constituição Federal de 1988 trouxe, todavia, em seu art. 216, um conceito para patrimônio cultural:

> "Art. 216. Constituem patrimônio cultural brasileiro os bens de natureza material ou imaterial, tomados individualmente ou em conjunto, portadores de referência à identidade, à ação, à memória dos diferentes grupos formadores da sociedade brasileira, nos quais se incluem:
>
> I – as formas de expressão;
>
> II – os modos de criar, fazer e viver;
>
> III – as criações científicas, artísticas e tecnológicas;
>
> IV – as obras, objetos, documentos, edificações e demais espaços destinados às manifestações artístico-culturais;
>
> V – os conjuntos urbanos e sítios de valor histórico[2], paisagístico, artístico, arqueológico".

Como se pode observar, a Constituição não faz restrição a qualquer tipo de bem, de modo que podem ser materiais ou imateriais, singulares ou coletivos, móveis ou imóveis. Além disso, são passíveis de proteção, independentemente do fato de terem sido criados por intervenção humana.

Para que um bem seja considerado como patrimônio histórico é necessária a *existência de nexo vinculante* com a identidade, a ação e a memória dos diferentes grupos formadores da sociedade brasileira.

Além disso, deve ser ressaltado que o art. 216 não constitui rol taxativo de elementos, porquanto se utiliza da expressão *nos quais se incluem*, admitindo que outros possam existir.

Assim, conforme estabelece o art. 216 da Constituição Federal, "constituem patrimônio cultural brasileiro os bens de natureza material e imaterial, tomados individualmente ou em conjunto, portadores de referência à identidade, à ação, à memória dos

---

2. Lei n. 11.904/2009: "Art. 5º Os bens culturais dos museus, em suas diversas manifestações, podem ser declarados como de interesse público, no todo ou em parte.

§ 1º Consideram-se bens culturais passíveis de musealização os bens móveis e imóveis de interesse público, de natureza material ou imaterial, tomados individualmente ou em conjunto, portadores de referência ao ambiente natural, à identidade, à cultura e à memória dos diferentes grupos formadores da sociedade brasileira.

§ 2º Será declarado como de interesse público o acervo dos museus cuja proteção e valorização, pesquisa e acesso à sociedade representar um valor cultural de destacada importância para a Nação, respeitada a diversidade cultural, regional, étnica e linguística do País".

diferentes grupos formadores da sociedade brasileira", sendo certo que, para a definição jurídica estabelecida pela Constituição Federal, o principal aspecto caracterizador do PATRIMÔNIO CULTURAL (BENS CULTURAIS) é sua condição interpretativa científica/técnica, ou seja, a circunstância pericial de determinado bem ser portador de referência à identidade, à ação, à memória dos diferentes grupos formadores da sociedade brasileira, ou seja, dos diferentes grupos que formaram E CONTINUAM FORMANDO a sociedade brasileira em face do PROCESSO CIVILIZATÓRIO indicado no art. 215, I, de nossa Lei Maior.

## 3. NATUREZA JURÍDICA DO PATRIMÔNIO CULTURAL

Todo bem referente a nossa cultura, identidade, memória etc., uma vez reconhecido como patrimônio cultural[3], integra a categoria de *bem ambiental* e, em decorrência disso, caracteriza-se preponderantemente como *difuso*.

Ademais, deve-se verificar que os arts. 215, *caput*, e 216, § 1º, ambos da Constituição Federal de 1988, determinam que:

"Art. 215. O Estado garantirá a todos o pleno exercício dos direitos culturais e acesso às fontes da cultura nacional, e apoiará e incentivará a valorização e a difusão das manifestações culturais.

(...)

Art. 216. (...)

§ 1º O Poder Público, com a colaboração da comunidade, promoverá e protegerá o patrimônio cultural brasileiro, por meio de inventários, registros, vigilância, tombamento e desapropriação, e de outras formas de acautelamento e preservação".

Ao estabelecer como dever do Poder Público, *com a colaboração da comunidade*, preservar o patrimônio cultural, a Constituição Federal ratifica a natureza jurídica do bem cultural em face de sua natureza jurídica de bem ambiental, porquanto esse *bem é constitucionalmente um bem de uso comum de todos e não um bem pertencente ao Poder Público*, tratando-se, pois, de bem objeto de gestão. Um domínio preenchido pelos elementos de fruição (uso e gozo do bem objeto do direito), sem comprometimento de sua integridade, para que outros titulares, inclusive os de gerações vindouras, possam também exercer com plenitude o mesmo direito.

Destarte, a partir da Carta Magna, os bens culturais passam a ter natureza jurídica de bens ambientais, aplicando-se-lhes todos os princípios como fundamentais do direito ambiental constitucional.

---

3. *Vide* STF, RE 121.140/RJ, 2ª Turma, Min. Maurício Corrêa, j. 26-2-2002, *DJ*, 23-8-2002.

## 4. COMPETÊNCIA SOBRE O PATRIMÔNIO CULTURAL

A *competência legislativa* relativa à proteção do patrimônio cultural, turístico e paisagístico é do tipo *concorrente*, já que inserida no art. 24, VII, do texto constitucional. Em decorrência, permite ao Município legislar suplementarmente naquilo que for de seu interesse local, conforme determina o art. 30, I e II.

Com isso, as normas gerais acerca do patrimônio histórico, turístico e paisagístico caberão à União, enquanto aos Estados, Distrito Federal e Municípios será possível legislar de forma a suplementá-las.

No tocante à *competência material*, a Constituição Federal determina no art. 23, III, IV e V, ser comum a todos os entes federados:

"Art. 23. É competência comum da União, dos Estados, do Distrito Federal e dos Municípios[4]:

(...)

III – proteger os documentos, as obras e outros bens de valor histórico, artístico e cultural, os monumentos, as paisagens naturais notáveis e os sítios arqueológicos;

IV – impedir a evasão, a destruição e a descaracterização de obras de arte e de outros bens de valor histórico, artístico ou cultural;

V – proporcionar os meios de acesso à cultura, à educação e à ciência".

Em face do exposto, percebe-se que a Constituição Federal evidenciou de forma clara a sua preocupação com o meio ambiente cultural, dando tratamento amplo ao tema e atribuindo a todos os entes competência material e legislativa (arts. 23, 24 e 30, I e II).

## 5. TOMBAMENTO AMBIENTAL CULTURAL

### 5.1. CONCEITO E CARACTERÍSTICAS

Previsto na atual Constituição Federal como uma das formas destinadas a promover e proteger o patrimônio cultural brasileiro por parte não só do Poder Público, mas também pela comunidade, consequência de um sistema normativo fundamentado em Estado Democrático de Direito, instituiu a Lei Maior o tombamento que podemos chamar de tombamento ambiental constitucional (uma vez que promove e protege os bens culturais que têm natureza jurídica de bens ambientais).

---

4. *Vide* Lei Complementar n. 140/2011 que fixa normas nos termos dos incisos III, VI e VII do *caput* e do parágrafo único do art. 23 da Constituição Federal para a cooperação entre a União, os Estados, o Distrito Federal e os Municípios nas ações administrativas decorrentes do exercício da competência comum relativas à proteção do meio ambiente, ao combate à poluição em qualquer de suas formas e a preservação das florestas, da fauna e da flora.

Trata-se de forma de acautelamento e preservação do patrimônio cultural brasileiro, fundamentada em proveito da dignidade da pessoa humana e da cidadania, em face de sistema econômico capitalista e estruturado em Estado Democrático de Direito.

O tombamento ambiental constitucional, por via de consequência, guardaria nos dias de hoje alguma semelhança com o vetusto e tradicional tombamento criado na Ditadura do Estado Novo em face de regra infraconstitucional (o Decreto-lei 25/37), somente com o nome sendo notória, conforme já tivemos oportunidade de aduzir[5], a absoluta ausência de conexão entre o instrumento do tombamento criado no plano infraconstitucional pelo Decreto-lei n. 25/37 (estruturado em Constituição Ditatorial, fundamentada em direito que se encontrava previsto dentro de um sistema constitucional orientado tão somente por "dois grandes interesses", que formavam "sua divisão em direito público e particular", e controlado de forma exclusiva pelo Estado/Poder Público) e o instrumento do tombamento ambiental criado pela Constituição Federal de 1988 (criado constitucionalmente no plano de um Estado Democrático de Direito, como forma de acautelamento e preservação dentro de um sistema de direitos individuais e coletivos orientado de forma pioneira por direitos metaindividuais adaptados aos bens ambientais de uso comum do povo e gerenciado pelo Estado e pela comunidade). Claro está que nossa Carta Magna adotou forma de acautelamento e preservação associada ao século XXI, que não guarda qualquer compatibilidade com os critérios constitucionais e infraconstitucionais que estruturam o tombamento previsto no famigerado Decreto-lei n. 25/37.

## 5.2. CLASSIFICAÇÃO DO TOMBAMENTO AMBIENTAL

### 5.2.1. Quanto à origem da sua instituição

Como veremos, não é somente por via legislativa ou por intermédio de um procedimento administrativo que é possível o tombamento, pois também pela via jurisdicional um certo bem pode ter reconhecido o seu valor cultural e, portanto, por determinação judicial, ser inscrito no Livro do Tombo respectivo. Vejamos.

### 5.2.1.1. Instituído por lei

A doutrina administrativa possui uma forte concepção de que o tombamento é ato exclusivamente administrativo. Todavia, segundo nosso entendimento, não há proibição de legislar-se sobre o tombamento, pois, se assim fosse, estaríamos suprimindo uma atividade legislativa sem qualquer amparo constitucional[6]. Argumenta-se que o

---

5. Celso Antonio Pacheco Fiorillo e Renata Marques Ferreira, *Tutela jurídica do patrimônio cultural brasileiro em face do direito ambiental constitucional*, Rio de Janeiro, Lumen Juris, 2018.

6. Nesse sentido temos Pontes de Miranda, ao comentar sobre a possibilidade de o tombamento ser instituído por via legislativa: "(...) basta para que o ato estatal protetivo – legislativo ou executivo, de acordo com a lei – seja permitido".

tombamento é ato administrativo da autoridade competente e não função abstrata da lei, de forma que esta tão somente estabelece as regras para sua efetivação[7].

Vale frisar a vantagem de um tombamento instituído por lei, pois só poderá ser desfeito se a medida também tiver sua gênese em ato do Poder Legislativo, respeitada a competência legislativa de cada um dos entes políticos.

### 5.2.1.2. Por ato do Executivo

O tombamento está historicamente associado à atuação administrativa. A inscrição no Livro do Tombo deve ser feita mediante um procedimento administrativo, porquanto consiste numa sucessão de atos preparatórios, essenciais à validade do ato final, que é a inscrição. O procedimento é previsto pelo Decreto-Lei n. 25/37.

### 5.2.1.3. Por via jurisdicional

Inexiste impedimento constitucional de que o tombamento seja feito por via jurisdicional. Na verdade, encontramos no art. 216 que a comunidade deve colaborar na preservação e proteção do bem cultural. Assim, uma das formas que pode ser utilizada é a ação coletiva, inclusive de natureza mandamental, de modo que o juiz expeça uma ordem determinando que seja tombado (inscrito no seu respectivo livro) um bem cultural.

Oportuno frisar que a referida inscrição é *prescindível* para a preservação e proteção do bem tutelado jurisdicionalmente, uma vez que a coisa julgada produz efeitos *erga omnes*, atingindo, dessa forma, toda a coletividade. Todavia, como o conceito de tombamento tem por conteúdo a inscrição no Livro do Tombo respectivo, a via jurisdicional *só será apta a alcançar* a medida se o ato final de registro for alcançado. Isso significa que o *tombamento não é a única forma de reconhecimento do bem como integrante do patrimônio cultural* do nosso país, mas é a única que *implica o registro* no Livro do Tombo. Portanto, quando isso ocorre por determinação judicial, o tombamento deu-se por via judicial. *Se o registro não for pedido, não há tombamento*, mas há proteção do bem cultural pelo respeito à coisa julgada *erga omnes*.

## 5.2.2. Quanto à eficácia

### 5.2.2.1. Provisório

O tombamento provisório[8] só é possível nos casos em que for instituído por via *jurisdicional* ou *executiva*. Pela primeira, será provisório quando o ato advier de uma liminar. Na via executiva, quando ocorrer a situação descrita no art. 10 do Decreto-Lei

---

7. Cf. Hely Lopes Meirelles, *Direito administrativo brasileiro*, São Paulo, Revista dos Tribunais, 1992, p. 369 e 606.

8. *Vide* REsp 753.534-MT, Rel. Min. Castro Meira, j. 25-10-2011, *Informativo* n. 152.

n. 25/37, isto é, o processo tiver início pela notificação. Além disso, o parágrafo único desse artigo ressalva que, para todos os efeitos, salvo a disposição do art. 13, o tombamento provisório equiparar-se-á ao definitivo.

### 5.2.2.2. Definitivo

O tombamento definitivo é possível nas três vias: executiva, legislativa e jurisdicional. Ocorrerá na primeira quando o processo tiver sido concluído pela inscrição dos bens no competente Livro do Tombo. Acontecerá na segunda quando do início da vigência da referida lei que o instituiu. Por fim, na terceira, quando sobre a sentença que tiver determinado a inscrição do bem no respectivo Livro do Tombo pairar a autoridade da coisa julgada.

### 5.2.3. Quanto ao bem a ser tombado

Dependendo da pessoa a que pertença o bem, o tombamento poderá ser de ofício, voluntário ou compulsório.

### 5.2.3.1. Bem público e bem difuso

O tombamento será de ofício quando o bem for difuso ou de domínio público. Neste caso, utiliza-se o mesmo procedimento, porquanto aludidos bens só ficam sob a administração do Estado.

O art. 5º do Decreto-Lei n. 25/37 regula o procedimento do tombamento de ofício:

> "Art. 5º O tombamento dos bens pertencentes à União, aos Estados e aos Municípios se fará de ofício, por ordem do Diretor do Serviço do Patrimônio Histórico e Artístico Nacional, mas deverá ser notificado à entidade a quem pertencer, ou sob cuja guarda estiver a coisa tombada, a fim de produzir os necessários efeitos".

### 5.2.3.2. Bem particular

Sendo o bem de propriedade particular, o tombamento pode ser voluntário ou compulsório, conforme determina o art. 6º do Decreto-Lei n. 25/37.

Será voluntário quando o proprietário requerer o tombamento ou concordar com a notificação que lhe foi dirigida.

O compulsório pode ocorrer de duas formas: ou pela anuência tácita, em face da inércia do proprietário diante da notificação, ou quando, após impugnação tempestiva à notificação, a decisão do Conselho Consultivo do Patrimônio lhe for desfavorável, efetivando-se, dessa forma, o tombamento compulsório.

## 6. PROTEÇÃO INTERNACIONAL DOS BENS CULTURAIS

A proteção de um patrimônio mundial, cultural e natural pode ser insuficiente em escala nacional, porquanto, não poucas vezes, tem-se a necessidade de recursos econômicos de grande vulto. Com isso, objetivando-se minimizar as ameaças de degradação e evitar o desaparecimento daquilo que retrata uma determinada identidade cultural, instituiu-se a proteção internacional dos bens culturais. Considera-se que "a degradação ou o desaparecimento de um bem do patrimônio cultural e natural constitui um empobrecimento nefasto do patrimônio de todos os povos do mundo"[9].

A proteção internacional dos bens culturais é realizada através da *Convenção Relativa à Proteção do Patrimônio Mundial Cultural e Natural*, que foi adotada em 1972 pela Conferência Geral da Unesco. Essa convenção passou a integrar o ordenamento jurídico brasileiro em 12 de dezembro de 1977, por meio do Decreto n. 80.978. A Unesco – Organização das Nações Unidas para a Educação, Ciência e Cultura, uma das agências especializadas da ONU, é responsável pela criação, implementação e manutenção do sistema mundial de proteção de bens culturais.

## 6.1. PROCEDIMENTO PARA INSCRIÇÃO DO BEM NA LISTA DO PATRIMÔNIO CULTURAL E NATURAL MUNDIAL

O procedimento é composto por quatro fases:

a) identificação do bem: o Estado integrante da convenção e interessado em promover a inscrição de um bem situado em seu território prepara um inventário dos bens;

b) proposta de inscrição: deverá especificar o bem, assim como descrever sua situação, fornecendo informações e indicando os critérios nos quais ele se enquadra para ser inscrito;

c) avaliação: o centro de patrimônio mundial verifica se as formalidades foram preenchidas e encaminha a documentação para o órgão técnico especializado, o qual deverá opinar sobre o *valor universal excepcional* do bem. Isso porque os bens considerados pela convenção são aqueles culturais ou naturais de valor universal excepcional;

d) decisão: de acordo com o parecer das agências especializadas, o bem é recomendado para o comitê, a quem cabe a decisão final, aceitando ou rejeitando o bem proposto.

A apresentação de novas propostas de inscrição encerra-se em 1º de julho de cada ano, e o comitê irá deferir ou indeferir a proposta de inscrição em dezembro do ano seguinte, de modo que o procedimento tem a duração de um ano e meio.

## 6.2. REPRESENTATIVIDADE E UNIVERSALIDADE DA LISTA DO PATRIMÔNIO CULTURAL

A Lista do Patrimônio Mundial contém mais de quinhentos bens e encontra-se em permanente expansão, porquanto a cada ano por volta de trinta novos sítios são inscritos. Todavia, apesar desses números, aludida lista nem sempre reflete a diversidade cultural e natural do mundo, porque os monumentos religiosos cristãos, as cidades históricas e a arquitetura elitista estão super-representados, enquanto certas culturas

---

9. Preâmbulo da Convenção relativa à Proteção do Patrimônio Mundial, Cultural e Natural.

tradicionais vivas e outras estruturas não monumentais mal aparecem. Na verdade, isso é reflexo da "questão da diversidade cultural, que, de um lado, é influenciada por um discurso pró-globalização da cultura e flexibilização da soberania e, de outro, convive com a dominação da cultura ocidental racional e individualista".

A convenção estipula também que deve ser atualizada e divulgada uma *Lista do Patrimônio Mundial em Perigo*. Os bens constantes nesta são os que correm perigo, estão de qualquer forma ameaçados e recebem atenção especial, de maneira que sua conservação exige trabalhos muito específicos. Nessa lista, faz-se a distinção entre catástrofes causadas pelos homens ou pela natureza. Os Estados-partes da convenção utilizam-na para mobilizar a assistência internacional para projetos de restauração ou chamar a atenção sobre as consequências de conflitos civis que os afetam.

## 6.3. FUNDO PARA O PATRIMÔNIO CULTURAL E NATURAL MUNDIAL

O Fundo para o Patrimônio Cultural e Natural Mundial em conjunto com a lista dos bens forma um dos meios para alcançar os objetivos de minimizar as ameaças de destruição e degradação do patrimônio cultural e natural mundial da convenção.

Esse fundo é formado pelas contribuições obrigatórias e voluntárias dos Estados integrantes ou de qualquer instituição que queira contribuir. Todavia, sua existência não retira a responsabilidade do Estado de proteger, conservar e valorizar os bens que integram a lista, através de seus próprios recursos. Isso porque a Unesco fornecerá aos Estados que necessitem assistência internacional no plano técnico, científico e financeiro, sendo neste último caso por meio do Fundo para o Patrimônio Cultural e Natural Mundial.

## 6.4. TOMBAMENTO PELA UNESCO?

Embora a atividade desenvolvida em torno dos bens que compõem a Lista do Patrimônio Cultural e Natural Mundial objetive sua conservação, preservação e restauração, o procedimento de inscrição desses bens como patrimônio mundial não constitui o instituto do tombamento. Este é ato de soberania nacional, cabendo ao país decidir em última instância o que preservar em seu território e de que modo fazê-lo. Além disso, vale frisar que o país onde está situado o bem não transfere suas responsabilidades administrativas e financeiras para a Unesco. Com isso, em princípio é o país que arca com os ônus de ter tombado um bem que constitui o patrimônio cultural de seu povo.

## 6.5. O BRASIL E OS BENS INSCRITOS NA LISTA (SÍTIOS DO PATRIMÔNIO CULTURAL E SÍTIOS DO PATRIMÔNIO NATURAL)

Atualmente, o país conta com 23 bens inscritos na lista do Patrimônio Mundial, pelo seu valor excepcional e universal para a cultura da humanidade, a saber[10]:

---

10. Disponível em: https://www.gov.br/turismo/pt-br/assuntos/noticias/patrimonios-da-humanidade-no-brasil-23-lugares-que-todo-mundo-deveria-conhecer.

**Sítios do patrimônio cultural (composto por monumentos, grupos de edifícios ou sítios que tenham um excepcional e universal valor histórico, estético, arqueológico, científico, etnológico ou antropológico):**

1980 – Cidade Histórica de Ouro Preto, Minas Gerais

1982 – Centro Histórico de Olinda, Pernambuco

1983 – Missões Jesuíticas Guarani, Ruínas de São Miguel das Missões, Rio Grande de Sul e Argentina

1985 – Centro Histórico de Salvador, Bahia

1985 – Santuário do Senhor Bom Jesus de Matosinhos, em Congonhas do Campo, Minas Gerais

1987 – Plano Piloto de Brasília, Distrito Federal

1991 – Parque Nacional Serra da Capivara, em São Raimundo Nonato, Piauí

1997 – Centro Histórico de São Luís do Maranhão

1999 – Centro Histórico da Cidade de Diamantina, Minas Gerais

2001 – Centro Histórico da Cidade de Goiás

2010 – Praça de São Francisco, na cidade de São Cristóvão, Sergipe

2012 – Rio de Janeiro, paisagens cariocas entre a montanha e o mar

2016 – Conjunto Moderno da Pampulha

2017 – Sítio Arqueológico Cais do Valongo

2019 – Paraty e Ilha Grande – Cultura e Diversidade

2021 – Sítio Roberto Burle Marx

**Sítios do patrimônio natural (formações físicas, biológicas e geológicas excepcionais, habitats de espécies animais e vegetais ameaçadas e áreas que tenham valor científico, de conservação ou estético excepcional):**

1986 – Parque Nacional de Iguaçu, em Foz do Iguaçu, Paraná e Argentina

1999 – Mata Atlântica – Reservas do Sudeste, São Paulo e Paraná

1999 – Costa do Descobrimento – Reservas da Mata Atlântica, Bahia e Espírito Santo

2000 – Complexo de Áreas Protegidas da Amazônia Central

2000 – Complexo de Áreas Protegidas do Pantanal, Mato Grosso e Mato Grosso do Sul

2001 – Áreas protegidas do Cerrado: Chapada dos Veadeiros e Parque Nacional das Emas, Goiás

2001 – Ilhas Atlânticas Brasileiras: Reservas de Fernando de Noronha e Atol das Rocas

# 7. RACISMO

## 7.1. CONCEITO DE RAÇA

Como relata Antônio Sérgio Alfredo Guimarães[11], *raça* é um conceito relativamente recente. Antes de adquirir qualquer conotação biológica, significou, por muito tempo, "um grupo ou categoria de pessoas conectadas por uma origem comum", como ensina o *Dictionary of race and ethnic relations*. Foi com esse sentido literário que o termo passou a ser empregado, na maioria das línguas europeias, a partir do início do século XVI. Teorias biológicas sobre as *raças* são ainda mais recentes. Datam do século XIX as teorias poligenistas, nas quais a palavra "raça passou a ser usada no sentido de tipo, designando espécies de seres humanos distintas tanto *fisicamente* quanto em termos de capacidade mental".

Depois que essas teorias perderam vigência, *raça* passou a significar "subdivisões da espécie humana distintas apenas porque seus membros estão isolados dos outros indivíduos pertencentes à mesma espécie". Mas, no pós-guerra, o conceito passou a ser recusado pela biologia. Tendo em vista a dificuldade de uma definição unânime, a Unesco reuniu, em três oportunidades, biólogos, geneticistas e cientistas sociais para a discussão de temas relacionados a *raças* e relações raciais.

Proveitosamente, algumas conclusões foram extraídas, entre elas a de que "as diferenças fenotípicas entre indivíduos e grupos humanos, assim como diferenças intelectuais, morais e culturais, não podem ser atribuídas, diretamente, a diferenças biológicas, mas devem ser creditadas a *construções socioculturais e a condicionantes ambientais*"[12].

E, sob essa análise, iniciamos o estudo do racismo no contexto do meio ambiente cultural.

## 7.2. ORIGEM E CONCEITO

Há divergências acerca da origem da palavra *racismo*. Alguns afirmam ter-se originado do francês, *racisme*, outros, do inglês, *racism*. De qualquer modo, quanto ao seu significado, sustenta-se refletir a superioridade de certas raças, qualidades, sentimentos, trazendo, como consequência, a segregação racial. Partindo-se da definição elaborada por Matteucci[13], que entende o racismo como a "referência do comportamento do indivíduo à raça a que pertence e, principalmente, o uso político de alguns resultados aparentemente científicos, para levar à crença da superioridade de uma raça sobre as demais", compreende-se que seu uso tem como objetivo "justificar e consentir atitudes de discriminação e perseguição contra as raças que se consideram inferiores".

---

11. *Racismo e antirracismo no Brasil*, São Paulo, Ed. 34, 1999, p. 21.

12. Antônio Sérgio Alfredo Guimarães, *Racismo*, cit., p. 22.

13. Norberto Bobbio, Nicola Matteucci e Gianfranco Pasquino, *Dicionário de política*, Brasília, Ed. Universidade de Brasília, 1986, p. 1.059.

A palavra *preconceito* vem do latim *praeconceptu* e significa conceito ou opinião formados antecipadamente, sem ponderação ou maior conhecimento de fatos.

Dessa forma, tem-se que racismo é uma das espécies de preconceito e consiste em uma prática (preconceituosa) que objetiva a segregação de indivíduo(s) de um determinado meio social.

Daí, nos termos da jurisprudência do STF, "a divisão dos seres humanos em raças resulta de um processo de conteúdo meramente político-social" (HC 82.424, Tribunal Pleno, Rel. Min. Moreira Alves, Rel. p/ acórdão Min. Maurício Corrêa, j. 17-9-2003), "de modo que o conceito jurídico associado ao racismo não pode ser delineado a partir de referências raciais ancoradas em compreensões científicas há muito superadas"[14].

## 7.3. TRATAMENTO CONSTITUCIONAL

O racismo foi objeto de tratamento constitucional pela primeira vez no Texto de 1967, alterado pela Emenda Constitucional n. 1, de 1969, em seu art. 153, §§ 1º e 8º, que determinava ao legislador infraconstitucional a punição do preconceito de raça ou da sua difusão[15].

Em razão da crescente preocupação com a tutela dos direitos humanos ocorrida nas últimas décadas, o legislador constituinte de 1988 dispensou tratamento direto ao racismo em pelo menos três passagens. Primeiramente, previu dentro do rol dos direitos e deveres individuais e coletivos do art. 5º, no seu inciso XLII, que:

"Art. 5º Todos são iguais perante a lei, sem distinção de qualquer natureza, garantindo-se aos brasileiros e aos estrangeiros residentes no País a inviolabilidade do direito à vida, à liberdade, à igualdade, à segurança e à propriedade, nos termos seguintes:

(...)

XLII – a prática do racismo constitui crime inafiançável e imprescritível, sujeito à pena de reclusão, nos termos da lei".

Verificamos que o legislador constituinte, além de prever a criminalização da prática do racismo como uma cláusula pétrea e, portanto, não sujeita a qualquer alteração restritiva, trouxe aludida infração penal como um crime inafiançável e imprescritível, determinando uma penalização mais severa.

Além dessa previsão, o legislador constituinte, ao preceituar os objetivos fundamentais da República Federativa do Brasil, determinou a promoção do bem de todos, sem preconceito de origem, *raça*, sexo, cor, idade e quaisquer outras formas de discriminação, conforme dispõe o art. 3º, IV, da Constituição Federal. Com isso,

---

14. RHC 134.682/BA, Recurso Ordinário em *Habeas Corpus*, 1ª Turma, Rel. Min. Edson Fachin, j. 29-11-2016, processo eletrônico, *DJe*-191, divulg. 28-8-2017, public. 29-8-2017.

15. *Enciclopédia Saraiva do direito*, São Paulo, Saraiva, 1977, v. 60, p. 37.

preocupou-se o legislador em determinar a satisfação de um dos fundamentos constitucionais do Estado brasileiro: a dignidade da pessoa humana, conforme previsão do art. 1º, III. Esclarece o i. Prof. José Afonso da Silva que:

"É a primeira vez que uma Constituição assinala, especificamente, objetivos do Estado brasileiro, não todos, que seria despropositado, mas os fundamentais, e, entre eles, uns que valem como base das prestações positivas que venham a concretizar a democracia econômica, social e cultural, a fim de efetivar na prática a dignidade da pessoa humana"[16].

Ademais, fixou nas relações internacionais da República Federativa do Brasil, entre os princípios norteadores delas, o repúdio ao terrorismo e ao *racismo*, conforme verificamos no art. 4º, VIII, da Constituição Federal[17].

Assim, o repúdio ao racismo aparece no texto constitucional como uma *garantia fundamental* da pessoa humana, *objetivo fundamental* do Estado brasileiro e *princípio* norteador das *relações internacionais* brasileiras. Aludidas previsões têm por fundamento comum a concretização de um dos princípios fundamentais brasileiros – a *dignidade da pessoa humana* – e determinam um referencial preenchedor do conteúdo normativo desse fundamento constitucional[18].

## 7.4. MEIO AMBIENTE E RACISMO

Como visto, o racismo consiste numa prática preconceituosa que determina a segregação social de indivíduos. O tratamento constitucional conferido ao tema teve por propósito, em última análise, determinar o *preenchimento do fundamento da dignidade da pessoa humana.*

Isso importa dizer que o repúdio ao racismo indica alguns dos elementos para a satisfação constitucional do fundamento da dignidade da pessoa humana. Evidentemente outros preceitos trazem também essa carga preenchedora do conteúdo normativo. Identificamos tal fato ao verificarmos, por exemplo, que a ordem econômica, a qual tem por fim assegurar a todos existência *digna*, é regida por princípios, que indicam, em última análise, o conteúdo jurídico de dignidade da pessoa humana. O mesmo raciocínio é aplicado em relação ao meio ambiente, o qual fixa indicadores que preenchem o mencionado fundamento constitucional.

---

16. *Curso de direito constitucional positivo*, 11. ed., São Paulo, Malheiros Ed., p. 107.

17. Exemplo disso pode ser dado ao citarmos a convenção internacional sobre a eliminação de todas as formas de discriminação racial, adotada na Assembleia Geral da ONU em 21 de dezembro de 1965, a qual, dentre outras considerações, ponderou que: "Considerando que a Declaração das Nações Unidas sobre a eliminação de todas as formas de discriminação racial de 10-12-1963 afirma solenemente a necessidade de eliminar rapidamente a discriminação racial através do Mundo em todas as suas formas e manifestações e de assegurar a compreensão e o respeito à dignidade da pessoa humana".

18. Nesse sentido, José Afonso da Silva, *Curso*, cit., p. 107.

Ao se permitir a prática de atos de segregação social por conta do preconceito racial, estar-se-á impossibilitando, no *âmbito individual*, a igualdade entre os homens, e, no *coletivo*, a concretização da sadia qualidade de vida, porquanto o segregado terá, parcial ou totalmente, inviabilizados a preservação e o cultivo de suas origens e culturas, não podendo ainda usufruir as mesmas condições sociais, econômicas ou culturais dos agentes segregadores.

Dessa forma, uma vez que se busca, através de um meio ambiente equilibrado, a satisfação da sadia qualidade de vida, a prática do racismo vem, *em detrimento dos critérios culturais* (os quais compõem, como foi visto, o aspecto do meio ambiente cultural), a *inviabilizar o exercício regular de direitos* por parte da pessoa, grupos ou coletividade de segregados.

Deve-se verificar que o racismo não se caracteriza somente pela discriminação, mas sim *em razão da violação de direitos que essa discriminação possa gerar*. Caracteriza-se pela lesão de direitos, porque o próprio Texto Constitucional prescreve situações discriminatórias, e até mesmo ao legislador infraconstitucional foi permitido fazê-lo, desde que a discriminação tivesse por base correlação entre o critério discriminatório e o seu fundamento.

Desse modo, diante de uma *discriminação racial atentatória aos direitos* dos indivíduos total ou parcialmente excluídos, estará configurada a prática preconceituosa do racismo, gerando evidentemente o pagamento de indenização por dano moral por parte daqueles que agem com preconceito racial.

## 7.5. PREVISÕES INFRACONSTITUCIONAIS SOBRE O RACISMO[19]

### 7.5.1. Histórico

Iniciando-se a análise da matéria pelas Ordenações do Reino, observamos que as Afonsinas (1446 a 1521), as Manuelinas (1521 a 1603) e as Filipinas (1603 a 1830) tinham como características a discriminação multifacetária de ordem política, racial, social, religiosa e econômica, impondo-se tratamento e penas distintas de acordo com cada um dos valores discriminados.

Com a proclamação da Independência e a entrada em vigor do primeiro Código Penal brasileiro em 1830 – o Código Criminal do Império –, manteve-se presente a discriminação racial, até mesmo porque a escravatura ainda perdurava. A proclamação da República, todavia, determinou transformações de ordem filosófico-política e econômico-social, impondo-se a elaboração de um novo Código Penal. Isso ocorreu em 1890, entretanto, o legislador da época não fez qualquer menção à punição de atos discriminatórios. Em relação ao Código Penal de 1940, também nenhuma alusão foi feita quanto à criminalização de condutas preconceituosas de qualquer ordem.

---

19. O apanhado histórico foi extraído das notas esquemáticas para a monografia do crédito de direito penal ambiental do mestrando Naul Luiz Felca.

## 7.5.2. Legislação aplicável

A Lei n. 7.716, de 5 de janeiro de 1989, é a legislação vigente aplicável aos crimes resultantes de preconceitos de raça e cor[20]. Aludido texto teve vários dispositivos alterados pelas Leis n. 8.081/90, 8.882/94, 9.459/97 e 12.288 (Estatuto da Igualdade Racial)[21].

---

20. Determina a Lei n. 12.288/2010:

"Art. 60. Os arts. 3º e 4º da Lei n. 7.716, de 1989, passam a vigorar com a seguinte redação em face da Lei 12.288/10 (Estatuto da Igualdade Racial):

'Art. 3º (...)

Parágrafo único. Incorre na mesma pena quem, por motivo de discriminação de raça, cor, etnia, religião ou procedência nacional, obstar a promoção funcional.' (NR)

'Art. 4º (...)

§ 1º Incorre na mesma pena quem, por motivo de discriminação de raça ou de cor ou práticas resultantes do preconceito de descendência ou origem nacional ou étnica:

I – deixar de conceder os equipamentos necessários ao empregado em igualdade de condições com os demais trabalhadores;

II – impedir a ascensão funcional do empregado ou obstar outra forma de benefício profissional;

III – proporcionar ao empregado tratamento diferenciado no ambiente de trabalho, especialmente quanto ao salário.

§ 2º Ficará sujeito às penas de multa e de prestação de serviços à comunidade, incluindo atividades de promoção da igualdade racial, quem, em anúncios ou qualquer outra forma de recrutamento de trabalhadores, exigir aspectos de aparência próprios de raça ou etnia para emprego cujas atividades não justifiquem essas exigências.' (NR)"

21. Estabelece, ainda, o Estatuto da Igualdade Racial:

"Art. 64. O § 3º do art. 20 da Lei n. 7.716, de 1989, passa a vigorar acrescido do seguinte inciso III:

'Art. 20. (...)

§ 3º (...)

III – a interdição das respectivas mensagens ou páginas de informação na rede mundial de computadores.

(...)'".

Esta é a redação do art. 20 determinada pela Lei n. 9.459/97:

"Art. 20. Praticar, induzir ou incitar a discriminação ou preconceito de raça, cor, etnia, religião ou procedência nacional.

Pena: reclusão de um a três anos e multa.

§ 1º Fabricar, comercializar, distribuir ou veicular símbolos, emblemas, ornamentos, distintivos ou propaganda que utilizem a cruz suástica ou gamada, para fins de divulgação do nazismo.

Pena: reclusão de dois a cinco anos e multa.

§ 2º Se qualquer dos crimes previstos no *caput* é cometido por intermédio dos meios de comunicação social ou publicação de qualquer natureza:

Pena: reclusão de dois a cinco anos e multa.

§ 3º No caso do parágrafo anterior, o juiz poderá determinar, ouvido o Ministério Público ou a pedido deste, ainda antes do inquérito policial, sob pena de desobediência:

I – o recolhimento imediato ou a busca e apreensão dos exemplares do material respectivo;

II – a cessação das respectivas transmissões radiofônicas ou televisivas.

Vejamos como o tema vem sendo tratado.

A intenção do legislador foi estender a criminalização a todas as condutas discriminatórias decorrentes de preconceito de raça, cor, etnia, religião ou procedência nacional, abrangendo, assim, bens jurídicos que até então eram desconsiderados para efeito de tutela penal. A Lei n. 9.459/97[22] modificou os arts. 1º e 20 da Lei n. 7.716/89, este último encontrando-se redigido da seguinte forma:

"Art. 20. Praticar, induzir ou incitar a discriminação ou preconceito de raça, cor, etnia, religião ou procedência nacional.

Pena – reclusão de 1 (um) a 3 (três) anos e multa.

§ 1º Fabricar, comercializar, distribuir ou veicular símbolos, emblemas, ornamentos, distintivos, propaganda que utilizem a cruz suástica ou gamada, para fins de divulgação do nazismo.

Pena – reclusão de 2 (dois) a 5 (cinco) anos e multa.

§ 2º Se qualquer dos crimes previstos no *caput* é cometido por intermédio dos meios de comunicação social ou publicação de qualquer natureza.

Pena – reclusão de 2 (dois) a 5 (cinco) anos e multa".

Verifica-se, portanto, uma significativa amplitude em relação às formas de discriminação, sem, todavia, estarem abrangidas outras também relevantes, como as questões do sexo ou do estado civil, da opção sexual, da condição física ou social e da origem[23].

---

§ 4º Na hipótese do § 2º, constitui efeito da condenação, após o trânsito em julgado da decisão, a destruição do material apreendido".

22. A Lei n. 12.033, de 29 de setembro de 2009, tornou pública condicionada a ação penal em razão de injúria consistente na utilização de elementos referentes a raça, cor, etnia, religião, origem ou a condição de pessoa idosa ou portadora de deficiência.

23. O Superior Tribunal de Justiça julgou em 18 de dezembro de 2001 (Processo HC 15.155 – *Habeas Corpus* – Impetrante: Werner Cantalício João Becker; Impetrado: Terceira Câmara Criminal do Tribunal de Justiça do Estado do Rio Grande do Sul), tendo como relator o ilustre Ministro Gilson Dipp, a incitação ao preconceito ou à discriminação de raça uma prática racista, mantendo a condenação de um editor de livros chamado Siegfried Ellwanger por editar bem como vender obras com mensagens antissemitas, interpretando, pela primeira vez, o art. 20 da Lei n. 7.716/89. Condenado pelo Tribunal de Justiça do Rio Grande do Sul a dois anos de reclusão, com *sursis* (suspensão condicional da pena) pelo prazo de quatro anos, o editor de livros antes referido entrou com *habeas corpus* no STJ para que fosse retirada da condenação a acusação de racismo, entendendo destarte que estaria em condições de requerer a extinção da pena de dois anos (prevista no art. 20 da Lei n. 7.716/89) que lhe havia sido imposta pela "edição e venda de livros fazendo apologia de ideias preconceituosas e discriminatórias". A defesa sustentava que o editor não poderia ser condenado pela prática do racismo, pois "o incitamento contra o judaísmo", do qual foi acusado, não teria conotação racial na medida em que, segundo a defesa, "judeu não seria raça e sim povo" (tese reforçada pela citação de um trecho da declaração da Unesco sobre diferenças raciais, a saber: "Os muçulmanos, os judeus, não formam uma raça, assim como os católicos ou os protestantes..."), afirmando ainda os defensores do editor que a definição de judeu como raça "encontra sempre o veemente repúdio de toda a comunidade judaica, tanto pelos antropólogos judeus, quanto pelos rabinos e pela sua intelectualidade".

Conforme verificamos, o § 1º do art. 20 busca impedir a disseminação ou divulgação de qualquer símbolo que tenha como referencial a *suástica*. Esta palavra é proveniente da antiga língua europeia sagrada da civilização brâmane, escrita com alfabeto próprio, o sânscrito[24]. Etimologicamente, significa boa sorte. Trata-se de um símbolo cruciforme, com as hastes recurvas, formando quatro ângulos retos, como o gamal maiúsculo, que representa a felicidade, a saudação e a salvação entre brâmanes e budistas. Essa cruz com os braços voltados para a direita veio a ser adotada pelo hitlerismo como emblema oficial do partido nazista e do Terceiro *Reich*[25].

## 7.6. O RACISMO E A BIOTECNOLOGIA

O racismo é de longa data uma preocupação do legislador e, de fato, não poderia ser de outra forma, porque essa prática repercute nas esferas individual, violando o tradicional preceito de igualdade, e coletiva, inviabilizando a obtenção da sadia qualidade de vida, preceituada pelo legislador constituinte de 1988.

O Brasil, apesar de comportar intensa miscigenação de povos e raças, é palco constante da prática de segregação racial, que se encontra diretamente relacionada com a discriminação socioeconômica. Na verdade, o conceito de racismo tem sido superado pela própria prática capitalista. O sistema capitalista brasileiro (não que isso seja exclusividade do nosso país) criou outras linhas diferenciadoras, de modo que indivíduos que, em típica casuística, estariam sujeitos a práticas racistas não são discriminados por conta da sua capacidade econômica.

Em razão disso, temos que a revolução biotecnológica pode representar ameaça à identidade humana. Em decorrência, estaremos sujeitos "a um *refinamento* dos mecanismos de discriminação racial, assentados marcantemente no patrimônio genético que cada ser humano possui e que, por sua vez, permite-lhe ser diferente de todos os outros, o que enriquece o homem e constrói o equilíbrio social"[26]. Assim, será possível creditar ao emprego da biotecnologia a alteração da linha de continuidade do patrimônio genético, estabelecendo-se outros meios de discriminação racial.

---

Todavia, o ilustre relator salientou em sua decisão que o que deveria ser ressaltado é que a condenação do editor se deu por delito contra a comunidade judaica, não se podendo abstrair o racismo de tal comportamento, sendo certo que não se poderia fazer diferenciação entre as figuras da prática, da incitação ou do induzimento, para fins de configuração do racismo na medida em que, segundo o Ministro Gilson Dipp, todo aquele que pratica uma destas três condutas discriminatórias ou preconceituosas é autor do delito de racismo, inserindo-se, em princípio, no âmbito da tipicidade direta. Tais condutas, segundo ensinou o magistrado, estariam a caracterizar um crime formal, de mera conduta, não se exigindo a realização do resultado material para a sua configuração, bastando, para tanto, a concretização do comportamento típico, como descrito na legislação, com a intenção de sua realização.

24. Cf. *Dicionário da língua portuguesa*, São Paulo, Larousse Cultural/Nova Cultural, p. 1.011.

25. *Dicionário Aurélio* 2.0.

26. Stela Marcos de Almeida Barbas, *Direito ao patrimônio genético*, Coimbra, Livr. Almedina, 1998, p. 18.

## 7.7. ESTATUTO DA IGUALDADE RACIAL (LEI N. 12.288/2010) EM FACE DO MEIO AMBIENTE CULTURAL E OS DANOS CAUSADOS POR DISCRIMINAÇÃO ÉTNICA

A Lei n. 12.288/2010 instituiu no plano infraconstitucional o denominado Estatuto da Igualdade Racial, "destinado a garantir à população negra a efetivação da igualdade de oportunidades, a defesa dos direitos étnicos individuais, coletivos e difusos e o combate à discriminação e às demais formas de intolerância étnica" (art. 1º)[27 e 28].

População negra, para os efeitos da norma antes indicada, é "o conjunto de pessoas que se autodeclaram pretas e pardas, conforme o quesito cor ou raça usado pela Fundação Instituto Brasileiro de Geografia e Estatística (IBGE), ou que adotam autodefinição análoga" (art. 1º, parágrafo único, IV) sendo certo que, em face do Estatuto, direitos fundamentais vinculados à saúde da população negra (art. 6º) passam a orientar o que seria para o legislador uma Política Nacional de Saúde Integral da População Negra (arts. 7º e 8º).

O estudo da história geral da África e da história da população negra no Brasil passa a ser obrigatório nos estabelecimentos de ensino fundamental e de ensino médio, públicos e privados (art. 11), sendo certo que os arts. 215 e 216 da Carta Magna passam a ter regulamentação específica no que se refere à cultura da população negra (arts. 17 a 19), inclusive com regra específica de proteção da capoeira, que passa a ser reconhecida como desporto de criação nacional, nos termos do art. 217 da Constituição Federal (arts. 20 a 22).

O direito à liberdade de consciência e de crença, bem como ao livre exercício dos cultos religiosos de matriz africana, mereceu Capítulo específico (Capítulo III, arts. 23 a 26), assim como o acesso à terra e à moradia adequada (Capítulo IV, arts. 27 a 37) e ao trabalho (Capítulo V, arts. 38 a 42).

O dano causado por ato de discriminação étnica, nos termos do art. 1º do Estatuto da Igualdade Racial, a saber, "toda distinção, exclusão, restrição ou preferência baseada em raça, cor, descendência ou origem nacional ou étnica que tenha por objeto anular ou restringir o reconhecimento, gozo ou exercício, em igualdade de condições, de direitos humanos e liberdades fundamentais nos campos político, econômico, social, cultural ou em qualquer outro campo da vida pública ou privada" (art. 1º, parágrafo único, I), mereceu importante observação por parte da Lei n. 12.288/2010, que acrescentou dispositivo à Lei n. 7.347/85[29].

---

27. *Vide* ADPF 186, Rel. Min. Ricardo Lewandowski, j. 26-4-2012, Plenário, *Informativo* 663. No mesmo sentido: RE 597.285, Rel. Min. Ricardo Lewandowski, j. 9-5-2012, Plenário, *Informativo* 665, com repercussão geral.

28. *Vide* ADI 3.330, Rel. Min. Ayres Britto, j. 3-5-2012, Plenário, *Informativo* 664.

29. "Art. 62. O art. 13 da Lei n. 7.347, de 1985, passa a vigorar acrescido do seguinte § 2º, renumerando-se o atual parágrafo único como § 1º:

'Art. 13. (...)

Dessarte, com fundamento no Estatuto da Igualdade Racial, passam a ter amparo jurídico, sem prejuízo da ação popular ambiental, as ações de responsabilidade por danos morais e patrimoniais causados à população negra, na forma do que estabelece o direito processual ambiental em vigor.

## 8. LIBERDADE DE CRENÇA E A TUTELA DAS RELIGIÕES EM FACE DO MEIO AMBIENTE CULTURAL

As religiões[30 e 31], enquanto diferentes relações existentes entre a pessoa humana e o chamado poder sobre-humano no qual ela acredita ou da qual se sente dependente[32 e 33], sempre estiveram associadas às questões existenciais surgidas em diferentes culturas e em nosso país absolutamente vinculadas aos modos de viver dos diferentes grupos

---

§ 1º (...)

§ 2º Havendo acordo ou condenação com fundamento em dano causado por ato de discriminação étnica nos termos do disposto no art. 1º desta Lei, a prestação em dinheiro reverterá diretamente ao fundo de que trata o *caput* e será utilizada para ações de promoção da igualdade étnica, conforme definição do Conselho Nacional de Promoção da Igualdade Racial, na hipótese de extensão nacional, ou dos Conselhos de Promoção de Igualdade Racial estaduais ou locais, nas hipóteses de danos com extensão regional ou local, respectivamente'."

30. É interessante ressaltar, como ensinam Hellern, Notaker e Gaarder, que, dentre as várias formas de religião registradas durante toda a história, podemos explicar como uma das tentativas possíveis no sentido de localizar como elas teriam surgido a possibilidade de que o homem logo teria começado a ver as coisas ao seu redor como animadas, acreditando que os animais, as plantas, os rios, as montanhas, o sol, a lua e as estrelas continham espíritos, os quais era fundamental apaziguar. Essa crença, batizada pelo antropólogo E. B. Tylor (1832-1917) de *animismo*, ainda que discutível nos dias de hoje, sem dúvida alguma já relacionava a pessoa humana em face do meio ambiente natural. *Vide O livro das religiões*, 7. imp., Cia. das Letras, 2001, *passim*.

31. Para C. G. Jung, "religião é – como diz o vocábulo latino *religere* – uma acurada e conscienciosa observação daquilo que Rudolf Otto acertadamente chamou de 'numinoso', isto é, uma existência ou um efeito dinâmico não causados por um ato arbitrário. Pelo contrário, o efeito se apodera e domina o sujeito humano, mais sua vítima do que seu criador. Qualquer que seja sua causa, o numinoso constitui uma condição do sujeito e é independente de sua vontade. De qualquer modo, tal como o *consensus*, a doutrina religiosa mostra-nos invariavelmente e em toda a parte que esta condição deve estar ligada a uma causa externa do indivíduo. O numinoso pode ser a propriedade de um objeto visível, ou o influxo de uma presença invisível, que produzem uma modificação especial na consciência. Tal é, pelo menos, a regra universal". *Vide Psicologia da religião ocidental e oriental*, Petrópolis, Vozes, 1983, *passim*.

32. Hellern, Notaker e Gaarder indicam algumas definições de religião que consideram famosas, como a de Schleiermacher ("A religião é um sentimento ou uma sensação de absoluta dependência"), a de Tiele, que adotamos ("Religião significa a relação entre o homem e o poder sobre-humano no qual ele acredita ou do qual se sente dependente. Essa relação se expressa em emoções especiais – confiança, medo – conceitos – crença – e ações – culto e ética), bem como a de Glasenapp ("A religião é a convicção de que existem poderes transcendentes, pessoais ou impessoais, que atuam no mundo, e se expressa por *insight*, pensamento, sentimento, intenção e ação"). *Vide O livro das religiões*, cit., *passim*.

33. "*Religio est, quae superioris cuiusdam naturae (quam divinam vocant) curam caeremoniamque affert.*" Cícero, *De Inventione Rhetorica*, II, p. 147 (religião é aquilo que nos incute zelo e um sentimento de reverência por certa natureza de ordem superior que chamamos divina). Citado por C. G. Jung, *Psicologia*, cit.

formadores da sociedade brasileira, o que gerou a existência de um verdadeiro politeísmo estabelecido por nosso processo civilizatório[34].

Embora essa relação, conforme visão que adotamos, possa expressar-se em emoções especiais (confiança, medo) e ações fundadas em determinada ética, restou bem evidenciada por nossa Carta Magna a proteção dos conceitos (crença) e ações (culto) expressados em aludido pacto.

Dessarte, ao garantir a liberdade de crença a brasileiros e estrangeiros residentes no País na forma do que estabelece o art. 5º, VI, da Constituição Federal, *procurou nosso direito positivo resguardar a religião fundamentalmente em seus aspectos conceituais (onde a crença se revela como fator intelectual da religião em face de um conjunto de ideias sobre ela que se expressam por cerimônias religiosas – ritos – pela arte e principalmente pela linguagem, como direito material constitucional coletivo*[35], não se olvidando da liberdade de crença também como direito material constitucional individual[36]. Assim, a religião como direito material constitucional metaindividual está

---

34. "EMENTA: Recurso ordinário em *habeas corpus*. Denúncia. Princípio da correlação. Observância. Trancamento da ação penal. Descabimento. Liberdade de manifestação religiosa. Limites excedidos. Recurso ordinário não provido. 1. Inexiste violação do princípio da correlação quando há relação entre os fatos imputados na denúncia e os motivos que levaram ao provimento do pedido da condenação. 2. O direito à liberdade religiosa é, em grande medida, o direito à existência de uma multiplicidade de crenças/descrenças religiosas, que se vinculam e se harmonizam – para a sobrevivência de toda a multiplicidade de fés protegida constitucionalmente – na chamada tolerância religiosa. 3. Há que se distinguir entre o discurso religioso (que é centrado na própria crença e nas razões da crença) e o discurso sobre a crença alheia, especialmente quando se faça com intuito de atingi-la, rebaixá-la ou desmerecê-la (ou a seus seguidores). Um é tipicamente a representação do direito à liberdade de crença religiosa; outro, em sentido diametralmente oposto, é o ataque ao mesmo direito. 4. Como apontado pelo Superior Tribunal de Justiça no julgado recorrido, a conduta do paciente não consiste apenas na 'defesa da própria religião, culto, crença ou ideologia, mas, sim, de um ataque ao culto alheio, que põe em risco a liberdade religiosa daqueles que professam fé diferente [d]a do paciente'. 5. Recurso ordinário não provido" (RHC 146.303/RJ, Recurso Ordinário em *Habeas Corpus*, 2ª Turma, Rel. Min. Edson Fachin, j. 6-3-2018, processo eletrônico, *DJe*-159, divulg. 6-8-2018, public. 7-8-2018).

35. Explicam os autores de *O livro das religiões* que um aspecto importante em todas elas é a irmandade entre seus seguidores, formando-se tipos específicos de comunidades regulamentadas e sendo nomeados representantes para dirigir o culto religioso. A *ORGANIZAÇÃO* é, por via de consequência, um aspecto de muita relevância para as religiões (além da crença, cerimônia e experiência), sendo certo que a maioria delas possui inclusive "funcionários" próprios, com responsabilidade exclusiva pelas formalidades do culto e por outras tarefas religiosas. Destacam que "os padres, os líderes de culto e os curandeiros têm deveres religiosos diferentes, mas todos eles desfrutam de um *status* superior especial. Os sacerdotes também costumam agir como líderes da organização de seu rebanho e podem pertencer a uma entidade maior, comandada por um bispo ou arcebispo. Determinadas organizações (como a igreja católica romana) são rigidamente estruturadas em linhas internacionais e contam com um líder absoluto. Outras igrejas podem atuar no plano nacional (como a da Noruega) ou no plano da congregação local (como o pentecostalismo)".

36. A inviolabilidade da liberdade de crença no plano individual tutela inclusive os brasileiros considerados "sem religião", que representavam nos anos 90 cinco por cento da população brasileira. O legislador constitucional não se olvidou de proteger a relação entre a pessoa humana e o chamado poder sobre-humano no plano da inviolabilidade da intimidade e sem qualquer relação com ideias bem definidas sobre o sentido da vida e que se expressem em decorrência de ritos ou mesmo por uma arte preestabelecida.

associada ao crente em face de determinado conceito com "ideias bem definidas sobre como a comunidade e o mundo vieram a existir, sobre a divindade e o sentido da vida", configurando o repertório de ideias da religião que justamente se expressam por cerimônias religiosas (ritos) e pela arte, mas em primeiro lugar pela linguagem, tendo como exemplo de referidas expressões as "escrituras sagradas, credos, doutrinas ou mitos", na lição de Hellern, Notaker e Gaarder[37].

O repertório de ideias da religião está por via de consequência associado à referência, à identidade, à ação, à memória dos diferentes grupos formadores da sociedade brasileira, o que significa dizer que as religiões no Brasil estão intimamente ligadas aos grupos participantes do processo civilizatório nacional possibilitando-nos afirmar que existem em nosso país ideias de religião associadas às manifestações das culturas populares, indígenas, afro-brasileiras, assim como de outros grupos participantes do processo antes mencionado.

A tutela constitucional do meio ambiente cultural assegura, por via de consequência, a liberdade de crença a todo brasileiro e estrangeiro residente no País, enquanto direito material constitucional metaindividual estruturado geralmente em face de cultos religiosos, dentro dos parâmetros estabelecidos nos arts. 215 e 216 da Constituição Federal.

Claro está que a liberdade de crença[38] vinculada ao livre exercício dos cultos religiosos se adapta a toda e qualquer religião que, na condição de bem de natureza imaterial, seja portadora de referência à identidade, à ação, à memória de quaisquer dos grupos formadores da sociedade brasileira mencionados no art. 215, § 1º, da Carta Magna. *Em consequência, o direito de livre exercício dos cultos religiosos (como conjunto das cerimônias de uma religião), assim como a proteção aos locais*

---

37. *O livro das religiões*, cit., *passim*.

38. "EMENTA: Ação direta de inconstitucionalidade. Norma estadual que oficializa a bíblia como livro-base de fonte doutrinária. Violação dos princípios da laicidade do estado e da liberdade de crença. Procedência. 1. A norma do Estado de Rondônia que oficializa a Bíblia Sagrada como livro-base de fonte doutrinária para fundamentar princípios de comunidades, igrejas e grupos, com pleno reconhecimento pelo Estado, viola preceitos constitucionais. 2. Já sob os primeiros raios da república brasileira se havia consagrado, em âmbito normativo, o respeito à liberdade de crença, e foi sob essa influência longínqua que a Constituição Federal de 1988 fez clarividente em seu texto a proteção a essa mesma liberdade sob as variadas nuances desse direito. 3. A oficialização da Bíblia como livro-base de fonte doutrinária para fundamentar princípios, usos e costumes de comunidades, igrejas e grupos no Estado de Rondônia implica inconstitucional discrímen entre crenças, além de caracterizar violação da neutralidade exigida do Estado pela Constituição Federal. Inconstitucionalidade do art. 1º da Lei n. 1.864/08 do Estado de Rondônia. 4. A previsão legal de utilização da Bíblia como base de decisões e atividades afins dos grupos religiosos, tornando-as cogentes a 'seus membros e a quem requerer usar os seus serviços ou vincular-se de alguma forma às referidas Instituições', implica indevida interferência do Estado no funcionamento de estabelecimentos religiosos, uma vez que torna o que seria uma obrigação moral do fiel diante de seu grupo religioso uma obrigação legal a ele dirigida. Inconstitucionalidade do art. 2º da Lei n. 1.864/08 do Estado de Rondônia. 5. Procedência da ação para se declarar a inconstitucionalidade do art. 1º e do art. 2º da Lei n. 1.864/2008 do Estado de Rondônia" (ADI 5.257/RO – Ação Direta de Inconstitucionalidade, Tribunal Pleno, Rel. Min. Dias Toffoli, j. 20-9-2018, processo eletrônico, DJe-257, divulg. 30-11-2018, public. 3-12-2018).

*das cerimônias e respectivas liturgias assegurada pelo art. 5º, VI, da Constituição Federal, e estende-se para todo e qualquer repertório de ideias da religião em face da proteção constitucional definidora do meio ambiente cultural (arts. 215 e 216 da CF).*

Os direitos materiais constitucionais antes referidos, ao merecerem tutela constitucional, passam por isso a merecer tutela jurisdicional em face de toda e qualquer lesão ou ameaça (art. 5º, XXXV, da CF), com evidentes reflexos em face do art. 5º, V, da Constituição Federal. Dessarte, breve análise da tutela das religiões em face das culturas em nosso país merece a consideração que passaremos a aduzir.

## 8.1. TUTELA DA RELIGIÃO EM FACE DAS CULTURAS INDÍGENAS

A Constituição Federal de 1988 reconhece explicitamente aos índios suas religiões, protegendo-as como manifestação de sua cultura[39] (arts. 231 e 251, § 1º).

Em consequência, a liberdade de crença apontada na carta magna assegura aos índios o livre exercício de seus cultos religiosos, sendo certo que aludida proteção, bem como respectivas cerimônias religiosas (liturgias), merecerá atenção diferenciada em decorrência da grande diversidade de povos e respectivas culturas[40].

O art. 232 da carta magna assegura aos índios, individualmente ou por meio de suas comunidades e organizações, defender em juízo, com a necessária participação

---

39. *Vide* cultura indígena brasileira em nossa obra *O direito de antena em face do direito ambiental no Brasil*, cit., *passim*.

40. Mircea Eliade e Ioan P. Couliano desenvolvem o tema das religiões na América do Sul, destacando, no que se refere às comunidades indígenas, das religiões da floresta tropical, as religiões do Gran Chaco e os movimentos milenaristas dos tupis-guaranis do Mato Grosso. No que se refere à imensa área da selva e dos rios Orenoco e Amazonas, correspondente à área da floresta tropical, povoada por grande número de tribos pertencentes às famílias linguísticas dos arauaques, caraíbas, panos, tucanos e tupis, é possível, segundo os autores, distinguir traços comuns, embora cada grupo tenha sua própria religião ou variante de religião. todavia, fundamental na experiência religiosa dos índios da floresta tropical "é a existência de um universo invisível que se sobrepõe ao de todos os dias e ao qual só se tem acesso através dos estados alterados de consciência, como o sonho, o transe, a visão provocada pela inalação de drogas, etc., ou ainda por uma predisposição mística natural ou adquirida por treinamento especial. A sobreposição dos mundos é tal que os seres do outro mundo geralmente assumem formas de animais como o caimão, a anaconda, o jaguar e o abutre, cuja essência superior apenas os especialistas podem reconhecer. Mas tudo pode ter um prolongamento no invisível, e os sanemás da fronteira entre o Brasil e a Venezuela distinguem oito categorias de *hewkulas* ou seres ocultos. Entre esses espíritos, os Donos de Animais têm importância especial em certas sociedades, pois acredita-se que regulem o afluxo de animais e peixes destinados à alimentação". No que se refere às religiões da área que ocupa o centro do continente sul-americano, entre o Mato Grosso e os Pampas, conhecida como Gran Chaco – que significa, em língua quíuchua, "terreno de caça" –, povoado pelas famílias linguísticas do zamucos, tupis-guaranis, matacos, guaicurus-cadivéus e arauaques, todas as tribos têm em comum, conforme explicação de Eliade / Couliano, a instituição do *xamanismo* (termo oriundo de "xamã" – feiticeiro –, que não é propriamente uma religião, mas um conjunto de métodos terapêuticos e extáticos cujo objetivo é obter o contato com o universo paralelo, mas invisível, dos espíritos e o apoio destes últimos na gestão dos assuntos humanos), que se caracteriza pelo emprego de substâncias alucinógenas (*banisteriopsis caapi* ou iajé, como as mais conhecidas) ou tóxicas (tabaco) e pela presença de cerimônias coletivas de iniciação. *Vide Dicionário das religiões*, São Paulo, Martins Fontes, 1995, *passim*.

do Ministério Público em todos os atos do processo, sua religião, diante de lesão ou ameaça que eventualmente possa ocorrer, como direito que lhes é garantido em face da tutela constitucional do meio ambiente cultural.

## 8.2. TUTELA DA RELIGIÃO EM FACE DAS CULTURAS AFRO-BRASILEIRAS

Os cultos afro-brasileiros[41], entre as religiões de matriz não cristã desenvolvidas no brasil, surgiram por volta de 1850, a partir de elementos de origens diversas, conforme explicam Eliade e Couliano. Passaram a ser protegidos com o advento da Constituição Federal de 1988, conforme estabelece o seu art. 215, § 1º; portanto consideradas parte do patrimônio cultural brasileiro para todos os efeitos estabelecidos pelo art. 216 do texto Superior.

Assim chamados por causa da origem de seus principais portadores – os escravos traficados da África para o Brasil –, mas também porque até meados do século XX funcionavam exclusivamente com ritos de preservação do estoque cultural dos diferentes grupos étnicos negros que compunham a população dos antigos escravos e seus descendentes, apresentam feições, conforme os autores citados, "autenticamente africanas", como a possessão pelas divindades *orixás* e a dança extática.

Informa Pierucci[42] que as religiões afro-brasileiras formaram-se em diferentes regiões e Estados do Brasil e em diferentes momentos de nossa história. Diante do que foi alegado, passaram a adotar "não só diferentes formas rituais e diferentes versões mitológicas derivadas de tradições africanas diversificadas", como também nome próprio diferente, a saber, o candomblé[43], na Bahia, o xangô, em Pernambuco e em

---

41. *Vide* cultura afro-brasileira em nossa obra *O direito de antena em face do direito ambiental brasileiro*, cit., *passim*.

42. Apêndice da obra *O livro das religiões*, cit., *passim*.

43. Destaca Pierucci que o *candomblé*, como todas as outras religiões afro-brasileiras, "acredita na existência de uma pluralidade de deuses, com diferentes poderes e diferentes funções na vida humana, além de diferentes exigências a seus adeptos". Considerado pelos estudiosos um exemplo de religiosidade não ética, na medida em que concebe seus deuses como inteiramente desprovidos de moralidade e sem qualquer interesse em censurar, punir e corrigir os seres humanos por suas faltas e fraquezas morais, o candomblé busca a interferência concreta do sobrenatural "neste mundo" real e presente em face da manipulação de forças sagradas, da invocação das potências divinas e dos sacrifícios oferecidos às diferentes divindades, os chamados *orixás*. Suas regras de comportamento destacam a importância ritual, com o estabelecimento de uma relação entre cada seguidor e seu deus pessoal (seu *orixá*), descoberto por meio do *jogo de búzios* (forma de atendimento pessoal feita fora dos rituais comunitários, em sessões de atendimento individualizado e mediante serviço pago), que é uma das prerrogativas religiosas do *babalorixá* (pai de santo) ou da *ialorixá* (mãe de santo). Os orixás têm atributos de ação, cores, rituais e elementos naturais próprios, segundo o candomblé queto da Bahia, assim como correspondência sincrética com os santos católicos, a saber: Exu – Diabo; Ogum – São Jorge e Santo Antonio; Oxóssi (ou Odé) – São Sebastião e São Jorge; Ossaim – Santo Onofre; Oxumarê – São Bartolomeu; Obaluaiê (ou Omulu) – São Lázaro, São Roque; Xangô – São Jerônimo, São João Batista; Iansã – Santa Bárbara; Obá – Santa Joana D'Arc; Oxum – Nossa Senhora da Conceição, Nossa Senhora Aparecida; Logum Edé – São Miguel Arcanjo; Iemanjá – Nossa Senhora das Candeias (ou dos Navegantes), Nossa Senhora da Conceição; Nanã – Santa

443

Alagoas, o tambor de mina, no Maranhão e no Pará, o batuque, no Rio Grande do Sul, e a macumba, depois umbanda[44], no Rio de Janeiro e em São Paulo.

A exemplo de quaisquer das manifestações tuteladas no plano do direito positivo, os cultos religiosos afro-brasileiros são assegurados constitucionalmente, sendo certo que a proteção aos locais em que são realizados, assim como suas liturgias, também é resguardada pelo art. 5º, VI, da Carta Magna.

## 8.3. TUTELA DA RELIGIÃO EM FACE DAS CULTURAS DE OUTROS GRUPOS PARTICIPANTES DO PROCESSO CIVILIZATÓRIO NACIONAL: AS IGREJAS CRISTÃS

### 8.3.1. Tutela do catolicismo

Conforme já tivemos a oportunidade de afirmar[45], a cultura de outros grupos participantes do processo civilizatório, descrita na Carta Magna em face do art. 215, § 1º, está associada à cultura dos imigrantes desde o chamado "descobrimento do Brasil". É importante notar que o descobrimento foi um episódio da expansão marítima portuguesa, cujo objetivo fundamental se caracterizava por tentar impor não só o controle

---

Ana; Oxaguiã (Oxalá Jovem) – Menino Jesus; Oxalufã ou Obatalá (Oxalá Velho) – Jesus Crucificado, Cristo Redentor, Senhor do Bonfim.

*Vide*, de forma completa, *O livro das religiões*, cit., *passim*.

44. Surgida na década de 1920 no Rio de Janeiro, a umbanda, desde seu início, destacou-se no grupo dos cultos afro-brasileiros por ter, segundo Pierucci, "menor apego às 'raízes', as marcas africanas originais". Preferindo pensar suas raízes como sendo "brasileiras" e não "africanas", e contando com forte presença de brancos em seus quadros, inclusive como pais de santo, dispensou de seus rituais – que considera afro-brasileiros – o uso de idiomas africanos, assim como procura evitar os sacrifícios de sangue e os processos iniciáticos demorados e caros, muito comuns no candomblé. Identificada de forma reiterada por alguns como a religião brasileira por excelência, na medida em que, além de ser nascida no Brasil, é resultante de um "encontro cultural de diversas crenças e tradições religiosas africanas com as formas populares do catolicismo, mais o sincretismo hindu-cristão trazido pelo espiritualismo cardecista de origem europeia", tem enorme facilidade para atrair uma clientela muito grande de pessoas – que extrapola o número dos adeptos do umbandismo propriamente ditos – com os serviços que oferece, ficando essa situação muito bem evidenciada nas grandes manifestações religiosas que os umbandistas promovem nas datas de seus principais orixás, celebradas inclusive em festas profanas, como é o caso da noite do *réveillon*, tradicionalmente comemorada nas praias brasileiras com oferendas levadas até o mar para a Grande Mãe *Iemanjá* (orixá dos mares e oceanos) por milhões de pessoas vestidas de branco. Segundo Pierucci, ainda que com fortes características *espíritas* (durante muitas décadas ficou conhecida em diferentes meios sociais como "baixo espiritismo"), a umbanda teria escolhido o caminho do meio "entre ser uma religião ética, preocupada com a regulamentação moral da conduta, e ser uma religião estritamente ritual, voltada para a manipulação mágica do mundo", descolando-se do candomblé e de outras religiões afro-brasileiras no sentido de reforçar sua identidade híbrida, ampliando sua própria organização. *Vide O livro das religiões*, cit., *passim*.

45. *Vide O direito de antena em face do direito ambiental no Brasil*, cit., *passim*.

444

das especiarias como implantar o catolicismo no Oriente, além de resguardar a posse das terras demarcadas pelo Tratado de Tordesilhas[46].

Dessarte, o *catolicismo*, na condição de conjunto de dogmas, instituições e preceitos da igreja Católica[47 e 48], é baseado na Bíblia, vista à luz da tradição[49], tendo, segundo os autores de *O livro das religiões*, quatro características, a saber: 1) *ela é una*, ou seja, "fiéis à palavra de Jesus acerca da unidade, os apóstolos se esforçaram para garantir que todos os cristãos aprendessem a mesma fé e a mesma maneira de viver uma vida cristã". A expressão "Igreja una" significa ainda que existe apenas uma única e verdadeira Igreja e não várias; 2) *ela é santa*, ou seja, na afirmação do catecismo católico, "a Igreja é santa porque ensina uma doutrina santa e oferece a todos os meios para a santidade, os sacramentos"; 3) *ela é católica*, a saber, "ela é universal, mundial, para todos", na medida em que "os primeiros cristãos atenderam ao pedido de Jesus para levar o evangelho a todas as pessoas, e a Igreja continua enviando missões para o mundo inteiro"; e 4) *ela é apostólica*, vale dizer, "comandada por pessoas que são os sucessores dos apóstolos, permanecendo fiéis à doutrina deles".

Ainda hegemônica no Brasil, mas perdendo fiéis[50], a religião católica apostólica romana foi a religião oficial do Império, conforme estabelecia o art. 5º da Constituição Política do Império do Brasil, jurada em 25 de março de 1824[51]. A República estabeleceu clara ruptura em face da situação ocorrida no Império ao disciplinar que "nenhum culto ou igreja gozará de subvenção official, nem terá relações de

---

46. Pedro Álvares Cabral hasteou em sua nau capitânea a bandeira da ordem de Cristo – ordem que possuía jurisdição eclesiástica sobre as terras conquistadas –, sendo certo que em 26 de abril de 1500, quatro dias depois de ter sido avistado o denominado Monte Pascoal em terras brasileiras, foi realizada a primeira missa, assistida com curiosidade pelos nativos. Em 1º de maio de 1500 uma cruz, com as armas e divisas reais, foi erguida na costa brasileira, assinalando não só a posse da terra para Portugal mas o início de um longo período de imposição do catolicismo como religião "oficial" em nosso país.

47. A expressão *igreja católica*, segundo Hans Kung, foi usada pela primeira vez por Inácio, o Bispo da Antioquia, em sua carta à comunidade em esmirna, significando simplesmente a igreja "inteira" – em oposição às igrejas individuais e locais. Referida expressão, ensina o conhecido consultor teológico, denota uma igreja abrangente e universal, cuja realidade estava sendo sentida de forma cada vez mais clara; mais tarde ela seria chamada em latim de *eclesia catholica* ou *universalis*.

48. Explica Paulo Evaristo, Cardeal Arns, que "também hoje, quando dizemos 'Igreja Católica', pensamos na comunidade de fiéis batizados, que se encontram no mundo todo". *Vide O que é igreja*, 3. ed., São Paulo, Brasiliense, 1981, *passim*.

49. A tradição diz respeito à doutrina e aos costumes que foram transmitidos pela igreja desde a época dos apóstolos. "O que quer que se entenda por Tradição há uma crença católica comum que diz que apenas a Igreja, e não o crente como indivíduo, pode definir o que é Tradição" (*vide O livro das religiões, passim*).

50. Segundo o IBGE (Censo 2010), a religião com maior número de praticantes é a católica, 64,6% da população, enquanto os evangélicos vêm em segundo lugar, com 22,2%. Os adeptos do espiritismo são 2% da população, enquanto os da umbanda e do candomblé representam 0,3%. Cerca de 107 mil pessoas seguem o judaísmo; 65 mil as tradições indígenas; 35 mil o islamismo; e 5 mil o hinduísmo.

51. "Art. 5º A Religião Catholica Apostolica romana continuará a ser a Religião do Império. Todas as outras Religiões serão permitidas com seu culto domestico, ou particular em casas para isso destinadas, sem forma alguma exterior de Templo."

dependencia ou alliança com o Governo da União, ou o dos Estados" (art. 72, § 7º, da Constituição da república dos estados Unidos do Brasil, promulgada em 24-2-1891), destacando inclusive em sua declaração de direitos que "todos os indivíduos e confissões religiosas podem exercer publicamente o seu culto, associando-se para esse fim e adquirindo bens, observadas as disposições do direito commum" (art. 72, § 3º, da Carta Magna de 1891).

A Igreja Católica, ao estabelecer algumas características distintivas, indica o importante papel da Virgem Maria, assim como dos santos, para os crentes; imagens e estátuas da Virgem[52], dos santos e também do Menino Jesus são encontradas por toda a parte nos países católicos.

Desnecessário aduzir que, por sua importância para o povo brasileiro, que inclusive desenvolve anualmente grandes festas religiosas para enaltecer[53] sua fé[54 e 55], o catolicismo recebe a tutela constitucional vinculado ao meio ambiente cultural como manifestação plenamente protegida em face dos arts. 215 e 216 da Carta Magna. Qualquer lesão ou ameaça à liberdade de crença vinculada aos preceitos da Igreja Católica, assim como do livre exercício de seu culto, merecerá, a exemplo das outras culturas antes referidas, a imediata proteção por parte do Poder Judiciário[56].

---

52. Uma estátua da Virgem Maria foi encontrada por pescadores no rio Paraíba em 12 de outubro de 1717 e foi chamada Nossa Senhora Aparecida. Tendo sido atribuídos a ela milagres, em 1888 construiu-se um templo, hoje conhecido como "Basílica Velha", para onde foi levada. Adornada com uma coroa de ouro em 1904 pela Princesa Isabel, *Nossa Senhora Aparecida* foi proclamada "Rainha do Brasil", sendo também considerada atualmente a *padroeira do Brasil*.

53. Informam Hellern, Notaker e Gaarder que os santos são pessoas que dedicaram a vida a honrar a Deus de maneira excepcional, morrendo como mártires ou ainda realizando milagres. Até o ano de 1172, os bispos podiam decidir se alguém deveria ser canonizado, mas a partir de então o Papa é o único com autoridade para tanto. Em 19 de maio de 2002 Amabile Lucia Visitainer, conhecida como *Madre Paulina*, foi canonizada pelo papa João Paulo II, tornando-se a *primeira santa do Brasil*. A escassez de santos brasileiros, apesar de o Brasil ser o maior país católico das Américas, deve-se ao fato de as dioceses não se terem preocupado ao longo dos séculos em apresentar candidaturas ao Vaticano, sendo correto afirmar que só nos últimos vinte anos é que esse assunto vem sendo tratado de forma efetiva no Brasil.

54. O *Círio de Nazaré* é uma das maiores festas religiosas do Brasil, que procura reverenciar a fé e o misticismo do povo cristão em torno da imagem de Nossa Senhora de Nazaré. Iniciado em 1793 e realizado em Belém do Pará, com duração de cinco dias a procissão, segundo informado pela Diretoria da Festa de Nazaré em 2018, levou 2 milhões de fiéis às ruas.

55. Explica Rita Amaral que "Três santos são efusivamente e intensamente comemorados em junho em todo o Brasil desde o período colonial: *Santo Antonio, São João e São Pedro*". O chamado *ciclo das festas juninas*, cuja importância no Norte e no Nordeste brasileiro ultrapassa a do Natal, é considerado o evento festivo mais importante dessas regiões, tanto cultural como politicamente. São realizadas nos dias 13 (Santo Antonio), 24 (São João) e 29 de junho (São Pedro), com fogueiras, "bacamarteiros", foguetes, balões e comidas típicas. Grandes festas de São João (consideradas as maiores do mundo pela população...) são realizadas nas cidades de Caruaru (Pernambuco) e Campina Grande (Paraíba), com o espetáculo de quadrilhas, que adquire a mesma importância e lugar na festa que os blocos de afoxé baianos e as escolas de samba no Rio de janeiro. *Vide Festa à brasileira – sentidos de festejar no país que "não é sério"*, tese de doutorado em Antropologia Social, Departamento de Antropologia da Faculdade de Filosofia, Letras e Ciências Humanas da Universidade de São Paulo, 1998.

56. Ao santificar Frei Galvão em maio de 2007, a Igreja Católica não só reconheceu o primeiro santo brasileiro como deu prosseguimento ao ritmo frenético de canonizações que levou o departamento

## 8.3.2. Tutela do protestantismo (evangélicos)

Argumenta Pierucci que no Brasil as religiões mais importantes em número de seguidores são as cristãs, sendo certo que depois do catolicismo vem "em segundo lugar o protestantismo". Registre-se que no Brasil *o termo "evangélico" é genérico para todos os protestantes*[57], ou seja, usando o termo "evangélico" como sinônimo de protestante, o autor argumenta que são os números que insistem em dizer que o Brasil é mesmo, como um dia chegou a se chamar, a "Terra da Santa Cruz", uma terra de cristãos.

Correspondente nos anos 90 a 9% da população, segundo o IBGE, os evangélicos vêm ganhando muitos adeptos no Brasil; o Rio de Janeiro é o primeiro Estado com mais evangélicos que católicos.

Tendo aportado no Brasil principalmente com os imigrantes e evidentemente em face de sua cultura, no final do século XIX já estavam implantadas no Brasil todas as denominações clássicas do protestantismo[58], surgindo na primeira década do século XX as igrejas pentecostais[59], que, na segunda metade do mesmo século, cresceram tanto que acabaram por se desenvolver, inclusive em face do que se procurou convencionar como sendo igrejas neopentecostais[60], vindo a se tornar amplamente majoritárias entre os protestantes brasileiros.

---

do Vaticano responsável por esses processos a ser conhecido por alguns setores da sociedade civil como "fábrica de santos", segundo informado pela BBC Brasil.

Frei Galvão foi o santo n. 493 da denominada "fábrica" iniciada durante o papado de João Paulo II, que em seus vinte e seis anos de pontificado reconheceu 483 santos. Para ter uma ideia do "ritmo" das canonizações de João Paulo II e Bento XVI basta verificar, conforme fontes da própria Igreja, que dos 800 santos da Igreja Católica, 493 foram canonizados nos últimos vinte e nove anos.

O custo de um processo de canonização, conforme revelado em 2007 pelo prefeito da Congregação para as Causas dos Santos, Cardeal português José Saraiva Martins, é de cerca de 10 mil euros, incluindo honorários de médicos, teólogos e bispos que estudam e julgam as causas. A equipe do prefeito conta com 30 pessoas fixas (cardeais e bispos), além de 72 consultores contratados, entre teólogos, juristas, historiadores e ainda 70 médicos. Cabe aos cardeais e bispos discutir os relatórios elaborados pelos especialistas, sendo certo que o veredicto sobre uma beatificação ou canonização é dado pelo Papa.

57. A Reforma Protestante, que ocorreu no século XVI na Europa Ocidental, levou a profundas mudanças na esfera religiosa, tendo causas políticas (muitos monarcas estavam insatisfeitos com o enorme poder que o Papa exercia no mundo) e propriamente religiosas (muitos teólogos criticavam a doutrina e as práticas da Igreja Católica, sua atitude para com a fé e seu feitio organizacional).

58. São considerados denominações clássicas do protestantismo os luteranos (Alemanha, Países Escandinavos, Estados Unidos), os anglicanos ou episcopais (Grã-Bretanha), os metodistas (Grã-Bretanha, Estados Unidos, Canadá, Austrália), os presbiterianos (Holanda, Suíça, Escócia) e os batistas (Inglaterra, Estados Unidos).

59. Explicam os autores de *O livro das religiões* que, em meio à infinidade de igrejas pentecostais de tipo clássico existentes no Brasil, as maiores são a Congregação Cristã do Brasil (desde 1910 no País), a Assembleia de Deus (desde 1911), a Igreja do Evangelho Quadrangular (desde 1953), a Igreja Pentecostal O Brasil para Cristo (fundada em 1955), a Igreja Deus é Amor (fundada no Brasil em 1962) e a Casa da Bênção (fundada no Brasil em 1964).

60. Entre as igrejas neopentecostais destacamos a Igreja da Nova Vida (fundada em 1960), a Comunidade Evangélica Sara Nossa Terra (fundada em 1976), a Igreja Universal do reino de Deus

Como manifestação das culturas de vários grupos participantes do processo civilizatório nacional, os protestantes (evangélicos) têm assegurados constitucionalmente não só a inviolabilidade de crença como o exercício de seus cultos, garantindo-se, em face do que determina o art. 5º, VI, da Constituição Federal, a proteção aos locais de culto, assim como a suas liturgias.

## 9. DEFESA DAS LÍNGUAS BRASILEIRAS COMO BEM AMBIENTAL EM FACE DO MEIO AMBIENTE CULTURAL

### 9.1. ORIGEM DAS LÍNGUAS E A LÍNGUA PORTUGUESA

Matéria fundamental do estudo da ciência linguística, a origem da linguagem, assim como a universalidade das línguas, sempre ocupou o pensamento filosófico desde seus primórdios, a partir do mito bíblico da torre de Babel, que chegou a inspirar no final do século XIX a criação de línguas artificiais, como o esperanto, até os estudos contemporâneos realizados pelos linguistas.

Joseph Greenberg, um dos mais respeitados linguistas norte-americanos, publicou em 1960 um estudo que postulava 45 características linguísticas universais a partir da comparação de línguas de famílias diferentes espalhadas pelos cinco continentes do globo terrestre. Três anos antes, o conhecido linguista, também norte-americano, Noam Chomsky já havia lançado a ideia de que havia princípios universais comuns a todas as línguas, herdados geneticamente.

De qualquer maneira as línguas[61] sempre foram consideradas importante forma de expressão oral e escrita dos diferentes povos, sendo possível, nos dias de hoje, relacionar as mais faladas no mundo.

David Crystal, em *The Cambridge encyclopaedia of language*[62], relaciona as línguas mais faladas no mundo, que são consideradas oficiais em seus países, assim como o número de falantes que possuem, conforme indicamos a seguir:

1) o inglês aparece em primeiro lugar na lista, com 1,4 bilhão de falantes;

2) o mandarim, falado na China, aparece em segundo, com 1 bilhão de falantes;

3) o hindi, falado na Índia, está em terceiro, com 700 milhões de falantes;

4) o espanhol tem 280 milhões de falantes.

---

(fundada em 1977), a Igreja Internacional da Graça de Deus (fundada em 1980) e a Renascer em Cristo (fundada em 1986).

61. A língua, sob o ponto de vista da proteção jurídica, deve ser observada como todo e qualquer sistema de representação constituído por palavras e por regras que as combinem em frases que os indivíduos de uma comunidade linguística usam como principal meio de comunicação e de expressão, falado ou escrito. Daí a relevância do direito ambiental brasileiro no que se refere à denominada tutela jurídica do meio ambiental cultural.

62. *The Cambridge encyclopaedia of language*, 2. ed., Cambridge, Cambridge University Press, 1999, p. 386.

O português aparece na obra de Crystal em oitavo lugar, como língua oficial de 160 milhões de pessoas, muito embora alguns autores estimem que hoje sejam mais de 180 milhões de falantes de português em todo o mundo.

É exatamente sobre a língua portuguesa, como oitava língua mais falada no mundo, assim como das outras línguas existentes no País, que passaremos a desenvolver breves comentários no sentido de indicar sua proteção jurídica no Brasil em face do meio ambiente cultural.

## 9.2. TUTELA JURÍDICA DAS LÍNGUAS BRASILEIRAS EM FACE DO MEIO AMBIENTE CULTURAL

### 9.2.1. A tutela jurídica das línguas indígenas brasileiras

O Brasil, como país multilíngue, protege por meio da Constituição Federal o pleno exercício dos direitos culturais, assegurando, na forma do que estabelece o art. 215, § 1º, a tutela jurídica de toda e qualquer manifestação vinculada ao processo civilizatório nacional.

Dessarte, ao proteger as manifestações das culturas indígenas, o direito constitucional assegura aos cerca de 220 povos indígenas em território brasileiro a mais ampla tutela das 180 línguas faladas[63] distribuídas por pouco mais de 40 conjuntos[64], denominados famílias linguísticas[65].

---

63. Explica o Professor Aryon D. Rodrigues que, "embora existam hoje no Brasil cerca de 220 povos indígenas, o número de línguas indígenas ainda faladas é um pouco menor, cerca de 180, pois mais de vinte desses povos agora falam só o Português, alguns passaram a falar a língua de um povo indígena vizinho e dois, no Amapá, falam o Crioulo Francês da Guiana. A população total dos povos indígenas é agora cerca de 190.000 pessoas, mas destas só cerca de 160.000 falam as línguas indígenas. Isto implica numa média de menos de 900 falantes por língua. Como, naturalmente, a distribuição é desigual, algumas dessas línguas são faladas por cerca de 20.000 pessoas, ao passo que outras o são por menos de 20". *Vide* conferência feita na inauguração do Laboratório de Línguas Indígenas do Instituto de Letras de Universidade de Brasília em 8-7-1999.

64. Informa Rodrigues que dez desses conjuntos "constam hoje de uma só língua, a qual, por ser a única a não apresentar parentesco com as demais conhecidas, é também chamada de língua isolada".

65. Segundo Rodrigues, "O número de línguas nas outras famílias varia de duas a trinta. Este último é o número de línguas da família Tupi-Guarani no Brasil, que é a mais distribuída sobre nosso território, com línguas no Amapá e norte do Pará e com outras no Paraná, Santa Catarina e Rio Grande do Sul, com uma no litoral atlântico e outras em Rondônia, assim como nos principais afluentes meridionais do rio Amazonas, no Madeira, no Tapajós, no Xingu e também no Tocantins e Araguaia. Outras grandes famílias são a Jê, que tem línguas distribuídas desde o Maranhão até o Rio Grande do Sul, a Aruak, no oeste e leste da Amazônia, em Mato Grosso e em Mato Grosso do Sul, e a Karib, ao norte do rio Amazonas, no Estado do Amazonas, Roraima, Pará e Amapá, mas com algumas línguas ao sul daquele rio, ao longo de seu afluente Xingu, nos Estados do Pará e Mato Grosso. Dez famílias, inclusive a Tupi-Guarani, são reconhecidas como aparentadas geneticamente num nível mais remoto, constituindo um conjunto de conjuntos, a que se chama tronco linguístico, nesse caso o tronco Tupi. Há evidências de que a família Karib também está aparentada geneticamente com o tronco Tupi, mas ainda não estão claros maiores detalhes

São reconhecidas, via de consequência, aos índios suas línguas[66] (art. 231 da CF), sendo certo que a existência de idioma oficial apontada pela Constituição Federal (art. 13) não inibe, como é óbvio, a utilização de sistemas de representação usados como meio de comunicação dos índios e suas comunidades em face das relações e direitos garantidos a brasileiros e estrangeiros residentes no País.

### 9.2.2. A tutela jurídica da língua portuguesa brasileira

Embora a portuguesa seja hoje a língua majoritária, além de idioma oficial da República Federativa do Brasil (art. 13 da CF), sempre se relacionou com as diversas outras línguas que aqui se falavam antes da chegada dos portugueses e com as que vieram durante e depois da colonização.

Após mais de dois séculos de condição minoritária do uso do português no Brasil em relação à língua dos nativos, só passou ela a ser predominante a partir da segunda metade do século XVIII, vindo a se tornar oficial em 17 de agosto de 1758, por meio de um decreto do Marquês de Pombal, que também proíbe o uso da língua geral[67], embora os falantes brasileiros já tivessem no século XVIII incorporado diversas palavras de origem indígena e africana em seu vocabulário.

Hoje existe um forte movimento no sentido de impedir a descaracterização da língua portuguesa brasileira (uma língua formada pelas culturas indígenas e afro-brasileiras, assim como das de outros grupos cuja manifestação é relevante para nosso País) em face de uma invasão indiscriminada e desnecessária de estrangeirismos totalmente apartados das culturas participantes de nosso processo civilizatório.

Em consequência, entendeu a Constituição Federal ser pertinente tutelar a língua portuguesa brasileira, como bem de natureza imaterial integrante do patrimônio cultural brasileiro, recebendo a contribuição não só das línguas indígenas e africanas,

---

dessa conexão. Outro tronco é o Macro-Jê, que reúne 12 famílias, uma das quais é a família Jê. Há sugestões sobre outras relações genéticas entre diversas famílias, mas são ainda meramente especulativas".

66. Muitos nomes de plantas, frutas e animais brasileiros têm origem no tupinambá, como abacaxi, araticum, buriti, caatinga, caju, capim, capivara, carnaúba, cipó, cupim, curió, ipê, imbuia, jaboticaba, jacarandá, mandacaru, mandioca, maracujá, piranha, quati, sucuri e tatu. A toponímia também revela um grande número de palavras indígenas na fala do brasileiro, como Aracaju, Avaí, Caraguatatuba, Guanabara, Guaporé, Jabaquara, Jacarepaguá, Jundiaí, Parati, Piracicaba, Tijuca e muitos outros. Expressões idiomáticas como "andar na pindaíba" e "estar de tocaia" são marcas linguísticas características dos povos indígenas.

67. A colonização portuguesa, iniciada em 1532, com a instituição das capitanias hereditárias, fez com que os portugueses tivessem contato com diversas comunidades da família Tupi e Guarani que habitavam o litoral brasileiro entre a Bahia e o Rio de Janeiro. A partir do *tupinambá*, falado pelos grupos mais abertos ao contato com os colonizadores, criou-se uma *língua geral comum* a índios e não índios, língua esta que foi estudada e documentada pelos jesuítas, conforme se verifica em *Arte de gramática da língua mais usada na costa do Brasil*, do Padre José de Anchieta. Essa língua geral derivada do tupinambá foi a primeira influência recebida pelo idioma dos portugueses no Brasil. Outro contato que também influenciou a língua portuguesa no Brasil foi com as línguas dos negros africanos trazidos como escravos para o País, sendo certo que chegou a ser desenvolvido um português crioulo, tal como ocorreu nas colônias africanas.

mas do francês, do espanhol, do italiano e mesmo do inglês, que, incorporados ao português europeu, definem o verdadeiro conteúdo do art. 13 da Constituição Federal.

### 9.2.3. Tutela jurídica das línguas africanas em face das culturas afro-brasileiras

Além do contato com os índios, outro vínculo que influenciou a língua portuguesa no Brasil foi o com as línguas dos negros africanos[68] trazidos como escravos para o País. Tendo sido iniciado no século XVI com a introdução do cultivo da cana--de-açúcar na capitania de São Vicente (Estado de São Paulo), no Recôncavo Baiano e em Pernambuco, o comércio de escravos negros foi intensificado no século XVII, espalhando-se por todas as regiões ocupadas pelos portugueses.

Com o tempo, os escravos chegaram a desenvolver um português crioulo, tal como ocorreu nas colônias africanas, tendo sido descoberta em 1978 no Cafundó (bairro rural situado no Município de Salto de Pirapora, a 30 km de Sorocaba e 150 km de São Paulo) a existência de um léxico de origem banto, quimbundo sobretudo, cujo papel merece destaque em face da tutela constitucional das culturas afro-brasileiras.

As línguas dos negros africanos, dentro da estrutura indicada no art. 215, § 1º, da Constituição Federal, têm sua proteção e defesa judicial assegurada a exemplo das demais línguas brasileiras antes mencionadas.

## 10. TUTELA JURÍDICA DO DESPORTO EM FACE DO MEIO AMBIENTE CULTURAL E O ESTATUTO DE DEFESA DO TORCEDOR (LEI N. 10.671/2003)

### 10.1. MEIO AMBIENTE CULTURAL E DESPORTO

Conforme já tivemos oportunidade de destacar, a estrutura jurídica do meio ambiente no Brasil possui, pelo seu próprio conceito desenvolvido na Lei n. 6.938/81, integrado ao art. 225 da Constituição Federal, uma conotação multifacetária, na medida em que o objeto de proteção se verifica em pelo menos quatro aspectos distintos (meio ambiente cultural, artificial, do trabalho e natural), os quais preenchem o conceito da sadia qualidade de vida.

Ao tutelar o meio ambiente cultural, o objeto imediato de proteção relacionado à qualidade de vida em nosso país é o *patrimônio cultural brasileiro*, conceituado constitucionalmente (art. 216) como "os bens de natureza material e imaterial, tomados individualmente ou em conjunto, portadores de referência à identidade, à ação, à memória dos diferentes grupos formadores da sociedade brasileira, nos quais se incluem

---

68. Os africanos do grupo banto e ioruba deixaram um legado próprio na cultura de nosso país emprestando à língua portuguesa palavras do vocabulário familiar, como caçula, cafuné, molambo, moleque, fubá, bunda, assim como os termos que expressavam o modo de vida e as danças dos escravos, como senzala, maxixe e samba.

as formas de expressão; os modos de criar, fazer e viver; as criações científicas, artísticas e tecnológicas; as obras, objetos, documentos, edificações e demais espaços destinados às manifestações artístico-culturais; os conjuntos urbanos e sítios de valor histórico, paisagístico, artístico, arqueológico, paleontológico, ecológico e científico", não fazendo a Carta Magna restrição a qualquer tipo de bem, de modo que podem ser eles materiais ou imateriais, singulares ou coletivos, móveis ou imóveis, mas sempre passíveis de proteção independentemente do fato de terem sido criados por intervenção humana.

Como recreação, passatempo, lazer, o *desporto*, embora explicitamente indicado no art. 217 da Constituição Federal, passou a ter *natureza jurídica de bem ambiental a partir de 1988* na medida em que se encontra claramente integrado ao conteúdo do art. 216, por ser importante forma de expressão (art. 216, I), portadora de referência à identidade, à ação, à memória dos diferentes grupos formadores da sociedade brasileira[69].

*O desporto faz parte, em síntese, do patrimônio cultural brasileiro* (art. 216, *caput*, da CF)[70], sendo dever do Estado observar sua proteção assim como incentivar as manifestações desportivas de criação nacional (art. 217, IV).

Abrangendo tanto as *práticas formais* (reguladas por normas nacionais e internacionais e pelas regras de prática desportiva de cada modalidade, aceitas pelas respectivas entidades nacionais de administração do desporto[71], conforme estabelece o art. 1º,

---

69. Basta tomar como exemplo de desporto – aliás, o mais importante exemplo brasileiro – a modalidade conhecida como *futebol*. Tendo começado em nosso país no ano de 1894 (quando o paulista Charles Miller retornou da Inglaterra para o Brasil com duas bolas de futebol, um livro de regras e um jogo de uniformes, depois de aprender o esporte criado pelos ingleses durante seus estudos em Southampton) e a primeira partida realizada em 1895 (funcionários da Companhia de Gás 3 Funcionários da São Paulo Railway), passou a ser praticado por vários brasileiros, participantes dos mais diferentes grupos integrantes do processo civilizatório nacional, que começaram a fundar inicialmente associações para a prática do desporto, como a Associação Atlética Acadêmica Mackenzie, fundada em 1898 pelos estudantes do Colégio Mackenzie, e a Associação Atlética Ponte Preta, bem como clubes em vários Estados do País, como o São Paulo Athletic, o Sport Club Internacional, o S. C. Germânia e o S. C. Rio Grande. Foram criadas posteriormente ligas, como a Liga Paulista de Futebol, em 1901, e ampliados os clubes para a prática do futebol com a fundação no Rio de Janeiro do Fluminense Futebol Clube (1901) e Flamengo (1911), e do Sport Club Corinthians Paulista em São Paulo (1910). O primeiro jogo da Seleção Brasileira de Futebol (composto de paulistas e cariocas) aconteceu em 21 de julho de 1914, e, até sua consagração aos olhos do mundo com a conquista do Pentacampeonato Mundial no século XXI, trilhou seus primeiros passos do profissionalismo na década de 30 (oportunidade em que o esporte já virara literalmente mania nacional), tendo vivido sua glória nos chamados "anos dourados" (1951-1970), oportunidade em que o "mais belo futebol do mundo" se destacou não só por sua seleção nacional mas também por seus clubes de futebol, como o Santos Futebol Clube, time do Rei Pelé (Edson Arantes do Nascimento), considerado "um time dos céus".

70. Daí a existência do art. 4º, § 2º, da Lei n. 9.615/98, que estabelece que: "A organização desportiva do País, fundada na liberdade de associação, *integra o patrimônio cultural brasileiro* e é considerada de elevado interesse social".

71. As *entidades nacionais de administração do desporto* são pessoas jurídicas de direito privado, com organização e funcionamento autônomo e competências definidas em seus estatutos (art. 16 da Lei n. 9.615/98) integrantes do SISTEMA NACIONAL DO DESPORTO (art. 13 da Lei n. 9.615/98), cuja finalidade é a de promover e aprimorar as práticas desportivas de rendimento previstas no art. 3º, III, da Lei

§ 1º, da Lei n. 9.615/98) como as *não formais* (caracterizadas pela liberdade lúdica de seus praticantes, ou seja, que se faz por gosto sem outro objetivo que o próprio prazer de fazê-lo visando mais ao divertimento puro e simples, como indica o art. 1º, § 2º, da Lei n. 9.615/98), no desporto deve-se observar de qualquer forma e necessariamente o fundamento da dignidade da pessoa humana (art. 1º, III) como importante critério delimitador da ordem econômica (art. 170 e § 1º, IV, da CF), sempre no sentido de respeitar as necessidades de brasileiros e estrangeiros residentes no País no que se refere ao importante direito ao lazer (art. 6º da CF) como componente do denominado "piso vital mínimo"[72].

Dessarte, a possibilidade de o desporto ser articulado no plano econômico até mesmo praticado profissionalmente (arts. 26 a 46) não desnatura sua natureza jurídica, devendo ser interpretado seu uso (tanto para aqueles que praticam o desporto como para aqueles que prestam serviços fomentando aludida prática) dentro dos parâmetros da ordem jurídica do capitalismo orientada por nosso sistema constitucional, assim como por regras infraconstitucionais delimitadoras deste.

Daí nosso Supremo Tribunal Federal, concordando uma vez mais com nossa interpretação, ter estabelecido em 2024 que "Essa breve incursão na disciplina constitucional dos desportos e na conformação infraconstitucional da matéria permite concluir, ao menos neste juízo perfunctório, que a prática esportiva, especialmente aquela de caráter profissional, não pode ser tida como uma atividade exclusivamente privada. **Ao contrário, o arcabouço normativo de regência conduz à inequívoca compreensão de que a prática desportiva se caracteriza como de relevante interesse social**. Esse entendimento decorre não só da definição do esporte como direito social, mas igualmente em razão do valor socialmente atribuído ao esporte em nosso país e do fato de que a sua prática consubstancia instrumento de promoção social apto a contribuir para

---

n. 9.615/98. As *práticas desportivas de rendimento* têm como finalidade obter resultados e integrar pessoas e comunidades do País e estas com as de outras nações, podendo ser organizadas das seguintes formas, conforme determina a legislação em vigor:

1) Desporto de rendimento organizado e praticado de *forma profissional*, que se caracteriza pela remuneração pactuada em contrato formal de trabalho entre o atleta e a entidade de prática desportiva (art. 3º, parágrafo único, I, da Lei n. 9.615/98) e

2) Desporto de rendimento organizado e praticado de *modo não profissional*, que se caracteriza pela liberdade de prática e pela inexistência de contrato de trabalho, sendo permitido o recebimento de incentivos materiais e de patrocínio (art. 3º, parágrafo único, II, da Lei n. 9.615/98).

Verificamos que a lei autoriza o uso do desporto em proveito da valorização do trabalho humano e da livre-iniciativa, o que não significa dizer que as entidades nacionais de administração do desporto, assim como as *entidades de prática desportiva* (arts. 13, VI, e 16 da Lei n. 9.615/98), possam desconsiderar no plano jurídico nacional os princípios fundamentais que orientam o desporto brasileiro (art. 2º da Lei n. 9.615/98) e também, evidentemente, as determinações constitucionais que regram o desporto como bem ambiental, integrante do patrimônio cultural brasileiro (arts. 1º, III, 170, VI, 182, 183, 215, 216 e 225 da Carta Magna).

72. *Vide* nosso *Curso de direito ambiental*, cit., 4. ed., 2003, e *O direito de antena*, cit., 2000.

o atingimento dos objetivos fundamentais da república (Constituição, art. 3º). Seja considerando, tal como compreendo a princípio, que os direitos envolvidos nos assuntos referentes às entidades desportivas e à prática do desporto no país são de natureza difusa ou coletiva, seja considerando que os direitos em questão possuiriam caráter individual homogêneo, a conclusão a que se chega é a mesma: não se pode descaracterizar, *a priori*, a legitimidade do Ministério Público para ajuizamento de ações civis públicas, sendo indispensável a demonstração concreta e efetiva de inexistência de qualquer interesse público subjacente à sua atuação[73]" (grifos nossos).

## 10.2. DESPORTO E LAZER[74]

Na medida em que no plano normativo o desporto tem natureza jurídica de bem ambiental, fica evidente que seu reconhecimento diante de manifestação de *desporto educacional* (art. 3º, I, da Lei n. 9.615/98) e de *desporto de participação* (art. 3º, II, da mesma Lei) abarca imediatamente o objetivo maior do direito ambiental brasileiro, uma vez que se preocupam aludidas manifestações, fundamentalmente, com "o desenvolvimento integral do indivíduo e a sua formação para o exercício da cidadania e prática do lazer", assim como visam a contribuir para a "integração dos praticantes na plenitude da vida social, na promoção da saúde e educação e na preservação do meio ambiente" sendo clara a integração do desporto no âmbito do piso vital mínimo (art. 6º da CF).

Todavia o desporto também deve ser observado, no plano jurídico, em face da possibilidade de ser usado em proveito da livre-iniciativa, hipótese em que o lazer passa a ser direcionado no âmbito das relações econômicas viabilizando o interesse de entidades – tanto aquelas que organizem competições como aquelas destinadas a práticas desportivas – que pretendam fazer das práticas desportivas um importante serviço fornecido no mercado de consumo.

É portanto em defesa daqueles que apreciam o lazer organizado pelas entidades de prática desportiva que o legislador organizou o Estatuto de Defesa do Torcedor.

---

73. ADI 7.580/DF (0092326-84.2023.1.00.0000), Rel. Min. Gilmar Mendes.

74. O *lazer* pode ser compreendido como o tempo que sobra do horário de trabalho aproveitável para o exercício não só de atividade prazerosa (concepção sem dúvida alguma estruturada a partir da 1ª Revolução Industrial) como também de simples atividade de recreio, distração, entretenimento, divertimento (algumas pessoas se divertem trabalhando...). Componente do piso vital mínimo e, consequentemente, estruturado como um direito constitucional (art. 6º) *o lazer no plano desportivo está associado fundamentalmente ao lazer coletivo*, muito bem explicado por Veríssimo, Bittar e Alvarez, quando esclarecem que "outra forma de lazer coletivo, não necessariamente gratuita, está associada à aglomeração da população em programas de arquitetura destinados a essa finalidade. São os *estádios*, que existem desde a Antiguidade, responsáveis pelo cenário da catarse, pela minimização das tensões psicossociais. Ali são

## 10.3. ENTIDADES DE PRÁTICA DESPORTIVA E OS DIREITOS DO TORCEDOR

As entidades de prática desportiva, como já afirmamos, são pessoas jurídicas de direito privado (art. 16 da Lei n. 9.615/98), com organização e funcionamento autônomo e competências definidas em seus estatutos. Livres – liberdade obviamente disciplinada em harmonia com a Constituição Federal – para organizar a prática desportiva profissional, qualquer que possa ser a modalidade (art. 26 da Lei n. 9.615/98), têm inclusive a faculdade de se transformar em sociedade civil de fins econômicos ou sociedade comercial, podendo ainda constituir ou contratar sociedade comercial para administrar suas atividades profissionais (art. 27, I, II e III). Podem, exatamente no sentido de bem desenvolver as diferentes práticas antes referidas, pactuar contrato formal de trabalho com atletas profissionais, caracterizando-se como empregadoras na forma da legislação trabalhista, tendo deveres especiais definidos no art. 34 da Lei n. 9.615/98.

Dessarte, visando exatamente a desenvolver práticas desportivas com finalidade absolutamente compatível com o sistema econômico definido em nossa Carta Magna (arts. 1º, IV, e 170 da CF) é que se estabeleceu a tutela jurídica do desporto em face do meio ambiente cultural.

## 10.4. TUTELA JURÍDICA DO FUTEBOL NO ÂMBITO DO DIREITO AMBIENTAL BRASILEIRO

### 10.4.1. *O futebol como desporto tutelado pela Constituição Federal*

Introduzido no Brasil por Charles Miller, paulistano do Brás, o futebol teve início em nosso país em abril de 1895, com um jogo entre funcionários de empresas inglesas que atuavam em São Paulo[75]. Posteriormente o novo esporte, iniciado no Estado de São Paulo, começou a surgir em outros Estados brasileiros, sendo certo que, no ano de 1902, o primeiro campeonato de futebol no Brasil foi organizado em São Paulo com os cinco clubes que compunham a recém-fundada liga paulista[76].

O fato é que a partir da iniciativa de Charles Miller o futebol passou a caracterizar-se, não só no Estado de São Paulo, mas em todo o Brasil, não só como simples

---

realizados *os jogos*, nem sempre o simples esporte preconizado pelos gregos, mas, em muitas ocasiões, a simulação dos jogos de poder, facilitando a vitória de quem interessa, solidificando o prestígio do modelo dominante... É o futebol a paixão brasileira, presente em qualquer lugar, dos campos de várzea, onde surgem talentos até hoje desconhecidos, passando pelos modestos estádios particulares – os 'campos' – de clubes até o templo máximo do futebol, verdadeiro símbolo do lazer domingueiro: o estádio Jornalista Mário Filho, ou simplesmente, *Maracanã*". O direito ao lazer, também observado no art. 2º da Lei n. 10.257/2001 (Estatuto da Cidade), garante a brasileiros e estrangeiros residentes no País o exercício de atividades prazerosas no âmbito das cidades. Ligado, também sob esse enfoque, ao meio ambiente cultural (arts. 215 e 216 da CF), o direito ao lazer, desse âmbito, implica um dever do Poder Público municipal de assegurar os meios necessários para que a população de determinada cidade possa tornar efetivas as atividades necessárias ao seu entretenimento.

75. Silvia Vieira e Armando Freitas, *O que é futebol*, Comitê Olímpico Brasileiro e Casa da Palavra, 2006.

76. São Paulo Athletic, Paulistano, Germânia, Mackenzie e Internacional.

desporto, mas como um dos mais importantes bens portadores de referência à identidade, à ação, bem como à memória dos diferentes grupos formadores da sociedade brasileira, sendo certo que a prática de assistir a jogos de futebol profissional em estádios se tornou, no final do século XX, uma das principais atividades de lazer de grande parte da população brasileira, sendo até nos dias de hoje verdadeiro fator de integração nacional quando nossa seleção participa de Copas do Mundo. Trata-se de forma de expressão (art. 216, I, da CF) claramente associada ao lazer (art. 6º da CF) em proveito da família (art. 226 da CF) e da pessoa humana (art. 1º, III, da CF).

Em conclusão, podemos citar a importante lição de Hilário Franco Junior, professor de história social da Universidade de São Paulo, quando demonstra que "a constatação é fácil de ser feita e frequentemente repetida: o futebol é o fenômeno cultural mais difundido do mundo de hoje"[77].

A tutela jurídica do futebol como desporto tem por via de consequência não só o amparo do art. 217 da Constituição Federal, mas evidentemente dos arts. 6º, 215 e 216 de nossa Magna Carta (patrimônio cultural/meio ambiente cultural).

### 10.4.2. Natureza jurídica do futebol como patrimônio cultural

Todo bem referente a nossa cultura[78], identidade, memória etc., uma vez reconhecido como patrimônio cultural, integra a categoria de *bem ambiental* e, em decorrência disso, *difuso*.

Ademais, deve-se verificar que os arts. 215, *caput*, e 216, § 1º, ambos da Constituição Federal de 1988, determinam:

> "Art. 215. O Estado garantirá a todos o pleno exercício dos direitos culturais e acesso às fontes da cultura nacional, e apoiará e incentivará a valorização e a difusão das manifestações culturais.
>
> (...)
>
> Art. 216. (...)
>
> § 1º O Poder Público, com a colaboração da comunidade, promoverá e protegerá o patrimônio cultural brasileiro, por meio de inventários, registros, vigilância, tombamento e desapropriação, e de outras formas de acautelamento e preservação".

Ao estabelecer como dever do Poder Público, *com a colaboração da comunidade*, a preservação do patrimônio cultural, a Constituição Federal ratifica a natureza

---

77. *A dança dos deuses*: futebol, cultura e sociedade, São Paulo, Companhia das Letras, 2007.

78. Conforme explica de maneira clara e didática Flávio Ahmed a Max Weber, conhecido sociólogo alemão, podemos atribuir pioneirismo em uma forma específica de tratamento da ciência e, por conseguinte, da história. Afirmava ele: "O domínio do trabalho científico não tem por base as conexões objetivas entre as coisas, mas as conexões conceituais entre os problemas". E mais adiante: "O conceito de cultura é um conceito de valor" (*Revolução dos espelhos*: cinema e cultura no Brasil, São Paulo, MEC Ed., 1990, p. 67).

jurídica de bem difuso, porquanto este pertence a *todos*. Um domínio preenchido pelos elementos de fruição (uso e gozo do bem objeto do direito) sem comprometimento de sua integridade, para que outros titulares, incluídos os de gerações vindouras, possam também exercer com plenitude o mesmo direito.

A Universidade de São Paulo, uma das maiores e mais bem conceituadas universidades do mundo, assim noticiou uma tese da Escola de Comunicações e Artes:

"O futebol brasileiro faz parte de nosso folclore, é uma importante manifestação cultural e tem potencial para incrementar o turismo no País. Partindo destes pressupostos, Sérgio Miranda Paz defende que ele deve ser incluído nas disciplinas de Cultura Brasileira do ensino superior. O engenheiro elétrico, bacharel em ciências da computação, também formado em Educação Física e Turismo, levou esse assunto tão a sério que produziu a tese de doutorado *O Futebol como Patrimônio Cultural do Brasil: estudo exploratório sobre possibilidades de incentivo ao Turismo e ao Lazer*, apresentada na Escola de Comunicações e Artes (ECA) da USP"[79].

Reiterando a interpretação jurídica antes aludida, já é pacífico nos nossos tribunais o entendimento destinado a estabelecer juridicamente o futebol como patrimônio cultural brasileiro, como a decisão do Tribunal de Justiça do Rio de Janeiro, nos autos do Processo n. 2006.001.137059-2, que já estabeleceu ser o futebol patrimônio cultural.

Senão, vejamos:

"12. Desta feita, a violação ao correto desenvolvimento do futebol é uma ofensa direta ao patrimônio cultural brasileiro, verdadeiro patrimônio dos que não possuem patrimônio, protegido, no caso, pela Ação Civil Pública (art. 1º da Lei n. 7.347/85).

13. Sem embargo de se encarar o futebol como patrimônio cultural, submetido à classificação jurídica de interesse difuso (conceituado no art. 81, parágrafo único, I, do CDC), é lícito também subsumi-lo à noção de direito do consumidor, eis que os espectadores (televisivos, radiofônicos e presenciais) recebem a prestação de um serviço de diversão de um fornecedor (entidades desportivas como os clubes e as federações e confederações).

14. Tal assertiva encontra amparo em recentes precedentes do Egrégio Tribunal de Justiça do Estado do Rio de Janeiro que, mesmo antes da previsão expressa no Estatuto do Torcedor (art. 3º da Lei n. 10.671/2003), já tratavam da matéria como inserida no Código de Defesa do Consumidor, *in verbis:* 'AÇÃO DE RESPONSABILIDADE CIVIL. CONSUMIDOR. RESPONSABILIDADE OBJETIVA. ACIDENTE EM ESTÁDIO DE FUTEBOL EM JOGO DE DECISÃO DA COPA JOÃO HAVELANGE. QUEDA DO ALAMBRADO DO

---

79. Laura Lopes, Futebol pode incentivar o turismo e deve ser incluído no ensino, *Agência USP de Notícias*, 30-10-2007.

ESTÁDIO SÃO JANUÁRIO DEVIDO ÀS PRECÁRIAS INSTALAÇÕES E CONDIÇÕES DE SEGURANÇA COM 159 TORCEDORES FERIDOS. SENTENÇA JULGOU IMPROCEDENTE O PEDIDO INDENIZATÓRIO FORMULADO PELA 1ª AUTORA E PARCIALMENTE PROCEDENTE EM RELAÇÃO AO 2º AUTOR CONDENANDO O RÉU AO PAGAMENTO DE VERBA INDENIZATÓRIA NO VALOR DE R$ 10.000,00 (DEZ MIL REAIS). RECURSO DE APELAÇÃO. Trata-se de recurso de apelação interposto pelos autores com a pretensão de reforma do *decisum* para procedência do pedido indenizatório com o reconhecimento dos danos morais experimentados pela 1ª autora, em virtude do acidente sofrido por seu filho no estádio réu bem como para majoração da verba arbitrada a título de danos morais para o 2º autor. RECURSO IMPROVIDO. Sentença que se mantém' (Décima Quarta Câmara Cível, Apelação Cível 2007.001.18182, Rel. Des. Rudi Loewenkron – J. 23-5-2007)".

### 10.4.3. Tutela jurídica do futebol em face do meio ambiente cultural (CF, arts. 215 e 216) e as Leis n. 10.671/2003 e 9.615/98

#### 10.4.3.1. Meio ambiente cultural e desporto

Na tutela do meio ambiente cultural, o objeto imediato de proteção relacionado à qualidade de vida em nosso país é o *patrimônio cultural brasileiro*, conceituado constitucionalmente (art. 216) como "os bens de natureza material e imaterial, tomados individualmente ou em conjunto, portadores de referência à identidade, à ação, à memória dos diferentes grupos formadores da sociedade brasileira, nos quais se incluem: I – as formas de expressão; II – os modos de criar, fazer e viver; III – as criações científicas, artísticas e tecnológicas; IV – as obras, objetos, documentos, edificações e demais espaços destinados às manifestações artístico-culturais; V – os conjuntos urbanos e sítios de valor histórico, paisagístico, artístico, arqueológico, paleontológico, ecológico e científico", não fazendo a Carta Magna restrição a qualquer tipo de bem, de modo que podem ser eles materiais ou imateriais, singulares ou coletivos, móveis ou imóveis, mas sempre passíveis de proteção, independentemente do fato de terem sido criados por intervenção humana.

Como recreação, passatempo, lazer, o FUTEBOL, embora explicitamente indicado no art. 217 da Constituição Federal, passou a ter *natureza jurídica de bem ambiental a partir de 1988* na medida em que se encontra claramente integrado ao conteúdo do art. 216, por ser importante forma de expressão (art. 216, I), portadora de referência à identidade, à ação, à memória dos diferentes grupos formadores da sociedade brasileira[80].

---

80. Daí a existência do art. 4º, § 2º, da Lei n. 9.615/98, que estabelece: "A organização desportiva do país, fundada na liberdade de associação, integra o patrimônio cultural brasileiro e é considerada de elevado interesse social".

*O FUTEBOL faz parte, em síntese, do patrimônio cultural brasileiro* (art. 216, *caput*, da CF), sendo dever do Estado observar sua proteção, assim como incentivar as outras manifestações desportivas de criação nacional (art. 217, IV).

Abrangendo tanto as *práticas formais* (reguladas por normas nacionais e internacionais e pelas regras de prática desportiva de cada modalidade, aceitas pelas respectivas entidades nacionais de administração do desporto, conforme estabelece o art. 1º, § 1º, da Lei n. 9.615/98) como as *não formais* (caracterizadas pela liberdade lúdica de seus praticantes, ou seja, faz-se por gosto, sem outro objetivo que o próprio prazer de fazê-lo, visando mais ao divertimento puro e simples, como indica o art. 1º, § 2º, da Lei n. 9.615/98), o FUTEBOL observa de qualquer modo e necessariamente o fundamento da dignidade da pessoa humana (art. 1º, III) como importante critério delimitador de sua forma de expressão, sempre no sentido de respeitar as necessidades de brasileiros e estrangeiros residentes no País no que se refere ao importante direito ao lazer (art. 6º da CF) como componente do denominado "piso vital mínimo".

### 10.4.3.2. Desporto e lazer

Na medida em que no plano normativo o FUTEBOL tem natureza jurídica de bem ambiental, fica evidente que seu reconhecimento diante de manifestação de *desporto educacional* (art. 3º, I, da Lei n. 9.615/98) e de *desporto de participação* (art. 3º, II, da mesma Lei) abarca imediatamente o objetivo maior do direito ambiental brasileiro, uma vez que se preocupam aludidas manifestações, fundamentalmente, com "o desenvolvimento integral do indivíduo e a sua formação para o exercício da cidadania e prática do lazer", assim como visam a contribuir para a "integração dos praticantes na plenitude da vida social, na promoção da saúde e educação e na preservação do meio ambiente", sendo clara a integração do desporto no âmbito do piso vital mínimo (art. 6º da CF).

### 10.4.3.3. O futebol como bem cultural vinculado ao direito ambiental brasileiro e o entendimento da Câmara Ambiental do Tribunal de Justiça do Estado de São Paulo

Adotando claramente nossa visão em face de ação civil pública em que atuamos em defesa da sociedade como advogado da Federação Paulista de Futebol, a Câmara Ambiental do Tribunal de Justiça do Estado de São Paulo julgou ação que, diante de seu caráter histórico, merece integral transcrição.

Senão, vejamos:

"Apelante: FEDERAÇÃO PAULISTA DE FUTEBOL

Apelado: TORCIDA INDEPENDENTE E OUTROS

Comarca: SÃO PAULO

Recurso: n. 994.09.013383-3

Juiz de 1º Grau: DR. ANTONIO MANSSUR FILHO

Ação Civil Pública Ambiental – Indeferimento da petição inicial – Antecipação de tutela – Preenchendo a petição inicial, em tese, as condições necessárias ao processamento da ação de obrigação de não fazer e de indenização, possível o processamento da demanda, ainda que o número de réus litisconsorciados possa implicar em demora na solução do litígio. Presentes as condições legais e sendo necessário tempo para implementação de medidas tendentes a minorar, senão eliminar, a violência em estádios de futebol, possível a antecipação de tutela para adoção das medidas aqui determinadas. Recurso provido.

Trata-se de recurso de apelação interposto nos autos da ação civil pública que foi julgada extinta sem resolução do mérito pela R. Sentença de fls.

Sustenta a apelante, em resumo, que tem interesse de agir para pleitear, entre outros pedidos, se proíba a participação das torcidas organizadas em qualquer jogo administrado pela apelante nos estádios do Estado de São Paulo relacionados na inicial. Alega ser fato notório que as torcidas organizadas pregam a violência no futebol, causam danos e colocam em risco a vida dos torcedores comuns, sendo, portanto, necessária a tutela judicial a fim de se implementarem as providências indicadas na petição inicial. Requer a concessão da tutela antecipada em grau de recurso.

O recurso não recebeu resposta, tendo a Douta Procuradoria ofertado parecer.

É o breve relatório, adotado, no mais, o da R. Sentença de fls.

Inicialmente se anota que o presente recurso aguardou seu julgamento por mais de um ano em razão da necessidade de se proceder a julgamento de causas com urgência, em especial aquelas que envolviam o fornecimento de medicamentos para pessoas necessitadas, bem como outras que envolviam vencimentos de servidores públicos, demandas em que avulta o caráter alimentar dos pleitos deduzidos em Juízo.

Feita essa observação, passa-se ao exame do processo.

A apelante ajuizou ação de obrigação de não fazer, cumulada com pedido de indenização, alegando que o futebol, que afirma ser bem cultural, está sendo vítima de manifestações violentas de grupos denominados 'torcidas organizadas', pleiteando sejam elas proibidas de ingressar nos estádios, os quais devem ser dotados de vigilância eficaz, fixando-se valores de multas como penas para as hipóteses de lesões e ameaças.

O Dr. Juiz indeferiu a petição inicial, afirmando que os pedidos formulados pela ora apelante não necessitam ser deferidos pelo Poder Judiciário, eis que decorrem da mera observância de normas adstritas à segurança pública, normas estas que estão sob responsabilidade das autoridades policiais, mencionando ainda não ser possível se coartar o direito de ir e vir, bem como o direito de associação, ambos constitucionalmente garantidos. Por isso, e estadeado em outros fundamentos, declarou extinto o processo sem resolução de mérito, daí advindo o presente recurso.

Distribuído o processo ao E. Des. Roberto Bedaque, determinou S. Exa. a sua redistribuição por se tratar de matéria de Direito Público (fls. 965), sendo distribuído a esta Câmara Reservada do Meio Ambiente e a mim remetido como suplente do E. Des. Samuel Junior, que se encontrava afastado da jurisdição no momento da distribuição.

O primeiro ponto a ser solvido diz respeito à competência recursal. Atribuir ao futebol, esporte por excelência, a pecha de bem cultural parece, à primeira vista, desbordar do conceito de bem cultural.

A Constituição Federal dedicou um capítulo inteiro, o Capítulo III do Título VIII, aos bens culturais, cuidando do desporto na Seção III, de forma separada. Ao tratar da cultura, a Constituição Federal o fez nos artigos 215 e 216, e o desporto foi tratado em seção à parte, sendo a ele dedicado o artigo 217.

E isso leva o intérprete a acreditar que o constituinte fez uma distinção entre cultura e desporto, de forma a não tornar possível ao intérprete não distinguir entre um e outro, o que afasta a ideia de ser o futebol um bem cultural.

Alexandre de Moraes (*Direito constitucional*, 24. ed., Editora Atlas, p. 833) assinala:

'A própria Constituição Federal já define o conceito de patrimônio cultural brasileiro *como os bens de natureza material e imaterial, tomados individualmente ou em conjunto, portadores de referência à identidade, à ação, à memória dos diferentes grupos formadores da sociedade brasileira;* estabelece a obrigatoriedade do poder público, com a colaboração da comunidade, de promover e proteger o patrimônio cultural brasileiro, por meio de inventários, registros, vigilância, tombamento e desapropriação, e de outras formas de acautelamento e preservação'.

Ora, futebol, esporte muito praticado em terras brasileiras, como é fato público e notório, ainda continua, ou deveria continuar a ser, apenas um esporte, não dizendo respeito nem fazendo referência à identidade, ação e memória de diferentes grupos formadores da sociedade brasileira, a não ser que se parta do princípio segundo o qual cada equipe de futebol representa um grupo por si só, princípio que não corresponde à realidade e poderia se prestar a justificar ações que se divorciam da civilidade por parte desses grupos.

Para isso basta atentar que todos os grupos de torcedores em época de disputa de Campeonato Mundial de Seleções passam a usar o amarelo ao invés das cores de suas equipes preferidas e todos, em conjunto com os brasileiros, quase sem exceção, torcem unidos, como uma torcida só, pela equipe de futebol selecionada pelo Brasil. Ou seja, os diferentes grupos de torcedores deixam, ainda que momentaneamente, de torcer pelo seu clube e passa a torcer por outro, desfazendo-se de suas cores e suas insígnias.

Todavia, há que se levar em conta de consideração que, apesar do quanto mencionado acima, o futebol é uma das paixões do cidadão brasileiro. Tanto que políticos de todos os matizes dele se utilizam como forma de angariar simpatias entre os eleitores, dizendo-se simpatizantes de determinada equipe, geralmente as consideradas mais populares, buscando com isso uma forma de identificação com o eleitor, ainda que tal expediente não deva ser usado por políticos que se pretendam sérios.

Também é certo que o desporto é mencionado no art. 217 da Constituição Federal como dever do Estado em '*fomentar práticas desportivas formais e não formais, como direito de cada um*', e o futebol, sem dúvida alguma, se constitui em prática desportiva, de forma que pode se entender que praticar futebol no Brasil deve ser objeto de fomento do Estado e direito de cada um, direito esse que se encontra alocado entre outros direitos do cidadão no capítulo constitucional dedicado à educação, à cultura e ao desporto.

Possível assim que, entendido o termo de forma ampla, se possa afirmar que o futebol pode ser considerado um bem cultural, o que pode ser mais bem compreendido pelos não juristas, que baseados no senso comum consideram futebol não apenas um esporte, mas sim um traço cultural dos brasileiros. Razoável, para se dizer o mínimo, o entendimento segundo o qual o futebol é um bem cultural da Nação, o que justifica a competência desta C. Câmara Reservada ao Meio Ambiente, que abarca não apenas o denominado 'verde', mas também o meio ambiente artificial e cultural.

Ademais, este processo já aguardou ser examinado por algum tempo, de forma que questões estritamente técnicas e que não encontram ressonância no senso comum não devem se prestar a mais demora na apreciação do pedido. Por isso, reconheço a competência desta C. Câmara Reservada ao Meio Ambiente para julgar o presente recurso.

Dirimida questão da competência, se passa a examinar o recurso ofertado.

Saliente-se de início que o Dr. Juiz indeferiu a petição inicial, de forma que ainda não se estabeleceu a relação jurídico-processual apta a gerar a jurisdição, que será prestada por esta Corte apenas quanto à possibilidade de processamento da ação ajuizada, com exame do pedido de antecipação de tutela recursal.

A ação foi aforada em face de 79 (setenta e nove) torcidas organizadas, visando:

'1 – impor definitivamente às mencionadas torcidas organizadas se abstenham de participar de qualquer forma ou modo de todo e qualquer jogo administrado pela Federação Paulista de Futebol nos 87 (oitenta e sete) estádios do Estado de São Paulo relacionados na presente ação (relação anexada à presente que faz parte da petição inicial), para o presente e para o futuro, com cominação de pena pecuniária a ser fixada por V. Exa., para o caso de descumprimento da decisão;

2 – condenar os vencidos a pagar indenização por dano à imagem ao futebol como patrimônio cultural e desportivo (art. 5º, V, da Constituição

Federal) em valor a ser arbitrado por V. Exa. que será destinado ao Fundo Especial de Despesa de Reparação de Interesses Difusos Lesados (Lei Estadual Paulista 6.536/89);

3 – condenar os vencidos ao pagamento de despesas devidas, assim como honorários advocatícios, conforme estabelece o art. 20 do CPC'.

O pedido formulado pela Federação apelante permite deduzir que a ação ajuizada é uma ação que envolve obrigação de não fazer, eis que o autor pugna pela imposição de obrigação de não fazer cumulada com ação de indenização, ação que é perfeitamente possível dentro de nosso ordenamento jurídico.

E a legitimidade da Federação Paulista de Futebol para ajuizar a presente ação se mostra presente na medida em que ela é uma entidade organizada e abarcada pelo art. 217 da Constituição Federal, cabendo-lhe o dever de zelar pela organização de campeonatos de futebol no âmbito deste Estado, de forma que, ainda que de forma indireta, também lhe cabe zelar pelo interesse cultural de brasileiros, com ênfase aos paulistas, que dedicam sua afeição às equipes cuja sede se encontra em território bandeirante.

Bem por isso, embora a R. Sentença tenha apreciado a questão sob outra ótica, e na qual o Juiz Dr. Antonio Manssur Filho, conhecido por suas qualidades técnicas e pessoais, tem razão, como se verá mais adiante, a ação de obrigação de não fazer cumulada com indenização pode prosseguir em seus ulteriores termos até que receba julgamento de resolução de seu mérito. O único fundamento da R. Sentença que não guarda guarida consiste na menção à dificuldade de se processar uma ação com número elevado de réus.

Embora tal fundamento esteja correto em sua essência, a maior ou menor dificuldade de se processar determinada demanda não influi nas condições da ação nem na higidez da petição inicial. Cumpre observar que o art. 46, parágrafo único, do Código de Processo Civil permite ao Juiz limitar o número de litisconsortes facultativos quanto ao número de litigantes quando este comprometer a rápida solução do litígio, o que permite ao Juiz determinar o desmembramento da ação aforada.

No entanto, o litisconsórcio formado pela Federação ora apelante não possui o caráter de facultativo, mas sim de necessário, pois, consoante o teor do art. 47 do Código de Processo Civil, se forma o litisconsórcio necessário quando por disposição de lei ou pela natureza da relação jurídica o juiz tiver de decidir a lide de modo uniforme para todas as partes.

Ora, o pleito é de obrigação de não fazer e de indenização, sendo dirigido às torcidas organizadas conhecidas, sendo visível que uma não pode receber decisão diversa de outra, por aplicação do princípio legal segundo o qual se várias pessoas, naturais ou não, se encontram na mesma situação de fato, o correto é que, ajuizada ação em face de tais fatos, o julgamento seja igual para todos. É a derivação do princípio constitucional da isonomia previsto no *caput* do art. 5º da Constituição Federal, ou seja, todos são iguais perante a lei.

É evidente que a presença de 79 (setenta e nove) réus, em litisconsórcio necessário, irá determinar uma demora maior na solução do litígio, o que servirá para que, mais uma vez, os leigos e os mal-intencionados de sempre lancem críticas infundadas e plenas de segundas intenções contra os Juízes Brasileiros, convenientemente deslembrados que a morosidade do Poder Judiciário decorre de mais de uma causa e da própria necessidade de se garantir o exercício da garantia constitucional da ampla defesa, situação inocorrente em países nos quais a liberdade não é considerada direito de seu cidadão e os Juízes são controlados pelo Estado, não gozando de independência.

Lembra-se, desde logo a esses críticos que a concessão de prazo para preparação da defesa é garantia constitucional e que, no caso concreto, apenas após a juntada da última carta precatória expedida para a citação dos 79 (setenta e nove) réus desta ação é que terá início o prazo de trinta dias, o dobro do prazo normal, por se tratar de réus com procuradores diferentes, visto ser inimaginável que as torcidas organizadas, sabidamente inimigas entre si, venham a contratar um único Advogado para a defesa que tiverem, como determina o art. 47 do Código de Processo Civil.

No entanto, os Juízes Brasileiros, em especial os Paulistas, que trabalham com a serenidade e imparcialidade necessária para julgar os casos que lhes são submetidos a julgamento, também terão a serenidade de não se rebaixar a esses oportunistas políticos, criando polêmica que apenas a eles, defensores de interesses inconfessáveis, interessa, prosseguindo em sua faina diária de fazer com que a Constituição Federal e as leis deste país sejam cumpridas, com o respeito aos direitos de todos.

E eventual dificuldade no processamento desta demanda será superada, como sempre o foi, pelo Magistrado Paulista a quem couber julgar esta demanda, o qual tomará as determinações necessárias para que os réus tenham seus direitos constitucionalmente assegurados respeitados e sejam observados, dentro dos limites do possível, os prazos processuais para que o litígio tenha a solução no menor espaço de tempo possível.

Não se pode olvidar, por seu turno, que a Constituição Federal, em seu art. 5º, inciso LXXXVIII, assegurou a todos, no âmbito judicial, a razoável duração do processo e os meios que garantam a celeridade de sua tramitação, e que o CNJ – Conselho Nacional de Justiça – como é público e notório, estabeleceu como meta o julgamento de todos os processos ajuizados até 2005, de forma que o fazendo em 2009 estabeleceu, ainda que de forma indireta, que o prazo razoável de duração do processo, no Brasil, é de quatro anos.

E embora se possa anotar demora no julgamento deste, decorrente de diversos fatores, esse prazo ainda não ocorreu, lembrando-se ainda a natureza diferenciada desta demanda.

Aliás, a necessária demora na citação de todos os réus, a maioria deles com sede fora desta Comarca da Capital de São Paulo, levou o autor da presente ação a pleitear a antecipação de tutela, instrumento processual que se permite ao Juiz, observada a presença de determinadas condições legais constantes do art. 273 do Código de Processo Civil.

E aqui a autora da ação, que se limitou a pedir sejam as rés condenadas a se absterem de frequentar os estádios de futebol que nominou na petição inicial, formulou pedido de antecipação de tutela, não para proibir de vez e sem observância do contraditório a presença das torcidas nos estádios, mas que o Poder Judiciário ordenasse (*vide* fls. 43 e 44 dos autos):

*'(...) observando as seguintes medidas que deverão ser adotadas desde logo pela autoridade policial competente, além de outras determinadas pelo Poder Judiciário:*

*1) vigilância eficaz dos estádios durante o período adequado antes do dia da partida e com suficiente antecipação do início dos jogos;*

*2) revista para a busca de todo e qualquer material considerado nocivo/ perigoso;*

*3) controle eficaz da autoridade policial na parte externa dos estádios e alambrados a fim de impedir a participação das mencionadas torcidas organizadas bem como impedir a introdução de objetos perigosos nos estádios;*

*4) controle eficaz do acesso das pessoas nos estádios visando observar eventual ingresso de elementos de torcidas organizadas bem como controle para impedir e excluir do estádio qualquer integrante identificado com as torcidas organizadas;*

*5) utilização de aparelhos/tecnologia disponível destinada a permitir a identificação de integrantes de torcidas organizadas;*

*6) elaboração de avisos com o conteúdo da decisão judicial visando informar os presentes aos estádios (cunho educativo);*

*7) imposição de MULTA DIÁRIA AOS RÉUS, a ser fixada por V. Exa. Em face de qualquer lesão ou mesmo ameaça ocasionadas pelas torcidas organizadas sempre no sentido de se dar efetividade à decisão judicial;*

*8) determinação de qualquer outra medida necessária, a ser imposta por V. Exa., para obtenção do resultado prático equivalente, principalmente impedimento de toda e qualquer atividade reputada nociva, assim como requisição de força policial;*

*9) determinação de medida de busca e apreensão de programas de computador bem como documentos existentes nas sedes das referidas torcidas organizadas relacionados à presente lide que deverá ser cumprida bem como executada pela autoridade policial competente;*

*10) confirmar como decisão antecipatória de tutela todas as medidas requeridas anteriormente no sentido de impor às mencionadas torcidas organizadas que se abstenham de participar de qualquer forma ou modo de todo e qualquer jogo administrado pela Federação Paulista de Futebol nos 87 (oitenta e sete) estádios do Estado de São Paulo, relacionados na presente ação (relação anexada à presente que faz parte da petição inicial), com cominação de pena pecuniária, a ser fixada por V. Exa., para o caso de descumprimento da decisão'.*

Foi este pleito que gerou a R. Decisão guerreada que vem vazada nos seguintes termos:

*'Respeitosamente, indefiro a petição inicial.*

*Em que pese conhecida a violência das torcidas organizadas, as medidas pleiteadas na presente decorrem da mera observância das normas adstritas à segurança pública e às posturas administrativas.*

*Cumpre às Autoridades Policiais e Administrativas, sob pena de prevaricação, a observância da lei, eis que vigilância, controle de acesso e permanência, revista de pessoas, apreensão de armas em eventos, etc., dizem respeito às atividades inerentes ao poder de polícia e que decorem da própria função estatal.*

*Ademais, não há como identificar todos os integrantes de torcidas organizadas, o que, de per si, inviabiliza a efetivação da tutela requerida, colocando o Poder Judiciário em situação de descrédito.*

*Outrossim, o simples fato de um cidadão pertencer a uma entidade, respeitado o direito constitucional de associação, não tem o condão de obstar seu direito constitucional de ir e vir. A restrição de acesso ou presença deve ter como base específica conduta ilícita de determinada pessoa; imediatamente verificada pelos agentes públicos que, por dever legal e sob pena de prevaricação, tem a obrigação de tomar as providências inerentes à espécie, como, por exemplo, a apreensão de coisas, vedação de acesso, efetivação de prisões etc.*

*A presente ação não é adequada para a resolução do problema e, certamente, trará grandes transtornos, sem embargo de que a ineficácia das medidas pleiteadas (caso fossem concedidas), sem que se olvide da grande repercussão, tornará mais forte o sentimento de impotência estatal.*

*De outro lado, a presença de 79 réus em litisconsórcio facultativo, muitos deles pouco conhecidos, localizados em cidades diversas e sem lastro desabonador, inviabiliza o compasso procedimental, tanto no que tange aos aspectos cognitivos quanto a propósito da própria efetividade das medidas requeridas.*

*Já a pretensão indenizatória deve ser direcionada de modo específico, tanto no aspecto subjetivo quanto no âmbito objetivo, ao passo que não se mostra possível a aplicação de indenização genérica e por fato hipotético e eventual.*

*Sob estes aspectos, falece interesse de agir ao autor, pelo que indefiro a petição inicial, o que faço nos termos do art. 295, III, do CPC, extinguindo o processo sem apreciação do mérito (art. 267, I e VI, CPC)'.*

Já se pode perceber que não foi o pedido formulado, de obrigação de não fazer cumulada com indenização, que impressionou o Dr. Juiz Sentenciante, mas sim as medidas pleiteadas a título de antecipação de tutela, como medidas necessárias para efetivação da medida. E o indeferimento de tais medidas está correto e de acordo com a Constituição Federal e as leis vigentes neste país.

O que a autora, Federação Paulista de Futebol, pretendeu foi impedir cidadãos brasileiros, sem culpa formada e sem condenação judicial, de se reunirem, sem caráter paramilitar, para assistir espetáculo público, fundada na ação de algumas pessoas cuja identificação é feita de forma generalizada e sem individuação. Basicamente o pedido de antecipação de tutela pede que se proceda à vigilância, à revista de pessoas e coisas, ao controle de acesso a espetáculo público, inclusive com identificação de pessoas por aparelhos, tudo com a presença ostensiva de efetivos da Polícia Militar e imposição de multa e de busca e apreensão de bens particulares.

Em um primeiro momento, correto o fundamento do Dr. Juiz. Estes atos já são praticados por agentes policiais, de forma que ordenar que sejam os mesmos praticados se mostra desnecessário. São atos e ações fundadas no Poder geral de Polícia da Administração e que encontram guarida na Constituição Federal e no ordenamento jurídico nacional. Não há a mínima necessidade de se 'determinar' ao Comando da Polícia Militar do Estado de São Paulo que policie as áreas dos estádios de futebol e suas adjacências em dias de jogos. Isso já ocorre.

A diferença reside na palavra *eficaz*, utilizada pela apelante. Entendida essa como aquela ação necessária para se obter o fim desejado, o que a apelante pleiteia é a detenção ou impedimento de ingresso de qualquer um que possa ser identificado como membro de torcida organizada, podendo proceder à revista a identificação, que todo cidadão já possui, e até mesmo à apreensão de bens, tudo em caráter liminar, sem permitir o direito de defesa da parte contrária.

Já não fosse pelo evidente caráter satisfativo de tal medida, circunstância que claramente impede sua concessão, não se pode nunca olvidar que tais restrições violam os direitos constitucionais dos torcedores em geral, os quais por simples suspeita terão que se sujeitar a medidas que desbordam do poder geral de polícia e agridem seu direito.

O caráter satisfativo da medida resulta evidente quando se percebe que a proibição terá vigência imediata, ou seja, as torcidas organizadas já não poderão frequentar estádios de futebol, ao menos no Estado de São Paulo, sem que possam oferecer sua defesa no processo. E, uma vez realizado o jogo, já não há como se voltar atrás para permitir a entrada destes torcedores. A medida é assim visivelmente irreversível e não pode ser deferida como determina o art. 273, § 2º, do Código de Processo Civil.

Não se diga que coibir a violência é bem jurídico de relevo, pois o argumento é falso em sua formulação. É que não se pode presumir que todos os membros de torcida organizada sejam violentos insensíveis, cuja única atividade é a de agredir e depredar. E não de assistir ao jogo de seu time, o que ocorre na maioria das vezes. Também se deve considerar que existe violência envolvendo estas organizações, mas ela pode ser atribuída a alguns elementos e não a todos os seus integrantes.

Também não se pode deslembrar que a liberdade é a regra. Liberdade não é um bem negociável, ao talante das injunções de situações momentâneas. A determinação para que qualquer pessoa seja privada de qualquer de seu direito só pode ser tomada segundo e de acordo com a lei, de forma que não viole outros direitos, ou, se violar, que estes direitos possam ser suplantados por aquele que se quer proteger.

Por isso a Constituição Federal anotou em seu art. 5º, que se deixa de transcrever por ser fastidioso, que todos são iguais perante a lei; serem invioláveis a liberdade de consciência e de crença; ser livre a locomoção em território nacional, ser livre o direito de reunião, sem armas; ser plena a liberdade de associação; não ser possível privar alguém de sua liberdade, na qual se inclui o direito de ir e vir, sem o devido processo legal, assegurando-se sempre a ampla defesa. Não menos importante para a hipótese em julgamento o mandamento inserto no inciso LVII, do art. 5º, da Constituição Federal, que assegura a impossibilidade de ninguém ser considerado culpado até o trânsito em julgado de sentença.

Não é necessário muita doutrina jurídica para se entender que a Constituição estabeleceu como regra a liberdade, de forma que deferir-se antecipação de tutela que tem eficácia imediata sem permitir a defesa daqueles que terão seus direitos restringidos equivale a violar a Constituição. Ainda mais neste caso em que a sabença comum informa que membros de torcida organizada não são pessoas ricas e cultas. São pessoas simples, 'do Povo', que devem ter seus direitos respeitados.

Observo que sempre há alguém disposto a dizer, com ironia, ou com estudada raiva, que não há Justiça no Brasil. Ou, os mais deselegantes, no mesmo tom, dizem que 'Justiça no Brasil só para os três 'p', o preto, o pobre e a prostituta, porque rico não vai para a cadeia'. Pois bem. Sabido que os membros de torcida organizada não são em geral ricos, ao menos desta vez, a Justiça não se abaterá sobre eles, sem lhes propiciar o sagrado direito de defesa.

E isto é bom, porque liberdade e direitos fundamentais da pessoa humana não podem ser objeto de negociação, muito menos ser aplicados de acordo com a conveniência do momento ou de interesses outros. O banqueiro não pode ser preso sem que a sentença condenatória transite em julgado, assim como o membro da torcida organizada. Como todos são iguais perante a lei, o militante político que comete algum ato causador de prejuízo deve responder pelo ato da mesma forma que algum torcedor, membro de torcida organizada ou não; também deve responder quer o governante do momento goste ou não.

Já não bastassem tais argumentos, ainda se pede pela utilização de aparelhos que possibilitem a identificação de pessoas, quando todas as pessoas já são identificadas e a Constituição Federal proíbe o reconhecimento de pessoas que já sejam civilmente caracterizadas, proibindo sua identificação criminal, salvo nas hipóteses previstas em lei (inciso LVIII do art. 5º).

A estes fundamentos se ajuntam aqueles constantes da R. Sentença guerreada. Eventuais críticas poéticas a seu teor devem ser debitadas à conta de relativização da liberdade e dos direitos fundamentais do ser humano, entre os quais avulta o direito de liberdade em toda a sua extensão. Dizer o contrário é o mesmo que dizer que uns, por serem amigos do rei, ou por concordarem com o pensamento de poderosos (às vezes por estarem a soldo destes), ficam imunes à lei, ao passo que outros, por não gozarem de tais benesses, devem se sujeitar às penas da lei, situação que não corresponde à ideia de Justiça.

É claro, e tal anotação não se mostraria necessária, que o pleito da Federação apelante pode ser provido após o devido processo legal, realizado com observância do princípio da ampla defesa. O que não deve prevalecer é a determinação imediata e sem permitir a defesa de medidas que impeçam direitos constitucionalmente assegurados.

Nem mesmo as noticiadas ações violentas por parte de alguns membros das denominadas torcidas organizadas podem se prestar a impedir a própria existência de tais torcidas, eis que a proibição de sua presença nos estádios retira a razão da existência de tais torcidas, o que equivale à sua extinção.

Além do mais, seria ingenuidade, para dizer o mínimo, acreditar que as torcidas organizadas são simples ajuntamento de torcedores de uma mesma equipe de futebol. Em geral, tais torcidas contam com apoio de dirigentes dos clubes que lhes facilitam o acesso aos estádios nos jogos, quer vendendo ingressos a preços subsidiados, quer entregando a programação de tais jogos aos torcedores, quer, enfim, praticando ações conjuntas de molde a permitir a presença de torcedores até mesmo em treinos das equipes.

Mas a Federação apelante pede de forma clara e expressa que o Poder Judiciário emita a:

*8) determinação de qualquer outra medida necessária, a ser imposta por V. Exa., para obtenção do resultado prático equivalente, principalmente impedimento de toda e qualquer atividade reputada nociva, assim como requisição de força policial.*

O que permite que se determinem as medidas que seguem, sendo necessário observar que tais medidas só podem ser aplicadas aos futuros campeonatos organizados pela Federação apelante, eis que o atual campeonato em curso já tem suas regras definidas, e sua alteração neste momento violaria o ato jurídico perfeito e o direito adquirido dos clubes participantes.

Além do mais, os campeonatos de caráter nacional e internacional têm seus regulamentos ditados por Federação Nacional e Federação Internacional, sobre os quais esta Corte não tem jurisdição.

A primeira medida que se determina à Federação é que no próximo campeonato o regulamento contenha regra específica segundo a qual a torcida organizada que se envolver em briga com outra torcida fará com que o clube para o qual ela seja simpatizante perca três pontos no campeonato, e tenha que fazer seus dois próximos jogos com portões fechados, vedada nesse caso a transmissão direta pela televisão de tais jogos, que só poderão ser exibidos em videoteipe, preservada a liberdade de imprensa com a permissão de transmissão 'ao vivo' apenas e tão somente dos gols da partida. A pena é dobrada em caso de reincidência. E se houver uma terceira briga ou atos de vandalismo e violência praticados por integrantes de tais torcidas pela terceira vez, o clube só poderá jogar sem torcida alguma, ou seja, de portões fechados até o final do campeonato, cabendo-lhe ainda indenizar os adversários pela perda da receita.

Na hipótese de algum torcedor vestir a camisa do adversário para prejudicá-lo, a pena a ser aplicada ao clube é de eliminação do campeonato, de forma que no campeonato seguinte ele deverá disputar a divisão anterior, ou a popular 'série b'. Anota-se que a pena será aplicada pela metade ao clube cuja torcida não der início aos atos de violência.

Desta forma, os violentos torcedores saberão que suas ações violentas trarão prejuízo ao clube que dizem defender e 'amar'. Brigar, praticar atos de vandalismo e violência, significa prejudicar o clube de forma direta e imediata.

Afastam-se de pronto dois argumentos que são falhos na sua essência, quais sejam os clubes não podem ser penalizados pelos atos de sua torcida e sempre existe a possibilidade de um torcedor se 'travestir' de torcedor de outro clube para prejudicá-lo.

O primeiro argumento não procede. Basta atentar para o fato de ser certo que todos os dirigentes se referem às torcidas como sendo 'nossas', alguns até aparecendo em eventos nas sedes de suas torcidas onde prestam declarações que no mínimo incitam à violência. Quase sempre, quando há interesse, os mesmos dirigentes se referem a essas torcidas organizadas como a 'nação' do clube, o que é repercutido pela imprensa esportiva, sendo comum as expressões 'nação tricolor, alviverde, alvinegra' etc.

Ademais, no momento em que avulta a necessidade de responsabilização social dos entes sociais, em especial dos estatais, e sendo o futebol parte do patrimônio cultural brasileiro, natural que aqueles que o exploram e nele estão inseridos sejam responsabilizados pelos malefícios que desse patrimônio podem advir.

O segundo argumento é de ser afastado até mesmo pela sua primariedade. Admiti-lo é o mesmo que consentir na afirmação segundo a qual os torcedores são capazes de fraudar e praticar crimes para favorecer o seu clube ou simplesmente prejudicar o adversário. Neste caso, já se percebe que o beneficiário, ainda que indireto, é sempre o clube de 'coração' do torcedor, de forma que o beneficiário deve responder pelo prejuízo causado. Segundo, porque se caso assim ocorrer, o clube do torcedor 'travestido' será eliminado da competição. E estas regras se aplicam apenas às torcidas organizadas e não a simples torcedores.

Com efeito. Não se pode esquecer que a ação não atinge simples torcedores, pois dela se extrai que são os simples torcedores o objeto da segurança que se almeja. O alvo da ação são aqueles que agem pelo 'efeito manada', ou seja, atuam em grupo e com ações desarrazoadas. Com tal medida se atinge o objeto de adoração destes torcedores, qual seja, o clube, de forma que o violento sabe que sua violência prejudica o seu clube.

Anota-se também que idêntica solução foi adotada na Europa com sucesso, resultando no controle dos 'hooligans', violentos torcedores de clubes ingleses que foram proibidos, ante a violência da torcida, de participar de campeonatos europeus. Nem mesmo se pode afirmar que não há modo ou meio de se controlarem as ações das pessoas.

Assim, as torcidas organizadas é que deverão cuidar de manter arquivos de seus integrantes atualizados e providos de todas as informações necessárias à sua identificação. Também poderão providenciar filmagens e vídeos do comportamento de seus membros, desde a chegada ao local de reunião no estádio até o ponto de dispersão, para poder demonstrar que nenhum deles se envolveu em atos violentos.

A segunda medida determinada por esta Corte consiste em determinar à Federação que obrigue seu filiado a informar quantos ingressos foram ou serão por ele fornecidos aos integrantes das torcidas organizadas, os quais deverão ser diferenciados, de forma que as torcidas organizadas ingressem por apenas um ou dois portões de entrada nos estádios, permitindo à Polícia Militar que concentre seu efetivo em tais portões, de forma que todos se submeterão não só à revista pessoal simples, que, a propósito, já é realizada, mas também à revista de dados, que inclui consulta a computadores sobre antecedentes criminais, computadores que serão fornecidos pela própria Federação quando da realização de jogos.

A terceira medida consiste em fazer com que o clube seja apenado com a perda de um ponto no campeonato cada vez que alguma torcida organizada sua seja apreendida com objetos proibidos. A comprovação de tal fato se fará mediante simples exame do videoteipe da partida realizado pelas emissoras de televisão que transmitem o evento, sendo responsabilidade dos dirigentes de tais torcidas impedir que seus membros adentrem o recinto do estádio portando objetos proibidos. A Federação irá divulgar a lista dos objetos proibidos em jornal de grande circulação em todas as cidades onde houver equipe que seja sua filiada, o que se coaduna inclusive com o item seis de seu pedido de liminar.

A quarta medida consiste em determinar que a Federação contrate seguro para garantir eventuais prejuízos dos torcedores que foram vítimas da violência ou de atos de vandalismo, obtendo ainda o compromisso dos proprietários e locadores dos estádios de indenizar os danos morais, os lucros cessantes e as perdas e danos sofridas por torcedores que forem aos estádios nominados na petição inicial para assistir aos jogos de campeonatos organizados pela Federação apelante, garantido o seu direito de regresso.

Também se deve atentar que a violência desencadeada por torcedores às vezes deriva de inconformismo com os critérios de arbitragem, mormente quando o árbitro escalado para o jogo toma decisões diferentes para atos idênticos. Por isso, se determina à Federação que os árbitros de seu quadro tenham sua atuação observada por uma equipe de observadores, que serão indicados pelos clubes associados e que também deverão comparar os teores das súmulas dos jogos em confronto com o videoteipe deles realizado, aplicando-se, se for o caso, as penalidades disciplinares necessárias.

Deverá também a Federação criar um regulamento disciplinar, que se coadune com aquele já existente e editado pela Confederação Brasileira de Futebol, estabelecendo penas agravadas para alguns fatos que se tornaram comuns, como, por exemplo, jogadores expulsos que se 'revoltam' contra o árbitro, ou que depois de expulsos tornam a campo para atacar outro atleta, estabelecendo o dobro da pena mínima como pena automática.

Curial, nesta ordem, que a Federação deverá proceder à reformulação de seu Tribunal de Justiça Desportiva, de forma a torná-lo independente de eventuais pressões políticas ou não dos dirigentes interessados e de procuradores de atletas.

Para tanto, deverá promover concurso público de provas e títulos para selecionar os integrantes de seu Tribunal, submetendo os candidatos a uma prova escrita e a uma prova oral, ambas a serem ministradas por comissão de concurso cujos membros serão designados de forma paritária pelo Tribunal de Justiça do Estado de São Paulo; pelo Ministério Público do Estado de São Paulo e pela ordem dos Advogados do Brasil – Secção de São Paulo.

Os candidatos deverão possuir formação em Direito, não possuir antecedentes criminais nem disciplinares, e exercerão a função de Julgador do Tribunal de Justiça Desportiva por um mandato de cinco anos, após o que, obrigatoriamente, um terço do Tribunal deverá ser renovado, sendo a remuneração fixada a cada mandato pela própria Federação.

Em suma: o recurso interposto colhe provimento para que a ação possa prosseguir em seus ulteriores termos, procedendo em parte o pleito de antecipação de tutela formulado pela apelante para que:

*a) em seus próximos regulamentos a apelante faça inserir as seguintes regras:*

1) perderá 3 pontos o clube cuja torcida organizada se envolver em atos de vandalismo ou violência que sejam provados por qualquer forma, em especial por filmagens, sendo a pena dobrada na hipótese de reincidência;

2) declarada a perda de pontos, o mesmo clube deverá realizar seus dois próximos jogos com os portões fechados, vedada a transmissão direta pela televisão ou por qualquer outro tipo de mídia, exceto os lances de gol, cabendo-lhe indenizar o clube adversário pela perda de receita que este tiver;

3) se, pela terceira vez, a torcida organizada de um clube se envolver em atos de vandalismo ou violência, o clube só poderá realizar seus jogos sem público até o final do campeonato; considerando que a pena será aplicada ao clube cuja torcida houver dado início aos atos de violência;

4) caso algum torcedor vista a camisa do adversário para prejudicá-lo, a pena a ser aplicada a seu clube é a de eliminação do campeonato. As penas podem ser aplicadas no campeonato seguinte ao em que foi constatada a infração;

*b) também deverá a Federação:*

1) obrigar os clubes filiados a informar o número de ingressos vendidos para as torcidas organizadas, os quais deverão ser diferentes dos ingressos normais;

2) determinar que as torcidas organizadas adentrem os estádios por no máximo dois dos portões de entrada, permitindo que a Polícia Militar e a Polícia Civil possam promover a identificação de torcedores de forma mais completa;

3) responsabilizar os clubes filiados, apenando-os com a perda de um ponto, cada vez que se demonstrar que a 'sua' torcida organizada porta dentro do recinto dos estádios objetos proibidos;

4) divulgar a lista de objetos proibidos;

5) contratar seguro para cobrir eventuais prejuízos sofridos por torcedores, ou se responsabilizar pela indenização imediata e obter o compromisso de proprietários e locadores de estádios de futebol em indenizar os mesmos torcedores

*c) A Federação, por seu turno, no prazo de seis meses, deverá instituir:*

1) quadro de auditores cuja função será a de observar a atuação dos árbitros e confrontar os teores das súmulas de tais jogos, com outras súmulas de outros jogos e mediante o confronto com o videoteipe dos jogos, aplicando as penalidades necessárias;

2) instituir regulamento para aplicação de penas disciplinares;

3) promover concurso público de provas e títulos para selecionar os integrantes de seu Tribunal de Justiça Desportiva, que serão submetidos a provas que serão elaboradas e ministradas por comissão de concurso, que terão mandato de cinco anos, ao fim do qual um terço do Tribunal deverá ser renovado.

Assim posta a questão, e sem prejuízo de novas medidas virem a ser determinadas, a pedido das partes, se dá provimento ao recurso e se antecipa a tutela como pleiteado.

Custas na forma da lei.

LINEU PEINADO

Relator".

De fato, conforme observado anteriormente, a tutela jurídica do futebol está claramente vinculada ao direito ambiental brasileiro, podendo ser tutelada no plano material e instrumental em face de seus princípios constitucionais fundamentais.

## 10.5. AS MEDIDAS DE PREVENÇÃO E REPRESSÃO AOS FENÔMENOS DE VIOLÊNCIA POR OCASIÃO DE COMPETIÇÕES ESPORTIVAS E A LEI N. 12.299/2010

Após a publicação do histórico julgado da Seção de Direito Público da Câmara Reservada ao Meio Ambiente do Tribunal de Justiça do Estado de São Paulo em abril de 2010 (vide 10.4.3.3 – O futebol como bem cultural vinculado ao direito ambiental brasileiro e o entendimento da Câmara Ambiental do Tribunal de Justiça do Estado de São Paulo), foi sancionada em julho de 2010 a Lei n. 12.299, que com evidente caráter ambiental no plano cultural estabeleceu o dever de toda pessoa física ou jurídica colaborar na prevenção aos atos ilícitos e de violência praticados por ocasião de competições esportivas, especialmente os atos de violência entre torcedores e torcidas.

Modificando dispositivos do Estatuto do Torcedor, a Lei n. 12.299/2010[81] estabelece novos critérios no sentido de harmonizar a tutela jurídica do meio ambiente cultural na sociedade da informação (indicando inclusive regras específicas a serem adotadas no sítio da internet), assim como acrescenta novas normas jurídicas à referida

---

81. Art. 3º Os arts. 5º, 6º, 9º, 12, 17, 18, 22, 23, 25, 27 e 35 da Lei n. 10.671, de 15 de maio de 2003, passam a vigorar com a seguinte redação:

"Art. 5º (...)

§ 1º As entidades de que trata o caput farão publicar na internet, em sítio da entidade responsável pela organização do evento:

I – a íntegra do regulamento da competição;

II – as tabelas da competição, contendo as partidas que serão realizadas, com especificação de sua data, local e horário;

III – o nome e as formas de contato do Ouvidor da Competição de que trata o art. 6º;

IV – os borderôs completos das partidas;

V – a escalação dos árbitros imediatamente após sua definição; e

VI – a relação dos nomes dos torcedores impedidos de comparecer ao local do evento desportivo.

§ 2º Os dados contidos nos itens V e VI também deverão ser afixados ostensivamente em local visível, em caracteres facilmente legíveis, do lado externo de todas as entradas do local onde se realiza o evento esportivo.

Lei n. 10.671/2003[82], estabelecendo didaticamente o princípio constitucional ambiental da PREVENÇÃO no âmbito da tutela jurídica do desporto em face do meio ambiente cultural (art. 1º-A).

---

§ 3º O juiz deve comunicar às entidades de que trata o *caput* decisão judicial ou aceitação de proposta de transação penal ou suspensão do processo que implique o impedimento do torcedor de frequentar estádios desportivos."

"Art. 6º (...)

§ 4º O sítio da internet em que forem publicadas as informações de que trata o § 1º do art. 5º conterá, também, as manifestações e propostas do Ouvidor da Competição.

(...)".

"Art. 9º É direito do torcedor que o regulamento, as tabelas da competição e o nome do Ouvidor da Competição sejam divulgados até 60 (sessenta) dias antes de seu início, na forma do § 1º do art. 5º.

(...).

§ 4º O regulamento definitivo da competição será divulgado, na forma do § 1º do art. 5º, 45 (quarenta e cinco) dias antes de seu início.

(...)."

"Art. 12. A entidade responsável pela organização da competição dará publicidade à súmula e aos relatórios da partida no sítio de que trata o § 1º do art. 5º até as 14 (quatorze) horas do 3º (terceiro) dia útil subsequente ao da realização da partida." (NR)

"Art. 17. (...)

§ 1º Os planos de ação de que trata o *caput* serão elaborados pela entidade responsável pela organização da competição, com a participação das entidades de prática desportiva que a disputarão e dos órgãos responsáveis pela segurança pública, transporte e demais contingências que possam ocorrer, das localidades em que se realizarão as partidas da competição.

(...)".

"Art. 18. Os estádios com capacidade superior a 10.000 (dez mil) pessoas deverão manter central técnica de informações, com infraestrutura suficiente para viabilizar o monitoramento por imagem do público presente".

"Art. 22. (...)

§ 2º A emissão de ingressos e o acesso ao estádio nas primeira e segunda divisões da principal competição nacional e nas partidas finais das competições eliminatórias de âmbito nacional deverão ser realizados por meio de sistema eletrônico que viabilize a fiscalização e o controle da quantidade de público e do movimento financeiro da partida.

§ 3º O disposto no § 2º não se aplica aos eventos esportivos realizados em estádios com capacidade inferior a 10.000 (dez mil) pessoas."

"Art. 23. (...)

§ 2º (...)

III – tenham sido disponibilizados portões de acesso ao estádio em número inferior ao recomendado pela autoridade pública."

"Art. 25. O controle e a fiscalização do acesso do público ao estádio com capacidade para mais de 10.000 (dez mil) pessoas deverão contar com meio de monitoramento por imagem das catracas, sem prejuízo do disposto no art. 18 desta Lei."

"Art. 27. (...)

Parágrafo único. O cumprimento do disposto neste artigo fica dispensado na hipótese de evento esportivo realizado em estádio com capacidade inferior a 10.000 (dez mil) pessoas."

"Art. 35. (...)

§ 2º As decisões de que trata o *caput* serão disponibilizadas no sítio de que trata o § 1º do art. 5º."

82. Art. 4º A Lei n. 10.671, de 15 de maio de 2003, passa a vigorar acrescida dos seguintes arts. 1º-A, 2º-A, 13-A, 31-A, 39-A, 39-B e 41-A, e do Capítulo XI-A, com os arts. 41-B, 41-C, 41-D, 41-E, 41-F e 41-G:

"Art. 1º-A. **A prevenção da violência** nos esportes é de responsabilidade do poder público, das confederações, federações, ligas, clubes, associações ou entidades esportivas, entidades recreativas e associações de torcedores, inclusive de seus respectivos dirigentes, bem como daqueles que, de qualquer forma, promovem, organizam, coordenam ou participam dos eventos esportivos."

"Art. 2º-A. Considera-se **torcida organizada**, para os efeitos desta Lei, a pessoa jurídica de direito privado ou existente de fato, que se organize para o fim de torcer e apoiar entidade de prática esportiva de qualquer natureza ou modalidade.

Parágrafo único. A torcida organizada deverá manter cadastro atualizado de seus associados ou membros, o qual deverá conter, pelo menos, as seguintes informações:

I – nome completo;

II – fotografia;

III – filiação;

IV – número do registro civil;

V – número do CPF;

VI – data de nascimento;

VII – estado civil;

VIII – profissão;

IX – endereço completo; e

X – escolaridade."

"Art. 13-A. São condições de acesso e permanência do torcedor no recinto esportivo, sem prejuízo de outras condições previstas em lei:

I – estar na posse de ingresso válido;

II – não portar objetos, bebidas ou substâncias proibidas ou suscetíveis de gerar ou possibilitar a prática de atos de violência;

III – consentir com a revista pessoal de prevenção e segurança;

IV – não portar ou ostentar cartazes, bandeiras, símbolos ou outros sinais com mensagens ofensivas, inclusive de caráter racista ou xenófobo;

V – não entoar cânticos discriminatórios, racistas ou xenófobos;

VI – não arremessar objetos, de qualquer natureza, no interior do recinto esportivo;

VII – não portar ou utilizar fogos de artifício ou quaisquer outros engenhos pirotécnicos ou produtores de efeitos análogos;

VIII – não incitar e não praticar atos de violência no estádio, qualquer que seja a sua natureza; e

IX – não invadir e não incitar a invasão, de qualquer forma, da área restrita aos competidores.

Parágrafo único. O não cumprimento das condições estabelecidas neste artigo implicará a impossibilidade de ingresso do torcedor ao recinto esportivo, ou, se for o caso, o seu afastamento imediato do recinto, sem prejuízo de outras sanções administrativas, civis ou penais eventualmente cabíveis."

"Art. 31-A. É dever das entidades de administração do desporto contratar seguro de vida e acidentes pessoais, tendo como beneficiária a equipe de arbitragem, quando exclusivamente no exercício dessa atividade."

"Art. 39-A. A torcida organizada que, em evento esportivo, promover tumulto; praticar ou incitar a violência; ou invadir local restrito aos competidores, árbitros, fiscais, dirigentes, organizadores ou jornalistas será impedida, assim como seus associados ou membros, de comparecer a eventos esportivos pelo prazo de até 3 (três) anos."

"Art. 39-B. **A torcida organizada responde civilmente, de forma objetiva e solidária**, pelos danos causados por qualquer dos seus associados ou membros no local do evento esportivo, em suas imediações ou no trajeto de ida e volta para o evento."

"Art. 41-A. Os juizados do torcedor, órgãos da Justiça Ordinária com competência cível e criminal, poderão ser criados pelos Estados e pelo Distrito Federal para o processo, o julgamento e a execução das causas decorrentes das atividades reguladas nesta Lei."

"CAPÍTULO XI-A

DOS CRIMES

476

Ao indicar também a definição jurídica do que são torcidas organizadas (art. 2º-A), assim como sua responsabilidade em face de danos (adotando para tanto a regra do direito ambiental brasileiro, a saber, responsabilidade objetiva e solidária – art. 39-B), estabeleceu um capítulo especialmente dedicado aos crimes no plano dos fenômenos de violência por ocasião de competições esportivas.

---

'Art. 41-B. Promover tumulto, praticar ou incitar a violência, ou invadir local restrito aos competidores em eventos esportivos:

Pena – reclusão de 1 (um) a 2 (dois) anos e multa.

§ 1º Incorrerá nas mesmas penas o torcedor que:

I – promover tumulto, praticar ou incitar a violência num raio de 5.000 (cinco mil) metros ao redor do local de realização do evento esportivo, ou durante o trajeto de ida e volta do local da realização do evento;

II – portar, deter ou transportar, no interior do estádio, em suas imediações ou no seu trajeto, em dia de realização de evento esportivo, quaisquer instrumentos que possam servir para a prática de violência.

§ 2º Na sentença penal condenatória, o juiz deverá converter a pena de reclusão em pena impeditiva de comparecimento às proximidades do estádio, bem como a qualquer local em que se realize evento esportivo, pelo prazo de 3 (três) meses a 3 (três) anos, de acordo com a gravidade da conduta, na hipótese de o agente ser primário, ter bons antecedentes e não ter sido punido anteriormente pela prática de condutas previstas neste artigo.

§ 3º A pena impeditiva de comparecimento às proximidades do estádio, bem como a qualquer local em que se realize evento esportivo, converter-se-á em privativa de liberdade quando ocorrer o descumprimento injustificado da restrição imposta.

§ 4º Na conversão de pena prevista no § 2º, a sentença deverá determinar, ainda, a obrigatoriedade suplementar de o agente permanecer em estabelecimento indicado pelo juiz, no período compreendido entre as 2 (duas) horas antecedentes e as 2 (duas) horas posteriores à realização de partidas de entidade de prática desportiva ou de competição determinada.

§ 5º Na hipótese de o representante do Ministério Público propor aplicação da pena restritiva de direito prevista no art. 76 da Lei n. 9.099, de 26 de setembro de 1995, o juiz aplicará a sanção prevista no § 2º.'

'Art. 41-C. Solicitar ou aceitar, para si ou para outrem, vantagem ou promessa de vantagem patrimonial ou não patrimonial para qualquer ato ou omissão destinado a alterar ou falsear o resultado de competição esportiva:

Pena – reclusão de 2 (dois) a 6 (seis) anos e multa.'

'Art. 41-D. Dar ou prometer vantagem patrimonial ou não patrimonial com o fim de alterar ou falsear o resultado de uma competição desportiva:

Pena – reclusão de 2 (dois) a 6 (seis) anos e multa.'

'Art. 41-E. Fraudar, por qualquer meio, ou contribuir para que se fraude, de qualquer forma, o resultado de competição esportiva:

Pena – reclusão de 2 (dois) a 6 (seis) anos e multa.'

'Art. 41-F. Vender ingressos de evento esportivo, por preço superior ao estampado no bilhete:

Pena – reclusão de 1 (um) a 2 (dois) anos e multa.'

'Art. 41-G. Fornecer, desviar ou facilitar a distribuição de ingressos para venda por preço superior ao estampado no bilhete:

Pena – reclusão de 2 (dois) a 4 (quatro) anos e multa.

Parágrafo único. A pena será aumentada de 1/3 (um terço) até a metade se o agente for servidor público, dirigente ou funcionário de entidade de prática desportiva, entidade responsável pela organização da competição, empresa contratada para o processo de emissão, distribuição e venda de ingressos ou torcida organizada e se utilizar desta condição para os fins previstos neste artigo.'"

## 11. O USUFRUTO AMBIENTAL: MEIO AMBIENTE CULTURAL, TERRAS TRADICIONALMENTE OCUPADAS PELOS ÍNDIOS[83 E 84] E O USUFRUTO CONSTITUCIONAL DOS RECURSOS AMBIENTAIS

Em decorrência do que estabelece a Constituição Federal, combinado com o que indica a Lei n. 6.001/73[85], os índios são brasileiros de origem e ascendência pré-colombiana[86] que se identificam e são identificados como pertencentes a grupos étnicos cujas características culturais os distinguem da sociedade nacional[87].

Suas características culturais são tuteladas pelo Estado Democrático de Direito (art. 215 da CF), sendo certo que as manifestações das culturas indígenas constituem patrimônio cultural brasileiro.

---

83. Conforme amplamente divulgado pela imprensa em abril de 2012, a população indígena passou a ocupar a maior parte dos Municípios brasileiros e voltou a se concentrar na zona rural. A conclusão faz parte de levantamento divulgado pelo IBGE, com base em dados do Censo Demográfico. A pesquisa mostra uma elevação de 34,5%, em 1991, para 80,5%, em 2010, no percentual de municípios onde residem indígenas. O relatório revela ainda que a maior parte da população indígena reside na Região Norte (37,4%) e nas áreas rurais (61,4%). A concentração no campo representa uma inversão em relação a 2000, quando 52% residiam nas áreas urbanas. Em 2010, a concentração da população indígena em áreas urbanas caiu 17% em relação a 2000. "Eles podem estar retornando para as suas terras. Os dados de migração, contudo, ainda estão sob análise", avaliou Nilza de Oliveira Martins Pereira, do IBGE (*vide O Estado de S.Paulo*, 19/4, Vida, p. A22, *O Globo*, 19/4, *O País*, p. 11, *FSP*, 19/4, Poder, p. A12).

84. *Vide* Pet 3.388, Rel. Min. Ayres Britto, j. 19-3-2009, Plenário, *DJe*, 1º-7-2010.

85. A Lei n. 6.001/73, que entrou em vigor em plena ditadura militar (Governo Médici), deve ser interpretada evidentemente com as devidas cautelas em face do que determina nossa atual Constituição Democrática (CF de 1988).

86. Anterior à chegada à América de Cristóvão Colombo (1436-1506, navegador genovês a serviço da Espanha).

87. São povos indígenas no Brasil hoje, conforme indica o Instituto Socioambiental – ISA, os Aikanã, Akuntsu, Amanayé, Anambé, Aparai, Apiaká, Apinajé, Apurinã, Aranã, Arapaso, Arara, Arara do Rio Branco, Arara Shawãdawa, Araweté, Arikapu, Aruá, Ashaninka, Asurini do Tocantins, Asurini do Xingu, Atikum, Avá-Canoeiro, Aweti, Bakairi, Banawá, Baniwa, Bará, Baré, Barasana, Bororo, Canela, Chiquitano, Cinta larga, oripaco, Deni, Desana, Djeoromitxí, Dow Enawenê-nawê, Etnias do Rio Negro, Fulni-ô, Galibi do Oiapoque, Galibi-Marworno, Gavião Parkatêjê, Gavião Pykopjê, Guajá, Guajajára, Guarani Ñandeva, Guarani Kaiowá, Guarani Mbya, Hupda, Ikolen, Ikpeng, Ingarikó, Iranxe Manoki, Jamamadi, Jarawara, Javaé, Jenipapo-Kanindé, Jiahui, Juma, Ka'apor, Kadiwéu, Kaiabi, Kaingang, Kalapalo, Kamaiurá, Kambeba, Kanamari, Kanoê, Kantaruré, Karajá, Karajá do Norte, Karapanã, Karipuna de Rondônia, Karipuna do Amapá, Kariri-Xokó, Karitiana, Karo, Katukina do Rio Biá, Katukina Pano, Kaxinawá, Kaxixó, Kayapó, Kinikinau, Kiriri, Kisêdjê, Kokama, Korubo, Kotiria, Krahô, Krenak, Krikati, Kubeo, Kuikuro, Kulina, Kuruaya, Kwazá, Maku, Makuna, Makurap, Makuxi, Manchineri, Marubo, Matipu, Matis, Matsés, Maxakali, Mehinako, Menky, Manoki, Miranha, Mirity-tapuya, Munduruku, Nahukuá, Nambikwara, Nawa, Nukini, Ofaié, Paiter, Palikur, Panará, Pankará, Pankararu, Pankaru, Parakanã, Parintintin, Pataxó, Hã-Hã-Hãe, Paumari, Pirahã, Pira-tapuya, Pitaguary, Potiguara, Rikbaktsa, Sakurabiat, Sateré, Mawé, Siriano, Suruí, Tapeba, Tapirapé, Tapuio, Tariana, Taurepang, Tembé, Tenharim, Terena, Ticuna, Timbira, Tingui Botó, Tiriyó, Torá, Tremembé, Truká, Trumai, Tukano, Tumbalalá, Tupari, Tupiniquim, Tuyuka, Uru-Eu-Wau-Wau, Waimiri, Atroari, Waiwai, Wajãpi, Wapixana, Warekena, Wari', Waujá, Wayana, Xakriabá, Xavante, Xerente, Xetá, Xikrin Kayapó, Xingu, Xipaya, Xokleng, Yaminawá, Yanomami, Yawalapiti, Yawanawá, Ye'kuana, Yudjá Yuhupde Zo'é e Zuruahã.

*Vide* <http://www.socioambiental.org>.

Dessarte os bens de natureza material e imaterial, tomados individualmente ou em conjunto, portadores de referência à identidade, à ação bem como à memória dos indígenas nos quais se incluem, por determinação da Constituição Federal (art. 216, I a V), as formas de expressão, os modos de criar, fazer e viver, as criações científicas, artísticas e tecnológicas, as obras, os objetos, os documentos, as edificações, bem como os demais espaços destinados às suas manifestações artístico-culturais, como também os conjuntos urbanos e sítios de valor histórico, paisagístico, artístico, arqueológico, paleontológico, ecológico e científico, estão inseridos no denominado MEIO AMBIENTE CULTURAL, devendo obedecer evidentemente, para sua adequada interpretação, os princípios fundamentais constitucionais descritos nos arts. 1º a 4º da Carta Magna brasileira.

Assim, os bens de natureza material e imaterial vinculados à cultura indígena são efetivamente BENS AMBIENTAIS que devem observar as características do meio ambiente cultural específico cumprindo, todavia, todos os princípios fundamentais indicados pela nossa Constituição Federal (arts. 1º a 4º da CF).

Além disso, conforme estabelece o art. 231 da Constituição Federal, também são reconhecidos aos índios os direitos originários sobre as terras que tradicionalmente ocupam[88]. O § 1º do art. 231 define que são terras tradicionalmente ocupadas pelos índios[89]:

---

88. As terras de que trata este artigo são INALIENÁVEIS e INDISPONÍVEIS, e os direitos sobre elas, IMPRESCRITÍVEIS (art. 231, § 4º, da CF), sendo vedada a remoção dos grupos indígenas de suas terras na forma do art. 231, § 5º, da CF.

89. "AÇÃO POPULAR. DEMARCAÇÃO DA TERRA INDÍGENA RAPOSA SERRA DO SOL. INEXISTÊNCIA DE VÍCIOS NO PROCESSO ADMINISTRATIVO-DEMARCATÓRIO. OBSERVÂNCIA DOS ARTS. 231 E 232 DA CONSTITUIÇÃO FEDERAL, BEM COMO DA LEI N. 6.001/73 E SEUS DECRETOS REGULAMENTARES. CONSTITUCIONALIDADE E LEGALIDADE DA PORTARIA N. 534/2005, DO MINISTRO DA JUSTIÇA, ASSIM COMO DO DECRETO PRESIDENCIAL HOMOLOGATÓRIO. RECONHECIMENTO DA CONDIÇÃO INDÍGENA DA ÁREA DEMARCADA, EM SUA TOTALIDADE. MODELO CONTÍNUO DE DEMARCAÇÃO. CONSTITUCIONALIDADE. REVELAÇÃO DO REGIME CONSTITUCIONAL DE DEMARCAÇÃO DAS TERRAS INDÍGENAS. A CONSTITUIÇÃO FEDERAL COMO ESTATUTO JURÍDICO DA CAUSA INDÍGENA. A DEMARCAÇÃO DAS TERRAS INDÍGENAS COMO CAPÍTULO AVANÇADO DO CONSTITUCIONALISMO FRATERNAL. INCLUSÃO COMUNITÁRIA PELA VIA DA IDENTIDADE ÉTNICA. VOTO DO RELATOR QUE FAZ AGREGAR AOS RESPECTIVOS FUNDAMENTOS SALVAGUARDAS INSTITUCIONAIS DITADAS PELA SUPERLATIVA IMPORTÂNCIA HISTÓRICO-CULTURAL DA CAUSA. SALVAGUARDAS AMPLIADAS A PARTIR DE VOTO-VISTA DO MINISTRO MENEZES DIREITO E DESLOCADAS PARA A PARTE DISPOSITIVA DA DECISÃO. 1. AÇÃO NÃO CONHECIDA EM PARTE. Ação não conhecida quanto à pretensão autoral de excluir da área demarcada o que dela já fora excluída: o 6º Pelotão Especial de Fronteira, os núcleos urbanos dos Municípios de Uiramutã e Normandia, os equipamentos e instalações públicos federais e estaduais atualmente existentes, as linhas de transmissão de energia elétrica e os leitos das rodovias federais e estaduais também já existentes. Ausência de interesse jurídico. Pedidos já contemplados na Portaria n. 534/2005 do Ministro da Justiça. Quanto à sede do Município de Pacaraima, cuida-se de território encravado na 'Terra Indígena São Marcos', matéria estranha à presente demanda. Pleito, por igual, não conhecido. 2. INEXISTÊNCIA DE VÍCIOS PROCESSUAIS NA AÇÃO POPULAR. 2.1. Nulidade dos atos, ainda que formais, tendo por objeto a ocupação, o domínio e a posse das terras situadas na área indígena Raposa Serra do Sol. Pretensos titulares privados que não são partes na presente ação popular. Ação que se destina à proteção do patrimônio

público ou de entidade de que o Estado participe (inciso LXXIII do art. 5º da Constituição Federal), e não à defesa de interesses particulares. 2.2. Ilegitimidade passiva do Estado de Roraima, que não foi acusado de praticar ato lesivo ao tipo de bem jurídico para cuja proteção se preordena a ação popular. Impossibilidade de ingresso do Estado-membro na condição de autor, tendo em vista que a legitimidade ativa da ação popular é tão somente do cidadão. 2.3. Ingresso do Estado de Roraima e de outros interessados, inclusive de representantes das comunidades indígenas, exclusivamente como assistentes simples. 2.4. Regular atuação do Ministério Público. 3. INEXISTÊNCIA DE VÍCIOS NO PROCESSO ADMINISTRATIVO DEMARCATÓRIO. 3.1. Processo que observou as regras do Decreto n. 1.775/96, já declaradas constitucionais pelo Supremo Tribunal Federal no Mandado de Segurança n. 24.045, da relatoria do ministro Joaquim Barbosa. Os interessados tiveram a oportunidade de se habilitar no processo administrativo de demarcação das terras indígenas, como de fato assim procederam o Estado de Roraima, o Município de Normandia, os pretensos posseiros e comunidades indígenas, estas por meio de petições, cartas e prestação de informações. Observância das garantias constitucionais do contraditório e da ampla defesa. 3.2. Os dados e peças de caráter antropológico foram revelados e subscritos por profissionais de reconhecida qualificação científica e se dotaram de todos os elementos exigidos pela Constituição e pelo Direito infraconstitucional para a demarcação de terras indígenas, não sendo obrigatória a subscrição do laudo por todos os integrantes do grupo técnico (Decretos ns. 22/91 e 1.775/96). 3.3. A demarcação administrativa, homologada pelo Presidente da República, é 'ato estatal que se reveste da presunção *juris tantum* de legitimidade e de veracidade' (RE 183.188, da relatoria do ministro Celso de Mello), além de se revestir de natureza declaratória e força autoexecutória. Não comprovação das fraudes alegadas pelo autor popular e seu originário assistente. 4. O SIGNIFICADO DO SUBSTANTIVO 'ÍNDIOS' NA CONSTITUIÇÃO FEDERAL. O substantivo 'índios' é usado pela Constituição Federal de 1988 por um modo invariavelmente plural, para exprimir a diferenciação dos aborígenes por numerosas etnias. Propósito constitucional de retratar uma diversidade indígena tanto interétnica quanto intraétnica. Índios em processo de aculturação permanecem índios para o fim de proteção constitucional. Proteção constitucional que não se limita aos silvícolas, estes, sim, índios ainda em primitivo estágio de habitantes da selva. 5. AS TERRAS INDÍGENAS COMO PARTE ESSENCIAL DO TERRITÓRIO BRASILEIRO. 5.1. As 'terras indígenas' versadas pela Constituição Federal de 1988 fazem parte de um território estatal-brasileiro sobre o qual incide, com exclusividade, o Direito nacional. E como tudo o mais que faz parte do domínio de qualquer das pessoas federadas brasileiras, são terras que se submetem unicamente ao primeiro dos princípios regentes das relações internacionais da República Federativa do Brasil: a soberania ou 'independência nacional' (inciso I do art. 1º da CF). 5.2. Todas as 'terras indígenas' são um bem público federal (inciso XI do art. 20 da CF), o que não significa dizer que o ato em si da demarcação extinga ou amesquinhe qualquer unidade federada. Primeiro, porque as unidades federadas pós-Constituição de 1988 já nascem com seu território jungido ao regime constitucional de preexistência dos direitos originários dos índios sobre as terras por eles 'tradicionalmente ocupadas'. Segundo, porque a titularidade de bens não se confunde com o senhorio de um território político. Nenhuma terra indígena se eleva ao patamar de território político, assim como nenhuma etnia ou comunidade indígena se constitui em unidade federada. Cuida-se, cada etnia indígena, de realidade sociocultural, e não de natureza político-territorial. 6. NECESSÁRIA LIDERANÇA INSTITUCIONAL DA UNIÃO, SEMPRE QUE OS ESTADOS E MUNICÍPIOS ATUAREM NO PRÓPRIO INTERIOR DAS TERRAS JÁ DEMARCADAS COMO DE AFETAÇÃO INDÍGENA. A vontade objetiva da Constituição obriga a efetiva presença de todas as pessoas federadas em terras indígenas, desde que em sintonia com o modelo de ocupação por ela concebido, que é de centralidade da União. Modelo de ocupação que tanto preserva a identidade de cada etnia quanto sua abertura para um relacionamento de mútuo proveito com outras etnias indígenas e grupamentos de não índios. A atuação complementar de Estados e Municípios em terras já demarcadas como indígenas há de se fazer, contudo, em regime de concerto com a União e sob a liderança desta. Papel de centralidade institucional desempenhado pela União, que não pode deixar de ser imediatamente coadjuvado pelos próprios índios, suas comunidades e organizações, além da protagonização de tutela e fiscalização do Ministério Público (inciso V do art. 129 e art. 232, ambos da CF). 7. AS TERRAS INDÍGENAS COMO CATEGORIA JURÍDICA DISTINTA DE TERRITÓRIOS INDÍGENAS. O DESABONO CONSTITUCIONAL AOS VOCÁBULOS 'POVO', 'PAÍS', 'TERRITÓRIO', 'PÁTRIA' OU 'NAÇÃO' INDÍGENA. Somente o 'território' enquanto categoria jurídico-política é que se põe como o preciso âmbito espacial de incidência de uma dada Ordem Jurídica soberana, ou autônoma. O substantivo 'terras' é termo que assume compostura nitidamente sociocultural, e não política. A Constituição teve o cuidado de não falar em territórios indígenas, mas, tão só, em 'terras indígenas'. A traduzir que os 'grupos', 'organizações', 'populações' ou 'comunidades' indígenas não constituem pessoa federada. Não formam circunscrição ou instância espacial que se orne de dimensão política. Daí não se reconhecer a qualquer das organizações sociais indígenas, ao conjunto delas, ou à sua base peculiarmente antropológica a dimensão de instância transnacional. Pelo que nenhuma das comunidades indígenas brasileiras detém estatura normativa para comparecer perante a Ordem Jurídica Internacional como 'Nação', 'País', 'Pátria', 'território nacional' ou 'povo' independente. Sendo de fácil percepção que todas as vezes em que a Constituição de 1988 tratou de 'nacionalidade' e dos demais vocábulos aspeados (País, Pátria, território nacional e povo) foi para se referir ao Brasil por inteiro. 8. A DEMARCAÇÃO COMO COMPETÊNCIA DO PODER EXECUTIVO DA UNIÃO. Somente à União, por atos situados na esfera de atuação do Poder Executivo, compete instaurar, sequenciar e concluir formalmente o processo demarcatório das terras indígenas, tanto quanto efetivá-lo materialmente, nada impedindo que o Presidente da República venha a consultar o Conselho de Defesa Nacional (inciso III do § 1º do art. 91 da CF), especialmente se as terras indígenas a demarcar coincidirem com faixa de fronteira. As competências deferidas ao Congresso Nacional, com efeito concreto ou sem densidade normativa, exaurem-se nos fazeres a que se referem o inciso XVI do art. 49 e o § 5º do art. 231, ambos da Constituição Federal. 9. A DEMARCAÇÃO DE TERRAS INDÍGENAS COMO CAPÍTULO AVANÇADO DO CONSTITUCIONALISMO FRATERNAL. Os arts. 231 e 232 da Constituição Federal são de finalidade nitidamente fraternal ou solidária, própria de uma quadra constitucional que se volta para a efetivação de um novo tipo de igualdade: a igualdade civil-moral de minorias, tendo em vista o protovalor da integração comunitária. Era constitucional compensatória de desvantagens historicamente acumuladas, a se viabilizar por mecanismos oficiais de ações afirmativas. No caso, os índios a desfrutar de um espaço fundiário que lhes assegure meios dignos de subsistência econômica para mais eficazmente poderem preservar sua identidade somática, linguística e cultural. Processo de uma aculturação que não se dilui no convívio com os não índios, pois a aculturação de que trata a Constituição não é perda de identidade étnica, mas somatório de mundividências. Uma soma, e não uma subtração. Ganho, e não perda. Relações interétnicas de mútuo proveito, a caracterizar ganhos culturais incessantemente cumulativos. Concretização constitucional do valor da inclusão comunitária pela via da identidade étnica. 10. O FALSO ANTAGONISMO ENTRE A QUESTÃO INDÍGENA E O DESENVOLVIMENTO. Ao Poder Público de todas as dimensões federativas o que incumbe não é subestimar, e muito menos hostilizar comunidades indígenas brasileiras, mas tirar proveito delas para diversificar o potencial econômico-cultural dos seus territórios (dos entes federativos). O desenvolvimento que se fizer sem ou contra os índios, ali onde eles se encontrarem instalados por modo tradicional, à data da Constituição de 1988, desrespeita o objetivo fundamental do inciso II do art. 3º da Constituição Federal, assecuratório de um tipo de 'desenvolvimento nacional' tão ecologicamente equilibrado quanto humanizado e culturalmente diversificado, de modo a incorporar a realidade indígena. 11. O CONTEÚDO POSITIVO DO ATO DE DEMARCAÇÃO DAS TERRAS INDÍGENAS. 11.1. O marco temporal de ocupação. A Constituição Federal trabalhou com data certa – a data da promulgação dela própria (5 de outubro de 1988) – como insubstituível referencial para o dado da ocupação de um determinado espaço geográfico por essa ou aquela etnia aborígene; ou seja, para o reconhecimento, aos índios, dos direitos originários sobre as terras que tradicionalmente ocupam. 11.2. O marco da tradicionalidade da ocupação. É preciso que esse estar coletivamente situado em certo espaço fundiário também ostente o caráter da perdurabilidade, no sentido anímico e psíquico de continuidade etnográfica. A tradicionalidade da posse nativa, no entanto, não se perde onde, ao tempo da promulgação da Lei Maior de 1988, a reocupação apenas não ocorreu por efeito de renitente esbulho por parte de não índios. Caso das 'fazendas' situadas na Terra Indígena Raposa Serra do Sol, cuja ocupação não arrefeceu nos índios sua capacidade de resistência e de afirmação da sua peculiar presença em todo o complexo geográfico da 'Raposa Serra do Sol'. 11.3. O marco da concreta abrangência fundiária e da finalidade prática da ocupação tradicional. Áreas indígenas são demarcadas para servir concretamente de habitação permanente dos índios de uma determinada etnia, de par com as terras utilizadas para suas atividades produtivas, mais as 'imprescindíveis à preservação dos recursos ambientais necessários a seu bem-estar' e ainda aquelas que se revelarem 'necessárias à reprodução física e cultural' de cada qual das comunidades étnico-indígenas, 'segundo seus usos, costumes e tradições' (usos, costumes e tradições deles, indígenas, e não usos, costumes e tradições dos não índios). Terra indígena, no imaginário coletivo aborígine, não é um simples objeto de direito, mas ganha a dimensão de verdadeiro ente ou ser que resume em si toda ancestralidade, toda coetaneidade e toda posteridade de uma etnia. Donde a proibição constitucional de se remover os índios das terras por eles tradicionalmente ocupadas, assim como o reconhecimento do direito a uma posse permanente e usufruto exclusivo, de parelha com a regra de que todas essas terras 'são inalienáveis e indisponíveis, e os direitos sobre elas, imprescritíveis' (§ 4º do art. 231 da Constituição Federal). O que termina por fazer desse tipo tradicional de posse um heterodoxo instituto de Direito Constitucional, e não uma ortodoxa figura de Direito Civil. Donde a clara intelecção de que OS ARTIGOS 231 E 232 DA CONSTI-TUIÇÃO FEDERAL CONSTITUEM UM COMPLETO ESTATUTO JURÍDICO DA CAUSA INDÍGE-NA. 11.4. O marco do conceito fundiariamente extensivo do chamado 'princípio da proporcionalidade'. A Constituição de 1988 faz dos usos, costumes e tradições indígenas o engate lógico para a compreensão, entre outras, das semânticas da posse, da permanência, da habitação, da produção econômica e da repro-dução física e cultural das etnias nativas. O próprio conceito do chamado 'princípio da proporcionalidade', quando aplicado ao tema da demarcação das terras indígenas, ganha um conteúdo peculiarmente extensi-vo. 12. DIREITOS 'ORIGINÁRIOS'. Os direitos dos índios sobre as terras que tradicionalmente ocupam foram constitucionalmente 'reconhecidos', e não simplesmente outorgados, com o que o ato de demarca-ção se orna de natureza declaratória, e não propriamente constitutiva. Ato declaratório de uma situação jurídica ativa preexistente. Essa a razão de a Carta Magna havê-los chamado de 'originários', a traduzir um direito mais antigo do que qualquer outro, de maneira a preponderar sobre pretensos direitos adquiridos, mesmo os materializados em escrituras públicas ou títulos de legitimação de posse em favor de não índios. Atos, estes, que a própria Constituição declarou como 'nulos e extintos' (§ 6º do art. 231 da CF). 13. O MODELO PECULIARMENTE CONTÍNUO DE DEMARCAÇÃO DAS TERRAS INDÍGENAS. O modelo de demarcação das terras indígenas é orientado pela ideia de continuidade. Demarcação por fron-teiras vivas ou abertas em seu interior, para que se forme um perfil coletivo e se afirme a autossuficiência econômica de toda uma comunidade usufrutuária. Modelo bem mais serviente da ideia cultural e econô-mica de abertura de horizontes do que de fechamento em 'bolsões', 'ilhas', 'blocos' ou 'clusters', a evitar que se dizime o espírito pela eliminação progressiva dos elementos de uma dada cultura (etnocídio). 14. A CONCILIAÇÃO ENTRE TERRAS INDÍGENAS E A VISITA DE NÃO ÍNDIOS, TANTO QUANTO COM A ABERTURA DE VIAS DE COMUNICAÇÃO E A MONTAGEM DE BASES FÍSICAS PARA A PRESTAÇÃO DE SERVIÇOS PÚBLICOS OU DE RELEVÂNCIA PÚBLICA. A exclusividade de usufruto das riquezas do solo, dos rios e dos lagos nas terras indígenas é conciliável com a eventual pre-sença de não índios, bem assim com a instalação de equipamentos públicos, a abertura de estradas e outras vias de comunicação, a montagem ou construção de bases físicas para a prestação de serviços públicos ou de relevância pública, desde que tudo se processe sob a liderança institucional da União, controle do Mi-nistério Público e atuação coadjuvante de entidades tanto da Administração Federal quanto representativas dos próprios indígenas. O que já impede os próprios índios e suas comunidades, por exemplo, de interdi-tar ou bloquear estradas, cobrar pedágio pelo uso delas e inibir o regular funcionamento das repartições públicas. 15. A RELAÇÃO DE PERTINÊNCIA ENTRE TERRAS INDÍGENAS E MEIO AMBIENTE. Há perfeita compatibilidade entre meio ambiente e terras indígenas, ainda que estas envolvam áreas de 'conservação' e 'preservação' ambiental. Essa compatibilidade é que autoriza a dupla afetação, sob a ad-ministração do competente órgão de defesa ambiental. 16. A DEMARCAÇÃO NECESSARIAMENTE ENDÓGENA OU INTRAÉTNICA. Cada etnia autóctone tem para si, com exclusividade, uma porção de terra compatível com sua peculiar forma de organização social. Daí o modelo contínuo de demarcação, que é monoétnico, excluindo-se os intervalados espaços fundiários entre uma etnia e outra. Modelo intra-étnico que subsiste mesmo nos casos de etnias lindeiras, salvo se as prolongadas relações amistosas entre etnias aborígines venham a gerar, como no caso da Raposa Serra do Sol, uma condivisão empírica de es-paços que impossibilite uma precisa fixação de fronteiras interétnicas. Sendo assim, se essa mais entra-nhada aproximação física ocorrer no plano dos fatos, como efetivamente se deu na Terra Indígena Raposa Serra do Sol, não há como falar de demarcação intraétnica, menos ainda de espaços intervalados para le-gítima ocupação por não índios, caracterização de terras estaduais devolutas, ou implantação de Municípios. 17. COMPATIBILIDADE ENTRE FAIXA DE FRONTEIRA E TERRAS INDÍGENAS. Há compatibili-dade entre o usufruto de terras indígenas e faixa de fronteira. Longe de se pôr como um ponto de fragili-dade estrutural das faixas de fronteira, a permanente alocação indígena nesses estratégicos espaços em muito facilita e até obriga que as instituições de Estado (Forças Armadas e Polícia Federal, principalmen-te) se façam também presentes com seus postos de vigilância, equipamentos, batalhões, companhias e agentes. Sem precisar de licença de quem quer que seja para fazê-lo. Mecanismos, esses, a serem aprovei-tados como oportunidade ímpar para conscientizar ainda mais os nossos indígenas, instruí-los (a partir dos conscritos), alertá-los contra a influência eventualmente malsã de certas organizações não governamentais estrangeiras, mobilizá-los em defesa da soberania nacional e reforçar neles o inato sentimento de brasili-dade. Missão favorecida pelo fato de serem os nossos índios as primeiras pessoas a revelar devoção pelo nosso País (eles, os índios, que em toda nossa história contribuíram decisivamente para a defesa e integri-dade do território nacional) e até hoje dar mostras de conhecerem o seu interior e as suas bordas mais que ninguém. 18. FUNDAMENTOS JURÍDICOS E SALVAGUARDAS INSTITUCIONAIS QUE SE COM-PLEMENTAM. Voto do relator que faz agregar aos respectivos fundamentos salvaguardas institucionais

1 – as terras por eles habitadas em caráter permanente;[90]

2 – as terras utilizadas para suas atividades produtivas;

3 – as terras imprescindíveis à preservação dos recursos ambientais necessários ao seu bem-estar; e

4 – as terras necessárias a sua reprodução física e cultural, segundo seus usos, costumes e tradições.

Referidas terras, no dizer da Carta Magna (art. 231, § 2º), destinam-se a sua posse permanente, cabendo aos índios o usufruto exclusivo das riquezas do solo, dos rios e dos lagos nela existentes[91].

A Constituição Federal, ao estabelecer a competência da União para gerenciar as terras tradicionalmente ocupadas pelos índios (art. 20, XI), fixou ainda ser de sua competência demarcar, proteger e fazer respeitar todos os bens desses indivíduos de origem e ascendência pré-colombiana, conforme determina o art. 231 da Constituição Federal[92].

Claro está que a União, ao dar efetividade aos comandos dos arts. 20, XI, e 231 de nossa Carta Magna, deve observar que as terras tradicionalmente ocupadas pelos índios destinam-se à sua posse permanente, cabendo-lhes o usufruto exclusivo das riquezas do solo, dos rios e dos lagos nelas existentes, usufruto obviamente interpretado de acordo com os fundamentos constitucionais descritos nos incisos I a V do art. 1º da Constituição Federal.

Com efeito.

Embora o regime do usufruto possa ser entendido historicamente como o mais importante das servidões pessoais[93 e 94] previsto em nosso antigo Código Civil (Lei

---

ditadas pela superlativa importância histórico-cultural da causa. Salvaguardas ampliadas a partir de voto-vista do Ministro Menezes Direito e deslocadas, por iniciativa deste, para a parte dispositiva da decisão. Técnica de decidibilidade que se adota para conferir maior teor de operacionalidade ao acórdão" (STF, PET 3.388/RR, Tribunal Pleno, Min. Carlos Britto, j. 19-3-2009, *DJe*, 25-9-2009).

90. Conforme já apontado, o Plenário do STF, no julgamento da Pet 3.388, decidiu pela demarcação contínua da área de 1,7 milhão de hectares da reserva indígena Raposa Serra do Sol, em Roraima, a ser ocupada apenas por grupos indígenas.

91. Conforme estabelece o § 3º do art. 231 da Constituição Federal, o aproveitamento dos recursos hídricos, incluídos os potenciais energéticos, a pesquisa e a lavra das riquezas minerais em terras indígenas só podem ser efetivados com autorização do Congresso nacional, ouvidas as comunidades afetadas, ficando-lhes assegurada a participação nos resultados da lavra, na forma da lei.

92. "Há perfeita compatibilidade entre meio ambiente e terras indígenas, ainda que estas envolvam áreas de 'conservação' e 'preservação' **ambiental**. Essa compatibilidade é que autoriza a dupla afetação, sob a administração do competente órgão de defesa **ambiental**" (Pet 3.388, Rel. Min. Ayres Britto, j. 19-3-2009, Plenário, *DJE*, 1º-7-2010).

93. Explica Eugene Petit, em seu *Tratado Elementar de Direito Romano*, que "o usufruto é o direito de usar a coisa de outro e de perceber os frutos sem alterar a substância", sendo a mais importante das servidões pessoais, posto que compreendia o denominado *jus utendi*, a saber, o direito de retirar toda a utilidade da coisa e de seus acessórios além dos frutos (o usufrutuário podia, por exemplo, habitar uma casa), assim como o denominado *jus fruendi*, a saber, o direito de perceber os frutos da coisa (frutos

483

n. 3.071/16)[95] e observado no atual Código Civil (Lei n. 10.406/2002)[96], não cuidou a Carta Magna, no que se refere aos direitos dos índios, de tema que, por sua relevância,

---

naturais, industriais ou civis); o direito estava limitado aos frutos sendo certo que os produtos que não tinham nada de periódico e não fossem de nenhum modo uma renda de acordo com a destinação da coisa pertenciam ao nu-proprietário e não ao usufrutuário (uma das aplicações desse princípio, conforme explicação do autor citando inclusive Paulo e Ulpiano, indicava que o usuário de uma quinta de terra não tinha o direito a cortar as árvores da mata, porque seria um produto e não um fruto; mas não ocorreria assim com um bosque que se poderia podar, cujos cortes periódicos constituiriam um verdadeiro fruto; se fossem abertas estradas ou minas na quinta, o usufrutuário podia se beneficiar como o faria o proprietário; e podiam abrir, ao mesmo tempo, outras novas, contanto que elas não desnaturalizassem a quinta e que fizessem mais produtiva.

*Vide Tratado elementar de direito romano*, trad. da 9. edição do original francês, Russel, 2003, Campinas/SP, fls. 375 e s.

94. Ensina José Carlos Moreira Alves que a definição de usufruto é encontrada nas fontes "como *ius alienis rebus utendi fruendi salua rerum substantia* (direito de usar e desfrutar coisa alheia sem alterar a sua substância)" podendo ser considerado "um direito real, inalienável e limitado no tempo, que atribuía ao seu titular as faculdades de uso e fruição de coisa alheia inconsumível, permanecendo inalterada a sua substância e destinação econômico-social"; o usufruto como já observado era um direito temporário perdurando no máximo pelo tempo de vida do usufrutuário (nesse caso seria vitalício); se seu titular fosse pessoa jurídica e não fosse estabelecido prazo para o usufruto ele era reputado constituído por cem anos (em dois textos atribuídos a Gaio aludia-se a 104 anos dando-se como razão de referido prazo representar ele o termo da vida de um homem longevo).

*Vide Direito romano*, 13. ed., revista, Rio de Janeiro, Forense, 2004, v. 1, p. 333 e s.

95. "Art. 713. Constitui usufruto o direito real de fruir as utilidades e frutos de uma coisa, enquanto temporariamente destacado da propriedade. (...) Art. 718. O usufrutuário tem direito à posse, uso, administração e percepção dos frutos."

Como explicava Clóvis Beviláqua, o usufruto "é o direito real, conferido a alguma pessoa, durante certo tempo, que a autoriza a retirar, de coisa alheia, frutos e utilidades, que ela produz (Código Civil, art. 713)".

Ensinava o conhecido autor que "os direitos elementares, que constituem o usufruto, são:

1– Posse – o usufrutuário tem a posse direta da coisa usufruída e o nu-proprietário, o dono da coisa, que suporta esse ônus real, tem a posse indireta; a posse do usufrutuário, pressuposto do uso, gozo e administração e percepção dos frutos, prevalece contra o nu-proprietário e contra terceiros, razão pela qual alguns a denominam absoluta, qualidade, aliás, que não se ajusta bem a uma posse, por conceito, limitada no tempo, e que não exclui a do nu-proprietário;

2 – Uso – no uso do usufrutuário compreende-se também o gozo. É a utilização direta da coisa usufruída, tão extensa quanto a do proprietário, abrangendo os acessórios de qualquer natureza, se não há restrição no título, que exclua algum. No uso e gozo inclui-se, naturalmente, a percepção dos frutos, que, entretanto, por sua importância, se destaca e considera à parte, mencionam-se, ainda, entre as faculdades constitutivas do uso e gozo: a utilização das servidões, das aluviões, das máquinas, dos animais, dos foros e laudêmios, se o usufruto tem por objeto o domínio direto;

3 – Administração – a faculdade de administrar é inerente ao usufruto, para que a coisa usufruída possa ser utilizada, explorada e, no interesse do usufrutuário, aumentada sua capacidade econômica;

4 – Percepção dos frutos – é a faculdade de tirar da coisa tudo o que ela produz, natural ou artificialmente. A natureza da coisa usufruída e as modalidades de sua produção geram situações várias, que exigem normas adequadas.

A percepção dos frutos abrange os frutos propriamente ditos e os produtos.

Frutos são as utilidades, que a coisa periodicamente produz, *quidquid ex re nasci et renasci solet*".

Clóvis Beviláqua explicava que os frutos poderiam ser divididos em:

a – Frutos naturais – são os que resultam do desenvolvimento próprio da força orgânica da coisa;

possa simplesmente ser interpretado através de hipóteses superadas no plano histórico/econômico ou mesmo em decorrência de frágil análise infraconstitucional[97].

Criou na verdade a Constituição Federal o denominado **usufruto ambiental**, a saber, modalidade de tutela jurídica vinculada aos recursos ambientais que, amparada nos fundamentos constitucionais (art. 1º) bem como em decorrência dos objetivos fundamentais (art. 3º), estabelece **limites** para o exercício do direito de posse, de uso, de administração e de percepção dos frutos – particularmente no que se refere às riquezas do solo, dos rios e dos lagos existentes nas terras tradicionalmente ocupadas pelos índios – atrelado às necessidades da cultura indígena sem comprometer evidentemente os valores da soberania, da cidadania, dos valores sociais da livre-iniciativa assim como do trabalho, da cidadania e principalmente da dignidade de brasileiros e estrangeiros residentes no Brasil.

Assim, reiteramos que ao estabelecer o **usufruto ambiental**, determinou a Constituição Federal uma modalidade de usufruto vinculada ao direito dos índios atrelada aos bens ambientais (art. 225), observando as especificidades de cada um dos grupos participantes de nosso processo civilizatório nacional no sentido de articular a tutela jurídica do meio ambiente cultural e do meio ambiente natural através dos princípios fundamentais previstos nos arts. 1º a 4º.

## 11.1. A QUESTÃO DAS TERRAS TRADICIONALMENTE OCUPADAS PELOS ÍNDIOS EM FACE DA CONSTITUIÇÃO FEDERAL: LITÍGIOS DE DEMARCAÇÃO DE TERRAS INDÍGENAS NO BRASIL NO ÂMBITO DO DIREITO PROCESSUAL AMBIENTAL BRASILEIRO

O Supremo Tribunal Federal rejeitou no dia 21 de setembro de 2023 a tese do marco temporal para a demarcação de terras indígenas, conforme veiculado por seu

---

b – Frutos industriais – os devidos à intervenção do esforço humano;

c – Frutos civis – os resultantes da utilização da coisa frugífera por outrem, como rendas, aluguéis, juros.

Note-se ainda o que explicava o jurista ao tratar dos produtos:

"Há também, os produtos, utilidades, que se retiram da coisa, diminuindo-lhe a quantidade, porque não se reproduzem periodicamente como as pedras, os metais. *Cumpre, entretanto observar que os produtos são tratados como frutos quando são utilidades provenientes de uma riqueza posta em atividade econômica* (grifos nossos).

*Frutos e produtos pertencem ao usufrutuário* (grifos nossos) que os colhe, sem haver necessidade de distinguir entre estas classes de utilidades, mas de acordo com as regras, que passam a expor-se, segundo as particularidades de alguns casos". *Direito das coisas*, 2. ed. atualizada pelo advogado Achilles Beviláqua, 1946, Livraria Editora Freitas Bastos, v. 1, p. 358 e s.).

96. O usufruto é tratado em nosso Código Civil conforme arts. 1.390 a 1.411. O "novo" Código, copiando o art. 718 do antigo Código, estabelece que: "O usufrutuário tem direito à posse, uso, administração e percepção dos frutos (art. 1.394 do CC).

97. Conforme determina a Constituição Federal (art. 232), os índios, suas comunidades e organizações são partes legítimas para ingressar em juízo em defesa de seus direitos e interesses, intervindo o Ministério Público em todos os atos do processo. O Código Civil (Lei n. 10.406/2002) estabelece no art. 4º, parágrafo único, que a capacidade dos índios será regulada por legislação especial.

portal. A matéria recebia até então objetiva interpretação em face de orientação do próprio Supremo Tribunal Federal que, no julgamento da Pet 3.388, estabeleceu como marco temporal de ocupação da terra pelos índios, para efeito de reconhecimento como terra indígena, a data da promulgação da Constituição, em 5 de outubro de 1988. Na oportunidade, a referida Corte esclareceu inclusive que, conforme entendimento consubstanciado na Súmula 650/STF, o conceito de "terras tradicionalmente ocupadas pelos índios" não abrange aquelas que eram possuídas pelos nativos no passado remoto, adotando, inclusive, como precedente o RMS 29.087.

Todavia, na resolução do caso concreto julgado no dia 21 de setembro de 2023, que, conforme já aduzido anteriormente, rejeitou a tese do marco temporal estabelecida pelo próprio Supremo Tribunal Federal, prevaleceu o entendimento do Ministro Edson Fachin (relator), que, ao dar provimento ao Recurso 1.017.365, afirmou "que a data da promulgação da Constituição Federal (5-10-1988) não pode ser considerada como o marco temporal para a aferição dos direitos possessórios indígenas sobre a terra".

Em seu voto vencedor, o Ministro Fachin "argumentou que a teoria do marco temporal desconsidera a classificação dos direitos indígenas como fundamentais, ou seja, cláusulas pétreas que não podem ser suprimidas por emendas à Constituição", sendo certo que, para o ministro,

> "(...) a proteção constitucional aos 'direitos originários sobre as terras que tradicionalmente ocupam' não depende da existência de um marco nem da configuração do esbulho renitente com conflito físico ou de controvérsia judicial persistente na data da promulgação da Constituição".

Criticando orientação pretérita da própria Corte, afirma ainda o julgador/relator que

> "(...) essa corrente de pensamento ignora que a legislação brasileira sobre a tutela da posse indígena estabeleceu, desde 1934, uma sequência da proteção nas Cartas Constitucionais e que agora, num contexto de Estado Democrático de Direito, ganham os índios novas garantias e condições de efetividade para o exercício de seus direitos territoriais, mas que não tiveram início apenas em 5 de outubro de 1988".

Afastando, pois, "a tese de que as condicionantes estabelecidas na Petição (Pet) 3.388, que tratou da demarcação da Terra Indígena Raposa Serra do Sol, deveriam ser aplicadas às demais controvérsias sobre o tema", recordou o Ministro relator que, "ao apreciar os embargos de declaração (pedido de esclarecimento) em relação àquele julgamento, o Plenário assentou a impossibilidade de atribuição de efeitos vinculantes ao entendimento firmado", observando que "os direitos territoriais indígenas, previstos no art. 231 da Constituição, visam à garantia da manutenção de suas condições de existência e vida digna, o que os torna direitos fundamentais". Segundo o mesmo dispositivo da Constituição, adverte o Ministro relator que "a posse tradicional indígena é distinta da posse civil – e abrange, além das terras habitadas por eles em caráter permanente, as utilizadas para suas atividades produtivas, as imprescindíveis à preservação dos recursos ambientais necessários a seu bem-estar e as necessárias a sua reprodução física e cultural, segundo seus usos, costumes e tradições", sendo certo que, "no caso das terras indígenas, a função econômica da terra se liga, visceralmente, à conservação das condições de sobrevivência e do modo de vida indígena, mas não funciona como mercadoria para essas comunidades". Assinalou ainda pela oportunidade

> "(...) que a demarcação é um procedimento declaratório do direito originário territorial à posse das terras ocupadas tradicionalmente por comunidade indígena. O laudo antropológico, previsto no Decreto 1.776/1996, é elemento fundamental para demonstrar a tradicionalidade da ocupação de uma determinada comunidade, segundo seus usos, costumes e tradições".

Destarte, os litígios de demarcação de terras indígenas, em face de seu evidente balizamento normativo, passam a ser fundamentados, de forma clara e inequívoca, no direito ambiental constitucional, inclusive conforme a tese de repercussão geral estabelecida pelo STF (meio ambiente cultural) em 27 de setembro de 2023.

Além disso, em relação à possibilidade do redimensionamento de uma terra indígena, o Ministro Fachin argumentou que,

> "(...) se demonstrada flagrante inconstitucionalidade no cumprimento das normas constitucionais para a demarcação, não há vedação para que o processo seja refeito, desde que seguido o procedimento administrativo previsto no Decreto 1.775/1996".

Observou ainda que

> "(...) a situação fundiária brasileira é complexa e que os produtores rurais de boa-fé enfrentam diversas dificuldades, mas que a segurança jurídica não pode significar o descumprimento das normas constitucionais, em especial as que asseguram direitos fundamentais".

Segundo ele, "(...) eventual perda da posse de boa-fé pode ser resolvida mediante o pagamento do valor referente às benfeitorias e a inserção prioritária em programas de assentamento pelo órgão fundiário federal, nos termos do art. 4º do Decreto 1.775/1996". Adverte também que

> "(...) autorizar, à revelia da Constituição, a perda da posse das terras tradicionais por comunidade indígena significa o progressivo etnocídio de sua cultura, pela dispersão dos índios integrantes daquele grupo, além de lançar essas pessoas em situação de miserabilidade e aculturação. Seria, a seu ver, negar-lhes o direito à identidade e à diferença em relação ao modo de vida da sociedade envolvente, 'expressão maior do pluralismo político assentado pelo art. 1º do texto constitucional'".

Destarte, "o laudo antropológico, previsto no Decreto 1.776/1996, conforme orientação do STF, passa a ser elemento fundamental para demonstrar a tradicionalidade da ocupação de uma determinada comunidade, segundo seus usos, costumes e tradições".

A decisão do STF imediatamente gerou reações por parte dos setores mais variados da sociedade, retomando o debate da relevância absoluta ou relativa do denominado laudo antropológico como principal elemento destinado a demonstrar a eventual "tradicionalidade" da ocupação de determinado espaço territorial por povos efetivamente indígenas.

Cuida-se, por via de consequência, da necessidade de retomar a análise no plano jurídico do tema da perícia antropológica na afirmação dos direitos constitucionais dos índios, ou seja, da prova pericial no âmbito da tutela jurídica do meio ambiente cultural em face do direito processual ambiental.

Com efeito.

Em decorrência do que estabelece a Constituição Federal, combinado com o que indica a Lei n. 6.001/73, os índios são brasileiros de origem e ascendência pré-colombiana que se identificam e são identificados como pertencentes a grupos étnicos cujas características culturais os distinguem da sociedade nacional. Suas características culturais são tuteladas pelo Estado Democrático de Direito (art. 215 da CF), sendo certo que as manifestações das culturas indígenas constituem patrimônio cultural brasileiro (arts. 215 e 216 da CF).

Destarte, os bens de natureza material e imaterial, tomados individualmente ou em conjunto, portadores de referência à identidade, à ação, bem como à memória dos indígenas nos quais se incluem, por determinação da Constituição Federal (art. 216, I a V), as formas de expressão, os modos de criar, fazer e viver, as criações científicas, artísticas e tecnológicas, as obras, os objetos, os documentos, as edificações, bem como os demais espaços destinados às suas manifestações artístico-culturais, como também os conjuntos urbanos e sítios de valor histórico, paisagístico, artístico, arqueológico, paleontológico, ecológico e científico, estão inseridos no âmbito de nosso superior regramento normativo vinculado ao Meio Ambiente Cultural (arts. 215 e 216 da CF), observando-se evidentemente, para sua adequada interpretação, os princípios fundamentais constitucionais descritos nos arts. 1º a 4º da Carta Magna brasileira, conforme advertem Fiorillo e Ferreira.

Daí, conforme estabelece especificamente o art. 231 da Constituição Federal, também são reconhecidos aos índios os direitos originários sobre as terras que tradicionalmente ocupam, estabelecendo nossa Carta Magna alguns importantes balizamentos específicos destinados a orientar o que poderíamos chamar da "realidade e a verdade" de fatos vinculadas aos índios em face do que o Supremo Tribunal Federal chamou de um "completo estatuto jurídico da causa indígena", associando o tema ao "marco da concreta abrangência fundiária e da finalidade prática da ocupação tradicional", destacando, inclusive, nosso STF a "importância jurídica da demarcação administrativa homologada pelo Presidente da República – ato estatal que se reveste de presunção *juris tantum* de legitimidade e de veracidade", que

"(...) reside na circunstância de que as terras tradicionalmente ocupadas pelos índios, embora pertencentes ao patrimônio da União (CF, art. 20, XI), acham-se afetadas, por efeito de destinação constitucional, a fins específicos voltados, unicamente, à proteção jurídica, social, antropológica, econômica e cultural dos índios, dos grupos indígenas e das comunidades tribais".

A demarcação das terras tradicionalmente ocupadas pelos índios deve ser, por via de consequência, "fundamentada em trabalhos desenvolvidos por antropólogo de qualificação", sendo certo que, em caso de eventual lide adstrita ao tema, a matéria evidentemente será submetida ao crivo do Poder Judiciário[98 e 99].

## 12. TUTELA JURÍDICA DO MEIO AMBIENTE DIGITAL NO ÂMBITO DO MEIO AMBIENTE CULTURAL[100]

### 12.1. MEIO AMBIENTE CULTURAL E INTERNET: O POTENCIAL DAS TECNO-LOGIAS DA COMUNICAÇÃO PARA A SUSTENTABILIDADE NA SOCIEDADE DA INFORMAÇÃO[101]

#### 12.1.1. Introdução

Conforme já tivemos oportunidade de afirmar[102], a relação jurídica ambiental possui características peculiares que a definem como multilateral, por envolver sujeitos

---

98. *Vide*, de forma detalhada, Celso Antonio Pacheco Fiorillo, Prova em face dos litígios de demarcação de terras indígenas no Brasil no âmbito do direito processual ambiental brasileiro, *Revista de Processo*, v. 49, n. 347, jan. 2024.

99. "O ministro Gilmar Mendes, do Supremo Tribunal Federal (STF), determinou a suspensão, em todo o país, dos processos judiciais que discutem a constitucionalidade da Lei do Marco Temporal (Lei n. 14.701/2023) até que o Tribunal se manifeste definitivamente sobre o tema. O ministro explicou que a medida visa evitar o surgimento de decisões judiciais conflitantes que possam causar graves prejuízos às partes envolvidas (comunidades indígenas, entes federativos ou particulares). Na mesma decisão, o ministro Gilmar Mendes também deu início ao processo de mediação e conciliação no âmbito do STF, de forma a buscar uma solução sobre o reconhecimento, demarcação, uso e gestão de terras indígenas. A liminar foi concedida pelo relator nos autos da Ação Declaratória de Constitucionalidade (ADC) 87, das Ações Diretas de Inconstitucionalidade (ADIs) 7582, 7583 e 7586 e da Ação Direta de Inconstitucionalidade por Omissão (ADO) 86, nas quais partidos políticos e entidades da sociedade civil questionam a Lei do Marco Temporal. Na decisão, o relator reconheceu a existência de aparente conflito entre possíveis interpretações da Lei n. 14.701/2023 e as balizas fixadas pelo STF no julgamento do Recurso Extraordinário (RE) 1017365, o que poderia gerar situação de grave insegurança jurídica. Naquele julgamento, a Corte derrubou a tese do marco temporal para a demarcação de terras indígenas, ao afastar o requisito relativo à necessidade de haver ocupação ou disputa da área na data de promulgação da Constituição Federal (5-10-1988). Além do aspecto da segurança jurídica, o ministro ressaltou a necessidade de que o conflito social relacionado à matéria seja efetivamente pacificado" (STF suspende tramitação de todas as ações judiciais sobre Lei do Marco Temporal. 22-4-2024. Disponível em: https://portal.stf.jus.br/noticias/verNoticiaDetalhe. asp?idConteudo=533080&ori=1).

diversos, tanto públicos como privados. Essa multiplicidade de atores sociais, aliada à conhecida complexidade das questões ambientais contemporâneas, exige o reconhecimento de que o campo de estudos do direito ambiental envolve forte interdisciplinaridade, metodologia esta que busca a união de diferentes disciplinas para tratar de um tema comum.

Dessarte, a aproximação entre o denominado direito eletrônico (ou informático, segundo alguns autores) e o direito ambiental se faz necessária na medida em que evidencia duas grandes características da chamada "contemporaneidade": a intensidade das trocas sociais que ocorrem por meio das redes informacionais e a busca de patamares de desenvolvimento capazes de produzir menor impacto ambiental.

O século XXI caracteriza-se pelo que se define como "sociedade da informação", em que as tecnologias da comunicação fornecem a base material para a integração global e favorecem o intercâmbio cada vez mais veloz de informações entre indivíduos, corporações e instituições. Apesar das contradições e desigualdades que se fazem

---

100. Para um estudo detalhado, vide Celso Antonio Pacheco Fiorillo, *O direito de antena em face do direito ambiental no Brasil*. São Paulo, Saraiva, 2000; Celso Antonio Pacheco Fiorillo, *Princípios constitucionais do direito da sociedade da informação. A tutela jurídica do meio ambiente digital.* São Paulo: Saraiva, 2014; Celso Antonio Pacheco Fiorillo, *O marco civil da internet e o meio ambiente digital na sociedade da informação.* São Paulo, Saraiva, 2015; Celso Antonio Pacheco Fiorillo, Renata Marques Ferreira. *Tutela jurídica do patrimônio genético em face da sociedade da informação.* Rio de Janeiro, Lumen Juris, 2016; Celso Antonio Pacheco Fiorillo, Renata Marques Ferreira, *Liberdade de expressão e direito de resposta na sociedade da informação.* Rio de Janeiro, Lumen Juris, 2017; Celso Antonio Pacheco Fiorillo, Renata Marques Ferreira, *Tutela jurídica do WhatsApp na sociedade da informação.* Rio de Janeiro: Lumen Juris, 2017; Celso Antonio Pacheco Fiorillo, *Crimes no meio ambiente digital em face da sociedade da informação.* 2. ed. São Paulo, Saraiva, 2016.

101. A respeito do tema, *vide*, de forma detalhada, Celso Antonio Pacheco Fiorillo, *Inteligência artificial e a regulação das empresas transnacionais em face da tutela jurídica constitucional do meio ambiente digital*, Rio de Janeiro: Lumen Juris, 2024; Celso Antonio Pacheco Fiorillo, *As empresas jornalísticas transnacionais no âmbito da sociedade da informação e sua tutela jurídica em face do direito ambiental constitucional brasileiro*, Rio de Janeiro: Lumen Juris, 2023; Celso Antonio Pacheco Fiorillo, *A regulação das empresas transnacionais no âmbito da economia digital em face do direito ambiental constitucional brasileiro*, Rio de Janeiro: Lumen Juris, 2023; Celso Antonio Pacheco Fiorillo, *Balizamento jurídico da censura em face das empresas transnacionais de mídia social no Brasil no âmbito da tutela constitucional do meio ambiente digital*, Rio de Janeiro: Lumen Juris, 2023; Celso Antonio Pacheco Fiorillo e Renata Marques Ferreira, *Liberdade de expressão e direito de resposta na sociedade da informação*, Rio de Janeiro: Lumen Juris, 2017; Celso Antonio Pacheco Fiorillo e Renata Marques Ferreira, *Tutela jurídica do WhatsApp na sociedade da informação*, Rio de Janeiro: Lumen Juris, 2017; Celso Antonio Pacheco Fiorillo, *Crimes no meio ambiente digital em face da sociedade da informação*, 2. ed., São Paulo: Saraiva, 2016; Celso Antonio Pacheco Fiorillo, *O Marco Civil da Internet e o meio ambiente digital na sociedade da informação*, São Paulo: Saraiva, 2015; Celso Antonio Pacheco Fiorillo, *Princípios constitucionais do direito da sociedade da informação:* a tutela jurídica do meio ambiente digital, São Paulo: Saraiva, 2015; Celso Antonio Pacheco Fiorillo, *O direito de antena em face do direito ambiental no Brasil*, São Paulo: Saraiva, 2000.

102. Celso Antonio Pacheco Fiorillo e Katya Regina Isaguirre, Meio ambiente cultural e internet: o potencial das tecnologias da comunicação para a sustentabilidade na sociedade da informação, *Revista Brasileira de Direito Ambiental*, n. 23, ano 6, jul./set. 2010.

presentes neste contexto, a sociedade da informação caracteriza nova forma de produção de relações sociais, baseada na flexibilidade e no incentivo à capacidade criacional. Esse campo de pesquisa possui a mesma complexidade das reflexões ambientais, porque ambos necessitam da compreensão de múltiplas variáveis de tipo econômico, histórico e cultural, para melhor compreender a inter-relação global/local.

A intensidade desses dois campos de produção social deve ser examinada pelo Direito, especialmente a fim de garantir a manutenção das diferenças no Estado Democrático de Direito. Assim, a concepção de um meio ambiente cultural (arts. 215 e 216 da CF) é o espaço propício para analisar as criações tecnológicas informacionais e seu papel nas discussões contemporâneas acerca do desenvolvimento sustentável, unindo assim a preocupação ambiental no contexto da realidade atual.

Para tanto, utiliza-se a concepção da ordem jurídica como um sistema aberto, que traz em seu bojo uma série de regras conformadas pela legalidade constitucional. Ressalte-se que essa legalidade é, antes de tudo, composta por um conjunto de princípios e valores que permite mobilidade ao sistema. A ordem constitucional brasileira, por coordenar-se pelo valor da dignidade humana, busca defender a qualidade de vida. O direito fundamental ao meio ambiente ecologicamente equilibrado é elemento importante para obtenção de padrões de vida digna e saudável, no que autoriza a superação da oposição entre objetivos econômicos e estratégias de conservação da natureza, estimulando a busca de padrões sustentáveis de desenvolvimento.

Questiona-se, assim, a posição do meio ambiente cultural na tutela jurídica do fenômeno que no século XXI constitui a sociedade da informação. É conhecido que a evolução das tecnologias da informação propiciou mudanças reveladoras de novo processo civilizatório que, com o advento da internet, criou novo espaço de troca e de formação de relações sociais: **o espaço digital**. As redes virtuais são marcadas pelo caráter difuso e introduzem na sociedade uma temporalidade aberta, que entende o momento presente como conectado com o tempo das futuras gerações. Nesse sentido é que avaliamos a dimensão funcional da comunicação na contemporaneidade, demonstrando como os usos da Internet apresentam um dos campos de investigação mais importantes do direito ambiental brasileiro na atualidade.

### 12.1.2. O sentido da expressão "meio ambiente" e as relações humanas: a concepção cultural

O direito positivo brasileiro, conforme já tivemos oportunidade de informar na presente obra, define o meio ambiente como o "conjunto de condições, leis, influências e interações de ordem física, química e biológica, que permite, abriga e rege a vida em todas as suas formas" (Lei n. 6.938, art. 3º, I). A expressão, todavia, em sentido coloquial pode indicar redundância. Em outros idiomas, como o inglês, é usual o termo *environment* – parafraseando a expressão francesa. Em português a expressão, unindo os dois substantivos, passa a ser utilizada de maneira genérica para o trato das questões que envolvem o mundo natural.

O conceito jurídico de meio ambiente pode ainda ser comparado ao conceito ecológico. Ecologia é a ciência que tem por objeto de estudo as relações entre os organismos ou grupos de organismos em seu ambiente. A expressão *ecologia* foi desenvolvida por Ernst Haeckel em 1869 e sua metodologia não evidencia o uso da expressão meio ambiente, mas sim o de ecossistema, o qual engloba em sua concepção tradicional o mundo biótico (seres vivos) e o mundo abiótico (meio físico, indicando as relações com o ar, a água, o solo, o clima, o território). Este conceito traz ainda as relações entre os seres e destes com o mundo físico, em uma constante troca e transformação de energia. O ecossistema é para a Ecologia uma unidade funcional básica, "que inclui tanto organismos (comunidades bióticas) como o ambiente abiótico, cada um deles influenciando as propriedades do outro, sendo ambos necessários para a conservação da vida tal como existe na Terra"[103].

Destas definições, a jurídica e a ecológica de ecossistema, é possível questionar se o homem e sua estrutura social, seu modo de vida, pode estar enquadrado em um conceito de meio ambiente. Ou também se os grupos humanos podem formar um genuíno ecossistema. Para a resposta, deve-se efetuar um raciocínio prévio, concentrado em duas linhas gerais. Em primeiro lugar, considerando a complexidade das questões ambientais, deve-se analisar o enfoque a ser dado para a proteção do meio ambiente, questionando se é possível privilegiar somente aquilo que interessa ao homem, em uma visão estritamente antropocêntrica. Em segundo lugar, examina-se a sociedade humana para apontar se ela deve ser vista como algo exterior e extrínseco ao meio ambiente.

Para responder a estes dois questionamentos deve ser relembrado o momento histórico no qual foi redigida a lei que define a Política Nacional do Meio Ambiente e sua recepção na legalidade constitucional de 1988. Na época de sua elaboração havia forte preocupação com a proteção ambiental, porém com estreita ligação ao crescimento econômico[104]. Sob este aspecto, justificava-se uma visão predominantemente fechada aos interesses humanos, no que aqui se denomina antropocentrismo estrito.

Com efeito.

**Reafirmamos que no exame do art. 255 da Constituição de 1988 identificamos que o centro da tutela constitucional se concentra na satisfação das necessidades humanas.**

---

103. Eugene Odum, *Fundamentos de ecologia*, 6. ed., Lisboa, Fundação Calouste Gulbenkian, 2001, 927 p. (tradução da 3. ed. em língua inglesa, de 1971).

104. No cenário que se instalou após a Conferência de Estocolmo (1972) surgiu forte contrariedade entre as propostas dos países desenvolvidos e as dos países à época denominados terceiro mundo. Enquanto os desenvolvidos sugeriam deter ou reduzir o crescimento populacional e econômico, os demais sustentavam que se deveria priorizar o crescimento e que os países ricos é que eram responsáveis pelo quadro de degradação. Somente após o *Informe Brundtland* da CMMAD (1987), por uma série de fatos que evidenciaram a gravidade da crise ambiental (crises do petróleo, Chernobyl, entre outros), é que se formou um cenário propício para a aceitação geral da fórmula de desenvolvimento sustentável, equilibrando um pouco mais a polaridade dessa discussão (cf. Naína Pierri, *Análisis crítico del instrumento de evaluación de impacto ambiental*: su aplicación en Uruguay, Curitiba, Universidade Federal do Paraná, 2002).

Todavia, aludido fato de forma alguma impede que ele proteja a vida em todas as suas formas, conforme determina o art. 3º da Lei da Política Nacional do Meio Ambiente (Lei n. 6.938/81), cujo conceito de meio ambiente foi, a nosso ver, inteiramente recepcionado. Desse modo, o exame da problemática ambiental deve partir de uma concepção que entenda as relações humanas com a natureza em caráter de interação e complementaridade, porém que admita que o homem utilize os recursos naturais para a própria sobrevivência.

A Constituição de 1988, ao admitir o meio ambiente como direito fundamental, reconhece sua vinculação à dignidade humana ao mesmo tempo em que evidencia a necessidade de busca de uma tutela mais efetiva aos ecossistemas naturais que se fazem necessários para a manutenção de um patamar ecológico de menor degradação. Este é o sentido da concepção antropocêntrica que se deve ter em mente na contemporaneidade, um conceito abrangente que busca um ambiente ecologicamente equilibrado, reconhecendo as constantes flutuações que envolvem a interação entre os seres vivos (humanos e não humanos), suas trocas e transformações de energia e ainda as relações desses seres com o meio físico.

O meio ambiente cultural compreende, como já aludido anteriormente, as criações humanas. Desse modo, é possível considerar aqui as inovações tecnológicas que estabelecem as redes comunicacionais, com suas características atemporais e transnacionais. Conforme Lorenzetti, a evolução dos meios de comunicação, em especial com o advento da internet, criou um "ciberespaço", entendido como "um mundo digital dentro do qual se encontra um novo modo de pensar que segue 'paradigmas digitais', novos cidadãos denominados '*netcitizens*', uma nova linguagem, um espaço e tempo diferentes"[105]. Ainda que existam fortes contradições quanto ao acesso digital da população, que se revela bastante desigual entre os países, é possível admitir a importância dessa tecnologia nas relações sociais contemporâneas. Desse modo, cabe avaliar sua contribuição para um repensar acerca das estratégias de desenvolvimento sustentável.

### 12.1.3. A sustentabilidade na sociedade da informação

Admitindo-se a interface entre o direito ambiental e o direito eletrônico e considerando tecnologias da comunicação como a internet, enquanto um dos campos de estudo do meio ambiente cultural, é possível indagar em que medida o uso dessa tecnologia pode auxiliar na criação de uma política ambiental de bases sustentáveis.

A expressão *desenvolvimento sustentável*, conforme já explicamos, aparece com mais força nos diálogos ambientais internacionais após a Conferência Brundtland de 1987, realizada na Assembleia da ONU e que obteve certo êxito por conseguir traçar entre os países desenvolvidos e em desenvolvimento uma proposta conciliadora entre crescimento econômico e proteção ambiental. O documento trouxe as bases teóricas do que se conhece como desenvolvimento sustentável.

---

105. Ricardo L. Lorenzetti, *Comércio eletrônico*, São Paulo: Revista dos Tribunais, 2004.

O sentido mais utilizado da expressão vincula-se ao uso racional dos recursos naturais. De acordo com Sachs, que é tido como um dos criadores da expressão, o ideal de sustentabilidade "deve obedecer ao duplo imperativo ético de solidariedade sincrônica com a geração presente e solidariedade diacrônica com as gerações futuras, e basear-se num contrato social estabelecido democraticamente, complementado por um contrato natural"[106].

O sentido exato das políticas de sustentabilidade, considerando a realidade brasileira, portanto, é aquele que reconheça nas práticas sociais alternativas viáveis para o uso racional dos recursos naturais, ou seja, a expressão demanda a busca de um ponto de equilíbrio, de maneira que preservação ambiental e desenvolvimento econômico possam coexistir, de modo que aquela não acarrete a anulação deste. Desse modo, uma política de desenvolvimento sustentável deve procurar conciliar estratégias de conservação da natureza com a melhoria das condições de vida da população, reconhecendo a diversidade cultural que forma, segundo Ribeiro, o "povo brasileiro"[107]. A proposta de sustentabilidade deve ainda incorporar um redimensionamento das relações de mercado e da razão tecnológica para a otimização da produtividade, de modo a garantir melhores resultados com o menor uso dos recursos naturais não renováveis. Busca-se, assim, não negar o uso da tecnologia, mas sim averiguar de que forma a sociedade pode dar uso ao seu potencial tecnológico para as políticas de sustentabilidade nacionais.

É sabido que o avanço das tecnologias da informação que se iniciou a partir da década de 1970 foi importante para o desenvolvimento do capitalismo. A sociedade da Informação nasceu, de acordo com Werthein, "como substituto para o conceito complexo de 'sociedade pós-industrial' e como forma de transmitir o conteúdo específico do 'novo paradigma técnico-econômico'"[108]. A expressão, utilizada para demonstrar as inter-relações globais que ocorrem por meio das tecnologias da comunicação, não apenas se liga aos fatores de expansão do capitalismo, mas, ao mesmo tempo, identifica importante troca de conhecimentos, sons, imagens e culturas. Como afirma Castells: "As redes interativas de computadores estão crescendo exponencialmente, criando novas formas e canais de comunicação, moldando a vida e, ao mesmo tempo, sendo moldadas por ela"[109].

Ainda que existam desigualdades presentes neste contexto, o fato é que o advento de novas tecnologias como a Internet provocou uma verdadeira revolução que, conforme Castells, caracteriza-se pela "aplicação dos conhecimentos e da informação para a geração de conhecimentos e de dispositivos de processamento/comunicação da informação em um ciclo de realimentação cumulativo entre a tecnologia e seu uso"[110].

---

106. Ignacy Sachs, *Rumo à ecossocioeconomia*: teoria e prática do desenvolvimento, org. Paulo Freire Vieira, São Paulo, Cortez, 2007.

107. Darcy Ribeiro, *O povo brasileiro*, São Paulo, Companhia das Letras, 2006, 435 p. (2ª reimpressão do texto publicado pela primeira vez em 1995).

108. Jorge Werthein, A sociedade de informação e seus desafios, *Ci Inf.*, Brasília, v. 29, n. 2, ago. 2000.

109. Manuel Castells, *A sociedade em rede*, 10. ed., São Paulo, Paz e Terra, 2007, p. 22.

110. Castells, *A sociedade em rede*, cit., p. 50.

Tal passo, a partir do primeiro estágio que envolvia o aprendizado para o uso das redes, formou um ciclo de realimentação a partir de quando passou a estimular o desenvolvimento de novos processos, nos quais os próprios usuários poderiam assumir o controle da tecnologia. Segundo Castells, isso denota uma relação entre os "processos sociais de criação e manipulação de símbolos (a cultura da sociedade) e a capacidade de produzir e distribuir bens e serviços (as forças produtivas)"[111]. Assim, a capacidade criativa da mente humana passa a assumir um papel diferente que marca o espaço contemporâneo.

**Dessa forma, é possível entender a internet como uma criação humana que oferece possibilidades diversas de expressão, sendo um espaço de manifestação multicultural.**

Tal perspectiva parte das considerações da concepção crítica frankfurtiana que identifica a cultura tecnocientífica como um instrumento que aponta para a tendência à universalização e à formação de uma pseudoindividualidade. A passividade dos indivíduos e o poder de dominação da mídia, aspectos centrais da argumentação frankfurtiana, todavia, **devem ser repensados no contexto das novas tecnologias de comunicação da contemporaneidade**, isso porque, como assevera Wolton, "ainda que admitindo os efeitos nocivos da mídia no controle social existe sempre uma escolha possível, uma capacidade crítica individual"[112].

O sentido aqui desenvolvido envolve a compreensão do direito da sociedade da informação como um instrumento que se vale da concepção multicultural como forma de transformação das consciências. A "preservação das diferenças de referência e de lógica entre globalização, mundialização e universalismo"[113] é necessária para entender que a expressão *sociedade da informação* não indica um único contexto, mas sim que traz em seu interior a intensa diversidade da realidade social. Assim, é possível realizar uma travessia espaço-temporal de uma cultura de massas que aniquila o conhecimento para enxergar nas tecnologias (como a internet) um instrumento que demonstra a diversidade sociocultural da humanidade.

Sobre esse argumento, é possível admitir que não existe uma só forma de globalização, mas diferentes processos que resultam das práticas dos atores, que se relacionam no espaço global, local e ainda no chamado "espaço virtual":

> "La expresión procesos de globalización nos sirve para designar de manera genérica a los numerosos procesos que resultan de las interrelaciones que establecen entre sí actores sociales a lo ancho y largo del globo y que producen globalización, es decir, interrelaciones complejas de alcance crecientemente planetario. Este conjunto de interrelaciones es resultado de muy diversos tipos de procesos sociales en los que intervienen en la actualidad, y han venido inter-

---

111. Castells, *A sociedade em rede*, cit.

112. Dominique Wolton, *Pensar a comunicação*, Brasília, Ed. UnB, 2004 (texto original de 1997).

113. Wolton, *Pensar a comunicação*, cit., p. 70.

viniendo históricamente, incontables actores sociales en los más variados ámbitos de la experiencia humana, desde los más variados rincones del globo"[114].

O uso de ferramentas tecnológicas como a internet pode conferir suporte para manifestações de diferentes ordens, tais como as realizadas por comunidades indígenas, quilombolas e outros atores individuais e coletivos. Ao mesmo tempo iniciativas estatais ou ainda promovidas a partir das corporações podem ser divulgadas de modo a facilitar o diálogo interno e externo de cada nação. Por tais razões, o reconhecimento desses diversos processos de globalização atua como um reforço à cidadania, porque evidencia a participação de todos, fundamento essencial do direito ambiental para a busca de uma sadia qualidade de vida.

### 12.1.4. O uso da internet nas estratégias socioambientais

A internet tem sua origem a partir de um projeto militar do período da guerra fria envolvendo os Estados Unidos e a antiga União Soviética. Em 1969, temendo um ataque soviético, os americanos desenvolveram um sistema que permitia o deslocamento rápido de informações de um computador para outro. Seu Departamento de Defesa, por meio da Arpanet (*Advanced Research Projects Agency*), criou pequenas redes locais (LAN) posicionadas em locais estratégicos do país e coligadas por meio de redes de telecomunicação geográfica (WAN) que possibilitavam a troca de informações de máquina para máquina[115].

Com o fim da guerra fria, os militares repassaram a tecnologia para uso das universidades americanas, que inicialmente a utilizavam apenas para troca de pesquisas e trabalhos acadêmicos. Diante da imensa facilidade na troca de dados, essa rede de comunicações cresceu e interligou-se a importantes centros de pesquisas mundiais. A National Science Foundation (NSF) aprimorou a tecnologia da Arpanet expandindo a ligação entre Universidades, agências governamentais e institutos de pesquisa[116].

A partir disso, o aperfeiçoamento do sistema foi contínuo e a interligação dos diversos sistemas existentes tornou-se definitiva com a criação por Robert Kahn do TCP/IP – *Transmission Control Protocol/Internet Protocol*. No ano de 1989 surgiu em Genebra, Suíça, a *World Wide Web* (ou *www*, como é mundialmente conhecida), que permite ao usuário o acesso a uma infinidade de serviços e informações sem a necessidade de conhecimento dos protocolos de acesso correspondentes. A partir de 1993 o desenvolvimento da tecnologia passou a ampliar essa comunicação por meio de uma linha telefônica comum, tornando-a mais rápida e acessível e permitindo o uso particular e individual. A transmissão de dados por banda larga, via cabo e por

---

114. Daniel Mato, Des-fetichizar La "globalización": basta de reduccionismos, apologias y demonizaciones; mostrar La complejidad y las prácticas de los actores, in *Cultura, política y sociedade*: perspectivas latinoamericanas, Buenos Aires, Consejo Latinoamericano de Ciencias Sociales (CLACSO), 2005, p. 146.

115. Cf. Katya Regina Isaguirre, *Internet*: responsabilidade das empresas que desenvolvem os *sites* para web-com, Curitiba, Juruá, 2002.

116. Isaguirre, *Internet*, cit.

ondas de frequência de rádio posteriormente ampliaram ainda mais o potencial e alcance dessa tecnologia[117].

No Brasil as tecnologias disponíveis são hoje comparadas às existentes nos países desenvolvidos, porém vale ressaltar que as imensas desigualdades sociais do país impedem o desenvolvimento homogêneo do uso dos meios informáticos (art. 3º da CF). E essa realidade é igual na maioria dos países, onde, mesmo com o barateamento dos equipamentos de informática e a facilidade de acesso aos meios de comunicação para uma boa parte dos cidadãos, ainda existem problemas de acesso e de aprendizado para o uso dos equipamentos informáticos.

Mesmo admitindo que as desigualdades de renda também se encontram reproduzidas no espaço virtual, em que se travam as relações da sociedade da informação, um dos desafios no campo jurídico é justamente como tutelar direitos neste campo a fim de reduzir os aspectos negativos que se ligam frequentemente à expressão.

Ressalte-se que a opção por uma visão positiva das tecnologias da informação não tem o intuito de mascarar os problemas existentes e muito menos caracteriza uma opção utópica dos seus usos. Marcadamente a definição de sociedade da informação está permeada de complexidade e contradições, mas sobretudo é marcada por duas características essenciais: sua intensa flexibilidade e capacidade criacional. Flexibilidade porque absorve a maior velocidade das trocas de informação e, com isso, mantém sua fluidez no tempo e no espaço. Capacidade criacional porque proporciona maior interação entre informante e informado, propiciando uma abertura no domínio da titularidade do conhecimento gerado e posto em divulgação.

A internet, uma das mais poderosas ferramentas dessa sociedade, é caracterizada como um espaço aberto e sem fronteiras e atualmente demonstra seu potencial positivo entre processos sociais e intervenções tecnológicas que, de modo interligado, estimulam a mudança de determinados padrões de desenvolvimento.

> "É desejável promover a sociedade da informação porque o novo paradigma oferece a perspectiva de avanços significativos para a vida individual e coletiva, elevando o patamar dos conhecimentos gerados e utilizados na sociedade, oferecendo o estímulo para constante aprendizagem e mudança, facilitando a salvaguarda da diversidade e deslocando o eixo da atividade econômica em direção mais condizente com o respeito ao meio ambiente"[118].

Não há homogeneidade nos sujeitos e muito menos nas estratégias ambientais nos diálogos nacionais e internacionais. As ações promovidas em prol da defesa do meio ambiente são pulverizadas e realizadas por diversos atores, instituições, órgãos públicos e corporações.

> "Nos anos 90, 80% dos norte-americanos e mais de dois terços dos europeus consideram-se ambientalistas: candidatos e partidos dificilmente conseguem se eleger sem 'verdejarem' suas plataformas; tanto os governos como as

---

117. Isaguirre, *Internet*, cit.

118. Werthein, A sociedade de informação e seus desafios, *Ci. Inf.*, Brasília, v. 29, n. 2, ago. 2000, p. 75.

instituições internacionais incumbem-se de multiplicar programas, órgãos especiais e legislações destinados a proteger a natureza, melhorar a qualidade de vida e, em última análise, salvar o planeta a longo prazo, e nós próprios a curto prazo. Grandes empresas, inclusive as responsáveis por uma grande emissão de poluentes, passaram a incluir a questão do ambientalismo em sua agenda de relações públicas, e também em seus novos e mais promissores mercados"[119].

Nesse sentido o uso da internet cria redes informacionais divulgadoras de projetos promovidos por organismos internacionais, órgãos estatais e ONGs, identificando diferentes estratégias de desenvolvimento que, por sua vez, informam a diversidade dos processos de globalização, comprovando que não existe apenas um modelo de construção das relações locais globais.

O uso da internet por movimentos ambientalistas tornou-se mais intenso a partir da década de 1990, justamente por propiciar um campo maior para divulgação dos seus valores e permitir atingir a consciência de um número maior de pessoas. O ambientalismo promovido por esses atores possui diferentes enfoques, indo de abordagens da Ecologia profunda ao Ecofeminismo. Todavia, na esteira do pensamento de Castells, é esta mesma pluralidade que aproxima os movimentos ambientalistas e as principais dimensões da sociedade da informação. A aproximação de uma dimensão temporal aberta, a ciência holística e o desejo de participação são elementos comuns, como afirma Castells[120], presentes tanto nos discursos ambientais como nas características que informam as redes comunicacionais de nova geração.

Tais ações também são realizadas por atores sociais que, de certo modo, eram considerados até pouco tempo como *outsiders* desta mesma sociedade da informação. Como afirma Castells, essas ações são as que mais se vêm desenvolvendo na atualidade e "talvez sejam capazes de estabelecer a relação mais direta entre as preocupações imediatas das pessoas e questões mais amplas de degradação ambiental"[121].

No Brasil, algumas comunidades indígenas já utilizam a internet como ferramenta para o diálogo intercultural[122]. Em *sites* como <http://www.indiosonline.org.br> estão

---

119. Castells, *O poder da identidade*, São Paulo, Paz e Terra, 2002, p. 141 (texto original de 1996).

120. *O poder da identidade*, cit., p. 154-156.

121. *O poder da identidade*, cit., p. 146.

122. "O povo Marubo vive há muito tempo em cabanas comunitárias espalhadas por centenas de quilômetros ao longo do rio Ituí, nas profundezas da floresta amazônica. Eles falam sua própria língua, tomam ayahuasca para se conectar com os espíritos da floresta e prendem macacos aranha para fazer sopa ou mantê-los como animais de estimação.

Eles preservaram esse modo de vida por centenas de anos através do isolamento – algumas aldeias podem levar uma semana para chegar. Mas desde setembro, os Marubo têm internet de alta velocidade graças a Elon Musk.

A tribo de 2.000 membros é uma das centenas em todo o Brasil que de repente estão se conectando ao Starlink, o serviço de internet via satélite da Space X, empresa espacial privada de Musk. Desde sua entrada no Brasil em 2022, o Starlink varreu a maior floresta tropical do mundo, trazendo a web para um dos últimos lugares off-line da Terra".

reunidas informações de sete nações indígenas: Kiriri, Tupinambá, Pataxó-Hãhãhãe, Tumbalalá na Bahia, Xucuru-Kariri, Kariri-Xocó em Alagoas e os Pankararu em Pernambuco. Seus objetivos são:

> "Nossos objetivos são: Facilitar o acesso à informação e comunicação para diferentes nações indígenas, estimular o diálogo intercultural. Promover aos próprios índios pesquisarem e estudarem as culturas indígenas. Resgatar, preservar, atualizar, valorizar e projetar as culturas indígenas. Promover o respeito pelas diferenças. Conhecer e refletir sobre o índio de hoje. Salvaguardar os bens imateriais mais antigos desta terra Brasil. Disponibilizar na internet arquivos (textos, fotos, vídeos) sobre os índios nordestinos para Brasil e o Mundo. Complementar e enriquecer os processos de educação escolar diferenciada multicultural indígena. Qualificar índios de diferentes etnias para garantir melhor seus direitos"[123].

Há também iniciativas nas quais os indígenas auxiliam na preservação das florestas, denunciando queimadas e desmatamentos. Comunidades indígenas como os Suruí, da reserva Sete de Setembro em Cacoal, Estado de Rondônia, perceberam o desmatamento de sua região ao tentar localizar sua comunidade no programa *Google Earth*. A partir disso, realizaram uma parceria com a *Google* para receber *smartphones* equipados de forma a permitir-lhes fotografar imagens do desmatamento em tempo real e postar na internet para enviar ao mundo e denunciar aos órgãos públicos. Segundo o chefe do clã Gamebey, essas práticas convivem em harmonia com os valores tradicionais:

> "Nossos arcos e flechas estão guardados em casa, cada um tem seu arco e flecha guardado em casa. Mas, ao mesmo tempo, a gente está usando *notebooks*,

---

O New York Times viajou profundamente na Amazônia para visitar aldeias Marubo e entender o que acontece quando uma civilização pequena e fechada de repente se abre para o mundo.

(...)

A ascensão do Starlink deu ao Sr. Musk o controle de uma tecnologia que se tornou uma infraestrutura crítica em muitas partes do globo. Ela está sendo usada por tropas na Ucrânia, forças paramilitares no Sudão, rebeldes Houthi no Iêmen, um hospital em Gaza e equipes de emergência em todo o mundo.

Mas talvez o efeito mais transformador do Starlink esteja em áreas que antes estavam fora do alcance da Internet, como a Amazônia. Existem agora 66.000 contratos ativos na Amazônia brasileira, cobrindo 93% dos municípios legais da região. Isso abriu novas oportunidades de emprego e educação para aqueles que vivem na floresta. Também proporcionou aos madeireiros e mineradores ilegais na Amazônia uma nova ferramenta para se comunicar e fugir das autoridades" (Jack Nicas, A última fronteira da internet: aldeias remotas da Amazônia, *The New York Times*, 2 jun. 2024. Disponível em: https://www.nytimes.com/2024/06/02/world/americas/starlink-internet-elon-musk-brazil--amazon.html).

123. Conforme <http://www.indiosonline.org.br>, 2010.

*iPhone*... Hoje essas são realmente nossas ferramentas de diálogo para construir um mundo melhor"[124].

Existem também iniciativas originadas de comunidades quilombolas que da mesma forma utilizam a internet como ferramenta de divulgação das questões relativas à regularização das terras e divulgam experiências sustentáveis no uso dos recursos naturais[125]. Em regiões como o Vale da Ribeira, na divisa entre os Estados de São Paulo e Paraná, a troca da monocultura pelo uso de sistemas agroflorestais[126] permitiu a esses grupos um convívio em maior harmonia com a Mata Atlântica, recuperando áreas degradadas e oferecendo maior diversidade e qualidade alimentar. Na divulgação de sua identidade no espaço virtual uma das comunidades de produtores orgânicos ressalta a interligação homem/natureza:

"Muito mais que uma alternativa de produção e geração de renda que conserva o meio ambiente, muitos de nós encontramos uma nova razão e sentido para a vida. Contribuir com a geração de uma agricultura e de uma sociedade onde a produção e comercialização de grande fartura de alimentos é o fruto do amor das pessoas entre si e com a natureza e desta maneira, da regeneração e conservação das florestas"[127].

Por meio desses exemplos procura-se demonstrar que a internet, como uma mídia não controlada e de uso relativamente barato, pode estimular a discussão entre diferentes atores acerca de modelos de desenvolvimento mais viáveis, com menor impacto ao ambiente natural. Ao lado disso, a divulgação dos valores culturais mediante a Rede reforça o aspecto diferenciado da sociedade global, sendo este um importante elemento do paradigma democrático.

### 12.1.5. As redes virtuais como elemento do paradigma democrático

A intensificação da informação e a mundialização do capital modificou a relação entre o espaço global e o local, indicando outras formas de ordenamento territorial. Desse modo, a estrutura das redes é o elemento que melhor explica os fluxos entre atores, escala e território na atualidade. As redes, para Castells, são formadas por "nós" interconectados, configurando um sistema aberto e dinâmico que fornece "instrumentos apropriados para a economia capitalista e a globalização"[128]. Porém,

---

124. Pablo Uchoas, Usando a internet índios combatem o desmatamento na Amazônia, *BBC Brasil*, matéria de 16-3-2010. Disponível em: <http.Bbc.co.uk>. Acesso em: jul. 2010.

125. *Vide sites* como <http://www.quilombosdoribeira.gov.br> e <http://www.cooperafloresta.gov.br>.

126. "Sistema agroflorestal é uma forma de uso da terra na qual se combinam espécies arbóreas lenhosas (frutíferas e/ou madeireiras) com cultivos agrícolas e/ou animais, de forma simultânea ou em sequência temporal e que interagem econômica e ecologicamente" (Embrapa, 2010). Tal sistema evita o uso de componentes químicos ou agrotóxicos na produção de alimentos, ao mesmo tempo que assegura a biodiversidade.

127. Cooperafloresta, 2010.

128. *A sociedade em rede*: era da informação: economia, sociedade, cultura, 6. ed., São Paulo, Paz e Terra, 2002, p. 566 (texto original de 1999).

sua funcionalidade não está restrita ao econômico. A internet, assim como outras tecnologias da informação, demonstra que ao lado da dimensão econômica coexistem variáveis históricas, culturais e ambientais igualmente dinâmicas e também presentes nas relações da sociedade informacional. Para Castells, ainda que não represente "totalmente a liberdade ou uma arma de dominação unilateral", a internet encerra "um potencial extraordinário para expressão dos direitos humanos e a comunicação de valores humanos, ainda que não possa substituir passos reais para uma mudança social ou reforma política"[129].

Dessa forma, a expansão das trocas que ocorrem por meio das redes virtuais fornece maior visibilidade para práticas, discursos e estratégias socioambientais. No tocante ao meio ambiente natural ou físico, as informações disponíveis na Rede divulgam dados importantes acerca do geoprocessamento territorial, do mapeamento da biodiversidade e controle das espécies, da gestão hídrica do sistema de bacias e uma série de outros instrumentos previstos na Política Nacional do Meio Ambiente.

Desse modo, a internet mostra-se uma ferramenta adequada para fazer valer o princípio da informação[130].

O uso da internet para divulgação de conhecimentos tradicionais também ressalta a importância da cultura para redefinição de outra racionalidade produtiva, mediante a aproximação de saberes não científicos que podem trazer exemplos mais eficientes do uso racional dos recursos naturais. Segundo Leff, o reconhecimento da diversidade cultural permitirá "a capacidade de reorganização simbólica com a natureza e produção de novos sentidos, que abrem os processos codificados de uma racionalização já conhecida"[131].

A complexidade da dinâmica social reflete-se na Rede Virtual, permitindo reconhecer a multiplicidade do espaço que, de acordo com Santos, "é formado por um conjunto indissociável, solidário e também contraditório, entre sistemas de objetos e sistemas de ações, não considerados isoladamente, mas como o quadro único onde a história se dá"[132]. Desse modo, tanto a internet como as demais tecnologias da comunicação "não são a perversão da democracia, mas condições para seu funcionamento"[133]. Voltando seu pensamento para a comunicação, Wolton explica que os seus fundamentos inconvenientes de simplificação da realidade e personalização também permitem aos cidadãos perceber as nuances de uma sociedade complexa. Isso porque, "por mais

---

129. *A galáxia na internet*: reflexões sobre a internet, os negócios e a sociedade, Rio de Janeiro, Zahar, 2003, p. 140.

130. Princípio 12 da ECO/92: "No nível nacional, cada indivíduo deve ter acesso adequado a informações relativas ao meio ambiente de que disponham as autoridades públicas, inclusive informações sobre materiais e atividades perigosas em suas comunidades".

131. Enrique Leff, *Racionalidade ambiental*: a reapropriação social da natureza, Rio de Janeiro, Civilização Brasileira, 2006, p. 409.

132. Milton Santos, *Técnica, espaço, tempo*: globalização e meio técnico-científico informacional, 5. ed., São Paulo, Edusp, 2008 (texto original de 1994).

133. Wolton, *Pensar a comunicação*, cit., p. 197.

imperfeitos que sejam esses modelos de comunicação normativos, eles constituem um meio de fazer a ligação entre a escala individual e a do mundo exterior"[134].

Disso decorre a dimensão funcional da comunicação – e de suas tecnologias – para promover uma ressignificação intersubjetiva que ressalte a participação como fundamento da democracia. Isso porque a verdadeira democracia exige o antagonismo, ou melhor, de acordo com Mouffe, "a questão principal da política democrática não é como eliminar o poder, mas como constituir formas de poder compatíveis com valores democráticos"[135]. Assim, ao admitir a existência de uma pluralidade de interesses e posições divergentes na sociedade, o Estado deve oportunizar o espaço para tais manifestações.

## 12.2. MEIO AMBIENTE DIGIT@L[136] NA SOCIEDADE DA INFORMAÇÃO E SUA TUTELA JURÍDICA VINCULADA AO DIREITO AMBIENTAL BRASILEIRO

### 12.2.1. A pessoa humana como destinatária do direito ambiental brasileiro

Importa ratificar desde logo que a Constituição Federal de 1988, conforme amplamente mencionado em nossas obras, ao estabelecer em seus princípios fundamentais a *dignidade da pessoa humana*[137] (art. 1º, III) como fundamento destinado a interpretar todo o sistema constitucional, **adotou visão** (necessariamente com reflexos

---

134. *Pensar a comunicação*, cit., p. 199.

135. Chantal Mouffe, Democracia, cidadania e a questão do pluralismo, *Revista Política & Sociedade*, Florianópolis, UFSC, n. 3, 2003.

136. O símbolo @, chamado *arroba* em português e utilizado nos endereços eletrônicos, foi convertido no **emblema do mundo digital**, conforme explica a *Enciclopédia do estudante* (São Paulo, Moderna, 2008, v. 8 – Redação e Comunicação).

"Na Idade Média, os copistas medievais já o utilizavam como abreviatura da preposição latina *ad* (que significa 'a', 'em', 'para'). Posteriormente, a cultura anglo-saxônica o utilizou para referir-se aos preços das coisas: @$5 significava 'cinco dólares'.

Nos primeiros sistemas de correio eletrônico empregou-se essa abreviatura porque é facilmente reconhecível, pois já se usava na informática em razão de seu caráter comercial, e, sobretudo, porque respondia ao outro sentido de *ad* (*at* em inglês): 'em'. No Brasil a palavra 'arroba' ainda é utilizada como uma das unidades de medida de peso de produtos agropecuários, equivalente a 15 kg", *Enciclopédia do estudante*, cit., p. 161.

137. "Uma Constituição que se compromete com a dignidade humana lança, com isso, os contornos da sua compreensão do Estado e do Direito e estabelece uma *premissa antropológico-cultural* (grifos nossos). Respeito e dignidade da pessoa humana como dever (jurídico) fundamental do Estado Constitucional constitui a premissa para todas as questões jurídico-dogmáticas particulares. Dignidade humana constitui a norma fundamental do Estado, porém é mais do que isso: ela fundamenta também a sociedade constituída e eventualmente a ser constituída. Ela gera uma força protetiva pluridimensional de acordo com a situação de perigo que ameaça os bens jurídicos de estatura constitucional. De qualquer sorte, a dignidade humana, como tal, é resistente à ponderação, razão pela qual vale uma proibição absoluta de tortura" (Peter Häberle, *A dignidade humana como fundamento da comunidade estatal*, in Sarlet, *Dimensões*, p. 128/129, citado por Nelson Nery Junior e Rosa Maria de Andrade, *Constituição Federal comentada e legislação constitucional*, 2. ed., São Paulo, Revista dos Tribunais, 2009, p. 146).

em toda a legislação infraconstitucional – nela incluída toda a legislação ambiental) **explicitamente** *antropocêntrica*, atribuindo aos brasileiros e estrangeiros residentes no País (arts. 1º, I, e 5º da Carta Magna) uma posição de centralidade em relação ao nosso sistema de direito positivo.

De acordo com essa visão do direito positivo constitucional brasileiro, temos que **o direito ao meio ambiente é voltado para a** *satisfação das necessidades humanas*. Todavia, aludido fato de forma alguma impede que ele proteja a vida em todas as suas formas, conforme determina o art. 3º da Lei da Política Nacional do Meio Ambiente (Lei n. 6.938/81), cujo conceito de meio ambiente foi, a nosso ver, inteiramente recepcionado[138].

Se a Política Nacional do Meio Ambiente protege a vida em todas as suas formas, e não é só o homem que possui vida, então todos que a possuem são tutelados e protegidos pelo direito ambiental, sendo certo que um bem, *ainda que não seja vivo*, pode ser ambiental, na medida em que possa ser essencial à sadia qualidade de vida de outrem, em face do que determina o art. 225 da Constituição Federal (bem material ou mesmo imaterial).

Dessa forma, a vida que não seja humana só poderá ser tutelada pelo direito ambiental na medida em que sua existência implique garantia da sadia qualidade de vida do homem, uma vez que numa sociedade organizada este é destinatário de toda e qualquer norma.

Vale ressaltar nesse sentido o Princípio n. 1 da Declaração do Rio de Janeiro sobre Meio Ambiente e Desenvolvimento de 1992:

**"Os seres humanos estão no centro das preocupações com o desenvolvimento sustentável. Têm direito a uma vida saudável e produtiva, em harmonia com a natureza."**

Na verdade, o direito ambiental possui uma necessária visão antropocêntrica, porquanto o único animal racional é o homem, cabendo a este a preservação das espécies, incluindo a sua própria.

Dessarte, cabe observar que o art. 225 da Constituição Federal de 1988 busca estabelecer, no mundo do dever-ser, um meio ambiente ecologicamente equilibrado para a sadia qualidade de vida fundamentalmente da pessoa humana, sendo adequado afirmar em face de nosso direito positivo que não só existe uma visão antropocêntrica do meio ambiente em sede constitucional, mas também uma indissociável relação

---

*"O Estado Constitucional realiza a dignidade humana fazendo dos cidadãos sujeitos de sua atuação* (grifos nossos). Neste sentido, a dignidade humana é a biografia desenvolvida e em desenvolvimento da relação entre cidadãos e o Estado (com o desaparecimento da separação entre Estado e sociedade)" (Häberle, *Estado constitucional*, parágrafo 63, p. 291, citado por Nelson Nery Junior e Rosa Maria de Andrade, *Constituição Federal comentada e legislação constitucional*, cit., p. 146).

138. *Vide* nosso *Curso de direito ambiental brasileiro*, 11. ed. ampl., São Paulo, Saraiva, 2010, *passim*.

econômica do bem ambiental com o lucro que pode gerar, bem como com a sobrevivência do próprio meio ambiente (art. 1º, IV, c/c o art. 170, VI, da CF).

Efetivamente a vida humana só será possível com a permanência dessa visão antropocêntrica – o que, obviamente, não permite exageros –, visto que, como o próprio nome já diz, ecossistema engloba os seres e suas interações positivas em determinado espaço físico.

### 12.2.2. Meio ambiente cultural

Registre-se uma vez mais que o conceito de meio ambiente cultural vem previsto no art. 216 da Constituição Federal, que o delimita da seguinte forma:

> "Art. 216. Constituem patrimônio cultural brasileiro os bens de natureza material e imaterial, tomados individualmente ou em conjunto, portadores de referência à identidade, à ação, à memória dos diferentes grupos formadores da sociedade brasileira, nos quais se incluem:
>
> I – as formas de expressão;
>
> II – os modos de criar, fazer e viver;
>
> III – as criações científicas, artísticas e tecnológicas;
>
> IV – as obras, objetos, documentos, edificações e demais espaços destinados às manifestações artístico-culturais;
>
> V – os conjuntos urbanos e sítios de valor histórico, paisagístico, artístico, arqueológico, paleontológico, ecológico e científico".

**O bem que compõe o chamado patrimônio cultural traduz a história de um povo, a sua formação, cultura e, portanto, os próprios elementos identificadores de sua cidadania, que constitui princípio fundamental norteador da República Federativa do Brasil.**

Dessarte, ao cuidar do denominado processo civilizatório nacional, o meio ambiente cultural destaca de que forma os diferentes grupos de pessoas humanas formadores da sociedade brasileira desenvolveram, desenvolvem e vão desenvolver suas formas de expressão, assim como modos de criar, fazer e viver (art. 215 da CF).

### 12.2.3. Meio ambiente cultural em face da sociedade da informação

#### 12.2.3.1. Meio ambiente e patrimônio cultural

Como já indicado anteriormente, o meio ambiente possui, pelo seu próprio conceito desenvolvido na Lei n. 6.938/81, integrado ao art. 225 da Constituição Federal, uma conotação multifacetária, porquanto o objeto de proteção verifica-se em pelo menos cinco aspectos distintos, os quais preenchem o conceito da sadia qualidade de vida da pessoa humana.

504

Na tutela do meio ambiente cultural, o objeto imediato de proteção relacionado com a qualidade de vida é o patrimônio cultural de um povo. Vejamos o seu conceito.

### 12.2.3.2. Conceito de patrimônio cultural

Um dos primeiros conceitos de patrimônio cultural foi trazido pelo art. 1º do Decreto-Lei n. 25/37, que determinava constituir patrimônio histórico e artístico nacional o conjunto dos bens móveis e imóveis existentes no País, cuja conservação fosse de interesse público, quer por vinculação a fatos memoráveis da história do Brasil, quer por seu excepcional valor arqueológico ou etnográfico, bibliográfico ou artístico.

Todavia, a Constituição Federal de 1988 trouxe em seu art. 216 o conceito para patrimônio cultural destinado a ser interpretado de maneira impositiva, a saber:

"Art. 216. Constituem patrimônio cultural brasileiro os bens de natureza material e imaterial, tomados individualmente ou em conjunto, portadores de referência à identidade, à ação, à memória dos diferentes grupos formadores da sociedade brasileira, nos quais se incluem:

I – as formas de expressão;

II – os modos de criar, fazer e viver;

III – as criações científicas, artísticas e tecnológicas;

IV – as obras, objetos, documentos, edificações e demais espaços destinados às manifestações artístico-culturais;

V – os conjuntos urbanos e sítios de valor histórico, paisagístico, artístico, arqueológico, paleontológico, ecológico e científico".

Como se pode observar, a Constituição não faz restrição a qualquer tipo de bem, de modo que podem ser materiais ou imateriais, singulares ou coletivos, móveis ou imóveis. Além disso, são passíveis de proteção, independentemente do fato de terem sido criados por intervenção humana.

Para que um bem seja considerado como patrimônio histórico é necessária a *existência de nexo vinculante* com a identidade, a ação e a memória dos diferentes grupos formadores da sociedade brasileira.

Ademais, deve ser ressaltado que o art. 216 não constitui rol taxativo de elementos, porquanto se utiliza da expressão *nos quais se incluem*, admitindo que outros possam existir.

### 12.2.3.3. Natureza jurídica do patrimônio cultural e seus reflexos na comunicação social (art. 220 da CF): o meio ambiente digital

**Todo bem referente à nossa cultura, identidade, memória etc., uma vez reconhecido como patrimônio cultural, integra a categoria de *bem ambiental* e, em decorrência disso, *difuso*.**

Ademais, além de restar evidente no plano jurídico constitucional, conforme indicado anteriormente, que **as formas de expressão, os modos de criar, fazer e viver integram o conceito jurídico constitucional de patrimônio cultural**, deve-se verificar que o art. 215, *caput* e § 1º, da Constituição Federal de 1988 determina:

"Art. 215. O Estado garantirá a todos o pleno exercício dos direitos culturais e acesso às fontes da cultura nacional, e apoiará e incentivará a valorização e a difusão das manifestações culturais.

§ 1º O Estado protegerá as **manifestações das culturas populares**, indígenas e afro-brasileiras, e das de outros grupos participantes do processo civilizatório nacional".

Assim, ao estabelecer como dever do Poder Público, *com a colaboração da comunidade*, preservar o patrimônio cultural, a Constituição Federal ratifica a natureza jurídica de bem difuso, porquanto este é de uso comum de *todos*. Um uso preenchido pelos elementos de fruição (uso e gozo do bem objeto do direito) sem comprometimento de sua integridade, para que outros titulares, incluídos os de gerações vindouras, possam também exercer com plenitude o mesmo direito (art. 225 da CF).

Daí ficar bem caracterizado que as formas de expressão, assim como manifestações das culturas populares bem como dos grupos participantes de nosso processo civilizatório nacional, estão tuteladas pelo meio ambiente cultural no plano constitucional, a saber, a manifestação do pensamento, a criação, a expressão e a informação sob qualquer forma, processo ou veículo (art. 220 da CF) nada mais refletem que as formas, os processos e veículos usados pela pessoa humana, que em face de seu atual estágio cultural (processo civilizatório nacional em que se encontram), destina-se a satisfazer suas necessidades dentro de um padrão cultural vinculado à sua dignidade (art. 1º, III, da CF) diante da ordem jurídica do capitalismo (art. 1º, IV, da CF) e adaptada à tutela jurídica do meio ambiente cultural (arts. 215 e 216 da CF).

O meio ambiente cultural, por via de consequência, manifesta-se no século XXI em nosso país exatamente em face de uma cultura que passa por diversos veículos reveladores de novo processo civilizatório adaptado necessariamente à sociedade da informação, a saber, de nova forma de viver relacionada a uma cultura de convergência em que as emissoras de rádio, televisão, o cinema, os *videogames*, a internet, as comunicações por meio de ligações de telefones fixos e celulares[139] etc. moldam uma "nova vida" reveladora de nova faceta do meio ambiente cultural, a saber: **o meio ambiente digital**.

---

139. Conforme matéria do jornalista Ethevaldo Siqueira (jornal *O Estado de S.Paulo*, de 16-5-2010, B14, Economia), o Brasil de julho de 1998 tinha média de 14 telefones para cada 100 habitantes, sendo certo que hoje tem 124; no dia da privatização (29-7-1998) o Brasil tinha 24,5 milhões de telefones e hoje tem 224 milhões; há 12 anos o Brasil tinha 5,2 milhões de celulares e hoje tem 180 milhões. Vale lembrar que o portal do IBGE na internet (www.ibge.gov.br) indicava no dia 2 de junho de 2010 o número de 193.012.250 habitantes na República Federativa do Brasil...

## 12.2.3.4. Sociedade da informação[140] e meio ambiente digital

Conforme ensinam Asa Briggs e Peter Burke, uma das pessoas mais articuladas a tratar a denominada "sociedade da informação" teria sido um jovem norte-americano, Marc Porat, que publicou um artigo em 1977 denominado, em sua primeira forma, "Implicações globais na sociedade da informação". O texto, explicam, "havia sido

---

140. Conforme explica a *Enciclopédia do estudante*, uma das formas de apresentação de "uma pessoa, uma corporação, ou uma empresa ou ainda uma instituição na chamada sociedade da informação é por meio da criação de **páginas da web**. Trata-se de uma página eletrônica de informação utilizada na internet", a saber," **uma página web é qualquer arquivo de informação ao qual se tem acesso através da *World Wide Web* (www), ou rede mundial**, e que contém basicamente texto e imagem, além de outros elementos de multimídia, como som e animação, por exemplo. Elabora-se essa página empregando a linguagem chamada HTML (*hyper text markup language,* linguagem de marcação de hipertexto). Nas páginas da *web* não há interação explícita entre quem emite e quem recebe a informação, mas sempre há alguma forma de o visitante da página poder entrar em contato com seus criadores".

Dessarte, no plano jurídico, estamos diante de hipótese didática que envolve os denominados **interesses difusos e coletivos (art. 129, III, da CF)**, a saber:

**1) Direitos difusos**

A Lei n. 8.078/90, em seu art. 81, parágrafo único, I, trouxe um conceito legal, ao estabelecer:

"Art. 81. A defesa dos interesses e direitos dos consumidores e das vítimas poderá ser exercida em juízo individualmente, ou a título coletivo.

Parágrafo único. A defesa coletiva será exercida quando se tratar de:

I – interesses ou direitos difusos, assim entendidos, para efeitos deste Código, os transindividuais, de natureza indivisível, de que sejam titulares pessoas indeterminadas e ligadas por circunstâncias de fato".

Por conta do aludido preceito, o direito difuso apresenta-se como um direito *transindividual*, tendo um objeto *indivisível*, titularidade *indeterminada* e interligada por *circunstâncias de fato*.

1.1. Transindividualidade

O citado art. 81 da Lei n. 8.078/90, ao preceituar que os interesses ou direitos difusos são transindividuais, objetivou defini-los como aqueles que transcendem o indivíduo, ultrapassando o limite da esfera de direitos e obrigações de cunho individual. Como bem ensina Rodolfo de Camargo Mancuso, são os "interesses que depassam a esfera de atuação dos indivíduos isoladamente considerados, para surpreendê-los em sua dimensão coletiva".

1.2. Indivisibilidade

O direito difuso possui a natureza de ser indivisível. Não há como cindi-lo. Trata-se de um objeto que, ao mesmo tempo, a todos pertence, mas ninguém especificamente o possui. Um típico exemplo é o ar atmosférico. É uma "espécie de comunhão, tipificada pelo fato de que a satisfação de um só implica, por força, a satisfação de todos, assim como a lesão de um só constitui, *ipso facto*, lesão da inteira coletividade", conforme ensinamento de José Carlos Barbosa Moreira.

1.3. Titulares indeterminados e interligados por circunstâncias de fato

Os interesses ou direitos difusos possuem titulares indeterminados. Ao pensarmos no ar atmosférico poluído, não temos como precisar quais são os indivíduos afetados por ele. Talvez seja possível apenas delimitar um provável espaço físico que estaria sendo abrangido pela poluição atmosférica, todavia seria inviável determinar todos os indivíduos afetados e expostos a seus malefícios.

Nesse contexto, temos que os titulares estão interligados por uma circunstância fática. Inexiste uma relação jurídica. Experimentam a mesma condição por conta dessa circunstância fática, que, no nosso exemplo, é a poluição atmosférica.

Como salientava Celso Bastos, trata-se da "descoincidência" do interesse difuso com o interesse de determinada pessoa, abrangendo na verdade "toda uma categoria de indivíduos unificados por possuírem um denominador fático qualquer em comum".

encomendado pela Agência de Informação dos Estados Unidos", sendo certo que a expressão já havia passado para a linguagem usual durante a década de 1960; na época, também a palavra "*informação*" já havia sido incorporada à expressão "*tecnologia da informação*"(TI), primeiramente usada nos círculos administrativos e na "teoria da informação" da matemática[141 e 142].

O verbo medieval "enforme, informe", emprestado do francês, conforme explicam Briggs e Burke, "significava dar forma ou modelar", e a **nova expressão "sociedade da informação" dava forma ou modelava um conjunto de aspectos relacionados à comunicação – conhecimento, notícias, literatura, entretenimento – todos permutados entre mídias[143] e elementos de mídias diferentes: papel, tinta, telas, pinturas, celuloide, cinema, rádio, televisão e computadores.**

---

O Supremo Tribunal Federal, bem como o Tribunal Regional Federal da 3ª Região, em manifestações didáticas, elucidou de forma clara a concepção de direitos difusos em conformidade com nosso posicionamento, bem como o do Prof. Dr. Nelson Nery Junior, exatamente no sentido descrito por nossas obras.

**2) Direitos coletivos *stricto sensu***

Os direitos coletivos *stricto sensu* possuem definição legal, trazida pela Lei n. 8.078/90, em seu art. 81, parágrafo único, II, o qual preceitua:

"Art. 81. A defesa dos interesses e direitos dos consumidores e das vítimas poderá ser exercida em juízo individualmente, ou a título coletivo.

Parágrafo único. A defesa coletiva será exercida quando se tratar de:

(...)

II – interesses ou direitos coletivos, assim entendidos, para efeitos deste Código, os transindividuais de natureza indivisível de que seja titular grupo, categoria ou classe de pessoas ligadas entre si ou com a parte contrária por uma relação jurídica base".

2.1. Transindividualidade e determinabilidade dos titulares

O legislador, ao mencionar que os interesses ou direitos coletivos são transindividuais, pretendeu destacar que eles, assim como os difusos, transcendem o indivíduo, ultrapassando o limite da esfera de direitos e obrigações de cunho individual.

Entretanto, os direitos coletivos diferem dos difusos em razão da *determinabilidade dos titulares*. Como vimos, o direito difuso é aquele que se encontra difundido pela coletividade, pertencendo a todos e a ninguém ao mesmo tempo. Os coletivos, por sua vez, possuem como *traço característico* a determinabilidade dos seus titulares. Deve-se observar que, embora num primeiro momento não seja possível determinar todos os titulares, por conta da natureza do direito coletivo, esses *titulares* (que estão ligados por uma relação jurídica entre si ou com a parte contrária) são *identificáveis*.

2.2. Indivisibilidade do objeto

Assim como o direito difuso, o coletivo tem como característica a indivisibilidade de seu objeto. Essa indivisibilidade está restrita à categoria, ao grupo ou à classe titular do direito, de forma que a satisfação de um só implica a de todos, e a lesão de apenas um constitui lesão de todos.

141. *Uma história social da mídia*: de Gutenberg à internet, 2. ed. rev. e ampl., Rio de Janeiro, Zahar, p. 259 e s.

142. Com efeito. Observada como um "conjunto dos conhecimentos, pesquisas, equipamentos, técnicas, recursos e procedimentos relativos à aplicação da **informática** em todos os setores da vida social", segundo Alvin Toffler "a tecnologia da informação é atividade meio; a atividade fim é a sociedade da informação" (Carlos Alberto Rabaça e Gustavo Guimarães Barbosa, *Dicionário de comunicação*, 10. ed., Rio de Janeiro, Campos/Elsevier, p. 709).

143. Conforme o *Dicionário de comunicação*, de Rabaça e Barbosa, **mídia,** em teoria da comunicação, é o conjunto dos meios de comunicação existentes em uma área, ou disponíveis para determinada

"Da década de 1960 em diante, todas as mensagens, públicas e privadas, verbais ou visuais, começaram a ser consideradas 'dados'[144], informação que podia ser transmitida, coletada e registrada, qualquer que fosse seu lugar de origem, de preferência por meio de tecnologia eletrônica."

Assim, conforme aduzido anteriormente, a manifestação do pensamento, a criação, a expressão e a informação da pessoa humana passaram no século XXI, diante de um novo processo civilizatório representativo da manifestação de novas culturas, **a ter caráter marcadamente difuso**, evidentemente em face das formas, processos e veículos de comunicação de massa, sobretudo com o uso das ondas eletromagnéticas (Rádio e Televisão), conforme amplamente estudado em nossa obra *O direito de antena em face do direito ambiental brasileiro*[145], assim como com o advento da rede de computadores de alcance mundial formada por inúmeras e diferentes máquinas interconectadas em todo o mundo (internet)[146].

---

estratégia de comunicação. Grafia aportuguesada da palavra latina *media,* conforme esta é pronunciada em inglês. *Media*, em latim, é plural de *medium*, que significa "meio". Em publicidade, costumam-se classificar os veículos em duas categorias:

1) **mídia impressa** (jornal, revista, folheto, *outdoor,* mala direta, *displays* etc.) e

2) **mídia eletrônica** (TV, rádio, CD, vídeo, cinema etc.).

Em português diz-se média.

Explicam Briggs e Burke que, "de acordo com o *Oxford English Dictionary*, foi somente na década de 1920 que as pessoas começaram a falar de 'mídia'" sendo certo que "uma geração depois, nos anos 1950, passaram a mencionar uma 'revolução da comunicação'", Carlos Alberto Rabaça e Gustavo Guimarães Barbosa, *Dicionário de comunicação*, p. 490, bem como Asa Briggs e Peter Burke, *Uma história social da mídia*, cit., passim.

144. Conforme o *Dicionário de comunicação*, de Rabaça e Barbosa, dados são fatos coletados, analisados e interpretados pelos cientistas sociais; um conjunto de dados é designado *data* (do latim *data*, pl. de *datum*, "dado"); na área da informática, dados são representações de fatos, conceitos ou instruções, mediante **sinais** de uma maneira formalizada, passível de ser transmitida ou processada pelos seres humanos ou por meios automáticos.

*Vide* Carlos Alberto Rabaça e Gustavo Guimarães Barbosa, *Dicionário de comunicação*, cit., p. 207.

145. *Vide* Celso Antonio Pacheco Fiorillo, *O direito de antena em face do direito ambiental brasileiro*, São Paulo, Fiuza, 2009, *passim*.

146. Conforme o *Dicionário de comunicação*, de Rabaça e Barbosa, na área da informática, a **internet** é uma rede de computadores de alcance mundial, formada por inúmeras e diferentes máquinas interconectadas em todo o mundo, que entre si trocam informações na forma de arquivos de textos, sons e imagens digitalizadas, *software*, correspondência (*e-mail*) etc.

Observam os autores que, *mais do que uma rede de computadores, é agora uma rede de pessoas, a maior que já houve na humanidade* (grifos nossos).

O jornalista Sérgio Charlab, em seu livro *Você e a internet no Brasil*, explica de modo interessante a rede:

"A Internet (e tudo que estamos chamando aqui de ciberespaço) é como se fosse um universo paralelo – só que inteiramente eletrônico. Algumas pessoas perguntam: Mas onde fica a internet? Ora, não fica. Não existe uma coisa física chamada Internet. Você não pode vê-la, tocá-la ou ouvi-la. O que há são milhões de computadores em mais de 100 países. Todos ligados em rede... estão ligados uns com os outros, redes com redes, formando uma malha cheia de nós... hoje quando enviamos uma mensagem de um ponto da Internet a outro, a mensagem percorre um caminho formado por uma ou mais máquinas, passando de nó

Dessarte, a tutela jurídica do meio ambiente digital tem como finalidade interpretar os arts. 220 a 224 da Constituição Federal diante dos arts. 215 e 216, com a segura orientação dos princípios fundamentais indicados nos arts. 1º a 4º de nossa Carta Política em face particularmente da denominada "cultura digital", a saber, estabelecer a tutela jurídica das formas de expressão, dos modos de criar, fazer e viver, assim como das criações científicas, artísticas e principalmente tecnológicas realizadas com a ajuda de computadores e outros componentes eletrônicos, observando-se o disposto nas regras de comunicação social determinadas pela Constituição Federal.

**O meio ambiente digital, por via de consequência, fixa no âmbito de nosso direito positivo deveres, direitos, obrigações e regime de responsabilidades inerentes à manifestação de pensamento, criação, expressão e informação realizados pela pessoa humana com a ajuda de computadores (art. 220 da CF) dentro do pleno exercício dos direitos culturais assegurados a brasileiros e estrangeiros residentes no País (arts. 5º e 215 da CF) orientado pelos princípios fundamentais da Constituição Federal (arts. 1º a 4º).** Daí nosso Supremo Tribunal Federal aduzir que, "... de fato, não poderia ser diferente numa época em que nossa sociedade é descrita como 'sociedade da informação', na era da 'big data', ensejando o surgimento, inclusive, **do conceito de um meio ambiente digital**. 31. **Essa nova dimensão, produto do referido contexto social, exsurge como desdobramento do conceito mais abrangente de meio ambiente cultural (CF, art. 215 e 216) e em interseção com o direito à comunicação social (CF, art. 220 a 224), como entende, por exemplo, o professor Celso Antônio Pacheco Fiorillo, relacionando-se às noções de 'espaço digital' ou 'ciberespaço', que deve ser efetivamente protegido e regrado pelo Direito** (FIORILLO, Celso Antônio Pacheco. *Curso de Direito Ambiental Brasileiro*. 23ª ed. São Paulo: SaraivaJur, 2023, p. 649-655)"[147] (grifos nossos).

Trata-se indiscutivelmente no século XXI de um dos mais importantes aspectos do direito ambiental brasileiro destinado às presentes e futuras gerações (art. 225 da CF), verdadeiro objetivo fundamental a ser garantido pela tutela jurídica de nosso

---

em nó de redes até chegar a seu destino... boa parte do conhecimento humano começa a ficar disponível na rede... a rede não tem dono, não tem núcleo, não tem presidente nem general. Está espalhada pelo mundo. A rede tem poder, sim, mas o poder está distribuído pelos seus usuários. Cabe a cada um de nós exercê-lo com propriedade".

*Vide* Carlos Alberto Rabaça e Gustavo Guimarães Barbosa, *Dicionário de comunicação*, cit., p. 395.

147. "Assim, é que, tal como o meio ambiente natural, que é, ao mesmo tempo, (i) fim em si mesmo – bem jurídico a ser protegido de forma autônoma; e (ii) instrumento concretizador de uma plêiade de outros direitos fundamentais; também o meio ambiente digital goza dessa dupla dimensão, devendo ser tutelado e disciplinado pelo ordenamento jurídico a partir da edição de atos normativos próprios – como, no contexto do Brasil, se verifica com o Marco Civil da Internet – **na condição de bem jurídico fundamental; e, ao mesmo tempo, servir como instrumento de tutela à defesa de outros direitos fundamentais, realçando-se com especial atenção o próprio meio ambiente natural**" (grifos nossos) (ADPF 857, Tribunal Pleno, Rel. Min. André Mendonça, Red. do acórdão Min. Flávio Dino, j. 20-3-2024, public. 11-6-2024).

meio ambiente cultural (art. 3º da CF), principalmente em face do "abismo digital" que ainda vivemos no Brasil[148].

## 12.2.3.5. Inteligência artificial e a regulação das empresas transnacionais em face da tutela jurídica constitucional do meio ambiente digital

Conforme tivemos oportunidade de aduzir[149 e 150], as definições de inteligência artificial, de acordo com oito livros didáticos que a partir do século passado já procuravam desenvolver o tema[151], indicavam algumas "categorias" de sistemas (Sistemas que pensam como humanos, Sistemas que agem como humanos, Sistemas que pensam racionalmente e Sistemas que agem racionalmente), a saber:

1) "O novo e emocionante esforço para fazer os computadores pensarem... máquinas com mentes, no sentido pleno e literal" (Haugeland, 1985)[152];

2) "A automação de atividades que associamos ao pensamento humano, atividades como tomada de decisão, resolução de problemas, aprendizagem..." (Bellman, 1978)[153];

---

148. Conforme explica a *Enciclopédia do estudante*, a expressão *abismo digital*, que provém do termo inglês *digital divide*, "começa a ser utilizada para referir-se às desigualdades sociais que surgem à medida que se desenvolve o uso dos computadores na internet. O fato de algumas pessoas possuírem computador e outras não, ou de haver grandes diferenças entre o tipo de serviço de conexão à internet, pode condicionar os hábitos e a conduta social da população, uma vez que isso repercutirá na sua educação, cultura ou integração a uma sociedade cada vez mais apoiada nas novas tecnologias. Essa questão vai além da disponibilidade ou não de um computador: refere também a capacidade de localização e a análise apropriada por parte dos usuários da grande quantidade de informação que circula pela rede. Só as pessoas que têm acesso a essa informação e aproveitam-na adequadamente se beneficiam por completo dessa ferramenta".

**Segundo os dados da Pesquisa Nacional por Amostra de Domicílios 2008 (PNAD), do IBGE, 65% dos brasileiros não têm acesso à internet.** São 104,7 milhões de pessoas acima de 10 anos de idade, que em sua maioria estão nas regiões Norte e Nordeste, são analfabetas ou estudaram apenas o ensino fundamental, têm acima de 35 anos e pertencem a famílias com renda mensal de até três salários mínimos. O apagão digital brasileiro reflete o quadro de exclusão social.

*Vide Enciclopédia do estudante*, cit., p. 167.

149. Celso Antonio Pacheco Fiorillo, Management of Artificial Intelligence in Brazil in the face of the Constitutional Legal Treaty of the Digital Environment, Trabalho/palestra elaborada vinculada ao convite recebido para palestrar no Dialogues & Integration, The First International Conference on Humanities Transformation: Technology, Assessment, Management, Shanghai Jiao Tong University/Shanghai, China. *Revista Jurídica Luso-Brasileira*, v. 6, p. 329-350, 2019.

150. *Vide* estudo detalhado em Celso Antonio Pacheco Fiorillo, *Inteligência artificial e a regulação das empresas transnacionais em face da tutela jurídica constitucional do meio ambiente digital*, Rio de Janeiro: Lumen Juris, 2024.

151. Stuart J. Russel e Peter Norvig, *Artificial Intelligence*: a Modern Approach, Englewood Cliffs, NJ: Prentice Hall, 1995.

152. John Haugeland, *Editor Artificial Intelligence*: The Very Idea. MIT Press, Cambridge, Massachusetts, 1985.

153. Richard Bellman, *An Introduction to Artificial Intelligence*: Can Computers Think?, San Francisco: Boyd & Fraser Publishing Company, 1978.

3) "A arte de criar máquinas que executam funções que exigem inteligência quando executadas por pessoas" (Kurzweil, 1990)[154];

4) "O estudo de como fazer com que os computadores façam coisas nas quais, no momento, as pessoas são melhores" (Rich e Knight, 1991)[155];

5) "O estudo das faculdades mentais através do uso de modelos computacionais" (Charniak e McDermott, 1985)[156];

6) "O estudo das computações que permitem perceber, raciocinar e agir" (Winston, 1992)[157];

7) "Um campo de estudo que busca explicar e emular comportamentos inteligentes em termos de processos computacionais" (Schalkoff, 1990)[158];

8) "O ramo da ciência da computação que se preocupa com a automação do comportamento inteligente" (Luger e Stubblefield, 1993)[159].

Com efeito.

Mais recentemente, conforme destacam Jiang e outros[160], "o estudo da inteligência artificial (IA) tem sido um esforço contínuo de cientistas e engenheiros há mais de 65 anos[161 e 162]. A afirmação simples é que **as máquinas criadas pelo homem podem fazer**

---

154. Raymond Kurzweil, *The Age of Intelligent Machines*, MIT Press, Cambridge, Massachusetts, 1990.

155. E. Rich e K. Knight, *Artificial Intelligence*, 2. ed., New York: McGraw-Hill, 1991.

156. Eugene Charniak e Drew McDermott, *Introduction to Artificial Intelligence*, Reading, Massachusetts: Addison-Wesley, 1985.

157. Patrick Henry Winston, *Artificial Intelligence*, 3. ed., Reading, Massachusetts: Addison-Wesley, 1992.

158. Robert J. Schalkoff, *Artificial Intelligence*: An Engineering Approach, New York: McGraw-Hill, 1990.

159. George F. Luger e William A. Stubblefield, *Artificial Intelligence*: Structures and Strategies for Complex Problem Solving, 2. ed., Redwood City, California: Benjamin/Cummings, 1993.

160. Yuchen Jiang et al., Quo vadis artificial intelligence?, *Discover Artificial Intelligence*, v. 2, n. 4, 2002. Disponível em: https://link.springer.com/article/10.1007/s44163-022-00022-8.

161. "É evidente (3-9) que, baseando-se na inovação, no número de artigos publicados e citados, no número de patentes depositadas e no volume de investimentos, as nações líderes em IA são os Estados Unidos, China, França, Alemanha, Reino Unido, Rússia, Índia, Suíça, Japão, Coreia do Sul, Holanda, Suécia, Finlândia, Irlanda, Singapura, Canadá, Israel e Itália. O Brasil aparece entre os vinte primeiros países em alguns rankings, principalmente devido ao bom número de publicações (aproximadamente 10% do número de artigos publicados pelos EUA). No entanto, ao analisar os centros urbanos com maior desenvolvimento em IA (os chamados IA hotspots), apenas São Paulo é destaque no Brasil – e, embora figure no ranking dos top 50 cidades que contam com talentos em IA, está na 44ª posição (quatro posições abaixo de Buenos Aires). São Francisco, por exemplo, ocupa o primeiro lugar em várias ordenações. Em suma, os EUA abrigam aproximadamente 60% dos principais pesquisadores de IA. Na sequência, vêm a China (11%), a Europa (10%) e o Canadá (6%). Essa distribuição não é surpreendente, dada a concentração de universidades de maior reputação internacional, grandes empresas de tecnologia de IA e o número de startups nos IA hotspots e suas adjacências" (Virgilio Augusto Fernandes Almeida (coord.), *Recomendações para o avanço da inteligência artificial no Brasil*: GT-IA da Academia Brasileira de Ciências, Rio de Janeiro: Academia Brasileira de Ciências, 2023. Disponível em: https://www.abc.org.br/wp-content/uploads/2023/11/recomendacoes-para-o-avanco-da-inteligencia-artificial-no-brasil-abc-novembro-2023-GT-IA.pdf. Acesso em: 17 jan. 2024).

162. "Os resultados da análise bibliométrica mostraram que os estados brasileiros de São Paulo, Rio de Janeiro, Minas Gerais, Ceará e Pernambuco se destacam na produção de conhecimento acerca da Inteligência Artificial, com destaque para a Universidade Federal Rural de Pernambuco (UFRPE),

mais do que apenas trabalho intensivo em mão de obra[163]; elas podem desenvolver inteligência semelhante à humana. Consciente ou não, a IA penetrou na nossa vida quotidiana, desempenhando novos papéis na indústria, na saúde, nos transportes, na educação e em muitas outras áreas próximas do público em geral. Acredita-se que a IA seja um dos principais motores para mudar vidas socioeconômicas. Noutro aspecto, a IA contribui para o avanço de tecnologias de ponta em muitos campos de estudo, como **ferramentas úteis** para pesquisas inovadoras", advertindo referidos autores que, em face das inúmeras definições de inteligência artificial, "**no teste de Turing, a IA é definida como a capacidade das máquinas de se comunicarem com humanos (usando dispositivos eletrônicos de saída) sem revelar a identidade de que não são humanos**, onde o critério de julgamento essencial é binário"[164 e 165], observando que "o conceito está intimamente relacionado às ciências do "sistema", enquanto "rede neural", "classificação" e "predição" como "os focos principais em termos de **algoritmos**"[166],

---

Universidade Federal do Rio Grande do Norte (UFRN), Universidade Estadual do Ceará (UECE), Universidade de São Paulo (USP) e Universidade Federal de São Carlos (UFScar)" (Diogo Martins Gonçalves de Morais et al. O conceito de inteligência artificial usado no mercado de softwares, na educação tecnológica e na literatura científica. *Educação Profissional e Tecnológica em Revista*, v. 4, n 2, p. 98-109, 2020. Disponível em: https://ojs.ifes.edu.br/index.php/ept/article/view/557/539. Acesso em: 26 jan. 2024).

163. "Em meio à extraordinária transformação da manufatura na última década com o avanço da Quarta Revolução Industrial setor após setor, alguns fabricantes ainda enfrentam um desafio quase tão antigo quanto a própria manufatura: como alcançar ganhos de produtividade duradouros nas operações com que empregam mão de obra de forma intensiva. A solução aparentemente óbvia algumas vezes é resumida como trocar mão de obra por capital usando automação. Apesar da disponibilidade de máquinas cada mais sofisticadas a um custo cada vez menor, em muitas situações a alternativa mais atrativa é usar o digital e tecnologias de analytics para apoiar as pessoas em vez de substituí-las. Mesmo hoje, setores que empregam mão de obra intensamente podem incluir tudo, de brinquedos, vestuário e joias a dispositivos médicos, produtos eletrônicos, produtos elétricos e componentes automotivos. Esses setores são uma força crítica nas economias emergentes, fornecendo empregos que reduzem a pobreza e fortalecem a estabilidade social" (Manuel Gómez, Jorge Riveros e Kevin Sachs, Fábricas que empregam mão de obra de forma intensiva – produtividade com alto grau de uso de analytics, *McKinsey & Company*, 21 abr. 2021. Disponível em: https://www.mckinsey.com/capabilities/operations/our-insights/labor-intensive-factories--analytics-intensive-productivity/pt-BR. Acesso em: 7 jan. 2024).

164. Como linguagem principal dos sistemas de computação, "**o sistema numérico binário é a base de todos os sistemas e operações de computação**. Ele permite que dispositivos armazenem, acessem e manipulem todos os tipos de informações direcionadas de e para a CPU ou memória. Isso torna possível desenvolver aplicativos que permitem aos usuários fazer o seguinte: visualizar sites; criar e atualizar documentos; jogar jogos; visualizar streaming de vídeo e outros tipos de informações gráficas; software de acesso e realizar cálculos e análises de dados" (grifos nossos) (Rahul Awati, What is binary? TechTarget, 2022. Disponível em: https://www.techtarget.com/whatis/definition/binary#:~:text=The%20binary%20number%20system%20is,from%20the%20CPU%20or%20memory. Acesso em: 7 jan. 2023).

165. A respeito da visão teórica e histórica da natureza da computação binária que sustenta a IA e suas relações com a inteligência humana, *vide* Bill Cope e Mary Kalantzis, Artificial intelligence in the long view: from mechanical intelligence to cyber-social systems, *Discover Artificial Intelligence*, v. 2, n. 13, 2022. Disponível em: https://link.springer.com/article/10.1007/s44163-022-00029-1#citeas. Acesso em: 7 jan. 2024.

166. "O sistema de IA poderá ter como objetivo último a tomada de uma decisão individual automatizada com base nos dados pessoais objeto de processamento, incluindo a definição de perfis. Assim, o sistema de IA poderá, com base nos dados pessoais dos titulares, analisar esses dados, prever

destacando que "os campos de pesquisa da IA incluem sistemas e engenharia, ciências do cérebro, psicologia, ciências cognitivas, matemática, ciência da computação[167] e muitos outros campos", e indicando que" **os campos de aplicação da IA são extensos**, abrangendo (mas não limitados) a **reconhecimento de fala**[168], **processamento de imagem**[169], **processamento de linguagem natural**[170], **robôs inteligentes**[171 e 172],

comportamentos, preferências e o desempenho do titular, avaliar aspetos relativos à saúde, profissão, finanças ou outros aspetos pessoais. **Esta tarefa do sistema de IA que consiste na avaliação de aspetos pessoais do titular de dados é realizada de acordo com algoritmo que é introduzido.** Este constitui as operações ou instruções a seguir pelo sistema de IA. É a capacidade do sistema de 'aprender' o algoritmo e com ele processar os dados pessoais que constituem o *input* desta tecnologia que dita estarmos na presença de um sistema que recorre a IA (débil). O algoritmo dita como este software irá tomar uma decisão, ou formular uma recomendação ou previsão, numa palavra, gerar o seu output, com base nos dados pessoais processados. Já nos sistemas de IA forte, há uma indiferença face ao algoritmo, porque deixa de depender deste contributo humano que foi introduzido. **É neste sentido que utilizamos a metáfora 'ditadura' do algoritmo, na medida em que o algoritmo se apresenta como o decisor de um conjunto de aspetos pessoais e com grande impacto na esfera jurídica do titular.** É em função do *output* apresentado pelo sistema de IA, determinado pelo algoritmo, que um cidadão pode ver o recurso ao crédito recusado, ou ficar excluído de um processo de recrutamento eletrónico para um determinado emprego, ou ver-lhe negada a adesão a um seguro de saúde em função do algoritmo ter feito uma previsão de determinada doença ao identificar um risco mais elevado no titular de dados" (grifos nossos) (Inês Camarinha Lopes, Inteligência Artificial e proteção de dados pessoais: a "ditadura" do algoritmo, In: Maria Raquel Guimarães (coord.) e Rute Teixeira Pedro (ed.), *Direito e inteligência artificial*, Edições Almedina, 2023).

167. "A Inteligência Artificial (IA) é uma área da ciência da computação que se concentra em criar sistemas que podem realizar tarefas que, normalmente, exigem inteligência humana para serem realizadas (Russell & Norvig, 2021)" (Márcio Mendonça et al., Inteligência artificial, fundamentos, conceitos, aplicações e tendências, Ciência, *Tecnologia e Inovação: Experiências, Desafios e Perspectivas* 3, 2023. Disponível em: https://atenaeditora.com.br/catalogo/post/inteligencia-artificial-fundamentos-conceitos-aplicacoes-e-tendencias-2. Acesso em: 26 jan. 2024).

168. Geoffrey Hinton et al., Deep neural networks for acoustic modeling in speech recognition: the shared views of four research groups, *IEEE Signal Processing Magazine*, 2012; Alex Graves, Abdel-rahman Mohamed e Geoffrey Hinton, Speech recognition with deep recurrent neural networks, IEEE international conference on acoustics, speech and signal processing, ICASSP, 2013.

169. François Chollet, Xception: deep learning with depthwise separable convolutions, *Proceedings of the IEEE conference on computer vision and pattern recognition*, IEEE, Piscataway, 2017; Kaiming He et al., Deep residual learning for image recognition, *Proceedings of the IEEE conference on computer vision and pattern recognition*, IEEE, Piscataway, 2016.

170. Jacob Devlin et al., BERT: pre-training of deep bidirectional transformers for language understanding. Comput Lang., 2018; Ilya Sutskever, Oriol Vinyals e Quoc V. Le, Sequence to sequence learning with neural networks, *Advances in neural information processing systems*, Canada: NeurIPS, 2014.

171. Luca Gualtieri, Erwin Rauch e Renato Vidoni, Emerging research fields in safety and ergonomics in industrial collaborative robotics: a systematic literature review. *Robotics and Computer-Integrated Manufacturing, 2021*; Stefano Palagi e Peer Fischer, Bioinspired microrobots, *Nature Reviews Materials*, 2018.

172. **"No que diz respeito à abordagem jurídica da tecnologia robótica**, os termos da relação relativa podem traduzir-se e resumir-se em ordens específicas de problemas especializados e nas correspondentes técnicas regulatórias; neste sentido, face à ausência de uma disciplina de robótica propriamente dita, é frequente a dúvida se as normas legais vigentes são suficientes para regulamentar a robótica na esfera cível ou, pelo contrário, se é necessário criar as regras. Estas questões, de facto, traduzem tipos de problemas nada estranhos à experiência jurídica e que, por isso, podem em todo o caso ser úteis na configuração do discurso jurídico, partindo antes de mais nada pela necessidade sentida (mesmo nível

**veículos autônomos**[173], **sistemas de energia**[174], **saúde**[175 e 176], **Fintech**[177] etc.", desencadeando, evidentemente, "uma nova onda de discussão sobre como a IA pode mudar a sociedade humana" (grifos nossos). De fato, como indica a Academia Brasileira de Ciências, a "IA tem sido objeto de investigação acadêmica há décadas, principalmente em três frentes. Primeiro, existem linhas de pesquisa que buscam entender os mecanismos do comportamento inteligente e apoiar estudos em áreas como linguística, lógica, filosofia, psicologia, sociologia e neurofisiologia. A segunda frente vai ao sentido inverso, utilizando conhecimento dessas áreas para propor algoritmos capazes de replicar o comportamento inteligente em máquinas. Um exemplo é o projeto de novos algoritmos de aprendizado de máquina. Aqui, é possível fazer um paralelo com o estudo da energia nuclear, cuja exploração científica ao longo do tempo levou a avanços inesperados, como ocorreu na medicina nuclear. Já a terceira frente é mais relacionada a uma busca por tecnologia e inovação de curto e médio alcance, investigando onde e como a IA pode ser utilizada nas mais variadas aplicações para resolver problemas reais ou ajudar no avanço de outras áreas do conhecimento. Nesse sentido, busca-se a redução de riscos, a diminuição do trabalho braçal e repetitivo, a melhoria

---

supranacional) de que lhes sejam garantidos alguns valores éticos como o primado da autonomia humana, o princípio da precaução, o princípio da transparência ou mesmo a justificabilidade (explicabilidade), e o princípio da justiça" (grifos nossos) (Vitulia Ivone, Decisão robótica no direito italiano, In: Maria Raquel Guimarães e Rute Teixeira Pedro (coord.), *Direito e inteligência artificial*, Edições Almedina, 2023).

173. Hamid Mnouar, Ismail Guvenc e Kemal Akkaya, UAV-enabled intelligent transportation systems for the smart city: applications and challenges, *IEEE Communications Magazine*, 2017.

174. Renzhi Lu e Seung Ho Hong, Incentive-based demand response for smart grid with reinforcement learning and deep neural network, *Applied Energy*, 2019; Muhammad Qamar Raza e Abbas Khosravi, A review on artificial intelligence-based load demand forecasting techniques for smart grid and buildings, *Renewable and Sustainable Energy Reviews*, 2015.

175. Kun-Hsing Yu, Andrew L. Beam e Isaac S. Kohane, Artificial intelligence in healthcare, *Nature Biomedical Engineering*, 2018.

176. "A Organização Mundial da Saúde (OMS) estabeleceu novas orientações sobre a ética e a governação de grandes modelos multimodais (LMMs) – um tipo de tecnologia de inteligência artificial (IA) generativa de rápido crescimento com aplicações nos cuidados de saúde", descrevendo "mais de 40 recomendações a serem consideradas por governos, empresas de tecnologia e prestadores de cuidados de saúde para garantir a utilização adequada de LMMs para promover e proteger a saúde das populações". A nova orientação da OMS "descreve cinco aplicações amplas dos LMMs para a saúde", a saber: "Diagnóstico e atendimento clínico, como responder às dúvidas por escrito dos pacientes; Uso orientado pelo paciente, como para investigação de sintomas e tratamento; Tarefas administrativas e de escritório, como documentar e resumir visitas de pacientes em registros eletrônicos de saúde; Educação médica e de enfermagem, incluindo proporcionar aos estagiários encontros simulados com pacientes, e Pesquisa científica e desenvolvimento de medicamentos, inclusive para identificação de novos compostos" (World Health Organization, *WHO releases AI ethics and governance guidance for large multi-modal models*, 18-1-2024. Disponível em: https://www.who.int/news/item/18-01-2024-who-releases-ai-ethics-and-governance-guidance-for-large-multi-modal-models. Acesso em: 18 jan. 2024). *Vide* também World Health Organization. *Ethics and governance of artificial intelligence for health*: guidance on large multi-modal models. 2024. Disponível em: https://iris.who.int/bitstream/handle/10665/375579/9789240084759-eng.pdf?sequence=1&isAllowed=y. Acesso em: 18 jan. 2024.

177. Marko Jakšič e Matej Marinc, Relationship banking and information technology: the role of artificial intelligence and FinTech. *Risk Management*, v. 21, n. 1, 2019.

de condições ambientais e sociais e o ganho de eficiência. A concretização recente de vários avanços científicos e tecnológicos e de inovação, mesmo que de forma ainda parcial e incompleta, tornou mais tangível o impacto prático que a IA pode ter na sociedade e no planeta. Ao mesmo tempo, esse sucesso tornou mais aguda a percepção de riscos que esta tecnologia traz consigo"[178].

Daí Cope e Kalantzis afirmarem que, "na sociedade atual, a interação humana com o mundo natural e com outros seres humanos é cada vez mais mediada pela computação em rede. A inteligência humana e as capacidades para agir com base nessa inteligência foram ampliadas pela computação, embora as operações elementares das máquinas computacionais sejam extremamente simples – a sua capacidade de gerar sinais baseados num binário representado numa carga eléctrica ligada/desligada. Isto é chamado de era digital, mas se quisermos que nossos tempos sejam reduzidos a uma tecnologia de assinatura, essas máquinas de computação deveriam ser caracterizadas como binárias e não digitais"[179].

Assim, é útil considerar, no contexto da presente obra, que a **IA seria "um campo da ciência da computação que tenta simular como os humanos pensam"** (grifos nossos)[180], sendo certo que "você alimenta informações de fontes de dados para um sistema de IA"[181], deixando "a IA processá-las e criar modelos treinados que usam os dados de entrada como referência"[182], destacando que, "quanto mais dados eles tiverem, melhor os sistemas de IA poderão aprender"[183], e considerando, todavia, que "nem todos os sistemas de IA requerem fontes de *big data*"[184], sendo possível "treinar" alguns modelos "com conjuntos de dados menores usando técnicas diferentes, como aprendizado por reforço"[185], tudo para que, afinal, possam ser feitas perguntas à IA, fazendo "com que ela faça estimativas e tome medidas com base no que aprendeu. **Mas a extensão e a precisão da resposta da IA dependem principalmente da qualidade dos dados de treinamento e dos algoritmos"** (grifos nossos), podendo, de qualquer forma, ser usadas "soluções de IA de diversas maneiras, incluindo: **Bots (robôs) de bate-papo** – Os bots de IA treinam com dados de negócios para conversar com humanos e responder perguntas em tempo real usando linguagem humana; **Assistentes virtuais** – Ferramentas de IA como Amazon Alexa, Apple Siri e Google Assistant ajudam os consumidores

---

178. Virgilio Augusto Fernandes Almeida (coord.), *Recomendações para o avanço da inteligência artificial no Brasil*: GT-IA da Academia Brasileira de Ciências, cit.

179. Bill Cope e Mary Kalantzis, Artificial intelligence in the long view: from mechanical intelligence to cyber-social systems, cit.

180. Upwork, *How Does AI Work? Fundamentals and Step-by-Step Process*, 20-6-2023. Disponível em: https://www.upwork.com/resources/how-does-ai-work. Acesso em: 7 jan. 2024.

181. Upwork, *How Does AI Work? Fundamentals and Step-by-Step Process,* cit.

182. Upwork, *How Does AI Work? Fundamentals and Step-by-Step Process,* cit.

183. Upwork, *How Does AI Work? Fundamentals and Step-by-Step Process,* cit.

184. Upwork, *How Does AI Work? Fundamentals and Step-by-Step Process,* cit.

185. Upwork, *How Does AI Work? Fundamentals and Step-by-Step Process,* cit.

na vida cotidiana; **IA generativa**[186, 187, 188 e 189] – Ferramentas de escrita de IA (como ChatGPT[190] da OpenAI), ferramentas de imagem como Midjourney e ferramentas de fala como ElevenLabs podem gerar diferentes formas de mídia com base na entrada;

---

186. "Grandes empresas chinesas de Internet, como Baidu e Alibaba, estão ativamente envolvidas na pesquisa e no desenvolvimento de inteligência artificial generativa. A escala da indústria central de inteligência artificial da China atinge 500 bilhões de yuans e o número de empresas ultrapassa 4.300" (中國正式實行生成式AI監管 有意參與國際規則制定, 16-8-2023. Disponível em: https://news.cnyes.com/news/id/5292110. Acesso em: 25 jan. 2024).

187. "Sete agências reguladoras do governo central, incluindo o 'Gabinete Nacional de Informação da Internet' que regulam a inteligência artificial (doravante designada por 'IA') na China continental, emitiram conjuntamente as 'Medidas Provisórias para a Gestão de Serviços Gerativos de Inteligência Artificial' (doravante designadas por como 'Medidas Provisórias para a Gestão de Serviços de Inteligência Artificial Gerativa' em 10 de julho de 2023). 'Medidas Administrativas') serão implementadas em 15 de agosto de 2023. Embora tenha apenas 24 especificações simplificadas, é a primeira legislação visando 'gerativa AI' na China continental e até mesmo no mundo. Sua principal estrutura regulatória e recursos são apresentados para referência" (中國大陸將施行全球首部針對「生成式AI」的法規範, 11-8-2023. Disponível em: https://www.saint-island.com.tw/Tw/News/News_Info.aspx?IT=News_1&CID=266&ID=62725. Acesso em: 21 jan. 2024).

188. "Medidas Provisórias para Gestão de Serviços de Inteligência Artificial Gerativa – Art. 4.º A prestação e utilização de serviços de inteligência artificial generativa obedecerá às leis e regulamentos administrativos, respeitará a moral e a ética sociais e cumprirá as seguintes disposições: (1) Aderir aos valores socialistas fundamentais e não incitar à subversão do poder estatal, derrubar o sistema socialista, pôr em perigo a segurança e os interesses nacionais, danificar a imagem nacional, incitar à secessão, minar a unidade nacional e a estabilidade social, promover o terrorismo, o extremismo, promover o ódio étnico, a discriminação étnica, a violência, a obscenidade, bem como informações falsas e prejudiciais e outros conteúdos proibidos por leis e regulamentos administrativos; (2) No processo de concepção de algoritmos, selecção de dados de formação, geração e optimização de modelos e prestação de serviços, tomar medidas eficazes para prevenir a discriminação com base na etnia, crença, nacionalidade, região, género, idade, profissão, saúde, etc.; (3) Respeitar os direitos de propriedade intelectual e a ética empresarial, manter segredos comerciais e não aproveitar algoritmos, dados, plataformas, etc. para implementar monopólio e concorrência desleal; (4) Respeitar os direitos e interesses legítimos de terceiros e não pôr em perigo a saúde física e mental de terceiros, nem infringir os direitos de terceiros ao retrato, reputação, honra, privacidade e informações pessoais; (5) Com base nas características do tipo de serviço, tomar medidas eficazes para melhorar a transparência dos serviços generativos de inteligência artificial e melhorar a precisão e fiabilidade do conteúdo gerado" (Disponível em: https://www.gov.cn/zhengce/zhengceku/202307/content_6891752.htm. Acesso em: 21 jan. 2024).

189. "A China Continental também emitiu recentemente vários regulamentos administrativos para fortalecer a gestão da IA generativa. Incluindo o 'Regulamento sobre a Gestão de Síntese Profunda de Serviços de Informação da Internet (doravante denominado 'Regulamento')', o 'Projecto para Comentários sobre as Medidas de Gestão para Serviços de Inteligência Artificial Gerativa (doravante denominado 'Projecto para Comentários sobre as Medidas de Gestão')', Medidas de Revisão de Ética Tecnológica (Julgamento), (doravante denominadas 'Medidas de Revisão'). Vistos como um todo, os regulamentos acima mencionados estão intimamente relacionados entre si, bem como com o original 'Lei Nacional de Segurança Cibernética', 'Lei de Proteção de Informações Pessoais' e outras leis, e possuem interpretações e características comuns mutuamente complementares. A China Continental refere-se a 'IA generativa' como 'tecnologia de síntese profunda', que é definida como: tecnologia que utiliza algoritmos de síntese generativa, como aprendizagem profunda e realidade virtual, para produzir informações de rede, como texto, imagens, áudio, vídeo e cenas virtuais. O escopo é muito amplo e inclui quase tudo que pode ser gerado usando técnicas, modelos ou regras computacionais, incluindo, mas não se limitando a: (1) Tecnologias para geração ou edição de conteúdo de texto: como ChatGPT, robôs de escrita, etc., tecnologia para geração de capítulos, conversão de estilo de texto e geração de conteúdo de texto de diálogo de perguntas

517

**Reconhecimento de fala** – A partir das entradas de áudio, as ferramentas de reconhecimento de fala determinam quem é o orador e o que ele disse; **Motores de busca**[191] – As ferramentas de pesquisa melhoram o processo de coleta de informações, criando uma melhor experiência do usuário e gerando resultados em tempo real"[192].

Destarte, **subordinada à ideia de fazer os computadores "pensarem" exatamente como os humanos**, criando análises, raciocinando, compreendendo e **obtendo**

---

e respostas; (2) Tecnologias para geração ou edição de conteúdo de voz: como síntese de fala, reconhecimento de fala, atendimento ao cliente por voz, etc., tecnologias para conversão de texto em fala, conversão de voz e edição de atributos de voz; (3) Tecnologias para geração ou edição de conteúdo não verbal: como arranjo automático, improvisação, geração automática de sons naturais, aprimoramento de áudio, etc., geração de música, tecnologia de edição de som de cena; (4) Tecnologias que geram ou editam recursos biométricos em imagens e conteúdo de vídeo: como embelezamento, tecnologias deep fake, geração de rosto, substituição de rosto, edição de atributos de caracteres, manipulação de rosto e tecnologias de manipulação de postura; (5) Tecnologias para gerar ou editar características não biológicas em imagens e conteúdos de vídeo: tais como restauração de qualidade de imagem, correspondência de cores de imagens em preto e branco, geração de imagens, aprimoramento de imagens e tecnologias de restauração de imagens; (6) Tecnologias para geração ou edição de personagens digitais e cenas virtuais: como metaverso, clones digitais, realidade virtual, etc., reconstrução tridimensional e tecnologias de simulação digital" (中國大陸近期對「生成式AI」的行政管理規範, 15-6-2023. Disponível em: https://www.saint-island.com.tw/TW/News/News_Info.aspx?IT=News_1&CID=266&ID=62688. Acesso em: 25 jan. 2024).

190. Diante da facilidade inédita para se gerar imagens e sons falsos com inteligência artificial em face do desenvolvimento de ferramentas como o ChatGPT (do inglês: *Chat Generative Pre-Trained Transformer*), desenvolvido pela empresa norte-americana OpenAI e lançado em novembro de 2022, a matéria ganhou extraordinário destaque na mídia mundial a partir de 2023. Classificado por alguns como o aplicativo de consumidor que mais cresce na história e apoiado pela Microsoft, mereceu por parte do cofundador de referida empresa transnacional grande destaque ao afirmar que o ChatGPT "é tão importante quanto a invenção da internet", esclarecendo que, "Até agora, a inteligência artificial podia ler e escrever, mas não conseguia entender o conteúdo. Os novos programas como o ChatGPT vão tornar muitos trabalhos de escritório mais eficientes. Isso vai mudar o nosso mundo" (InfoMoney, ChatGPT "vai mudar nosso mundo", diz Bill Gates, 10-2-2023. Disponível em: https://www.infomoney.com.br/negocios/chatgpt-vai--mudar-nosso-mundo-diz-bill-gates/. Acesso em: 18 jan. 2024).

Com efeito.

"O desenvolvimento de ferramentas como o ChatGPT – e tantas outras que vêm surgindo, de maneira rápida e acessível – fez a IA entrar no debate público e, mais do que isso, em nosso cotidiano. A IA é um poderoso conjunto de tecnologias para uso diverso, oferecendo oportunidades para impulsionar o crescimento econômico e social do Brasil. No ecossistema da pesquisa e inovação, é um elemento essencial para fomentar descobertas em todas as áreas da ciência, atingindo todos os setores da economia e da sociedade" (Virgilio Augusto Fernandes Almeida (coord.), Recomendações para o avanço da inteligência artificial no Brasil: GT-IA da Academia Brasileira de Ciências, cit.).

191. "Um motor de busca ou motor de pesquisa na Internet é um servidor informático especializado **na procura de informação na web**. Os resultados da pesquisa para uma consulta são normalmente listados e podem consistir em páginas da web, imagens, vídeos e outros formatos. Quando entramos em um mecanismo de busca da Internet e digitamos as palavras-chave sobre as quais queremos coletar informações, os robôs começam a trabalhar. Eles são capazes de rastrear milhões de servidores da web para encontrar as páginas que contêm informações importantes sobre a palavra-chave que consultamos". Dentre os motores de busca mais utilizadas **merece grande destaque o Google, "motor de busca na web mais importante do mundo e o mais utilizado"** (Arthur Paredes, Motores de busca na Internet: quais são e os mais usados, 25-10-2021. Disponível em: https://www.iebschool.com/pt-br/blog/marketing/marketing--digital/motores-de-busca-na-internet-quais-sao-e-os-mais-usados/. Acesso em: 16 jan. 2024).

192. Upwork, *How Does AI Work? Fundamentals and Stpe-by-Step Process*, cit.

**respostas para diversas situações**, conforme definições anteriormente indicadas, a inteligência artificial necessariamente deve ter sua gestão no Brasil, e em todo o mundo, vinculada, desde logo e preliminarmente, à sua regulação normativa em face da COMUNICAÇÃO SOCIAL, a saber, adaptada aos temas das formas de expressão, modos de criar, fazer e viver, bem como criações científicas, artísticas e principalmente tecnológicas **realizadas com o auxílio de computadores** e outros componentes eletrônicos em face principalmente dos atuais desafios impostos por nossa atual sociedade da informação[193] e do extraordinário avanço das inovações, conforme tivemos oportunidade de desenvolver de forma detalhada no início deste século, na obra *O Direito de Antena em face do Direito Ambiental no Brasil*[194], tudo dentro de um contexto econômico em que os campos de aplicação da IA são desenvolvidos principalmente por empresas efetivamente com alcance global (EMPRESAS TRANSNACIONAIS). Daí a afirmação de George Oliver ao aduzir que "a Inteligência Artificial foi criada para reformular a forma como as empresas em todo o mundo fazem negócios e como os trabalhadores exercem seus empregos"[195].

Verificamos, pois, ser necessário regular, no plano jurídico/normativo e no âmbito de nossa atual sociedade da informação, em que medida as máquinas criadas pelo homem podem fazer mais do que apenas trabalho intensivo em mão de obra desenvolvendo inteligência semelhante à humana em PROVEITO DAS NECESSIDADES DA PESSOA HUMANA e visando EVITAR seu USO INDEVIDO dentro de um contexto econômico em que muitas empresas adotam em suas atividades a tecnologia de inteligência artificial (IA) fundamentalmente/basicamente em proveito de seu lucro/vantagem competitiva.

---

193. A respeito do tema, *vide*, de forma detalhada, Celso Antonio Pacheco Fiorillo, *As empresas jornalísticas transnacionais no âmbito da sociedade da informação e sua tutela jurídica em face do direito ambiental constitucional brasileiro*, Rio de Janeiro: Lumen Juris, 2023; Celso Antonio Pacheco Fiorillo, *A regulação das empresas transnacionais no âmbito da economia digital em face do direito ambiental constitucional brasileiro*, Rio de Janeiro: Lumen Juris, 2023; Celso Antonio Pacheco Fiorillo, *Balizamento jurídico da censura em face das empresas transnacionais de mídia social no Brasil no âmbito da tutela constitucional do meio ambiente digital*, Rio de Janeiro: Lumen Juris, 2023; Celso Antonio Pacheco Fiorillo e Renata Marques Ferreira, *Liberdade de expressão e direito de resposta na Sociedade da Informação*, Rio de Janeiro: Lumen Juris, 2017; Celso Antonio Pacheco Fiorillo e Renata Marques Fereira, *Tutela jurídica do Whatsapp na Sociedade da Informação*, Rio de Janeiro: Lumen Juris, 2017; Celso Antonio Pacheco Fiorillo, *Crimes no meio ambiente digital em face da Sociedade da Informação*, 2. ed., São Paulo: Saraiva, 2016; Celso Antonio Pacheco Fiorillo, *O Marco Civil da Internet e o meio ambiente digital na Sociedade da Informação*, São Paulo: Saraiva, 2015; Celso Antonio Pacheco Fiorillo, *Princípios constitucionais do direito da sociedade da informação*: a tutela jurídica do meio ambiente digital, São Paulo: Saraiva, 2015; Celso Antonio Pacheco Fiorillo, *O direito de antena em face do direito ambiental no Brasil*, São Paulo: Saraiva, 2000.

194. Celso Antonio Pacheco Fiorillo, *O direito de antena em face do direito ambiental no Brasil*, cit. Trata se de tese de livre-docência de Direito Ambiental defendida em 1999 e transformada em livro.

195. World Economic Forum, *From climate to coding, AI's impact is ramping up. These 7 principles ensure it remains human-centric*, 17-1-2024. Disponível em: https://www.weforum.org/agenda/2024/01/7--principles-integrate-artificial-intelligence-impact/. Acesso em: 31 jan. 2024.

**Desse modo, compreender o atual momento em que a IA está sendo amplamente adotada em todos os setores e funções empresariais**[196 e 197], remodelando sua forma de operar, inclusive no que se refere à geração de conteúdos[198], em face de objetivo que visa, como sempre, aumentar sua produtividade e reduzir custos operacionais com o uso de ferramentas de inteligência artificial e algoritmos de aprendizado de máquina por suas equipes de marketing com a finalidade de analisar dados, identificar interesses, particularidades, especificidades, tendências e padrões de seus potenciais clientes, otimizando campanhas e estratégias de marketing, **é fundamental** principalmente em face da advertência da Academia Brasileira de Ciências ao apontar em documento publicado que "o Brasil não pode correr o risco de ser apenas um usuário de soluções IA concebidas no exterior. A dependência de outros países e de grandes empresas nesta área pode prejudicar a segurança e a soberania nacional, além da competitividade das empresas nacionais no país e no exterior. Os países que pretendem construir novas tecnologias com base na IA devem ter capacidade de entender os princípios do desenvolvimento dessas soluções. **De outra forma, a falta de conhecimento perpetuará uma dependência cada vez maior das grandes corporações e dos países dominantes da tecnologia**" (grifos nossos)[199]. Daí, e de fato, não bastar "a mera aquisição de produtos e tecnologias do exterior. Um ponto relevante sobre a IA na competitividade **empresarial é o desenvolvimento de soluções centradas no**

---

196. De acordo com uma pesquisa da McKinsey, 50% a 60% das empresas implantaram algum tipo de ferramenta ou recurso de IA. Referida pesquisa *online* esteve em campo de 3 a 27 de maio de 2022 e de 15 a 17 de agosto de 2022, e obteve respostas de 1.492 participantes representando toda a gama de regiões, setores, tamanhos de empresas, especialidades funcionais e cargos. Desses entrevistados, 744 disseram que suas organizações adotaram IA em pelo menos uma função e foram questionados sobre o uso de IA em suas organizações. *Vide* McKinsey & Company, The state of AI in 2022 – and a half decade in review, 6-12-2022. Disponível em: https://www.mckinsey.com/capabilities/quantumblack/our-insights/the-state-of-ai-in-2022-and-a-half-decade-in-review. Acesso em: 7 jan. 2024.

197. "Nos Estados Unidos, por exemplo, a IA vem sendo implantada por empresas em diversas aplicações. Segundo o Artificial Intelligence Index Report 2023 (10), as capacidades de IA que tiveram maior adoção nas empresas incluem: automação de processos robóticos (39%), visão computacional (34%), compreensão de texto em linguagem natural (33%) e agentes virtuais (33%). Ressalte-se, também, que, em 2022, o caso de uso de IA mais prevalente foi a otimização de operações de serviço (24%), seguido do desenvolvimento de novos produtos baseados em IA (20%), segmentação de clientes (19%), análise de atendimento ao cliente (19%) e melhorias baseadas em IA em produtos existentes (19%)" (Virgilio Augusto Fernandes Almeida (coord.), *Recomendações para o avanço da inteligência artificial no Brasil*: GT-IA da Academia Brasileira de Ciências, cit. *Vide* Nestor Maslej et al., *Artificial Intelligence Index Report 2023*, Institute for Human-Centered AI, Stanford University, Stanford, CA, April 2023. Disponível em: https://aiindex.stanford.edu/wp-content/uploads/2023/04/HAI_AI-Index-Report_2023.pdf. Acesso em: 17 jan. 2024).

198. Daí o conhecido modelo chamado ChatGPT "que interage de forma conversacional". O formato de diálogo "permite que o ChatGPT responda a perguntas de acompanhamento, admita seus erros, desafie premissas incorretas e rejeite solicitações inadequadas" (OpenAI, *Introducing ChatGPT*, 30-11-2022. Disponível em: https://openai.com/blog/chatgpt. Acesso em: 7 jan. 2024).

199. Virgilio Augusto Fernandes Almeida (coord.), *Recomendações para o avanço da inteligência artificial no Brasil*: GT-IA da Academia Brasileira de Ciências, cit.

**consumidor**[200]. Em um caso real, uma empresa criou um autorizador para exames clínicos em pacientes usando IA que permite ao médico, durante uma consulta, interagir com a seguradora de saúde. O profissional solicita uma série de exames e, em segundos, tem a resposta de autorização. Assim, o trabalho e o tempo de espera do cliente são diminuídos, reduzindo o custo da seguradora de saúde. É uma tecnologia sustentável, que cria valor para a empresa e para os clientes"[201] (grifos nossos).

**Assim, a inteligência artificial**, como "uma família de tecnologias em rápida evolução capaz de oferecer um vasto conjunto de benefícios econômicos e sociais

---

200. Pretendendo estabelecer, ainda que de forma pouco estruturada e mesmo sem observar necessária interpretação sistemática em face do que já determinam as superiores orientações constitucionais indicadas na presente obra, observamos algumas iniciativas parlamentares destinadas a regular no plano infraconstitucional a proteção do consumidor em face do uso da inteligência artificial, a saber:

1) Projeto de Lei n. 21, de 2020 – Ementa: Estabelece fundamentos, princípios e diretrizes para o desenvolvimento e a aplicação da inteligência artificial no Brasil; e dá outras providências.

Art. 4º O desenvolvimento e a aplicação da inteligência artificial no Brasil têm como fundamentos: XV – a harmonização com as Leis n. 13.709, de 14 de agosto de 2018 (Lei Geral de Proteção de Dados Pessoais), 12.965, de 23 de abril de 2014, 12.529, de 30 de novembro de 2011, 8.078, de 11 de setembro de 1990 (Código de Defesa do Consumidor), e 12.527 de 18 de novembro de 2011.

2) Projeto de Lei n. 2.338, de 2023 – Ementa: Dispõe sobre o uso da Inteligência Artificial.

Art. 2º O desenvolvimento, a implementação e o uso de sistemas de inteligência artificial no Brasil têm como fundamentos: VII – a livre iniciativa, a livre concorrência e a defesa do consumidor; Art. 29. As hipóteses de responsabilização civil decorrentes de danos causados por sistemas de inteligência artificial no âmbito das relações de consumo permanecem sujeitas às regras previstas na Lei n. 8.078, de 11 de setembro de 1990 (Código de Defesa do Consumidor), sem prejuízo da aplicação das demais normas desta Lei.

A rigor, todavia, e conforme teremos oportunidade de melhor detalhar no âmbito deste livro, a DEFESA do CONSUMIDOR, por ser PRINCÍPIO GERAL DA ATIVIDADE ECONÔMICA estabelecido em nossa Carta Magna, já ESTRUTURA A ECONOMIA DIGITAL e, por via de consequência, a INTELIGÊNCIA ARTIFICIAL. Destarte, e em consequência do que estabelece nosso superior plano normativo, são despiciendas, salvo melhor juízo, as iniciativas destinadas a "inventar" regras específicas de relações de consumo no âmbito da matéria, bastando a aplicação das regras descritas na Lei n. 8.078/90 para estabelecer a devida regulação infraconstitucional da IA em face de relações de consumo... A opção de "copiar" legislação alienígena também não nos parece adequada... Daí, inclusive, a importante manifestação da Academia Brasileira de Ciências ao indicar em documento publicado que "O principal desafio da construção de uma regulação para a IA é que as regras e leis sejam justas, inclusivas e que protejam a sociedade. Ao mesmo tempo, não devem atrasar ou paralisar o desenvolvimento da tecnologia. Trata-se de um desafio sensível, dinâmico e que deve ser bem discutido por vários setores da sociedade. **Há, ainda, um aspecto importante a ser observado: novas regras e leis não devem se sobrepor desnecessariamente a regras e leis já existentes. É preciso, por exemplo, ter clareza sobre quais os elementos da proteção de dados e da proteção do consumidor não são cobertos pelas leis respectivas e que, portanto, merecem novos regramentos**" (grifos nossos). *Vide* Recomendações para o avanço da inteligência artificial no Brasil GT-IA da Academia Brasileira de Ciências, novembro 2023. https://www.abc.org.br/wp-content/uploads/2023/11/recomendacoes-para-o-avanco-da-inteligencia-artificial-no-brasil-abc-novembro-2023--GT-IA.pdf. Acesso em: 17 de janeiro de 2024. *Vide* Virgilio Augusto Fernandes Almeida (coord.), *Recomendações para o avanço da inteligência artificial no Brasil*: GT-IA da Academia Brasileira de Ciências, cit.; Celso Antonio Pacheco Fiorillo, A regulação das empresas transnacionais no âmbito da economia digital em face do direito ambiental constitucional brasileiro, cit.

201. Virgilio Augusto Fernandes Almeida (coord.), *Recomendações para o avanço da inteligência artificial no Brasil*: GT-IA da Academia Brasileira de Ciências, cit.

a todo o leque de indústrias e atividades sociais"[202], **através do uso de máquinas criadas pelo homem visando desenvolver inteligência semelhante à humana em PROVEITO DAS NECESSIDADES DA PESSOA HUMANA, deve estar centrada na dignidade da pessoa humana (art. 1º, III)**, merecendo, por via de consequência, regulação normativa no plano da ordem econômica, de maneira que possamos compatibilizar sua utilização, entrada em serviço e principalmente colocação no mercado[203] no plano da COMUNICAÇÃO SOCIAL (arts. 220 e s. da CF) em conformidade com os PRINCÍPIOS GERAIS DA ATIVIDADE ECONÔMICA definidos em nossa Carta Magna (arts. 170 e s.), assegurando a livre circulação de produtos[204] e

---

202. "A inteligência artificial (IA) é uma família de tecnologias em rápida evolução capaz de oferecer um vasto conjunto de benefícios económicos e sociais a todo o leque de indústrias e atividades sociais. Ao melhorar as previsões, otimizar as operações e a afetação de recursos e personalizar o fornecimento dos serviços, a utilização da inteligência artificial pode contribuir para resultados benéficos para a sociedade e o ambiente e conceder vantagens competitivas às empresas..." (Parlamento Europeu 2019-2024, Regulamento Inteligência Artificial – Alterações aprovadas pelo Parlamento Europeu, em 14 de junho de 2023, sobre a proposta de regulamento do Parlamento Europeu e do Conselho que estabelece regras harmonizadas em matéria de inteligência artificial (Regulamento Inteligência Artificial) e altera determinados atos legislativos da União. Disponível em: https://eur-lex.europa.eu/legal-content/PT/TXT/?uri=CELEX:52021PC0206. Acesso em: 8 jan. 2024).

"The final text of the AI Act will likely be published in the Official Journal of the European Union at the beginning of 2024. The AI Act would then become applicable two years after its entry into force. Some specific provisions will apply within six months, while the rules on GPAIs will apply within 12 months" (Dentons, The New EU AI Act – the 10 key things you need to know now, 14-12-2023. Disponível em: https://www.dentons.com/en/insights/articles/2023/december/14/the-new-eu-ai-act-the-10-key-things-you-need-to-know-now. Acesso em: 30 jan. 2024).

203. O termo **MERCADO**, em sentido geral, conforme observa Sandroni, "designa um grupo de compradores e vendedores que estão em contato suficientemente próximo para que as trocas entre eles afetem as condições de compra e venda dos demais. Um mercado existe quando compradores que pretendem trocar dinheiro por bens e serviços estão em contato com vendedores desses mesmos bens e serviços. Desse modo, o mercado pode ser entendido como o local, teórico ou não, do encontro regular entre compradores e vendedores de uma determinada economia. Concretamente, ele é formado pelo conjunto de instituições em que são realizadas transações comerciais (feiras, lojas, Bolsas de Valores ou de Mercadorias etc.). Ele se expressa, entretanto, sobretudo na maneira como se organizam as trocas realizadas em determinado universo por indivíduos, empresas e governos. A formação e o desenvolvimento de um mercado pressupõem a existência de um excedente econômico intercambiável e, portanto, de certo grau de divisão e especialização do trabalho" (Paulo Novíssimo Sandroni, *Dicionário de Economia*, Editora BestSeller, 1999).

204. **"Os sistemas de IA podem produzir resultados adversos para a saúde e a segurança das pessoas, em particular quando esses sistemas funcionam como componentes de produtos.** Em conformidade com os objetivos da legislação de harmonização da União, designadamente facilitar a livre circulação de produtos no mercado interno e assegurar que apenas os produtos seguros e conformes entram no mercado, é importante prevenir e atenuar devidamente os riscos de segurança que possam ser criados por um produto devido aos seus componentes digitais, incluindo sistemas de IA. **A título de exemplo, os robôs**, que se têm tornado cada vez mais autónomos, devem operar com segurança e realizar as suas funções em ambientes complexos, seja num contexto industrial ou de assistência e cuidados pessoais. **De igual forma, no setor da saúde**, em que os riscos para a vida e a saúde são particularmente elevados, os cada vez mais sofisticados sistemas de diagnóstico e sistemas que apoiam decisões humanas devem produzir resultados exatos e de confiança" (grifos nossos) (Parlamento Europeu 2019-2024, Regulamento Inteligência Artificial – Alterações aprovadas pelo Parlamento Europeu, em 14 de junho

serviços baseados em inteligência artificial, conforme balizamento determinado por nossa Constituição Federal.

Daí ser necessário apontar de que forma o sistema normativo brasileiro, vinculado à **gestão da inteligência artificial na ordem econômica (produtos e serviços baseados na IA)**, está estruturado em nossa sociedade da informação em face de normas jurídicas estabelecidas em nossa Carta Magna, com necessário destaque para o tema da comunicação social, guardando compatibilidade com uma ordem econômica fundada na valorização do trabalho humano e na livre-iniciativa, conforme os ditames da justiça social, tendo por objetivo assegurar a todos existência digna (art. 170 da CF).

Dessa maneira, e **advertindo uma vez mais que OS SISTEMAS DE INTELIGÊNCIA ARTIFICIAL SÃO CRIADOS POR HUMANOS**, ou seja, **são os humanos que criam sistemas de IA e os utilizam como ferramentas**[205], cabe estabelecer **qual é a regulação constitucional da inteligência artificial (produtos e serviços baseados na IA)** em **face do uso da manifestação do pensamento, da criação, da expressão e da informação (ATRIBUTOS da PESSOA HUMANA) veiculados/ criados de forma "artificial" através das novas FERRAMENTAS TECNOLÓGICAS/COMPUTADORES particularmente por empresas com alcance global**[206] **(EMPRESAS TRANSNACIONAIS)**, destacando, por via de consequência, o

---

de 2023, sobre a proposta de regulamento do Parlamento Europeu e do Conselho que estabelece regras harmonizadas em matéria de inteligência artificial (Regulamento Inteligência Artificial) e altera determinados atos legislativos da União. Disponível em: https://eur-lex.europa.eu/legal-content/PT/TXT/?uri=CELEX:52021PC0206. Acesso em: 8 jan. 2024).

205. **Daí a referência de um USO EDIFICANTE DE ALGORITMOS indicado pela lei da China:**

"Chapter II: Regulation of Information Services

Article 6: Algorithmic recommendation service providers shall persist in guiding conventional values, optimize mechanisms for algorithmic recommendation services, actively convey positive energy, and promote the uplifting use of algorithms" (Provisions on the Management of Algorithmic Recommendations in Internet Information Services. Disponível em: http://www.cac.gov.cn/2022-01/04/c_1642894606364259.htm. Acesso em: 9 jan. 2024).

206. "A Agence France-Presse informou hoje (18-8-2023) que a China implementou esta semana as mais recentes regulamentações sobre conteúdo gerado por inteligência artificial, mas isso é mais flexível do que a rigorosa versão preliminar das regulamentações anunciada anteriormente. Especialistas dizem que os 24 regulamentos propostos por Pequim para regular o uso de inteligência artificial na China parecem ser mais flexíveis do que os projetos de regulamentos rigorosos lançados no início deste ano, à medida que Pequim procura encorajar as empresas locais a entrar numa indústria dominada pelos Estados Unidos. A Agence France-Presse compilou o conteúdo importante da nova lei da China que regulamenta a IA: ética da inteligência artificial – De acordo com as diretrizes, a IA generativa deve 'aderir aos valores socialistas fundamentais' e não deve ameaçar a segurança nacional ou promover o terrorismo, a violência ou o 'ódio nacional'. Os prestadores de serviços devem rotular o conteúdo gerado pela IA e tomar medidas para prevenir a discriminação de gênero, idade e raça ao conceberem algoritmos. Esses softwares de IA não podem criar conteúdo contendo 'informações falsas e prejudiciais'; medidas de segurança – De acordo com os regulamentos anunciados pela Administração do Ciberespaço da China em julho, as empresas que projetam software de IA generativo aberto ao público devem 'tomar medidas eficazes para evitar que usuários menores de idade dependam excessivamente ou sejam viciados em serviços de IA generativos'. É necessário estabelecer um mecanismo para o público denunciar conteúdos inadequados e os conteúdos

**balizamento normativo constitucional do uso da INTELIGÊNCIA ARTIFICIAL POR PARTE DAS EMPRESAS TRANSNACIONAIS em face de nosso MEIO AMBIENTE DIGITAL em proveito das necessidades de nossa população e em obediência aos seus valores culturais (arts. 215 e s. da CF) e da dignidade da pessoa humana (art. 1º, III, da CF)**[207, 208 e 209].

---

ilegais devem ser imediatamente eliminados;nível de execução – Estas novas regulamentações são tecnicamente 'medidas temporárias' sujeitas às leis existentes na China.

Estas são as últimas regulamentações estabelecidas pelas autoridades de Pequim para a tecnologia de inteligência artificial. A China anunciou recentemente uma série de regulamentações de IA, incluindo diretrizes de aprendizagem profunda que entraram em vigor no início deste ano" (Zhang Yahan, 中國對AI生成內容實施新規範 較草案寬鬆以維持競爭力, 18-8-2023. Disponível em: https://www.rti.org.tw/news/view/id/2177146. Acesso em: 21 jan. 2024).

207. "A inteligência artificial deve ser uma ferramenta ao serviço das pessoas e uma força positiva para a sociedade com o objetivo final de aumentar o bem-estar dos seres humanos. As regras aplicáveis às tecnologias de inteligência artificial disponibilizadas no mercado da União ou que afetam as pessoas da União devem, por isso, centrar-se no ser humano, de modo que as pessoas possam confiar que a tecnologia é utilizada de uma forma segura e em cumprimento da lei, incluindo em matéria de respeito dos direitos fundamentais" (Parlamento Europeu 2019-2024, Regulamento Inteligência Artificial – Alterações aprovadas pelo Parlamento Europeu, em 14 de junho de 2023, sobre a proposta de regulamento do Parlamento Europeu e do Conselho que estabelece regras harmonizadas em matéria de inteligência artificial (Regulamento Inteligência Artificial) e altera determinados atos legislativos da União. Disponível em: https://eur-lex.europa.eu/legal-content/PT/TXT/?uri=CELEX:52021PC0206. Acesso em: 8 jan. 2024).

208. **"Dadas as suas características específicas (por exemplo, a opacidade, a complexidade, a dependência dos dados, o comportamento autônomo), a utilização da inteligência artificial pode afetar negativamente um conjunto de direitos fundamentais consagrados na Carta dos Direitos Fundamentais da UE (a seguir designada por 'Carta'). A presente proposta procura assegurar um nível elevado de proteção desses direitos fundamentais e visa fazer face aos vários riscos mediante uma abordagem baseada no risco claramente definida.** Graças a um conjunto de requisitos relativos a uma IA de confiança e obrigações proporcionadas para todos os participantes da cadeia de valor, a proposta melhorará e promoverá a proteção dos direitos consagrados na Carta: o direito à dignidade do ser humano (art. 1º), o respeito pela vida privada e familiar e a proteção de dados pessoais (arts. 7º e 8º), a não discriminação (art. 21) e a igualdade entre homens e mulheres (art. 23). A proposta pretende evitar um efeito inibidor nos direitos à liberdade de expressão (art. 11) e à liberdade de reunião (art. 12), garantir a proteção do direito à ação e a um tribunal imparcial e dos direitos de presunção de inocência e de defesa (arts. 47 e 48), bem como do direito a uma boa administração. Além disso, conforme aplicável em determinados domínios, a proposta afetará de forma positiva os direitos de um conjunto de grupos especiais, como os direitos dos trabalhadores a condições de trabalho justas e equitativas (art. 31), o direito a um elevado nível de defesa dos consumidores (art. 28), os direitos das crianças (art. 24) e o direito de integração das pessoas com deficiência (art. 26). O direito a um elevado nível de proteção do ambiente e melhoria da sua qualidade (art. 37) também é relevante, incluindo em relação à saúde e à segurança dos cidadãos. As obrigações relativas à testagem *ex ante*, à gestão de riscos e à supervisão humana também facilitarão o respeito de outros direitos fundamentais, graças à minimização do risco de decisões assistidas por IA erradas ou enviesadas em domínios críticos como a educação e a formação, o emprego, serviços essenciais, a manutenção da ordem pública e o sistema judicial. Caso continuem a ocorrer violações dos direitos fundamentais, as pessoas afetadas têm acesso a vias eficazes de recurso graças à garantia da transparência e da rastreabilidade dos sistemas de IA, associadas a fortes controlos ex post.A presente proposta impõe algumas restrições à liberdade de empresa (art. 16) e à liberdade das artes e das ciências (art. 13), a fim de assegurar o cumprimento de razões imperativas de reconhecido interesse público, como a saúde, a segurança, a defesa dos consumidores e a proteção de outros direitos fundamentais (inovação responsável) em caso de desenvolvimento e utilização de tecnologia de IA de risco elevado. Essas restrições são proporcionadas e limitadas ao mínimo necessário para prevenir e atenuar riscos de segurança graves e possíveis

Importante observar, por via de consequência, principalmente no âmbito da regulação normativa, a advertência de Daeyeol Lee[210] ao esclarecer que "poderá eventualmente ser possível aos humanos criar vida artificial que possa replicar-se fisicamente por si mesma, e só então teremos criado uma inteligência verdadeiramente artificial. **Até então, as máquinas serão sempre apenas substitutas da inteligência humana, o que infelizmente ainda deixa aberta a possibilidade de abuso por parte das pessoas que controlam a IA**"[211 e 212] (grifos nossos).

---

violações dos direitos fundamentais" (grifos nossos) (Parlamento Europeu 2019-2024, Regulamento Inteligência Artificial – Alterações aprovadas pelo Parlamento Europeu, em 14 de junho de 2023, sobre a proposta de regulamento do Parlamento Europeu e do Conselho que estabelece regras harmonizadas em matéria de inteligência artificial (Regulamento Inteligência Artificial) e altera determinados atos legislativos da União. Disponível em: https://eur-lex.europa.eu/legal-content/PT/TXT/?uri=CELEX:52021PC0206. Acesso em: 8 jan. 2024).

209. Nos **Estados Unidos**, conforme já observavam Gerke e Feldman em artigo publicado em 2018, "vários projetos de lei relacionados à IA foram apresentados no Congresso nos últimos 16 meses. A maioria discute IA sem defini-la. No entanto, **a Lei do FUTURO da Inteligência Artificial de 2017, a Lei AI JOBS de 2018 e a Lei de Inteligência Artificial da Comissão de Segurança Nacional de 2018** contêm definições explícitas", sendo certo que "Os três projetos de lei baseiam suas definições em grande parte no livro *Artificial Intelligence: A Modern Approach*, de Stuart Russell e Peter Norvig" (Disponível em: https://www.congress.gov/bill/115th-congress/house-bill/5356/text. Acesso em: 26 jan. 2024).

*Vide* Sara Gerke e Joshua Feldman, The Tricky Task of Defining AI in the Law. *Petrie-Flom Center at Harvard Law School*, 30-11-2018. Disponível em: https://blog.petrieflom.law.harvard.edu/2018/11/30/the-tricky-task-of-defining-ai-in-the-law/. Acesso em: 26 jan. 2024.

210. Daeyeol Lee, *Birth of Intelligence From RNA to Artificial Intelligence*, Oxford University Press, 2020.

211. Annika Weder, Q&A – What Is Intelligence?, *Johns Hopkins Medicine*, 10-5-2020. Disponível em: https://www.hopkinsmedicine.org/news/articles/2020/10/qa-what-is-intelligence. Acesso em: 16 jan. 2024.

212. O Center for AI Safety, organização sem fins lucrativos de pesquisa e construção de campo com sede em São Francisco/Estados Unidos, observa que "A Inteligência Artificial (IA) possui o potencial de beneficiar e promover a sociedade. Como qualquer outra tecnologia poderosa, **a IA também acarreta riscos inerentes, incluindo alguns que são potencialmente catastróficos**", tendo "registado recentemente rápidos avanços, suscitando preocupações entre especialistas, decisores políticos e líderes mundiais sobre os seus riscos potenciais", devendo "ser tratada com grande responsabilidade para gerir os riscos e aproveitar o seu potencial". **Os riscos catastróficos de IA antes mencionados poderiam "ser agrupados em quatro categorias principais"**, conforme a seguir resumidas: "**Uso malicioso:** as pessoas podem aproveitar intencionalmente IAs poderosas para causar danos generalizados. A IA poderia ser usada para criar novas pandemias ou para propaganda, censura e vigilância, ou ser libertada para perseguir de forma autônoma objetivos prejudiciais. Para reduzir esses riscos, sugerimos melhorar a biossegurança, restringir o acesso a modelos perigosos de IA **e responsabilizar os criadores de IA pelos danos; Corrida de IA: A competição pode levar as nações e as empresas a acelerar o desenvolvimento da IA, abrindo mão do controle desses sistemas.** Os conflitos podem ficar fora de controlo com armas autônomas e guerra cibernética possibilitada pela IA. **As empresas enfrentarão incentivos para automatizar o trabalho humano, levando potencialmente ao desemprego em massa e à dependência de sistemas de IA.** À medida que os sistemas de IA proliferam, a dinâmica evolutiva sugere que se tornarão mais difíceis de controlar. Recomendamos regulamentos de segurança, coordenação internacional e controle público de IAs de uso geral; **Riscos organizacionais: Existem riscos de que as organizações que desenvolvem IA avançada causem acidentes catastróficos, especialmente se priorizarem os lucros em detrimento da segurança.** As IA podem ser acidentalmente divulgadas ao público ou roubadas por agentes mal-intencionados, e as organizações podem deixar de investir adequadamente em investigação de segurança. Sugerimos promover uma cultura organizacional orientada para a segurança e implementar auditorias rigorosas,

**Daí a regulação jurídica da material estar adstrita ao que determina nosso direito ambiental constitucional...**

### 12.2.3.6. Balizamento jurídico da censura no âmbito da tutela constitucional do meio ambiente digital

A liberdade de exprimir as próprias crenças e ideias é uma das liberdades mais antigas, sendo certo que, historicamente, apenas em alguns documentos constitucionais se fala de liberdade de expressão de pensamento (art. 8 da Constituição francesa de 1848; art. 21 da Constituição), enquanto em outros textos é preferível usar liberdade de expressão de opinião (art. 11 da Declaração dos Direitos do Homem e do Cidadão de 1789; art. 8º da Constituição Francesa de 1814; art. 7 da Constituição Francesa de 1830; art. IV, par. 143, da Constituição de Frankfurt de 1849; art. 118 da Constituição Alemã de 1919; art. 5 da Lei Básica da Alemanha de 1949; art. 20 da Constituição espanhola de 1978; art. 16 da Constituição Suíça de 1999), liberdade de expressão (1ª emenda da Constituição dos EUA de 1787) ou liberdade de imprensa (art. 18 da Constituição belga de 1831; art. 28 do Estatuto Albertine).

Assim, de todas as liberdades, como lembra Themistocles Brandão Cavalcanti[213], a maior de todas, porque nela se compreendem todas as liberdades, é a de manifestação do pensamento sendo certo que todas as constituições liberais consagraram este princípio com a maior amplitude.

Por outro lado, conforme já tivemos oportunidade de indicar[214], o respeito à denominada liberdade de expressão de atividade intelectual, artística, científica[215] e

---

defesas contra riscos em várias camadas e segurança da informação de última geração e **IAs desonestas**: corremos o risco de perder o controle sobre as IAs à medida que elas se tornam mais capazes. As IAs poderiam otimizar objetivos falhos, desviar-se dos seus objetivos originais, tornar-se em busca de poder, resistir ao encerramento e envolver-se em fraudes. Sugerimos que as IA não devem ser implementadas em ambientes de alto risco, como na prossecução autônoma de objetivos abertos ou na supervisão de infraestruturas críticas, a menos que se prove que são seguras. Também recomendamos o avanço da pesquisa de segurança de IA em áreas como robustez adversária, honestidade de modelos, transparência e remoção de capacidades indesejadas" (grifos nossos) (Center for AI Safety, An Overview of Catastrophic AI Risks – Artificial intelligence (AI) has recently seen rapid advancements, raising concerns among experts, policy-makers, and world leaders about its potential risks. As with all powerful technologies, advanced AI must be handled with great responsibility to manage the risks and harness its potential. Disponível em: https://www.safe.ai/ai-risk. Acesso em: 17 jan. 2024).

213. *Vide* Themistocles Brandão Cavalcanti, *A Constituição Federal comentada*, 2. ed. rev. e aum., Rio de Janeiro: José Konfino Editor, 1952, v. III, p. 86 e s.

214. *Vide* Celso Antonio Pacheco Fiorillo e Renata Marques Ferreira, *Liberdade de expressão e direito de resposta na Sociedade da Informação*, Rio de Janeiro: Lumen Juris, 2017; Celso Antonio Pacheco Fiorillo e Renata Marques Ferreira, *Tutela jurídica do Whatsapp na Sociedade da Informação*, Rio de Janeiro: Lumen Juris, 2017; Celso Antonio Pacheco Fiorillo, *Crimes no meio ambiente digital em face da Sociedade da Informação*, 2. ed., São Paulo: Saraiva, 2016; Celso Antonio Pacheco Fiorillo, *O Marco Civil da Internet e o meio ambiente digital na Sociedade da Informação*, São Paulo: Saraiva, 2015; Celso Antonio Pacheco Fiorillo, *Princípios constitucionais do direito da sociedade da informação*: a tutela jurídica do meio ambiente digital, São Paulo: Saraiva, 2015; Celso Antonio Pacheco Fiorillo, *O direito de antena em face do direito ambiental no Brasil*, São Paulo: Saraiva, 2000.

de comunicação (liberdade da pessoa humana manifestar seu pensamento, criar, se expressar e informar sob qualquer forma, processo ou veículo, inclusive através da internet) já tem seus parâmetros normativos fixados nos arts. 220 a 224 da Carta Magna, bem como nos art. 5º, IV, V, VI, IX, X, XIII e XIV, observados os limites estabelecidos pela Constituição Federal e, particularmente, os princípios fundamentais interpretativos da Carta Magna (arts. 1º a 4º da Constituição Federal, com reflexos nos arts.170 e s. da CF).

A liberdade de expressão tem interessante interpretação por parte do direito constitucional alemão[216 e 217] (sistema normativo que, a exemplo do sistema brasileiro, tem na dignidade da pessoa humana seu princípio superior[218], e daí a relevância de comparar produtos culturais com o mesmo fundamento jurídico estrutural), que agrupa referida liberdade em face de cinco direitos fundamentais que, juntos, "compõem, segundo

---

215. "O termo 'ciência', enquanto atividade individual faz parte do catálogo dos direitos fundamentais da pessoa humana (inciso IX do art. 5º da CF). Liberdade de expressão que se afigura como clássico direito constitucional-civil ou genuíno direito de personalidade. Por isso que exigente do máximo de proteção jurídica, até como signo de vida coletiva civilizada. Tão qualificadora do indivíduo e da sociedade é essa vocação para os misteres da Ciência que o Magno Texto Federal abre todo um autonomizado capítulo para prestigiá-la por modo superlativo (capítulo de n. IV do título VIII). A regra de que 'O Estado promoverá e incentivará o desenvolvimento científico, a pesquisa e a capacitação tecnológicas' (art. 218, *caput*) é de logo complementada com o preceito (§ 1º do mesmo art. 218) que autoriza a edição de normas como a constante do art. 5º da Lei de Biossegurança. A compatibilização da liberdade de expressão científica com os deveres estatais de propulsão das ciências que sirvam à melhoria das condições de vida para todos os indivíduos. Assegurada, sempre, a dignidade da pessoa humana, a CF dota o bloco normativo posto no art. 5º da Lei n. 11.105/2005 do necessário fundamento para dele afastar qualquer invalidade jurídica (Min. Cármen Lúcia)" (ADI 3.510, Plenário, Rel. Min. Ayres Britto, j. 29-5-2008, *DJE* 28-5-2010).
216. "Lei Fundamental da República Federal da Alemanha (1) Toda pessoa tem o direito de expressar e divulgar livremente sua opinião em palavras, escritos e imagens e obter informações de fontes geralmente acessíveis sem impedimentos. A liberdade de imprensa e a liberdade de reportagem através do rádio e do cinema são garantidas. A censura não ocorre. (2) Esses direitos são limitados pelas disposições da lei geral, pelas disposições legais para a proteção dos jovens e pelo direito à honra pessoal. (3) Arte e ciência, pesquisa e ensino são gratuitos. A liberdade acadêmica não dispensa a lealdade à constituição" (Disponível em: https://www.gesetze-im-internet.de/gg/art_5.html).
217. "Lei Fundamental da República Federal da Alemanha de 23 de maio de 1949 (GG – Grundgesetz) art. 5 [Liberdade de opinião, de arte e ciência] (1) Todos têm o direito de expressar e divulgar livremente o seu pensamento por via oral, por escrito e por imagem, bem como de informar-se, sem impedimentos, em fontes de acesso geral. A liberdade de imprensa e a liberdade de informar através da radiodifusão e do filme ficam garantidas. Não será exercida censura. (2) Estes direitos têm por limites as disposições das leis gerais, os regulamentos legais para a proteção da juventude e o direito da honra pessoal. (3) A arte e a ciência, a pesquisa e o ensino são livres. A liberdade de ensino não dispensa da fidelidade à Constituição" (Lei Fundamental da República Federal da Alemanha, edição impressa, atualização: janeiro de 2011, tradutor: Assis Mendonça, revisor jurídico: Urbano Carvelli, publicado pelo Deutscher Bundestag (Parlamento Federal Alemão), editor: Prof. Ludwig Gies, produção: 2008 büro uebele, Stuttgart, Berlin, 2011).
218. "... o artigo de entrada da Lei Fundamental normaliza o princípio superior, incondicional e, na maneira de sua realização, indisponível, da ordem constitucional: a inviolabilidade da dignidade do homem e a obrigação de todo o poder estatal, de respeitá-la e protegê-la" (Konrad Hesse, *Elementos de Direito Constitucional da República Federal da Alemanha*, tradução da 20ª edição alemã (*Grundzüge des Verfassungsrechts der Bundesrepublik Deutschland*), Porto Alegre: Sergio Antonio Fabris Editor, 1998, p. 109).

alguns, uma única liberdade de comunicação", conforme adverte Jürgen Schwabe[219]. "Mas essa tem o condão de designar tão somente o âmbito da vida (opinião dominante e do TCF), onde se encontram as 5 seguintes 'liberdades' de comunicação (individual e social), quais sejam:

– **liberdade de expressão ou de opinião** (art. 5, I, 1, 1º sub – período GG), como o direito de livremente expressar e divulgar a opinião por palavra escrita e imagem;

– **liberdade de informação** (art. 5, I, 1, 2º sub – período GG), como direito de se informar livremente a partir de fontes a todos acessíveis (não engloba direito à prestação de informação pelo Estado-liberdade do chamado *status negativus*);

– **liberdade de imprensa** (art. 5, I, 2, 1ª variante GG);

– **liberdade de noticiar por radiodifusão, ou simplesmente liberdade de radiodifusão** (art. 5, I 2, 2ª variante GG);

– **liberdade de noticiar por cinematografia, ou simplesmente liberdade de cinematografia** (art. 5, I, 2, 3ª variante GG)" (grifos nossos).

Destarte, o fundamento da liberdade[220] de expressão no âmbito da Sociedade da Informação em nosso País, **liberdade de expressão entendida em face dos cinco direitos fundamentais antes referidos, que, juntos, compõem uma única liberdade de comunicação**, se, por um lado, deve adotar entendimento já indicado pelo Supremo Tribunal Federal[221], revela também regra constitucional condicionada a importante li-

---

219. *Vide* Jürgen Schwabe, *Cinquenta anos de jurisprudência do Tribunal Constitucional Federal Alemão*, Konrad-Adenauer Stiftung, 2005, p. 379.

220. A palavra Liberdade, como ensina Felix E. Oppenheim, "tem uma notável conotação laudatória. Por esta razão, tem sido usada para acobertar qualquer tipo de ação, política ou instituição considerada como portadora de algum valor, desde a obediência ao direito natural ou positivo até a prosperidade econômica" (Norberto Bobbio, Nicola Matteucci e Gianfranco Pasquino, *Dicionário de Política*, 13. ed., Brasília: Editora UnB, 201, v. 2, p. 708).

221. "Por entender que o exercício dos direitos fundamentais de reunião e de livre manifestação do pensamento devem ser garantidos a todas as pessoas, o Plenário julgou procedente pedido formulado em ação de descumprimento de preceito fundamental para dar, ao art. 287 do CP, com efeito vinculante, interpretação conforme a Constituição, de forma a excluir qualquer exegese que possa ensejar a criminalização da defesa da legalização das drogas, ou de qualquer substância entorpecente específica, inclusive através de manifestações e eventos públicos. (...) Destacou-se estar em jogo a proteção às liberdades individuais de reunião e de manifestação do pensamento. (...) verificou-se que a marcha impugnada mostraria a interconexão entre as liberdades constitucionais de reunião – direito-meio – e de manifestação do pensamento – direito-fim – e o direito de petição, todos eles dignos de amparo do Estado, cujas autoridades deveriam protegê-los e revelar tolerância por aqueles que, no exercício do direito à livre 'expressão' de suas ideias e opiniões, transmitirem mensagem de abolicionismo penal quanto à vigente incriminação do uso de drogas ilícitas. Dessa forma, esclareceu-se que seria nociva e perigosa a pretensão estatal de reprimir a liberdade de expressão, fundamento da ordem democrática, haja vista que não poderia dispor de poder algum sobre a palavra, as ideias e os modos de sua manifestação. Afirmou-se que, conquanto a livre expressão do pensamento não se revista de caráter absoluto, destinar-se-ia a proteger qualquer pessoa cujas opiniões pudessem conflitar com as concepções prevalecentes, em determinado momento histórico, no meio social. Reputou-se que a mera proposta de descriminalização de determinado ilícito penal não se confundiria com ato de incitação à prática do crime, nem com o de apologia de fato criminoso. Concluiu-se que a defesa, em espaços públicos, da legalização das drogas ou de proposta abolicionista a outro tipo

mite fixado no princípio fundamental constitucional que assegura a **dignidade da pessoa humana (art. 1º, III, da CF)**[222 e 223] **como valor maior (valor cultural) a ser fixado em nosso ordenamento jurídico** pátrio[224, 225 e 226] em harmonia com a soberania, a cidadania, os valores sociais do trabalho e livre-iniciativa e o pluralismo político[227].

---

penal, não significaria ilícito penal, mas, ao contrário, representaria o exercício legítimo do direito à livre manifestação do pensamento, propiciada pelo exercício do direito de reunião" (ADPF 187, Plenário, Rel. Min. Celso de Mello, j. 15-6-2011, *Informativo* 631). *Vide* ADI 4.274, Plenário, Rel. Min. Ayres Britto, j. 23-11-2011, *DJE* 2-5-2012.

222. "Históricamente, la garantia de la dignidad humana se encuentra estrechamente ligada al cristianismo. Su fundamento radica en el hecho de que el hombre há sido creado a imagen y semejanza de Dios. La antigua imagen del aquél, como ser racional y dotado de libre albedrío, há contribuído de forma essencial a adoptar uma idea de su libertad associada al cristianismo antíguo, por más que la Antigüedad no llegara a comocer los derechos fundamentales en su actual versión... El art.1.1 GG no contiene uma mera declaración ética; se trata más bien-cuando menos-de uma norma de Derecho objetivo... Ciertamente que la dignidad humana es originariamente um valor moral. Lo que sucede es que su acogida com carácter de mandato constitucional en la Ley Fundamental implica su aceptación como valor jurídico, es decir, como norma jurídico-positiva" (Ernesto Benda, *Manual de Derecho Constitucional*, Madrid: Marcial Pons, 1996, p. 118 e s.).

É exatamente o que observam Philotheus Boehner e Etienne Gilson, quando pela oportunidade de desenvolver a história da filosofia cristã manifestam que "É a Igreja que nos descobre a verdadeira razão da dignidade humana; esta se encontra, não na sua parecença com a natureza criada, mas na semelhança com a natureza criadora, isto é, com o próprio Deus... ao criar o homem à sua imagem, Deus dotou-o de todos os seus bens. Gregório salienta que a expressão 'dotou-o de todos os seus bens' deve ser tomada em sua acepção estrita" o homem possui todos os bens possuídos pelo próprio Deus: "Pois o que é criado segundo a imagem é em tudo semelhante ao seu protótipo" (*vide*, de forma aprofundada, Philotheus Boehner e Etienne Gilson, *História da Filosofia Cristã – Desde as origens até Nicolau de Cusa*, 6. ed., Petrópolis: Vozes, 1995, p. 100-101).

223. *Vide* Lluís de Carreras Serra, *Régimen jurídico de la información – Periodistas y médios de comunicación*, Barcelona: Editorial Ariel, 1996.

224. "As liberdades públicas não são incondicionais, por isso devem ser exercidas de maneira harmônica, observados os limites definidos na própria CF (CF, art. 5º, § 2º, primeira parte). O preceito fundamental de liberdade de expressão não consagra o 'direito à incitação ao racismo', dado que um direito individual não pode constituir-se em salvaguarda de condutas ilícitas, como sucede com os delitos contra a honra. Prevalência dos princípios da dignidade da pessoa humana e da igualdade jurídica" (HC 82.424, Plenário, Rel. p/ o ac. Min. Presidente Maurício Corrêa, j. 17-9-2003, *DJ* 19-3-2004).

225. O Ministro Celso de Mello do STF teve a oportunidade de esclarecer o tema de forma didática (ADPF 187, Plenário, Rel. Min. Celso de Mello, j. 15-6-2011):

"VIII. A liberdade de manifestação do pensamento: um dos mais preciosos privilégios dos cidadãos

Tenho sempre enfatizado, *nesta Corte*, Senhor Presidente, que nada se revela *mais nocivo* e *mais perigoso* do que a pretensão do Estado de reprimir a liberdade de expressão, *mesmo* que se objetive, com apoio nesse direito fundamental, expor idéias ou formular propostas que a maioria da coletividade repudie, pois, *nesse tema*, guardo a convicção de que o pensamento há de ser livre, *sempre* livre, *permanentemente* livre, *essencialmente* livre.

Torna-se extremamente importante reconhecer, *desde logo*, que, *sob a égide* da vigente Constituição da República, intensificou-se, em face de seu inquestionável sentido de fundamentalidade, a liberdade de manifestação do pensamento. Ninguém desconhece que, no contexto de uma sociedade fundada em bases democráticas, mostra-se intolerável a repressão estatal ao pensamento.

Não custa insistir, *neste ponto*, na asserção de que a Constituição da República revelou hostilidade extrema a quaisquer práticas estatais tendentes a restringir ou a reprimir o legítimo exercício da liberdade de expressão e de comunicação de idéias e de pensamento.

Essa repulsa constitucional bem traduziu o compromisso da Assembléia Nacional Constituinte de dar expansão às liberdades do pensamento. Estas são expressivas prerrogativas constitucionais cujo integral e efetivo respeito, pelo Estado, qualifica-se como pressuposto essencial e necessário à prática do regime democrático.

A livre expressão e manifestação de idéias, pensamentos e convicções não pode e não deve ser impedida pelo Poder Público nem submetida a ilícitas interferências do Estado.

Não deixo de reconhecer, Senhor Presidente, que os valores que informam a ordem democrática, dando-lhe o indispensável suporte axiológico, revelam-se conflitantes com toda e qualquer pretensão estatal que vise a nulificar ou a coarctar a hegemonia essencial de que se revestem, em nosso sistema constitucional, as liberdades do pensamento.

O regime constitucional vigente no Brasil privilegia, *de modo particularmente expressivo*, o quadro em que se desenvolvem as liberdades do pensamento.

Esta é uma realidade normativa, política e jurídica *que não pode ser desconsiderada* pelo Supremo-Tribunal Federal.

**A liberdade de expressão representa, *dentro desse contexto*, uma projeção significativa do direito, que a todos assiste, de manifestar, sem qualquer possibilidade de intervenção estatal '*a priori*', as suas convicções, expondo as suas idéias e fazendo veicular as suas mensagens doutrinárias, *ainda que impopulares, contrárias* ao pensamento dominante ou *representativas* de concepções *peculiares* a grupos minoritários.**

É preciso reconhecer que a vedação dos comportamentos estatais *que afetam tão gravemente* a livre expressão e comunicação de idéias significou um notável avanço nas relações entre a sociedade civil e o Estado.

Nenhum *diktat* emanado do Estado pode ser aceito ou tolerado, na medida em que venha a comprometer o pleno exercício da liberdade de expressão.

A Constituição, ao subtrair *da interferência do Poder Público* o processo de comunicação e de livre expressão das idéias, ainda que estas sejam rejeitadas por grupos majoritários, *mostrou-se atenta à grave advertência* de que o Estado não pode dispor de poder algum *sobre a palavra, sobre as idéias e sobre os modos* de sua manifestação.

Impende advertir, *bem por isso*, notadamente quando os agentes do Poder, *atuando de forma incompatível com a Constituição*, buscam promover a repressão à liberdade de expressão, vedando o exercício do direito de reunião e, *assim*, frustrando, *de modo injusto e arbitrário*, a possibilidade de livre exposição de opiniões, que o Estado não dispõe *de poder algum sobre a palavra, sobre as idéias, sobre o pensamento* e *sobre as convicções* manifestadas pelos cidadãos.

**Essa garantia básica da liberdade de expressão do pensamento, como precedentemente assinalado, representa, *em seu próprio e essencial significado*, um dos fundamentos em que repousa a ordem democrática.**

Nenhuma autoridade pode prescrever o que será ortodoxo em política, ou em outras questões que envolvam temas de natureza filosófica, jurídica, social, ideológica ou confessional, nem estabelecer padrões de conduta cuja observância implique restrição à própria manifestação do pensamento.

Isso porque '*o direito de pensar, falar e escrever livremente, sem censura, sem restrições ou sem interferência governamental*' representa, conforme adverte HUGO LAFAYETTE BLACK, que integrou a Suprema Corte dos Estados Unidos da América (1937-1971), '*o mais precioso privilégio dos cidadãos...*' ('Crença na Constituição', p. 63, 1970, Forense).

**É certo que o direito *à livre expressão* do pensamento não se reveste de caráter absoluto, pois *sofre limitações* de natureza ética e de caráter jurídico.**

**Daí a advertência do Juiz Oliver Wendell Holmes, Jr., proferida em voto memorável, em 1919, no julgamento do caso *Schenck v. United States* (249 U.S. 47, 52), quando, ao pronunciar-se sobre o caráter relativo da liberdade de expressão, tal como protegida pela Primeira Emenda à Constituição dos Estados Unidos da América, acentuou que '*A mais rígida proteção da liberdade de palavra não***

*protegeria um homem que falsamente gritasse fogo num teatro e, assim, causasse pânico'*, concluindo, **com absoluta exatidão**, que *'a questão em cada caso é saber se as palavras foram usadas em tais circunstâncias e são de tal natureza que envolvem perigo evidente e atual ('clear and present danger') de se produzirem os males gravíssimos que o Congresso tem o direito de prevenir. É uma questão de proximidade e grau'* **(grifei)**.

É por tal razão que a incitação ao ódio público *contra qualquer* pessoa, povo ou grupo social não está protegida pela cláusula constitucional que assegura a liberdade de expressão" (grifos nossos).

226. O Ministro Luiz Fux do STF também desenvolveu importante contribuição a respeito do tema **(ADPF 187, Plenário, Rel. Min. Celso de Mello, j. 15-6-2011)**, a saber:

"Para a conceituação da *liberdade de expressão*, tome-se de empréstimo a escorreita dicção de PAULO GUSTAVO GONET BRANCO (MENDES, Gilmar Ferreira; BRANCO, Paulo Gustavo Gonet. *Curso de Direito Constitucional*. 6. edição. São Paulo: Saraiva, 2011, p. 297-298), que, repercutindo o magistério de ULRICH KARPEN, afirma, *verbis*:

'A garantia da liberdade de expressão tutela, **ao menos enquanto não houver colisão com outros direitos fundamentais e com outros valores constitucionalmente estabelecidos**, toda opinião, convicção, comentário, avaliação ou julgamento sobre qualquer assunto ou sobre qualquer pessoa, envolvendo tema de interesse público, ou não, de importância e de valor, ou não – até porque 'diferenciar entre opiniões valiosas ou sem valor é uma contradição num Estado baseado na concepção de uma democracia livre e pluralista'. (...)

A liberdade de expressão, enquanto direito fundamental, tem, sobretudo, um caráter de pretensão a que o Estado não exerça censura'.

Com efeito, a Constituição Federal, por intermédio dos arts. $5^\circ$, IV e IX, e 220, assegura a livre manifestação do pensamento, insuscetível de censura ou licença, isto é, de limitações prévias de conteúdo pelo Estado.

São igualmente livres os modos de expressão do pensamento, que não se esgotam nos pronunciamentos verbais, também comportando a manifestação escrita, visual, artística ou qualquer outra.

As justificativas político-filosóficas para a proteção constitucional da liberdade de expressão são múltiplas. A rica experiência norteamericana, em que se desenvolveu ao grau da excelência o tema das liberdades constitucionais, é fonte adequada de conhecimento a esse respeito.

Noticiam JOHN E. NOWAK e RONALD R. ROTUNDA (*Constitutional Law*. Fourth Edition. Saint Paul: West Publishing Co., 1991, p. 940 e seguintes), que o pensamento jurídico dos EUA partiu dos escritos de JOHN MILTON e da teoria utilitarista de JOHN STUART MILL – segundo a qual a colisão de opiniões conflitantes ampliaria as chances de atingimento da verdade e do esclarecimento público – para formular as justificativas da consagração, na Primeira Emenda à Constituição norteamericana, da liberdade de expressão (*free speech*).

Coube ao Juiz OLIVER WENDELL HOLMES, da Suprema Corte dos EUA, no voto dissidente proferido no célebre caso *Abrams v. United States* (250 US 616), afirmar que 'o melhor teste de veracidade é o poder de uma ideia de obter aceitação na competição do mercado' (tradução livre do inglês); não caberia ao Estado, mas à livre circulação (*free trade*) ou ao livre mercado de ideias (*marketplace of ideas*) estabelecer qual ideia deveria prevalecer.

Afirmou-se também, segundo NOWAK e ROTUNDA (ob. e loc. cits.) o importante papel da liberdade de expressão no fortalecimento do potencial de contribuição individual ao bem-estar da sociedade e, em especial, na realização pessoal do indivíduo. Em outras palavras, o exercício da liberdade de expressão se põe como relevante aspecto da *autonomia* do indivíduo, concebida, numa perspectiva kantiana, como o centro da dignidade da pessoa humana. Cuida-se, impende frisar, não apenas da *autonomia privada* do indivíduo, isto é, da autocondução independente da pessoa segundo seus próprios desígnios (o que decerto envolve seu livre juízo pessoal a respeito da legitimidade das prescrições da legislação penal a respeito de questões como o consumo de entorpecentes), mas também – e sobretudo – da *autonomia pública*, assim considerada a sua livre inserção no debate público.

Especificamente sobre este aspecto, não pode haver dúvida de que a liberdade de expressão é crucial para a participação do cidadão no processo democrático.

Não foi por outro motivo que o legislador maior indicou os direitos humanos dentro de uma concepção claramente associada ao art. 1º, III, da Constituição Federal, a saber, o fundamento da dignidade da pessoa humana, como fundamento "específico" para o uso dos veículos de comunicação social no Brasil, uma vez que "todo el mundo tiene derecho a que se respete su dignidad, con independência de sus características corporales, mentales o anímicas del resto de circunstancias personales", como explica ERNESTO BENDA[228]. Daí ser possível afirmar que as lições do referido constitucionalista alemão acabaram por repercutir em nosso País, conforme se verifica inclusive de interpretação feita pelo Supremo Tribunal Federal[229] indicando, por via de consequência, que a liberdade de expressão em nosso País não guarda qualquer compatibilidade com a possibilidade de se estabelecer a supressão de qualquer discurso, comunicação pública ou outra informação em face de nossa sociedade da informação ou mesmo com a eventual possibilidade de se determinar eventual controle prévio ou mesmo supressão de publicações ou acesso de informações na internet.

**Em resumo: no Brasil, a liberdade de expressão estabelecida em nosso sistema constitucional não admite a CENSURA[230].**

**Com efeito.**

Podendo ser entendida em nossos dias como **a supressão de discurso, comunicação pública ou qualquer outra informação em face de nossa sociedade da**

---

Outros dois fundamentos para a liberdade de expressão, intrinsecamente relacionados com o anterior, são indicados pelos constitucionalistas norteamericanos. A liberdade de expressão também funciona como mecanismo de controle dos abusos do Estado, uma vez que é tênue a linha divisória entre a manifestação de pensamento legítima e aquela inadmissível, de modo que, para proteção do discurso legítimo, é recomendável que quaisquer expressões de pensamento sejam livres da repressão estatal.

Por fim, a liberdade de expressão funcionaria como uma espécie de 'válvula de escape social'. Na formulação do *Justice* BRANDEIS, da Suprema Corte dos EUA, na *concurring opinion* proferida no caso *Whitney v. California*, a repressão ao discurso não traz estabilidade pública, antes semeando o ódio e a reação. O discurso proibido não é desencorajado, mas escondido, incentivando a conspiração".

227. *Vide*, de forma aprofundada, nosso *Princípios constitucionais do direito da sociedade da informação*: a tutela jurídica do meio ambiente digital, Saraiva, 2014.

228. Ernesto Benda, Dignidad humana y derechos de la personalidad, *Manual de Derecho Constitucional*, Madrid: Marcial Pons, 1996, p. 121.

229. "A duração prolongada, abusiva e irrazoável da prisão cautelar de alguém ofende, de modo frontal, o postulado da dignidade da pessoa humana, que representa – considerada a centralidade desse princípio essencial (CF, art. 1º, III) – significativo vetor interpretativo, verdadeiro valor-fonte que conforma e inspira todo o ordenamento constitucional vigente em nosso País e que traduz, de modo expressivo, um dos fundamentos em que se assenta, entre nós, a ordem republicana e democrática consagrada pelo sistema de direito constitucional positivo" (HC 85.988 MC/PA, Rel. Min. Celso de Mello, j. 7-6-2005, *DJ* 10-6-2005, p. 65).

230. Índice mundial de liberdade de imprensa (índice 2021/pontuação global): 1) Noruega 93, 28; 2) Finlândia 93, 01; 3) Suécia 92, 76; 4) Dinamarca 91, 43; 5) Costa Rica 91, 24; 6) Holanda 90, 33; 7) Jamaica 90, 04; 8) Nova Zelândia 89, 96; 9) Portugal 89, 89; 10) Suíça 89, 45; 11) Bélgica 88, 31; 12) Irlanda 88, 09; 13) Alemanha 84, 76; 14) Canadá 84, 75; 15) Estônia 84, 75; 16) Islândia 84, 63; 17) Áustria 83, 66; 18) Uruguai 83, 62; 19) Suriname 83, 05; e 20) Luxemburgo 82, 44. No que se refere ao índice do Brasil: 111) Brasil 63, 75. Disponível em: https://rsf.org/en/index?year=2021.

**informação** com destaque para a **possibilidade de controle prévio ou mesmo supressão de publicações ou acesso de informações no âmbito da internet**, conforme já tivemos oportunidade de aduzir[231], e tendo em vista a grande diversidade de opiniões a respeito da conceituação do tema, o fato é que, como bem adverte Kimball Young[232], a censura nos dias de hoje "é uma fase de controle social estreitamente correlacionada com a comunicação rápida e com a extensão das relações grupais secundárias que transcendem as habituais limitações de espaço", ou seja, na perspectiva do autor antes mencionado, o desenvolvimento da tradição liberal ocidental teria demolido algumas racionalizações usuais de censura, como aquela segundo a qual algumas ideias ou informações seriam "falsas" (*fake news*) ou "perigosas" de acordo com os critérios adotados pelas autoridades estabelecidas e, portanto, deveriam ser suprimidas; ou, ainda como a visão elitista de que a censura é necessária para proteger as mentes daqueles que são incapazes ou despreparados para discernir entre ideias "verdadeiras" e "falsas".

Assim, como forma de "controle social que limita e muitas vezes impede a plena liberdade de expressão e o acesso à informação, partindo do princípio de que determinada informação e as ideias e opiniões por ela geradas podem minar a estabilidade da ordem social, política e moral vigente"[233], **aplicar a censura significaria "exercer controle autoritário sobre a criação e disseminação de informações, ideias e opiniões"[234], surgindo exatamente "naquela fase do desenvolvimento social em que o indivíduo começa a se tornar autônomo da comunidade e a liberdade de expressão do indivíduo não pode mais ser totalmente controlada por tabus"[235].**

Destarte, conforme já tivemos a oportunidade de esclarecer[236], nossa atual Lei das Leis determina de forma EXPLÍCITA, no âmbito dos direitos e garantias fundamentais, ser "livre a expressão da atividade intelectual, artística, científica e de comunicação, **independentemente de censura ou licença**" (art. 5º, IX, da CF), VEDANDO, no

---

231. *Vide*, de forma detalhada, Celso Antonio Pacheco Fiorillo, *Balizamento jurídico da censura em face das empresas transnacionais de mídia social no Brasil no âmbito da tutela constitucional do meio ambiente digital*, Rio de Janeiro: Lumen Juris, 2023; Celso Antonio Pacheco Fiorillo, *As empresas jornalísticas transnacionais no âmbito da sociedade da informação e sua tutela jurídica em face do direito ambiental constitucional brasileiro*, Rio de Janeiro: Lumen Juris, 2023.

232. Kimball Young, *Censorship*: The Negative Control of Opinion, *Social Psychology*: An Analysis of Social Behavior, New York: Alfred A. Knopf, 1930. p. 632-652.

233. Victor Zaslavsky, Enciclopedia delle scienze sociali (1991). Disponível em: https://www.treccani.it/enciclopedia/censura_%28Enciclopedia-delle-scienze-sociali%29/.

234. Victor Zaslavsky, Enciclopedia delle scienze sociali (1991). Disponível em: https://www.treccani.it/enciclopedia/censura_%28Enciclopedia-delle-scienze-sociali%29/.

235. Victor Zaslavsky, Enciclopedia delle scienze sociali (1991). Disponível em: https://www.treccani.it/enciclopedia/censura_%28Enciclopedia-delle-scienze-sociali%29/.

236. Celso Antonio Pacheco Fiorillo, *Balizamento jurídico da censura em face das empresas transnacionais de mídia social no Brasil no âmbito da tutela constitucional do meio ambiente digital*, Rio de Janeiro: Lumen Juris, 2023; Celso Antonio Pacheco Fiorillo, *As empresas jornalísticas transnacionais no âmbito da sociedade da informação e sua tutela jurídica em face do direito ambiental constitucional brasileiro*, Rio de Janeiro: Lumen Juris, 2023.

plano da comunicação social, "toda e qualquer censura de natureza política, ideológica e artística" (art. 220, § 2º), bem como fixando, de maneira cristalina, que a "manifestação do pensamento, a criação, a expressão e a informação, sob qualquer forma, processo ou veículo **não sofrerão qualquer restrição**, observado o disposto nesta Constituição", impedindo "**toda e qualquer censura de natureza política, ideológica e artística**" (art. 220, § 2º).

A regra constitucional em vigor, por via de consequência, vem bem formulada no *caput* do art. 220 da CF, a saber: a "manifestação do pensamento, a criação, a expressão e a informação, sob qualquer forma, processo ou veículo **não sofrerão qualquer restrição**, observado o disposto nesta Constituição".

Com efeito.

Fundamentado na **"ideia-força de que quem quer que seja tem o direito de dizer o que quer que seja", não cabendo "ao Estado, por qualquer dos seus órgãos, definir previamente o que pode ou o que não pode ser dito por indivíduos e jornalistas"**[237], bem como claramente indicando que "o corpo normativo da Constituição brasileira sinonimiza liberdade de informação jornalística e liberdade de imprensa, **rechaçante de qualquer censura prévia a um direito que é signo e penhor da mais encarecida dignidade da pessoa humana**[238], assim como do mais evoluído estado de civilização", o Supremo Tribunal Federal[239] estabeleceu orientação didática a respeito da interpretação da vedação da censura, estruturando a tutela jurídica do tema com importante advertência, a saber, "**a censura governamental, emanada de qualquer um dos três Poderes, é a expressão odiosa da face autoritária do poder público**".

Em resumo, entende o Supremo Tribunal Federal que "**Não há liberdade de imprensa pela metade ou sob as tenazes da censura prévia**[240], **inclusive a procedente do Poder Judiciário**, pena de se resvalar para o espaço inconstitucional da prestidigitação jurídica"[241].

Daí ser importante transcrever relevante aspecto vinculado ao julgamento da ADPF 130:

"8. NÚCLEO DURO DA LIBERDADE DE IMPRENSA E A INTERDIÇÃO PARCIAL DE LEGISLAR. A uma atividade que já era 'livre' (incisos IV e IX do art. 5º), a Constituição Federal acrescentou o qualificativo de 'plena' (§ 1º do art. 220).

---

237. ADPF 130, Tribunal Pleno, Rel. Min. Carlos Britto, j. 30-4-2009, public. 6-11-2009.

238. ADPF 130, Tribunal Pleno, Rel. Min. Carlos Britto, j. 30-4-2009, public. 6-11-2009.

239. ADPF 130, Tribunal Pleno, Rel. Min. Carlos Britto, j. 30-4-2009, public. 6-11-2009.

240. "O SENHOR MINISTRO RICARDO LEWANDOWSKI (PRESIDENTE) – Vejam como a questão é complexa, é muito complexa! **Então eu quero dizer que nós hoje estamos reafirmando uma tese cara ao Tribunal, que é essa absoluta liberdade de expressão sem qualquer censura prévia**, nos estritos termos do pedido da inicial desta Ação Direta de Inconstitucionalidade 4.815. Então é a esta tese que eu adiro integralmente" (grifos nossos) (ADI 4.815/DF, Tribunal Pleno, Rel. Min. Cármen Lúcia, j. 10-6-2015, public. 1º-2-2016).

241. ADPF 130, Tribunal Pleno, Rel. Min. Carlos Britto, j. 30-4-2009, public. 6-11-2009.

Liberdade plena que, repelente de qualquer censura prévia, diz respeito à essência mesma do jornalismo (o chamado 'núcleo duro' da atividade). Assim entendidas as coordenadas de tempo e de conteúdo da manifestação do pensamento, da informação e da criação *lato sensu*, sem o que não se tem o desembaraçado trânsito das ideias e opiniões, tanto quanto da informação e da criação. Interdição à lei quanto às matérias nuclearmente de imprensa, retratadas no tempo de início e de duração do concreto exercício da liberdade, assim como de sua extensão ou tamanho do seu conteúdo. Tirante, unicamente, as restrições que a Lei Fundamental de 1988 prevê para o 'estado de sítio' (art. 139), o Poder Público somente pode dispor sobre matérias lateral ou reflexamente de imprensa, respeitada sempre a ideia-força de que quem quer que seja tem o direito de dizer o que quer que seja. Logo, não cabe ao Estado, por qualquer dos seus órgãos, definir previamente o que pode ou o que não pode ser dito por indivíduos e jornalistas. As matérias reflexamente de imprensa, suscetíveis, portanto, de conformação legislativa, são as indicadas pela própria Constituição, tais como: direitos de resposta e de indenização, proporcionais ao agravo; proteção do sigilo da fonte ('quando necessário ao exercício profissional'); responsabilidade penal por calúnia, injúria e difamação; diversões e espetáculos públicos; estabelecimento dos 'meios legais que garantam à pessoa e à família a possibilidade de se defenderem de programas ou programações de rádio e televisão que contrariem o disposto no art. 221, bem como da propaganda de produtos, práticas e serviços que possam ser nocivos à saúde e ao meio ambiente' (inciso II do § 3º do art. 220 da CF); independência e proteção remuneratória dos profissionais de imprensa como elementos de sua própria qualificação técnica (inciso XIII do art. 5º); participação do capital estrangeiro nas empresas de comunicação social (§ 4º do art. 222 da CF); composição e funcionamento do Conselho de Comunicação Social (art. 224 da Constituição). Regulações estatais que, sobretudo incidindo no plano das consequências ou responsabilizações, repercutem sobre as causas de ofensas pessoais para inibir o cometimento dos abusos de imprensa. Peculiar fórmula constitucional de proteção de interesses privados em face de eventuais descomedimentos da imprensa (justa preocupação do Ministro Gilmar Mendes), mas sem prejuízo da ordem de precedência a esta conferida, segundo a lógica elementar de que não é pelo temor do abuso que se vai coibir o uso. Ou, nas palavras do Ministro Celso de Mello, 'a censura governamental, emanada de qualquer um dos três Poderes, é a expressão odiosa da face autoritária do poder público'"[242].

Estabeleceu, pois, nosso Supremo Tribunal Federal, conforme já tivemos oportunidade de aduzir, que "não há liberdade de imprensa pela metade ou sob as tenazes da **censura prévia, pouco importando o Poder estatal de que ela provenha**. Isso porque a liberdade de imprensa não é uma bolha normativa ou uma fórmula prescritiva oca. Tem conteúdo, e esse conteúdo é formado pelo rol de liberdades que se lê a partir da cabeça do art. 220 da Constituição Federal: liberdade de 'manifestação

---

242. ADPF 130, Tribunal Pleno, Rel. Min. Carlos Britto, j. 30-4-2009, public. 6-11-2009.

do pensamento', liberdade de 'criação', liberdade de 'expressão', liberdade de 'informação'"[243] (grifos nossos).

Destarte, a referida Corte Superior adverte, "de modo singular, em seu magistério jurisprudencial, a necessidade de preservar-se a prática da liberdade de informação, resguardando-se, inclusive, o exercício do direito de crítica que dela emana, por tratar--se de prerrogativa essencial que se qualifica como um dos suportes axiológicos que conferem legitimação material à própria concepção do regime democrático. Mostra-se incompatível com o pluralismo de ideias, que legitima a divergência de opiniões, a visão daqueles que pretendem negar, aos meios de comunicação social (e aos seus profissionais), o direito de buscar e de interpretar as informações, bem assim a prerrogativa de expender as críticas pertinentes. Arbitrária, desse modo, e inconciliável com a proteção constitucional da informação, a repressão à crítica jornalística, pois o Estado – inclusive seus juízes e tribunais – não dispõe de poder algum sobre a palavra, sobre as ideias e sobre as convicções manifestadas pelos profissionais da Imprensa"[244], ou seja, e conforme indicado no já referido julgamento da ADPF 130, "**o STF proibiu enfaticamente a censura** de publicações jornalísticas, bem como tornou excepcional qualquer tipo de intervenção estatal na divulgação de notícias e de opiniões"[245] (grifos nossos).

A CENSURA, no âmbito do direito constitucional brasileiro em vigor, tem, por via de consequência, interpretação clara, a saber: "O querer de um ser humano, importando a sua dignidade, há de ser protegido pelo Direito. Mas o Direito não existe para Robson Crusoé. Quando chega o Sexta Feira e a comunicação se estabelece, nesse momento a ciranda começa. **'Cala a boca já morreu'**. Isso a Constituição da República garante"[246].

**A Constituição brasileira proíbe, pois "censura de qualquer natureza, não se podendo concebê-la de forma subliminar pelo Estado ou por particular sobre o direito de outrem"**[247] (grifos nossos).

Daí restar bem evidenciado que "a livre discussão, a ampla participação política e o princípio democrático estão interligados com a liberdade de expressão, tendo por objeto não somente a proteção de pensamentos e ideias, mas também opiniões, crenças, realização de juízo de valor e críticas a agentes públicos, no sentido de garantir a real participação dos cidadãos na vida coletiva"[248], cabendo, por via de consequência, observar relevante advertência indicada por nosso próprio Supremo Tribunal Federal ao aduzir que "tanto a liberdade de expressão quanto a participação política em uma Democracia representativa somente se fortalecem em um ambiente

---

243. ADI 4.451, Tribunal Pleno, Rel. Min. Alexandre de Moraes, j. 21-6-2018, public. 6-3-2019.
244. AI 705.630 AgR, 2ª Turma, Rel. Min. Celso de Mello, j. 22-3-2011, *DJE* 6-4-2011.
245. Rcl 22.238, 1ª Turma, Rel. Min. Roberto Barroso, j. 6-3-2018, *DJE* 10-5-2018.
246. ADI 4.815/DF, Tribunal Pleno, Rel. Min. Cármen Lúcia, j. 10-6-2015, public. 1º-2-2016.
247. ADI 4.815/DF, Tribunal Pleno, Rel. Min. Cármen Lúcia, j. 10-6-2015, public. 1º-2-2016.
248. ADI 4.451, Tribunal Pleno, Rel. Min. Alexandre de Moraes, j. 21-6-2018, public. 6-3-2019.

de total visibilidade e possibilidade de exposição crítica das mais variadas opiniões sobre os governantes. 5. **O direito fundamental à liberdade de expressão não se direciona somente a proteger as opiniões supostamente verdadeiras, admiráveis ou convencionais, mas também aquelas que são duvidosas, exageradas, condenáveis, satíricas, humorísticas, bem como as não compartilhadas pelas maiorias. Ressalte-se que, mesmo as declarações errôneas, estão sob a guarda dessa garantia constitucional**"[249] (grifos nossos).

Mais não é preciso dizer...

## 13. O DIREITO DA SOCIEDADE DE USUFRUIR DAS MANIFESTAÇÕES DAS CULTURAS POPULARES E A NATUREZA JURÍDICA DO BEM CULTURAL EM FACE DE SUA NATUREZA JURÍDICA DE BEM AMBIENTAL: O CASO JOÃO GILBERTO

Pela oportunidade em que o Brasil celebrava os 100 anos da Semana de Arte Moderna, o Superior Tribunal de Justiça, acolhendo rigorosamente a orientação da doutrina especializada e do Supremo Tribunal Federal, soube estabelecer preciosa lição vinculada à tutela constitucional dos bens culturais em face de sua natureza jurídica de bem ambiental, assegurando o direito da sociedade de usufruir das manifestações das culturas populares, conforme a seguir indicado:

"A obra musical de JOÃO GILBERTO, porque vinculada à identidade e memória dos diferentes grupos formadores da sociedade brasileira, como exigido pelo dispositivo constitucional em comento, constitui, inequivocamente, verdadeiro patrimônio cultural brasileiro.

Constitui, portanto, um direito coletivo.

Não por outro motivo, o mencionado art. 216 da CF determina em seu § 1º que o Poder Público, com a colaboração da comunidade, deve promover e proteger o patrimônio cultural não apenas por meio de inventários, registros, vigilância, tombamento e desapropriação, mas também através de outras formas de acautelamento e preservação.

Celso Antonio Pacheco Fiorillo e Renata Marques Ferreira, a propósito, encarecem que a tutela institucional e social acima referida busca assegurar, inclusive, o acesso das gerações vindouras ao mencionado patrimônio cultural:

'Ao estabelecer como dever do Poder Público, com a colaboração da comunidade, preservar o patrimônio cultural, a Constituição Federal ratifica a natureza jurídica do bem cultural em face de sua natureza jurídica de bem ambiental, porquanto esse bem é constitucionalmente um bem de uso comum de todos e não um bem pertencente ao Poder Público, tratando-se, pois, de bem objeto de gestão. Um domínio preenchido

---

249. ADI 4.451, Tribunal Pleno, Rel. Min. Alexandre de Moraes, j. 21-6-2018, public. 6-3-2019.

pelos elementos de fruição (uso e gozo do bem objeto do direito), sem comprometimento de sua integridade, para que outros titulares, inclusive os de gerações vindouras, possam também exercer com plenitude o mesmo direito (Tutela Jurídica do Patrimônio Cultural Brasileiro em face do Direito Ambiental Constitucional. Rio de Janeiro: Lumen Juris, 2018. p. 546)'.

Não se trata, portanto, de apenas relembrar a importância de JOÃO GILBERTO, de suas letras e melodias para a cultura nacional e também mundial. Mais do que isso, importa destacar a inconveniência absoluta de uma interpretação que, ao invés de promover e dar visibilidade a esse patrimônio cultural, concorre, justamente, para o seu esquecimento.

O direito moral do autor, intangível e imprescritível, não pode suplantar o direito da sociedade de usufruir das manifestações das culturas populares tão caras a qualquer nação. Triste a cultura mundial se não pudesse desfrutar das obras de Mozart, Bach, Beethoven ou Villa-Lobos, gênios, qualificação em que também se insere o nome de João Gilberto.

Para tornar simples este enfoque, o capital moral do autor JOÃO GILBERTO, que há de ser protegido, não mais lhe pertence com exclusividade, transmudou-se num capitalismo social, que pode e deve ser acessível a todos, universalmente, como forma de valorizar e difundir toda boa manifestação cultural.

A prevalecer a exegese defendida nas razões do recurso especial para os REsps n. 1.098.626/RJ e 1.472.020/RJ estar-se-ia, em alguma medida, subtraindo por decisão judicial um patrimônio imaterial de toda a coletividade, apagando, por assim dizer, uma contribuição inestimável à cultura ocidental. Estar-se-ia, enfim, descumprindo, o art. 216, § 1º, da CF"[250].

_____

250. REsp 1.727.950/RJ (2017/0140552-0), 3ª Turma, Rel. Min. Moura Ribeiro, j. 8-3-2022, *DJe* 17-3-2022.

538

# Capítulo XXI
# DIREITO DE ANTENA

## 1. NOÇÕES PROPEDÊUTICAS

A Constituição Federal de 1988, ao estabelecer de forma pioneira na história do direito constitucional em nosso país a existência de um bem que tem duas características específicas: ser de *uso comum do povo* e *essencial à sadia qualidade de vida*, conforme estabelece o art. 225, formulou inovação verdadeiramente revolucionária, criando um terceiro gênero de bem que não se confunde com os públicos e muito menos com os privados[1].

O denominado direito de antena só pôde ser elaborado no direito positivo brasileiro com o advento do art. 225 da Constituição, que criou o bem ambiental como um terceiro gênero. Baseado tanto na transmissão da comunicação como na captação desta por meio de ondas, o direito de antena encontra no espectro eletromagnético sua razão de ser: através das ondas eletromagnéticas a pessoa humana encontra uma nova possibilidade de repartir, partilhar e trocar informações com seus semelhantes.

É exatamente no contexto do direito constitucional positivo que a Carta de 1988 estabelece acesso às ondas eletromagnéticas, enquanto bem de uso comum do povo e em decorrência de sua característica de ser essencial à sadia qualidade de vida, visando, entre outras possibilidades estabelecidas pelo Estado Democrático de Direito, captar ou transmitir comunicação.

Ao contrário das Constituições anteriores[2], em que inexistia o bem ambiental, e em face da visão dicotômica tradicional da existência de bens públicos e privados, que

---

1. Interessante verificar que em outras Constituições, particularmente de países ocidentais, tem-se um grande esforço doutrinário e jurisprudencial com o propósito de adaptar as Cartas Magnas ao século XXI, a fim de reconhecer a existência de bens que escapam à natureza do público e do privado. Para tanto, *vide* Celso Antonio Pacheco Fiorillo, *O direito de antena*, cit.

2. Antes da Carta Magna de 1988, nosso sistema de direito positivo, imitando lamentavelmente outros países, procurou controlar o uso do espectro eletromagnético como se fosse seu: era o primado do bem público de propriedade do Estado, tão bem utilizado pelo nazismo, pelo fascismo e pelas sucessivas ditaduras no Brasil. Seduzido pelo capitalismo, o Estado brasileiro, imitando os Estados Unidos da América, adaptou a seus interesses o controle do bem público, instituindo critérios de "direito administrativo",

percorreu o final do século XIX e quase todo o século XX, a radiodifusão passa a ser interpretada de forma sistemática, tendo como parâmetro os *fundamentos constitucionais* que estruturam a República Federativa do Brasil (art. 1º).

Com isso, o direito de captação da comunicação, bem como o de sua transmissão, quando baseado em ondas eletromagnéticas, tem sua gênese como direito adaptado a bem de uso comum do povo, o que significa dizer que o Estado, a sociedade civil organizada e o cidadão podem exercer o direito de antena.

## 2. CONCEITO

Antes que conceituemos o direito de antena, algumas considerações iniciais são necessárias, porque não adotamos o mesmo conceito do direito comparado, apesar de existirem traços de semelhança com a doutrina estrangeira e o aspecto ambiental que desenvolvemos na presente oportunidade.

Neste contexto, importante verificar que na Itália, Espanha e Alemanha o direito de antena (também chamado de liberdade de antena) é o direito à criação de empresas destinadas a difundir mensagens informativas, culturais, entre outras, não se concluindo, todavia, se a liberdade de antena é o meio de exercício da liberdade de manifestação ou se é a própria liberdade de manifestação. Em Portugal, por sua vez, o direito de antena refere-se ao tempo de antena para resposta e de réplica política, constituindo um direito político.

Todavia, em face da sistematização jurídica conferida pela nossa Constituição Federal de 1988, ao criar uma terceira espécie de bem, o ambiental, o direito de antena reveste-se de significado distinto.

O direito de antena, vinculado a quem transmite, assim como a quem capta a transmissão, tem, na verdade, seu fundamento na própria Política Nacional do Meio Ambiente. É a Lei n. 6.938/81 que descreve a necessidade de compreender o meio ambiente como uma integração de valores que devem respeito à soberania brasileira, à cidadania e particularmente à dignidade da pessoa humana.

Com isso, podemos afirmar que o direito de antena é o direito de captar e transmitir as ondas, de modo que *o que será transmitido ou captado (conteúdo) é elemento que não interessa* à natureza jurídica desse direito. Deve-se distinguir o conteúdo do que se transmite ou capta do *meio que se utiliza* para isso. E exatamente esse meio utilizado para a captação ou transmissão de ondas que é objeto do direito de antena. Vejamos.

---

no sentido de permitir que a "iniciativa privada" participasse do controle do espectro eletromagnético por meio da utilização da propaganda comercial.

## 3. O ESPECTRO ELETROMAGNÉTICO

Todo meio de comunicação que se utiliza de antena para a propalação de informações submete-se aos regramentos do direito de antena. O espectro eletromagnético é um processo de utilização de um bem ambiental.

Conforme ensinamentos físicos, constatou-se a existência de uma variação ampla e contínua no comprimento e frequência das ondas eletromagnéticas. Isso permitiu concluir que o ar comporta em si um caminho, pelo qual viajam as ondas eletromagnéticas, as quais transportam um número cada vez maior de sinais (de rádio, de televisores, de telefone, entre outros).

Isso significa dizer que, muitas vezes, dentro de nossos carros ou no ônibus, quando nos vemos obrigados a enfrentar o trânsito de cidades como São Paulo, não imaginamos que acima de nossas cabeças existe outro meio de transporte importante, qual seja, as ondas eletromagnéticas, de várias intensidades, amplitudes e frequências, que vão e vêm carregando todo tipo de *mensagens* e *imagens*. Embora não possamos vê-las, as ondas eletromagnéticas estão em toda parte ao redor do mundo, sendo certo que alguns tipos, como as de *radiodifusão e todas as de televisão*, conseguem atravessar a ionosfera terrestre, a cem mil metros de altitude, e propagar-se no Cosmo[3 e 4].

O eletromagnetismo, conforme explicam os cientistas, é uma das quatro forças fundamentais que compõem o Universo – junto com a gravitação e as interações nucleares forte e fraca. Embora ainda não se conheça tudo sobre essa energia, ela tem sido amplamente explorada nos últimos cinquenta anos. Depois que se descobriu que uma onda eletromagnética pode propagar-se por longas distâncias, o desafio tem sido aperfeiçoar técnicas para fazê-la carregar uma quantidade cada vez maior de informação e mais longe.

Essa onda é chamada portadora porque transporta uma mensagem embutida na variação de sua amplitude e na frequência com que oscila. Para alguém transmitir um sinal qualquer, basta fazer com que um pulso de corrente elétrica passe por uma antena. Como a energia elétrica pode ser uma corrente alternada – porque está constantemente alternando sua polarização entre positivo e negativo –, no momento em que o pulso é positivo a corrente provoca uma oscilação magnética no campo à volta da antena em certo sentido. Quando o pulso fica negativo, a oscilação é no sentido oposto. Assim, a constância desse movimento alternado cria uma onda[5].

---

3. Celso Antonio Pacheco Fiorillo, *O direito de antena*, cit., p. 130.

4. Há mais de nove anos já existiam dezenas de milhares de estações de radiodifusão, mais de mil estações de televisão espalhadas pelo mundo, milhões de aparelhos de radiocomunicação instalados em aviões, navios, carros de polícia, bombeiros, ambulâncias e radioamadores, bem como serviços de telecomunicação via satélite.

5. Celso Antonio Pacheco Fiorillo, *O direito de antena*, cit., p. 131.

## 4. NATUREZA JURÍDICA DO DIREITO DE ANTENA

Como foi visto, o direito de antena é o direito de captar e transmitir comunicação, o que é feito por via de *ondas*, através do espectro eletromagnético (bem ambiental), de modo que o direito de antena possui natureza jurídica de direito ambiental. Deve-se observar que o bem ambiental são as ondas e não o instrumento, a matéria que as capta, como, por exemplo, televisões, rádios, computadores, entre outros.

Desse modo, se o direito de antena é de natureza ambiental, portanto um bem difuso, conforme preceitua o art. 225 da Constituição Federal, não há dúvidas em afirmar que a *utilização das ondas* não pode ser objeto de apropriação, já que se trata de bem de uso comum do povo e essencial à sadia qualidade de vida.

### 4.1. A UTILIZAÇÃO DAS ONDAS ELETROMAGNÉTICAS PELAS RÁDIOS PIRATAS

Em consequência de a natureza do direito de antena ser de bem difuso, poder-se-ia argumentar que inexistiriam óbices à utilização das ondas eletromagnéticas pelas "rádios piratas", na medida em que, sendo bem difuso, é de *uso comum*. Todavia, esse não é o entendimento que deve prevalecer, porquanto tal bem deve ser *administrado* pelo Poder Público, de forma a evitar que a estação pirata altere e adultere a frequência de captação, impedindo o pleno exercício do direito de captar a informação[6].

---

6. **Relator: Ministro Ricardo Lewandowski** – "*HABEAS CORPUS*. PENAL. RÁDIO COMUNITÁRIA. OPERAÇÃO SEM AUTORIZAÇÃO DO PODER PÚBLICO. IMPUTAÇÃO AO PACIENTE DA PRÁTICA DO CRIME PREVISTO NO ART. 183 DA LEI N. 9.472/1997. BEM JURÍDICO TUTELADO. LESÃO. INEXPRESSIVIDADE. PRINCÍPIO DA INSIGNIFICÂNCIA. APLICABILIDADE. CRITÉRIOS OBJETIVOS. PRESENÇA. APURAÇÃO NA ESFERA ADMINISTRATIVA. POSSIBILIDADE. ORDEM CONCEDIDA.

I – Conforme perícia efetuada pela Anatel, o serviço de radiodifusão utilizado pela emissora não possuía capacidade de causar interferência prejudicial aos demais meios de comunicação, o que demonstra que o bem jurídico tutelado pela norma – segurança dos meios de telecomunicações – permaneceu incólume.

II – Rádio comunitária operada com os objetivos de evangelização e prestação de serviços sociais, denotando, assim, a ausência de periculosidade social da ação e o reduzido grau de reprovabilidade da conduta imputada ao paciente.

III – A aplicação do princípio da insignificância deve observar alguns vetores objetivos: (i) conduta minimamente ofensiva do agente; (ii) ausência de risco social da ação; (iii) reduzido grau de reprovabilidade do comportamento; e (iv) inexpressividade da lesão jurídica.

IV – Critérios que se fazem presentes, excepcionalmente, na espécie, levando ao reconhecimento do denominado crime de bagatela.

V – Ordem concedida, sem prejuízo da possível apuração dos fatos atribuídos ao paciente na esfera administrativa.

Relatório: Trata-se de *habeas corpus*, com pedido de medida liminar, impetrado pela Defensoria Pública da União, em favor de **, contra acórdão da Quinta Turma do Superior Tribunal de Justiça, que negou provimento ao agravo regimental no Agravo em Recurso Especial 108.176/BA.

Vale frisar que ao Poder Público cabe a administração do bem, não se atribuindo propriedade de bem ambiental algum a qualquer ente federado. Dessa forma, quando o

---

A impetrante narra, de início, que o paciente foi denunciado pela suposta prática do delito previsto no art. 183 da Lei n. 9.472/97, mas a inicial acusatória foi rejeitada pelo magistrado de primeiro grau, que aplicou ao caso o princípio da insignificância.

Prossegue afirmando que, inconformado, o Ministério Público Federal interpôs recurso em sentido estrito para o TRF da 1ª Região, que deu provimento ao recurso para determinar o retorno dos autos à origem para o prosseguimento da ação.

Irresignada, a defesa interpôs recurso especial para o STJ, não admitido pelo Presidente do TRF da 1ª Região, o que deu ensejo à interposição de agravo, que foi improvido pelo Ministro Relator. Essa decisão foi objeto de agravo regimental, ao qual foi negado provimento.

É contra esse último acórdão que se insurge a impetrante.

Sustenta, em síntese, a atipicidade material da conduta imputada ao paciente, uma vez que não houve lesão ou ameaça de lesão ao bem jurídico tutelado pela norma, qual seja, a segurança dos meios de telecomunicações.

Aduz, para tanto, que o paciente foi acusado de operar rádio comunitária no Município de Camaçari/BA utilizando transmissor de baixa potência (32,5 Watts), e que a sentença absolutória reconheceu que não houve interferência prejudicial da rádio clandestina em outros canais de rádio e de televisão.

Assevera, nesse contexto, que a conduta do paciente não apresentou nenhuma potencialidade lesiva ao bem jurídico, razão pela qual deve ser aplicado, à hipótese dos autos, o princípio da insignificância.

Destaca, ainda, que a atividade desenvolvida pelo paciente não possuía reprovabilidade tampouco periculosidade social, haja vista que a rádio não era utilizada para praticar delitos nem para os fomentar.

Requer, ao final, seja deferida a medida liminar para determinar a imediata suspensão do Processo Criminal n. 0036677-09.2010.4.01.3300, em curso na 17ª Vara Federal Especializada Criminal da Seção Judiciária da Bahia, no qual é réu o paciente, até o final julgamento do presente *writ*.

No mérito, pugna pela concessão da ordem 'para que seja aplicado ao presente caso o princípio da insignificância e, por conseguinte, trancada a Ação Penal n. 0036677-09.2010.4.01.3300, em curso na 17ª Vara Federal Especializada Criminal da Seção Judiciária da Bahia'.

Em 12-11-2012, indeferi a medida liminar e, estando bem instruídos os autos, determinei fosse ouvido o Procurador-Geral da República.

O Ministério Público Federal, em parecer da lavra da Subprocuradora-Geral da República Cláudia Sampaio Marques, opinou pela denegação da ordem.

É o relatório.

Voto: Bem examinados os autos, tenho que o caso é de concessão da ordem".

O acórdão questionado porta a seguinte ementa:

"AGRAVO REGIMENTAL NO AGRAVO EM RECURSO ESPECIAL. RÁDIO COMUNITÁRIA. PRINCÍPIO DA INSIGNIFICÂNCIA. NÃO APLICAÇÃO. DIVERGÊNCIA JURISPRUDENCIAL. NÃO CONFIGURADA. DECISÃO MANTIDA POR SEUS PRÓPRIOS FUNDAMENTOS. 1. Não há como reconhecer o reduzido grau de reprovabilidade ou a mínima ofensividade da conduta, de forma a ser possível a aplicação do princípio da insignificância. A instalação de estação clandestina de radiofrequência, sem autorização dos órgãos e entes com atribuições para tanto – o Ministério das Comunicações e a ANATEL –, já é, por si, suficiente a comprometer a regularidade e a operabilidade do sistema de telecomunicações, o que basta à movimentação do sistema repressivo penal. 2. A divergência jurisprudencial não restou configurada. 3. Agravo regimental a que se nega provimento".

Conforme relatado, a impetrante postula, neste *writ*, o reconhecimento da atipicidade da conduta praticada pelo paciente em decorrência da aplicação do princípio da insignificância.

A pretensão merece acolhida.

No caso sob exame, o paciente foi denunciado como incurso nas sanções do art. 183 da Lei n. 9.472/1997 sob a alegação de operar emissora de rádio sem autorização do órgão governamental competente.

O juízo de primeiro grau rejeitou a inicial acusatória em razão da inexistência de justa causa para a ação penal, uma vez que não foi comprovada a capacidade de interferência concreta da emissora de rádio, condição indispensável para se demonstrar a lesividade da conduta.

Inconformado, o *Parquet* interpôs recurso em sentido estrito, que foi provido pelo Tribunal Regional Federal da 1ª Região para determinar o regular curso da ação. Esse acórdão foi confirmado pela Quinta Turma do Superior Tribunal de Justiça.

Pois bem. Conforme entendimento assentado nesta Corte a partir do julgamento do HC 84.412/SP, de relatoria do Ministro Celso de Mello, para que a infração seja considerada insignificante devem estar presentes, concomitantemente, os seguintes vetores: i) mínima ofensividade da conduta; ii) nenhuma periculosidade social da ação; iii) reduzido grau de reprovabilidade do comportamento; e iv) inexpressividade da lesão jurídica provocada.

Tenho que, no caso em debate, é possível verificar a presença de todos os mencionados requisitos, de modo que a aplicação do princípio da insignificância é medida que se impõe.

Isso porque, como se infere dos autos, trata-se de conduta minimamente ofensiva, haja vista que a rádio comunitária era operada no Município de Camaçari/BA com raio de cobertura que variava entre 4,06 km e 5,9 km, a depender da radial, não existindo, ainda, outros canais outorgados na área de cobertura da rádio, o que demonstra ser remota a possibilidade de que pudesse causar algum prejuízo para outros meios de comunicação.

Consta dos autos laudo de perícia realizada em laboratório pela Anatel que atesta que o transmissor utilizado pela emissora operava com potência de 32,5 watts (fl. 109) e que o funcionamento de tal transmissor não tinha aptidão para causar problemas ou interferências prejudiciais em serviços de telecomunicações. Destaco do referido laudo que: 'Os canais 12 e 22 de televisão não estavam outorgados na área de cobertura da rádio clandestina, não sendo configurado, portanto, interferência prejudicial.

Após pesquisa realizada no dia 23-8-2010 no STEL, um dos bancos de dados da Anatel, constatou--se que não existia estação licenciada que utilizasse canal em torno da frequência 312,9 Mhz na área de cobertura da rádio clandestina, não sendo configurado, portanto, interferência prejudicial'.

Nesta senda, considerando que o bem jurídico tutelado pela norma – a segurança dos meios de telecomunicações – permaneceu incólume, não tendo sofrido qualquer espécie de lesão, ou ameaça de lesão, que mereça a intervenção do Direito Penal, não há como reconhecer a tipicidade material da conduta ante a incidência, na hipótese, do princípio da insignificância. Acrescente-se a isso o fato de que a rádio em questão era operada com o objetivo de evangelização bem como para prestar serviços sociais, o que demonstra, também, o reduzidíssimo grau de reprovabilidade e a ausência de periculosidade social da conduta do paciente, que ressaltou, em seu interrogatório já ter ingressado no Ministério das Comunicações com o pedido de outorga para execução do serviço de radiodifusão comunitária. É o que se extrai das declarações prestadas em juízo pelo réu, no sentido de que a rádio 'funcionava apenas em alguns dias e horários da semana, não prestando um serviço ininterrupto, dedicando-se na maioria das vezes a missas e evangelizações além de serviços sociais, que a rádio não tinha fins lucrativos nem envolvimento ou participação política, que atualmente aguarda autorização do Ministério das Comunicações, estando em fase final do processo, aguardando provável outorga'.

Como é cediço, o direito penal deve ocupar-se apenas de lesões relevantes aos bens jurídicos que lhe são caros, devendo atuar sempre como última medida na prevenção e repressão de delitos, ou seja, de forma subsidiária a outros instrumentos repressivos. Isso significa que o bem jurídico deve receber a tutela da norma penal somente quando os demais ramos do direito não forem suficientes para punir e reprimir determinada conduta.

Conforme magistério de Guilherme de Souza Nucci, 'o direito penal deve ser visto, no campo dos atos ilícitos, como fragmentário, ou seja, deve ocupar-se das condutas mais graves, verdadeiramente lesivas à vida em sociedade, passíveis de causar distúrbios de monta à segurança pública e à liberdade individual. O mais deve ser resolvido pelos outros ramos do direito, através de indenizações civis ou punições administrativas'.

art. 21, XII, da Constituição Federal afirma competir à União explorar, diretamente ou mediante autorização, concessão ou permissão, os serviços de radiodifusão sonora, de sons e imagens e demais serviços de telecomunicações, não se está lançando o pressuposto de que ela é proprietária desse bem, que possui natureza ambiental e, portanto, é difuso. A ela caberá a mera administração do bem, cujo titular é o povo.

## 5. O DIREITO DE ANTENA ADAPTADO À TRANSMISSÃO DA COMUNICAÇÃO ATRAVÉS DO ESPECTRO ELETROMAGNÉTICO

Todo e qualquer brasileiro ou estrangeiro residente no País, no exercício de seu direito fundamental, pode manifestar seu pensamento (art. 5º, IV), propalando convicções religiosas, filosóficas, políticas (art. 5º, VIII), bem como intelectuais, artísticas, científicas e de comunicação, em seu sentido mais geral (art. 5º, IX), utilizando-se, para tanto, do espectro eletromagnético. Essa utilização deve estar de acordo com os fundamentos constitucionais do Estado Democrático de Direito, conforme preceitua o art. 1º da Constituição Federal.

Dessa forma, o direito constitucional positivo determina que a transmissão do pensamento de brasileiros e estrangeiros residentes no País através do espectro eletromagnético não poderá sofrer qualquer restrição, salvo em face de situações que ameacem ou violem valores da soberania, cidadania, dignidade da pessoa humana, sociais do trabalho e da livre-iniciativa e o pluralismo político.

---

Logo, atento às peculiaridades do caso sob exame, entendo, ante a irrelevância da conduta praticada pelo paciente e a ausência de resultado lesivo, que a matéria não deve ser resolvida na esfera penal e, sim, nas instâncias administrativas.

A essa mesma conclusão chegou a Primeira Turma deste Tribunal ao apreciar o HC 104.530/RS, também de minha relatoria, assim ementado:

'HABEAS CORPUS. PENAL. RÁDIO COMUNITÁRIA. OPERAÇÃO SEM AUTORIZAÇÃO DO PODER PÚBLICO. IMPUTAÇÃO AOS PACIENTES DA PRÁTICA DO CRIME PREVISTO NO ART. 183 DA LEI 9.472/1997. BEM JURÍDICO TUTELADO. LESÃO. INEXPRESSIVIDADE. PRINCÍPIO DA INSIGNIFICÂNCIA. APLICABILIDADE. CRITÉRIOS OBJETIVOS. EXCEPCIONALIDADE. PRESENÇA. APURAÇÃO NA ESFERA ADMINISTRATIVA. POSSIBILIDADE. ORDEM CONCEDIDA. I – Consta dos autos que o serviço de radiodifusão utilizado pela emissora é considerado de baixa potência, não tendo, deste modo, capacidade de causar interferência relevante nos demais meios de comunicação. II – Rádio comunitária localizada em pequeno Município do interior gaúcho, distante de outras emissoras de rádio e televisão, bem como de aeroportos, o que demonstra que o bem jurídico tutelado pela norma – segurança dos meios de telecomunicações – permaneceu incólume. III – A aplicação do princípio da insignificância deve observar alguns vetores objetivos: (i) conduta minimamente ofensiva do agente; (ii) ausência de risco social da ação; (iii) reduzido grau de reprovabilidade do comportamento; e (IV) inexpressividade da lesão jurídica. IV – Critérios que se fazem presentes, excepcionalmente, na espécie, levando ao reconhecimento do denominado crime de bagatela. V – Ordem concedida, sem prejuízo da possível apuração dos fatos atribuídos aos pacientes na esfera administrativa'.

Por todo exposto, concedo a ordem para cassar o acórdão que determinou o prosseguimento da ação penal e restabelecer a sentença que rejeitou a denúncia, em face da atipicidade da conduta imputada ao paciente, sem prejuízo da possível apuração dos fatos a ele atribuídos na esfera administrativa" (acórdão publicado no DJe, 14-2-2013).

Em obediência aos fundamentos constitucionais da República Federativa brasileira, o conteúdo da comunicação é limitado pelo preceito do art. 221 da Constituição, o que importa dizer que, ao transmitirem sua programação através do espectro eletromagnético, seja através do rádio ou da televisão, todos devem dar preferência a finalidades educativas, artísticas, culturais e informativas. Além disso, devem procurar promover não só uma cultura nacional, nos moldes estabelecidos pelos arts. 215 e 216 da Carta, como regional, dando particular importância à produção e programação de rádio e televisão, a partir dos Municípios, em face dos assuntos que dizem respeito às necessidades locais, dentro de uma visão constitucional e reiterada pelos incisos I a III do art. 221.

De fato, é somente com uma visão local, integrada às necessidades gerais dos Estados e mesmo do País, que a programação poderia respeitar valores éticos e sociais da pessoa e da família (CF, art. 221, IV): os valores éticos e sociais de um paulistano podem não ser necessariamente os mesmos de uma família de Porto Alegre.

Diante da predominância do bem ambiental com os limites impostos pelo art. 1º, já não podemos considerar o art. 223 da Constituição Federal em face da sua interpretação literal: seu conteúdo tem importância no sentido de limitar o bem ambiental com a finalidade de garantir a soberania brasileira, bem como a cidadania e a dignidade da pessoa humana. Para assegurar a efetividade do direito de todos, visando à transmissão da comunicação através do espectro eletromagnético, o Poder Executivo tem a incumbência de exigir, sempre que alguém pretenda utilizar-se das ondas eletromagnéticas, *estudo prévio de impacto ambiental*, dentro de um critério destinado a assegurar a todos a proteção do meio ambiente cultural, artificial, do trabalho e natural em face do direito de antena[7].

Com isso, o serviço de radiodifusão sonora e dos sons e imagens em nosso país não está mais adstrito tão somente aos tradicionais critérios apontados na história constitucional brasileira: a história de manipulação do espectro eletromagnético em nome do Estado ou do grande capital nacional ou mesmo internacional, em face da existência apenas de bens públicos ou privados. Por via de consequência, tanto as pessoas jurídicas de direito público como de direito privado e mesmo todo e qualquer brasileiro nato, ou naturalizado há pelo menos dez anos (art. 222, *caput*), não poderão utilizar-se de um bem ambiental – espectro eletromagnético – sem realizar estudo prévio de impacto ambiental, dando publicidade a ele (art. 225, IV, da CF)[8].

## 6. O DIREITO DE ANTENA VINCULADO À CAPTAÇÃO DA TRANSMISSÃO ATRAVÉS DO ESPECTRO ELETROMAGNÉTICO

Exercendo direito fundamental, todo e qualquer brasileiro ou estrangeiro residente no País tem direito à informação captada através de meios que utilizam o espectro

---

7. Celso Antonio Pacheco Fiorillo, *O direito de antena*, cit., p. 186.

8. Celso Antonio Pacheco Fiorillo, *O direito de antena*, cit., p. 186-7.

546

eletromagnético, caso do rádio e da televisão, podendo responder em face de eventuais agravos que venha a sofrer, bem como receber indenização por dano sofrido – material, moral ou à imagem (CF, art. 5º, V) –, ou em razão de ter violadas pelas transmissões de rádio ou televisão sua intimidade, vida privada ou honra (art. 5º, X).

Com isso, o espectro eletromagnético passa a desempenhar função importante, qual seja, informar e formar a população através da educação em todos os níveis, respeitando valores culturais e morais (conforme preceituam os arts. 215, 216 e 221 da CF), observando sua realidade a partir do local em que exerce seu "direito à vida". Isso demonstra novamente a importância dos bairros nos Municípios, os quais ganham destaque por conta da proximidade com os problemas e dificuldades locais e da possibilidade de as necessidades da população serem atendidas através de serviços via espectro eletromagnético.

Do outro lado, as pessoas, ao captarem transmissões, poderão ter violados direitos fundamentais em face da cidadania e da dignidade enquanto pessoas humanas que são.

Nossa Constituição aponta importante critério em defesa dos valores fundamentais, ao estabelecer meios legais, através de leis federais, para concretamente garantir à pessoa e à família a possibilidade de se defenderem de programas ou programações de rádio e televisão que contrariem os princípios dispostos no art. 221.

## 6.1. A DEFESA DO CONSUMIDOR

Independentemente de outras leis, descritas como adaptadas ao comando constitucional contido no art. 220, § 3º, II, cabe mencionarmos a proteção dada àqueles que captam transmissões de rádio e televisão pela Lei Federal n. 8.078/90 – o Código de Defesa do Consumidor.

No final do século XX e início do XXI o legislador brasileiro conseguiu elaborar um sistema de equilíbrio ao estabelecer um controle do conteúdo a ser observado nas programações de rádio e televisão, dominadas que são pela propaganda comercial.

A própria história brasileira revela que tanto o rádio como a televisão "nasceram" e foram "mantidos" pelo poder econômico através da veiculação de publicidade. Dessarte, nosso legislador estabeleceu importante mecanismo de defesa da população, criando verdadeiro princípio, regrado pelo art. 36 da Lei n. 8.078/90: a publicidade deve ser veiculada de tal forma que o consumidor, fácil e imediatamente, a identifique como tal.

Desse modo, quem capta transmissões de rádio e televisão tem o direito de saber se está diante de uma informação (tanto quanto possível) verdadeira ou fantasiosa, não podendo ser induzido em erro ou a se comportar de forma prejudicial à sua incolumidade físico-psíquica, conforme preceituam os §§ 1º e 2º do art. 37 da Lei n. 8.078/90.

Com isso, o direito de defesa, estabelecido pela Constituição àqueles que captam transmissões de rádio e televisão, não está adstrito tão somente ao direito de resposta (art. 5º, V), mas também em face de um espectro mais amplo, inserido na ordem jurídica do capitalismo (art. 170 da CF).

## 6.2. PARTICIPAÇÃO DO ESTADO DEMOCRÁTICO DE DIREITO

Precisamos estar conscientes de que o Estado Democrático de Direito deve participar do controle do bem ambiental, o que é possível através da utilização do instrumento do *estudo prévio de impacto ambiental*, mas convictos de que o espectro eletromagnético não é propriedade de pessoas jurídicas de direito público interno, mas sim de uso comum de brasileiros e estrangeiros residentes no País.

Em última análise, assegurar o direito constitucional de antena é garantir um País comprometido com sua população e seus verdadeiros interesses.

## 7. TUTELA JURÍDICA DOS SERVIÇOS DE TELECOMUNICAÇÃO QUE USAM A ENERGIA ELETROMAGNÉTICA NO ÂMBITO DA COMUNICAÇÃO SOCIAL

### 7.1. INTRODUÇÃO

Inseridas no Setor de Tecnologia de Informação e Comunicação (TIC), as telecomunicações são classificadas no Brasil segundo o IBGE (Pesquisa Anual de Serviços) como serviços incluindo Telefonia Fixa, Telefonia Celular, SME (*Trunking*), Telecomunicações por Satélites, provedores de Acesso à Internet, transmissão e recepção de sinais de TV e Rádio, serviços de instalação e outros.

Trata-se, pois, de "setor da economia que engloba os chamados serviços de telecomunicações, serviços de valor agregado e produtos utilizados para a prestação de referidos serviços e podendo ser dividido em três segmentos, a saber:

1) Serviços de Telecomunicações, vinculados às empresas que detém concessão ou autorização para prestação de serviços, tais como Telefonia Fixa, Comunicações Móveis, Comunicação Multimídia, TV por Assinatura, Radiodifusão e outros;

2) Produtos e serviços para as Prestadoras de Serviços de Telecomunicações, vinculados à fornecedores de equipamentos e prestadores de serviço que dão suporte à prestação de Serviços de Telecomunicações, inclusive fornecedores de capacidade espacial;

3) Serviços de Valor Agregado, vinculados à empresas prestadoras de serviços que têm como suporte principal Serviços de Telecomunicações".

Como explica de forma didática Cesar Dartora, "o desenvolvimento das telecomunicações é um marco tão relevante que os astrônomos que buscam vida inteligente fora do nosso planeta classificam as possíveis civilizações existentes fora da Terra em duas categorias: as que já chegaram às comunicações eletromagnéticas e as que ainda não a dominam, sendo assim impossível rastreá-las". Dentre toda a gama de aplicações, os mais importantes exemplos são:

– os sistemas de potência, responsáveis pelo fornecimento de energia para indústrias, residências etc. Uma imensa variedade de dispositivos e máquinas, como motores e geradores, são vastamente empregados. Para levar a energia de um ponto a outro são utilizadas linhas de transmissão de energia. Tanto motores, aquecedores e outros equipamentos de uso industrial quando pequenos aparelhos domésticos (liquidificador, secador de cabelo, televisor, lâmpadas etc.) utilizam energia elétrica;

– equipamentos biomédicos em geral, desde os sistemas de monitoramento de funções vitais de um paciente a aparelhos cirúrgicos, passando pelos *lasers* cirúrgicos, fontes de raios X e tomógrafos, que requerem o domínio de vários fenômenos eletromagnéticos para serem compreendidos. A preocupação na medicina inclui as instalações de potência e aterramentos;

– sistemas de uso militar, como radares de micro-ondas para detecção de alvos, rastreamento e monitoramento, armas de pulsos eletromagnéticos, navegação aérea e marítima, e outros;

– sistemas de comunicações de todos os tipos, abrangendo um amplo espectro de frequências, desde ondas curtas em RF até os sistemas óticos, passando pela radiodifusão e transmissão de TV, TV a cabo, telefonia móvel e fixa, internet e comunicações via satélite. O mercado das comunicações e um dos mais importantes da economia mundial, tendo modificado significativamente a forma como enxergamos o mundo e nos relacionamos;

– sistemas de radar e posicionamento civis, como o GPS, aplicações de comunicação e radar de polícia, navegação comercial em aeroportos e outros;

– sensoriamento de diversos tipos, utilizando transdutores cujo sinal de saída é sempre um sinal elétrico (para medir temperatura, movimento, campos etc.);

Definidos em 1962 pelo Código Brasileiro de Telecomunicações (Lei n. 4.117/62) como "a transmissão, emissão ou recepção de símbolos, caracteres, sinais, escritos, imagens, sons ou informações de qualquer natureza, por fio, rádio, eletricidade, meios óticos ou qualquer outro processo eletromagnético", os serviços de telecomunicações analisados e interpretados juridicamente tão somente como um "direito governamental das concessões", passaram evidentemente a ter de observar a partir de 1988 as superiores regras estabelecidas por nossa Lei Maior, ou seja, os serviços de telecomunicações em todo o território do País, inclusive águas territoriais e espaço aéreo, assim como nos lugares em que princípios e convenções internacionais lhes reconheçam extraterritorialidade, passaram a ter de obedecer aos preceitos normativos relativos ao balizamento da comunicação social, em absoluta sintonia com a Carta Magna de 1988 e não tão somente vinculados às regras infraconstitucionais, particularmente aquelas editadas antes de nossa Constituição.

Destarte, se por um lado a manifestação do pensamento, a criação, a expressão e a informação não podem sofrer qualquer restrição, em face da interpretação sistemática do texto da Carta Magna e particularmente no âmbito do meio ambiente cultural (arts. 216 e 216 da Constituição Federal), a forma, processo ou veículo usados na comunicação social previstos no art. 220 necessitam, por outro lado, obedecer à tutela jurídica dos recursos naturais determinada pelo balizamento normativo vinculado ao meio ambiente natural, que também deve ser obedecida pelos serviços de telecomunicações, conforme também determina a Carta Magna (arts. 170, VI, e 225 da Constituição Federal).

Assim, nos dias de hoje, merece análise jurídica específica a tutela jurídica dos serviços de telecomunicação que usam a energia eletromagnética no âmbito da comunicação social em face das atividades econômicas que usam bens ambientais no plano do meio ambiente natural, conforme nosso balizamento constitucional.

## 7.2. O PROCESSO ELETROMAGNÉTICO: AS ONDAS E O ESPECTRO ELETROMAGNÉTICO

A tutela jurídica vinculada ao direito constitucional de captação ou transmissão da comunicação por meio de ondas já foi bem desenvolvida no presente livro.

Cabe reiterar, usando os ensinamentos do *Dicionário das ciências*[9], *que* "designa-se por onda (ou movimento ondulatório) toda perturbação de uma grandeza física que se propaga num meio. O exemplo mais familiar é o das ondas criadas na superfície de um líquido por uma perturbação exterior (corrente de ar, queda de um objeto). Essas ondas propagam-se induzindo deslocamento de amplitude limitada para todas as moléculas de líquido situadas na vizinhança da superfície".

Como esclarece a obra antes mencionada, "dentre as perturbações de uma grandeza física que se propagam num meio merecem destaque as ondas eletromagnéticas, que consistem em variações do campo eletromagnético que se propagam num meio ou mesmo no vácuo, ou seja, sem um suporte material".

Com efeito.

Ensina o *Dicionário de ciências*[10] que efetivamente foi "Heinrich Hertz, físico alemão, que mostrou, por volta do fim do século XIX, que todas as ondas eletromagnéticas propagam-se no vácuo com a velocidade da luz (c = 3 x 10 m/s). Num meio material onde o índice de refração é n, elas se propagam com uma velocidade v = c/n. As ondas eletromagnéticas cobrem um vasto domínio de frequências (de 103 até 1.022 hz ou ciclos por segundo) e de comprimento da onda (de 1.013 a 105 m)".

Assim, inúmeras possibilidades de uso das ondas eletromagnéticas em proveito das necessidades da pessoa humana passaram a ser cogitadas, sendo certo que, dentre essas possibilidades, imediatamente as amplas possibilidades de comunicação social através da informação mereceram destaque.

Senão vejamos.

## 7.3. INFORMAÇÕES POR ONDAS ELETROMAGNÉTICAS: OS TRABALHOS CIENTÍFICOS DE MICHAEL FARADAY E JAMES CLARK MAXWELL

As informações por ondas são transmitidas através de fenômenos físicos produzidos e controlados artificialmente com a finalidade específica de transmissões por duas vias: a) mecânica; b) eletromagnética.

---

9. Lionel Salem, *Dicionário das ciências,* São Paulo, Petrópolis, 1995.
10. Lionel Salem, *Dicionário de ciências,* cit.

Na onda mecânica o som realiza-se diretamente pelo ar e pela água, através do impacto de moléculas, formado por ondas. Sendo extremamente limitada, pode vir a conduzir pouca informação ao mesmo tempo.

Na onda eletromagnética constatamos o chamado fenômeno eletromagnético, na medida em que se verifica a existência de um componente elétrico e de um componente magnético que se propagam na forma de onda. É destinado à transmissão de arquivos mais complexos.

Assim, explicam os estudiosos que a teoria das ondas estuda o fenômeno do transporte de energia mediante a propagação de perturbações de energia em um meio suporte.

Se essas perturbações se propagam em meio elástico, são denominadas ondas elásticas; se têm origem em um campo eletromagnético oscilante, denominam-se ondas eletromagnéticas.

Destarte, as ondas eletromagnéticas são as originadas por cargas elétricas oscilantes, por exemplo, elétrons oscilando na antena transmissora de uma estação de rádio ou televisão. Na medida em que não necessitam obrigatoriamente de um meio material para se propagar, podem também fazê-lo no vácuo.

Vimos, portanto, que no estudo das ondas merecem destaque, em face do presente trabalho, as pesquisas científicas que estabeleceram os princípios da eletricidade, ou seja, os trabalhos de **Charles Coulomb** (físico e engenheiro francês que conseguiu, em 1785, com seu aparelho denominado "barra de torção", atingir a precisão necessária para demonstrar que a força de atração ou repulsão entre cargas elétricas variava, tal como a gravidade, de acordo com inverso do quadrado da distância entre elas, provando que não apenas as cargas elétricas, mas também os magnetos atraem uns aos outros com uma força que, de fato, varia precisamente de acordo com o quadrado da distância)[11], de **Alessandro Volta** (professor de física experimental italiano que, em 1792/1793, publicou nos *Negócios Filosóficos*, da Royal Society, sua crença de que "os metais usados nas experiências, sendo aplicados aos corpos úmidos de animais, podem por eles mesmos... excitar e desalojar o fluído elétrico...", provando sua teoria em 1799 com a construção de um aparelho − uma pilha de discos de cobre e zinco separados por discos de papelão úmido − que realmente produziu eletricidade − tratava-se da primeira bateria elétrica, assim como da primeira fonte geradora de um fluxo contínuo de eletricidade, provocando implicações no sentido de forjar uma ligação entre a eletricidade e as substâncias materiais, abrindo uma nova dimensão de pesquisa, da qual se beneficiaria o século XIX), de **Georg Ohm** (professor de física alemão que, ao realizar experiências usando fios de espessuras idênticas, mas de diferentes comprimentos, verificou que a resistência deles não dependia da qualidade de eletricidade que passava por eles, isto é, da corrente, introduzindo em pesquisas realizadas em 1826/1827 o conceito de força eletromotriz, bem como a unidade chamada volt, em homenagem a Volta, ficando o nome de Ohm associado à unidade de resistência), de

---

11. Colin A. Ronan, *História ilustrada da ciência* − Universidade de Cambridge, São Paulo, Zahar, 1983.

**Hans Christian Oerstd** (professor da Universidade de Copenhague que, por motivos filosóficos, acreditava que devia existir uma relação entre eletricidade e magnetismo, conseguindo provar, experimentalmente, em 1820, que, quando uma corrente elétrica passava ao longo de um fio, havia um campo magnético associado a ela) e de **André--Marie Ampère** (físico, matemático e químico francês que veio a esclarecer, entre 1821 e 1825, os efeitos de correntes sobre ímãs, observados por Oerstd, assim como o efeito oposto, a ação de ímãs sobre correntes elétricas, o que o teria levado a afirmar que um ímã era composto por "moléculas" magnéticas, em cada uma das quais uma corrente circulava permanentemente, ponto de vista que estava de acordo com vários resultados experimentais então conhecidos e que foi de imensa importância).

**Mas, sem dúvida alguma, devemos realçar os trabalhos científicos de dois cientistas que são fundamentais para a compreensão do fenômeno da radiação eletromagnética e das próprias ondas eletromagnéticas: o inglês Michael Faraday e o escocês James Clark Maxwell[12].**

Faraday, na condição de diretor de laboratório do Royal Institution a partir do ano de 1833, conforme destacado pela obra *História ilustrada da ciência*[13], teve toda a sua atenção voltada, pela primeira vez, para a questão do eletromagnetismo, sendo certo que suas pesquisas produziram resultados que viriam a ter efeitos de longo alcance tanto na indústria como na ciência. Para começar, argumentava que, se a eletricidade que corria por um fio produzia efeitos magnéticos, como Ampère havia demonstrado, o inverso devia ser verdadeiro – um efeito magnético deveria produzir uma corrente elétrica. Para testar isso experimentalmente, Faraday enrolou duas espirais de fio em um anel de ferro. Uma das espirais ia até uma bateria, e a outra, até um "galvanômetro" (sensível detector de corrente elétrica cujo nome está associado ao professor de obstetrícia italiano Luigi Galvani, estudioso de eletricidade estática), fazendo com que

---

12. "O eletromagnetismo clássico é provavelmente a mais bem compreendida teoria da Física e seguramente uma das mais bem-sucedidas. A história da humanidade costuma ser dividida em Antes e Depois de Cristo, porém, de um ponto de vista estritamente científico, poder-se-ia dizer que ela está dividida em Antes e Depois de Maxwell, tal o impacto causado pelas aplicações do eletromagnetismo na sociedade moderna. O escocês James Clerk Maxwell, que viveu no século XIX, sintetizou em um conjunto de equações a descrição de todos os fenômenos eletromagnéticos, e atualmente vivemos a plenitude da Era Eletromagnética. O domínio da teoria eletromagnética permitiu resolver desde os problemas mais simples, como a iluminação de residências e vias públicas, passando por complexas máquinas e equipamentos elétricos de uso residencial e industrial, e finalmente promovendo uma revolução na forma como nos localizamos e nos relacionamos com as pessoas, através do uso de comunicações móveis, sistemas de posicionamento global (GPS) e o advento da internet e das redes sociais. O desenvolvimento das telecomunicações é um marco tão relevante que, na busca pela vida inteligente fora do nosso planeta, os astrônomos classificam as possíveis civilizações existentes fora da Terra em duas categorias: as que já chegaram às comunicações eletromagnéticas e as que ainda não a dominam, sendo assim impossível rastreá-las. É, portanto, fundamental que físicos e engenheiros eletricistas tenham amplo conhecimento das leis do eletromagnetismo e domínio das técnicas matemáticas empregadas na solução de problemas práticos" (Cesar Augusto Dartora, *Teoria do campo eletromagnético e ondas,* Universidade Federal do Paraná, Departamento de Engenharia Elétrica).

13. Colin A. Ronan, *História ilustrada da ciência* – Universidade de Cambridge, cit.

o cientista inglês observasse que, quando ligava e desligava a bateria, uma corrente elétrica passava, temporariamente, no outro fio. Evidentemente, isso era gerado por efeitos magnéticos da primeira corrente. Uma segunda experiência, usando uma espiral de fio enroscada em uma haste de ferro e dois ímãs em forma de barra, demonstrou claramente que estes por si sós podiam induzir uma corrente, "uma conversão direta de magnetismo em eletricidade", como chegou a afirmar. Sua hipótese provou ser correta. Seguiram-se outras experiências, e, a partir delas, ele verificou que uma espiral de fio induziria uma corrente elétrica em si mesma nos momentos em que uma corrente fosse ligada ou desligada − o fenômeno da "autoindução".

**Essas experiências conduziram a toda espécie de resultados práticos − ao desenvolvimento dos motores e geradores elétricos, e daí aos trens e bondes elétricos, ao suprimento de eletricidade pública, bem como ao telégrafo elétrico, e, nas mãos de um inventor como Alexander Graham Bell, ao telefone.**

Levantaram também um problema teórico, que não era novo, embora, à sua luz, tenha-se tornado um sério desafio. Era a questão relativa ao modo como a eletricidade e o magnetismo podiam afetar um ao outro no espaço vazio − o problema da ação a distância. Faraday propôs a útil e produtiva ideia de um campo[14]. Imaginou que existiam linhas de força magnética, e que estas ficavam tanto mais próximas quanto mais forte fosse o campo magnético. Imaginou também que essas linhas tendiam a encurtar quando podiam e a repelir-se mutuamente. Essas explicações eram compatíveis com o resultado de suas experiências.

Em 1837, Faraday introduziu o conceito paralelo de linhas de força elétrica e, no ano seguinte, estava em condições de elaborar uma Teoria da Eletricidade. As partículas de matéria eram compostas de forças arranjadas segundo padrões complexos, que lhes davam suas características. Entretanto, os padrões distorciam-se sob tensão, como a imposta pelas forças elétricas. Então Faraday usou essa ideia para explicar o fenômeno do relâmpago, bem como a eletrostática e a eletroquímica. Não era uma teoria que se recomendasse particularmente à comunidade científica, e ele próprio a propôs com grande desconfiança, mas, juntamente com seu soberbo trabalho experimental, conseguiu reunir em uma grande unidade todos os elementos do estudo sobre a eletricidade, até então dispersos. As correntes voltaicas, a eletricidade de máquinas de fricção e de relâmpagos, a eletricidade por indução, os efeitos eletromagnéticos, a eletricidade animal (tal como a apresentada por um peixe-torpedo, p. ex.) e até a termoeletricidade (a eletricidade produzida pelo aquecimento de dois metais diferentes em contato) **tinham mostrado ser a mesma espécie de eletricidade**. Como declarou o próprio Faraday: "A eletricidade, qualquer que seja, é idêntica em sua natureza".

Ao discutir a eletricidade e o conceito de linhas de força, Faraday afirmou que o espaço devia estar cheio de tais linhas, e que talvez a luz e o calor radiante fossem

_____

14. Michael Faraday, *The effects of a magnetic field on radiation,* Scholar's Choice Edition Paperback, February 18, 2015.

vibrações que viajavam ao longo delas. Todavia, essa ideia necessitava de uma análise matemática completa que lhe desse precisão, se se pretendesse que ela se tornasse algo mais que uma afirmação interessante.

O homem que aceitou esse desafio foi o escocês James Clark Maxwell (1831-1879). Autor do célebre *Tratado sobre eletricidade e magnetismo*[15], o cientista aprofundou o estudo acerca do assunto, sendo certo que seu interesse foi despertado tanto nos encontros como na correspondência com Faraday e também por causa de um trabalho que Kelvin (William Thomson, depois Lorde Kelvin, brilhante matemático e físico nascido na Irlanda do Norte) tinha realizado em 1842, quando estudante em Cambridge. Kelvin comparara a carga em um corpo, gerada por uma máquina elétrica, com o modo como o calor se alastra em um corpo quente, grande o bastante para que detalhes do seu contorno possam ser desprezados (já que estes iriam complicar demais o estudo). Kelvin usou essa comparação porque a técnica matemática apropriada já estava disponível. Surpreendentemente, seus resultados mostraram que as respostas matemáticas ao problema elétrico eram semelhantes.

Como afirmou Maxwell, o trabalho de Kelvin "introduziu na ciência matemática a ideia de ação elétrica conduzida através de um meio contínuo"; era uma ideia proposta por Faraday, mas nunca antes trabalhada com detalhes matemáticos. Em 1846, Kelvin escreveu novamente sobre o assunto, dessa vez levando-o mais adiante e adotando a ideia então prevalecente de que todo o espaço era permeado por um éter, que, embora não pudesse ser pesado nem medido, agia como transportador dos feixes de luz. Kelvin comparava os efeitos elétricos de um éter que transmitia os efeitos elétricos e magnéticos com as variações a serem encontradas em um corpo sólido que estivesse sofrendo tensões. Era uma ideia que prometia esclarecer como tal éter podia transmitir efeitos de um lugar para outro. Nas mãos de Maxwell, ela foi desenvolvida com grande imaginação e notável habilidade matemática.

Maxwell começou sua análise em 1855 e, inicialmente, tentou encontrar uma explicação matematicamente correta das linhas de força que circundam um ímã, isto é, o campo magnético de Faraday. Um ano depois, estava pronto para publicar um documento em que tentava correlacionar todos os resultados experimentais sobre eletromagnetismo de Faraday usando métodos semelhantes àqueles com os quais Kelvin tinha sido tão bem-sucedido.

Esse, porém, era apenas um primeiro passo; mais ainda devia ser feito, e foi somente cinco anos mais tarde que Maxwell conseguiu seu objetivo. Por fim, em 1861, ele estava em condições de colocar correntes elétricas, cargas elétricas e magnetismo em um esquema abrangente, pressupondo um éter para explicar como as correntes elétricas e seus variados campos magnéticos estavam sempre interagindo. Publicado com todos os detalhes matemáticos, em 1864, o trabalho marcou um imenso avanço no entendimento dos efeitos magnéticos e da eletricidade. No entanto, era mais do

---

15. James Clark Maxwell, *Treatise on electricity and magnetism*. Paperback. 1954. v. 1.

que isso, pois as implicações de seus resultados matemáticos eram impressionantes. As equações a que Maxwell tinha chegado para expressar o comportamento de uma corrente elétrica e de seu campo magnético associado eram semelhantes, em todos os aspectos, às já determinadas para expressar o comportamento das ondas de luz (uma teoria ondulatória da luz já fora aceita por essa época).

Destarte, o que Maxwell mostrou foi que a luz seria uma onda eletromagnética de alguma espécie, e, inversamente, que as ondas eletromagnéticas deviam ser passíveis de reflexão, refração e todos os efeitos que as ondas de luz sofrem. Seus resultados, porém, ainda demonstravam que deviam existir radiações de menores ou maiores comprimentos de onda do que a luz.

Em 1888, nove anos depois da morte de Maxwell, foram realmente descobertas ondas eletromagnéticas longas: nessa época, Heinrich Hertz, professor de física em Karlsruhe, gerou ondas desse tipo. Embora não pudessem ser observadas visualmente, elas eram detectadas eletricamente e também podiam ser transmitidas e refletidas. **Hertz tinha descoberto as ondas de rádio**; como se acabou constatando, porém, isso foi apenas uma das consequências do trabalho de Maxwell.

**Vimos, portanto, diante do registro elaborado pela *História ilustrada da ciência*[16], como os cientistas e principalmente Maxwell puderam explicar o fenômeno das radiações eletromagnéticas, principalmente em face das ondas eletromagnéticas.**

Para entendermos de forma adequada as informações por ondas eletromagnéticas, cabe reiterarmos o trabalho científico desenvolvido por Maxwell, conhecido por "hipóteses de Maxwell"[17].

O cientista escocês conseguiu generalizar os princípios da eletricidade desenvolvendo uma teoria matemática importante. Considerando que na indução eletromagnética um campo magnético variável induz uma força eletromotriz, o que é característico de um campo elétrico, Maxwell apresentou as seguintes hipóteses:

*Primeira hipótese*: um campo magnético variável é equivalente, nos seus efeitos, a um campo elétrico e vice-versa.

*Segunda hipótese*: um campo elétrico variável é equivalente, nos seus efeitos, a um campo magnético.

Com essas hipóteses, Maxwell generalizou, matematicamente, os *princípios da eletricidade*. **A verificação experimental de sua teoria só foi possível quando se considerou um novo tipo de onda, as chamadas ondas eletromagnéticas.** Estas surgem como consequência de dois efeitos: um campo magnético variável produz um campo elétrico, e campos em constante e recíprocas induções propagam-se pelo espaço[18].

---

16. Colin A. Ronan, *História ilustrada da ciência* – Universidade de Cambridge, cit.

17. James Clark Maxwell, *Treatise on electricity and magnetism*, cit., v. 1.

18. Francisco Ramalho Jr.; José Cardoso Santos; Nicolau Ferraro; Paulo de Toledo Soares, *Os fundamentos da física (eletricidade)*, São Paulo, Moderna, 1986.

No estudo das ondas, portanto, verificou-se que elas ocorrem quando uma perturbação originada em uma região pode ser reproduzida nas regiões adjacentes em um instante posterior.

De acordo com Maxwell, se em um ponto $P$ produzirmos um campo elétrico variável $E$, ele induzirá um campo magnético $B$ variável com o tempo e com a distância ao ponto $P$. Além disso, o vetor $B$ variável induzirá um vetor $E$, que também variará com o tempo e com a distância do campo magnético variável. Essa indução recíproca de campos magnéticos e elétricos, variáveis com o tempo e com a distância, torna possível a propagação da sequência de induções através do espaço.

Portanto, uma perturbação elétrica no ponto $P$, devida à oscilação de cargas elétricas, por exemplo, propaga-se a pontos distantes através de mútua formação de campos elétricos e magnéticos variáveis. **Maxwell estabeleceu equações para a propagação dessa perturbação, mostrando que ela apresentava todas as características de uma onda: refletindo, refratando, difratando e interferindo. Por isso, denominou-a onda ou radiação eletromagnética.**

Mais tarde, verificou-se que as ondas eletromagnéticas poderiam ser polarizadas e que, portanto, eram ondas transversais.

Maxwell acabou por demonstrar que a velocidade de propagação de uma onda eletromagnética no vácuo é igual à da luz neste. Supôs que esse resultado não seria simples coincidência e que a **luz deveria ser uma onda eletromagnética**, o que mais tarde foi plenamente confirmado.

Destarte, o **processo eletromagnético (nele incluídas as informações por ondas eletromagnéticas)**, processo este que se encontra ordenado no plano científico em face do que os cientistas vieram a estabelecer no âmbito do denominado "**espectro eletromagnético**", conforme amplamente detalhado anteriormente, na medida em que se caracteriza cientificamente como integrante da **atmosfera/elemento da biosfera** e, portanto, compreendida no plano infraconstitucional normativo como **recurso ambiental (art. 3º, V, da Lei n. 6.938/81 e art. 2º, IV, da Lei n. 9.885/2000)** tem natureza jurídica de bem ambiental (art. 225 da Constituição Federal), obedecendo à disciplina jurídica fixada pelo direito ambiental constitucional.

## 7.4. O "ESPECTRO ELETROMAGNÉTICO" COMO RECURSO AMBIENTAL (ART. 3º, V, DA LEI N. 6.938/81 E ART. 2º, IV, DA LEI N. 9.885/2000) E SUA NATUREZA JURÍDICA DE BEM AMBIENTAL (ART. 225 DA CONSTITUIÇÃO FEDERAL)

Tendo em vista o que aduzimos anteriormente e conforme amplamente demonstrado em face dos trabalhos cientificamente desenvolvidos ao longo da história, o espectro eletromagnético, na medida em que se caracteriza cientificamente como integrante da atmosfera/elemento da biosfera e, portanto, compreendido no plano infraconstitucional normativo como recurso ambiental (art. 3º, V, da Lei n. 6.938/81 e art. 2º, IV, da Lei n. 9.885/2000), tem natureza jurídica de bem ambiental (art. 225 da

Constituição Federal), deve obedecer à disciplina jurídica fixada pelo direito ambiental constitucional, particularmente em decorrência da interpretação da matéria que a partir do ano de 2010 o Supremo Tribunal Federal passou a acolher, adotando interpretação doutrinária[19] não só no sentido de reconhecer que são distintos os bens jurídicos ambientais e os bens jurídicos públicos como indicando a necessidade fundamental de reforçar a tutela do bem jurídico ambiental, conforme podemos constatar, a saber:

"Os arts. 2º da Lei 8.176/91 e 55 da Lei 9.605/98 tutelam **bens jurídicos distintos: o primeiro visa a resguardar o patrimônio da União; o segundo protege o meio ambiente** (grifos nossos). Daí a improcedência da alegação de que o art. 55 da Lei 9.605/98 revogou o art. 2º da Lei 8.176/91" (HC 89.878, 2ª Turma, Rel. Min. Eros Grau, j. 20-4-2010, *DJe*, 14-5-2010).

"*HABEAS CORPUS*. PENAL. PROCESSUAL PENAL. EXTRAÇÃO DE OURO. INTERESSE PATRIMONIAL DA UNIÃO. ART. 2º DA LEI N. 8.176/1991. CRIME CONTRA O MEIO AMBIENTE. ART. 55 DA LEI N. 9.605/1998. BENS JURÍDICOS DISTINTOS. CONCURSO FORMAL. INEXISTÊNCIA DE CONFLITO APARENTE DE NORMAS. AFASTAMENTO DO PRINCÍPIO DA ESPECIALIDADE. INCOMPETÊNCIA DO JUIZADO ESPECIAL FEDERAL. 1. Como se trata, na espécie vertente, de concurso formal entre os delitos do art. 2º da Lei n. 8.176/1991 e do art. 55 da Lei n. 9.605/1998, que dispõem sobre **bens jurídicos distintos (patrimônio da União e meio ambiente, respectivamente)**, não há falar em aplicação do princípio da especialidade para fixar a competência do Juizado Especial Federal. 2. Ordem denegada" (STF, 2ª T., HC 111.762/RO, Rel. Min. Cármen Lúcia, j. 13-11-2012, *DJe*, 4-12-2012).

"O art. 225, § 3º, da CF não condiciona a responsabilização penal da pessoa jurídica por crimes ambientais à simultânea persecução penal da pessoa física em tese responsável no âmbito da empresa. A norma constitucional não impõe a necessária dupla imputação. As organizações corporativas complexas da atualidade se caracterizam pela descentralização e distribuição de atribuições e responsabilidades, sendo inerentes, a esta realidade, dificuldades para imputar o fato ilícito a uma pessoa concreta. Condicionar a aplicação do art. 225, § 3º, da Carta Política a uma concreta imputação também a pessoa física implica indevida restrição da norma constitucional, expressa a intenção do constituinte originário não apenas de ampliar o alcance das sanções penais, mas também de evitar a impunidade pelos crimes ambientais frente às imensas dificuldades de individualização dos responsáveis internamente às corporações, **além de reforçar a tutela do bem jurídico ambiental** (grifos nossos). A identificação dos setores e agentes internos da empresa determinantes da produção do fato ilícito tem relevância e deve ser buscada no caso concreto como forma de esclarecer se esses indivíduos ou órgãos atuaram ou deliberaram no exercício regular de suas atribuições internas à sociedade, e ainda para verificar se a atuação se deu no interesse ou em benefício da entidade coletiva. Tal esclarecimento, relevante

---

19. Celso Antonio Pacheco Fiorillo, *Curso de direito ambiental brasileiro,* São Paulo, Saraiva, 2017.

para fins de imputar determinado delito à pessoa jurídica, não se confunde, todavia, com subordinar a responsabilização da pessoa jurídica à responsabilização conjunta e cumulativa das pessoas físicas envolvidas. Em não raras oportunidades, as responsabilidades internas pelo fato estarão diluídas ou parcializadas de tal modo que não permitirão a imputação de responsabilidade penal individual" (RE 548.181, 1ª T., Rel. Min. Rosa Weber, j. 6-8-2013, *DJE*, 30-10-2014).

Destarte, os serviços de telecomunicações que empregam a energia eletromagnética no âmbito da comunicação social necessitam observar, por imperativo constitucional, as regras delimitadoras do uso dos bens ambientais em face das atividades econômicas para que possam legalmente desenvolver suas atividades.

## 7.5. OS SERVIÇOS DE TELECOMUNICAÇÕES QUE EMPREGAM A ENERGIA ELETROMAGNÉTICA NO ÂMBITO DA COMUNICAÇÃO SOCIAL EM FACE DAS ATIVIDADES PREVISTAS NA ORDEM ECONÔMICA CONSTITUCIONAL

Ao assegurar a todos o livre exercício de qualquer atividade econômica, independentemente de autorização de órgãos públicos, salvo nos casos previstos em lei (parágrafo único do art. 170 da CF), nossa Constituição Federal destacou de forma importante a necessidade de interpretar no plano normativo o significado de referido conceito de atividade em face de seus evidentes reflexos em toda a ordem econômica constitucional, particularmente em decorrência do direcionamento estabelecido pelos próprios princípios gerais da atividade econômica (Título VII – Da Ordem Econômica e Financeira, Capítulo I – Dos Princípios Gerais da Atividade Econômica).

Não se trata, pois, de simplesmente compreender a atividade em face tão somente da economia, a saber, dentro do termo economia, lembrando Antonio Dias Leite, como o "quadro físico e institucional dentro do qual se realizam as atividades de produção de bens e serviços requeridos pela sociedade, bem como sua evolução no tempo", mas de compreender de que forma "as atividades de produção de bens e serviços requeridos pela sociedade" têm seu balizamento fixado pela Constituição Federal.

Trata-se, pois, de verificar o que significa atividade no contexto econômico normativo constitucional, lembrando, de forma evidentemente menos ampla, dentro de análise doutrinária jurídica e em contexto infraconstitucional, ser a atividade "conceito básico de direito comercial, fenômeno essencialmente humano (Bonfante, *Lezioni di storia del commercio*). E hoje se pode afirmar que é conceito básico de direito empresarial. A empresa se realiza pela atividade, como o sujeito se realiza por seus atos. Tanto o ato quanto a atividade se exteriorizam por meio de negócios jurídicos, de tal sorte que se afirma que o contrato é o núcleo básico da atividade empresarial (Bulgarelli, *Contratos mercantis*, p. 25)"[20].

---

20. Rosa Maria Nery, *Vínculo obrigacional:* relação jurídica de razão (técnica e ciência de proporção), tese de livre-docência, Pontifícia Universidade Católica de São Paulo, 2004.

558

Todavia, atribuindo ao termo posição juridicamente superior, a Constituição Federal passou a entender a partir de 1988 ser a atividade, no plano normativo econômico descrito na Lei Maior, conceito bem mais amplo, abarcando não só as comerciais e empresariais – e evidentemente as atividades vinculadas aos serviços de telecomunicações que empregam a energia eletromagnética –, mas também e particularmente indicando a atividade em face da defesa do meio ambiente, o que significa compreender a matéria ora desenvolvida, como salienta Celso Fiorillo, em face do conceito amplo e abrangente das noções de meio ambiente natural, de meio ambiente cultural, de meio ambiente artificial (espaço urbano) e de meio ambiente laboral[21].

Com efeito.

Entendido como "qualidade; faculdade ou possibilidade de agir, de se mover, de fazer, empreender coisas; exercício dessa faculdade, ação" em face do que se admite ser ativo ("que exerce ação, que age, que tem a faculdade de agir"), o termo "atividade" também pode ser perfeitamente explicado no âmbito da economia (atividade econômica) como a faculdade de empreender coisas, o que facilita evidentemente seu entendimento no contexto da ordem econômica constitucional, com evidentes reflexos no direito ambiental constitucional, ou seja, a livre-iniciativa passa a atuar em absoluta sintonia com os princípios fundamentais do direito ambiental constitucional.

Assim, conforme inclusive já definido pelo Supremo Tribunal Federal, se "é certo que a ordem econômica na Constituição de 1988 define opção por um sistema no qual joga um papel primordial a livre-iniciativa, essa circunstância não legitima, no entanto, a assertiva de que o Estado só intervirá na economia em situações excepcionais. Mais do que simples instrumento de governo, a nossa Constituição enuncia diretrizes, programas e fins a serem realizados pelo Estado e pela sociedade. Postula um plano de ação global normativo para o Estado e para a sociedade, informado pelos preceitos veiculados pelos seus arts. 1º, 3º e 170. A livre-iniciativa é expressão de liberdade titulada não apenas pela empresa, mas também pelo trabalho. Por isso a Constituição, ao contemplá-la, cogita também da "iniciativa do Estado"; não a privilegia, portanto, como bem pertinente apenas à empresa. Se de um lado a Constituição assegura a livre-iniciativa, de outro determina ao Estado a adoção de todas as providências tendentes a garantir o efetivo exercício do direito à educação, à cultura e ao desporto (arts. 23, V; 205; 208; 215; e 217, § 3º, da Constituição). Na composição entre esses princípios e regras, há de ser preservado o interesse da coletividade, interesse público primário. O direito ao acesso à cultura, ao esporte e ao lazer são meios de complementar a formação dos estudantes".

Destarte, no plano superior constitucional em vigor (princípio fundamental), a livre-iniciativa (art. 1º, IV, da CF), como "princípio do liberalismo econômico que defende a total liberdade do indivíduo para escolher e orientar sua ação econômica, independentemente da ação de grupos sociais ou do Estado", implicando "total garantia

---

21. Celso Antonio Pacheco Fiorillo, *Curso de direito ambiental brasileiro*, São Paulo, Saraiva, 2017.

da propriedade privada, o direito de o empresário investir seu capital no ramo que considerar mais favorável e fabricar e distribuir os bens produzidos em sua empresa da forma que achar mais conveniente à realização dos lucros", conforme explicação de Paulo Sandroni, deixa de ser observada em face de sua interpretação inicial e passa a ser admitida em contexto de evidente equilíbrio.

Trata-se, como observa Celso Fiorillo[22], de se verificar que a ordem econômica estabelecida no plano normativo constitucional, fundada na valorização do trabalho humano e na livre iniciativa, tem por fim assegurar a todos existência digna, conforme os ditames da justiça social, observados alguns princípios indicados nos incisos do art. 170 sendo certo que dentre os referidos princípios, está exatamente o da defesa do meio ambiente (art. 170, VI da CF), cujo conteúdo constitucional está descrito no art. 225 da CF, inclusive mediante tratamento diferenciado conforme o impacto ambiental (art. 225, § 1º, IV) dos produtos e serviços e de seus processos de elaboração e prestação.

Como lembra referido autor, a defesa do meio ambiente, embora adote como causa primária no plano normativo os valores sociais do trabalho e da livre-iniciativa (art. 1º, IV), necessita respeitar a dignidade da pessoa humana como superior fundamento constitucional (art. 1º, III).

Adotando referida visão doutrinária, o Supremo Tribunal Federal teve a oportunidade de fixar a adequada interpretação da matéria, conforme decidiu na conhecida ADI 3.540, cuja ementa, por sua evidente importância para o tema ora analisado, merece ser transcrita, a saber:

"A atividade econômica não pode ser exercida em desarmonia com os princípios destinados a tornar efetiva a proteção ao meio ambiente. A incolumidade do meio ambiente não pode ser comprometida por interesses empresariais nem ficar dependente de motivações de índole meramente econômica, ainda mais se se tiver presente que a atividade econômica, considerada a disciplina constitucional que a rege, está subordinada, entre outros princípios gerais, àquele que privilegia a 'defesa do meio ambiente' (CF, art. 170, VI), que traduz conceito amplo e abrangente das noções de meio ambiente natural, de meio ambiente cultural, de meio ambiente artificial (espaço urbano) e de meio ambiente laboral. Doutrina. Os instrumentos jurídicos de caráter legal e de natureza constitucional objetivam viabilizar a tutela efetiva do meio ambiente, para que não se alterem as propriedades e os atributos que lhe são inerentes, o que provocaria inaceitável comprometimento da saúde, segurança, cultura, trabalho e bem-estar da população, além de causar graves danos ecológicos ao patrimônio ambiental, considerado este em seu aspecto físico ou natural" (ADI 3.540 MC, Rel. Min. Celso de Mello, j. 1º-9-2005, P, *DJe*, 3-2-2006).

---

22. Celso Antonio Pacheco, *Curso de direito ambiental brasileiro,* São Paulo, Saraiva, 2017.

Destarte, ao assegurar a todos o livre exercício de qualquer atividade econômica, nossa Constituição Federal condiciona o exercício de referida atividade no plano normativo à defesa do meio ambiente natural, do meio ambiente cultural, do meio ambiente artificial (espaço urbano) e do meio ambiente laboral, tudo em face dos princípios do direito ambiental constitucional, na forma de suas respectivas tutelas jurídicas constitucionais.

Os serviços de telecomunicações que empregam a energia eletromagnética no âmbito da comunicação social estão, por via de consequência, sujeitos aos princípios anteriormente indicados, bem como ao que determinam os princípios fundamentais do direito ambiental constitucional.

## 7.6. OS SERVIÇOS DE TELECOMUNICAÇÕES QUE EMPREGAM A ENERGIA ELETROMAGNÉTICA NO ÂMBITO DA COMUNICAÇÃO SOCIAL ENQUADRADOS CONSTITUCIONALMENTE COMO ATIVIDADE VINCULADA AO REGIME JURÍDICO DOS BENS AMBIENTAIS (ART. 225, § 1º, IV, E § 3º)

Conforme verificamos, além de atribuir à expressão "atividade" posição juridicamente superior, com inúmeros reflexos no plano da Carta Magna, a Constituição Federal passou a entender a partir de 1988 ser a atividade fator fundamental, relacionado particularmente à própria ordem econômica e financeira constitucional em vigor, vinculando referida expressão também aos princípios gerais da atividade econômica.

Por outro lado, entendeu também a Carta Magna ser adequado estabelecer de forma explícita no plano da tutela jurídica constitucional a expressão "atividade", vinculada ao regime jurídico dos bens ambientais (art. 225, § 1º, IV, e § 3º), o que nos possibilita afirmar também ser a atividade um conceito fundamental relacionado ao direito ambiental constitucional brasileiro, devendo, pois, seguir os superiores critérios fixados em nossa Lei Maior destinados a balizar o uso de bens ambientais, incluindo evidentemente o uso do espectro eletromagnético.

Senão vejamos.

## 7.7. OS SERVIÇOS DE TELECOMUNICAÇÕES QUE EMPREGAM A ENERGIA ELETROMAGNÉTICA NO ÂMBITO DA COMUNICAÇÃO SOCIAL COMO ATIVIDADE POTENCIALMENTE CAUSADORA DE SIGNIFICATIVA DEGRADAÇÃO DO MEIO AMBIENTE E O ESTUDO PRÉVIO DE IMPACTO AMBIENTAL (ART. 225, § 1º, IV)

Instrumento normativo "originário do ordenamento jurídico americano, tomado de empréstimo por outros países, como a Alemanha, a França e, por evidência, o

Brasil", na lição de Celso Fiorillo, Dione Morita e Paulo Ferreira[23], de gênese e natureza jurídica constitucional e visando assegurar efetividade na tutela jurídica constitucional dos bens ambientais, o estudo prévio de impacto ambiental, como instrumento preventivo estrutural, passou a ser exigido pela Lei Maior de 1988 na forma do que determina o art. 225, § 1º, IV, a saber:

"Art. 225. Todos têm direito ao meio ambiente ecologicamente equilibrado, bem de uso comum do povo e essencial à sadia qualidade de vida, impondo-se ao Poder Público e à coletividade o dever de defendê-lo e preservá-lo para as presentes e futuras gerações.

§ 1º Para assegurar a efetividade desse direito, incumbe ao Poder Público:
(...)

IV – exigir, na forma da lei, para instalação de obra ou atividade potencialmente causadora de significativa degradação do meio ambiente, estudo prévio de impacto ambiental, a que se dará publicidade".

Assim, para assegurar a efetividade da tutela jurídica dos bens ambientais em face das várias relações jurídicas ambientais disciplinadas em nossa Carta Magna (patrimônio genético, meio ambiental cultural, meio ambiente digital, meio ambiente artificial/cidades, saúde ambiental/meio ambiente do trabalho e meio ambiente natural), entendeu por bem nossa Constituição Federal determinar obrigatória incumbência ao Poder Público no sentido de exigir deste, na forma da lei, para atividade potencialmente causadora de significativa degradação do meio ambiente, o referido estudo de impacto, que deve ser sempre e necessariamente prévio e público.

Destarte, em nosso país, as diferentes atividades previstas em nosso ordenamento jurídico que potencialmente (suscetível de existir ou acontecer) possam causar significativa degradação do meio ambiente, a saber, atividades que possam causar "alteração adversa das características do meio ambiente" (art. 3º, II, da Lei n. 6.938/81), necessitam apresentar referido estudo no sentido de obedecer aos princípios e normas constitucionais anteriormente indicadas.

Claro está que referida alteração adversa, para restar cabalmente caraterizada, dependerá de cada caso concreto, a saber, dependerá da real situação a ser examinada (patrimônio genético, meio ambiental cultural, meio ambiente digital, meio ambiente artificial/cidades, saúde ambiental/meio ambiente do trabalho e meio ambiente natural), assim como deverá ser devidamente avaliada em decorrência de conhecimento técnico especializado, verdadeiro trabalho elaborado por perito, conforme clássica lição de Chiovenda, a saber, "pessoas chamadas a expor ao juiz não só as observações de seus sentidos e suas impressões pessoais sobre os fatos observados, senão também as induções que se devam tirar objetivamente dos fatos observados ou que lhes deem

---

23. Celso Antonio Pacheco Fiorillo; Paulo Ferreira; Dione Mari Morita, *Licenciamento ambiental*, 2. ed., São Paulo, Saraiva, 2015.

por existentes. Isto faz supor que eles são dotados de certos conhecimentos técnicos ou aptidões em domínios especiais, tais que não devam estar ao alcance, ou no mesmo grau, de qualquer pessoa culta".

Assim, atividades potencialmente causadoras de significativa degradação do meio ambiente geram a exigência constitucional de estudo prévio de impacto ambiental, a que se dará a necessária publicidade.

Destarte, o setor da economia que engloba os chamados serviços de telecomunicações, na medida em que estão estruturados em face do uso de ondas eletromagnéticas, bem ambiental com seu uso definido na forma do que determina a Carta Magna, conforme amplamente demonstrado no presente trabalho, deve obedecer em princípio ao comando normativo descrito no art. 225, § 1º, IV, de nossa Lei Superior no sentido de harmonizar referida atividade econômica em face das noções de meio ambiente fixadas pela Constituição Federal.

# Capítulo XXII
# O MEIO AMBIENTE ARTIFICIAL E AS CIDADES[1]

## 1. INTRODUÇÃO

Como já tivemos a oportunidade de ressaltar, o meio ambiente artificial é compreendido pelo espaço urbano construído, consistente no conjunto de edificações (chamado de espaço urbano fechado), e pelos equipamentos públicos (espaço urbano aberto). Dessa forma, todo o espaço construído, bem como todos os espaços habitáveis pelo homem compõem o meio ambiente artificial.

Com isso, verificamos que este aspecto do meio ambiente está diretamente relacionado ao *conceito de cidade,* que passou a ter natureza jurídica ambiental não só em face do que estabeleceu a Constituição Federal de 1988, mas particularmente com o Estatuto da Cidade (Lei n. 10.257/2001), porque, como já visto, o vocábulo "urbano", do latim *urbs, urbis,* significa cidade e, por extensão, os habitantes desta.

Dessarte, o termo "urbano" não evidencia um contraste com "campo" ou "rural", porquanto qualifica algo que se refere a *todos os espaços habitáveis,* "não se opondo a rural, conceito que nele se contém; possui, pois, uma natureza ligada ao conceito de território".

Tendo em vista aludido conteúdo, a relevância do tema é manifesta, já que a quase totalidade das pessoas vive e desenvolve a grande maioria de suas atividades no meio ambiente artificial.

## 2. OBJETIVO DA POLÍTICA DE DESENVOLVIMENTO URBANO

O meio ambiente artificial não é tratado na Constituição Federal somente no art. 225. Como sabemos, a individualização de aspectos do meio ambiente tem puramente função didática, revelando ao operador uma facilidade maior no manejo da matéria, facilitando a utilização dos instrumentos jurídicos trazidos pelo sistema.

---

1. Para um estudo aprofundado, *vide* Celso Antonio Pacheco Fiorillo e Renata Marques Ferreira, *Comentários ao Estatuto da Cidade:* Lei n. 10.257/2001 – Lei do Meio Ambiente Artificial, 7. ed., São Paulo, Saraiva, 2019.

Com efeito, observamos outros dispositivos pertinentes ao tema. Entre os artigos de maior importância encontramos o 182, que inicia o capítulo referente à política urbana. Outros dispositivos também se encontram vinculados à matéria, como, por exemplo, o art. 21, XX, que dispõe sobre a competência da União para instituir diretrizes para o desenvolvimento urbano, inclusive habitação, saneamento básico e transportes urbanos, bem como o art. 5º, XXIII, que disciplina que a propriedade atenderá a sua função social.

Dessa constatação, torna-se correto afirmar que o meio ambiente recebe uma tutela mediata e imediata. Tutelando de *forma mediata*, revela-se o art. 225 da Constituição Federal, em que encontramos uma proteção geral ao meio ambiente. *Imediatamente*, todavia, o meio ambiente artificial recebe tratamento jurídico no art. 182 do mesmo diploma:

> "Art. 182. A política de desenvolvimento urbano, executada pelo Poder Público municipal, conforme diretrizes gerais fixadas em lei, tem por objetivo ordenar o pleno desenvolvimento das funções sociais da cidade e garantir o bem-estar de seus habitantes".

Como ressaltado, dado o conteúdo pertinente ao meio ambiente artificial, este em muito relaciona-se à dinâmica das cidades. Desse modo, não há como desvinculá-lo do conceito de direito à sadia qualidade de vida, assim como do direito à satisfação dos valores da dignidade humana e da própria vida.

Para tanto, a Constituição Federal de 1988 fixa como objetivos da política urbana: a) a realização do pleno desenvolvimento das funções sociais da cidade; e b) a garantia do bem-estar dos seus habitantes.

## 2.1. PLENO DESENVOLVIMENTO DAS FUNÇÕES SOCIAIS DA CIDADE

A política urbana estabelece como um dos princípios o pleno desenvolvimento das funções sociais da cidade. A *plenitude* vislumbrada pela norma encontra-se satisfeita quando do efetivo respeito aos preceitos trazidos pelos arts. 5º e 6º da Constituição Federal.

Isso significa dizer que a função social da cidade é cumprida quando esta proporciona a seus habitantes o direito à vida, à segurança, à igualdade, à propriedade e à liberdade (CF, art. 5º, *caput*), bem como quando garante a todos um *piso vital mínimo*, compreendido pelos direitos sociais à educação, à saúde, ao lazer, ao trabalho, à previdência social, à maternidade, à infância, à assistência aos desamparados, entre outros encartados no art. 6º.

O pleno desenvolvimento exige ainda uma participação municipal intensa, como reza o art. 30, VIII, da Constituição Federal, que atribui ao Município a competência de promover o adequado ordenamento territorial, mediante planejamento e controle do uso, do parcelamento e da ocupação do solo urbano, bem como a competência suplementar residual trazida pelos incisos I e II do mesmo artigo.

Em linhas gerais, a função social da cidade é cumprida quando proporciona a seus habitantes uma vida com qualidade, satisfazendo os direitos fundamentais, em consonância com o que o art. 225 preceitua.

Podemos identificar 5 (cinco) principais funções sociais da cidade, vinculando-a à realização: a) da habitação; b) da circulação; c) do lazer; d) do trabalho e e) do consumo.

Uma cidade só cumpre a sua função social quando possibilita aos seus habitantes uma *moradia digna*. Para tanto, cabe ao Poder Público proporcionar condições de habitação adequada e fiscalizar sua ocupação.

Verificamos que a Constituição Federal de 1988 valorizou a função social da moradia ao estabelecer previsão de usucapião especial urbano e rural, conforme extraímos dos arts. 183 e 191.

Outra função importante da cidade é permitir a livre e tranquila *circulação*, através de um adequado sistema da rede viária e de transportes, contribuindo com a melhoria dos transportes coletivos. Nesse aspecto, ganha relevância, em especial nas grandes cidades, temas relacionados ao trânsito, o qual se apresenta como um óbice à livre e adequada circulação.

Além disso, para uma cidade cumprir a sua função social deve destinar áreas ao *lazer* e à *recreação*, construindo praças e implementando áreas verdes.

Cabe ainda à cidade viabilizar o desenvolvimento das atividades laborativas, gerando possibilidades reais de trabalho aos seus habitantes, tudo para que existam condições econômicas destinadas à realização do consumo de produtos e serviços fundamentais para a realização da existência da pessoa humana, bem como da ordem econômica estabelecida em nosso País.

## 2.2. GARANTIA DO BEM-ESTAR DOS SEUS HABITANTES

A política de desenvolvimento urbano tem uma finalidade maior que é a de proporcionar aos seus habitantes a sensação de bem-estar. Isso significa dizer que não basta simplesmente que o Poder Público, na execução da referida política, alcance os ideais elencados acima, mas exige-se que esses valores traduzam e despertem em relação aos habitantes a sensação de bem-estar.

O art. 182 não estabelece padrões fixos de direito ao lazer, à saúde e à segurança a serem seguidos. Isso é de fato percebido na utilização de um termo jurídico indeterminado – "bem-estar", o que permite que se estabeleça uma finalidade maior na execução da política urbana, exigindo-se do Poder Público, de forma permanente, a busca desses valores aos habitantes.

Além disso, deve-se notar que, ao ser utilizado o termo *habitante*, buscou-se não tornar restritos os objetivos da política urbana somente àqueles que são domiciliados ou residentes na cidade, mas abranger também qualquer indivíduo que esteja naquele território.

## 3. COMPETÊNCIA PARA A CONSECUÇÃO DOS OBJETIVOS DE DESENVOLVIMENTO DA POLÍTICA URBANA

A tutela do meio ambiente artificial não vem somente prevista na órbita municipal, mas também na nacional. Busca-se, com isso, alcançar uma maior e efetiva proteção. Aludido fato pode ser destacado, uma vez que se atribuiu à União Federal a competência material de instituir diretrizes para o desenvolvimento urbano, inclusive habitação, saneamento básico e transportes urbanos (CF, art. 22, XX), bem como a competência legislativa concorrente para a proteção e defesa da saúde, conforme dispõe o art. 24, XII.

Essa competência atribuída à União tem por fim delimitar normas gerais e diretrizes que servirão como parâmetros no desenvolvimento da política urbana que Estados e Municípios deverão adotar. Por exemplo, podemos mencionar a limpeza pública e a coleta, transporte e disposição dos resíduos sólidos, os quais, indiscutivelmente, dizem respeito à saúde pública e ao meio ambiente.

Isso significa dizer que à União caberá a fixação de diretrizes gerais, não estando obrigada, todavia, a executar as tarefas de limpeza pública, porque a estrutura constitucional assegura ao Município autonomia para a organização dos serviços públicos de interesse local, conforme preceitua o art. 30, V. Entretanto, em que pese a execução estar acometida ao Município, não pode a União furtar-se ao dever de traçar normas amplas e condizentes às necessidades nacionais.

## 4. PLANO DIRETOR

Como sabemos, a cidade é entendida como o espaço territorial onde vivem os seus habitantes, de modo que o direito de propriedade não é ilimitado, mas sim condicionado ao cumprimento da sua função social.

Todavia, cabe-nos questionar quando a propriedade urbana cumpre a sua função social. A resposta é trazida pelos §§ 1º e 2º do art. 182 da Constituição, que disciplinam:

"§ 1º O plano diretor, aprovado pela Câmara Municipal, obrigatório para as cidades com mais de vinte mil habitantes, é o instrumento básico da política de desenvolvimento e de expansão urbana.

§ 2º A propriedade urbana cumpre a sua função social quando atende às exigências fundamentais de ordenação da cidade expressas no plano diretor".

Como vemos, a função social da propriedade urbana é cumprida quando esta atende às exigências fundamentais de uma política de desenvolvimento e de expansão urbana, a qual é expressa no plano diretor, instrumento básico para a consecução desses fins.

Conjugando os arts. 30, VIII, e 182 da Constituição Federal, verificamos que o Poder Público municipal recebeu do texto constitucional o dever de promover o adequado ordenamento territorial, bem como o pleno desenvolvimento das funções sociais da cidade e a garantia do bem-estar dos seus habitantes, de acordo com o planejamento e controle do uso do parcelamento e da ocupação do solo urbano, observadas as diretrizes de lei federal. Observamos com isso que o solo urbano e as funções sociais da cidade estão atrelados, já que é naquele que esta se projeta, externando-se em formas e ocupação do seu uso para os mais diversificados fins.

Assim, cabe ao Município com mais de vinte mil habitantes, através do plano diretor, fixar as exigências fundamentais de ordenação da cidade, com o propósito de limitar o direito de propriedade dos particulares, tendo em vista proporcionar uma sadia qualidade de vida a toda a coletividade.

Determina a legislação em vigor (art. 50 do Estatuto da Cidade) que os Municípios enquadrados na obrigação prevista nos incisos I e II do art. 41 do Estatuto da Cidade (a saber, cidades com mais de 20.000 habitantes, bem como cidades integrantes de regiões metropolitanas e aglomerações urbanas) que não tenham Plano Diretor aprovado na data de entrada em vigor da norma antes referida (10 de outubro de 2001) deverão aprová-lo no prazo de cinco anos. Dessarte, os Municípios (Poder Público municipal) que a partir de 10 de outubro de 2006 não tiverem seu Plano Diretor realizado na forma do que estabelece a Constituição Federal, bem como a Lei n. 10.257/2001, serão responsabilizados na forma do que estabelece a legislação em vigor, ou seja, na forma do que determina o direito ambiental constitucional brasileiro.

## 5. O ESTATUTO DA CIDADE (LEI N. 10.257/2001) COMO A MAIS IMPORTANTE LEGISLAÇÃO BRASILEIRA EM MATÉRIA DE TUTELA DO MEIO AMBIENTE ARTIFICIAL[2]

### 5.1. O QUE É UMA CIDADE? A CIDADE COMO BEM AMBIENTAL

Conforme já tivemos oportunidade de salientar[3], a origem das cidades, como ensina de forma clara Leonardo Benevolo, está fundida com o nascimento, bem como com as transformações do ambiente urbano na Europa e no Oriente Próximo, e leva em conta, como explica o autor, "os acontecimentos em outras áreas – no Extremo Oriente, na África, nas Américas – somente com relação ao acontecimento europeu: descreve as cidades nativas encontradas pelos europeus e as construídas em consequência da colonização e da hegemonia mundial europeia". Embora tenha sido precisamente na área euroasiática que teria ocorrido a ideia de cidade como estabelecimento mais completo e integrado, que contém e justifica todos os estabelecimentos menores – bairros, edifícios etc., – a cidade permanece, na visão do autor, "uma criação histórica particular;

---

2. A respeito do Estatuto da Metrópole (Lei n. 13.089/2015), que alterou a Lei n. 10.257/2001, *vide* Celso Antonio Pacheco Fiorillo e Renata Marques Ferreira, *Comentários ao Estatuto da Cidade*: Lei n. 10.257/2001 – Lei do Meio Ambiente Artificial, 7. ed., São Paulo, Saraiva, 2019.

3. Celso Antonio Pacheco Fiorillo e Renata Marques Ferreira, *Comentários ao Estatuto da Cidade*: Lei n. 10.257/2001 – Lei do Meio Ambiente Artificial, 7. ed., São Paulo, Saraiva, 2019.

ela não existiu sempre, mas teve início num dado momento da evolução social, e pode acabar, ou ser radicalmente transformada, num outro momento".

Daí ser importante, particularmente para os profissionais do Direito, situar a origem da cidade desde seu início, ou seja, associar a origem das cidades em decorrência das grandes mudanças da organização produtiva, na medida em que referida organização transformou, ao longo da história, a vida cotidiana da pessoa humana, provocando, de maneira crescente, um grande salto no desenvolvimento demográfico.

Dessarte, importa considerar o que segue:

1. O grupo dos hominídeos, conforme já tivemos oportunidade de salientar em nossa obra *O direito de antena em face do direito ambiental brasileiro*[4], apareceu na face da terra há aproximadamente 5 milhões de anos, e, durante o período Paleolítico (pedra antiga), viveu coletando seu alimento e procurando um abrigo no meio natural, sem modificá-lo de forma permanente. Essa época, ensina Benevolo, "compreende mais de 95% da aventura total do homem; nela ainda hoje vivem algumas sociedades isoladas nas selvas e nos desertos".

2. Há aproximadamente 10.000 anos, no Neolítico (pedra nova), os habitantes da faixa temperada aprenderam a produzir seu alimento, cultivando plantas e criando animais, e organizaram as primeiras aldeias como estabelecimentos estáveis nas proximidades dos locais de trabalho.

3. Há cerca de 5.000 anos, destaca o Mestre, "nas planícies aluviais do Oriente Próximo, *algumas aldeias se transformaram em cidades* (grifos nossos); os produtores de alimentos são persuadidos ou obrigados a produzir um excedente a fim de manter uma população de especialistas: artesãos, mercadores, guerreiros e sacerdotes, residem num estabelecimento mais complexo, cidade, e daí controlam o campo. Esta organização social requer o invento da escrita; daí começa, de fato, a civilização e a história escrita em contraposição à pré-história". A partir desse momento, a história da civilização dependerá da quantidade e da distribuição de referido excedente.

4. A idade do Bronze merece ainda referência especial, época "na qual os metais usados para os instrumentos e as armas são raros e dispendiosos, sendo reservados", como reitera Benevolo, "a uma classe dirigente restrita que absorve todo o excedente disponível, mas que, com seu consumo limitado, também limita o crescimento dos habitantes e da produção".

5. Outra referência importante é a Idade do Ferro, iniciada por volta de 1200 a.C., com a difusão de um instrumento metálico mais econômico, da escrita alfabética e da moeda cunhada, "ampliando assim a classe dirigente e permitindo um novo aumento da população. A civilização greco-romana desenvolve esta organização numa grande área econômico-unitária – a bacia Mediterrânica –, mas escraviza e empobrece os produtores diretos e caminha para o colapso econômico, do século IV d.C. em diante".

---

4. São Paulo, Saraiva, 2000, p. 7. A palavra "humano" (do latim *humanu*), conforme consignam os dicionários, é entendida como "pertencente ou relativo ao homem: *natureza humana; gênero humano*". Por sua vez, o termo "pessoa" (do latim *persona*) é compreendido como "homem ou mulher".

6. A civilização feudal e a civilização burguesa cuidam da transição histórica seguinte, ou seja, aquilo que Benevolo chama de "desenvolvimento da produção com métodos científicos". Referido desenvolvimento vai caracterizar nossa *civilização industrial*.

7. Na *civilização industrial* ocorrerá importante fenômeno, a saber, *o excedente produzido* (por meio de métodos científicos em massa e de massa) não será reservado necessariamente a uma minoria dirigente, "mas *é distribuído*", reafirma Benevolo, "*para a maioria e teoricamente para toda a população, que pode crescer sem obstáculos econômicos, até atingir ou ultrapassar os limites do equilíbrio do ambiente natural*" (grifos nossos).

Nessa situação em que o excedente produzido passa a ser distribuído para a maioria e teoricamente para toda a população, a cidade (sede das classes dominantes) ainda se contrapõe ao campo (sede das classes subalternas), mas esse dualismo não mais é inevitável e pode ser superado. Dessa possibilidade nasce a ideia de um novo estabelecimento, completo em si mesmo, como a cidade antiga (chamado, portanto, com o mesmo nome), mas estendido a todo o território habitado: a cidade moderna.

É exatamente em decorrência da questão do *território* que necessitamos enfrentar, nos dias de hoje, o *conceito de cidade*.

Nos chamados países desenvolvidos – Estados Unidos e alguns países da Europa –, como afirmado por Benevolo, "o equilíbrio do território é salvaguardado pelos planos da autoridade pública, o desenvolvimento das cidades é controlado de maneira razoável, e algumas exigências estabelecidas pela pesquisa teórica – uma casa por preço razoável, uma circulação de pedestres protegida por tráfego motorizado, um conjunto de serviço facilmente acessível – são garantidas praticamente à maioria dos cidadãos".

Nos outros países do mundo[5], as cidades se desenvolvem com a mesma velocidade e até mais depressa, sendo certo que esse desenvolvimento "leva em quase toda parte a resultados muito diferentes: os edifícios projetados pelos arquitetos e em conformidade com os regulamentos, as cidades disciplinadas pelos planos urbanísticos e providas com os serviços públicos, as ruas, os parques etc., dizem respeito somente a uma parte da população; outra parte não está em condições de se servir deles, e *se organiza por sua própria conta em outros estabelecimentos irregulares*" (grifos nossos), muitas vezes em contato direto com os regulares mas nitidamente distintos: o terreno é ocupado sem um título jurídico, as casas são construídas com recursos próprios, os serviços faltam ou são introduzidos a seguir, com critérios totalmente diversos daqueles que valem para o resto da cidade.

---

5. É importante destacar que os comentários de Leonardo Benevolo, neste tópico, estão situados no título "O Terceiro Mundo e os estabelecimentos marginais", ou seja, os "outros países do mundo" a que se refere o autor são aqueles pertencentes ao Terceiro Mundo. *Vide* Celso Antonio Pacheco Fiorillo e Renata Marques Ferreira, *Comentários ao Estatuto da Cidade: Lei n. 10.257/2001 – Lei do Meio Ambiente Artificial*, 7. ed., São Paulo, Saraiva, 2019.

Esses estabelecimentos irregulares foram chamados de *"marginais"* (grifo nosso), porque eram considerados uma franja secundária da cidade pós-liberal: toda cidade do mundo tem um pequeno grupo de habitantes pobres, que vivem nos barracos da extrema periferia ou dormem debaixo das pontes. *Mas, no mundo atual, essa definição não é mais válida, porque os estabelecimentos irregulares crescem com muito maior velocidade que os estabelecimentos regulares, e abrigam agora, em muitos países, a maioria da população* (grifos nossos). Em 1962, salienta o autor, "metade da população da Ásia, da África e da América latina não tinha uma casa, ou tinha uma casa insalubre, superpovoada e indigna".

Uma parte cada vez maior dessa população se transferiu dos campos para as cidades, sendo certo que apenas uma pequena parte foi aceita nas cidades regulares, na medida em que a grande maioria foi engrossar os estabelecimentos irregulares, que crescem de fato em velocidade maior.

Cada nação, destaca Benevolo, "chama de modo diferente estes *bairros irregulares*: *ranchos* na Venezuela, *barriadas* no Peru, *favelas* no Brasil, *bidonvilles* nos países de língua francesa, *ishish* no Oriente Médio (grifos nossos). Onde o clima permite, nem as casas nem os bairros são necessários: 600.000 pessoas dormem nas ruas de Calcutá".

Diante do que foi afirmado, conclui o autor que, em face do quadro econômico do capitalismo – que não dá remédio às situações antes aludidas, mas antes acelera a separação entre os conjuntos habitacionais regulares e irregulares – *num futuro próximo a maioria da população mundial estará alojada nos conjuntos habitacionais irregulares* (grifos nossos).

A brilhante análise de Leonardo Benevolo guarda compatibilidade com a realidade das cidades no Brasil.

Marcado pela necessidade de acomodar mais de 202 milhões de seres humanos e convivendo com realidades que apontam a existência de mais de um milhão de pessoas em algumas capitais do País, o Brasil convive com a formação de uma cidade irregular ao lado da regular, obrigando a considerar, nos dias de hoje, uma realidade no campo jurídico que nasce com o regramento constitucional (Constituição Federal de 1988), para superar as discriminações sociais da cidade pós-liberal e dar a todos os brasileiros e estrangeiros que aqui residem os benefícios de um meio ambiente artificial cientificamente concebido.

A antiga concepção jurídica "direito público x direito privado", que nos foi imposta e durante séculos positivou as relações normativas no Brasil, sempre procurou assegurar uma política de construção que declarava, por meio de mecanismos de direito administrativo ou de direito civil, abusivas as moradias e os bairros construídos espontaneamente pelos habitantes. Tratava-se de realizar "grandes conjuntos de moradias industrializadas, de tipo modelo convencional", visando renunciar a utilizar, como lembra Benevolo, "o trabalho espontâneo dos interessados". A ideia que sempre vigorou foi a de oferecer moradias caras para a maioria da população, principalmente em países como o Brasil – onde a própria Carta Magna hoje reconhece a necessidade de se erradicar a pobreza e a marginalização, bem como reduzir as desigualdades sociais e regionais (art. 3º, III) –, em quantidade absolutamente insuficiente à necessidade da população, "mas assimiláveis às dos ricos e integráveis na cidade feita para eles": essas moradias serão ocupadas pelos empregados, pelos operários sindicalizados e por aqueles que dispõem de uma recomendação. Ao mesmo tempo, aceita-se que as moradias e os bairros espontâneos se tornam incômodos e insalubres além do limite, porque sua existência não é reconhecida oficialmente; depois se corrigem as falhas mais evidentes, introduzindo os serviços públicos mais urgentes: o encanamento da água, as instalações elétricas, as escolas, os postos de polícia e alguns trechos de ruas asfaltadas para passarem as ambulâncias e viaturas policiais.

Tais equipamentos, informa Benevolo, "são a cópia reduzida dos bairros modernos e servem para tornar definitiva a coexistência dos dois estabelecimentos: protegem o resto da cidade dos perigos do contato com os bairros espontâneos, e confirmam o caráter dependente destes últimos". Os elementos da cidade regular – as casas modernas, as ruas para automóveis, os serviços públicos – são ao mesmo tempo reservados a uma minoria e impostos como modelo inalcançável a todos os outros. Portanto, a divisão das duas cidades se torna um instrumento de discriminação e de domínio, indispensável à estabilidade do sistema social.

Com a edição da Constituição Federal de 1988, fundamentada em sistema econômico capitalista, que necessariamente tem seus limites impostos pela dignidade da pessoa humana (art. 1º, III e IV, da CF), a cidade – e suas duas realidades, a saber, os estabelecimentos regulares e os estabelecimentos irregulares – *passa a ter natureza jurídica ambiental*, ou seja, a partir de 1988 a cidade deixa de ser observada pelo plano jurídico com base nos regramentos adaptados tão somente aos bens privados ou públicos *e passa a ser disciplinada em face da estrutura jurídica do bem ambiental (art. 225 da CF) de forma mediata e de forma imediata em decorrência das determinações constitucionais emanadas dos arts. 182 e 183 da Carta Magna (meio ambiente artificial)*. Portanto, a cidade, a partir da Constituição federal de 1988, passa a obedecer a denominada ordem urbanística dentro de parâmetros jurídicos adaptados às necessidades do final do século XX e início do século XXI.

É, portanto, adaptado ao novo conceito jurídico constitucional do que significa a cidade – o conceito de bem ambiental – que temos condições de analisar a tutela jurídica do denominado meio ambiente artificial.

### 5.1.1. A tutela constitucional da cidade no âmbito do meio ambiente artificial

Como já consideramos em diversas oportunidades, o meio ambiente artificial é compreendido pelo espaço urbano construído, consistente no conjunto de edificações (chamado espaço urbano fechado) e pelos equipamentos denominados públicos (espaço urbano aberto). Dessa forma, todo o espaço construído, bem como todos os espaços habitáveis pela pessoa humana, compõem o meio ambiente artificial.

Todavia, o conceito de meio ambiente artificial, mais bem analisado nos dias de hoje, estaria a merecer uma reflexão um pouco mais aprofundada em face do que estabelece a Constituição Federal de 1988.

Com efeito.

O art. 23, VI, da Carta da República estabelece que é competência comum da União, dos Estados, do Distrito Federal e dos Municípios proteger o meio ambiente e combater a poluição em qualquer de suas formas. Dessarte, validou nossa Constituição Federal a definição jurídica de meio ambiente apontada no art. 3º, I, da Lei federal n. 6.938, que, ao definir já na década de 80 uma Política nacional do Meio Ambiente, estabeleceu ser meio ambiente "o conjunto de condições, leis, influências e interações de ordem física, química e biológica, que permite, abriga e rege a vida em todas as suas formas". Fica evidente, por força da definição jurídica antes aludida, que o meio ambiente, no plano jurídico brasileiro, está circunscrito à tutela da vida em todas as suas formas, ocupando-se o direito ambiental brasileiro da defesa jurídica da vida no plano constitucional.

Ocorre que o direito à vida em todas as suas formas, estabelecido pelo art. 225 da constituição Federal, deve, por força do próprio comando fixado em aludido dispositivo, ser ecologicamente equilibrado[6], ou seja, *o direito constitucional assegurado necessariamente articula a vida relacionada com o meio, com o recinto, com o espaço em que se vive.* Daí concluirmos que o meio ambiente ecologicamente equilibrado envolve para a pessoa humana – principalmente destinatário do direito constitucional brasileiro –, sem dúvida alguma, um conjunto de condições morais, psicológicas, culturais e mesmo materiais que envolve uma ou mais pessoas, na clara explicação de Houaiss[7], o que nos autoriza a concluir que a definição jurídica fixada na Carta Magna de meio ambiente ecologicamente equilibrado envolve necessariamente a pessoa humana com o local onde se vive evidentemente em face de todas as circunstâncias reais adaptadas à relação antes apontada.

Viver num meio ambiente ecologicamente equilibrado envolve, por via de consequência, não só uma relação material, territorial, de mulheres e homens para com o meio, mas *principalmente* relações as mais variadas, que são fundamentais no sentido de restar assegurada a dignidade da pessoa humana (art. 1º, III, da CF). Dessarte, "os espaços habitáveis" pela pessoa humana – que compõem a definição doutrinária de meio ambiente artificial – merecem ser entendidos também em face do PISO VITAL MÍNIMO (art. 6º da CF) e das demais necessidades inerentes à existência da pessoa humana, em face não só de uma ordem econômica capitalista (a saber, TRABALHO, CONSUMO, LOCOMOÇÃO etc.) como de sua própria "essência" (a saber, aspectos relacionados à sua INTIMIDADE, à sua VIDA PRIVADA, à sua RELIGIÃO, ao seu LAZER, à MORTE etc.).

---

6. Devemos SEMPRE destacar que a palavra "ecologia" deriva do grego *oikos*, que significa CASA ou LUGAR ONDE SE VIVE.

7. *Dicionário Houaiss da língua portuguesa*, Rio de Janeiro, Objetiva, 2001.

A tutela constitucional da cidade do âmbito do meio ambiente artificial estabelecerá, em consequência, os dispositivos ambientais constitucionais fundamentais que delimitarão os espaços construídos e habitáveis pela pessoa humana, observada a ordem econômica do capitalismo (arts. 1º, IV, e 170 da CF), mas em estrita obediência ao fundamento da dignidade da pessoa humana (art. 1º, IV, da CF).

### 5.1.2. O Estatuto da Cidade (Lei n. 10.257/2001) como mais importante norma regulamentadora do meio ambiente artificial

Depois de onze anos de tramitação, o Senado aprovou o Estatuto da Cidade (Lei n. 10.257/2001), como instrumento que passou a disciplinar no Brasil, mais que o uso puro e simples da propriedade urbana, as principais diretrizes do meio ambiente artificial, fundado no equilíbrio ambiental (parágrafo único do art. 1º do Estatuto) e em face de tratamento jurídico descrito nos arts. 182 e 183 da Constituição Federal.

O objetivo do legislador, como já tivemos oportunidade de afirmar[8], foi o de tratar o meio ambiente artificial não só em decorrência do que estabelece constitucionalmente o art. 225 da Constituição Federal, na medida em que a individualização dos aspectos do meio ambiente tem puramente função didática, mas também em decorrência do que estabelecem os arts. 182 e 183 no sentido de direcionar aos operadores de direito facilidade maior no manejo da matéria, inclusive com a utilização dos instrumentos jurídicos trazidos fundamentalmente pelo direito ambiental constitucional brasileiro.

Assim, na chamada execução da política urbana, torna-se verdadeiro afirmar que o meio ambiente artificial passa a receber uma tutela mediata (revelada pelo art. 225 da Constituição Federal, em que encontramos a proteção geral ao meio ambiente enquanto tutela da vida em todas as suas formas, centrada na dignidade da pessoa humana) e uma tutela imediata (que passa a receber tratamento jurídico aprofundado em decorrência da regulamentação dos arts. 182 e 183), relacionando-se diretamente às cidades. É, portanto, impossível desvincular da execução da política urbana o conceito de direito à sadia qualidade de vida, assim como o direito à satisfação dos valores da dignidade da pessoa humana e da própria vida.

Daí restou bem posicionada a concepção de que a execução da política urbana determinada pela Lei n. 10.257/2001 deverá ser orientada em decorrência dos principais objetivos do direito ambiental constitucional e especificamente pela realização dos valores estabelecidos pelo art. 1º da Constituição Federal.

As normas de ordem pública e interesse social, que passam a regular não só o uso da propriedade urbana nas cidades mas principalmente aquilo que a lei denominou equilíbrio ambiental, deixam de ter caráter única e exclusivamente individual, assumindo valores metaindividuais na medida em que o uso de referida propriedade urbana

---

8. Celso Antonio Pacheco Fiorillo e Renata Marques Ferreira, *Comentários ao Estatuto da Cidade: Lei n. 10.257/2001 – Lei do Meio Ambiente Artificial*, 7. ed., São Paulo, Saraiva, 2019.

passa a ser regulado em decorrência do que determina o art. 1º, parágrafo único, do Estatuto da Cidade.

Dessarte, a propriedade urbana assume feição ambiental, ou seja, deixa de ser considerada como simples imóvel localizado dentro de limites impostos burocraticamente pelo legislador infraconstitucional ou mesmo situado em zona determinada por ele, visando à incidência de impostos na forma do que estabelecia superada doutrina no plano das Constituições pretéritas, e passa a se destinar fundamentalmente aos valores que estruturam no plano jurídico a dignidade da pessoa humana. Via de consequência, a partir do Estatuto da Cidade o uso da propriedade só pode ser entendido – aliás, como qualquer outra norma jurídica no Brasil – à luz do que estabelecem os incisos III e IV do art. 1º (da CF – dignidade da pessoa humana em face da ordem jurídica do capitalismo), sendo certo que as cidades no Brasil, a partir da Constituição Federal de 1988, têm de ser consideradas, como ensinava Milton Santos[9], dentro daquilo que o saudoso mestre chamava de "dinâmica territorial", o que implica a análise do território a partir da dinâmica social[10].

O bem coletivo indicado no parágrafo único do art. 1º do Estatuto da Cidade reafirma a visão constitucional criada a partir de 1988 de superar a tradicional e superada dicotomia bens públicos x bens privados, atrelada a toda e qualquer relação jurídica possível em nosso sistema constitucional até a edição da Carta Magna. Com acepção clara, o uso da propriedade passa a ser estabelecido em prol do bem ambiental (art. 225 da CF), com todas as consequências jurídicas dele derivadas.

A segurança e o bem-estar, como direitos materiais constitucionais sempre apontados em normas ambientais[11], deixam de ser observados juridicamente tão somente em decorrência de reflexos criminais ou penais, passando a ter sua verdadeira importância, que é a de garantir a incolumidade físico-psíquica dos cidadãos no que diz respeito às suas principais atividades na ordem jurídica do capitalismo, ou seja, a segurança e o bem-estar passam a orientar o uso da propriedade no que toca aos direitos fundamentais adaptados à dignidade da pessoa humana, sem desconsiderar as necessidades que decorrem dos sistemas econômicos capitalistas.

O equilíbrio ambiental define efetivamente a diferença entre o direito pretérito (antes da Constituição Federal de 1988) e o direito atual em nosso país. O uso da

---

9. *O Brasil*: território e sociedade no início do século XXI, Rio de Janeiro, Record, *passim*.

10. Explicava Milton Santos que: "Num território, quando ele é analisado a partir da dinâmica social, ele é perceptível pelas coisas que são fixas e pelas que se movimentam. As coisas que se movimentam é que dão valor às que são fixas. Para entender a vida no território ou a vida nacional, é preciso jogar com os dois. Essa geografia do movimento é indispensável se eu pretendo produzir um retrato dinâmico. E aí se inclui o dinheiro: um dos grandes elementos da vida nacional é a mobilidade do dinheiro, nas suas diversas formas".

11. *Vide* a Lei n. 6.938/81 – Política Nacional do Meio Ambiente –, que já reconhecia a segurança e o bem-estar como direitos materiais ambientais fundamentais que podem ser lesados ou ameaçados por poluição (art. 3º, III, *a*).

propriedade está condicionado ao meio ambiente cultural, meio ambiente do trabalho e meio ambiente natural da mesma maneira que está, diretamente por força do Estatuto da Cidade, ao meio ambiente artificial, fundamento da Lei n. 10.257/2001.

Sendo a mais importante norma regulamentadora do meio ambiente artificial, o *Estatuto da Cidade*, ao ter como objetivo ordenar o pleno desenvolvimento das funções sociais da cidade e da propriedade urbana, mediante algumas diretrizes gerais, *criou a garantia do direito a cidades sustentáveis*.

Essa garantia, inédita no direito positivo brasileiro, é que deverá assegurar, como importantíssima diretriz da política urbana no Brasil, os direitos básicos de brasileiros e estrangeiros residentes no País no que se refere à relação pessoa humana/lugar onde se vive.

### 5.1.3. A garantia do direito a cidades sustentáveis como diretriz geral vinculada aos objetivos da política urbana

Conforme já indicado, o Estatuto da Cidade, como lei que estabelece o equilíbrio ambiental no âmbito das cidades, criou a garantia do direito a cidades sustentáveis como uma das diretrizes gerais estabelecidas no art. 2º, I, da lei n. 10.257/2001.

Referido direito a cidades sustentáveis tem sua natureza jurídica claramente estabelecida não só no plano constitucional (arts. 182, 183 e 225 da CF), mas particularmente em decorrência do que determina o art. 53 da Lei n. 10.257/2001, que, ao acrescentar um novo inciso ao art. 1º da Lei n. 7.347/85, outorga caráter de direito metaindividual (difuso/coletivo) à denominada ordem urbanística.

Dessarte, os direitos enumerados no art. 2º, I, do Estatuto da Cidade, garantidos também pela Lei n. 10.257/2001, têm caráter metaindividual, sendo tutelados não só pelo próprio Estatuto da Cidade como particularmente pelas Leis n. 7.347/85 e 8.078/90.

A garantia do direito a cidades sustentáveis, a saber, o direito à terra urbana, à moradia, ao saneamento ambiental, à infraestrutura urbana, ao transporte e aos serviços públicos, ao trabalho e ao lazer, significa, em consequência, importante diretriz destinada a orientar a política de desenvolvimento urbano em proveito da dignidade da pessoa humana e seus destinatários – os brasileiros e os estrangeiros residentes no País –, a ser executada pelo Poder Público municipal, dentro da denominada tutela dos direitos materiais metaindividuais.

Daí a necessidade de estabelecermos o conteúdo de cada um dos direitos que estruturam a garantia do direito a cidades sustentáveis, no sentido de adotar posição clara em face de sua defesa em decorrência de eventual lesão ou mesmo ameaça a esses importantes componentes do meio ambiente artificial.

Senão, vejamos.

576

### 5.1.3.1. Direito à terra urbana

O direito à terra urbana, indicado no art. 2º, I, do Estatuto da Cidade, assegura a brasileiros e estrangeiros residentes no País *o uso de determinada porção territorial no âmbito das cidades (dentro de sua natureza jurídica de bem ambiental) para que possam realizar as atividades fundamentais vinculadas às suas necessidades de existência digna dentro da ordem econômica do capitalismo.*

A terra urbana[12], no plano das cidades sustentáveis, não deixa de ser um dos fatores de produção, ao lado do capital e do trabalho – arts. 1º, IV, e 170 da Constituição Federal –, mas inserida no denominado processo social de urbanização, que se evidencia no Brasil principalmente no século XX e início do século XXI, quando a mudança populacional do campo para as cidades – migração – informa de maneira clara a necessidade de distribuir a população em determinado espaço territorial. Em consequência, o relevante em nosso país não está mais associado única e exclusivamente ao número de habitantes existentes – aproximadamente 170 milhões de pessoas humanas –, *mas à forma como eles estão distribuídos em determinado território,* aspectos de enorme importância quando se constatam os impactos ambientais que a presença da pessoa humana pode provocar não só no meio ambiente natural mas no meio ambiente globalmente considerado (meio ambiente artificial, meio ambiente do trabalho etc.).

O direito à terra urbana se caracteriza como fundamental à pessoa humana, na medida em que é a partir do território que todos os demais direitos fundamentais assegurados pela Constituição Federal poderão ser realizados/exercidos concretamente em proveito de brasileiros e estrangeiros residentes no País.

### 5.1.3.2. Direito à moradia

O direito à moradia, apontado no art. 2º, I, do Estatuto da Cidade, assegura a brasileiros e estrangeiros residentes no País *o uso de determinada porção territorial no âmbito das cidades (dentro de sua natureza jurídica de bem ambiental), denominado direito à casa (art. 5º, XI, da CF), para que possam ter um local destinado a assegurar*

---

12. Explica Eugene P. Odum "que o planejamento de utilização da terra para áreas urbanas é presentemente uma necessidade crítica; é a qualidade deteriorada do ambiente urbano e suburbano, muito mais do que os campos de algodão em processo de erosão, que ameaçam o sistema social e econômico tomado no seu conjunto. Preparar e executar bons planos de uso do solo é infinitamente mais difícil nas áreas urbanas do que nas áreas cultivadas ou nas bacias hidrográficas rurais, por motivo dos problemas humanos sociais envolvidos e especialmente dada a imensa diferença em matéria de valor econômico que agora se atribui a utilizações distintas. As áreas de cultivo são geralmente avaliadas e compradas ou vendidas como um todo (com todos os tipos de solos considerados como partes integrantes e valiosas) em contraste com a *terra urbana* (grifos nossos), onde a propriedade comercial é avaliada por um valor muitas vezes superior ao da terra do espaço livre, mesmo que a prazo ambas sejam igualmente importantes na manutenção de uma cidade de qualidade. Assim sendo o planejamento bem-sucedido *do uso da terra urbana* (grifos nossos) – uma coisa que até agora não foi conseguida em parte alguma – requererá bases legais, econômicas e políticas mais fortes do que as necessárias para levar por diante as reformas relativas à concentração do solo". *Vide Fundamentos de ecologia,* 4. ed., Lisboa, Calouste Gulbenkian, 1988, *passim.*

*um asilo inviolável com a finalidade de garantir fundamentalmente seu direito à intimidade (art. 5º, X), seu direito à vida privada (art. 5º, X), assim como a organização de sua família (arts. 226 a 230).*

O direito à moradia, no plano das cidades sustentáveis, deve ser compreendido portanto como o direito a um espaço de conforto e intimidade destinado a brasileiros e estrangeiros residentes no País, adaptado a ser verdadeiro reduto de sua família. Assegurado no plano do PISO VITAL MÍNIMO, por força do que estabeleceu a Emenda Constitucional n. 26, de 14 de fevereiro de 2000, o direito a moradia tem previsão constitucionalmente estabelecida (art. 6º), traduzindo de forma didática a determinação constitucional prevista no art. 225 de assegurar a todos o direito a um meio ambiente ecologicamente equilibrado, ou seja, um direito à vida da pessoa humana relacionada com o local onde se vive.

O direito à moradia, por estar associado ao direito à casa e por ser a casa, como já afirmamos, o reduto da família, refletirá, como explicam de forma clara Veríssimo e Bittar[13], "numa maneira mais abrangente, a sociedade da qual essa mesma família faz parte, ao mesmo tempo em que é sua geradora. Assim, comentar a evolução do espaço de morar é percorrer os corredores das transformações da família brasileira ao longo desses cinco séculos e, de uma forma particular, entrever que a mudança do papel da mulher na sociedade torna-se, de uma forma muito frequente, a alavanca dessas transformações". Daí ser importante considerar que o direito à moradia no plano de legislação brasileira deve necessariamente ser adaptado aos objetivos fundamentais da República Federativa do Brasil, estabelecidos no art. 3º da Constituição Federal em face das necessidades da família (observadas com fundamento constitucional fixado no art. 1º, III), mas dentro dos parâmetros de possibilidade econômica de cada Poder Público municipal como executor da política de desenvolvimento urbano.

### 5.1.3.3. Direito ao saneamento ambiental

O direito ao saneamento ambiental, estabelecido no art. 2º, I, do Estatuto da Cidade, assegura a brasileiros e estrangeiros residentes no País não só a *preservação de sua incolumidade físico-psíquica (saúde), vinculada ao local onde vivem*, local este em que o Poder Público municipal tem o dever de assegurar condições urbanas adequadas de saúde pública, inclusive vinculadas ao controle de águas, esgotos etc., como *a preservação dos demais valores vinculados à tutela dos bens ambientais adstritas a determinado meio em que referidas pessoas humanas se relacionam*, obrigação também imposta ao Poder Público municipal no sentido de fazer cessar toda e qualquer poluição em face dos demais bens ambientais garantidos constitucionalmente (meio ambiente cultural, natural etc.).

---

13. *500 anos da Casa no Brasil – as transformações da arquitetura e da utilização do espaço de moradia*, 2. ed., Ediouro, 1999.

Verifica-se que a tutela do saneamento ambiental pressupõe o dever do Poder Público municipal de assegurar as condições necessárias no sentido de restar garantida a saúde de mulheres e homens nas cidades como componente do PISO VITAL MÍNIMO fixado no art. 6º da Constituição Federal, muito mais que pura e simplesmente organizar a denominada higiene pública (conceito hoje superado, em certa medida) para que a pessoa humana possa ter efetivado no plano jurídico seu bem-estar (bem-estar como estado de perfeita satisfação física e mental), como valor assegurado constitucionalmente, inclusive de forma imediata no âmbito do meio ambiente artificial (art. 182 da CF).

No plano do saneamento ambiental, alguns direitos materiais fundamentais vinculados à pessoa humana estruturam os valores de bem-estar e salubridade perseguidos pelo Estatuto da Cidade no que se refere às diretrizes que orientam seus objetivos:

1) *direito ao uso de águas* (tanto as águas potáveis destinadas ao consumo da pessoa humana – o que deverá ser garantido em face de distribuição realizada por um fornecedor público, observada a possibilidade alternativa de atuação de fornecedor privado, conforme autoriza a legislação em vigor – como aquelas destinadas à higiene);

2) *direito a esgoto sanitário*, a saber, sistema destinado a receber detritos/dejeções oriundas da pessoa humana;

3) *direito ao ar atmosférico e sua circulação*, como bem ambiental essencial à sadia qualidade de vida;

4) *direito ao descarte de resíduos*, enquanto materiais resultantes da própria existência da pessoa humana e suas necessidades, articuladas dentro da ordem econômica do capitalismo, cuja coleta se evidencia como dever do Poder Público municipal.

A efetividade dos direitos antes aludida é que deverá assegurar o direito ao saneamento ambiental dentro da tutela da saúde da pessoa humana adaptada ao local onde se vive.

### 5.1.3.3.1. O direito ao saneamento ambiental e as diretrizes nacionais para o saneamento básico estabelecidas pela Lei n. 11.445/2007, alterada pela Lei n. 14.026/2020

Os serviços públicos de saneamento básico[14], a partir da Lei n. 11.445/2007[15], estão submetidos a princípios fundamentais estabelecidos no seu art. 2º.

---

14. Considera-se SANEAMENTO BÁSICO o conjunto de serviços, infraestruturas e instalações operacionais de abastecimento de água potável, esgotamento sanitário, limpeza urbana e manejo de resíduos sólidos e drenagem e manejo das águas pluviais urbanas.

15. A Lei n. 14.026/2020, ao atualizar o marco legal do saneamento básico centralizando a regulação dos serviços de saneamento na esfera federal e atribuindo à Agência Nacional de Águas (ANA) competência para editar normas de referência sobre o serviço de saneamento, alterou, além da Lei n. 11.445/2007, as Leis n. 9.984/2000, 10.768/2003, 11.107/2005, 12.305/2010, 13.089/2015 e 13.529/2017. Referida norma jurídica pretende, em princípio, abrir mais caminho para o envolvimento de empresas privadas no setor.

Os fornecedores de aludidos serviços, além de submetidos ao que estabelece a Lei n. 8.078/90 (Código de Defesa do Consumidor), deverão seguir todos os incisos mencionados no art. 2º, merecendo destaque não só a necessidade de adequar o abastecimento de água, esgotamento sanitário, limpeza pública e manejo de resíduos sólidos em proveito da saúde pública e da proteção do meio ambiente (art. 2º, III) como evidentemente a de obedecer ao plano diretor de cada cidade, sobretudo em face do que determinam os incisos V e VI do art. 2º da lei do saneamento básico.

A lei estabelece critérios vinculados ao exercício da titularidade dos serviços públicos de saneamento básico (arts. 8º a 13), que evidentemente devem ser interpretados em sintonia com a Lei n. 8.078/90.

O exercício da denominada função de regulação bem como seus objetivos (art. 22), foi previsto na lei, devendo atender a todos os princípios indicados no art. 21 da lei de saneamento básico.

O importante é deixar claramente consignado que as diretrizes estabelecidas pela lei deverão garantir concretamente o direito a cidades sustentáveis assegurado no plano constitucional e aprofundado pelas normas jurídicas do Estatuto da Cidade.

### 5.1.3.4. Direito à infraestrutura urbana

O direito à infraestrutura urbana, também fixado no art. 2º, I, do Estatuto da Cidade, *assegura a brasileiros e estrangeiros residentes no País a efetiva realização por parte do Poder Público municipal de obras ou mesmo atividades destinadas a tornar efetivo o pleno desenvolvimento das funções sociais da cidade*, fixando, agora de maneira clara, através da Lei n. 10.257/2001, o direito de brasileiros e estrangeiros residentes no País ao espaço urbano construído, consistente tanto no chamado espaço urbano aberto como no espaço urbano fechado.

Compõe-se a infraestrutura de equipamentos destinados a fazer com que as cidades "funcionem" dentro do que estabelecem o comando constitucional e o Estatuto da Cidade. Assim, é por força do direito à infraestrutura que o Poder Público municipal passa a ter o dever de implementar as verbas públicas disponíveis e fixadas em orçamento próprio necessárias a prover a cidade de artefatos, instalações e demais apetrechos destinados a assegurar o pleno desenvolvimento das funções sociais da cidade em grande parte estabelecidas no art. 2º, I, da Lei n. 10.257/2001.

O direito à infraestrutura, como direito material metaindividual organizado a partir da tutela jurídica do meio ambiente artificial, revela a necessidade de uma "gerência" da cidade por parte do Poder Público municipal vinculada a planejamento previamente discutido não só com o Poder Legislativo mas com a população, com a utilização dos instrumentos que garantem a gestão democrática das cidades, explicados nos arts. 43 a 45 do Estatuto da Cidade exatamente no sentido de integrar juridicamente as cidades ao Estado Democrático de Direito.

### 5.1.3.5. Direito ao transporte

O direito ao transporte, garantido no art. 2º, I, do Estatuto da Cidade, propicia a brasileiros e estrangeiros residentes no País *os meios necessários destinados a sua livre locomoção*, em face da necessidade de utilização das vias nas cidades adaptadas não só à circulação da pessoa humana como de operações de carga ou descarga fundamentais para as relações econômicas/de consumo, bem como para as necessidades fundamentais vinculadas à dignidade da pessoa humana.

Referidos meios estabelecem o dever do Poder Público municipal de assegurar veículos destinados a transportar fundamentalmente as pessoas nas cidades, assim como o de propiciar condições adequadas para a utilização das vias dentro de critérios orientados para um trânsito em condições seguras, cumprindo determinação que lhe é atribuída em face da competência constitucional regrada pelo art. 30, V, da Carta Magna (organização e prestação de serviço público de transporte).

O direito ao transporte harmoniza o Estatuto da Cidade com o Código de Trânsito Brasileiro (Lei n. 9.503/97), posicionando tanto referido direito como o trânsito enquanto direito metaindividual de nítida característica estabelecida na Lei n. 8.078/90.

### 5.1.3.6. Direito aos serviços públicos

O direito aos serviços públicos estabelecido na Lei n. 10.257/2001 assegura a brasileiros e estrangeiros residentes no País *sua condição de consumidor em face do Poder Público municipal*, que, na condição de fornecedor de serviços no âmbito das cidades (rede de esgotos, abastecimento de água, energia elétrica, coleta de águas pluviais, rede telefônica, gás canalizado etc.), está obrigado a garantir serviços adequados e eficientes, seguros e, quanto aos essenciais, contínuos.

O direito aos serviços públicos revela a essência das cidades como produto das relações econômicas, relações fundamentais para a realização do trinômio VIDA – TRABALHO – CONSUMO, sendo certo que para a maioria esmagadora da população brasileira os serviços mais importantes são realizados pelo Estado fornecedor.

O direito aos serviços públicos harmoniza o estatuto da Cidade com o Código de Defesa do Consumidor (Lei n. 8.078/90), reafirmando aludido direito à luz dos conceitos que hoje orientam o estado (e, no caso do Estatuto da Cidade, do Poder Público municipal) como responsável na cadeia de consumo particularmente em face de sua atuação, por si ou suas empresas, concessionárias, permissionárias ou sob qualquer outra forma de empreendimento na condição inequívoca de fornecedor. É nessa condição que temos como compreender a competência do Município para organizar e prestar os serviços públicos de interesse local estabelecida no art. 30 da Constituição Federal.

#### 5.1.3.7. Direito ao trabalho

O direito ao trabalho, observado no art. 2º, I, do Estatuto da Cidade, *entendi-do como toda e qualquer atividade humana vinculada à transformação dos recursos ambientais (basicamente meio ambiente natural), visando a satisfazer determinadas necessidades da pessoa humana*, passa a ser integrado à ordem econômica do capitalismo no âmbito da lei dentro da garantia do direito a cidades sustentáveis, e portanto como diretriz geral a ser observada no plano da política urbana em nosso país.

Componente do PISO VITAL MÍNIMO garantido no art. 6º da Constituição Federal, o direito ao trabalho estabelece as condições econômicas elementares para que a cidade possa "viver", ou seja, por meio do direito antes referido é que a ordem econômica assegura a todos existência digna.

Importante considerar que a lei determina a necessária participação do Poder Público municipal na relação trabalho humano/livre-iniciativa dentro do planejamento das atividades econômicas do Município, o que significa considerar que, a partir do Estatuto da Cidade, o direito ao trabalho de mulheres e homens no âmbito das cidades reitera o dever do Poder Público municipal no que se refere à efetividade do direito antes aludido.

#### 5.1.3.8. Direito ao lazer

O direito ao lazer, também estabelecido pelo art. 2º, I, da Lei n. 10.257/2001, *garante a brasileiros e estrangeiros residentes no País o exercício de atividades prazerosas no âmbito das cidades*. Claro está que a dignidade da pessoa humana, estabelecida como fundamento do Estado Democrático de Direito, não pode prescindir do lazer como valor fundamental de mulheres e homens. O próprio art. 6º da Constituição Federal estabelece o direito ao lazer como valor explícito do PISO VITAL MÍNIMO.

As atividades prazerosas nas cidades estão ligadas ao meio ambiente cultural (arts. 215 e 216 da CF), restando evidente que os modos de criar, os modos de fazer e principalmente os modos de viver dos brasileiros nas diferentes cidades no Brasil – e diante das desigualdades sociais e regionais existentes no País – revelarão suas necessidades em face do tempo de que podem livremente dispor uma vez cumpridos os afazeres habituais.

Daí dois aspectos importantes, no plano jurídico, merecem ser mencionados em face de aludida prerrogativa, que compõe o direito a cidades sustentáveis: 1) o direito ao lazer implica um dever do Poder Público municipal de (que ao mesmo tempo terá a possibilidade de exercitar seu controle social[16]) assegurar os meios necessários para

---

16. A expressão latina *"panem et circenses"* traduz de forma eficiente a manipulação do lazer em proveito daqueles que têm o "dever" de assegurar as atividades prazerosas de mulheres e homens nas cidades em nosso país.

que a população de determinada cidade possa tornar efetivas as atividades necessárias ao seu entretenimento (salas de cinema, teatro, praças, áreas arborizadas etc.)[17]; 2) o direito ao lazer consiste em componente fundamental destinado a assegurar a incolumidade físico-psíquica – saúde – da pessoa humana, integrando a estrutura da dignidade da pessoa humana.

### 5.1.4. Considerações finais

A garantia do direito a cidades sustentáveis como diretriz geral vinculada aos objetivos da política urbana estabelece, pela primeira vez no Brasil, um patamar de direitos metaindividuais destinados a brasileiros e estrangeiros residentes no País dentro de uma perspectiva de tutela do meio ambiente artificial, que sem dúvida alguma procura realizar os objetivos do Estado Democrático de Direito.

Claro está que será por meio dos instrumentos da política urbana criados no Estatuto da Cidade – e sem dúvida alguma no âmbito do Plano Diretor de cada uma das cidades no Brasil – que o direito à terra urbana, à moradia, ao saneamento ambiental, à infraestrutura urbana, ao transporte, aos serviços públicos, ao trabalho e ao lazer poderão ser de fato estabelecidos, o que nos leva a compreender a extraordinária importância da GESTÃO ORÇAMENTÁRIA PARTICIPATIVA, prevista no art. 4º, III, *f*, do Estatuto da Cidade, como importante instituto econômico destinado a viabilizar recursos financeiros para que cada cidade possa organizar seu desenvolvimento sustentado em face não só de suas necessidades mas particularmente de suas possibilidades.

Criado em decorrência do estabelecimento do direito constitucional ambiental (Constituição Federal de 1988), a garantia do direito a cidades sustentáveis em nada se vincula com superados conceitos de direito administrativo que teimam em compreender as cidades como "abstrações" única e exclusivamente formais adaptadas ao "princípio da legalidade".

Harmonizando-se com os fundamentos do Estado Democrático de Direito, como já aludido, a diretriz geral da garantia do direito a cidades sustentáveis propiciará a todos os brasileiros e estrangeiros que aqui residem uma tutela mais adequada ao equilíbrio ambiental, finalidade maior pretendida por nosso legislador para alcançar a plenitude de um país verdadeiramente preocupado com a dignidade da pessoa humana.

---

17. Explicam Veríssimo/Bittar/Alvarez que "Bordéis, carnaval, praia, futebol, brincadeiras infantis, certamente são alguns dos mais significativos símbolos do lazer público, nem sempre entre paredes, mas inexistentes sem suas relações subjacentes e impossíveis de compreender sem o envolvimento direto que ajude a desvendar seus véus". *Vide Vida urbana – a evolução do cotidiano da cidade brasileira*, Ediouro, 2001, *passim*.

## 5.2. IMPORTÂNCIA DO ESTATUTO DA CIDADE PARA A DENOMINADA POLÍTICA URBANA

O Estatuto da Cidade, ao ser aprovado depois de 11 anos de tramitação, passou a ser a mais importante legislação brasileira em matéria de meio ambiente artificial (política urbana).

A Lei n. 10.257/2001 passou a disciplinar, mais que o uso puro e simples da propriedade urbana, as principais diretrizes do meio ambiente artificial em nosso país, fundado no equilíbrio ambiental (parágrafo único do art. 1º) bem como no tratamento jurídico descrito nos arts. 182 e 183 da Constituição Federal.

O Estatuto da Cidade ordena juridicamente as cidades de acordo com suas duas realidades (conforme apontado no item 5.1 – O que é uma cidade?), ou seja, os estabelecimentos chamados regulares e os denominados irregulares, sob uma perspectiva que deixa de estar adaptada tão somente a partir das visões jurídicas do século XIX/ XX (centradas em superadas visões vinculadas aos denominados direito civil e direito administrativo), mas dentro de parâmetros atuais do século XXI, que interpretam a dignidade da pessoa humana como valor fundamental a estruturar o sistema constitucional em vigor, assim como o direito ambiental (meio ambiente artificial).

## 5.3. RESPONSABILIDADE PELA APLICAÇÃO DO ESTATUTO DA CIDADE

A execução da política urbana determinada pelo Estatuto da Cidade passa a ser orientada em decorrência dos principais objetivos do direito ambiental constitucional e, em especial, pela realização dos valores estabelecidos pelo art. 1º da Constituição Federal. Por via de consequência, não só o Poder Público Municipal, mas principalmente a população brasileira, isolada ou de forma organizada, será responsável pela aplicação da Lei n. 10.257/2001 mediante a utilização imprescindível dos instrumentos de política urbana apontados no art. 4º da Lei do Meio Ambiente Artificial (Lei n. 10.257/2001).

## 5.4. INSTRUMENTOS DA POLÍTICA URBANA DESTINADOS À TUTELA DO MEIO AMBIENTE ARTIFICIAL

Para os fins previstos no Estatuto da Cidade, a saber na execução da política urbana vinculada ao objetivo de ordenar a cidade em proveito da dignidade da pessoa humana, a Lei n. 10.257/2001 estabeleceu alguns instrumentos exatamente com a finalidade de fazer com que o diploma se efetive no sentido de organizar as necessidades de brasileiros e estrangeiros aqui residentes dentro da ordem econômica capitalista. Entre os instrumentos apontados, entendeu por bem o legislador estabelecer planos (art. 4º, I), planejamentos (art. 4º, II e III), institutos (art. 4º, IV e V) e, principalmente, impor no plano infraconstitucional a utilização do Estudo Prévio de Impacto Ambiental (art. 4º, VI), instrumento por excelência de tutela do meio ambiente artificial.

Deu relevância particular, no âmbito do planejamento municipal, tanto ao plano diretor (art. 4º, III, *a*, bem como arts. 39 a 42 do Estatuto) como à disciplina do parcelamento, uso e ocupação do solo (art. 4º, III, *b*, assim como arts. 5º e 6º do Estatuto).

Destacou no âmbito dos institutos tributários e financeiros o Imposto sobre a Propriedade Predial e Territorial Urbana – IPTU (art. 4º, IV, *a*, bem como art. 7º do Estatuto). Disciplinou de forma ampla vários institutos jurídicos e políticos, a saber: a *desapropriação* (art. 4º, V, *a*, bem como art. 8º do Estatuto), a *concessão de uso especial para fins de moradia* (art. 4º, V, *h*, assim como arts. 15 a 20 do Estatuto – dispositivos vetados conforme mensagem de Veto 730), *usucapião especial de imóvel urbano* (art. 4º, V, *j*, bem como arts. 9º a 14 do Estatuto), o *direito de superfície* (art. 4º, V, *l*, assim como arts. 21 a 24 do Estatuto), o *direito de preempção* (art. 4º, V, *m*, assim como arts. 25 a 27 do Estatuto), *outorga onerosa do direito de construir e de alteração de uso* (art. 4º, V, *n*, bem como arts. 28 a 31 do Estatuto[18]), *transferência do direito de construir* (art. 4º, V, *o*, assim como art. 35 do Estatuto) e ainda o instrumento das denominadas *operações urbanas consorciadas* (art. 4º, V, *p*, assim como arts. 32 a 34 do Estatuto).

Realizou de forma clara no âmbito do meio ambiente artificial os critérios infraconstitucionais disciplinadores do *Estudo Prévio de Impacto Ambiental*, criando o *Estudo Prévio de Impacto de Vizinhança* (arts. 4º, VI, e 36 a 38 do Estatuto).

Referidos instrumentos serão regidos evidentemente pela legislação vinculada ao meio ambiente artificial, que lhes é própria (art. 4º, § 1º, da Lei n. 10.257/2001).

## 5.5. INSTRUMENTOS DE TUTELA DO MEIO AMBIENTE ARTIFICIAL EM FACE DE ÁREAS URBANAS NÃO UTILIZADAS OU NÃO EDIFICADAS

O Estatuto da Cidade prevê para as áreas urbanas que não cumprem sua função social (solo urbano não edificado, subutilizado ou ainda não utilizado) a aplicação de importantes instrumentos de política urbana visando a compelir o proprietário do solo urbano, no plano jurídico, a parcelar, edificar ou mesmo usar sua propriedade de acordo com a orientação determinada pela Constituição Federal bem como pela Lei n. 10.257/2001, tudo em conformidade com os princípios que regem as normas de meio ambiente artificial.

O IPTU progressivo no tempo[19] (enquanto típico imposto ambiental em face do meio ambiente artificial) e a desapropriação-sanção são alguns dos vários instrumentos

---

18. Daí a possibilidade de instituir a cobrança de parcela em face do denominado "solo criado".

19. O IPTU previsto no Estatuto da Cidade não se confunde com as novas regras para a cobrança progressiva do Imposto Predial e Territorial Urbano (IPTU) aprovadas para a cidade de São Paulo (dezembro de 2001, mas foi posta em prática a partir de 2014), na medida em que, *data venia*, acabou por trazer ganhos para os "cofres públicos", ocasionando perdas para a cidade de São Paulo e sua população. Como verdadeiro instrumento de tutela do meio ambiente artificial, o IPTU previsto no Estatuto da Cidade tem sua progressividade proporcional ao tempo em que o imóvel permaneça não edificado, subutilizado ou não utilizado, sendo certo que, conforme estabelece a Lei n. 10.257/2001, a partir da notificação da Prefeitura, o proprietário tem dois anos para colocar o imóvel em uso. Vencido o prazo, a propriedade será taxada durante cinco anos pela alíquota progressiva, que pode ser até duas vezes maior que a do ano anterior. Esgotado o prazo, o Município pode desapropriar o imóvel.

fundamentais instituídos em lei no sentido de compatibilizar a propriedade urbana com as reais necessidades da população em nosso país.

## 5.6. AÇÃO DE USUCAPIÃO AMBIENTAL INDIVIDUAL E AÇÃO DE USUCAPIÃO AMBIENTAL METAINDIVIDUAL: DA USUCAPIÃO ESPECIAL DE IMÓVEL URBANO

Os arts. 9º a 14 do Estatuto da Cidade estabelecem de maneira inequívoca a possibilidade de utilizar a ação de usucapião especial de imóvel urbano – tanto a Ação de Usucapião Ambiental Individual como a Ação de Usucapião Ambiental Metaindividual – como importantíssimo instrumento de ordenação do meio ambiente artificial.

Referidas ações visam a assegurar o domínio de áreas urbanas por parte fundamentalmente, em princípio, de pessoas que habitem denominados estabelecimentos irregulares, no sentido de transformar os chamados "bairros espontâneos" em realidade jurídica que passa a integrar a cidade em face de sua natureza jurídica ambiental.

Trata-se de ações ambientais que visam a beneficiar os possuidores de área urbana de até duzentos e cinquenta metros quadrados, por cinco anos, de forma ininterrupta e sem oposição, que utilizam referido território urbano para sua moradia ou de sua família e desde que não sejam proprietários de outro imóvel urbano ou rural.

## 5.7. MEIO AMBIENTE ARTIFICIAL E CONCESSÃO DE USO EM ÁREA PÚBLICA

Entre as medidas provisórias que o governo editou antes da vigência das novas regras que vieram a restringir o uso de aludido mecanismo (conforme estabelece a Emenda Constitucional 32) está a de número 2.220, de 4 de setembro de 2001 (arts. 1º a 16), que dispõe sobre a concessão de uso especial de que trata o § 1º do art. 183 da Constituição Federal.

Ainda que alguns pretendessem apontar, em decorrência do conteúdo da medida provisória, a caracterização de modalidade de ação de usucapião (*vide* item 5.6), estamos, por força da medida provisória, diante da denominada concessão de uso em área pública, que em hipótese alguma se confunde com maneira de aquisição de domínio[20].

Destarte, estabelece a medida provisória que somente poderão ser contempladas com a concessão de uso especial para fins de moradia, a saber, concessão de uso em área pública, as pessoas que tiverem ocupado o território em questão até 30 de junho de 2001, observadas as dimensões do terreno (duzentos e cinquenta metros quadrados) como idêntico critério vinculado à ocupação que pode gerar posse legítima ou usucapião: terá ela de ser por cinco anos, ininterruptamente e sem oposição.

---

20. A Constituição Federal impede a usucapião de imóveis públicos (arts. 183, § 3º, e 191, parágrafo único).

## 5.8. DIREITO DE SUPERFÍCIE EM FACE DO ESTATUTO DA CIDADE

O direito de superfície estabelecido na Lei do Meio Ambiente Artificial (arts. 21 a 24), ao abranger o direito a utilizar o solo, o subsolo ou o espaço aéreo relativo ao terreno, consagrou juridicamente a ideia do denominado solo criado.

A ideia do solo criado, tão bem desenvolvida pelos urbanistas no Brasil, parte do pressuposto no sentido de estabelecer que se as potencialidades dos diferentes terrenos urbanos devem ser distintas em função da política urbana, não seria adequado que os proprietários pudessem ser penalizados ou mesmo beneficiados individualmente por essa condição que independe totalmente de sua ação sobre o terreno.

Dessa forma, a lei separou um direito básico, que todos os lotes urbanos devem possuir, dos potenciais definidos pela política urbana.

Trata-se, em apertada síntese, de a lei permitir a transferência, gratuita ou onerosa, do direito de construir sem abranger o direito à propriedade urbana.

## 5.9. OPERAÇÕES URBANAS CONSORCIADAS EM FACE DO ESTATUTO DA CIDADE

As operações urbanas consorciadas descritas na Lei n. 10.257/2001 (arts. 32 a 34) têm como objetivo alcançar em determinada área territorial transformações urbanísticas estruturais, melhorias sociais, bem como valorização ambiental. Trata-se de um conjunto de intervenções e medidas coordenadas pelo Poder Público Municipal que conta com a participação de proprietários, moradores, usuários permanentes, além de investidores privados.

## 5.10. ESTUDO DE IMPACTO DE VIZINHANÇA (EIV) EM FACE DO MEIO AMBIENTE ARTIFICIAL

Mais importante instrumento de atuação no meio ambiente artificial na perspectiva de assegurar a dignidade da pessoa humana (art. 1º, III, da CF), o Estudo de Impacto de Vizinhança (EIV) tem como objetivo compatibilizar a ordem econômica do capitalismo (arts. 1º, IV, e 170 da CF) em face dos valores fundamentais ligados às necessidades de brasileiros e estrangeiros residentes no país justamente em decorrência do trinômio *vida – trabalho – consumo*. O EIV segue necessariamente os critérios impostos pelo art. 225, IV, da Constituição Federal, o que se traduz em instrumento de natureza jurídica constitucional. Daí ser despicienda, por inconstitucional, a primeira parte do art. 36 do Estatuto da Cidade, que condiciona os empreendimentos e atividades privados ou públicos sujeitos ao estudo à "lei municipal", posto que a exigência do estudo se estabelece, ainda que na forma da lei, para qualquer instalação de obra ou atividade potencialmente causadora de significativa degradação ambiental. Destarte, o Estudo de Impacto de Vizinhança (EIV) deverá sempre ser executado observando-se, antes dos critérios legais, ou seja, dos critérios específicos elaborados pelo Estatuto, algumas exigências prévias de índole constitucional, a saber: 1) o Poder Público Municipal tem incumbência de exigir o EIV tanto para instalação de obra como para instalação de atividade *potencialmente* causadora de *significativa* degradação ambiental; 2) O EIV será sempre necessariamente *prévio* à instalação de obra ou atividade potencialmente causadora de significativa degradação ambiental; 3) Será sempre dada publicidade ao EIV, enquanto estudo complexo realizado por equipe multidisciplinar, observando-se particularmente no âmbito da Carta Magna a diretriz fixada no art. 1º, II, que assegura o fundamento da cidadania como constitutivo do Estado Democrático de Direito e que terá desdobramentos na Lei n. 10.257 em face da gestão democrática da cidade. O EIV evidencia sua existência no princípio da prevenção do dano ambiental, decorrendo, portanto, da ideia antes fixada, sua essência preventiva. O conteúdo do EIV deverá ser executado de forma a contemplar tanto os efeitos positivos como os negativos do empreendimento ou atividade e tem como objetivo explícito a *tutela da qualidade de vida da população residente na área e suas proximidades* (art. 37, *caput*), ou seja, a que habita tanto os bairros regulares como irregulares. As questões indicadas nos incisos I a VII do art. 37 *estabelecem o conteúdo mínimo* do EIV; trata-se de previsão de diagnóstico da situação ambiental presente (meio ambiente cultural, meio ambiente artificial, meio ambiente do trabalho e meio ambiente natural), antes da implantação da obra ou atividade, possibilitando fazer comparações com as alterações que ocorrerão posteriormente, caso a obra ou atividade venha a ser autorizada. Elaboradas as previsões necessárias com a indicação de eventuais medidas mitigadoras do impacto, será necessária a elaboração de um programa de acompanhamento e monitoramento destas. Vale fixar que cabe ao proponente do projeto (obra ou atividade) o dever de arcar com as despesas necessárias. O EIV deve ser realizado por equipe técnica multidisciplinar, que contará com todos os profissionais ligados às questões sublinhadas pelos incisos I a VII do art. 37, profissionais estes que avaliarão os impactos positivos e negativos indicados no *caput* do art. 37. A responsabilidade civil do Poder Público Municipal, fixada por força do art. 225, § 1º, IV, é idêntica às demais hipóteses da responsabilidade constitucional por força de lesão ou ameaça aos bens ambientais, sendo certo que podemos transportar para o EIV todo o regime jurídico do EIA[21].

## 5.11. O PLANO DIRETOR COMO INSTRUMENTO BÁSICO DE TUTELA DO MEIO AMBIENTE ARTIFICIAL DESENVOLVIDO NO ESTATUTO DA CIDADE

O plano diretor[22], conforme clara determinação constitucional (art. 182, § 1º, da Carta Magna), *é o instrumento básico da Política de Desenvolvimento e Expansão*

---

21. Para uma análise completa do estudo prévio de impacto ambiental, *vide* Celso Antonio Pacheco Fiorillo e Renata Marques Ferreira, *Comentários ao Estatuto da Cidade:* Lei n. 10.257/2001 – Lei do Meio Ambiente Artificial, 7. Ed., São Paulo, Saraiva, 2019.

22. Conforme ensina Flávio Villaça, os conceitos de planejamento ou plano diretor não existiam no Brasil nem no século XIX nem no início do século passado. O Plano *Agache*, do Rio de Janeiro, datado de 1930, é, segundo informação do professor titular da Faculdade de Arquitetura e Urbanismo da Universidade de São Paulo, o primeiro a apresentar a expressão *plano diretor*. Explica o mestre que "o plano Agache foi impresso em Paris. Não tivemos acesso ao original francês para saber qual a expressão nessa língua que teria sido traduzida por *plano diretor*. Pode ter sido *plan d'aménagement*, ou *plan régulateur*

*Urbana*[23] *no âmbito do meio ambiente artificial. A propriedade urbana cumprirá sua função social quando atender às exigências fundamentais de ordenação da cidade expressas no plano diretor* (art. 182, § 2º, da CF); logo, o regime da propriedade urbana passa a ter identidade jurídica com os preceitos estabelecidos em lei pelo denominado Plano Diretor[24]. Referido instrumento constitucional, apontado[25] no Estatuto da Cidade como instrumento de planejamento municipal (art. 4º, III, *a*), tem diretrizes, conteúdo e forma descritos em lei (arts. 2º, 39 e 42 do Estatuto da Cidade), e faz parte do denominado processo de planejamento municipal, devendo o plano plurianual[26], as diretrizes orçamentárias[27] e o orçamento anual[28] – leis de iniciativa do Poder Executivo previstas no art. 165 da Constituição Federal – incorporar as diretrizes e prioridades nele contidas (art. 40, § 1º, do Estatuto da Cidade). Obedece o presente instrumento ambiental a dois pressupostos constitucionais: 1) tem que ser aprovado pela Câmara

---

e, pouco provavelmente, *plan directeur*. Pode também ter sido *master plan*, pois Agache usou algumas expressões do inglês (incompreensivelmente desnecessárias) que foram mantidas nessa língua na tradução para o português, como por exemplo *sewage* ou *zoning*". *Vide* a obra de Csaba Deak e Sueli Ramos Schiffer (Org.), *O processo de urbanização no Brasil*, Fupam/Edusp, 1999, p. 169-245.

23. "A palavra *urbanismo* veio da França. Gaston Bardet (1949, p. 36) afirma que "le mot urbaniste apparaît en 1910, urbanisme, vers 1911". Agache atribui a si a criação do nome: "Este vocábulo: urbanismo, do qual fui padrinho, em 1912, quando fundei a Sociedade Francesa dos Urbanistas (...)" (Alfred Agache, *Cidade do Rio de Janeiro: extensão, remodelação, embelezamento*. Paris, Foyer Brésilien, 1930, p. 6). Mais tarde, dos países anglo-saxões chegaram o *city planning* e o *comprehensive planning*. No Brasil a palavra *planejamento* associada ao urbano é mais recente que *urbanismo* e sempre teve uma conotação associada à ordem, à racionalidade e à eficiência, enquanto *urbanismo* ainda guardava resquícios do "embelezamento" e sempre foi mais associado à arquitetura e à arte urbanas. *Vide* Csaba Deak e Sueli Ramos Schiffer (Org.), *O processo de urbanização...*, cit., p. 205.

24. "Em 1930 foram divulgados planos para as duas maiores cidades do país. Por seu porte, pela importância dada às suas divulgações (ambos são publicados em grossos e pomposos volumes) e pela novidade de seus conteúdos, esses planos marcarão uma nova etapa na história do planejamento urbano no Brasil. A classe dominante, que estava silenciosa diante do urbano, manifesta-se. A principal novidade que os Planos de São Paulo e Rio traziam era o destaque para a infraestrutura, principalmente saneamento e transportes. O apelo ao embelezamento ainda está presente, especialmente no sistema viário. Este, porém, já é pensado também em termos de transportes, como no caso da avenida circular (de 'irradiação') de Prestes Maia. Mantém-se, entretanto, o interesse pelas oportunidades imobiliárias que as remodelações urbanas oferecem, e nesse sentido o centro da cidade ainda é o grande foco de atenção dos planos. No discurso, entretanto, pretende-se abordar a cidade inteira." *Vide* Csaba Deak e Sueli Ramos Schiffer (Org.), *O processo de urbanização...*, cit., p. 207.

25. "Na década de 1940, as demais capitais brasileiras, seguindo o exemplo das duas maiores cidades do país, também produziram seus planos, como Porto Alegre e Salvador." *Vide O processo de urbanização...*, cit., p. 209.

26. Conforme preleciona Regis Fernandes de Oliveira "o plano plurianual define o planejamento das atividades governamentais. Limita o dispositivo às despesas de capital e delas decorrentes e para as relativas aos programas de duração continuada". *Vide* a obra *Manual de direito financeiro*, 2. ed., São Paulo, Revista dos Tribunais, 1997, p. 82.

27. Como esclarece o autor antes citado, "cuida-se de lei anual... que deve traçar regras gerais para aplicação ao plano plurianual, orientando a elaboração da lei orçamentária anual" (*Manual...*, cit., p. 84).

28. Esclarece o docente já aludido que "o dispositivo consagra o princípio da universalidade. Doravante, a peça única (princípio da unidade) conterá o orçamento de todas as entidades que detenham ou recebam dinheiro" (*Manual...*, cit., p. 85).

Municipal; e 2) é obrigatório para cidades com mais de vinte mil habitantes. Dessarte, devemos reconhecer desde logo que, diante da imposição estabelecida pela Carta Magna de obrigar somente as cidades com mais de vinte mil habitantes a ter plano diretor (art. 182, § 1º), não pode a Lei n. 10.257/2001 obrigar a utilização do instrumento ora comentado por parte das cidades em decorrência de hipóteses outras como aquelas apontadas nos incisos II, III, IV e V do art. 41. O tema já foi inclusive apreciado pelo Egrégio Supremo Tribunal Federal, que deixou clara a posição de salvaguardar a autonomia dos Municípios[29]. Todavia, para as cidades com mais de vinte mil habitantes, poderão fazer parte do plano diretor as matérias indicadas nos incisos II, III, IV e V do art. 41, na medida em que o conteúdo do instrumento ambiental observado no art. 42 é mínimo e não máximo. Ressalta-se que, por força do Estatuto da Cidade, o plano diretor obrigatório aprovado pela Câmara Municipal para cidades com mais de vinte mil habitantes (art. 182, § 1º, da CF) deverá conter no mínimo (art. 42, I a III, do Estatuto):

1) a delimitação das áreas urbanas onde poderá ser aplicado o parcelamento, a edificação ou a utilização compulsórios, considerando a existência de infraestrutura e de demanda para utilização, na forma do art. 5º desta lei. A obrigação de parcelar, edificar ou utilizar a propriedade, aliás imposta pelo próprio legislador constitucional (art. 182, § 4º, I a III, da CF), necessita o regramento do Plano Diretor, instrumento que "poderá determinar o parcelamento, a edificação ou a utilização compulsórios do solo urbano não edificado, subutilizado ou não utilizado" (art. 5º do Estatuto da Cidade);

2) disposições requeridas pelos arts. 25, 28, 29, 32 e 35 do Estatuto, ou seja, os conteúdos desenvolvidos no âmbito do direito de preempção, outorga onerosa do direito de construir, alteração do uso do solo, operações urbanas consorciadas e transferência do direito de construir; e

3) sistema de acompanhamento e controle que será feito dentro das diretrizes fixadas pelo Estatuto da Cidade (art. 2º), em que a função social da cidade, obviamente vinculada à defesa dos direitos fundamentais de índole difusa, se revela com enraizamento ambiental e portanto pela participação da população e de associações representativas dos vários segmentos da comunidade bem como dos demais órgãos com competência constitucional para a defesa e tutela dos bens ambientais. Devemos destacar ainda a inovação criada pelo legislador em face do denominado Plano de Transporte

---

29. Trata-se da ADIn 826, em que foi relator o Min. Sydney Sanches, publicada em 12-3-1999 com a seguinte ementa: *"Direito constitucional e administrativo. Municípios com mais de cinco mil habitantes: plano diretor. Art. 195, caput, do Estado do Amapá. Arts. 25, 29, 30, I e VIII, 182, § 1º, da Constituição Federal, e 11 do ADCT. 1. O caput do art. 195 da Constituição do Estado do Amapá estabelece que "o plano diretor, instrumento básico da política de desenvolvimento econômico e social e de expansão urbana, aprovado pela Câmara Municipal, é obrigatório para os Municípios com mais de cinco mil habitantes". 2. Essa norma constitucional estadual estendeu, aos municípios com número de habitantes superior a cinco mil, a imposição que a Constituição Federal só fez àqueles com mais de vinte mil (art. 182, § 1º). 3. Desse modo, violou o princípio da autonomia dos Municípios com mais de cinco mil e até vinte mil habitantes, em face do que dispõem os arts. 25, 29, 30, I e VIII, da CF, e 11 do ADCT. 4. Ação Direta de Inconstitucionalidade julgada procedente, nos termos do voto do Relator. 5. Plenário: decisão unânime".*

Urbano Integrado (§ 2º do art. 41 do Estatuto da Cidade) para as cidades com mais de quinhentos mil habitantes, que deverá ser compatível com o plano diretor ou nele inserido. Em síntese, para que efetivamente cumpra sua função constitucional, o plano diretor deverá harmonizar as diferentes regras jurídicas de meio ambiente cultural, meio ambiente artificial, meio ambiente do trabalho e meio ambiente natural adaptadas concretamente ao Município, dentro do critério básico, já comentado, de assegurar a brasileiros e estrangeiros que aqui residam o trinômio *vida – trabalho – consumo*.

## 5.12. O ESTATUTO DA CIDADE VINCULADO AOS DIREITOS DIFUSOS E COLETIVOS: A AMPLIAÇÃO DA LEI N. 7.347/85 EM DECORRÊNCIA DO QUE ESTABELECE A LEI N. 10.257/2001

Os arts. 53 e 54 do Estatuto da Cidade são os mais importantes dispositivos da lei que organiza o meio ambiente artificial em nosso país, na medida em que demonstram *a natureza jurídica dos bens tutelados pela Lei n. 10.257/2001 como preponderantemente de direito material coletivo e, no plano dos subsistemas jurídicos que se harmonizam com o comando constitucional, de direito material metaindividual.*

Dessarte, a tutela material e processual dos direitos apontados no Estatuto da Cidade não se esgota em face dos direitos materiais individuais ou, ainda, como entendem alguns "curiosos" da matéria, em decorrência do que estabelecem os superados subsistemas jurídicos do século XIX ou mesmo do século XX; ao contrário, *é na verificação dos direitos difusos, coletivos e individuais homogêneos que se estabelece a importante contribuição de um Estatuto Normativo do século XXI.*

A inclusão do meio ambiente artificial como novo inciso vinculado ao *caput* do art. 1º da Lei n. 7.347/85, por meio de nova estrutura jurídica denominada "ordem urbanística", revela a clara opção do legislador de situar o Estatuto da Cidade como diploma vinculado aos denominados "direitos difusos e coletivos", expressão criada pela Constituição Federal de 1988 no art. 129, III.

Adotando idêntica visão daquela estabelecida pela Lei n. 8.078/90 (Código de Defesa do Consumidor), o Estatuto da Cidade, por força da aplicação da Lei n. 7.347/85 (Lei dos Direitos Difusos), garante, em decorrência do que determina a legislação em vigor, a defesa dos direitos individuais e metaindividuais, que poderá ser exercida em juízo individualmente ou a título coletivo.

Sempre que houver lesão ou ameaça à ordem urbanística, ou seja, ao meio ambiente artificial, caberá a utilização de ações coletivas[30] para danos patrimoniais, morais ou à imagem que possam ocorrer.

Por se tratar o meio ambiente artificial de bem essencial à sadia qualidade de vida, posicionou-se o Estatuto da Cidade claramente pela prevenção: a possibilidade de ser ajuizada ação cautelar objetivando inclusive *evitar o dano ao meio ambiente artificial* figura com destaque em decorrência do que informa o art. 55 da Lei n. 10.257/2001.

---

30. *Vide* na presente obra estudo completo sobre as ações coletivas.

Aplicam-se, portanto, ao Estatuto da Cidade não só as normas descritas na Lei n. 7.347/85 como também os dispositivos previstos na esfera material e instrumental da Lei n. 8.078/90 especificamente em face dos arts. 81 a 90.

## 5.13. NATUREZA JURÍDICA DA FAVELA EM FACE DO MEIO AMBIENTE ARTIFICIAL

Conforme já tivemos oportunidade de aduzir[31], as cidades[32] se desenvolvem nos dias de hoje levando em consideração, além da questão do território, o trinômio moradia – trabalho – consumo dentro de uma economia capitalista existente nos países em grande parte do globo. Os temas antes referidos levam, em quase toda parte, a

---

31. *Vide* Celso Antonio Pacheco Fiorillo e Renata Marques Ferreira, *Comentários ao Estatuto da Cidade:* Lei n. 10.257/2001 – Lei do Meio Ambiente Artificial, 7. ed., São Paulo, Saraiva, 2019.

32. As cidades no Brasil, foram construídas a partir do século XVI em face da enorme extensão da costa e da necessidade de nela estabelecer, para sua defesa, os primeiros núcleos de povoamento e principalmente os objetivos de Portugal, que "antes cuidava de explorar que colonizar", conforme observa Fernando Azevedo. Daí ter sido praticamente imposto aos conquistadores da terra o sistema de povoação marginal, levando-os a "semear de vilas e colônias o litoral vasto, nas enseadas e ancoradouros que oferecessem abrigo seguro às suas naus, galeões e caravelas", o que explica a existência das antigas povoações e feitorias, anteriores à divisão do Brasil em capitanias hereditárias (Olinda e Iguaraçu em Pernambuco; Santa Cruz na Bahia; Cabo Frio e Rio de Janeiro – Vila Velha), assim como as velhas vilas primitivas já fundadas no regime das capitanias hereditárias (como São Vicente e Olinda). O único núcleo colonial mais afastado do mar foi a Vila de Piratininga. Com o malogro do sistema de doações e a criação de um governo central teriam surgido, na visão de Azevedo, as primeiras cidades (a primeira cidade brasileira foi na verdade São Vicente, no Estado de São Paulo): a de Salvador, em que Tomé de Sousa estabeleceu a primeira capital do Brasil; a de São Sebastião do Rio de Janeiro, fundada por Estácio de Sá, em 1566, junto ao Pão de Açúcar e transferida mais tarde, em 1567, para o Morro do Castelo por Mem de Sá, observando-se ainda a elevação à categoria de vila da povoação de Santo André da Borda do Campo e Piratininga (que viria mais tarde a ter um papel preponderante na conquista dos sertões, consolidando-se no planalto na luta contra a Confederação dos Tamoios). As vilas, entrepostos de comércio fundamentalmente, já formavam povoações regulares ao longo da costa que necessitavam proteção; daí encontrarmos pequenas cidades – fortalezas via de regra erguidas numa colina e amuradas, como é o caso do Rio de Janeiro e Salvador. As primeiras cidades brasileiras já observavam como característica estrutural sua função eminentemente econômica (produtos e serviços) como "estrutura artificial" direcionada para sua função militar.

Devemos observar que no século XVI os conquistadores assim como os mercadores europeus depararam enorme espaço vazio no "resto do mundo", onde puderam realizar programas de colonização com base na concepção europeia. Lembra Benevolo que os portugueses, em seu hemisfério (a parte que lhe foi reservada pelo Tratado de Tordesilhas em 1494), encontraram territórios pobres e inóspitos (sobretudo a África Meridional) ou então, no Oriente, Estados populosos e aguerridos que não puderam ser conquistados. Dessarte, teriam fundado somente uma série de bases navais com vistas em controlar o comércio oceânico, não tendo condições de realizar verdadeira colonização em grande escala, ao contrário dos espanhóis, que encontraram em sua zona territórios mais adequados à colonização (o modelo de conquista dos espanhóis foi imposto pelas autoridades já nos primeiros anos e codificado por Filipe II na Lei de 1573, considerada a PRIMEIRA LEI URBANÍSTICA DA IDADE MODERNA).

De qualquer maneira, é importante registrar que as novas cidades seguiram um modelo uniforme: via de regra um tabuleiro de linhas retilíneas que definiam uma série de quarteirões iguais, quase sempre quadrados. No centro da cidade suprimiam-se ou reduziam-se alguns quarteirões, conseguindo-se uma praça sobre a qual eram construídos edifícios importantes, a saber, a igreja, o paço municipal, as casas dos mercadores e dos colonos mais ricos.

resultados muito diferentes para a pessoa humana, ou seja, os edifícios projetados pelos arquitetos e em conformidade com os regulamentos, as cidades disciplinadas pelos planos urbanísticos e providas com os serviços públicos, as ruas, os parques etc. dizem respeito tão somente a uma parcela da população; a outra não está em condições de se servir deles e se organiza por sua própria conta em outros estabelecimentos denominados "irregulares", muitas vezes em contato direto com os "regulares", mas nitidamente distintos: o terreno é ocupado sem um título jurídico organizado por meio do vetusto direito civil ou direito administrativo (que tem seus fundamentos ideológicos organizados na Europa do século XIX); as casas são construídas com recursos próprios, os serviços faltam ou são introduzidos posteriormente, sempre com critérios absolutamente diversos daqueles que valem para o resto da cidade.

Estes estabelecimentos "irregulares" foram chamados de "marginais" porque eram considerados uma franja secundária da cidade pós-liberal: toda cidade do mundo sempre teve um grupo de habitantes pobres, que viviam em barracos da extrema periferia ou dormiam debaixo de pontes.

No mundo atual, a definição antes referida já não seria válida na medida em que os estabelecimentos "irregulares" vêm crescendo com muito maior velocidade que os chamados estabelecimentos "regulares", abrigando, no início do século XXI em muitos países, a maioria da população. Cada nação, conforme já dissemos em obras anteriores citando Benevolo, chama de modo diferente esses bairros irregulares, merecendo destaque em nosso país as denominadas favelas.

A palavra "favela" foi extraída do nome de um morro em Canudos (local do sertão da Bahia em que foi travada no século XIX sangrenta guerra, envolvendo de um lado sertanejos e de outro tropas do exército brasileiro) que os soldados republicanos tomaram como base na época do histórico confronto. Quando encerrada a guerra, retornaram os soldados à cidade do Rio de Janeiro, vindo a ocupar o Morro da Providência, batizado com o mesmo nome do território ocupado na Bahia: Morro da Favela. O termo acabou sendo usado no País todo para denominar comunidades pobres[33]; daí

---

33. Explica Gilberto Freyre, que "em outras choças de palha, levantadas sobre os pântanos, foi se acoitando a parte mais miserável da população livre da cidade do Rio de Janeiro: população que só depois iria para os morros. Enquanto os negros mais temíveis, ou menos acomodatícios, foram se reunindo em mucambos como os dos Palmares, no Mato Grosso, nos sertões, na própria Amazônia. E não apenas nas imediações das cidades. Os morros foram, a princípio, aristocráticos – como já salientamos: lugares onde era elegante descer de rede ou de palanques nos ombros dos negros. Aonde padres, fidalgos, senhoras finas subiam, carregadas por escravos. Estabeleceram-se desde então contrastes violentos de espaço dentro da área urbana e suburbana: o sobrado ou a chácara, grande e isolada, no alto, ou dominando espaços enormes; e as aldeias de mucambos e os cortiços de palhoças embaixo, um casebre por cima do outro, os moradores também, um por cima do outro, numa angústia anti-higiênica de espaço. Isto nas cidades de altos e baixos como o Rio de Janeiro e a capital da Bahia. No Recife os contrastes de espaço não precisaram das diferenças de nível. Impuseram-se de outro modo: pelo contraste entre o solo precisamente enxuto e o desprezivelmente alagado, onde se foram estendendo as aldeias de mucambos e casas de palha". Destaca ainda o grande mestre pernambucano que de tal forma cresceu no Rio de Janeiro o Valongo (o espaço reservado aos negros) que cronistas alarmados chegaram a considerar a cidade brasileira "sitiada" por essa subcidade africana.

favela ser sinônimo de pobreza em nossa realidade[34], o que significa afirmar que *as favelas são porções do território das cidades brasileiras em que existe pobreza.*

Sendo porções do território das cidades brasileiras, *assumem as favelas a condição de bairros[35], ou seja, porções do território de uma cidade ocupada por pessoas*

---

34. Ressaltamos em nosso *Estatuto da cidade comentado*, também com apoio em Gilberto Freyre, que com a maior urbanização do País viriam os *cortiços* preferidos aos *mucambos* (palhoças, ou casebres, fundadas nas cidades do Império, também conhecidas como mucambarias ou aldeias de mucambos, que reproduziam estilos africanos de habitação e convivência) pelo proletariado de estilos de vida mais europeus. Sua origem estaria no Recife holandês, primeiro ponto no Brasil colonial a amadurecer em cidade moderna, as preocupações de comércio dominando as militares e juntando-se às próprias condições topográficas, no sentido de comprimir a população e verticalizar a arquitetura. Aluísio Azevedo, gigante da literatura brasileira e expoente de nossa ficção urbana nos moldes do tempo, como bem observou Alfredo Bosi, fixou bem a realidade do cortiço, desistindo de montar um enredo em função de pessoas e atendo-se "a sequência de descrições muito precisas onde cenas coletivas e tipos psicologicamente primários" faziam, no conjunto, do cortiço a personagem mais "convincente do nosso romance naturalista". Apontou bem Luciana Stegagno Picchio que toda a produção literária de Aluísio Azevedo obedeceu a intentos de denúncia, estando entre suas melhores obras o romance *O cortiço*, "também ele dedicado a uma das pragas do Rio de Janeiro fim-de-século: a promiscuidade da habitação coletiva no cortiço (colmeia humana, a mesma *colmena* de um futuro Camilo José Cela)".

*As habitações coletivas descritas com riqueza de detalhes por Aluísio Azevedo em 1890*, onde a miséria, a marginalização, a fome, a prostituição e a exploração conviviam com os poderosos proprietários de cubículos que os alugavam aos necessitados, parece não terem sensibilizado o legislador que veio a estabelecer, mais tarde, o Código Civil brasileiro (1916). A nossa sociedade, como lembra Orlando Gomes em sua magnífica obra *Raízes históricas e sociológicas do Código Civil brasileiro*, tinha a sua base fora das cidades ("que floresciam como empórios de mercadorias importadas"), sendo certo que a classe política dominante era constituída pelas famílias que detinham a propriedade territorial e o monopólio de mando baseado no "primitivismo patriarcal que caracterizou o estilo de vida da sociedade colonial". "Na organização jurídica da propriedade e de alguns direitos reais limitados", explica Orlando Gomes, o Código Civil sofreu influência marcante dos costumes próprios dessa "sociedade subdesenvolvida, que, todavia, iria transformar-se vertiginosamente logo após a sua promulgação". Fica claro que a legislação civil de 1916 já nascia inspirada em uma realidade distante daquela existente nas cidades brasileiras e ajustada, como lembra Orlando Gomes, "material e espiritualmente à situação econômico-social do país, pelo apoio que recebia da burguesia rural e mercantil" organizando uma legislação "inspirada no direito estrangeiro, que, embora estivesse, por muitas vezes, acima da realidade nacional, correspondia, em verdade, aos interesses a cuja guarda e desenvolvimento se devotava".

Causa estranheza por via de consequência pretender adaptar às cidades brasileiras, em pleno século XXI, as regras jurídicas previstas no "novo" Código Civil (Lei n. 10.406/2002) na medida em que o "novo" diploma é praticamente idêntico ao Código Civil francês de 21 de março de 1804 no que se refere ao controle jurídico do território.

35. *Bairros*, nos dias de hoje, *são porções do território de uma cidade ocupada por pessoas majoritariamente integrantes de uma mesma classe social-econômica.*

Já em torno da Acrópole ateniense (cidade alta e local onde ficavam os templos dos deuses), na época de Péricles (século V a.C.), verificavam-se, como informa Benevolo, os bairros residenciais que eram distribuídos ao redor dos edifícios públicos, podendo-se imaginar "a coroa de bairros com as casas de habitação". Embora não seja possível falar da existência de um direito grego e sim de "uma multidão de direitos gregos", conforme lição de Gilissen, normas como a Lei de *astynómos* (Pérgamo, Eólis, Ásia Menor – século II d.C.) já refletiam disposições detalhadas a respeito de conservar limpas e em boas condições as ruas, as estradas e passagens, sobre o tamanho mínimo das ruas, sobre a escavação de fossos e produção de tijolos ou pedras, sobre a reforma de muros comuns e a divisão de gatos, sobre a manutenção de fontes e chafarizes na *pólis* (a cidade-Estado), que depois passou a ser distinguida pela cidade

594

*majoritariamente integrantes de uma mesma classe social-econômica.* Dessarte, observada no plano do que estabelece nossa Carta Magna, *as favelas, a partir de 1988, assumiram a natureza jurídica de bem ambiental,* visto que estão integradas à estrutura de toda e qualquer cidade.

Como bairros que são, as favelas têm no âmbito jurídico uma série de interesses específicos; referidos interesses, conforme indica o art. 29, XIII, da Constituição Federal, asseguram a prerrogativa de a comunidade (pessoas integrantes de determinado bairro) tutelar direitos não só por meio da denominada iniciativa popular, visando projetos de lei específicos, observando-se a manifestação de, pelo menos, 5% do eleitorado (a exemplo do Município e da cidade), como mediante as ações ambientais destinadas à tutela do meio ambiente artificial sempre que ocorrer lesão ou ameaça ao piso vital mínimo observado concretamente em face de diferentes hipóteses encontradas no território brasileiro.

---

alta – a *acrópole* – e a cidade baixa – a *astu,* sobre o registro e a manutenção de todas as cisternas das cidades. Cabe destacar que os gregos continuaram as tradições dos direitos cuneiformes e transmitiram-nas aos romanos, tendo instaurado em suas cidades regimes políticos que serviram de modelo às civilizações ocidentais.

A cidade medieval conheceu em seu apogeu a estrutura dos bairros, valendo transcrever a manifestação de Jacques Le Goff em sua obra *O apogeu da cidade medieval,* a saber: "Há enfim, na maioria das cidades, divisões que não coincidem nem com o elemento constitutivo da cidade, nem com uma paróquia formando conjuntos que estão entre os mais vivos e personalizados da cidade. São os bairros (*quartiers*) cujos nomes logo aparecem com frequência nos documentos, como o das 'Aubergeries' em Pérgueux, atestado já em 1254. Esses bairros parecem às vezes organizar-se em torno de uma rua que lhes dá o nome. Em Périgord, por exemplo, situam-se inicialmente ruas ou casas em relação à rue Neuve (Rua Nova); depois, em meados do século XIV, aparece a expressão 'o bairro de Rua – nova' ou 'la quartieyra de Rua Nova'. Assim, em Reims. O bairro da Nouvelle Couture, loteado pelo arcebispo a partir de 1183, tomou o nome de sua artéria central, que, em verdade, era muito larga porque destinada a ser um local de feira. Realidades vivas, porém mal definidas, os bairros, componentes característicos da cidade medieval, ainda são mal conhecidos". Paris, que no reinado de Luís XIV teria sido a maior cidade da Europa (século XVII), seguida de perto por Londres, já era dividida em bairros que, de 17 na época de Henrique III, chegaram a 20 em 1702. Não existia na época, conforme descreve Jacques Wilhelm em sua obra *Paris no tempo do Rei Sol,* bairro que não estivesse repleto de palácios "comparáveis aos mais belos edifícios romanos". Escreveu o historiador Sauval, impressionado com as transformações de que Paris já se beneficiara por ocasião da morte de Mazarino, que "no Faubourg Saint-Honoré, na Villeneuve, no Marest e na ilha de Notre-Dame (atual ilha de Saint-Louis), todos eles, bairros fétidos e abandonados, vimos abrirem-se muitas ruas compridas, largas, retas, e ali se elevaram essas casas tão soberbas que admiramos e que se assemelham a palácios encantados".

Em nosso país, especificamente na cidade de São Paulo no século XVI, muitos bairros surgiram da transformação de aldeamentos indígenas em povoados de brancos, sendo um elemento importante para caracterizar a origem histórica de várias cidades brasileiras.

*Observados no plano constitucional brasileiro em vigor, os bairros têm natureza jurídica de bem ambiental, visto que estão integrados à estrutura de toda e qualquer cidade*; os bairros, como já afirmado, são "partes" da cidade que possuem "interesse específico", conforme indica o art. 29, XIII, da Constituição Federal. Dessarte, em decorrência do que estabelece a Carta Magna em vigor, as pessoas integrantes de determinado bairro gozam da prerrogativa apontada em referido artigo, a saber, "iniciativa popular de projetos de lei de interesse específico", a exemplo do Município e da cidade, desde que viabilizada por meio "de manifestação de, pelo menos, cinco por cento do eleitorado".

Assim, o direito ambiental brasileiro, ao determinar no plano constitucional o estabelecimento de uma política de desenvolvimento urbano a ser executada pelo Poder Público municipal, vinculada a garantir o bem-estar de brasileiros e estrangeiros residentes no País (art. 182 da CF), deixou bem evidenciada a tutela jurídica das favelas, como bairros que são, destinada a assegurar às comunidades a terra urbana, a moradia, o saneamento ambiental, a infraestrutura urbana, o transporte, os serviços públicos, o trabalho e evidentemente o lazer, a partir dos instrumentos jurídicos ambientais previstos no plano da Carta Magna e do Estatuto da Cidade (Lei n. 10.257/2001). Cuidou, por via de consequência, o direito ambiental brasileiro em proteger a dignidade da pessoa humana (art. 1º, III) dentro da estrutura do meio ambiente artificial não só no âmbito dos "bairros regulares" como dos bairros "irregulares".

## 6. INSTRUMENTOS DE POLÍTICA URBANA VINCULADOS À TUTELA JURÍDICA DO MEIO AMBIENTE ARTIFICIAL, REGULARIZAÇÃO FUNDIÁRIA DE ASSENTAMENTOS URBANOS E A LEI N. 11.977/2009

Elaborada com a finalidade de criar mecanismos de incentivo à produção e à aquisição de novas unidades habitacionais pelas famílias com renda mensal de até 10 (dez) salários mínimos, que residam em qualquer um dos Municípios brasileiros assim como destinada a estabelecer critérios de regularização fundiária de assentamentos localizados em áreas urbanas, a Lei n. 11.977/2009 necessariamente deve ser interpretada em face do Estatuto da Cidade (Lei n. 10.257/2001) como mais um dos instrumentos destinados a garantir o objetivo determinado pela Constituição Federal de garantir o bem-estar dos habitantes, bem como o de ordenar o pleno desenvolvimento das funções sociais da cidade (art. 182 da CF) em face da tutela jurídica do meio ambiente artificial.

Dessarte, como verdadeira norma instrumental adaptada necessariamente às diretrizes gerais da política urbana fixadas pelo Estatuto da Cidade, a lei antes referida estabelece um Programa Nacional de Habitação Urbana (art. 4º) que visa a subsidiar a produção e aquisição de imóvel para os segmentos populacionais com renda familiar mensal de até seis salários mínimos.

Além disso, trata da regularização fundiária de assentamentos[36] urbanos (art. 46), definindo juridicamente o tema como um conjunto de medidas jurídicas, urbanísticas, ambientais e sociais que visam à regularização jurídica de assentamentos irregulares e à titulação jurídica de seus ocupantes, de modo a garantir:

1 – o direito social à moradia,

2 – o pleno desenvolvimento das funções sociais da propriedade urbana; e

3 – o direito ao meio ambiente ecologicamente equilibrado.

---

36. "**Assentamento** 4.1. B – núcleo de povoamento constituído por camponeses ou trabalhadores rurais." *Dicionário Houaiss da língua portuguesa*, 1. ed., Rio de Janeiro: Objetiva, 2001, p. 320.

A regularização fundiária[37], além de evidentemente ter que respeitar as diretrizes gerais da política urbana estabelecidas no Estatuto da Cidade (Lei n. 10.257/2001), também deverá observar **princípios específicos** indicados no art. 48 da Lei n. 11.977/2009, a saber:

1 – ampliação do acesso à terra urbanizada pela população de baixa renda, com prioridade para sua permanência na área ocupada, assegurados o nível adequado de habitabilidade e a melhoria das condições de sustentabilidade urbanística, social e ambiental;

2 – articulação com as políticas setoriais de habitação, de meio ambiente, de saneamento básico e de mobilidade urbana, nos diferentes níveis de governo e com as iniciativas públicas e privadas, voltadas à integração social e à geração de emprego e renda;

3 – participação dos interessados em todas as etapas do processo de regularização;

4 – estímulo à resolução extrajudicial de conflitos; e

5 – concessão do título preferencialmente para a mulher.

Poderão promover a regularização fundiária, na forma do que estabelece o art. 50, não só a União, os Estados, o Distrito Federal e os Municípios, mas também todo e qualquer beneficiário de aludida regularização de forma individual ou coletiva (art. 50, I) assim como cooperativas habitacionais, associações de moradores, fundações, organizações sociais, organizações da sociedade civil de interesse público ou outras associações civis que tenham por finalidade atividades nas áreas de desenvolvimento urbano ou regularização fundiária (art. 50, II).

A lei estabelece ainda uma série de importantíssimos conceitos destinados a interpretar corretamente a tutela jurídica do meio ambiente artificial em face da orientação superior constitucional e evidentemente em harmonia com o Estatuto da Cidade, na forma do que determina o art. 47 da lei, a saber:

I – área urbana: parcela do território, contínua ou não, incluída no perímetro urbano pelo Plano Diretor ou por lei municipal específica;

---

37. Estabelece o art. 51 da Lei n. 11.977 que o projeto de regularização fundiária deverá definir, no mínimo, os seguintes elementos:

"I – as áreas ou lotes a serem regularizados e, se houver necessidade, as edificações que serão relocadas;

II – as vias de circulação existentes ou projetadas e, se possível, as outras áreas destinadas a uso público;

III – as medidas necessárias para a promoção da sustentabilidade urbanística, social e ambiental da área ocupada, incluindo as compensações urbanísticas e ambientais previstas em lei;

IV – as condições para promover a segurança da população em situações de risco; e

V – as medidas previstas para adequação da infraestrutura básica.

§ 1º O projeto de que trata o *caput* não será exigido para o registro da sentença de usucapião, da sentença declaratória ou da planta, elaborada para outorga administrativa, de concessão de uso especial para fins de moradia.

§ 2º O Município definirá os requisitos para elaboração do projeto de que trata o *caput*, no que se refere aos desenhos, ao memorial descritivo e ao cronograma físico de obras e serviços a serem realizados.

§ 3º A regularização fundiária pode ser implementada por etapas".

II – área urbana consolidada: parcela da área urbana com densidade demográfica superior a 50 (cinquenta) habitantes por hectare e malha viária implantada e que tenha, no mínimo, 2 (dois) dos seguintes equipamentos de infraestrutura urbana implantados:

a) drenagem de águas pluviais urbanas;

b) esgotamento sanitário;

c) abastecimento de água potável;

d) distribuição de energia elétrica; ou

e) limpeza urbana, coleta e manejo de resíduos sólidos.

III – demarcação urbanística: procedimento administrativo pelo qual o Poder Público, no âmbito da regularização fundiária de interesse social, demarca imóvel de domínio público ou privado, definindo seus limites, área, localização e confrontantes, com a finalidade de identificar seus ocupantes e qualificar a natureza e o tempo das respectivas posses;

IV – legitimação de posse: ato do poder público destinado a conferir título de reconhecimento de posse de imóvel objeto de demarcação urbanística, com a identificação do ocupante e do tempo e natureza da posse;

V – Zona Especial de Interesse Social – ZEIS: parcela de área urbana instituída pelo Plano Diretor ou definida por outra lei municipal, destinada predominantemente à moradia de população de baixa renda e sujeita a regras específicas de parcelamento, uso e ocupação do solo;

VI – assentamentos irregulares: ocupações inseridas em parcelamentos informais ou irregulares, localizadas em áreas urbanas públicas ou privadas, utilizadas predominantemente para fins de moradia;

VII – regularização fundiária de interesse social: regularização fundiária de assentamentos irregulares ocupados, predominantemente, por população de baixa renda, nos casos:

a) em que tenham sido preenchidos os requisitos para usucapião ou concessão de uso especial para fins de moradia;

b) de imóveis situados em ZEIS; ou

c) de áreas da União, dos Estados, do Distrito Federal e dos Municípios declaradas de interesse para implantação de projetos de regularização fundiária de interesse social;

VIII – regularização fundiária de interesse específico: regularização fundiária quando não caracterizado o interesse social nos termos do inciso VII.

Observadas as regras mais importantes das disposições preliminares adaptadas aos assentamentos urbanos, vinculadas à aplicação das normas jurídicas destinadas a assegurar o comando constitucional e infraconstitucional (Estatuto da Cidade), cabe também destacar a existência na lei de duas seções vinculadas à regularização fundiária: a seção que trata da Regularização Fundiária chamada de Interesse Social (Seção II – arts. 53 a 60) e a seção III, que trata da regularização fundiária denominada Interesse Específico (arts. 61 e 62).

O art. 60 traz ainda importante dispositivo associado ao conteúdo do art. 183 de nossa Magna Carta quando estabelece que sem prejuízo dos direitos decorrentes da posse exercida anteriormente, o detentor do título de legitimação de posse, após 5 (cinco) anos de seu registro, poderá requerer[38] ao oficial de registro de imóveis a conversão desse título em registro de propriedade, tendo em vista sua aquisição por usucapião, nos termos do art. 183 da Constituição Federal.

---

38. "§ 1º Para requerer a conversão prevista no *caput*, o adquirente deverá apresentar:

I – certidões do cartório distribuidor demonstrando a inexistência de ações em andamento que versem sobre a posse ou a propriedade do imóvel;

II – declaração de que não possui outro imóvel urbano ou rural;

III – declaração de que o imóvel é utilizado para sua moradia ou de sua família; e

IV – declaração de que não teve reconhecido anteriormente o direito à usucapião de imóveis em áreas urbanas.

§ 2º As certidões previstas no inciso I do § 1º serão relativas à totalidade da área e serão fornecidas pelo poder público".

# Capítulo XXIII
## SAÚDE AMBIENTAL[1]

## 1. INTRODUÇÃO. SAÚDE PÚBLICA E SAÚDE AMBIENTAL

Podemos considerar a saúde ambiental, dentro do que se denominou historicamente saúde pública, como um tema (e seus problemas...) resultante dos efeitos que o ambiente (natural, cultural e artificial) exerce sobre o bem-estar físico e mental/psíquico da pessoa humana, como parte integrante de uma comunidade.

O dicionário médico *Manuila* explica que "nos países onde coexistem o setor público e o privado" a saúde pública é "o conjunto dos esforços organizados da coletividade no campo da saúde e da doença, estando a terapêutica individual mais ou menos excluída". "Em outros países, onde todos os serviços de saúde são públicos, a expressão *saúde pública* adquire significado geral e se estende praticamente a todos os campos que concernem, de perto ou de longe, à saúde de um indivíduo concebido unicamente como membro da coletividade"[2].

Assim, a saúde ambiental relaciona-se evidentemente à história da comunidade, entendida como um conjunto de pessoas com interesses mútuos que vivem no mesmo local e se organizam dentro dum conjunto de normas e de seus problemas de saúde pública no âmbito da história da civilização.

Trata-se de compreender, em síntese, os problemas que sempre existiram, existem e muito provavelmente continuarão a existir, dos efeitos que o ambiente exerce sobre o bem-estar físico e mental/psíquico da pessoa humana nos locais em que vive.

Como ensina George Rosen, "os homens tiveram sempre que enfrentar problemas de saúde nascidos de atributos e carências de sua natureza. E, com base nessa necessidade da vida social, se desenvolveu, com uma clareza crescente, o reconhecimento da importância notável da comunidade para promover a saúde e prevenir e tratar a doença. A suma dessa consciência é o conceito de saúde pública"[3].

---

1. Para um estudo detalhado, *vide* Celso Antonio Pacheco Fiorillo, Renata Marques Ferreira, *Tutela jurídica da saúde em face do direito ambiental brasileiro:* saúde ambiental e meio ambiente do trabalho, Rio de Janeiro, Lumen Juris, 2018.

2. *Vide Manuila dicionário médico*, 9. ed., Rio de Janeiro, Guanabara Koogan, 2003.

3. *Vide Uma história da saúde pública*, 2. ed., Unesp, 1994, p. 25-26.

Destarte, a organização da comunidade, ligada ao "gerenciamento" da saúde da pessoa humana, vai se desenvolver historicamente, gerando a necessidade de se estruturar a saúde ambiental nos dias de hoje em face de diferentes e complexos aspectos e evidentemente adaptada a sistemas constitucionais que, dependendo dos valores democráticos que o delimitam, definirão, no âmbito jurídico, um conjunto de deveres e direitos fundamentalmente metaindividuais em face de um dado sistema econômico e vinculados a um processo civilizatório específico (meio ambiente cultural), dentro de comunidades (meio ambiente artificial), como espaços destinados à existência digna (incolumidade físico-psíquica) da pessoa humana.

## 2. CONCEITO DE SAÚDE AMBIENTAL EM FACE DA CONSTITUIÇÃO FEDERAL DO BRASIL

Para compreender o conceito de saúde ambiental em face da Carta Magna, ou seja, reconhecer, no plano superior normativo, "a importância notável da comunidade para promover a saúde e prevenir e tratar a doença", necessitamos observar em que medida a saúde e o meio ambiente foram (e são...) incorporados ao nosso sistema jurídico.

Senão, vejamos.

Definida como um direito social (art. 6º)[4], a saúde é "direito de todos e dever do Estado, garantido mediante políticas sociais e econômicas que visem à redução do risco de doença e de outros agravos e ao acesso universal e igualitário às ações e serviços para sua promoção, proteção e recuperação" (art. 196), "cabendo ao Poder Público dispor, nos termos da lei, sobre sua regulamentação, fiscalização e controle, devendo sua execução ser feita diretamente ou através de terceiros e, também, por pessoa física ou jurídica de direito privado" (art. 197)[5 e 6].

As ações e serviços de saúde, constitucionalmente consideradas de "relevância pública" (art. 197), "integram uma rede regionalizada e hierarquizada e constituem um sistema único" (art. 198), organizado de acordo com diretrizes fixadas pela Carta Magna (sendo a participação da comunidade a diretriz de grande destaque em face de

---

4. *Vide* ADI 3.510, Rel. Min. Ayres Britto, j. 29-5-2008, Plenário, *DJE*, 28-5-2010.

5. Precedentes do STF (RE 271.286-AgR, Rel. Min. Celso de Mello, j. 12-9-2000, 2ª Turma, *DJ*, 24-11-2000). No mesmo sentido: AI 550.530-AgR, Rel. Min. Joaquim Barbosa (j. 26-6-2012, 2ª Turma, *DJE*, 16-8-2012); RE 368.564, Rel. p/ o ac. Min. Marco Aurélio (j. 13-4-2011, 1ª Turma, *DJE*, 10-8-2011); STA 175-AgR, Rel. Min. Presidente Gilmar Mendes (j. 17-3-2010, Plenário, *DJE*, 30-4-2010). *Vide*: RE 668.722-AgR, Rel. Min. Dias Toffoli (j. 27-8-2013, 1ª Turma, *DJE*, 25-10-2013); AI 734.487-AgR, Rel. Min. Ellen Gracie (j. 3-8-2010, 2ª Turma, *DJE*, 20-8-2010).

6. "O direito à saúde é prerrogativa constitucional indisponível, garantido mediante a implementação de políticas públicas, impondo ao Estado a obrigação de criar condições objetivas que possibilitem o efetivo acesso a tal serviço" (AI 734.487-AgR, Rel. Min. Ellen Gracie, j. 3-8-2010, 2ª Turma, *DJE*, 20-8-2010). *Vide:* RE 436.996-AgR, Rel. Min. Celso de Mello (j. 22-11-2005, 2ª Turma, *DJ*, 3-2-2006); RE 271.286-AgR, Rel. Min. Celso de Mello (j. 12-9-2000, 2ª Turma, *DJ*, 24-11-2000).

nosso Estado Democrático de Direito, conforme indica o art. 198, III), sendo certo que compete ao referido Sistema Único de Saúde, além de outras atribuições, nos termos da lei, "**colaborar na proteção do meio ambiente**, nele compreendido o do trabalho" (art. 200, VIII) (destaques nossos).

**Destarte é a Constituição Federal que vincula o conceito jurídico de saúde ao conceito jurídico de meio ambiente.**

Todavia, necessitamos esclarecer o significado normativo do conceito de saúde indicado na Carta Magna, visando a estabelecer seu vínculo com o conceito normativo de meio ambiente.

Com efeito.

Embora questionado por alguns, nos dias de hoje[7], o conceito técnico/pericial de saúde elaborado pela Organização Mundial de Saúde (que entendemos ser aceitável, uma vez que ainda reúne importantes parâmetros destinados ao preenchimento de referido conceito legal indeterminado) estabelece o significado da expressão que pode ser entendida como **"um estado de completo bem-estar físico, mental e social e não somente ausência de afecções e enfermidades"**[8 e 9].

Destarte, cinco elementos estruturam o conceito de saúde, a saber:

1) **um estado de completo bem-estar físico**, dentro de um entendimento, como explica Alberto de Vita, de que "o bem-estar físico objetivo está relacionado à ausência ou a mínimos graus de doença, incapacidade e desconfortos musculoesqueléticos"[10];

2) **um estado de completo bem-estar mental**, dentro de um entendimento associado ao "espiritual, relativo à mente"[11], relativo à "parte incorpórea, inteligente ou sensível do ser humano"[12];

---

7. No trabalho "O conceito de saúde", Marco Segre e Flávio Carvalho Ferraz questionam a referida definição de saúde da Organização Mundial da Saúde, entendendo que estaria ultrapassada. Dentro do enfoque desenvolvido em referido trabalho, concluem os autores, "não se poderá dizer que saúde é um estado de razoável harmonia entre o sujeito e a sua própria realidade?" (*Rev. Saúde Pública,* São Paulo, v. 31, n. 5, out. 1997, disponível em <http://www.scielo.br/scielo.php?script=sci_arttext&pid =S0034-89101997000600016>).

8. Estado de total bem-estar físico, mental e social, não consistindo apenas na ausência de doença (definição da OMS, 1946), in *Manuila dicionário médico,* 9. ed., Rio de Janeiro, Guanabara Koogan, 2003, p. 308.

9. Conforme afirma Moacyr Scliar, "o conceito de saúde reflete a conjuntura social, econômica, política e cultural. Ou seja: saúde não representa a mesma coisa para todas as pessoas. Dependerá da época, do lugar, da classe social. Dependerá de valores individuais, dependerá de concepções científicas, religiosas, filosóficas" (História do conceito de saúde, *PHYSIS: Rev. Saúde Coletiva,* Rio de Janeiro, v. 17(1), p. 29-41, 2007, disponível em: <http://www.scielo.br/pdf/physis/v17n1/v17n1a03>).

10. *Vide Bem-estar físico e saúde percebida:* um estudo comparativo entre homens e mulheres adultos e idosos, sedentários e ativos, Tese de Doutorado defendida na Universidade Estadual de Campinas (UNICAMP), 2001, disponível em: <http://www.luzimarteixeira.com.br/wp-content/uploads/2009/11/bem-estar-fisico-entre-homens-e-mulheres1.pdf>.

11. *Vide Dicionário de psicologia Dorsch,* Vozes, 2001, p. 566.

12. *Vide Dicionário Houaiss da língua portuguesa,* Rio de Janeiro, 2009, p. 1274.

3) **um estado de completo bem-estar social**, tema diretamente "concernente a uma comunidade, a uma sociedade humana, ao relacionamento dos indivíduos";

4) **ausência de afecções**, entendida como "perturbação orgânica caracterizada por distúrbio das funções fisiológicas ou psíquicas", sendo um "termo genérico que serve para conceituar *anomalia, disfunção, lesão, doença, síndrome*"[13]; e

5) **ausência de enfermidades,** entendida como "estado de um indivíduo que, congênita ou fortuitamente (após um acidente), não possui mais sua integridade corporal ou funcional, sem que sua saúde geral seja totalmente comprometida"[14].

Assim, interpretado com fundamento nos princípios fundamentais de nossa Constituição Federal (arts. 1º a 4º), o conceito jurídico constitucional de saúde, como direito metaindividual de índole fundamentalmente social (arts. 5º e 6º da CF), assegura aos brasileiros e estrangeiros residentes no País (arts. 1º, III, e 5º) o conteúdo dos cinco elementos anteriormente descritos (estado de completo bem-estar físico, mental e social, além de ausência de afecções e enfermidades) vinculado ao dever do Estado de reduzir o risco de doença e de outros agravos, bem como o de prestar serviços para a promoção, proteção e recuperação da saúde mediante políticas sociais e econômicas (Estado fornecedor) a serem realizadas no âmbito da organização da comunidade, com particular destaque para a tutela jurídica dos habitantes das nossas cidades, as cidades do Brasil (tutela jurídica da saúde em face do meio ambiente artificial).

Trata-se de direito constitucional indisponível[15 e 16], norma de ordem pública, infenso a qualquer negociação[17] em obediência ao art. 1º, III, de nossa Carta Magna.

## 3. CONCEITO JURÍDICO DE SAÚDE EM FACE DO CONCEITO JURÍDICO DE MEIO AMBIENTE

O art. 225 da Constituição Federal, ao estabelecer que "todos têm direito ao meio ambiente ecologicamente equilibrado, bem de uso comum do povo e essencial à sadia qualidade de vida", não definiu o conteúdo normativo do termo "meio ambiente".

---

13. *Manuila dicionário médico*, 9. ed., Rio de Janeiro, Guanabara Koogan, 2003, p. 7.

14. *Manuila dicionário médico*, 9. ed., Rio de Janeiro, Guanabara Koogan, 2003, p. 113.

15. Precedentes do STF (RE 271.286-AgR, Rel. Min. Celso de Mello, j. 12-9-2000, 2ª Turma, *DJ*, 24-11-2000). No mesmo sentido: AI 550.530-AgR, Rel. Min. Joaquim Barbosa (j. 26-6-2012, 2ª Turma, *DJe*, 16-8-2012); RE 368.564, Rel. p/ o ac. Min. Marco Aurélio (j. 13-4-2011, 1ª Turma, *DJe*, 10-8-2011); STA 175-AgR, Rel. Min. Presidente Gilmar Mendes (j. 17-3-2010, Plenário, *DJe*, 30-4-2010). *Vide*: RE 668.722-AgR, Rel. Min. Dias Toffoli (j. 27-8-2013, 1ª Turma, *DJe*, 25-10-2013); AI 734.487-AgR, Rel. Min. Ellen Gracie (j. 3-8-2010, 2ª Turma, *DJe*, 20-8-2010).

16. "**O direito à saúde é prerrogativa constitucional indisponível** (destaques nossos), garantido mediante a implementação de políticas públicas, impondo ao Estado a obrigação de criar condições objetivas que possibilitem o efetivo acesso a tal serviço" (AI 734.487-AgR, Rel. Min. Ellen Gracie, j. 3-8-2010, 2ª Turma, *DJe*, 20-8-2010). *Vide*: RE 436.996-AgR, Rel. Min. Celso de Mello (j. 22-11-2005, 2ª Turma, *DJ*, 3-2-2006); RE 271.286-AgR, Rel. Min. Celso de Mello (j. 12-9-2000, 2ª Turma, *DJ*, 24-11-2000).

17. *Vide* AIRR 6140-87.2005.5.03.0027, Rel. Min. Pedro Paulo Manus (j. 28-4-2010, 7ª Turma, *DEJT* 7-5-2010).

Todavia, em face de interpretação sistemática, autorizou a Constituição Federal que o legislador infraconstitucional pudesse determinar o conteúdo normativo de referido termo, o que foi especificado pelo art. 3º, I, da Lei n. 6.938/81 (a Lei da Política Nacional do Meio Ambiente):

"Art. 3º Para os fins previstos nesta Lei, entende-se por:

I – meio ambiente, o conjunto de condições, leis, influências e interações de ordem física, química e biológica, que permite, abriga e rege a vida em todas as suas formas".

Assim, em face da sistematização dada pela Constituição Federal de 1988, podemos objetivamente afirmar que o conceito de meio ambiente dado pela Lei da Política Nacional do Meio Ambiente *foi recepcionado pela Carta Magna*, que utiliza inclusive a expressão *sadia qualidade de vida* no *caput* do art. 225, com o claro objetivo de indicar a importância da tutela constitucional do bem ambiental associada de forma explícita à sua natureza jurídica de ser um bem ESSENCIAL À SADIA QUALIDADE DE VIDA da pessoa humana, dentro do parâmetro interpretativo do art. 1º, III, da Constituição Federal.

Trata-se de estabelecer de forma inequívoca, conforme já tivemos oportunidade de afirmar em diversas oportunidades, que a expressão "sadia qualidade de vida" faz com que o intérprete, com segurança, associe o direito à vida ao direito à saúde (na exata medida do que sustentam Malinconico, em sua obra clássica, e mesmo Ruiz), dentro de uma visão da legislação brasileira destinada a impedir que o meio ambiente viesse a ser apenas uma questão de sobrevivência, mas, efetivamente, "algo mais" dentro de um parâmetro, vinculando o direito à vida em face de uma tutela à saúde com padrões de qualidade e dignidade.

Destarte, constatamos no plano constitucional a existência de inequívoca simbiose do conceito jurídico de meio ambiente em face do conceito jurídico de saúde: destinado a assegurar a tutela jurídica da vida da pessoa humana, o direito ambiental se integra ao conceito jurídico constitucional de saúde como estado de completo bem-estar físico, mental e social, além de ausência de afecções e enfermidades vinculadas à pessoa humana.

Podemos então concluir, conforme também já tivemos oportunidade de argumentar com fundamento desenvolvido inclusive de forma pretérita pela própria doutrina italiana[18] – e posteriormente incorporado por nossa Carta Magna –, que o direito à

---

18. No direito italiano ocorreu uma construção jurídica doutrinária de meio ambiente com referência à diferente posição subjetiva individual e, particularmente, a um direito personalíssimo: o *direito à saúde*, na sua configuração de *direito ao ambiente saudável*. O fundamento de tal direito foi reconhecido no art. 32 da Constituição ("A República tutela a saúde como direito fundamental do indivíduo e interesse da coletividade e garante tratamento gratuito aos indigentes. Ninguém pode ser obrigado a um determinado tratamento a não ser por posição legal. A lei não pode em nenhum caso violar os limites impostos ao respeito à pessoa humana"), sendo certo que referida teoria teve uma acolhida favorável, principalmente na jurisprudência.

saúde, na sua configuração de direito ao ambiente saudável, observa a necessária visão normativa de saúde como bem ambiental.

Cabe destacar pela oportunidade que a contemporânea interpretação dos bens ambientais criados pela Carta Magna de 1988 – neles incluída a saúde – necessariamente superou a tacanha visão de que o meio ambiente estaria associado à tutela jurídica dos bens públicos; como temos argumentado desde o final do século passado – inclusive com o apoio recente de interpretação realizada pelo STF[19] –, o meio ambiente, e, por via de consequência, os bens ambientais, não são bens de propriedade do Estado, e sim bens fundamentais à garantia da dignidade da pessoa humana em nosso Estado Democrático de Direito.

A tutela jurídica da saúde passou então, a partir da Carta Magna de 1988, a ser associada não mais ao termo "saúde pública", e sim ao termo saúde ambiental.

Destarte, a saúde como bem ambiental é exatamente o valor constitucional a ser tutelado no âmbito da comunidade, ou seja, no âmbito das cidades e em face da tutela jurídica do meio ambiente artificial.

## 4. SAÚDE AMBIENTAL EM FACE DO MEIO AMBIENTE ARTIFICIAL E A GARANTIA CONSTITUCIONAL DO BEM-ESTAR DOS HABITANTES DAS CIDADES

Relacionada, como já dissemos, à história da comunidade, a saúde ambiental é entendida como um conjunto de pessoas com interesses mútuos, que vivem no mesmo local e se organizam dentro dum conjunto de normas e de seus problemas de saúde. Trata-se de compreender, em síntese, os problemas que sempre existiram, existem e muito provavelmente continuarão a existir, dos efeitos que o ambiente exerce sobre o bem-estar físico e mental/psíquico da pessoa humana nos locais em que vive, ou seja, nas cidades em que vive.

Com a edição da Constituição Federal de 1988, fundamentada em sistema econômico capitalista, que necessariamente tem seus limites impostos pela dignidade da pessoa humana (art. 1º, III e IV), a cidade – e suas duas realidades, a saber, os estabelecimentos regulares e os estabelecimentos irregulares (aglomerados subnormais ou favelas) – passou a ter natureza jurídica ambiental, ou seja, desde 1988 a cidade deixou de ser observada a partir de regramentos adaptados tão somente aos bens privados ou públicos, e passou a ser disciplinada em face da estrutura jurídica dos bens

---

*Vide* Celso Antonio Pacheco Fiorillo, O direito à saúde na sua configuração de direito ao ambiente saudável desenvolvida pela doutrina italiana e seus reflexos no direito ambiental brasileiro, in *Direito ambiental contemporâneo*, Saraiva, 2015.

19. "Os arts. 2º da Lei n. 8.176/1991 e 55 da Lei n. 9.605/1998 tutelam bens jurídicos distintos: o primeiro visa a resguardar o patrimônio da União; o segundo protege o meio ambiente. Daí a improcedência da alegação de que o art. 55 da Lei n. 9.605/98 revogou o art. 2º da Lei n. 8.176/91" (HC 89.878, Rel. Min. Eros Grau, j. 20-4-2010, 2ª Turma, *DJE*, 14-5-2010).

ambientais (art. 225 da CF), de forma mediata e de forma imediata, em decorrência das determinações constitucionais emanadas dos arts. 182 e 183 da Carta Magna (meio ambiente artificial).

Portanto, a cidade, a partir da Constituição Federal de 1988, passou a obedecer à denominada ordem urbanística, dentro de parâmetros jurídicos adaptados ao final do século XX e início do século XXI, a saber, passou a obedecer aos parâmetros fixados pelo direito ambiental constitucional.

Além disso, a cidade, em decorrência de sua natureza jurídica ambiental, passou também a ser observada não só em função de seu território, mas também em face de sua estrutura econômica, como já tivemos oportunidade de afirmar anteriormente.

Destarte, todas as cidades no Brasil estão hoje diretamente relacionadas à sua estrutura econômica, ou seja, existem em decorrência dos produtos e serviços que criam, destinados a satisfazer as necessidades do consumo interno (em seu território) e externo (fora de seu território), o que representa acrescentar ao novo conceito jurídico constitucional do que significa uma cidade as relações econômicas de consumo (arts. 170 a 192 da CF), assim como as relações sociais que fundamentam juridicamente o *Piso Vital Mínimo* (art. 6º da CF), destacando-se as relações laborais (arts. 7º e 8º da CF) que ocorrem em seu território.

Foi, portanto, adaptado ao novo conceito jurídico constitucional brasileiro do que significa uma cidade, o conceito de ordem urbanística associado à ordem econômica e social dentro de parâmetros estabelecidos pelo direito ambiental constitucional, que o legislador infraconstitucional, depois de mais de dez anos, entendeu por bem estabelecer um moderno Estatuto no sentido de adequar a legislação à realidade de nosso país.

Referido Estatuto, denominado Estatuto da Cidade (Lei n. 10.257/2001), ao regulamentar os dispositivos constitucionais destinados ao regramento da política urbana vinculados à **garantia do bem-estar dos habitantes das cidades** (arts. 182 e 183 da CF), indicou claramente a saúde ambiental, em obediência ao comando da Carta Magna, como parâmetro interpretativo a ser seguido na política de desenvolvimento urbano a ser executada pelo Poder Público municipal.

Daí, dentre os vários deveres impostos ao Poder Público municipal em face da política de desenvolvimento das cidades a ser por ele executada, o destaque dado à garantia ao SANEAMENTO AMBIENTAL, não só como garantia do direito a cidades sustentáveis indicadas no art. 2º da Lei n. 10.257/2001, como em obediência aos fundamentos constitucionais que garantem a defesa da saúde ambiental em proveito dos habitantes das cidades.

## 5. O DIREITO AO SANEAMENTO AMBIENTAL EM FACE DA TUTELA JURÍDICA DA SAÚDE AMBIENTAL

O direito ao saneamento ambiental, estabelecido no art. 2º, I, do Estatuto da Cidade, assegura a brasileiros e estrangeiros residentes no País não só a preservação de sua incolumidade físico-psíquica (saúde) vinculada ao local onde vivem, local este em que o Poder Público municipal tem o dever de assegurar condições urbanas adequadas de saúde pública, inclusive relacionadas ao controle de águas, esgotos etc., como a preservação dos demais valores adaptados à tutela dos bens ambientais, adstritas a determinado meio em que referidas pessoas humanas se relacionam, obrigação também imposta ao Poder Público municipal no sentido de fazer cessar toda e qualquer poluição em face dos demais bens ambientais garantidos constitucionalmente (meio ambiente cultural, meio ambiente natural etc.).

Verifica-se que a tutela do saneamento ambiental pressupõe o dever do Poder Público municipal de assegurar condições necessárias no sentido de restar garantida a saúde de mulheres e homens nas cidades, como componente do Piso Vital Mínimo fixado no art. 6º da Constituição Federal, muito mais que pura e simplesmente organizar a denominada higiene pública (conceito hoje superado, em certa medida), para que a pessoa humana possa ter efetivado no plano jurídico seu bem-estar (bem-estar como estado de perfeita satisfação física e mental), como valor assegurado constitucionalmente, inclusive de forma imediata, no âmbito do meio ambiente artificial (art. 182 da CF)[20].

A Lei n. 11.445/2007, ao estabelecer diretrizes nacionais para o saneamento básico, em nada alterou (nem poderia alterar) as orientações constitucionais aprofundadas pelo Estatuto da Cidade. Reitera quais os princípios que deverão reger os serviços públicos de saneamento básico (art. 2º), indicando a necessidade de realização do abastecimento de água, esgotamento sanitário, limpeza urbana e manejo dos resíduos sólidos de forma adequada à saúde pública, à conservação dos recursos naturais e à proteção

---

20. Conforme decidiu o Superior Tribunal de Justiça em 2007, qualquer cidadão brasileiro pode, individualmente, propor ação popular ambiental para tutelar o direito ao saneamento básico. *Vide* decisão abaixo do Superior Tribunal de Justiça, REsp 889.766-SP (2006/0211354-5), Rel. Min. Castro Meira: "Administrativo. Ação popular. Interesse de agir. Prova pericial. Desnecessidade. Matéria constitucional. 1. O recurso especial não é a via adequada para análise da suscitada afronta ao art. 5º, LXXIV e LV, da CF, cujo exame é da competência exclusiva da Suprema Corte, a teor do contido no art. 103 da Carta Magna. 2. As condições gerais da ação popular são as mesmas para qualquer ação: possibilidade jurídica do pedido, interesse de agir e legitimidade para a causa. 3. A ação popular pode ser ajuizada por qualquer cidadão que tenha por objetivo anular judicialmente atos lesivos ou ilegais aos interesses garantidos constitucionalmente, quais sejam ao patrimônio público ou de entidade de que o Estado participe, à moralidade administrativa, ao meio ambiente e ao patrimônio histórico e cultural. 4. A ação popular é o instrumento jurídico que deve ser utilizado para impugnar atos administrativos omissivos ou comissivos que possam causar danos ao meio ambiente. 5. Pode ser proposta ação popular ante a omissão do Estado em promover condições de melhoria na coleta do esgoto da Penitenciária Presidente Bernardes, de modo que cesse o despejo de elementos poluentes no córrego Guarucaia (obrigação de não fazer), a fim de evitar danos ao meio ambiente. 6. A prova pericial cumpre a função de suprir a falta ou insuficiência de conhecimento técnico do magistrado acerca de matéria extrajurídica; todavia, se o juiz entender suficientes as provas trazidas aos autos, pode dispensar a prova pericial, mesmo que requeridas pelas partes. 7. Recurso especial conhecido em parte e não provido. Acórdão: Vistos, relatados e discutidos os autos em que são partes as acima indicadas, acordam os Ministros da 2ª Turma do Superior Tribunal de Justiça, por unanimidade, conhecer parcialmente do recurso e, nessa parte, negar-lhe provimento, nos termos do voto do Sr. Ministro Relator".

do meio ambiente (art. 2º, III), *definindo juridicamente saneamento básico* como o conjunto de serviços, infraestruturas e instalações operacionais de abastecimento de água potável, esgotamento sanitário, limpeza urbana e manejo de resíduos sólidos, bem como drenagem e manejo de águas pluviais urbanas (art. 3º, I, *a*, *b*, *c* e *d*). Estabelece, ainda, que o serviço público de limpeza urbana e de manejo de resíduos sólidos urbanos é composto pelas atividades de coleta, transbordo e transporte de resíduos (art. 7º, I), de triagem para fins de reúso ou reciclagem, de tratamento, inclusive por compostagem, e de disposição final dos resíduos (art. 7º, II) e de varrição, capina e poda de árvores em vias e logradouros públicos e outros eventuais serviços pertinentes à limpeza pública urbana (art. 7º, III).

No plano do saneamento ambiental, alguns direitos materiais fundamentais vinculados à pessoa humana estruturam os valores de bem-estar e salubridade perseguidos pelo Estatuto da Cidade no que se refere às diretrizes que orientam seus objetivos, a saber:

**1 – direito ao uso de águas**: tanto as águas potáveis destinadas ao consumo da pessoa humana – o que deverá ser garantido em face de distribuição realizada por um fornecedor público, observada a possibilidade alternativa de atuação de fornecedor privado, conforme autoriza a legislação em vigor –, como aquelas destinadas à higiene;

**2 – direito a esgoto sanitário**: a saber, sistema destinado a receber [21 e 22] detritos/dejeções da pessoa humana[23]. Merece destaque que a maioria das 11,1 milhões de

---

21. O *Atlas de Saneamento 2011*, publicado pelo IBGE, visando uma adequada avaliação da Pesquisa de Saneamento Básico 2008, mostrou que somente 45,7% dos domicílios em todo o País têm acesso a redes de esgotos sanitários. Frequentemente, são redes restritas a algumas áreas das metrópoles ou às sedes dos Municípios menores. E 2.495 dos 5.564 Municípios do País não contam com nenhum tipo de esgoto sanitário. O Estado de São Paulo, onde apenas um Município não dispõe desse serviço, é a exceção.

22. Conforme divulgado pelo IBGE, em 21-12-2011, em estudo que integrou os resultados do Censo 2010, a rede de esgoto inadequada é o problema mais comum para quem mora em aglomerados subnormais no Brasil. Aglomerados subnormais é o nome técnico dado pelo IBGE para designar locais como favelas, invasões e comunidades com, no mínimo, 51 domicílios.

Ao todo, a média de adequação é de 67,3% – índice considerado baixo pela OMS (Organização Mundial da Saúde). A OMS elenca abastecimento de água, coleta de lixo e rede coletora de esgoto como indicadores de saúde primordiais.

De acordo com o estudo, dos 67,3% de adequação do serviço em áreas com aglomerados subnormais, a maior parte 56,3%, é composta por domicílios ligados à rede geral de esgoto, enquanto 11% referem-se aos que usam fossa séptica.

Segundo o IBGE, ocupações dos Estados do Amapá, de Roraima e do Tocantins não chegaram a atingir 8% de adequação dos domicílios. No Pará, que concentrou 70% dessas ocupações na Região Norte do País, a adequação atingiu 51,6% – abaixo ainda da média nacional.

23. Conforme explica Mike Davis, "o excesso de excrementos é, realmente, a contradição urbana primordial. Na década de 1830 e início da de 1840, com a cólera e a febre tifoide avançando em Londres e nas cidades industriais da Europa, a ansiosa classe média britânica foi obrigada a enfrentar um tópico que não se costumava mencionar na sala de visitas. A 'consciência' burguesa, explica Steven Marcus, especialista na época vitoriana, 'foi repentinamente perturbada pela percepção de que milhões de homens, mulheres e crianças inglesas estavam praticamente vivendo na merda. Parece que a questão imediata seria se não estavam se afogando nela'... certamente o assunto é indelicado, mas um problema fundamental da

608

famílias brasileiras atendidas pelo programa denominado Bolsa-Família mora em habitações sem água tratada, esgoto ou recolhimento de lixo[24 e 25];

**3 – direito ao ar atmosférico** e sua circulação, como bem ambiental essencial à sadia qualidade de vida, com particular relevo à saúde da pessoa humana, incluindo-se também o uso do ar atmosférico, visando ao exercício do direito de antena como direito de captação e transmissão[26] da comunicação (direito de se informar e ser informado) por meio do espectro eletromagnético outorgado a brasileiros e estrangeiros residentes no País[27, 28 e 29].

---

vida da cidade do qual surpreendentemente há pouca escapatória. Durante 10 mil anos as sociedades urbanas lutaram contra o acúmulo mortal de seus próprios dejetos; até as cidades mais ricas simplesmente atiram seus excrementos nos cursos d'água ou lançam-nos em algum oceano próximo... os exemplos da impotência dos pobres diante da crise sanitária são incontáveis. Os moradores da Cidade do México, por exemplo, inalam merda: a poeira fecal que sopra do lago Texcoco durante a estação seca e quente provoca febre tifoide e hepatite". *Vide* a obra *Planeta favela*, Mike Davis, Boitempo Editorial, 2006.

24. Os principais poluentes relacionados à deterioração da qualidade do ar são:

1) *monóxido de carbono* (CO), cujos efeitos estão associados, quando em altos níveis, a prejuízo dos reflexos, da capacidade de estimar intervalos de tempo, no aprendizado, de trabalho e visual; a fonte do monóxido de carbono são os *veículos* em decorrência da queima incompleta de combustíveis; 2) *partículas inaláveis* (MP 10), que penetram profundamente nas vias respiratórias, agravando doenças preexistentes; as fontes das partículas inaláveis são os *veículos* (principalmente a diesel), bem como as *poeiras* ressuspensas das ruas; 3) *fumaça preta*, que ocasiona problemas respiratórios; as fontes da fumaça preta são os *veículos* de grande porte (através da combustão que realizam) e as *indústrias*; 4) *ozônio* (O3), que ocasiona irritação nos olhos e vias respiratórias, assim como danos à vegetação; as fontes do ozônio estão vinculadas à reação dos *hidrocarbonetos* e óxidos *de nitrogênio em presença da luz solar*; 5) *dióxido de nitrogênio* (NO2), que ocasiona o aumento da sensibilidade à asma e bronquite, a redução da resistência a infecções respiratórias, podendo levar à formação de chuva ácida e causar danos à vegetação; suas fontes são os processos de combustão envolvendo os *veículos*, os processos *industriais*, as usinas térmicas que usam *óleo* ou *gás* e as *incinerações*. Cabe destacar que a maior ou menor quantidade de poluentes no ar resulta do balanço entre emissão e dispersão, sendo certo que os veículos são os principais responsáveis pela emissão de CO e MP 10 (respectivamente 98% e 52%).

25. Conforme explica Ana Paula Fernandes Nogueira da Cruz, "o ar atmosférico, como já visto, é um bem essencial à própria existência humana e de outros seres vivos. O uso biológico do ar atmosférico está revestido de tal essencialidade que não se precisaria sequer cogitar de sua integração ao conceito de vida com qualidade e dignidade (art. 5º, *caput*, c/c os arts. 1º, III, e o 6º, além do disposto no art. 225, *caput*), sendo indispensável para a manutenção da vida pura e simplesmente enquanto fenômeno biológico. Trazendo à colação novamente os ensinamentos do professor Fiorillo, todo bem, ainda que não seja vivo (e, portanto, não seja forma de vida protegida nos termos da Lei da Política Nacional do Meio Ambiente), será ambiental, à medida que seja essencial à sadia qualidade de vida de outrem. Destarte, a natureza jurídica do ar atmosférico fica amplamente demonstrada enquanto bem difuso ambiental, sendo, portanto, a ele aplicável a disciplina jurídica própria ao meio ambiente, nos termos do que foi exposto no capítulo anterior". Para um estudo aprofundado a respeito do tema *vide A tutela criminal ambiental do ar atmosférico*.

26. A Lei n. 10.203/2001, ao instituir a faculdade de os Municípios implantarem programas destinados ao controle jurídico da poluição do ar vinculada aos veículos automotores, estabeleceu possibilidade, em função das características locais de tráfego e poluição do ar, de ser criado o *"rodízio de veículos"*, destinado exatamente a incentivar o uso de transporte coletivo e, consequentemente, a menor circulação de veículos particulares, em proveito de um ar mais adequado às necessidades da pessoa humana. *Vide* o tema "Emissão de poluentes por veículos automotores e medidas preventivas de tutela jurídica em face da poluição atmosférica", em nossa obra *Curso de direito ambiental brasileiro*, cit.

27. Para um estudo completo a respeito do tema, *vide* nosso *O direito de antena*, cit.

**4 – direito ao descarte de resíduos**, como materiais resultantes da própria existência da pessoa humana e suas necessidades articuladas dentro da ordem econômica do capitalismo, cuja coleta se evidencia como dever do Poder Público municipal.

A efetividade dos direitos antes referidos é que deverá assegurar o direito ao saneamento ambiental dentro da tutela da saúde da pessoa humana adaptada ao local onde vive[30].

## 6. RESPONSABILIDADE EM FACE DE LESÃO OU AMEAÇA À SAÚDE AMBIENTAL NO PLANO CONSTITUCIONAL E INFRACONSTITUCIONAL. TUTELA PREVENTIVA E REPARAÇÃO DE DANO CAUSADO POR CONDUTAS E ATIVIDADES CONSIDERADAS LESIVAS À SAÚDE AMBIENTAL. POLUIÇÃO EM FACE DA SAÚDE AMBIENTAL

A Constituição Federal indica de forma didática que o Poder Público municipal tem o dever de assegurar a incolumidade físico-psíquica dos habitantes das cidades (art. 182, c/c o art. 196). Os habitantes das cidades, por sua vez, têm direito à saúde pelos mesmos fundamentos constitucionais.

Destarte, por se tratar a saúde de bem ambiental, aplicam-se à saúde ambiental todos os princípios constitucionais ambientais em vigor, a saber, não só o princípio da prevenção (arts. 225 e 196)[31] como a obrigação constitucional de reparação de dano causado por parte do infrator (§ 3º do art. 225 da CF), denominado pela lei poluidor (art. 3º, IV, da Lei n. 6.938/81)[32].

---

28. O Brasil importou, oficialmente, mais de 223 mil toneladas de lixo desde janeiro de 2008, a um custo de US$ 257,9 milhões. No mesmo período, deixou de ganhar cerca de US$ 12 bilhões ao não reciclar 78% dos resíduos sólidos gerados em solo nacional e desperdiçados no lixo comum por falta de coleta seletiva – o País recicla apenas 22% do seu lixo. A indústria nacional, que reutiliza os reciclados como matéria-prima na fabricação de roupas, carros, embalagens e outros, absorve mais do que o País consegue coletar e reciclar. Daí a necessidade de importação (*O Estado de S.Paulo*, 26 jul. 2007, Metrópole, p. C1).

29. A Lei n. 11.445/2007 estabelece as diretrizes nacionais para o saneamento básico, conforme já foi comentado. Por outro lado, algumas iniciativas, como a Resolução Conama n. 257, procuram disciplinar o tema tratando das baterias e pilhas esgotadas e determinando aos produtores a responsabilidade pelo gerenciamento da coleta, classificação e transporte de produtos descartados, bem como seu tratamento prévio.

30. A Lei paulista n. 13.576, de 6-7-2009, institui normas e procedimentos para a reciclagem, gerenciamento e destinação final de lixo tecnológico. O art. 2º de referida norma esclarece que, para os efeitos desta lei, consideram-se lixo tecnológico os aparelhos eletrodomésticos e os equipamentos e componentes eletroeletrônicos de uso doméstico, industrial, comercial ou no setor de serviços que estejam em desuso e sujeitos à disposição final, tais como: I – componentes e periféricos de computadores; II – monitores e televisores; III – acumuladores de energia (baterias e pilhas); IV – produtos magnetizados.

31. Adotando nosso entendimento, advertiu de forma didática o Ministro Barroso que "o Supremo Tribunal Federal tem jurisprudência consolidada no sentido de que, em matéria de tutela ao meio ambiente e à saúde pública, devem-se observar os princípios da precaução e da prevenção" (ADPF 669-MC, Rel. Min. Roberto Barroso, j. 31-3-2020).

32. O Supremo Tribunal Federal decidiu em liminar que a Covid-19, quando infecta o trabalhador, é considerada como doença ocupacional, a saber, doença que causa alterações na saúde do trabalhador,

No plano infraconstitucional, é explícita a determinação da Lei n. 6.938/81 no sentido de esclarecer que, para os efeitos de aplicação da Política Nacional do Meio Ambiente, deve-se entender **poluição como a degradação da qualidade ambiental (alteração adversa das características da saúde) resultante de atividades que direta ou indiretamente prejudiquem a saúde (art. 3º, II, da Lei n. 6.938/81)**.

A responsabilidade do infrator é solidária (art. 3º, I, da CF) e objetiva (art. 14, § 1º, da Lei n. 6.938/81)[33 e 34].

## 7. RESPONSABILIDADE CRIMINAL EM FACE DA SAÚDE AMBIENTAL NO PLANO CONSTITUCIONAL E INFRACONSTITUCIONAL

Conforme determina a Constituição Federal (§ 3º do art. 225), condutas e atividades consideradas lesivas à saúde ambiental sujeitam os infratores a sanções penais.

Referida sanção está indicada no art. 54 da Lei n. 9.605/98, norma que deve ser interpretada em face do art. 3º, III, da Lei n. 6.938/81, a saber, causar poluição de qualquer natureza em níveis tais que resultem ou possam resultar em danos à saúde humana é crime[35].

---

provocadas por fatores relacionados com o ambiente de trabalho (ADI 6.346, processo eletrônico público, número único: 0088768-12.2020.1.00.0000, Distrito Federal, Rel. Min. Marco Aurélio, Redator do acórdão Min. Alexandre de Moraes (ADI-MC-Ref) 29-4-2020, Liminar referendada em parte).

33. *Vide* AI 550.530-AgR, Rel. Min. Joaquim Barbosa (j. 26-6-2012, 2ª Turma, *DJe,* 16-8-2012).

34. *Vide* RE 607.381-AgR, Rel. Min. Luiz Fux (j. 31-5-2011, 1ª Turma, *DJe,* 17-6-2011). No mesmo sentido: ARE 774.391-AgR, Rel. Min. Marco Aurélio (j. 18-2-2014, 1ª Turma, *DJe,* 19-3-2014); AI 857.273-AgR, Rel. Min. Cármen Lúcia (j. 19-11-2013, 2ª Turma, *DJe,* 26-11-2013); AI 553.712-AgR, Rel. Min. Ricardo Lewandowski (j. 19-5-2009, 1ª Turma, *DJe,* 5-6-2009); AI 604.949-AgR, Rel. Min. Eros Grau (j. 24-10-2006, 2ª Turma, *DJ,* 24-11-2006).

35. "Seção III

Da Poluição e outros Crimes Ambientais

Art. 54. Causar poluição de qualquer natureza em níveis tais que resultem ou possam resultar em danos à saúde humana, ou que provoquem a mortandade de animais ou a destruição significativa da flora:

Pena – reclusão, de um a quatro anos, e multa.

§ 1º Se o crime é culposo:

Pena – detenção, de seis meses a um ano, e multa.

§ 2º Se o crime:

I – tornar uma área, urbana ou rural, imprópria para a ocupação humana;

II – causar poluição atmosférica que provoque a retirada, ainda que momentânea, dos habitantes das áreas afetadas, ou que cause danos diretos à saúde da população;

III – causar poluição hídrica que torne necessária a interrupção do abastecimento público de água de uma comunidade;

IV – dificultar ou impedir o uso público das praias;

V – ocorrer por lançamento de resíduos sólidos, líquidos ou gasosos, ou detritos, óleos ou substâncias oleosas, em desacordo com as exigências estabelecidas em leis ou regulamentos:

Pena – reclusão, de um a cinco anos.

## 8. AS PANDEMIAS EM FACE DA TUTELA JURÍDICA DA SAÚDE AMBIENTAL: A COVID-19 COMO AMEAÇA À SAÚDE E À VIDA DA POPULAÇÃO, AS MEDIDAS PARA ENFRENTAMENTO DA EMERGÊNCIA DE SAÚDE PÚBLICA VINCULADAS AO QUE ESTABELECE A LEI N. 13.979/2020 E SEU ADEQUADO ENQUADRAMENTO JURÍDICO EM FACE DO DIREITO AMBIENTAL CONSTITUCIONAL BRASILEIRO

Tendo como objetivo a proteção da coletividade[36] (art.1º, § 1º), estabeleceu a Lei n. 13.979/2020 as medidas que poderão ser adotadas para enfrentamento da emergência de saúde pública de importância internacional decorrente do coronavírus, responsável pelo surto de 2019/2020, fixando, dentre outras, importantes providências que as autoridades poderão adotar, no âmbito de suas competências, tais como o isolamento[37], a quarentena[38], a restrição excepcional e temporária, conforme recomendação técnica e fundamentada da Agência Nacional de Vigilância Sanitária, por rodovias, portos ou aeroportos de entrada e saída do País, locomoção interestadual e intermunicipal[39], requisição de bens e serviços de pessoas naturais e jurídicas, hipótese em que será garantido o pagamento posterior de indenização justa, dentre outras (art. 3º).

---

§ 3º Incorre nas mesmas penas previstas no parágrafo anterior quem deixar de adotar, quando assim o exigir a autoridade competente, medidas de precaução em caso de risco de dano ambiental grave ou irreversível".

36. A respeito da tutela do direito à vida e à saúde dos povos indígenas em face da pandemia Covid-19, *vide* ADPF 709, Rel. Min. Luís Roberto Barroso, Brasília, 8-7-2020.

37. Art. 2º, inciso I – isolamento: separação de pessoas doentes ou contaminadas, ou de bagagens, meios de transporte, mercadorias ou encomendas postais afetadas, de outros, de maneira a evitar a contaminação ou a propagação do coronavírus.

38. Art. 2º, inciso II – quarentena: restrição de atividades ou separação de pessoas suspeitas de contaminação das pessoas que não estejam doentes, ou de bagagens, contêineres, animais, meios de transporte ou mercadorias suspeitos de contaminação, de maneira a evitar a possível contaminação ou a propagação do coronavírus.

39. "A cabeça do artigo 3º sinaliza, a mais não poder, a quadra vivenciada, ao referir-se ao enfrentamento da emergência de saúde pública, de importância internacional, decorrente do coronavírus. Mais do que isso, revela o endosso a atos de autoridades, no âmbito das respectivas competências, visando o isolamento, a quarentena, a restrição excepcional e temporária, conforme recomendação técnica e fundamentada da Agência Nacional de Vigilância Sanitária, por rodovias, portos ou aeroportos de entrada e saída do País, bem como locomoção interestadual e intermunicipal." Daí "Vê-se que a medida provisória, ante quadro revelador de urgência e necessidade de disciplina, foi editada com a finalidade de mitigar-se a crise internacional que chegou ao Brasil, muito embora no território brasileiro ainda esteja, segundo alguns técnicos, embrionária. Há de ter-se a visão voltada ao coletivo, ou seja, à saúde pública, mostrando-se interessados todos os cidadãos. O artigo 3º, cabeça, remete às atribuições, das autoridades, quanto às medidas a serem implementadas. Não se pode ver transgressão a preceito da Constituição Federal. As providências não afastam atos a serem praticados por Estado, o Distrito Federal e Município considerada a competência concorrente na forma do artigo 23, inciso II, da Lei Maior" (ADI 6.341-MC, Distrito Federal, Rel. Min. Marco Aurélio). O Plenário do Supremo Tribunal Federal (STF), por unanimidade, confirmou/referendou em 15/4/2020 referida decisão, reconhecendo competência concorrente de Estados, Distrito Federal, Municípios e União no combate à Covid-19.

Referidas medidas devem ser entendidas dentro de um contexto em que o exercício do poder dentro das respectivas competências não é empecilho para o enfrentamento de pandemias, sendo, pois, vinculadas à concepção de que a melhor contribuição do Estado para o combate das doenças é que cada esfera de governo – federal, estadual e municipal – atue dentro de suas competências, correspondentes a cada um dos Poderes. Daí o Ministro Fachin advertir que "tal como na poluição, em essência um problema que afeta o direito à saúde na dimensão do meio ambiente, o controle de epidemias impõe graves obrigações aos Estados, afinal o controle mal realizado por um pode provocar novos focos de epidemia em outros. O problema causado pela epidemia do coronavírus é comum a todos os Estados. A irresponsabilidade de um traz graves consequências para todos"[40 e 41].

Ocorre todavia que, por se tratar de balizamento normativo infraconstitucional em defesa da saúde ambiental, referida Lei n. 13.979/2020 está na verdade submetida estruturalmente ao que estabelece o direito constitucional (arts.196 a 200 e 225 da CF), aplicando-se evidentemente, quando de sua interpretação, os princípios do direito ambiental constitucional.

Com efeito.

Como bem esclareceu o Ministro Roberto Barroso[42], foi fato público e notório que o mundo enfrentou em 2020 uma pandemia[43] de proporções inéditas, que levou a milhares de infectados e de mortos, ao fechamento de fronteiras, à decretação de medidas de quarentena, de isolamento social, ao colapso dos mais estruturados sistemas de saúde das nações mais desenvolvidas e preparadas para enfrentar um quadro dessa ordem. A situação foi gravíssima e não existiu qualquer dúvida de que a infecção por Covid-19 representou uma ameaça concreta à saúde e à vida da população. Nessa linha, conforme análise elaborada pelo referido Ministro em seu voto, "dados disponibilizados em 30-3-2020 registravam: 82.447 casos de contágio confirmados e 3.310 mortes na China; 97.689 casos confirmados e 10.781 mortes na Itália; 78.797 casos confirmados e 6.528 mortes na Espanha; 122.653 casos confirmados e 2.112 mortes

---

40. MEDIDA CAUTELAR NA RECLAMAÇÃO 40.342 PARANÁ. 1º de maio de 2020.

41. O Plenário do Supremo Tribunal Federal (STF), em sessão realizada em 6-5-2020, decidiu que estados e municípios, no âmbito de suas competências e em seu território, podem adotar, respectivamente, medidas de restrição à locomoção intermunicipal e local durante o estado de emergência decorrente da pandemia do novo coronavírus, sem a necessidade de autorização do Ministério da Saúde para a decretação de isolamento, quarentena e outras providências. *Vide* ADI 6.343.

42. ADPF 669-MC / DF, Rel. Min. Roberto Barroso, j. 31-3-2020, processo eletrônico, *DJe*-082, divulg. 2-4-2020, public. 3-4-2020.

43. A pandemia é uma "epidemia que se estende a quase todos os habitantes de uma região e que pode compreender uma zona geográfica muito vasta. Trata-se geralmente de doença grave, como a cólera ou a peste"; já a epidemia, em seu sentido clássico, é "o aumento habitual do número de casos de uma doença transmissível, numa região ou no meio de uma dada população, sendo considerada em seu sentido mais moderno e por extensão a multiplicação considerável dos casos de qualquer doença ou de qualquer outro fenômeno (acidentes, suicídios, etc.)" *Vide* Manuila, *Dicionário médico*, 9. ed., Rio de Janeiro, Ed. Guanabara, 2003.

nos Estados Unidos da América (EUA). No Brasil, onde o contágio foi posterior e acaba de começar a evoluir, tais dados indicavam 3.904 infectados e 114 mortes" sendo certo, segundo o magistrado de nosso Pretório Excelso, que a experiência dos demais países no combate à Covid-19 teria demonstrado que boa parte da população teria contato com o vírus (como efetivamente ocorreu...), mas que seria preciso tomar medidas sanitárias que reduzissem a velocidade de contágio para que os sistemas de saúde pudessem fazer frente ao número de infectados e, assim, evitar mortes desnecessárias, sendo certo que "sem a adoção de tais medidas, o contágio de grande parcela da população ocorreria simultaneamente, e o sistema de saúde não seria capaz de socorrer um quantitativo tão grande de pessoas".

Destarte, entre "as medidas de redução da velocidade de contágio, de natureza evidentemente preventiva", estariam então justamente "aquelas que determinam o fechamento de escolas, comércio, evitam aglomerações, reduzem a movimentação de pessoas e prescrevem o distanciamento social" observando-se que "a necessidade de tais medidas constitui opinião unânime da comunidade científica sobre o tema, conforme manifestações da Organização Mundial de Saúde, do Ministério da Saúde, do Conselho Federal de Medicina e da Sociedade Brasileira de Infectologia".

Assim, no plano jurídico brasileiro, exatamente em face da necessidade de estabelecer balizamentos normativos destinados a efetivamente assegurar as medidas preventivas antes indicadas em proveito da saúde e da vida da população e de forma mais ampla de toda a saúde ambiental, oferece nosso sistema constitucional, conforme já tivemos oportunidade de demonstrar no presente livro, resposta segura e equilibrada, visando indicar solução em favor da dignidade da pessoa humana, aproveitando inclusive consolidada jurisprudência estabelecida no âmbito do Supremo Tribunal Federal no sentido de que, em matéria de tutela ao meio ambiente e à saúde pública, devem-se observar os princípios da precaução e da prevenção, ou seja, as medidas sanitárias que reduzam a velocidade de contágio para que os sistemas de saúde possam fazer frente ao número de infectados e, assim, evitar mortes desnecessárias encontram amparo normativo em decorrência do que estabelece o direito ambiental constitucional e seus princípios.

Assim, em harmonia com o que sempre defendemos em nossas obras, o Supremo Tribunal Federal tem jurisprudência consolidada no sentido de que, "**em matéria de tutela ao meio ambiente e à saúde pública, devem-se observar os princípios da precaução e da prevenção** (grifos nossos)[44]. Portanto, havendo qualquer dúvida

---

44. Com relação à responsabilização de agentes públicos por ação e omissão em atos relacionados com a pandemia da Covid-19 (saúde ambiental), o Plenário do Supremo Tribunal Federal (STF) em face do julgamento de pedidos de medida cautelar em sete Ações Diretas de Inconstitucionalidade (ADIs 6.421, 6.422, 6.424, 6.425, 6.427, 6.428 e 6.431), ajuizadas contra a Medida Provisória (MP) 966/2020, firmou, por maioria, as seguintes teses (21-5-2020):

"1. Configura erro grosseiro o ato administrativo que ensejar violação ao direito à vida, à saúde, ao meio ambiente equilibrado ou impactos adversos à economia, por inobservância: (i) de normas e critérios

científica acerca da adoção da medida sanitária de distanciamento social – o que, vale reiterar, não parece estar presente – a questão deve ser solucionada em favor do bem saúde da população".

Destarte, o enfrentamento jurídico de toda e qualquer pandemia – e evidentemente o enfrentamento da infecção por Covid-19 representando uma ameaça à saúde e à vida da população – apresenta resposta jurídica satisfatória não só em face da aplicação da Lei n. 13.979/2020, mas principalmente através da aplicação dos princípios do direito ambiental constitucional detalhadamente estudados na presente obra[45].

---

científicos e técnicos; ou (ii) dos princípios constitucionais da precaução e da prevenção. 2. A autoridade a quem compete decidir deve exigir que as opiniões técnicas em que baseará sua decisão tratem expressamente: (i) das normas e critérios científicos e técnicos aplicáveis à matéria, tal como estabelecidos por organizações e entidades internacional e nacionalmente reconhecidas; e (ii) da observância dos princípios constitucionais da precaução e da prevenção, sob pena de se tornarem correspóveis por eventuais violações a direitos".

45. Dentre os estudos técnicos científicos que foram usados pelo Supremo Tribunal Federal no âmbito das lides relacionadas à Covid-19 merecem destaque:

The Global Impact of Covid-19 and Strategies for Mitigation and Suppression, vários autores, disponível em <https://www.imperial.ac.uk/media/imperial-college/medicine/sph/ide/gida-fellowships/Imperial-College-Covid19-Global-Impact-26-03-2020v2.pdf>.

Impact of non-pharmaceutical interventions (NPIs) to reduce Covid-19 mortality and healthcare demand, vários autores, disponível em <https://www.imperial.ac.uk/media/imperial-college/medicine/sph/ide/gida-fellowships/Imperial-College-Covid19-NPI-modelling-16-03-2020.pdf>.

*Vide:*

1) ADPF 669-MC, Distrito Federal, 31-3-2020, Rel. Min. Roberto Barroso.

2) ADPF 672, Distrito Federal, Rel. Min. Alexandre de Moraes, 8-4-2020.

# Capítulo XXIV
## MEIO AMBIENTE DO TRABALHO

### 1. NOÇÕES PROPEDÊUTICAS

A inquietação com o meio ambiente passou a existir com o surgimento das sociedades de massa, fenômeno observado no início da segunda metade do século XVIII, não havendo, quanto à data, limites precisos fixados pelos historiadores[1]. O crescimento econômico, se por um lado trazia o desenvolvimento da indústria e do próprio Estado, por outro cuidou de provocar a degradação do meio ante práticas selvagens do capitalismo, preocupado em produzir em grande escala sem atentar para a preservação da qualidade de vida[2]. Apesar de essa preocupação ser relativamente recente, constata-se que os problemas relacionados à saúde do trabalhador são antigos, verificando-se na Grécia as primeiras preocupações com a relação saúde/trabalho[3].

A preocupação com a criação de metas para a melhoria das relações de trabalho e meio em que determinadas tarefas eram executadas cresceu em meados do século XVIII, porque, com a Revolução Industrial, houve a organização de grupos empenhados em lutar por melhores condições de trabalho, pleiteando modificações e benefícios.

Com a promulgação da Constituição Federal de 1988, o poder constituinte originário elevou à categoria de direito fundamental, e, portanto, de cláusula pétrea, a proteção à saúde do trabalhador bem como de todo e qualquer destinatário das normas constitucionais. Na verdade, regulamentação é feita em dois patamares: a proteção imediata (art. 200, VIII) e a mediata (art. 225, *caput*, IV, VI e § 3º). Não há de se perder de vista que os arts. 5º e 7º, em diversas passagens, indicam a proteção ao meio ambiente. Por derradeiro, esse direito encontra grande respaldo entre os princípios fundamentais da República Federativa do Brasil, conforme preceitua o art. 1º, III, da Constituição Federal, o princípio fundamental da *dignidade da pessoa humana*.

---

1. Celso Antonio Pacheco Fiorillo e Thereza Cristina Nahas, Meio ambiente do trabalho..., in *Estudos*, cit., p. 598.

2. Celso Antonio Pacheco Fiorillo e Thereza Cristina Nahas, Meio ambiente do trabalho..., in *Estudos*, cit., p. 598.

3. Vale destacar que Platão e Aristóteles, ao escreverem, respectivamente, *Utopia* e *Política*, já abordavam questões trabalhistas, demonstrando a importância do tema.

Todavia, a efetividade do direito à saúde, bem como a universalização do saneamento básico, conforme já tivemos oportunidade de aduzir anteriormente, continua sendo promessa recorrente em período de campanha eleitoral, e está longe de ser alcançada no Brasil.

Daí a necessidade de observar a tutela constitucional e infraconstitucional da saúde/meio ambiente do trabalho visando ao uso de instrumentos normativos adequados em proveito da dignidade da pessoa humana.

## 2. ENFOQUE CONSTITUCIONAL DO MEIO AMBIENTE DO TRABALHO. O CONCEITO DE MEIO AMBIENTE DO TRABALHO

Entre os aspectos do meio ambiente (enfoque meramente didático), como foi proposto no início da obra, encontra-se o meio ambiente do trabalho.

Como acima ressaltado, a Constituição Federal de 1988 dispensa ao meio ambiente do trabalho tutela imediata e mediata[4]. Com efeito, prescreve o art. 200, VIII:

"Art. 200. Ao sistema único de saúde compete, além de outras atribuições, nos termos da lei:

(...)

VIII – colaborar na proteção do meio ambiente, nele compreendido o do trabalho"[5 e 6].

Ainda o art. 7º, nos seus incisos XXII e XXIII, da Constituição Federal prescreve:

"Art. 7º São direitos dos trabalhadores urbanos e rurais, além de outros que visem à melhoria de sua condição social:

(...)

XXII – redução dos riscos inerentes ao trabalho, por meio de normas de saúde, higiene e segurança;

XXIII – adicional de remuneração para as atividades penosas, insalubres[7] ou perigosas, na forma da lei".

---

4. *Vide* STF, ARE 71.341 AgR/MG, 1ª Turma, Min. Luiz Fux, j. 11-6-2013.

5. *Vide* STF, AI 805.018 AgR/SC, 1ª Turma, Min. Dias Toffoli, j. 25-9-2012.

6. *Vide* STF, RE 214.001 AgR/SP, 2ª Turma, Min. Teori Zavascki, j. 27-8-2013.

7. Conforme noticiou o STF em 2 de agosto de 2010, "ao analisar um conjunto de 21 Mandados de Injunção sobre aposentadoria especial de servidores públicos, o Plenário do Supremo Tribunal Federal (STF) concedeu a ordem em todos os casos, garantindo o direito à aposentadoria especial, desde que a área administrativa responsável confirme o atendimento aos requisitos da Lei da Previdência Social.

Em todos os processos, a alegação é a mesma: **os impetrantes afirmam trabalhar em situações insalubres** e reclamam da ausência de regulamentação do art. 40, § 4º, da Constituição Federal, que trata do direito à aposentadoria especial dos servidores públicos.

O relator dos mandados de injunção, Ministro Marco Aurélio, frisou em seu voto que concedia a ordem, nos moldes da decisão da Corte no MI 758 (ver matéria abaixo), mas deixando claro que cabe ao

Esses dois dispositivos preveem a tutela imediata do meio ambiente do trabalho[8]. A mediata tem respaldo no *caput* do art. 225 da Constituição Federal.

Notamos por via de consequência que o aspecto de maior relevo na tutela jurídica constitucional do tema ora enfocado está relacionado à *saúde* da pessoa humana[9 e 10] em harmonia com o art. 1º, III, da Carta da República[11 e 12].

---

setor administrativo responsável a comprovação de cada situação, para verificar se o servidor atende aos requisitos constantes da Lei 8.213/91, que dispõe sobre os Planos de Benefícios da Previdência Social.

'Eu apenas fixo os parâmetros para a aposentação, se o impetrante realmente atender aos requisitos da Lei 8.213/91. Eu não posso, no mandado de injunção, apreciar esse aspecto, se ele atende ou não aos requisitos. Isso ficará por conta de o setor administrativo definir', explicou o relator.

Além disso, o ministro fez questão de deixar clara a impossibilidade de se criar um terceiro sistema, mesclando a Constituição Federal e a Lei 8.213/91, conforme foi decidido pelo pleno no julgamento de embargos declaratórios no MI 758.

Foram julgados na tarde desta segunda-feira (2) os MIs 835, 885, 923, 957, 975, 991, 1.083, 1.128, 1.152, 1.182, 1.270, 1.440, 1.660, 1.681, 1.682, 1.700, 1.747, 1.797, 1.800, 1.835 e 2.426".

8. "Ementa: DIREITO CONSTITUCIONAL E TRABALHISTA. AGRAVO INTERNO EM RECURSO EXTRAORDINÁRIO COM AGRAVO. SAÚDE DOS TRABALHADORES E MEIO AMBIENTE DO TRABALHO. COMPETÊNCIA DA UNIÃO. PRECEDENTES. 1. A jurisprudência do Supremo Tribunal Federal é firme no sentido de ser competência privativa da União legislar sobre saúde dos trabalhadores e do meio ambiente do trabalho. Precedentes. 2. Nos termos do art. 85, § 11, do CPC/2015, fica majorado em 25% o valor da verba honorária fixada anteriormente, observados os limites legais do art. 85, §§ 2º e 3º, do CPC/2015. 3. Agravo interno a que se nega provimento" (ARE 1059077-AgR / SP, Rel. Min. Roberto Barroso, j. 28-6-2019, 1ª Turma, processo eletrônico, *DJe*-170, divulg. 5-8-2019, public. 6-8-2019).

9. *Vide* ADPF 101, Rel. Min. Cármen Lúcia, j. 11-3-2009, Plenário, *Informativo* 538.

10. "Acontece que esse caso me parece peculiar, e muito peculiar – se o superlativo for admitido eu diria peculiaríssimo –, porque a lei federal faz remissão à Convenção da OIT 162, art. 3º, que, por versar tema que no Brasil é tido como de direito fundamental (saúde), tem o *status* de norma supralegal. Estaria, portanto, acima da própria lei federal que dispõe sobre a comercialização, produção, transporte, etc., do amianto. (...) De maneira que, retomando o discurso do Ministro Joaquim Barbosa, a norma estadual, no caso, cumpre muito mais a Constituição Federal nesse plano da proteção à saúde ou de evitar riscos à saúde humana, à saúde da população em geral, dos trabalhadores em particular e do **meio ambiente**. A legislação estadual está muito mais próxima dos desígnios constitucionais, e, portanto, realiza melhor esse sumo princípio da eficácia máxima da Constituição em matéria de direitos fundamentais, e muito mais próxima da OIT, também, do que a legislação federal. Então, parece-me um caso muito interessante de contraposição de norma suplementar com a norma geral, levando-nos a reconhecer a superioridade da norma suplementar sobre a norma geral. E, como estamos em sede de cautelar, há dois princípios que desaconselham o *referendum* à cautelar: o princípio da precaução, que busca evitar riscos ou danos à saúde e ao **meio ambiente** para gerações presentes; e o princípio da prevenção, que tem a mesma finalidade para gerações futuras. Nesse caso, portanto, o *periculum in mora* é invertido e a plausibilidade do direito também contraindica o *referendum* a cautelar. Senhor Presidente, portanto, pedindo todas as vênias, acompanho a dissidência e também não referendo a cautelar" (ADI 3.937-MC, Rel. Min. Marco Aurélio, voto do Min. Carlos Britto, j. em 4-6-2008, Plenário, *DJe*, 10-10-2008).

11. Como meio de concretizar o princípio da dignidade da pessoa humana e do direito à vida e à saúde, entendeu o Superior Tribunal de Justiça ser possível inclusive conceder liminar garantindo antecipadamente (antecipação de tutela) o bloqueio de valores em contas públicas para garantir o custeio de tratamento médico indispensável (*vide* REsp 820.674, Rel. Min. Eliana Calmon; Órgão Julgador: Segunda Turma; j. 18-5-2006).

12. Por sete votos a três o Supremo Tribunal Federal manteve em junho de 2008 a vigência da Lei paulista n. 12.684/2007 que proibiu o uso de qualquer produto que utilize o amianto no Estado, tendo sido

Assim, conforme já aduzimos anteriormente, constitui meio ambiente do trabalho o local onde as pessoas desempenham suas atividades laborais relacionadas à sua saúde, sejam remuneradas ou não, cujo equilíbrio está baseado na salubridade do meio e na ausência de agentes que comprometam a incolumidade físico-psíquica dos trabalhadores, independente da condição que ostentem (homens ou mulheres, maiores ou menores de idade, celetistas, servidores públicos, autônomos etc.). Nosso conceito de meio ambiente do trabalho vem sendo adotado inclusive pelo Tribunal Superior do Trabalho balizando por via de consequência a imprescindível relevância da saúde ambiental em proveito da dignidade da pessoa humana[13].

---

observado na oportunidade, pela maioria dos ministros, que referida norma estadual estaria em conformidade com a Constituição Federal atendendo ao princípio da proteção à saúde.

*Vide* ADI 3.937.

13. *Vide* Acórdãos Ag-AIRR-605-10.2015.5.17.0005, 1ª Turma, Rel. Min. Walmir Oliveira da Costa, *DEJT* 4-9-2020, Ag-RR-1139-80.2017.5.17.0005, 3ª Turma, Rel. Min. Mauricio Godinho Delgado, *DEJT* 13-9-2019, RR-0001677-12.2015.5.17.0141, 3ª Turma, Rel. Min. Alberto Luiz Bresciani de Fontan Pereira, *DEJT* 7-12-2018, AIRR-588-77.2016.5.17.0121, 3ª Turma, Rel. Min. Mauricio Godinho Delgado, *DEJT* 24-8-2018, AIRR-1099-48.2015.5.17.0012, 8ª Turma, Rel. Min. Dora Maria da Costa, *DEJT* 29-9-2017, AIRR – 1951-02.2015.5.17.0003, 8ª Turma, Rel. Dora Maria da Costa, *DEJT* 14-8-2017, AIRR 945-08.2015.5.17.0181, 2ª Turma, Rel. José Roberto Freire Pimenta, *DEJT* 5-5-2017, AIRR 726-17.2015.5.17.0012, 2ª Turma, Rel. José Roberto Freire Pimenta, *DEJT* 28-4-2017, AIRR 566-39.2010.5.15.0071, 8ª Turma, Rel.: Dora Maria da Costa, *CEJT* 28-4-2017, AIRR 896-63.2015.5.21.0016, 8ª Turma, Rel. Maria Cristina Irigoyen Peduzzi, *DEJT* 10-3-2017, AIRR 1124-38.2015.5.21.0016, 8ª Turma, Rel. Maria Cristina Irigoyen Peduzzi, *DEJT* 3-3-2017, AIRR 929-53.2015.5.21.0016, AIRR – 929-53.2015.5.21.0016, 8ª Turma, Rel. Marcio Eurico Vitral Amaro, *DEJT* 12-12-2016, ARR – 1099-48.2015.5.17.0012, 8ª Turma, Rel. Dora Maria da Costa, *DEJT* 2-12-2016, AIRR – 2099-11.2014.5.12.0060, 8ª Turma, Rel. Dora Maria da Costa, *DEJT* 28-10-2016, AIRR – 421-32.2015.5.21.0041, 3ª Turma, Rel. Mauricio Godinho Delgado, *DEJT* 30-9-2016, RO – 327-27.2013.5.23.0000, Subseção II Especializada em Dissídios Individuais, Rel. Alberto Luiz Bresciani de Fontan Pereira, *DEJT* 5-8-2016, ARR – 157400-86.2011.5.17.0004, 8ª Turma, Rel. Maria Cristina Irigoyen Peduzzi, *DEJT* 6-5-2016, AIRR – 11022-39.2014.5.18.0131, 8ª Turma, Rel. Dora Maria da Costa, *DEJT* 4-3-2016, AIRR – 207-19.2012.5.19.0262, 1ª Turma, Rel. Luiza Lomba, *DEJT* 18-12-2015, ED-RR – 2438-53.2012.5.03.0136, 2ª Turma, Rel. Claudio Armando Couce de Menezes, *DEJT* 27-11-2015, RR – 144000-40.2009.5.01.0062, 2ª Turma, Rel. Claudio Armando Couce de Menezes, *DEJT* 27-11-2015, RR – 1130-69.2010.5.02.0462, 2ª Turma, Rel. Claudio Armando Couce de Menezes, *DEJT* 27/11/2015, ED-ARR – 988-20.2013.5.03.0143, 2ª Turma, Rel. Claudio Armando Couce de Menezes, *DEJT* 27-11-2015, ED-RR – 1050-43.2011.5.05.0024, 2ª Turma, Rel. Claudio Armando Couce de Menezes, *DEJT* 27-11-2015, RR – 651-78.2011.5.01.0071, 2ª Turma, Rel. Claudio Armando Couce de Menezes, *DEJT* 27-11-2015, ARR – 394-21.2012.5.01.0038, 2ª Turma, Rel. Claudio Armando Couce de Menezes, *DEJT* 29-10-2015, ARR – 988-20.2013.5.03.0143, 2ª Turma, Rel. Claudio Armando Couce de Menezes, *DEJT* 9-10-2015, RR – 1050-43.2011.5.05.0024, 2ª Turma, Rel. Claudio Armando Couce de Menezes, *DEJT* 2-10-2015, RR – 1768-86.2012.5.02.0089, 2ª Turma, Rel. Claudio Armando Couce de Menezes, *DEJT* 2-10-2015, RR – 135700-18.2009.5.01.0021, 2ª Turma, Rel. Claudio Armando Couce de Menezes, *DEJT* 2-10-2015, RR – 698-81.2012.5.09.0657, 2ª Turma, Rel. Claudio Armando Couce de Menezes, *DEJT* 25-9-2015, RR – 213-55.2013.5.24.0002, 2ª Turma, Rel. Claudio Armando Couce de Menezes, *DEJT* 25-9-2015, AIRR – 20711-94.2013.5.04.0402, 2ª Turma, Rel. Claudio Armando Couce de Menezes, *DEJT* 25-9-2015, RR – 2438-53.2012.5.03.0136, 2ª Turma, Rel. Claudio Armando Couce de Menezes, *DEJT* 25-9-2015, RR – 734-11.2012.5.04.0028, 2ª Turma, Rel. Claudio Armando Couce de Menezes, *DEJT* 25/09/2015, RR – 482-42.2012.5.01.0076, 2ª Turma, Rel. Claudio Armando Couce deMenezes, *DEJT* 25-9-2015, AIRR – 1593-35.2011.5.02.0087, 2ª Turma, Rel. Claudio Armando Couce de Menezes, *DEJT* 26-6-2015, AIRR – 69800-37.2008.5.01.0017, 2ª Turma, Rel. Claudio Armando Couce de Menezes, *DEJT* 29-5-2015, AIRR – 495-30.2010.5.01.0070, 2ª Turma, Rel.

## 3. DA SEGURANÇA E SAÚDE NO TRABALHO

Como ressaltávamos, todo ser humano tem direito a uma vida digna. A concretização desse direito fundamental reclama a observação de outras tantas normas atreladas ao preceito. Entre elas, encontramos as relativas à proteção da saúde do trabalhador, conforme já observamos no art. 7º, XXII e XXIII, da Constituição Federal. Além disso, um pouco mais à frente, prescreve o legislador que o Sistema Único de Saúde tem, entre outras funções, a atribuição de "executar as ações de vigilância sanitária e epidemiológica, bem como de saúde do trabalhador".

No tocante à matéria relativa ao meio ambiente do trabalho, continua ela a ser basicamente regulada pela Consolidação das Leis do Trabalho e pela Portaria n. 3.214/78, que aprova diversas normas regulamentadoras (NR) concernentes à segurança e medicina do trabalho. Interessante verificar que a Consolidação traz um capítulo específico para a segurança e medicina do trabalho, prevendo diversos modos de conservação do meio ambiente e prevenção de acidentes e doenças do trabalho. Impõe deveres aos empregados e empregadores, bem como aos órgãos da Administração Pública.

De uma forma geral, verificamos o empenho do Estado em regular as condutas para a preservação e conservação do meio ambiente laboral, todavia, não se pode deixar de criticar a "tarifação" feita por conta dos trabalhos insalubres e perigosos, atribuindo-se valores ínfimos e que jamais compensariam os prejuízos experimentados pelo trabalhador.

## 4. CONCEITO DE TRABALHO

Cabe questionar, para fins de proteção ambiental, qual o conceito de trabalho que se deve adotar. Sendo o meio ambiente sadio um direito constitucional fundamental, o

---

Claudio Armando Couce de Menezes, *DEJT* 8-5-2015, AIRR – 40301-47.2013.5.13.0001, 2ª Turma, Rel. Claudio Armando Couce de Menezes, *DEJT* 31-3-2015, RR – 12-35.2012.5.09.0093, 2ª Turma, Rel. Claudio Armando Couce de Menezes, *DEJT* 31-3-2015, RR – 886-07.2012.5.04.0304, 2ª Turma, Rel. Claudio Armando Couce de Menezes, *DEJT* 31-3-2015, AIRR – 1485-61.2012.5.15.0102, 2ª Turma, Rel. Claudio Armando Couce de Menezes, *DEJT* 31-3-2015, AIRR – 1120-34.2012.5.14.0005, 2ª Turma, Rel. Claudio Armando Couce de Menezes, *DEJT* 19-12-2014, AIRR – 36100-74.2009.5.19.0004, 2ª Turma, Rel. Claudio Armando Couce de Menezes, *DEJT* 19-12-2014, AIRR – 2419-28.2012.5.03.0110, 2ª Turma, Rel. Claudio Armando Couce de Menezes, *DEJT* 19-12-2014, RR – 211800-33.2006.5.02.0072, 2ª Turma, Rel. Claudio Armando Couce de Menezes, *DEJT* 28-11-2014, RR – 2430-62.2012.5.02.0085, 2ª Turma, Rel. Claudio Armando Couce de Menezes, *DEJT* 28-11-2014, AIRR – 92-58.2012.5.02.0201, 2ª Turma, Rel. Claudio Armando Couce de Menezes, *DEJT* 31-10-2014, RR – 273000-93.2009.5.02.0053, 2ª Turma, Rel. Claudio Armando Couce de Menezes, *DEJT* 31-10-2014, RO – 9121-90.2011.5.02.0000, Órgão Especial, Rel. Guilherme Augusto Caputo Bastos, *DEJT* 12-9-2014, AIRR – 63900-74.2009.5.19.0005, 2ª Turma, Rel. Jose Roberto Freire Pimenta, *DEJT* 20-6-2014, RO – 6250-87.2011.5.02.0000, Seção Especializada em Dissídios Coletivos, Rel. Katia Magalhaes Arruda, *DEJT* 21-2-2014, AIRR – 80600-56.2012.5.17.0012, 3ª Turma, Rel. Alberto Luiz Bresciani de Fontan Pereira, *DEJT* 20-9-2013, AIRR – 143100-90.2009.5.16.0013, 2ª Turma, Rel. Jose Roberto Freire Pimenta, *DEJT* 2-8-2013, RR – 125600-49.2005.5.15.0087, 4ª Turma, Rel. Maria de Assis Calsing, *DEJT* 7-6-2013, ARR – 139000-97.2004.5.15.0077, 3ª Turma, Rel. Mauricio Godinho Delgado, *DEJT* 31-10-2012, RR – 167500-50.2004.5.15.0021, 8ª Turma, Rel. Marcio Eurico Vitral Amaro, *DEJT* 2-12-2011.

conceito de trabalhador também deve ser perquirido no seio da Carta Magna. O ponto de partida a ser adotado é que a proteção ao meio ambiente do trabalho é distinta da proteção do direito do trabalho. Isso porque aquela tem por objeto jurídico a saúde e a segurança do trabalhador, a fim de que este possa desfrutar uma vida com qualidade. Busca-se salvaguardar o homem trabalhador das formas de degradação e poluição de vida.

Num segundo momento, deve-se observar que se valoriza o trabalho humano, porquanto este é direito social fundamentador da ordem econômica e financeira e um dos fundamentos da República Federativa do Brasil. Mas o trabalho tem de estar relacionado a um aspecto econômico, uma vez que deve ser passível de valoração social. Nesse contexto, pode-se concluir que:

"O trabalho adquire no Texto Constitucional inúmeras feições, que, embora diferentes, são ligadas entre si e complementares aos objetivos e fundamentos da República no sentido de assegurar a todos uma existência digna num sistema onde haja justiça social. Assim, ora o trabalho surge enquanto instrumento de tutela pessoal, essencial à sobrevivência do homem indivíduo (por exemplo, o direito social ao trabalho), ora surge enquanto política a ser implementada pelo Estado, numa dimensão difusa e essencial aos objetivos apregoados pelo Estado Democrático de Direito"[14].

De qualquer forma, jamais se deve restringir a proteção ambiental trabalhista a relações de natureza unicamente empregatícia. Quando se fala em relação de emprego está-se referindo àqueles *vínculos em que o trabalho é subordinado*. Em diversas passagens da Constituição Federal, podemos observar que o legislador sempre alude à relação de trabalho, ou seja, àquela em que há prestação de serviços, seja de natureza subordinada ou não. Quando quis referir-se à relação de emprego, assim o fez expressamente, como ocorre, por exemplo, no art. 7º, I.

O que interessa é a proteção ao meio ambiente *onde o trabalho humano é prestado*, seja em que condição for. Estão protegidos, portanto, por exemplo, os vendedores autônomos e os trabalhadores avulsos[15].

## 5. EMBARGO, INTERDIÇÃO E GREVE

### 5.1. CONSIDERAÇÕES GERAIS

O meio ambiente do trabalho tem por propósito imediato assegurar a tutela constitucional da saúde, porquanto esta é seu objeto.

---

14. Elaine D'Ávila Coelho, *Embargo, interdição e greve em face do meio ambiente do trabalho*, monografia do Curso de Direito Ambiental II, PUCSP, 1995, p. 10.

15. Celso Antonio Pacheco Fiorillo e Thereza Cristina Nahas, Meio ambiente do trabalho..., in *Estudos*, cit., p. 604.

As regras relativas à saúde não estão previstas somente de forma genérica nos arts. 196 a 200 da Constituição Federal. Estão presentes também nas Constituições Estaduais, nas Leis Orgânicas dos Municípios, bem como na Consolidação das Leis do Trabalho. Isso se deve ao critério constitucional, que atribuiu competência aos diversos entes da Federação para a proteção da saúde.

A Constituição Federal de 1988, em seu art. 196, fixou um patamar mínimo[16] a ser observado em relação ao direito fundamental de saúde, ao preceituar que:

"Art. 196. A saúde é direito de todos e dever do Estado, garantido mediante políticas sociais e econômicas que visem à redução do risco de doença e de outros agravos e ao acesso universal e igualitário às ações e serviços para sua promoção, proteção e recuperação".

Deve-se frisar que aludido artigo estabeleceu uma definição geral e, a partir dela, e em conformidade com a competência legislativa de cada ente federado, propõe-se a efetivação da tutela da saúde. Com isso, as regras acerca da prevenção e da medicina do trabalho *não são somente aplicadas* a relações laborais, conforme preceitua a Consolidação das Leis do Trabalho. Na verdade, toda vez que existir qualquer trabalho, ofício ou profissão relacionada à ordem econômica capitalista, haverá a incidência das normas destinadas a garantir um meio ambiente do trabalho saudável e, por consequência, a incolumidade física e psíquica do trabalhador.

## 5.2. O PRINCÍPIO DA PREVENÇÃO E OS INSTRUMENTOS DE PROTEÇÃO

Como já tivemos oportunidade de frisar, o princípio da prevenção constitui a espinha dorsal do direito ambiental, e em relação ao aspecto do meio ambiente do trabalho, que possui como objeto a saúde humana, a sua importância é acentuada.

De fato, o meio ambiente do trabalho reclama alternativas de caráter preventivo para a efetivação da sua tutela. Atentas a esses fatos, a Consolidação das Leis do Trabalho e a Constituição Estadual de São Paulo (inspirada pela CLT) previram dois importantes instrumentos de tutela da saúde: a interdição da empresa e o embargo da obra[17].

## 5.3. INTERDIÇÃO E EMBARGO

A interdição de estabelecimento, setor de serviço, máquina ou equipamento e o embargo da obra são instrumentos protetivos que têm por finalidade eliminar a insalubridade do meio ambiente do trabalho. Interessante verificar que a interdição pode

---

16. Referido patamar mínimo obriga todas as esferas de governo a atuarem de forma solidária, sendo certo que eventual discussão em relação à competência para a execução de programas de saúde e de distribuição de medicamentos não pode sobrepor-se ao direito à saúde assegurado pelo referido art. 196 da Constituição da República, conforme já decidido inclusive pelo Supremo Tribunal Federal no ano de 2007. *Vide* Suspensão de Segurança (SS) n. 3.231, decisão da Ministra Ellen Gracie, maio de 2007.

17. No que se refere à prevenção em face do meio ambiente do trabalho, podemos também destacar os arts. 161, 163, 166, 184, 198, 199, 200, 429, 473, 510-B e 627-A do Decreto-lei 5.452, de 1º de maio de 1943 (CLT).

recair sobre a empresa como um todo, com a interdição do próprio estabelecimento, ou, de forma minimizada, sobre um único equipamento.

A Consolidação das Leis do Trabalho estatui em seu art. 161 que:

"Art. 161. O Delegado Regional do Trabalho, à vista do laudo técnico do serviço competente que demonstre grave e iminente *risco para o trabalhador*, poderá *interditar estabelecimento, setor de serviço, máquina ou equipamento, ou embargar obra*, indicando na decisão, tomada com a brevidade que a ocorrência exigir, as providências que deverão ser adotadas para a prevenção de infortúnios de trabalho" (grifo nosso).

A Constituição Estadual de São Paulo, inspirada no instrumento protetivo colocado à disposição do trabalhador pela Consolidação, previu no seu art. 229, § 1º, disposição semelhante:

"Art. 229. Compete à autoridade estadual, de ofício ou mediante denúncia de risco à saúde, proceder à avaliação das fontes de risco no ambiente do trabalho, e determinar a adoção das devidas providências para que cessem os motivos que lhe deram causa.

§ 1º Ao sindicato de trabalhadores, ou ao representante que designar, é garantido requerer a interdição de máquina, de setor de serviço ou de todo o ambiente do trabalho, quando houver exposição a risco iminente para a vida ou a saúde dos empregados".

Conforme estabelece a Consolidação das Leis do Trabalho, a interdição ou embargo poderão ser requeridos pelo serviço competente da Delegacia Regional do Trabalho, por agente da inspeção do trabalho ou ainda por entidade sindical.

Importante frisar que a decisão do delegado regional do trabalho é recorrível no prazo de dez dias, tendo legitimidade para tanto qualquer interessado. O recurso será analisado por órgão de âmbito nacional, competente em matéria de segurança e medicina do trabalho, ao qual será facultado suspender a interdição ou embargo até o julgamento do recurso. Acrescente-se que, independentemente da existência de recurso, o delegado regional do trabalho, após laudo técnico do serviço competente, poderá levantar a interdição.

Por derradeiro, tendo em vista que todos devem realizar as suas atividades laborativas num meio ambiente do trabalho saudável (evidentemente, na medida em que os mecanismos de proteção permitam), não será lícito ao empregador descontar os dias em que houve paralisação dos serviços em decorrência da interdição ou do embargo. Dessa forma, os empregados receberão os salários como se estivessem em efetivo exercício.

## 5.4. GREVE AMBIENTAL

A greve é um instrumento constitucional de autodefesa conferido ao empregado, a fim de que possa reclamar a salubridade do seu meio ambiente do trabalho e, portanto, garantir o direito à saúde.

623

A Constituição Federal de 1988 disciplinou a matéria, em relação aos empregados de empresas privadas, no art. 9º, ao preceituar ser assegurado o direito de greve, competindo aos trabalhadores decidir sobre a oportunidade de exercê-lo e sobre os interesses que devam por meio dele defender. Quanto aos servidores públicos civis, o direito de greve é disciplinado pelo art. 37, VII (modificado pela EC n. 19, de 4-6-1998), que estatui que ele será exercido nos termos e limites definidos em lei específica.

A Constituição Estadual de São Paulo, em que pese não ter utilizado o termo *greve*, previu tal instrumento preventivo para as relações laborais, destinando-o à defesa da saúde, ao preceituar, no § 2º de seu art. 229, que:

> "§ 2º Em condições de risco grave ou iminente no local de trabalho, será lícito ao empregado interromper suas atividades, sem prejuízo de quaisquer direitos, até a eliminação do risco".

Portanto, conforme podemos verificar, a greve ambiental caracteriza-se como um instrumento de defesa da saúde do trabalhador, em face da sua atuação no meio ambiente do trabalho.

## 5.5. COMPETÊNCIA DA JUSTIÇA DO TRABALHO EM FACE DA DEFESA DO MEIO AMBIENTE DO TRABALHO[18]

Conforme desenvolvido no presente capítulo, a Constituição Federal de 1988 dispensou ao meio ambiente do trabalho tutela imediata e mesmo mediata.

Dessarte, as eventuais lesões ou principalmente as ameaças à saúde de brasileiros e estrangeiros residentes no país passaram a merecer atenção especial principalmente em decorrência do tormentoso tema da competência jurisdicional judicial.

O art. 114 da Constituição Federal enfrenta o tema ao estabelecer competência à Justiça do Trabalho em decorrência de várias situações desenvolvidas no plano constitucional (art. 114, I a IX, com redação dada pela EC n. 45, de 8-12-2004).

Resta evidente que nas hipóteses em que se busca o cumprimento da legislação trabalhista, em decorrência de situações que estejam a caracterizar lesão ou mesmo ameaça ao ambiente do trabalho oferecidas principalmente por empregadores[19], com-

---

18. "Tendo a ação civil pública como causas de pedir disposições trabalhistas e pedidos voltados à preservação do **meio ambiente** do trabalho e, portanto, aos interesses dos empregados, a competência para julgá-la é da Justiça do Trabalho" (RE 206.220, Rel. Min. Marco Aurélio, j. 16-3-1999, 2ª Turma, *DJ*, 17-9-1999).

19. "DANO MORAL COLETIVO. MEIO AMBIENTE DE TRABALHO. LEUCOPENIA. DESTINAÇÃO DA IMPORTÂNCIA REFERENTE AO DANO MORAL COLETIVO. FAT E INSTITUIÇÃO DE SAÚDE (LEI N. 7.347/85, ART. 13). O número de trabalhadores que adquiriu leucopenia no desenvolvimento de suas atividades na recorrida, em contato com benzeno, é assustador. O local de trabalho envolve diretamente manipulação de produtos químicos contendo componente potencialmente tóxico como benzeno, que afetam precisamente a medula óssea e as células do sangue, e, por conseguinte, desenvolvem referida enfermidade (leucopenia), já reconhecida como doença profissional, incapacitando para o trabalho.

pete à Justiça do Trabalho julgar eventual conflito de interesses vinculados à defesa da saúde dentro de uma concepção que indica a tutela dos direitos materiais constitucionais metaindividuais (direitos difusos, direitos coletivos e direitos individuais homogêneos, conforme reza o art. 81, parágrafo único, I, II e III, da Lei n. 8.078/90).

As ações coletivas e especialmente a ação civil pública (Lei n. 7.347/85) passam, portanto, a cumprir importante papel visando à defesa da saúde dos trabalhadores

---

Para levar a questão mais adiante, é consabido também que as empresas não aceitam mais empregados que carregam sequelas de doenças como a leucopenia. Na realidade, esses infaustos acontecimentos transcendem o direito individual e atingem em cheio uma série de interesses, cujos titulares não podemos identificar a todos desde logo, contudo inegavelmente revela a preocupação que temos que ter com o bem-estar coletivo, e o dano no sentido mais abrangente que nele resulta chama imediatamente a atenção do Estado e dos setores organizados da sociedade de que o trabalhador tem direito a uma vida saudável e produtiva. Todas as irregularidades detectadas pela segura fiscalização federal do Ministério do Trabalho apontam flagrante desrespeito às leis de proteção ao trabalhador, colocando suas vidas e saúde em iminente risco, prejudicando seriamente o ambiente de trabalho. Partindo desse cuidado com a vida e a saúde dos trabalhadores, a multirreferida Constituição Federal garantiu com solidez a proteção ao meio ambiente do trabalho, ao assegurar que (art. 200) 'Ao sistema único de saúde compete, além de outras atribuições, nos termos da lei: VII – colaborar na proteção do meio ambiente, nele compreendido o do trabalho'. Essa preocupação segue a tendência do ainda novo direito do trabalho fundado na moderna ética de direito de que as questões concernentes ao seu meio ambiente ultrapassam a questão de saúde dos próprios trabalhadores, extrapolando para toda a sociedade. Assim, levando-se em conta a gravidade dos danos, pretéritos e atuais, causados ao meio ambiente do trabalho em toda a sua latitude, com suas repercussões negativas e já conhecidas à qualidade de vida e saúde dos trabalhadores e seus familiares, é de se reconhecer devida a indenização pleiteada pelo órgão ministerial, no importe de R$ 4.000.000,00 (quatro milhões de reais), com correção monetária e juros de mora, ambos a partir da propositura da ação. Nem se alegue que referido valor representaria um risco ao bom e normal funcionamento da empresa, posto que corresponde apenas a 0,16% do lucro líquido havido em 2006, no importe de R$ 2,5 bilhões e Ebitda de R$ 4,4 bilhões, conforme informações extraídas do *site* oficial da própria Cosipa na *internet*. A atenção desta Justiça, indiscutivelmente, no presente caso, volta-se para o meio ambiente de trabalho, e referido valor arbitrado ao ofensor busca indenizar/reparar/restaurar e assegurar o meio ambiente sadio e equilibrado. Aliás, a Usiminas, após adquirir a Cosipa, passou por um processo de reestruturação e, no ano passado, o Grupo 'Usiminas-Cosipa' apresentou uma produção correspondente a 28,4% da produção total de aço bruto. Deve, por conseguinte, dada sua extrema importância no setor siderúrgico, assumir uma postura mais digna frente ao meio ambiente, bem como perante os trabalhadores que tornaram indigitado sucesso possível. Com efeito, deve haver a prioridade da pessoa humana sobre o capital, sob pena de se desestimular a promoção humana de todos os que trabalharam e colaboraram para a eficiência do sucesso empresarial. Considerando a condenação em dinheiro, bem como o disposto no art. 13 da Lei da Ação Civil Pública (7.347/85), que dispõe que, *'Havendo condenação em dinheiro, a indenização pelo dano causado reverterá a um fundo gerido por um Conselho Federal ou por Conselhos Estaduais de que participarão necessariamente o Ministério Público e representantes da comunidade, sendo seus recursos destinados à reconstituição dos bens lesados'* (grifei), torna-se necessário estabelecer a destinação da importância, tendo presente, primordialmente, que a finalidade social da indenização é a reconstituição dos bens lesados. Determino o envio da importância de R$ 500.000,00 (quinhentos mil reais), *12,5%*, ao FAT (Fundo de Amparo ao Trabalhador), instituído pela Lei n. 7.998/90 e destinado ao custeio do programa de seguro-desemprego, ao pagamento do abono salarial (PIS) e ao financiamento de programas de desenvolvimento econômico) e R$ 3.500.000,00 (três milhões e quinhentos mil reais), *87,5%*, à 'Irmandade da Santa Casa de Misericórdia de Santos', objetivamente para a aquisição de equipamentos e/ou medicamentos destinados ao tratamento de pessoas portadoras de leucopenia, e tendo presente também aqueles trabalhadores da reclamada (Companhia Siderúrgica Paulista – Cosipa), portadores da doença e seus familiares" (TRT, 2ª Região, 6ª Turma, Proc. n. 01042.1999.255.02.00-5, v.u.).

625

diante das hipóteses indicadas pela Carta Magna e que serão apreciadas, caso a caso, pela Justiça do Trabalho[20 e 21].

## 6. RESPONSABILIDADE DAS EMPRESAS QUE PRESTAM SERVIÇOS A TERCEIROS EM FACE DA SAÚDE AMBIENTAL/MEIO AMBIENTE DO TRABALHO

Aprovada em março de 2017, quando entrou em vigor a Lei n. 13.429/2017 (que dispõe sobre o trabalho temporário e sobre as relações trabalhistas em empresas que prestam serviços a terceiros) e acolhida pela denominada reforma trabalhista (Lei n. 13.467/2017 que alterou artigos da Consolidação das Leis do Trabalho – CLT) que a teria "aperfeiçoado" ao estabelecer, em face dos dois polos da relação laboral quanto à natureza do trabalho terceirizado, que "considera-se prestação de serviços a terceiros a transferência feita pela contratante da execução de quaisquer de suas atividades, inclusive sua atividade principal, à pessoa jurídica de direito privado prestadora de serviços que possua capacidade econômica compatível com a sua execução" (art. 2.º da Lei n. 13.467/2017), a matéria teve sua constitucionalidade tratada pelo plenário do Supremo Tribunal Federal em 30-8-2018, a saber, ao julgar a Arguição de Descumprimento de Preceito Fundamental (ADPF) 324[22] e o Recurso Extraordinário (RE) 958.252[23], com repercussão geral reconhecida, o Supremo Tribunal Federal decidiu em 30-8-2018 que a terceirização das chamadas atividades-fim de uma empresa não viola a Constituição.

Destarte ao adotar o entendimento de que nada existiria de ilegal na contratação de serviços de terceiros para execução de atividades-fim das empresas em face de uma interpretação no sentido de que a Constituição não faz distinção entre atividade-meio e atividade-fim, o STF ressalvou, todavia, que as empresas contratantes são responsáveis, subsidiariamente, pelas dívidas trabalhistas das empresas contratadas nos casos em que estas demonstrarem falta de recursos para arcar com suas obrigações contratuais.

Todavia, nada indicou o Supremo Tribunal Federal a respeito das responsabilidades/deveres de referidas empresas no que se refere à saúde ambiental dos trabalhadores, particularmente em face das superiores normas constitucionais vinculadas ao meio ambiente do trabalho.

---

20. O Supremo Tribunal Federal estabeleceu importante visão ao adotar entendimento (RE 206220/MG, Rel. Min. Marco Aurélio, j. 16-3-1999, publ. 17-9-1999) de que "tendo a ação civil pública como causa de pedir disposições trabalhistas e pedidos voltados à preservação do meio ambiente do trabalho e, portanto, aos interesses dos empregados, a competência para julgá-la é da Justiça do Trabalho".

21. O Superior Tribunal de Justiça entendeu ser "cabível ação civil pública com o objetivo de afastar danos físicos a empregados de empresa em que muitos deles já ostentem lesões decorrentes de esforços repetitivos (LER). Em tal caso, o interesse a ser defendido não é de natureza individual, mas de todos os trabalhadores da ré, presentes e futuros, evitando-se a continuidade do processo de degeneração física" (REsp 207.336/SP, Rel. Min. Antonio de Pádua Ribeiro, j. 5-12-2000, publ. 11-6-2001).

22. ADPF 324 / DF, Rel. Min. Roberto Barroso, j. 30-8-2018, Tribunal Pleno, processo eletrônico, DJe-194, divulg. 5-9-2019, public. 6-9-2019.

23. RE 958.252 / MG, Rel. Min. Luiz Fux, j. 30-8-2018, Tribunal Pleno, processo eletrônico, repercussão geral – mérito, DJe-199, divulg. 12-9-2019, public. 13-9-2019.

Com efeito.

Conforme amplamente desenvolvido no presente trabalho, ao assegurar a todos o livre exercício de qualquer atividade econômica, nossa Constituição Federal condiciona o exercício de referida atividade no plano normativo à defesa do meio ambiente natural, do meio ambiente cultural, do meio ambiente artificial (espaço urbano) e do meio ambiente laboral, tudo em face dos princípios do direito ambiental constitucional na forma de suas respectivas tutelas jurídicas constitucionais. As empresas que prestam serviços a terceiros se submetem, pois, às determinações constitucionais antes referidas. Destarte, as empresas que prestam serviços a terceiros nas hipóteses em que atuam como atividade poluidora estão sujeitas ao direito ambiental constitucional, submetendo-se à responsabilidade constitucional de reparar danos causados.

Ocorrendo, pois, lesão à saúde, resultante de atividade praticada por pessoa física ou jurídica, pública ou privada, que direta ou indiretamente seja responsável pelo dano, inclusive as empresas que prestam serviços a terceiros, não só há a caracterização deste como a identificação do poluidor, ou seja, aquele que terá o dever de indenizar.

Assim, as empresas que prestam serviços a terceiros em face das atividades previstas no âmbito da ordem econômica constitucional, balizadas que estão pelos próprios princípios gerais da atividade econômica descritos no TÍTULO VII – Da Ordem Econômica e Financeira, CAPÍTULO I – Dos Princípios Gerais da Atividade Econômica, submetem-se ao que determina o princípio da defesa do meio ambiente (art.170, VI, da CF), cujo conteúdo constitucional está descrito no art. 225 da CF, inclusive mediante tratamento diferenciado conforme o impacto ambiental (art. 225, § 1º, IV) dos produtos e serviços e de seus processos de elaboração e prestação. Destarte, estão sujeitas à obrigação de reparar danos causados no âmbito da tutela jurídica constitucional vinculada ao meio ambiente do trabalho/saúde ambiental, em face de responsabilidade não só objetiva como solidária.

## 7. O MEIO AMBIENTE DO TRABALHO DIGITAL E A SAÚDE DOS TRABALHADORES

## 7.1. INTRODUÇÃO

Conforme já tivemos oportunidade de aduzir, "embora o teletrabalho já fosse realidade para alguns trabalhadores, em 2020 o mundo deparou-se com a popularização dessa modalidade de prestação de serviços ante a necessidade de garantir o distanciamento social. No Brasil, editou-se a Lei n. 13.979/2020, na qual se dispôs sobre as medidas para enfrentamento da emergência de saúde pública de importância internacional decorrente do coronavírus pelo surto de 2019. Ali ficou estabelecido que as autoridades poderiam adotar, no âmbito de suas competências, entre outras medidas, isolamento e quarentena. Inúmeros setores da economia sofreram restrições, e o alargamento do teletrabalho foi importante para que as atividades econômicas pudessem desenvolver-se. Benefícios foram sentidos tanto por parte dos empregadores quanto por empregados.

Algumas empresas, a partir dos benefícios sentidos durante esse período, especialmente no que diz respeito à diminuição dos custos de infraestrutura, pretendem manter essa modalidade como regra, preterindo a modalidade de trabalho presencial". Nesse sentido, ganha relevo "a responsabilidade do empregador pelos riscos ambientais sentidos por esses trabalhadores, já que pesquisas recentes indicam um precoce esgotamento psicológico dos trabalhadores em teletrabalho"[24]. A fixação dessa responsabilidade "é necessária para que se evitem injusto enriquecimento dos empregadores e distorções na ordem econômica em detrimento da saúde dos teletrabalhadores, considerando os princípios da alteridade e do poluidor-pagador"[25].

## 7.2. MEIO AMBIENTE DO TRABALHO DIGITAL

Com os altos índices de adoecimento pelo vírus da Covid-19, a referida Lei n. 13.979/2020 previu medidas de enfrentamento da emergência de saúde pública, possibilitando que as autoridades adotassem, no âmbito de suas competências, isolamento social, quarentena, dentre outras medidas a fim de garantir a proteção da coletividade, sendo certo que "grande parte das atividades econômicas se viram de portas fechadas, já que Decretos Estaduais e Municipais autorizaram a continuidade presencial apenas de atividades empresariais consideradas essenciais. Todas as demais deveriam ser desenvolvidas de forma remota"[26].

Destarte "o trabalho em *home office*, que outrora era desenvolvido em alguns seguimentos, foi fortemente ampliado, e os trabalhadores, que antes desempenhavam suas tarefas no estabelecimento do empregador, estavam trabalhando em casa e misturando sua vida profissional com sua vida pessoal"[27].

Com efeito.

Desde 2011, com o advento da Lei n. 12.551/2011, que alterou a redação do art. 6º da CLT, não se distingue mais o trabalho realizado no estabelecimento do empregador daquele realizado em domicílio ou a distância, desde que preenchidos os elementos fáticos jurídicos da relação de emprego previstos nos arts. 2º e 3º da mesma Consolidação. Esse mesmo artigo dispõe que "Os meios telemáticos e informatizados de comando, controle e supervisão se equiparam, para fins de subordinação jurídica, aos meios pessoais e diretos de comando, controle e supervisão do trabalho alheio". Além disso, a Consolidação das Leis do Trabalho prevê a figura do teletrabalho no Capítulo II-A e o conceitua, no art. 75-B, como "a prestação de serviços preponderantemente

---

24. Celso Antonio Pacheco Fiorillo e Natalia dos Santos Medeiros *in* O meio ambiente do trabalho digital e a saúde dos trabalhadores, *Veredas do Direito*, v. 20, e202359, 2023.

25. Celso Antonio Pacheco Fiorillo e Natalia dos Santos Medeiros *in* O meio ambiente do trabalho digital e a saúde dos trabalhadores, *Veredas do Direito*, v. 20, e202359, 2023.

26. Celso Antonio Pacheco Fiorillo e Natalia dos Santos Medeiros *in* O meio ambiente do trabalho digital e a saúde dos trabalhadores, *Veredas do Direito*, v. 20, e202359, 2023.

27. Celso Antonio Pacheco Fiorillo e Natalia dos Santos Medeiros *in* O meio ambiente do trabalho digital e a saúde dos trabalhadores, *Veredas do Direito*, v. 20, e202359, 2023.

fora das dependências do empregador, com a utilização de tecnologias de informação e de comunicação que, por sua natureza, não se constituam como trabalho externo"[28].

Note-se que, conforme amplamente desenvolvido na presente obra, o art. 225 de nossa Carta Magna recepcionou o conceito de meio ambiente estabelecido na Política Nacional do Meio Ambiente (Lei n. 6.938/81), porquanto esta preveja o meio ambiente como "o conjunto de condições, leis, influências e interações de ordem física, química e biológica que permite, abriga e rege a vida em todas as suas formas", restando bem apontado que, "deste conceito, uma característica multifacetária, já que o objeto de proteção contempla cinco aspectos distintos, a saber: patrimônio genético, meio ambiente natural, artificial, cultural e do trabalho. Todos eles importantes para o conceito de sadia qualidade de vida"[29].

Daí o meio ambiente de trabalho, incluído no objeto de proteção, como anteriormente indicado, possuir tutela constitucional, conforme previsão dos arts. 7º, XXII e XXIII, e 200, VIII, ratificando nossa conceituação a respeito do tema que vem sendo amplamente acolhida pelo Tribunal Superior do Trabalho[30].

---

28. Celso Antonio Pacheco Fiorillo e Natalia dos Santos Medeiros *in* O meio ambiente do trabalho digital e a saúde dos trabalhadores, *Veredas do Direito*, v. 20, e202359, 2023.

29. FIORILLO, Celso Antonio Pacheco; FERREIRA, Renata Marques. *A política nacional do meio ambiente (Lei 6938/81) em face do direito ambiental constitucional brasileiro*. Rio de Janeiro: Lumen Juris, 2021.

30. Basta observar da leitura dos Acórdãos Ag-AIRR-605-10.2015.5.17.0005, 1ª Turma, Rel. Min. Walmir Oliveira da Costa, *DEJT* 4/9/2020, Ag-RR-1139-80.2017.5.17.0005, 3ª Turma, Rel. Min. Mauricio Godinho Delgado, *DEJT* 13/9/2019, RR-0001677-12.2015.5.17.0141, 3ª Turma, Rel. Min. Alberto Luiz Bresciani de Fontan Pereira, *DEJT* 7/12/2018, AIRR-588-77.2016.5.17.0121, 3ª Turma, Rel. Min. Mauricio Godinho Delgado, *DEJT* 24/8/2018, AIRR-1099-48.2015.5.17.0012, 8ª Turma, Rel. Min. Dora Maria da Costa, *DEJT* 29/9/2017, AIRR – 1951-02.2015.5.17.0003, 8ª Turma, Rel. Dora Maria da Costa, *DEJT* 14/8/2017, AIRR 945-08.2015.5.17.0181, 2ª Turma, Rel. José Roberto Freire Pimenta, *DEJT* 5/5/2017, AIRR 726-17.2015.5.17.0012, 2ª Turma, Rel. José Roberto Freire Pimenta, *DEJT* 28/4/2017, AIRR 566-39.2010.5.15.0071, 8ª Turma, Rel. Dora Maria da Costa, *DEJT* 28/4/2017, AIRR 896-63.2015.5.21.0016, 8ª Turma, Rel. Maria Cristina Irigoyen Peduzzi, *DEJT* 10/3/2017, AIRR 1124-38.2015.5.21.0016, 8ª Turma, Rel. Maria Cristina Irigoyen Peduzzi, *DEJT* 3/3/2017, AIRR 929-53.2015.5.21.0016, AIRR – 929-53.2015.5.21.0016, 8ª Turma, Rel. Márcio Eurico Vitral Amaro, *DEJT* 12/12/2016, ARR – 1099-48.2015.5.17.0012, 8ª Turma, Rel. Dora Maria da Costa, *DEJT* 2/12/2016, AIRR – 2099-11.2014.5.12.0060, 8ª Turma, Rel. Dora Maria da Costa, *DEJT* 28/10/2016, AIRR – 421-32.2015.5.21.0041, 3ª Turma, Rel. Mauricio Godinho Delgado, *DEJT* 30/9/2016, RO – 327-27.2013.5.23.0000, Subseção II Especializada em Dissídios Individuais, Rel. Alberto Luiz Bresciani de Fontan Pereira, *DEJT* 5/8/2016, ARR – 157400-86.2011.5.17.0004, 8ª Turma, Rel. Maria Cristina Irigoyen Peduzzi, *DEJT* 6/5/2016, AIRR – 11022-39.2014.5.18.0131, 8ª Turma, Rel. Dora Maria da Costa, *DEJT* 4/3/2016, AIRR – 207-19.2012.5.19.0262, 1ª Turma, Rel. Luiza Lomba, *DEJT* 18/12/2015, ED-RR – 2438-53.2012.5.03.0136, 2ª Turma, Rel. Cláudio Armando Couce de Menezes, *DEJT* 27/11/2015, RR – 144000-40.2009.5.01.0062, 2ª Turma, Rel. Cláudio Armando Couce de Menezes, *DEJT* 27/11/2015, RR – 1130-69.2010.5.02.0462, 2ª Turma, Rel. Cláudio Armando Couce de Menezes, *DEJT* 27/11/2015, ED-ARR – 988-20.2013.5.03.0143, 2ª Turma, Rel. Cláudio Armando Couce de Menezes, *DEJT* 27/11/2015, ED-RR – 1050-43.2011.5.05.0024, 2ª Turma, Rel. Cláudio Armando Couce de Menezes, *DEJT* 27/11/2015, RR – 651-78.2011.5.01.0071, 2ª Turma, Rel. Cláudio Armando Couce de Menezes, *DEJT* 27/11/2015, ARR – 394-21.2012.5.01.0038, 2ª Turma, Rel. Claudio Armando Couce de Menezes, *DEJT* 29/10/2015, ARR – 988-20.2013.5.03.0143, : 2ª Turma, Rel. Cláudio Armando Couce de Menezes, *DEJT* 9/10/2015, RR – 1050-43.2011.5.05.0024, 2ª Turma, Rel. Cláudio Armando Couce de Menezes, *DEJT* 2/10/2015, RR – 1768-86.2012.5.02.0089, 2ª Turma, Rel. Cláudio Armando Couce de Menezes, *DEJT* 2/10/2015, RR – 135700-18.2009.5.01.0021, 2ª Turma, Rel. Cláudio Armando Couce de Menezes, *DEJT* 2/10/2015, RR – 698-81.2012.5.09.0657, 2ª Turma, Rel.

Destarte "o meio ambiente do trabalho, como não poderia deixar de ser, traz a atividade laboral como pedra fundamental para sua identificação, já que o local, sem que o trabalhador exerça ali suas atividades, pode ser conceituado ou como meio ambiente natural ou como meio ambiente artificial, mas não como meio ambiente do trabalho. O estabelecimento do empregador, quando desenvolvido ali o trabalho, pode ser identificado como meio ambiente do trabalho, mas, se não houvesse nenhuma atividade naquele local, seria catalogado como meio ambiente artificial ou, quando muito, cultural, a depender o valor histórico da construção"[31].

Percebe-se, pois, "que a atividade humana assume papel essencial na conceituação do meio ambiente do trabalho. Ressalte-se que o valor social do trabalho é fundamento da República previsto no art. 1º da Carta Constitucional e fundamento da ordem econômica, nos termos do art. 170 do mesmo diploma constitucional, e a centralidade do trabalhador nada mais é do que a manifestação da preponderância humana no ambiente laboral"[32].

Ressalte-se que a "Convenção 155 da OIT, em seu art. 3º, 'e', dispõe que o termo 'saúde', com relação ao trabalho, abrange não só a ausência de afecções ou de doenças,

---

Cláudio Armando Couce de Menezes, *DEJT* 25/9/2015, RR – 213-55.2013.5.24.0002, 2ª Turma, Rel. Cláudio Armando Couce de Menezes, *DEJT* 25/9/2015, AIRR – 20711-94.2013.5.04.0402, 2ª Turma, Rel. Cláudio Armando Couce de Menezes, *DEJT* 25/9/2015, RR – 2438-53.2012.5.03.0136, 2ª Turma, Rel. Cláudio Armando Couce de Menezes, *DEJT* 25/9/2015, RR – 734-11.2012.5.04.0028, 2ª Turma, Rel. Cláudio Armando Couce de Menezes, *DEJT* 25/9/2015, RR – 482-42.2012.5.01.0076, 2ª Turma, Rel. Cláudio Armando Couce de Menezes, *DEJT* 25/9/2015, AIRR – 1593-35.2011.5.02.0087, 2ª Turma, Rel. Cláudio Armando Couce de Menezes, *DEJT* 26/6/2015, AIRR – 69800-37.2008.5.01.0017, 2ª Turma, Rel. Cláudio Armando Couce de Menezes, *DEJT* 29/5/2015, AIRR – 495-30.2010.5.01.0070, 2ª Turma, Rel. Cláudio Armando Couce de Menezes, *DEJT* 8/5/2015, AIRR – 40301-47.2013.5.13.0001, 2ª Turma, Rel. Cláudio Armando Couce de Menezes, *DEJT* 31/3/2015, RR – 12-35.2012.5.09.0093, 2ª Turma, Rel. Cláudio Armando Couce de Menezes, *DEJT* 31/3/2015, RR – 886-07.2012.5.04.0304, 2ª Turma, Rel. Cláudio Armando Couce de Menezes, *DEJT* 31/3/2015, AIRR – 1485-61.2012.5.15.0102, 2ª Turma, Rel. Cláudio Armando Couce de Menezes, *DEJT* 31/3/2015, AIRR – 1120-34.2012.5.14.0005, 2ª Turma, Rel. Cláudio Armando Couce de Menezes, *DEJT* 19/12/2014, AIRR – 36100-74.2009.5.19.0004, 2ª Turma, Rel. Cláudio Armando Couce de Menezes, *DEJT* 19/12/2014, AIRR – 2419-28.2012.5.03.0110, 2ª Turma, Rel. Cláudio Armando Couce de Menezes, *DEJT* 19/12/2014, RR – 211800-33.2006.5.02.0072, 2ª Turma, Rel. Cláudio Armando Couce de Menezes, *DEJT* 28/11/2014, RR – 2430-62.2012.5.02.0085, 2ª Turma, Rel. Cláudio Armando Couce de Menezes, *DEJT* 28/11/2014, AIRR – 92-58.2012.5.02.0201, 2ª Turma, Rel. Cláudio Armando Couce de Menezes, *DEJT* 31/10/2014, RR – 273000-93.2009.5.02.0053, 2ª Turma, Rel. Cláudio Armando Couce de Menezes, *DEJT* 31/10/2014, RO – 9121-90.2011.5.02.0000, Órgão Especial, Rel. Guilherme Augusto Caputo Bastos, *DEJT* 12/9/2014, AIRR – 63900-74.2009.5.19.0005, 2ª Turma, Rel. José Roberto Freire Pimenta, *DEJT* 20/06/2014, RO – 6250-87.2011.5.02.0000, Seção Especializada em Dissídios Coletivos, Rel. Katia Magalhaes Arruda, *DEJT* 21/2/2014, AIRR – 80600-56.2012.5.17.0012, 3ª Turma, Rel. Alberto Luiz Bresciani de Fontan Pereira, *DEJT* 20/9/2013, AIRR – 143100-90.2009.5.16.0013, 2ª Turma, Rel. José Roberto Freire Pimenta, *DEJT* 2/8/2013, RR – 125600-49.2005.5.15.0087, 4ª Turma, Rel. Maria de Assis Calsing, *DEJT* 7/6/2013, ARR – 139000-97.2004.5.15.0077, 3ª Turma, Rel. Mauricio Godinho Delgado, *DEJT* 31/10/2012, RR – 167500-50.2004.5.15.0021, 8ª Turma, Rel. Márcio Eurico Vitral Amaro, *DEJT* 2/12/2011.

31. Celso Antonio Pacheco Fiorillo e Natalia dos Santos Medeiros, O meio ambiente do trabalho digital e a saúde dos trabalhadores, *Veredas do Direito*, v. 20, e202359, 2023.

32. Celso Antonio Pacheco Fiorillo e Renata Marques Ferreira, *Tutela jurídica da saúde em face do direito ambiental brasileiro-saúde ambiental e meio ambiente do trabalho*. Rio de Janeiro, Lumen Juris, 2018.

mas também os elementos físicos e mentais que afetam a saúde e estão diretamente relacionados com a segurança e a higiene no trabalho". Fica claro, portanto, que a saúde psíquica do trabalhador também deve ser protegida" sendo certo que "a segurança e a saúde dos trabalhadores é objeto de preocupação da Organização Internacional do Trabalho desde a sua Constituição, em 1919, e esta preocupação fica clara na leitura do preâmbulo da Constituição da Organização Internacional do Trabalho". Além disso, um ambiente de trabalho degradado reduz a produtividade, aumenta o absenteísmo e a instabilidade no emprego apontando pois a "necessidade de se garantir um ambiente laboral sadio, ao lado de privilegiar a vida humana de qualidade, fim último de todo o ordenamento, garante o desenvolvimento econômico, na medida em que gera economia de recursos públicos"[33].

Assim o meio ambiente do trabalho contempla não só os empregados, "que são aqueles que prestam serviço de forma subordinada, como também outros tipos de trabalhadores, como os autônomos, trabalhadores eventuais, bem como os servidores públicos. Isso porque não apenas os empregados possuem o direito de ter uma sadia qualidade de vida, mas todos aqueles que prestam seus serviços a outrem, já que a previsão do art. 225 da Constituição Federal é clara no sentido de que todos têm direito a um meio ambiente equilibrado", observando-se que, com a modernização da vida, no entanto, essa relação laboral sofreu os impactos da virtualização e os meios telemáticos de comunicação passaram a ser utilizados como instrumentos para as manifestações laborais surgindo o denominado meio ambiente digital como dimensão específica do meio ambiente cultural. Sem dúvida, "o desenvolvimento digital alterou o modo de vida e a relação de trabalho não ficou alheia a esta mudança. O trabalho, que outrora era desenvolvido no imóvel do tomador de serviços, agora pode ser desempenhado de qualquer lugar, a qualquer tempo. No entanto, ao lado da dificuldade de se identificar satisfatoriamente o meio ambiente de trabalho digital, seus limites e características, está a dificuldade de se identificar em qual medida este ambiente é causa de adoecimento e qual é o custo do adoecimento causado pelo trabalho remoto"[34].

Cabe destacar, todavia, que a legislação "não faz distinção entre o trabalho realizado dentro ou fora do estabelecimento do empregador, já que, onde o legislador equiparou, não cabe ao intérprete distinguir. Até porque quando quis criar distinções, o fez de forma clara, como, por exemplo, a previsão do art. 62 da CLT, que excluiu os trabalhadores em *home office* da legislação que regula a jornada de trabalho. Ainda que se discuta a constitucionalidade do dispositivo, face à previsão do art. 7º, XIII, da Constituição Federal, o fato é que o dispositivo continua válido em nosso ordenamento. Nesse sentido, não parece haver dúvida de que o trabalho em *home office* faz com que o conceito de meio ambiente do trabalho espraie-se para todo lugar em que

---

33. Celso Antonio Pacheco Fiorillo e Natalia dos Santos Medeiros *in* O meio ambiente do trabalho digital e a saúde dos trabalhadores, *Veredas do Direito*, v. 20, e202359, 2023.

34. Celso Antonio Pacheco Fiorillo e Natalia dos Santos Medeiros *in* O meio ambiente do trabalho digital e a saúde dos trabalhadores, *Veredas do Direito*, v. 20, e202359, 2023.

o trabalhador presta suas tarefas e alcança o meio ambiente do trabalho digital, não havendo distinção se isso se dá no estabelecimento ou se ocorre em sua residência. Isso por força do quanto dispõe o art. 6º da CLT e o art. 3º, I, da Lei n. 6.938/81", destacando-se que, "em razão da necessidade de se garantir a máxima eficácia constitucional, é preciso que haja esse alargamento do conceito, já que só assim se garantirá a valorização do trabalho humano e a dignidade da pessoa humana, fundamentos previstos nos arts. 1º e 170 da Carta Constitucional"[35].

Portanto, "fixada tal premissa, de que o trabalho em *home office* não se distingue do trabalho no interior do estabelecimento do empregador para fins de identificação do meio ambiente do trabalho, é certo que o regramento constitucional previsto no art. 225 deve ser observado, bem como as demais normas que regulam o uso dos bens ambientais"[36].

---

35. Celso Antonio Pacheco Fiorillo e Natalia dos Santos Medeiros *in* O meio ambiente do trabalho digital e a saúde dos trabalhadores, *Veredas do Direito*, v. 20, e202359, 2023.

36. *Vide* também Celso Antonio Pacheco Fiorillo e Natalia dos Santos Medeiros *in* A saúde do teletrabalhador e a responsabilidade do empregador no meio ambiente do trabalho digital, *Revista de Direito do Trabalho*, São Paulo, v. 228, p. 37, 2023.

# Capítulo XXV
# RECURSOS MINERAIS

## 1. OS RECURSOS MINERAIS COMO BENS AMBIENTAIS

Os recursos minerais em nosso país[1 e 2], como materiais fornecidos pelo ambiente a serem utilizados pelos brasileiros e estrangeiros residentes no Brasil dentro de uma concepção técnica que situa a existência de massas individualizadas de substâncias minerais ou fósseis encontradas na superfície ou no interior da terra, devem ser tutelados juridicamente como bens, levando-se em consideração sua elevada representatividade econômica, seu grande significado estratégico e sua notória relevância em face do próprio controle ambiental.

Os bens minerais produzidos no Brasil, a saber, os *metais* (bauxita, chumbo, cobre, cromo, estanho, ferro, nióbio, níquel, cobalto, ouro, titânio, tungstênio, zinco, manganês e zircônio), os *minerais industriais* (amianto[3], argila, barita, bentônia,

---

1. O Brasil foi no século XVIII o maior produtor mundial de ouro. Ainda hoje a vocação aurífera do País é efetivamente incontestável, na medida em que cerca de 46% de seu território é dominado por rochas pré-cambrianas de reconhecida favorabilidade geológico-magnética, onde se destacam metalotectos promissores. A maior mina de ouro do Brasil, Serra Leste (Carajás), tem 150 toneladas.

2. Para se ter uma ideia mais abrangente dos recursos minerais em nosso país basta citar a região central do Pará, onde foi encontrada na década de 1960 a mais rica reserva de minério de ferro do mundo, que depois veio a ser conhecida como a província mineral de Carajás. Nos 525.000 quilômetros quadrados com bilhões de toneladas de metais (tais como ouro, prata, manganês, bauxita, zinco, níquel, cromo, estanho e tungstênio), avalia-se que só a jazida de ferro vai durar quatrocentos anos.

3. "EMENTA: AÇÃO DIRETA DE INCONSTITUCIONALIDADE. ART. 2º, *CAPUT* E PARÁGRAFO ÚNICO, DA LEI N. 9.055/1995. EXTRAÇÃO, INDUSTRIALIZAÇÃO, UTILIZAÇÃO, COMERCIALIZAÇÃO E TRANSPORTE DO ASBESTO/AMIANTO E DOS PRODUTOS QUE O CONTENHAM. Amianto crisotila. Lesividade à saúde humana. Alegada inexistência de níveis seguros de exposição. Legitimidade ativa *ad causam*. Associação Nacional dos Procuradores do Trabalho – ANPT. Associação Nacional dos Magistrados da Justiça do Trabalho – ANAMATRA. Art. 103, IX, da Constituição da República. Representatividade nacional. Pertinência temática. Mérito. Amianto. Variedade crisotila (asbesto branco). Fibra mineral. Consenso médico atual no sentido de que a exposição ao amianto tem, como efeito direto, a contração de diversas e graves morbidades. Relação de causalidade. Reconhecimento oficial. Portaria n. 1.339/1999 do Ministério da Saúde. Posição da Organização Mundial da Saúde – OMS. Risco carcinogênico do asbesto crisotila. Inexistência de níveis seguros de exposição. Limites da cognição jurisdicional. Questão jurídico-normativa e questões de fato. Análise da jurisprudência. Art. 2º da Lei n. 9.055/1995. Fonte positiva da autorização para exploração econômica do asbesto crisotila. Lei n. 9.976/2000.

633

calcário, caulim, diamante[4 e 5], feldspato, fluorita, fosfato, grafita, magnesita, potássio, vermiculita), as *gemas e pedras preciosas* (esmeralda, diamante, água-marinha, ametista, opala, alexandrita, turmalina, topázio, granada, berilo, morganita, citrino), as *rochas ornamentais* (granitos, mármores, quartzitos, arenitos) e *principalmente os combustíveis e energéticos* (turfa, carvão, gás, petróleo[6 e 7] e urânio), com o advento da

---

Legislação federal específica e posterior. Indústria de cloro. Uso residual. Transição tecnológica. Situação específica não alcançada pela presente impugnação. Tolerância ao uso do amianto crisotila no art. 2º da Lei n. 9.055/1995. Equacionamento. Livre-iniciativa. Dignidade da pessoa humana. Valor social do trabalho. Direito à saúde. Direito ao meio ambiente ecologicamente equilibrado. Desenvolvimento econômico, progresso social e bem-estar coletivo. Limites dos direitos fundamentais. Compatibilização. Arts. 1º, IV, 170, *caput*, 196 e 225, *caput* e § 1º, V, da CF. Audiência pública (ADI 3.937/SP) e *amici curiae*. Contribuições ao debate. Jurisprudência do órgão de apelação da organização internacional do comércio – OMC. Proibição à importação de asbesto. Medida justificada. Art. XX do Acordo Geral sobre Tarifas e Comércio – GATT. Proteção da vida e da saúde humana. Convenções n; 139 e 162 da OIT. Convenção de Basileia sobre o controle de movimentos transfronteiriços de resíduos perigosos e seu depósito. Regimes protetivos de direitos fundamentais. Supralegalidade. Compromissos internacionais. Inobservância. Art. 2º da Lei n. 9.055/1995. Proteção insuficiente. Arts. 6º, 7º, XXII, 196 e 225 da Constituição da República. Quórum constituído por nove ministros, considerados os impedimentos. Cinco votos pela procedência e quatro votos pela improcedência. Art. 97 da Constituição da República. Art. 23 da Lei n. 9.868/1999. Não atingido o quórum para pronúncia da inconstitucionalidade do art. 2º da Lei n. 9.055/1995" (ADI 4.066DF – Ação Direta de Inconstitucionalidade, Tribunal Pleno, Rel. Min. Rosa Weber, j. 24-8-2017, processo eletrônico, *DJe*-043, divulg. 6-3-2018, public. 7-3-2018).

4. O Brasil adota o Sistema de Certificação do Processo Kimberley – SCPK, mecanismo internacional de certificação de origem de diamantes brutos destinados à exportação e à importação na forma do disposto na Lei n. 10.743/2003.

A Lei n. 11.102/2005 autoriza a Caixa Econômica Federal a arrecadar e alienar os diamantes brutos em poder dos indígenas Cintas-Largas habitantes das Terras Indígenas Roosevelt, Parque Indígena Aripuanã, Serra Morena e Aripuanã.

5. "I. Ação direta de inconstitucionalidade: ato normativo (MPr 225/2004) susceptível de controle abstrato de constitucionalidade, não obstante a limitação numérica dos seus destinatários e a breve duração de sua vigência.

II. Mineração em terras indígenas: alegação de inconstitucionalidade da MPr 225/2004, por alegada violação dos arts. 231, § 3º, e 49, XVI, da Constituição: carência de plausibilidade da arguição: medida cautelar indeferida.

1. É do Congresso Nacional a competência exclusiva para autorizar a pesquisa e a lavra das riquezas minerais em terras indígenas (CF, art. 49, XVI, e 231, § 3º), mediante decreto legislativo, que não é dado substituir por medida provisória.

2. Não a usurpa, contudo, a medida provisória que, visando resolver o problema criado com a existência, em poder de dada comunidade indígena, do produto de lavra de diamantes já realizada, disciplina-lhe a arrecadação, a venda e a entrega aos indígenas da renda líquida resultante de sua alienação" (STF, ADI n. 3.352, Rel. Min. Sepúlveda Pertence, j. 15-4-2005).

6. O plenário do Supremo Tribunal Federal considerou constitucional a Lei n. 9.478/97 que dispõe sobre a política energética nacional e as atividades relativas ao monopólio do petróleo. A decisão, por maioria, foi tomada em 16 de março de 2005.

7. O vazamento de óleo, evidentemente, ocasiona lesão ao meio ambiente ecologicamente equilibrado. *Vide* AI-AgR 540.069/RJ; Rel. Min. Joaquim Barbosa; j. 14 de junho de 2005; *DJ*, 26-8-2005; Agravante: Petrobras; Agravado: Jesuíno Pinheiro da Silva. Ementa: Responsabilidade civil. Vazamento de óleo. Danos materiais e morais. Indenização. Reexame de fatos e provas. Súmula 279 do STF. O Tribunal *a quo* entendeu que o vazamento de óleo ocorrido na Baía de Guanabara ocasionou danos materiais e morais às pessoas que, conforme prova constante dos autos, viviam de pesca na região. Para se chegar à

Constituição Federal de 1988, vieram a merecer proteção destacada, adotando a Carta Magna critérios específicos em face de alguns dos recursos minerais antes referidos.

Referidos recursos minerais, por determinação expressa da Constituição Federal de 1988 (art. 225, § 2º), passam a ter natureza jurídica de bens ambientais, tendo a Carta Magna tutelado os recursos minerais não como de propriedade da União, e sim atribuindo a esta a condição de gestora (art. 20, IX, da Constituição Federal de 1988) desses bens essenciais à sadia qualidade de vida de brasileiros e estrangeiros residentes no País, conforme já tivemos oportunidade de comentar na presente obra[8].

Dessarte, notamos a importante orientação constitucional no sentido não só de atribuir fundamentalmente à União o controle dos recursos minerais na condição de bens ambientais, como assegurando, nos termos da lei, também aos Estados, ao Distrito Federal e aos Municípios (além dos órgãos da Administração direta da União, evidentemente), a devida *participação no resultado da exploração dos recursos minerais* (como os combustíveis energéticos – petróleo, gás natural – e outros recursos minerais) no respectivo território, plataforma continental, mar territorial ou ainda zona econômica exclusiva, indicando ainda a possibilidade de *compensação financeira em decorrência da aludida exploração*[9] (§ 1º do art. 20 da CF), dentro de uma visão de tutelar os bens ambientais na ordem econômica do capitalismo.

Em consequência, os recursos minerais, em face de seu extraordinário valor econômico, vieram a se harmonizar no direito constitucional como bens ambientais imediatamente com o art. 225 e mediatamente dentro da tutela jurídica da ordem econômica e financeira (arts. 170 a 192), dentro de uma fundamentação atrelada evidentemente às necessidades dos brasileiros e estrangeiros residentes no País em proveito de sua dignidade (art. 1º, III).

Passemos à análise da atividade econômica em face dos recursos minerais.

## 2. A ATIVIDADE ECONÔMICA EM FACE DOS RECURSOS MINERAIS E SEU CONTROLE EM PROVEITO DA DIGNIDADE DA PESSOA HUMANA: O ESTUDO PRÉVIO DE IMPACTO AMBIENTAL

Conforme estabelece a Constituição Federal, a ordem econômica tem por fim assegurar a brasileiros e estrangeiros residentes no País existência digna, conforme princípios explicitamente indicados no art. 170 (incisos I a IX). A defesa do meio ambiente (art. 170, VI), associada à soberania nacional (art. 170, I), assume importante

---

conclusão diversa daquela a que chegou o acórdão recorrido, seria necessário reexaminar os fatos da causa, o que é vedado na esfera do recurso extraordinário, de acordo com a Súmula 279/STF. Agravo regimental a que se nega provimento.

8. *Vide* nossos comentários na presente obra a respeito dos bens ambientais atribuídos a entes federados.

9. O cálculo, a distribuição e a aplicação da compensação financeira aos Estados, Distrito Federal e Municípios pelo resultado da exploração dos recursos minerais é estabelecido pelas Leis n. 7.990/89 e 8.001/90.

destaque, influenciando evidentemente toda e qualquer atividade econômica vinculada aos estratégicos recursos minerais.

Em face exatamente dos princípios que iluminam juridicamente a ordem econômica em nosso país é que o Poder Público – não só como agente gestor, normativo e regulador da atividade econômica, mas principalmente no sentido de assegurar a efetividade do direito ambiental em face dos recursos ambientais (art. 225, § 1º) – deverá exigir como regra ESTUDO PRÉVIO DE IMPACTO AMBIENTAL para a instalação de toda e qualquer obra ou mesmo atividade que potencialmente possa causar significativa degradação do meio ambiente – natural, artificial, cultural e do trabalho – em face daqueles que pretendam licitamente explorar recursos minerais.

Ressalte-se que a obrigação daqueles que exploram recursos minerais não se esgota na recuperação do meio ambiente natural degradado (art. 225, § 2º, da CF), mas também em decorrência do impacto ocasionado à vida em todas as suas formas, o que levará ao controle do meio ambiente cultural, do meio ambiente artificial e evidentemente do meio ambiente do trabalho na forma da lei.

As denominadas atividades de garimpagem, destinadas que são a extrair da terra substâncias minerais importantes para a pessoa humana, estão por via de consequência circunscritas legalmente ao império da Constituição Federal, sendo vedadas quaisquer atividades econômicas vinculadas aos recursos minerais sem que se observe o determinado no art. 225, § 1º, IV, da Constituição Federal.

## 3. OPERAÇÕES ECONÔMICAS DE APROVEITAMENTO DE JAZIDAS E A LAVRA EM FACE DOS RECURSOS MINERAIS: A APLICAÇÃO DO CÓDIGO DE MINAS (DECRETO-LEI N. 227/67) E DA LEI N. 7.805/89

O jazimento mineral, considerando-se jazida toda massa individualizada de substância mineral ou fóssil, aflorando à superfície ou existente no interior da terra, não só pode como deve ser lavrado tomando-se em consideração, como já dissemos, a importância dos recursos minerais, que, uma vez extraídos da natureza em nosso grande território, deverão atender à ordem econômica em proveito dos brasileiros e estrangeiros residentes no País dentro dos princípios indicados no art. 170, fundamentados pelos arts. 1º e 3º da Carta Magna.

Daí a necessidade de estabelecer que a tutela jurídica das jazidas e minas, assim como as normas que regulam a atividade de garimpagem, passam a ser regradas a partir de 1988 fundamentalmente pela Constituição Federal, em face da existência dos bens ambientais e sua utilização em proveito da pessoa humana[10].

Dessarte, a aplicação do Código de Minas (Dec.-Lei n. 227/67), bem como da Lei n. 7.805/89 (que estabelece regras infraconstitucionais a respeito da lavra garimpeira),

---

10. *Vide* STF, MS 21.401/PA, Tribunal Pleno, Min. Néri da Silveira, j. 4-6-1992, *DJ*, 22-4-1994.

deve ser observada com bastante cuidado, na medida em que o aproveitamento dos recursos minerais – importante e necessário para os brasileiros, como já afirmamos – deve coadunar-se com a defesa do meio ambiente (art. 170, VI), dentro da tutela dos bens ambientais[11].

Diante do que afirmamos, podemos constatar que a opção do legislador de insistir na aplicação do Código de Minas em face da tutela dos recursos minerais em pleno século XXI, utilizando normas posteriores que alteram, revogam ou mesmo incluem dispositivos no "corpo" do Código de Minas (*vide* principalmente as Leis n. 6.403/76, 7.085/82, 7.886/89, 8.901/94, 9.314/96 e 9.827/99), revela-se inadequada, obrigando os profissionais do direito a sempre observar as relações jurídicas vinculadas aos recursos minerais em harmonia com a Carta Magna.

Por outro lado, ao tutelar a lavra garimpeira, a Lei n. 7.805/89 procurou adequar-se ao comando constitucional quando delimita a necessidade de prévio licenciamento ambiental a ser concedido pelo órgão ambiental competente em face da outorga da permissão de lavra (art. 3º), o dever de o permissionário de lavra garimpeira diligenciar no sentido de compatibilizar os trabalhos de lavra com a proteção do meio ambiente (art. 9º, VI), a necessidade de prévia licença do órgão ambiental competente para a criação de áreas de garimpagem (art. 13), a necessidade de prévio licenciamento do órgão ambiental competente para a concessão de lavras (art. 16), a necessidade de prévia autorização do órgão ambiental que administre a realização de trabalhos de pesquisa e lavras em áreas de conservação (art. 17) e principalmente com a aplicação das sanções estabelecidas na legislação ambiental em face do não cumprimento das obrigações referidas nos deveres do permissionário da lavra garimpeira (art. 9º, § 4º).

Em resumo, as normas infraconstitucionais relacionadas às operações econômicas de aproveitamento de jazidas, assim como a lavra em face dos recursos minerais, terão aplicação pertinente no plano jurídico se estiverem em harmonia com a tutela ambiental dos recursos naturais como bens ambientais tutelados na Carta Magna[12].

## 4. PESQUISA E LAVRA DOS RECURSOS MINERAIS EM TERRAS INDÍGENAS

Conforme determina a Constituição Federal, a lavra, bem como a pesquisa dos recursos minerais (indicados pelo art. 231, § 3º, da CF, como riquezas minerais) em

---

11. Para verificar possível hipótese destinada à interpretação da aplicação do Código de Mineração, *vide* julgado STF, RMS 22025/DF, Rel. Min. Ilmar Galvão, j. 15-12-1994.

12. "Precedentes citados do STF: AgRg no RE 140.254-SP, *DJ*, 6-6-1997; do STJ: HC 23.286-SP, *DJ*, 19-12-2003; CComp 33.377-RJ, *DJ*, 24-2-2003; CComp 29.975-MG, *DJ*, 20-11-2000; CComp 30.042-MG, *DJ*, 27-11-2000; CComp 7.673-RJ, *DJ*, 13-6-1994; CComp 4.167-RJ, *DJ*, 22-11-1993, e CComp 99.294-RO, *DJe*, 21-8-2009" (CComp 116.447-MT, Rel. Min. Maria Thereza de Assis Moura, j. 25-5-2011).

terras indígenas, só podem ser realizadas com autorização do Congresso nacional, ouvidas as comunidades afetadas[13].

Referidas comunidades, que, conforme estabelece o art. 232 da CF, têm legitimidade inclusive para defender em juízo seus direitos e interesses, terão necessária participação nos resultados da lavra, devendo as especificidades do comando constitucional ser estabelecidas na forma da lei.

A necessidade de manifestação das comunidades indígenas não só atende as exigências dos arts. 231 e 232 da Constituição Federal como guarda sintonia com o meio ambiente cultural das culturas indígenas, assegurado pelos arts. 215 e 216 da Carta Magna.

## 5. PARTICIPAÇÃO DO PROPRIETÁRIO DO SOLO NOS RESULTADOS DA LAVRA E A LEI N. 8.901/94

A Constituição Federal assegura ao proprietário do solo (art. 176, § 2º) participação nos resultados da lavra, ou seja, terá o proprietário do solo direito a participar do resultado econômico que advém do conjunto de operações coordenadas, objetivando o aproveitamento industrial da jazida[14].

Harmonizando o direito de propriedade privada mas limitando-a em face das necessidades ambientais em proveito da tutela dos bens de uso comum do povo, sempre dentro de uma ordem econômica capitalista, a Lei n. 8.901/94 estabelece a participação do proprietário do solo nos resultados da lavra em cinquenta por cento do valor total devido aos Estados, Distrito Federal, Municípios e órgãos da Administração direta da União. Referida participação é entendida pelo legislador a título de compensação financeira (art. 1º da Lei n. 8.901/94), em face da exploração dos bens ambientais, e será de até três por cento sobre o valor do faturamento líquido resultante da venda do produto mineral (entendendo-se por faturamento líquido o total das receitas de vendas, excluídos os tributos incidentes sobre a comercialização do produto mineral, as despesas de transporte e as de seguros) obtido após a última etapa do processo de beneficiamento adotado e antes de sua transformação industrial.

---

13. O Supremo Tribunal Federal apontou interpretação exatamente no sentido que defendemos, a saber:

"I. Ação direta de inconstitucionalidade: ato normativo (MPr 225/2004) susceptível de controle abstrato de constitucionalidade, não obstante a limitação numérica dos seus destinatários e a breve duração de sua vigência. II. Mineração em terras indígenas: alegação de inconstitucionalidade da MPr 225/2004, por alegada violação dos arts. 231, § 3º, e 49, XVI, da Constituição: carência de plausibilidade da arguição: medida cautelar indeferida. 1. É do Congresso Nacional a competência exclusiva para autorizar a pesquisa e a lavra das riquezas minerais em terras indígenas (CF, arts. 49, XVI, e 231, § 3º), mediante decreto-legislativo, que não é dado substituir por medida provisória que, visando resolver o problema criado com a existência, em poder de dada comunidade indígena, do produto de lavra de diamantes já realizada, disciplina-lhe a arrecadação, a venda e a entrega aos indígenas de renda líquida resultante de alienação" (MC na ADI 3.352, Rel. Min. Sepúlveda Pertence, j. 2-12-2004, *DJ*, 15-4-2005).

14. O RE-AgR 140.254/SP, julgado em 5-12-1995, ao apreciar questão vinculada à indenizabilidade da concessão de lavra, atribuiu à União Federal a titularidade da propriedade mineral para o *específico* efeito de exploração econômica e/ou aproveitamento industrial. Destarte o julgado não retira em hipótese alguma o caráter constitucional ambiental dos minerais no plano da Carta da República.

## 6. O BALIZAMENTO JURÍDICO DO OURO EM FACE DO DIREITO AMBIENTAL

O ouro, conforme indica o Centro Nacional de Informações sobre Minerais, "tem sido valorizado desde os tempos antigos por sua beleza e permanência. A maior parte do ouro que é fabricado hoje vai para a fabricação de joias. No entanto, devido à sua condutividade elétrica superior e resistência à corrosão e outras combinações desejáveis de propriedades físicas e químicas, o ouro também surgiu no final do século 20 como um metal industrial essencial. O ouro desempenha funções críticas em computadores, equipamentos de comunicação, espaçonaves, motores de aeronaves a jato e uma série de outros produtos. Embora o ouro seja importante para a indústria e as artes, ele também mantém um status único entre todas as mercadorias como uma reserva de valor de longo prazo. Até recentemente, era considerado essencialmente um metal monetário, e a maior parte do ouro produzido a cada ano ia para os cofres do tesouro do governo ou dos bancos centrais[15]".

No Brasil, a produção do ouro aponta particularidades.

Em estudo realizado pelo Instituto Escolhas[16] entre 2015 e 2020, o Brasil teria comercializado "229 toneladas de ouro com indícios de ilegalidade", indicando que "quase a metade do ouro produzido e exportado pelo país teria origem duvidosa"[17]. Os indícios de ilegalidade levantados em referido estudo aparecem em cinco tipos de situação, a saber: "São identificados quando o ouro é comercializado: (i) de títulos de extração que avançam sobre Terras Indígenas (TI) ou Unidades de Conservação (UC), onde a mineração não é permitida; (ii) de 'títulos fantasmas', onde não há indícios de extração ocorrendo, mostrando que podem estar sendo usados para a 'lavagem de ouro'; (iii) de títulos onde há indícios de que a extração ocorre para além dos limites geográficos autorizados; (iv) sem a informação sobre os títulos de origem, que é obrigatória e, na sua ausência, torna a origem do ouro duvidosa. E, por fim, (v) quando o ouro é exportado, mas sem os registros correspondentes nos dados da produção oficial", constatando aludido estudo que, "do volume total de ouro com indícios de ilegalidade, mais da metade veio da Amazônia (54%), principalmente do Mato Grosso (26%) e do Pará (24%). Os casos envolvendo áreas protegidas incluem a TI Sararé (MT), a TI Kayabi (MT/PA) e os Parques Nacionais da Amazônia (PA), Mapinguari (AM/RO), do Acari (AM) e Montanhas do Tumucumaque (AP/PA)"[18].

---

15. Centro Nacional de Informações sobre Minerais. Disponível em: https://www.usgs.gov/centers/national-minerals-information-center. Acesso em: 1º fev. 2023.

16. Análise de mais de 40 mil registros de comercialização de ouro e imagens de extração. Disponível em: https://www.escolhas.org/wp-content/uploads/Ouro-200-toneladas.pdf. Acesso em: 7 fev. 2023.

17. Análise de mais de 40 mil registros de comercialização de ouro e imagens de extração. Disponível em: https://www.escolhas.org/wp-content/uploads/Ouro-200-toneladas.pdf. Acesso em: 7 fev. 2023.

18. Celso Antonio Pacheco Fiorillo, A extração do ouro por parte das empresas transnacionais em face do direito ambiental constitucional brasileiro, *Direitos Culturais (Online)*, v. 18, p. 19, 2023.

Com efeito.

A exploração de ouro no Brasil, conforme indica estudo[19] realizado pelo Centro de Sensoriamento Remoto (UFMG), pelo Laboratório de Gestão de Serviços Ambientais (UFMG) e pelo Ministério Público Federal "vem constantemente, e de forma acelerada, expandindo suas fronteiras para o interior da Amazônia, adentrando Terras Indígenas e Unidades de Conservação[20]. Apesar de o aumento do desmatamento ligado ao garimpo[21], existem poucas análises que buscam estimar os fluxos de compra e venda de ouro e sua ligação com irregularidades e crimes ambientais". Destarte, referido estudo "integra dados de monitoramento por satélite do INPE, imagens de alta resolução, documentos da Agência Nacional de Mineração e declarações de transações de compra/venda de ouro. No período analisado de 2019 a 2020, estimamos a comercialização de 174 toneladas de ouro, das quais 69% originam-se de concessões de lavras e 28% de permissões de lavras garimpeiras. Identificamos que 49 t provêm de áreas com evidências de irregularidades: 13% de áreas de lavra sem evidência de exploração (portanto, provavelmente originário em áreas ilegais), e 87% de áreas exploradas para além das autorizações de lavra. Estima-se que o ouro ilegal explorado entre 2019 e 2020 cause um prejuízo socioambiental no valor médio de R$ 31,4 bilhões. Nota-se também uma grande concentração das atividades ilegais em poucos atores. Lavras garimpeiras pertencentes a seis indivíduos e associações concentram 61% do ouro produzido em garimpos com evidências de ilegalidade, e 71% deste ouro foi comprado por apenas três Distribuidoras de Títulos e Valores Mobiliários (DTVM) registradas pelo Banco Central. Foi concluído também que dos 21 mil hectares registrados pelo DETER do INPE com a mudança do uso do solo para mineração na Amazônia Legal, 96% da área está localizada fora dos processos minerários citados como origem do ouro. Os resultados, além de evidenciarem a ocorrência das práticas ilícitas, demonstram o descontrole da produção nacional de ouro, principalmente na Amazônia. Metodologias como a utilizada neste trabalho, que controlem as movimentações da origem

---

19. Legalidade da produção de ouro no Brasil. Disponível em: https://www.mpf.mp.br/pa/sala-de-imprensa/documentos/2021/Legalidade_da_producao_de_ouro_no_Brasil.pdf. Acesso em: 7 fev. 2023.

20. "Pará, Amazonas, Rondônia, Roraima, Amapá, Tocantins, Mato Grosso: a mineração ilegal de ouro está presente em praticamente todos os estados da Amazônia Legal, normalmente camuflada sob o título de 'garimpo'. O garimpeiro do século XXI, contudo, não é mais o profissional com picareta e bateia, que percorre cursos d'água da região atrás de pepitas nos sedimentos de leitos de rios. A extração de ouro na Amazônia faz-se, hoje, com maquinário pesado, de alto custo financeiro e vultoso impacto ambiental e socioambiental. Balsas, dragas, pás-carregadeiras, escavadeiras hidráulicas e outros equipamentos que custam milhões de reais deixam atrás de si um rastro de destruição. Os índices de ilegalidade na atividade são alarmantes: o ouro, ativo financeiro de enorme importância estratégica para as finanças nacionais, esvai-se pelas fronteiras com pouco ou nenhum controle das agências públicas, ao mesmo tempo que recursos hídricos são contaminados por mercúrio e parcelas da floresta são postas abaixo na busca por novos veios, e o tão prometido desenvolvimento econômico não chega." Ministério Público Federal. *Mineração ilegal de ouro na Amazônia*: marcos jurídicos e questões controversas. Brasília, Câmara de Coordenação e Revisão, 4., 2020.

21. Celso Antonio Pacheco Fiorillo, A extração do ouro por parte das empresas transnacionais em face do direito ambiental constitucional brasileiro, *Direitos Culturais (Online)*, v. 18, p. 19, 2023.

até o destino final, devem ser o ponto de partida para o desenvolvimento de sistemas que dificultem a entrada de ouro ilegal no mercado".

O tema mereceu, inclusive, por parte do Ministério Público Federal, adotar "providências judiciais pedindo a suspensão das atividades de três instituições financeiras acusadas de despejar no mercado nacional e internacional mais de 4,3 mil quilos de ouro ilegal nos anos de 2019 e 2020", aduzindo que "o ouro extraído de garimpos ilegais na região sudoeste do Pará" teria sido "comercializado pelas distribuidoras de valores mobiliários FD'Gold[22], Carol[23] e OM"[24], ou seja, empresas em princípio regularmente constituídas, na percepção do Ministério Público Federal, estariam cometendo fraudes "na comercialização de ouro" e alimentando, "no sudoeste do Pará, a permanência de vastas áreas de garimpos ilegais, onde há atuação forte do crime organizado e estão diretamente relacionadas com a destruição de áreas protegidas, principalmente nas terras indígenas Munduruku e Sai-Cinza", destacando que "a violação de direitos humanos se tornou corriqueira nessas áreas"[25].

Por outro lado, e dentro de um real contexto econômico contemporâneo em que a atividade do garimpo do ouro não está mais adstrita à sua natureza rudimentar[26], e sim em face de complexa atuação de sofisticadas companhias possuidoras de importante tecnologia, cabe destacar a importância das empresas de mineração que atuam no plano da legalidade[27] no âmbito da atual economia brasileira com particular destaque para

---

22. Disponível em: https://www.mpf.mp.br/pa/sala-de-imprensa/documentos/2021/dgold-dtvm.pdf. Acesso em: 7 fev. 2023.

23. Disponível em: https://www.mpf.mp.br/pa/sala-de-imprensa/documentos/2021/carol-dtvm.pdf. Acesso em: 7 fev. 2023.

24. Disponível em: https://www.mpf.mp.br/pa/sala-de-imprensa/documentos/2021/om-dtvm.pdf. Acesso em: 7 fev. 2023.

25. MPF pede suspensão de instituições financeiras que compraram ouro ilegal no Pará. Ações contra três empresas pedem pagamento de R$ 10,6 bilhões por danos. Disponível em: https://www.mpf. mp.br/pa/sala-de-imprensa/noticias-pa/mpf-pede-suspensao-de-instituicoes-financeiras-que-compraram--ouro-ilegal-no-para/view. Acesso em: 7 fev. 2023.

26. "Até 1989, quando criado o regime de permissão de lavra garimpeira pela Lei n. 7.805/1989, a atividade de garimpo era definida normativamente no Brasil por sua natureza rudimentar e pela utilização, por parte de garimpeiros, de técnicas e instrumentos simplificados, o que se coadunava com a experiência histórica relacionada à atividade". Ministério Público Federal. *Mineração ilegal de ouro na Amazônia*: marcos jurídicos e questões controversas. Brasília, Câmara de Coordenação e Revisão, 4., 2020.

27. "A produção bruta de ouro em 2020, de acordo com os dados preliminares do Anuário Mineral Brasileiro (AMB) (13) elaborado pela Agência Nacional de Mineração (ANM), alcançou a marca de 121,5 toneladas. Dessas, 93,8 t ocorreram em minas específicas para exploração de ouro (sendo 74,1 t sob o regime de Concessão de Lavra e 19,7 t em Permissão de Lavra Garimpeira). A quantidade restante produzida, de 27,7 t, é originada do ouro contido em minérios e concentrados de cobre que foram extraídos em minas não produtoras de concentrados de ouro. O principal polo de extração é o estado de Minas Gerais, com 38,5 t (32%) originados em minas de larga escala (sob o título minerário de Concessão de Lavra e específicas para ouro). Porém, outros dois estados se destacam, como o Pará com 32,7 t (27%) e o Mato Grosso com 14,6 t (12%), ambos localizados na Amazônia Legal (14) e com a predominância da exploração realizada em garimpos (sob o título minerário de Lavra Garimpeira)." Legalidade da produção de ouro no Brasil. Disponível em: https://www.mpf.mp.br/pa/sala-de-imprensa/documentos/2021/Legalidade_da_ producao_de_ouro_no_Brasil.pdf. Acesso em: 7 fev. 2023.

duas empresas[28] transnacionais, observando-se que uma delas, transnacional canadense que opera a maior mina de ouro no País[29], integra corporação que marca presença não só no Brasil, mas em vários outros países na América do Sul, América do Norte e África.

Destarte, o balizamento normativo do uso do ouro[30] em proveito das atividades econômicas[31] necessariamente deve obedecer, desde logo e preliminarmente, não só a gestão de referido bem ambiental em face de regras infraconstitucionais, mas

---

28. A "Salobo Metais é o segundo projeto de cobre criado pela Vale no Brasil. Localizada em Marabá, no sudeste paranaense, entrou em operação em novembro de 2012. Basicamente, o empreendimento possui capacidade nominal estimada de 100 mil toneladas anuais de cobre em concentrado". A "Kinross Brasil Mineração S/A, sexto lugar na lista das maiores empresas de mineração do Brasil, tem operação na mina Morro do Ouro, em Paracatu, noroeste de Minas Gerais. A empresa integra o Kinross Gold Corporation, que marca presença na América do Sul, América do Norte e África. *Vide* As 200 maiores empresas de mineração do Brasil". Bruno Teles. Confira as 7 maiores empresas de mineração do Brasil. *Mineração Brasil*. Disponível em: https://mineracaobrasil.com/confira-as-7-maiores-empresas-de-mineracao-do-brasil-atualizado-2022/. Acesso em: 7 fev. 2023.

29. No Brasil, a Kinross opera a maior mina de ouro do país, na cidade de Paracatu/MG. "Paracatu é uma operação de longa vida, fundamental, localizada perto da cidade de Paracatu, na região de Minas Gerais, no Brasil. Paracatu é a maior mina de ouro do Brasil e uma das maiores do mundo. Paracatu é uma mina a céu aberto com minério processado em moinhos de bolas e SAG. Espera-se que as usinas continuem processando o minério armazenado até 2031." Disponível em: https://www.kinross.com/operations/default.aspx#africa-paracatu. Acesso em: 7 fev. 2023.

30. "De acordo com o US Geological Survey, as reservas mundiais de minério de ouro foram estimadas em 53.000 toneladas em 2020. As estimativas de reservas de minério de ouro são baseadas em minério que pode ser considerado razoável, econômico e tecnicamente extraível no momento da estimativa." Reservas mundiais de ouro, por país, 2020:

| Classificação | País | Toneladas (milhares) |
|---|---|---|
| 1 | Austrália | 10,0 |
| 2 | Rússia | 7.5 |
| 3 | Estados Unidos | 3.0 |
| 4 | África do Sul | 2.7 |
| 5 | Peru | 2.7 |
| 6 | Indonésia | 2.6 |
| 7 | **Brasil** | **2.4** |
| 8 | Canadá | 2.2 |
| - | Outros países | 20,0 |
| Total | | 53,0 |

Disponível em: https://www.nrcan.gc.ca/our-natural-resources/minerals-mining/minerals-metals-facts/gold-facts/20514. Acesso em: 7 fev. 2023.

31. "Compras colossais de bancos centrais, auxiliadas por vigorosas compras de investidores de varejo e saídas mais lentas de ETFs, elevaram a demanda anual a uma alta de 11 anos. A demanda anual de ouro (excluindo OTC) saltou de 18% para 4.741 t, quase no mesmo nível de 2011 – uma época de demanda excepcional por investimentos. O forte total do ano foi auxiliado pela demanda recorde do quarto trimestre de 1.337 t." 2022: ano mais forte para a demanda de ouro em mais de uma década. *Gold Hub*. Disponível em: https://www.gold.org/goldhub/research/gold-demand-trends/gold-demand-trends-full-year-2022. Acesso em: 7 fev. 2023.

principalmente no plano constitucional[32], observando, particularmente, sua tutela em face das superiores normas em vigor delimitadoras dos deveres das empresas e, principalmente, das empresas transnacionais[33].

## 7. VEÍCULOS ELÉTRICOS OU VEÍCULOS MOVIDOS À GASOLINA? A TUTELA JURÍDICA DO LÍTIO EM FACE DO DIREITO AMBIENTAL CONSTITUCIONAL BRASILEIRO

O mercado automotivo brasileiro registrou 162.368 carros comerciais leves emplacados em janeiro de 2021, sendo certo que a liderança estava em janeiro de 2021 com a montadora italiana Fiat, com 19% de participação, seguida da alemã Volkswagen, com 16,5%, sendo a norte-americana GM a terceira, com 16,4%, enquanto a sul--coreana Hyundai é a quarta, com 9,1%. Com apenas 1,4% de participação nas vendas totais deste ano, "veículos eletrificados (híbridos e elétricos) começam a aparecer mais no portfólio das montadoras do Brasil e das empresas importadoras. Há mais de 200 opções de modelos em oferta e vários lançamentos estão ocorrendo neste segundo semestre – o mais recente deles, o Fiat 500e, o primeiro com tecnologia elétrica da marca, hoje parte do grupo Stellantis"[34].

---

32. *Vide* ADI 7.273 MC-Ref/Órgão julgador: Tribunal Pleno/Relator: Min. Gilmar Mendes/Julgamento: 3/5/2023/Publicação: 10/5/2023.

EMENTA. REFERENDO NA MEDIDA CAUTELAR EM AÇÃO DIRETA DE INCONSTITUCIONALIDADE. 2. ART. 39, § 4º, DA LEI 12.844/2013. 3. PRESUNÇÃO DE LEGALIDADE DO OURO ADQUIRIDO E A BOA-FÉ DA PESSOA JURÍDICA ADQUIRENTE. 4. DEVER DE PROTEÇÃO DO MEIO AMBIENTE (ART. 225 DA CF). 5. NORMAS QUE FACILITAM O PROCESSO DE AQUISIÇÃO DE OURO. AUMENTO DAS ATIVIDADES DE GARIMPO ILEGAL, COM REPERCUSSÃO PARA DEGRADAÇÃO AMBIENTAL EM ÁREAS DE PROTEÇÃO, PREJUÍZO À SAÚDE DA POPULAÇÃO INDÍGENA E CRESCIMENTO DA VIOLÊNCIA. OPÇÃO NORMATIVA DEFICIENTE. 6. PREENCHIMENTO DOS REQUISITOS PARA A CONCESSÃO DO REMÉDIO CAUTELAR VINDICADO. 7. MEDIDA CAUTELAR REFERENDADA.

33. "O garimpeiro do século XXI, contudo, não é mais o profissional com picareta e bateia, que percorre cursos d'água da região atrás de pepitas nos sedimentos de leitos de rios. A extração de ouro na Amazônia faz-se, hoje, com maquinário pesado, de alto custo financeiro e vultoso impacto ambiental e socioambiental. Balsas, dragas, pás-carregadeiras, escavadeiras hidráulicas e outros equipamentos que custam milhões de reais deixam atrás de si um rastro de destruição. Os índices de ilegalidade na atividade são alarmantes: o ouro, ativo financeiro de enorme importância estratégica para as finanças nacionais, esvai-se pelas fronteiras com pouco ou nenhum controle das agências públicas, ao mesmo tempo que recursos hídricos são contaminados por mercúrio e parcelas da floresta são postas abaixo na busca por novos veios, e o tão prometido desenvolvimento econômico não chega." Ministério Público Federal. *Mineração ilegal de ouro na Amazônia*: marcos jurídicos e questões controversas. Brasília, Câmara de Coordenação e Revisão, 4., 2020.

34. Cleide Silva. Aos poucos, carros elétricos ganham mercado no Brasil. Vendas de 'veículos limpos' ainda são insignificantes, mas vem aumentando o número de modelos em oferta e o interesse de clientes de maior poder aquisitivo. *O Estado de S. Paulo*, 30 de agosto de 2021. Disponível em: https://www.estadao.com.br/infograficos/economia,aos-poucos-carros-eletricos-ganham-mercado-no-brasil,1192352. Acesso em: 30 ago. 2021.

Referidas empresas transnacionais, que sempre usaram a tecnologia de combustão[35], estão planejando eliminar referida tecnologia planejando aumentar a proporção de vendas de veículos de energia nova (incluindo híbridos *plug-in*, elétricos puros e veículos com células de combustível).

Destarte e observando particularmente as empresas transnacionais que mais venderam carros em janeiro de 2021 em nosso País, podemos constatar que a Volkswagen, "embora cautelosa e deixando em aberto o futuro global do motor de combustão interna"[36], acreditando que, "se as condições forem adequadas, os clientes mudarão para os veículos elétricos por conta própria"[37], os motores a gasolina, diesel ou GNV e híbridos continuarão a desempenhar um papel "por um período de transição"[38], reconhecendo, todavia, que "o futuro é elétrico"[39].

Já a GM – General Motors –, "até o ano de 2035, deseja mudar a produção inteiramente para carros elétricos"[40], sendo certo que "a empresa deve ser completamente neutra em CO2 até 2040"[41], planejando investir em 2025 "US$ 27 bilhões em pesquisa, desenvolvimento e produção de veículos elétricos"[42], pretendendo trazer "um total de 30 modelos elétricos diferentes ao mercado até 2025"[43], sendo considerada" um jogador sério no campo da eletromobilidade"[44], especialmente por causa de sua tecnologia de bateria. Daí, segundo estimativas da GM, "as baterias Ultium desenvolvidas com a LG Chem devem permitir um alcance de 640 km e mais". Como aponta o Relatório Hansen da ATZelektronik 1-2 /2021, "a terceira geração da plataforma EV

---

35. "O propósito do motor de um carro a gasolina (ou álcool, ou gás) é transformar em movimento o combustível – isso vai fazer o carro andar. O modo mais fácil de criar movimento a partir da gasolina é queimá-la dentro de um motor. Portanto, o motor de carro é um motor de combustão interna – combustão que ocorre internamente." *Vide* https://web.archive.org/web/20090303032255/http://carros.hsw.uol.com.br/motores-de-carros.htm. Acesso em: 29 ago. 2021.

36. Christiane Köllner. Die Pläne der Autohersteller Teil 2: Wer plant wann den Verbrennungsmotor--Ausstieg? *Springer Professional*, 2021.

37. Christiane Köllner. Die Pläne der Autohersteller Teil 2: Wer plant wann den Verbrennungsmotor--Ausstieg? *Springer Professional*, 2021.

38. Christiane Köllner. Die Pläne der Autohersteller Teil 2: Wer plant wann den Verbrennungsmotor--Ausstieg? *Springer Professional*, 2021.

39. "No final de junho de 2021, o diretor de vendas da VW Klaus Zellmer anunciou que na Europa, "entre 2033 e 2035 o negócio com veículos de combustão" seria encerrado. Nos EUA e na China, a saída ocorrerá mais tarde, na América do Sul e na Ásia muito mais tarde". *Vide* Christiane Köllner. Die Pläne der Autohersteller Teil 2: Wer plant wann den Verbrennungsmotor-Ausstieg? *Springer Professional*, 2021.

40. Christiane Köllner. Die Pläne der Autohersteller Teil 2: Wer plant wann den Verbrennungsmotor--Ausstieg? *Springer Professional*, 2021.

41. Christiane Köllner. Die Pläne der Autohersteller Teil 2: Wer plant wann den Verbrennungsmotor--Ausstieg? *Springer Professional*, 2021.

42. Christiane Köllner. Die Pläne der Autohersteller Teil 2: Wer plant wann den Verbrennungsmotor--Ausstieg? *Springer Professional*, 2021.

43. Christiane Köllner. Die Pläne der Autohersteller Teil 2: Wer plant wann den Verbrennungsmotor--Ausstieg? *Springer Professional*, 2021.

44. Christiane Köllner. Die Pläne der Autohersteller Teil 2: Wer plant wann den Verbrennungsmotor--Ausstieg? *Springer Professional*, 2021.

da General Motors com baterias, motores e eletrônica de potência da série Ultium [...] estará no GMC Hummer EV no final de 2021 e no Cadillac no início de 2022 Lyriq, um veículo elétrico esportivo de luxo, saiu para as ruas"[45], estando portanto a nova estratégia da GM "em linha com o estado americano da Califórnia, que é o mais ambicioso em termos de padrões ambientais, e também se encaixa nos planos do governo americano Biden"[46 e 47].

A Hyundai, por sua vez, "planeja vender 560.000 veículos elétricos por ano até 2025" tendo anunciado "mais de doze veículos movidos exclusivamente a bateria, incluindo a nova plataforma de e-car E-GMP" e pretendendo "ter uma participação de 8 a 10% no mercado global de veículos elétricos até 2040" com sua linha de produtos nos mercados globais mais importantes devendo ser totalmente eletrificada até 2040. E particularmente pretendendo "apoiar a democratização da mobilidade elétrica em mercados emergentes como Índia, Rússia e Brasil com uma maior variedade de modelos elétricos".

"No momento, nenhuma saída de concreto da tecnologia de combustão está planejada" a Renault anunciou em março de 2021"[48]... Todavia, paradoxalmente, a transnacional europeia, em entrevista ao Financial Times, "expressou a expectativa de que o último motor de combustão puro possa ser vendido na Europa entre 2030 e 2035. Em 2025, a Renault quer ser capaz de apresentar a combinação de motores mais ecológica de todos os fabricantes da Europa como parte de sua estratégia "Renaulution" . Como parte do evento "Renault eWays", o Grupo Renault anunciou no final de junho de 2021 que aceleraria sua estratégia de eletromobilidade. O Grupo Renault planeja trazer dez novos modelos totalmente elétricos ao mercado até 2025. Em 2025, espera-se que a proporção de automóveis de passageiros eletrificados na Europa seja de 65%.bem como uma nova edição de um clássico da Renault, atualmente denominado "4ever". Um Alpine totalmente elétrico seguirá a partir de 2024. Em 2030, até 90% dos modelos da Renault vendidos deverão ter tração totalmente elétrica"[49].

---

45. Christiane Köllner. Die Pläne der Autohersteller Teil 2: Wer plant wann den Verbrennungsmotor-Ausstieg? *Springer Professional*, 2021.

46. Christiane Köllner. Die Pläne der Autohersteller Teil 2: Wer plant wann den Verbrennungsmotor-Ausstieg? *Springer Professional*, 2021.

47. "Joe Biden tem como objetivo criar um milhão de empregos bem remunerados na indústria automobilística dos EUA. Ele quer estabelecer incentivos para que a indústria automobilística construa veículos com emissão zero. O objetivo é apoiar o desenvolvimento das capacidades de produção locais e acelerar a pesquisa no campo da tecnologia de baterias. Haverá um programa de mudança para veículos elétricos, que inclui a eletrificação de frotas estaduais. Além disso, todos os ônibus construídos nos EUA devem estar livres de emissões até 2030, e os 500.000 ônibus escolares do país também serão convertidos e tornados neutros em CO2. Também há planos para construir 500.000 novas estações de carregamento para veículos elétricos". *Vide* Angelika Breinich-Schilly *et al.* Thomas Was das US-Wahlergebnis für die Industrie bedeutet. *Springer Professional*, 2021.

48. Christiane Köllner. Die Pläne der Autohersteller Teil 2: Wer plant wann den Verbrennungsmotor-Ausstieg? *Springer Professional*, 2021.

49. Christiane Köllner. Die Pläne der Autohersteller Teil 2: Wer plant wann den Verbrennungsmotor-Ausstieg? *Springer Professional*, 2021.

Assim não é difícil perceber que a indústria automotiva de nova energia global está se acelerando com muitas empresas transnacionais indicando metas de eletrificação[50].

Destarte, com a previsão de que as vendas globais de veículos elétricos chegarão a 11,5 milhões até 2025, com uma taxa média composta de crescimento anual de 32% os fabricantes da cadeia da indústria de baterias de lítio continuam a expandir a capacidade de produção e conquistar participação de mercado[51] expandindo sua capacidade de produção[52].

O lítio, pois, combustível da revolução global dos veículos eléctricos, metal verdadeiramente estratégico mais leve e menos denso entre os elementos sólidos[53], passou

---

50. A China deu prioridade à fabricação de veículos elétricos no seu 13º Plano Quinquenal, lançado em 2015, fabricando 10 mil carros elétricos por mês, todos com baterias de lítio. *Vide* Sophie Bauer. Entenda as oportunidades e os desafios da indústria do lítio. Disponível em: https://dialogochino.net/pt-br/industrias-extrativistas-pt-br/entenda-as-oportunidades-e-desafios-da-industria-do-litio/. Acesso em: 29 ago. 2021.

51. Disponível em: http://www.xinhuanet.com/fortune/2021-08/12/c_1127754228.htm. Acesso em: 29 ago. 2021.

52. "Um segmento crucial para os carros elétricos, a fabricação de células de baterias tem ganhado cada vez mais espaço e atenção das montadoras desse tipo de veículo. Nesta corrida pela produção deste componente tão essencial, a fabricante LG Chem encerrou o primeiro trimestre de 2020 no topo dos maiores produtores globais. A LG Chem emergiu como maior produtor de baterias para veículos elétricos, com uma produção total de 6,39 GWh durante os primeiros três meses do ano. Esta empresa sul-coreana superou a gigante chinesa CATL e a Panasonic, as duas líderes de produção em 2019, ambas impulsionadas pelas vendas da Tesla, um dos grandes clientes, sendo que no caso da LG Chem, a empresa de Elon Musk foi atendida em apenas 14% de sua demanda". Disponível em: https://insideevs.uol.com.br/news/425890/ranking-fabricantes-baterias-carros-eletricos/. Acesso em: 29 ago. 2021. Seguem as maiores produtoras de baterias no primeiro trimestre de 2020:

• LG Chem: 6.385 GWh

• Panasonic: 5.441 GWh

• CATL: 3.064 GWh

• Samsung SDI: 1.364 GWh

• BYD: 1.228 GWh

• AESC: 1.036 GWh

• Inovação SK: 0,604 GWh

• GS Yuasa: 0,176 GWh

• Wanxiang 123 (Sistemas A123): 0,1 GWh

• Lishen: 0,031 GWh

• Farasis Energia: 0,022 GWh

• Sunwoda: 0,022 GWh

• CITIC MGL: 0,022 GWh

• Hefei Guoxuan: 0,017 GWh

• CENAT: 0,015 GWh

Fonte: The Korea Herald, 29 ago. 2021.

53. "Do grego *Lithos*, que significa pedra. Descoberto em 1817 por J. A. R. Arfvedson na Suécia ao analisar o mineral *Petalita*, que foi descoberto pelo brasileiro José Bonifácio e descrita em 1800". *Vide* Nilton Pereira Alves. *Guia dos elementos químicos*. São Paulo: Quimlab Produtos de Química Fina, 2008.

a ter extraordinária importância com muitos países competindo pelo acesso ao "ouro branco"[54 e 55] encontrado em países como a Bolívia, a Argentina, Chile, a Austrália, a China e também no Brasil[56].

Com efeito.

O projeto de Avaliação do Potencial do Lítio no Brasil, coordenado pelo Serviço Geológico do Brasil (CPRM)[57], mostra que o país teve um salto nas reservas mundiais da substância, de 0,5% para 8%, sendo certo que a área piloto do projeto de mapeamento de lítio no Brasil foi a do Médio Vale do Jequitinhonha, em Minas Gerais, com um total de 17.750 quilômetros quadrados.

---

54. A Coreia do Sul (483 milhões de dólares), Japão (312 milhões de dólares) e China (240 milhões de dólares) são os principais compradores de carbonato de lítio, utilizado para fabricar produtos de alta tecnologia para consumo interno e exportação. *Vide* Sophie Bauer, Entenda as oportunidades e os desafios da indústria do lítio. Disponível em: https://dialogochino.net/pt-br/industrias-extrativistas-pt-br/entenda--as-oportunidades-e-desafios-da-industria-do-litio/. Acesso em: 29 ago. 2021.

55. "Em um plano estratégico sobre matérias-primas críticas publicado em setembro passado (setembro de 2020), a Comissão Europeia (braço executivo da UE) previu que a Europa já precisaria de 18 vezes mais lítio em 2030 em comparação com o fornecimento atual da UE para atender sua demanda por baterias de veículos elétricos. Mas a UE não é produtora de lítio. Depende de importações (78% vêm do Chile, 8% dos EUA e 4% da Rússia), portanto, uma grande questão para a Europa é como obterá o extra necessário. Embora o Chile forneça 44% do abastecimento global e a China seja o segundo maior com 39%, a resposta da UE é explorar algumas das muitas reservas em seu próprio território, desenvolvendo novas minas. O resultado é uma infinidade de projetos de mineração surgindo em toda a Europa". *Vide* Emma Portier Davis. Paradoxo verde na União Europeia: veículo elétrico *x* mineração de lítio, 2021. Disponível em: https://dialogochino.net/pt-br/industrias-extrativistas-pt-br/paradoxo-verde-na-uniao-europeia-veiculo-eletrico-versus-mineracao-de-litio/. Acesso em: 29 ago. 2021.

56. "World Mine Production and Reserves: Reserves for Argentina, Australia, Brazil, Chile, the United States, and Zimbabwe were revised based on new information from Government and industry sources. Mine production Reserves5 2018 2019 e United States W W 630,000 Argentina 6,400 6,400 1,700,000 Australia 58,800 42,000 62,800,000 Brazil 300 300 95,000 Canada 2,400 200 370,000 Chile 17,000 18,000 8,600,000 China 7,100 7,500 1,000,000 Namibia 500 – NA Portugal 800 1,200 60,000 Zimbabwe 1,600 1,600 230,000 Other7 – 1,100,000 World total (rounded) 895,000 877,000 17,000,000. World Resources: Owing to continuing exploration, identified lithium resources have increased substantially worldwide and total about 80 million tons. Lithium resources in the United States – from continental brines, geothermal brines, hectorite, oilfield brines, and pegmatites – are 6.8 million tons. Lithium resources in other countries have been revised to 73 million tons. Lithium resources, in descending order, are: Bolivia, 21 million tons; Argentina, 17 million tons; Chile, 9 million tons; Australia, 6.3 million tons; China, 4.5 million tons; Congo (Kinshasa), 3 million tons; Germany, 2.5 million tons; Canada and Mexico, 1.7 million tons each; Czechia, 1.3 million tons; Mali, Russia, and Serbia, 1 million tons each; Zimbabwe, 540,000 tons; Brazil, 400,000 tons; Spain, 300,000 tons; Portugal, 250,000 tons; Peru, 130,000 tons; Austria, Finland and Kazakhstan, 50,000 tons each; and Namibia, 9,000 tons". Fonte: U.S. Geological Survey. *Mineral Commodity Summaries*, January 2020. Disponível em: https://pubs.usgs.gov/periodicals/mcs2020/mcs2020-lithium.pdf. Acesso em: 29 ago. 2021.

57. Vinícius José de Castro Paes. Projeto de Avaliação do Potencial de Lítio no Brasil. Companhia de Pesquisa de Recursos Minerais/ Diretoria de Geologia e Recursos Minerais/Departamento de Recursos Minerais/Divisão de Projetos Especiais e Minerais Estratégicos/Gerência de Geologia e Recursos Minerais (BH). Disponível em: http://www.cprm.gov.br/imprensa/Site/pdf/Clipping/apresentacaolitio.pdf. Acesso em: 29 ago. 2021.

Destarte possuidor de 8% das reservas de lítio do mundo e atraindo investidores e empresas de todo o mundo interessadas na extração de referido recurso ambiental[58], em proveito das empresas transnacionais participantes da chamada "revolução global dos veículos eléctricos", necessita nosso País de adequado balizamento normativo destinado a estabelecer deveres e direitos vinculados à demanda do lítio.

Daí a relevância de se destacar que a tutela jurídica vinculada à gestão do referido recurso natural/recurso ambiental é balizada no plano constitucional e mesmo infraconstitucional em face de nosso direito ambiental.

---

58. "Cerca de 500 mil galões de água são necessários para produzir uma tonelada de lítio. No Salar de Atacama do Chile, as atividades mineradoras consomem 65% da água da região. Numa região onde a precipitação anual é inferior a 15 milímetros por ano, a atividade esgota já escassos recursos hídricos dos quais dependem as comunidades e espécies locais. Além disso, os químicos tóxicos empregados no processo de separação do lítio, tais como o ácido clorídrico, podem vazar das piscinas de evaporação para o abastecimento local de água e também afetar a qualidade do ar. As comunidades, que em muitos casos são nativas da região e detêm direitos tradicionais ou comunitários à terra e aos recursos, são frequentemente deslocadas devido à escassez de água". *Vide* Sophie Bauer. Entenda as oportunidades e os desafios da indústria do lítio. Disponível em: https://dialogochino.net/pt-br/industrias-extrativistas-pt-br/entenda-as--oportunidades-e-desafios-da-industria-do-litio/. Acesso em: 29 ago. 2021.

# Capítulo XXVI
## AUDITORIA AMBIENTAL

## 1. AUDITORIA AMBIENTAL

A concepção de auditoria ambiental, como *instrumento de gestão ambiental*, passou a ter significado marcante no plano dos denominados "novos instrumentos para a tutela ambiental"[1] ainda sob a égide de normas internacionais de qualidade ISO 1001/1990 e sua versão ISO 9000, sendo certo que conseguiu alcançar definição no art. 2º, *f*, do Regulamento (CEE) n. 1.836 do conselho das Comunidades Europeias como:

> "Instrumento de gestão que inclui a avaliação sistemática, documentada, periódica e objetiva do funcionamento da organização, do sistema de gestão e dos processos de proteção do ambiente"[2].

O *objetivo* da chamada auditoria do ambiente, situado no plano do Regulamento (CEE) n. 1.836, foi estabelecido em decorrência da necessidade de:

1) facilitar o controle da gestão das práticas com eventual impacto ambiental;

2) avaliar a observância das políticas de ambiente da empresa.

Destarte, na visão europeia (e portanto de sua economia e cultura, inclusive em face de suas normas jurídicas, como "produto cultural" que são), o Regulamento do Conselho n. 1.836/93 instituiu o sistema da chamada "ecogestão" e auditoria em matéria de ambiente, tendo como objetivo claramente definido as *empresas industriais*, estabelecendo critério para que estas realizassem auditorias ambientais (aqui a ideia da existência do

---

1. Ramón Martin Mateo, *Nuevos instrumentos para la tutela ambiental*, Madrid, Trivium, 1994.

2. O Regulamento de La Ley General del Equilibrio Ecológico y La Protección al Ambiente en materia de Auditoría Ambiental dos Estados Unidos Mexicanos, publicado no *Diário Oficial* da Federação em 29 de novembro de 2000, indica em seu Capítulo Primeiro, Disposições Gerais, artigo 2º, II, a seguinte definição de *AUDITORIA AMBIENTAL*: "examen exhaustivo de los equipos y procesos de una empresa, así como de la contaminación y riesgo que la misma genera, que tiene por objeto el cumplimiento de sus políticas ambientales y requerimentos normativos, con el fin de determinar las medidas preventivas y correctivas necesarias para la protección del ambiente y las acciones que permitan que dicha instalación opere en pleno cumplimiento de la normatividad ambiental vigente, así como conforme a normas extranjeras y internacionales y buenas prácticas de operación y ingeniería aplicables".

649

auditor não só como aquele que ouve, o ouvinte, mas também em decorrência daquele que realiza exame analítico minucioso de todas as atividades da empresa), com a finalidade de permitir, assim como definir, os termos da *participação voluntária de tais empresas* num sistema comunitário de ecogestão e auditoria, com todo o seu procedimento circunscrito fundamentalmente em torno de três ideias fundamentais:

1) a adoção de políticas, programas e sistemas de gestão ambiental;

2) a avaliação sistemática, objetiva, documentada e periódica das políticas, programas e sistemas de gestão;

3) a divulgação pública da informação sobre a *performance* ambiental da empresa.

A razão de ser do Regulamento (CEE) n. 1.836, mais que desenvolver o art. 2º do Tratado, na redação do Tratado da União Europeia, assinado em Maastricht em 7 de fevereiro de 1992 (cuja missão, entre outras, diz respeito a promover um "crescimento sustentável" em todo o seu território), estabelece se diante de uma concepção adotada pela União Europeia, como explica de forma didática Domingo Gómez Orea[3], de que os problemas ambientais "no son sino el reflejo del comportamiento de los agentes sociales: *empresas y consumidores*. Es a ellos a quienes se dirige preferentemente la acción pública en la ideia de que la adaptación ambiental de las industrias repercutirá favorablemente en su gestión y de que los consumidores se verán motivados por el comportamiento ambiental de aquellas; así el medio ambiente irrumpe con fuerza en la gestión empresarial, que debe atender a una legislación cada vez más restrictiva, a exigencias de clientes y consumidores, a conflictos derivados de impactos ambientales, al acceso a ayudas y subvenciones, y a su imagen" (grifos nossos).

Por via de consequência, muito mais que adotar políticas, programas e sistemas de gestão ambiental de "forma voluntária" destinadas ao "desenvolvimento sustentável", visam as auditorias ambientais fundamentalmente a divulgar a *performance* das empresas em face de uma estratégia destinada claramente a atrair, em grande número, o destinatário dos produtos e serviços de tais empresas, ou seja, *atrair o consumidor através de uma oferta estabelecida em moldes modernos dentro de uma crescente melhoria de competitividade na atual ordem econômica mundial.*

É, portanto, do gerenciamento em face dos bens ambientais, o que significa, no caso da Europa – como demais países dependentes culturalmente de seus direitos –, da gestão ambiental do meio ambiente natural vinculado às relações econômicas, principalmente no âmbito das relações jurídicas de consumo, que teremos condições de observar no plano normativo a razão de ser da denominada auditoria ambiental.

---

3. La Ecoauditoría como complemiento a la evaluación de impacto ambiental, in *Avances en evaluación de impacto ambiental y ecoauditoría*, Manuel Peinado Lorca e Íñigo M. Sobrini Sagaseta de Ilúrdoz, Editorial Trotta, Serie Medio Ambiente, 1997, *passim*.

## 2. AUDITORIA AMBIENTAL NO BRASIL: A ORDEM ECONÔMICA EM FACE DOS BENS AMBIENTAIS

O direito constitucional brasileiro estabelece que os bens ambientais apontados no art. 225 da Carta Magna[4], assim como qualquer outro bem, necessitam observar as regras estruturais descritas no art. 1º da Constituição Federal, o que significa compatibilizar a denominada relação jurídica ambiental, atendendo às necessidades vitais da pessoa humana em nosso país em face de sua dignidade (art. 1º, III), dentro das normas jurídicas que organizam a ordem econômica do capitalismo (art. 1º, IV), ou seja, a ordem econômica – que necessita por óbvio dos bens ambientais particularmente no âmbito do manejo do meio ambiente natural, visando a implementar no mercado seus produtos e serviços – deve observar no Brasil não só a defesa do meio ambiente (art. 170, VI), mas também a defesa do consumidor (art. 170, V) dentro das regras constitucionais em vigor.

Dessarte, a existência de um instrumento de gestão ambiental destinado a facilitar o controle da gestão das práticas com eventual impacto ambiental, bem como de avaliação das políticas de ambiente das empresas, ou seja, a denominada auditoria ambiental, deve seguir necessariamente, no Brasil, a lei em vigor.

Em consequência, caberia destacar alguns pontos da estrutura tradicional da auditoria ambiental para que possa ter relevo no plano jurídico brasileiro. Em primeiro lugar, devemos considerar que no Brasil, à luz da Constituição Federal, *a gestão ambiental no plano da ordem econômica capitalista não é de responsabilidade única e exclusiva das empresas, e sim do "Poder Público e da coletividade" (art. 225 da CF)*. Assim, a coletividade, organizada juridicamente não só como pessoas jurídicas de direito privado visando ou não a lucro mas também a partir de posturas individuais, e também o Poder Público, incumbido constitucionalmente de assegurar a efetividade da tutela dos bens ambientais por força do § 1º do art. 225, atuam como verdadeiros agentes sociais implementares das relações econômicas tuteladas e organizadas a partir da obediência ao direito ambiental como do direito do consumidor.

O Poder Público e a coletividade atuam na ordem econômica, consequente e evidentemente em decorrência de situações concretas, como verdadeiros *FORNECEDORES* de produtos e serviços controlados e ao mesmo tempo autorizados a desenvolver relações jurídicas as mais variadas.

*A auditoria ambiental, como instrumento de gestão ambiental, obedecerá em nosso país a direitos e deveres determinados pela legislação a todo e qualquer fornecedor que veicule produtos ou realize prestação de serviços vinculados a BENS AMBIENTAIS, ou seja, A AUDITORIA AMBIENTAL COMO INSTRUMENTO DE GESTÃO AMBIENTAL DEVERÁ OBEDECER AOS CRITÉRIOS DESCRITOS NA LEI N. 8.078/90, ADAPTADOS À TUTELA DOS BENS AMBIENTAIS.*

---

4. Para uma visão completa dos bens ambientais, *vide* nosso *O direito de antena em face do direito ambiental no Brasil*, cit., bem como nosso *Curso de direito ambiental brasileiro*, cit., 3. ed.

## 3. AUDITORIA AMBIENTAL EM FACE DAS RELAÇÕES JURÍDICAS DE CONSUMO: COLETIVIDADE NA CONDIÇÃO ORGANIZADA DE FORNECEDORA DE BENS AMBIENTAIS E SUA *PERFORMANCE*

A Lei n. 8.078/90 (Código de Defesa do Consumidor), ao estabelecer o conceito de fornecedor[5], inclui as pessoas físicas ou jurídicas de direito privado como entes que veiculam produtos ou prestem serviços vinculados a bens ambientais tendo como destinatário o consumidor, a saber, o consumidor de produtos ou serviços ligados a bens ambientais é que gera o denominado "comportamento ambiental" dos fornecedores.

Daí fazer parte da gestão ambiental dos fornecedores antes referidos a adoção de políticas, programas e gestão ambiental, adotando avaliação sistemática, objetiva, documentada e periódica de seu sistema de gestão, claramente com a finalidade de divulgar publicamente seu desempenho.

Diferente de uma "participação voluntária", como aquela definida nos moldes europeus, a fornecedora de bens ambientais – produtos e serviços – tem, em decorrência de nosso sistema jurídico em vigor, por meio da AUDITORIA AMBIENTAL, não só o *DIREITO* de divulgar publicamente sua atuação em face dos produtos e serviços vinculados a bens ambientais destinados aos consumidores, assegurando imagem satisfatória inclusive no que se refere à sua marca, nome e mesmo qualquer outro signo distintivo (CF, art. 5º, IX, XIV e XXIX), viabilizando por meio da publicidade sua oferta, como o *DEVER* de assegurar os direitos básicos do consumidor de produtos e serviços vinculados a bens ambientais descritos no art. 6º da Lei n. 8.078/90, particularmente no que se refere ao direito à informação adequada e clara sobre os diferentes produtos e serviços ambientais, bem como riscos que apresentam (art. 6º, III), proteção contra publicidade enganosa e abusiva, assegurando efetiva liberdade de escolha (art. 6º, I) ao cidadão. Sua *performance* está portanto condicionada a direitos e deveres que lhe são impostos por nosso ordenamento jurídico.

Os interesses dos consumidores, ao se realizarem por força de auditoria ambiental, levam à harmonização dos interesses dos participantes das relações de consumo, adaptadas aos bens ambientais como um todo, compatibilizando a proteção destes com as necessidades dos fornecedores e viabilizando o comando constitucional nos quais se funda a ordem econômica (art. 170 da CF).

A AUDITORIA AMBIENTAL, diante das considerações descritas, já está delimitada no plano jurídico brasileiro em face da coletividade na condição organizada de fornecedora de bens ambientais.

---

5. Para o conceito de fornecedor, *vide* nosso "*Comentários ao Código de Defesa do Consumidor – CDC eletrônico*", disponível em: <http://www.cartamaior.com.br>.

## 4. AUDITORIA AMBIENTAL EM FACE DAS RELAÇÕES JURÍDICAS DE CONSUMO: O ESTADO FORNECEDOR E SUA *PERFORMANCE*

A Lei n. 8.078/90 (Código de Defesa do Consumidor), por outro lado, deixou explícito o conceito de fornecedor, incluindo os órgãos públicos, por si ou suas empresas, concessionárias, permissionárias ou sob qualquer outra forma de empreendimento que veiculem produtos e serviços vinculados a bens ambientais. Trata-se do art. 22, que diz respeito a um dos mais importantes dispositivos do CDC diante da realidade brasileira (art. 3º da CF), na medida em que toda a população em nosso país necessita consumir em face do Estado fornecedor. Cuida-se de tutelar a proteção de todo e qualquer brasileiro ou estrangeiro residente no País que, através de sua capacidade econômica, entrega de forma direta ou indireta importância em dinheiro ao Estado (*vide* arts. 170 a 192 da CF) para que este, utilizando o erário e por meio de regras constitucionais orçamentárias, se transforme de Estado-fisco em Estado-fornecedor, exatamente no sentido de cumprir sua principal razão de ser no plano do direito constitucional brasileiro, que é a de realizar o fornecimento – produtos e serviços – de bens ambientais para atender o piso vital mínimo da população (a saber, educação, saúde, trabalho, moradia, lazer, segurança e demais direitos informados no art. 6º da CF).

Dessarte, os chamados "serviços públicos", a partir da tutela constitucional ambiental inaugurada em 1988, deixam de ter situação privilegiada, sempre garantida até então pela existência de um irracional "direito administrativo" centrado – lamentavelmente até hoje, na visão de alguns autores – no século XIX, passando a ser regrados não só pela *PUBLICIDADE*, mas principalmente pela *EFICIÊNCIA* (art. 37 da CF).

Por força da orientação estabelecida a partir da Carta Magna de 1988, o Estado-fornecedor, com maior razão, diga-se, pela oportunidade, também deve ter claramente definido seu plano de gestão ambiental, com a avaliação sistemática, objetiva, documentada e periódica de seus sistemas de gestão, evidentemente destinados a prestar contas à população.

Não existe exemplo mais didático de participação necessária num sistema integrado de ecogestão do que o do Estado-fornecedor, particularidade criada pelo direito positivo e fundamental em nossa estrutura constitucional.

## 5. ALGUMAS CONCLUSÕES

A experiência alienígena da auditoria ambiental como instrumento destinado à tutela ambiental nada tem de rigorosamente "novo", em decorrência do direito ambiental brasileiro e evidentemente à luz de uma interpretação sistemática a partir de parâmetros constitucionais.

O importante é a ideia da auditoria ambiental como instrumento destinado em nosso país a promover a educação ambiental (art. 225, § 1º, VI), assim como a conscientização para a preservação do meio ambiente (cultural, artificial, do trabalho e natural), fixando a necessidade de o fornecedor de bens ambientais prestar contas com relação aos naturais impactos produzidos.

O salto de qualidade, no que se refere à verificação do desempenho ambiental dos fornecedores em nosso país, não pode estar portanto adstrito a parâmetros técnicos realizados por "auditores", e sim adaptado à realidade de um país que tem, entre seus objetivos constitucionais, a erradicação da pobreza (art. 3º da CF).

É, portanto, com o raciocínio adaptado a nosso meio ambiente cultural que poderemos tranquilamente validar no plano normativo a estrutura da denominada auditoria ambiental[6].

_____

6. Na linha de nossos argumentos, o legislador entendeu por bem realizar no ano de 2006 as denominadas auditorias florestais em proveito da defesa das florestas como bens ambientais (Lei n. 11.284/2006).

# Capítulo XXVII
## CLIMA

## 1. CONCEITO. O RELATÓRIO DO PAINEL INTERGOVERNAMENTAL SOBRE MUDANÇAS CLIMÁTICAS (2021) E O PROBLEMA DO AQUECIMENTO GLOBAL

Na maioria dos casos, conforme ensina Silva[1], "clima é considerado como o conjunto de fenómenos meteorológicos que caracterizam o estado 'médio' da atmosfera num determinado espaço e tempo. Esta frase dita deste modo não pode significar nada se a ela não estiver associada uma escala espacial e, sobretudo outra temporal. A noção deve reportar-se a um espaço e abranger um determinado período de tempo onde os elementos do clima possam assumir determinados espectros de valores limitados variando de determinado modo nesse período em questão. Mas isto também não é suficiente. Os elementos e sobretudo os factores do clima são por vezes tão complexos e variáveis, altamente dinâmicos, por vezes com comportamentos caóticos, que torna impossível definir o seu funcionamento preciso".

Daí a advertência de referido autor ao observar que "nos dias que correm somos diariamente confrontados/aterrorizados com o cenário das 'alterações climáticas' geralmente acompanhados com sentido melodramático e propagandístico alimentado por pessoas que vão desde o meio científico ao mais simples cidadão, opinando todos nivelados por igual valor aos olhos do espectador menos atento. Os políticos, geralmente a reboque das massas, tomam decisões, umas vezes boas, mas outras podem interferir no sistema económico-social de forma tresloucada. Não devendo ser à partida uma preocupação importante para o climatólogo sério, a verdade é que o meio científico deve dar uma resposta séria e cabal ao problema e, se ela como se viu não é simples nem pode ser cabal, há que, pelo menos, tentar perceber e dar a entender as envolventes do clima, ou, no limite, reconhecer humildemente a ignorância sobre o assunto, o que já seria uma prova de sabedoria"[2].

---

1. *Vide* António Amílcar de Moura Alves da Silva, Reflexões sobre o conceito de clima e alterações climáticas: uma relação de equívoco? *Revista Geonorte*, edição especial, v. 2, n. 4, p. 1048-1061, 2012.

2. "Na perspectiva do cientista sério e honesto, é necessário continuar em busca de conhecimento sobre o funcionamento do sistema climático, o comportamento e a relação dos seus elementos e os seus factores e suas influências relativas na perspectiva de sistema fechado (não isolado). Não se deve cair na tentação do dramatismo usando-o como arma de arremesso para obter dividendos políticos ainda que

Assim, na advertência de Felício[3], "faz-se necessário ressaltar, em primeiro lugar, que problema ambiental não é problema climático. Algumas áreas da Ciência vêm cada vez mais caminhando por estradas tortuosas que, ao invés de racionalizar o Universo, pregam exatamente o oposto. Ela vai utilizar sua 'fama' de imparcialidade, neutralidade etc. para justamente legitimar certas ações que só podem ser encaradas como mitológicas. A Ciência Climática trabalha para outros propósitos e fins e não para entender a atmosfera, dentro do estrato geográfico".

Por outro lado, também é necessário considerar que importante relatório científico das Nações Unidas, divulgado em 9 de agosto de 2021, o relatório do Painel Intergovernamental sobre Mudanças Climáticas[4], aprovado por 195 governos e baseado em mais de 14.000 estudos, considerado o resumo mais abrangente até hoje da ciência física das mudanças climáticas, indica que, mesmo que as nações comecem a reduzir drasticamente as emissões a partir de referida data, o aquecimento global total provavelmente aumentará em torno de 1,5 grau Celsius nas próximas duas décadas...

O estudo antes referido[5] destaca que humanos já aqueceram o planeta em cerca de 1,1 graus Celsius, ou 2 graus Fahrenheit, desde o século 19, principalmente pela

---

bem-intencionados e direccionados para a melhoria do ambiente ou para travar a sua degradação. Só assim, é possível a existência de credibilidade junto dos decisores sérios. A consciencialização do ser humano comum passa por transmitir o conhecimento de forma honesta e imparcial, pois só assim se poderá conquistar a credibilidade. Ao contrário, os políticos não têm sido credíveis e como vêm, também vão rapidamente, sendo difícil de impor padrões de vida e comportamentos compatíveis com a qualidade ambiental e com os recursos disponíveis, coisa que, depois de se encontrar uma política correcta, ainda levará certamente o tempo de algumas gerações" (António Amílcar de Moura Alves da Silva, Reflexões sobre o conceito de clima e alterações climáticas: uma relação de equívoco?, cit., p. 1048-1061).

3. Ricardo Augusto Felício, "Mudanças climáticas" e "aquecimento global": nova formatação e paradigma para o pensamento contemporâneo, *Ciência e Natura*, Santa Maria, edição especial, v. 36, p. 257-266, 2014 (Revista do Centro de Ciências Naturais e Exatas – UFSM).

4. "**A mudança climática** (grifos nossos) é uma mudança de longo prazo nos padrões climáticos médios que definem os climas locais, regionais e globais da Terra. Essas mudanças têm uma ampla gama de efeitos observados que são sinônimos do termo. As mudanças observadas no clima da Terra desde meados do século 20 são impulsionadas por atividades humanas, particularmente a queima de combustíveis fósseis, que aumenta os níveis de gases de efeito estufa na atmosfera da Terra, elevando a temperatura média da superfície da Terra. Os processos naturais, que foram subjugados pelas atividades humanas, também podem contribuir para a mudança climática, incluindo a variabilidade interna (por exemplo, padrões cíclicos do oceano como El Niño, La Niña e a Oscilação Decadal do Pacífico) e forças externas (por exemplo, atividade vulcânica, mudanças na produção de energia do Sol, variações na órbita da Terra). Os cientistas usam observações do solo, do ar e do espaço, juntamente com modelos de computador, para monitorar e estudar as mudanças climáticas passadas, presentes e futuras. Os registros de dados climáticos fornecem evidências de indicadores-chave de mudança climática, como o aumento global da temperatura terrestre e oceânica; elevação do nível do mar; perda de gelo nos polos da Terra e nas geleiras das montanhas; mudanças de frequência e gravidade em climas extremos, como furacões, ondas de calor, incêndios florestais, secas, inundações e precipitação; e mudanças na cobertura de nuvens e vegetação." *Vide* Global Warming vs. Climate Change Earth Science Communications Team at NASA's Jet Propulsion Laboratory, California Institute of Technology. Disponível em: https://climate.nasa.gov/global-warming-vs-climate--change/ . Acesso em: 15 ago. 2023.

5. O novo relatório, com treze capítulos, fornece uma avaliação das evidências atuais sobre a ciência física das mudanças climáticas, a avaliação do conhecimento obtido a partir de observações, reanálises, arquivos de paleoclima e simulações de modelos climáticos, bem como processos climáticos físicos,

queima de carvão, petróleo e gás para obter energia, advertindo, todavia, que nem tudo estaria perdido, podendo a humanidade ainda lograr êxito no sentido de evitar que o planeta fique ainda mais quente...[6].

Para tanto, seria "exigido" um esforço coordenado entre os países para parar de adicionar dióxido de carbono à atmosfera por volta de 2050, o que implicaria uma rápida mudança dos combustíveis fósseis, começando imediatamente, bem como potencialmente removendo grandes quantidades de carbono do ar.

Se isso acontecesse, o aquecimento global provavelmente pararia e se estabilizaria em torno de 1,5 graus Celsius, conclui o relatório.

De qualquer forma, podemos adotar o ensinamento de Silva definindo então clima como "o ambiente troposférico resultante da acção e interacção do conjunto heterogéneo de características físicas dos elementos atmosféricos que o definem num determinado período e numa determinada Zona, região ou local"[7].

## 2. O ACORDO DE PARIS SOB A CONVENÇÃO-QUADRO DAS NAÇÕES UNIDAS SOBRE MUDANÇA DO CLIMA (UNFCCC) E O DECRETO LEGISLATIVO N. 140/2016

O Acordo de Paris sob a Convenção-Quadro das Nações Unidas sobre Mudança do Clima (UNFCCC), adotado em Paris, em 12 de dezembro de 2015 e assinado em

---

químicos e biológicos. Faz parte da sexta maior avaliação da ciência do clima do Painel Intergovernamental sobre Mudanças Climáticas, criado em 1988. Um segundo relatório, previsto para ser lançado em 2022, irá detalhar como as mudanças climáticas podem afetar aspectos da sociedade humana, como cidades costeiras, fazendas ou sistemas de saúde. Um terceiro relatório, também previsto para 2022, explorará estratégias mais completas para reduzir as emissões de gases de efeito estufa e deter o aquecimento global.

A respeito do relatório completo, *vide* https://www.ipcc.ch/report/ar6/wg1/downloads/report/IPCC_AR6_WGI_Full_Report.pdf.

6. "**O aquecimento global** (grifos nossos) é o aquecimento de longo prazo da superfície da Terra observado desde o período pré-industrial (entre 1850 e 1900) devido às atividades humanas, principalmente a queima de combustíveis fósseis, que aumenta os níveis de gases de efeito estufa na atmosfera da Terra. Este termo não é intercambiável com o termo "mudança climática".

Desde o período pré-industrial, estima-se que as atividades humanas tenham aumentado a temperatura média global da Terra em cerca de 1 grau Celsius (1,8 graus Fahrenheit), um número que atualmente está aumentando em mais de 0,2 graus Celsius (0,36 graus Fahrenheit) por década. A atual tendência de aquecimento é inequivocamente o resultado da atividade humana desde a década de 1950 e está ocorrendo a uma taxa sem precedentes ao longo de milênios." *Vide* Global Warming vs. Climate Change Earth Science Communications Team at NASA's Jet Propulsion Laboratory, California Institute of Technology. Disponível em: https://climate.nasa.gov/global-warming-vs-climate-change/. Acesso em: 15 ago. 2023.

7. "The aim of the paper is to provide a clear and thorough conceptual analysis of the main candidates for a definition of climate and climate change. Five desiderata on a definition of climate are presented: it should be empirically applicable, it should correctly classify different climates, it should not depend on our knowledge, is should be applicable to the past, present and future and it should be mathematically well-defined. Then five definitions are discussed: climate as distribution over time for constant external conditions, climate as distribution over time when the external conditions vary as in reality, climate as distribution over time relative to regimes of varying external conditions, climate as the ensemble distribution for constant external conditions, and climate as the ensemble distribution when the external conditions vary as in reality. The third definition is novel and is introduced as a response to problems with existing definitions. The conclusion is that most definitions encounter serious problems and that the third definition is most promising" (Charlotte Werndl, On defining climate and climate change, *The British Journal for the Philosophy of Science*, n. 67, p. 337-364, 2016).

Nova York, em 22 de abril de 2016[8], foi aprovado em nosso país conforme estabelecido pelo Decreto Legislativo n. 140/2016[9 e 10], ingressando em nosso ordenamento jurídico como ato normativo infraconstitucional[11].

Indicando amplo conjunto de dispositivos[12], o aludido Acordo, que, ao pretender fortalecer a resposta global à ameaça das mudanças climáticas[13, 14 e 15], procura estabelecer

---

8. Com o argumento de que necessitava ajudar as indústrias de petróleo e carvão de seu país, o presidente dos Estados Unidos Donald Trump, em 1º de junho de 2017, anunciou que o país deixaria toda a sua participação no Acordo de Paris sobre mudanças climáticas firmado em 2015. Disponível em: https://www.bbc.com/news/world-us-canada-40127326. Acesso em: 2 jan. 2019.

9. Decreto Legislativo n. 140/2016: Aprova o texto do Acordo de Paris sob a Convenção-Quadro das Nações Unidas sobre Mudança do Clima – UNFCCC, celebrado em Paris, em 12 de dezembro de 2015, e assinado em Nova York, em 22 de abril de 2016.

O Congresso Nacional decreta:

Art. 1º Fica aprovado o texto do Acordo de Paris sob a Convenção-Quadro das Nações Unidas sobre Mudança do Clima – UNFCCC, celebrado em Paris, em 12 de dezembro de 2015, e assinado em Nova York, em 22 de abril de 2016.

Parágrafo único. Nos termos do inciso I do art. 49 da Constituição Federal, ficam sujeitos à aprovação do Congresso Nacional quaisquer atos que possam resultar em revisão do referido Acordo, bem como quaisquer ajustes complementares que acarretem encargos ou compromissos gravosos ao patrimônio nacional.

Art. 2º Este Decreto Legislativo entra em vigor na data de sua publicação.

Senado Federal, em 16 de agosto de 2016. Senador Renan Calheiros – Presidente do Senado Federal.

10. Acordo de Paris. Disponível em: http://www2.camara.leg.br/legin/fed/decleg/2016/decretolegislativo-140-16-agosto-2016-783505-acordo-150960-pl.html.

11. *Vide* Alexandre de Moraes, *Direito constitucional*, 27. ed., São Paulo, Atlas, 2011.

12. A estrutura do Acordo de Paris pode ser dividida em: objetivo (art. 2); áreas de ação – mitigação (arts. 3-6), adaptação e perdas e danos (arts. 7-8); meios de implementação – financiamento (art. 9), tecnologia (art. 10), capacitação (art. 11) e educação (art. 12);transparência (art. 13); cumprimento – avaliação global (art. 14), facilitação e conformidade (art. 15); arcabouço institucional (arts. 16-19); e dispositivos gerais (arts. 20-29).

13. Pesquisas recentes teriam descoberto que o período mais quente dos últimos dois milênios ocorreu durante o século XX em mais de 98% do globo, indicando fortes evidências de que o aquecimento global antropogênico não seria apenas incomparável em termos de temperaturas absolutas, mas também sem precedentes na consistência espacial dentro do contexto dos últimos 2.000 anos. *Vide* Raphael Neukom; Nathan Steiger; Juan José Gómez-Navarro; Jianghao Wang; Johannes P. Werner, No evidence for globally coherent warm and cold periods over the preindustrial Common Era, *Nature*, v. 571, p. 550-554, 2019.

14. "Scientists have high confidence that global temperatures will continue to rise for decades to come, largely due to greenhouse gases produced by human activities. The Intergovernmental Panel on Climate Change (IPCC), which includes more than 1,300 scientists from the United States and other countries, forecasts a temperature rise of 2.5 to 10 degrees Fahrenheit over the next century.

According to the IPCC, the extent of climate change effects on individual regions will vary over time and with the ability of different societal and environmental systems to mitigate or adapt to change.

The IPCC predicts that increases in global mean temperature of less than 1.8 to 5.4 degrees Fahrenheit (1 to 3 degrees Celsius) above 1990 levels will produce beneficial impacts in some regions and harmful ones in others. Net annual costs will increase over time as global temperatures increase".

"Taken as a whole," the IPCC states, "the range of published evidence indicates that the net damage costs of climate change are likely to be significant and to increase over time" (Disponível em: https://climate.nasa.gov).

15. "Multiple studies published in peer-reviewed scientific journals show that 97 percent or more of actively publishing climate scientists agree: Climate-warming trends over the past century are extremely likely due to human activities. In addition, most of the leading scientific organizations worldwide have issued public statements endorsing this position. The following is a partial list of these organizations, along with links to their published statements and a selection of related resources" (Disponível em: https://climate.nasa.gov).

medidas de redução de emissão de dióxido de carbono a partir de 2020, afetando em princípio diretamente as atividades econômicas vinculadas ao uso de fontes de energia (renováveis e não renováveis) por parte dos diferentes participantes do referido pacto, deve, todavia, ser necessariamente interpretado não só em face da superior orientação de nossa Lei Maior, uma vez que, conforme ensina José Afonso da Silva, "no sistema brasileiro todos esses ajustes internacionais são hierarquicamente inferiores à Constituição"[16], como particularmente em decorrência de nossa legislação infraconstitucional relacionada ao seu conteúdo.

Assim, sobre este último aspecto, cabe desde logo destacar – independentemente dos parâmetros constitucionais que já foram analisados na presente obra, como particularmente o princípio ambiental constitucional da soberania – que os princípios infraconstitucionais dispostos na Lei n. 12.187/2009, norma jurídica que instituiu no Brasil a Política Nacional sobre Mudança do Clima, já se adequavam substancialmente ao referido Acordo de Paris, sendo certo que em referida lei ocorreu VETO a diretrizes que pretendiam estar focadas no abandono do uso de combustíveis fósseis, bem como aos critérios destinados a estabelecer formas de substituição dos combustíveis fósseis na matriz energética brasileira, uma vez que não estariam adequadamente concatenadas "com as necessidades energéticas do País", o que poderia "fragilizar a confiabilidade e a segurança do sistema energético nacional"[17].

---

16. José Afonso da Silva, *Comentário contextual à Constituição*, 7. ed., São Paulo, Malheiros, 2010.

17. Presidência da República – Casa Civil – Subchefia para Assuntos Jurídicos. Mensagem n. 1.123, de 29 de dezembro de 2009.

Senhor Presidente do Senado Federal,

Comunico a Vossa Excelência que, nos termos do § 1º do art. 66 da Constituição, decidi vetar parcialmente, por contrariedade ao interesse público e inconstitucionalidade, o Projeto de Lei n. 18, de 2007 (n. 283/09 no Senado Federal), que "Institui a Política Nacional sobre Mudança do Clima – PNMC e dá outras providências".

Ouvidos, os Ministérios da Fazenda, do Planejamento, Orçamento e Gestão e a Advocacia-Geral da União manifestaram-se pelo veto ao seguinte dispositivo:

*Inciso VI do art. 3º*

"Art. 3º (...)

VI – o dispêndio público com as ações de enfrentamento das alterações climáticas não sofrerá contingenciamento de nenhuma espécie durante a execução orçamentária."

Razões do veto

"O dispositivo carreia comando com mandamentos genéricos sobre finanças públicas, matéria afeta a Lei Complementar, conforme previsto no art. 163, I, da Constituição Federal. Ademais, o dispositivo contraria o princípio presente na Lei de Responsabilidade Fiscal de que as prioridades de cada exercício devam ser definidas por meio das leis de diretrizes orçamentárias."

Ouvido, também, o Ministério de Minas e Energia manifestou-se pelo veto aos seguintes dispositivos:

*Inciso III do art. 4º*

"Art. 4º (...)

III – ao estímulo ao desenvolvimento e ao uso de tecnologias limpas e ao paulatino abandono do uso de fontes energéticas que utilizem combustíveis fósseis; (...)"

Razões do veto

"A atual política energética do País já tem priorizado a utilização de fontes de energia renováveis em sua matriz e obtido avanços amplamente reconhecidos no uso de tecnologias limpas. Uma das balizas dessa política é o aproveitamento racional dos vários recursos energéticos disponíveis, o que torna inadequada uma diretriz focada no abandono do uso de combustíveis fósseis. A estratégia para o setor deve atender aos princípios e objetivos estabelecidos pela Lei n. 9.478, de 6 de agosto de 1997, que congrega a proteção ao meio ambiente a outros valores relevantes para a política e a segurança energéticas."

"Art. 10. A substituição gradativa dos combustíveis fósseis, como instrumento de ação governamental no âmbito da PNMC, consiste no incentivo ao desenvolvimento de energias renováveis e no aumento progressivo de sua participação na matriz energética brasileira, em substituição aos combustíveis fósseis.

Parágrafo único. A substituição gradativa dos combustíveis fósseis será obtida mediante:

I – o aumento gradativo da participação da energia elétrica produzida por empreendimentos de Produtores Independentes Autônomos, concebidos com base nas fontes eólicas de geração de energia, nas pequenas centrais hidrelétricas e de biomassa, no Sistema Elétrico Interligado Nacional;

II – o incentivo à produção de biodiesel, preferencialmente a partir de unidades produtoras de agricultura familiar e de cooperativas ou associações de pequenos produtores, e ao seu uso progressivo em substituição ao óleo diesel derivado de petróleo, particularmente no setor de transportes;

III – o estímulo à produção de energia a partir das fontes solar, eólica, termal, da biomassa e da cogeração, e pelo aproveitamento do potencial hidráulico de sistemas isolados de pequeno porte;

IV – o incentivo à utilização da energia térmica solar em sistemas para aquecimento de água, para a redução do consumo doméstico de eletricidade e industrial, em especial nas localidades em que a produção desta advenha de usinas termelétricas movidas a combustíveis fósseis;

V – a promoção, por organismos públicos de Pesquisa e Desenvolvimento científico-tecnológico, de estudos e pesquisas científicas e de inovação tecnológica acerca das fontes renováveis de energia;

VI – a promoção da educação ambiental, formal e não formal, a respeito das vantagens e desvantagens e da crescente necessidade de utilização de fontes renováveis de energia em substituição aos combustíveis fósseis;

VII – o tratamento tributário diferenciado dos equipamentos destinados à geração de energia por fontes renováveis;

VIII – o incentivo à produção de etanol e ao aumento das porcentagens de seu uso na mistura da gasolina;

IX – o incentivo à produção de carvão vegetal a partir de florestas plantadas."

Razões do veto

"O dispositivo pretende indicar as formas de substituição dos combustíveis fósseis na matriz energética brasileira. Essa indicação, entretanto, não está adequadamente concatenada com as necessidades energéticas do País, o que pode fragilizar a confiabilidade e a segurança do sistema energético nacional.

Há que se destacar, por exemplo, que as diretrizes do dispositivo desconsideram a possibilidade de utilização de energia produzida a partir de centrais hidrelétricas, fonte que contribui sobremaneira para que a matriz energética brasileira esteja entre as mais limpas do mundo, além de constituir grande parte da geração de energia elétrica do País.

Assim, as diretrizes da PNMC e da Política Energética Nacional deverão ser harmonizadas de forma a proteger o meio ambiente e, ao mesmo tempo, garantir a segurança energética necessária para o desenvolvimento do País."

Essas, Senhor Presidente, as razões que me levaram a vetar os dispositivos acima mencionados do projeto em causa, as quais ora submeto à elevada apreciação dos Senhores Membros do Congresso Nacional.

Este texto não substitui o publicado no *DOU* de 30-12-2009.

Igualmente, destacava o VETO "que as diretrizes do dispositivo afastado (art. 10) desconsideravam por exemplo" a possibilidade de utilização de energia "produzida a partir de centrais hidrelétricas, fonte que contribui sobremaneira para que a matriz energética brasileira esteja entre as mais limpas do mundo, além de constituir grande parte da geração de energia elétrica do País".

Destarte, ao contrário do que pretendem impor alguns setores comprometidos com valores outros e não com os fundamentos constitucionais em vigor, o denominado Acordo de Paris tem sua efetividade jurídica em nosso país concretamente condicionada aos Princípios Fundamentais, bem como Princípios Gerais da Atividade Econômica de nossa Lei Maior (particularmente o da defesa do meio ambiente), assim como ao que determina no plano constitucional e infraconstitucional não só a Política Nacional sobre Mudança do Clima (Lei n. 12.187/2009), mas principalmente em face de seu objetivo, ao conteúdo normativo estruturado pela Política Energética Nacional (Lei n. 9.478/97), visando garantir a segurança energética necessária para o desenvolvimento do Brasil em harmonia, por força de seu conteúdo, com as balizas normativas estabelecidas pelo direito ambiental constitucional.

## 3. A POLÍTICA NACIONAL SOBRE MUDANÇA DO CLIMA – PNMC (LEI N. 12.187/2009)

Ao oficializar o compromisso voluntário do Brasil junto à Convenção-Quadro das Nações Unidas sobre Mudança do Clima de redução de emissões de gases de efeito estufa[18] entre 36,1% e 38,9% das emissões projetadas até 2020, foi instituída em nosso país a denominada Política Nacional sobre Mudança do Clima – PNMC (Lei n. 12.187/2009). Todavia, ao pretender estabelecer princípios, objetivos, diretrizes e instrumentos vinculados à mudança do clima, referida lei indica ser norma jurídica sem qualquer efetividade.

___

18. "O **efeito estufa** (grifos nossos) é a maneira pela qual o calor é retido perto da superfície da Terra por "gases de efeito estufa". Esses gases que retêm o calor podem ser pensados como um cobertor enrolado em torno da Terra, mantendo o planeta mais quentinho do que seria sem eles. Os gases de efeito estufa incluem dióxido de carbono, metano, óxido nitroso e vapor de água. (O vapor de água, que responde física ou quimicamente às mudanças de temperatura, é chamado de *feedback*.) Os cientistas determinaram que o efeito de aquecimento do dióxido de carbono ajuda a estabilizar a atmosfera da Terra. Remova o dióxido de carbono e o efeito estufa terrestre entrará em colapso. Sem dióxido de carbono, a superfície da Terra seria cerca de 33°C (59°F) mais fria. Os gases de efeito estufa ocorrem naturalmente e fazem parte da composição da nossa atmosfera. Por esse motivo, a Terra às vezes é chamada de planeta "Cachinhos Dourados" – suas condições não são muito quentes nem muito frias, mas apenas adequadas para permitir que a vida (incluindo nós) floresça. Parte do que torna a Terra tão receptiva é seu efeito estufa natural, que mantém o planeta a uma temperatura amistosa de 15° C (59 ° F) em média. **Mas no último século, os seres humanos têm interferido no equilíbrio energético do planeta, principalmente por meio da queima de combustíveis fósseis que adicionam dióxido de carbono ao ar. O nível de dióxido de carbono na atmosfera da Terra vem aumentando consistentemente há décadas e retém calor extra perto da superfície da Terra, fazendo com que as temperaturas subam** (grifos nossos)". *Vide* What is the greenhouse effect? Disponível em: https://climate.nasa.gov/faq/19/what-is-the-greenhouse-effect/. Acesso em: 15 ago. 2023.

Com efeito.

Desde logo observamos que, ao definir juridicamente, em seu art. 2º, aspectos que, na visão do legislador, seriam relevantes para o tema, a saber, conceitos vinculados a balizar juridicamente o tema da mudança do clima, em momento algum a Lei n. 12.187/2009 define o que seria juridicamente clima...

Assim conceitos como adaptação (art. 2º, I), efeitos adversos do clima (art. 2º, II), impacto (art. 2º, VI), mudança do clima (art. 2º, VIII)[19] e mesmo vulnerabilidade (art. 2º, X), vinculados que estão à definição de clima, deixam de balizar de forma objetiva a matéria contida na lei, restando alguns poucos dispositivos, redigidos de forma inadequada, que revelem alguma utilidade.

Por outro lado, inexiste na denominada Política Nacional qualquer sanção correspondente à violação ou execução de referida lei...

Mais... não é preciso dizer.

## 4. O FUNDO NACIONAL SOBRE MUDANÇA DO CLIMA (FUNDO CLIMA) E A ADPF 708

O Fundo Nacional sobre Mudança do Clima é um instrumento da Política Nacional sobre Mudança do Clima que tem por finalidade financiar projetos, estudos e empreendimentos que visem à redução de emissões de gases de efeito estufa e à adaptação aos efeitos da mudança do clima. Criado pela Lei n. 12.114, de 9 de dezembro de 2009, teve sua regulamentação definida pelo Decreto n. 9.578, de 22 de novembro de 2018, alterado pelo Decreto n. 10.143, de 28 de novembro de 2019.

Vinculado ao Ministério do Meio Ambiente, o Fundo Clima disponibiliza recursos em duas modalidades, reembolsável e não reembolsável, sendo certo que os recursos reembolsáveis são administrados pelo Banco Nacional de Desenvolvimento Econômico e Social (BNDES) e os recursos não reembolsáveis são operados pelo MMA. Sendo administrado por um Comitê Gestor presidido pelo Secretário-Executivo do MMA. Tem a função de autorizar o financiamento de projetos e recomendar a contratação de estudos, com base em diretrizes e prioridades de investimento estabelecidas a cada dois anos.

Em 2022 o Supremo Tribunal Federal, em face da ADPF 708, seguindo orientação já adotada pela ADPF 347, proibiu o contingenciamento das receitas que integram referido Fundo determinando ao governo federal que adotasse as providências necessárias ao seu funcionamento, com a consequente destinação de recursos reconhecendo

---

19. O legislador, ao definir o que é mudança do clima, esclarece de forma brilhante que "mudança de clima" é... "mudança de clima"...

VIII – mudança do clima: mudança de clima que possa ser direta ou indiretamente atribuída à atividade humana que altere a composição da atmosfera mundial e que se some àquela provocada pela variabilidade climática natural observada ao longo de períodos comparáveis.

ainda na oportunidade a omissão da União devido à não alocação integral das verbas do fundo referentes ao ano de 2019.

Na verdade, o Supremo Tribunal Federal tão somente deu seguimento à diretriz já bem consolidada em nosso ordenamento jurídico visando que estabelece importante orientação ao modelo de Estado adotado por nossa Lei Maior, modelo este que pretende assegurar o desenvolvimento sustentável conforme seguro esclarecimento estabelecido pela ADI 4.269, a saber:

"O desenvolvimento sustentável passou, assim, a ser o objetivo a ser alcançado por todos os países, com previsão expressa no Princípio n. 4 da Declaração sobre o Meio Ambiente e Desenvolvimento (ECO-92, Rio de Janeiro, 1992), que firma: 'Para alcançar o desenvolvimento sustentável, a proteção ambiental deve constituir parte integrante do processo de desenvolvimento, e não pode ser considerada isoladamente deste'. No Brasil, a constitucionalização de uma ordem ambiental voltada ao dever estatal de proteção do meio ambiente, bem como seu deslocamento para o rol de direitos fundamentais, consagrou modelo de Estado que considera a proteção ambiental e o fenômeno do desenvolvimento 'um objetivo comum, pressupondo a convergência de objetivos das políticas de desenvolvimento econômico, social e cultural e de proteção ambiental' (FIORILLO, Celso Antonio Pacheco. *Curso de Direito Ambiental Brasileiro*, 4. ed., São Paulo: Saraiva, 2003, p. 25)"[20].

## 5. AS AÇÕES JUDICIAIS COM O OBJETIVO DE COMBATER AS MUDANÇAS CLIMÁTICAS: O DENOMINADO "LITÍGIO CLIMÁTICO"

Visando estabelecer precedentes judiciais para promover os esforços de mitigação das mudanças climáticas[21, 22, 23 e 24] de instituições públicas, como governos e

---

20. ADI 4.269/DF – Distrito Federal – Ação Direta de Inconstitucionalidade – Rel. Min. Edson Fachin – j. 18-10-2017 – public. 1º-2-2019 – Órgão julgador: Tribunal Pleno – Publicação – Acórdão Eletrônico, *DJe*-019, divulg. 31-1-2019, public 1º-2-2019.

21. "**As mudanças observadas no clima da Terra desde meados do século 20 são impulsionadas por atividades humanas, particularmente a queima de combustíveis fósseis, que aumenta os níveis de gases de efeito estufa na atmosfera da Terra** (grifos nossos) elevando a temperatura média da superfície da Terra". *Vide* Global Warming vs. Climate Change Earth Science Communications Team at NASA's Jet Propulsion Laboratory. California Institute of Technology. Disponível em: https://climate.nasa.gov/global-warming-vs-climate-change/. Acesso em: 15 ago. 2023.

22. "**Os combustíveis fósseis** (grifos nossos) representam atualmente quase a totalidade do comércio global de energia direta (dados de 2015). **O petróleo representa cerca de 60% do total da energia comercializada diretamente** (grifos nossos), seguido do gás (25%) e do carvão (15%)." *Vide* Energy in a low-carbon world: trade in fossil fuels plummets, global energy self-sufficiency increases, 26 de janeiro de 2023. Disponível em: https://joint-research-centre.ec.europa.eu/jrc-news-and-updates/low-carbon-world--trade-fossil-fuels-plummets-2023-01-26_en. Acesso em: 15 ago. 2023.

23. "**Segundo dados do Instituto Brasileiro de Petróleo e Gás (IBP), o Brasil é o 9º maior produtor de petróleo no mundo** e se mantém na mesma posição de 2020. Assim, ele se torna o maior produtor da América Latina. **Atualmente, o petróleo representa 13% do PIB brasileiro. Sendo assim, ele tem um impacto grande na economia brasileira** (grifos nossos). A União detém mais de 50% dos papéis

empresas, ou seja, usando ações judiciais com o objetivo de combater as mudanças climáticas, podemos observar que "litígios sobre mudanças climáticas vêm proliferando nas últimas duas décadas[25], à medida que ações judiciais em todo o mundo cada vez mais trazem à atenção dos tribunais debates políticos sobre mitigação e adaptação às mudanças climáticas, bem como perdas e danos relacionados às mudanças climáticas"[26].

De acordo com a London School of Economics, conforme indicado por Diya Kraybill[27], "é geralmente reconhecido que o litígio climático começou nos Estados Unidos no final dos anos 1980, mas, desde então, emergiu como um fenômeno global crescente". O litígio sobre mudança climática ganhou as manchetes após a decisão de 2021 do Tribunal Distrital de Haia no caso Milieudefensie v. Shell. Essa decisão histórica na lei ambiental considerou que a Shell era obrigada a estabelecer e manter padrões de emissões e metas de redução até 2030. Notavelmente, o número de casos de litígio climático arquivados aumentou significativamente após a assinatura do Acordo de Paris de 2016, com pouco mais de 800 casos arquivados entre 1986 e 2014 e mais de 1.200 casos arquivados entre 2014 e 2022. O Acordo de Paris, embora não

---

ordinários e possui 36,61% do total da Petrobrás. Só no ano de 2021, a Petrobras pagou R$ 202,9 bilhões em tributos e R$ 37,3 bilhões em dividendos à União. Esses valores permitem o aumento da verba disponível para investimentos em algumas áreas como educação, saúde e infraestrutura. *Vide* Qual a importância do petróleo para a economia do Brasil? Disponível em: https://igorbarenboim.com.br/qual-a-importancia-do-petroleo-para-a-economia-do-brasil/#:~:text=Atualmente%2C%20o%20petr%C3%B3leo%20representa%2013,bilh%C3%B5es%20em%20dividendos%20%C3%A0%20Uni%C3%A3o. Acesso em: 15 ago. 2023.

24. "**Como demonstrado, a indústria de petróleo e gás tem papel estratégico no Brasil tanto do ponto de vista energético quanto do ponto de vista socioeconômico, tendo em vista a sua capacidade de atração de investimentos, geração de empregos e de receitas** (grifos nossos). A robustez da indústria está associada a grandes mudanças que ocorreram nas últimas décadas no sentido da sua abertura que elevaram a sua competitividade e fizeram do Brasil um ator de grande relevância no mercado internacional. A contribuição para o setor público também é extremamente relevante. Segundo cálculos da ANP, União, estados e municípios devem arrecadar R$ 112 bilhões em *royalties* e participações especiais em 2023, R$ 118 bilhões em 2024, R$ 130 bilhões em 2025, e R$ 133 bilhões em 2026. Só em 2023, por exemplo, os estados deverão receber R$ 37 bilhões e os municípios R$ 27 bilhões. As receitas restantes (R$ 49 bilhões) se dividem entre recursos da União e do Fundo Especial." *Vide* Panorama geral do setor de petróleo e gás: uma agenda para o futuro, março 2023. Disponível em: https://www.ibp.org.br/personalizado/uploads/2023/04/panorama-geral-do-setor-og-22-03-2023-web.pdf. Acesso em: 15 ago. 2023.

25. "Climate change litigation continues to grow in importance year-on-year as a way of either advancing or delaying effective action on climate change. The role of litigation in affecting "the outcome and ambition of climate governance" was recognised by the Intergovernmental Panel on Climate Change Working Group III in 2022, in a document approved by representatives of every member state". Joana Setzer e Catherine Higham. Global trends in climate change litigation: 2022 snapshot Policy report, junho 2022. Disponível em: https://www.lse.ac.uk/granthaminstitute/wp-content/uploads/2022/08/Global-trends--in-climate-change-litigation-2022-snapshot.pdf. Acesso em: 15 ago. 2023.

26. Lisa Vanhala. Climate change litigation: a review. Disponível em: http://www.climate-loss-damage.eu/national-policies/climate-change-litigation-a-review/. Acesso em: 15 ago. 2023.

27. Diya Kraybill. Global climate change litigation: a new class of litigation on the rise. *Princeton Legal Journal Est.*, 2021. Disponível em: https://legaljournal.princeton.edu/global-climate-change-litigation-a-new-class-of-litigation-on-the-rise/. Acesso em: 15 ago. 2023.

seja juridicamente vinculativo, foi um passo fundamental porque foi uma tentativa de 'promover responsabilidade e ambição' para todas as nações".

A diversidade na literatura de litígios climáticos sobre a definição do fenômeno em estudo é, em muitos aspectos, conforme advertem Jacqueline Peel e Hari M. Osofsky,

> "um reflexo da amplitude das próprias mudanças climáticas. Como Hilson (2010, p. 2)[28], observou, a natureza global do problema das emissões excessivas de gases de efeito estufa, juntamente com as muitas decisões localizadas de vários atores que abordam a questão, significam que 'todo tipo de litígio poderia ser caracterizado como relacionado à mudança climática'. Consequentemente, ao tentar dar alguma forma à noção de litígio climático na literatura, os estudiosos divergem em questões como:
>
> • se deve incluir apenas casos que expressamente levantem questões de política ou ciência de mudança climática, ou se deve estender o estudo a casos motivados por preocupações sobre questões de mudança climática (por exemplo, um desafio a uma proposta de usina de carvão com base em seus impactos ambientais ou de amenidades mais amplos), ou com consequências para abordar a mudança climática (por exemplo, casos relacionados com os custos e compensações por eventos climáticos extremos, como furacões), mesmo que o próprio litígio não seja explicitamente enquadrado em termos de mudança climática;
>
> • se deve se concentrar em julgamentos emitidos por tribunais ou incluir outros tipos de processos de tomada de decisão quase judiciais e ações que levam a resultados diferentes de julgamentos, como uma decisão de acordo; e
>
> • incluir apenas casos com foco pró-regulatório ou também aqueles trazidos pela indústria que contestam as medidas regulatórias climáticas[29]".

De qualquer forma "como o escopo dessa nova classe de litígio continua a crescer", é de fato relevante também em nosso País que "as empresas estejam prontas para responder a esse cenário regulatório em constante mudança. Embora os litígios climáticos sejam frequentemente enfrentados com desafios e nem sempre sejam bem-sucedidos, a própria existência de litígios climáticos é um ímpeto poderoso para governos e atores corporativos defenderem sua responsabilidade social e buscarem práticas ambientais mais sustentáveis"[30].

---

28. Hilson C. 2010. Climate change litigation: a social movement perspective. Work. Pap., Univ. Reading, UK. Disponível em: https://ssrn.com/abstract=1680362. Acesso em: 15 ago. 2023.

29. Climate change litigation annual review of law and social science, v. 16, p. 21-38, out. 2020. Disponível em: https://www.annualreviews.org/doi/10.1146/annurev-lawsocsci-022420-122936. Acesso em: 15 ago. 2023.

30. Diya Kraybill. global climate change litigation: a new class of litigation on the rise. *Princeton Legal Journal Est.*, 2021. Disponível em: https://legaljournal.princeton.edu/global-climate-change-litigation-a-new-class-of-litigation-on-the-rise/. Acesso em: 15 ago. 2023.

# Parte II[1]
# DO DIREITO PROCESSUAL

## Capítulo I
### OS DIREITOS METAINDIVIDUAIS E A NOVA ORDEM PROCEDIMENTAL – A JURISDIÇÃO CIVIL COLETIVA, O PRINCÍPIO DA LEGALIDADE E O ACESSO À JUSTIÇA – A SEGURANÇA JURÍDICA

## 1. INTRODUÇÃO

O Estado está obrigado a prestar a tutela jurisdicional sempre que exercido o *direito constitucional de ação* pelos seus jurisdicionados, conforme dispõe o art. 5º, XXXV, da Constituição Federal. Consagra-se o princípio constitucional da *indeclinabilidade da jurisdição*, ou seja, quando provocado, o Judiciário está obrigado a dizer o direito com a finalidade de organizar a segurança jurídica através da coisa julgada (art. 5º, XXXVI, da CF). Juntamente com esse princípio, encontramos o do *devido processo legal,* que é o norteador do ordenamento jurídico como um todo[2].

Em face disso e com o advento da formação jurídica dos direitos difusos, consequência inevitável da *rebelião das massas,* como anteviu há menos de século Ortega y Gasset[3], ou da *multiplicação dos direitos*, como diz Bobbio[4], ou ainda da *massificação social*, a que alude Cappelletti[5], que escapam de qualquer definição do ortodoxo sistema público em contraste com o privado, porquanto existente um abismo entre eles,

---

1. Para um estudo completo, *vide* Celso Antonio Pacheco Fiorillo, *Princípios do direito processual ambiental:* a defesa judicial do patrimônio genético, do meio ambiente cultural, do meio ambiente digital, do meio ambiente artificial, do meio ambiente do trabalho e do meio ambiente natural no Brasil, 6. ed., São Paulo: Saraiva, 2016.

2. Para uma melhor compreensão, ver Nelson Nery Junior, *Princípios*, cit., p. 25.

3. Ortega y Gasset, *La rebelión de las masas,* cit., *passim.*

4. Norberto Bobbio, *A era dos direitos*, p. 68-9.

5. Mauro Cappelletti, *Proceso, ideologías, sociedad*, Buenos Aires, Ejea, 1974, *passim.*

não há mais que se falar na possibilidade de se usar o ortodoxo sistema *liberal individualista* do Código de Processo Civil e normas afins para dirimir os conflitos de massa.

Como bem salienta Teresa Celina de Arruda Alvim:

"Tratar do processo no Código do Consumidor é tarefa de grande responsabilidade, pois, na verdade, não se está diante de um assunto contido no processo civil a que estamos habituados. Tem-se, isto sim, um tema cuja amplitude causa perplexidade, uma vez que, rigorosamente, se está diante de um novo processo civil, de um outro processo civil, diferentemente daquele com que lidamos no dia a dia e que nos é familiar. Assim, só uma mentalidade de certo modo 'conformada' com a necessidade de se abandonarem os padrões tradicionais do processo é capaz de ser receptiva e, portanto, entender este novo processo, engendrado para regular uma outra faceta da realidade, que talvez possa ser eleita como a nota mais marcante das sociedades do nosso tempo"[6].

Com isso, falar em devido processo legal em sede de direitos coletivos *lato sensu* é fazer menção à aplicação de um outro plexo de normas e não do tradicional Código de Processo Civil, sob pena de assim violarmos a Constituição, impedindo o efetivo acesso à Justiça. Esse outro plexo de normas inova o ordenamento jurídico, instituindo o que passaremos a chamar de *jurisdição civil coletiva*. Esta é *formada* basicamente por dois diplomas legais: o Código de Defesa do Consumidor (Lei n. 8.078/90) e a Lei da Ação Civil Pública (Lei n. 7.347/85).

Dessa forma, a jurisdição civil apresenta-nos dois sistemas de tutela processual: um destinado às *lides individuais*, cujo instrumento adequado e idôneo é o Código de Processo Civil, e um outro voltado para a *tutela coletiva*, que se vale da aplicação da Lei da Ação Civil Pública e do Código de Defesa do Consumidor. Esclarecem Nelson Nery Junior e Rosa Maria Andrade Nery:

"A tutela em juízo dos direitos difusos e coletivos do consumidor está regulada no CDC arts. 81 a 104. A defesa judicial dos demais direitos e interesses difusos e coletivos se faz pelos mecanismos da LACP, aos quais se aplicam as disposições processuais do CDC (CDC art. 117, LACP art. 21), o que implica na observância dos conceitos legais de direitos difusos e coletivos do CDC art. 81, par. único I e II"[7].

Na verdade, somente através de uma decisão judicial definitiva, realizada em face da jurisdição coletiva e principalmente fundamentada no princípio da legalidade[8], é

---

6. Noções gerais sobre o processo no Código do Consumidor, *Direito do consumidor*, *10*:248.

7. Nelson Nery Junior e Rosa Maria Andrade Nery, *Código*, cit., p. 70.

8. "O PRINCÍPIO CONSTITUCIONAL DA RESERVA DE LEI FORMAL TRADUZ LIMITAÇÃO AO EXERCÍCIO DA ATIVIDADE JURISDICIONAL DO ESTADO. A reserva de lei constitui postulado revestido de função excludente, de caráter negativo, pois veda, nas matérias a ela sujeitas, quaisquer intervenções normativas, a título primário, de órgãos estatais não legislativos. Essa cláusula constitucional, por sua vez, projeta-se em uma dimensão positiva, eis que a sua incidência reforça o princípio, que, fundado na autoridade da Constituição, impõe, à administração e à jurisdição, a necessária submissão aos comandos estatais emanados, exclusivamente, do legislador. Não cabe, ao Poder Judiciário, em tema

que no atual sistema constitucional em vigor as partes conseguirão observar a almejada *segurança jurídica*, conforme já tivemos oportunidade de mencionar[9]. A jurisdição civil coletiva em matéria ambiental visa, por via de consequência, assegurar aos destinatários do direito ao meio ambiente ecologicamente equilibrado um resultado final, seguro e definitivo em face de lides submetidas à apreciação do Poder Judiciário.

## 2. APLICAÇÃO SUBSIDIÁRIA DO CÓDIGO DE PROCESSO CIVIL

A defesa dos bens ambientais, em razão da natureza do bem tutelado, que, como sabemos, é metaindividual, e conforme determina o art. 19 da Lei da Ação Civil Pública, receberá tratamento direto e primário das normas procedimentais previstas na jurisdição coletiva (CDC + LACP) e somente de forma *secundária* (subsidiariamente) deverão ser aplicados o Código de Processo Civil e os demais diplomas. Como exemplo, tratando-se de ação popular ambiental, apenas de modo subsidiário e naquilo que não contrariar o procedimento da jurisdição civil coletiva é que a Lei n. 4.717/65 deverá ser aplicada. Conclui-se, dessarte, que, quando se tratar de ação coletiva para a defesa do meio ambiente, deverão ser utilizadas as regras previstas no direito processual ambiental constitucional, bem como no Título III do Código de Defesa do Consumidor, combinado com o que dispõe a Lei da Ação Civil Pública[10].

## 3. PRINCÍPIOS INERENTES À JURISDIÇÃO CIVIL COLETIVA

Passaremos, então, à análise dos princípios e aspectos processuais inerentes à jurisdição civil coletiva.

---

regido pelo postulado constitucional da reserva de lei, atuar na anômala condição de legislador positivo (*RTJ* 126/48 – *RTJ* 143/57 – *RTJ* 146/461-462 – *RTJ* 153/765 – *RTJ* 161/739-740 – *RTJ* 175/1137, v.g.), para, em assim agindo, proceder à imposição de seus próprios critérios, afastando, desse modo, os fatores que, no âmbito de nosso sistema constitucional, só podem ser legitimamente definidos pelo Parlamento. É que, se tal fosse possível, o Poder Judiciário – que não dispõe de função legislativa – passaria a desempenhar atribuição que lhe é institucionalmente estranha (a de legislador positivo), usurpando, desse modo, no contexto de um sistema de poderes essencialmente limitados, competência que não lhe pertence, com evidente transgressão ao princípio constitucional da separação de poderes" (RE 322.348 AgR/SC – Ag. Reg. no Recurso Extraordinário, 2ª Turma, Rel. Min. Celso de Mello, j. 12-11-2002, *DJ*, 6-12-2002, p. 71, ement., v. 02094-03, p. 558).

9. Em voto proferido na Ação Direta de Inconstitucionalidade 3.685-8, o Ministro Eros Grau, do STF, citando Weber (*Economia y Sociedad*, v. II, trad. de José Medina Echeverria *et alii*, Fondo de Cultura Econômica, México, 1969, p. 238) teve a oportunidade de explicar onde, quando nasce e para que serve o instituto da segurança jurídica. Claro está que a visão de Weber tem que ser devidamente observada nos dias de hoje em face de nossa Carta Magna, que afirma a existência da tutela constitucional dos direitos materiais coletivos (difusos e coletivos).

10. No mesmo sentido ver Nelson Nery e Rosa Nery, *Código*, cit., p. 1.018; Arruda Alvim, *Código do Consumidor comentado*, 2. ed., São Paulo, Revista dos Tribunais, p. 512-3; Rodolfo de Camargo Mancuso, *Ação popular*, São Paulo, Revista dos Tribunais, 1994, p. 196.

## 3.1. PRINCÍPIO DO ACESSO À JUSTIÇA NA JURISDIÇÃO CIVIL COLETIVA

O princípio da inafastabilidade do controle jurisdicional é trazido pelo art. 5º, XXXV, da Constituição Federal, ao enunciar: "a lei não excluirá da apreciação do Poder Judiciário lesão ou ameaça a direito". Com isso, consagrou-se o direito de ação e defesa (porquanto ao postulante assiste o direito de propor ação e ao réu, o de contestá-la), um direito público e subjetivo de exigir do Estado a prestação da tutela jurisdicional, uma vez que ele chamou para si a função de se fazer substituir aos conflitos, dirimindo-os.

Sedimenta-se naquele inciso, ainda, o *princípio do livre acesso à Justiça*. Entretanto, essa garantia só faz sentido quando o próprio Estado fornece mecanismos adequados e efetivos para a sua aplicação. Tendo em vista essa necessidade, conjugada com a previsão constitucional trazida pelo art. 5º, XXXII, é que se procurou possibilitar, de forma ampla, irrestrita e eficaz, o acesso à Justiça para a defesa dos interesses coletivamente considerados.

Nesse sentido, verificamos alguns aspectos que auxiliaram a realização da presente garantia constitucional, como, por exemplo, o fato de o legislador infraconstitucional conceituar os direitos metaindividuais (art. 81 do CDC), bem como o de ter dado tratamento coletivo aos direitos individuais homogêneos, a fim de permitir que se implementasse a primeira ação coletiva para defesa de interesses individuais homogêneos brasileira, consagrada nos arts. 91 e s. do Código de Defesa do Consumidor. Além disso, podemos apontar a permissão legal conferida ao magistrado de dispensar o requisito da pré-constituição da associação quando haja a presença de manifesto interesse social, evidenciado pela dimensão ou característica do dano ou pela relevância do bem jurídico a ser protegido[11].

Ainda procurando conferir efetividade à tutela de direitos transindividuais, permitiu-se o uso de todas as ações e providências necessárias que sejam capazes de propiciar a efetiva tutela dos direitos protegidos pelo Código, incluindo-se não só ações de conhecimento, mas também as de execução, as cautelares e as mandamentais, bem como foram previstas a execução específica de obrigação, a figura da *astreinte* (multa diária), a fim de forçar o cumprimento da obrigação, a possibilidade de tutela antecipada *ex officio*, entre outras que serão oportunamente estudadas.

Ainda com relação à preocupação do legislador na busca do pleno e eficaz acesso à Justiça, temos a dispensa de quaisquer despesas e até mesmo de condenação da

---

11. Não obstante o fato de o mandado de segurança coletivo poder configurar uma ação coletiva, a regra que dispensa o requisito da pré-constituição da associação (de um ano) não se aplica para o *mandamus*, uma vez que, de *lege lata*, a Constituição Federal exige o referido pré-requisito, consoante determina o art. 5º, LXX. Nesse sentido prelecionam Nery e Nery: "O juiz poderá dispensar o prazo ânuo, pois há casos em que a associação é constituída *ex post factum*. A dispensa é válida para todas as ações propostas com base na LACP, CDC e ECA, exceto para o mandado de segurança coletivo, pois a exigência da pré-constituição está na Constituição Federal, art. 5º, LXX, não podendo a lei ordinária dispor diversamente" (*Código*, cit., p. 1.026).

associação autora quando se tratar de ações coletivas relativas ao Código de Defesa do Consumidor, conforme dispõe o art. 87 do referido diploma, em consonância com a ideia constante no art. 18 da Lei da Ação Civil Pública, que diz não haver adiantamento de custas, emolumentos, honorários periciais e quaisquer outras despesas, nem condenação da associação autora, ressalvada a comprovação de má-fé, em honorários de advogado, custas e despesas processuais, nas ações coletivas de que trata essa lei.

Dessa forma, pelo que foi exposto, verifica-se que o legislador infraconstitucional procurou facilitar e incentivar a tutela ambiental, trazendo instrumentos aptos a conferir a sua efetividade, em respeito ao princípio do livre acesso à Justiça.

## 3.2. PRINCÍPIO DA IGUALDADE NA JURISDIÇÃO CIVIL COLETIVA

A igualdade – preceito trazido juntamente com a liberdade e a fraternidade –, que norteou o início do século XIX, buscou fazer prevalecer a autonomia da vontade do indivíduo, colocando à distância o intervencionismo do Estado, porquanto acreditava-se que essa dinâmica propiciaria o desenvolvimento de situações mais igualitárias.

Contudo, essa filosofia procurou nivelar aquilo que já estava desnivelado economicamente, de modo a apenas consagrar o que chamamos de igualdade formal.

Assim, num sentido original, o princípio da igualdade revela-nos a concepção da isonomia formal, sem preocupar-se em atender às peculiaridades de algumas situações. Todavia, as profundas transformações sociais e a crescente verificação de que a igualdade daquela maneira apregoada mostrava-se como forma selvagem de dominação exigiram intervenção do Estado com o escopo de reequilibrar a balança da igualdade, buscando-se, dessarte, a igualdade substancial ou real, de forma que os iguais fossem igualmente tratados, ao passo que os desiguais, desigualmente tratados, na exata medida de suas desigualdades.

Nesse contexto, verificamos que o art. 6º, VIII, do Código de Defesa do Consumidor, ao prever a inversão do ônus da prova, é um exemplo ímpar da consagração da igualdade substancial ou real apregoada pela nossa Constituição Federal de 1988, no seu art. 5º, *caput* e I, porquanto buscou alcançar paridade processual, facilitando a defesa do hipossuficiente.

Aludida constatação revela também profunda transformação na postura do juiz; passou-se a atribuir-lhe poderes mais amplos como modo de resguardar valores fundamentais do direito dos homens. Com isso, nota-se que quanto menos paritário for o posicionamento das partes no processo, mais acentuados devem ser os poderes do juiz.

# Capítulo II
# CONDIÇÕES E ELEMENTOS DA AÇÃO

## 1. INTRODUÇÃO

Como sabemos, a Constituição Federal, em seu art. 5º, XXXV, assegura, na presença de lesão ou ameaça a direito, o livre acesso ao Poder Judiciário. A essa garantia dá-se o nome de direito de ação.

Todavia, esse direito por si só não é suficiente para exigir do órgão judicial um pronunciamento meritório favorável. Observe-se que o direito assegurado não é o de obter uma tutela favorável, mas sim uma manifestação acerca do mérito da demanda. Mas, para que se possa obter tutela jurisdicional de mérito, o direito de ação é condicionado na sua existência. Isso significa dizer que somente presentes determinadas condições, satisfeitos pressupostos positivos e inexistentes negativos, o pleiteante fará jus a um pronunciamento de mérito. Nesse sentido salienta Nelson Nery Junior:

> "As condições da ação possibilitam ou impedem o exame da questão seguinte (mérito). Presentes todas, o juiz pode analisar o mérito, não sem antes verificar se também se encontram presentes os pressupostos processuais. Ausente uma delas ou mais de uma, ocorre o fenômeno da carência da ação, ficando o juiz impedido de examinar o mérito"[1].

## 2. CONDIÇÕES DA AÇÃO

### 2.1. POSSIBILIDADE JURÍDICA DO PEDIDO

Esta condição era estabelecida (*a contrario sensu*) no art. 295, parágrafo único, III, do Código de Processo Civil de 1973, implicitamente, uma vez que o nosso regime teria adotado na oportunidade o conceito abstrato de ação[2].

---

1. Nelson Nery Junior e Rosa Maria Andrade Nery, *Código*, cit., p. 474 e s.
2. O direito mexicano adotou a teoria concreta da ação, que exige para o exercício do direito a presença de um direito violado.

Consiste na postulação de uma tutela prevista *in abstrato* no ordenamento jurídico. A *possibilidade jurídica do pedido* é instituto processual e significa que ninguém pode intentar uma ação sem que postule uma providência que esteja, em tese (abstratamente), prevista no ordenamento jurídico. Dessa forma, o magistrado deverá realizar uma análise superficial e verificar se tal situação é prevista na ordem jurídica, sem adentrar, contudo, considerações fático-jurídicas da lide.

## 2.2. INTERESSE

O interesse a que se refere a lei é processual, ou seja, é o interesse secundário (acessório do primário), que se relaciona diretamente com o direito material. Ao falarmos em interesse, estaremos questionando a *necessidade da intervenção estatal*, a fim de dar efetividade ao interesse material da parte (primário), e a *utilidade (ou adequação) do provimento judicial*.

O interesse a que se refere o novo Código de Processo Civil (Lei n. 13.105/2015), em seu art. 17, não é qualquer um, mas sim o interesse jurídico-processual, o qual é reflexo da imprescindibilidade do uso do processo para que se tenha satisfeito um direito assegurado pelo ordenamento jurídico. Revela-se pela necessidade da intervenção do Estado na esfera dos conflitos, de modo a garantir a solução dos litígios de forma definitiva.

A utilidade (alguns autores falam também em adequação, o que exprime a mesma ideia), por sua vez, consiste na escolha do meio processual adequado para a satisfação do direito pleiteado. Afinal, de nada adianta a movimentação da máquina judiciária se o meio escolhido não poderá, ao término do processo, garantir a efetiva satisfação do direito resistido.

Por derradeiro, esclarecemos que, em que pese grande parte da doutrina falar em *interesse de agir*, esta terminologia apresenta-se eivada de falta técnica e precisão, porquanto agir pode ter sentido processual e extraprocessual, ao passo que *interesse processual* significa univocamente entidade que tem eficácia endoprocessual[3], o que nos leva à utilização da última expressão, ou simplesmente "interesse".

## 2.3. LEGITIMIDADE DAS PARTES

Como Chiovenda preleciona: "parte é aquele que demanda em seu próprio nome a atuação de uma vontade da lei, e aquele em face de quem esta atuação é demandada"[4]. Como demonstra-nos o art. 18 do novo Código de Processo Civil, no conflito de direitos individuais, a legitimação será, via de regra, ordinária e, excepcionalmente, extraordinária. Nesse sentido, esclarece Nelson Nery Junior:

---

3. Nesse sentido ver Nelson Nery Junior e Rosa Maria Andrade Nery, *Código*, cit., p. 475.
4. Cf. *Instituições de direito processual civil*, 3. ed., Saraiva, 1969, v. 2, p. 214.

"Quando existe uma coincidência entre a legitimação do direito material que se quer discutir em juízo e a titularidade do direito de ação, diz-se que se trata de legitimação ordinária para a causa, que é a regra geral, aquele que se afirma titular do direito material tem legitimidade para discuti-lo em juízo. Há casos excepcionais, entretanto, em que o sistema jurídico autoriza alguém a pleitear, em nome próprio, direito alheio. Quando isto ocorre, há legitimidade extraordinária, que, no sistema brasileiro, não pode decorrer da vontade das partes. A substituição processual (CPC, art. 6$^{\circ5}$) é espécie da legitimação extraordinária"[6].

No entender de Liebman:

"(...) a legitimação para agir é (...) a pertinência subjetiva da ação, isto é, a identidade entre quem a propõe e aquele que, relativamente à lesão de um direito próprio (que afirma existente), poderá pretender para si o provimento de tutela jurisdicional, pedido com referência àquele que foi chamado em juízo. Tudo quanto se disse até aqui prevalece em casos normais e refere-se à legitimação ordinária. Todavia, em casos expressamente indicados na lei, pode ser reconhecida ao terceiro uma legitimação extraordinária, que lhe confere o direito de prosseguir em juízo 'um direito alheio'"[7].

A *legitimação ordinária* decorre da própria demanda, em que as pessoas levadas a juízo são as próprias envolvidas no conflito. Assim, estará legitimado o autor quando for o possível titular do direito pretendido em relação àquele que indica como réu e está envolto na mesma relação; daí é que a legitimidade do réu decorre de ser ele a pessoa corretamente indicada, para poder vir a suportar os efeitos oriundos da sentença[8].

Saliente-se que a legitimação *ad causam* é questão preliminar ao mérito e trata-se de objeção (matéria de ordem pública), de forma que não estará sujeita a preclusão, cabendo ao magistrado, em qualquer momento, conhecê-la de ofício. Por outro lado, admitida a legitimidade *ad causam*, ativa ou passiva (e satisfeitas as demais condições da ação), havendo julgamento de mérito, o legitimado terá, inexoravelmente, sua esfera jurídica afetada pelos efeitos da sentença.

## 2.3.1. *Legitimidade extraordinária e substituição processual*

Merece destaque a legitimação extraordinária, porquanto, ao abordarmos a legitimidade para agir nas ações coletivas (para a defesa de direitos individuais homogêneos), o seu conceito será de grande importância na compreensão do instituto, além do fato de ser muito comum a confusão desta legitimação com a figura da substituição processual.

---

5. Art. 18 em face do atual Código de Processo Civil (Lei n. 13.105/2015).
6. Nelson Nery Junior e Rosa Maria Andrade Nery, *Código*, cit., p. 475.
7. Cf. *Manual de direito processual civil*, Rio de Janeiro, Forense, 1984, p. 159-60.
8. Arruda Alvim, *Tratado de direito processual civil*, cit., p. 384.

A legitimação extraordinária só existe quando fundamentada em lei, porquanto a regra geral do processo individual é que cada titular defenda o seu próprio direito. Com isso, o trivial é que as legitimações *ad causam* e *ad processum* recaiam na mesma pessoa. Por outro lado, quando não ocorre essa coincidência, essa sobreposição, qual seja, o legitimado para o processo não é o legitimado *ad causam*, estamos diante da legitimidade extraordinária, que, asseveramos, sempre haverá de vir expressa pela lei.

A substituição processual, por sua vez, é uma espécie de legitimação extraordinária, mas com ela não se confunde. Como nesta, deve sempre vir autorizada por lei, mas para que exista não basta a satisfação única desse requisito. Dessarte, a substituição processual caracteriza-se sempre que estiverem simultaneamente presentes os seguintes requisitos: a) a lei atribuir a alguém direito de ação de molde a que possa agir, em nome próprio, para a defesa de direito material alheio; b) o titular daquele direito material estar ausente naquela situação como parte (principal)[9].

A distinção entre os institutos é bastante sutil. A substituição processual possibilita ao substituto a promoção da *defesa do direito material* do legitimado *ad causam*, conferindo-lhe, portanto, legitimidade passiva. O conceito fica mais claro ao trazermos a situação presente no art. 72, II, do novo Código de Processo Civil. Nesse caso, o curador é substituto processual, na medida em que a sua atuação é prevista pela lei e ele age na ausência do titular do direito material. Além disso, o substituto processual somente poderá oferecer defesa, sendo-lhe vedada a promoção de uma ação. Dessa forma, o curador especial não poderá reconvir (porquanto esta defesa tem natureza de ação). A sua atuação está adstrita à defesa do direito material daquele que não está em juízo para em nome próprio defendê-lo.

A legitimação extraordinária tem maior abrangência, na medida em que ao legitimado extraordinariamente é conferido direito de ação. Podemos citar como exemplo a legitimação extraordinária do Ministério Público para ingressar em juízo, pleiteando indenização para vítima pobre, no caso de obtenção de sentença penal condenatória, conforme dispõe o art. 68 do Código de Processo Penal, ou na hipótese de interdição, conforme o art. 748 do novo Código de Processo Civil (Lei n. 13.105/2015).

Nessas situações, é dado ao legitimado direito de ação, de agir, enquanto ao substituto processual cabe tão somente a defesa do direito material daquele que não está em juízo para fazê-lo.

Na esfera da jurisdição civil coletiva, vale lembrar que nos casos das ações coletivas para a defesa de direitos individuais homogêneos, previstas nos arts. 91 e s. do Código de Defesa do Consumidor, *class action* brasileira, a legitimidade é do tipo *extraordinária*, porquanto a norma legitimou outrem para a defesa em juízo de direito alheio, em nome próprio, cujo titular é identificável e individualizável.

---

9. Ephraim de Campos Jr., *Substituição processual*, São Paulo, Revista dos Tribunais, 1985, p. 20.

## 3. ELEMENTOS DA AÇÃO

Os elementos são *dados de identidade* de uma ação, de forma a personificá-la, individualizá-la no mundo jurídico. A utilidade da identificação dos elementos da ação liga-se à compreensão de determinados fenômenos processuais, como a litispendência, a perempção, a coisa julgada material, a conexão, a continência e a prejudicialidade externa, bem como à resolução de questões a eles relacionados.

São elementos identificadores da ação: partes, pedido e causa de pedir.

### 3.1. PARTES

Na lição de Chiovenda, como já abordado, parte é aquele que pede e contra quem se pede a tutela jurisdicional. Contudo, os sujeitos de uma relação jurídica não devem ser identificados fisicamente, mas tão somente pela qualidade jurídica que ostentam no litígio.

### 3.2. PEDIDO

É o objeto litigioso. É o objeto da lide deduzida em juízo, que deverá ser certo e determinado. Formulado na inicial, funciona como verdadeiro limitador da extensão da atividade jurisdicional.

O pedido pode ser mediato ou imediato. O imediato refere-se ao provimento jurisdicional pleiteado (provimento declaratório, condenatório, constitutivo, cautelar ou executivo), enquanto o pedido mediato diz respeito ao próprio bem jurídico pretendido, o bem da vida reclamado.

### 3.3. CAUSA DE PEDIR

Também chamada *causa petendi*. O nosso Novo Código de Processo Civil adotou no seu art. 319, III, como requisitos da petição inicial os fatos e o fundamento jurídico do pedido, demonstrando a existência de uma causa de pedir remota e outra próxima. A remota relaciona-se ao fundamento jurídico, enquanto a causa de pedir próxima diz respeito aos fatos.

Dessa forma, é correto afirmar que adotamos, como regra, a *teoria da substanciação* quanto à causa de pedir, porquanto se exige a descrição dos *fatos* e dos *fundamentos jurídicos* que deles decorrem, em contraposição à *teoria da individualização*, em que basta a exposição da relação jurídica causal, de maneira que a situação jurídica oriunda do fato constitutivo mostra-se suficiente para a demonstração deste.

A teoria da individualização será utilizada de forma excepcional quando estiverem envolvidos: a) direitos *erga omnes*, como, por exemplo, o direito à propriedade, porque, quanto à sua comprovação, o que importa não são os fatos, mas sim o fundamento jurídico de ser dono daquela propriedade, porquanto possui a escritura pública do imóvel; b) quando a questão de mérito for processual, como, por exemplo, uma ação rescisória fundamentada na nulidade de sentença que não apresentou a motivação, desrespeitando o art. 489 do novo Código de Processo Civil, bem como o art. 93, IX, da Constituição Federal. Nessa situação, basta à causa de pedir a demonstração da nulidade da sentença (em razão da ausência de fundamentação), não importando os fatos que circundaram o vício.

Dessarte, como regra no nosso direito, importam à causa de pedir os fatos jurídicos e os respectivos fundamentos jurídicos, com a aplicação, portanto, da teoria da substanciação, restando como exceção a teoria da individualização, na qual importa à causa de pedir apenas o fundamento jurídico.

Por derradeiro, cumpre-nos esclarecer a diferença existente entre fundamento jurídico e fundamento legal: este é a norma correlata em que se apoia a pretensão, cuja referência não é exigida pelo novo Código de Processo Civil, pois, consoante o princípio *iura novit curia,* o juiz conhece o direito e não pode negar-se a aplicá-lo.

# Capítulo III
## ANÁLISE DE ALGUNS ASPECTOS PROCESSUAIS GERAIS DA JURISDIÇÃO CIVIL COLETIVA[1]

### 1. LEGITIMIDADE ATIVA

A Lei da Ação Civil Pública, no momento em que foi editada (1985), regulava apenas as ações de indenização por danos causados aos bens jurídicos por ela tutelados, entre os quais estavam incluídos o meio ambiente, as ações de obrigação de fazer ou não fazer e as cautelares para assegurar o resultado do processo de conhecimento ou de execução. Com o advento do Código de Defesa do Consumidor, o seu art. 117 acrescentou o art. 21 àquela lei, dispondo acerca da aplicação do Código às ações civis públicas.

Através do seu art. 83, o Código de Defesa do Consumidor estabeleceu a admissibilidade de todas as ações e providências capazes de propiciar adequada e efetiva tutela para a defesa dos interesses tutelados por ele, de forma que a Lei da Ação Civil Pública não mais estava limitada às hipóteses iniciais, à época de sua promulgação.

### 1.1. A LEGITIMIDADE DAS ASSOCIAÇÕES CIVIS[2]

No tocante às associações civis que tenham como finalidade estatutária a defesa do meio ambiente, poderão agir em juízo por meio das ações coletivas, entendimento que passou a repercutir também no Superior Tribunal de Justiça adotando nosso posicionamento. Nessa seara, vale frisar que[3] com o advento da Constituição Federal de 1988 os sindicatos não mais são controlados pelo governo, de sorte que têm natureza

---

1. *Vide*, de forma detalhada, Celso Antonio Pacheco Fiorillo, *Direito processual ambiental brasileiro:* a defesa judicial do patrimônio genético, do meio ambiente cultural, do meio ambiente digital, do meio ambiente artificial, do meio ambiente do trabalho e do meio ambiente natural no Brasil, 7. ed., São Paulo, Saraiva, 2018.

2. Para um estudo aprofundado vinculado ao tema *vide* nossa dissertação de Mestrado *Associação civil e interesses difusos no direito processual civil brasileiro*, 1989.

3. "Precedentes citados do STF: RE 436.047-PR (*DJ*, 13-5-2005); AI 650.404-SP (*DJe*, 13-3-2008); AI 566.805-SP (*DJ*, 19-12-2007); do STJ: AgRg nos EREsp 497.600-RS (*DJ*, 16-4-2007); REsp 991.154-RS (*DJe*, 15-12-2008); REsp 805.277-RS (*DJe*, 8-10-2008); AgRg no Ag 1.153.516-GO (*DJe*, 26-4-2010);

e personalidade jurídicas de associação, podendo, igualmente, mover ações coletivas para a defesa do meio ambiente, observados os demais requisitos legais para que se reconheça essa legitimidade[4 e 5].

Ainda a respeito das associações, o juiz poderá dispensar o requisito da pré-constituição há pelo menos um ano, pois existem situações em que a associação se forma *ex post factum*. A dispensa da pré-constituição é válida para todas as ações ajuizadas com base no Código de Defesa do Consumidor e na Lei da Ação Civil Pública, exceto para o mandado de segurança coletivo, porquanto passa a ser requisito constitucional (art. 5º, LXX), não podendo a lei infraconstitucional dispor de modo diverso[6].

Deve-se acrescentar a *não exigência* de os estatutos da associação civil ou do sindicato preverem expressamente a defesa do meio ambiente como finalidade institucional, sendo suficiente, para considerá-los legitimados à propositura de ações coletivas ambientais, que a associação ou o sindicato defendam valores que incluam direitos difusos e coletivos. Com isso, não é obrigatória a pertinência temática entre o objeto tutelado (meio ambiente) e a finalidade à qual estão incumbidos a associação civil ou o sindicato.

No que toca à atuação do particular, este não possui legitimidade para ajuizar a ação civil pública ambiental, cabendo a ele apenas deduzir em juízo pretensão indenizatória para a reparação de *dano pessoal*, fundamentando-a na responsabilidade objetiva do poluidor, com base no sistema da Lei n. 6.938/81.

## 1.2. NATUREZA DA LEGITIMAÇÃO ATIVA NA JURISDIÇÃO CIVIL COLETIVA

Por derradeiro, vale frisar a necessidade de construção dogmática acerca da legitimidade para a defesa de direitos supraindividuais. Descabido analisar esse fenômeno à luz do ortodoxo sistema processual civil, que trata, em seu art. 18, da legitimação ordinária e extraordinária, resolvendo a questão na seara dos conflitos privados.

Em se tratando de conflitos coletivos *lato sensu*, é correto que os entes legitimados para a propositura da ação civil pública são *responsáveis pela condução do processo* e não desempenham a figura que muitos chamam de substituto processual. Com isso, observamos uma superação da dicotomia legitimação ordinária/extraordinária,

---

REsp 132.906-MG (*DJ*, 25-8-2003); REsp 880.385-SP (*DJe*, 16-9-2008), e REsp 281.434-PR (*DJ*, 29-4-2002)" (REsp 1.189.273-SC, Rel. Min. Luis Felipe Salomão, j. 1º-3-2011).

4. *Vide* nosso *Os sindicatos e a defesa dos interesses difusos no direito processual civil brasileiro*, tese de doutorado defendida e aprovada por unanimidade no ano de 1994 e transformada em livro publicado pela Editora Revista dos Tribunais no ano de 1995.

5. Nossa tese foi reconhecida pelo Supremo Tribunal Federal em junho de 2006 quando, por 6 votos a 5, o Plenário firmou entendimento de que o sindicato pode atuar na defesa de todos e quaisquer direitos subjetivos individuais e coletivos dos integrantes da categoria por ele representada. *Vide* Recurso Extraordinário 210.029 interposto pelo Sindicato dos Empregados em Estabelecimentos Bancários de Passo Fundo (RS) contra decisão do Tribunal Superior do Trabalho (TST).

6. A respeito do tema ver o capítulo que trata do mandado de segurança coletivo ambiental.

passando-se a conceituar o fenômeno como uma *legitimação autônoma para a condução do processo*. Por outro lado, não se pode perder de vista que, estando envolvidos direitos individuais homogêneos, o fenômeno que se verifica é indiscutivelmente o de legitimação extraordinária[7].

A referida legitimação é concorrente e disjuntiva[8]. Isso significa que cada um dos colegitimados pode, sozinho, promover a ação coletiva, sem que seja necessária anuência ou autorização dos demais. O eventual litisconsórcio que se formar entre eles será sempre facultativo e obedecerá ao regime desse tipo de cumulação subjetiva de ações, de acordo com as regras do Novo Código de Processo Civil.

## 1.3. A LEGITIMIDADE DO MINISTÉRIO PÚBLICO E DOS MUNICÍPIOS

A legitimidade do Ministério Público para a defesa em juízo, por meio de ação civil pública do meio ambiente e outros direitos difusos e coletivos, decorre de preceito constitucional, contido no art. 129, III, o que importa afirmar a impossibilidade de uma lei infraconstitucional limitá-la.

Na verdade, observamos que o Ministério Público encontra-se legitimado inclusive para o ajuizamento das ações que visem a tutela de direitos coletivos (art. 81, parágrafo único, II), conforme expressa autorização do art. 82 do Código de Defesa do Consumidor. Essa autorização encontra-se em consonância com o dispositivo constitucional inserido no art. 129, IX, que confere à lei a possibilidade de cometer outras funções ao Ministério Público, desde que compatíveis com a sua finalidade institucional, como nas hipóteses de defesa de direitos individuais indisponíveis em favor de pessoa carente individualmente considerada, na tutela dos seus direitos à vida e à saúde. Ademais, vale ressaltar que o Código de Defesa do Consumidor estabelece normas de interesse social, por disposição expressa do seu art. 1º, cuja proteção é objetivo institucional do Ministério Público, conforme dispõe o art. 127 da Constituição Federal. Desse modo, *cabe ao Ministério Público a defesa dos direitos difusos, coletivos e individuais homogêneos*[9].

---

7. A doutrina alemã já distinguia os casos de substituição processual determinados pela lei nas hipóteses de ações de classe. Na substituição processual o substituto buscava defender direito alheio de titular determinado, enquanto nas ações coletivas o objetivo dessa legitimação extraordinária era outro, razão pela qual essas ações tinham de possuir estrutura diversa do regime de substituição processual.

8. Ada Pellegrini Grinover, Kazuo Watanabe e Nelson Nery Junior, *Código brasileiro de Defesa do Consumidor comentado pelos autores do anteprojeto*, 4. ed., Rio de Janeiro, Forense, 1995, p. 511, 541 e 639, respectivamente.

9. O Supremo Tribunal Federal adotou entendimento possibilitando aos profissionais de direito observar visão didática a respeito dos direitos materiais constitucionais metaindividuais (RE 163.231/SP, Rel. Min. Maurício Corrêa, j. 26-2-1997, Tribunal Pleno, publ. 29-6-2001). Aspectos relevantes da ementa merecem transcrição, a saber: 1. A Constituição Federal confere relevo ao Ministério Público como instituição permanente, essencial à função jurisdicional do Estado, incumbindo-lhe a defesa da ordem jurídica, do regime democrático e dos interesses sociais e individuais indisponíveis (art. 127); 2. Por isso mesmo detém o Ministério Público capacidade postulatória, não só para a abertura do inquérito civil, da

Com isso, necessário esclarecermos que o sistema processual brasileiro consagra dois tipos de ações coletivas: a) para a tutela de direitos difusos e coletivos, cujo procedimento está regulado de forma principal na Lei da Ação Civil Pública; b) para a tutela de direitos individuais homogêneos, cujo procedimento está regulado, de forma principal, nos arts. 91 e s. do Código de Defesa do Consumidor.

O Código do Consumidor legitimou as entidades mencionadas no art. 82 para a defesa dos direitos nele encartados. A inovação, em relação ao antigo sistema da Lei da Ação Civil Pública, consistiu na atribuição de personalidade jurídica aos entes oficiais que têm por finalidade a defesa e proteção do consumidor, legitimando-os para agirem em juízo. Com isso os Procons passaram a ter legitimação para a causa.

Quanto à defesa do meio ambiente, o raciocínio paralelo à novidade trazida é correto, já que o art. 82 é aplicável, nos termos do art. 21 da Lei da Ação Civil Pública, de forma que os órgãos oficiais que têm a finalidade de defender o meio ambiente poderão fazê-lo em juízo, por intermédio de ação civil pública.

Por outro lado, merece particular destaque a legitimidade ativa dos Municípios em defesa da vida em todas as suas formas vez que ao atuar concretamente no plano processual em defesa dos habitantes da cidade o Poder Público municipal cumpre seu dever de garantir o bem-estar de seus habitantes.

## 2. LITISCONSÓRCIO ENTRE OS MINISTÉRIOS PÚBLICOS

Como sabemos, o Ministério Público não tem legitimidade para ajuizar ação *individual* em nome do lesado por dano ambiental, a fim de pleitear a prevenção ou reparação do *direito individual não homogêneo*, até porque o objeto da tutela é um bem difuso, de modo que não se permitem sua divisibilidade ou a individualização dos seus titulares.

Entretanto, o Ministério Público possui legitimidade para ajuizar ações coletivas para a tutela dos direitos difusos (meio ambiente), coletivos e individuais homogêneos tratados coletivamente (arts. 81, parágrafo único, e 82 do CDC).

---

ação penal pública e da ação civil pública para a proteção do patrimônio público e social, do meio ambiente, mas também de outros interesses difusos e coletivos (CF, art. 129, I e III); 3. Interesses difusos são aqueles que abrangem número indeterminado de pessoas unidas pelas mesmas circunstâncias de fato; interesses coletivos, por sua vez, são aqueles pertencentes a grupos, categorias ou classes de pessoas determináveis, ligadas entre si ou com a parte contrária por uma relação jurídica base; 3.1. A indeterminabilidade é a característica fundamental dos interesses difusos, e a determinabilidade, a dos interesses coletivos; 4. Direitos ou interesses homogêneos são os que têm a mesma origem comum (art. 81, III, da Lei n. 8.078, de 11-9-1990), constituindo subespécie de direitos coletivos; 4.1. Quer se afirmem interesses coletivos ou particularmente interesses homogêneos, *stricto sensu*, ambos estão cingidos a uma mesma base jurídica, sendo coletivos, explicitamente dizendo, porque são relativos a grupos, categorias ou classes de pessoas que, conquanto digam respeito aos indivíduos isoladamente, não se classificam como direitos individuais para o fim de ser vedada a sua defesa em ação civil pública, porque sua concepção finalística destina-se à proteção desses grupos, categorias ou classes de pessoas.

Nesse contexto, o art. 5º, § 5º, da Lei n. 7.347/85 permite o litisconsórcio facultativo entre o Ministério Público da União, dos Estados e do Distrito Federal. Não se pode perder de vista que não se trata de um litisconsórcio puro, mas sim de *representação* da instituição do Ministério Público, que é una e indivisível.

Com efeito, ao observarmos o art. 5º, § 2º, da Lei da Ação Civil Pública, constatamos a previsão de litisconsórcio facultativo unitário, podendo ser dada opção ao Poder Público e a outras associações legitimadas de habilitarem-se como litisconsortes de qualquer das partes, o que deverá ocorrer no ingresso em juízo da ação coletiva ambiental, ou então refletir-se-á na figura da assistência litisconsorcial, uma vez que nosso direito processual não admite o litisconsórcio facultativo unitário superveniente. Essa situação de litisconsórcio é distinta da prevista em relação ao Ministério Público.

O Ministério Público deve ser compreendido como uma instituição una, existindo a divisão administrativa entre o federal e o estadual como forma de facilitar o exercício dos misteres constitucionais. Dessarte, ao preceituar a legitimidade do Ministério Público para a propositura da ação civil pública no art. 129, III, a Constituição Federal assim o fez em franca alusão à unidade e indivisibilidade da instituição.

## 3. LEGITIMIDADE PASSIVA

A regra geral estabelecida na jurisdição civil coletiva é que, inexistindo vedação constitucional, poderá figurar no polo passivo das ações coletivas ambientais qualquer pessoa (física ou jurídica de direito público ou privado) que esteja encartada no conceito de poluidor, previsto no art. 3º da Lei n. 6.938/81.

Além disso, não se pode olvidar que o amplíssimo leque de possibilidades encontra-se em consonância com o estatuído no art. 225, *caput,* da Constituição Federal de 1988, porquanto determina ser dever do Poder Público, bem como da coletividade, preservar e proteger o meio ambiente.

Na verdade, o art. 225 acaba por fornecer critérios de determinação dos possíveis legitimados passivos. Em face disso, a reflexão leva-nos a dois questionamentos: primeiramente, como poderíamos figurar a coletividade no polo passivo de uma ação ambiental? E, tratando-se de matéria ambiental, o princípio norteador é o da prevenção do dano ambiental, de forma que os atos omissivos ensejam a proteção da tutela jurídica ambiental e, com isso, como se aplicaria a legitimação passiva em caso de dano por omissão?

Quanto à primeira indagação, vale esclarecer que o dever imposto à coletividade vem assim descrito de forma genérica, apresentando como conteúdo a obrigação de todos na preservação do meio ambiente (indivíduo, associação civil, pessoa jurídica...), e não o dever imposto à coletividade como ente próprio existente *per se.* Com isso, conclui-se que o art. 225 possibilitou que todos se encaixassem no conceito de poluidor e degradador ambiental, podendo, dessa forma, figurar no polo passivo da ação ambiental.

No tocante aos danos causados por omissão, devemos entender como poluidor o membro da coletividade responsável pelo dever positivo não cumprido. Buscar-se--á um vínculo existente entre o dano e o dever de prestação positiva não cumprido, trazido pela relação da causalidade que aproxima o dano ambiental do seu causador.

Desse modo, todos aqueles que, de alguma forma, foram os causadores do dano ambiental são legitimados passivos. Nesse compasso, até o Estado poderá ser legitimado passivo se tiver alguma parcela na atividade causadora do dano. Evidentemente, será imprescindível que se demonstre o nexo de causalidade entre uma autorização estatal e o dano.

De acordo com os parâmetros constitucionais, alguns instrumentos têm sua legitimidade passiva restringida, como ocorre com o mandado de segurança ambiental (individual ou coletivo), porquanto só cabível contra autoridade pública ou agente de pessoa jurídica no exercício de atribuições do Poder Público. À ação popular, como admitimos uma interpretação ampla do conceito de ato lesivo ao meio ambiente, admitimos ser possível a utilização integral do sistema da jurisdição coletiva, no tocante à verificação do legitimado passivo nessa ação coletiva ambiental.

## 4. DESISTÊNCIA DA AÇÃO

Ocorrendo desistência infundada da ação por qualquer legitimado (e não somente por associação autora), o Ministério Público deverá assumir a titularidade da ação coletiva.

A indisponibilidade à qual o Ministério Público está vinculado atinge somente o direito material e não as suas faculdades processuais enquanto parte. Isso porque o que se veda ao condutor do processo (ações coletivas para a tutela dos direitos difusos e coletivos) e ao substituto processual (ações coletivas para a tutela dos direitos individuais homogêneos) é a renúncia ao direito material, e não às faculdades meramente processuais, que deixam incólume o direito material. Nesse sentido, pode o *Parquet*, portanto, renunciar ao poder de recorrer e desistir do recurso por ele interposto[10].

## 5. INTERVENÇÃO DE TERCEIROS

O regime adotado pelo sistema da jurisdição coletiva, como regra, não admite a utilização do instituto da intervenção de terceiros, porque o regime da reparação do dano ambiental é o da *responsabilidade objetiva* (art. 14, § 1º, da Lei n. 6.938/81), não se podendo admitir a intervenção de terceiros, em especial a denunciação da lide, porquanto a demanda secundária incluiria fundamento novo, estranho à principal[11]. Esse fundamento novo seria o direito de regresso do denunciante, fundado na *culpa*.

---

10. Nelson Nery Junior, *Recursos no processo civil*; princípios fundamentais e teoria geral dos recursos, 2. ed., São Paulo, Revista dos Tribunais, 1993, n. 2.4.1.6, p. 193. Esse autor modificou sua opinião anterior (Ferraz, Milaré e Nery, *A ação civil pública*, cit., p. 42-3).

11. Vicente Greco Filho, A denunciação da lide: sua obrigatoriedade e extensão, *Justitia, 94*:9.

O Código de Defesa do Consumidor, em seu art. 88, veda a denunciação da lide, após mencionar a ação de regresso do art. 13, que dispõe acerca da responsabilidade do comerciante. Na verdade, exatamente de denunciação da lide não se trata o art. 13, já que aludida ação de regresso só se dá depois que o fornecedor tiver efetuado o pagamento aos prejudicados. Dessa forma, não existe direito a ser garantido pelo denunciado; cuida-se apenas da possibilidade de, nos mesmos autos, cobrar-se dos corresponsáveis, de acordo com a participação na causação do evento danoso, o valor da indenização.

Excluindo-se essa hipótese, que não trata de intervenção, mas de mera ação regressiva, o Código de Defesa do Consumidor apresenta-nos uma única possibilidade de intervenção de terceiros. Em seu art. 101, II, está prevista uma espécie de chamamento ao processo, em que a relação jurídica entre o consumidor e o segurador foi criada pela lei, colocando este como corresponsável pela dívida. Dissemos tratar-se de hipótese de *espécie* de chamamento ao processo, pois concordamos com o Prof. Arruda Alvim:

> "Fosse a matéria regulada pelo processo civil, essa seria hipótese de denunciação da lide, não de chamamento ao processo. Entretanto, na denunciação, nunca o denunciado pelo réu poderia ficar diretamente responsável perante o autor. Assim, o instituto do chamamento ao processo foi usado pelo Código de Proteção e Defesa do Consumidor, mas com contornos diversos dos traçados pelo Código de Processo Civil, para maior garantia do consumidor (vítimas ou sucessores) (...). Na realidade, o sistema adotado pelo CDC, no particular, implica colocar o segurador como devedor solidário, em relação ao consumidor. É certo, todavia, que a extensão do possível benefício econômico, decorrente do chamamento do segurador, fica limitado pelo valor do seguro"[12].

Acrescente-se ainda acerca do chamamento ao processo previsto no Código de Defesa do Consumidor não nos parecer correto que, em se tratando de responsabilidade solidária por danos ambientais, ao consumidor etc., uma ação coletiva ajuizada em face de um dos poluidores ou fornecedores que, sabidamente, *oferece maiores e melhores* condições financeiras de solver o dano possa beneficiá-lo para retardar a efetivação da dívida. Essa conduta estaria distanciando-se da intenção do legislador. Nesse contexto, o argumento de que tal instituto viria a favorecer o prejudicado pelo dano, e não aquele que deva repará-lo, é falacioso e contraria, no nosso entender, o princípio do devido processo legal, já que alguém não pode ser obrigado a litigar contra quem não foi proposta a ação.

Desse modo, a vedação da intervenção de terceiros (em especial os institutos da denunciação da lide e do chamamento ao processo) decorre do sistema em si mesmo, ou seja, da descoincidência e do antagonismo existentes entre a regra da responsabilidade

---

12. *Código do Consumidor comentado,* cit., p. 456.

objetiva e solidária em relação aos princípios individualistas e exclusivistas do Código de Processo Civil e do Código Civil.

## 6. COMPETÊNCIA

Determina o art. 2º da Lei da Ação Civil Pública que o juízo competente para processar e julgar ações coletivas ambientais é o do lugar onde ocorreu ou deva ocorrer o dano.

Trata-se de competência funcional, portanto, *absoluta*, que não pode ser prorrogada por vontade das partes e, se inobservada, acarreta a nulidade dos atos processuais decisórios (art. 64 do novo CPC) e enseja, após o trânsito em julgado (respeitado o prazo de dois anos), a propositura de ação rescisória, com fundamento no art. 966, II, do novo Código de Processo Civil.

Vale observar que, ainda que a União Federal ou algumas de suas entidades seja parte interessada, a competência será do foro do local onde ocorreu ou deva ocorrer o dano. A prevalência do art. 2º da Lei n. 7.347/85 ocorre por autorização expressa do art. 109, § 3º, da Constituição Federal, porquanto há delegação constitucional de competência à Justiça Estadual sempre que a comarca não seja sede de vara do juízo federal. Todavia, quanto aos recursos, deverão ser dirigidos ao Tribunal Regional Federal da área de jurisdição do juiz de primeiro grau, conforme determina o § 4º do art. 109.

Esse sistema de competência encontra-se respaldado no princípio da *efetividade da tutela dos interesses metaindividuais,* porque, além das dificuldades naturais do ajuizamento da respectiva ação ambiental, regra diversa de competência prejudicaria o exercício jurisdicional do magistrado, dada a maior facilidade de apuração do dano e de suas provas na comarca em que os fatos ocorreram. Nesse sentido, pondera René Ariel Dotti:

> "(...) o sentimento de reação emocional ao dano é melhor vivenciado pelo agente do Ministério Público (e outras autoridades) que habita na mesma cidade, que convive com as mesmas vítimas e testemunhas e assim poderá, com mais eficiência que outro colega distanciado da área das consequências do fato, promover as medidas adequadas à perseguição dos agressores bem como lutar pela prevenção do dano"[13].

Oportuno frisar que, pela própria dimensão do dano ao meio ambiente, este poderá assumir proporção que atribua competência concorrente para o deslinde do feito a diferentes órgãos jurisdicionais. Nessa situação, o critério apto a resolver a concorrência é a prevenção.

---

13. René Ariel Dotti, *A atuação do Ministério Público na proteção dos interesses difusos*, apud Milaré, Ferraz e Nery, *A ação civil pública*, cit., p. 60.

## 7. LITISPENDÊNCIA

Ocorre o fenômeno da litispendência quando duas ações em curso são idênticas, ou seja, os elementos que a identificam (partes, causa de pedir e pedido) são os mesmos.

Dado esse conceito, não há se falar em litispendência entre uma ação coletiva e uma individual, porquanto não haverá obrigatoriamente coincidência entre os legitimados ativos. Na ação coletiva, a sociedade como um todo, ou então um determinado (ou determinável) grupo de pessoas, estará postulando no processo sob a condução de um dos entes legitimados. Na ação individual, o titular do direito estará, como regra, defendendo direito próprio.

Também inexistirá o fenômeno da litispendência entre uma ação coletiva destinada à tutela de um direito difuso e outra voltada para a tutela de um direito coletivo *stricto sensu*, visto que não haverá identidade entre as pretensões, uma vez que o objeto da segunda terá dimensão mais limitada que o pedido da primeira ação.

Analogamente aplicamos o raciocínio à concomitância de uma ação coletiva para a defesa de direitos individuais homogêneos e uma ação individual. Além de as partes serem diferentes, o pedido da primeira seria continente, enquanto o da segunda, conteúdo. Dessa forma, torna-se desnecessária a norma prevista no art. 104 do Código de Defesa do Consumidor, ao prescrever que não induzem litispendência as ações individuais propostas concomitantemente com as coletivas.

Por sua vez, quando se tratar de uma ação coletiva para a defesa de *direito difuso* e uma ação coletiva para a defesa de *direito individual homogêneo*, haverá no máximo coincidência da causa de pedir, uma vez que tanto o pedido quanto as partes são diferentes. Isso porque o pedido da primeira ação é mais abrangente (indeterminabilidade dos titulares e indivisibilidade do objeto) e as partes são diversas, porque atuam sob qualidades jurídicas diferentes. No primeiro caso, temos a ação de um *legitimado autônomo*; no segundo, a atuação de um *legitimado extraordinariamente*.

Por outro lado, é possível que ocorra *litispendência* entre uma *ação civil pública* que objetive a desconstituição de um ato lesivo ao meio ambiente e uma *ação popular* com o mesmo fim. Isso porque a diferença entre os legitimados não exclui a identidade de partes ativas[14], por serem todos legítimos condutores do processo, que apenas o impulsionam, de modo que a parte material é a mesma, ou seja, a titularidade do direito discutido em juízo, pertencente à coletividade. Prova disso é que o resultado da lide, fosse num ou noutro caso, seria estendido a todos os titulares do direito ao meio ambiente: a coletividade como um todo.

## 8. CONEXÃO E CONTINÊNCIA

Ocorre conexão quando a causa de pedir (próxima ou remota) ou o pedido são os mesmos, ou seja, quando há comunhão de objetos ou causa de pedir, conforme prescreve o art. 55 do novo Código de Processo Civil.

---

14. Ada Pellegrini Grinover, *O processo em evolução*, São Paulo, Forense Universitária, 1996, p. 488-9.

Acerca do instituto, existe um exemplo clássico noticiado pelo Prof. Nelson Nery Junior[15] de conexão entre duas ações civis de responsabilidade por danos ao meio ambiente com idênticos objetos imediatos (preservação do ecossistema do Rio Jacuí, ameaçado por cinzas poluidoras utilizadas por diferentes réus), ainda que diversos os objetos imediatos (numa, impedir a construção de portos; noutra, adoção de medidas preventivas e corretivas em face de rejeitos carboníferos de usinas termoelétricas).

A continência, por sua vez, conforme determina o art. 56 do novo Código de Processo Civil, ocorre sempre que entre duas ou mais ações houver identidade quanto às partes e à causa de pedir, mas o objeto de uma, por ser mais amplo, abranger o das outras. Vale verificar a inexistência de continência entre uma ação coletiva para a defesa de direito individual homogêneo e uma ação individual, já que, tendo partes diferentes (o primeiro atua como substituto processual – art. 91 do CDC –, enquanto o segundo, como legitimado *ad causam*), apenas os requisitos do pedido (o da ação coletiva seria continente em relação ao da ação individual) e da causa de pedir (eventualmente a mesma) estariam preenchidos.

## 9. PROVA[16]

O art. 5º, LVI, da Constituição Federal, ao disciplinar a hipótese das provas consideradas inadmissíveis em face do devido processo legal constitucional (provas obtidas por meios ilícitos), indica importante regra geral, verdadeiro princípio aplicável ao processo ambiental, no sentido de estabelecer que no ordenamento jurídico brasileiro *são admissíveis todas e quaisquer provas obtidas por meios lícitos*.

A regra constitucional antes apontada alterou profundamente a estrutura das provas fixadas em decorrência dos subsistemas processuais elaborados sob a égide de Constituições pretéritas, exatamente destinada a propiciar ao Poder Judiciário a mais ampla e irrestrita visão no sentido de cumprir o dever que lhe foi imposto pelo art. 5º, XXXV, de apreciar toda e qualquer lesão ou ameaça a direito.

É com a orientação constitucional antes aludida que devemos compreender a prova no direito processual ambiental. Vinculados ao conteúdo do patrimônio genético, do meio ambiente cultural, do meio ambiente artificial, do meio ambiente do trabalho e do meio ambiente natural, todos os meios legais são hábeis, no plano do direito constitucional positivo brasileiro, e dos subsistemas dele derivados, para provar a verdade dos fatos em que se funda a ação ambiental ou mesmo a defesa do suposto poluidor.

O ideal do direito ambiental brasileiro é a busca e o encontro da verdade que "migra para os autos", dentro da concepção já salientada de restar estabelecida "a

---

15. Ver exemplo citado por Nery e Nery, *Código*, cit., p. 1.022.

16. Para um estudo aprofundado, *vide* Celso Antonio Pacheco Fiorillo, *Direito processual ambiental brasileiro*: a defesa judicial do patrimônio genético, do meio ambiente cultural, do meio ambiente digital, do meio ambiente artificial, do meio ambiente do trabalho e do meio ambiente natural no Brasil, 7. ed., São Paulo, Saraiva, 2018.

verdade do Judiciário", ou seja, "aquela que importa para a decisão" e que timbrará de imutabilidade a definição advinda da cognição.

Em matéria ambiental o juiz deverá decidir de acordo com seu livre convencimento motivado, atendendo às particularidades adstritas aos fatos e circunstâncias constantes dos autos de determinada ação, ainda que não alegados pelas partes em face das características do direito ambiental amplamente mencionadas no presente trabalho. Embora a prova pericial e a prova documental se destaquem na aferição das lides ambientais, pelas próprias características estabelecidas em face da tutela dos bens ambientais, não há hierarquia no plano constitucional entre os meios de prova vinculados ao direito processual ambiental, raciocínio este diretamente ligado à correta compreensão do conteúdo do art. 5º, LVI, da Carta Maior.

O objeto da prova ambiental é o fato controvertido, ou seja, aquele afirmado por uma parte e contestado especificamente por outra, sendo certo que o destinatário da prova ambiental é o processo ambiental, devendo o juiz julgar segundo o alegado em processo.

## 10. ÔNUS DA PROVA

Verificando o art. 373 do novo Código de Processo Civil, percebemos ser possível a convenção sobre o ônus da prova, permitindo, dessa feita, a sua inversão. No entanto, não se pode perder de vista que aludido diploma aplica-se ao processo civil *individual*, de modo que, ao falarmos em tutela de bens coletivos *lato sensu*, outro plexo de normas regerá a matéria, qual seja, a Lei da Ação Civil Pública, combinada com o Código de Defesa do Consumidor, os quais compõem a jurisdição civil coletiva. Assim, analisemos tais normas.

O Código de Defesa do Consumidor, em seu art. 1º, dispõe que todas as normas constantes no diploma são de ordem pública, o que significa dizer que não podem as partes convencionar de forma diversa ao estabelecido, tampouco abrir mão das prerrogativas asseguradas. Tratando-se de normas de ordem pública, não estão sujeitas a preclusão, de modo que poderão ser conhecidas a qualquer tempo, em qualquer grau de jurisdição, pelo magistrado. Outrossim, independem de provocação das partes, cabendo ao juiz conhecê-las de ofício, o que nos permite concluir que o Código não é regido pelo princípio dispositivo, mas sim inquisitivo.

Nesse contexto, o art. 6º, VIII, da Lei n. 8.078/90 dispõe que:

"Art. 6º São direitos básicos do consumidor:

(...)

VIII – a facilitação da defesa de seus direitos, inclusive com a inversão do ônus da prova, a seu favor, no processo civil, quando, a critério do juiz, for verossímil a alegação ou quando for ele hipossuficiente, segundo as regras ordinárias de experiências".

Os requisitos para que o juiz proceda à inversão do ônus da prova são a hipossuficiência do consumidor *ou* a verossimilhança da alegação. Observe-se que o magistrado pode, alternativamente, tomar um ou outro como justificativa da sua decisão de inverter o ônus da prova, o que implica dizer que não é necessário estarem presentes os dois requisitos[17].

Dessa forma, percebemos que a inversão do ônus da prova disciplinada no Código de Defesa do Consumidor é reflexo imediato da incidência dos princípios constitucionais da isonomia e da ampla defesa, a fim de que se estabeleça entre os litigantes o equilíbrio. Além disso, fácil concluir que a inversão é *ope judicis* e não *ope legis*, como ocorre no art. 333 do Código de Processo Civil, ou seja, dar-se-á por obra do magistrado, que verificará se estão presentes os requisitos legais para ela.

## 10.1. MOMENTO DA INVERSÃO

Por se tratar de regra de juízo, ou seja, de julgamento, somente deverá ocorrer quando verificada a insuficiência de provas que impeça o convencimento do magistrado.

Diante dessa situação, percebendo que o *non liquet* foi decorrente de hipossuficiência (técnica ou econômica), ou ainda que, mesmo não tendo sido suficientemente provada, a alegação do consumidor teria sido verossímil, temos que somente antes de proferir o julgamento (mas após a produção das provas) é que o magistrado deverá utilizar-se da prerrogativa prevista no art. 6º, VIII, da Lei n. 8.078/90.

> "Não há momento para o juiz fixar o ônus da prova ou a sua inversão (CDC, art. 6º, VIII), porque não se trata de regra de procedimento. O ônus da prova é regra de juízo, isto é, de julgamento, cabendo ao juiz, quando da prolação da sentença, proferir sentença contrária àquele que tinha o ônus e dele não se desincumbiu"[18].

Primeiramente, cumpre-nos questionar se a regra constante no art. 6º, VIII, aplica-se na defesa de direitos e bens ambientais, uma vez que dispõe o *caput* do artigo acerca de direitos básicos do consumidor. Ora, esse questionamento encontra-se parcialmente resolvido pela disposição do art. 21 da Lei da Ação Civil Pública:

> "Art. 21. Aplicam-se à defesa dos direitos e interesses difusos, coletivos e individuais, no que for cabível, os dispositivos do Título III da Lei n. 8.078, de 11 de setembro de 1990, que instituiu o Código de Defesa do Consumidor".

A análise do presente artigo demonstra-nos que na defesa dos direitos coletivos *lato sensu* devem-se aplicar as normas processuais previstas no Código de Defesa do Consumidor, em especial as do seu Título III, que tratou da matéria. Por outro lado,

---

17. Nesse sentido, ver Kazuo Watanabe, *Código*, cit., p. 497.

18. Nery e Nery, *Código*, cit., p. 516. No mesmo sentido, ver Kazuo Watanabe, *Código*, cit., p. 498.

observa-se que nem todas estão lá previstas, uma vez que a norma que possibilita ao magistrado a inversão do ônus da prova encontra-se entre os princípios gerais das relações de consumo (arts. 1º a 7º), e esse comando é de natureza inegavelmente processual.

Assim, em que pese se encontrar entre os direitos básicos do consumidor, sendo norma processual, é inafastável a sua aplicação na defesa de direitos coletivos *lato sensu*, como determina o art. 21 da Lei da Ação Civil Pública. Nesse sentido, lapidar o ensinamento do Prof. Nelson Nery:

> "Os princípios gerais das relações de consumo estão enumerados do art. 1º ao art. 7º do Código. Tudo o mais que consta da lei é, por assim dizer, uma projeção destes princípios gerais, isto é, uma pormenorização daqueles princípios de modo a fazê-los efetivos e operacionalizá-los. Estas normas não são, de regra, programáticas, desprovidas de eficácia, mas concretas, cuja eficácia vem descrita em todo o corpo do Código"[19].

Vale acrescentar que restringir a aplicação ao Título III do Código de Defesa do Consumidor por entender que a norma que trata da inversão do ônus da prova encontra-se em título distinto (Título I) é argumento superficial, que se distancia da intenção do legislador, qual seja, tornar efetivos os princípios constitucionais da isonomia e da ampla defesa.

Nessa linha, surge a indagação de como poderia ser aplicada a inversão do ônus da prova numa ação coletiva ambiental se os requisitos que a orientam no Código de Defesa do Consumidor aludem à hipossuficiência do *consumidor* e à verossimilhança da alegação. Solucionando o impasse, primeiramente, deve-se ter em vista que o Código, ao aludir ao vocábulo *consumidor*, não o faz somente enquanto individualmente concebido, que vai a juízo pleitear em seu próprio nome a tutela jurisdicional, mas também como diretamente afetado pela coisa julgada, *erga omnes* ou *ultra partes*, titular do direito material, mas não titular do direito de ação, esta reservada para o legitimado autônomo condutor do processo. Nessa colocação, ao se falar em ação coletiva para tutela do meio ambiente, a hipossuficiência de que se trata, regra geral, é a da coletividade perante aquele que se afigura como parte mais forte na relação jurídica, que é o poluidor.

## 11. LIMINARES

Como sabemos, as ações coletivas ajuizadas com fundamento na Lei da Ação Civil Pública e no Código de Defesa do Consumidor sujeitam-se às regras procedimentais previstas nesses diplomas, aplicando-se o sistema do Código de Processo Civil quando houver lacuna ou omissão, conforme dispõe o art. 90 da Lei n. 8.078/90. Na verdade, a determinação dessa norma é desnecessária, porquanto o Código de Processo Civil

---

19. Os princípios gerais do Código brasileiro de Defesa do Consumidor, *Revista do Consumidor*, 3:51.

é norma fundamental, de forma que sempre constitui fonte subsidiária de diplomas processuais específicos naquilo em que não os contrarie.

De outra parte, é aplicável às ações coletivas ambientais o sistema processual do Código de Defesa do Consumidor, por expressa determinação do art. 21 da Lei da Ação Civil Pública. Dessa interação entre as normas é que se admite a cumulação, na petição inicial da ação ambiental, de pedido de mandado liminar, conforme autoriza o art. 12, *caput*, da Lei n. 7.347/85.

Acerca da necessidade da oitiva da pessoa jurídica de direito público interessada, cabe a ressalva de que ela deverá pronunciar-se em setenta e duas horas, conforme determinado pelo art. 2º da Lei n. 8.437, de 30 de junho de 1992. Todavia, caso não haja manifestação nesse prazo legal ou a urgência recomende decisão imediata, poderá o juiz conceder a liminar *inaudita altera parte*.

A concessão de mandado liminar estará sujeita à satisfação dos pressupostos do *periculum in mora* e do *fumus boni iuris*. Essa decisão liminar é interlocutória, podendo ser impugnada pelo recurso de agravo.

## 12. TUTELA ANTECIPADA DA LIDE

Como sabemos, a tutela antecipada constitui instrumento processual que permite, preenchidos certos requisitos, a antecipação provisória dos efeitos da sentença. Indubitavelmente, o sistema de jurisdição civil coletiva a prevê, criando mais um instrumento de efetivação do direito material ameaçado ou violado. Com efeito, denota-se que o art. 12 da Lei da Ação Civil Pública traz a regra geral para a concessão da liminar antecipatória do direito e exige o preenchimento dos requisitos do *periculum in mora* e do *fumus boni iuris*.

Por sua vez, o art. 84, § 3º, do Código de Defesa do Consumidor também prevê liminar antecipatória do mérito, ao preceituar que:

"§ 3º Sendo relevante o fundamento da demanda e havendo justificado receio de ineficácia do provimento final, é lícito ao juiz conceder a tutela liminarmente ou após justificação prévia, citado o réu".

## 13. TUTELA ESPECÍFICA

Preceitua o art. 84 do Código de Defesa do Consumidor que:

"Art. 84. Na ação que tenha por objeto o cumprimento da obrigação de fazer ou não fazer, o juiz concederá a tutela específica da obrigação ou determinará providências que assegurem o resultado prático equivalente ao do adimplemento.

§ 1º A conversão da obrigação em perdas e danos somente será admissível se por elas optar o autor ou se impossível a tutela específica ou a obtenção do resultado prático correspondente.

(...)

§ 5º Para a tutela específica ou para a obtenção do resultado prático equivalente, poderá o juiz determinar as medidas necessárias, tais como busca e apreensão, remoção de coisas e pessoas, desfazimento de obra, impedimento de atividade nociva, além de requisição de força policial".

No tocante ao *caput* do art. 84, alguns comentários devem ser elaborados. Primeiramente, ele confere o adequado instrumental para a satisfação, em especial, de algumas regras do Código de Defesa do Consumidor, como os preceitos dos arts. 30, 35, I, e 48, porquanto estes determinam o dever de prestar. Se inadimplida a prestação, esta ensejará execução específica para que o fornecedor seja compelido a cumprir o que tenha sido ofertado.

Todavia, a aplicação do art. 84 não está restrita somente aos casos de ações que tiverem por objeto o cumprimento de obrigação de fazer ou não fazer, já que sua função precípua é apenas demonstrar a preocupação do Código de Defesa do Consumidor com o princípio da efetividade da tutela de direitos transindividuais, ou seja, de que sempre que possível exista a coincidência entre o direito e a sua realização. Além disso, aquele restrito entendimento estaria apenas repetindo o dispositivo dos arts. 11 e 12 da Lei da Ação Civil Pública.

Assevera Nelson Nery Junior:

"Nada obstante a autorização legal para a antecipação da tutela jurisdicional definitiva esteja colocada topicamente como parágrafo do dispositivo que trata da execução específica da obrigação de fazer, evidentemente se aplica a toda e qualquer pretensão que seja deduzida em juízo com fundamento no Código de Defesa do Consumidor. Isto porque o sistema do Código não é infenso a esse novo instituto, de sorte que, aliando essa autorização com o disposto no art. 83 do Código, que permite todo e qualquer tipo de pretensão para a tutela efetiva do consumidor, chega-se à conclusão de que a antecipação da tutela definitiva pode ser pleiteada em qualquer ação ajuizada com fundamento no CDC"[20].

No tocante ao § 1º do art. 84, a conversão da obrigação em pecúnia só será admissível: a) se for opção do autor; ou b) se tornar impossível a tutela específica ou a obtenção do resultado correspondente. Assim, cabe ao autor optar pela execução específica, sendo ainda possível que a obrigação se resolva em pecúnia.

Por derradeiro, o § 5º do artigo em estudo traz no seu corpo um rol *exemplificativo* de medidas genuinamente cautelares, pois tem a finalidade de garantir o provimento principal. Não existe qualquer dúvida acerca da natureza exemplificativa do dispositivo, porquanto utiliza-se da expressão "tais como". A preocupação contida na norma, mais uma vez, foi buscar a efetividade da tutela específica, ainda mais porque no direito ambiental, como sabemos, vigora o princípio da prevenção do dano.

---

20. Aspectos do processo civil no Código de Defesa do Consumidor, *Direito do Consumidor,* v. I, p. 206-207.

## 14. RECURSOS

Aplica-se o sistema recursal do Código de Processo Civil às ações coletivas ambientais, com as peculiaridades determinadas pelo art. 14 da Lei da Ação Civil Pública, o que confere ao juiz poderes para atribuir efeito suspensivo aos recursos, a fim de evitar prejuízo irreparável à parte. Como se observa, a finalidade da norma é evitar o perecimento de direito, de sorte que o juiz deve agir para que esse objetivo seja alcançado, conferindo ou não efeito suspensivo ao recurso, de acordo com a situação fática e as peculiaridades do caso concreto.

O juiz, ao proceder ao juízo de admissibilidade do recurso, observará os requisitos intrínsecos (cabimento, legitimação para recorrer e interesse em recorrer) e extrínsecos (tempestividade, regularidade formal, preparo e inexistência de fato impeditivo ou extintivo do direito de recorrer).

Preenchidos eles, será dada ao magistrado, sob o fundamento de dano irreparável à parte, a concessão do efeito suspensivo. Note-se que, *como regra*, os recursos em sede de ação civil pública são recebidos apenas no efeito *devolutivo*.

Convém mencionar o caso do "boto cor-de-rosa", no qual a Justiça Federal recebeu apelação da sentença de procedência da ação civil pública apenas no efeito devolutivo, determinando a imediata recolocação da *inia geoffrensis* em seu hábitat natural. A decisão foi impugnada por mandado de segurança, que foi denegado, entendendo o tribunal que o juiz, na aplicação do art. 14 da Lei da Ação Civil Pública, pode conferir efeito suspensivo a recurso que não o tem, assim como apenas devolutivo àquele que ordinariamente teria.

### 14.1. A DENOMINADA REPERCUSSÃO GERAL EM FACE DO DIREITO AMBIENTAL BRASILEIRO: A LEI N. 11.418/2006 E O DIREITO PROCESSUAL AMBIENTAL

A Lei n. 11.418/2006, ao acrescentar dispositivos à Lei n. 5.869/73 (Código de Processo Civil), regulamentou o § 3º do art. 102 da Constituição Federal. Estabelece o § 3º do referido artigo:

"Art. 102. Compete ao Supremo Tribunal Federal, precipuamente, a guarda da Constituição, cabendo-lhe:

(...)

§ 3º No recurso extraordinário o recorrente deverá demonstrar a repercussão geral das questões constitucionais discutidas no caso, nos termos da lei, a fim de que o Tribunal examine a admissão do recurso, somente podendo recusá-lo pela manifestação de dois terços de seus membros".

Dessarte, a partir da EC n. 45, de 30 de dezembro de 2004[21], delegou-se a lei federal, a saber, atribuiu-se à Lei federal n. 11.418/2006, indicar o que significa repercussão geral para os efeitos do comando constitucional, sendo certo que nas hipóteses de recurso extraordinário[22] o recorrente deverá demonstrar a existência concreta de questões relevantes claramente indicadas na norma antes mencionada a fim de que o Supremo Tribunal Federal possa examinar a admissão do recurso[23].

O que é repercussão geral?

A resposta está claramente indicada no art. 2º da Lei n. 11.418/2006 (art. 543-A, § 1º, da Lei n. 5.869/73 – Código de Processo Civil):

---

21. *DOU*, 31-12-2004, p. 1. O novo texto estabeleceu na verdade uma medida restritiva ao cabimento do recurso extraordinário, lembrando, ao que tudo indica, o que disciplinava o art. 119, § 1º, da CF/69, que estabelecia:

"Art. 119. Compete ao Supremo Tribunal Federal:

(...)

III – julgar, mediante recurso extraordinário, as causas decididas em única ou última instância por outros tribunais, quando a decisão recorrida:

a) contrariar dispositivos desta Constituição ou negar vigência a tratado ou lei federal;

(...)

*d*) der à lei federal interpretação divergente da que lhe tenha dado outro Tribunal ou o próprio Supremo Tribunal Federal.

§ 1º As causas a que se refere o item III, alíneas *a* e *d*, deste artigo, serão indicadas pelo Supremo Tribunal Federal no Regimento Interno, que atenderá à sua natureza, espécie, valor pecuniário e relevância de questão federal".

Destarte, no regime da Carta Magna pretérita, delegava-se ao próprio Supremo Tribunal Federal (Regimento Interno) observar quais seriam os casos de *relevância de questão federal* autorizadores de admissibilidade do recurso extraordinário. Conforme já destacava na oportunidade o Ministro Celso de Mello, "(...) a arguição de relevância da questão federal... tem por objetivo liberar o recurso extraordinário do entrave regimental. Ela constitui um pré-requisito de admissibilidade do recurso extraordinário. Só pode ser deduzida, contudo, quando o recurso extraordinário se fundar no art. 119, III, *a* e *d*, da Constituição (...) A função processual da arguição de relevância é uma só: permitir a superação dos óbices regimentais e ensejar o normal processamento do recurso extraordinário" (*Constituição Federal anotada*, 2. ed. ampl. e atual. até a EC n. 27/85, São Paulo, Saraiva, 1986).

22. Cabe ao Supremo Tribunal Federal (art. 102, III) julgar mediante recurso extraordinário as causas decididas em única ou última instância quando a decisão recorrida:

1) contrariar dispositivo da Constituição Federal;

2) declarar a inconstitucionalidade de tratado ou lei federal;

3) julgar válida lei ou ato de governo local contestado em face da Constituição Federal;

4) julgar válida lei local contestada em face de lei federal.

Assim, cabe ao STF julgar toda e qualquer questão decidida por meio de atividade jurisdicional judicial nas hipóteses antes mencionadas no sentido de rever julgamentos dos tribunais inferiores, sendo certo que exatamente em face do comando antes indicado é que será exigido o denominado *prequestionamento*, ou seja, provocar o Tribunal inferior a pronunciar-se sobre a questão constitucional, previamente à interposição do recurso extraordinário.

23. Importante lembrar que num primeiro momento o STF examina se estão preenchidos os requisitos de admissibilidade do recurso extraordinário e, se positivo esse juízo, poderá julgar o mérito do recurso.

"Art. 543-A. O Supremo Tribunal Federal, em decisão irrecorrível, não conhecerá do recurso extraordinário, quando a questão constitucional nele versada[24] não oferecer repercussão geral[25], nos termos deste artigo.

§ 1º Para efeito de repercussão geral, será considerada a existência, ou não, de questões relevantes do ponto de vista econômico[26], político[27], social[28] ou jurídico[29], que ultrapassem os interesses subjetivos[30 e 31] da causa".

---

24. Questões constitucionais integram normalmente os recursos vinculados a causas ambientais.

25. O recorrente deverá demonstrar, em preliminar do recurso, para apreciação exclusiva do Supremo Tribunal Federal, a existência de repercussão geral (art. 543-A, § 2º).

26. A República Federativa do Brasil adotou também como um de seus fundamentos aquilo que denominou valores sociais do trabalho e da livre-iniciativa. Para um estudo aprofundado do tema valores sociais do trabalho e da livre-iniciativa vinculados à ordem econômica capitalista, *vide* nosso *Princípios do direito processual ambiental*, cit., *passim*.

27. Norberto Bobbio, ao explicar que o conceito de Política entendida como forma de atividade ou de práxis humana está estreitamente ligado ao de poder, auxilia o entendimento do próprio conceito de pluralismo político, previsto como um dos fundamentos do Estado Democrático de Direito indicados no art. 1º, V, de nossa Constituição Federal e perfeitamente estabelecido no âmbito do denominado pluralismo democrático. Para um estudo aprofundado do tema, *vide* nosso *Princípios do direito processual ambiental*, cit., *passim*.

28. Nossa Constituição Federal (Dos Direitos Sociais – art. 6º), exatamente no sentido de estabelecer concretamente o significado dos direitos considerados essenciais à dignidade da pessoa humana, regrou um mínimo destinado aos brasileiros e estrangeiros residentes no País a ser assegurado pelo Estado democrático de Direito, garantindo fundamentalmente no âmbito dos direitos materiais ambientais disciplinados na Carta Magna os direitos a educação, saúde, trabalho, moradia, lazer, segurança, previdência social, proteção à maternidade, proteção à infância e assistência aos desamparados como um verdadeiro PISO VITAL MÍNIMO a ser necessariamente assegurado por nosso Estado Democrático de Direito.

29. Questões relevantes do ponto de vista jurídico são as indicadas no âmbito de nossa Constituição Federal. Conforme já tivemos oportunidade de aduzir, o direito brasileiro é um produto cultural, caracterizando-se, dentro de nossa realidade, por ser verdadeiro patrimônio cultural. As questões relevantes do ponto de vista jurídico serão, por via de consequência, as questões relevantes do ponto de vista cultural. *Vide* Fundamentos do Estado Democrático de Direito em nosso *Princípios do direito processual ambiental*, cit., *passim*.

30. No âmbito constitucional podemos observar tanto as causas individuais como as causas metaindividuais. Nas causas metaindividuais observamos a existência de interesses relacionados ao direito material constitucional coletivo que, no plano infraconstitucional, revelam a existência de interesses difusos, coletivos e individuais homogêneos (Lei n. 8.078/90). Destarte, o denominado "interesse subjetivo da causa" como pertinente ou característico de um único indivíduo, está associado somente às causas vinculadas à tutela do direito material constitucional individual.

31. Os elementos constitutivos do denominado direito subjetivo são quatro na clássica lição de Vicente Ráo: o sujeito, o objeto, a relação e o poder de invocar a proteção-coerção que o direito assegura. É didática sua manifestação estabelecendo interpretação claramente individual em face do momento histórico/jurídico em que vivia: "Sujeito ou titular do direito é a pessoa, física ou jurídica, a quem o direito pertence e que diretamente ou indiretamente o exerce e dele dispõe; objeto do direito é a pessoa ou cousa material, ou imaterial, suscetível de proporcionar ao titular a utilidade material ou situação moral que o direito visa; relação entre sujeito e objeto do direito é o fato, ou ato jurídico, em virtude do qual aquele realiza sobre este sua faculdade, o seu poder de ação: o poder de invocar a proteção-sanção consiste na possibilidade de usar os meios e os remédios legais destinados à proteção ou restauração do direito ou à reparação das consequências de seu desrespeito, invocando-se e usando-se os meios coercitivos que autorizados forem". *Vide O direito e a vida dos direitos*, 2. ed., São Paulo, Resenha Universitária, 1976, v. I, t. II).

Assim, fica claro que, para a legislação em vigor, repercussão geral é a existência ou a inexistência de questões relevantes do ponto de vista econômico, político, social ou jurídico versadas no recurso extraordinário que ultrapassem os interesses subjetivos da causa[32].

Diante da já mencionada regulamentação do § 3º do art. 102 da Constituição Federal, que introduziu dispositivos no Código de Processo Civil, cabe enfrentar a denominada repercussão geral em face do direito ambiental brasileiro, ou seja, em que medida a Lei n. 11.418/2006 se aplica ao direito processual ambiental[33].

Já argumentamos em várias oportunidades[34] que o direito processual ambiental tem como causa de pedir o direito material ambiental constitucional (patrimônio genético, patrimônio cultural/meio ambiente cultural, cidades/meio ambiente artificial, saúde/meio ambiente do trabalho e recursos naturais/meio ambiente natural). Os bens ambientais não só têm sua gênese na Constituição Federal como, preponderantemente, observam natureza jurídica de direito difuso: não existe a partir da Carta de 1988 questão jurídica tão importante/relevante no plano constitucional como a tutela jurídica da vida em todas as suas formas.

Com efeito. O bem ambiental, em face do que estabelece o art. 225 da Constituição Federal, não só é considerado "essencial à sadia qualidade de vida" da pessoa humana como é "de uso comum do povo", ou seja, além de ser transindividual e de natureza indivisível, tem como titulares pessoas indeterminadas e ligadas por circunstâncias de fato.

Resta absolutamente evidente que, normalmente, as causas ambientais indicam questões relevantes não só do ponto de vista social (o piso vital mínimo tem como fundamento o art. 6º da Carta Magna) como do ponto de vista econômico (o próprio art. 170, VI, da CF estabelece que a ordem econômica deve observar o princípio da defesa do meio ambiente). Por outro lado, não existe exemplo mais claro e didático de questão relevante sob o ponto de vista político que a tutela da dignidade da pessoa humana como conteúdo central dos bens ambientais (art. 1º, III, da CF).

Em resumo: considerar a existência de questões relevantes do ponto de vista econômico, político, social ou jurídico que ultrapassem os interesses subjetivos da causa em matéria ambiental significa ser pleonástico.

---

32. Também haverá repercussão geral sempre que o recurso impugnar decisão contrária a súmula ou jurisprudência predominante do Tribunal (art. 2º da Lei n. 11.418/2006; art. 543-A, § 3º, da Lei n. 5.869/73 – Código de Processo Civil).

33. O direito processual ambiental tem como fundamento normativo a Constituição Federal, a Lei n. 8.078/90, a Lei n. 7.347/85 e, de forma subsidiária, a Lei n. 5.869/73 (Código de Processo Civil).

34. *Vide* Celso Antonio Pacheco Fiorillo, *Direito processual ambiental brasileiro:* a defesa judicial do patrimônio genético, do meio ambiente cultural, do meio ambiente digital, do meio ambiente artificial, do meio ambiente do trabalho e do meio ambiente natural no Brasil, 7. ed., São Paulo, Saraiva, 2018.

Dessarte, os recursos extraordinários vinculados a questões ambientais deverão, em princípio, superar o juízo de admissibilidade[35]; na verdade, o que a Carta Magna e a Lei n. 11.418/2006 pretenderam estabelecer foi exatamente a separação dos temas de menor impacto social, privilegiando principalmente a análise de questões destinadas a assegurar a dignidade de brasileiros e estrangeiros residentes no País na ordem jurídica em vigor.

O Supremo Tribunal Federal, por votação unânime, acompanhando o entendimento do Ministro Sepúlveda Pertence, referendou questão de ordem encaminhada ao Plenário[36] no mês de junho de 2007 pela aplicação da exigência da repercussão geral de questões constitucionais às causas em geral, incluídas evidentemente as causas ambientais, somente a partir do dia 3 de maio de 2007.

Na oportunidade o Tribunal destacou o que segue:

1) é de exigir a demonstração da repercussão geral das questões discutidas em qualquer recurso extraordinário;

2) a verificação da existência de demonstração formal e fundamentada da repercussão geral das questões discutidas no recurso extraordinário pode fazer-se tanto na origem quanto no Supremo Tribunal Federal, cabendo exclusivamente a esse Tribunal, no entanto, a decisão sobre a efetiva existência de repercussão geral;

3) a exigência da demonstração formal e fundamentada no recurso extraordinário da repercussão geral das questões constitucionais discutidas só incide quando a intimação do acórdão recorrido tenha ocorrido a partir de 3 de maio de 2007, data da publicação da Emenda Regimental n. 21, de 30 de abril de 2007.

## 15. COISA JULGADA

O sistema tradicional ao qual a coisa julgada estava vinculada foi substancialmente modificado pela Lei da Ação Civil Pública e pelo Código de Defesa do Consumidor, tendo em vista a necessidade de tutelarem-se de forma diversa os direitos coletivos *lato sensu*. Na verdade, os institutos ortodoxos do direito processual civil não se encontravam adequados a garantir a efetiva tutela daqueles direitos, de modo que o sistema da coisa julgada para as ações coletivas passou a ser *secundum eventum litis*.

Com base nesse sistema, nas ações coletivas com pedido de natureza difusa ou coletiva, a coisa julgada será *erga omnes* ou *ultra partes*. No caso de improcedência por insuficiência de provas, *não haverá autoridade da coisa julgada*. Dessa forma, permite-se ao próprio autor ou a qualquer outro colegitimado a repropositura da ação, valendo-se de nova prova.

---

35. Evidente que, no âmbito do direito processual ambiental, o juízo de admissibilidade deve sempre observar o cabimento, legitimidade recursal, interesse recursal, tempestividade formal, regularidade formal, inexistência de fato impeditivo ou extintivo do poder de recorrer e o preparo.

36. AgI 664.567, Rel. Min. Sepúlveda Pertence.

Nas ações coletivas para a defesa de direitos individuais homogêneos, a coisa julgada terá efeitos *erga omnes*, em benefício do consumidor (*in utilibus*), *somente se houver procedência do pedido* (*secundum eventum litis*). Caso o pedido seja julgado improcedente, por ser infundada a pretensão ou mesmo por insuficiência de provas, aludida circunstância não inibirá a ação (com o mesmo objeto) individual do consumidor.

Conforme preceitua o art. 103, § 1º, do Código de Defesa do Consumidor, os efeitos da coisa julgada relativos às ações coletivas para a defesa de direitos e interesses difusos e coletivos não prejudicarão os direitos individuais dos lesados integrantes do grupo, categoria ou classe.

A eficácia das decisões proferidas nas ações coletivas – sejam interlocutórias, sejam sentenças – possui transcendência subjetiva, porquanto produzem efeitos *erga omnes* ou *ultra partes*, de modo que, em razão da natureza do objeto da demanda, a efetividade do provimento jurisdicional dependerá da irradiação dos efeitos do ato judicial por todos os lugares em que se tenham que produzir. Assim, por exemplo, uma decisão proferida por juiz estadual da comarca de São Paulo pode ter efeitos por todo o território nacional, dependendo do teor e da finalidade da ação coletiva decidida. Com isso, poderá ser irradiada para outra base territorial, além da que está sob sua competência. Isso é decorrência natural da eficácia *erga omnes* ou *ultra partes* da decisão coletiva.

Nesse sentido, torna-se absurda a alteração legislativa feita pela Lei n. 9.494/97 em relação ao art. 16 da Lei da Ação Civil Pública, o qual se encontra redigido da seguinte forma:

> "Art. 16. A sentença civil fará coisa julgada *erga omnes, nos limites da competência territorial do órgão prolator*, exceto se o pedido for julgado improcedente por insuficiência de provas, hipótese em que qualquer legitimado poderá intentar outra ação com idêntico fundamento, valendo-se de nova prova" (grifo nosso).

Daí o Plenário do Supremo Tribunal Federal, adotando nossa interpretação, ter declarado a inconstitucionalidade do artigo 16 da Lei da Ação Civil Pública (Lei 7.347/85), alterada pela referida Lei 9.494/97, que limita a eficácia das sentenças proferidas nesse tipo de ação à competência territorial do órgão que a proferir. A decisão se deu em sessão virtual finalizada em 7-4-2021 no julgamento do Recurso Extraordinário (RE) 1101937, com repercussão geral reconhecida (Tema 1075). Em seu voto, seguido pela maioria, o relator, ministro Alexandre de Moraes, apontou que o dispositivo veio na contramão do avanço institucional de proteção aos direitos coletivos[37].

---

37. "Ementa: CONSTITUCIONAL E PROCESSO CIVIL. INCONSTITUCIONALIDADE DO ART. 16 DA LEI 7.347/1985, COM A REDAÇÃO DADA PELA LEI 9.494/1997. AÇÃO CIVIL PÚBLICA. IMPOSSIBILIDADE DE RESTRIÇÃO DOS EFEITOS DA SENTENÇA AOS LIMITES DA COMPETÊNCIA TERRITORIAL DO ÓRGÃO PROLATOR. REPERCUSSÃO GERAL. RECURSOS

## 16. LIQUIDAÇÃO COLETIVA E EXECUÇÃO COLETIVA

Obtendo-se sentença condenatória ilíquida (mas sempre certa), deve-se, previamente à execução (pois do contrário faltar-lhe-ia o requisito da liquidez), ser ajuizada a ação de liquidação de sentença com o intuito de se aferir o *quantum debeatur.*

Segundo dispõe o art. 15 da Lei da Ação Civil Pública, se a associação autora não promover a liquidação e/ou execução (quando a sentença já for líquida) no prazo de sessenta dias, a contar do trânsito em julgado da sentença condenatória, caberá ao Ministério Público fazê-lo, consoante o princípio da obrigatoriedade. Em relação aos demais legitimados do art. 82 do Código de Defesa do Consumidor, será *facultado* o ajuizamento. Desse modo, o que para o órgão do Ministério Público é um dever, para os demais legitimados é uma faculdade.

No tocante à execução provisória e definitiva, seguem-se subsidiariamente as regras dispostas no Código de Processo Civil. Isso significa dizer que só se procederá à definitiva quando o *decisum* já tiver transitado em julgado e permitir-se-á a execução provisória caso o recurso interposto da decisão tenha sido recebido no efeito apenas devolutivo.

Ressalva deve ser feita quanto à execução de sentença proferida em ação popular ambiental, porque a legitimidade ativa, como veremos, recai na pessoa do *cidadão.* Assim, a regra prevista no art. 15 da Lei da Ação Civil Pública não é aplicada, porquanto faz menção à possibilidade de os legitimados do art. 82 do Código de Defesa do Consumidor (e art. 5º da LACP) ajuizarem a ação de liquidação e/ou execução, devendo ser seguida a norma subsidiária do art. 16 da Lei n. 4.717/65. Com isso, decorridos sessenta dias do prazo da publicação da sentença condenatória de segunda instância sem que o autor ou terceiro promova a respectiva execução, o representante do Ministério Público deverá fazê-lo nos trinta dias seguintes, sob pena de falta grave.

---

EXTRAORDINÁRIOS DESPROVIDOS. 1. A Constituição Federal de 1988 ampliou a proteção aos interesses difusos e coletivos, não somente constitucionalizando-os, mas também prevendo importantes instrumentos para garantir sua pela efetividade. 2. O sistema processual coletivo brasileiro, direcionado à pacificação social no tocante a litígios metaindividuais, atingiu *status* constitucional em 1988, quando houve importante fortalecimento na defesa dos interesses difusos e coletivos, decorrente de uma natural necessidade de efetiva proteção a uma nova gama de direitos resultante do reconhecimento dos denominados direitos humanos de terceira geração ou dimensão, também conhecidos como direitos de solidariedade ou fraternidade. 3. Necessidade de absoluto respeito e observância aos princípios da igualdade, da eficiência, da segurança jurídica e da efetiva tutela jurisdicional. 4. Inconstitucionalidade do artigo 16 da LACP, com a redação da Lei 9.494/1997, cuja finalidade foi ostensivamente restringir os efeitos condenatórios de demandas coletivas, limitando o rol dos beneficiários da decisão por meio de um critério territorial de competência, acarretando grave prejuízo ao necessário tratamento isonômico de todos perante a Justiça, bem como à total incidência do Princípio da Eficiência na prestação da atividade jurisdicional. 5. RECURSOS EXTRAORDINÁRIOS DESPROVIDOS, com a fixação da seguinte tese de repercussão geral: 'I – É inconstitucional a redação do art. 16 da Lei 7.347/1985, alterada pela Lei 9.494/1997, sendo repristinada sua redação original. II – Em se tratando de ação civil pública de efeitos nacionais ou regionais, a competência deve observar o art. 93, II, da Lei 8.078/1990 (Código de Defesa do Consumidor). III – Ajuizadas múltiplas ações civis públicas de âmbito nacional ou regional e fixada a competência nos termos do item II, firma-se a prevenção do juízo que primeiro conheceu de uma delas, para o julgamento de todas as demandas conexas'."

## 17. O VALOR ARRECADADO NA CONDENAÇÃO E O SEU DESTINO PARA O FUNDO CRIADO PELO ART. 13 DA LEI N. 7.347/85

Como sabemos, a revolução sociopolítico-econômico-tecnológica, exteriorizada nos fenômenos de massificação social, trouxe à evidência uma redefinição do papel do Estado, que passou a adotar concepção menos liberal e mais social. Ademais, tornou clara a inaplicabilidade do sistema processual ortodoxo aos direitos coletivos e difusos como forma adequada e efetiva da sua tutela. Pioneiramente, Mauro Cappelletti constatou:

> "Os interesses coletivos, se bem que constituam uma realidade inegável e grandiosa da sociedade hodierna, refogem, todavia, à precisa definição, e se furtam aos esquemas tradicionais aos quais nós, juristas, estamos habituados"[38].

A Lei da Ação Civil Pública surgiu influenciada por esse contexto e inegavelmente inspirada pela *common law,* mas adaptada à realidade do País, como verificaremos com a análise do Fundo Federal de Defesa dos Direitos Difusos (FDDD), trazido por seu art. 13. Nesse sentido, a Profª Ada Pellegrini Grinover afirma:

> "Adaptando os esquemas do direito norte-americano a um sistema de *civil law*, sem olvidar – é claro – a realidade de nosso país, o legislador brasileiro inspirou-se na *class action* americana para criar, primeiro, as ações coletivas para a proteção dos interesses difusos e coletivos, de natureza indivisível. E o fez por intermédio da denominada lei da ação civil pública (Lei n. 7.347/85)"[39].

### 17.1. FUNDO FEDERAL

Será objeto da presente análise apenas o fundo federal criado pela Lei n. 7.347/85, porque não se pode perder de vista que a Constituição Federal autoriza os Estados a promover a criação e regulamentação dos fundos da Lei da Ação Civil Pública, conforme preceitua seu art. 167, IX[40].

Dessarte, dependendo do caso concreto o dinheiro arrecadado será encaminhado ao fundo federal ou estadual. Com isso, tratando-se de uma ação coletiva ambiental julgada em sede de Justiça Comum Estadual, o fruto da condenação será destinado ao fundo estadual. E, ciente dessa faculdade conferida aos Estados, a Lei da Ação Civil Pública, no seu art. 13, *caput*, anuncia que:

> "Art. 13. Havendo condenação em dinheiro, a indenização pelo dano causado reverterá a um fundo gerido por um *Conselho Federal ou por Conselhos Estaduais* de que participarão necessariamente o Ministério Público e represen-

---

38. Mauro Cappelletti, Formações sociais..., *RP*, 5:132.

39. *Código*, cit., p. 540.

40. "Em São Paulo foi criado o Fundo Estadual de Reparação de Interesses Difusos Lesados pelo Decreto n. 27.070/87, legitimado pela LE-SP 6.536/89" (Nelson Nery Junior e Rosa Maria Andrade Nery, *Código*, cit., p. 1.040).

tantes da comunidade, sendo seus recursos destinados à reconstituição dos bens lesados" (grifo nosso).

Além disso, aludida disposição encontra-se em conformidade com o art. 24 da Constituição Federal, que prevê competência concorrente entre União, Estados e Distrito Federal para legislar sobre meio ambiente[41].

O fundo criado pela Lei da Ação Civil Pública está moldado ao instituto norte-americano denominado *fluid recovery*, mas deste se diferencia, porquanto, no Brasil, o montante pecuniário arrecadado pelo fundo só é quantificado *em fase de liquidação de sentença*, fato que não ocorre no sistema norte-americano, uma vez que nas *class actions* o juiz desde logo quantifica a indenização pelos danos causados.

Deve-se observar que, com o advento do Código de Defesa do Consumidor, tornou-se possível a tutela por via de ação coletiva dos chamados interesses individuais homogêneos, conforme preceituam os arts. 91 e s. Com isso, a forma de arrecadação dos valores para o fundo sofreu alteração, de maneira que, em se tratando de direitos difusos e coletivos, o valor apurado em liquidação de sentença será revertido para o FDDD, e, cuidando-se de ação coletiva para a defesa de direitos individuais homogêneos, o produto das condenações será voltado para a reparação do direito individual homogêneo de consumidor prejudicado, não sendo, portanto, destinado ao fundo[42].

Dessa forma, notamos que a indenização reservada ao FDDD, nos termos do art. 100, parágrafo único, do Código de Defesa do Consumidor, é residual, sendo destinada ao fundo quando inexistirem habilitantes em número compatível com a gravidade do dano.

A Lei da Ação Civil Pública, no parágrafo único do seu art. 13, ainda previu que, enquanto o fundo não fosse regulamentado, o dinheiro ficaria depositado em estabelecimento oficial de crédito, em conta com correção monetária. Isso ocorreu até 1986, quando o Decreto n. 93.302/86 regulamentou o fundo. Esse diploma sofreu algumas alterações, tendo a Lei n. 9.008/95 criado, na estrutura organizacional do Ministério da Justiça, o Conselho Federal de que trata o art. 13 da Lei n. 7.347/85.

A Lei n. 9.008/95, no seu art. 1º, esclarece que o FDDD tem por *finalidade* a reparação dos danos causados ao meio ambiente, ao consumidor, a bens e direitos de valor artístico, estético, histórico, turístico, paisagístico, por infração à ordem econômica e a outros interesses difusos.

Os *recursos do fundo* são constituídos pelo produto da arrecadação das (I) condenações judiciais tratadas pelos arts. 12 e 13 da Lei da Ação Civil Pública, desde que não destinadas à reparação de danos de interesse individual homogêneo; (II) das multas e indenizações decorrentes da aplicação da Lei de Proteção às Pessoas Portadoras de Deficiência (Lei n. 7.853/89); (III) dos valores destinados à União em virtude da aplicação da multa prevista no art. 57 e seu parágrafo único e do produto da indenização

---

41. Com mesmo entendimento *vide* Nelson Nery Junior e Rosa Maria Andrade Nery, *Código*, cit., p. 1040.
42. Nelson Nery Junior e Rosa Maria Andrade Nery, *Código*, cit., p. 1040.

disciplinada no art. 100, parágrafo único, do Código de Defesa do Consumidor; (IV) das condenações judiciais de que trata o § 2º do art. 2º da Lei n. 7.913/89 (que regula a proteção dos investidores no mercado de valores mobiliários); (V) das multas referidas no § 3º do art. 28 da Lei n. 12.529/2011 ("O produto da arrecadação das multas aplicadas pelo Cade, inscritas ou não em dívida ativa, será destinado ao Fundo de Defesa de Direitos Difusos de que trata o art. 13 da Lei n. 7.347, de 24 de julho de 1985, e a Lei n. 9.008, de 21 de março de 1995"); (VI) dos rendimentos auferidos com a aplicação dos recursos do fundo; (VII) de outras receitas que vierem a ser destinadas ao fundo; e (VIII) de doações de pessoas físicas ou jurídicas nacionais ou estrangeiras.

Os recursos arrecadados serão voltados para a recuperação de bens, promoção de eventos educativos, científicos e edição de material informativo especificamente relacionado com a natureza da infração ou do dano causado, bem como para a modernização administrativa dos órgãos públicos responsáveis pela execução das políticas relativas às áreas mencionadas no § 1º do art. 2º. Não se deve olvidar ser facultada ao Poder Executivo a regulamentação do funcionamento do Conselho Federal, como se infere do art. 4º da Lei n. 9.008/95.

Especificamente em relação à defesa do meio ambiente, criou-se o Fundo Nacional do Meio Ambiente, regulamentado por regras específicas. Isso de forma alguma revogou o art. 13 da Lei da Ação Civil Pública, porquanto as finalidades dos fundos são distintas. Observa o Prof. Nelson Nery:

> "Os recursos que compõem o Fundo Nacional do Meio Ambiente são oriundos de dotação orçamentária da União, doações, rendimentos de qualquer natureza e outros destinados por Lei (Lei n. 7.797/89, art. 2º, *caput*). Não há menção na Lei n. 7.797/89 sobre o destino das condenações oriundas de decisões judiciais, donde é lícito concluir que não vão para o Fundo Nacional do Meio Ambiente, mas para o FDDD"[43].

Por derradeiro, vale frisar que os recursos arrecadados nos fundos deverão ser aplicados, tanto quanto possível, na recomposição dos danos ou, havendo impossibilidade, empregados de forma a cumprir a sua finalidade, exigindo a análise em particular de cada caso.

## 17.2. FUNDOS ESTADUAIS

Conforme já observado, dependendo do caso concreto o fruto da condenação poderá ser destinado a fundos estaduais.

No Brasil merece destaque o Fundo Especial de Despesa de Reparação de Interesses Difusos Lesados criado pela Lei estadual paulista n. 6.536/89, que tem por objetivo ressarcir a coletividade em face de danos ambientais causados por poluidores no território do Estado de São Paulo (art. 2º da Lei n. 6.536/89).

---

43. Nelson Nery Junior e Rosa Maria Andrade Nery, *Código*, cit., p. 1040.

Gerido democraticamente por um Conselho Estadual com sede em São Paulo e integrado por representantes da sociedade civil, do Ministério Público e do Poder Executivo (art. 5º da Lei n. 6.536/89), o Fundo Paulista passou a ser efetivamente desenvolvido a partir do ano de 2004, criando importantes princípios e mesmo critérios destinados a dar efetividade à tutela dos bens ambientais.

Em histórica reunião realizada em São Paulo, adotou o Conselho Estadual posição pioneira que merece ser transcrita:

"CRITÉRIOS E PRINCÍPIOS DO FUNDO ESPECIAL DE DESPESA DE REPARAÇÃO DE INTERESSES DIFUSOS LESADOS PARA ADMISSÃO, DISCUSSÃO E APROVAÇÃO DE PROJETOS DE SEU INTERESSE.

O Conselho Gestor do Fundo Especial de Despesa de Reparação de Interesses Difusos Lesados, em sua 6ª Reunião Extraordinária realizada em 1º de junho de 2005, deliberou aprovar os Critérios, Princípios e Recomendações, com vistas a admissão, discussão e aprovação de projetos de seu interesse, conforme abaixo segue:

Os bens ambientais, inclusive aqueles integrantes do patrimônio cultural, bem como os relativos ao consumidor, têm natureza indivisível e fruição difusa;

É irrelevante a dominialidade do bem, se público ou privado, podendo os valores do Fundo ser regularmente destinados a qualquer deles, desde que circunscritos ao meio ambiente, consumidor e patrimônio cultural;

A receita do Fundo Especial de Despesa de Reparação de Interesses Difusos Lesados é constituída por: I – indenizações decorrentes de condenações por danos causados aos bens ambientais, patrimônio cultural, relativos ao consumidor, e de condenações por danos causados à ordem urbanística; II – multas pelo descumprimento dessas condenações; III – rendimentos decorrentes de depósitos bancários e aplicações financeiras, observadas as disposições legais pertinentes; IV – contribuições e doações de pessoas físicas e jurídicas, nacionais ou estrangeiras; e V – produto de incentivos fiscais instituídos a favor dos bens descritos no art. 2º da Lei Estadual n. 6.536/89;

Também constituem receitas do Fundo os valores decorrentes de Termos de Ajustamento de Conduta celebrados em inquéritos civis ou procedimentos preparatórios e, ainda, acordos celebrados no curso da ação civil pública;

Os valores referidos no item 3 acima, incisos I, II e III, e no item 4 acima, vinculam-se à tutela específica dos bens lesados objeto do respectivo inquérito civil, procedimento, ação ou termo de ajustamento de conduta, não podendo ser destinados para reparação de outros bens;

Na impossibilidade de os valores serem aplicados na tutela específica dos bens lesados, deverão sê-lo na tutela de outros bens lesados, relativos ao mesmo tipo de interesse difuso, preferindo-se os mais próximos aos mais distantes, quanto à sua localização territorial;

Não havendo bens do mesmo tipo de interesse difuso a reparar, os valores poderão ser aplicados na tutela de bens lesados relativos aos demais tipos de interesse difuso de que trata a Lei n. 6.536/89, a critério do Conselho Gestor do Fundo;

Os valores referidos no item 3 acima, incisos IV e V, não têm vinculação específica, podendo ser aplicados em quaisquer bens tutelados pela Lei Estadual n. 6.536/89, a critério do Conselho Gestor do Fundo;

O Poder Público deverá coletar, disponibilizar e encaminhar ao Conselho Gestor do Fundo diagnóstico com informações abrangentes da situação atual dos bens de natureza ambiental (solo, subsolo, águas superficiais e subterrâneas, ar atmosférico, flora, fauna, espaços territoriais especialmente protegidos, patrimônio genético, entre outros), cultural (dotados de valor histórico, arquitetônico, estético, paisagístico, arqueológico, espeleológico e/ou turístico, entre outros, tutelados ou não pela União, Estado e municípios do Estado de São Paulo) e relacionados aos direitos do consumidor, no que tange à prevenção, proteção, recuperação, conservação, restauro e/ou promoção, seja para formação de banco de dados e informes, seja para consulta, orientação e suporte às deliberações das Câmaras Técnicas e decisões do Conselho Gestor (direito fundamental à informação – CF, arts. 5º, XXXIII, e 225, § 1º, VI);

Tratando-se de bens recuperáveis e havendo o ingresso no Fundo do respectivo valor financeiro, o Conselho Gestor deverá, de ofício, promover a abertura de edital, com prazo de 45 (quarenta e cinco) dias, para a apresentação de projetos de recuperação pelos interessados, os quais deverão obedecer aos requisitos específicos de admissibilidade.

Apresentado(s) o(s) projeto(s), o Conselho Gestor procederá na forma do item 9, abaixo.

Não havendo interessados, o Conselho Gestor providenciará a elaboração do projeto e sua execução por meio do competente procedimento licitatório a ser realizado pela Secretaria de Estado competente, em convênio com o Fundo, alocando-se os recursos correspondentes.

9. Tratando-se de bem recuperável e apresentado(s) o(s) projeto(s) de sua reconstituição, será(ão) inicialmente submetido(s) a juízo de admissibilidade formal pela Secretaria Executiva do Fundo, com base nos critérios definidos no item 15 abaixo, no prazo de 10 (dez) dias:

9.1. estando o(s) projeto(s) em condições de prosseguimento, será(ão) aleatoriamente distribuído(s) na próxima reunião, ordinária ou extraordinária, todos a um único dos membros do Conselho, designado relator, o qual examinará o conteúdo do(s) projeto(s) e, emitindo parecer, o(s) submeterá ao plenário na reunião seguinte para deliberação quanto ao projeto vencedor;

9.2. para formar seu convencimento e emitir parecer, o conselheiro relator, se julgar conveniente, poderá solicitar o concurso de técnicos da Secretaria de

Estado competente, ou outros de sua confiança, a título gratuito, limitado o prazo de análise a 90 (noventa) dias;

9.3. deliberado o vencedor, a execução do projeto será deferida ao próprio proponente, ficando sujeito à fiscalização do Conselho Gestor, da Secretaria de Estado competente ou quaisquer órgãos públicos por eles indicados, bem como do Ministério Público do Estado de São Paulo e do Tribunal de Contas do Estado;

9.4. cópias do projeto e da deliberação do Conselho Gestor serão encaminhadas à Secretaria de Estado e ao Juiz de Direito competentes, à autoridade administrativa que impôs sanção e ao Promotor de Justiça natural para ciência, acompanhamento e fiscalização de sua execução, no âmbito de suas respectivas atribuições;

9.5. o Conselho Gestor poderá, a qualquer tempo, fiscalizar diretamente o andamento da obra ou serviço, bem como solicitar do executante ou da Secretaria de Estado competente, relatórios de sua execução;

9.6. a liberação de qualquer valor financeiro do Fundo em favor do interessado executante somente se dará com a apresentação do relatório de execução da etapa e com atestado de medição expedido pela Secretaria de Estado competente;

10. tratando-se de recursos não vinculados à recuperação de bens ou direitos difusos especificamente lesados, a Secretaria Executiva do Fundo fará publicar, até o dia 15 de fevereiro de cada ano, edital contendo o montante desses recursos separados por tema (meio ambiente, consumidor e patrimônio cultural), fixando o prazo até o dia 31 de maio do respectivo ano para apresentação de projetos para aplicação desses recursos;

11. apresentado(s) o(s) projeto(s) referido(s) no item anterior, a Secretaria Executiva fará uma análise preliminar de atendimento dos requisitos de admissibilidade, com base nos critérios definidos no item 15 abaixo, no prazo de 10 (dez) dias;

Atendidos os requisitos iniciais de admissibilidade, o(s) projeto(s) será(ão) encaminhado(s) para a Secretaria de Estado correspondente (Meio Ambiente, Cultura e Justiça e Defesa da Cidadania), com o fim de:

– análise técnica e parecer;

– análise quanto à compatibilidade com planos e programas governamentais;

– conferência dos valores orçados para a obra, serviço ou produto, apresentados no projeto;

– após a análise pela Secretaria de Estado, o(s) projeto(s) retornará(ão) ao Conselho Gestor para distribuição aleatória dentre seus membros, para exame e parecer;

– distribuído(s) o(s) projeto(s), deverá o conselheiro relator apresentar parecer sobre seu conteúdo na próxima reunião do Conselho Gestor, ordinária ou extraordinária;

– o(s) projeto(s) será(ão) incluído(s) na ordem do dia da próxima reunião, votando o Conselho pela sua aprovação ou rejeição, ou eventual conversão do julgamento em diligência;

– aprovado(s) o(s) projeto(s), o Conselho adotará o encaminhamento conforme o item 9, acima.

Havendo mais de um projeto aprovado, e não sendo suficientes os recursos financeiros do Fundo, poderá o Conselho Gestor fixar ordem prioritária no atendimento, tendo em conta, inclusive, a data de ingresso do projeto, o oferecimento de contrapartidas e outros elementos relevantes. Os projetos não contemplados serão arquivados, podendo ser reapresentados no exercício seguinte.

O critério da melhor técnica de recuperação do bem lesado deve ser prioritário na análise e aprovação dos projetos apresentados para aprovação pelo Fundo.

Poderão ser apresentados projetos ao Fundo por quaisquer órgãos ou entidades nacionais ou internacionais, devendo, contudo, o bem ou objeto a ser contemplado estar localizado total ou parcialmente no território do Estado de São Paulo (art. 8º da Lei Estadual n. 6.536/89).

Os projetos apresentados por órgãos públicos deverão obrigatoriamente prever contrapartida financeira, orçamentária ou não, definida em R$ 1,00 (hum real) para cada R$ 1,00 (hum real) oferecido pelo Fundo.

Ficam definidos os critérios preliminares de admissão inicial dos projetos junto ao Fundo, conforme abaixo segue.

Critérios formais para apresentação de projetos:

1. Qualificação completa do proponente:

1.1. documentos relativos à empresa ou instituição e seus sócios/participantes:

a. cédula de identidade e CPF do representante legal;

b. ato constitutivo, estatuto ou contrato social em vigor, devidamente registrado, ou ata de eleição dos seus administradores;

c. inscrição do ato constitutivo, no caso de sociedades civis, acompanhada de prova de diretoria em exercício;

d. decreto de autorização, em se tratando de empresa ou sociedade estrangeira em funcionamento no País, e ato de registro ou autorização para funcionamento expedido pelo órgão competente, quando a atividade assim o exigir;

1.2. documentos relativos à regularidade fiscal:

a. prova de inscrição no Cadastro Nacional de Pessoa Jurídica;

b. prova de inscrição no Cadastro de contribuintes estadual, ou municipal, se houver, relativo ao domicílio ou sede do proponente, pertinente ao seu ramo de atividade e compatível com o objeto contratual;

c. prova de regularidade para com a Fazenda Federal Estadual ou municipal do domicílio ou sede do proponente, ou outra equivalente na forma da lei;

d. declaração de regularidade perante o Ministério do Trabalho;

e. declaração do proponente assegurando a inexistência de impedimento legal para contratar com órgãos públicos;

1.3. certidão negativa da existência de eventual ação civil pública (distribuidor forense do local do bem) ou inquérito civil (Promotoria de Justiça do local do bem);

1.4. certidão de Violação de Direitos do Consumidor, a ser expedida pelo órgão Estadual de defesa do consumidor;

2. Sumário Descritivo do projeto, constando:

2.1. identificação do objeto a ser executado;

2.2. justificativa do projeto;

2.3. objetivos gerais e específicos do projeto;

2.4. etapas ou fases de execução, com a previsão de início e fim da execução do projeto, bem como a conclusão das etapas ou fases programadas;

2.5. plano de aplicação dos recursos financeiros;

2.6. cronograma de desembolso;

3. Valor Solicitado do Fundo de Defesa de Direitos Difusos;

4. Contrapartida ofertada (obrigatória para órgãos públicos);

5. Localização geográfica onde serão percebidos os benefícios do projeto;

6. Cópia de publicações (se houver) acerca de atividades que o proponente tenha desenvolvido anteriormente (ou informações que indiquem com precisão tais trabalhos);

7. Informações adicionais, se necessário.

Recomendações da Comissão Especial aprovadas pelo Conselho Gestor.

Aprovar a adaptação da guia de depósito bancário de valores destinados ao Fundo para constar a Comarca de origem, o número do inquérito civil ou processo e sua natureza (meio ambiente, consumidor ou patrimônio cultural).

A partir da adaptação da guia de depósito bancário referida no item anterior, fixar data a fim de que os depósitos devam ser vinculados aos inquéritos civis, procedimentos ou ações civis públicas respectivos, encarregando-se a Diretoria Geral do Ministério Público de zelar pelo cumprimento de tal providência, recusando guias de depósito incompletas.

Caso não vencida a pauta de qualquer reunião, ordinária ou extraordinária, será marcada outra extraordinária em continuação, no prazo de 30 (trinta) dias, com pauta remanescente.

Fixar o teto financeiro máximo de R$ 1.000.000,00 (hum milhão de reais) para financiamento de projetos pelo Fundo, podendo, entretanto, por deliberação fundamentada do Conselho Gestor, esse teto ser revisto diante do caso concreto.

Aprovar a criação de nova Comissão no âmbito do Fundo para revisão do conteúdo do Projeto de Lei n. 205/2001, em tramitação perante a Assembleia Legislativa do Estado, o qual trata da reformulação do Fundo Especial de Despesa de Reparação de Interesses Difusos Lesados, a fim de adequá-lo aos critérios aprovados, compatibilizando-os naquilo que for necessário e pertinente.

Relativamente ao ano de 2005, uma vez aprovados os princípios ora propostos, o Conselho Gestor, no prazo de 30 (trinta) dias, deverá publicar edital com prazo de 60 (sessenta) dias, para fins de apresentação de projetos referidos no item 10, dos princípios.

Os projetos já apresentados ao Conselho Gestor do Fundo serão devolvidos aos interessados para eventuais adequações aos princípios aprovados.

Daí, como observado, a necessidade de a sociedade civil organizada avançar em proveito da defesa da vida em todas as suas formas principalmente em face do resultado processual das lides ambientais".

## 18. PRESCRIÇÃO NA AÇÃO COLETIVA AMBIENTAL E A INTERPRETAÇÃO DO SUPREMO TRIBUNAL FEDERAL (RE 654.833)

Não há confundir a possibilidade de valoração pecuniária do bem ambiental para fins de reparação do dano, no âmbito de sistema constitucional vinculado à ordem jurídica capitalista (até mesmo porque, em última análise, a tudo cominam-se valores pecuniários), com a natureza jurídica desse bem. O que se pretende dizer é que o fato de se estabelecer reparação pecuniária em face de dano não torna o bem ambiental disponível dentro da tradicional concepção, hoje superada, que delimitava nosso sistema normativo no âmbito da existência do direito privado e do direito público. Não se pode olvidar que no âmbito da relação jurídica definida em nossa Lei Maior o meio ambiente está vinculado à existência de bem, via de regra de natureza difusa, objeto de direito fundamental de toda a coletividade, de forma que, sendo essencial à vida com qualidade (sadia qualidade de vida), é imprescritível, irrenunciável e inalienável.

Trata-se pois de bem essencial, como denuncia o art. 225, *caput*, da Constituição Federal, de modo a ser inconcebível a existência digna de um indivíduo (art. 1º, III, da CF) se ele não tiver ao seu alcance um meio ambiente sadio e ecologicamente equilibrado. Dessarte, dada a natureza jurídica constitucional do meio ambiente, bem como o seu caráter de essencialidade, as ações coletivas destinadas à sua tutela são imprescritíveis conforme defendemos desde a primeira edição de nosso Curso no ano 2000[44 e 45].

Em 2020, o Supremo Tribunal Federal adotou nossa interpretação, fixando a seguinte tese: "É imprescritível a pretensão de reparação civil de dano ambiental"[46].

---

44. Exatamente na linha dos argumentos que defendemos desde a primeira edição de nosso *Curso de direito ambiental brasileiro*, o Superior Tribunal de Justiça confirmou em maio de 2007 que as ações coletivas de reparação de dano ambiental são imprescritíveis ("A ação de reparação/recuperação ambiental é imprescritível.") *Vide* REsp 647.493, STJ, 2ª Turma, Rel. Min. João Otávio Noronha.

45. "Ementa: CONSTITUCIONAL E ADMINISTRATIVO. RECURSO EXTRAORDINÁRIO. DANO AO MEIO AMBIENTE. REPARAÇÃO CIVIL. IMPRESCRITIBILIDADE. REPERCUSSÃO GERAL RECONHECIDA. 1. Revela especial relevância, na forma do art. 102, § 3º, da Constituição, a questão acerca da imprescritibilidade da pretensão de reparação civil do dano ambiental. 2. Repercussão geral da matéria reconhecida, nos termos do art. 1.035 do CPC" (RE 654.833 RG/AC – Repercussão Geral no Recurso Extraordinário, Tribunal Pleno, Rel. Min. Alexandre de Moraes, j. 31-5-2018, meio eletrônico, processo eletrônico, *DJe*-126, divulg. 25-6-2018, public. 26-6-2018).

46. RE 654.833, Tribunal Pleno, Rel. Min. Alexandre de Moraes, j. 20-4-2020, public. 24-6-2020.

Decisão: O Tribunal, por maioria, apreciando o tema 999 da repercussão geral, extinguiu o processo, com julgamento de mérito, em relação ao Espólio de Orleir Messias Cameli e a Marmud Cameli ltda, com base no art. 487, III, b, do Código de Processo Civil de 2015, ficando prejudicado o recurso extraordinário, nos termos do voto do Relator, vencidos os Ministros Gilmar Mendes, Marco Aurélio e Dias Toffoli (Presidente), que davam provimento ao recurso. O Ministro Roberto Barroso acompanhou o Relator com ressalvas. Foi fixada a seguinte tese: "É imprescritível a pretensão de reparação civil de dano ambiental", nos termos do voto do Relator. Plenário.

# Capítulo IV
## AÇÃO CIVIL PÚBLICA AMBIENTAL

### 1. NOÇÕES PROPEDÊUTICAS

A Lei da Ação Civil Pública teve o seu alcance de aplicação alterado com a entrada em vigor da Lei n. 8.078/90, que instituiu o Código de Defesa do Consumidor, porque, antes, ela podia ser usada para reclamar responsabilidade por danos causados ao meio ambiente, ao consumidor, a bens e direitos de valor artístico, estético, histórico e paisagístico. Limitava-se a esses direitos difusos e coletivos, restringindo-se aos casos cujos bens fossem indivisíveis. Apesar de todo avanço que ela representou, com o inquérito civil exclusivo do Ministério Público, mais tarde agasalhado pela Constituição Federal de 1988, tratava-se de uma lei esparsa, e sua aplicação estava ainda além de sua plenitude.

Com o advento do Código de Defesa do Consumidor, o campo de incidência da Lei da Ação Civil Pública foi profundamente aumentado, através de dispositivos que possibilitaram a defesa de outros interesses difusos (art. 110 do CDC), bem como dos interesses individuais homogêneos (arts. 91 a 100 do CDC). Além disso, houve por bem aclarar, no seu art. 6º, VI, a possibilidade de cumulação da indenização por danos morais e patrimoniais aos bens por essa lei protegidos.

Em síntese apertada, podemos verificar que a Lei da Ação Civil Pública presta-se à defesa de interesses coletivos *lato sensu,* à proteção do patrimônio público, meio ambiente, consumidores e da ordem econômica, tendo por fim a condenação dos responsáveis à reparação do interesse lesado, preferencialmente com o cumprimento específico da pena.

No que toca à proteção do meio ambiente, esta pode ser efetivada através de vários instrumentos colocados à disposição dos cidadãos e dos legitimados, como, por exemplo, o mandado de segurança coletivo, a ação popular constitucional, o mandado de injunção e a ação civil pública.

Consulte-se o Capítulo III da Parte II sobre os principais aspectos processuais gerais da jurisdição civil coletiva: legitimidade ativa, litisconsórcio e legitimidade do Ministério Público para seu ajuizamento, legitimidade passiva, competência, liminares, recursos, coisa julgada e execução coletiva[1].

---

1. *Vide* STF, RE 563.144 AgR/DF, 2ª Turma, Min. Gilmar Mendes (j. 19-3-2013, *DJe,* 16-4-2013).

## 2. BREVE HISTÓRICO SOBRE A AÇÃO CIVIL PÚBLICA[2]

José Carlos Barbosa Moreira apresentou trabalho pioneiro, publicado no Brasil em 1977, intitulado "A ação popular do direito brasileiro como instrumento de tutela jurisdicional dos chamados interesses difusos". A partir desse estudo, o tema começou a ser desenvolvido.

Aludido trabalho tinha por objetivo discutir a temática da proteção jurisdicional dos interesses difusos, oferecendo dados relativos a um instrumento que, dentro de certos limites, poderia servir, e já servia, para tutelar interesses difusos: a ação popular.

O Prof. Barbosa Moreira elaborou doutrina pioneira e essencial para o aprimoramento do tema, contando com a contribuição de outros juristas, como Waldemar Mariz de Oliveira Júnior[3], Ada Pellegrini Grinover[4], Cândido Rangel Dinamarco, Kazuo Watanabe, Nelson Nery Junior, Édis Milaré e Antônio Augusto Mello de Camargo Ferraz, estes três últimos representantes do Ministério Público de São Paulo, responsáveis pelo anteprojeto de lei "embrião" da Lei n. 7.347/85, que muito contribuiu para o avanço da tutela jurisdicional dos interesses difusos.

## 3. AÇÃO COLETIVA PARA A TUTELA DOS DIREITOS INDIVIDUAIS HOMOGÊNEOS

A ação civil pública não se presta somente à defesa dos direitos difusos ou coletivos, mas também à tutela dos interesses e direitos *individuais homogêneos*, os quais vêm conceituados no art. 81, parágrafo único, III, do Código de Defesa do Consumidor, que instituiu no sistema processual brasileiro as ações coletivas para a tutela dos direitos individuais homogêneos, mais uma modalidade de ação coletiva, ao lado das destinadas à defesa dos direitos difusos e coletivos.

Os legitimados ativos são os encartados nos arts. 82 do Código de Defesa do Consumidor e 5º da Lei da Ação Civil Pública, inclusive o Ministério Público, que, se não tiver proposto a ação, intervirá obrigatoriamente no processo como fiscal da lei, nos termos dos arts. 92 do Código e 5º, § 1º, da lei.

No tocante ao seu procedimento, vale ressaltar que, ajuizada a ação, expedir-se-á edital para conhecimento de terceiros, a fim de que os lesados pelas ofensas possam intervir no processo como litisconsortes, conforme preceitua o art. 94 do Código de Defesa do Consumidor. Evidentemente, os interessados que não quiserem intervir poderão omitir-se, porquanto o direito pleiteado na ação de defesa de *direitos individuais homogêneos* é *divisível e disponível*. Na fase de conhecimento,

---

2. Para um estudo completo, *vide* nossa Dissertação de Mestrado *Associação civil e interesses difusos no direito processual civil brasileiro*, 1989.

3. Waldemar Mariz de Oliveira Júnior, Tutela jurisdicional dos interesses coletivos, in Ada Pellegrini Grinover, *A tutela dos interesses difusos*, São Paulo, Max Limonad, 1984, p. 8-27.

4. Ada Pellegrini Grinover, *A tutela dos interesses difusos*, cit.

o juiz proferirá sentença condenatória, genérica, reconhecendo a responsabilidade pela indenização coletiva.

Após o trânsito em julgado da sentença, poderá haver execução coletiva, para a qual podem habilitar-se os lesados que não tenham intervindo na fase de conhecimento. Para tanto, é preciso a expedição de novo edital.

Na liquidação da sentença condenatória da ação coletiva é que se fixará o *quantum debeatur*. O montante da indenização deverá ser comprovado por cada prejudicado, individualmente. Como sabemos, na primeira fase do processo, fase de conhecimento, o magistrado afirma a existência de uma relação jurídica e estabelece ao réu o dever de ressarcir os prejuízos a que deu causa. Na liquidação da sentença, cada um dos prejudicados já tem reconhecido o seu direito ao ressarcimento, todavia, só fará jus a ele se demonstrar a extensão do *seu* prejuízo.

Por derradeiro, importante destacar, concordando com o Prof. Nelson Nery Junior, que é o *tipo de tutela jurisdicional* pleiteada que determina se um direito é difuso, coletivo ou individual homogêneo. A reparação de um *dano a um bem ambiental* será sempre *difusa*, dadas a indivisibilidade do seu objeto e a indeterminabilidade dos seus titulares. Por outro lado, o fato de alguém pleitear individualmente a reparação de um dano oriundo de poluição atmosférica, na verdade, configurará a reclamação de pedido *individual*, não existindo a tutela do *bem ambiental*, porquanto este constituiu a causa de pedir remota da ação e não o seu objeto mediato. Assim, se a tutela jurisdicional pretendida é a reparação de um dano ao meio ambiente, então teremos a proteção de um bem de natureza metaindividual.

Como determina o art. 103, § 3º, do Código de Defesa do Consumidor, que trata da coisa julgada, procedente o pedido da ação coletiva, as vítimas e seus sucessores serão beneficiados, podendo proceder à liquidação e à execução da decisão. Com isso, permite-se que, a partir da condenação genérica de uma empresa à reparação do dano ambiental (reparação difusa), o particular, individual ou coletivamente (origem comum), promova a liquidação do dano individualmente sofrido, fazendo demonstrar que existiria um nexo de causalidade entre o que foi estabelecido genericamente na sentença condenatória (v. g., instalação de filtros antipoluentes) e o dano sofrido individualmente (problemas respiratórios decorrentes da ausência de filtros poluentes). Dessarte, nota-se que não é o meio ambiente que está sendo tutelado, já que constitui somente a causa de pedir da pretensão individual.

## 4. INQUÉRITO CIVIL

É atribuição *exclusiva* do Ministério Público a instauração do inquérito civil. Trata-se de medida preparatória de eventual ação civil pública, prevista primeiramente na Lei n. 7.347/85, no seu art. 8º, e, posteriormente, elevada ao nível constitucional como função institucional do Ministério Público (CF, art. 129, III).

O inquérito civil tem por escopo a colheita de material de suporte para o ajuizamento da ação civil pública, averiguando-se a existência de circunstância que enseje a aplicação da Lei n. 6.938/81, de modo a formar a convicção do promotor de justiça e evitar a propositura de ação temerária.

Assim como o inquérito policial, o civil é peça dispensável, de forma que, existindo elementos, o Ministério Público poderá de imediato ajuizar ação civil ou arquivar as peças de informação, conforme a formação de sua convicção.

Todavia, vale esclarecer que o promotor de justiça, entendendo não ser caso de propositura da ação civil pública, promoverá o arquivamento do inquérito civil ou das peças de informação, remetendo essa promoção ao Conselho Superior do Ministério Público (art. 30 da Lei n. 8.625/93), órgão com atribuição para controlar o arquivamento do inquérito civil. Havendo concordância acerca do arquivamento, o Conselho ratificará o ato do promotor de justiça. Em contrapartida, existindo discordância, será designado outro promotor de justiça para prosseguir nas investigações (se ainda forem necessárias) e ajuizar a ação civil pública.

Durante o trâmite do arquivamento do inquérito civil ou das peças de informação junto ao Conselho Superior do Ministério Público, qualquer interessado poderá manifestar-se nos autos, juntando documentos a fim de instruir e colaborar para a decisão do Conselho acerca da promoção do arquivamento.

Uma vez arquivado o inquérito civil, o Ministério Público não poderá mais propor a ação civil pública, pois ele é instaurado para formar a *opinio actio* do *Parquet*, esclarecendo-se que nada tem que ver com os outros colegitimados à propositura da ação civil pública.

Analogamente ao inquérito policial, o civil é regido pelo procedimento inquisitório, não sendo assegurado o princípio do contraditório. Isso porque não se trata de processo administrativo, porquanto não se destina à aplicação de sanção, sendo apenas instrumento de reunião de provas, com o fim de aparelhar o Ministério Público para a propositura de eventual ação civil pública[5].

Outrossim, nada impede que o órgão do Ministério Público, verificando no inquérito civil materialidade de crime e indícios de autoria, promova a um só tempo ação civil pública e ação penal pública, evidentemente, desde que tenha atribuição para a propositura da última.

## 5. COMPROMISSO DE AJUSTAMENTO

Por ocasião do inquérito civil, poderá ser firmado compromisso de ajustamento de conduta, conforme preleciona o § 6º do art. 5º da Lei n. 7.347/85:

> "§ 6º Os órgãos públicos legitimados poderão tomar dos interessados compromisso de ajustamento de sua conduta às exigências legais, mediante cominações, que terá eficácia de título executivo extrajudicial".

---

5. Nesse sentido Nelson Nery Junior, *Princípios*, cit., p. 126.

Trata-se o instituto de meio de efetivação do pleno acesso à Justiça, porquanto se mostra como instrumento de satisfação da tutela dos direitos coletivos, à medida que evita o ingresso em juízo, repelindo os reveses que isso pode significar à efetivação do direito material. Imaginemos uma empresa poluidora e que, por ocasião do inquérito civil, verifique-se que sua atividade está ofendendo normas ambientais nos pontos "X", "Y", "W" e "Z". Admitindo ainda que, usando do compromisso de ajustamento de conduta, o Ministério Público faça acordo extrajudicial com essa empresa no sentido de que ela se comprometa a regularizar, no prazo de vinte dias, os itens "X" e "Z". Ora, justamente *por não se tratar do instituto da transação*, consagrado pelo direito civil (em que deve haver uma concessão mútua de direitos), nada impedirá que o próprio Ministério Público, ou qualquer outro legitimado nos termos da lei, venha a entrar em juízo contra a empresa por causa dos itens "Y" e "W", que não foram objeto do acordo.

## 5.1. TRANSAÇÃO E COMPROMISSO DE AJUSTAMENTO DE CONDUTA

Neste momento, oportuna a distinção entre os dois institutos, porquanto a transação é figura característica do direito civil, moldada a um sistema individualista, destinado ao titular do direito. Nesse contexto, mostra-se incompatível com os direitos coletivos, porquanto estar-se-ia conferindo faculdades ao legitimado autônomo, a fim de dispor do direito de titulares coletivamente considerados. Com lucidez e inteiro acerto, manifesta-se o Prof. Hugo Nigro Mazzilli:

"Por último, não é preciso insistir em que o compromisso de ajustamento a que alude o § 6º do art. 5º da LACP, tomado extrajudicialmente, não impede que qualquer dos colegitimados ativos possa discutir em juízo o próprio mérito do acordo celebrado. Esse compromisso tem o valor de garantia mínima em prol do grupo, classe ou categoria de pessoas atingidas; não pode ser garantia máxima de responsabilidade do causador do dano, sob pena de admitirmos que lesões fiquem sem acesso jurisdicional. Entender-se ao contrário seria dar ao compromisso extrajudicial que versa interesses difusos da coletividade a mesma concepção privatista que tem a transação no direito civil, campo em que a disponibilidade é a característica principal. Graves prejuízos decorreriam para a defesa social, a admitir este entendimento. Não sendo os órgãos públicos referidos no dispositivo os verdadeiros titulares do interesse material lesado, o compromisso de ajustamento que tomam passa a ter o valor de determinação de responsabilidade mínima; não constitui limite máximo para a reparação de uma lesão ao meio ambiente ou a qualquer outro interesse de que cuida a Lei n. 7.347"[6].

---

6. *A defesa dos interesses difusos em juízo*, 5. ed., São Paulo, Revista dos Tribunais, 1993, p. 215.

Vale lembrar que se trata de um *ajuste de conduta*[7], e condutas são previstas pela lei, objetivando determinar as que deverão ter um fornecedor infrator. Obviamente, o compromisso feito ao Ministério Público não deve jamais ficar aquém do que diz a lei. Ao contrário, deve regularizar, tornar justo, conforme seus ditames, o proceder do fornecedor, até mesmo porque esse compromisso terá força de título executivo extrajudicial, na hipótese de seu descumprimento.

## 5.2. HOMOLOGAÇÃO DO COMPROMISSO DE AJUSTAMENTO

Para a validade da homologação do compromisso de ajustamento de conduta às exigências legais, é mister que estejam preenchidos os seguintes requisitos:

"a) Necessidade da integral reparação do dano, em razão da natureza indisponível do direito violado;

b) Indispensabilidade de cabal esclarecimento dos fatos, de modo a ser possível a identificação das obrigações a serem estipuladas, já que desfrutará de eficácia de título executivo extrajudicial;

c) Obrigatoriedade da estipulação de cominações para a hipótese de inadimplemento;

d) Anuência do Ministério Público, quando não seja autor".

---

7. Apesar de o Ministério Público estadual e o federal terem atribuições em jurisdições diferentes, o Termo de Ajustamento de Conduta firmado com um deles tem eficácia perante o outro se tratar da mesma questão, conforme observado pelo Ministro Ricardo Lewandowski do Supremo Tribunal Federal ao suspender Ação Penal por crime ambiental contra determinada empresa.
*Vide* HC 92.921.

# Capítulo V
# AÇÃO POPULAR AMBIENTAL

## 1. ORIGENS

A ação popular é um dos remédios jurisdicionais mais antigos e, mesmo com marchas e contramarchas da história, podemos dizer que foi pioneiro na defesa dos direitos coletivos *lato sensu*.

A ação popular é característica nos regimes democráticos, e tem-se notícia de sua existência no direito romano, definida pelo jurisconsulto Paulo como: *eam popularem actionem dicimus, quae suum jus populi tenetur*[1], o que significa "denominamos ação popular aquela que ampara direito próprio do povo".

Nesse compasso, observou-se a sua utilização, no direito romano, como instrumento para a defesa de interesses difusos, constituindo ações de natureza privada[2]. O direito defendido pela ação popular era aquele que não correspondia ao indivíduo enquanto particular, mas sim como membro da comunidade. Com isso, nota-se que a ação popular em sua gênese já se adaptava à proteção do meio ambiente, não sendo propriamente novidade a sua introdução em nosso ordenamento jurídico, a saber, no art. 5º, LXXIII, da Constituição Federal, com essa finalidade.

## 2. AÇÃO POPULAR COMO INSTRUMENTO DE DEFESA VINCULADA A INTERESSES DIFUSOS E SUA EVOLUÇÃO NO ORDENAMENTO JURÍDICO BRASILEIRO

Essa garantia constitucional foi prevista pela primeira vez no ordenamento jurídico brasileiro na Constituição Federal de 1934, em seu art. 113, item 38, o qual dispunha:

> "Qualquer cidadão será parte legítima para pleitear a declaração de nulidade ou anulação dos atos lesivos do patrimônio da União, dos Estados e dos Municípios".

---

1. Carlos Maximiliano, *Consultas e pareceres*, Rio de Janeiro, Forense, 1970, p. 522 e s.

2. Nelson Nery Junior, *A ação civil pública como instrumento de tutela dos interesses difusos,* São Paulo, Saraiva, 1984, p. 47 e s.

Por ocasião da Constituição de 1937, a ação popular foi suprimida do ordenamento, sendo restabelecida pela Constituição Federal de 1946, com o objeto mais amplo, como se observa:

"Art. 141. (...)

(...)

§ 38. Qualquer cidadão será parte legítima para pleitear a anulação ou declaração de nulidade dos atos lesivos ao patrimônio da União, dos Estados e dos Municípios, das entidades autárquicas e das sociedades de economia mista".

Na Constituição Federal de 1967 (art. 150, § 31) e na Emenda Constitucional n. 1/69 (art. 153, § 31), a ação popular foi mantida com a finalidade específica de proteção patrimonial, generalizando o alcance de seu objeto:

"Qualquer cidadão será parte legítima para propor ação popular que vise a anular atos lesivos ao patrimônio de entidades públicas".

Apesar da previsão desse remédio constitucional, a sua utilização na defesa de direitos difusos da coletividade não era muito constante. Outrossim, em que pese o presente instrumento aludir à tutela do patrimônio, era conceituado de forma restrita, consistindo "na invalidação de atos ou contratos administrativos ilegais e lesivos do patrimônio Federal, Estadual e Municipal, ou de suas autarquias, entidades paraestatais e pessoas jurídicas subvencionadas com dinheiros públicos"[3].

Superando essa conceituação restrita, foi o Prof. Barbosa Moreira[4] pioneiro, ao chamar atenção de que a ação popular deveria ser encarada como instrumento para a defesa dos direitos difusos. Para tanto, salientava que a Lei n. 4.717/65 fixou o conceito de patrimônio com o fito de dilatar a área de atuação do instrumento processual para fora do restrito círculo das lesões meramente pecuniárias, tornando a ação popular mais interessante na perspectiva em que se situava seu trabalho sobre os interesses difusos. Isso porque estes e os coletivos não raro se mostram insuscetíveis de redução a valores monetários, demonstrando a insuficiência da tutela ressarcitória. Em 1977, a Lei n. 6.513 determinou a redação do § 1º do art. 1º da Lei n. 4.717/65, considerando patrimônio público, para fins referidos no artigo, os bens e direitos de valor econômico, artístico, estético, histórico ou turístico.

---

3. Hely Lopes Meirelles, *Mandado de segurança, ação popular, ação civil pública, mandado de injunção, habeas data*, 13. ed., São Paulo, Revista dos Tribunais, p. 87 e s. O conhecido administrativista não conseguiu superar a visão ortodoxa da ação popular, consoante notas às p. 94-6 (fins da ação), 97-9 (objeto da ação) e particularmente quando preleciona matéria ligada à competência, processo e liminar, sentença, recursos, coisa julgada e execução (p. 103-17). Assim, a "atualização" dessa clássica obra do conhecido professor não enfrenta os pontos sensíveis, especialmente em matéria processual, da ação popular em defesa do meio ambiente, causando estranheza àqueles que a adquiriram na esperança de encontrar saídas para as dificuldades do tema, adaptado ao novo regramento constitucional.

4. José Carlos Barbosa Moreira, A ação popular do direito brasileiro como instrumento de tutela jurisdicional dos chamados interesses difusos, in *Temas de direito processual*, São Paulo, Saraiva, 1977, *passim*.

Com o advento da Constituição Federal de 1988, foi expressamente prevista – até de forma redundante, porquanto o patrimônio histórico e cultural é um dos aspectos do meio ambiente – a utilização da ação popular para a defesa do meio ambiente, como preceitua o art. 5º, LXXIII:

> "Qualquer cidadão é parte legítima para propor ação popular que vise a anular ato lesivo ao patrimônio público ou de entidade de que o Estado participe, à moralidade administrativa, ao meio ambiente e ao patrimônio histórico e cultural, ficando o autor, salvo comprovada má-fé, isento de custas judiciais e do ônus da sucumbência".

## 3. OBJETO

O inciso LXXIII do art. 5º da Constituição traz como objeto da ação popular a proteção do patrimônio público, da moralidade administrativa, do patrimônio histórico e cultural quanto a atos lesivos contra eles praticados, inclusive por entidade da qual o Estado participe.

Com isso, importante frisar que a ação popular presta-se à defesa de bens de natureza pública (patrimônio público) e difusa (meio ambiente), o que implica a adoção de procedimentos distintos. Com efeito, tratando-se da defesa do meio ambiente, o procedimento a ser adotado será o previsto na Lei da Ação Civil Pública e no Código de Defesa do Consumidor, constituindo, como sabemos, a base da jurisdição civil coletiva. Por outro lado, tratando-se da defesa de bem de natureza pública, o procedimento a ser utilizado será o previsto na Lei n. 4.717/65.

Dessarte, nota-se que a *natureza jurídica do bem* que se pretende tutelar será o aspecto determinante na adoção do rito procedimental.

## 4. LEGITIMIDADE ATIVA. A ADI 4.467/2010 E A EXTINÇÃO DO TÍTULO DE ELEITOR

A ação popular ambiental continua a reclamar uma interpretação contemporânea do conceito de cidadão, conforme análise que já desenvolvíamos na primeira edição de nosso *Curso de direito ambiental brasileiro*, no ano 2000[5].

Isso porque a Constituição Federal de 1988 ampliou o objeto da ação popular, de modo que esta não tutela mais somente bens públicos, mas também difusos, como já tivemos a oportunidade de verificar.

A legitimidade ativa da ação popular, no plano infraconstitucional, vem explicitada no art. 1º, § 3º, da Lei n. 4.717/65, dizendo que a prova da cidadania, para ingresso em juízo, será feita com título eleitoral[6] ou com documento que a ele corresponda. Esse

---

5. *Vide* nosso *Curso de direito ambiental brasileiro*, 2000, p. 246.

6. O Supremo Tribunal Federal acabou adotando nossa interpretação no final de setembro de 2010, conforme podemos verificar do julgamento da ADI 4.467, oportunidade em que, conforme lúcida

advertência do Presidente da Corte, Ministro Presidente da Corte, *"a decisão da maioria dos ministros estaria, na prática, decretando a extinção do título de eleitor".*

Com efeito.

Conforme noticiado pelo Supremo Tribunal Federal, matéria divulgada em 30 de setembro de 2010, foi decidido pela Corte Suprema, por maioria de votos, "que apenas a ausência de apresentação de documento oficial de identificação com foto pode impedir o eleitor de votar. A decisão foi tomada no julgamento da medida cautelar em Ação Direta de Inconstitucionalidade (ADI 4.467), ajuizada pelo PT contra a obrigatoriedade de o eleitor portar dois documentos para votar, determinação prevista no art. 91-A da Lei n. 9.504/97.

De acordo com a Ministra Ellen Gracie, relatora da ação, a cabeça do art. 91-A da Lei n. 9.504/97, com a redação dada pela Lei n. 12.034/2009 (chamada minirreforma eleitoral) deve ter eficácia apenas com a "interpretação que exija no momento da votação a apresentação do título do eleitor e de documento oficial comprobatório de identidade com foto, mas que ao mesmo tempo somente traga obstáculo ao exercício do voto caso deixe de ser exibido o documento com foto".

O julgamento foi interrompido por um pedido de vista do Ministro Gilmar Mendes. Na ocasião, sete ministros já haviam se manifestado pela procedência parcial da ação – a relatora, Ministra Ellen Gracie, e os Ministros Dias Toffoli, Cármen Lúcia, Ricardo Lewandowski, Joaquim Barbosa, Ayres Britto e Marco Aurélio, sendo certo que mais um ministro se juntou à maioria formada pelo deferimento da cautelar requerida pelo PT, a saber, o decano da Corte, Ministro Celso de Mello.

Informou na oportunidade o Supremo que "ao apresentar seu voto-vista, o Ministro Gilmar Mendes divergiu da maioria já formada. Ele disse estranhar o fato de o Partido dos Trabalhadores, uma das legendas que assinou o Projeto de Lei n. 5.498/2009 (que acabou se convertendo na Lei n. 12.034/2009), somente agora vir ao Supremo questionar a norma, a poucos dias da eleição. Para ele, isso demonstraria um viés eminentemente político na pretensão.

Para Gilmar Mendes, "é absolutamente legítima a motivação política, mas a Corte não pode se deixar manipular". O ministro também questionou o fato de que o dispositivo, que originalmente tinha o objetivo de coibir eventuais fraudes, agora seja considerado pelo PT como um impedimento para o eleitor votar.

O ministro lembrou, ainda, que o próprio Tribunal Superior Eleitoral já havia se manifestado sobre esse dispositivo, reconhecendo que a norma devia ser respeitada. Tanto que, prosseguiu Gilmar Mendes, a Corte eleitoral levou a cabo uma campanha de esclarecimento ao eleitor, ao custo de cerca de R$ 4 milhões, para entre outras coisas reforçar a exigência dos dois documentos, uma das novidades trazidas pela Lei n. 12.034/2009.

O ministro votou pelo indeferimento da liminar, dizendo não ver qualquer inconstitucionalidade flagrante que autorizasse a concessão da medida cautelar pedida pelo PT, promovendo uma mudança de última hora nas regras previamente estabelecidas para o pleito, salientou o ministro. Regras, segundo ele, implementadas respeitando o princípio da anterioridade da lei eleitoral, previsto no art. 16 da Constituição Federal. Inclusive, sobre este ponto, o Ministro Gilmar Mendes frisou que o princípio da anterioridade vincula não só o Poder Executivo como o Poder Judiciário.

*O Ministro Cezar Peluso acompanhou a divergência iniciada por Gilmar Mendes. Para o presidente da Corte, a decisão da maioria dos ministros estaria, na prática, decretando a extinção do título de eleitor* (grifos nossos). Ele considera que existem, realmente, situações excepcionais que justificam a não apresentação do documento. *Mas dizer que os dois documentos são exigidos, mas só um é necessário, corresponde à dispensa, na prática, do título (grifos nossos).*

O ministro concordou com Gilmar Mendes, no sentido de que não haveria inconstitucionalidade no dispositivo questionado, e que não seria norma desproporcional ou desarrazoada.

Ao final do julgamento, o Ministro Ricardo Lewandowski, que é o atual presidente do TSE, explicou os efeitos práticos da decisão a jornalistas. De acordo com Lewandowski, "se o eleitor não tiver o título de eleitor à mão, ele não deixará de votar. Ou seja, ele poderá exercer o seu direito fundamental de votar ainda que não tenha, na hora, o título de eleitor".

O ministro frisou, contudo, que o eleitor não poderá votar se comparecer à seção eleitoral apenas com o título de eleitor. "É preciso que o eleitor venha até o local de votação com um documento oficial

conceito de cidadão se aplicava para os casos em que a ação era utilizada para proteger *coisa pública* (*res nullius*), uma vez que, nessas situações, se compreendia a relação entre o conceito de cidadão e a utilização desse remédio constitucional.

Todavia, aludida relação em sede de ação popular ambiental não é acertada, porquanto estaria restringindo o conceito de cidadão à ideia ou conotação política, ou seja, somente o indivíduo quite com as suas obrigações eleitorais poderia utilizar-se da ação popular. Dessa forma, em sendo de *todos* os bens ambientais, nada mais lógico que não só o eleitor quite com a Justiça Eleitoral, mas todos os brasileiros e estrangeiros residentes no País possam ser rotulados cidadãos para fins de propositura da ação popular ambiental.

Para tanto, não devemos perder de vista que o art. 5º, *caput* e LXXIII, bem como o art. 225, *caput,* preceituam:

> "Art. 5º *Todos* são iguais perante a lei, sem distinção de qualquer natureza, garantindo-se aos brasileiros e estrangeiros residentes no País a inviolabilidade do direito à vida, à liberdade, à igualdade, à segurança e à propriedade, nos termos seguintes:
>
> (...)
>
> LXXIII – *qualquer cidadão* é parte legítima para propor ação popular que vise a anular ato lesivo ao patrimônio público ou de entidade de que o Estado participe, à moralidade administrativa, ao meio ambiente e ao patrimônio histórico e cultural, ficando o autor, salvo comprovada má-fé, isento de custas judiciais e do ônus da sucumbência.
>
> (...)
>
> Art. 225. *Todos* têm direito ao meio ambiente ecologicamente equilibrado, bem de uso comum do povo e essencial à sadia qualidade de vida, impondo-se ao Poder Público e à coletividade o dever de defendê-lo e preservá-lo para as presentes e futuras gerações" (grifos nossos).

Com isso, denota-se que o destinatário do meio ambiente ecologicamente equilibrado é toda a coletividade – brasileiros e estrangeiros aqui residentes –, *independente da condição de eleitor*, de modo que, no tocante à proteção dos bens e valores ambientais, o art. 1º, § 3º, da Lei n. 4.717/65 não foi recepcionado pela Constituição Federal de 1988.

---

que tenha uma foto, ou seja, carteira de identidade, carteira de motorista, carteira de trabalho, uma carteira funcional ou outro documento qualquer equivalente", concluiu o ministro.

O Ministro Ricardo Lewandowski disse ainda que "o TSE vai iniciar, ainda nesta quinta, uma campanha pelo rádio e pela televisão, para esclarecer o eleitor sobre a decisão que o Supremo Tribunal Federal tomou na tarde desta quinta-feira" (TSE, ADI 4.467/DF, Rel. Min. Ellen Gracie).

Propugnamos pela discordância de que o conceito de cidadão não se restringe em sede de ação popular ambiental[7], porquanto tem por objeto um bem ambiental, de natureza difusa e não pública, bem, portanto, de caráter supraindividual justamente porque é de todos ao mesmo tempo. Outrossim, o segundo argumento baseia-se nas regras de interpretação, de forma que o conceito de cidadão deve ser, aprioristicamente, preenchido com elementos e dados fornecidos pela própria Constituição Federal de 1988. Com efeito, nota-se que não é sempre equivalente o conceito utilizado pelo constituinte. Nesse sentido, ressaltam-se as colocações de José Sérgio Monte Alegre:

"(...) a palavra cidadão, na linguagem constitucional, não é sempre equivalente perfeito de eleitor. Prova de que não se acha no art. 64 do ADCT, pois do contrário somente o eleitor teria direito a receber um exemplar da Constituição Federal, isso apesar de todos os brasileiros estarem igualmente sujeitos às suas disposições! Porém, não só ali. No n. V, do § 2º do art. 58, há também prova de que não existe relação necessária entre cidadão e eleitor, porquanto, se houvesse, as Comissões da Câmara e do Senado, ou as do Congresso Nacional, não poderiam solicitar depoimentos a não ser de autoridades e eleitores! E mais: a insistir-se na ideia de equivalência, apenas o partido político, a associação, o sindicato ou o eleitor poderiam representar ao Tribunal de Contas contra irregularidades ou ilegalidades, enquanto qualquer pessoa poderia dirigir às comissões parlamentares, do Congresso, da Câmara e do Senado, petições, reclamações, representações ou queixas contra atos das autoridades ou entidades públicas, quaisquer que sejam, o que seria rematada estultice, dessa de fazer corar um frade de pedra! Daí se segue que, se a um mesmo vocábulo o texto atribui significados descoincidentes, o acertado é dar-lhe, em cada caso, o sentido mais ajustado à finalidade do sistema inteiro, porque é de sistema que se trata (...)"[8].

Assim, em sede de ação popular ambiental, a legitimação ativa não se restringe ao conceito de cidadão encartado na Lei n. 4.717/65, cabendo esse instrumento a todos aqueles que são passíveis de sofrer os danos e lesões ao meio ambiente, quais sejam, brasileiros e estrangeiros residentes no País[9].

---

7. Entendendo ser o conceito aquele estabelecido na Lei n. 4.717/65: Michel Temer, *Elementos de direito constitucional*, 9. ed., São Paulo, Malheiros Ed., p. 187; José Afonso da Silva, *Curso*, cit., p. 404; Celso Ribeiro Bastos, *Comentários à Constituição do Brasil*, São Paulo, Saraiva, v. 1, p. 369; Rodolfo de Camargo Mancuso, *Ação popular*, cit., p. 103.

8. Cf. Ação popular: é mesmo de direito político que se trata?, *Cadernos de Direito Constitucional e Ciência Política*, 1(2): 63-74, jan./mar. 1993.

9. *Vide* HC 94.016, Rel. Min. Celso de Mello (j. 16-9-2008, 2ª Turma, *DJe*, 27-2-2009). No mesmo sentido: HC 102.041, Rel. Min. Celso de Mello (j. 20-4-2010, 2ª Turma, *DJe*, 20-8-2010); HC 94.404, Rel. Min. Celso de Mello (j. 18-11-2008, 2ª Turma, *DJe*, 18-6-2010). *Vide*: HC 94.477, Rel. Min. Gilmar Mendes (j. 6-9-2011, 2ª Turma, *Informativo* 639), e HC 72.391-QO, Rel. Min. Celso de Mello (j. 8-3-1995, Plenário, *DJ*, 17-3-1995).

"A teor do disposto na cabeça do art. 5º da CF, os estrangeiros residentes no País têm jus aos direitos e garantias fundamentais" (HC 74.051, Rel. Min. Marco Aurélio, j. 18-6-1996, 2ª Turma, *DJ*, 20-9-1996).

## 5. COMPETÊNCIA

Como sabemos, a natureza jurídica do bem tutelado é que define o rito procedimental a ser utilizado. Dessa forma, tratando-se de meio ambiente, as regras de fixação de competência serão orientadas pela Lei da Ação Civil Pública e pelo Código de Defesa do Consumidor, de maneira que será competente para o julgamento da ação popular o juízo do *local onde ocorreu* ou *deva ocorrer o dano*, independentemente de onde o ato teve sua origem.

## 6. PRESSUPOSTO DE CABIMENTO

É pressuposto para a propositura da ação popular ambiental que haja um *ato lesivo ao meio ambiente*.

Analisemos primeiramente o conteúdo da palavra *ato*. A ação popular não tem por escopo único a só fiscalização da conduta dos atos da Administração. Isso porque, ao colocar o meio ambiente como um dos seus objetos, transfere ao Poder Público o dever de preservá-lo e protegê-lo, por conta do disposto no art. 225, *caput*, da Constituição Federal. A palavra *ato* deve, pois, ter um conteúdo mais elástico, abarcando tanto o ato comissivo como o omissivo, porquanto é imposto ao Poder Público o dever constitucional de prevenção e proteção do meio ambiente.

A finalidade da ação popular trazida pelo art. 5º, LXXIII, da Constituição é anular o ato lesivo, portanto, desconstituir o já praticado. No entanto, se for um ato material propriamente dito, v. g., se uma empresa sem licença para funcionar desrespeitar a norma e poluir o ambiente, a pretensão da ação popular será extirpar o ato que está sendo praticado, de modo a prescrever a abstenção da prática.

Por derradeiro, importante frisar que, estando o ato consumado, ainda que as consequências nocivas ao meio ambiente estejam sendo produzidas, não caberá ação popular, porquanto esta não se presta à reparação do dano – senão estaríamos no campo de incidência da ação civil pública –, além do que visa a *atacar o ato* e não as suas consequências.

## 7. LEGITIMIDADE PASSIVA

Poderá figurar no polo passivo qualquer pessoa responsável pelo ato lesivo ao meio ambiente, de acordo com o conceito de poluidor estabelecido pela Política Nacional do Meio Ambiente, além de inexistir vedação constitucional no tocante à questão.

# Capítulo VI
# MANDADO DE SEGURANÇA COLETIVO AMBIENTAL

## 1. NOÇÕES PROPEDÊUTICAS

Primeiramente, cumpre-nos abordar a terminologia empregada no presente objeto de estudo. Usamos *mandado de segurança coletivo ambiental* justamente porque o vocábulo *coletivo*, que vem a adjetivar a expressão *mandado de segurança*, não traduz a ideia, como se pode pensar, de proteção a direitos coletivos *stricto sensu*. Não há se perder de vista, para a melhor compreensão deste tema, que os valores ambientais traduzem-se, em última análise, no próprio direito à *vida com qualidade*. E, sendo o meio ambiente bem de natureza difusa, imprescindível a observância dos princípios processuais e materiais formados pela Constituição Federal de 1988, pela Lei n. 12.016/2009[1] bem como pela Lei n. 8.078/90, Lei n. 7.347/85 e evidentemente pela Lei da Política Nacional do Meio Ambiente (Lei n. 6.938/81), a fim de que haja perfeita compatibilização dos instrumentos de proteção aos bens em questão, porquanto sabemos que o Código Civil e o Código de Processo Civil foram criados sob a égide de um espírito individualista, tornando-se inadequados à tutela reclamada pelos bens e valores difusos.

Vale ainda esclarecer que utilizaremos os termos *writ* e *mandamus* como sinônimos da figura do mandado de segurança, ademais como vem sendo feito pela doutrina. Todavia, há que se lembrar que o *mandamus* do direito comparado não possui uma exata correspondência com o instituto do direito pátrio.

Bem lembra Diomar Ackel Filho[2] que o termo *writ* (de *written* = escrito), com origem pertinente ao direito anglo-saxônico, possuía, aprioristicamente, o significado de escrito, lei, regulamento, édito, ordem, sendo que, *a posteriori*, passou a designar as medidas assecuratórias das liberdades individuais e direitos à cidadania, tendo hoje

---

1. A Lei n. 12.016, de 7-8-2009, disciplina o mandado de segurança individual e coletivo e dá outras providências.

2. Diomar Ackel Filho, *Writs constitucionais*, São Paulo, Saraiva, 1988, p. 13 e s.

uma conotação intimamente relacionada com todos os processos especiais e sumários, quase sempre de contraditório angusto, restritos à apresentação de prova pré-constituída, em que se acha infirmada a presença de uma cognição sumária do juiz, que, por sua vez, retribui, conforme o caso, concedendo mandamentos judiciáveis *in natura*.

Com relação à figura do *mandamus*, oriundo do sistema da *common law*, com base nos ensinamentos do jurista Alfredo Buzaid[3], podemos destacar que sua semelhança com o instituto brasileiro é, tão somente, pelo fato de que fazem parte do mesmo gênero *writs*. Ressalte-se ainda que no direito mexicano existe a figura do *judicio de amparo*, que é um remédio contra as arbitrariedades do Estado, mas cujo campo de incidência é superior ao do nosso mandado de segurança. Em linhas gerais, o amparo só é possível por iniciativa da parte, sendo essencial a existência de dano ou prejuízo pessoal, e dificilmente contra atos administrativos ou jurisdicionais[4].

No tocante à origem desse instrumento constitucional, discordamos das colocações de que o mandado de segurança coletivo encontra a sua origem no instrumento da *class action for damages* do direito norte-americano, porquanto o vemos muito próximo à ação civil pública, instituída pela Lei n. 7.347/85, seja antes do advento do Código de Defesa do Consumidor, prestando-se à defesa de direitos difusos e coletivos, seja posteriormente, acumulando a defesa dos direitos individuais homogêneos, nesta situação reconhecida como a primeira *class action* brasileira[5].

Além disso, a exposição de motivos da Lei n. 7.347/85 salientou que o anteprojeto tomou em consideração a experiência do direito norte-americano, que, na regra n. 23 da *Federal Rules of Civil Procedure*, conferiu legitimação às associações com representatividade para defenderem, em juízo, os interesses difusos, acrescentando ainda que as *class actions* têm dado excelentes resultados nos Estados Unidos, motivo pelo qual se entendeu deva ser aplicada a experiência no Brasil.

Resumindo, a respeito da origem do nosso mandado de segurança (gênero das formas de impetração individual e coletiva, portanto, raiz destas), compartilhamos a opinião do Prof. Nelson Nery Junior ao dizer:

> "Quer com a evolução das 'seguranças reais' do direito reinol, ou com o tratamento dado pela doutrina mais antiga à 'posse dos direitos pessoais', o fato é que o mandado de segurança tem mesmo origem no antigo direito luso-brasileiro, havendo recebido, contudo, influência do *judicio de amparo* do direito mexicano e dos *writs* do direito anglo-saxão"[6].

---

3. Alfredo Buzaid, Mandado de segurança, *injunctions* e *mandamus*, *RP, 53*:7, jan./mar. 1989.
4. Celso Agrícola Barbi, *Do mandado de segurança*, Rio de Janeiro, Forense, 1990, p. 17.
5. Nelson Nery Junior, *Princípios*, cit., p. 111.
6. Nelson Nery Junior, *Princípios*, cit., p. 93.

## 2. DO MANDADO DE SEGURANÇA TRADICIONAL AO MANDADO DE SEGURANÇA COLETIVO

Neste item, teceremos algumas considerações a respeito da evolução histórica do mandado de segurança, a fim de que melhor compreendamos suas características e generalidades.

Inicialmente, devemos nos atentar ao fato de que antes da instituição do mandado de segurança o *habeas corpus* atuava no campo a ele destinado, como nos ensina o Prof. Arruda Alvim:

> "Pode-se dizer que, na realidade, entre nós, constitui-se o Mandado de Segurança num desdobramento operativo e processual da figura do *Habeas Corpus*, criado que foi como instrumento especificamente destinado à proteção de assuntos não respeitantes ao direito penal"[7].

Todavia, esse desdobramento a que se refere o ilustre jurista somente apareceu no texto constitucional de 1934, em seu art. 113, n. 33:

> "Dar-se-á mandado de segurança para a defesa de direito certo e incontestável, ameaçado ou violado por ato manifestamente inconstitucional ou ilegal de qualquer autoridade. O processo será o mesmo do *habeas corpus,* devendo ser sempre ouvida a pessoa de direito público interessada. O mandado não prejudica as ações petitórias competentes".

A análise do dispositivo, sob o ponto de vista processual, reclama algumas observações. Primeiramente, devemos nos situar à época vigente, porquanto o conceito de direito de ação era aceito em consonância com a teoria civilista, a qual condicionava a existência da ação à violação de um direito. Dessa forma, o exercício do mandado de segurança, assim como de toda e qualquer ação, estava condicionado à existência prévia de um direito. Essa conclusão é extraída da expressão "defesa de direito líquido, certo e incontestável". Como decorrência dessa condicionante, não se falava em sentença de improcedência, já que nesse caso não teria existido o direito de ação. Tal construção não perdurou por muito tempo, já que acolhemos a concepção de direito abstrato proposta por Enrico Tullio Liebman, em que o direito de ação nada mais é do que o direito a uma tutela de mérito, seja ela de procedência ou declaratória negativa (toda sentença de improcedência é declaratória negativa), ou seja, confirmando ou negando a afirmação de direito.

Com isso, ao falar em direito líquido, certo e incontestável, exige o texto constitucional uma real conotação à expressão, sob pena de se inviabilizar o próprio direito constitucional de ação, porquanto qualquer direito deduzido em juízo é direito que se disputa, logo, há de ser contestado. Desse modo, não merece acolhida o termo "incontestável".

---

7. José Manoel de Arruda Alvim, Revogação da medida liminar em mandado de segurança, *RP, 11*:12.

Prosseguindo a evolução histórica, a Constituição de 1937 reduziu sensivelmente as garantias e direitos individuais, tendo retirado de seu texto o mandado de segurança, mantendo-se a vigência deste instrumento no plano da legislação infraconstitucional. A Carta de 1946, por sua vez, houve por bem ampliar o rol dos direitos individuais, restabelecendo o mandado de segurança na esfera constitucional, em seu art. 41, § 24, com a seguinte redação:

> "Para proteger direito líquido e certo não amparado por *habeas corpus*, conceder-se-á mandado de segurança, seja qual for a autoridade responsável pela ilegalidade ou abuso de poder".

Note-se que nesse texto constitucional não houve mais alusão ao requisito do direito "incontestável", existente no de 1934. Manteve-se, tão somente, a expressão "direito líquido e certo".

A Constituição Federal de 1967, no seu art. 150, § 21, trouxe a seguinte disposição:

> "Conceder-se-á mandado de segurança para proteger direito líquido e certo, individual, não amparado por *habeas corpus*, seja qual for a autoridade responsável pela ilegalidade ou abuso de poder".

Com isso, houve importantíssima alteração através da inclusão do vocábulo "individual", antes inexistente nas disposições constitucionais, de forma que o mandado de segurança só serviria para proteger direito individual.

No texto de 1969, adveio aquela que, a nosso ver, foi a grande novidade em termos de mandado de segurança, como demonstra o art. 153, § 21, da Emenda n. 1:

> "Conceder-se-á mandado de segurança para proteger direito líquido e certo, não amparado por *habeas corpus*, seja qual for a autoridade responsável pela ilegalidade ou abuso de poder".

Ao se retirar o termo "individual", que adjetivava o direito a ser tutelado pelo mandado de segurança, permitiu-se a tutela dos direitos que ultrapassavam a órbita do indivíduo. Essa ideia, à época, era reafirmada pela Lei da Ação Popular (Lei n. 4.717/65), que previa a coisa julgada com efeitos *erga omnes*, de modo a deixar claro que, apesar de inexistir, uma concepção clara acerca dos direitos coletivos *lato sensu*, tinha-se uma prova viva de que já se pensava num direito que ultrapassava os lindes individuais. Dessarte, não foi por acaso que a palavra "individual", relativa ao mandado de segurança, foi retirada do texto constitucional, e, ainda assim, deixou-se uma brecha que permitiu a tutela dos referidos direitos metaindividuais.

Por sua vez, a Constituição Federal de 1988 dispôs acerca do instituto da seguinte forma:

> "Art. 5º (...)
>
> (...)
>
> LXIX – conceder-se-á mandado de segurança para proteger direito líquido e certo, não amparado por *habeas corpus* ou *habeas data*, quando o responsável

pela ilegalidade ou abuso de poder for autoridade pública ou agente de pessoa jurídica no exercício de atribuições do Poder Público[8];

LXX – o mandado de segurança coletivo pode ser impetrado por:

*a*) partido político com representação no Congresso Nacional;

*b*) organização sindical, entidade de classe ou associação legalmente constituída e em funcionamento há pelo menos um ano, em defesa dos interesses de seus membros ou associados"[9].

Hoje notamos que a ação constitucional antes mencionada continua a revelar sua grande utilidade no que se refere às várias possibilidades de seu uso: até mesmo os efeitos de uma sentença transitada em julgado (da qual já não cabe recurso) que prejudica terceiros podem ser afastados por mandado de segurança. Vamos então comentar as características do mandado de segurança.

## 3. DO MANDADO DE SEGURANÇA E SUAS CARACTERÍSTICAS

### 3.1. MANDADO DE SEGURANÇA E MANDADO DE SEGURANÇA COLETIVO

Inicialmente, cumpre-nos registrar, de maneira sucinta, que o mandado de segurança coletivo nada mais é que uma *forma* de se impetrar o mandado de segurança tradicional, já que o respectivo inciso em que foi tratado no plano constitucional diz respeito a regras de direito processual. A maior parte da doutrina, ao abordar o instituto, traça como ponto de distinção entre o mandado de segurança individual e o coletivo a legitimação ativa e o objeto da tutela, reservando a este último a defesa de direitos coletivos e àquele a de direitos individuais.

De fato, o termo "coletivo" do mandado de segurança diz respeito à regra de legitimidade ativa, todavia, *não identifica o bem objeto da tutela*. Isso significa dizer que o mandado de segurança coletivo não se presta somente à tutela de direitos do mesmo nome.

Aludido entendimento não prospera, na medida em que o termo "coletivo", utilizado no inciso LXX do art. 5º da Constituição Federal, diz respeito às regras

---

8. Art. 1º (Lei n. 12.016, de 7-8-2009): "Conceder-se-á mandado de segurança para proteger direito líquido e certo, não amparado por *habeas corpus* ou *habeas data*, sempre que, ilegalmente ou com abuso de poder, qualquer pessoa física ou jurídica sofrer violação ou houver justo receio de sofrê-la por parte de autoridade, seja de que categoria for e sejam quais forem as funções que exerça".

9. Art. 21 (Lei n. 12.016, de 7-8-2009). "O mandado de segurança coletivo pode ser impetrado por partido político com representação no Congresso Nacional, na defesa de seus interesses legítimos relativos a seus integrantes ou à finalidade partidária, ou por organização sindical, entidade de classe ou associação legalmente constituída e em funcionamento há, pelo menos, 1 (um) ano, em defesa de direitos líquidos e certos da totalidade, ou de parte, dos seus membros ou associados, na forma dos seus estatutos e desde que pertinentes às suas finalidades, dispensada, para tanto, autorização especial".

processuais de legitimidade, enquanto as regras materiais encontram-se no inciso pertinente ao mandado de segurança tradicional, que não distingue a espécie de direito tutelado, fazendo menção tão só a "direito líquido e certo". Disso se conclui que o direito que ambos podem tutelar é o mesmo, de modo que será possível que um mandado de segurança coletivo tutele direito individual, assim como um mandado de segurança individual poderá ser impetrado para proteger um direito coletivo *lato sensu*. Apenas frise-se que a distinção residirá na legitimação da ação. Nesse sentido, acrescenta o Prof. Nelson Nery Junior:

> "Esse *writ* presta-se à tutela de direito individual, coletivo ou difuso, não amparado por *habeas corpus* ou *habeas data*, ameaçado ou lesado por ato ilegal ou abusivo de autoridade.
>
> (...)
>
> Não foi criada outra figura ao lado do mandado de segurança tradicional, mas apenas hipótese de legitimação para a causa. Os requisitos de direito material para a concessão do mandado de segurança coletivo continuam a ser os da CF, art. 5º, inc. LXIX: proteção contra ameaça ou lesão de direito líquido e certo, não amparado por *habeas corpus* ou *habeas data*, por ato ilegal ou abusivo de autoridade (...). O adjetivo 'coletivo' se refere à forma de exercer-se a pretensão mandamental e não à pretensão deduzida em si mesma. O mandado de segurança coletivo não se presta à tutela de mérito, o objeto, o direito pleiteado por meio do mandado de segurança coletivo, mas sim a ação. Trata-se de instituto processual que confere legitimidade para agir às entidades mencionadas no texto constitucional"[10].

Com isso, podemos afirmar que não houve a criação de um novo mandado de segurança, mas tão somente uma *modificação atinente à legitimação ativa da ação*, de modo a alterar-lhe a *forma* de impetração[11].

## 3.2. O MANDADO DE SEGURANÇA COLETIVO E A LEGITIMIDADE ATIVA

Superada a questão referente à distinção entre o mandado de segurança e o mandado de segurança coletivo, passemos à análise da legitimidade ativa do instituto.

---

10. Nelson Nery Junior e Rosa Maria Andrade Nery, *Código*, cit., p. 75-6.

11. Dessarte seria de duvidosa constitucionalidade o parágrafo único do art. 21 da Lei n. 12.016, de 7-8-2009, a saber:

"Parágrafo único. Os direitos protegidos pelo mandado de segurança coletivo podem ser:

I – coletivos, assim entendidos, para efeito desta Lei, os transindividuais, de natureza indivisível, de que seja titular grupo ou categoria de pessoas ligadas entre si ou com a parte contrária por uma relação jurídica básica;

II – individuais homogêneos, assim entendidos, para efeito desta Lei, os decorrentes de origem comum e da atividade ou situação específica da totalidade ou de parte dos associados ou membros do impetrante".

Como já foi destacado, o art. 5º, LXX, da Constituição Federal apenas concentra *regra de natureza processual*, enquanto as normas de direito material concernentes ao mandado de segurança são elencadas no inciso LXIX do mesmo artigo.

Neste tópico, será objeto da nossa exposição a demonstração da possibilidade de impetração do mandado de segurança coletivo por outros agentes além dos enumerados pela Constituição no inciso LXX do art. 5º, de forma a deixar claro que o rol trazido *não é taxativo*.

Para tanto, não se pode perder de vista que não se trata de ampliação de uma regra material determinada pela própria Constituição Federal, porquanto a única norma de direito material que condiciona em quais hipóteses será permitido o uso do *writ* permanece intacta no inciso LXIX do art. 5º. Com isso, inexistem obstáculos à ampliação dos legitimados para impetração do mandado de segurança coletivo. Outrossim, ousamos afirmar que a própria Lei Maior assim desejou, na medida em que se utilizou da partícula expletiva "pode" para conferir legitimidade ativa aos entes ali arrolados. Mais uma vez bem lembra Nelson Nery Junior:

> "Quando o intérprete se encontra diante de enumeração de hipóteses na lei, é preciso que verifique se se trata de elenco exaustivo ou meramente exemplificativo. Se a enumeração for exaustiva, a interpretação é estrita; se houver mera enunciação exemplificativa, a interpretação é estrita; se houver mera enunciação exemplificativa, aquela se faz de modo mais amplo e genérico. Pois bem. Quando o legislador quer tornar evidente que a enumeração constante de lei é taxativa, utiliza-se de expressão com a finalidade de restringir o limite de abrangência da norma legal. As expressões mais empregadas para indicar que a norma refere hipóteses em *numerus clausus* são: apenas, unicamente, só e seguinte, entre outras, precedendo o elenco dos casos"[12].

Além disso, junte-se o fato de que, tratando-se de tutela de bens de valores ambientais, cuja natureza transcende a individualidade, não há como se negar ao Ministério Público, por conta da sua própria função institucional, que é a defesa dos direitos difusos, coletivos e individuais indisponíveis, a atuação na tutela processual de bem de valores ambientais, conforme se verifica no art. 127 da Constituição Federal.

Assim, objetivando-se a tutela de direito coletivo *lato sensu*, terá o Ministério Público legitimidade para impetrar mandado de segurança coletivo.

Outrossim, a ampliação do rol para além dos limites do Ministério Público vem fundamentada na interpretação do inciso III e § 1º do art. 129 da Constituição Federal de 1988:

> "Art. 129. São funções institucionais do Ministério Público:
> (...)

---

12. Nelson Nery Junior, *Princípios fundamentais – teoria geral dos recursos*, São Paulo, Revista dos Tribunais, 1993, p. 255.

III – promover o inquérito civil e a *ação civil pública*, para a proteção do patrimônio público e social, *do meio ambiente e de outros interesses difusos e coletivos*;

(...)

§ 1º A legitimação do Ministério Público para as *ações civis previstas neste artigo não impede a de terceiros*, nas mesmas hipóteses, segundo o disposto nesta Constituição e na lei" (grifos nossos).

A fim de se compreender a presente proposição, deve-se ter em mente o exato significado da expressão "ação civil pública". Para tanto, imprescindível a lição de Mazzilli e Nelson Nery Junior:

"O uso da expressão 'ação civil pública', preconizado por Piero Calamandrei, deve-se a uma busca de contraste com a chamada 'ação penal pública' (...). Os dizeres 'ação civil pública' por certo queriam destinar-se apenas a distinguir a ação não penal (...)"[13].

"Ora, que o mandado de segurança é uma ação de conhecimento não parece haver dúvidas e, que se trata de uma ação não penal, parece haver menos dúvidas ainda. Então, pois, é indiscutível que o mandado de segurança também é uma espécie de ação civil pública"[14].

Portanto, sendo uma espécie de ação civil pública, aplicar-se-á, para estender a sua legitimidade ativa para além do Ministério Público, o próprio § 1º do referido art. 129, quando determina que a legitimidade daquele para a propositura da ação civil pública não obsta que terceiros também possam fazê-lo, segundo o que dispuserem a Constituição Federal e a lei infraconstitucional.

Dessa forma, não existindo taxatividade, em sede constitucional, no tocante à regra da titularidade ativa para a propositura do mandado de segurança coletivo (inciso LXX do art. 5º), e, muito menos, em sede infraconstitucional, como se verifica no art. 82 do Código de Defesa do Consumidor, temos que a tutela de direitos coletivos *lato sensu* por via desse instrumento, será possível pelos legitimados elencados no citado art. 82. Outro não pode ser o entendimento, sob pena até de se retirarem o sentido e a operatividade do sistema.

## 3.3. PARTIDOS POLÍTICOS, ORGANIZAÇÕES SINDICAIS, ENTIDADES DE CLASSE OU ASSOCIAÇÕES

Tratando-se de direitos difusos, os legitimados para a propositura da ação de mandado de segurança coletivo possuirão a referida titularidade ativa para *conduzir o*

---

13. Hugo Nigro Mazzilli, *A defesa dos interesses difusos em juízo*, cit., p. 32.

14. Nelson Nery Junior, Mandado de segurança coletivo, *RP, 57*:155.

*processo*, porquanto, pela própria definição de direitos difusos estabelecidas no art. 81, parágrafo único, do Código de Defesa do Consumidor, tais direitos dirão respeito aos interesses de seus associados.

No tocante aos partidos políticos, importante observar que a Lei Orgânica dos Partidos Políticos (Lei n. 9.096/95), no seu art. 2º, impõe-lhes o poder-dever de defenderem o regime democrático, a autenticidade do sistema representativo e os direitos humanos fundamentais, definidos na Constituição Federal. Nesse raciocínio afirma o Prof. Nelson Nery Junior:

"(...) a Constituição Federal define o Mandado de Segurança Coletivo como direito fundamental, para proteger direito líquido e certo violado por ato de autoridade. De sorte que, havendo ato ilegal da autoridade ferindo direito líquido e certo, o Partido Político pode impetrar mandado de segurança"[15].

Nesse mesmo sentido postula a Profª Ada Pellegrini Grinover:

"Com relação à alínea *a* do inciso LXX do art. 5º, a Constituição Federal adotou a redação mais ampla possível: e para retirar-se do dispositivo a maior carga de eficácia, parece claro que nenhuma restrição há de ser feita. Por isso, o partido político está legitimado a agir na defesa de todo e qualquer direito, seja ele de natureza eleitoral ou não (...). Além da tutela dos direitos coletivos e individuais homogêneos, que se titularizam nas pessoas filiadas ao partido, pode o Partido buscar a via de segurança coletiva, aquela atinente a interesses difusos, que transcendam aos seus filiados"[16].

Em relação ao rol contido na alínea *b* do inciso LXX do art. 5º, a Constituição Federal alude à legitimidade dos sindicatos, associações civis ou entidades de classe. Nesse dispositivo não se verifica qualquer restrição à defesa dos direitos difusos, ainda que a expressão *em defesa de seus membros e associados* possa isso insinuar. Outrossim, acatar um posicionamento contrário importaria no esvaziamento da norma.

Com efeito, os arts. 8º, III (quanto aos sindicatos), e 5º, XXI (com relação às associações), ambos da Constituição Federal, permitem-nos concluir pela possibilidade de os sindicatos defenderem os direitos e interesses coletivos ou individuais da categoria, seja judicial ou extrajudicialmente[17].

Nesse contexto, importante destacar as ponderações da Profª Ada Pellegrini Grinover:

"(...) é bem de ver que a Constituição se refere à defesa dos interesses dos seus membros ou associados. A locução parece restritiva, à primeira vista,

---

15. Nelson Nery Junior, Mandado de segurança coletivo, *RP, 57*:156.

16. Ada Pellegrini Grinover, Mandado de segurança coletivo: legitimação e objeto, *Revista de Direito Público, 93*:21, jan./mar. 1990.

17. Para um estudo aprofundado do tema *vide* nossa obra *Os sindicatos e a defesa dos interesses difusos no direito processual civil brasileiro*, Revista dos Tribunais,1995.

levando eventualmente a ser interpretada no sentido de que os interesses visados são apenas coletivos e os individuais homogêneos. Mas a interpretação que restringisse o objeto da segurança coletiva aos interesses dos membros da categoria fugiria ao critério da maior amplitude do instrumento potenciado. E ainda, a adotar-se esta posição, chegaríamos à conclusão de que o dispositivo é supérfluo, absorvido como ficaria, para os sindicatos, pelo disposto no inciso III, art. 8º, e, para as entidades, pelo inciso XXI do art. 5º"[18].

Por derradeiro, acerca da legitimidade dos sindicatos, esclarece o mestre Nelson Nery Junior:

"Com o advento da Constituição Federal de 1988, os Sindicatos deixaram de ser tutelados pelo governo e têm hoje o perfil da associação civil. A estes foi dada legitimidade para a defesa, inclusive em juízo, dos direitos e interesses coletivos e individuais da categoria (art. 8º, III, da CF/88), podendo, outrossim, impetrar Mandado de Segurança Coletivo (art. 5º, LXX, *b*, da CF). A legitimidade extraordinária dos sindicatos, independentemente de serem considerados como associação civil, é extraída diretamente da Constituição Federal, como se disse no início deste comentário"[19].

Sabemos que os partidos políticos com representação no Congresso Nacional, como as organizações sindicais, além de entidades de classe e associações legalmente constituídas, representam a sociedade civil. Legitimadas pela Carta Magna, essas ONGs podem utilizar-se do mandado de segurança coletivo, a fim de proteger direito líquido e certo de natureza ambiental, quando o poluidor responsável pela ilegalidade ou abuso de poder for autoridade pública ou agente de pessoa jurídica no exercício de atribuições do Poder Público (art. 5º, LXIX, da CF). Quando alguém sofrer violação relacionada a bens ambientais ou mesmo (e principalmente, em face do caráter preventivo do direito ambiental) houver justo receio de sofrê-la, poderão as ONGs, por via da ação mandamental, defender ou até preservar referidos direitos vitais dentro de uma nova e importante visão constitucional, instrumentalizando a sociedade civil para a preservação da vida[20].

## 3.4. DA COGNIÇÃO NO MANDADO DE SEGURANÇA COLETIVO AMBIENTAL

A *cognição* a ser alcançada através de uma ação está diretamente relacionada à *efetividade* que o instrumento processual (a ação) pode fornecer à satisfação do direito material resistido pela parte contrária.

---

18. Ada Pellegrini Grinover, Mandado de segurança..., *Revista de Direito Público*, cit., p. 21.

19. Nelson Nery Junior, *Código brasileiro de Defesa do Consumidor*, cit., p. 629-30.

20. Celso Antonio Pacheco Fiorillo, Política nacional do meio ambiente: comentários ao art. 1º da Lei n. 6.938/81, *Caderno Especial do Tribunal Regional Federal da 3ª Região*, set. 1998, p. 52.

Como bem retratou Calamandrei, o processo é um mal e sempre representa uma perda de efetividade da jurisdição, seja pela demora da sua prestação, seja, em alguns casos, pela impossibilidade de prestá-la *in natura*. Principalmente no tocante à demora da prestação jurisdicional, encontramos diversos questionamentos sobre as tutelas cognitivas exaurientes e as cognitivas sumárias, retratando em última análise uma dicotomia existente no sistema processual: segurança x efetividade. Nesse sentido, primorosos os dizeres do Prof. Ovídio A. Batista Silva:

> "Como facilmente se verifica da descrição dessas alternativas, nenhuma satisfaz plenamente os interesses dos litigantes, de modo que se pudesse dizer que uma delas seja isenta de inconvenientes. Se suprimíssemos, de um determinado ordenamento jurídico, a tutela da aparência, impondo ao julgador o dever de julgar somente depois de ouvir ambas as partes, permitindo-lhes a produção de todas as provas que cada uma delas fosse capaz de trazer ao processo, certamente correríamos o risco de obter, no final da demanda, uma sentença primorosa em seu aspecto formal e assentada num juízo de veracidade do mais alto grau que, no entanto, poderia ser inútil, sob o ponto de vista da efetividade do direito reclamado pelo autor vitorioso (...). Embora caiba ao legislador basicamente fazer a opção entre as duas alternativas indicadas anteriormente, a tendência moderna orienta-se no sentido de dar maior relevância à efetividade dos direitos reconhecidos pela ordem jurídica, com correspondente sacrifício da segurança obtida com o processo ordinário de cognição plena"[21].

De modo pormenorizado, o Prof. Kazuo Watanabe esclarece que a cognição "é prevalentemente um ato de inteligência, consistente em considerar, analisar e valorar as alegações e as provas produzidas pelas partes, vale dizer, as questões de fato e as de direito que são deduzidas no processo e cujo resultado é o alicerce, o fundamento do *judicium*, do julgamento do objeto litigioso do processo"[22].

Dentro disso, o magistrado está incumbido de perquirir as questões trazidas pelas partes, a fim de estabelecer a certeza do direito postulado. Para tanto, verifica-se, quanto à profundidade e intensidade do relacionamento entre o juiz e o objeto litigioso, duas espécies de cognição: a) *cognição vertical exauriente*: quando o magistrado não encontra qualquer tipo de limitação no tocante à intensidade e verticalidade do conhecimento; e b) *cognição vertical sumária*: o conhecimento sofre restrição quanto à profundidade.

A cognição vertical sumária é própria dos juízos de probabilidade, ligando-se em especial às tutelas cautelar e antecipatória do direito. Desse modo, toda vez que a prestação jurisdicional tiver sido esgotada com *amplo contraditório e instrução*

---

21. *Curso de processo civil*, Porto Alegre, Sérgio A. Fabris Editor, 1993, p. 12.
22. *Da cognição no processo civil*, São Paulo, Revista dos Tribunais, 1987, *passim*.

*probatória*, estaremos diante de *cognição exauriente*. Por outro lado, tratando-se de prestação da tutela por via de *liminar*, estaremos perante a *cognição sumária*.

Transportando essas considerações ao mandado de segurança coletivo ambiental, tem-se que, ao aludir-se à expressão "proteção de direito líquido e certo", não se está exigindo a existência, de plano, de direito líquido e certo, mas sim fazendo-se menção à caracterização de um momento sumário de cognição do juiz, qual seja, aquele em que verificará a possibilidade de concessão de liminar. Tanto isso é verdade que um entendimento contrário tornaria impossível a prolação de um mandado de segurança improcedente, porquanto só seria admitido seu processamento quando o direito fosse de fato líquido e certo.

Nos moldes estabelecidos pela Constituição Federal de 1988 e pela Lei n. 6.938/81, constatamos que o meio ambiente ecologicamente equilibrado é um direito líquido e certo. Todavia, ao exercermos o direito de ação de mandado de segurança ambiental, a realização desses dois requisitos – liquidez e certeza – estará adstrita à demonstração de que a violação do direito impede o desfrute de um meio ambiente sadio e equilibrado, a contento do que prevê a Constituição. Verificada aludida situação, presentes estarão a liquidez e a certeza do direito pleiteado em sede de mandado de segurança.

## 3.5. O SUJEITO PASSIVO DO MANDADO DE SEGURANÇA AMBIENTAL

A própria regra de direito material constante no art. 5º, LXIX, da Constituição Federal determina o sujeito passivo do *mandamus,* porque a atuação deste instrumento fica adstrita às hipóteses em que a ofensa ao direito líquido e certo seja oriunda de ilegalidade ou abuso de poder de *autoridade pública*[23] *ou agente de pessoa jurídica no exercício de atribuições do Poder Público*. Portanto, apenas essas pessoas é que podem figurar no polo passivo do mandado de segurança (seja na forma de impetração coletiva ou individual).

Disso surge uma acentuada restrição à utilização do mandado de segurança na tutela do meio ambiente, porque o conceito de poluidor, que é trazido pela Lei n. 6.938/81 e principalmente observado em face do que determina o art. 225, § 3º, da Constituição Federal, é muito mais amplo do que aquele que pode ser encontrado na

---

23. § 1º do art. 1º da Lei n. 12.016/2009: "Equiparam-se às autoridades, para os efeitos desta Lei, os representantes ou órgãos de partidos políticos e os administradores de entidades autárquicas, bem como os dirigentes de pessoas jurídicas ou as pessoas naturais no exercício de atribuições do poder público, somente no que disser respeito a essas atribuições".

Art. 2º da Lei n. 12.016/2009: "Considerar-se-á federal a autoridade coatora se as consequências de ordem patrimonial do ato contra o qual se requer o mandado houverem de ser suportadas pela União ou entidade por ela controlada".

norma constitucional, de modo que essa dissonância acaba por torná-lo um instrumento de diminuta operatividade quanto à defesa de bens e valores ambientais[24]. Além disso, a exigência de prova pré-constituída da liquidez e certeza do fato que se afirma pode inviabilizar a utilização do *mandamus*, na medida em que, não poucas vezes, exigir-se-á realização de prova pericial para a efetiva demonstração do dano ambiental.

---

24. *Vide*, todavia, sua aplicação em face do meio ambiente cultural conforme indicado em nosso *Curso de direito ambiental brasileiro*, 10. ed., São Paulo: Saraiva, 2009.

# Capítulo VII
# MANDADO DE INJUNÇÃO AMBIENTAL

## 1. INTRODUÇÃO

Dentro dos "institutos processuais de tutela ambiental" encontramos o mandado de injunção. Trata-se de uma ação constitucional que tem por objeto possibilitar que o exercício dos direitos e liberdades constitucionais e das prerrogativas inerentes à nacionalidade, à soberania e à cidadania não seja inviabilizado pela ausência de norma regulamentadora, conforme dispõe o inciso LXXI do art. 5º da Constituição Federal. Constitui uma garantia fundamental (art. 60, § 4º, IV, da CF).

O mandado de injunção é instrumento hábil para tutelar o meio ambiente, no âmbito de sua ampla interpretação, na medida em que o direito ambiental tem como objeto uma vida de qualidade. Em outras palavras, não se tutela somente a vida, acrescenta-se a esta uma exigência: qualidade. Falar em vida com qualidade é buscar tornar efetivos os preceitos dos arts. 5º e 6º da Constituição, e estes são indiscutivelmente objeto do mandado de injunção, porquanto ostentam a natureza de direitos constitucionais.

## 2. PRESSUPOSTOS MATERIAIS DE CABIMENTO DO *WRIT*

### 2.1. AUSÊNCIA DE NORMA REGULAMENTADORA

Tomando por base o texto constitucional, identificamos como primeiro pressuposto para o cabimento da medida a *ausência de uma norma regulamentadora*. Como bem leciona Odyr Porto: "é manifesto que o mandado de injunção presume uma omissão"[1]. Ao se falar em omissão deve-se ter em vista a inexistência de qualquer norma regulando a matéria. Norma injusta ou imoral não atribui interesse de agir ao impetrante do mandado de injunção.

Nessa seara, oportuno esclarecer que, existindo regulamentação parcial de um direito objeto de mandado de injunção, a utilização deste instrumento estará adstrita

---

1. Odyr Porto, Mandado de injunção, *RJTJSP*, Ed. Lex, *115*:8-18.

ao conteúdo não regulamentado da norma. No tocante à norma objeto de ação direta de inconstitucionalidade, vale destacar que, enquanto não for declarada a sua inconstitucionalidade, não será cabível o referido *writ,* porque o interesse de agir somente nascerá com a declaração da inconstitucionalidade da norma, uma vez que as normas gozam de presunção de constitucionalidade e somente aludida declaração retira o preceito inconstitucional do ordenamento jurídico, fazendo com que surja o pressuposto da ausência.

Ademais, não há se perder de vista que o art. 5º, § 1º, da Constituição Federal consagra o *princípio da aplicabilidade imediata das normas definidoras de direitos e garantias fundamentais.* Diante disso, só faz sentido falarmos em mandado de injunção quando estivermos perante *normas de eficácia limitada,* na medida em que as demais (as de eficácia plena ou contida), em face do princípio encartado, possuem por si aplicabilidade imediata. Nesse ponto, irretocável o posicionamento do Prof. Nelson Nery Junior*:*

> "O mandado de injunção veio, em boa hora, mitigar a omissão legislativa no regramento das denominadas normas constitucionais programáticas, que no sistema constitucional revogado ficavam sem eficácia por falta de lei complementar ou ordinária infraconstitucional que as regulamentasse. Por isso é que se a norma constitucional tiver eficácia, isto é, for autoaplicável, descabe o mandado de injunção"[2].

## 2.2. INVIABILIDADE DE EXERCÍCIO DOS DIREITOS E LIBERDADES CONSTITUCIONAIS E DAS PRERROGATIVAS PRESCRITAS NA NORMA

Neste segundo pressuposto, não há necessidade de que a inviabilidade seja total, bastando a mera dificuldade de se efetivarem as prerrogativas abarcadas pelo remédio.

O texto constitucional, ao tratar da matéria, refere-se a norma regulamentadora, e a este conceito não é possível conferir interpretação restritiva, sob pena de se apequenar o instrumento constitucional. Com efeito, se o legislador assim desejasse, teria utilizado expressões como "lei complementar", "lei ordinária", "ato administrativo", entre tantas outras. Dessa forma, mister entender o preceito na sua acepção mais lata, qual seja, de qualquer ato normativo. Ademais, verificamos na própria Constituição Federal o conceito de norma regulamentadora, ao estatuir no seu art. 103, § 2º, a declaração de inconstitucionalidade por omissão. Depreende-se do aludido artigo que se trata de qualquer medida para tornar efetiva uma norma constitucional.

---

2. Nelson Nery Junior, *Princípios*, cit., p. 103.

## 3. OBJETO

Cabe aqui discutir a abrangência desse instrumento constitucional. A análise do art. 5º, LXXI, pode, num primeiro momento, sugerir um campo restrito de atuação do mandado de injunção, reservando-lhe somente a tutela dos direitos constitucionais atinentes à nacionalidade, soberania e cidadania. Todavia, a sua interpretação deve ser ampliativa, na medida em que a Constituição Federal confere sua utilização sempre que a falta de norma regulamentadora torne inviável o *exercício dos direitos e liberdades constitucionais* e das prerrogativas inerentes à soberania, à cidadania e à nacionalidade.

Sendo a soberania, a cidadania e a nacionalidade direitos constitucionais, forçoso crer que o legislador somente permitiu o *writ* na defesa deles, porquanto se referiu de forma genérica ao exercício dos direitos e liberdades constitucionais. Na verdade, o que se constata é que essas prerrogativas referem-se diretamente aos princípios fundamentais da República Federativa do Brasil, encartados no art. 1º da nossa Constituição.

Nesse sentido esclarecem as palavras de Barbosa de Moreira, citadas pelo Prof. Nelson Nery Junior:

> "Quanto ao cabimento do mandado de injunção, à primeira vista poderia parecer que somente poderiam ser pleiteados os direitos constitucionais atinentes à nacionalidade, soberania e cidadania (art. 5º, LXXI, CF).
>
> Entretanto, o dispositivo constitucional que prevê o mandado de injunção deve ser impetrado de forma ampliativa. Quando a norma diz 'conceder-se-á mandado de injunção sempre que a falta de norma regulamentadora torne inviável o exercício dos direitos e liberdades constitucionais', a segunda parte da norma ('e das prerrogativas inerentes à nacionalidade, à soberania e à cidadania') por se referir a prerrogativas que são também direitos e liberdades constitucionais, não é, contudo, supérflua. Parece indicar que aquelas expressões se referem à falta de regulamento, não de preceito constitucional, mas da própria lei"[3].

Verificado que o mandado de injunção não tem por objeto apenas a regulamentação das prerrogativas inerentes à nacionalidade, à soberania e à cidadania, mas sim a todo e qualquer direito constitucional, seja ele difuso, coletivo ou individual (puro ou homogêneo), fácil verificar a sua aplicação no direito ambiental.

Com efeito, o direito ao meio ambiente está irremediavelmente ligado ao direito à vida e, mais ainda, a uma vida com saúde e qualidade que proporcione bem-estar aos habitantes. E, para que esse preceito seja verificado, não há como desvinculá-lo da satisfação dos direitos sociais encartados no art. 6º da Constituição Federal, os quais estabelecem o *piso vital mínimo*. Com isso, toda vez que se objetivar suprir a ausência

---

3. Apud Nelson Nery Junior, *Princípios*, cit., p. 106.

de norma que torne inviável o exercício do direito a uma vida saudável, o mandado de injunção terá por objeto um bem de natureza difusa.

## 4. FINALIDADE

A compreensão da finalidade do instituto reclama que inicialmente o diferenciemos de uma outra situação, bastante confundida, qual seja, o preenchimento de lacunas jurídicas, que se dá através de mecanismos de integração do ordenamento (analogia, costumes, princípios gerais do direito e equidade). A *lacuna* jurídica surge pela *inexistência de norma jurídica* regulamentando uma dada situação de fato. O *mandado de injunção*, ao contrário, pressupõe a *existência de previsão legal, todavia, de inviável efetivação*, de modo que o direito não só existe como será o próprio objeto que o mandado de injunção visará a efetivar. De forma lapidar, esclarece Nelson Nery Junior:

> "Não se trata de integração de lacuna, porque o direito já existe e se encontra expressamente previsto na Constituição. Trata-se, na verdade, de inexistência de regulamentação para a forma de exercimento do direito assegurado pelo texto constitucional. O impetrante tem o direito, mas não sabe como exercê-lo. Cabe ao juiz determinar o *modus faciendi* a fim de que o impetrante não fique privado de seu direito constitucionalmente garantido, a pretexto de que não há norma inferior que o regulamente"[4].

Deve-se salientar que o mandado de injunção visa tão somente a suprir, de modo concreto, *inter partes,* a ausência de norma regulamentadora, de maneira a possibilitar o exercício dos direitos e prerrogativas que constituem o seu objeto. Portanto, não pretende nem deveria criar norma regulamentadora, porquanto não cabe ao Poder Judiciário a edição de leis, sob pena de ofensa ao princípio da separação de Poderes, consagrado no art. 2º da Constituição Federal.

Visando o mandado de injunção a evitar que a ausência de norma impeça ou dificulte o exercício de direito ou prerrogativa constitucional, não se pode aceitar que se preste à função de apenas declarar e comunicar o Poder Legislativo de que este deve promover a elaboração da respectiva norma regulamentadora que permita o exercício de direito e a prerrogativa que até então encontravam-se inviabilizados pela ausência daquela. Dessa forma, o mandado de injunção seria decidido como se fosse uma ação direta de inconstitucionalidade por omissão, o que não seria lógico, porquanto seus efeitos operam-se somente entre as partes litigantes.

Em que pesem essas considerações, o Supremo Tribunal Federal por vezes decidiu o mandado de injunção prestando-se somente a dar ciência ao Poder Legislativo acerca da ausência de norma regulamentadora, tornando inócuo o presente instrumento jurídico.

---

4. Nelson Nery Junior, *Princípios*, cit., p. 103.

## 5. APLICABILIDADE E PROCEDIMENTO: A LEI N. 13.300, DE 23 DE JUNHO DE 2016

Logo após a sua promulgação, vários pontos foram alvo de debate pela doutrina. Entre eles, questionava-se a necessidade de uma lei infraconstitucional que regulamentasse o seu procedimento. Tal exigência não vingou em um primeiro momento, porquanto estar-se-ia exigindo, para o instituto criado com o exato fim de garantir a viabilidade do exercício de direitos constitucionais, uma norma regulamentadora. Ademais, o próprio texto legal prescindiu a expressão "na forma da lei", não reclamando, pois, norma infraconstitucional, além de que, como norma definidora dos direitos e garantias fundamentais, tem aplicação imediata, como preceitua o art. 5º, § 1º, da Constituição Federal.

Superada a questão da autoaplicabilidade do instrumento, passou-se a questionar qual seria o procedimento a ser adotado. A doutrina e o próprio Supremo Tribunal Federal convergiram, propugnando a adoção do procedimento do mandado de segurança, disciplinado na Lei n. 1.533/51. Em descompasso com essa posição, merece reflexão a consideração do Prof. Roque Carrazza:

> "O procedimento da injunção deve ser o ordinário (arts. 282 e s. do CPC), que permite uma apreciação jurisdicional mais abrangente. Sendo assim, não há necessidade de a prova do mandado de injunção ser pré-constituída, já que, a nosso sentir, pode haver instrução, nesta ação constitucional"[5].

De qualquer forma, não foi esse o posicionamento adotado quando da promulgação da Lei n. 8.038/90, que, em seu art. 24, parágrafo único, esclareceu que no mandado de injunção serão observadas, no que couber, as normas do mandado de segurança, enquanto não editada legislação específica.

No ano de 2016, a Lei n. 13.300, de 23 de junho, disciplinou afinal o processo e o julgamento dos mandados de injunção individual e coletivo. Embora determine que "aplicam-se subsidiariamente ao mandado de injunção as normas do mandado de segurança" (art. 14), cabe destacar alguns aspectos da referida lei.

## 6. LEGITIMIDADE ATIVA

Estabelece a Lei n. 13.300 que: "São legitimados para o mandado de injunção, como impetrantes, as pessoas naturais ou jurídicas que se afirmam titulares dos direitos, das liberdades ou das prerrogativas referidos no art. 2º e, como impetrado, o Poder, o órgão ou a autoridade com atribuição para editar a norma regulamentadora" (art. 3º).

Por outro lado, "o mandado de injunção coletivo pode também ser promovido: I – pelo Ministério Público, quando a tutela requerida for especialmente relevante para a

---

5. Roque Antônio Carrazza, *Ação direta de inconstitucionalidade por omissão e mandado de injunção, Cadernos de Direito Constitucional e Ciência Política*, 26:125-6.

defesa da ordem jurídica, do regime democrático ou dos interesses sociais ou individuais indisponíveis; II – por partido político com representação no Congresso Nacional, para assegurar o exercício de direitos, liberdades e prerrogativas de seus integrantes ou relacionados com a finalidade partidária; III – por organização sindical, entidade de classe ou associação legalmente constituída e em funcionamento há pelo menos 1 (um) ano, para assegurar o exercício de direitos, liberdades e prerrogativas em favor da totalidade ou de parte de seus membros ou associados, na forma de seus estatutos e desde que pertinentes a suas finalidades, dispensada, para tanto, autorização especial; IV – pela Defensoria Pública, quando a tutela requerida for especialmente relevante para a promoção dos direitos humanos e a defesa dos direitos individuais e coletivos dos necessitados, na forma do inciso LXXIV do art. 5º da Constituição Federal" (art. 12).

Assim, como já afirmávamos anteriormente, não há propriamente grandes restrições à legitimidade ativa em sede de mandado de injunção. Pode ser impetrado por pessoa natural, jurídica, de direito público ou privado. Em decorrência da amplitude constitucional, ainda não obsta, em nossa opinião, que seja despersonalizada, como o espólio, a massa falida etc. Ademais, não é dado ao intérprete, nem ao legislador infraconstitucional, diminuir o âmbito da legitimidade ativa para a propositura da ação de injunção. Nesse sentido, como defendemos na obra monográfica *Os sindicatos e a defesa dos interesses difusos*, não haveria, portanto, qualquer dificuldade, de índole legislativa, em admitir-se também a legitimação ativa dos sindicatos para a defesa dos direitos difusos[6].

## 7. LEGITIMIDADE PASSIVA

Depreende-se do art. 5º, LXXI, da Constituição Federal que a legitimação passiva será daquele que detenha competência e poderes para atender ao objeto tutelado pelo *writ*. Com efeito, a expressão "norma regulamentadora" apresenta conteúdo vasto, de modo que sua ausência poderá estar vinculada à omissão de qualquer das pessoas políticas do Estado ou ser oriunda de qualquer dos Poderes da Federação (Legislativo, Executivo e Judiciário).

A Lei n. 13.300/2016 estabeleceu que: "São legitimados para o mandado de injunção, como impetrantes, as pessoas naturais ou jurídicas que se afirmam titulares dos direitos, das liberdades ou das prerrogativas referidos no art. 2º e, **como impetrado, o Poder, o órgão ou a autoridade com atribuição para editar a norma regulamentadora**" (art. 3º).

---

6. Celso Antonio Pacheco Fiorillo, *Os sindicatos*, São Paulo, Revista dos Tribunais, p. 130. Acrescente-se ainda: "Ao contrário do que entende José Afonso da Silva, que diz ser parte ativa no processo injuncional 'a pessoa que tenha interesse direto e pessoal no Direito, liberdade ou prerrogativas cujo exercício a falta de norma regulamentadora esteja inviabilizando' admitindo 'a representação associativa do interessado mediante a impetração do mandado de injunção por entidade associativa na defesa de direitos de seus filiados (art. 5º, XXI), assim como a substituição processual, chamada legitimação anômala, de sindicato', advogamos a ideia de que os sindicatos, enquanto legitimados autônomos para a defesa de direitos difusos, também atuam nesta condição na hipótese ora debatida".

## 8. SENTENÇA EM MANDADO DE INJUNÇÃO

Este é exatamente o ponto em que se encontram as maiores dificuldades na compreensão do instituto, porque "o mandado de injunção não é remédio certificador de direito, sim de atuação de um direito já certificado. Seu objeto é exclusivamente definir a norma regulamentadora do preceito constitucional aplicável ao caso concreto, dada a omissão do poder constitucionalmente competente, exercitando a função que seria do legislador, mas limitado ao caso concreto"[7]. Isso significa dizer que cabe ao Poder Judiciário decidir qual a melhor solução para, no caso *sub judice*, viabilizar o exercício do direito constitucional, atendendo aos legítimos interesses do impetrante[8, 9 e 10].

---

7. J. J. Calmon de Passos, *Mandado de segurança coletivo, mandado de injunção,* habeas data, *constituição e processo,* Rio de Janeiro, Forense, 1989, p. 98 e s.

8. O Supremo Tribunal Federal decidiu exatamente no sentido que sempre defendemos, conforme julgamento proferido em junho de 2006 no Mandado de Injunção 712-8-PA, ao conhecer da ação proposta pelo Sindicato dos Trabalhadores do Poder Judiciário do Estado do Pará – Sinjep reconhecendo a falta de norma regulamentadora do direito de greve no serviço público e removendo o obstáculo criado por aludida omissão, tornando viável de forma supletiva o exercício do direito consagrado no art. 37, VII, da Constituição do Brasil, inclusive com a utilização da Lei n. 7.783/89.

9. A respeito do caráter mandamental do Mandado de Injunção, *vide* MI 758, Rel. Min. Marco Aurélio, j. 1º-7-2008.

10. Nossa Suprema Corte vem mantendo o avanço em relação a decisões anteriores de omissão legislativa, em que apenas advertia o Congresso Nacional sobre a necessidade de regulamentar o respectivo dispositivo invocado e adotando regra para o caso concreto, até mesmo para estimular o Poder Legislativo a votar a lei regulamentadora.

De fato.

Conforme noticiado pelo STF em 22-6-2011, "o Plenário do Supremo Tribunal Federal (STF) suspendeu, nesta quarta-feira, o julgamento de quatro Mandados de Injunção (MI) cujos autores reclamam o direito assegurado pelo art. 7º, inciso XXI, da Constituição Federal (CF), de 'aviso prévio proporcional ao tempo de serviço, sendo no mínimo de trinta dias, nos termos da lei'. Os mandados foram impetrados diante da omissão do Congresso Nacional que, após a promulgação da CF de 1988, ainda não regulamentou o dispositivo.

O julgamento foi suspenso depois que o relator, Ministro Gilmar Mendes, se pronunciou pela procedência das ações. Por sugestão do próprio relator, entretanto, o Plenário decidiu pela suspensão do julgamento para que se possa examinar a explicitação do direito pleiteado, nos casos concretos em exame. Dentre o manancial a ser pesquisado, há experiências de outros países, recomendações da Organização Internacional do Trabalho (OIT) e, também, projetos em tramitação no Congresso Nacional, propondo a regulamentação do dispositivo constitucional.

Durante os debates em torno dos processos – os Mandados de Injunção 943, 1.010, 1.074 e 1.090 –, os ministros observaram que a Suprema Corte deveria manter o avanço em relação a decisões anteriores de omissão legislativa, em que apenas advertiu o Congresso Nacional sobre a necessidade de regulamentar o respectivo dispositivo invocado, e adotar uma regra para o caso concreto, até mesmo para estimular o Poder Legislativo a votar uma lei regulamentadora.

Foram citados dois precedentes em que o STF, com base em parâmetros já existentes, estabeleceu regras para vigerem enquanto não houver regulamentação legislativa. O primeiro deles foi o MI 721, relatado pelo Ministro Marco Aurélio. Diante da omissão legislativa relativa ao § 4º do art. 40 da CF, que confere o direito à contagem diferenciada do tempo de serviço em decorrência de atividade em trabalho insalubre, a Corte adotou como parâmetro, para a aposentadoria de uma trabalhadora que atuava em condições de insalubridade, o sistema do Regime Geral de Previdência Social (art. 57, da Lei 8.213/91), que dispõe sobre a aposentadoria especial na iniciativa privada.

Assim, o mandado de injunção na defesa de direitos individuais opera efeitos apenas ao caso concreto a que se prestou a efetivar. Por outro lado, tratando-se de bens ou valores ambientais, portanto bens de natureza difusa, a sentença atingirá todos os titulares desse direito, qual seja, toda a coletividade. Pondere-se que esse efeito não contraria a regra da não vinculação no caso concreto levado a juízo em sede de mandado de injunção, porque a decisão não é *erga omnes*, uma vez que, cuidando-se de direitos difusos, a decisão "estende-se independentemente do resultado do processo a quem não integrou a relação processual e só foi 'artificialmente' representado pelo portador em juízo dos interesses coletivos"[11 e 12].

A Lei n. 13.300/2016 indicou que: "A decisão terá eficácia subjetiva limitada às partes e produzirá efeitos até o advento da norma regulamentadora" (art. 9º, *caput*),

---

No segundo caso, o MI 708, relatado pelo Ministro Gilmar Mendes, a Suprema Corte solucionou a omissão legislativa quanto ao direito de greve no serviço público, determinando a aplicação das regras vigentes para o setor privado (Lei n. 7.783, de 28 de junho de 1989), no que couber, até regulamentação do dispositivo constitucional (art. 37, inciso VII, da CF).

**Propostas**

No início dos debates, o Ministro Luiz Fux apresentou propostas para uma solução concreta nos casos em discussão. Ele sugeriu a conjugação do dispositivo constitucional com o art. 8º da Consolidação das Leis do Trabalho (CLT), que admite a aplicação do direito comparado, quando da existência de lacuna legislativa.

Nesse sentido, ele citou que uma recomendação da Organização Internacional do Trabalho (OIT) sobre a extinção da relação de trabalho sugere o direito a um aviso prévio razoável ou a uma indenização compensatória.

O Ministro Luiz Fux relatou, neste contexto, experiências da Alemanha, Dinamarca e Suíça, onde o aviso prévio pode chegar a entre três e seis meses, dependendo da duração do contrato de trabalho e da idade do trabalhador; na Itália, pode chegar a quatro meses.

Já o Ministro Marco Aurélio sugeriu que, além do direito a aviso prévio de 30 dias, sejam acrescentados 10 dias por ano. Assim, ao cabo de 30 anos – caso do autor do MI 943, demitido de seu emprego após 30 anos de serviço –, teria direito a 300 dias de aviso prévio, a serem por ele cumpridos, ou então indenizados.

O presidente da Corte, Ministro Cezar Peluso, sugeriu a indenização de um salário mínimo a cada cinco anos, adicionalmente ao direito mínimo a 30 dias de aviso prévio. Por seu turno, o Ministro Ricardo Lewandowski observou que há um projeto do Senador Paulo Paim (PT-RS) em tramitação no Congresso Nacional.

Essas propostas, entretanto, esbarraram na objeção do Ministro Marco Aurélio, segundo o qual elas não guardam a proporcionalidade prevista no art. 7º, inciso XXI, da CF.

**Parâmetros**

Ao sugerir a suspensão dos debates para aprofundar os estudos sobre o tema, o Ministro Gilmar Mendes observou que qualquer solução para os casos concretos hoje debatidos acabará se projetando para além deles. 'As fórmulas aditivas passam também a ser objeto de questionamentos', afirmou, ponderando que o Poder com legitimidade para regulamentar o assunto é o Congresso Nacional".

11. Ada Pellegrini Grinover, *Código*, cit., p. 580.

12. *Vide* MI 670 e MI 708, oportunidade em que o Plenário do Supremo Tribunal Federal decidiu em outubro de 2007, por unanimidade, declarar a omissão legislativa quanto ao dever constitucional em editar lei que regulamenta o exercício do direito de greve no setor público e, por maioria, aplicar ao setor, no que couber, a lei de greve vigente no setor privado (Lei n. 7.783/89).

observando-se que, "sem prejuízo dos efeitos já produzidos, a decisão poderá ser revista, a pedido de qualquer interessado, quando sobrevierem relevantes modificações das circunstâncias de fato ou de direito" (art. 10, *caput*).

Estabelece ainda a norma em vigor que: "Poderá ser conferida eficácia *ultra partes* ou *erga omnes* à decisão, quando isso for inerente ou indispensável ao exercício do direito, da liberdade ou da prerrogativa objeto da impetração" (art. 9º, § 1º).

"Transitada em julgado a decisão, seus efeitos poderão ser estendidos aos casos análogos por decisão monocrática do relator" (art. 9º, § 2º), destacando-se que "o indeferimento do pedido por insuficiência de prova não impede a renovação da impetração fundada em outros elementos probatórios" (art. 9º, § 3º).

"No mandado de injunção coletivo, a sentença fará coisa julgada limitadamente às pessoas integrantes da coletividade, do grupo, da classe ou da categoria substituídos pelo impetrante, sem prejuízo do disposto nos §§ 1º e 2º do art. 9º" (art. 13) dessa lei.

# Capítulo VIII
## *HABEAS DATA AMBIENTAL*

## 1. TUTELA CONSTITUCIONAL DA INFORMAÇÃO

A Constituição da República Federativa do Brasil assegura a todos o acesso à informação como direito individual, bem como direito coletivo (art. 5º, XIV), fixando ainda, também para todos, o direito a receber dos órgãos públicos informações de seu interesse particular, ou de interesse coletivo ou geral, que serão prestadas no prazo da lei, sob pena de responsabilidade, ressalvadas aquelas cujo sigilo seja imprescindível à segurança da sociedade e do Estado (art. 5º, XXXIII).

Para assegurar concretamente referido conhecimento de informações relativas ao direito de receber dos órgãos públicos informações de seu interesse particular, ou de interesse coletivo ou geral, estabeleceu por outro lado nossa Carta Magna importante instrumento processual constitucional, denominado *habeas data* (art. 5º, LXXII), exatamente no sentido de:

1) assegurar o conhecimento de informações relativas à pessoa do impetrante, constantes de registros ou bancos de dados de entidades governamentais ou de caráter público;

2) para a retificação de dados, quando não se prefira fazê-lo por processo sigiloso, judicial ou administrativo.

Nossa Lei Maior determina ainda em seu art. 220 que a informação, sob qualquer forma, processo ou veículo, não sofrerá qualquer restrição, observado o disposto na própria Carta Magna, sendo certo que nenhuma lei conterá dispositivo que possa constituir embaraço à plena liberdade de informação jornalística em qualquer veículo de comunicação social, observado o disposto no art. 5º, IV, V, X, XIII e XIV (art. 220, § 1º).

Estabelece ainda nossa Constituição Federal competência à lei federal para regular as diversões e espetáculos públicos, cabendo ao Poder Público informar sobre a natureza deles, as faixas etárias a que não se recomendem, locais e horários em que sua apresentação se mostre inadequada (art. 220, § 3º, I), determinando também que a produção e a programação das emissoras de rádio e televisão deverão atender ao princípio da preferência a finalidades educativas, artísticas, culturais e informativas (art. 221, I).

745

Assim, e desde logo, nenhuma dúvida existe no sentido de se reconhecer a informação como direito fundamental constitucional assegurado a brasileiros e estrangeiros residentes no País (art. 5º da CF).

Todavia é necessário fixar um conceito de informação visando a seus reflexos jurídicos. Passemos ao tema.

## 2. A INFORMAÇÃO COMO BEM E SUA NATUREZA JURÍDICA. O PATRIMÔNIO GENÉTICO COMO BEM AMBIENTAL

Entendida, conforme argumentos indicados anteriormente, como um bem material ou imaterial que tem valor econômico, servindo de objeto a uma relação jurídica, a informação, em geral, ao se encontrar em um primeiro momento claramente associada às formas de expressão, bem como modos de criar, fazer e viver da pessoa humana, é balizada no plano constitucional como bem cultural associado à comunicação social e, portanto, tem natureza jurídica de bem ambiental.

Por outro lado e exatamente em face da manifestação de novas descobertas científicas, a informação de origem genética, ou seja, especificamente a informação derivada do patrimônio genético, passou a ser observada também em face de sua condição intrínseca: como dissemos, os genes encapsulam informações e permitem procedimentos para que estas sejam lidas a partir deles e inscritas neles.

Assim fazendo parte da estrutura do que a ciência denomina **patrimônio genético**, a informação genética mereceu tutela explícita por parte do que determina o art. 225, § 1º, II, de nossa Constituição Federal, que estabelece dentre as incumbências determinadas ao Poder Público, visando a assegurar a efetividade do direito ambiental constitucional, preservar a diversidade e a integridade do patrimônio genético do País e fiscalizar as entidades dedicadas à pesquisa e manipulação de material genético.

Destarte, seja na condição de bem cultural, seja na condição de bem ambiental explicitamente configurada no plano diretamente estabelecido pelo art. 225 da Lei Maior, a informação genética tem natureza jurídica constitucional de bem ambiental aplicando-se no plano material e evidentemente no plano instrumental todos os princípios e regras do direito ambiental constitucional no que se refere aos direitos e deveres inerentes à tutela jurídica do tema.

Cabe por via de consequência indicar quais são os instrumentos processuais existentes em defesa da informação genética.

## 3. TUTELA PROCESSUAL DO PATRIMÔNIO GENÉTICO: OS DIREITOS METAINDIVIDUAIS, A JURISDIÇÃO CIVIL COLETIVA E O DIREITO PROCESSUAL AMBIENTAL

Como sabemos, o Estado está obrigado a prestar a tutela jurisdicional sempre que exercido o direito constitucional de ação pelos seus jurisdicionados, conforme dispõe o art. 5º, XXXV, da Constituição Federal.

Consagra-se o princípio constitucional da indeclinabilidade da jurisdição, ou seja, quando provocado, o Judiciário está obrigado a dizer o direito com a finalidade de organizar a segurança jurídica por meio da coisa julgada (art. 5º, XXXVI, da CF). Juntamente com esse princípio, encontramos o do devido processo legal, que é o norteador do ordenamento jurídico como um todo.

Em face disso e com o advento da formação jurídica dos direitos difusos, consequência inevitável da rebelião das massas, como anteviu Ortega y Gasset (1959), ou da multiplicação dos direitos, como diz Norberto Bobbio (1992), ou, ainda, da massificação social, a que alude Cappelletti (1974), que escapam de qualquer definição do ortodoxo sistema público em contraste com o privado, porquanto existente um abismo entre eles, não há mais que se falar na possibilidade de usar o ortodoxo sistema liberal individualista do Código de Processo Civil e normas afins para dirimir os conflitos de massa.

Como bem salienta Teresa Celina de Arruda Alvim:

"Tratar do processo no Código do Consumidor é tarefa de grande responsabilidade, pois, na verdade, não se está diante de um assunto contido no processo civil a que estamos habituados. Tem-se, isto sim, um tema cuja amplitude causa perplexidade, uma vez que, rigorosamente, se está diante de um novo processo civil, de um outro processo civil, diferentemente daquele com que lidamos no dia a dia e que nos é familiar. Assim, só uma mentalidade de certo modo 'conformada' com a necessidade de se abandonarem os padrões tradicionais do processo é capaz de ser receptiva e, portanto, entender este novo processo, engendrado para regular uma outra faceta da realidade, que talvez possa ser eleita como a nota mais marcante das sociedades do nosso tempo".

Com isso, falar em devido processo legal em sede de direitos coletivos *lato sensu* é fazer menção à aplicação de um outro plexo de normas, e não do tradicional Código de Processo Civil, sob pena de assim violarmos a Constituição, impedindo o efetivo acesso à Justiça. Esse outro plexo de normas inovou o ordenamento jurídico, instituindo o que passamos a chamar de jurisdição civil coletiva. Esta é formada basicamente por dois diplomas legais: o Código de Defesa do Consumidor (Lei n. 8.078/90) e a Lei da Ação Civil Pública (Lei n. 7.347/85).

Dessa forma, a jurisdição civil apresenta-nos dois sistemas de tutela processual:

1) um destinado às lides individuais, cujo instrumento adequado e idôneo é o Código de Processo Civil, e

2) um outro voltado para a tutela coletiva, que se vale da aplicação da Lei da Ação Civil Pública e do Código de Defesa do Consumidor.

Destarte, a defesa dos bens ambientais (inclusive do patrimônio genético evidentemente), em razão da natureza do bem tutelado, que, como sabemos, é de índole constitucional, e conforme determina o art. 19 da Lei da Ação Civil Pública, receberá tratamento direto e primário das normas processuais constitucionais, das normas procedimentais previstas na jurisdição coletiva (CDC + LACP) e de forma secundária (subsidiariamente) do Código de Processo Civil e demais diplomas específicos, constituindo o que denominamos direito processual ambiental.

O direito processual ambiental deve observar sempre e necessariamente os princípios inerentes à jurisdição civil coletiva, a saber:

a) Princípio do acesso à justiça na jurisdição civil coletiva

O princípio da inafastabilidade do controle jurisdicional é trazido pelo art. 5º, XXXV, da Constituição Federal, ao enunciar: "a lei não excluirá da apreciação do Poder Judiciário lesão ou ameaça a direito". Com isso, consagrou-se o direito de ação e defesa (porquanto ao postulante assiste o direito de propor ação e ao réu, o de contestá-la), um direito público e subjetivo de exigir do Estado a prestação da tutela jurisdicional, uma vez que ele chamou para si a função de se fazer substituir aos conflitos, dirimindo-os.

Sedimenta-se naquele inciso, ainda, o princípio do livre acesso à justiça. Entretanto, essa garantia só faz sentido quando o próprio Estado fornece mecanismos adequados e efetivos para a sua aplicação. Tendo em vista essa necessidade, conjugada com a previsão constitucional trazida pelo art. 5º, XXXII, é que se procurou possibilitar, de forma ampla, irrestrita e eficaz, o acesso à Justiça para a defesa dos interesses coletivamente considerados.

Nesse sentido, verificamos alguns aspectos que auxiliaram a realização da presente garantia constitucional, como, por exemplo, o fato de o legislador infraconstitucional conceituar os direitos metaindividuais (art. 81 do CDC), bem como o de ter dado tratamento coletivo aos direitos individuais homogêneos, a fim de permitir que se implementasse a primeira ação coletiva para defesa de interesses individuais homogêneos brasileira, consagrada nos arts. 91 e s. do Código de Defesa do Consumidor. Além disso, podemos apontar a permissão legal conferida ao magistrado de dispensar o requisito da pré-constituição da associação quando haja a presença de manifesto interesse social, evidenciado pela dimensão ou característica do dano ou pela relevância do bem jurídico a ser protegido.

Ainda procurando conferir efetividade à tutela de direitos transindividuais, permitiu-se o uso de todas as ações e providências necessárias que sejam capazes de propiciar a efetiva tutela dos direitos protegidos pelo Código, incluindo-se não só ações de conhecimento, mas também as de execução, as cautelares e as mandamentais, bem como foram previstas a execução específica de obrigação, a figura da *astreinte* (multa diária), a fim de forçar o cumprimento da obrigação, a possibilidade de tutela antecipada *ex officio*, entre outras que serão oportunamente estudadas.

Ainda com relação à preocupação do legislador na busca do pleno e eficaz acesso à Justiça, temos a dispensa de quaisquer despesas e até mesmo de condenação da associação autora quando se tratar de ações coletivas relativas ao Código de Defesa do Consumidor, conforme dispõe o art. 87 do referido diploma, em consonância com a ideia constante no art. 18 da Lei da Ação Civil Pública, que diz não haver adiantamento de custas, emolumentos, honorários periciais e quaisquer outras despesas, nem condenação da associação autora, ressalvada a comprovação de má-fé, em honorários de advogado, custas e despesas processuais, nas ações coletivas de que trata essa lei.

Dessa forma, pelo que foi exposto, verifica-se que o legislador infraconstitucional procurou facilitar e incentivar a tutela ambiental, trazendo instrumentos aptos a conferir a sua efetividade, em respeito ao princípio do livre acesso à Justiça.

b) Princípio da igualdade na jurisdição civil coletiva

A igualdade – preceito trazido juntamente com a liberdade e a fraternidade –, que norteou o início do século XIX, buscou fazer prevalecer a autonomia da vontade do indivíduo, colocando a distância o intervencionismo do Estado, porquanto acreditava-se que essa dinâmica propiciaria o desenvolvimento de situações mais igualitárias.

Contudo, essa filosofia procurou nivelar aquilo que já estava desnivelado economicamente, de modo a apenas consagrar o que chamamos de igualdade formal.

Assim, num sentido original, o princípio da igualdade revela-nos a concepção da isonomia formal, sem preocupar-se em atender às peculiaridades de algumas situações. Todavia, as profundas transformações sociais e a crescente verificação de que a igualdade daquela maneira apregoada mostrava-se como forma selvagem de dominação exigiram intervenção do Estado com o escopo de reequilibrar a balança da igualdade, buscando-se, dessarte, a igualdade substancial ou real, de forma que os iguais fossem igualmente tratados, ao passo que os desiguais, desigualmente tratados, na exata medida de suas desigualdades.

Nesse contexto, verificamos que o art. 6º, VIII, do Código de Defesa do Consumidor, ao prever a inversão do ônus da prova, é um exemplo ímpar da consagração da igualdade substancial ou real apregoada pela nossa Constituição Federal de 1988, no seu art. 5º, *caput* e I, porquanto buscou alcançar paridade processual, facilitando a defesa do hipossuficiente.

Aludida constatação revela também profunda transformação na postura do juiz; passou-se a atribuir-lhe poderes mais amplos como modo de resguardar valores fundamentais do direito dos homens. Com isso, nota-se que quanto menos paritário for o posicionamento das partes no processo, mais acentuados devem ser os poderes do juiz.

## 4. TUTELA PROCESSUAL DO PATRIMÔNIO GENÉTICO E *HABEAS DATA* AMBIENTAL: ASPECTOS CONSTITUCIONAIS E INFRACONS-TITUCIONAIS

Conforme já aduzido anteriormente, para assegurar concretamente o conhecimento de informações relativas ao direito de receber dos órgãos públicos informações de seu interesse particular, ou de interesse coletivo ou geral, estabeleceu nossa Carta Magna importante instrumento processual constitucional, denominado *habeas data* (art. 5º, LXXII), exatamente no sentido de:

1) assegurar o conhecimento de informações relativas à pessoa do impetrante, constantes de registros ou bancos de dados de entidades governamentais ou de caráter público;

2) para a retificação de dados, quando não se prefira fazê-lo por processo sigiloso, judicial ou administrativo.

Referido instrumento processual, com rito processual disciplinado no plano infraconstitucional em face da Lei n. 9.507/97 (regula o direito de acesso a informações e disciplina o rito processual do *habeas data*), deve ser aplicado em harmonia com o que determina, também no plano infraconstitucional, a Lei n. 12.527/2011 (regula o acesso a informações previsto nos arts. 5º, XXXIII, 37, § 3º, II, e 216, § 2º, da CF; altera a Lei n. 8.112, de 11 de dezembro de 1990; revoga a Lei n. 11.111, de 5 de maio de 2005, e dispositivos da Lei n. 8.159, de 8 de janeiro de 1991; e dá outras providências), regrou em seu art. 4º o seguinte:

1) informação: dados, processados ou não, que podem ser utilizados para produção e transmissão de conhecimento, contidos em qualquer meio, suporte ou formato (art. 4º, I);

2) informação sigilosa: aquela submetida temporariamente à restrição de acesso público em razão de sua imprescindibilidade para a segurança da sociedade e do Estado (art. 4º, III);

3) informação pessoal: aquela relacionada à pessoa natural identificada ou identificável (art. 4º, IV);

4) tratamento da informação: conjunto de ações referentes a produção, recepção, classificação, utilização, acesso, reprodução, transporte, transmissão, distribuição, arquivamento, armazenamento, eliminação, avaliação, destinação ou controle da informação (art. 4º, V).

Destarte fica evidente a possibilidade de usar o *habeas data* ambiental, em proveito da tutela jurídica das informações genéticas advindas do patrimônio genético, nas hipóteses constitucionais e infraconstitucionais antes mencionadas exatamente no sentido de resguardar o interesse da dignidade da pessoa humana.

# Parte III
# DIREITO CRIMINAL AMBIENTAL[1 E 2]

# Capítulo I
# DIREITO CRIMINAL CONSTITUCIONAL (CRIME, PENA E PRISÃO)

## 1. FUNDAMENTOS CONSTITUCIONAIS DO DIREITO CRIMINAL

A Constituição Federal, ao estabelecer que "não há crime sem lei anterior que o defina" (art. 5º, XXXIX), entendeu por bem disciplinar o conceito de crime através de instituto elaborado por força da própria determinação maior: é a lei que estabelece no direito positivo o que é crime.

Daí verificarmos que o sentido pretendido pelo legislador constitucional engloba não só as hipóteses de crime elaboradas no âmbito da própria Carta Magna como as normas jurídicas elaboradas no âmbito infraconstitucional pelo Poder Legislativo, por meio de processo adequado, excluindo-se processos legislativos outros que não aqueles compatíveis com a orientação da Constituição Federal em vigor.

No plano constitucional restou reconhecido que somente existirá crime, enquanto infração de uma norma de conduta verificada em face do momento cultural por que passa a sociedade, em face de lei anteriormente estabelecida, princípio fundamental no plano do Estado Democrático de Direito que foi explicitamente acolhido em nosso direito positivo (art. 5º, XXXIX).

---

1. Para um estudo aprofundado do tema, *vide* Celso Antonio Pacheco Fiorillo, *Crimes ambientais*, 2. ed., São Paulo, Saraiva, 2017.

2. *Vide* também, no âmbito do meio ambiente digital, Celso Antonio Pacheco Fiorillo, *Crimes no meio ambiente digital em face da sociedade da informação*, 2. ed., São Paulo, Saraiva, 2016.

## 2. FUNDAMENTOS CONSTITUCIONAIS DO DIREITO PENAL

O direito penal constitucional estabeleceu-se em nosso ordenamento como medida legal que possa ser imposta em face da prática de crime. A prévia prescrição normativa (art. 5º, XXXIX) é elemento nuclear do direito penal constitucional.

Entendeu a Constituição Federal de 1988 que normas infraconstitucionais deverão regular a chamada individualização da pena, individualização esta concebida em face dos critérios apontados pelo art. 5º da Carta Magna (Capítulo I – Dos Direitos e Deveres Individuais e Coletivos).

Em face da compatibilidade necessária entre os fundamentos constitucionais do crime e da pena, apontou o art. 5º, XLVI, alguns exemplos de pena autorizando todavia o legislador infraconstitucional a estabelecer outras hipóteses necessárias ao controle social (art. 22, I), outorgando para tanto competência privativa da União para legislar.

Entre os exemplos de pena enumerados pela Constituição Federal citamos a seguir os adotados por nosso direito positivo.

### 2.1. PRIVAÇÃO OU RESTRIÇÃO DA LIBERDADE

A pena de privação ou restrição da liberdade diz respeito às situações adaptadas tão somente àqueles que são titulares do direito material constitucional ora discutido, ou seja, o direito à liberdade.

A liberdade, como ensina Luiz Antonio Rizzatto Nunes[3], "é vivenciada pelos homens em todas as formas descritas pelos filósofos (clássicos ou não) e de maneira simultânea. A liberdade é uma grande complexidade captada, sentida e vivenciada como complexidade permanente, tendo em vista as múltiplas possibilidades automáticas e simultâneas que sua experimentação ou avaliação fenomenológica oferecem".

Daí ser elementar que a pena de privação ou restrição da liberdade seja exemplo aplicável tão somente às situações em que crime e pena se harmonizem com a subsunção à pessoa humana.

### 2.2. PERDA DE BENS

A pena de perda de bens diz respeito às situações vinculadas àqueles que, diante de critério admitido no direito positivo, de alguma forma mantêm relação jurídica com qualquer bem (privado, público e ambiental).

É certo que, em face do que dispõe o sistema constitucional em vigor, qualquer brasileiro ou estrangeiro, residente no País (pessoa física) ou aglutinado em torno de interesses respaldados em lei (associações civis, sindicatos, partidos políticos, fornecedores etc.) ou mesmo organizados institucionalmente no Estado Democrático de

---

3. *Liberdade-norma, consciência, existência*, São Paulo, Revista dos Tribunais, 1995, p. 18.

Direito (pessoas jurídicas de direito público), pode manter relação jurídica com qualquer bem dentro da ordem jurídica do capitalismo e observados os critérios do art. 1º da Carta Magna.

O uso, posse, gozo, disposição, ou seja, as diferentes formas de as pessoas física ou jurídica, de direito público ou privado, se relacionarem com o bem é que lhes possibilita articular diferentes relações jurídicas em decorrência do que estabelece o art. 170 da Constituição Federal.

É exatamente por força da realidade antes aludida, que o legislador, como forma de punir determinada pessoa (seja ela física ou jurídica) em face de um crime cometido, priva os destinatários do comando legal de forma integral ou mesmo parcial do controle de um bem. O controle jurídico de referido bem por parte de quem tenha cometido determinado crime é que possibilitará, de forma efetiva, a aplicação da restrição-perda do bem, restrição esta que poderá ser total ou parcial.

## 2.3. MULTA

A pena de multa significa aplicar sanção pecuniária a quem comete crime, ou seja, impor obrigação via de regra vinculada a dinheiro para aqueles que transgridem a lei em vigor.

A exemplo da perda de bens, a multa pode ser aplicada a qualquer pessoa física ou jurídica, pública ou privada, sempre no sentido de estabelecer nexo direto entre crime e pena, guardando compatibilidade evidentemente com os fundamentos descritos no art. 1º da Constituição Federal.

## 2.4. PRESTAÇÃO SOCIAL ALTERNATIVA

A possibilidade de estabelecer pena no sentido de obrigar o criminoso a entregar determinada coisa ou mesmo praticar ou se abster de certo ato configura-se, ao que tudo indica, um dos mais importantes avanços visando a trazer efetividade ao direito penal constitucional.

Com efeito, a pena apontada no art. 5º, XLVI, *d*, desenvolve a partir da Carta Magna de 1988 a ideia de não só fazer com que o criminoso, seja ele pessoa física ou jurídica, preste serviços à comunidade em decorrência do agravo que contra ela teria realizado, como possibilita a imposição de diferentes proibições e tarefas ao condenado por sua atitude.

Fixada no âmbito dos direitos materiais fundamentais (art. 5º), a pena de prestação social alternativa revela a verdadeira intenção de nosso direito constitucional dotar a sociedade civil de mecanismos práticos e úteis na obtenção de um resultado que atenda não só os fundamentos da dignidade da pessoa humana (art. 1º, III), como as necessidades de manter a ordem econômica (art. 170) em constante mutação (as obrigações de entregar algo, ou mesmo de prática ou abstenção de determinado ato, acabarão por configurar realidade facilmente absorvida no mercado e na estrutura econômica do capitalismo, seja em face do subsistema legal das relações laborais, seja em face do subsistema legal das relações jurídicas de consumo).

Bem lembrado, portanto, pela Constituição Federal de 1988 o exemplo de pena denominada prestação social alternativa.

## 2.5. SUSPENSÃO OU INTERDIÇÃO DE DIREITOS

O art. 5º da Constituição Federal, ao estabelecer a inviolabilidade de direitos materiais constitucionais vinculados a brasileiros e estrangeiros residentes no País, condiciona referida inviolabilidade em face dos termos apontados em cada um dos incisos descritos no aludido artigo (incisos I a LXXVII). Dessarte pretende a Carta Magna informar que não existem direitos materiais constitucionais observados de forma absoluta, e sim direitos materiais que deverão sempre ser interpretados à luz dos fundamentos do Estado Democrático de Direito (art. 1º da CF).

Daí a possibilidade desejada pelo nosso legislador maior de suspender ou mesmo interditar direitos de pessoas físicas ou jurídicas, de direito público ou de direito privado, em face da necessidade de ser resguardado valor maior da tutela da pessoa humana, utilizando-se, desse modo, direito criminal adaptado à pena descrita no art. 5º, XLVI, *e*.

A suspensão ou interdição de direitos, como exemplo de pena a ser utilizada em nosso direito constitucional, não pode, todavia, violentar o fundamento constitucional descrito no art. 1º, III (dignidade da pessoa humana), até porque tanto o instituto do crime como o instituto da pena são criados no sentido de harmonizar todos os princípios fundamentais apontados no Título I (arts. 1º a 4º) da Constituição Federal em vigor.

## 2.6. VEDAÇÃO DE PENAS NO DIREITO CONSTITUCIONAL EM VIGOR

Em que pese a existência de sanções penais na própria Constituição Federal, e ainda que reste autorização maior para que a União legisle amplamente em matéria penal (art. 22, I, da CF), entendeu por bem o art. 5º, XLVII, impedir a aplicação de medidas legais a serem impostas em face da prática de crime quando atentatórias à dignidade da pessoa humana (art. 1º, III).

Note-se que, na presente oportunidade, a Carta Magna procura impedir a aplicação de penas destinadas tão somente à pessoa humana, protegida por nosso direito positivo: as penas de morte, de caráter perpétuo, de trabalhos forçados, de banimento e mesmo cruéis têm sintonia apenas com hipóteses estabelecidas em face de brasileiros e estrangeiros residentes no País (art. 5º da CF).

Somente no caso de guerra declarada, conforme hipótese prevista no art. 84, XIX (agressão estrangeira), poderá o legislador estabelecer pena de morte como regra que se compatibiliza com o art. 1º, I, da Constituição Federal (fundamento constitucional da soberania).

De qualquer maneira a pena, para ser imposta, deverá obedecer a todos os pressupostos constitucionais que orientam o direito penal constitucional e sempre observando os regramentos que caracterizam o direito criminal constitucional.

## 3. FUNDAMENTOS CONSTITUCIONAIS DA PRISÃO

Conforme ensina Ferrajoli[4], a prisão é uma instituição antiquíssima. Vale transcrever, na tradução espanhola, a lição do mestre italiano, em face de seu cunho didático:

"La cárcel Tuliana, llamada después Mamertina, y descrita por Salustio y por Livio, según la leyenda, fue construída en Roma por el rey Anco Marcio para infundir temor a la plebe, y más tarde ampliada por Servio Tulio. En Roma estaban previstas además, entre las diversas penas capitales, la *damnatio ad metalla*, es decir, de trabajos forzados, y la *deportatio in insulam*, y, entre las penas no capitales, la *relegatio*, que podía ser *ad tempus* o *in perpetuum*. El emperador Zenón, más tarde, estableció el carácter exclusivamente público de la reclusión carcelaria, prohibiendo cualquier forma de cárcel privada; y Justiniano reafirmó que nadie podía ser encarcelado sin una orden de los magistrados. Sin enbargo, en la época romana la detención propiamente dicha no tuvo en general una función punitiva: 'carcer enim ad continendos homines, non ad puniendos haberi debet', afirmó Ulpiano. Y aún durante toda la Edad Media su función siguió siendo principalmente la cautelar de retener a los imputados durante el tiempo necesario para el proceso, a fin de asegurarlos a la justicia e impedir su fuga; también fue prevista su imposición a las mujeres y a los enfermos como pena alternativa de las galeras. La cárcel como pena en sentido propio nació en el seno de las corporaciones monásticas de la Alta Edad Media, recibiendo después el favor de la Iglesia católica con las decretales de Inocencio III y de Bonifacio VIII, a causa de su específica adecuación a las funciones penitenciales y correccionales. Y se afirmó como pena, perpetua o temporal, solamente en los siglos XVII y XVIII: con modalidades primero todavía más atrozmente aflictivas que la pena de muerte y, después, gracias sobre todo a la experiencia americana de las casas de trabajo y del sistema celular, en la moderna forma privativa. Pero sólo en el siglo pasado la pena carcelaria llegó a convertirse en la principal de las penas, desplazando progresivamente a todas las demás".

Dessarte, notamos que a pena de prisão guarda absoluta identidade com a ordem jurídica do capitalismo: uma pena "caracteristicamente burguesa"[5] dentro dos critérios que estabelecem a necessidade de controlar o cidadão em face das contingências econômicas direcionadas, principalmente nos dias de hoje, para uma sociedade de massas.

---

4. *Derecho y razón* – teoría del garantismo penal, 4. ed., Madrid, Trotta, 2000, p. 390.

5. Ferrajoli, *Derecho y razón*, cit., p. 390.

Retirar de circulação determinada pessoa que comete crime não só segue a lógica de proteger o "cidadão de bem", mas particularmente garantir-lhe que possa ir e vir sem qualquer impedimento por parte de outrem, a fim de trabalhar e consumir valores maiores da ordem econômica do capitalismo, conforme orientação segura adotada pelo art. 170 da Constituição Federal.

Vimos portanto que a pena de prisão não esgota o rol de possibilidades criado pelo Direito Constitucional em vigor; ao contrário, sendo um dos exemplos adotados pela Carta Magna, deve ser utilizada tão somente nas hipóteses pretendidas objetivamente pelo Estado Democrático de Direito.

# Capítulo II
# DIREITO CRIMINAL AMBIENTAL E DIREITO PENAL AMBIENTAL[1]

## 1. FUNDAMENTOS CONSTITUCIONAIS DO DIREITO AMBIENTAL E A APLICAÇÃO DE SANÇÕES PENAIS

O art. 225 da Constituição Federal, ao estruturar o direito ambiental constitucional, bem como ao apontar os critérios de proteção do bem ambiental, reputado antes de mais nada aquele considerado essencial à sadia qualidade de vida da pessoa humana em obediência ao que determina o art. 1º, III, da Constituição Federal, estabeleceu de forma pioneira a possibilidade de sujeitar todo e qualquer infrator, ou seja, aqueles que praticam condutas e atividades consideradas lesivas ao meio ambiente, a sanções penais conforme determina de forma clara e inequívoca o art. 225, § 3º, da Constituição Federal.

Os fundamentos constitucionais para que possam ser estabelecidas sanções penais ambientais são portanto os seguintes:

### 1.1. OBEDIÊNCIA AOS FUNDAMENTOS DO ESTADO DEMOCRÁTICO DE DIREITO (ART. 1º DA CF)

Toda e qualquer sanção penal e especificamente as sanções penais ambientais só terão eficácia no plano constitucional se implementadas de acordo com os critérios que informam a República Federativa do Brasil. Daí serem incompatíveis com a estruturação tanto do crime como das penas ambientais critérios atentatórios à dignidade da pessoa humana[2] e mesmo com a cidadania e soberania previstos no art. 1º da Constituição Federal.

---

1. *Vide*, de forma aprofundada, Celso Antonio Pacheco Fiorillo, *Crimes ambientais*, 2. ed., São Paulo, Saraiva, 2017; Celso Antonio Pacheco Fiorillo, *Crimes no meio ambiente digital em face da sociedade da informação*, 2. ed., São Paulo, Saraiva, 2016.

2. A 6ª Turma do Superior Tribunal de Justiça adotou claramente nossa posição, conforme se verifica no HC 39.576-BA, Rel. Min. Hélio Quaglia Barbosa, j. 24-2-2005.

757

## 1.2. OBEDIÊNCIA AOS OBJETIVOS FUNDAMENTAIS DA REPÚBLICA FEDERATIVA DO BRASIL (ART. 3º DA CF)

As sanções penais ambientais devem ser estabelecidas para a realidade brasileira: *a realidade de um país pobre e com desigualdades sociais e regionais em constante busca de seu desenvolvimento (art. 3º, I e III, da CF).*

Dessarte, a segura orientação apontada ao legislador infraconstitucional reside no sentido de não hipertrofiar valores culturais outros que não aqueles centrados na pessoa humana regrada pela soberania, ou seja, os brasileiros e os estrangeiros residentes no País e que são os destinatários do direito à vida e portanto àqueles que terão como um dos instrumentos de proteção ambiental o direito criminal ambiental.

## 1.3. ADEQUAÇÃO AO DIREITO CRIMINAL CONSTITUCIONAL E AO DIREITO PENAL CONSTITUCIONAL COMO INSTRUMENTOS DE DEFESA DA VIDA DE BRASILEIROS E ESTRANGEIROS RESIDENTES NO PAÍS (ART. 5º DA CF)

Ao contrário das Constituições pretéritas, nossa Carta Magna estabelece os fundamentos do direito criminal e do direito penal no âmbito dos direitos e deveres individuais e coletivos da pessoa humana (isolada ou agrupada) conforme explica o art. 5º.

O direito criminal e mesmo o direito penal não configuram mais uma realidade adstrita ao Estado, e sim mecanismos destinados à realização dos valores mais importantes de nossa sociedade, a sociedade do século XXI.

As sanções penais ambientais deverão portanto apontar alternativas em face do direito positivo em vigor, ou seja, um direito positivo que ampliou as tradicionais e superadas concepções até então orientadas por um Código Penal (Decreto-Lei n. 2.848/40) elaborado sob a égide de um sistema constitucional que em momento algum se estruturou no Estado Democrático de Direito.

## 1.4. ADEQUAÇÃO AO PISO VITAL MÍNIMO COMO VALOR FUNDAMENTAL A SER TUTELADO PELO DIREITO CRIMINAL AMBIENTAL (ART. 6º DA CF)

Na medida em que importa ao direito ambiental, pelo menos de forma preponderante, assegurar a incolumidade dos bens ambientais[3] (considerados aqueles essenciais

---

3. Reconhecendo as especificidades do bem ambiental, que não se confunde com o bem público, a 5ª Turma do Superior Tribunal de Justiça acolheu por unanimidade no mês de junho de 2006 recurso do Ministério Público Federal (REsp 815.071) visando a reconhecer a inexistência de conflito aparente de normas, tendo em vista a existência de bens jurídicos tutelados de forma diversa. No caso antes mencionado, determinada pessoa teria sido denunciada como incursa no art. 2º da Lei n. 8.176/91 (define crimes contra a ordem tributária, econômica e contra as relações de consumo) c/c o art. 55 da Lei n. 9.605/98 (Lei Ambiental) porque a empresa Cerâmica Blocoforte Ltda., de sua propriedade, estaria efetuando a extração

à sadia qualidade de vida da pessoa humana), claro está que não haveria sentido em elaborar sanções penais sem vincular a existência de crimes regrados para salvaguardar o conteúdo real da dignidade da pessoa humana: a educação, a saúde, o trabalho, o lazer, a segurança, a previdência social, a proteção à maternidade, a proteção à infância, bem como a assistência aos desamparados[4]. Estes são os valores maiores, além daqueles que se harmonizam com as demais necessidades da pessoa humana (portadores outros de DNA – fauna e flora – assim como bens ambientais observados em face da visão doutrinária do meio ambiente natural) que merecerão tutela particularmente em países de estrutura jurídico-econômica capitalista (arts. 1º, IV, e 170 da CF).

Causaria espanto pretender um direito criminal ambiental em que as sanções mais importantes fossem destinadas não à proteção da pessoa humana, mas em detrimento desta.

É portanto com a visão centrada no piso vital mínimo (art. 6º) que o legislador constitucional e infraconstitucional estruturou o direito criminal ambiental.

## 1.5. OBEDIÊNCIA E ADEQUAÇÃO AO DIREITO AMBIENTAL CONSTITU-CIONAL (ART. 225 DA CF)

A aplicação das sanções penais ambientais tem como objetivo elementar assegurar a todos os brasileiros e estrangeiros residentes no País o direito constitucional ao meio ambiente ecologicamente equilibrado.

Na medida em que, para o direito positivo em vigor, o meio ambiente, por definição legal (Lei Federal n. 6.938/81), nada mais é que a "vida em todas as suas formas", têm as sanções penais a finalidade de estabelecer nexo com infrações de normas de conduta verificadas em face do momento cultural por que atravessa nosso país no início do século XXI, ou seja, as sanções penais ambientais deverão adequar-se à necessidade imposta pelo art. 225 de defesa e preservação dos bens ambientais para "as presentes e futuras gerações".

Para tanto foi explícita a Constituição Federal ao adotar critérios legais visando à efetiva proteção da vida em todas as suas formas, como veremos abaixo.

### 1.5.1. Condutas e atividades consideradas lesivas ao meio ambiente sujeitam os infratores a sanções penais (art. 225, § 3º, da CF)

O direito positivo em vigor informa que são poluidores aqueles que degradam a qualidade ambiental resultante de atividades que direta ou indiretamente:

---

de argila sem a devida autorização do Centro de Recursos Ambientais. Segundo o Ministro Gilson Dipp, relator do caso, a primeira norma tutela o patrimônio público, sendo certo que a segunda protege o meio ambiente.

4. Para uma visão mais aprofundada, *vide*, nosso *O direito de antena em face do direito ambiental brasileiro*, Saraiva, 2000, *passim*.

1) prejudiquem a saúde da população;

2) prejudiquem a segurança da população;

3) prejudiquem o bem-estar da população;

4) criem condições adversas às atividades sociais;

5) criem condições adversas às atividades econômicas;

6) afetem a biota;

7) afetem as condições estéticas do meio ambiente;

8) afetem as condições sanitárias do meio ambiente;

9) lancem matérias em desacordo com os padrões ambientais estabelecidos;

10) lancem energia em desacordo com os padrões ambientais estabelecidos.

Daí o art. 225, § 3º, situar, em plano superior, que toda e qualquer conduta, bem como atividade poluidora (atividades estas descritas na Lei Federal n. 6.938/81), sujeita os infratores, ou seja, os poluidores, a sanções penais[5].

A partir de 1988, a Constituição Federal passou a sujeitar todo e qualquer poluidor, infrator definido em lei e de acordo com os critérios do direito criminal constitucional, as sanções penais, rompendo o século XXI com nova mentalidade em proveito da vida em todas as suas formas.

### 1.5.2. Pessoas físicas e pessoas jurídicas são consideradas constitucionalmente infratoras diante da condição de poluidoras e estarão sujeitas a sanções penais (art. 225, § 3º, da CF)

Observados os critérios do direito penal constitucional em vigor (*vide* comentários)[6], entendeu por bem a Carta Magna sujeitar qualquer infrator, seja ele *pessoa física* (portador de DNA com atributos que lhe são inerentes por força do meio ambiente cultural), seja ele *pessoa jurídica* (unidade de pessoas naturais ou mesmo de patrimônios, constituída tanto no plano chamado "privado" como no plano chamado "público", regrada por determinação da Constituição Federal em vigor e submetida a direitos e deveres), às sanções penais ambientais[7], desde que observada a existência de crime ambiental[8, 9, 10 e 11].

---

5. A lei ambiental não pode, todavia, ser aplicada para punir as denominadas *ações insignificantes*, particularmente aquelas sem potencial ofensivo ao meio ambiente ecologicamente equilibrado. *Vide* decisão da 5ª Turma do STJ, realizada em junho de 2006 – HC 35.203.

6. *Vide* HC 71.071-MG, Rel. Min. Arnaldo Esteves Lima, j. 28-8-2008.

7. *Vide* HC 88.747-AgR, Rel. Min. Ayres Britto, j. 15-9-2009, Primeira Turma, *Informativo* 559.

8. O STF acabou adotando nossa interpretação em 2013 (RE 548.181).

Conforme noticiado pelo STF, "por maioria de votos, a Primeira Turma do Supremo Tribunal Federal (STF) reconheceu a possibilidade de se processar penalmente uma pessoa jurídica, mesmo não havendo ação penal em curso contra pessoa física com relação ao crime. A decisão determinou o processamento de ação penal contra a Petrobras, por suposta prática de crime ambiental no ano de 2000, no Paraná.

Dessarte, resta evidente que, em face do princípio da individualização da pena (art. 5º, XLVI, da CF), caberá ao legislador infraconstitucional, observado o critério de competência definido no art. 22, I, da Constituição Federal, fixar as sanções penais mais adequadas em decorrência de diferentes hipóteses de responsabilidade criminal ambiental: sanções penais para pessoas físicas, jurídicas de direito privado, jurídicas de direito público etc.

Claro está que a finalidade maior da Constituição Federal é trazer efetividade e utilidade para o direito criminal ambiental, bem como para o direito penal ambiental, estabelecendo sanções penais concretas para aqueles que, na ordem jurídica do capitalismo, lesam ou mesmo ameaçam a vida em todas as suas formas[12, 13 e 14].

---

Segundo a denúncia oferecida pelo Ministério Público Federal do Paraná, o rompimento de um duto em refinaria situada no Município de Araucária, em 16 de julho de 2000, levou ao derramamento de 4 milhões de litros de óleo cru, poluindo os rios Barigui, Iguaçu e áreas ribeirinhas. A denúncia levou à instauração de ação penal por prática de crime ambiental, buscando a responsabilização criminal do presidente da empresa e do superintendente da refinaria, à época, além da própria Petrobras.

Em *habeas corpus* julgado em 2005 pela Segunda Turma do STF, o presidente da Petrobras conseguiu trancamento da ação penal, alegando inexistência de relação causal entre o vazamento e sua ação. No Superior Tribunal de Justiça (STJ), a 6ª Turma concedeu *habeas corpus* de ofício ao superintendente da empresa, trancando também a ação contra a Petrobras, por entender que o processo penal não poderia prosseguir exclusivamente contra pessoa jurídica. Contra a decisão, o Ministério Público Federal interpôs o Recurso Extraordinário (RE) 548.181, de relatoria da Ministra Rosa Weber, levado a julgamento na sessão desta terça (6) da Primeira Turma.

**Relatora**

Segundo o voto da Ministra Rosa Weber, a decisão do STJ violou diretamente a Constituição Federal, ao deixar de aplicar um comando expresso, previsto no art. 225, § 3º, segundo o qual as condutas lesivas ao meio ambiente sujeitam as pessoas físicas e jurídicas a sanções penais e administrativas. Para a relatora do RE, a Constituição não estabelece nenhum condicionamento para a previsão, como fez o STJ ao prever o processamento simultâneo da empresa e da pessoa física.

A ministra afastou o entendimento do STJ segundo o qual a persecução penal de pessoas jurídicas só é possível se estiver caracterizada ação humana individual. Segundo seu voto, nem sempre é o caso de se imputar determinado ato a uma única pessoa física, pois muitas vezes os atos de uma pessoa jurídica podem ser atribuídos a um conjunto de indivíduos. 'A dificuldade de identificar o responsável leva à impossibilidade de imposição de sanção por delitos ambientais. Não é necessária a demonstração de coautoria da pessoa física', afirmou a ministra, para quem a exigência da presença concomitante da pessoa física e da pessoa jurídica na ação penal esvazia o comando constitucional.

A relatora também abordou a alegação de que o legislador ordinário não teria estabelecido por completo os critérios de imputação da pessoa jurídica por crimes ambientais, e que não haveria como simplesmente querer transpor os paradigmas de imputação das pessoas físicas aos entes coletivos. 'O mais adequado do ponto de vista da norma constitucional será que doutrina e jurisprudência desenvolvam esses critérios', sustentou.

Ao votar pelo provimento do RE, a relatora foi acompanhada pelos Ministros Luís Roberto Barroso e Dias Toffoli. Ficaram vencidos os Ministros Marco Aurélio e Luiz Fux" (STF, RE 548.181 AgR/PR, 1ª Turma, Min. Rosa Weber, j. 14-5-2013).

9. *Vide* STF, HC 101.851/MT, 1ª Turma, Min. Dias Toffoli, j. 3-8-2010, *DJe,* 22-10-2010.

10. *Vide* STF, HC 94.842/RS, 2ª T., Min. Eros Grau, j. 26-5-2009, *DJe,* 7-8-2009.

11. RHC 19.734-RO, *DJ,* 23-10-2006; HC 86.259-MG, *DJe,* 18-8-2008, e REsp 800.817-SC, *DJe,* 22-2-2010 (RHC 24.239-ES, Rel. Min. Og Fernandes, j. 10-6-2010).

12. A responsabilidade criminal da pessoa jurídica de direito privado no âmbito do direito ambiental brasileiro foi cabalmente reconhecida pela 5ª Turma do Superior Tribunal de Justiça em junho de 2005, ratificando entendimento que sempre tivemos desde a 2ª edição de nosso *Curso* no ano de 2001 (*vide* nosso *Curso de direito ambiental brasileiro*, 2. ed. ampl., Saraiva, 2001). *Vide* a ementa abaixo:

"Criminal. Crime ambiental praticado por pessoa jurídica. Responsabilização penal do ente coletivo. Possibilidade. Previsão constitucional regulamentada por lei federal. Opção política do legislador. Forma de prevenção de danos ao meio ambiente. Capacidade de ação. Existência jurídica. Atuação dos administradores em nome e proveito da pessoa jurídica. Culpabilidade como responsabilidade social. Corresponsabilidade. Penas adaptadas à natureza jurídica do ente coletivo. Recurso provido.

I. Hipótese em que pessoa jurídica de direito privado, juntamente com dois administradores, foi denunciada por crime ambiental, consubstanciado em causar poluição em leito de um rio, através do lançamento de resíduos, tais como, graxas, óleo, lodo, areia e produtos químicos, resultantes da atividade do estabelecimento comercial.

II. A Lei ambiental, regulamentando preceito constitucional, passou a prever, de forma inequívoca, a possibilidade de penalização criminal das pessoas jurídicas por danos ao meio ambiente.

III. A responsabilização penal da pessoa jurídica pela prática de delitos ambientais advém de escolha política, como forma não apenas de punição das condutas lesivas ao meio ambiente, mas como forma mesmo de prevenção geral e especial.

IV. A imputação penal às pessoas jurídicas encontra barreiras na suposta incapacidade de praticarem uma ação de relevância penal, de serem culpáveis e de sofrerem penalidades.

V. Se a pessoa jurídica tem existência própria no ordenamento jurídico e pratica atos no meio social através da atuação de seus administradores, poderá vir a praticar condutas típicas e, portanto, ser passível de responsabilização penal.

VI. A culpabilidade, no conceito moderno, é a responsabilidade social, e a culpabilidade da pessoa jurídica, neste contexto, limita-se à vontade do seu administrador ao agir em seu nome e proveito.

VII. A pessoa jurídica só pode ser responsabilizada quando houver intervenção de uma pessoa física, que atua em nome e em benefício do ente moral.

VIII. De qualquer modo, a pessoa jurídica deve ser beneficiária direta ou indiretamente pela conduta praticada por decisão de seu representante legal ou contratual ou de seu órgão colegiado.

IX. A atuação do colegiado em nome e proveito da pessoa jurídica é a própria vontade da empresa. A coparticipação prevê que todos os envolvidos no evento delituoso serão responsabilizados na medida de sua culpabilidade.

X. A Lei Ambiental previu para as pessoas jurídicas penas autônomas de multas, de prestação de serviços à comunidade, restritivas de direitos, liquidação forçada e desconsideração da pessoa jurídica, todas adaptadas à sua natureza jurídica.

XI. Não há ofensa ao princípio constitucional de que 'nenhuma pena passará da pessoa do condenado', pois é incontroversa a existência de duas pessoas distintas: uma física – que de qualquer forma contribui para a prática do delito – e uma jurídica, cada qual recebendo a punição de forma individualizada, decorrente de sua atividade lesiva.

XII. Recurso provido, nos termos do voto do Relator" (REsp 564.960-SC, Rel. Min. Gilson Dipp, *DJ*, 13-6-2005).

13. Entendendo que "na atual configuração constitucional, é possível, em tese, a responsabilização penal da pessoa jurídica, segundo o sistema da dupla imputação e em bases epistemologicamente diversas das utilizadas tradicionalmente", *vide* STF, HC 88.544, Rel. Min. Ricardo Lewandowski, maio de 2006.

14. Exatamente no sentido de dar efetividade à defesa do meio ambiente, estabeleceu nosso STF "inconstitucional lei estadual que proíbe os órgãos policiais e ambientais de destruir e inutilizar bens particulares apreendidos em operações, por violação da competência privativa da União para legislar sobre direito penal e processual penal, para editar normas gerais de proteção ao meio ambiente (arts. 22, I, e 24, VI e § 1º, da CF/1988) e por afronta ao direito ao meio ambiente ecologicamente equilibrado (art. 225, *caput*, da CF/1988)", a saber:

"Ementa: DIREITO CONSTITUCIONAL. AÇÃO DIRETA DE INCONSTITUCIONALIDADE. LEI ESTADUAL QUE VEDA A DESTRUIÇÃO E INUTILIZAÇÃO DE BENS PARTICULARES APREENDIDOS EM OPERAÇÕES AMBIENTAIS. 1. Ação direta contra a Lei n. 1.701/2022, do Estado de Roraima, que proíbe os órgãos ambientais de fiscalização e a Polícia Militar de destruir e inutilizar bens particulares apreendidos nas operações e fiscalizações ambientais. 2. Ao proibir a destruição de instrumentos utilizados na prática de infrações ambientais, a lei questionada incorre em inconstitucionalidade formal. Usurpação de competência da União para legislar sobre direito penal e processual penal, bem como para editar normas gerais de proteção ao meio ambiente (arts. 22, I, e 24, VI e § 1º, da CF/1988). 3. De igual modo, a norma questionada vulnera o direito fundamental ao meio ambiente ecologicamente equilibrado (art. 225, *caput*, da CF/1988). Isso porque a proibição de destruir instrumentos utilizados em infrações ambientais acaba permitindo a prática de novos ilícitos, inviabilizando a plenitude do exercício poder de polícia ambiental. 4. A manutenção dos efeitos da norma estadual pode acarretar prejuízo para a devida repressão à prática de ilícitos ambientais, com potenciais danos irreparáveis ao meio ambiente e às populações indígenas no Estado de Roraima. 5. Pedido julgado procedente para declarar a inconstitucionalidade da Lei n. 1.701, de 5-7-2022, do Estado de Roraima, com a seguinte tese de julgamento: 'É inconstitucional lei estadual que proíbe os órgãos policiais e ambientais de destruir e inutilizar bens particulares apreendidos em operações, por violação da competência privativa da União para legislar sobre direito penal e processual penal, para editar normas gerais de proteção ao meio ambiente (arts. 22, I, e 24, VI e § 1º, da CF/1988) e por afronta ao direito ao meio ambiente ecologicamente equilibrado (art. 225, *caput*, da CF/1988)'" (ADI 7.200, Tribunal Pleno, Rel. Min. Roberto Barroso, j. 22-2-2023, public. 17-3-2023).

# Capítulo III
## SANÇÕES PENAIS DERIVADAS DE CONDUTAS E ATIVIDADES LESIVAS AO MEIO AMBIENTE (LEI FEDERAL N. 9.605/98)

## 1. DISPOSIÇÕES GERAIS

As disposições gerais da Lei Federal n. 9.605/98 procuraram atender não só aos regramentos que fundamentam o direito criminal e penal constitucional, como às especificidades criadas pelo direito criminal ambiental constitucional e pelo direito penal ambiental constitucional.

Com efeito, além de apontar a possibilidade de aplicação de sanções penais para as pessoas físicas, prática tradicional do direito penal, bem como indicar diversas modalidades de culpa em matéria ambiental[1] (art. 2º)[2, 3 e 4], projetou importante hipótese no sentido de responsabilizar penalmente as pessoas jurídicas (art. 3º), sejam elas de direito público ou de direito privado, inclusive com a aplicação do instituto da "desconsideração da pessoa jurídica" (art. 4º), instituto autorizador para que determinado órgão investido de poder, por força constitucional, possa num dado caso concreto não considerar, como ensina Diniz[5], "os efeitos da personificação ou da autonomia jurídica da sociedade" evidentemente com a finalidade de atingir e vincular aquele que efetivamente teria cometido o crime ambiental: a pessoa humana.

---

1. A respeito das diversas modalidades de culpa em matéria ambiental o STJ cuidou da matéria conforme HC 92.822-SP, Rel. originário Min. Arnaldo Esteves Lima, Rel. para acórdão Min. Napoleão Nunes Maia Filho, j. 17-6-2008.

2. "O art. 2º da Lei 9.605/1998 prevê expressamente a responsabilidade do administrador da empresa que de qualquer forma concorre para a prática de crimes ambientais, ou se omite para tentar evitá-los" (HC 97.484, Rel. Min. Ellen Gracie, j. 23-6-2009, Segunda Turma, *DJE*, 7-8-2009).

3. *Vide* HC 83.554, Rel. Min. Gilmar Mendes (j. 16-8-2005, Segunda Turma, *DJ*, 28-10-2005).

4. A mera condição de diretor-presidente da empresa, sem a presença de outros elementos de prova, não é suficiente para concluir pela sua participação ou mesmo de prévio conhecimento dos crimes narrados. *Vide* HC 192204 – Processo Eletrônico Público – Número Único: 0104455-29.2020.1.00.0000 – *Habeas Corpus* – Origem: RS – Rio Grande do Sul – Rel. Min. Gilmar Mendes – Segunda Turma – 17-5-2022.

5. *Dicionário jurídico*, São Paulo, Saraiva, 1998, v. 2, D-I, p. 88.

Configuram as disposições gerais da Lei n. 9.605/98 fundamental evolução no sentido de trazer utilidade aos cidadãos por meio de proteção da vida com a utilização das sanções penais ambientais.

## 2. APLICAÇÃO DA PENA

Também no Capítulo II da Lei n. 9.605/98 (art. 8º) estabeleceu o legislador critério estritamente constitucional, adotando grande parte dos exemplos de pena fixados pelo art. 5º, XLVI, da Carta Magna. A prestação de serviços à comunidade (art. 9º), as penas de interdição temporária de direitos (art. 10), a suspensão de atividades (art. 11), a prestação pecuniária (art. 12) e mesmo o recolhimento domiciliar (art. 13) nada mais são que hipóteses de aplicação concreta dos preceitos fixados na Carta Magna que elaboram as bases do direito penal constitucional.

Estabelecendo circunstâncias atenuantes (art. 14) e agravantes da pena (art. 15), levou em conta o legislador as características do direito ambiental em vigor, com particular destaque para a fixação de critérios adaptados à realidade brasileira (art. 14, I e II) no que se refere às circunstâncias que atenuam a pena bem como à clara opção antropocêntrica no que diz respeito às circunstâncias que agravam a pena (art. 15, II, c, f, j etc.).

## 3. INQUÉRITO CIVIL NO ÂMBITO DA LEI N. 9.605/98

Como resultado da integração dos diferentes subsistemas normativos à defesa do direito ambiental, entendeu por bem o legislador, e foi muito feliz, aplicar o instituto do inquérito civil, figura constitucional regrada no art. 129, III, da Carta Magna, nas hipóteses de perícia de constatação de dano ambiental (art. 19, parágrafo único, da Lei n. 9.605/98).

A perícia produzida no inquérito civil poderá, portanto, segundo nosso direito em vigor, ser aproveitada diretamente no processo penal, observado o rigoroso devido processo legal (princípio do contraditório), situação que, sem dúvida alguma, elimina penosa trajetória que sempre caracterizou nosso ortodoxo processo penal.

Na medida em que cuidamos de proteção ambiental, torna-se desnecessário tecer longos comentários a respeito da importante medida criada pelo legislador: é pelo inquérito civil que o Ministério Público pode adiantar suas investigações visando inclusive a imediatas providências de índole processual; seja no campo do denominado "processo civil", seja agora no campo do denominado "processo penal"[6 e 7].

---

6. *Vide* RE 464.893, Rel. Min. Joaquim Barbosa, j. 20-5-2008, Segunda Turma, *DJe*, de 1º-8-2008.
7. *Vide* HC 92.921, Rel. Min. Ricardo Lewandowski, j. 19-8-2008, Primeira Turma, *DJE*, 26-9-2008.

## 4. DA AÇÃO E DO PROCESSO PENAL. COMPETÊNCIA DE PROCESSAMENTO DE INQUÉRITO POLICIAL E POSTERIOR AÇÃO PENAL COM O OBJETIVO DE APURAR A SUPOSTA PRÁTICA DE CRIME AMBIENTAL. CONTEÚDO DA DENÚNCIA EM FACE DO DIREITO CRIMINAL AMBIENTAL/DIREITO PENAL AMBIENTAL

Remetendo o intérprete ao que determina a Lei Federal n. 9.099/95 (art. 28), mas estabelecendo aparente conflito com a determinação da aplicação subsidiária das disposições do Código Penal e do Código de Processo Penal (art. 79), a Lei Federal n. 9.605/98 criou na realidade, fruto de interpretação sistemática, importante modelo de aplicação do direito criminal, bem como direito penal ambiental.

Dessarte, embora não adotando modelo mais adequado para a atual realidade de produção legislativa (elaboração de normas processuais/procedimentais em harmonia com o direito material criado a exemplo da Lei Federal n. 8.078/90 e mesmo da Lei Federal n. 6.938/81, entre outras na atualidade), procurou o legislador adequar a Lei n. 9.099/95 às necessidades da tutela ambiental (art. 28, I e II), não se olvidando de fixar critérios, tão somente subsidiários, direcionados à tutela jurisdicional e sua efetividade.

A competência jurisdicional em face da tutela criminal ambiental tem sido foco de inúmeras divergências em decorrência de hipóteses de conflitos concretos, hipóteses estas que disciplinam o patrimônio genético, o meio ambiente cultural, meio ambiente artificial, meio ambiente do trabalho e meio ambiente natural.

Com efeito, recentemente a 3ª Seção do Superior Tribunal de Justiça decidiu, por unanimidade, cancelar a Súmula 91, de outubro de 1993, que estabelecia ser da competência da Justiça Federal processar e julgar crimes praticados contra a fauna. O procedimento para suspender referida súmula foi desencadeado em decorrência de julgamento de conflito de competência envolvendo a 2ª Vara Federal de Ribeirão Preto/SP e a Vara Criminal de Santa Rosa de Viterbo/SP, em que ambas assumiram a competência para processar e julgar ação penal destinada a apurar a pesca com equipamentos proibidos. Entendeu o Ministro Fontes de Alencar, relator de referido processo, ser competente a Justiça Estadual o que passou a ser a nova orientação da Corte caracterizando regra geral, ou seja, tem-se, em regra, a competência da Justiça estadual. Note-se portanto a complexidade no sentido de estabelecer regras de competência, o que enseja, como sempre, serena interpretação sistemática, baseada sempre na necessidade de proteção da vida como elemento primordial.

## 5. DOS CRIMES CONTRA O MEIO AMBIENTE

### 5.1. DOS CRIMES CONTRA A FAUNA E O PRINCÍPIO DA INSIGNIFICÂNCIA

Elaborou a Lei n. 9.605/98 minucioso regramento no sentido de dar proteção à fauna, pela caracterização de diferentes situações e diante de conceito já abordado no presente trabalho (*vide* Parte I, Capítulo VIII, 2. Conceito e Generalidades).

Os arts. 29 a 37 procuram de fato trazer proteção à fauna enquanto bem ambiental, na medida em que, conforme já afirmamos, os animais não são sujeitos de direitos, porquanto a proteção do meio ambiente existe para favorecer o próprio homem e, somente por via reflexa, as demais espécies.

É portanto com a aplicação da tutela criminal dos bens ambientais que devemos interpretá-la em face da fauna: suas finalidades (ecológica, científica, recreativa e *principalmente cultural*) orientarão o legislador e principalmente os profissionais de direito diante de conflitos reais em que *muitas vezes uma interpretação equivocada da aplicação da norma criminal ambiental poderá levar a um desvirtuamento do império da dignidade da pessoa humana.*

Em face do nosso sistema constitucional em vigor, devemos orientar nossa visão para a tutela da fauna sempre adaptada às necessidades da pessoa humana, aplicando inclusive para as hipóteses pertinentes o princípio da insignificância em matéria de crimes contra a fauna[8 e 9].

### 5.1.1. Da proteção diferenciada destinada aos animais de estimação em face da Lei n. 14.064/2020

Ao alterar a Lei n. 9.605, de 12 de fevereiro de 1998, para aumentar as penas cominadas ao crime de maus-tratos aos animais quando se tratar de cão ou gato, passando o art. 32 a determinar que "quando se tratar de cão ou gato, a pena para as condutas descritas no *caput* deste artigo será de reclusão, de 2 (dois) a 5 (cinco) anos, multa e proibição da guarda", a Lei n. 14.064, de 29 de setembro de 2020, acabou por adotar nossa interpretação conforme desenvolvido na presente obra – Capítulo XI – Fauna – 13. Animais de estimação, sua vida no âmbito doméstico (habitat doméstico), sua relação familiar com a pessoa humana e sua tutela constitucional.

Com efeito.

Restando bem evidenciado, conforme tivemos oportunidade de demonstrar no presente livro, que a relação jurídica aplicável aos animais que vivem nas casas amparados pela proteção constitucional da vida privada se encontram tutelados pela pessoa humana em face de laços de sentimentos – os animais de estimação e seu verdadeiro vínculo familiar com a pessoa humana no âmbito doméstico – guardam referidos animais, como particularmente os cães e os gatos, especificidades não alcançadas tão somente pelo contemporâneo e objetivo balizamento normativo dos animais/da fauna como bens ambientais previstos em nosso sistema normativo pátrio, devendo, pois, sua tutela jurídica ser interpretada exatamente em face das particularidades que tivemos

---

8. *Vide* STF, HC 112.563/SC, 1ª Turma, Rel. Min. Ricardo Lewandowski, j. 21-8-2012, *DJe*, 10-12-2012.

9. *Vide* RHC 34.886 – HC 189.254 – HC 230.154 – HC 250.122 – HC 253.360 – HC 227.474 – AREsp 286.181.

oportunidade de aduzir anteriormente constatadas historicamente e necessariamente em proveito da dignidade da pessoa humana (art. 1º, III, da CF), e em seu contemporâneo contexto histórico, social e cultural (arts. 216 e 226 da CF) e dentro da garantia constitucional de proteção da vida privada (art. 5º, X, da CF).

Daí os animais de estimação, ao contrário dos animais em geral, gozarem, no plano jurídico constitucional em vigor, de tutela constitucional diferenciada em seu proveito, observando-se evidentemente a necessária harmonização com os demais princípios gerais interpretativos de nossa Lei Maior, em face dos mais relevantes valores objetivos e subjetivos que caracterizam a dignidade da pessoa humana em seu contexto de evolução social, cultural e histórica.

## 5.2. DOS CRIMES CONTRA A FLORA E O PRINCÍPIO DA INSIGNIFICÂNCIA

Aqui também cuidou o legislador de estabelecer detalhada descrição de situações que poderiam configurar, ainda que em tese, os denominados crimes contra a flora (arts. 38[10, 11 e 12] a 53)[13, 14 e 15].

Novamente devemos orientar nossa visão para a tutela da flora adaptada às necessidades da pessoa humana[16] também aplicando para as hipóteses pertinentes o princípio da insignificância em matéria de crimes contra a flora.

Por outro lado, devemos também lembrar que ninguém desconhece a volúpia dos países do primeiro mundo em "internacionalizar" nossa flora para depois se apossar de nossa maior riqueza, a biodiversidade.

A proteção de nossas florestas, assim como o enfrentamento de situações lesivas ou mesmo ameaçadoras à biota são o fundamento básico para a aplicação dos crimes contra a flora[17 e 18], o que motivou o legislador a adotar desde logo critérios não só preventivos (art. 48)[19 e 20] como repressivos (art. 50) visando à aplicação das sanções penais ambientais[20 e 21].

---

10. *Vide* STF, HC 92.842-MT, 2ª Turma, Rel. Min. Gilmar Mendes, j. 11-3-2008, *DJe,* 25-4-2008.
11. *Vide* STF, RHC 83.437-SP, 1ª Turma, Rel. Min. Joaquim Barbosa, j. 10-2-2004, *DJe,* 18-4-2008.
12. "RHC 21.657-SP, *DJe,* 15-3-2010, e HC 145.935-SP, *DJe,* 7-6-2010" (HC 179.951-SP, Rel. Min. Gilson Dipp, j. 10-5-2011 – ver *Informativo* n. 471).
13. *Vide* HC 89.735, Rel. Min. Menezes Direito, j. 20-11-2007, 1ª Turma, *DJE,* 29-2-2008.
14. *Vide* CComp 99.294-RO, Rel. Min. Maria Thereza de Assis Moura, j. 12-8-2009.
15. STF: HC 69.325-GO, *DJ,* 4-12-1992; TFR: CComp 7.043-RS, *DJ,* 6-11-1986 (HC 108.350-RJ, Rel. Min. Maria Thereza de Assis Moura, j. 4-8-2009).
16. *Vide* HC 124.820-DF, Rel. Min. Celso Limongi, Desembargador convocado do TJSP, j. 5-5-2011.
17. *Vide* REsp 730.034-PA, Rel. Min. Mauro Campbell Marques, j. 9-3-2010.
18. *Vide* REsp 1.091.486-RO, Rel. Min. Denise Arruda, j. 2-4-2009.
19. STF: RHC 83.437-SP, *DJe,* 18-4-2008; STJ: RHC 16.171-SP, *DJ,* 30-8-2004 (HC 116.088-DF, Rel. Min. Laurita Vaz, j. 16-9-2010).
20. *Vide* RHC 83.437, Rel. Min. Joaquim Barbosa, j. 10-2-2004, 1ª Turma, *DJE,* 18-4-2008.

## 5.3. DA POLUIÇÃO E OUTROS CRIMES AMBIENTAIS[21 e 22]

A Seção III da Lei n. 9.605/98 (arts. 54[23] a 61), exatamente por tratar da proteção direta à incolumidade físico-psíquica da pessoa humana (danos à saúde humana[24 e 25]), da proteção do meio ambiente do trabalho (arts. 196 e 200, VIII, da CF) e de outros bens ambientais fundamentais[26] no âmbito da cadeia econômica básica destinada às realizações de brasileiros e estrangeiros residentes no País, é a mais importante no plano do direito criminal ambiental[27].

Com efeito.

A partir da Lei Federal n. 9.605/98 são considerados crimes, com pena de reclusão, as atividades descritas no art. 3º, III, *a* até *e*, da Lei Federal n. 6.938/81 (Política Nacional do Meio Ambiente), ou seja, "causem poluição de qualquer natureza"[28]. "E, ainda, resultem ou possam resultar em danos à saúde humana"[29] ou, mesmo em detri-

---

21. O Supremo Tribunal Federal entendeu que compete à Justiça Comum (RE 300244-9, distribuído em 15-3-2001, Rel. Min. Moreira Alves, publ. em 19-12-2001) o julgamento da ação penal contra acusado de suposta prática do crime previsto no art. 46, parágrafo único, da Lei n. 9.605/98 – consistente no fato de o mesmo possuir em depósito, sem autorização ou licença do órgão competente, madeira nativa proveniente da Mata Atlântica –, uma vez que a competência da Justiça Federal para a causa somente se justificará quando houver detrimento de interesse direto e específico da União (CF, art. 109, IV), não sendo suficiente o fato de o crime haver sido praticado na Mata Atlântica, *a qual não é bem de propriedade da União* (grifo meu). Com base nesse entendimento, a Turma não conheceu de recurso extraordinário interposto pelo Ministério Público Federal em que se pretendia ver reconhecida a competência da Justiça Federal para julgar a espécie com base nos arts. 225, § 4º, e 109, IV, todos da Constituição Federal, sob a alegação de que em se tratando de ofensa a patrimônio nacional, haveria o interesse da União. *A Turma considerou que a inclusão da Mata Atlântica no "patrimônio nacional", a que alude o mencionado art. 225, § 4º, fez-se para a proteção do meio ambiente ecologicamente equilibrado a que a coletividade brasileira tem direito, configurando, assim, uma proteção genérica à sociedade* (grifo meu), que também interessa à União, mas apenas genericamente, não sendo capaz, por si só, de atrair a competência da Justiça Federal. O julgamento do Supremo Tribunal Federal é muito importante no sentido de estabelecer a efetiva existência dos bens ambientais em nosso país a partir da Carta Magna de 1988.

22. A respeito da inexistência de distinção entre unidade de conservação de proteção integral e unidades de conservação de uso sustentável para efeitos penais, *vide* HC 89.735, Relator Ministro Menezes Direito, j. 7-12-2007.

23. *Vide* HC 90.023, Rel. Min. Menezes Direito, j. 6-11-2007, Primeira Turma, *DJ*, 7-12-2007.

24. O chamado "risco de poluição" é diferente do denominado "resultado de poluição" requerido pelo art. 54 da Lei n. 9.605/98. *Vide* RHC 18.557-MG, Rel. Min. Paulo Medina, j. 1º-6-2006.

25. Só é punível em face da Lei n. 9.605/98 a emissão de poluentes efetivamente perigosos ou danosos para a saúde humana, ou que provoque a matança de animais ou a destruição significativa da flora, não se adequando ao tipo penal a conduta de poluir, em níveis incapazes de gerar prejuízos aos bens ambientais. *Vide* RHC 17.429-GO, Rel. Min. Gilson Dipp, j. 28-6-2005.

26. Com relação a poluição visual em área considerada patrimônio turístico e paisagístico da cidade, *vide* AgRg no Ag 450.203-SP, Ministro José Delgado, 1ª Turma, j. 24-9-2002.

27. *Vide* HC 159.261-SC, Rel. Min. Jorge Mussi, j. 17-6-2010.

28. *Vide* RHC 18.557-MG, Rel. Min. Paulo Medina, j. 1º-6-2006.

29. *Vide* STJ, 5ª Turma, HC 48.276, Rel. Min. Gilson Dipp, j. 4-5-2006.

mento de outros portadores de DNA (fauna e flora), tenham rigoroso tratamento com aplicação de sanções penais ambientais[30].

Na Seção III, ateve-se o legislador a elaborar cuidadosa proteção de valores fundamentais para a realização humana em nosso país, chegando inclusive à proteção do lazer (art. 54, IV), transportando a tutela ambiental essencial (o piso vital mínimo) para a proteção do direito criminal ambiental.

### 5.3.1. Sanções penais derivadas de condutas e atividades lesivas ao meio ambiente aplicadas à poluição (Lei n. 9.605/98)

As disposições gerais da Lei federal n. 9.605/98, como já afirmamos, procuram atender não só os regramentos que fundamentam o direito criminal e penal constitucional, como as especificidades criadas pelo direito criminal ambiental constitucional e pelo direito penal ambiental constitucional.

Com efeito, além de apontar a possibilidade de aplicação de sanções penais para as pessoas físicas, prática tradicional do direito penal ortodoxo (art. 2º), projetou importante hipótese no sentido de responsabilizar penalmente as pessoas jurídicas (art. 3º)[31], sejam elas de direito público, sejam elas de direito privado, inclusive com a apli-

---

30. *Vide* STJ, 5ª Turma, RHC 17.429/GO, Rel. Min. Gilson Dipp, j. 28-6-2005.

31. Carvalho Santos, em 1933, já desenvolvia interessante raciocínio em sua famosa obra "*Código Civil brasileiro interpretado*" que vale a pena transcrever em decorrência da matéria que estamos desenvolvendo no presente capítulo: "*Responsabilidade Criminal*. Para os que julgam a pessoa jurídica uma mera ficção não é possível acolher a ideia de imputar um crime a tal pessoa, que não existe. Mas os que entendem ser a pessoa jurídica uma realidade, possuidora de uma personalidade concreta, claro está que a lógica manda admitam também a sua responsabilidade criminal. Tal é a tendência moderna, consubstanciada nas medidas de segurança e mesmo em verdadeiras penas que são impostas às pessoas jurídicas. Onde se manifeste a divergência é no seguinte: alguns escritores, como Gierke, entendem que, punida a corporação não se deve punir o indivíduo que cometeu a infração por ela e para ela; enquanto outros, como Saldaña, pensam que se deve aplicar uma dupla penalidade, uma pena ou medida de segurança contra a pessoa jurídica propriamente dita (associação, sociedade etc.) e uma sanção repressiva contra o indivíduo e indivíduos que agiram por ela ou para ela (Saldaña, *Capacidad criminal de las personas sociales*, 25). Lacerda de Almeida já ensinava que as associações, coletividades organizadas, podem delinquir; podem manifestar a vontade e a resolução criminosa, por seus órgãos naturais e competentes, e praticá-la, sem que haja a menor dúvida de que o ato foi pela comunidade pensado, resolvido e mandado executar (*Pessoas Jurídicas*, 83). Evaristo de Moraes, a seu turno, observa, com razão'. Mas, ainda mesmo que se desconheça, neles, a vontade, oferece-se, para assento da doutrina mais moderna, a teoria causal, dominante hoje no chamado direito civil e no chamado direito penal, onde ela firmou a responsabilidade objetiva. Desde que na pessoa jurídica se encontre a origem do fato criminoso, será ela responsável. 'Para este brilhante escritor, portanto, é indiscutível a vontade imputável das corporações, mas mesmo que não existisse a vontade, a responsabilidade subsistiria, como consequência da teoria causal (*Codelinquência e responsabilidade penal coletiva*, na *Rev. de Crítica Judiciária*, v. 12, p. 302). A nossa legislação dispõe o seguinte: 'A responsabilidade penal é exclusivamente pessoal. Nos crimes em que tomarem parte membros de corporações, associação ou sociedade, a responsabilidade penal recairá sobre cada um dos que participarem do fato criminoso' (CP, art. 25 e seu parágrafo). Como se vê, por este dispositivo, não foi acolhida a doutrina mais moderna, ou antes agora renovada, pois é antiga e foi banida dos Códigos como uma consequência da Revolução Francesa. Mas, em outras leis, o princípio já é diverso. Haja vista a Lei n. 4.269, de 17 de janeiro de 1921, art. 12, que comina duas sanções contra associações, sindicatos e

cação do instituto da "desconsideração da pessoa jurídica" (art. 4º), instituto autorizador para que determinado órgão investido de poder, por força constitucional, possa num dado caso concreto não considerar os efeitos da personificação ou da autonomia jurídica de determinada sociedade.

Assim ao descrever a norma (art. 3º) que as pessoas jurídicas serão responsabilizadas penalmente conforme o disposto na Lei n. 9.605/98 nos casos em que a infração venha a ser cometida por decisão do representante legal ou contratual da pessoa jurídica, ou de seu órgão colegiado, no interesse ou benefício da sua entidade, estabeleceu evidentemente o direito positivo em vigor hipótese que encontra amparo no atual sistema constitucional, única possibilidade de realmente se interpretar o direito criminal ambiental e mesmo o direito penal ambiental. As pessoas jurídicas indicadas no aludido art. 3º são aquelas previstas na Carta Magna, a saber, tanto as de direito público[32], representadas por seu representante legal, como as de direito privado[33], representadas por seu representante legal ou mesmo contratual. A ideia do legislador é responsabilizar efetivamente a unidade jurídica que resulta de uma coletividade humana organizada, para adotarmos feliz expressão de J. M. Carvalho Santos citando Giorgi[34], ligando cada um dos indivíduos que eventualmente possam fazer parte de sua composição, nos casos disciplinados na lei.

Concluímos, por via de consequência, que as sanções penais derivadas de condutas e atividades lesivas ao meio ambiente passaram, inicialmente em decorrência do que estabelece a Constituição Federal e posteriormente a partir da Lei n. 9.605/98, a ser atribuídas àqueles, pessoas físicas ou jurídicas, considerados infratores no plano ambiental dentro de previsão circunscrita às situações previstas no atual ordenamento jurídico, ou seja, quem (pessoa física ou jurídica) de qualquer forma concorrer para a prática dos crimes ambientais será responsabilizado na forma do que estabelece o direito ambiental constitucional e demais regras do subsistema aplicáveis[35].

---

sociedades civis, quando incorrem em atos nocivos ao bem público: fechamento ordenado pelo Governo por tempo determinado e dissolução promovida pelo Ministério Público, mediante ação sumária". *Vide Código Civil brasileiro interpretado*, v. I, 6. ed., 1953, Livraria Freitas Bastos.

32. Conforme Enneccerus/Nipperdey "Son *personas jurídicas de derecho público* las constituídas inmediatamente por la ley o por acto administrativo para ser sujetos de funciones públicas, de modo que su constitución está regulada en el interés público por prescrición de derecho, o bien las que son reconocidas posteriormente la ley o acto administrativo de la autoridad competente por ocuparse del cumplimiento de fines públicos. Pertenecen, por ejemplo, a la categoría de las personas de derecho público, *el Estado (...) (el Reich alemán y los Estados Federados) (No las autoridades!)*". *Vide Tratado de derecho civil*, t. I – 1º, Enneccerus – Nipperdey – Parte General, Bosch, p. 429, 2. ed., 1953.

33. No Tratado antes referido se establece que "Son *personas jurídicas de derecho privado* las asociaciones y fundaciones cuyo nacimiento y constitución se basan en *estatuto privado o en negocio fundacional de derecho privado*", cit., p. 429.

34. *Código Civil brasileiro interpretado*, 6. ed., 1953, Livraria Freitas Bastos, v. I, p. 338.

35. *Em julgamento histórico e inédito a Quinta Turma do Superior Tribunal de Justiça (STJ) responsabilizou criminalmente empresa por dano ambiental confirmando nosso entendimento anterior* (vide nosso *Curso de direito ambiental brasileiro*, desde a 2ª edição ampliada, 2001).

Os argumentos antes indicados se aplicam evidentemente ao que estabelecem os arts. 54 a 61 da Lei n. 9.605/98.

### 5.3.2. Da poluição e outros crimes ambientais: o art. 54 e os danos à saúde humana

O art. 54 reza ser crime "causar poluição de qualquer natureza em níveis tais que resultem ou possam resultar em danos à saúde humana (...)" com pena de reclusão, de um a quatro anos e multa[36].

Cabe, no contexto do presente artigo, destacar o que significa "danos à saúde humana".

Conforme já afirmado, a saúde, no plano constitucional, passou a albergar o conteúdo do bem-estar, da ausência de patologia de qualquer espécie, seja a natural, seja a doença ocupacional, profissional ou do trabalho (acidente do trabalho), assim como suas respectivas reparações e adaptações com o objetivo primordial de prevenir e secundário de restituir o *statu quo ante*. A ideia contida no art. 54 é exatamente resguardar a incolumidade físico-psíquica da pessoa humana punindo aqueles que causem poluição em face da saúde, ou seja, as pessoas físicas ou as pessoas jurídicas que degradem a qualidade ambiental resultante de atividades que direta ou indiretamente prejudiquem a saúde (art. 3º, III, *a*).

No plano do meio ambiente do trabalho e particularmente em face das relações que envolvem trabalhadores e empregadores, as pessoas jurídicas passam a ser responsabilizadas criminalmente, em decorrência da Lei n. 9.605/98, o que salienta a necessidade de estabelecimento de tutelas preventivas por parte daqueles que controlam as atividades econômicas.

Daí a determinação contida no § 3º do art. 54 da Lei Criminal Ambiental estabelecendo incorrer "nas mesmas penas previstas no parágrafo anterior (reclusão de um a cinco anos) quem deixar de adotar, quando assim o exigir a autoridade competente, *medidas de precaução em caso de risco de dano ambiental grave ou irreversível*. A norma se utiliza do rigor penal exatamente para estimular um meio ambiente ecologicamente equilibrado – particularmente em face da saúde da pessoa humana – informando nova dimensão às regras preventivas adaptadas à proteção da pessoa humana[37 e 38].

---

Os ministros seguiram o entendimento do Relator, Ministro Gilson Dipp, para quem "a decisão atende um antigo reclamo de toda a sociedade contra privilégios inaceitáveis de empresas que degradam o meio ambiente". *Vide* Processo REsp 564.960, tendo como recorrente o Ministério Público do Estado de Santa Catarina e recorrido o Auto Posto 1270 Ltda. (Processo distribuído em 5 de setembro de 2003).

36. *Vide* HC 94.543-RJ, Rel. originário Min. Napoleão Nunes Maia Filho, Rel. para o acórdão Min. Arnaldo Esteves Lima, j. 17-9-2009.

37. *Vide* HC 81.175-SC, Rel. Min. Maria Thereza de Assis Moura, j. 9-11-2010.

38. A respeito do tema merece destaque o HC 90.023:

"*Habeas corpus*. Trancamento da ação penal. Crime contra o meio ambiente. Perigo de dano grave ou irreversível. Tipicidade da conduta. Exame de corpo de delito. Documentos técnicos elaborados pelas autoridades de fiscalização. Inépcia formal da denúncia.

### 5.3.3. Da poluição e outros crimes ambientais: o art. 54, § 2º, II, e a poluição atmosférica[39 e 40]

Outro aspecto importante determinado pela Lei Criminal Ambiental diz respeito a poluição atmosférica que cause dano direto à saúde da população. O art. 54, § 2º, II, estabelece novidade no sentido de delimitar responsabilidade criminal, com a aplicação da pena de reclusão, de um a cinco anos, para aqueles que, conspurcando o ar atmosférico, acabem por afetar de forma direta a incolumidade físico-psíquica da população. Trata-se de hipótese que, em se tratando de relações que originariamente estariam a envolver trabalhadores e empregadores em face do meio ambiente do trabalho dentro de hipóteses que em princípio poderiam ser perfeitamente delimitadas, alcançaria também pessoas indeterminadas estabelecendo visão a abarcar os denominados *direitos criminais difusos*[41].

### 5.3.4. Da poluição e outros crimes ambientais: o art. 56 e os produtos e substâncias tóxicas, perigosas ou nocivas à saúde

O art. 56 põe em destaque a necessidade de fixar rigoroso controle das denominadas substâncias tóxicas, perigosas ou nocivas à saúde humana em absoluta sintonia com as exigências estabelecidas em lei ou mesmo regulamentos. Claro está, e nem poderia ser de outro modo por força do que estabelecem os princípios gerais da

---

1. O dano grave ou irreversível que se pretende evitar com a norma prevista no art. 54, § 3º, da Lei n. 9.605/98 não fica prejudicado pela degradação ambiental prévia. O risco tutelado pode estar relacionado ao agravamento das consequências de um dano ao meio ambiente já ocorrido e que se protrai no tempo.

2. O crime capitulado no tipo penal em referência não é daquele que deixa vestígios. Impossível, por isso, pretender o trancamento da ação penal ao argumento de que não teria sido realizado exame de corpo de delito.

3. No caso, há registro de diversos documentos técnicos elaborados pela autoridade incumbida da fiscalização ambiental assinalando, de forma expressa, o perigo de dano grave ou irreversível ao meio ambiente.

4. Não se reputa inepta a denúncia que preenche os requisitos formais do art. 41 do Código de Processo Penal e indica minuciosamente as condutas criminosas em tese praticadas pela paciente, permitindo, assim, o exercício do direito de ampla defesa.

5. *Habeas corpus* em que se denega a ordem" (Rel. Min. Menezes Direito).

39. Cabe destacar que a Constituição do Estado de São Paulo estabelece que "em condições de risco grave ou iminente no local de trabalho será lícito ao empregado interromper suas atividades, sem prejuízo de quaisquer direitos, até a eliminação do risco" (art. 229, § 2º).

40. Segundo Gilson Dipp, "o caráter preventivo da penalização, com efeito, prevalece sobre o punitivo. A realidade, infelizmente, tem mostrado que os danos ambientais, em muitos casos, são irreversíveis, a ponto de temermos a perda significativa e não remota da qualidade de vida no planeta" (REsp 564.960, Rel. Min. Gilson Dipp).

41. Ao apreciar a questão vinculada ao já citado REsp 564.960, o Ministro Gilson Dipp teve a oportunidade de destacar que "a Constituição Federal de 1988, consolidando uma tendência mundial de atribuir maior atenção aos interesses difusos, conferiu especial relevo à questão ambiental, ao elevar o meio ambiente à categoria de bem jurídico tutelado autonomamente, destinando um capítulo inteiro à sua proteção".

atividade econômica e financeira indicadas em nossa Carta Magna, que não configura crime produzir, processar, embalar, importar, exportar, comercializar, fornecer, transportar, armazenar, guardar, ter em depósito ou usar produto ou substância tóxica, perigosa ou nociva à saúde humana em decorrência única e exclusivamente de sua periculosidade intrínseca, ou seja, que lhe é própria e mesmo essencial sendo efetivamente seu aspecto fundamental (é a hipótese dos agrotóxicos e mesmo dos medicamentos). O que destaca o legislador é a necessidade de se realizar efetivo controle de aludidos produtos ou substâncias com particular atenção às hipóteses de maior potencial ofensivo (art. 56, § 2º).

Deve ser salientado que as situações descritas no âmbito do artigo ora comentado se verificam exatamente no contexto das diferentes possibilidades exercitadas por diferentes empregadores (tanto no âmbito da viabilização de produtos como na realização de serviços) através da atuação dos trabalhadores no plano das atividades fundamentalmente destinadas ao consumo. O crime ambiental diz respeito, na verdade, às hipóteses em que a pessoa jurídica ou mesmo física estaria atuando na ordem jurídica do capitalismo sem observar as importantes restrições legais necessárias no sentido de preservar a saúde da pessoa humana[42].

## 5.4. A EMENDA CONSTITUCIONAL N. 45/2004 E A COMPETÊNCIA DA JUSTIÇA DO TRABALHO VISANDO A SANÇÕES PENAIS AMBIENTAIS: O ART. 114, I E IX, DA CONSTITUIÇÃO FEDERAL

Na medida em que a ordem jurídica se desenvolve no sentido de melhor estabelecer a defesa dos direitos materiais constitucionais fundamentais da pessoa humana, a saúde se destaca como um dos mais importantes valores a serem tutelados inclusive pelo direito criminal ambiental constitucional.

A novidade estaria em interpretar o conflito que eventualmente possa ocorrer nas relações que envolvam trabalhadores e empregadores dentro de um novo contexto em que a Justiça do Trabalho será chamada a dirimir controvérsias que sem dúvida alguma seriam mais bem apreciadas à luz da experiência de magistrados habituados às lides laborais com particular destaque para a tutela do meio ambiente do trabalho.

Dessarte, a aplicação da Lei Criminal Ambiental em face do meio ambiente do trabalho surge não só como hipótese a ser assimilada pelo art. 114, I, da Constituição Federal ("as ações oriundas da relação de trabalho, abrangidos os entes de direito

---

42. Ao comentar a adequada interpretação da Lei n. 9.605/98 que regulamentou o art. 225, § 3º, de nossa Carta Magna, ensina o Ministro Gilson Dipp que "a referência às pessoas jurídicas, no entanto, não ocorreu de maneira aleatória, mas como uma escolha política, diante mesmo da pequena eficácia das penalidades de natureza civil e administrativa aplicadas aos entes morais". E continua *É sabido, dessa forma, que os maiores responsáveis por danos ao meio ambiente são empresas, entes coletivos, através de suas atividades de exploração industrial e comercial* (grifo nosso). A incriminação dos verdadeiros responsáveis pelos eventos danosos, no entanto, nem sempre é possível, diante da dificuldade de se apurar, no âmbito das pessoas físicas, a responsabilidade dos sujeitos ativos dessas infrações" (REsp 564.960).

público externo e da administração pública direta e indireta da União, dos Estados, do Distrito Federal e dos Municípios), como em decorrência do que reza o art. 114, IX ("outras controvérsias decorrentes da relação de trabalho, na forma da lei"), particularmente diante da necessidade de demonstrar, uma vez mais, a importância fundamental da Justiça do Trabalho no sentido de melhor disciplinar a dignidade da pessoa humana em face da ordem jurídica do capitalismo. Com efeito.

Já no final do século passado o Supremo Tribunal Federal havia adotado o seguinte entendimento no que se refere ao Meio Ambiente do Trabalho:

"Competência – Ação Civil Pública – Condições de Trabalho. Tendo a ação civil pública como causas de pedir disposições trabalhistas e pedidos voltados à preservação do meio ambiente do trabalho e, portanto, aos interesses dos empregados, a competência para julgá-la é da Justiça do Trabalho"[43].

O Superior Tribunal de Justiça, em importante manifestação veiculada em 2002, também teve a oportunidade de aduzir:

"Competência – Conflito negativo – Justiça Comum Estadual e Trabalhista – Ação Civil Pública. Impacto causado à categoria dos motoristas com supressão da função de cobrador. Descumprimento pela ré do disposto em Portaria do MTPS. Natureza da relação jurídica. Meio ambiente do trabalho. Compete à Justiça do Trabalho instruir e julgar ação civil pública em que se pretende a tutela coletiva de cumprimento das normas de segurança e medicina do trabalho, concernentes na realização de estudo preliminar de impacto no ambiente de trabalho e na saúde do motorista, ante a possibilidade de aumento de suas atividades e, consequentemente, sobrecarga de suas funções, haja vista a substituição da figura do cobrador por equipamentos de cobrança automática das passagens (catracas eletrônicas). Via de regra, é pela natureza da relação jurídica substancial que se determina a competência das várias 'Justiças' do ordenamento pátrio, sendo atribuída constitucionalmente à Justiça do Trabalho a competência para julgar, na forma da lei, 'outras controvérsias decorrentes da relação de trabalho', a teor do art. 114, 2ª parte, da Constituição da República, de 1988. Competência da Justiça do Trabalho".

O movimento destinado a alargar gradualmente a competência da Justiça do Trabalho nos últimos tempos ganhou importante impulso com recente decisão do plenário do Supremo Tribunal Federal que, reformulando entendimento anterior, veio a declarar que a competência para julgar ações por dano moral e material decorrente de acidente do trabalho é da Justiça Trabalhista conforme decisão unânime tomada em 29 de junho de 2005 durante análise de Conflito Negativo de Competência (CNComp 7.204) suscitado pelo Tribunal Superior do Trabalho contra o Tribunal de Alçada de Minas Gerais.

---

43. STF, 2ª Turma, RE 206.220/MG, Rel. Min. Marco Aurélio, j. 16-3-1999, *DJU*, 17-9-1999, p. 58.

Mais não é preciso dizer. Para "se aferirem os próprios elementos do ilícito, sobretudo a culpa e o nexo causal, é imprescindível que se esteja mais próximo do dia a dia da complexa realidade laboral" nas lúcidas palavras do Ministro Carlos Ayres Britto, relator do CComp 7.204-1-MG, citado anteriormente.

Daí a inequívoca competência da Justiça do Trabalho com o objetivo de aplicar, após o devido processo legal, as sanções penais ambientais no âmbito do meio ambiente do trabalho como correta interpretação dos fundamentos destinados a assegurar a dignidade da pessoa humana na ordem econômica do capitalismo.

## 5.5. DOS CRIMES CONTRA O ORDENAMENTO URBANO E O PATRIMÔNIO CULTURAL

A proteção do meio ambiente cultural (arts. 215 e 216 da CF) e do meio ambiente artificial (arts. 182 e 183 da CF) também mereceu destaque no plano do direito criminal ambiental com a imposição de sanções penais muito bem adequadas às necessidades de salvaguardar a natureza imaterial dos bens ambientais culturais, tal como as relações fundamentais normativas que vinculam o direito à moradia com as necessidades de adquirir quantia em dinheiro a partir da disponibilização da força de trabalho físico-psíquica humana no capitalismo (direito das relações de trabalho) para as necessidades do consumo essencial/não essencial (direito das relações de consumo).

A preservação da função social da cidade (art. 182 da CF) passa a ter disciplina criminal ambiental (arts. 63 e 64 da Lei n. 9.605/98), da mesma forma que o meio ambiente cultural aglutina, a partir da Lei n. 9.605, importante aliado no plano das sanções penais (arts. 62 e 65), tudo em harmonia com a tutela do direito ambiental constitucional voltado à proteção de brasileiros e estrangeiros residentes no País.

## 5.6. DOS CRIMES CONTRA A ADMINISTRAÇÃO AMBIENTAL

Com a finalidade de trazer utilidade ao comando constitucional, que impõe prioritariamente ao Poder Público o dever de defesa e preservação dos bens ambientais (art. 225 da CF), incumbindo-lhe, para assegurar a efetividade do direito ambiental, uma série de atividades disciplinadas em superior plano legislativo (art. 225, § 1º, I a VII), é que a Lei n. 9.605/98 revelou dar importância àqueles que concretamente atuam em nome do Estado Democrático de Direito.

Os arts. 66 a 69 da Lei n. 9.605/98 na verdade procuraram detalhar critérios no sentido de que o Poder Público, por meio da atuação de seus funcionários, possa realizar a importante tarefa que lhe foi destinada pela Carta Magna, ou seja, defender e preservar o direito ambiental para as presentes e futuras gerações (art. 225 da CF).

776

# Parte IV
# TUTELA JURÍDICA DO ECOTURISMO NO DIREITO AMBIENTAL BRASILEIRO

## Capítulo I
## O DIREITO AO LAZER[1 e 2] VINCULADO AO ECOTURISMO

O direito ao lazer[3], enquanto componente do PISO VITAL MÍNIMO observado no art. 6º da Constituição Federal, é explicitamente tutelado por nosso direito ambiental

---

1. O lazer, mais que um direito, diz respeito a um componente básico da incolumidade físico-psíquica da pessoa humana. Evidentemente existem várias formas de lazer – em nossa opinião as mais importantes – que não estão vinculadas à ordem econômica do capitalismo e não necessitam de tutela jurídica no plano constitucional ou ainda infraconstitucional.

2. Conforme Bertrand Russell, "o lazer é essencial à civilização e, em épocas passadas, o lazer de uns poucos só era devido ao trabalho da maioria. Este trabalho era valioso, não porque o trabalho é bom, mas porque o lazer é bom. E, com a técnica moderna, seria possível a justa distribuição do lazer sem nenhum prejuízo para a civilização". Brilhante defensor da racionalidade, da humanidade e da liberdade de pensamento, o filósofo (também matemático e escritor ganhador do Prêmio Nobel em 1950), ao analisar os problemas sociais do século passado em 15 artigos que haviam sido publicados originariamente em jornais da Inglaterra e dos Estados Unidos, desenvolveu a tese de que o trabalho não poderia ser o principal objetivo da vida; o propósito de sua obra intitulada *O elogio ao ócio* foi claramente apontar a necessidade de lutar por um mundo em que todas as pessoas pudessem dedicar-se a atividades agradáveis e compensadoras, usando seu tempo livre não só para se divertir, mas para ampliar seu conhecimento e capacidade de reflexão. *Vide O elogio ao ócio*, 3. ed., Rio de Janeiro, Sextante, 2002.

3. Explica Yacarim Melgaço Barbosa que "segundo Dumazedier todo comportamento em cada categoria pode ser um lazer, mesmo o trabalho profissional. O lazer não é uma categoria, mas um estilo de comportamento, podendo ser encontrado em qualquer atividade: pode-se trabalhar com música, estudar brincando, lavar a louça ouvindo rádio, promover um comício político com desfiles de balizas, misturar o erotismo ao sagrado etc. Toda atividade pode vir a ser um lazer. Aprofundando um pouco mais sobre o conceito de lazer, uma outra corrente, a de Marcuse e seus discípulos, tende a negar a existência destas atividades pessoais chamadas de 'lazer'. O lazer seria uma alienação, uma ilusão de livre satisfação das necessidades do indivíduo, porquanto *estas necessidades são criadas*, manipuladas pelas forças econômicas da produção e do consumo de massa, conforme os interesses de seus donos. *A sociologia empírica mostra que, pelos bens e serviços de lazer (férias), as agências comerciais vendem o sol, a praia, o mar, a neve, a aventura, a fim de atrair o máximo de clientes. Os bens e serviços de lazer estão, pois, submetidos às mesmas leis de mercado que movimentam outros bens e serviços*" (grifos meus). *Vide História das viagens e do turismo*, São Paulo, ALEPH, 2002.

no sentido de garantir a brasileiros e estrangeiros residentes no País o exercício de atividades prazerosas, consideradas enquanto sensações ou mesmo emoções agradáveis ligadas à satisfação de diferentes necessidades, dentro de nosso território. Como componente essencial à satisfação emocional da pessoa humana, o lazer integra o conteúdo de um dos mais importantes (se não o mais importante, conforme já tivemos oportunidade de argumentar) fundamentos constitucionais da República Federativa do Brasil, a saber, o da dignidade da pessoa humana (art. 1º, III), o que nos leva a afirmar que seria impossível considerar qualquer pessoa humana no efetivo exercício de sua dignidade no plano constitucional sem usufruir o lazer enquanto direito material que a Carta Magna lhe assegura[4].

Dessarte, o direito ao lazer passou a ser tutelado em nosso sistema constitucional em face de suas características, mas vinculado à orientação indicada no art. 170 da Carta Magna a partir de outro fundamento de igual importância em nossa Constituição Federal: a existência de uma ordem econômica capitalista protegida pelos valores sociais do trabalho e da livre-iniciativa, ou seja, um direito ao lazer a ser realizado no âmbito da ordem jurídica do capitalismo.

Diante do atual quadro constitucional podemos, por via de consequência, afirmar que entre os direitos assegurados à pessoa humana está o direito a ter atividades prazerosas ligadas à satisfação de algumas necessidades que serão supridas por fornecedores de produtos ou serviços destinados a garantir aquilo que Freud chamava de "princípio do prazer"[5].

É exatamente no contexto antes indicado que se destaca o denominado ecoturismo.

Definido originariamente como atividade fundamentalmente ligada a um segmento do turismo adaptado ao meio ambiente natural[6], o ecoturismo se revela nos dias de

---

4. Paul Lafargue argumentava da necessidade de observar o denominado "direito à preguiça". Panfleto revolucionário escrito em 1880, *O direito à preguiça*, traduzido em várias línguas, teve um sucesso sem precedentes, comparável apenas ao *Manifesto comunista*. Explica Marilena Chauí, em prefácio da obra publicada pela Ed. Unesp, que, "na verdade, embora o tema seja o elogio da preguiça, como condição para o desenvolvimento físico, psíquico e político do proletariado, Lafargue tem como pressuposto principal o significado do trabalho do modo de produção capitalista, isto é, a divisão social do trabalho e a luta de classes. Sua fonte de inspiração é dupla: de um lado, as ideias do jovem Marx, nos *Manuscritos econômicos* de 1844, sobre o trabalho alienado; e, de outro, a análise do trabalho assalariado, no primeiro volume do *Capital*". Vide *O direito à preguiça*, São Paulo, Unesp/Hucitec, 1999, *passim*.

5. Segundo Freud, *o princípio do prazer* é o princípio fundamental das ações que acontecem sob o motivo do lucro do prazer, sendo certo que no chamado sistema de funções da personalidade o ID (sistema dos impulsos e necessidades, que fazem pressão para sua imediata satisfação e visam obter maior prazer) trabalha exclusivamente segundo o princípio do prazer em oposição ao EGO (que trabalha segundo o princípio da realidade) e ao SUPEREGO (que trabalha segundo o princípio da moralidade). Vale registrar que o princípio do prazer estaria associado filosoficamente ao Hedonismo, doutrina desenvolvida principalmente pela Escola de Cirene, que tomava por princípio único de moral a necessidade de procurar o prazer e evitar a dor, considerando nesses fatos apenas a intensidade do seu caráter afetivo e não as diferenças de qualidade que podem existir entre eles. Vide *Dicionário de psicologia Dorsch*, Petrópolis, Vozes, 2001, e *Vocabulário técnico e crítico da filosofia*, de André Lalande, São Paulo, Martins Fontes, 1999.

6. Trata-se de atividade claramente observada no plano do que estabelecem os arts. 170, parágrafo único, e 180 da Constituição Federal. De fato, como segmento do turismo (e portanto de atividade

hoje como uma *atividade econômica* destinada a *viabilizar viagens de lazer*[7, 8 e 9], *usando principalmente bens ambientais* (o meio ambiente natural, cultural, artificial e mesmo do trabalho[10]) "transformados" em produtos ou mesmo serviços, além de satisfazer as diferentes necessidades dos consumidores e em proveito do lucro para os diferentes fornecedores de serviços vinculados à realização de aludidas atividades prazerosas.

No plano jurídico, o ecoturismo em nosso país será tutelado exatamente como atividade econômica[11] – dentro de uma economia capitalista e ante um país gigantesco

---

econômica) não só terá o ecoturismo o apoio da União, dos Estados, do Distrito Federal e dos Municípios (que têm a obrigação constitucional de o promover e incentivar), senão a garantia de desenvolver amplamente seu livre exercício, observando-se evidentemente os parâmetros constitucionais em vigor, sobretudo no que se refere aos fundamentos indicados no art. 1º da Carta Magna.

7. Segundo o *Petit Robert*, conforme bem observa Ycarim Melgaço Barbosa, a *palavra "turismo"* (em francês *tourisme*) *tem seu significado ligado à viagem com o prazer*. O mesmo ocorre com o inglês; o *Webster* e o *Cambridge* ressaltam que *tourism* e *tourist* têm relação com *tour* e *pleasure*. Em português, de acordo com o *Aurélio*, turismo significa viagem ou excursão feita por prazer a locais que despertem interesse. A palavra "turismo" recebeu uma variedade de influências em sua definição e ampliou seu significado. Daí concordarmos com o importante ensinamento de Barbosa quando afirma que, sobretudo com a dinâmica que o turismo vem alcançando nos dias de hoje no setor de serviços, "múltiplos tipos de viagens vêm ganhando a designação de viagem de turismo. Podemos citar as viagens de negócios, de eventos e de cunho religioso. O turismo, com o dinamismo vivido atualmente, não exclui nenhuma viagem. Na verdade, o interesse prioritário é a busca cada vez maior de lucro". *Vide História das viagens e do turismo*, cit., de Ycarim Melgaço Barbosa, 2002.

8. A Organização Mundial de Turismo (OMT), entidade criada em 1970, com sede em Madri, pertencente ao sistema das Nações Unidas, define o turismo como "as atividades de indivíduos que viajam e permanecem em localidades que se encontram fora de seu círculo habitual por um período não superior a um ano consecutivo, a lazer, a negócios ou por outros motivos".

9. "Ementa: Ação direta de inconstitucionalidade. 2. Lei 10.892 do Estado de São Paulo. Implementação da Política de Desenvolvimento do Ecoturismo e do Turismo Sustentável. 3. Ofensa a competência privativa dos municípios para legislar sobre assuntos de interesse local. Inexistência. 4. Competência concorrente para legislar sobre meio ambiente. Legislação estadual que traça diretrizes gerais, sem interferir na autonomia municipal. 5. Ação direta de inconstitucionalidade julgada improcedente" (ADI 3.754 / SP, Rel. Min. Gilmar Mendes, j. 16-6-2020, Tribunal Pleno, processo eletrônico, *DJe*-169, divulg. 3-7-2020, public. 6-7-2020).

10. Estamo-nos referindo ao denominado *turismo de saúde*, também denominado "turismo de cura", uma das mais antigas modalidades de lazer observada já no Império Romano, como teremos oportunidade de indicar mais adiante.

11. Só é possível entender de forma racional o tema do ecoturismo na atual realidade brasileira e mesmo mundial observando as grandes transformações realizadas por Thomas Cook no início do século XIX. Foi Cook, compreendendo perfeitamente a revolução na Agricultura e na Indústria por que passava a Inglaterra, que conseguiu imaginar o transporte de passageiros com tarifas reduzidas; foi ele que criou as viagens em grupos e os pacotes de viagens; foi ainda o primeiro a usar campanhas publicitárias e de *marketing* de massa e promoções especiais para formar uma clientela; tornou ainda acessível a viagem e o turismo a pessoas da classe trabalhadora e da classe média e estabeleceu um único padrão para todos (pessoas com um mesmo comportamento, visitando os mesmos lugares e consumindo as mesmas coisas); por via de consequência, "inventou" as viagens ou o turismo de massa voltado exclusivamente para o lucro em larga escala resultante da popularização das viagens. Seu filho e sócio decidiu criar uma nova modalidade de garantia de pagamento chamada de *circular notes* (o precedente de nosso atual *traveller's checks*), diante da necessidade de negociar com os hotéis de diferentes países e ante a variedade de moedas. O interessante é que, já no século XIX, as viagens massificadas de Cook começavam a ser alvo de críticas por parte das populações locais diante dos IMPACTOS *provocados pelos turistas*, conforme se nota de

com quase 210 milhões de pessoas – que usa bens ambientais não só obedecendo aos parâmetros constitucionais e infraconstitucionais do direito ambiental brasileiro (arts. 225, 215 e 216, 182 e 183 e 196 a 200; Leis n. 6.938/81, 7.347/85 e 8.078/90, entre outras) como diante dos deveres e direitos indicados no art. 170 da Carta Magna, tendo sempre como parâmetro assegurar o valor maior da Carta Magna endereçada à dignidade de brasileiros e estrangeiros residentes no País (art. 1º, III)[12].

---

artigo publicado na *Blackwood Magazine*, em que um cônsul britânico na Itália, em 1865, atacava fortemente o turismo de grupo, escrevendo: "(...) este mal novo e crescente que consiste em conduzir 40 ou 50 pessoas, sem distinção de idade ou de sexo, de Londres a Nápoles ida e volta por empreitada (...)". *Vide História das viagens e do turismo*, cit., de Ycarim Melgaço Barbosa, *passim*.

12. Daí ser importante afirmar que a Lei n. 6.513/77 já não se revela adequada no sentido de organizar no plano normativo não só o ecoturismo, senão o próprio turismo. Aludida norma, embora possamos considerar ter ela contribuído para a tutela das viagens de lazer vinculadas ao uso do meio ambiente (cultural, natural e artificial), não se coaduna nos dias de hoje com a tutela dos direitos difusos albergada pelo nosso legislador a partir do início da década de 1980 (Leis n. 6.938/81 e 7.347/85, dentre outras), que culminou com a definição constitucional dos bens ambientais.

780

# Capítulo II
# O USO DOS BENS AMBIENTAIS EM PROVEITO DO ECOTURISMO

## 1. O USO DO MEIO AMBIENTE CULTURAL EM PROVEITO DO ECOTURISMO

Conforme já indicado em nossa obra, o meio ambiente cultural se revela no plano jurídico em decorrência da existência dos bens ambientais considerados constitucionalmente patrimônio cultural brasileiro (art. 216 da Carta Magna). Dessarte, cabe reiterar que todo bem, material ou imaterial, vinculado com a identidade, a ação e a memória dos diferentes grupos formadores da sociedade brasileira integra a categoria de bem ambiental e, em consequência disso, assume a natureza jurídica difusa, sendo sempre passível de proteção jurídica.

O patrimônio cultural, como bem de uso comum do povo, poderá ser usado em proveito do ecoturismo desde que sejam observados os balizamentos constitucionais indicados taxativamente em nossa Carta Magna.

Daí ser evidente a necessidade de realização, por parte daqueles empreendedores antes referidos (que queiram usar o patrimônio cultural em proveito do lucro), de *estudo prévio de impacto ambiental* (art. 225, § 1º, IV), a ser exigido pelo Poder Público na medida em que, conforme já tivemos a oportunidade de salientar, cuida o ecoturismo de atividade econômica, a qual potencialmente poderá ocasionar significativa degradação do meio ambiente cultural[1].

O estudo prévio de impacto ambiental antes aludido deverá, por via de consequência, ser exigido daqueles que pretendem usar os bens ambientais em proveito de lucro em face dos naturais impactos provocados pelo ecoturismo como turismo de massa. Ruídos, desgastes dos caminhos e trilhas, agressão à paisagem e à vegetação, erosão de praias e encostas, efluentes, poluição do ar e da água, danos em áreas residenciais, intensificação do tráfego nas rodovias, ferrovias e aeroportos, barragens, vandalismo, intromissões no cotidiano das localidades são algumas das hipóteses que, em princípio, ocorrem com o ecoturismo como atividade desenvolvida para grande número de consumidores em busca do lazer.

_____

1. Conforme já indicado, o turismo já despertava críticas por parte da população europeia no século XIX. *Vide* nota 10 do Capítulo anterior.

781

Cabe, dessarte, mencionar algumas modalidades de ecoturismo vinculadas ao meio ambiente cultural que necessitam de estudo prévio de impacto ambiental em virtude de seu uso para fins econômicos, conforme passaremos a indicar:

## 1.1. TURISMO RELIGIOSO

Também conhecido como turismo de peregrinação[2] (ato que envolve jornada a lugares santos), é uma das mais antigas modalidades de turismo que tem como atrativo o encontro com o sagrado vinculado a diferentes religiões admitidas em determinado meio ambiente cultural em face de pessoas ou locais (território). Famoso sobretudo na Idade Média, quando peregrinos cristãos de diferentes camadas sociais se dirigiam a Roma[3], a Jerusalém[4], a

---

2. Embora existente na Grécia antiga, conforme teremos oportunidade de afirmar mais adiante, foi entre os séculos XI e XII que a *peregrinação* a determinado santuário superou, na itinerância religiosa, a peregrinação ascética da expatriação. Só então a palavra *peregrinus* deixou de designar o expatriado para assumir seu sentido atual, de "viajante religioso" a caminho de um santuário. Explica Michel Sot:

"O deslocamento de pessoas a lugares em que possam entrar em contato com o sagrado é uma prática comum nas culturas de todos os tempos: a peregrinação é um fenômeno quase universal da antropologia religiosa, podendo ser definida por *quatro características essenciais*:

Supõe uma *viagem*, uma caminhada, isto é, uma *prova física do espaço*.

A provação do espaço faz com que o peregrino seja um *estrangeiro* por onde passe. Ele é estrangeiro aos olhos dos outros, mas também estrangeiro em relação ao que era antes de se colocar a caminho. A peregrinação é uma prova espiritual.

A caminhada tem um *fim específico*, que confere sentido complementar à prova física e espiritual da viagem. Ao fim da jornada, o peregrino encontra o sobrenatural num lugar preciso, participando ritualmente de uma realidade diferente da profana.

Enfim a peregrinação é um *tempo privilegiado: tempo de festa e celebração*" (grifos nossos). *Vide Dicionário temático do ocidente medieval*, de Jacques Le Goff e Jean-Claude Schmitt, Edusc, 2002, v. 2.

3. Na Alta Idade Média, é para *Roma* que ia o maior número de peregrinos, conforme explica Michel Sot. "Ela era a única cidade do Ocidente que podia pretender possuir túmulos de apóstolos e mártires. Os de Pedro e Paulo já eram secretamente visitados por fiéis pouco após suas mortes. Vários grafites encontrados nas catacumbas testemunham o culto realizado em torno dos corpos de outros mártires reunidos em cemitérios subterrâneos localizados nas imediações de Roma. Com o reconhecimento oficial do Cristianismo, no século IV, a veneração a relíquias romanas estendeu-se a todo o mundo cristão, enquanto grandes santuários vieram a ser edificados: a Basílica de São Pedro, no Vaticano; a de São Paulo fora dos muros, na rota de Óstia; a de São Lourenço, na Via Tiburtina; a de Santa Inês, na Via Nomentana. No interior dos muros foram edificadas as igrejas de Salvador, em Latrão, e de Santa Maria Maior, no Esquilino. Mas até pelo menos o século VIII eram as catacumbas e cemitérios suburbanos que atraíam os peregrinos, momento a partir do qual os papas decidiram transferir os corpos dos inúmeros mártires para dentro das basílicas a fim de protegê-los de profanações. As trasladações de corpos santos encerraram-se em meados do século IX." *Vide Dicionário temático*, cit., *passim*.

4. Ao longo de toda a Idade Média, *Jerusalém* continuou a ser local de peregrinação por excelência. Sot informa que, "com o triunfo do cristianismo no Império Romano durante o século IV, a peregrinação aos lugares da Paixão de Cristo e ao seu túmulo desenvolveu-se. Santa Helena, mãe de Constantino, foi a primeira a visitá-los e o imperador mandou construir a basílica do Santo Sepulcro. Ao fim do século, São Jerônimo podia escrever a propósito de Jerusalém: 'para lá vão as pessoas de todas as partes do Universo; a cidade está repleta de todas as raças humanas'. Desde 333 tinha sido redigido um *Itinerário de Bordeaux a Jerusalém* para os peregrinos gauleses, e em 384 uma religiosa espanhola chamada Egéria registrou sua viagem aos lugares santos num diário". Palco de muita discórdia, destruição e reconstrução desde sua

782

Santiago de Compostela[5 e 6], entre outros importantes locais de culto[6], também foi (e ainda é) observado pelos maometanos, que faziam suas viagens principalmente para Meca[7]. Cabe salientar que as peregrinações que ocorriam especialmente nos séculos XII e XIV acabaram por se tornar uma atividade servida, já naquela época, por verdadeira e crescente indústria que envolvia hospedarias para viajantes (normalmente mantidas por religiosos), incluindo atividades adaptadas às devoções religiosas, assim

---

fundação em 1800 a.C. e local de importantíssima peregrinação com a adoção do Cristianismo pelos imperadores romanos e ascensão do Império Bizantino (especialmente por ser o lugar onde Jesus Cristo foi crucificado e pela existência em seu território da Igreja do Santo Sepulcro), Jerusalém até hoje tem sido glorificada como cidade sagrada pelos seguidores de três religiões: Judaísmo, Cristianismo e Islamismo. *Vide Dicionário temático*, cit., *passim*.

5. Explicam Adriana Carvalho Girardelli, Renata Giovanoni e Thais Maria Leonel do Carmo que "a peregrinação, sem dúvida, tem caráter religioso, buscando sempre algo sagrado ou divino. Na Europa encontramos o Caminho de *Santiago de Compostela*, visitado por milhares de fiéis que refazem os passos do apóstolo Tiago. Este apóstolo escolheu as terras europeias para levar a palavra de Cristo logo depois de sua morte em Jerusalém. Tiago teria chegado à Ibéria, então província do Império Romano, e ali ficado por cinco ou seis anos. Dono de um espírito aventureiro, Tiago pregou do litoral ao interior, adentrando o território ibérico. Muitos dizem que ele não obteve sucesso, convertendo apenas umas poucas pessoas. Voltou para a Palestina, onde foi morto pelas ordens de Herodes Agripa, que proibiu que Tiago fosse enterrado, sendo seus restos jogados para fora dos muros da cidade. Antes de morrer, Tiago pediu a dois de seus discípulos que levassem seus restos para a Ibéria e eles assim o fizeram. Há uma lenda que conta que muitos séculos depois, aproximadamente em 813, um eremita teria sido guiado por uma chuva de estrelas e encontrado o corpo de Tiago. Um rei espanhol mandou então construir no local uma capela de pedras, nascendo assim o mito de São Tiago. As pessoas, para visitarem seu túmulo, se lançavam (e se lançam) em uma longa viagem, que acabou por se chamar Caminho de São Tiago do Campo das Estrelas, ou melhor, Caminho de Santiago de Compostela. Este caminho hoje recebe um grande número de peregrinos que se valem do turismo, do ecoturismo, mas se valem principalmente da fé e da crença de encontrarem o sagrado para se lançarem nesta jornada". Trabalho apresentado em julho de 2003, produzido e impresso pela Fiuza Ed., São Paulo, na cadeira Tutela Jurídica do Ecoturismo no Direito Ambiental Brasileiro, ministrada pelo Prof. Dr. Celso Antonio Pacheco Fiorillo no Curso de Pós-Graduação (Mestrado) da Universidade Metropolitana de Santos – Unimes.

6. Lembra Michel Sot: "Que a rota fosse essencial à peregrinação, prova-o *Santiago de Compostela*. Ao chegar no santuário, o peregrino do século XIV não se demora: confessa e comunga durante a missa, dá uma volta em torno do altar, beija a estátua de madeira do apóstolo e parte com o atestado da peregrinação recebido de um cônego e com a concha comprada perto da basílica. O alojamento do local, de toda forma, não o hospeda por mais de três dias". Entre 1130 e 1140 foi composto o chamado *Guia do peregrino de Santiago*, quinta parte de uma grande obra consagrada por um autor francês à glória do apóstolo. *Vide Dicionário temático*, cit., *passim*.

7. Conforme explicam Hellern, Notaker e Gaarder: "*Meca* era não apenas um importante centro comercial, mas também um dos centros religiosos da Arábia. As tribos nômades que viviam próximas à cidade já consideravam sagrada a *pedra negra* de Meca, que recebia peregrinações bem antes da época de Maomé". Mais importante centro de troca de bens e produtos entre integrantes de caravanas do Oriente Médio mesmo antes da criação do Islamismo e fundada segundo alguns por Abraão (sendo ainda local onde nasceu Maomé), a cidade está situada na Arábia Saudita, em território exatamente no centro de gravidade da Terra, conforme explicam alguns pesquisadores. Meca chega a receber por ano 2 milhões de fiéis que se dirigem à Grande Mesquita (o primeiro templo do Islamismo) e ao Zamzam sagrado. De acordo com as tradições islâmicas, a Caaba, um santuário com pé-direito de 15 metros e um portão principal de 2 metros de largura, teria sido construída por Adão, reconstruída por Abraão e depois reformada por seu filho Ismael. Seria uma réplica da casa de Deus no paraíso. *Vide O livro das religiões*, São Paulo, Companhia das Letras, 2001, *passim*.

como à cultura e ao prazer. No Brasil o turismo religioso se destaca em virtude de nossa cultura sobretudo em eventos como o Círio de Nossa Senhora de Nazaré (um dos maiores do mundo católico que ocorre em Belém do Pará)[8], a peregrinação para a cidade de Nova Trento, em Santa Catarina (que passou a ter grande destaque a partir da beatificação de Madre Paulina pelo Papa João Paulo II), a Festa do Divino em Paraty, no Rio de Janeiro, as festas de Nossa Senhora Aparecida (Aparecida)[9] e Nossa Senhora Achiropita (São Paulo) no Estado de São Paulo, entre várias outras que exploram a religiosidade como fator de atração destinado aos interessados.

## 1.2. TURISMO GASTRONÔMICO

A arte culinária como motivação estabelecida em face da busca de prazer por meio da alimentação constitui importante foco de atenção do ecoturismo. "A busca das raízes culinárias e a forma de entender a cultura de um lugar por meio de sua gastronomia está adquirindo importância cada vez maior", ensina Regina G. Schluter[10], ao salientar que "a cozinha tradicional está sendo reconhecida cada vez mais como um componente valioso do patrimônio intangível dos povos", concluindo de forma didática que, "ainda que o prato esteja à vista, sua forma de preparação e o significado para cada sociedade constituem os aspectos que não se veem, mas que lhe dão caráter diferenciado", afirmações que preenchem de forma inequívoca o conteúdo do art. 216 da Constituição da República Federativa do Brasil. Sem dúvida alguma podemos constatar uma tendência em associar as massas à Itália, o arroz ao sudeste asiático, a carne bovina[11] à Argentina, as festas da cerveja à Alemanha, o uísque como sintetizador

---

8. No ano de 2003, a festa reuniu em Belém aproximadamente 2 milhões de romeiros para saudar a Virgem de Nazaré, segundo estimativa da Polícia Militar, sendo não só uma das mais tradicionais do Brasil como, para os paraenses, de importância equivalente à do Natal.

9. A maior concentração de romeiros no Santuário Nacional de Nossa Senhora Aparecida ocorreu em 1996, quando a basílica recebeu na cidade de Aparecida, apenas no dia 12 de outubro, cerca de 215 mil fiéis. Em 2003 recebeu aproximadamente 170 mil fiéis.

10. *Vide Gastronomia e turismo*, São Paulo, Aleph, 2003, *passim*.

11. *Há cerca de 8 mil anos a humanidade cria gado e come carne bovina.* Após domesticar o *Bos primigenius* (boi selvagem) que vagava por locais hoje correspondentes aos atuais territórios da Macedônia e Turquia, os homens primitivos levaram referido animal para várias outras regiões. Segundo alguns autores, a carne bovina teria ajudado as pessoas a enfrentar a subnutrição, transferindo ao seu organismo proteínas completas, de alto valor, assim como fontes de aminoácidos essenciais, bem como vitaminas, cálcio, fósforo e ferro. O período de maior voracidade teria acontecido no encerramento da Idade Média, entre o início do século XIII e o fim do século XIV, "um dos mais felizes da história da alimentação ocidental", na visão de Nestor Luján (*Historia de la gastronomía*, Barcelona, Ed. Folio, 1997, *passim*). Todas as partes do boi eram "devoradas" na época em grandes ou pequenos pedaços, na forma de assados de espeto ou forno, grelhados, ensopados e cozidos. Só as mesas mais refinadas (nobreza de Florença/família Medici e mais tarde fidalgos de Paris) utilizavam a carne clara e tenra do bovino jovem. Os cortes modernos – contrafilé, maminha, picanha etc. – não existiam. O açougue e a cozinha da época acabaram descobrindo que algumas partes do boi se revelavam mais macias que outras: surge o filé *mignon*, que devidamente aperfeiçoado pelos franceses possibilitou o fornecimento de porções uniformes, a saber, o *medalhão* (corte com no mínimo 1,5 centímetro de altura e entre 110 e 120 gramas de peso), o *tournedos* (com 4 centímetros e 180 gramas de peso) e o *chatobriã* (com 300 a 350 gramas de peso, foi inventado por

da identidade da Escócia[12], estabelecendo os denominados "cenários gastronômicos" dedicados ao consumo de comida e bebida com "sabor local"[13] (*vide* os cafés assim como o denominado *pub – public house*). No Brasil, diante dos inúmeros modos de criar a arte culinária em decorrência das manifestações das culturas populares, indíge-nas[14], afro-brasileiras[15], assim como de outros grupos participantes de nosso processo

---

Pierre de Montmireil, cozinheiro do grande escritor romântico francês François-René Chateaubriand – 1768/1848). Foram efetivamente os franceses que criaram quase todas as receitas de filé, a saber, *béarnaise*, à Diana, ao molho de mostarda, à Wellington, *croute*, Henri IV e *au poivre*. *O Brasil é hoje o maior exportador de carne bovina do mundo*.

12. O registro do uísque data de 8 de agosto de 1494, quando o tesoureiro do rei James IV, em Inverness, na Escócia, anota e taxa 8 bolls (1,3 mil litros) de *acqua vitae* – o nome latino da bebida que receberia, a partir de 1746, a denominação de *whisky*, ou, em português, uísque. O mais famoso de todos os destilados está presente hoje em mais de 200 países, movimentando por ano, em exportações do Reino Unido para o resto do mundo, aproximadamente U$ 4 bilhões; de 114 destilarias escocesas sai o malte que dá origem a mais de 3 mil marcas ao redor do mundo.

13. No final do século XIX teve início importante movimento na Europa vinculado à "arte de comer bem" fora de casa, ou seja, envolvia deslocamento de determinado território para outro visando a alimentação. Referido movimento, como demonstra Flandrin e Montanari, esteve associado ao desenvolvimento não só dos transportes rápidos senão particularmente do turismo de luxo. Quando as viagens de lazer tomaram amplitude em toda a Europa, destinadas tanto à alta aristocracia como a toda a burguesia, é que profissionais experientes decidiram abrir grandes hotéis de luxo – os *palaces* –, destacando-se o suíço César Ritz, que se associou a um dos melhores cozinheiros da época, o francês Auguste Escoffier.

14. Explica Claudia Lima que como herança da *cultura indígena* temos a massa ou a farinha de mandioca, que foi adotada pelos colonos em lugar do pão de trigo e se tornou a base do regime alimentar do colonizador, sendo até hoje a *mandioca* alimento fundamental do brasileiro. A comida indígena continua a ter a Amazônia como referência, sendo a área da cultura brasileira mais impregnada da cultura cabocla: é o caso do beiju simples ou *tapioca* (bolo de massa fresca) e mesmo dos pratos com *peixe* (tucunaré, tambaqui e pirarucu) e com *tartaruga ou tracajá* (com vários preparos no Norte, como o *arabu* – feito com a gema dos ovos da tartaruga ou tracajá e farinha; o *abunã* – que são os ovos de tartaruga ou tracajá moqueados antes de completa gestação; o *mujangue* – um mingau que se faz com as gemas dos ovos de tartaruga ou tracajá e farinha mole, e ainda o *picaxá* – picado feito de fígado de tartaruga temperado com sal, limão e pimenta malagueta). Os pratos com *milho* – único cereal encontrado pelos europeus no Brasil – também merecem destaque: *a canjica, a pamonha, a pipoca* e outros menos conhecidos. Alguns alimentos vegetais dos indígenas devem ser mencionados: *a batata-doce, o cará, os pinhões, o cacau e o amendoim*, sendo característico dos indígenas abusar da *pimenta*. *Vide Tachos e panelas*: historiografia da alimentação brasileira, Recife, Comunicarte, 1999.

15. Como bem salienta Lima, "a presença africana na mesa brasileira faz a nossa fama internacional. Pernambuco, Bahia, Rio de Janeiro, Minas Gerais e São Paulo tornaram-se registros, daí se propagando para todo o Brasil, pela presença maciça das culturas negras sudanesas e bantus". Dessarte, cumpre afirmar que todos os pratos vindos da África foram reelaborados no Brasil com o *azeite de dendê* (extraído da palmeira plantada pela orla ocidental e oriental africana com muitas variedades e trazida para o País nas primeiras décadas do século XVI), propiciando a elaboração no Brasil de alimentos como a *moqueca de peixe baiana*. Outros pratos têm origem africana, embora denominados "comida de brasileiros": *moqueca de crustáceos e de peixe, feijoada* (criada segundo alguns estudiosos a partir da ideia de incluir os mais populares – feijão preto ou feijão mulatinho – com carnes e verduras a partir do famoso "cozido" trazido pelos portugueses, *é considerada o primeiro prato brasileiro para os brasileiros em geral e procurada por todo estrangeiro como atração turística), mocotó, caruru de quiabos, vatapá, galinha de caçarola, lombo de porco assado com rodelinhas de limão*, enfim produtos de uma técnica culinária entregue aos negros na cozinha como uma solução tipicamente sul-americana onde os escravos ficavam ligados à família do colonizador. *Vide Tachos e panelas*, cit., *passim*.

civilizatório[16], já se projetam rotas culturais cujo eixo é a gastronomia, merecendo destaque a *Oktoberfest*[17] (que se realiza em Blumenau, Estado de Santa Catarina) e mesmo as Festas Juninas (Santo Antônio, São João e São Pedro), de grande importância no Nordeste e Norte do Brasil, que com suas comidas típicas (além das fogueiras e quadrilhas) atraem muitas pessoas no mês de junho para cidades como Caruaru (Pernambuco) e Campina Grande (Paraíba).

## 1.3. TURISMO HISTÓRICO

O interesse de muitas pessoas em ter acesso a obras, objetos, documentos, edificações e espaços em locais representativos de eventos passados relacionados a determinados povos, agrupamento de pessoas ou mesmo indivíduos específicos faz com que a atividade econômica denominada *turismo histórico*[18] se enquadre como impor-

---

16. A colonização brasileira teve início na época em que a mesa de Portugal, segundo Lima, se aprimorara e passava a ser considerada "primeira da Europa", o que não significa concluir, em nossa visão, que os efeitos da "primeira mesa europeia" pudessem ter imediatos reflexos na realidade da população que habitava o território brasileiro, assim como importa salientar que, conforme ensina Evaldo Cabral de Mello, "não seria de esperar que, malgrado a capacidade lusitana de assimilação, o povoador abandonasse os produtos básicos do viver metropolitano". Por outro lado merecem destaque a *cultura alemã*, que não só trouxe para o Brasil sua influência na alimentação mas também reforçou o consumo de algumas iguarias utilizadas pelos portugueses – a cerveja, as carnes salgadas ou defumadas, a salada de batata, o chucrute (salsicha), o pão preto, como algumas das contribuições do hábito alimentar alemão introduzido no Brasil, principalmente no Sul –, e a *cultura italiana*, que sobretudo a partir da segunda metade do século XIX introduziu principalmente em São Paulo e Rio Grande do Sul os hábitos alimentares das *massas de farinha de trigo (macarrão, pizza, polenta, impondo o azeite doce e o tomate)*. *Vide* Lima, *Tachos e panelas*, cit., *passim*, e Evaldo Cabral de Mello, Nas fronteiras do paladar, *Folha de S.Paulo*, 28 maio 2002, caderno "mais".

17. Ensina Schluter que a "*Oktoberfest*, festa secular que goza de grande popularidade no sul da Alemanha, da mesma forma que no sul da América do Sul, foi uma ecofesta em suas origens. Desde meados de setembro até meados de outubro deveria ser consumida a cerveja expressamente preparada para o verão e assim deixar espaço para armazenar a cerveja que se consumiria durante o inverno. A cerveja consumida no verão era preparada segundo um critério especial, para evitar os problemas causados pelo calor. Recebe o nome de *Marzenbier* (cerveja de março), porque sua fabricação não pode estender-se além desse mês. As principais características da *Marzenbier* são: ligeiramente forte, maltada, cor de âmbar, translúcida e com uma fermentação derivada do método vienense de preparação. A partir de 1810, ano em que celebraram seu compromisso matrimonial o Príncipe Herdeiro da Baviera e Teresa da Saxônia, no mês de outubro, a festa foi instituída como evento anual. A mais importante é a que se realiza em Munique, em um grande edifício conhecido como *Theresenwiese* (por Teresa, o nome da noiva, e Wiese, que faz referência à pastagem). A *Oktoberfest* começa em um sábado e dura 16 dias, dos quais participam todos os fabricantes de cerveja de Munique. Durante o primeiro domingo realiza-se grande desfile, e, até o seu final, de 5 a 6 milhões de pessoas que visitam a feira regularmente desfrutam de variada oferta de cerveja". *Vide Gastronomia e turismo*, cit., *passim*.

18. O interesse em conhecer o mundo que nos cerca mediante verificação de novas culturas já era observado no século XVI. Ao dissipar a "aura santificada" dos templos miraculosos para onde os peregrinos afluíam diminuindo as "atrações sobrenaturais" (turismo religioso), contribuiu a Reforma Protestante para que o novo espírito de averiguação da Renascença pudesse criar forte interesse em conhecer outros locais e outras culturas. Daí o surgimento do denominado *Grand Tour*, viagens realizadas pelos filhos dos nobres, burgueses e comerciantes ingleses (que, saídos de Oxford e Cambridge, deveriam percorrer o mundo, ver como ele era governado e se preparar para ser membro da classe dominante), *financiadas pela rainha Elizabeth*, com a finalidade de completar os conhecimentos culturais adquiridos na Inglaterra com

tante mecanismo com finalidade lucrativa a ser explorado pelas pessoas jurídicas de direito público interno e de direito privado. O acesso aos *museus*, local destinado a adquirir, conservar, pesquisar, expor e divulgar as evidências materiais e ainda os bens representativos do homem e mesmo da natureza com a finalidade de promover o conhecimento, a educação e principalmente o lazer, tem sido elemento essencial de atração em face do turismo histórico. No Brasil existem aproximadamente 1.300 instituições museológicas que apresentam grande diversidade, merecendo destaque, entre outros, o *Museu Imperial* (situado em Petrópolis-Rio de Janeiro e possuidor de valioso arquivo histórico do período monárquico brasileiro – acervo com cerca de cem mil documentos – além da coroa imperial de D. Pedro I e D. Pedro II bem como importantes objetos representativos da cultura nacional e particularmente do patrimônio cultural do período da Monarquia Brasileira), o *Museu da República* (situado no Rio de Janeiro e antes conhecido como Palácio do Catete – sede dos governos republicanos desde 1896 e utilizado por 18 presidentes da República até Juscelino Kubitscheck –, com fotos, documentos, objetos, mobiliário e obras de arte do século XIX e XX que integram seu acervo), o *Museu Histórico Nacional* (criado por D. João VI em 1818 e considerado o maior museu de História Natural da América Latina, está situado no Rio de Janeiro e possui acervo de 300 mil itens entre peças históricas e artísticas, documentos manuscritos e iconográficos – com destaque para o trono de D. Pedro II, a caneta da Princesa Isabel oferecida após a abolição da escravatura e o malhete maçônico de D. Pedro I –, além de porcelanas, pratarias, arte sacra, ourivesaria e marfins religiosos de origem indo-portuguesa, bem como arquivo histórico que reúne 50 mil documentos, biblioteca com 60 mil volumes, valiosa coleção de canhões portugueses, ingleses, franceses, holandeses e brasileiros e ainda carruagens de época), o *Museu Nacional de Belas- -Artes* (situado no Rio de Janeiro, conta com 14.429 peças, reunindo valiosa coleção da arte brasileira do século XIX, particularmente artistas como Vitor Meirelles, Pedro Américo, Almeida Junior, entre outros), o *Museu Paulista* (situado em São Paulo e conhecido como *Museu do Ipiranga*, conta com um acervo de mais de 125 mil unidades entre objetos, iconografia e documentação arquivística do seiscentismo até meados do século XX destinados a compreender a sociedade brasileira), a *Cinemateca Brasileira* (situada em São Paulo e formada por patrimônio de 150 mil rolos de filmes com 30 mil títulos, o acervo constitui a maior coleção de filmes da América Latina que se referem a obras de ficção, documentários, cinejornais, publicidades e registros familiares brasileiros e estrangeiros abrangendo o período de 1895 até os dias de hoje assim como a coleção de imagens – filmes e vídeos – *da primeira emissora de TV brasileira*, a extinta *TV Tupi*; seu catálogo reúne nomes ilustres, como dos cineastas brasileiros Mário Peixoto, Humberto Mauro, Alberto Cavalcanti, Glauber Rocha, Leon Hirzman, Joaquim Pedro de Andrade, Nelson Pereira dos Santos, e ainda filmes importantes, a saber,

---

a realização de uma grande viagem pelos países de maior fonte cultural do velho continente com o objetivo de alcançar a consideração cultural imposta agora na Idade Moderna. Iniciado no século XVI e atingindo seu ápice no século XVIII, o *Grand Tour* chegou a ser considerado por Francis Bacon como um "mercador de luz", experiência de um turista que vai ao exterior para alargar conhecimentos. *Vide História das viagens*, cit., *passim*.

*Deus e o Diabo na Terra do Sol, Vidas Secas, Ganga Bruta, Limite, Terra em Transe, Macunaíma, O Bandido da Luz Vermelha, O Pagador de Promessas, O Cangaceiro, Rio 40 Graus,* entre outros mais recentes), o *Museu de Arte de São Paulo* (conhecido como Masp, coloca-se como primeiro centro cultural de excelência do Brasil na medida em que realizou e realiza todos os eventos relacionados com criações artísticas: pintura, escultura, gravura, arquitetura, *design*, mobiliário, moda, música, dança, biblioteca, escola, teatro, cinema, *workshops*, lançamento de livros e conferências), o *Museu de Arte Moderna* (situado em São Paulo e conhecido como MAM, é o mais antigo museu de arte moderna do País, possuindo cerca de duas mil obras, quase todas produzidas no Brasil, em sua maioria gravuras e objetos, além de pinturas e esculturas de Tarsila do Amaral, Di Cavalcanti, Alfredo Volpi, Brecheret, Amílcar de Castro, Tomie Ohtake, Baravelli, entre outros importantes artistas nacionais), o *Museu da Inconfidência* (situado em Ouro Preto-Minas Gerais, tem acervo relevante vinculado aos séculos XVIII e XIX, assim como dos inconfidentes mineiros) e o *Museu do Diamante* (situado em Diamantina-Minas Gerais, sua finalidade é recolher, classificar, conservar e expor elementos característicos das jazidas, formações e espécimes de diamantes ocorrentes no Brasil, além de objetos de valor histórico relacionados com a indústria daquela mineração em face dos aspectos mais variados; tem acervo composto de 1.675 objetos do século XVIII e XIX entre pinturas, esculturas, desenhos, cédulas, moedas, acessórios de interior, mobiliário, equipamentos, utensílios domésticos e de iluminação).

## 1.4. TURISMO ARQUEOLÓGICO

Muito bem explorado por países como Egito[19], Itália[20], Grécia[21], Peru[22] e México[23], entre outros, e destinado a atrair as pessoas interessadas em ter acesso aos locais

---

19. A poucos quilômetros a oeste e a sudoeste do Cairo encontram-se as tumbas dos faraós, as famosas *pirâmides do Egito*. As mais conhecidas das cerca de 80 situadas na margem ocidental do Rio Nilo (inclusive a primeira grande construção piramidal em pedra que substituiu as antigas mastabas – túmulos retangulares de tijolos de grande simplicidade –, a pirâmide de Zoser) são as de El Giza (Quéops, Quéfren e Miquerinos), "vigiadas" pela Esfinge (ser fabuloso com corpo de leão e feições atribuídas ao faraó Quéfren), que dirige seu olhar para o leste "zelando" pela paz eterna dos faraós mortos. Tebas, situada a 675 quilômetros do Cairo, também conseguiu conservar os impressionantes templos de Amon-Ra em Al Karnak e Luxor, sendo que os monumentos núbios desde Abu Simbel até a ilha de Filé, autêntico museu arqueológico ao ar livre localizado ao sul do Egito (entre Assuã e a fronteira do Sudão), com as estátuas e os templos monumentais escavados pelo faraó Ramsés II em um maciço de arenito sobre o rio Nilo, quase foram inundados (1964/1968) com a construção da represa de Assuã (como solução, referidos templos foram removidos para uma área mais elevada). O projeto de salvamento dos monumentos do Egito – que estavam a ponto de ser inundados pelo nível das águas da barragem Nasser –, de grande complexidade e finalizado em 5 anos com custo de 42 milhões de dólares, marcou importante etapa da denominada "arqueologia de salvação", tema absolutamente compatível com os atuais valores culturais que orientam o direito ambiental brasileiro.

20. Maior museu a céu aberto da antiguidade, as ruínas da cidade de *Pompeia* revelam o que foi um dos locais mais agradáveis para se morar em todo o Império Romano. Destruída em 24 de agosto de 74 em decorrência da erupção do Monte Vesúvio (que durou três dias lançando lavas e gases sobre a cidade,

soterrando tudo e todas as pessoas sob 6 metros de rochas), suas ruínas foram encontradas no século XVI, tendo sido iniciada sua escavação em 1748. A poeira penetrada em todos os espaços ajudou a preservar intactos objetos, pinturas e inscrições nas paredes, o que permitiu uma reconstrução inédita e com pormenores da vida cotidiana da cidade e de seus moradores. Embora o próprio *art. 9º da Constituição da República italiana* (27-12-1947) determine a proteção do patrimônio histórico e artístico da nação pela República italiana, o aumento constante da contaminação ambiental durante as últimas décadas vem causando graves problemas aos sítios arqueológicos, conforme se verifica atualmente na denominada zona da *Roma Imperial*, localizada no centro da capital da Itália e local onde se encontram os mais famosos monumentos arquitetônicos da *Roma Clássica* (*o Foro Romano, o Panteão, o Coliseu e as Termas*). As estátuas/esculturas romanas que adornavam o centro do maior e mais prolongado império da antiguidade, embora tenham sobrevivido às invasões dos bárbaros, não sobreviverão, ao que tudo indica, às lesões ambientais...

21. É verdadeiramente impossível lembrar da Grécia e mencionar Atenas sem que imediatamente venha à nossa memória o estupendo conjunto da *Acrópole*. Localizada no centro da capital grega, isolada no alto de um monte de origem calcária e elevando-se sobre o conjunto de edificações de Atenas, a Acrópole abriga o que restou de algumas das magníficas construções que datam do século V a.C. e principalmente o *Partenon* (nome que vem da deusa Atenea Pártenos), mais célebre monumento da Grécia, desenvolvido pelo escultor Fídias e os arquitetos Calícrates e Ictino, que conseguiram mesclar de forma harmônica elementos dóricos e jônicos e, mediante refinada curvatura de todas as linhas verticais e horizontais, atribuir a um templo de grande envergadura (e de sóbria beleza de mármore claro) um surpreendente ar de leveza, fazendo com que se tornasse um padrão em que se unem a concepção ideal da forma e das proporções humanas. Sob o comando de Fídias, foi criada uma obra com 160 metros de extensão, de grande realismo, mostrando animais de sacrifício assim como músicos e mulheres e homens que portavam oferendas e alguns objetos usados nas procissões de culto à deusa protetora de Atenas (as conhecidas Panateneias), colocada como friso no frontão do templo do Pártenon. A maior parte do friso foi lamentavelmente retirada do local há duzentos anos (com o consentimento oficial dos dominadores turcos que à época se encontravam na Grécia) pelo delegado britânico *lord* Thomas Elgin e encontram-se hoje no British Museum como indiscutíveis "estrelas" do museu britânico (são chamadas de "Elgin Marbles"). Os fabulosos monumentos encontrados na Acrópole sofrem nos dias de hoje com os gases produzidos pelo intenso tráfego de veículos em Atenas, assim como pela fumaça das indústrias e pelos gases desprendidos pelos sistemas de aquecimento dos edifícios públicos e particulares. Dessarte, embora o *art. 24 da Constituição grega* (votada em 1975 e reformada em 1986) imponha ao Estado a proteção do ambiente natural e cultural, obrigando-o a adotar medidas especiais, preventivas ou mesmo repressivas, com vistas em assegurar a incolumidade ambiental, assim como estabelecendo tutela específica vinculada aos monumentos e aos lugares históricos (art. 24.6.), "a nuvem" (*to nephos* em grego) vem provocando graves danos aos monumentos e também à população. Merecem também destaque *o sítio arqueológico de Delfos* (cidade que abrigava o santuário de Apolo mais célebre da Grécia, sendo, como Olímpia, uma das sedes dos populares jogos pan-helênicos e local onde existia um oráculo conhecido em todo o mundo antigo), localizado na costa sul da Grécia, no golfo de Corinto; *o sítio arqueológico de Olímpia* (local onde havia importante santuário consagrado a Zeus, tendo-se convertido em local de peregrinação e, a partir do ano 700 a.C., local de celebração regular de jogos em homenagem a esse deus com a participação de atletas provenientes de todas as partes da Grécia e outras regiões, inspirando Pierre de Coubertin a instituir os modernos *Jogos Olímpicos*), localizado na parte ocidental da península do Peloponeso; *o sítio arqueológico de Epidauro* (lugar de peregrinação da antiguidade, possui o maior e mais bem conservado teatro da Grécia antiga com excelente acústica), localizado no nordeste da península do Peloponeso, e ainda *o sítio arqueológico de Delos* (importante lugar de culto a Apolo, é um dos mais célebres museus ao ar livre na Grécia), localizado nas ilhas Cíclades no Mar Egeu central.

22. As ruínas de *Machu Picchu* ("velha montanha"), localizadas na zona andina do território de Cuzco, ao revelar perfeita arquitetura e importância cultural de uma cidade com templos, moradias, oficinas de trabalho e terrenos escalonados que se integram de forma harmônica na paisagem montanhosa dos Andes, converteram-se, sem dúvida alguma, na mais notável descoberta arqueológica do Peru e mesmo da América do Sul.

23. Os *olmecas* – o povo jaguar da América –, mais antiga civilização do continente americano, ocuparam uma área de 18 mil quilômetros no que hoje corresponde ao sul do México. Estatuetas de jade, potes de cerâmica, além de grandes cabeças de pedra encontrados na região (as famosas *cabeças de basalto* da denominada Mesoamérica) revelam ao mundo o conhecimento desse povo vinculado aos astros,

em que se encontram vestígios materiais de ocupações humanas passadas (e obviamente seus costumes e culturas) por meio de variado material (fósseis, artefatos, monumentos etc.), destina-se o turismo arqueológico a viabilizar o ecoturismo em face dos denominados sítios onde seres humanos originariamente em estágio ágrafo (povos sem escrita) ocupavam determinado território (sítios de valor arqueológico). No Brasil existem mais de 20 mil sítios arqueológicos catalogados, sendo 5 tombados, a saber: *Sambaqui*[24] *do Pindaí* (em São Luís, Maranhão), *Parque Nacional da Serra da Capivara*[25] (São Raimundo Nonato, Piauí), *Inscrições Pré-Históricas do Rio Ingá*[26] (Ingá, Paraíba), *Sambaqui da Barra do Rio Itapitangui* (Cananeia, São Paulo) e *Lapa da Cerca Grande*[27] (Matozinhos, Minas Gerais), merecendo ainda grande destaque a *região de Lagoa Santa*[28]

---

à agricultura, à arte, à linguagem e à religião, que influenciou outros povos da região que prosperaram depois dele e que acabaram tornando-se mais famosos, como os *astecas* e os *maias*. Os *astecas*, também conhecidos como *mexicas*, chegaram aproximadamente em 1325 d.C. na Mesoamérica (que hoje englobaria o México, a Guatemala, Honduras e El Salvador), tendo desenvolvido muitas formas de manifestação artísticas (eram escultores, ourives, poetas, atores, dançarinos, pintores, mestres em cinzelagem, além de músicos). Na região do México, em uma ilha do lago Texcoco, construíram a capital de seu império – *Tenochtitlan* (hoje Cidade do México, local onde se localizaram e ainda se localizam de forma abundante várias peças de interesse arqueológico como o calendário religioso asteca) –, onde havia palácios, templos, mercados e canais de irrigação. Os *maias*, que ocuparam a América Central por mais de vinte séculos, foram por seu turno a primeira civilização a florescer no hemisfério ocidental. Atingindo alto grau de evolução (matemática e astronomia), tem em suas pirâmides com topos terraceados o símbolo de sua arquitetura, sendo os sítios arqueológicos de *Chichen Itzá* (e sua *Pirâmide de Kukulkan*) e *Uxmal* locais de atração dos mais interessantes da América. Merece ainda grande atenção o sítio arqueológico de *Teotihuacan*, a metrópole dos deuses, e suas *Pirâmides do Sol* (a maior da America Latina) *e da Lua*, perto da atual capital do México, no âmbito do ecoturismo.

24. *Sambaquis* são amontoados de conchas e restos de alimentos feitos por povos antigos (e que alguns entendem ser edificações erguidas para sepultamento de mortos), que habitavam o litoral e as beiras de lagoas e rios. No Brasil a maioria se encontra nos litorais de Santa Catarina e de São Paulo; os mais antigos datam de 6 mil anos atrás, sendo importantes fontes de informação para tentar descobrir quem eram e como viviam esses povos. Os sambaquis chegavam a ter 40 metros de altura e mais de 500 metros de comprimento.

25. O Parque tem mais de 400 sítios ricos em pinturas rupestres (realizadas em rochas e cavernas por indivíduos de povos primitivos), abarcando uma área de 130 mil hectares, lugar de grande beleza na árida paisagem do sertão do Piauí. A formação da *Pedra Furada* impressiona com sua abertura de 15 metros de diâmetro num paredão com mais de 60 metros de altura, sendo o verdadeiro "cartão postal" do Parque. No local, desde 1973 são realizadas pesquisas arqueológicas, descobrindo-se, no sítio do Boqueirão da Pedra Furada, vestígios do *Homo sapiens sapiens* que datam de até 50 mil anos, o que suscita até hoje grande polêmica internacional na medida em que questiona a teoria arqueológica por muitos aceita (há mais de meio século) de que o homem teria chegado ao continente americano entre 12 a 15 mil anos atrás, saindo da Ásia e atravessando o Estreito de Behring, dispersando-se do Alasca para as Américas.

26. As complexas gravuras rupestres de Pedra Itacoatiaras do Ingá tornam a região conhecida como um dos mais importantes sítios do Brasil.

27. Em 1837 o local foi visitado por Peter Lund, que encontrou restos de animais extintos e cerca de 100 desenhos rupestres, representando cenas de caça a esses animais.

28. *Lagoa Santa é a região em que teria nascido a arqueologia brasileira* com o dinamarquês Peter Lund (em 1836). Abriga mais de 400 sítios, e num deles, na Gruta do Sumidouro, foi encontrado o crânio de *Luzia, considerada o mais antigo ser humano do Brasil com 12 mil anos* (alguns arqueólogos entendem que 48 mil anos atrás pessoas já trabalhavam à luz de uma fogueira na região do Piauí, sendo certo que outros afirmam que encontraram registro de pessoas na região do Mato Grosso há 23 mil anos). Caçadora e coletora de vegetais, com traços negroides típicos de populações africanas e da Oceania, Luzia teria vivido num pequeno grupo nômade que teria desaparecido por volta de 6 mil anos atrás.

(Minas Gerais), *Monte Alegre*[29] (Pará) e *Chapada do Araripe*[30] (Ceará/Pernambuco). Tão importantes para o Brasil quanto as ruínas encontradas em outros países e evidentemente merecedoras de tutela jurídica, a exemplo dos outros sítios antes referidos, as *Ruínas de São Miguel das Missões*[31] (São Miguel das Missões, Rio Grande do Sul) também merecem indicação como evidente exemplo em que o acesso de ecoturistas não pode ser indiscriminado, cabendo o controle jurídico da área com a aplicação das normas ambientais pertinentes.

## 2. O USO DO MEIO AMBIENTE ARTIFICIAL EM PROVEITO DO ECOTURISMO

O meio ambiente artificial, como já tivemos oportunidade de salientar, não só envolve juridicamente em nosso país o espaço urbano construído (e evidentemente o denominado conjunto arquitetônico e urbanístico) mas sobretudo, ante uma visão sistemática do direito ambiental brasileiro em vigor, o território (terra urbana) destinado às pessoas e os demais meios necessários à sua sobrevivência dentro de uma ordem

---

29. Foram encontradas em Monte Alegre milhares de peças, como pontas de flechas e cacos de cerâmica. A datação do material demonstrou a existência de uma povoação de 12 mil anos naquela região. A Amazônia foi efetivamente o berço de culturas avançadas que se desenvolveram em nosso território mais de mil anos antes de Cabral chegar ao Brasil. Recentes descobertas arqueológicas em pelo menos dois pontos distintos da *Amazônia brasileira* consideram que astecas, maias e incas não eram os únicos a ter monopólios das sociedades complexas na época do desembarque de Cristóvão Colombo, sendo certo que nos últimos anos importantes trabalhos de campo realizados no Alto Xingu, no norte de Mato Grosso e na confluência dos rios Negro e Solimões, a cerca de 30 quilômetros de Manaus, no Amazonas, indicam a existência de grandes e refinados assentamentos humanos habitados simultaneamente por alguns milhares de pessoas, nessas áreas de 500 anos atrás ou mesmo antes disso, conforme matéria da revista *Science* de 19-9-2003. Na *região da Ilha de Marajó*, importante civilização se teria desenvolvido entre os anos de 400 e 1300 d.C. (sua cerâmica está entre as mais antigas do continente americano) com amplo domínio sobre a agricultura e possuindo aldeias que chegavam a abrigar 5 ou mesmo 6 mil habitantes inclusive com tecnologia destinada a criar aterros artificiais; a *civilização tapajônica*, que ocupava a *região de Santarém (Pará)*, era uma das maiores e mais poderosas nações indígenas da Amazônia, possuindo aldeias (que funcionavam como cidades) de tal forma populosas que conseguia mobilizar até 60 mil homens para combates.

30. Conforme matéria divulgada na revista *Nature* em 30 de outubro de 2003, foi descoberto no local o *fóssil do pterossauro Anhanguera santanae*, réptil voador com 115 milhões de anos, que tinha 4 metros de uma ponta a outra da asa e possuidor de crânio perfeitamente adaptado para estabelecer voo de grande precisão. Trata-se de observar não só a tutela jurídica do local em face do ecoturismo arqueológico senão a particular proteção jurídica destinada aos fósseis nos sítios de valor paleontológicos em decorrência do que estabelece o art. 216, V, da Constituição Federal.

31. Aldeamentos fundados pelos jesuítas espanhóis no final do século XVII e início do século XVIII para abrigar os índios guaranis visando sua catequização, as *7 Reduções* (como também eram conhecidos os povoamentos) de São Miguel, São Nicolau, Santo Ângelo, São Lourenço, São João Batista, São Luiz Gonzaga e São Francisco Borba têm na *Missão de São Miguel* a síntese das regras de povoação da Coroa Espanhola, conforme estabelecido nas "Leyes de Indias – de la población de las ciudades, villas e pueblos". O traçado desenvolvia-se em torno de uma praça quadrangular, medindo aproximadamente 130 metros de lado. A Igreja era a principal edificação (1735/1747), existindo ainda a residência dos padres, o colégio, as oficinas, o cemitério, o edifício do cabildo (a prefeitura, onde se reunia o Conselho de Caciques, que dirigia a Redução num sistema cooperativo diferente do sistema colonial escravagista), o hospital, assim como as casas dos índios.

econômica capitalista (trabalho e consumo) que respeite o direito constitucional da pessoa humana destinado a articular de forma digna a vida diante do meio, do recinto, enfim, do espaço em que se vive. No Brasil restou assegurado pela Lei n. 10.257/2001 o direito às cidades sustentáveis, adotando referida norma importante diretriz no que se refere aos deveres do Poder Público Municipal ante os direitos dos habitantes das cidades (arts. 182 e 183 da CF).

As cidades em nosso país são, por via de consequência, no plano jurídico, bens ambientais regrados e protegidos pelo direito constitucional em vigor e gerenciados no sentido de restar garantido o bem-estar de seus habitantes.

É exatamente em decorrência desse *bem-estar existente nas cidades* (ou que deveria existir em toda cidade...) que estas, *em face de circunstâncias peculiares*[32], assumem condição que muitas vezes as caracteriza como importantíssimo atrativo àqueles que, em busca do lazer, realizam suas viagens.

Dessarte, o uso das cidades e suas "atrações"[33] vinculado ao ecoturismo indica uma das mais conhecidas modalidades em proveito das pessoas, exigindo, no

---

32. Elvia Bezerra, em interessante reportagem a respeito da "Festa Internacional Literária de Paraty", lembra que *o poeta Manuel Bandeira teria criado uma classificação das cidades de acordo com o coração.* Para ele, Londres e Amsterdã não teriam coração, enquanto Paris e Haia teriam. Haveria nestas uma espécie de centro, referência essencial que dá ao visitante aquele calor deixado na origem. As cidades, segundo ele, poderiam ainda ser magras, "magríssimas", como Recife, onde nasceu, ou ainda gordas, como Belém do Pará, e ainda enxutas, como São Paulo. *Vide Leitura*, publicação cultural da Imprensa Oficial do Estado de São Paulo, ano 21, n. 8, ago. 2003.

33. Evidentemente o chamado turismo religioso, o turismo gastronômico e o turismo histórico, dentre outros, estão muitas vezes incluídos nas atrações que indicam as peculiaridades de cada cidade. Não é o caso de inserir, na realidade brasileira, o denominado TURISMO SEXUAL, *modalidade impedida por nossa Carta Magna,* visto que a pessoa humana, portadora que é de sua dignidade (art. 3º, III), não pode ser objeto de "atividades econômicas" desenvolvidas por "fornecedores de serviços" que estariam a agenciar mulheres e homens em proveito das "fantasias sexuais" de turistas/consumidores. Em *Amsterdã (Holanda)*, ao contrário, o turismo sexual é atividade controlada e regulamentada pelo Poder Público, sendo mundialmente famoso, como atração turística, o *Red Light District* (Bairro da Luz Vermelha), local em que as garotas (em maior número que garotos) de programa expõem-se de diferentes formas em vitrinas instaladas nas fachadas das casas para atrair seus clientes. Trata-se evidentemente de observar o direito como um produto cultural de cada povo, ainda que possamos constatar os dispositivos da *Lei Fundamental (Grondwet) do Reino dos Países Baixos (texto revisado em 19-1-1983)*; a cultura europeia (e particularmente a Holanda com sua tradição histórica de tolerância, inclusive no que se refere ao consumo de drogas leves que são vendidas em alguns *coffee shops* de Amsterdã para maiores de 18 anos e até um limite máximo de 30 gramas), em nossa visão, de fato pode propiciar uma modalidade de ecoturismo sem violentar a dignidade de pessoas que, relativamente bem informadas a respeito de seus direitos e deveres, dificilmente seriam "usadas" por fornecedores inescrupulosos. A questão do "turismo sexual" todavia vem se apresentando em nosso país como atividade violadora dos direitos humanos fundamentais, sendo relativamente comuns notícias de brasileiras que, enganadas com promessas as mais variadas, são mantidas cativas e forçadas a se prostituir não só no Brasil como na Europa (é o caso de denúncia da revista *Time*, que publicou em 2003 reportagem denunciando o cativeiro de brasileiras forçadas a se prostituir na cidade portuguesa de Bragança, considerada pela revista como o "novo bairro da luz vermelha na Europa). Além disso, segundo informações de estudo realizado pelo Ministério da Justiça, existiriam no Brasil 241 rotas de tráfico de mulheres e meninas que estariam sendo usadas para a prostituição não só em nosso País como "exportadas" para outros países como a Espanha (em maior número), a Holanda (2º maior destino das brasileiras) e a Suíça, o que demonstra a gravidade do tema vinculado à exploração da dignidade da pessoa humana. O tema é extremamente polêmico, a ponto de o Ministério da Justiça da *Tailândia* (país em que a "indústria" do sexo amplamente disseminada em seu território arrecada em torno de US$ 2,5 bilhões por ano) estar iniciando um debate público a respeito do tema, recebendo críticas as mais variadas, como a de

plano normativo, um claro regramento diante da necessidade de assegurar, de forma equilibrada, o pleno desenvolvimento das funções sociais da cidade determinado pelo direito ambiental brasileiro[34]. É exatamente o caso de destacar no Brasil, entre outras, cidades como *Congonhas do Campo*[35] (Minas Gerais), *Diamantina*[36] (Minas Gerais), *Ouro Preto*[37] (Minas Gerais), *Olinda*[38] (Pernambuco), Salvador[39] (Bahia),

---

uma organização de defesa dos direitos das cerca de 200 mil prostitutas tailandesas, bem como da Universidade Chulalongkorn e de partidos políticos locais. *Vide* matérias no Jornal *O Estado de S.Paulo*, de 21 out. 2003, Cidades, C4, *O Estado de S.Paulo*, 29 out. 2003, Cidades, C5, e *Folha de S.Paulo*, de 3 nov. 2003, Mundo, A10.

34. O ecoturismo, enquanto empreendimento (privado ou mesmo público), necessita no âmbito das cidades de ESTUDO PRÉVIO DE IMPACTO DE VIZINHANÇA, além de Estudo Prévio de Impacto Ambiental, conforme interpretação sistemática das normas ambientais constitucionais e diante do que determina a Lei federal n. 10.257/2001 (Estatuto da Cidade). Para estudo mais aprofundado, *vide* nosso *Estatuto da Cidade comentado*: Lei 10.257/2001 – lei do meio ambiente artificial, São Paulo, Revista dos Tribunais, 2002, *passim*.

35. Verdadeiro sítio de valor artístico tutelado pelo art. 216, V, da Constituição Federal, a cidade é possuidora do Santuário do Bom Jesus de Matosinhos, verdadeira obra-prima de Antonio Francisco Lisboa, o Aleijadinho. Formado pela capela de Bom Jesus, Romaria, pórtico, escadarias, muros e parapeitos, assim como por 6 capelas (com imagens que relatam a Via Sacra) e 64 esculturas em tamanho natural, o sítio mostra o fabuloso conjunto dos *doze profetas* esculpidos em pedra-sabão dispostos harmoniosamente.

36. Possuidora de importantíssimo conjunto arquitetônico e urbanístico e originária da descoberta de diamantes, quando então foi fundado o Arraial do Tijuco, a cidade conservou significativas referências culturais do período colonial, apresentando seu centro urbano uma configuração característica das cidades da época com um padrão irregular, inclusive com arruamentos transversais à encosta marcados pelas ruas paralelas com pequenas variações de abertura ou desvio de alguns becos e ruas estreitas. Além disso, conta com importantes monumentos para a história da arte e da arquitetura no Brasil, destacando-se não só as igrejas das Mercês, Amparo, Carmo, Rosário, São Francisco de Assis, Senhor do Bonfim, senão a casa da *Chica da Silva* (escrava, filha de uma negra e um branco, que ficou famosa, tornando-se livre, rica e com grande inserção na sociedade local – pertencia às Irmandades de São Francisco, Carmo, exclusiva de brancos, Mercês, exclusiva de mulatos, e Rosário, exclusiva de negros –, por se unir ao contratador João Fernandes de Oliveira e ter conquistado grande prestígio, usufruindo de todas as regalias antes exclusivas das senhoras brancas; a união revelou como era comum numa sociedade hierarquizada – século XVIII – homens brancos de destaque social se relacionarem com suas escravas) e os prédios projetados por Oscar Niemeyer (Hotel Tijuco, Faculdade Federal de Odontologia de Diamantina, Escola Estadual Professora Julia Kubistchek e Diamantina Tênis Clube).

37. Antiga capital de Minas Gerais, fundada em 1698, Vila Rica, atual *Ouro Preto*, tem sua origem na descoberta e exploração do ouro. Sua história tem íntima ligação com a Inconfidência Mineira e o movimento pró-Independência do Brasil. Seu conjunto urbanístico merece destaque por sua estrutura de traçado orgânico com configuração das ruas e edificações vinculadas à configuração do sítio, com suas encostas e montes gerando ruas tortuosas e várias ladeiras, assim como construções feitas de argamassa ou tijolos, com um, dois ou mais andares, rodeando várias praças e ruas, chamando a atenção por seu aspecto senhorial. As igrejas de Ouro Preto (São Francisco de Assis, Nossa Senhora do Pilar, Nossa Senhora da Conceição, Nossa Senhora do Carmo), assim como várias outras construções (Praça Tiradentes, Praça da Câmara e Cadeia, Casa dos Contos, Casa da Baronesa, Chafarizes do Alto da Cruz e Alto da Cabeça, Ponte de Marília), merecem grande destaque no panorama da arquitetura mundial, além das obras de Aleijadinho apontando a existência do denominado Barroco Mineiro, que incorporou influências brasileiras ao Barroco e Rococó europeus.

38. Fundada em 1535 por Duarte Coelho Pereira (que, como primeiro donatário da Capitania de Pernambuco, se teria encantado diante da paisagem avistada do alto das colinas, dizendo: "Ó linda situação para se fundar uma villa") e um dos mais importantes centros do Brasil Colonial, *Olinda* conserva até hoje o traçado urbano e a paisagem da vila quando os portugueses iniciaram a ocupação do Brasil. Acomodada sobre 8 colinas interligadas por ruas e ladeiras íngremes, possui traçado urbano característico dos povoados portugueses de origem medieval, sendo um verdadeiro "jardim recheado de obras-primas", como já afirmado por um consultor da Unesco em decorrência de sua ambiência paisagística (o sítio tem plantado em seus logradouros, jardins e quintais diversas árvores frutíferas como coqueiros, mangueiras, jaqueiras, sapotizeiros etc.). Possuidora de igrejas notáveis, construídas a partir do século XVI pelas missões religiosas, veio a cidade a se destacar pelas características da arquitetura popular, absorvendo a cultura herdada por Portugal e adaptando-se às condições brasileiras que acabaram realizando-se sem o sacrifício da

*Brasília*[40] (Distrito Federal), *São Luís do Maranhão*[41] (Maranhão), *Cidade de Goiás*[42]

implantação urbana primitiva e da relação de integração paisagística (trata-se, de fato, de um sítio em que o núcleo urbano está imerso em verdadeira "massa verde" sob a luz tropical, tendo ao pé a praia e o oceano).

39. Sede do Governo Geral por mais de 200 anos e uma das primeiras cidades fundadas no Brasil (em 1549 por Tomé de Sousa), *Salvador* tem sua organização assemelhada às cidades do Porto e Lisboa, com forte caráter defensivo, própria do momento histórico em que começou a ser implantada. Passagem obrigatória de todas as embarcações de comércio oriundas da África, da Índia e da China para o Brasil – ficava a meio caminho entre a Europa e o Oriente, além de dividir o Brasil praticamente ao meio em norte e sul –, representou durante o período de colonização e de comércio do mundo português um dos mais importantes portos do globo sob o ponto de vista comercial assim como estratégico. Seu acervo arquitetônico constituído por igrejas, fortes, palácio e solares antigos são exemplos típicos da cultura lusitana, destacando-se o denominado *Pelourinho*, na Cidade Alta (a área urbana desde os tempos coloniais está implantada sobre dois sítios de níveis topográficos bem destacados: uma área ao nível do mar – a "Cidade Baixa" – e uma área na colina – a "Cidade Alta"), que com edificações importantes constitui o maior patrimônio do centro histórico de Salvador e o mais importante polo de atração turística da cidade. Além da riqueza de sua arquitetura, Salvador se destaca pela culinária, festas populares (Carnaval) e festas de caráter religioso (o Terreiro da Casa Branca do Engenho Velho, o mais antigo do Brasil, e o de Gantois são os mais conhecidos como locais de práticas religiosas trazidas pela cultura africana), sendo considerada por alguns a capital brasileira que melhor sintetiza a "diversidade racial" do País.

40. Nascida em 1960 (não como uma ideia original, na medida em que José Bonifácio de Andrada e Silva, o Patriarca da Independência, em 1823, já havia elaborado proposta para a criação de uma nova capital no interior do País, designando a Comissão Cruls para definir sua localização) "do gesto primário de quem assinala um lugar ou dele toma posse: dois eixos cruzando-se em ângulo reto, ou seja, o próprio sinal da cruz", na afirmação do autor do Plano Piloto da cidade, Lúcio Costa, *Brasília* tornou concreto o pensamento urbanístico internacional dos anos 50, traduzindo os princípios da Carta de Atenas de 1933 lançada por famosos arquitetos modernistas. Inaugurada em 1960, e tendo como autor dos principais projetos arquitetônicos Oscar Niemeyer, estabelece em seu *Eixo Monumental* (onde se localizam a Praça dos Três Poderes, a Esplanada dos Ministérios, a Catedral Metropolitana etc.) uma pequena síntese destinada a demonstrar o que teria motivado a capital do Brasil a possuir o título de *primeira cidade moderna considerada Patrimônio Mundial*. Seu projeto urbanístico, protegido inclusive por normas específicas (Lei n. 3.751/60 e Decreto n. 10.829/67, assim como o Decreto Legislativo n. 74/77), ainda hoje conserva o ar de vanguarda que inspirou sua criação, atraindo muitas pessoas interessadas em conhecer uma das cidades mais bem planejadas do mundo.

41. Tendo seu início como um pequeno povoado luso-espanhol em 1531, passando para o domínio francês em 1612 e sendo retomada pelos colonizadores portugueses três anos depois para ser colonizada, após três décadas, pelos holandeses, *São Luís* possui importante conjunto arquitetônico em seu centro histórico considerado *a maior área de arquitetura colonial portuguesa existente no Brasil*. A ausência de modificações ao longo do tempo na área central da cidade preservou um conjunto muito homogêneo, apesar de sua grande extensão, com um casario colonial ainda em bom estado preservando a presença portuguesa nos séculos XVIII e início do século XIX. O plano de urbanização de Frias Mesquita foi decisivo para conferir a São Luís um aspecto de regularidade geométrica destinado a orientar o crescimento da cidade que representou na época grande modernização em relação ao estilo medieval de ruas estreitas e tortuosas adotadas pelos portugueses no Rio de Janeiro, em Olinda e Recife. Todavia, forte conotação lusitana também pode ser observada em São Luís: a "cidade alta" e a "cidade baixa" associadas ao estilo dominante das edificações surgidas a partir do final do século XVII evocam, em vários trechos de sua paisagem urbana, Lisboa e a cidade do Porto.

42. Tendo sua origem em 1739 atrelada à localização de grandes jazidas de ouro por parte do bandeirante Bartolomeu Bueno da Silva, o "Anhanguera", a *cidade de Goiás* foi o *primeiro núcleo urbano a se organizar a oeste da Linha de Tordesilhas* em nosso território. Tendo ocupado papel de destaque na ocupação do Brasil Central durante os séculos XVIII e XIX e mantida como capital do Estado até 1937 (quando foi transferida para Goiânia), Goiás conserva calçamento em pedras irregulares e a trama urbana original adaptada ao relevo, conferindo aspecto particular às ruas que compõem seu harmonioso conjunto que envolve agrupamento de arquiteturas diferentes, convivendo o eclético com o colonial; o meio ambiente artificial com o meio ambiente natural. Goiás representa uma boa síntese do processo de penetração dos Bandeirantes vindos de São Paulo além da Linha de Tordesilhas, ampliando os limites entre os territórios demarcados para portugueses e espanhóis na América do Sul.

(Goiás), *São Vicente*[43] (São Paulo) e *Santos*[44] (São Paulo), além de *Manaus*[45] (Amazonas), *Recife*[46] (Pernambuco), *Florianópolis*[47] (Santa Catarina), *Curitiba*[48] (Paraná), *Belo Horizonte*[49] (Minas Gerais) e, evidentemente, *Rio de Janeiro*[50] e São

---

43. *Cellula Mater* da nacionalidade e pequena povoação onde os primeiros moradores viviam em harmonia com os índios (dentre os primeiros portugueses a viver no local, João Ramalho era casado com a índia Bartira, filha do poderoso cacique Tibiriçá, e Antonio Rodrigues casado com outra índia, filha do cacique Piquerobi), exercendo o livre-comércio com diferentes aventureiros e organizada como eficiente porto de parada com vistas no reabastecimento e tráfico de escravos índios (Mestre Cosme era dono de Japuí e do Porto das Naus, onde teria construído um estaleiro muito conhecido pelos navegadores da época), conforme registro em mapa feito em 1501 trazido por Américo Vespúcio na expedição de Gaspar Lemos, que chegou em nosso território em 22 de janeiro de 1502, *São Vicente é a primeira cidade do Brasil*. Batizada como *Vila de São Vicente* (que representava mais benefícios para o povo na medida em que o termo "vila" era usado para designar uma *cidade organizada*) por Martim Afonso de Souza (navegador português que recebeu a missão de D. João III de colonizar as novas terras conquistadas pelos portugueses, partindo de Lisboa em 3-12-1530) em 1532 (que na verdade como católico fervoroso que era *ratificou* o nome dado pelo navegador português Gaspar Lemos, que havia chegado ao mesmo local 30 anos antes, batizando-de de São Vicente em homenagem a São Vicente Mártir), teve instalada sua Câmara (em 22-8-1532 ocorreram as primeiras eleições populares das três Américas, instalando-se a primeira Câmara de Vereadores do Continente), Pelourinho, Cadeia e Igreja como símbolos da colonização e base da administração portuguesa, partindo da cidade as primeiras expedições portuguesas para o interior do território, inclusive a que fundou São Paulo de Piratininga. Sua Igreja Matriz (construída em 1532, destruída por um maremoto em 1542 e novamente reerguida em 1757 sobre as ruínas da anterior), seu Porto das Naus (*primeiro trapiche alfandegário do Brasil* instalado em 1532), a famosa Biquinha de Anchieta (cenário das meditações e aulas de catecismo do padre jesuíta José de Anchieta existente desde 1553), o Mercado Municipal (construído em 1729, funcionou durante 186 anos como a Primeira Câmara Municipal) e ainda a denominada Casa do Barão (construída no fim do século XIX) conseguem nos dias de hoje atrair turistas interessados na História do Brasil.

44. Conhecida por seus 7 quilômetros de praias e fundada em 1543 por Brás Cubas, *Santos* foi na década de 1920 a principal praça de comercialização de café do Brasil, sendo até os anos 60 o *terceiro distrito turístico do País*, só perdendo para o Rio de Janeiro e Salvador. Seu centro histórico concentra 358 imóveis tombados, destacando-se o prédio da *Bolsa de Valores* com 102 anos, a Bolsa de Café, a Casa da Frontaria Azulejada e o Outeiro de Santa Catarina, marco inicial da fundação da cidade.

45. Com seus primeiros indícios de ocupação vinculados à construção do forte de São José da Barra do Rio Negro em 1669 e tendo seu nome atrelado à tribo indígena dos Manaós ("manaó", na língua dos nativos, significa "mãe de Deus"), nação do lendário índio Ajuricaba, *Manaus*, segunda cidade brasileira a ter iluminação elétrica e importante metrópole no final do século XIX que com sua opulência pela exploração dos seringais conseguiu construir o Teatro do Amazonas, não só concentra nos dias de hoje mais de metade da população do Estado do Amazonas como é a grande porta de entrada no Brasil para aqueles que pretendem conhecer nossa gigantesca biodiversidade (flora e fauna brasileiras) e potencial hídrico tão famosos e cobiçados pela comunidade internacional.

46. Verdadeiro "mosaico cultural" em decorrência das mais diversas influências recebidas desde quando começou a se organizar em 1537, quando era tão somente uma "sombra" de Olinda, a povoação dos Arrecifes surgida em 1548 veio a ter independência somente em 1709, quando conseguiu sua Carta Régia. *Recife* sempre despertou o interesse das nações rivais de Portugal por ocupar posição privilegiada no topo do Oceano Atlântico, o que lhe dava a condição de porto de maior movimento da América portuguesa no século XVI. Invadida por franceses (1561) e pelos ingleses (1595), foi ocupada em 1630 pelos holandeses. Estes, sob o comando de Maurício de Nassau, realizaram várias obras de urbanização na cidade, que passou a ser a capital da Holanda brasileira. Com grande potencial turístico, graças a seu meio ambiente natural, consegue atrair as pessoas também por sua história, chamando a atenção seus bairros e principalmente o Recife Velho, local onde recentemente ocorreu revitalização com intensa "vida noturna", em decorrência da descoberta de vestígios da *mais antiga sinagoga instalada no Brasil*, construída durante o período de domínio holandês.

47. Um dos destinos mais desejados dos brasileiros, a cidade, além de ser linda, integrando o meio ambiente natural a seu meio ambiente artificial, possibilita acesso a várias praias famosas existentes no Leste (Barra da Lagoa, Galheta, Joaquina, Mole e Moçambique), Norte (Cachoeira do Bom Jesus, Canavieiras, Daniela, Ingleses, Jurerê, Ponta das Canas, Praia Brava, Sambaqui e Santinho) e Sul (Armação, Campeche, Lagoinha do Leste, Matadeiro, Morro das Pedras, Naufragados, Pântano do Sul e Ribeirão da Ilha).

*Paulo*[51] (São Paulo), que necessitam de permanente cuidado do Poder Público em decorrência do ecoturismo realizado em referidos locais.

## 2.1. O USO DO MEIO AMBIENTE ARTIFICIAL VINCULADO ÀS ATIVIDADES ESPORTIVAS

Sabemos que, como recreação, passatempo, lazer, o desporto, regrado constitucionalmente em decorrência não só do que determina o art. 217 da Carta Magna, mas particularmente em face do art. 216, tem natureza jurídica de bem ambiental. É todavia como importante realização organizada por fornecedores interessados em atrair pessoas as mais variadas que grandes eventos vinculados a essa importantíssima atividade

---

48. Considerada a *capital ecológica do Brasil*, a cidade vem procurando manter suas características de conciliar adequado planejamento da expansão urbana com a manutenção/criação de parques e preservação de bosques, possibilitando 50 metros quadrados de área verde para cada morador da cidade.

49. Cidade em que obras-primas de Niemeyer, Portinari e Burle Marx convivem com universidades altamente conceituadas e porta natural de entrada para as cidades históricas da região, *Belo Horizonte* foi planejada no século XIX para ser a capital administrativa de Minas Gerais. De sua construção participaram muitos técnicos e artistas europeus. Ao reunir hoje *a maior concentração de bares, por habitante, do Brasil* (a cidade tem hoje mais de 2 milhões de habitantes), atrai naturalmente turistas interessados em programas de lazer principalmente noturnos.

50. Considerada uma das cidades mais bonitas do mundo e, em nossa opinião, *seguramente a cidade mais bonita do Brasil*, o *Rio de Janeiro*, fundada em 1565, foi a capital do Brasil Colônia (1763), sede da Corte Joanina (1808 a 1822), capital do Império (1822 a 1889) e capital da República (1889 a 1960). O morro do *Pão de Açúcar e a Baía de Guanabara* sintetizam o verdadeiro "choque de beleza" proporcionado pelo meio ambiente natural carioca integrado ao meio ambiente artificial. Além das famosas praias de Copacabana, Ipanema, Leblon, Leme, Barra da Tijuca, dentre outras, a cidade atrai pelo oferecimento de excelentes áreas verdes: a *floresta da Tijuca (considerada a maior floresta urbana do mundo)*, o Jardim Botânico (com palmeiras plantadas na época do Império) e mesmo o aterro do Flamengo. Duas das mais famosas festas populares brasileiras, conhecidas internacionalmente, ocorrem na cidade do Rio de Janeiro: o *Carnaval* e a festa do *Réveillon*, quando milhões de pessoas se encontram para comemorar o novo ano, admirando o famoso *show* de fogos de artifício.

51. *Maior cidade do Brasil*, centro industrial mais importante da América Latina e com população representativa de todos os segmentos e regiões brasileiras que constitui hoje a *terceira maior aglomeração urbana do mundo* (região metropolitana), *São Paulo* foi em sua origem apenas um pequeno núcleo indígena situado às margens do Rio Tamanduateí, dirigida por missionários jesuítas portugueses. Possuidora de apenas 75 mil moradores no final do século XIX (1890), transformou-se em Metrópole, quando milhares de imigrantes vieram trabalhar com o grande desenvolvimento da cafeicultura. Sua *produção cultural*, que teve como marco a realização em 1922 da Semana de Arte Moderna no Teatro Municipal, fascina aqueles que procuram *o lazer em todas as suas formas*: a cidade possui centenas de salas de cinema, teatros, casas de espetáculo, restaurantes, bares etc.; *tem o mais importante e rico acervo de arte ocidental de toda a América Latina* (existente no MASP), apresentando ainda, desde 1951, uma exposição internacional, a Bienal (que ocupa um pavilhão dentro do Parque do Ibirapuera, a maior área verde na região central da cidade). Está consolidada como *a mais vibrante e dinâmica cidade do Brasil* principalmente por sua biodiversidade humana: os migrantes e imigrantes atraídos para São Paulo é que contribuíram e contribuem ainda hoje para seu marcante perfil multicultural.

de lazer, via de regra realizados em cidades, se destinam a promover o esporte como sofisticado e prazeroso entretenimento em que os atletas se exibem de forma magistral, com brilhante desempenho em suas respectivas modalidades, viabilizando o denominado ecoturismo esportivo[52].

No Brasil algumas cidades receberam a visita de muitas pessoas atraídas pelo "*show* do esporte", ocasionando natural impacto ambiental. É o caso de várias capitais em nosso país, quando foi realizada a Copa do Mundo de Futebol em 1950[53] (Rio de Janeiro, São Paulo, Belo Horizonte), quando ocorreram os Jogos Pan-Americanos em 1963, mobilizando a cidade de São Paulo, e de muitas outras cidades em que competições desportivas proporcionam lazer atraindo os consumidores.

## 3. O TURISMO DE SAÚDE OU "TURISMO DE CURA" EM FACE DO DIREITO AMBIENTAL BRASILEIRO

O *uso de recursos ambientais* (a atmosfera, as águas interiores, superficiais e subterrâneas, os estuários, assim como o mar) já se revelava na Grécia Antiga e no Império Romano importante fator para atrair as pessoas em *proveito de sua saúde*. Como já tivemos oportunidade de argumentar, a água se relacionava à própria incolumidade físico-psíquica da pessoa humana, justamente no sentido de observar os fatores do meio físico em decorrência de doenças tanto endêmicas como epidêmicas. Quando Roma conquistou o mundo mediterrâneo, assumindo o legado da cultura grega, não deixou de salientar a natação como uma necessidade higiênica, sendo o mar e a praia importantes locais em proveito das necessidades das pessoas.

Embora com a queda do Império Romano o mar e a praia se tenham tornado uma "indulgência luxuriosa"[54], as chamadas "casas de banho" jamais desapareceram por completo no contexto das viagens realizadas no "velho continente"; havia interesse,

---

52. É o caso das *Olimpíadas* e da *Copa do Mundo de Futebol*. Para ter uma ideia do número de pessoas atraídas pela Copa do Mundo de Futebol, desde sua primeira edição em 1930 no Uruguai (quando tivemos a presença de 4 34.500 torcedores aos 18 jogos realizados), observamos a presença de 3.567.415 torcedores presentes nos Estados Unidos em 1994 para assistir aos 52 jogos realizados.

53. Em 1950, a Copa do Mundo ocorrida no Brasil contou com a participação de 13 países, em 22 jogos, para um público de 1.337.000 pessoas. De todas as copas do mundo realizadas até hoje o maior público em único jogo foi registrado em 16 de julho de 1950, no Estádio do Maracanã (Rio de Janeiro), no jogo Brasil e Uruguai (público de 173.850).

54. Explica Barbosa que, ocorrendo a queda do Império Romano em 476 d.C., assim como o desenvolvimento de uma nova cultura, o corpo, a praia e ainda o prazer seriam encobertos "com uma manta de medo, de pavor e de proibição", na medida em que, do ponto de vista cristão, as extravagâncias aquáticas do mundo antigo eram consideradas vaidades. Vale lembrar que, na Idade Média, o banho não se situava entre as atitudes de um bom cristão, sendo o modelo do novo paraíso o monastério cujos membros passavam fome, frio e deixavam seu corpo num êxtase religioso para alcançar os objetivos fixados pelo catolicismo. *Vide História das viagens*, cit., *passim*.

por ocasião das viagens do *Grand Tour*, em ter acesso a lugares que oferecessem banhos considerados medicinais, e entre os viajantes muitos deficientes procuravam tratamento no exterior buscando "a cura pela água"[55].

No Brasil, tanto o banho de mar quanto principalmente as visitas às estações de água mineral sempre despertaram o interesse das pessoas em curar eventuais doenças, assim como sempre se registrou o interesse demonstrado por outras em consumir o "ar da montanha", tudo no sentido destinado à importante atividade de ecoturismo explorado por diferentes fornecedores. Locais como *Águas de Lindoia*[56] (São Paulo), *Lindoia*[57] (São Paulo), *Araxá*[58] (Minas Gerais), *Serra Negra*[59] (São Paulo), *Poços de Caldas*[60] (Minas Gerais), *Caldas Novas*[61] (Goiás), *Atibaia*[62] (São Paulo) e *Campos de Jordão*[63] (São Paulo) são alguns exemplos, entre outros, em que devemos observar o natural impacto ocasionado por força do importante significado da saúde como "atração" reservada aos consumidores.

---

55. O impacto do *Grand Tour* na história do gosto e do prazer pela praia constitui "mudança revolucionária", conforme salienta Barbosa. "Uma modesta cidade da Inglaterra chamada Bath se tornaria o local de banhos termais mais famoso da Europa, e viria a ser o primeiro lugar de prazer do Reino Unido. Uma outra cidade muito conhecida pelos viajantes seria *Spa*, uma estância termal da Bélgica, que os ingleses colocaram em evidência no final do século XVIII. Tão rápido foi o sucesso que *Spa water* designava toda água mineral e *Spa* toda estância mineral". *Vide* Marc Boyer e Philippe Viallon, *L'invention du tourisme*, Paris, Gallimard, 1996, citado por Barbosa, *História das viagens*, cit.

56. Conhecida internacionalmente pelas propriedades medicinais de suas águas e considerada "Capital Termal do Brasil", é um dos mais importantes centros hidroclimáticos do mundo. Em 1928, a cientista Madame Curie, Prêmio Nobel de química, analisou as águas da cidade e constatou suas propriedades radioativas, tornando-as famosas em toda a Europa.

57. Pertencente ao denominado "Circuito das Águas" e chamada de "Capital Nacional da Água Mineral", tem sua economia baseada na extração e comercialização de água mineral, sendo considerada *a maior extratora da América Latina*.

58. Localizada na região do Triângulo Mineiro e cidade de Anna Jacintha de São José, que ficaria conhecida como a linda *Dona Beija* (que tinha o costume de tomar banho em uma fonte próxima da cidade cujas águas seriam o segredo de sua beleza), é um dos mais importantes locais destinados ao turismo de saúde de Minas Gerais possuindo águas sulfurosas e radioativas cujas termas teriam curado a gastrite do Presidente Getúlio Vargas.

59. Considerada a "Cidade Saúde" em decorrência de título outorgado pelo Presidente da República Washington Luiz, possui águas fortemente radioativas com propriedades curativas, segundo alguns profissionais da área.

60. Situada no sudeste do Estado de Minas Gerais, é estância hidromineral conhecida internacionalmente por suas águas alcalinas, sulfurosas e radioativas.

61. *Maior estância hidrotermal do mundo* e possuidora de 86 poços em atividade, bombeando uma média de 1.200 metros cúbicos por hora em um regime de 14 horas diárias de água quente, com temperatura entre 34 e 57 graus Celsius, as águas quentes da região de Caldas Novas e Rio Quente, com seus poderes terapêuticos, já eram conhecidas pelos índios Guaiás e Guaianases.

62. Localizada a 69 quilômetros da cidade de São Paulo, na Serra da Mantiqueira, em área de preservação ambiental, possui *um dos melhores climas do mundo*.

63. *Cidade mais alta do Brasil* (cerca de 1.700 metros de altitude) e também possuidora de um dos melhores climas do mundo, já era procurada desde 1930 por pessoas que iam em busca de ar puro da montanha para cura de tuberculose.

## 4. O USO DO MEIO AMBIENTE NATURAL EM PROVEITO DO ECOTU-RISMO. O TURISMO DE AVENTURA

Considerado a mais conhecida das atividades do ecoturismo[64], *o uso dos recursos ambientais* (a atmosfera[65], as águas interiores[66], superficiais[65] e subterrâneas,[66] os estuários, o mar territorial[67], o solo[68], o subsolo[69], a fauna[70] e a flora[71]) *assim como dos sítios de valor paisagístico*[72] (considerados em decorrência dos componentes naturais ou não de um espaço externo que a pessoa humana possa apreender pelo OLHAR) vem-se destacando em nosso país como importantíssimo fator destinado a atrair as pessoas em proveito do prazer[73].

---

64. Segundo uma pesquisa de 2002 da Organização Mundial de Turismo (OMT), o ecoturismo vinculado ao uso do meio ambiente natural cresce mais de 20% ao ano, com um movimento de mais de 50 milhões de ecoturistas em todo o mundo.

65. O ecoturismo usa a *atmosfera* para algumas modalidades de *turismo de aventura*, como o para-quedismo, o *ski-surf,* o *base jump,* a asa-delta, o parapente, o balonismo, o ultraleve, dentre outros.

66. O caiaque, a canoa e outras práticas, como boia *cross* e *rafting* (passeios com botes infláveis), possibilitam o uso da *água* destinado ao *turismo de aventura* no Brasil.

67. O surfe, o mergulho, a vela, o *windsurf,* dentre outras modalidades, há muitos anos possibilitam no Brasil o uso do *mar* em proveito do *turismo de aventura* e revelam verdadeira "identidade brasileira" em decorrência de nossa grande extensão territorial assim como de nossa biodiversidade humana.

68. O uso da *terra* pelo ecoturismo revela a possibilidade de várias modalidades de *turismo de aventura*, como caminhadas (*trekking* e *hikking*), corridas de aventura (*adventure racing*), *rallies* classe turismo, montanhismo, ciclismo, cicloturismo (*mountain bike*), *motocross*, dentre outros.

69. Várias atividades podem ser e vêm sendo desenvolvidas em *grutas e cavernas naturais*, como natural atração destinada a viabilizar o *turismo de aventuras* em nosso país.

70. O uso da *fauna* em proveito do *turismo de aventura* tem sido objeto de muita polêmica em nosso país. Possuidor da maior biodiversidade do mundo e local onde animais os mais variados vivem protegidos por orientação constitucional em proveito das necessidades da pessoa humana (o art. 225, § 1º, VII, incumbiu ao Poder Público proteger a fauna, vedando na forma da lei toda e qualquer prática que coloque em risco sua função ecológica ou provoque extinção de espécies), o Brasil, a partir de 1988, insere-se entre os Estados democráticos que possibilitam harmoniosa convivência entre as pessoas e a fauna; *a finalidade da fauna no direito ambiental constitucional brasileiro é determinada por via de consequência diante do benefício que a sua utilização trará ao ser humano, como já aduzimos em outra oportunidade*. Dessarte, entendemos que seria juridicamente possível, como regra, o uso da fauna por parte de eventuais interessados nas hipóteses destinadas a atrair o *ecoturismo de contemplação* (ou seja, possibilitar aos consumidores olhar e respeitar com encantamento e admiração a fauna brasileira; a África do Sul, país possuidor de 18 parques nacionais, tem-se especializado no sentido de possibilitar aos ecoturistas que, munidos de muitos filmes, apontem suas câmaras fotográficas aos denominados *big five*: leões, rinocerontes, elefantes, leopardos e búfalos são fotografados à vontade, além dos antílopes, girafas, zebras e macacos babuínos). Por via de consequência, o *uso da fauna destinada à caça como turismo de aventura* (aventura de duvidoso gosto em nossa opinião...), atividade já permitida e regulamentada em nosso ordenamento jurídico, deveria em face de atividade turística ser autorizado mediante rígido controle dentro de critério de sustentabilidade e observando-se os balizamentos impostos pela Carta Magna. Quanto à *pesca*, evidentemente adotaríamos os mesmos critérios jurídicos antes aduzidos, na medida em que as normas constitucionais em vigor visam ao uso dos recursos ambientais necessariamente de forma equilibrada (art. 225 da CF).

71. A prática do denominado *arborismo ou arvorismo* (modalidade esportiva muito praticada na Nova Zelândia que consiste na travessia de um percurso realizado próximo à copa das árvores, utilizando-se de várias técnicas) vem indicando o uso da *flora* também em proveito do *turismo de aventura*. Em um país como o Brasil, local mundialmente famoso por suas florestas, o arborismo se apresenta como importantíssima atividade a ser explorada em proveito do ecoturismo. Quem não gostaria de ser Tarzan por um dia?

No Brasil, sem dúvida alguma, a maravilhosa biodiversidade[74] (flora e fauna) associada às particulares circunstâncias do território nacional (banhado pelo Oceano Atlântico, o litoral brasileiro tem 9.198 quilômetros de extensão, possuindo inúmeras reentrâncias com praias[75], falésias, mangues, dunas, recifes, baías, restingas etc.) exige do legislador providências para que o uso do meio ambiente natural venha a ser disciplinado com tutela jurídica em proveito dos interesses de brasileiros e estrangeiros aqui residentes.

Dessarte, além de Estudo Prévio de Impacto Ambiental a ser necessariamente exigido pelo Poder Público em obediência à Constituição Federal ante aqueles que se interessem em promover atividades destinadas ao uso de bens ambientais (no caso, recursos ambientais), nosso legislador estabeleceu algumas cautelas específicas, com evidentes reflexos nessa modalidade de ecoturismo, destinadas até a sujeitar eventuais infratores ambientais a sanções penais, como na hipótese indicada no art. 54, § 2º, IV, da Lei n. 9.605/98[76].

Locais como a *Costa do Descobrimento*[77] (Bahia), as *Ilhas Atlânticas – Reservas de Fernando de Noronha* (Pernambuco) e *Atol das Rocas*[78] (Rio Grande do Norte),

---

72. Embora indicados, tão somente para efeito didático, como componentes do denominado ecoturismo vinculado ao meio ambiente natural, os sítios paisagísticos constituem patrimônio cultural brasileiro em decorrência do que estabelece o art. 216, V, da Constituição Federal.

73. *O uso dos recursos naturais e principalmente dos sítios de valor paisagístico em proveito da aventura* em que lances "acidentais", "inesperados", ou mesmo eventuais peripécias ou incidentes são devidamente explorados pelos fornecedores em face dos consumidores tem sido, como tivemos oportunidade de demonstrar, uma modalidade importante de ecoturismo. Só no Brasil, segundo a Embratur, existiriam mais de 500 mil ecoturistas que partem de suas casas em busca de aventura, nela incluída a prática do chamado *trekking* ou *hikking*, nome dado às trilhas curtas, visando caminhar em contato com o meio ambiente natural durante várias horas.

74. O Brasil, conforme já tivemos oportunidade de aduzir, é o país de *maior biodiversidade do mundo*.

75. *A Constituição do Estado de São Paulo assegura a todos livre e amplo acesso às praias do litoral paulista*, não só viabilizando a atuação do Ministério Público para dar efetividade ao direito antes aludido como estabelecendo hipótese de desapropriação para abertura e acesso a referido recurso ambiental (art. 285, §§ 1º e 2º).

76. Lei n. 9.605/98 (dispõe sobre as sanções penais derivadas de condutas e atividades lesivas ao meio ambiente):

"Art. 54. Causar poluição de qualquer natureza em níveis tais que resultem ou possam resultar em danos à saúde humana ou que provoquem a mortandade de animais ou a destruição significativa da flora:

Pena – reclusão, de um a quatro anos, e multa.

(...)

§ 2º Se o crime:

(...)

IV – dificultar ou impedir o uso público das praias:

Pena – reclusão, de um a cinco anos".

77. Correspondente a 8 reservas naturais localizadas no sul da Bahia e norte do Espírito Santo e constituída pelos *Parques Nacionais de Monte Pascoal, do Descobrimento e do Pau-Brasil* (o do Pau-Brasil e o do Descobrimento destacam-se por ocupar uma das áreas mais ricas em árvores do mundo, *protegendo a maior reserva existente de pau-brasil*), assim como pelas reservas biológicas do Una e do

a *Mata Atlântica do Sudeste*[79] (São Paulo/Paraná), *Bonito*[80] (Mato Grosso do Sul), *Abrolhos*[81] (Bahia), *Itacaré*[82] (Bahia), *Pipa*[83] (Rio Grande do Norte), *Jericoacoara*[84]

---

Sooretana, a área merece proteção jurídica específica (art. 225, § 4º, da Carta Magna) por seu excepcional valor científico e de preservação do ecossistema da Mata Atlântica, uma das florestas tropicais mais ameaçadas do planeta. No local teria ocorrido o desembarque da esquadra de *Pedro Álvares Cabral, em 22 de abril de 1500,* conferindo-lhe também um caráter simbólico muito importante para a História do Brasil (descobrimento do Brasil). Suas florestas úmidas são consideradas das mais ricas do planeta, tendo sido detectadas na Bahia e no Espírito Santo aproximadamente 460 espécies de árvores em 1 hectare de floresta.

78. Zona costeira protegida constitucionalmente (art. 225, § 4º, da Carta Magna), ocupando área de aproximadamente 26 quilômetros quadrados com 21 ilhas, rochedos e ilhotas e contando com as maiores colônias reprodutivas de aves marinhas, assim como enorme diversidade no que se refere a espécies de peixes, esponjas, algas, moluscos e corais, o arquipélago de *Fernando de Noronha* tem como grande atração as dezenas de *golfinhos* existentes no local, além das praias balizadas por recifes de coral que formam piscinas naturais, atraindo muitos consumidores em busca de prazer. Por outro lado, *o único atol no Atlântico Sul situado em mar territorial brasileiro* a 144 milhas náuticas de Natal e a 80 de Fernando de Noronha, fez da *Reserva Biológica do Atol das Rocas a primeira reserva biológica marinha do Brasil.* Abrangendo as ilhas do Farol e do Cemitério, possui nuvens de aves (cerca de 150 mil de 29 espécies diferentes) além de notável diversidade em terra, e por ser área de reprodução de tartarugas marinhas (possui importante estação de estudos denominada Projeto Tamar) é atração certa para os amantes do meio ambiente natural e das paisagens.

79. Constituída pelas reservas que vão da *Serra da Jureia em São Paulo até a Ilha do Mel no Paraná* e compreendendo o complexo lagunar de Iguape-Cananeia-Paranaguá, além de grande extensão de praias e um arquipélago que se estende paralelo à linha delas, a Mata Atlântica antes localizada diz respeito a remanescente florestal que ocorre de modo contínuo (depois de 500 anos de colonização, apenas uma área de 7% da Mata Atlântica ainda está intacta), apresentando uma diversidade de madeiras mais significativa que aquela encontrada na Floresta Amazônica, com fauna bastante diversificada (mais de 120 espécies de mamíferos) e com maciços calcários que geram alta concentração de cavernas, formando amplos tipos de belas grutas. A Mata Atlântica, considerada patrimônio nacional, recebe tutela jurídica diferenciada por força do que determina o art. 225, § 4º, da Constituição Federal.

80. Local maravilhoso (e não simplesmente "bonito") que surpreende por seus rios de águas cristalinas repletos de peixes, inúmeras grutas com lagos profundos, assim como cachoeiras, o *espeleomergulho*, além do meio ambiente natural atraem turistas de todo o mundo para a pequena cidade (22.000 pessoas), já famosa por tantas maravilhas criadas pela natureza da região.

81. *Mais importante complexo coralíneo do Atlântico Sul* e formado por 5 ilhas vulcânicas no meio do Atlântico tropical, o arquipélago é atraente para o mergulho (possui 160 espécies de peixes tropicais, moluscos e crustáceos), recebendo rígido controle jurídico em face do que estabelece o § 4º do art. 225 da Constituição Federal, que diz ser a Zona Costeira patrimônio nacional.

82. Local de natureza exuberante, com grandes áreas de mata preservada, rios, cachoeiras em plena Mata Atlântica, na faixa compreendida entre o Rio Jequitinhonha e Contas, é atração vinculada ao ecoturismo no sul da Bahia.

83. Possuidora de falésias avermelhadas, a bela praia já se destaca como atração no Rio Grande do Norte em face do ecoturismo.

84. Eleita por um jornal americano como uma das 10 praias mais bonitas do mundo e situada a 317 quilômetros a noroeste de Fortaleza, Jeri é um autêntico vilarejo de pescadores incrustado em um deserto de dunas, possuidora de mangues, mata de restinga, coqueirais, dunas móveis com lagoas, formações rochosas e morros, compondo sua extensão litorânea um estupendo cenário natural.

(Ceará), *Lençóis Maranhenses*[85] (Maranhão), *Praia do Espelho*[86] (Bahia), *Jalapão*[87] (Tocantins), *Mamirauá*[88] (Amazonas), além dos *Parques Nacionais*[89] *do Iguaçu*[90] (Foz do Iguaçu, Paraná), *Pantanal Mato-grossense*[91] (Mato Grosso do Sul), *do Jaú*[92] (Ama-

---

85. Formados por *dunas* que chegam a cobrir 50 quilômetros da costa e amostra de um raro ecossistema, são um deserto composto de areias de quartzo que atingem até 20 metros de altura, possuindo interessante flora e fauna que se integram de maneira harmoniosa. Nos Lençóis Maranhenses chove 300 vezes mais que no deserto do Saara: daí a existência de praias desertas, oásis e de uma paisagem que fascina as pessoas atraídas pelo "Saara brasileiro".

86. Considerada por alguns "um dos pedaços de areia mais bonito do Brasil" e por outros "a mais bonita do mundo", a Praia do Espelho, ao sul de Trancoso, tem piscinas naturais que refletem a luz do sol, assim como falésias, coqueiros e barras de rio impressionantes.

87. Com *impressionante paisagem* composta por chapadões de arenito que alcançam até 1.000 metros de altura, local formado há milhões de anos, onde "o mar virou sertão", o deserto está situado na região leste de Tocantins. Ocupa 20% do território do Estado, compondo uma área onde a fauna e a flora (vegetação típica do cerrado) convivem com rios perenes e temperatura sempre na marca dos 30 graus.

88. Localizada no município de Tefé, *é a primeira reserva de desenvolvimento sustentável do Brasil*, possuindo uma área de 1.124.000 hectares, sendo bom exemplo de como é possível conciliar visitação com preservação do meio ambiente natural, assim como pesquisa científica e aumento de renda da população local. Faz parte do maior corredor ecológico brasileiro juntamente com a reserva de desenvolvimento sustentável de Amanã e o Parque Nacional do Jaú, cobrindo juntos uma área de 5,74 milhões de hectares.

89. Destacamos os seguintes Parques Nacionais no Brasil:

*Região Norte* – Amazônia, Araguaia, Cabo Orange, Jaú, Monte Roraima, Pacaás Novos, Pico da Neblina, Serra do Divisor, Serra da Mocidade, Viruá;

*Região Nordeste* – Abrolhos, Chapada Diamantina, Fernando de Noronha, Lençóis Maranhenses, Monte Pascoal, Serra da Capivara, Serra das Confusões, Sete Cidades, Ubajara;

*Região Centro-Oeste* – Brasília, Chapada dos Guimarães, Chapada dos Veadeiros, Emas, Pantanal Mato-grossense;

*Região Sudeste* – Grande Sertão Veredas, Itatiaia, Restinga de Jurubatiba, Serra da Bocaina, Serra da Canastra, Serra do Caparaó, Serra do Cipó, Serra dos Órgãos, Tijuca;

*Região Sul* – Aparados da Serra, Iguaçu, Ilha Grande, Lagoa do Peixe, São Joaquim, Serra Geral, Superagui.

90. Situado na região oeste do Estado do Paraná, na área da denominada tríplice fronteira – Brasil, Argentina e Paraguai –, é o *mais conhecido dos parques nacionais brasileiros*, recebendo anualmente, em média, 700 mil visitantes. Maior unidade de conservação no domínio da Mata Atlântica, possui massa florestal riquíssima, assim como fauna significativa. Suas *cataratas* impressionam por sua grandeza, descarregando aproximadamente 5 mil metros cúbicos de água por segundo. Podem ser ouvidas, por seu barulho, a quilômetros de distância.

91. Reconhecido como uma das mais exuberantes e diversificadas reservas naturais do planeta e protegido por norma constitucional específica (art. 225, § 4º, da CF), o *Pantanal Sul-Mato-grossense é a mais extensa área úmida contínua do planeta*, compreendendo aproximadamente 200 mil quilômetros quadrados de superfície. Seus estoques vegetais são descomunais, e concentra *a maior densidade faunística da América* (mais de 230 espécies de peixes, 80 de mamíferos, 50 de répteis, mais de 650 aves aquáticas), o que demonstra o enorme interesse dos ecoturistas em ter acesso ao local.

92. *Maior parque nacional do Brasil e maior parque do mundo em floresta tropical úmida e intacta*, apresenta cerca de 400 espécies de plantas, assim como rica e diversificada fauna (são 263 espécies de peixes), constituindo importante amostra dos ecossistemas amazônicos. Daí a relevância jurídica outorgada por nossa Carta Magna ao considerar a Floresta Amazônica brasileira patrimônio nacional com utilização regrada em face de condições que efetivamente assegurem sua preservação (art. 225, § 4º, da Carta Magna).

zonas), *das Emas* e *dos Veadeiros*[93] (Goiás), da *Chapada dos Guimarães*[94] (Mato Grosso), *Itatiaia*[95] (Rio de Janeiro/Minas Gerais) e *Aparados da Serra*[96] (Rio Grande do Sul/Santa Catarina), entre outros, devem ser considerados juridicamente não só bens ambientais como verdadeiro patrimônio nacional a ser tutelado dentro de condições em que reste assegurada sua preservação na forma do que determina o art. 225, § 4º, da Carta Magna.

---

93. Acolhendo em seus 132 mil hectares mais de 250 espécies de aves, animais os mais variados e importante flora, o Parque Nacional das Emas foi criado em 1972. O Parque Nacional dos Veadeiros por sua vez *é o ponto de maior luminosidade visto da órbita da Terra* pela quantidade de cristais de quartzo que afloram do solo, assim como de outros metais e minérios. Os dois parques abrigam *flora e fauna típicas do cerrado brasileiro*, revelando sua grande importância, seus atrativos vinculados ao ecoturismo e a necessidade de sua tutela jurídica.

94. Situada num ponto equidistante a 1.500 quilômetros entre o Oceano Atlântico e o Oceano Pacífico, exatamente onde se encontra *o centro geodésico da América do Sul*, tem em sua paisagem agreste cânions de arenito com até 350 metros de altitude, árvores retorcidas e muitas cachoeiras, atração que alimenta os ecoturistas interessados em desenvolver sua "imaginação esotérica".

95. *Pioneiro de todos os parques nacionais (criado em 14 de junho de 1937)* e muito procurado por *trekkers* e alpinistas em busca de aventura nas trilhas que levam aos picos das *Agulhas Negras* (2.787 m) e das Prateleiras (2.540 m), recebeu a visita da Princesa Isabel, que, encantada pela flora e fauna locais, tornou-se a primeira mulher a escalar o Pico das Agulhas Negras.

96. Localizados nas proximidades do município de Cambará do Sul, na divisa entre o Rio Grande do Sul e Santa Catarina, esses dois parques têm como destaque seus rochedos que formam o *maior cânion do Brasil*.

# Capítulo III

## O ECOTURISMO COMO ATIVIDADE ECONÔMICA VINCULADA ÀS RELAÇÕES JURÍDICAS DE CONSUMO

### 1. DIREITOS E DEVERES DOS FORNECEDORES

Os fornecedores interessados em usar os bens ambientais direcionados ao lazer dos ecoturistas deverão obedecer, por força do que estabelecem as normas constitucionais em vigor, ao art. 225 da Carta Magna, assim como às regras relativas à Política Nacional do Meio Ambiente, apontada pela Lei n. 6.938/81[1], e aos dispositivos indicados na Lei n. 8.078/90. Por via de consequência, serão referidos fornecedores os entes responsáveis por desenvolver, em obediência aos princípios gerais da atividade econômica (art. 170 da CF) e adotando como fundamentos básicos os incisos III e IV do art. 1º da Carta Magna assim como o art. 170, V e VI[2], do mesmo diploma superior, a veiculação de produtos ou prestação de serviços destinados aos interessados em viajar em busca de suas necessidades. Isso significa compreender que, embora possam usar os bens ambientais com vistas no lucro, têm a obrigação de *preservar os bens ambientais para as presentes e futuras gerações* (art. 225 da Carta Magna), adotando todas as providências necessárias para *prevenir*[3] qualquer lesão ou ameaça ao meio ambiente, mesmo por parte de seus clientes, os ecoturistas.

Os fornecedores, em decorrência do raciocínio antes apontado, terão como direito material constitucional básico não só a possibilidade de desenvolver suas atividades

---

1. Nossa política nacional vinculada ao meio ambiente visa, entre outros objetivos, a preservação e restauração dos recursos ambientais com vistas em sua utilização racional e disponibilidade permanente, além de ter como meta a compatibilização do desenvolvimento econômico-social com a preservação da qualidade do meio ambiente e equilíbrio ecológico (art. 4º, I e VI, da Lei n. 6.938/81). O ecoturismo, sem dúvida alguma, revela-se uma das mais racionais formas de utilização dos bens ambientais em proveito dos brasileiros e estrangeiros residentes no Brasil.

2. Os fornecedores, embora tenham o direito de viabilizar a ordem econômica em proveito do lucro, têm o dever, como componentes importantes da coletividade, de defender e preservar os bens ambientais para as presentes e futuras gerações (dever que na verdade vai assegurar, também no futuro, sua própria atividade econômica...).

3. Para compreender o importante princípio da prevenção no direito ambiental, *vide* nosso *Curso de direito ambiental brasileiro*, 4. ed. ampl., 2003.

conforme orientação garantida pela Carta Magna (art. 170, parágrafo único) – a saber, atuando na ordem jurídica do capitalismo, estarão vinculados no âmbito da questão de suas responsabilidades à denominada *Teoria do Risco*[4] – senão também o direito de proteger seu NOME, MARCA, além de quaisquer outros SIGNOS DISTINTIVOS (art. 5º, XXIX, da CF) necessários ao desenvolvimento da relação jurídica destinada inclusive ao direito de informar os ecoturistas.

Dessarte, qualquer pessoa física ou jurídica, pública ou privada, nacional ou estrangeira e ainda entes despersonalizados[5] poderão em princípio exercer atividade econômica reservada a viabilizar viagens de lazer usando bens ambientais (art. 3º da Lei n. 8.078/90), desde que, diante de circunstâncias concretas, realizem necessário estudo prévio de impacto ambiental (na forma do que determina o art. 225, § 1º, IV, da CF) e cumpram as demais normas impostas, caso a caso, às diferentes possibilidades de acesso aos bens ambientais.

Outro aspecto a ser considerado diz respeito à possibilidade de os fornecedores realizarem *oferta* de seus produtos ou serviços destinada aos ecoturistas por qualquer forma ou meio de comunicação (TV, rádio, matéria escrita em revistas, jornais, panfletos etc.). Referida oferta deverá assegurar aos consumidores informações corretas, claras, precisas, ostensivas e em língua portuguesa[6] sobre características, qualidades, quantidades, composição, preço, garantia, prazos de validade e origem bem como, principalmente no âmbito do ecoturismo, *sobre os riscos que apresentam à saúde e*

---

4. Ou seja, a questão da responsabilidade do fornecedor, que é mera questão de reparação de danos, de proteção do direito do lesado, de equilíbrio social, como ensina Alvino Lima, deve ser resolvida atendendo-se ao *critério objetivo*; daí, em nossa visão, quem guarda os benefícios obtidos da ordem jurídica do capitalismo deve, inversamente, suportar os males decorrentes de referida ordem econômica. Diante dos argumentos antes verificados, resta evidente a existência de responsabilidade civil objetiva a ser atribuída ao fornecedor sempre que ele lesar o direito do ecoturista. *Vide Culpa e risco*, 2. ed., São Paulo, Revista dos Tribunais, 1998, *passim*.

5. Os entes despersonalizados são aqueles que, embora não possuam natureza jurídica especificamente criada por subsistema jurídico, veiculam produtos ou prestam serviços, visando a atingir o ecoturista.

6. Evidentemente, em se tratando de *turistas estrangeiros* (pessoas que não sejam residentes no País mas, visando seu lazer, possuem interesse em ter acesso aos bens ambientais brasileiros), o fornecedor deverá adequar sua oferta em proveito deles, ou seja, assegurar a devida compreensão do que está sendo oferecido com a utilização de linguagem assimilável por parte dos interessados nos produtos ou principalmente serviços colocados à disposição do ecoturista. Exigir de um fornecedor, diante de hipóteses concretas como veiculação de produtos e serviços destinados a estrangeiros, que a publicidade e oferta venha a ser realizada em língua portuguesa, seria violentar o art. 6º, III, da Lei n. 8.078/90, inviabilizando a própria liberdade de escolha assegurada aos consumidores, indicada no art. 6º, II, da lei antes referida. Em resumo, obrigar, por exemplo, um fornecedor a oferecer assim como apresentar a ecoturistas chineses um produto ou um serviço em língua portuguesa JAMAIS poderia assegurar informações corretas, claras, precisas e ostensivas a respeito das características, qualidades, quantidade, composição, preço, garantia e prazos de validade e origem; muito menos o chinês poderia saber os riscos que apresentariam à sua saúde ou mesmo segurança.

*segurança dos consumidores*[7] (art. 31 da Lei n. 8.078/90). Cabe ainda salientar, principalmente porque estamos cuidando do ecoturismo, que o fornecedor do produto ou serviço vinculado a bens ambientais é *solidariamente responsável pelos atos de seus prepostos ou representantes autônomos*[8] (art. 34 da Lei n. 8.078/90).

A oferta está diretamente associada ao direito a veicular publicidade, um dos mais importantes, senão o mais importante a ser exercitado pelos fornecedores; a necessidade de "forçar" o ecoturista a procurar seus produtos ou serviços é que estabelecerá o contrato de consumo entre a pessoa interessada e o fornecedor, tendo o bem ambiental como a verdadeira atração destinada a satisfazer os desejos daqueles que buscam de forma subjetiva seu prazer[9]. O direito à publicidade, com o controle imposto pelos arts. 36 a 38 da Lei n. 8.078/90[10], visa não só a estabelecer o direito mas o dever de o fornecedor assegurar a todos o acesso à informação, em obediência ao que estabelece o art. 5º, XIV, da Carta Magna[11].

---

7. Embora o denominado "turismo de aventura" explore, em proveito do próprio consumidor, a possibilidade de acontecer lances "acidentais", "inesperados", ou mesmo eventuais peripécias ou incidentes, é dever do fornecedor assegurar a incolumidade físico-psíquica do ecoturista, conforme determina a Constituição Federal e o art. 6º da Lei n. 8.078/90.

8. O fornecedor de produtos e serviços é responsável solidariamente pelos atos dos guias, ajudantes e demais pessoas diretamente ligadas ao ecoturismo; o sistema jurídico aplicável ao ecoturismo assegura por via de consequência que, em face de eventual lesão ocasionada ao ecoturista, poderá ele escolher a quem acionar: um ou todos os ofensores (como a solidariedade obriga todos os responsáveis simultaneamente, todos os ofensores respondem pelo total dos danos causados). Trata-se não só do comando descrito no art. 34 da Lei n. 8.078/90, mas de regra geral definida pelo art. 7º, parágrafo único, da norma antes aludida.

9. Para que possamos ter ideia do que significa o turismo de massa no Brasil, somente neste verão deverão embarcar 270.000 turistas para o Nordeste, gerando um faturamento de 264 milhões de dólares para a maior operadora de turismo brasileira, a CVC; vendendo pacotes em 10 vezes sem juros, por telefone ou numa rede de 81 lojas – algumas abertas 7 dias por semana –, referida operadora atua em grande parte nos *shopping centers* para "fisgar" o ecoturista no momento em que está fazendo compras ou simplesmente passeando; adota um modelo de negócio que os próprios funcionários chamam de "Casas Bahia do turismo", numa alusão ao conhecido *marketing* utilizado pela referida casa comercial. Thomas Cook enfrentaria nos dias de hoje adversários à altura em nosso país... *Vide* matéria publicada na revista *Veja*, edição 1828, ano 36, n. 45, em 12-11-2003.

10. O fornecedor que queira usar os bens ambientais em proveito de lucro está proibido, conforme estabelece o art. 37 da Lei n. 8.078/90, de veicular publicidade enganosa (art. 37, § 1º) ou abusiva (art. 37, § 2º), competindo a ele demonstrar a veracidade assim como a correção da informação ou comunicação publicitária que venha a patrocinar por qualquer meio (art. 38 da Lei n. 8.078/90).

11. René Dumont adverte todavia que "a publicidade contemporânea perdeu em grande parte suas condições primitivas de informação, de 'anúncio' ou de 'aviso' (para que serve determinado produto, quanto custa e onde se vende), substituindo-as pela função mitificadora. Para isso se vale de duas teorias díspares no modo como se apoiam na psique: a teoria geral da psicologia, elaborada pelo neurologista Sigmund Freud e desenvolvida por seus continuadores, e a dos reflexos condicionados originada pelo fisiologista Ivan Petrovich Pavlov (1849-1936). Em geral trata-se de associar os produtos mitificados para moderar desejos ou compensar frustrações, com a finalidade de os transformar em objetos de substituição". *Vide A sociedade de consumo*, Rio de Janeiro, Biblioteca Salvat/Salvat Ed. do Brasil, 1979.

O contrato de consumo entre o fornecedor e o ecoturista[12], integrado pela informação ou mesmo publicidade veiculada pelos diferentes meios de comunicação, será regrado pelos arts. 46 a 54 da Lei n. 8.078/90, sendo certo que a harmonização dos interesses de ambos (fornecedor e ecoturista) levará à aplicação do denominado princípio da conservação do contrato (art. 52, § 2º, da Lei n. 8.078/90), ou seja, no interesse do ecoturista (que viaja para ter acesso aos bens ambientais) e mesmo do fornecedor, eventual nulidade de cláusula contratual não ocasionará a "contaminação" de todo o contrato; interessa, de um lado, ao fornecedor ter a possibilidade de "corrigir" seu erro assegurando a viabilização de seu negócio, e, de outro lado, o próprio ecoturista poderá, se achar adequado aos seus interesses e se efetivamente não prejudicar sua viagem, "concluir seu sonho".

## 2. DIREITOS E DEVERES DO ECOTURISTA

Atraído pelos bens ambientais e em busca do lazer, o ecoturista, a exemplo dos fornecedores, conforme já aduzido, não só deverá obedecer às normas constitucionais destinadas à tutela da vida em todas as suas formas mas observar a Lei n. 6.938/81 bem como os direitos estabelecidos pela Lei n. 8.078/90 em face da relação de consumo[13] que passará a reger sua viagem.

Dessarte, o acesso das pessoas ao meio ambiente cultural, artificial e natural brasileiro deverá ser realizado em sintonia com a determinação constitucional prevista no art. 225, ou seja, ainda que o ecoturista se interesse por bens e serviços destinados a seu lazer, pagando aos fornecedores os valores combinados, deverá ter sempre em mente a obrigação legal que lhe é imposta pela Carta Magna de *preservar* aludidos bens não só para as presentes como para as futuras gerações. O uso de referidos bens ambientais deverá portanto ser cuidadosamente monitorado por aqueles que usam o meio ambiente e ainda por aqueles que se interessam em ter acesso a ele.

Ao estabelecer com o fornecedor um contrato de consumo[14], deverá observar, antes de mais nada, seu dever de conviver harmoniosamente com os bens ambientais, uma vez que a alteração adversa das características do meio ambiente é reputada pelo legislador *degradação da qualidade ambiental* (art. 3º, II, da Lei n. 6.938/81). Isso significa

---

12. São admitidas todas as formas de contratação, continuando válidos para a relação entre fornecedores e ecoturistas os aspectos da denominada teoria geral dos contratos relativos aos contratos escritos, contratos verbais, contratos por correspondência, contratos de adesão etc. Para um estudo completo a respeito do tema, *vide* a importante obra *A revisão dos contratos no Código Civil e no Código de Defesa do Consumidor*, de Rogério Ferraz Donnini, 2. ed., São Paulo, Saraiva, 2001, *passim*.

13. A respeito do direito das relações de consumo, *vide* Celso Antonio Pacheco Fiorillo e outros, *CDC eletrônico*, disponível em: <http://www.cartamaior.com.br>; Nelson Nery Junior e outros, *Código brasileiro de Defesa do Consumidor*, 5. ed., Rio de Janeiro-São Paulo, Forense Universitária, 1998, e Luiz Antonio Rizzatto Nunes, *Comentários ao Código de Defesa do Consumidor*, São Paulo, Saraiva, 2000.

14. A respeito do tema, *vide* Paulo Sérgio Feuz, *Direito do consumidor nos contratos de turismo*, São Paulo/Bauru, Edipro, 2003.

dizer que o ecoturista *não tem o direito de poluir* (art. 3º, III, da Lei n. 6.938/81), ou seja, se em suas viagens, de forma direta ou indireta, proceder à degradação da qualidade ambiental, estará sujeito a sanções penais e administrativas, independentemente da obrigação de reparar o dano ocasionado (art. 225, § 3º, da CF).

Por outro lado, o ecoturista tem vários direitos assegurados diante do fornecedor, cabendo destacar, entre outros[15], os seguintes:

1) Direito à proteção à sua vida, saúde e segurança contra os *riscos* provocados por práticas no fornecimento de produtos e serviços *considerados perigosos* ou nocivos – conforme já tivemos oportunidade de aduzir, o uso dos recursos naturais e sobretudo dos sítios de valor paisagístico em proveito da aventura, hipóteses em que lances "acidentais", "inesperados" ou mesmo eventuais peripécias ou incidentes são devidamente explorados pelos fornecedores ante os ecoturistas, não autoriza qualquer ameaça ou evidentemente lesão à incolumidade físico-psíquica da pessoa que busca o meio ambiente em proveito de seu lazer; a mera potencialidade, inerente a muitas das modalidades do ecoturismo, já obriga o fornecedor, em face do que estabelece o art. 6º, I, da Lei n. 8.078/90.

2) Direito à proteção contra publicidade enganosa e abusiva bem como o de ser informado adequadamente e de forma clara sobre os diferentes produtos e serviços com especificação correta de quantidade, características, composição, qualidade e preço assim como os *riscos* que apresentem – na medida em que o fornecedor usa os sofisticados mecanismos de publicidade com vistas em atrair o ecoturista para que ele "realize seu desejo" (desejo a ser viabilizado por meio de um contrato de consumo), assegurou o legislador (art. 6º, III e IV, da Lei n. 8.078/90) a possibilidade real de enfrentar hipóteses em que a oferta acaba dissociando-se do que efetivamente ocorreu na viagem, ou seja, se o ecoturista vier a ser enganado mediante informações que provoquem falsa percepção da realidade, terá condições de responsabilizar o fornecedor no plano jurídico.

3) Direito a modificação das cláusulas contratuais que estabeleçam prestações desproporcionais ou sua revisão em razão de fatos supervenientes que as tornem excessivamente onerosas – a Lei n. 8.078/90 procura assegurar não somente os direitos do ecoturista (art. 6º, V) em face do fornecedor, senão garantir o interesse da pessoa que viaja para ter efetivamente acesso aos bens ambientais em face de um contrato de consumo reservado a realizar o "desejo" do viajante: daí o princípio da conservação do contrato, destinado a garantir a eliminação de eventual nulidade de cláusula contratual sem que o negócio jurídico, como um todo, seja "contaminado"; cuida-se de interesse do ecoturista bem como do próprio fornecedor.

4) Direito a *efetiva* prevenção e reparação de danos patrimoniais e morais, individuais, coletivos e difusos – a efetiva prevenção e reparação de eventuais danos

---

15. Em princípio, o ecoturista possui todos os direitos previstos na Lei n. 8.078/90 em proveito do consumidor.

ocasionados pelo fornecedor tem a finalidade de assegurar ao ecoturista o pleno exercício de seus direitos constitucionais em face de lesão ou ameaça a seus direitos: se o ecoturista tem dever de preservar o meio ambiente, tem o direito de usar os bens ambientais ante condições bem definidas por seu contrato de consumo (art. 6º, VI). Trata-se de observar, também sob o enfoque ora comentado, a responsabilidade objetiva do fornecedor em face de sua atividade econômica.

# Parte V
# AGROPECUÁRIA SUSTENTÁVEL EM FACE DO DIREITO AMBIENTAL BRASILEIRO[1]

## Capítulo I
## FUNDAMENTOS CONSTITUCIONAIS DA AGROPECUÁRIA COMO ATIVIDADE ECONÔMICA: AGRICULTURA E PECUÁRIA E SUA TUTELA JURÍDICA

A *agropecuária* é uma *atividade econômica*[2] vinculada à *agricultura*[3] (cultura do solo visando à produção de VEGETAIS úteis ao homem) e à *pecuária* (atividade que trata da criação de GADO, a saber, conjunto de animais como vacas, bois, frangos, carneiros, cavalos, porcos, cabritos etc.).

---

1. Para um estudo detalhado, *vide* Celso Antonio Pacheco Fiorillo e Renata Marques Ferreira, *O agronegócio em face do direito ambiental constitucional brasileiro:* as empresas rurais sustentáveis, Rio de Janeiro: Lumen Juris, 2018.

2. Segundo Rosa Maria Barreto Borriello de Andrade Nery "tradicionalmente atividade é conceito básico de direito comercial, fenômeno essencialmente humano (Bonfante, *Lezioni di storia del commercio*). E hoje se pode afirmar que é conceito básico de direito empresarial. A empresa se realiza pela *atividade*, como o sujeito se realiza por seus *atos*. Tanto o *ato* quanto a *atividade* se exteriorizam por meio de negócios jurídicos, de tal sorte que se afirma que o contrato é o núcleo básico da atividade empresarial (Bulgarelli, *Contratos mercantis*, p. 25)".

Cabe destacar que a Constituição Federal de 1988 entendeu ser a *atividade fator fundamental vinculado à tutela dos bens ambientais* (art. 225, § 1º, IV), o que nos possibilita afirmar ser também conceito fundamental do direito ambiental brasileiro. *Vide Vínculo obrigacional*: relação jurídica de razão (técnica e ciência de proporção), tese de livre-docência, Pontifícia Universidade Católica de São Paulo, 2004, *passim*.

3. Conforme ensina Rosa Maria Barreto Borriello de Andrade Nery "o oposto do lugar onde se está é *ara, ager, areo,* que é o campo, o lugar cultivado, daí *peregri* que é o que não está em casa; está fora de casa; é estrangeiro. Essa ideia pode estar ligada à do outro elemento, terra – área – espaço desprovido de construção. *Ager* é diferente de *urbs*. Por outro lado, *agro* é de etimologia incerta". Daí explica a ilustre professora e magistrada paulista "agrícola é um habitante do 'ager', do 'campo', fora da cidade. A cadência da vida do agrícola é diferente da cadência da vida do *urbanus*". *Vide Vínculo obrigacional*: relação jurídica de razão (técnica e ciência de proporção), cit.

Dessarte cuida a *agropecuária* tanto das *atividades produtivas* integrantes do setor primário da economia caracterizado pela *produção de bens alimentícios e matérias-primas decorrentes do cultivo de plantas*[4] *como também da criação de animais*[5].

No âmbito constitucional a agropecuária visa fundamentalmente a cuidar de referidas atividades produtivas em proveito da dignidade da pessoa humana (art. 1º, III), tendo como objetivo primeiro promover não só o bem de todos (art. 3º, IV) como particularmente combater a pobreza e a marginalização reduzindo as desigualdades sociais e regionais (art. 3º, III).

*Daí o objetivo maior da agropecuária como atividade econômica regrada pela Constituição em vigor: atuar no sentido de erradicar a fome*[6] *em nosso País adequando a estrutura agrária principalmente em decorrência do objetivo constitucional apontado no art. 3º, III, da Constituição Federal*[7].

Por outro lado, na atual realidade brasileira, a agropecuária também está inserida na ordem econômica do capitalismo[8 e 9], merecendo previsão específica na Carta

---

4. A *planta* é qualquer organismo que geralmente fabrica seu próprio alimento por fotossíntese e (com exceção de algumas algas) não é capaz de locomoção. *Vide Dicionário de ecologia e ciências ambientais*, Melhoramentos, 1998, *passim*.

5. *Animal* é a designação comum aos organismos do reino *Animália*, heterotróficos, multicelulares e com capacidade de locomoção, existindo particular interesse nos cordados (subfilos vertebrados) no campo da pecuária. Também são usados os moluscos na alimentação. *Vide Dicionário de ecologia e ciências ambientais*, cit., *passim*.

6. *Vide* de forma detalhada Celso Antonio Pacheco Fiorillo e Renata Marques Ferreira, *Segurança alimentar e desenvolvimento sustentável:* a tutela jurídica da alimentação e das empresas alimentares em face do direito ambiental brasileiro, Rio de Janeiro, Lumen Juris, 2019.

7. Conforme já destacava Celso Furtado, "podemos abordar o problema da pobreza de ângulos diferentes. Três são as dimensões que têm preocupado os estudiosos da matéria: 1) a questão da fome endêmica, que está presente, em graus diversos, em todo o mundo; 2) a questão da habitação popular, que em alguns países já encontrou solução; 3) a questão da insuficiência de escolaridade, que contribui para perpetuar a pobreza.

A experiência mundial indica que, sem uma estrutura agrária adequada, não é possível solucionar a questão da insuficiência de oferta de alimentos", sendo certo que, ainda conforme explicava o mestre, "no Brasil não há escassez de alimentos. Somos um País exportador de alimentos, temos um potencial agrícola enorme" (*Em busca de novo modelo – Reflexões sobre a crise contemporânea*, 2. ed., Paz e Terra, 2002, *passim*). *Vide* também *Curso de direito ambiental brasileiro* de *Celso Antonio Pacheco Fiorillo*, 6. ed., ampliada, Editora Saraiva, 2005; e *Estatuto da Cidade comentado*, Lei n. 10.257/2001; e *lei do meio ambiente artificial*, 2. ed., Editora Revista dos Tribunais, 2005.

8. Explica Paulo Sandroni que "a predominância do fator capital, típico da agricultura moderna, permite alta produtividade por área cultivada e é encontrada, sobretudo nos países industrializados (no Brasil, ocorre principalmente nas regiões Sul e Sudeste)". A região Centro-oeste também vem se destacando particularmente como polo produtor de soja e algodão e mesmo o Nordeste apresenta cidades como Luís Eduardo Magalhães (Bahia) que já tem um milhão de hectares de terra cultivada. *Vide Novíssimo Dicionário de Economia*, Editora Best Seller, 2002, *passim*.

9. A Lei n. 11.076/2004 instituiu o denominado *Certificado de Depósito Agropecuário – CDA* bem como o *Warrant Agropecuário – WA*. Títulos executivos extrajudiciais (art. 1º, § 4º, da Lei n. 11.076/2004) emitidos simultaneamente pelo depositário, a pedido do depositante, podendo ser transmitidos unidos ou separadamente, mediante endosso, representa o CDA título de crédito representativo da promessa de entrega de produtos agropecuários, seus derivados, subprodutos ou resíduos de valor econômico, depositados

Magna[10] não só dentro do denominado planejamento agrícola (art. 187, § 1º, da CF) como principalmente adaptada ao comando do art. 186, que orienta a *função social da propriedade rural*[11, 12 e 13] ao requisito da utilização adequada dos recursos naturais disponíveis e preservação do meio ambiente.

---

em conformidade com a Lei n. 9.973/2000; já o WA é título de crédito que confere direito de penhor sobre produto descrito no CDA correspondente.

A Lei n. 11.076 também criou o *Certificado de Direitos Creditórios do Agronegócio – CDCA* (título de crédito nominativo, de livre negociação, representativo de promessa de pagamento em dinheiro que constitui título executivo extrajudicial sendo de emissão exclusiva de cooperativas de produtores rurais e de outras pessoas jurídicas na forma do que estabelece o parágrafo único do art. 24), a *Letra de Crédito do Agronegócio – LCA* (título de crédito nominativo, de livre negociação, representativo de promessa de pagamento em dinheiro que constitui título executivo extrajudicial sendo de emissão exclusiva de instituições financeiras públicas ou privadas) e o *Certificado de Recebíveis do Agronegócio – CRA* (título de crédito nominativo, de livre negociação, representativo de promessa de pagamento em dinheiro que constitui título executivo extrajudicial sendo de emissão exclusiva das companhias securitizadoras de direitos creditórios do agronegócio nos termos do art. 23).

10. É competência comum da União, dos Estados, do Distrito Federal e dos Municípios fomentar a produção agropecuária e organizar o abastecimento alimentar conforme determina o art. 23, VIII, da Constituição Federal.

11. O art.186 da Constituição Federal estabelece que a *função social* é cumprida quando a propriedade rural atende simultaneamente, segundo critérios e graus de exigência estabelecidos na Lei n. 8.629/93, aos seguintes requisitos: 1) aproveitamento racional e adequado; 2) utilização adequada dos *recursos naturais* disponíveis; 3) *preservação do meio ambiente*; 4) observância das disposições que regulam as relações do trabalho; 5) exploração que favoreça o bem-estar dos proprietários e dos trabalhadores.

12. Conforme determina a Lei n. 8.629/93 (norma jurídica que dispõe sobre a regulamentação dos dispositivos constitucionais relativos à reforma agrária prevista no *Capítulo III, Título VII, da Constituição Federal*), a *função social* é cumprida quando a *propriedade rural* atende, simultaneamente, segundo graus e critérios estabelecidos em referida norma, os seguintes requisitos (art. 9º, I a IV):

1) *aproveitamento racional e adequado,* considerando-se juridicamente racional e adequado o aproveitamento que atinja os graus de utilização da terra e de eficiência na exploração especificados nos §§ 1º a 7º do art. 6º da Lei n. 8.629/93, bem como o aproveitamento de imóvel rural destinado oficialmente à execução de atividades de pesquisa e experimentação que visem o avanço tecnológico da agricultura na forma do art. 8º da Lei n. 8.629/93;

2) *utilização adequada dos recursos naturais disponíveis*, a saber, quando a exploração se faz respeitando a vocação natural da terra de modo a manter o potencial produtivo da propriedade (§ 2º do art. 9º);

3) *preservação do meio ambiente*, ou seja, a manutenção das características próprias do meio natural e da qualidade dos recursos ambientais, na medida adequada à manutenção do equilíbrio ecológico da propriedade e da saúde e qualidade de vida das comunidades vizinhas (§ 3º do art. 9º);

4) *observância das disposições que regulam as relações de trabalho*, a saber, respeito às leis trabalhistas e aos contratos coletivos de trabalho como às disposições que disciplinam os contratos de arrendamento e parcerias rurais (§ 4º do art. 9º);

5) *exploração que favoreça o bem-estar dos proprietários e dos trabalhadores*, ou seja, exploração que vise não só o atendimento das necessidades básicas dos que trabalham a terra como também as normas de segurança do trabalho (*meio ambiente do trabalho*), assim como exploração que objetiva não provocar conflitos e tensões sociais no imóvel (§ 5º do art. 9º).

13. O antigo *Estatuto da Terra (Lei n. 4.504/64)*, ainda que sob a égide de sistema constitucional superado, explica que a propriedade da terra desempenha integralmente sua função social quando simultaneamente favorecer o bem-estar dos proprietários e dos trabalhadores que nela labutam, assim como de

Dessarte a agropecuária, no plano jurídico constitucional, deve obedecer não só aos princípios fundamentais de nosso sistema de direito positivo (fundamentos e objetivos da República Federativa do Brasil informados pelos arts. 1º e 3º) como também os princípios jurídicos gerais fundados na valorização do trabalho humano e na livre-iniciativa visando a assegurar a todos os brasileiros e estrangeiros residentes no País uma existência digna (art. 170 da CF).

Exatamente por estar integrada à tutela jurídica vinculada a plantas e animais, e evidentemente em proveito da dignidade de brasileiros e estrangeiros residentes no País, a agropecuária recebe a partir da Constituição Federal de 1988 pormenorizados controles no campo jurídico vinculados à defesa da flora e da fauna, vale dizer, a atividade deverá não só observar a elaboração de estudo prévio de impacto ambiental sempre que potencialmente causar significativa degradação do meio ambiente (art. 225, § 1º, IV) como evitar práticas que coloquem em risco a função ecológica da fauna e flora, práticas que provoquem risco às espécies, ou, ainda, práticas que submetam animais a crueldade[14] (art. 225, § 1º, VI).

---

suas famílias, mantém níveis satisfatórios de produtividade, *assegura a conservação dos recursos naturais* e observa as disposições legais que regulam as justas relações de trabalho entre os que a possuem e a cultivem (art. 2º, § 1º, *a* a *d*). O art. 12 diz: "À propriedade privada da terra cabe intrinsecamente uma função social e seu uso é condicionado ao bem-estar coletivo previsto na Constituição Federal e caracterizado nesta Lei".

14. Conforme já tivemos oportunidade de aduzir, a fauna passou a ser protegida constitucionalmente como bem ambiental numa nova visão em que a proteção da vida em todas as suas formas deve atender o fundamento da dignidade da pessoa humana em face de seu conteúdo cultural.

Algumas normas jurídicas ambientais, como as Leis n. 9.605/98, 9.985/2000 e 10.215/2001, passaram a revelar claramente a tendência legislativa destinada a adequar as manifestações culturais em relação à fauna no sentido de harmonizar nossas práticas culturais em proveito da dignidade da pessoa humana.

Decisão do Desembargador Araken de Assis elucida de forma clara e didática o tema, a saber:

"O Exmo. Sr. Dr. Procurador-Geral de Justiça propõe ação direta de inconstitucionalidade contra a Lei Estadual n. 12.131/2004, que acrescentou o parágrafo único ao art. 2º da Lei Estadual n. 11.915/2003.

Segundo alega, a Lei Estadual n. 12.131/2004 é inconstitucional formal e materialmente. Sustenta, no plano formal, que direito penal é matéria de competência legislativa privativa da União. Aduz que, mesmo que não se entenda tratar-se de matéria penal, mas tão somente de proteção à fauna, o Estado, no exercício de sua atividade normativa supletiva, não poderia desrespeitar as normas gerais editadas pela União. No plano material, sustenta a ocorrência de ofensa ao princípio da isonomia, ao excepcionar apenas os cultos de matriz africana. Requer liminar, a fim de sustar os efeitos do parágrafo único do art. 2º da Lei Estadual n. 11.915, acrescentado pela Lei Estadual n. 12.131/2004.

Relatei, passo a decidir.

Não há relevância nos fundamentos da inconstitucionalidade. Em relação ao art. 32 da Lei n. 9.605/98, e, pois, à usurpação da competência legislativa da União em matéria penal (art. 22, I, da CF/88), assinalo que o art. 2º, parágrafo único, da Lei n. 11.195/2003, com a redação da Lei n. 12.131/2004, tão só pré-exclui dos atos arrolados no próprio dispositivo as práticas religiosas. De modo algum se pode pretender que tal dispositivo elimine o crime capitulado no art. 32 da Lei n. 9.605/98, ou que semelhante excludente de antijuridicidade se aplique nesta esfera. Os efeitos da norma se exaurem no âmbito do "Código Estadual de Proteção aos Animais" e de suas sanções.

Por outro lado, da lição de Celso Antonio Pacheco Fiorillo (*Curso de direito ambiental brasileiro*, p. 95, São Paulo, Saraiva) resulta claro que, no aparente conflito entre o meio ambiente cultural e o meio

Evidentemente que aludida atividade também necessitará harmonizar-se com a tutela jurídica do solo e subsolo[15] brasileiro, vez que, tanto a agricultura como a pecuária só podem ser viabilizadas em determinado espaço territorial[16] controlado pela ordem jurídica em vigor.

O conjunto de regras jurídicas constitucionais antes referidas é que estabelecerá os contornos normativos destinados à aplicação de direitos e deveres no âmbito da agricultura e da pecuária: é o verdadeiro e único "marco regulatório" destinado a estabelecer contornos claros da agropecuária sustentável.

Passemos a observar uma e outra atividade de maneira mais pormenorizada[17, 18 e 19].

---

ambiente natural, merecerá tutela a prática cultural – no caso, sacrifício de animais domésticos – que implique "*identificação de valores de uma região ou população*". Bastaria, a meu ver, um único praticante de religião que reclame o sacrifício de animais para que a liberdade de culto, essencial a uma sociedade que se pretenda democrática e pluralista, já atue em seu benefício. Dir-se-á que nenhum direito fundamental se revela absoluto. Sim, mas o confronto acabou de ser resolvido através do princípio da proporcionalidade. Ao invés, dar-se-ia proteção absoluta ao meio ambiente natural proibindo, *tout court,* o sacrifício ritual.

Finalmente, a existência de outras religiões que se ocupam do sacrifício ritual de animais não torna, de per si, inconstitucional a disposição.

Ela se mostraria apenas insuficiente e suscetível de generalização.

Assim, não se configuram os requisitos necessários à concessão de liminar.

Pelo fio do exposto, *indefiro* a liminar. Cite-se, notifique-se e intime-se (*AA 700101296902004/ Cível" (*Rel. Des. Araken de Assis, j. 28-10-2004).

Porto Alegre, 28 de outubro de 2004.

Desembargador ARAKEN DE ASSIS, Relator.

15. O *Dicionário de ecologia e ciências ambientais* informa o seguinte: *solo* 1) Combinação de matéria mineral e orgânica com água e ar acima da superfície de leito de rocha. 2) A parte superior do rególito (camada de rocha frouxa e não consolidada, mas inalterada em outros aspectos, que se superpõe ao leito de rocha) que sustenta a vida. 3) Material da terra modificado por processos físicos, químicos e biológicos como o que sustenta a vida vegetal radiculada. O *subsolo* é a referência geral à zona de acumulação num perfil de solo (descrição de composição, textura e estrutura dos horizontes do solo feita numa sequência vertical). *Vide Dicionário*, Melhoramentos, 1998, *passim.*

16. Com um terço do território ocupado por lavouras e criações, o Brasil ainda dispõe de uma fronteira agrícola equivalente ao território da França, Itália e Reino Unido sendo certo que, segundo alguns autores, *o uso da terra em nosso País está distribuído da seguinte forma*: numa área total de 851 milhões de hectares (1 ha representa 10.000 m), em 62 milhões de hectares se realiza o plantio, em 220 milhões de hectares os bois são criados, restando ainda 106 milhões de hectares onde ainda é possível produzir. Em 463 milhões de hectares não é possível realizar a produção (Amazônia Legal, unidades de preservação fora da Amazônia, reservas legais, centros urbanos, rios, estradas, áreas de reflorestamento e alagadas por represas).

17. O acesso à terra, a solução dos conflitos sociais, o aproveitamento racional e adequado do imóvel rural, a utilização apropriada dos recursos naturais disponíveis e a preservação do **meio ambiente** constituem elementos de realização da função social da propriedade. A desapropriação, nesse contexto – enquanto sanção constitucional imponível ao descumprimento da função social da propriedade – reflete importante instrumento destinado a dar consequência aos compromissos assumidos pelo Estado na ordem econômica e social. Incumbe, ao proprietário da terra, o dever jurídico-social de cultivá-la e de explorá-la adequadamente, sob pena de incidir nas disposições constitucionais e legais que sancionam os senhores de imóveis ociosos, não cultivados e/ou improdutivos, pois só se tem por atendida a função social que condiciona o exercício do direito de propriedade, quando o titular do domínio cumprir a obrigação (1) de

815

favorecer o bem-estar dos que na terra labutam; (2) de manter níveis satisfatórios de produtividade; (3) de assegurar a conservação dos recursos naturais; e (4) de observar as disposições legais que regulam as justas relações de trabalho entre os que possuem o domínio e aqueles que cultivam a propriedade. As prescrições constantes da MP 2.027-38/2000, reeditada, pela última vez, como MP 2.183-56/2001, precisamente porque têm por finalidade neutralizar abusos e atos de violação possessória, praticados contra proprietários de imóveis rurais, não se mostram eivadas de inconstitucionalidade (ao menos em juízo de estrita delibação), pois visam, em última análise, a resguardar a integridade de valores protegidos pela própria Constituição da República. O sistema constitucional não tolera a prática de atos, que, concretizadores de invasões fundiárias, culminam por gerar – considerada a própria ilicitude dessa conduta – grave situação de insegurança jurídica, de intranquilidade social e de instabilidade da ordem pública" (ADI 2.213-MC, Rel. Min. Celso de Mello, j. 4-4-2002, Plenário, *DJ*, 23-4-2004).

18. "A própria Constituição da República, ao impor ao poder público o dever de fazer respeitar a integridade do patrimônio ambiental, não o inibe, quando necessária a intervenção estatal na esfera dominial privada, de promover a desapropriação de imóveis rurais para fins de reforma agrária, especialmente porque um dos instrumentos de realização da função social da propriedade consiste, precisamente, na submissão do domínio à necessidade de o seu titular utilizar adequadamente os recursos naturais disponíveis e de fazer preservar o equilíbrio do **meio ambiente** (CF, art. 186, II), sob pena de, em descumprindo esses encargos, expor-se a desapropriação-sanção a que se refere o art. 184 da Lei Fundamental" (MS 22.164, Rel. Min. Celso de Mello, j. 30-10-1995, Plenário, *DJ*, 17-11-1995).

19. A expansão da agricultura brasileira tem deixado reflexos negativos no meio ambiente conforme estudo sobre o desenvolvimento sustentável no País divulgado em novembro de 2004 pelo Instituto Brasileiro de Geografia e Estatística (IBGE). O crescimento das *queimadas e incêndios florestais* promovidos para transformar a mata nativa em áreas agropastoris está se ampliando no País (somente em 2003 foram detectados por satélite em todas as regiões do Brasil quase 213 mil focos) sendo certo que tem sido prática costumeira do setor agropecuário fazer uso constante e crescente de recursos naturais não renováveis como os da floresta amazônica e da região do cerrado.

816

# Capítulo II
# A AGRICULTURA NO PLANO JURÍDICO AMBIENTAL EM FACE DO CONTROLE TERRITORIAL[1]

## 1. INTRODUÇÃO

As atividades produtivas caracterizadas pela produção de bens alimentícios e de matérias-primas decorrentes do cultivo de plantas necessitam inicialmente de espaços territoriais[2 e 3] destinados a viabilizar a agricultura.

Dessarte nosso sistema constitucional entendeu por bem regrar as relações jurídicas que envolvem o solo e subsolo dentro da ordem jurídica do capitalismo não só adaptada à realidade brasileira (art. 3º da CF), mas obedecendo, antes de tudo, às

---

1. Para um estudo detalhado *vide* Celso Antonio Pacheco Fiorillo e Renata Marques Ferreira, *O agronegócio em face do direito ambiental constitucional brasileiro:* as empresas rurais sustentáveis, Rio de Janeiro, Lumen Juris, 2018.

2. Os espaços territoriais estão evidentemente vinculados à extensão de *terra* e por via de consequência de *solo. A terra, entendida como solo, é observada no plano jurídico como recurso ambiental* conforme já definia a Política Nacional do Meio Ambiente na década de 1980 (Lei n. 6.938/81, art. 3º, IV) assim como define o art. 2º, IV, da Lei n. 9.605/98 com amparo na Carta Magna de 1988.

A Constituição Federal em vigor menciona a existência de terras devolutas, de terras tradicionalmente ocupadas pelos índios, de terras públicas assim como de terras ocupadas pelos remanescentes dos quilombos. Em decorrência da matéria antes aduzida, a correta interpretação dos arts. 1.229 e 1.230 do Código Civil (Lei n. 10.406/2002) estará necessariamente relacionada à orientação constitucional, a saber, a propriedade do solo estará vinculada ao direito ambiental constitucional em vigor. Para um estudo mais aprofundado *vide* nosso *Estatuto da Cidade comentado*, 2. ed. Editora Revista dos Tribunais, 2005.

3. Em pleno século XXI existe ainda em nosso País grande concentração da propriedade de espaços territoriais (propriedade rural) destacando o Brasil como um dos países com a *pior distribuição fundiária do mundo.*

Conforme informação do Presidente do Incra (Instituto Nacional de Colonização e Reforma Agrária), publicada no jornal *Folha de S.Paulo* (29 de novembro de 2004, p. A3), o Brasil possui uma área total de 850 milhões de hectares, sendo certo que, desses, 418 milhões estariam cadastrados no INCRA. A distribuição dos imóveis rurais cadastrados, por tamanho de área (dados de 2003), revela que aqueles com até 100 hectares representam 86,3% do número de imóveis e 19,7% da área. No outro extremo, os imóveis acima de 1.000 representam 1,6% do número e 46,85% da área. Informa ainda o presidente que apuração especial realizada pelo cadastro do INCRA em novembro de 2003 indicou a existência de 58.329 grandes propriedades classificadas como improdutivas, que ocupam 133,8 milhões de hectares.

necessidades reais de brasileiros e estrangeiros residentes no País, particularmente em benefício de valores adstritos à dignidade da pessoa humana[4] (art. 1º, III e IV)[5].

Por via de consequência o solo e os subsolos no Brasil obedecem hoje a relações jurídicas em que o direito de propriedade[6], como verdadeiro instrumento jurídico de controle da economia capitalista, tem limitações importantes destinadas a equilibrar os tradicionais valores do chamado direito privado com as necessidades vitais da pessoa humana na realidade brasileira do século XXI.

Como bens destinados ao uso comum do povo, o solo e o subsolo passaram a ter natureza jurídica de bens ambientais (art. 225 da Carta Magna) elevando-se à condição constitucional a definição jurídica de recurso ambiental já existente na década de 1980 quando elaborada a Política Nacional do Meio Ambiente (art. 3º, V, da Lei n. 6.938/81)[7].

---

4. Explica Rosa Nery que "o princípio da dignidade da pessoa humana tem relação com vertentes fundamentais da estrutura exegética do Direito, tais como: *mínimo existencial* (Barcellos, *A eficácia jurídica dos princípios constitucionais – O princípio da dignidade da pessoa humana*, p. 118) ou *piso vital mínimo* (Fiorillo, *Curso de direito ambiental brasileiro*, p. 14)". *Vide Vínculo obrigacional...*, p. 235.

5. Os direitos à alimentação, assim como vestuário, nada mais são na sociedade em que vivemos que componentes básicos integrantes da estrutura do Piso Vital Mínimo (art. 6º da Constituição Federal).

Explica o ilustre magistrado e professor paulista Rizzatto Nunes que "foi o jus-ambientalista brasileiro Professor Celso Antonio Pacheco Fiorillo que usou a expressão 'mínimo vital', com cujo conteúdo concordamos. Diz o professor que, para começar a respeitar a dignidade da pessoa humana, tem-se de assegurar concretamente os direitos sociais previstos no art. 6º da Carta Magna, que por sua vez está atrelada ao *caput* do art. 225. Tais normas dispõem, *verbis*: 'Art. 6º São direitos sociais a educação, a saúde, o trabalho, o lazer, a segurança, a previdência social, a proteção à maternidade e à infância, a assistência aos desamparados, na forma desta Constituição'. 'Art. 225. Todos têm direito ao meio ambiente ecologicamente equilibrado, bem de uso comum do povo e essencial à sadia qualidade de vida, impondo-se ao Poder Público e à coletividade o dever de defendê-lo e preservá-lo para as presentes e futuras gerações'. De fato não há como falar em dignidade se esse mínimo não estiver garantido e implementado concretamente na vida das pessoas. Como é que se poderia imaginar que qualquer pessoa teria sua dignidade garantida se não lhe fosse assegurada saúde e educação? Se não lhe fosse garantida sadia qualidade de vida, como é que se poderia afirmar sua dignidade?". *Vide Curso de direito do consumidor*, Saraiva, 2004, e *O princípio constitucional da dignidade humana*, Saraiva, 2002.

6. Já tivemos a oportunidade de comentar que o direito constitucional brasileiro, como produto cultural que é, entendeu por bem ao longo de mais de um século (Constituições de 1824, 1891, 1934, 1937, 1946, 1967 e 1969) não estabelecer em seu texto a definição ou mesmo o conteúdo do instituto jurídico da propriedade, deixando ao legislador infraconstitucional a missão de explicar, bem como delimitar o direito de propriedade caso a caso.

Nossa atual Constituição Federal (1988) se utiliza da expressão propriedade em vinte e uma oportunidades, sendo certo que o próprio Código Civil (Lei n. 10.406/2002), como subsistema em princípio adaptado à tutela jurídica do território, afirma a necessidade do *direito de propriedade* (faculdade de usar, gozar e dispor da coisa conforme o art. 1.228 do Código Civil) ser exercido em consonância com as suas finalidades econômicas e sociais e de modo que sejam preservados, em conformidade com o estabelecido em lei especial, a flora, a fauna, as belezas naturais, o equilíbrio ecológico e o patrimônio histórico e artístico, bem como evitada a poluição do ar e das águas (§ 1º do art. 1.228 do Código Civil).

Destarte reiteramos posicionamento que a *propriedade*, no âmbito de nossa Carta Magna em vigor, *é um instrumento jurídico de controle da economia capitalista*. *Vide* Celso Antonio Pacheco Fiorillo e Renata Marques Ferreira, *Comentários ao Estatuto da Cidade: Lei n. 10.257/2001 – Lei do Meio Ambiente Artificial*, 7. ed., São Paulo, Saraiva, 2019.

7. A Lei n. 9.985/2000, ao regulamentar o art. 225, § 1º, I, II, III e VII da Constituição Federal, *define o solo e subsolo como recursos ambientais* (art. 2º, IV). *Vide* nosso *Estatuto da Cidade comentado*, 2. ed., Revista dos Tribunais, 2005, *passim*.

Dentro da perspectiva antes indicada, a agricultura, ao usar os bens ambientais já referidos em proveito do lucro, deverá envolver aludidos recursos ambientais através de uma perspectiva sustentável, ou seja, a atividade deverá explorar o ambiente de maneira a garantir a perenidade dos recursos ambientais renováveis e dos processos ecológicos mantendo a biodiversidade e os demais atributos ecológicos de forma socialmente justa, economicamente viável e levando em consideração necessidades vinculadas às presentes e futuras gerações (art. 225 da Constituição Federal e art. 2º, X e XI, da Lei n. 9.985/2000).

A agricultura, a partir da Constituição Federal, passou por via de consequência a ser disciplinada não só em decorrência do conceito privatista do direito de propriedade[8], hoje adaptado às necessidades de uma sociedade com população de mais de 178 milhões de pessoas, mas observando sua função social principalmente quando o solo e o subsolo necessitam ser usados também como elementos fundamentais destinados a produzir a alimentação, vestimenta e demais insumos imprescindíveis aos brasileiros no século XXI.

Daí ser importante destacar que o Estudo Prévio de Impacto Ambiental descrito no art. 225, § 1º, IV, da Constituição Federal será em princípio exigido sempre que a atividade agrícola for potencialmente causadora de significativa degradação do meio ambiente, sendo esta a primeira exigência normativa imposta à agricultura como fundamental atividade econômica relacionada ao controle territorial.

## 2. A FLORA COMO RECURSO AMBIENTAL (BEM AMBIENTAL) E SUA TUTELA JURÍDICA INFRACONSTITUCIONAL (PATRIMÔNIO GENÉTICO, SEMENTES E MUDAS)

Inserida na agricultura (cultura do solo visando à produção de vegetais úteis ao homem) a flora (plantas), como recurso ambiental, tem disciplina jurídica observada no plano infraconstitucional conforme estabelece o art. 2º, IV, da Lei n. 9.985/2000[9].

Como *patrimônio genético*, os espécimes vegetais têm disciplina legal observada não só em decorrência do que determina o art. 225, § 1º, II e V, da Constituição Federal como também em face do que estabelece a Medida Provisória n. 2.186-16/2001. O art. 7º, I, da referida norma jurídica define patrimônio genético como informação de origem genética contida em amostras do todo ou de parte de espécime vegetal na forma

---

8. Explica Rosa Nery que "até o advento do Código Civil de 1916, o Brasil, no que toca ao direito civil, continuou a ser regido pelo livro *quarto* das Ordenações Filipinas (que tratava *das pessoas e das cousas, sob o ponto de vista civil e commercial* e foram *o alicerce de nosso direito civil por três séculos* – Vampré, *Manual*, v. I, p. 19), não obstante os quase cinco séculos que separavam a experiência brasileira do século XIX da vivência medieval do direito europeu". Daí a importante manifestação da magistrada e professora paulista, a saber "Não surpreende, pois, que o Brasil do começo do século XXI não tenha ainda produzido uma cultura civilística mais moderna, porquanto conseguiu superar, apenas no século XX, quatrocentos anos de insulação". *Vide Vínculo obrigacional...*, cit., *passim*.

9. A Lei n. 6.938/81 já estabelecia que a flora é recurso ambiental (art. 3º, V).

de moléculas e substâncias provenientes de seu metabolismo assim como de extratos obtidos deste organismo vivo ou morto, encontrados em condições *in situ* (em sua posição original, natural ou presente), inclusive domesticados, ou mantidos em coleções *ex situ* (condição *ex situ* é a manutenção de amostra de componente do patrimônio genético fora de seu hábitat natural, em coleções vivas ou mortas conforme define o art. 7º, XIV, da MP n. 2.186-16/2001).

Como *muda* (material de propagação vegetal de qualquer gênero, espécie ou cultivar, proveniente de reprodução sexuada ou assexuada, que tenha finalidade específica de plantio) ou mesmo como *semente*[10, 11 e 12] (material de reprodução vegetal de qualquer gênero, espécie ou cultivar, proveniente de reprodução sexuada ou assexuada, que tenha finalidade específica de semeadura) as espécies vegetais passaram, com a edição da Lei n. 10.711/2003 (Sistema Nacional de Sementes e Mudas), a se sujeitar a rigoroso controle por parte do Sistema Nacional de Sementes e Mudas – SNSM (art. 3º da Lei n. 10.711), obrigando qualquer pessoa física ou jurídica que exerça atividade de produção, beneficiamento, embalagem, armazenamento, análise, comércio, importação e exportação de sementes e mudas a realizar inscrição no Renasem (Registro Nacional de Sementes e Mudas). Objetivando garantir a identidade e a qualidade do material de multiplicação e de reprodução vegetal produzido, comercializado e utilizado em todo o território nacional, a Lei n. 10.711/2003 afeta evidentemente a agricultura, estabelecendo novos padrões normativos para a cultura do solo, visando à produção de vegetais úteis à pessoa humana ou mesmo aos animais.

---

10. No Brasil 85% dos alimentos consumidos derivam de quatro tipos de *grãos* (soja, milho, trigo e arroz). A tutela jurídica do grão como fruto ou *semente* das gramíneas (como a cevada, o trigo, o milho, o arroz etc.) de certas leguminosas (como a soja, o feijão, o tremoço, a ervilha etc.) e mesmo rubiáceas (café) está diretamente relacionada à produção e exportação brasileiras. Dentre os principais produtos exportados em 2003 estão *a soja* com US$ 4,29 bilhões (representando 26,5% do total de exportações é o grão mais produzido no País e que ocupa a maior área plantada, indicando 26,5% do total das exportações) e o *café cru em grão* com US$ 1,30 bilhão (dentre as demais culturas de importância econômica o café ocupa o 2º lugar na pauta de exportação agrícola brasileira). Cabe lembrar que o café foi um produto de fundamental importância para a economia brasileira dos séculos XIX e XX, tendo sido introduzido no Brasil, no Pará, pelo sargento-mor Francisco de Melo Palheta expandindo-se no século XVIII por toda a colônia, mas especialmente na região Sudeste sendo produzido para atender ao consumo interno. A partir de 1840 o Brasil tornou-se grande exportador do produto para a Europa e, particularmente, Estados Unidos, garantindo seu lugar de primeiro item das exportações brasileiras. Hoje o Brasil é o maior produtor mundial de café e o segundo maior consumidor, depois dos Estados Unidos.

11. A *semente* como toda e qualquer estrutura vegetal utilizada na propagação de uma *cultivar* é protegida pela Lei n. 9.456/97 que *institui a Lei de Proteção de Cultivares*. A proteção dos direitos relativos à propriedade intelectual referente a cultivar se efetua mediante a concessão do denominado Certificado de Proteção de Cultivar, que é considerado bem móvel para todos os efeitos legais. A lei regulamenta a livre utilização de plantas ou de suas partes de reprodução ou de multiplicação vegetativa no Brasil.

12. A Quarta Turma do Superior Tribunal de Justiça adotou entendimento de que a *semente*, quando lançada ao solo, consome-se pela germinação, transformando-se, ao longo de um determinado período, em planta devendo destarte ser reconhecida como *produto não durável*. *Vide* Processo RESP 442.368, Recorrente: José Luiz de Oliveira; Recorrido: Algodoeira Ivai Ltda.; Relator: Min. Jorge Scartezzini – Quarta Turma; Assunto: Civil – Contrato-Aplicação do Código de Defesa do Consumidor.

## 3. AGRICULTURA COM O EMPREGO DE TÉCNICAS QUE COMPOR-TEM RISCO PARA O MEIO AMBIENTE E AGRICULTURA ORGÂNICA

Para assegurar a efetividade do direito ambiental a Carta Magna incumbiu ao Poder Público controlar o emprego de técnicas que comportem risco para a vida, a qualidade de vida e o meio ambiente (art. 225, § 1º, V), assim como fiscalizar as entidades dedicadas à pesquisa e manipulação de material genético.

Dessarte ganha importância a possibilidade de se utilizar na agricultura a *engenharia genética destinada a transgenia*[13, 14 e 15] (uso de frações de DNA da célula de um ser na célula de outro indivíduo sem que as espécies a que pertencessem fossem aparentadas) adequando a pesquisa tecnológica em proveito da solução dos problemas brasileiros[16] assim como para o desenvolvimento do sistema produtivo nacional e regional (art. 218, § 2º, da CF).

---

13. A Lei n. 10.814/2003 estabeleceu *normas para o plantio e comercialização da produção de soja geneticamente modificada da safra de 2004*, rezando que os produtores de soja geneticamente modificada que causarem danos ao meio ambiente e a terceiros, inclusive quando decorrente de contaminação por cruzamento, *responderão, solidariamente, pela indenização ou reparação integral do dano, independentemente da existência de culpa*.

14. A Lei n. 11.092/2005 estabelece normas para o plantio e a comercialização da produção de soja geneticamente modificada da safra de 2005 renovando a validade de dispositivos da Lei n. 10.814/2003.

15. Até o ano de 2004 já existiam 114 instituições públicas e 69 empresas privadas certificadas pela Comissão Técnica Nacional de Biossegurança para desenvolver pesquisas com organismos geneticamente modificados no Brasil. Entre os diversos produtos transgênicos que estão sendo criados em laboratórios brasileiros e no exterior podemos citar:

1) *Feijão* resistente ao vírus mosaico dourado, o inimigo número 1 de seu cultivo;

2) *Alface* com proteína que combate a leishmaniose;

3) *Milho* com molécula que combate micróbios causadores de doença que impede frangos de engordar;

4) *Morango* rico em vitamina C;

5) *Batata light*, que absorve menos gordura durante a fritura;

6) *Arroz* que substitui injeções de insulina no tratamento de diabetes;

7) *Tomate* com gene que retarda o apodrecimento do fruto;

8) *Algodão* com proteína de teia de aranha, que torna as fibras mais resistentes;

9) *Mamão* resistente a vírus que reduz o tamanho das folhas e frutos.

16. Algumas das principais tecnologias que transformaram no século XXI o Brasil numa potência do agronegócio foram elaboradas nos laboratórios da Empresa Brasileira de Pesquisa Agropecuária (Embrapa) reconhecida atualmente como o mais importante centro de referência em agricultura tropical do mundo. Foi a Embrapa que deu viabilidade à agricultura no cerrado (área de 204 milhões de hectares equivalente ao território do México e quase quatro vezes o da França) que hoje produz metade da safra nacional de grãos, tendo também lavouras de algodão, girassol, trigo e hortifrutis.

Dentre algumas das tecnologias assim como produtos desenvolvidos pela Embrapa podemos citar:

1) *Algodão* colorido, que é resistente à seca e menos poluente na medida em que não necessita de tingimento artificial, valendo 30% mais do que o tradicional;

2) *Supercaju*, que aumenta a produção de castanhas de 200 para 600 quilos anuais por hectare. O custo da colheita é 65% menor;

Por outro lado, o legislador também entendeu por bem fixar regras jurídicas destinadas a tutelar técnica específica destinada a empregar, sempre que possível, métodos culturais, biológicos e mecânicos em contraposição ao uso de materiais sintéticos, a eliminação do uso de organismos geneticamente modificados e radiações ionizantes no âmbito da produção agropecuária.

Daí a elaboração do denominado *sistema orgânico de produção agropecuária*[17 e 18] definido na Lei n. 10.831/2003, destinado a aperfeiçoar o uso de recursos naturais e socioeconômicos disponíveis assim como o respeito à integridade cultural das comunidades rurais, visando à sustentabilidade econômica e ecológica, bem como a maximização dos benefícios sociais e a minimização da dependência de energia não renovável.

---

3) *Uvas* sem sementes, que foram desenvolvidas (três variedades) especialmente para o clima tropical e o solo brasileiros por melhoramento genético convencional;

4) *Cenoura* com mais vitamina A, que tem 35% mais carotenoides, que combatem doenças degenerativas, sendo resistentes a pragas e podendo ser produzidas em qualquer época do ano quase sem agrotóxico;

5) *Acerola* com mais vitamina C, que foi batizada de sertaneja e que tem mais de 1,5 grama de vitamina C por fruta e rendimento de 100 quilos por planta ao ano (quatro vezes maior do que nos cultivos tradicionais);

6) *Cupulate*, que é o chocolate feito à base de óleo e gordura de cupuaçu, fruta típica da região amazônica (tem o mesmo valor nutritivo do similar feito com cacau);

7) *Girassol* multicolorido, que é uma flor que pode desabrochar em nove cores, além do amarelo.

A Embrapa também desenvolveu a *língua eletrônica* (que tem um conjunto de sensores que permite avaliar o paladar de várias bebidas e identificar impurezas na água), o *aeromodelo que substitui satélite* (que é equipado com câmeras e transmissores, obtendo mapas detalhados de propriedade avaliando o estado das lavouras, assim como identificando os pontos dos terrenos sujeitos à erosão e localizando pragas na lavoura), o *espectômetro para sementes* (que é um aparelho de ressonância magnética que permite quantificar, em segundos, o teor do óleo em sementes sem destruí-las, reduzindo o custo da análise que torna-se catorze vezes mais barato) e o *tomógrafo para análise de solos* (que é um aparelho computadorizado de raios X ou gama que permite, em escalas micrométricas, estudos de solos ou rochas e análises físicas da germinação de sementes ou do crescimento de plantas).

17. A *agricultura orgânica* é um sistema de gerenciamento total da produção agrícola com vistas a promover a saúde do meio ambiente preservando a biodiversidade, os ciclos e as atividades biológicas do solo, enfatizando o uso de práticas de manejo em oposição ao uso de elementos estranhos ao meio rural.

Os principais alimentos orgânicos produzidos no Brasil são representados pela soja, hortaliças e café. Considerados "ecologicamente corretos" movimentam no Brasil 100 milhões de dólares – 30% dos quais vindos de exportações.

18. Os alimentos orgânicos não têm benefícios nutricionais superiores aos dos alimentos comuns, concluiu a maior revisão de estudos já feita sobre o assunto, com 162 artigos científicos publicados nos últimos 50 anos. Para os autores da pesquisa, não há evidências que fundamentem a escolha de orgânicos em detrimento dos alimentos produzidos convencionalmente, com base na superioridade nutricional de uns sobre outros. A pesquisa foi publicada ontem no *American Journal of Clinical Nutrition*. Entretanto, médicos defendem que alimentos orgânicos continuam em vantagem por não serem cultivados com agrotóxico. "Os agrotóxicos contidos nos alimentos têm consequências crônicas, que podem aparecer ao longo dos anos", diz Walter José Matrangolo, pesquisador da Embrapa – *Folha de S.Paulo*, 30/7, Saúde, p. C8; *O Globo*, 30/7, Ciência, p. 32.

# Capítulo III
## PECUÁRIA NO PLANO JURÍDICO AMBIENTAL EM FACE DO CONTROLE TERRITORIAL[1]

A criação de animais orientada no plano jurídico constitucional (atender às necessidades dos brasileiros e estrangeiros residentes no País, bem como vinculadas às atividades econômicas inerentes ao capitalismo) também necessita de espaços territoriais.

Dessarte, nosso sistema constitucional entendeu por bem disciplinar as relações jurídicas vinculadas à pecuária em harmonia com o que estabelece o art. 1º, III e IV, da Carta Magna, observando as orientações indicadas no art. 3º de nosso Diploma Maior: o espaço territorial destinado à pecuária necessita ser controlado em face das diferentes especificidades existentes em nossa realidade, principalmente para promover o bem de todos (art. 3º, IV), assim como defendendo e preservando as diferentes áreas territoriais brasileiras no sentido de atender às necessidades das presentes gerações de brasileiros sem comprometer a capacidade de as futuras gerações atenderem às suas próprias necessidades (desenvolvimento sustentável).

Daí a utilização, via de regra, de *estudo prévio de impacto ambiental* (art. 225, IV, da CF) em face da pecuária: por ser atividade econômica potencialmente causadora de significativa degradação, principalmente do meio ambiente natural, a pecuária deve ser submetida a controle jurídico no sentido de se compatibilizar referida atividade econômica de maneira a também garantir a perenidade dos recursos ambientais renováveis, assim como dos processos ecológicos.

Dessarte, a pecuária (assim como a agricultura) passou a partir da Carta Magna a ser disciplinada no âmbito do uso de espaços territoriais em face da interpretação sistemática dos diferentes dispositivos constitucionais que orientam, caso a caso, a maneira mais adequada de referida atividade econômica se realizar em proveito de todos.

---

1. Celso Antonio Pacheco Fiorillo e Renata Marques Ferreira, *O agronegócio em face do direito ambiental constitucional brasileiro:* as empresas rurais sustentáveis, Rio de Janeiro, Lumen Juris, 2018.

## 1. A FAUNA COMO RECURSO AMBIENTAL (BEM AMBIENTAL) E SUA TUTELA JURÍDICA INFRACONSTITUCIONAL (PATRIMÔNIO GENÉTICO)

Inserida na pecuária (atividade que trata da criação de *gado*, a saber, conjunto de animais como vacas, bois, frangos, carneiros, cavalos, porcos, cabritos etc.) a fauna (animais), como recurso ambiental, tem disciplina jurídica observada no plano infraconstitucional, conforme estabelece o art. 2º, IV, da Lei n. 9.985/2000[2].

Como *patrimônio genético* os espécimes animais têm disciplina legal observada não só em decorrência do que determina o art. 225, § 1º, II e V, da Constituição Federal como também em face do que estabelece a Medida Provisória n. 2.186-16/2001. O art. 7º da referida norma jurídica define patrimônio genético como informação de origem genética contida em amostras no todo ou em parte de espécime animal na forma de moléculas e substâncias provenientes de seu metabolismo, assim como de extratos obtidos deste organismo vivo ou morto, encontrados em condições *in situ* (em sua posição original, natural ou presente), inclusive domesticados, ou mantidos em coleções *ex situ* (condição *ex situ* é a manutenção de amostra de componente do patrimônio genético fora de seu hábitat natural, em coleções vivas ou mortas conforme define o art. 7º, XIV, da MP n. 2.186-16/2001).

## 2. PECUÁRIA COM O EMPREGO DE TÉCNICAS QUE COMPORTEM RISCO PARA O MEIO AMBIENTE E PECUÁRIA ORGÂNICA

Para assegurar a efetividade do direito ambiental, a Constituição Federal incumbiu ao Poder Público controlar o emprego de técnicas que comportem risco para a vida, a qualidade de vida e o meio ambiente (art. 225, § 1º, V), assim como fiscalizar as entidades dedicadas à pesquisa e manipulação de material genético.

Por via de consequência, ganha importância a possibilidade de se utilizar na pecuária *a engenharia genética destinada a transgenia* (uso de frações de DNA de célula de um ser na célula de outro indivíduo sem que as espécies a que pertencessem fossem aparentadas) adequando a pesquisa tecnológica em proveito da solução de problemas brasileiros[3], assim como para o desenvolvimento do sistema produtivo nacional e regional (art. 218, § 2º, da CF).

---

2. A Lei n. 6.938/81 já estabelecia que a fauna é recurso ambiental (art. 3º, V).

3. No âmbito da pecuária a Embrapa já desenvolveu:

1) *Porco light* que apresenta melhor índice de produção de carne e alto rendimento de carne magra. Não tem o gene halotano, responsável pela predisposição ao *stress*;

2) *Clone bovino* nascido em 2001, a vaca Vitória foi o primeiro bovino resultante da clonagem de células de embriões produzido na América Latina;

3) *Galinha colonial* que, melhorada geneticamente, é capaz de pôr até 300 ovos por ciclo reprodutivo – três vezes mais que a galinha caipira comum. Ao contrário dos frangos de granja, não requer alimentação nem alojamentos especiais.

Por outro lado, o legislador também estabeleceu normas jurídicas vinculadas à tutela de técnica específica destinada a empregar, sempre que possível, métodos culturais, biológicos e mecânicos em contraposição ao uso de organismos geneticamente modificados e radiações ionizantes no âmbito da produção agropecuária criando, também no campo da pecuária, o denominado *sistema orgânico de produção agropecuária* (Lei n. 10.831/2003)[4].

---

4. O segmento de *carne orgânica* cresce em países como a Alemanha, Inglaterra e Itália que, juntos, consomem 63% de toda a carne brasileira enviada à Europa.

# Capítulo IV
# TUTELA JURÍDICA DO AGRONEGÓCIO[1]

## 1. O AGRONEGÓCIO COMO ATIVIDADE ECONÔMICA EM FACE DO DIREITO CONSTITUCIONAL: A AGRICULTURA, A PECUÁRIA E O OBJETIVO DE PRODUZIR ALIMENTOS VISANDO A ERRADICAR A FOME EM NOSSO PAÍS

A palavra "agronegócio", como esclarece Mendonça[2], "foi adaptada no Brasil a partir do conceito de *agribusiness*, que teve sua origem na School of Business Administration da Universidade de Harvard, com o estudo *A Concept of Agribusiness,* de John Davis e Ray Goldberg, publicado em 1957[3].

Segundo Rawlins, "o termo agronegócio foi utilizado primeiramente por John H. Davis, da Harvard University, em 1955. Foi utilizado poucas vezes até 1960, mas durante aquela década ganhou ampla aceitação em nosso vocabulário de leitura e fala"[4]. Referida obra traz como premissa central, na lição da autora antes indicada "a ideia de que o campo estaria passando por grandes transformações a partir de uma 'revolução tecnológica' tendo como base o 'progresso' científico utilizado na agricultura". Daí, sob referida perspectiva, "seria necessário formular políticas públicas de apoio à grande exploração agrícola diante do aumento dos custos de produção, transporte,

---

1. Para um estudo detalhado, *vide* Celso Antonio Pacheco Fiorillo e Renata Marques Ferreira, *O agronegócio em face do direito ambiental constitucional brasileiro:* as empresas rurais sustentáveis, Rio de Janeiro, Lumen Juris, 2018.

2. Maria Luísa Rocha Ferreira de Mendonça, in *Modo capitalista de produção e agricultura:* a construção do conceito de agronegócio, Tese de Doutorado defendida em 3 de junho de 2013 na Faculdade de Filosofia, Letras e Ciências Humanas da USP, p. 50.

3. "To enable us to think more precisely in this field, the authors suggest a new word to describe the interrelated functions of agriculture and business-the term agribusiness. By definition, agribusiness means the sum total of all operations involved in the manufacture and distribution of farm supplies; production operations on the farm; and the storage, processing, and distribution of farm commodities and items made from them. Thus, agribusiness essentially encompasses today the functions which the term agriculture denoted 150 years ago".

Davis, John H Goldberg, Ray A. *A concept of agribusiness*, Original of University of California Division of Research-Graduate School of Business Administration, Harvard University-Boston-1957, Apline Press Inc.- Boston Massachusetts – U.S.A., p. 02.

4. *Introduction to agribusiness* by Nolan Omri Rawlins Pearson, College Div., 1980.

826

processamento e distribuição de alimentos e fibras". Tendo como premissas dar um ar de modernidade às velhas formas de exploração do espaço agrário, explicam, todavia Matos e Pessoa[5], que o termo *agronegócio* começou a ser usado no Brasil, nas duas últimas décadas, sendo certo que "a concepção deste termo difundida por vários países, veio a ser incorporada ao discurso e às análises de alguns estudiosos no Brasil, a partir da década de 1980 e associada ao termo 'Complexo Agroindustrial' propagando-se desde então 'o termo agronegócio no território brasileiro para caracterizar a racionalidade do processo produtivo capitalista no campo', ou seja, **na visão das autoras o agronegócio seria "uma versão contemporânea do capitalismo no campo, correspondendo a um modelo no qual a produção é organizada a partir de aparatos técnico-científicos, grandes extensões de terras, pouca mão de obra, predomínio da monocultura, dependência do mercado no quanto e como produzir, enfim, a empresas rurais** (grifos nossos). Para o Estado esse é o modelo que fez prosperar e desenvolver o campo brasileiro, porque contribui com o PIB (Produto Interno Bruto), responsável pelo crescimento da economia, empregos e produção de alimentos".

Significando, portanto, na definição dos próprios autores da palavra "a soma total de todas as operações envolvidas na fabricação e distribuição de suprimentos agrícolas; operações de produção na fazenda; e o armazenamento, processamento e distribuição de produtos agrícolas e itens feitos a partir deles", **o agronegócio**, como aduzido anteriormente, ao estar claramente associado às atividades econômicas envolvendo a cadeia produtiva agrícola ou pecuária, absorvida no plano normativo por nossa Lei Maior, **pode ser definido** de forma objetiva para as finalidades do presente trabalho, **como o conjunto de atividades econômicas relacionadas à agricultura e pecuária desenvolvidas em face da ordem jurídica do capitalismo e balizadas juridicamente em face de nosso sistema normativo em vigor**[6, 7 e 8].

---

5. Patrícia Francisca Matos e Vera Lúcia Salazar Pessoa, in A modernização da agricultura no Brasil e os novos usos do território, *Geo UERJ,* ano 13, n. 22, v. 2, 2º semestre de 2011, p. 290-322 – ISSN 1981-9021.

6. Representando em torno de um terço do PIB brasileiro, razão pela qual é considerado o setor mais importante da economia nacional, o Agronegócio alcançou, no ano de 2017, o segundo maior superávit da história, com mais de US$ 81 bilhões, o que corresponde a aproximadamente R$ 260 bilhões. A Ásia é o principal destino das exportações brasileiras. O continente importa principalmente grãos, carne bovina e celulose. O maior comprador é a China. As exportações ao país somaram U$ 26,5 bilhões em 2017.

*Vide* <https://www.ibge.gov.br/>.

7. "Como trabalhos têm mostrado, atualmente o Brasil é um dos países que tem apresentado uma das maiores taxas de crescimento da produtividade agropecuária (Fuglie, K.; Wang, S. L.; Ball, E.). Nos últimos 30 anos a taxa média anual da produtividade total dos fatores (PTF) foi de 3,5%, considerada uma taxa elevada (Gasques, J. G. *Euro choices,* 16(1) 2017). Esses resultados mostram sem dúvida que a tecnologia tem sido o principal fator a estimular o crescimento da agricultura. Uma função de produção agropecuária para o Brasil ajustada com uma série de produtos e insumos, mostrou que no período 1975 a 2015, 58,4% do crescimento da produção se deve à tecnologia, 15,1% à terra e 15,4% ao trabalho."

*Vide Projeções do agronegócio, Brasil 2016/17 a 2026/27,* Projeções de Longo Prazo, Ministério da Agricultura, Pecuária e Abastecimento, Secretaria de Política Agrícola, 8. ed., 2017.

8. "As estimativas realizadas para os próximos dez anos são de que a área total plantada com lavouras deve passar de 74,0 milhões de hectares em 2016/17 para 84,0 milhões em 2026/27. Um acréscimo de

Temos, pois, que o agronegócio e sua tutela jurídica estão diretamente relacionados à **agricultura**[9 e 10] (cultura do solo visando à produção de VEGETAIS úteis ao homem) e à **pecuária**[11] (atividade que trata da criação de GADO, a saber, conjunto de animais como vacas, bois, frangos, carneiros, cavalos, porcos, cabritos etc.) em face de superior balizamento constitucional condicionado aos princípios fundamentais de nossa Constituição Federal (arts. 1º a 4º da CF) bem como vinculada aos princípios gerais da atividade econômica (arts. 170 e s. da CF).

Assim e dentre os objetivos estabelecidos constitucionalmente **o agronegócio como atividade econômica regrada pela Constituição em vigor não pode se**

---

10,0 milhões de hectares. Essa expansão está concentrada em soja, mais 9,3 milhões de hectares, cana-de-açúcar, mais 1,5 milhão, e milho, 1,3 milhão de hectares. Algumas lavouras, como café, arroz e feijão, entretanto, devem perder área, mas a redução será compensada por ganhos de produtividade. A expansão de área de soja e cana-de-açúcar deverá ocorrer pela incorporação de áreas novas, áreas de pastagens naturais e também pela substituição de outras lavouras que deverão ceder área. O mercado interno juntamente com as exportações e os ganhos de produtividade, deverão ser os principais fatores de crescimento na próxima década. Em 2026/27, 40,0% da produção de soja devem ser destinados ao mercado interno no milho, 55,5% e no café, 45,0% da produção devem ser consumidos internamente. Haverá, assim, uma dupla pressão sobre o aumento da produção nacional, devida ao crescimento do mercado interno e das exportações do país. Nas carnes, também haverá forte pressão do mercado interno. Do aumento previsto na produção de carne de frango, 66,2% da produção de 2025/27 serão destinados ao mercado interno; da carne bovina produzida, 76,2% deverão ir ao mercado interno, e na carne suína 80,3%. Deste modo, embora o Brasil seja, em geral, um grande exportador para vários desses produtos, o consumo interno será predominante no destino da produção. Deverão continuar expressivas e com tendência de elevação as participações do Brasil no comércio mundial de carne bovina, carne de frango e carne suína. Mas o mercado interno permanece com forte participação na produção nacional. Na carne bovina, 78,3% da produção deve ir para o mercado interno, carne suína, 76,7 % e carne de frango, 66,2 Além da importância em relação a esses produtos o Brasil deverá manter a liderança no comércio mundial em café e açúcar".

*Vide Projeções do agronegócio, Brasil 2016/17 a 2026/27*, Projeções de Longo Prazo, Ministério da Agricultura, Pecuária e Abastecimento, Secretaria de Política Agrícola, 8. ed., 2017.

9. Conforme ensina Rosa Nery "o oposto do lugar onde se está é *ara, ager, areo*, que é o campo, o lugar cultivado, daí *peregri* que é o que não está em casa; está fora de casa; é estrangeiro. Essa ideia pode estar ligada à do outro elemento, terra – área – espaço desprovido de construção. *Ager* é diferente de *urbs*. Por outro lado, *agro* é de etimologia incerta". Daí explica a autora "agrícola é um habitante do 'ager', do 'campo', fora da cidade. A cadência da vida do agrícola é diferente da cadência da vida do *urbanus*".

*Vide Nery,* Rosa Maria Barreto Borriello de Andrade, in *Vínculo obrigacional:* relação jurídica de razão (técnica e ciência de proporção), tese de livre-docência, Pontifícia Universidade Católica de São Paulo, 2004, *passim*.

10. "Agriculture is facing enormous challenges. The world population is expected to exceed 9 billion by 2050, so farmers will need to ramp up production to feed everyone. The question is how to do that while reducing the already large environmental impact. Agriculture is a major contributor to greenhouse gas emissions, and fertilizer that washes off fields is creating dead zones where marine life can't survive in lakes, estuaries, and gulfs. Farm fields and pasture take up 40% of Earth's total land surface and consume 70% of fresh water used worldwide – and may have to expand overall, leaving even less room and resources for nature. Moreover, depletion or loss of soil from destructive farming practices, such as excessive plowing, threatens the business itself."

*Vide* Erik Stockstad. *Farming Strides Toward Sustainability Science,* jan. 12, 2009, disponível em: <http://www.sciencemag.org/news/2009/01/farming-strides-toward-sustainability>.

11. Do latim *pecus*, que significa cabeça de gado.

olvidar no sentido de também atuar na produção de alimentos visando erradicar a fome em nosso País[12, 13, 14 e 15] adequando os recursos ambientais ao sistema normativo em vigor principalmente em decorrência do objetivo constitucional apontado no art.

---

12. Para um estudo detalhado, *vide* Celso Antonio Pacheco Fiorillo e Renata Marques Ferreira, *Segurança alimentar e desenvolvimento sustentável:* a tutela jurídica da alimentação e das empresas alimentares em face do direito ambiental brasileiro, Rio de Janeiro, Lumen Juris, 2019.

13. Estudo realizado concluiu que existe um padrão básico do consumo alimentar no Brasil que inclui entre os alimentos mais consumidos arroz, café, feijão, pão de sal e carne bovina, associado ao consumo regional de alguns poucos itens. Particularmente entre os adolescentes, alimentos ricos em gordura e açúcar são também de consumo frequente. Foram analisados dados referentes ao primeiro dia de registro alimentar de 34.003 indivíduos com 10 anos ou mais de idade que responderam ao Inquérito Nacional de Alimentação, composto por amostra probabilística da Pesquisa de Orçamentos Familiares 2008-2009. O padrão de consumo foi analisado segundo sexo, grupo etário, região e faixa de renda familiar *per capita*. Os alimentos mais frequentemente referidos pela população brasileira foram arroz (84,0%), café (79,0%), feijão (72,8%), pão de sal (63,0%) e carne bovina (48,7%), destacando-se também o consumo de sucos e refrescos (39,8%), refrigerantes (23,0%) e menor presença de frutas (16,0%) e hortaliças (16,0%). Essa configuração apresenta pouca variação quando se consideram os estratos de sexo e faixa etária; contudo, observa-se que os adolescentes foram o único grupo etário que deixou de citar qualquer hortaliça e que incluiu doces, bebida láctea e biscoitos doces entre os itens mais consumidos. Alimentos marcadamente de consumo regional incluem a farinha de mandioca no Norte e Nordeste e o chá na região Sul. Houve discrepâncias no consumo alimentar entre os estratos de menor e maior renda: indivíduos no quarto de renda mais elevada referiram sanduíches, tomate e alface e aqueles no primeiro quarto de renda citaram os peixes e preparações à base de peixe e farinha de mandioca entre os alimentos mais referidos.

*Vide* Amanda de M. Souza; Rosangela A. Pereira; Edna M. Yokoo; Renata B. Levy e Rosely Sichieri, in Alimentos mais consumidos no Brasil: inquérito nacional de alimentação 2008-2009, *Revista Saúde Pública*, 2013; 47 (1 Supl.): 190S-9S.

14. A *fome*, como estado de carência de alimentos, inicia-se do ponto de vista bioquímico e médico, logo abaixo do consumo de 2.500 calorias diárias para um adulto de estatura mediana. Resulta sociologicamente, conforme lembra Sandroni, de "uma desigual distribuição das riquezas socialmente produzidas". Explica referido autor que "(...) para que se tenha uma ideia a safra de grãos brasileira em 1997 alcançou 80 milhões de toneladas. Se dividirmos por uma população de 160 milhões de pessoas, teremos 500 kg de grãos por pessoa/ano, o que equivale a cerca de 1,3 kg de grãos por pessoa/dia (a média mundial é um pouco inferior a 1 kg). Se tal distribuição fosse possível (trata-se apenas de um exercício teórico que serve para dar-nos uma indicação de que **o problema não está na produção e sim na distribuição** – grifos nossos), ninguém morreria de fome ou de desnutrição no Brasil".

A fome no Brasil estaria ligada "a uma economia subdesenvolvida, semi-industrializada, com insuficiência crônica de capacidade para importar e com excedente estrutural de mão de obra".

*Vide* Celso Furtado, *Em busca de um novo modelo*, Paz e Terra, 2. ed., 2002, *passim*.

15. O denominado Programa Nacional de Acesso à Alimentação – PNAA criado pela Lei n. 10.689/2003 procura estruturar formalmente ações dirigidas ao combate à fome e à promoção da segurança alimentar e nutricional considerando segurança alimentar e nutricional a garantia da pessoa humana ao acesso à alimentação todos os dias, em quantidade suficiente e com a qualidade necessária.

O programa é mantido pelo Fundo de Combate e Erradicação da Pobreza instituído pelo art. 79 do Ato das Disposições Constitucionais Transitórias. O Fundo, instituído para vigorar até o ano de 2010, é regulado pela Lei Complementar n. 111/2001 e tem como objetivo viabilizar a todos os brasileiros acessos a níveis dignos de subsistência. Conforme determina o art. 79, os recursos do Fundo devem ser aplicados em ações suplementares de nutrição, habitação, educação, saúde, reforço de renda familiar assim como outros programas de relevante interesse social voltados para a melhoria da qualidade de vida, ou seja, o Fundo foi criado no ano 2000 (Emenda Constitucional n. 31, de 14-12-2000) exatamente no sentido de viabilizar concretamente o piso vital mínimo (art. 6º da Constituição Federal).

3º, III, da Constituição Federal[16 e 17] bem como do direito fundamental assegurado no art. 6º da Lei das Leis[18], a saber, direito a "uma das atividades do organismo fundamental para a manutenção da vida"[19 e 20].

Cuida-se, pois de outorgar relevância constitucional ao direito à alimentação e mesmo à denominada segurança alimentar[21] obrigando, como lembra Rodotá "un ap-

---

16. Art. 3º da Constituição da República Federativa do Brasil de 1988.

"Constituem objetivos fundamentais da República Federativa do Brasil:

I – construir uma sociedade livre, justa e solidária;

II – garantir o desenvolvimento nacional;

III – erradicar a pobreza e a marginalização e reduzir as desigualdades sociais e regionais;

IV – promover o bem de todos, sem preconceitos de origem, raça, sexo, cor, idade e quaisquer outras formas de discriminação."

17. Conforme já destacava Celso Furtado, "podemos abordar o problema da pobreza de ângulos diferentes. Três são as dimensões que têm preocupado os estudiosos da matéria: 1) a questão da fome endêmica, que está presente, em graus diversos, em todo o mundo; 2) a questão da habitação popular, que em alguns países já encontrou solução; 3) a questão da insuficiência de escolaridade, que contribui para perpetuar a pobreza. A experiência mundial indica que, sem uma estrutura agrária adequada, não é possível solucionar a questão da insuficiência de oferta de alimentos", sendo certo que, ainda conforme explicava o mestre, "no Brasil não há escassez de alimentos. Somos um País exportador de alimentos, temos um potencial agrícola enorme".

*Vide* Celso Furtado, in *Em busca de novo modelo – reflexões sobre a crise contemporânea,* 2. ed., Paz e Terra, 2002, *passim.*

**18. Dentre os bens ambientais constitucionais considerados essenciais à sadia qualidade de vida indicou explicitamente nossa Lei Maior em seu art. 6º o direito à alimentação como componente do PISO VITAL MÍNIMO.**

19. Conforme define o *Dicionário de ciências biológicas e biomédicas,* órgãos vitais, como o coração e o cérebro, gastam ATP (adenosina trifosfato, principal fonte de energia química livre para uso imediato das células) para realizarem suas funções, logo, precisam consumir energia, proveniente da alimentação tratando-se pois do processo de ingestão de alimentos. Os alimentos são substâncias que o organismo recebe para realizar suas funções vitais, tais como crescimento, regeneração, entre outros. São divididos de forma simplificada em carboidratos, proteínas e lipídios.

O *Manuila dicionário médico,* por sua vez, ao tratar da alimentação como "ação de alimentar ou alimentar-se "indica ser alimento a "substância cujo consumo contribui para garantir o ciclo regular de vida de um indivíduo".

*Vide* Marcos Marreiro Villela e Marcela Lencine Ferraz, in *Dicionário de ciências biológicas e biomédicas,* São Paulo, Atheneu, 2007.

*Vide* Manuila, L. Manuila, A. Lewallw, P. e Nicoulim, M., in *Manuila dicionário médico medsi,* Ed. Médica e Científica Ltda./Ed. Guanabara Koogan, 2003.

20. "Food is human need, while the right to adequate food requires that the interpretation of this right should not be in a narrow way to make it only equated with a minimum package of calories, protein and other specific nutrients, but in a broad way to be sufficient in both quantity and quality to satisfy the dietary needs in a given culture and sustainable way. 1 To this end, regulatory system is needed at the national level to deal with the issues of food security, food safety, and to a lesser extent food quality for sake of cultural acceptability and environmentally friendly method of food production. In this aspect, the regulation of food security, food safety and food quality are interacted but differentiated in the regulatory purposes and instruments."

*Vide* Juanjuan Sun; Xiao ZHU, in Agro-environment for safety and quality of agro-food, in *China Rivista di Diritto Alimentare,* anno X, n. 4, Ottobre-Dicembre 2016.

21. "Adottata a conclusione del Forum Internazionale sulla sovranità alimentare svoltosi in Mali. La 'sovranità alimentare' consiste nel 'diritto dei popoli ad alimenti nutritivi e culturalmente adeguati,

proccio nuovo, a una riconsiderazione delle tre categorie fondamentali del pensiero politico, etico e giuridico – la libertà, la dignità, l'eguaglianza – e dello stesso diritto alla vita, la cui dimensione sociale si comprende ancora meglio proprio attraverso l'approccio del diritto al cibo"[22].

Destarte, cabe ratificar que o agronegócio como atividade econômica desenvolvida em ordem jurídica capitalista, deve obedecer no plano jurídico constitucional, não só os princípios fundamentais de nosso sistema de direito constitucional positivo (fundamentos e objetivos da República Federativa do Brasil informados pelos arts. 1º e 3º) como também os princípios jurídicos gerais fundados na dignidade da pessoa humana (art. 1º, III) assim como na valorização do trabalho humano e na livre-iniciativa visando a assegurar a todos os brasileiros e estrangeiros residentes no País uma existência digna (art. 170 da CF).

## 2. O AGRONEGÓCIO COMO ATIVIDADE ECONÔMICA EM FACE DO DIREITO CONSTITUCIONAL: A AGRICULTURA E A PECUÁRIA VINCULADAS AO OBJETIVO FUNDAMENTAL CONSTITUCIONAL DE GARANTIR O DESENVOLVIMENTO NACIONAL

O Brasil, a partir da tomada de posse de seu espaço territorial pelos portugueses em 1500 (definido pelo Tratado de Tordesilhas em 1494) e início do processo de colonização, teve na extração do pau-brasil (madeira), na produção de açúcar (cana-de--açúcar), na pecuária (gado) e na mineração (metais valiosos como ouro, prata, cobre e pedras preciosas como diamantes e esmeraldas) suas principais atividades econômicas de todo o período (1500 a 1822) gerando na oportunidade uma sociedade agrária, escravagista e estratificada.

---

accessibili, prodotti in forma sostenibile ed ecologica, ed anche il diritto di poter decidere il proprio sistema alimentare e produttivo'. E' stato, inoltre, precisato, sempre in quell'occasione che «Questo pone coloro che producono, distribuiscono e consumano alimenti nel cuore dei sistemi e delle politiche alimentari e al di sopra delle esigenze dei mercati e delle imprese. Essa difende gli interessi e l'integrazione delle generazioni future. Ci offre una strategia per resistere e smantellare il commercio neoliberale e il regime alimentare attuale. Essa offre degli orientamenti affinché i sistemi alimentari, agricoli, pastorali e della pesca siano gestiti dai produttori locali. La sovranità alimentare dà priorità all'economia e ai mercati locali e nazionali, privilegia l'agricoltura familiare, la pesca e l'allevamento tradizionali, così come la produzione, la distribuzione e il consumo di alimenti basati sulla sostenibilità ambientale, sociale ed economica. La sovranità alimentare promuove un commercio trasparente che possa garantire un reddito dignitoso per tutti i popoli e il diritto per i consumatori di controllare la propria alimentazione e nutrizione. Essa garantisce che i diritti di accesso e gestione delle nostre terre, dei nostri territori, della nostra acqua, delle nostre sementi, del nostro bestiame e della biodiversità, siano in mano a chi produce gli alimenti. La sovranità alimentare implica nuove relazioni sociali libere da oppressioni e disuguaglianze fra uomini e donne, popoli, razze, classi sociali e generazioni". Dalla enunciazione sopra riportata emergono i molteplici problemi che tale concetto solleva, collegati alla variegata tipologia di interessi coinvolti nell'ambizioso progetto di attuazione della promozione ed attuazione della sovranità alimentare, soprattutto nei Paesi del Sud del mondo."

*Vide* Marianna Giuffrida, Il diritto fondamentale alla sicurezza alimentare tra esigenze di tutela della salute umana e promozione della libera circolazione delle merci, in *Rivista di Diritto Alimentare*, anno IX, n. 3, luglio-settembre 2015.

22. Stefano Rodotá, Il diritto al cibo, *Corriere della Sera*, 2014.

A partir de sua independência o País teve no café, já no início do século XIX, o principal responsável pelas transformações econômicas e sociais disseminando o uso de mão de obra assalariada em detrimento do uso do trabalho escravo como mão de obra vinculado à atividade compulsória que constituiu a base da economia por quase quatro séculos de nossa história.

No século XX, apesar das políticas econômicas desenvolvimentistas da Era Vargas, na década de 1930, e do desenvolvimento de grande parte da infraestrutura em pouco tempo alcançando elevadas taxas de crescimento econômico passando pelo chamado Milagre Econômico (quando um crescimento acelerado da indústria gerou empregos e aumentou a renda de muitos trabalhadores), chegamos na década de 1970, tendo a soja, introduzida a partir de sementes trazidas da Ásia e dos Estados Unidos, como o novo produto que impulsionou a nossa economia de exportação gerando muita riqueza para o país através de um novo setor chamado de "agronegócio".

Destarte, por mais sofisticada que possa ser a análise do desenvolvimento econômico e social de nosso País[23], indiscutivelmente temos o **USO DOS BENS AMBIENTAIS/RECURSOS AMBIENTAIS em toda nossa história e até hoje[24] como o fator mais relevante de nosso desenvolvimento nacional**.

Daí a necessidade de balizar constitucionalmente e desde logo o agronegócio, como conjunto de atividades econômicas relacionadas à agricultura e pecuária desenvolvidas em face da ordem jurídica do capitalismo e balizadas normativamente em face de nosso sistema normativo em vigor, dentro dos objetivos fundamentais da República Federativa do Brasil e especificamente o de garantir o desenvolvimento nacional (art. 3º, II, da Constituição Federal).

---

23. Vide Celso Furtado, *Formação econômica do Brasil*, São Paulo, Companhia Editora Nacional, 2003; Caio Prado Jr., *História econômica do Brasil*, São Paulo, Brasiliense, 2008; Boris Fausto, *História do Brasil*, São Paulo, Fundação de Desenvolvimento da Educação, 1995; Pedro Calmon, *História da civilização brasileira*, Brasília, Senado Federal, 2002; Tamás Szmrecsány e José Roberto do Amaral Lapa, *História econômica da independência e do império*, 2. ed., São Paulo, USP, 2002; Werner Baer, *A economia brasileira*, trad. de Edite Sciulli, São Paulo, 1996, Livraria Nobel; Jorge Caldeira, *História da riqueza no Brasil*, Rio de Janeiro, Estação Brasil, 2017.

24. Embora esteja passando por um momento de crise, provocada principalmente por problemas políticos/institucionais, o Brasil ainda apresenta uma economia forte e sólida tratando-se de um grande produtor e exportador de mercadorias de diversos tipos, principalmente *commodities* minerais, agrícolas e manufaturados. As áreas de agricultura, indústria e serviços são bem desenvolvidas encontrando-se, atualmente, em bom momento de expansão. Ainda considerado um país emergente, o Brasil ocupa o 9º lugar no *ranking* das maiores economias do mundo (em volume de PIB de 2017). O Brasil possui uma economia aberta e inserida no processo de globalização.

Dentre os principais produtos exportados pelo Brasil (2016) temos o minério de ferro, ferro fundido e aço; óleos brutos de petróleo; soja e derivados; automóveis; açúcar de cana; aviões; carne bovina; café e carne de frango. No que se refere aos principais produtos agrícolas produzidos merecem destaque o café, a laranja, a cana-de-açúcar (produção de açúcar e álcool), a soja, o tabaco, milho e o mate. Os principais produtos da pecuária são a carne bovina, de frango e suína. Os principais minérios produzidos são o ferro, o alumínio, o manganês, a magnesita e o estanho.

*Vide* <https://www.ibge.gov.br/>.

## Capítulo V

# AGRONEGÓCIO, EMPRESAS ALIMENTARES E A SEGURANÇA ALIMENTAR: AS PRÁTICAS ALIMENTARES SUSTENTÁVEIS, SEU BALIZAMENTO NORMATIVO E A QUESTÃO DOS ALIMENTOS ULTRAPROCESSADOS

Indicado como um dos objetivos de desenvolvimento sustentável em face das negociações que culminaram na adoção, em 2015, dos Objetivos de Desenvolvimento Sustentável (ODS)[1], por ocasião da Cúpula das Nações Unidas para o Desenvolvimen-

---

1. Processo iniciado em 2013, seguindo mandato emanado da Conferência Rio+20, os ODS deverão orientar as políticas nacionais e as atividades de cooperação internacional nos próximos quinze anos, sucedendo e atualizando os Objetivos de Desenvolvimento do Milênio (ODM).

Dentre os objetivos mencionados merece destaque no âmbito da presente obra o **Objetivo 2**. Acabar com a fome, **alcançar a segurança alimentar** e melhoria da nutrição e promover a agricultura sustentável devidamente detalhado como segue:

2.1 até 2030, acabar com a fome e garantir o acesso de todas as pessoas, em particular os pobres e pessoas em situações vulneráveis, incluindo crianças, a alimentos seguros, nutritivos e suficientes durante todo o ano.

2.2 até 2030, acabar com todas as formas de desnutrição, inclusive pelo alcance até 2025 das metas acordadas internacionalmente sobre desnutrição crônica e desnutrição em crianças menores de cinco anos de idade, e atender às necessidades nutricionais de meninas adolescentes, mulheres grávidas e lactantes e pessoas idosas.

2.3 até 2030, dobrar a produtividade agrícola e a renda dos pequenos produtores de alimentos, particularmente de mulheres, povos indígenas, agricultores familiares, pastores e pescadores, inclusive por meio de acesso seguro e igual à terra, e a outros recursos produtivos e insumos, conhecimento, serviços financeiros, mercados e oportunidades de agregação de valor e de emprego não agrícola.

2.4 até 2030, garantir sistemas sustentáveis de produção de alimentos e implementar práticas agrícolas resilientes, que aumentem a produtividade e a produção, que ajudem a manter os ecossistemas, que fortaleçam a capacidade de adaptação às mudanças do clima, às condições meteorológicas extremas, secas, inundações e outros desastres, e que melhorem progressivamente a qualidade da terra e do solo.

2.5 até 2020, manter a diversidade genética de sementes, plantas cultivadas, animais de criação e domesticados e suas respectivas espécies selvagens, inclusive por meio de bancos de sementes e plantas diversificados e adequadamente geridos em nível nacional, regional e internacional, e garantir o acesso e a repartição justa e equitativa dos benefícios decorrentes da utilização dos recursos genéticos e conhecimentos tradicionais associados, conforme acordado internacionalmente.

833

to Sustentável – a denominada Agenda 2030[2] –, a segurança alimentar[3] vem merecendo devido destaque no século XXI como um dos aspectos fundamentais destinados a assegurar a dignidade da pessoa humana.

Para entender o significado de segurança alimentar merece destaque a Declaração de Roma Sobre a Segurança Alimentar Mundial e Plano de Acção da Cimeira Mundial da Alimentação que estabeleceu existir segurança alimentar "quando as pessoas têm, a todo o momento, acesso físico e económico a alimentos seguros, nutritivos e suficientes para satisfazer as suas necessidades dietéticas e preferências alimentares, a fim de levarem uma vida activa e sã"[4], sendo certo que "para melhorar o acesso aos alimentos é imprescindível erradicar a pobreza"[5 e 6].

---

2.a) aumentar o investimento, inclusive por meio do reforço da cooperação internacional, em infra-estrutura rural, pesquisa e extensão de serviços agrícolas, desenvolvimento de tecnologia, e os bancos de genes de plantas e animais, de maneira a aumentar a capacidade de produção agrícola nos países em desenvolvimento, em particular nos países de menor desenvolvimento relativo.

2.b) corrigir e prevenir as restrições ao comércio e distorções nos mercados agrícolas mundiais, inclusive por meio da eliminação paralela de todas as formas de subsídios à exportação e todas as medidas de exportação com efeito equivalente, de acordo com o mandato da Rodada de Desenvolvimento de Doha.

2.c) adotar medidas para garantir o funcionamento adequado dos mercados de *commodities* de alimentos e seus derivados, e facilitar o acesso oportuno à informação de mercado, inclusive sobre as reservas de alimentos, a fim de ajudar a limitar a volatilidade extrema dos preços dos alimentos.

2. Ao reconhecerem que a erradicação da pobreza em todas as suas formas e dimensões, incluindo a pobreza extrema, é o maior desafio global e um requisito indispensável para o desenvolvimento sustentável, representantes dos 193 Estados-membros da ONU se reuniram em setembro de 2015, em Nova York, e comprometeram-se a tomar medidas ousadas e transformadoras para promover o desenvolvimento sustentável nos próximos 15 anos sem deixar ninguém para trás. Destarte, adotaram o documento "Transformando o Nosso Mundo: A Agenda 2030 para o Desenvolvimento Sustentável" (A/70/L.1) a denominada Agenda 2030.

Trata-se de um plano de ação para as pessoas, o planeta e a prosperidade, que busca fortalecer a paz universal, indicando 17 Objetivos de Desenvolvimento Sustentável, os ODS, e 169 metas, para erradicar a pobreza e promover vida digna para todos, dentro dos limites do planeta. São objetivos e metas claras, para que todos os países adotem de acordo com suas próprias prioridades e atuem no espírito de uma parceria global que orienta as escolhas necessárias para melhorar a vida das pessoas, agora e no futuro.

3. "In Enc. Treccani il termine sicurezza s. f. [der. di sicuro] indica 'Il fatto di essere sicuro, come condizione che rende e fa sentire di essere esente da pericoli, o che dà la possibilità di prevenire, eliminare o rendere meno gravi danni, rischi, difficoltà, evenienze spiacevoli'. Secondo la definizione dell'Enc. Treccani, la sicurezza alimentare è 'l'insieme delle misure, amministrative, legali, tecniche e degli apparati di controllo che mirano ad assicurare alla collettività il cosiddetto cibo sicuro (ovvero a minimo o nullo rischio microbiologico, chimico, radioattivo, ossia tossicologicamente accettabile)'. La risoluzione del Parlamento Europeo del 18 gennaio 2011, sul riconoscimento dell'agricoltura come settore strategico nel contesto della sicurezza alimentare, al considerando n. 4 definisce la sicurezza alimentare 'un diritto fondamentale, che si realizza quando tutti dispongono, in qualsiasi momento, di un accesso fisico ed economico a un'alimentazione adeguata, sana (sotto il profilo della salute) e nutriente, per poter soddisfare il proprio fabbisogno nutrizionale e le proprie preferenze alimentari per una vita attiva e sana'. Nella risoluzione del Parlamento europeo del 18 gennaio 2011, cit. lett. L) si rileva, che 'la sicurezza alimentare non comporta soltanto la disponibilità delle risorse alimentari, ma comprende anche, secondo la FAO, il diritto al cibo e l'accesso a un'alimentazione sana per tutti, e che, diventando sempre più competitiva, l'Europa può contribuire alla sicurezza alimentare globale'" (*Vide* Maria Carmen Agnello, La sicurezza alimentare a tutela della libera circolazione delle merci e della salute alla luce della normativa europea e nazionale, Pubblicato dal 16-2-2012, <www.diritto.it>).

4. "A pobreza é a maior causa de insegurança alimentar. Um desenvolvimento sustentável, capaz de erradicá-la, é crucial para melhorar o acesso aos alimentos."

*Vide* Declaração de Roma Sobre a Segurança Alimentar Mundial e Plano de Acção da Cimeira Mundial da Alimentação (Declaração de 13-17 de novembro 1996 – Roma).

834

Em nosso País, **para tratar de segurança alimentar no superior plano normativo constitucional**, necessitamos interpretar a matéria no âmbito da **legalidade (art. 5º, II, da CF)**[7]

---

5. *Vide* Declaração de Roma Sobre a Segurança Alimentar Mundial e Plano de Acção da Cimeira Mundial da Alimentação (Declaração de 13-17 de novembro 1996 – Roma).

6. "il World Food Summit nel 1996 ha definito la sicurezza alimentare come la situazione in cui tutte le persone, in ogni momento, hanno accesso fisico, sociale ed economico ad alimenti sufficienti, sicuri e nutrienti che garantiscano le loro necessità e preferenze alimentari per condurre una vita attiva e sana. Il concetto di sicurezza alimentare comprende l'accesso sia fisico che economico al cibo che soddisfa le esigenze alimentari delle persone e le loro preferenze alimentari.

L'Unione europea ha fatto della sicurezza alimentare una delle grandi priorità della sua agenda politica. La sicurezza alimentare è divenuta oggi un obiettivo trasversale da integrare in vari ambiti di competenza comunitaria fra i quali si possono annoverare la politica agricola comune e il suo pilastro dello sviluppo rurale l'ambiente, la sanità pubblica, la tutela dei consumatori e il completamento del mercato interno. In risposta alle crisi alimentari degli anni 1990 (Bse afta epizootica) la Commissione europea ha pubblicato nel gennaio 2000 un libro bianco sulla sicurezza alimentare che segna una tappa importante nella trasformazione della legislazione europea in materia. Vi si annuncia l'elaborazione di un quadro giuridico che copra l'insieme della filiera alimentare – 'dalla fattoria alla tavola' – in base a un approccio globale e integrato. Secondo tale logica la sicurezza alimentare concerne l'alimentazione e la salute degli animali, la protezione e il benessere degli animali, i controlli veterinari, le misure di polizia sanitaria, i controlli fitosanitari, la preparazione e l'igiene dei prodotti alimentari. Il libro bianco ribadisce parimenti la necessità di instaurare un dialogo permanente con i consumatori in modo da informarli ed educarli" (disponível em <https://agriregionieuropa.univpm.it/en/views/glossario_pac/sicurezza%20alimentare>).

7. "O PRINCÍPIO CONSTITUCIONAL DA RESERVA DE LEI FORMAL TRADUZ LIMITAÇÃO AO EXERCÍCIO DA ATIVIDADE JURISDICIONAL DO ESTADO. – A reserva de lei constitui postulado revestido de função excludente, de caráter negativo, pois veda, nas matérias a ela sujeitas, quaisquer intervenções normativas, a título primário, de órgãos estatais não legislativos. Essa cláusula constitucional, por sua vez, projeta-se em uma dimensão positiva, eis que a sua incidência reforça o princípio, que, fundado na autoridade da Constituição, impõe, à administração e à jurisdição, a necessária submissão aos comandos estatais emanados, exclusivamente, do legislador. – Não cabe, ao Poder Judiciário, em tema regido pelo postulado constitucional da reserva de lei, atuar na anômala condição de legislador positivo (RTJ 126/48 - RTJ 143/57 - RTJ 146/461-462 - RTJ 153/765 - RTJ 161/739-740 - RTJ 175/1137, v.g.), para, em assim agindo, proceder à imposição de seus próprios critérios, afastando, desse modo, os fatores que, no âmbito de nosso sistema constitucional, só podem ser legitimamente definidos pelo Parlamento. É que, se tal fosse possível, o Poder Judiciário – que não dispõe de função legislativa – passaria a desempenhar atribuição que lhe é institucionalmente estranha (a de legislador positivo), usurpando, desse modo, no contexto de um sistema de poderes essencialmente limitados, competência que não lhe pertence, com evidente transgressão ao princípio constitucional da separação de poderes" (RE 322.348-AgR / SC, Rel. Min. Celso de Mello, j. 12-11-2002, 2ª Turma, *DJ*, 6-12-2002, PP-00071 EMENT VOL-02094-03 PP-00558).

"A RESERVA DE LEI EM SENTIDO FORMAL QUALIFICA-SE COMO INSTRUMENTO CONSTITUCIONAL DE PRESERVAÇÃO DA INTEGRIDADE DE DIREITOS E GARANTIAS FUNDAMENTAIS. – O princípio da reserva de lei atua como expressiva limitação constitucional ao poder do Estado, cuja competência regulamentar, por tal razão, não se reveste de suficiente idoneidade jurídica que lhe permita restringir direitos ou criar obrigações. Nenhum ato regulamentar pode criar obrigações ou restringir direitos, sob pena de incidir em domínio constitucionalmente reservado ao âmbito de atuação material da lei em sentido formal. – O abuso de poder regulamentar, especialmente nos casos em que o Estado atua *contra legem* ou *praeter legem*, não só expõe o ato transgressor ao controle jurisdicional, mas viabiliza, até mesmo, tal a gravidade desse comportamento governamental, o exercício, pelo Congresso Nacional, da competência extraordinária que lhe confere o art. 49, inciso V, da Constituição da República e que lhe permite 'sustar os atos normativos do Poder Executivo que exorbitem do poder regulamentar (...)'. Doutrina. Precedentes (RE 318.873-AgR/SC, Rel. Min. Celso de Mello, v.g.)" (AC 1.033-AgR-QO / DF,

**não só em face da tutela jurídica da alimentação (art. 6º da CF[8])[9], direito objetivamente relacionado no âmbito de nosso Estado Democrático de Direito aos princípios fundamentais da dignidade da pessoa humana (art. 1º, III, da CF)[10 e 11]**

---

Rel. Min. Celso de Mello, j. 25-5-2006, Tribunal Pleno, *DJ*, 16-6-2006, PP-00004 EMENT VOL-02237-01 PP-00021). LEXSTF v. 28, n. 331, 2006, p. 5-26.

"O princípio constitucional da reserva de lei formal traduz limitação ao exercício das atividades administrativas e jurisdicionais do Estado. A reserva de lei – analisada sob tal perspectiva – constitui postulado revestido de função excludente, de caráter negativo, pois veda, nas matérias a ela sujeitas, quaisquer intervenções normativas, a título primário, de órgãos estatais não legislativos. Essa cláusula constitucional, por sua vez, projeta-se em uma dimensão positiva, eis que a sua incidência reforça o princípio, que, fundado na autoridade da Constituição, impõe, à administração e à jurisdição, a necessária submissão aos comandos estatais emanados, exclusivamente, do legislador. Não cabe, ao Poder Executivo, em tema regido pelo postulado da reserva de lei, atuar na anômala (e inconstitucional) condição de legislador, para, em assim agindo, proceder à imposição de seus próprios critérios, afastando, desse modo, os fatores que, no âmbito de nosso sistema constitucional, só podem ser legitimamente definidos pelo Parlamento. É que, se tal fosse possível, o Poder Executivo passaria a desempenhar atribuição que lhe é institucionalmente estranha (a de legislador), usurpando, desse modo, no contexto de um sistema de poderes essencialmente limitados, competência que não lhe pertence, com evidente transgressão ao princípio constitucional da separação de poderes" (ADI 2.075-MC / RJ, Rel. Min. Celso de Mello, j. 7-2-2001, Tribunal Pleno, *DJ*, 27-6-2003, PP-00031 EMENT VOL-02116-02 PP-00238).

8. EMENDA CONSTITUCIONAL N. 64, DE 4 DE FEVEREIRO DE 2010

Altera o art. 6º da Constituição Federal, para introduzir a alimentação como direito social.

As Mesas da Câmara dos Deputados e do Senado Federal, nos termos do art. 60 da Constituição Federal, promulgam a seguinte Emenda ao texto constitucional:

Art. 1º O art. 6º da Constituição Federal passa a vigorar com a seguinte redação:

"Art. 6º **São direitos sociais** a educação, a saúde, **a alimentação**, o trabalho, a moradia, o lazer, a segurança, a previdência social, a proteção à maternidade e à infância, a assistência aos desamparados, na forma desta Constituição." (NR)

Art. 2º Esta Emenda Constitucional entra em vigor na data de sua publicação.

Brasília, em 4 de fevereiro de 2010.

9. "È in questa prospettiva che va letto un recente documento del Comitato per la sicurezza alimentare della Fao (Hlpe, 2012), in cui viene identificato un insieme di strumenti a disposizione degli Stati per far fronte all'insicurezza alimentare. Tali strumenti sono indirizzati a tutte le fonti di titolarità dell'accesso e se ne ipotizza un uso calibrato in funzione del livello di povertà e degli aspetti dinamici della sicurezza alimentare. Il documento classifica gli interventi in quattro categorie (produzione, lavoro, commercio e trasferimenti) e ciascuno di essi mira a ottenere obiettivi specifici: riduzione del rischio stagionale, lavori socialmente utili per alleviare la disoccupazione temporanea, politiche del commercio in grado di garantire gli approvvigionamenti, programmi di refezione scolastica rivolti ai bambini per garantirne al tempo stesso il diritto al cibo e all'istruzione, trasferimenti monetari alle madri, per rafforzarne il ruolo all'interno della famiglia" (Sabrina Arcuri, Gianluca Brunori, Fabio Bartolini, Francesca Galli, La sicurezza alimentare come diritto: per un approccio sistemico, *Agriregionieuropa*, anno 11, n. 41, Giu. 2015).

10. "Direta e necessariamente extraídos da cláusula constitucional do direito à saúde tomada como princípio, somente podem ser afirmados, sem necessidade de intermediação política, os conteúdos desde já decididos pelo Poder Constituinte: aquilo que o Poder Constituinte, representante primário do povo soberano, textualmente decidiu retirar da esfera de avaliação e arbítrio do Poder Legislativo, representante secundário do povo soberano. Adotar essa postura frente às cláusulas constitucionais fundamentais não significa outra coisa senão levar a sério os direitos, como bem lembra o renomado professor da Escola de Direito da Universidade de Nova Iorque, Jeremy Waldron: 'Nós discordamos sobre direitos e é compreensível que seja assim. Não deveríamos temer nem ter vergonha de tal desacordo, nem abafá-lo e empurrá-lo para longe dos fóruns nos quais importantes decisões de princípios são tomadas em nossa sociedade.

e do objetivo fundamental de **erradicar a pobreza (art. 3º, III, da CF)**[12]**, mas observar que a denominada segurança alimentar**, ao adotar como base práticas

---

Nós devemos acolhê-lo. Tal desacordo é um sinal – o melhor sinal possível em circunstâncias modernas – de que as pessoas levam os direitos a sério. Evidentemente, (…) uma pessoa que se encontra em desacordo com outras não é por essa razão desqualificada de considerar sua própria visão como correta. Nós devemos, cada um de nós, manter a fé nas nossas próprias convicções. Mas levar os direitos a sério é também uma questão de como responder à oposição de outros, até mesmo em uma questão de direitos. (…) Levar os direitos a sério, então, é responder respeitosamente a esse aspecto de alteridade e então estar disposto a participar vigorosamente – mas como um igual – na determinação de como devemos viver juntos nas circunstâncias e na sociedade que compartilhamos'.

**Esse mesmo cuidado deve ser adotado pela Corte no que se refere à cláusula constitucional proclamadora do direito fundamental ao meio ambiente ecologicamente equilibrado como essencial à sadia qualidade de vida (art. 225), sobre a qual registro a análise minuciosa de Celso Antonio Pacheco Fiorillo, para quem a Constituição da República conclui pela presença de quatro concepções fundamentais no âmbito do direito ambiental: a) de que todos têm direito ao meio ambiente ecologicamente equilibrado; b) de que o direito ao meio ambiente ecologicamente equilibrado diz respeito à existência de um bem de uso comum do povo e essencial à sadia qualidade de vida, criando em nosso ordenamento o bem ambiental; c) de que a Carta Magna determina tanto ao Poder Público como à coletividade o dever de defender o bem ambiental, assim como o dever de preservá-lo; d) de que a defesa e a preservação do bem ambiental estão vinculadas não só às presentes como também às futuras gerações (grifos nossos). A Constituição Federal de 1988, ao incluir entre seus princípios fundamentais a dignidade da pessoa humana (art. 1º, III), como fundamento destinado a interpretar todo o sistema constitucional, adotou visão explicitamente antropocêntrica, que reflete em toda a legislação infraconstitucional — o que abarca também a legislação ambiental** (grifos nossos). O Constituinte originário atribuiu aos brasileiros e estrangeiros residentes no País (arts. 12, I, e 52 da Carta Magna) posição de centralidade em relação ao nosso sistema de direito positivo. Nesse sentido o Princípio n. 1 da Declaração do Rio de Janeiro sobre Meio Ambiente e Desenvolvimento de 1992: 'Os seres humanos estão no centro das preocupações com o desenvolvimento sustentável. Têm direito a uma vida saudável e produtiva, em harmonia com a natureza'" (ADI 4.066 / DF, Rel. Min. Rosa Weber, j. 24-8-2017, Tribunal Pleno,processo eletrônico, *DJe*-043, divulg. 6-3-2018, public. 7-3-2018).

11. "(…) a dignidade da pessoa humana precede a Constituição de 1988 e esta não poderia ter sido contrariada, em seu art. 1º, III, anteriormente a sua vigência. A arguente desqualifica fatos históricos que antecederam a aprovação, pelo Congresso Nacional, da Lei 6.683/1979. (…) A inicial ignora o momento talvez mais importante da luta pela redemocratização do País, o da batalha da anistia, autêntica batalha. Toda a gente que conhece nossa história sabe que esse acordo político existiu, resultando no texto da Lei 6.683/1979. (…) Tem razão a arguente ao afirmar que a dignidade não tem preço. As coisas têm preço, as pessoas têm dignidade. A dignidade não tem preço, vale para todos quantos participam do humano. Estamos, todavia, em perigo quando alguém se arroga o direito de tomar o que pertence à dignidade da pessoa humana como um seu valor (valor de quem se arrogue a tanto). É que, então, o valor do humano assume forma na substância e medida de quem o afirme e o pretende impor na qualidade e quantidade em que o mensure. Então o valor da dignidade da pessoa humana já não será mais valor do humano, de todos quantos pertencem à humanidade, porém da pessoa de quem o proclame conforme o seu critério particular. Estamos então em perigo, submissos à tirania dos valores. (…) Sem de qualquer modo negar o que diz a arguente ao proclamar que a dignidade não tem preço (o que subscrevo), tenho que a indignidade que o cometimento de qualquer crime expressa não pode ser retribuída com a proclamação de que o instituto da anistia viola a dignidade humana. (…) O argumento descolado da dignidade da pessoa humana para afirmar a invalidade da conexão criminal que aproveitaria aos agentes políticos que praticaram crimes comuns contra opositores políticos, presos ou não, durante o regime militar, esse argumento não prospera" (ADPF 153, voto do Rel. Min. Eros Grau, j. 29-4-2010, Pleno, *DJE*, 6-8-2010).

12. "Decreto 420/1992. Lei 8.393/1991. IPI. Alíquota regionalizada incidente sobre o açúcar. Alegada ofensa ao disposto nos arts. 150, I, II e § 3º, e 151, I, da Constituição do Brasil. Constitucionalidade. O Decreto 420/1992 estabeleceu alíquotas diferenciadas – incentivo fiscal – visando dar concreção ao preceito veiculado pelo art. 3º da Constituição, ao objetivo da redução das desigualdades regionais e de desenvolvimento nacional. Autoriza-o o art. 151, I, da Constituição" (AI 630.997-AgR, Rel. Min. Eros Grau, j. 24-4-2007, 2ª Turma, *DJ*, 18-5-2007).

alimentares promotoras de saúde que respeitem a diversidade cultural e que sejam ambiental, cultural, econômica e socialmente sustentáveis, **tem toda sua estrutura jurídica organizada em face do direito ambiental constitucional (art. 225 da CF)**[13, 14 e 15].

---

13. "Direta e necessariamente extraídos da cláusula constitucional do direito à saúde tomada como princípio, somente podem ser afirmados, sem necessidade de intermediação política, os conteúdos desde já decididos pelo Poder Constituinte: aquilo que o Poder Constituinte, representante primário do povo soberano, textualmente decidiu retirar da esfera de avaliação e arbítrio do Poder Legislativo, representante secundário do povo soberano. Adotar essa postura frente às cláusulas constitucionais fundamentais não significa outra coisa senão levar a sério os direitos, como bem lembra o renomado professor da Escola de Direito da Universidade de Nova Iorque, Jeremy Waldron: 'Nós discordamos sobre direitos e é compreensível que seja assim. Não deveríamos temer nem ter vergonha de tal desacordo, nem abafá-lo e empurrá-lo para longe dos fóruns nos quais importantes decisões de princípios são tomadas em nossa sociedade. Nós devemos acolhê-lo. Tal desacordo é um sinal – o melhor sinal possível em circunstâncias modernas – de que as pessoas levam os direitos a sério. Evidentemente, (...) uma pessoa que se encontra em desacordo com outras não é por essa razão desqualificada de considerar sua própria visão como correta. Nós devemos, cada um de nós, manter a fé nas nossas próprias convicções. Mas levar os direitos a sério é também uma questão de como responder à oposição de outros, até mesmo em uma questão de direitos. (...) Levar os direitos a sério, então, é responder respeitosamente a esse aspecto de alteridade e então estar disposto a participar vigorosamente – mas como um igual – na determinação de como devemos viver juntos nas circunstâncias e na sociedade que compartilhamos'.

**Esse mesmo cuidado deve ser adotado pela Corte no que se refere à cláusula constitucional proclamadora do direito fundamental ao meio ambiente ecologicamente equilibrado como essencial à sadia qualidade de vida (art. 225), sobre a qual registro a análise minuciosa de Celso Antonio Pacheco Fiorillo, para quem a Constituição da República conclui pela presença de quatro concepções fundamentais no âmbito do direito ambiental: a) de que todos têm direito ao meio ambiente ecologicamente equilibrado; b) de que o direito ao meio ambiente ecologicamente equilibrado diz respeito à existência de um bem de uso comum do povo e essencial à sadia qualidade de vida, criando em nosso ordenamento o bem ambiental; c) de que a Carta Magna determina tanto ao Poder Público como à coletividade o dever de defender o bem ambiental, assim como o dever de preservá-lo; d) de que a defesa e a preservação do bem ambiental estão vinculadas não só às presentes como também às futuras gerações** (grifos nossos). A Constituição Federal de 1988, ao incluir entre seus princípios fundamentais a dignidade da pessoa humana (art. 1º, III), como fundamento destinado a interpretar todo o sistema constitucional, adotou visão explicitamente antropocêntrica, que reflete em toda a legislação infraconstitucional — o que abarca também a legislação ambiental (grifos nossos). O Constituinte originário atribuiu aos brasileiros e estrangeiros residentes no País (arts. 12, I, e 52 da Carta Magna) posição de centralidade em relação ao nosso sistema de direito positivo. Nesse sentido o Princípio n. 1 da Declaração do Rio de Janeiro sobre Meio Ambiente e Desenvolvimento de 1992: 'Os seres humanos estão no centro das preocupações com o desenvolvimento sustentável. Têm direito a uma vida saudável e produtiva, em harmonia com a natureza'" (ADI 4.066 / DF, Rel. Min. Rosa Weber, j. 24-8-2017, Tribunal Pleno, processo eletrônico, *DJe*-043, divulg. 6-3-2018, public. 7-3-2018).

14. "D'altra parte, il diritto dell'alimentazione e quello dell'ambiente non sono sistemi regolativi autonomi e indipendenti, ma interagenti fra loro73: in modo conflittuale, talvolta; ma anche capace, talaltra, di generare sinergie virtuose" (Clara Napolitano, Sicurezza alimentare ed etica della sostenibilità: profili di diritto amministrativo, *Federalismi.it* n. 18/2018).

15. "Per la sua interminata vastità d'orizzonti, il diritto dell'ambiente è ben aperto alla somministrazione di criterio regolativi utili alla disciplina del diritto dell'alimentazione: M. Monteduro, Diritto dell'ambiente e diversità alimentare, in *Riv. Quad. Dir*. Amb., 1/2015, p. 88 s., esprime questa relazione con riferimento al paradigma dei sistemi socioecologici. L'A. sostiene in modo figurativo e convincente il carattere 'federativo' del diritto dell'ambiente, poichè le sue ordinate strutturali non racchiudono una semplice sommatoria di discipline: 'occorre metaforicamente immaginare, in uno spazio a tre dimensioni, l'ambiente-sistema come un poliedro sezionabile (in orizzontale e in verticale) in diversi piani, ciascuno dei quali corrisponderà ad una disciplina differenziata; la pluralità delle discipline differenziate non si

Por outro lado,necessitamos também observar o balizamento normativo destinado a fixar os deveres e direitos das atividades econômicas designadas para transformar os recursos de origem animal, vegetal e mineral em produtos próprios para a alimentação (**as denominadas empresas alimentares**[16]) de forma sustentável[17] (**art. 170, VI, da CF**)[18 e 19], considerando particularmente que, no **plano normativo infraconstitucional**,

---

somma in quella della disciplina del poliedro, ma quest'ultima presuppone le prime e ne assume i risultati come basi per l'individuazione, l'interpretazione e la sistema-tizzazione delle proprietà emergenti del poliedro, maggiori, ulteriori e diverse rispetto alla mera addizione delle proprietà dei piani bidimensionali che idealmente lo compongono. Ne deriva che il diritto dell'ambiente (inteso come sistema di relazioni) non potrà ignorare le competenze, gli esiti e le elaborazioni delle discipline differenziate relative ai singoli fattori in relazione, ma dovrà muovere da essi considerandoli però – questo è il punto cruciale – non uti singuli (come accade in ciascuna disciplina differenziata) bensì uti socii, ossia elevando l'angolo di visione dal livello organizzativo della componente al livello organizzativo, più complesso e dunque intrinsecamente diverso, del sistema' (p. 102). Sulla natura sistemica del diritto dell'ambiente v. anche S. CANDELA, Principio di precauzione e criterio del 'rischio gravee manifesto', cit., p. 38" (Clara Napolitano, Sicurezza alimentare ed etica della sostenibilità: profili di diritto amministrativo, *Federalismi.it*, n. 18/2018).

16. *Vide* Capítulo II – 4. "RECURSOS DE ORIGEM ANIMAL, VEGETAL E MINERAL (BENS AMBIENTAIS) TRANSFORMADOS EM PRODUTOS DESTINADOS A ALIMENTAÇÃO: A TUTELA JURÍDICA DAS EMPRESAS ALIMENTARES (INDÚSTRIA ALIMENTÍCIA) COMO ATIVIDADE ECONOMICA EM FACE DO SUPERIOR ORDENAMENTO JURÍDICO EM VIGOR" (in Celso Antonio Pacheco Fiorillo e Renata Marques Ferreira, *Segurança alimentar e desenvolvimento sustentável*: a tutela jurídica da alimentação e das empresas alimentares em face do direito ambiental brasileiro, Rio de Janeiro: Lumen Juris, 2019).

17. "L'utilizzo eticamente orientato degli strumenti di governazione da parte dei poteri pubblici si rivela infatti, come si vedrà più avanti, uno snodo applicativo cruciale (ben degno di un'analisi approfondita, però esterna ai limiti di questo lavoro) del principio dello sviluppo sostenibile. Il quale rappresenta il fertile campo d'incontro tra diritto ed etica, dove i due ambiti precettivi cooperano sopperendo in modo scambievole e reciproco ai limiti strutturali e funzionali dell'altro. In questo modo si offre al teatro dele azioni pubbliche il più ampio orizzonte di manovra possibile: non solo spaziale, ma anche temporale, tale cioè da disporsi verso la tutela anche d'interessi nondum nati. Questa declinazione – insieme etica e giuridica, dunque – dello sviluppo sostenibile rinsalda i raccordi tratutela dell'ambiente e solidarietà: la quale, a sua volta, si mostra elemento-cardine di una disciplina sulla sicurezza alimentare che deve (o dovrebbe) volgersi a sostegno di chi non ha accesso sufficiente al cibo" (Clara Napolitano, Sicurezza alimentare ed etica della sostenibilità: profili di diritto amministrativo, *Federalismi.it*, n. 18/2018).

18. "A ATIVIDADE ECONÔMICA NÃO PODE SER EXERCIDA EM DESARMONIA COM OS PRINCÍPIOS DESTINADOS A TORNAR EFETIVA A PROTEÇÃO AO MEIO AMBIENTE. – A incolumidade do meio ambiente não pode ser comprometida por interesses empresariais nem ficar dependente de motivações de índole meramente econômica, ainda mais se se tiver presente que a atividade econômica, considerada a disciplina constitucional que a rege, está subordinada, dentre outros princípios gerais, àquele que privilegia a 'defesa do meio ambiente' (CF, art. 170, VI), que traduz conceito amplo e abrangente das noções de meio ambiente natural, de meio ambiente cultural, de meio ambiente artificial (espaço urbano) e de meio ambiente laboral. Doutrina. Os instrumentos jurídicos de caráter legal e de natureza constitucional objetivam viabilizar a tutela efetiva do meio ambiente, para que não se alterem as propriedades e os atributos que lhe são inerentes, o que provocaria inaceitável comprometimento da saúde, segurança, cultura, trabalho e bem-estar da população, além de causar graves danos ecológicos ao patrimônio ambiental, considerado este em seu aspecto físico ou natural" (ADI 3.540-MC / DF, Rel. Min. Celso de Mello, j. 1º-9-2005, Tribunal Pleno, *DJ*, 3-2-2006, PP-00014 EMENT VOL-02219-03 PP-00528).

19. A defesa do consumidor, princípio da ordem econômica igualmente relevante no âmbito da tutela jurídica dos alimentos, não está sendo tratada na presente obra (art. 170, V). Cabe, todavia, aduzir, ainda que muito superficialmente, que as atividades econômicas vinculadas à produção, montagem, criação, construção, transformação, importação, exportação, distribuição ou comercialização de produtos destinados à alimentação se submetem ao que determina a Lei n. 8.078/90 (relações de consumo).

a segurança alimentar e nutricional "consiste na **realização do direito de todos ao acesso regular e permanente a alimentos de qualidade**[20], **em quantidade suficiente, sem comprometer o acesso a outras necessidades essenciais, tendo como base práticas alimentares promotoras de saúde que respeitem a diversidade cultural e que sejam ambiental, cultural, econômica e socialmente sustentáveis**" (Lei n. 11.346/2006, art. 3º)[21, 22 e 23].

---

20. "Nel Libro Bianco del 2000 sulla sicurezza alimentare si legge che 'l'Unione europea deve ristabilire la fiducia del pubblico nei sui approvvigionamenti alimentari, nella sua scienza degli alimenti, nella sua normativa in materia alimentare e nei suoi controlli negli alimenti'. La qualità rappresenta indubbiamente uno strumento importante al servizio del perseguimento di tali obiettivi ed in questo si sostanzia essenzialmente il suo rapporto con la sicurezza alimentare: consentire l'immediata percezione della sicurezza e delle caratteristiche dei prodotti offerti sul mercato interno. E' indubbio anche che i due elementi siano aspetti fondamentali della libera circolazione delle merci come la giurisprudenza della Corte di Giustizia ha in passato mostrato[54]. La politica per la qualità è dunque parte integrante di quell'approccio completo ed integrato che fa della sicurezza alimentare 'uno strumento proattivo, dinamico, coerente e completo per assicurare un elevato livello di salute umana e di tutela dei consumatori'. Essa rappresenta al contempo anche il 'confine delle buone intenzioni' e può talvolta assoggettarsi a finalità diverse, di carattere più strettamente commerciale, talvolta configgenti con i principi propri della sicurezza alimentare. Le vicende dei prodotti agroalimentari tradizionali e dei c.d. 'prodotti biologici' sono un esempio evidente di questo 'superamento delle regole' in favore dell'economia rurale. Gli effetti sono destinati ad avere un impatto anche sulle relazioni esterne della Comunità. Quando con il contributo dell'Authority la sicurezza alimentare (intesa come l'insieme delle regole ex reg. 178/2002 e successivi) diverrà il metro di valutazione della idoneità alla circolazione degli alimenti sul mercato UE, con particolare riferimento alle derrate provenienti da paesi extraeuropei con scarse garanzie (Stati Uniti compresi, anzi forse 'in primis'), essa sarà uno strumento di difesa commerciale importante in favore degli investimenti pubblici e privati sostenuti in questi anni per aumentare la garanzia di salubrità dei processi e della qualità della nostra alimentazione. Ecco perché sia pure con i limiti esposti la sicurezza alimentare rappresenta una chance di ulteriore sviluppo e di tutela effettiva dei consumatori". Disponível em: <https://www.diritto.it/materiali/alimentare/rubino6.html>.

*Vide* Vito Rubino, *Aspetti di interazione fra "qualita'" e "sicurezza" alimentare.*

21. Lei n. 11.346/2006, que Cria o Sistema Nacional de Segurança Alimentar e Nutricional – SISAN com vistas em assegurar o direito humano à alimentação adequada e dá outras providências.

22. A Lei n. 10.689/2003, ao criar o Programa Nacional de Acesso à Alimentação – PNAA vinculado às ações dirigidas ao combate à fome e à promoção da **segurança alimentar** e nutricional, já considerava "segurança alimentar e nutricional a garantia da pessoa humana ao acesso à alimentação todos os dias, em quantidade suficiente e com a qualidade necessária" (art. 1º, § 1º).

23. "In Italia la sicurezza alimentare è stata a lungo, e prevalentemente, disciplinata dal diritto penale, come specificazione del diritto alla salute e all'igiene pubblica. Essa consisteva e consiste tuttora in divieti e norme sanzionatorie tesi a punire comportamenti fraudolenti o nocivi, così da assicurare, in via indiretta, la salubrità degli alimenti. Si veda, a titolo di esempio, la legge n. 283 del 30 aprile 1962 (pubblicata sulla Gazzetta Ufficiale Italiana n. 139 del 04/06/1962 e ancora in vigore), che modifica gli artt. 242, 243, 247, 250 e 262 del T.U. delle leggi sanitarie approvato con R.D. 27 luglio 1934, n. 1265 e contenente la disciplina igienica della produzione e della vendita delle sostanze alimentari e delle bevande.

A oggi la sicurezza alimentare non può essere limitata alle sole norme di polizia sanitaria, non riguarda solo i controlli e le ispezioni per verificare l'igiene e la corretta conservazione dei beni, nè si limita a una verifica ex post dei requisiti di sicurezza. Viceversa, la regolazione di tale materia consta di una serie di regole che riguardano i metodi di coltivazione e di produzione dei beni, la composizione dei cibi, la tutela preventiva della salute mediante procedura d'autorizzazione, l'etichettatura e l'informazione dei consumatori e la predisposizione di standard e linee guida cui gli operatori debbono conformarsi. Ecco perché essa è oggi materia propria del diritto pubblico dell'economia o, più in generale, del diritto amministrativo" (Dario Bevilacqua, in La sicurezza alimentare, la globalizzazione e il diritto amministrativo, pubblicato l'8/07/2010, www.treccani.it).

Assim, abrangendo a ampliação das condições de acesso aos alimentos por meio da produção, em especial da agricultura tradicional e familiar, do processamento, da industrialização, da comercialização, incluindo-se os acordos internacionais, do abastecimento e da distribuição dos alimentos, adicionando-se a água, bem como da geração de emprego e da redistribuição da renda; a conservação da biodiversidade e a utilização sustentável dos recursos; a promoção da saúde, da nutrição e da alimentação da população, abrangendo grupos populacionais específicos e populações em situação de vulnerabilidade social; a garantia da qualidade biológica, sanitária, nutricional e tecnológica dos alimentos, bem como seu aproveitamento, estimulando práticas alimentares e estilos de vida saudáveis que respeitem a diversidade étnica e racial e cultural da população; a produção de conhecimento e o acesso à informação; e a implementação de políticas públicas e estratégias sustentáveis e participativas de produção, comercialização e consumo de alimentos, respeitando-se as múltiplas características culturais do País (art. 4º, I a VI, da Lei n. 11.346/2006), a segurança alimentar está estruturada no princípio fundamental da **soberania (art. 1º, I, da CF)**, conferindo ao Brasil a primazia de suas decisões sobre a produção e o consumo de alimentos (art. 5º da Lei n. 11.346/2006).

Daí constatarmos que o referido direito à alimentação, absolutamente inerente à dignidade da pessoa humana e indispensável à realização das determinações normativas consagradas na Constituição Federal como já afirmamos anteriormente, recebe, por parte da legislação infraconstitucional adequada, tutela que determina não só superior dever ao poder público visando adotar as políticas e ações que se façam necessárias para promover e garantir a segurança alimentar e nutricional da população, conforme explicitamente estabelecido pelo art. 2º da Lei n. 11.346/2006, mas também regras claras destinadas a enquadrar no plano normativo as atividades econômicas que se façam necessárias a tornar viável na ordem econômica do capitalismo (art. 1º, IV, c/c arts.170 e s. da CF) a efetividade do acesso regular e permanente a alimentos de qualidade por parte da população.

Além disso, o acesso a outras necessidades essenciais, tendo como base práticas alimentares promotoras de saúde que respeitem a diversidade cultural e que sejam ambiental, cultural, econômica e socialmente sustentáveis, **enquadra a saúde alimentar no plano normativo ao denominado desenvolvimento sustentável**.

Destarte, o tema dos denominados ALIMENTOS ULTRAPROCESSADOS merece breve análise no contexto do presente capítulo.

Com efeito...

Conforme indicado pelo Guia Alimentar para a População Brasileira, documento oficial do Ministério da Saúde que apresenta diretrizes para uma alimentação adequada e saudável[24], **os alimentos são divididos nas seguintes categorias**, a saber: 1) *In natura*: são os alimentos obtidos diretamente de plantas (como folhas e frutos) e animais (como ovos e leite) e adquiridos para o consumo sem que tenham passado

---

24. Brasil, Ministério da Saúde, Secretaria de Atenção à Saúde, Guia alimentar para a população brasileira, 2. ed., 1. reimpr., Brasília, DF: Ministério da Saúde, 2014. Disponível em: https://bvsms.saude. gov.br/bvs/publicacoes/guia_alimentar_populacao_brasileira_2ed.pdf.

por qualquer tipo de alteração depois de saírem da natureza; **2) Minimamente processados:** são alimentos *in natura* que passaram por alterações mínimas, como grãos secos polidos e empacotados ou moídos na forma de farinha, raízes ou tubérculos lavados, carnes resfriadas ou congeladas e leite pasteurizado; **3) Ingredientes culinários:** produtos que são extraídos de alimentos *in natura* ou diretamente da natureza e utilizados para temperar e cozinhar alimentos – óleos, gorduras, sal e açúcar; **4) Processados:** são os produtos fabricados com adição de sal ou açúcar a um alimento *in natura* ou minimamente processado, como legumes em conserva, frutas em calda, queijos e sardinha ou atum enlatados; e **5) Ultraprocessados:** são os produtos cuja fabricação envolve várias etapas e técnicas de processamento e contêm muitos ingredientes (muitos de uso exclusivamente industrial), como refrigerantes, biscoitos recheados e macarrão instantâneo. Destarte, os alimentos ultraprocessados não seriam "propriamente alimentos, mas sim formulações de substâncias derivadas de alimentos, frequentemente modificadas quimicamente e de uso exclusivamente industrial, contendo pouco ou nenhum alimento inteiro e tipicamente adicionadas de corantes, aromatizantes, emulsificantes e outros aditivos cosméticos para que se tornem palatáveis ou hiperpalatáveis"[25], **sendo certo que o denominado ultraprocessamento**, conforme adverte o pesquisador Carlos Augusto Monteiro[26], "permite fazer produtos de muito baixo custo e de grande aceitabilidade, durabilidade e conveniência. Isso é conseguido por meio de processos tecnológicos muito sofisticados e uso de ingredientes relativamente baratos, como açúcar, gorduras, sal e aditivos. Além de ter um perfil nutricional intrinsicamente desequilibrado (muito sódio, muito açúcar, muita gordura não saudável), os processos e os ingredientes utilizados no ultraprocessamento levam a produtos que confundem o controle natural da fome e saciedade e que, nesta medida, promovem a obesidade. Primeiro, porque são produtos que contêm grande quantidade de calorias por volume. Segundo, porque, sendo praticamente pré-digeridos e contendo pouca ou nenhuma fibra alimentar, são absorvidos muito rapidamente. Terceiro porque são hiperpalatáveis. De fato, alimentos ultraprocessados são manufaturados para que sejam 'irresistíveis' e isso é comumente mencionado na propaganda desses produtos. Por último, há a questão da segurança dos aditivos alimentares".

Assim, o uso dos alimentos processados, por se caracterizarem como produtos notoriamente prejudiciais à saúde e mesmo ao meio ambiente (saúde ambiental), se submete obrigatoriamente à tutela jurídica constitucional do direito ambiental constitucional, devendo, inclusive, ser adotadas, no âmbito de sua regulação normativa, políticas fiscais pertinentes[27].

---

25. Maiara Ribeiro, Entenda o perigo de consumir alimentos ultraprocessados, *Portal Drauzio Varella*, 29 mar. 2023. Disponível em: https://drauziovarella.uol.com.br/alimentacao/entenda-o-perigo-de-consumir-alimentos-ultraprocessados/.

26. Karina Toledo, Alimentos ultraprocessados são ruins para as pessoas e para o ambiente, Agência FAPESP, 17 mar. 2015. Disponível em: https://agencia.fapesp.br/alimentos-ultraprocessados-sao-ruins-para-as-pessoas-e-para-o-ambiente/20820.

27. Em tradução livre: "As políticas fiscais podem alterar os preços relativos dos alimentos para incentivar a compra e o consumo de alimentos minimamente processados, ao mesmo tempo que

## 1. O ACESSO REGULAR E PERMANENTE A ALIMENTOS: A ALIMEN-TAÇÃO DA PESSOA HUMANA

Conforme explica o *Dicionário das ciências*[28], "para crescer, mover-se e reproduzir--se, **todo animal**[29] tem de encontrar no seu meio diversos **compostos químicos utilizáveis pelo seu organismo**. Com exceção do OXIGÊNIO, captado pela RESPIRAÇÃO, **esses compostos são alimentos**[30 e 31] (grifos nossos) que penetram pelo tubo digestivo".

Destarte, conforme indicado pelo mesmo *Dicionário*, a **alimentação** seria "uma função complexa, incluindo notadamente **detecção, seleção, aproximação, captura e ingestão dos alimentos**" (grifos nossos).

---

desencorajam a compra e o consumo de alimentos ultraprocessados não saudáveis, ricos em calorias e nutrientes preocupantes (sódio, açúcar e gorduras saturadas), especialmente para as pessoas de baixa renda" (*Vide* Pourya Valizadeh e Shu Wen Ng, Promovendo compras mais saudáveis: impostos sobre alimentos ultraprocessados e subsídios a alimentos minimamente processados para a baixa renda, *American Journal of Preventive Medicine*, v. 67, Issue 1, 2024. Disponível em: https://www.sciencedirect.com/science/article/pii/S074937972400076X).

28. Lionel Salem, *Dicionário das ciências*, Petrópolis, Vozes, 1995.

29. Conforme já tivemos oportunidade de aduzir, os **animais**, sob a ótica científica (Reino Animal ou "Animalia") – das minhocas, sanguessugas, pulgas e centopeias, passando pelas ostras, lagostas, aranhas e carrapatos, até os sapos, serpentes, sabiás, gambás, macacos e **humanos** –, compreendem um gigantesco conjunto de organismos multicelulares que não fazem fotossíntese, e são possuidores de movimento, sistema nervoso e órgãos sensoriais bem desenvolvidos e capazes de sintetizar moléculas complexas de carbono a partir de moléculas muito simples.

*Vide* de forma detalhada Celso Antonio Pacheco Fiorillo e Renata Marques Ferreira, *Tutela jurídica dos animais de estimação em face do direito constitucional brasileiro*, Rio de Janeiro, Lumen Juris, 2019.

30. Conforme indicam Amanda de M. Souza, Rosangela A. Pereira, Edna M. Yokoo, Renata B. Levy e Rosely Sichieri, **existiria "um padrão básico do consumo alimentar no Brasil** que inclui entre **os alimentos mais consumidos arroz, café, feijão, pão de sal e carne bovina**, associado ao consumo regional de alguns poucos itens. Particularmente entre os adolescentes, alimentos ricos em gordura e açúcar são também de consumo frequente". Conforme explicam em seu trabalho "Alimentos mais consumidos no Brasil: Inquérito Nacional de Alimentação 2008-2009", referidos autores constatam que "os alimentos mais frequentemente referidos pela população brasileira foram **arroz** (84,0%), **café** (79,0%), **feijão** (72,8%), **pão de sal** (63,0%) e **carne bovina** (48,7%), destacando-se também o consumo de **sucos e refrescos** (39,8%), **refrigerantes** (23,0%) e menor presença de **frutas** (16,0%) e **hortaliças** (16,0%). Essa configuração apresenta pouca variação quando se consideram os estratos de sexo e faixa etária; contudo, observa-se que os adolescentes foram o único grupo etário que deixou de citar qualquer hortaliça e que incluiu doces, bebida láctea e biscoitos doces entre os itens mais consumidos. Alimentos marcadamente de consumo regional incluem a farinha de mandioca no Norte e Nordeste e o chá na região Sul. Houve discrepâncias no consumo alimentar entre os estratos de menor e maior renda: indivíduos no quarto de renda mais elevada referiram sanduíches, tomate e alface e aqueles no primeiro quarto de renda citaram os peixes e preparações à base de peixe e farinha de mandioca entre os alimentos mais referidos". *Vide* Alimentos mais consumidos no Brasil: Inquérito Nacional de Alimentação 2008-2009, *Rev. Saúde Pública*, v. 47, supl. 1, São Paulo, fev. 2013, disponível em <http://dx.doi.org/10.1590/S0034-89102013000700005>.

31. Dentre os **alimentos mais consumidos em todo mundo**, conforme dados anualmente averiguados e divulgados pela Organização das Nações Unidas para a Alimentação e Agricultura – FAO (http://www.fao.org/home/en/), estão: 1) **Leite e seus derivados**; 2) **Trigo**; 3) **Arroz**; 4) **Batata**; 5) **Cerveja**; 6) **Açúcar**; 7) **Tomate**; 8) **Milho**; 9) **Carne de porco**; e 10) **Mandioca**.

Por sua vez, associando o termo à nutrição[32], destaca o *Dicionário Oxford de ciências da natureza* ser a **alimentação** um "processo pelo qual **organismos vivos obtêm as substâncias de que precisam a fim de fornecer às células material e combustível para crescimento, reparo de tecidos etc.**"[33] (grifos nossos).

Sendo, pois, "uma das atividades dos organismos, **fundamental para a manutenção da vida**"(grifos nossos) na lição do *Dicionário de ciências biológicas e biomédicas*[34] a **alimentação, nos homens**[35], **também envolve "aspectos sociais e econômicos, e sempre esteve associada à evolução das sociedades e da própria espécie**"[36] (grifos nossos).

Daí observarmos desde logo **três aspectos fundamentais que caracterizam a alimentação da pessoa humana**:

1º) ser fundamental para a manutenção de sua vida;

2º) estar associada à evolução das sociedades e da própria espécie;

3º) envolver aspectos sociais e econômicos.

---

32. A subnutrição caracteriza-se como "estado de saúde precário causado pela insuficiência alimentar ou falta de dieta balanceada, bem como por alguma condição que impeça o corpo de absorver ou usar os nutrientes adequadamente" (Chris Prescott, São Paulo, Oxford University Press, 2012).

33. Chris Prescott, São Paulo, Oxford University Press, 2012.

34. Marcos Marreiro Villela e Marcela Lencine Ferraz, *Dicionário de ciências biológicas e biomédicas*, São Paulo, Atheneu, 2007.

35. **O alimento para consumo humano tem definição prevista no art. 2º do Regulamento (CE) n. 178/2002 do Parlamento Europeu e do Conselho de 28 de Janeiro de 2002** que determina os princípios e normas gerais da legislação alimentar, cria a Autoridade Europeia para a Segurança dos Alimentos e estabelece procedimentos em matéria de segurança dos gêneros alimentícios, a saber:

"Artigo 2º

**Definição de 'género alimentício'**

Para efeitos do presente regulamento, entende-se por 'género alimentício' (ou 'alimento para consumo humano'), qualquer substância ou produto, transformado, parcialmente transformado ou não transformado, destinado a ser ingerido pelo ser humano ou com razoáveis probabilidades de o ser.

Este termo abrange bebidas, pastilhas elásticas e todas as substâncias, incluindo a água, intencionalmente incorporadas nos géneros alimentícios durante o seu fabrico, preparação ou tratamento. A água está incluída dentro dos limiares de conformidade referidos no artigo 6.o da Directiva 98/83/CE, sem prejuízo dos requisitos das Directivas 80/778/CEE e 98/83/CE.

O termo não inclui:

a) alimentos para animais;

b) animais vivos, a menos que sejam preparados para colocação no mercado para consumo humano;

c) plantas, antes da colheita;

d) medicamentos, na acepção das Directivas 65/65/CEE(21) e 92/73/CEE(22) do Conselho;

e) produtos cosméticos, na acepção da Directiva 76/768/CEE do Conselho(23);

f) tabaco e produtos do tabaco, na acepção da Directiva 89/622/CEE do Conselho(24);

g) estupefacientes ou substâncias psicotrópicas, na acepção da Convenção das Nações Unidas sobre Estupefacientes, de 1961, e da Convenção das Nações Unidas sobre Substâncias Psicotrópicas, de 1971;

h) resíduos e contaminantes".

36. Marcos Marreiro Villela e Marcela Lencine Ferraz, *Dicionário de ciências biológicas e biomédicas*, São Paulo, Atheneu, 2007.

## 2. RECURSOS DE ORIGEM ANIMAL, VEGETAL E MINERAL E A ALIMENTAÇÃO: ALIMENTOS, SUA NATUREZA JURÍDICA E SEU BALIZAMENTO CONSTITUCIONAL EM FACE DOS PRINCÍPIOS DO DIREITO AMBIENTAL BRASILEIRO

Os recursos (substâncias) destinados à manutenção da vida da pessoa humana[37], a saber, os bens usados para satisfazer a necessidade de manutenção da vida da pessoa humana, podem ser de origem **vegetal** (como as frutas, verduras, legumes e cereais), **animal** (como o mel, leite, ovos, carnes, queijo) e **mineral** (representados pela água e sais minerais encontrados na maioria dos alimentos de origem animal ou vegetal, tais como cálcio, ferro, magnésio, fósforo, flúor, iodo, potássio, sódio, zinco, manganês, selênio etc.). Definindo o tema como "conjunto de riquezas naturais em estado bruto e que podem ser exploradas economicamente por um país"[38], os recursos naturais, como explica Paulo Sandroni, "distribuem-se pelo globo de maneira desigual e sua simples presença em forma bruta numa região constitui fator de desenvolvimento"[39].

**Referidas substâncias**, exemplos didáticos de bens efetivamente essenciais à sadia qualidade de vida da pessoa humana (art. 225 da CF) e caracterizados normativamente como **recursos ambientais**[40], **têm evidente natureza jurídica constitucional de bem ambiental, absorvendo, pois, todo o balizamento normativo do direito ambiental constitucional.**

---

37. Com capacidade para metabolização de diferentes classes alimentícias o ser humano é um animal omnívoro, ou seja, conforme explica o Dicionário Oxford de ciências da natureza, a pessoa humana é um animal que pode "comer tanto carne como vegetais" (Chris Prescott, *Dicionário Oxford de ciências da natureza*, São Paulo, Oxford University Press, 2012.

38. "RECURSOS NATURAIS. Conjunto de riquezas naturais em estado bruto e que podem ser exploradas economicamente por um país. Constituem riquezas naturais as jazidas minerais, as bacias petrolíferas, os cursos dos rios e suas quedas, a fauna e a flora" (Paulo Sandroni, *Novíssimo dicionário de economia*, São Paulo, Editora Best Seller, 1999.

39. Vide Paulo Sandroni, *Novíssimo dicionário de economia*, São Paulo, Editora Best Seller, 1999.

40. Como sabemos, a **fauna** é o termo coletivo para a **vida animal** (**Reino Animal, Animalia ou Metazoa**) de uma determinada região ou de um período de tempo; o termo correspondente para **plantas (Reino Vegetal ou Reino Plantae) é flora.**

**LEI N. 6.938, DE 31 DE AGOSTO DE 1981** – Dispõe sobre a Política Nacional do Meio Ambiente, seus fins e mecanismos de formulação e aplicação, e dá outras providências.

Art. 3º Para os fins previstos nesta Lei, entende-se por:

**V – recursos ambientais**: a atmosfera, as águas interiores, superficiais e subterrâneas, os estuários, o mar territorial, o solo, o subsolo, os elementos da biosfera, **a fauna e a flora.**

**LEI N. 9.985, DE 18 DE JULHO DE 2000** – Regulamenta o art. 225, § 1o, incisos I, II, III e VII, da Constituição Federal, institui o Sistema Nacional de Unidades de Conservação da Natureza e dá outras providências.

Art. 2º Para os fins previstos nesta Lei, entende-se por:

**IV – recurso ambiental**: a atmosfera, **as águas** interiores, superficiais e subterrâneas, os estuários, o mar territorial, o solo, o subsolo, os elementos da biosfera, **a fauna e a flora.**

*Vide* Celso Antonio Pacheco Fiorillo e Renata Marques Ferreira, Comentários ao "Código" Florestal: Lei n. 12.651/2012, 2. ed., São Paulo, Saraiva, 2018; Celso Antonio Pacheco Fiorillo e Renata Marques Ferreira, *Tutela jurídica dos animais de estimação em face do direito constitucional brasileiro*, Rio de Janeiro, Lumen Juris, 2019; Celso Antonio Pacheco Fiorillo, *Curso de direito ambiental brasileiro*, 19. ed. revista, ampliada e atualizada, São Paulo: Saraiva, 2019.

## 3. RECURSOS DE ORIGEM ANIMAL E VEGETAL GENETICAMENTE MODIFICADOS EM PROVEITO DA PRODUÇÃO DE ALIMENTOS E SUA TUTELA JURÍDICA

Conforme já aduzido anteriormente, as substâncias destinadas à manutenção da vida da pessoa humana, a saber, os bens usados para satisfazer a necessidade de manutenção da vida da pessoa humana, podem ser de origem vegetal, animal ou mineral.

Destarte, visando ampliar a possibilidade de realização do direito de todos ao acesso regular e permanente de referidas substâncias (os alimentos), assegurou nossa Lei Maior não só o direito de pesquisa como de manipulação do material genético (inciso II do § 1º do art. 225 da CF), tendo em vista a elaboração de alimentos produzidos com base em organismos que, mediante as técnicas da engenharia genética, sofreram alterações específicas no DNA[41 e 42].

No plano infraconstitucional, a matéria foi balizada pela Lei n. 13.123/2015 que, ao regulamentar o inciso II do § 1º e o § 4º do art. 225 da Constituição Federal, o art. 1º, a alínea *j* do art. 8º, a alínea *c* do art. 10, o art. 15 e os §§ 3º e 4º do art. 16 da Convenção sobre Diversidade Biológica (promulgada pelo Decreto n. 2.519, de 16-3-1998), entendeu por bem dispor sobre o acesso ao patrimônio genético, sobre a proteção e o acesso ao conhecimento tradicional associado e sobre a repartição de benefícios para conservação e uso sustentável da biodiversidade.

Referida lei, em obediência à natureza constitucional dos bens ambientais (art. 225 da CF), define patrimônio genético do País como bem de uso comum do povo encontrado em condições *in situ*, inclusive as espécies domesticadas e populações espontâneas, ou mantido em condições *ex situ*, desde que encontrado em condições *in situ* no território nacional, na plataforma continental.

Assim, a produção de alimentos com base em organismos que, mediante as técnicas da engenharia genética, sofreram alterações específicas no DNA também devem obedecer não só às especificidades da Lei n. 13.123/2015, como evidentemente e desde logo aos mesmos princípios do direito ambiental determinados pela Constituição Federal disciplinadores dos bens ambientais conforme aduzido anteriormente[43].

---

41. *Vide* de forma detalhada Celso Antonio Pacheco Fiorillo e Renata Marques Ferreira, *Tutela jurídica do patrimônio genético em face da sociedade da informação*, Rio de Janeiro, Lumen Juris, 2016.

42. "La publicación en septiembre de 2012 del estudio Long term toxicity a Roundup herbicide and a Rounduptolerant genetically modified maize por un grupo de investigadores dirigidos por Gilles-Eric Séralini1 originó una rapidíssima respuesta crítica por parte de la EFSA, reabriéndose el debate sobre los controles de seguridad de los alimentos genéticamente modificados. En efecto, la polémica que parecía haberse zanjado con el Reglamento CE n. 1829/2003 sobre alimentos y piensos modificados genéticamente, sigue pendiente. Diversos actores sociales exigen respuestas a sus respectivas autoridades fitosanitarias ante la posibilidad de verse afectados por la toxicidad denunciada por el equipo de Séralini" (Ricardo Ignacio Bachmann Fuentes, Normas De Seguridad Alimentaria de la Unión Europea: Presumiendo la Inocuidad de los Organismos Modificados Genéticamente, <http://www.actualidadjuridicaambiental.com>).

43. Para estudo detalhado e sistemático *vide* Celso Antonio Pacheco Fiorillo e Renata Marques Ferreira, *Segurança alimentar e desenvolvimento sustentável*: a tutela jurídica da alimentação e das empresas alimentares em face do direito ambiental brasileiro, Rio de Janeiro, Lumen Juris, 2019.

# Parte VI
# DIREITO AMBIENTAL TRIBUTÁRIO. A EMENDA CONSTITUCIONAL N. 132/2023 (REFORMA TRIBUTÁRIA) E A DEFESA DO MEIO AMBIENTE ESTABELECENDO A INTERPRETAÇÃO E APLICAÇÃO DAS NORMAS JURÍDICAS DO SISTEMA TRIBUTÁRIO NACIONAL[1]

## Capítulo I
### DIREITO CONSTITUCIONAL TRIBUTÁRIO COMO INSTRUMENTO VINCULADO À TUTELA DOS BENS AMBIENTAIS

A Constituição Federal de 1988, ao estabelecer as bases constitucionais do Sistema Tributário Nacional, fixou seus princípios gerais sem se olvidar dos fundamentos que constituem a estrutura normativa do Estado Democrático de Direito brasileiro no que diz respeito à atividade tributária desse Estado.

Dessarte, a relação Fisco-Contribuinte tem sua gênese não só nas regras ditadas pela economia capitalista ou, ainda, por uma superada visão fixada em parâmetros que interessam tão somente à abstração jurídica criadora do Estado ainda em moldes pretéritos, mas fundamentalmente na dignidade da pessoa humana como a razão de ser do sistema constitucional da República Federativa do Brasil.

Assim, os tributos de competência da União, Estados, Distrito Federal e dos Municípios têm sua hipótese de incidência tributária caracterizada a partir do novo desenho constitucional, desenho este que procura privilegiar, muito mais do que a relação Fisco-Contribuinte, o cidadão portador de direitos materiais fundamentais assecuratórios de sua dignidade.

---

1. *Vide*, de forma aprofundada, Celso Antonio Pacheco Fiorillo e Renata Marques Ferreira, *Direito ambiental tributário*, 4. ed., São Paulo, Saraiva, 2018.

Por outro lado, atenta à realidade brasileira e claramente preocupada em atingir os objetivos apontados no art. 3º, a Carta Maior não só assegura os direitos materiais antes indicados, como ainda a possibilidade concreta de viabilizar seu conteúdo através de meios instrumentais de acesso à Justiça, não só no plano individual mas, principalmente, no plano adaptado à realidade demográfica brasileira (os direitos metaindividuais).

Desta forma, faz-se necessário indicar tanto quanto possível, de forma didática, os princípios fundamentais garantidores dos direitos do cidadão/contribuinte na defesa de alguns de seus valores fundamentais (e entre esses valores aqueles que envolvem as relações jurídicas adaptadas ao chamado direito ambiental – este, de acordo com a doutrina mais especializada, condiz com os direitos relacionados à saúde e segurança do trabalhador, ao território vinculado às cidades, à fauna, à flora e aos recursos naturais, ao patrimônio cultural e ainda ao patrimônio genético garantidor da continuidade das espécies humanas), assim como o acesso coletivo e organizado à Justiça em proveito dos valores jurídicos fundamentais de brasileiros e estrangeiros residentes no País, neste início de século XXI.

Destarte foi exatamente com fundamento nas concepções que sempre defendemos, conforme matéria aduzida anteriormente e detalhadamente desenvolvidas na presente obra, que foi editada a Emenda Constitucional n. 123, de 2022, estabelecendo regime fiscal favorecido para os biocombustíveis. Trata-se de manter regime fiscal em proveito dos biocombustíveis destinados ao consumo final, na forma de lei complementar, a fim de assegurar-lhes tributação inferior à incidente sobre os combustíveis fósseis, capaz de garantir diferencial competitivo em relação a estes, especialmente em relação às contribuições de que tratam a alínea *b* do inciso I e o inciso IV do *caput* do art. 195 e o art. 239 e ao imposto a que se refere o inciso II do *caput* do art. 155 desta Constituição (art. 225, § 1º, VIII).

## Capítulo II

# SISTEMA CONSTITUCIONAL TRIBUTÁRIO E SEUS PRINCÍPIOS GERAIS: A DIGNIDADE DA PESSOA HUMANA COMO FUNDAMENTO DESTINADO A INTERPRETAR OS IMPOSTOS, AS TAXAS E A CONTRIBUIÇÃO DE MELHORIA

O entendimento do que venham a ser os princípios e de sua relevância no sistema de direito positivo tem sido tema dos mais analisados e debatidos pela doutrina brasileira[1].

O Ministro José Delgado ensina que o vocábulo *princípio* tem sua origem sediada no latim, *principium*, com a significação de começo, origem, ponto de partida. Prossegue afirmando que a ampliação do conceito compreende, ainda, causa primária de algo, elemento predominante de um corpo orgânico, ou preceito fundamental, regra essencial, base nuclear de qualquer entidade.

Geraldo Ataliba, com a clareza e lucidez de sempre, afirmava que os princípios eram as linhas mestras, as diretrizes magnas do sistema jurídico, apontando sempre os rumos a serem seguidos por toda a sociedade e obrigatoriamente pelos poderes constituídos[2].

Diva Malerbi, de forma sempre segura, assevera que:

"Os princípios constitucionais ostentam, em sua natureza jurídica, normatividade incontestável, sendo superiores a quaisquer outras normas, em razão do conteúdo (expresso ou implícito) neles cristalizados".

Continua a eminente Ministra do STJ:

"(...) por isso mesmo, desempenham uma função positiva consistente na afirmação do conteúdo de todas as regulações jurídicas, pois toda norma que o forma deve-se identificar com os princípios constitucionais haurindo a sua validade na coerência e compatibilidade com eles. E desempenham, ainda, função negativa, consistente na recusa de introdução no sistema jurídico de norma cujo conteúdo se contraponha aos princípios acolhidos constitucionalmente".

---

1. A tutela do processo na Constituição Federal de 1988 – Princípios essenciais, *RePro* n. 55.
2. *Vide Processo administrativo tributário, passim.*

Daí por que a importância e a relevância do tema na presente abordagem. Não se pode conceber a análise de qualquer sistema de direito, sem antes se compreender e se analisar com precisão os princípios que o norteiam.

Com a edição da Carta Constitucional de 1988 em oposição clara à Carta anterior, o que se podia entender pelo "espírito" do texto fundamental foi radicalmente alterado.

De simples confronto entre o texto de 1967, com redação dada pela Emenda n. 1 de 1969 e o texto de 1988 nota-se que a preocupação maior na Carta de 1967 (Emenda n. 1/69) como se denota da exegese dos dezessete primeiros artigos foi a de organizar o Estado, delimitar os bens pertencentes aos entes da Federação, distribuir entre estes suas competências, estabelecer desta forma sua autonomia.

Preocupação com os direitos e garantias individuais a Carta pretérita só demonstrou a partir dos arts. 153 e s., especificamente em 36 incisos compreendidos no artigo já citado.

Já de forma radicalmente oposta, a Carta de 1988 primou pela excelência dos direitos e garantias individuais, já neste texto alçados à condição de direitos e garantias *"fundamentais"*.

Imediatamente se denota do preâmbulo da Carta de 1988 as intenções e os interesses do novo Estado Democrático de Direito brasileiro, Carta promulgada pelos *representantes do povo brasileiro, reunidos em Assembleia Constituinte* no interesse maior de instituir um verdadeiro Estado Democrático de Direito, visando, como se lê no Texto Maior, a *assegurar o exercício dos direitos sociais e individuais, a liberdade, a segurança, o bem-estar, o desenvolvimento, a igualdade e a justiça como valores supremos de uma sociedade fraterna, pluralista e sem preconceitos fundada na harmonia social e comprometida, na ordem interna e internacional com a solução pacífica das controvérsias...* esta Carta sim fiel às realidades do povo brasileiro...

Assim é que em 1988, encontramos encartados, a partir do art. 5º, direitos e garantias fundamentais do cidadão brasileiro (artigo que diversamente da Carta anterior, conta com setenta e sete incisos e dois parágrafos).

Trouxe ainda, a nova Carta, entre seus princípios fundamentais, e, como fundamento do Estado Democrático de Direito brasileiro (art. 1º), a soberania, a cidadania, a *dignidade da pessoa humana*, os valores sociais do trabalho e da livre-iniciativa e o pluralismo político.

Estes quatro primeiros artigos destacados por si só demonstram os contornos do Estado Democrático de Direito brasileiro a partir de 1988 e desta forma faz-se imperioso, curial, que qualquer análise sobre qualquer tema do direito positivo que se queira realizar após 88 passe por trilha iluminada pelos princípios fundamentais amparados e consagrados nestes quatro primeiros artigos da Constituição em vigor.

Só se chegará a uma correta análise dos direitos e garantias individuais e coletivos trazidos pela Carta Maior, à luz dos princípios fundamentais por ela amparados, indicados e explicitados.

Desta feita, o Sistema Tributário Brasileiro deve necessariamente se guiar e se conformar com estas novas diretrizes, buscando na medida do possível adaptar seus conceitos calcados na superada carta de 1967 (com as alterações da Emenda n. 1/69) a este novo delineamento do Estado Democrático brasileiro, sob pena de flagrante vício de inconstitucionalidade.

Os quatro primeiros artigos da Carta de 1988 se aplicam de forma indistinta e indiscutível também ao Sistema Tributário Nacional, não podendo de forma alguma deixar ao largo e ignorar solenemente que, a partir de 1988, decidiu soberanamente o Poder Constituinte Originário por criar um novo Estado brasileiro que em nada se confunde com o Estado superado de 1967 e mais que as linhas que dirigem o Sistema Tributário estão todas "plasmadas", para usarmos a feliz expressão de Geraldo Ataliba, na Carta Constitucional.

Neste sentido, ao prefaciar a magistral obra de Aliomar Baleeiro[3], intitulada *Limitações Constitucionais ao Poder de Tributar*, já exortava Geraldo Ataliba, sempre de forma pioneira, que *"não se conhece – e, consequentemente, não se aplica corretamente – o sistema tributário brasileiro, sem amplo, maduro e profundo domínio dos princípios e regras constitucionais, abundantes e minuciosos, no que respeita à disciplina do exercício da tributação. Pois a parte básica, essencial, nodular desse imprescindível regime está nas chamadas 'limitações constitucionais ao poder de tributar',* hoje designação formal da seção II do capítulo do 'Sistema Tributário Nacional', do texto constitucional"[4].

Aliomar Baleeiro, acertadamente, assevera que "o sistema tributário movimenta-se sob complexa aparelhagem de freios e amortecedores, que limitam os excessos acaso detrimentos à economia e à preservação do regime e dos direitos individuais" e, que "a defesa do sistema tributário e do próprio regime político do país processa-se por um conjunto de limitações ao poder ativo de tributar".

Com efeito, verificamos que a partir da promulgação da Carta de 1988 não se pode, de forma alguma, analisar a relação Fisco-Contribuinte ignorando-se que o valor maior da dignidade da pessoa humana foi alçado como fundamento da República Federativa do Brasil assumindo nítida feição no sentido de situar a arrecadação de quantia em dinheiro advinda da atividade tributária como um todo, *em proveito da pessoa humana a fim de que o Estado possa cumprir sua função social assegurada pelo art. 6º do Texto Maior, o chamado Piso Vital Mínimo.*

Aliás, em obra antes referida já afirmamos que *"todas as normas constitucionais devem estar direcionadas às pessoas humanas, guardados evidentemente os limites constitucionais impostos por outros preceitos, e não a critérios outros (...)"* (grifos nossos).

Desta forma, a partir da edição da Carta de 1988, assegurou-se às pessoas humanas uma *"prerrogativa constitucional básica, a saber, o direito à dignidade"*[5].

---

3. *Limitações constitucionais ao poder de tributar*, 2000.
4. *Limitações constitucionais ao poder de tributar*, 2000.
5. Celso Antonio Pacheco Fiorillo, *O direito de antena em face do direito ambiental no Brasil*, p. 14.

No que se refere especificamente ao direito tributário, observamos que o Poder Público no exercício do direito impositivo – que consiste em tirar do particular, compulsoriamente, parcela de seu patrimônio, representada pelo tributo previsto em lei[6], para fazer face às chamadas *despesas públicas* – acaba interferindo diretamente em direitos fundamentais dos cidadãos, como a liberdade, a propriedade...

Observamos ainda que a atividade de tributar, em Estados que se pretendam democráticos, está diretamente vinculada à forma pela qual estes Estados se empenham no sentido de arrecadar quantia em dinheiro compulsoriamente de seus administrados, a fim de realizar o que a doutrina clássica convencionou chamar de *interesse público*.

Esta linha de pensamento justifica que a arrecadação de quantia em dinheiro por parte do Estado haverá que se dar necessariamente, tendo em vista o chamado *interesse público*, sendo certo e correto afirmarmos que o Estado, nesse sentido, não tributa nem poderá fazê-lo licitamente apenas e tão somente para enriquecer.

Em nosso entender, a tributação tendo por fim último o chamado *interesse público* era a realidade do Estado brasileiro até 1988 quando vigorava e direcionava as atividades de nosso Estado a Carta de 1967 com as alterações experimentadas pela Emenda n. 1, de 1969[7].

No novo Estado brasileiro a preocupação é com a pessoa humana!

O Estado serve literalmente para ser um fornecedor de serviços públicos a fim de realizar o que a Carta de 1988 convencionou chamar de *dignidade da pessoa humana*; em outras palavras a atividade de tributar nesse Estado brasileiro deve ter por fim último o atingimento e a satisfação dos direitos sociais elencados no art. 6º do Texto Maior, a bem do interesse de toda a coletividade de brasileiros e estrangeiros residentes no país, assegurando-se de forma serena o atingimento da dignidade da pessoa humana.

A arrecadação de quantia em dinheiro por parte dos entes dotados de competência tributária na forma do texto constitucional para "angariar" recursos financeiros para o Estado, certamente é uma imposição do direito tributário tradicional, mas não se pode, de forma alguma, ignorar que ao lado desse objetivo a ser alcançado pelo direito tributário a Carta de 1988 houve por determinar que o atingimento da dignidade da pessoa humana constitui objetivo fundamental desse novo Estado! A tributação não pode de forma alguma servir para atropelar este desiderato constitucional.

---

6. Aduz o Código Tributário Nacional em seu art. 3º que *"Tributo é toda prestação pecuniária compulsória, em moeda ou cujo valor nela se possa exprimir, que não constitua sanção de ato ilícito, instituída por lei e cobrada mediante atividade administrativa plenamente vinculada"*.

7. Não estamos aqui nos descurando do fato de que a atividade de tributar é sem sombra de dúvidas instrumento de arrecadação premente no sentido de viabilização das chamadas despesas públicas, de acordo inclusive com os dispositivos constitucionais que indicam e antes apontam para esta possibilidade, o que afirmamos e estamos plenamente convencidos, e isto de acordo com o disposto no próprio texto constitucional é que a partir de 1988 o fim último da tributação há que ser sempre em razão da pessoa humana. O fim último, ressalte-se, não negligenciamos o fato de que a técnica a ser utilizada pelo Estado para o atingimento deste fim pode sem sombra de dúvida ser chamada de tributação fiscal ou extrafiscal, apenas julgamos que de acordo com a premissa antes indicada, frente ao Estado Brasileiro de 1988, esta distinção se faz desnecessária.

O meio desta forma será a arrecadação compulsória por parte do Estado, mas o fim último, que deverá ser observado também pelo moderno direito tributário, há que ser o atingimento da dignidade da pessoa humana, até por uma questão de sobrevivência da própria economia capitalista – opção do Estado brasileiro, de acordo com o texto constitucional.

O Estado brasileiro não apenas admite, mas, antes, direciona toda a atividade tributária no país a bem da coletividade de pessoas, o fim último da tributação no Brasil, frise-se novamente, há que ser sempre a bem da pessoa humana, e este é o direcionamento traduzido pela Constituição Federal[8].

Da forma como se apresenta a atividade tributária hoje no Brasil notamos, de forma evidente, que os interesses do Estado (e indiretamente de quem o governa em dado momento histórico) acabam sempre atropelando o desiderato constitucional, a carga tributária vem sofrendo reiterados aumentos e sempre a bem dos interesses deste Estado, ignorando-se de forma compulsória as diretrizes constitucionais, fazendo com que a Carta de 1988 se transforme em mero periódico[9].

Não se pode admitir de forma alguma tal confusão. O contribuinte não pode ser penalizado pela má gerência da chamada "coisa pública", pagando através de sua atividade produtiva, por exemplo, empréstimos realizados pelo Governo Federal sem a concordância ou mesmo sem a consulta destes contribuintes, que acabam por assim dizer, pagando a conta; como já vaticinava o grande mestre Alfredo Becker, nos idos de 1999, aos contribuintes só restará a tanga e, além desta, apenas a fé e a esperança na mudança desse estado de coisas simultaneamente com a mudança dos Ministros da Fazenda e do Planejamento[10].

O Estado Democrático de Direito brasileiro a partir de 1988 traduziu regras claras sobre a forma através da qual se deve processar a atividade tributária no Brasil, sendo

---

8. Desta forma e dentro do posicionamento antes indicado entendemos que a distinção entre os tributos cobrados com fundamento no "poder de tributar" e tributos cobrados ao amparo do "poder de polícia" do Estado que a nós chegou por influência de financistas e constitucionalistas norte-americanos que fundamentam a distinção entre as técnicas de tributação com fins eminentemente fiscais e extrafiscais, é distinção doutrinária que se revela em nosso entendimento desnecessária, tendo em vista o fato já diversas vezes ressaltado de que o fim último da tributação há que ser em proveito da pessoa humana, mormente diante dos chamados tributos ambientais.

9. Lembre-se, por exemplo, da antiga CPMF, contribuição criada inicialmente para a saúde, a qual acabou ferindo todas as disposições e diretrizes constitucionais atinentes inclusive à sua espécie tributária, feriu por exemplo o princípio maior das contribuições parafiscais, qual seja, o da importância da destinação final do produto de sua arrecadação, de provisória passou a permanente etc., enfim verdadeira afronta ao texto maior.

Misabel Derzi, ao atualizar Aliomar Baleeiro, na obra *Limitações Constitucionais ao Poder de Tributar*, p. 598, explica sobre os tributos finalisticamente afetados: "A Constituição de 1988, pela primeira vez, cria tributos finalisticamente afetados que são as contribuições e os empréstimos compulsórios, dando à destinação que lhes é própria relevância não apenas do ponto de vista do direito financeiro ou administrativo, mas igualmente do direito tributário". E continua "a destinação passou a fundamentar o exercício da competência da União. Sem afetar o tributo às despesas expressamente previstas na Constituição, falece competência à União para criar as contribuições".

10. Alfredo Augusto Becker, *Carnaval tributário*, p. 15.

que de forma inovadora, como já afirmado, o Sistema Tributário Nacional se encontra todo delineado na Constituição, ou seja, as regras, as diretrizes, as balizas estão todas lá.

No que se refere ao chamado direito ambiental tributário, verificamos que a atividade pública de tributar, nos entes que compõem a Federação no Brasil, revela balizas rígidas e diversas limitações, representadas pela necessária observância dos princípios constitucionais tributários tais como: isonomia, capacidade contributiva, legalidade ou estrita legalidade, irretroatividade, anterioridade, proibição de confisco etc.

Em verdade estes princípios, de acordo com doutrina inaugurada por Aliomar Baleeiro e alçada a texto constitucional, se apresentam, em matéria de direito tributário, como verdadeiras amarras a limitar a atividade estatal dentro dos parâmetros por eles traçados, são as denominadas limitações constitucionais ao poder de tributar, que compõem o chamado Estatuto do Contribuinte[11].

Daí os novos horizontes jurídicos destinados à defesa da tutela da vida da pessoa humana no Brasil: observar o sistema constitucional tributário em proveito da dignidade da pessoa humana, matéria que tratamos de forma pormenorizada em nosso livro *Direito ambiental tributário*[12, 13 e 14].

---

11. Por Estatuto do Contribuinte entendemos o conjunto de garantias, em matéria tributária, traduzidas pelos direitos fundamentais do cidadão-contribuinte expressas no texto constitucional e que limitam a atividade do Poder Público. Roque Antonio Carrazza (cit., p. 383) sempre de forma didática, nos elucida que o "Estatuto do Contribuinte" *exige que a tributação, livre de qualquer arbitrariedade, realize a ideia de Estado de Direito... quanto mais gravosa a intervenção tributária, tanto mais cuidadosa deverá ser protegida a esfera de interesses dos indivíduos"*.

12. "Ementa: DIREITO CONSTITUCIONAL E TRIBUTÁRIO. AÇÃO DIRETA DE INCONSTITUCIONALIDADE. COMPETÊNCIA COMUM DE FISCALIZAÇÃO AMBIENTAL. TAXA DE POLÍCIA. DESPROPORCIONALIDADE DA BASE DE CÁLCULO. 1. A questão central nesta ação direta está em saber (i) se lei estadual pode instituir tributo na modalidade taxa com fundamento no poder de polícia exercido sobre a atividade de geração, transmissão e ou distribuição de energia no território do respectivo Estado; e, em sendo positiva a resposta, (ii) se o tributo estabelecido pela Lei n. 7.184/2015 do Estado do Rio de Janeiro extrapolou, de alguma forma, essa competência tributária. 2. A competência político-administrativa comum para a proteção do meio ambiente legitima a criação de tributo na modalidade taxa para remunerar a atividade de fiscalização dos Estados. 3. É legítima a inserção da energia elétrica gerada como elemento de quantificação da obrigação tributária. Razoável concluir que quanto maior a energia elétrica gerada por aquele que explora recursos energéticos, maior pode ser o impacto social e ambiental do empreendimento, e, portanto, maior também deve ser o grau de controle e fiscalização do Poder Público. 4. No entanto, os valores de grandeza fixados pela lei estadual (1 megawatt-hora) em conjunto com o critério da energia elétrica gerada fazem com que o tributo exceda desproporcionalmente o custo da atividade estatal de fiscalização, violando o princípio da capacidade contributiva, na dimensão do custo/benefício, que deve ser aplicado às taxas. 5. Ação direta de inconstitucionalidade julgada procedente. Fixação da seguinte tese: Viola o princípio da capacidade contributiva, na dimensão do custo/benefício, a instituição de taxa de polícia ambiental que exceda flagrante e desproporcionalmente os custos da atividade estatal de fiscalização" (ADI 5489, Tribunal Pleno, Rel. Min. Roberto Barroso, j. 24-2-2021, public. 12-3-2021).

13. *Vide* Celso Antonio Pacheco Fiorillo e Renata Marques Ferreira, *Direito ambiental tributário*, 4. ed., São Paulo, Saraiva, 2018.

14. "Dispositivo por meio do qual o Ministério do **Meio Ambiente**, sem lei que o autorizasse, instituiu taxa para inspeção de importações e exportações de produtos da indústria pesqueira, a ser cobrada pelo Instituto Brasileiro do **Meio Ambiente** e dos Recursos Naturais Renováveis – Ibama, com ofensa ao princípio da legalidade estrita, que disciplina o direito tributário" (ADI 2.247-MC, Rel. Min. Ilmar Galvão, j. 13-9-2000, Plenário, *DJ*, 10-11-2000.) *No mesmo sentido:* ADI 1.982-MC, Rel. Min. Maurício Corrêa, j. 15-4-1999, Plenário, *DJ*, 11-6-1999.

# Capítulo III

## A REFORMA TRIBUTÁRIA, A DEFESA DO MEIO AMBIENTE COMO UM DOS PRINCÍPIOS GERAIS DO SISTEMA TRIBUTÁRIO NACIONAL E OS IMPOSTOS DO PECADO

A chamada reforma tributária, aprovada em sua primeira fase em nosso País[1, 2 e 3], de característica objetivamente arrecadatória, pela evidente amplificação do poder de

---

1. "Depois de 30 anos de discussão, a Câmara dos Deputados deu um passo histórico e aprovou, na tarde desta sexta-feira (7), a primeira fase da reforma tributária, que reformula a tributação sobre o consumo. O texto segue para o Senado, onde precisa ser aprovado em dois turnos por, pelo menos, três quintos dos parlamentares (49 senadores) para ser promulgado". A referida matéria da Agência Brasil, agência de notícias pública gerida pela Empresa Brasil de Comunicação – EBC (empresa pública federal que possui um conglomerado de mídia no Brasil, tendo sido criada em 2007 para prestar serviços de radiodifusão pública e gerir as emissoras de rádio e televisão públicas federais) aborda, pela oportunidade de indicar as mudanças da reforma tributária, a criação de imposto seletivo, a saber: **"Sobretaxa sobre produção, comercialização ou importação de bens e serviços prejudiciais à saúde ou ao meio ambiente"** que **"Incidirá sobre cigarros e bebidas alcoólicas, com possibilidade de ser estendido para alimentos e bebidas ricos em açúcar"** (grifos nossos), destacando que, "Originalmente, substituiria o IPI, mas **será um imposto à parte**" (grifos nossos) (Wellton Máximo, Entenda a reforma tributária aprovada pela Câmara. *Agência Brasil*, 8-7-2023. Disponível em: https://agenciabrasil.ebc.com.br/economia/noticia/2023-07/entenda-reforma-tributaria-aprovada-pela-camara#:~:text=A%20principal%20mudan%C3%A7a%20ser%C3%A1%20a,sobre%20Produtos%20Industrializados%20(IPI). Acesso em: 8 jul. 2023).

2. "... apesar do cinematográfico aumento dos dispositivos constitucionais, não se tem nenhum projeto de lei complementar ou de legislação originária para saber como, nos detalhes, funcionará a nova estrutura tributária e muito menos as projeções financeiras de quem ganha, de quem perde e da alíquota básica. Por essa razão, em recente Congresso Tributário do Instituto Geraldo Ataliba, a esmagadora maioria dos conferencistas, todos de renome nacional e internacional, condenou o açodamento da aprovação da reforma sem os referidos textos, sobre colocar em dúvida que o sistema proposto seria mais simples, mas tendo a certeza de que agropecuária, comércio e serviços serão pesadamente tributados para beneficiarem-se, com redução, a indústria e, indiretamente, o sistema financeiro" (Ives Gandra da Silva Martins, Reflexões sobre a Reforma Tributária. *Folha de S.Paulo*, 21-8-2023. Disponível em: https://www1.folha.uol.com.br/opiniao/2023/08/reflexoes-sobre-a-reforma-tributaria.shtml. Acesso em: 22 ago. 2023).

3. Na Espanha, em face do "cumplimiento a la Resolución de 12 de abril de 2021, de la Secretaría de Estado de Hacienda", foi criado o "Comité de personas expertas para elaborar el Libro Blanco sobre la reforma tributaria", tendo como presidente o professor catedrático Jesús Ruiz-Huerta Carbonell e com a participação dos professores Francisco Adame Martínez, Guillem López Casasnovas, Antonia Agulló Agüero, Julio López Laborda, Olga Cantó Sánchez, David López Rodríguez, Laura de Pablos Escobar,

tributar em todos os níveis[4 e 5], **estabeleceu um novo IMPOSTO SELETIVO em nosso sistema constitucional**[6 e 7], fundamentado em concepção já existente em muitos

---

Saturnina Moreno González, Santiago Díaz de Sarralde Miguez, Violeta Ruiz Almendral, Xavier Labandeira Villot, María Teresa Soler Roch, Santiago Lago Peñas e Marta Villar Ezcurra. Conforme estabelecido por referida resolução, "la futura reforma tributaria debe adecuarse a la realidad económica del siglo XXI, y garantizar un sistema tributario 'más equitativo, progresivo, justo **y que incorpore la fiscalidad medioambiental, digital y la perspectiva de género'**. Se trata, con ello, de 'sentar las bases para una reforma tributaria estructural a medio y largo plazo que modernice y aumente la eficiencia del sistema tributario de nuestro país'. En suma, el objetivo de este Libro Blanco es servir de fundamento para una reforma del sistema tributario que garantice la sostenibilidad de las finanzas públicas, de manera que pueda responder a la financiación de los gastos públicos, contribuyendo a reducir el déficit estructural y al mantenimiento del Estado de Bienestar" (grifos nossos). Destarte, muito ao contrário do que ocorreu/ ocorre em nosso País, cuida-se de estabelecer uma reforma tributária muito bem estruturada, fundamentada em real plano de trabalho com objetivos bem definidos. **O mencionado Livro Branco indica inclusive um Capítulo a respeito de FISCALIDAD MEDIOAMBIENTAL (Capítulo II),** detalhado em face do que segue: 1. INTRODUCCIÓN; 2. FUNDAMENTOS Y ASPECTOS GENERALES DE LA TRIBUTACIÓN MEDIOAMBIENTAL; 3. LA TRIBUTACIÓN MEDIOAMBIENTAL EN ESPAÑA: DIAGNÓSTICO Y PROPUESTAS RECIENTES; 4. PRINCIPIOS Y GUÍAS DE LAS PROPUESTAS DEL COMITÉ – 4.1. Racionalidad medioambiental – 4.2. Coordinación y complementariedad con el contexto regulatorio medioambiental – 4.3. Efectividad – 4.4. Áreas prioritarias de actuación – 4.5. Diseño y reforma fiscal – 4.6. Paquetes compensatórios – 4.7. Evaluación; 5. PROPUESTAS PARA LA REFORMA DE LA FISCALIDAD MEDIOAMBIENTAL EN ESPAÑA – 5.1. Electrificación sostenible – 5.2. Movilidad compatible con la transición ecológica – 5.3. Aumento de la circularidad – 5.4. Incorporación de costes medioambientales asociados al uso del agua e 6. PRINCIPALES MENSAJES Y CONCLUSIONES. *Vide* Comité de personas expertas, *Libro Blanco sobre la Reforma Tributaria*, Instituto de Estudios Fiscales, Ministerio de Hacienda y Función Pública, Madrid, 2022.

4. **"A partir da Constituição Federal de 1988, a estrutura tributária brasileira foi moldada para atender às necessidades de arrecadação, considerando diferentes bases de incidência tributária – renda, salários, patrimônio e consumo. Quase metade da receita tributária é gerada pelo sistema de tributos sobre o consumo".** Destarte, "no Brasil, como demonstrado na seção anterior, os tributos **sobre o consumo de bens e serviços são a parte mais expressiva da arrecadação do sistema tributário.** Esses tributos incidem sobre o consumo e são cobrados em diferentes etapas da cadeia produtiva. Na perspectiva social, cabe analisar o impacto desses tributos na distribuição de renda e no bem-estar da população. A questão principal é: quão regressivos eles são? Para Slemrod e Bakija (SLEMROD, J.; BAKIJA, J. Taxing ourselves: a citizen's guide to the debate over taxes. [s.l.]: MIT Press, 2017), **tributos são regressivos se a carga tributária, sua taxa efetiva, é maior para os contribuintes de menor renda. Isso significa que os contribuintes de menor renda estão sujeitos a uma proporção maior de sua renda em impostos do que os contribuintes de maior renda".** *Vide* João Maria Oliveira, Propostas de reforma tributária e seus impactos: uma avaliação comparativa, *Carta de Conjuntura*, Instituto de Pesquisa Econômica Aplicada (Ipea), n. 60, Nota 1, 3º trimestre de 2023. Disponível em: https://www.ipea.gov.br/cartadeconjuntura/wp-content/uploads/2023/07/230706_cc_60_nota_01_reforma_tributaria.pdf. Acesso em: 23 dez. 2023.

Com relação aos impostos sobre consumo, temos que "o Sistema Tributário Nacional brasileiro evidencia-se um sistema regressivo. A regressividade se dá, mormente, pela opção de um modelo de tributação que se concentra precipuamente sobre o consumo, através do que se possibilita a translação do encargo econômico-financeiro da tributação aos consumidores finais dos produtos e serviços consumidos dos verdadeiros contribuintes. Nesse sentido, a tributação indireta acaba por onerar, em muitos casos, pessoas que não detêm capacidade econômica para sofrer a incidência tributária, o que vai de encontro ao princípio da capacidade contributiva que norteia o Sistema Tributário brasileiro, acarretando, de um lado, no aumento da concentração de renda, de outro, na acentuação das desigualdades sociais, e, portanto, em grave injustiça fiscal. O modelo vigente, nesse sentido, difere-se do adotado em outros países desenvolvidos, em que a maior parcela da arrecadação decorre da tributação direta, com acentuada incidência em bases econômicas como o patrimônio e a renda, em relação às quais é amplamente verificada a realização da capacidade contributiva e, por conseguinte, da isonomia tributária em sua feição material" (Gustavo Buzatto e Miquerlam Chaves Cavalcante, Reforma Tributária e Regressividade: a Tributação sobre o Consumo e a Busca por Justiça Fiscal. *Revista Direito Tributário Atual*, n. 52, 2002. Disponível em: https://revista.ibdt.org.br/index.php/RDTA/article/view/2136. Acesso em: 23 dez. 2023).

**O art. 145, § 4º, da Reforma Tributária (EMENDA CONSTITUCIONAL N. 132, DE 20 DE DEZEMBRO DE 2023, publicado no *DOU* de 21-12-2023, que alterou o Sistema Tributário Nacional) passou a estabelecer que "As alterações na legislação tributária buscarão atenuar efeitos regressivos", ou seja, atenuar e não eliminar referidos efeitos...**

5. "Em um ranking com os 30 países do mundo que têm a maior **carga tributária**, o **Brasil** aparece em último lugar com o **pior retorno dos valores arrecadados para serviços de qualidade** que venham a gerar bem-estar à população. É o que mostra um levantamento feito pelo Instituto Brasileiro de Planejamento Tributário (IBPT), que considera a carga tributária de cada país (arrecadação em relação ao PIB), obtida junto aos dados mais recentes da **Organização para Cooperação e Desenvolvimento Econômico (OCDE)**, e o **Índice de Desenvolvimento Humano (IDH)**, que mede o grau de desenvolvimento em relação a educação, saúde e renda em determinada região. A partir destes dados, o instituto desenvolveu um índice chamado **IRBES (Índice de Retorno de Bem-Estar à Sociedade)**. 'O IRBES é a somatória do valor numérico relativo à carga tributária do país, com uma ponderação de 15%, com o valor do IDH, que recebeu uma ponderação de 85%, por entendermos que o IDH elevado é muito mais representativo e significante que o percentual da carga tributária. Quanto maior o valor do índice, melhor é o retorno da arrecadação dos tributos para a população', explica o IBPT. De acordo com o estudo, o **Brasil possui o IRBES de 139,19**, enquanto que o país que aparece como primeiro colocado, a Irlanda, tem o índice de 169,43" (Fabiana Ortega, Brasil tem o pior retorno de impostos à sociedade, segundo estudo; veja ranking. *InvestNews*, 2-4-2021. Disponível em: https://investnews.com.br/economia/brasil-tem-o-pior-retorno-de-impostos-a-sociedade-segundo-estudo-veja-ranking/. Acesso em: 13 jan. 2024).

6. CONSTITUIÇÃO DA REPÚBLICA FEDERATIVA DO BRASIL DE 1988 – SEÇÃO III – DOS IMPOSTOS DA UNIÃO **(antes da reforma tributária EMENDA CONSTITUCIONAL N. 132, DE 20 DE DEZEMBRO DE 2023 (Publicado no *DOU* de 21-12-2023, que alterou o Sistema Tributário Nacional).**

"Art. 153. Compete à União instituir impostos sobre:

I – importação de produtos estrangeiros;

II – exportação, para o exterior, de produtos nacionais ou nacionalizados;

III – renda e proventos de qualquer natureza;

IV – produtos industrializados;

V – operações de crédito, câmbio e seguro, ou relativas a títulos ou valores mobiliários;

VI – propriedade territorial rural;

VII – grandes fortunas, nos termos de lei complementar".

**PARECER DE PLENÁRIO PELA COMISSÃO ESPECIAL DESTINADA A PROFERIR PARECER À PROPOSTA DE EMENDA À CONSTITUIÇÃO N. 45-A, DE 2019. PROPOSTA DE EMENDA À CONSTITUIÇÃO N. 45-A, DE 2019. Autor: Deputado Baleia Rossi e outros. Relator: Deputado Aguinaldo Ribeiro. PARECER REFORMULADO DE PLENÁRIO À PROPOSTA DE EMENDA À CONSTITUIÇÃO N. 45-A, DE 2019.**

SEÇÃO III

DOS IMPOSTOS DA UNIÃO

"**Art. 153.** ....................................................................................................................................

....................................................................................................................................................

**VIII – produção, comercialização ou importação de bens e serviços prejudiciais à saúde ou ao meio ambiente, nos termos da lei.**

§ 1º É facultado ao Poder Executivo, atendidas as condições e os limites estabelecidos em lei, alterar as alíquotas dos impostos enumerados nos incisos I, II, IV, V e **VIII.**

....................................................................................................................................................

países do mundo[8 e 9] que adotam referido imposto para controlar o consumo de bens e serviços **com consequências prejudiciais à saúde e ao meio ambiente**[10 e 11] **(impostos**

_____

§ 3º .....................................................................................................................................

.........................................................................................................................................

V – não incidirá sobre produtos tributados pelo imposto previsto no inciso VIII.

.........................................................................................................................................

§ 6º O imposto previsto no inciso VIII:

I – não incidirá sobre as exportações;

II – integrará a base de cálculo dos tributos previstos nos arts. 155, II, 156, III, 156-A e 195, V; e

III – poderá ter o mesmo fato gerador e base de cálculo de outros tributos." (NR)

7. "Imposto seletivo. Embora muitos detalhes dependam de lei complementar, e os tributos novos comecem a ser cobrados em 2026, **já a partir da promulgação da futura emenda constitucional o Executivo federal poderá encaminhar medida provisória criando o imposto seletivo**. Esse imposto irá 'conviver' com o IPI até 2033, quando este último será extinto. Entretanto, o seletivo não incidirá sobre produtos tributados pelo IPI, **devendo ser cobrado pela produção, comercialização ou importação de bens e serviços prejudiciais à saúde ou ao meio ambiente, nos termos definidos pela MP**, podendo ainda ser cobrado no mesmo ano de sua criação ou ter as alíquotas mudadas por decreto dentro do mesmo exercício" (grifos nossos). _Vide_ Eduardo Piovesan e Carol Siqueira, Câmara aprova reforma tributária em dois turnos; texto vai ao Senado. _Agência Câmara de Notícias_, 7-7-2023. Disponível em: https://www.camara.leg.br/noticias/978334-camara-aprova-reforma-tributaria-em-dois-turnos-texto-vai-ao-senado/. Acesso em: 8 jul. 2023).

8. "La implementación de impuestos al pecado, también conocidos como 'impuestos al vicio', se ha convertido en un fenómeno generalizado en todo el mundo. Los gobiernos de todo el mundo han reconocido los beneficios potenciales de imponer impuestos adicionales a productos que se consideran dañinos o indulgentes" (Impuesto al pecado Revelando el impuesto al pecado Los costos ocultos de la indulgencia. _FasterCapital_, 14-6-2024. Disponível em: https://fastercapital.com/es/contenido/Impuesto-al-pecado--Revelando-el-impuesto-al-pecado--Los-costos-ocultos-de-la-indulgencia.html. Acesso em: 26 dez. 2023).

9. "Today, all 50 states and the federal government impose some sort of tax on cigarettes and alcoholic beverages. State lawmakers often see sin tax increases as easier, politically, than raising state income, property or sales taxes, and in recent years have relied on them extensively to patch budgets. Since 2000, states collectively enacted 125 cigarette tax increases and another 31 on alcohol. The same period saw only 21 increases to state sales taxes, for instance.One reason sin taxes may be more palatable than other taxes is because they fall only on those who use the product or partake in the activity – and many disapprove of the items and activities in question anyway. Also, sin taxes generally are built into the retail price of the product or activity, and consumers are not always aware they're paying them. Generally, these taxes don't produce a significant share of state revenues, although some states rely on them much more than others. Governing magazine recently listed Rhode Island as the state most dependent on sin taxes, which contribute 15.9 percent of that state's total tax revenue (Exhibit 2). Texas' share was 4.6 percent, slightly above the national average of 3.8 percent in 2014. (Note that these percentages include lottery proceeds.)" (Lisa Minton, How Texas Taxes 'Sin'. _Comptroller.texas.gov_, nov. 2015. Disponível em: https://comptroller.texas.gov/economy/fiscal-notes/archive/2015/november/sintax.php#:~:text=Texas%20collects%20most%20of%20its,as%20activities%20related%20to%20gambling. Acesso em: 28 dez. 2023).

10. "A Câmara dos Deputados concluiu a votação dos destaques da reforma tributária. A Proposta de Emenda à Constituição (PEC) 45/19 simplifica a tributação sobre o consumo. Os deputados rejeitaram três dos quatro destaques do Partido Liberal (PL) que suprimiam pontos do texto aprovado na madrugada de hoje (7). O partido se posicionou contra a aprovação da Reforma. O texto agora segue para o Senado. A sessão foi realizada de forma semipresencial e o primeiro destaque rejeitado retirava do texto da reforma a previsão de que **o imposto seletivo** iria compor a base de cálculo do ICMS e do ISS, enquanto vigentes, e do IBS e CBS sobre produtos que prejudicam a saúde e o meio ambiente. O destaque foi rejeitado por 336 votos, contra 132. **O relator da PEC, Aguinaldo Ribeiro (PP-PB) explicou que a ideia de um**

**sobre produção, extração, comercialização ou importação de bens e serviços prejudiciais à saúde ou ao meio ambiente**[12]**) e apontada desde 2005 em nosso País**

---

imposto seletivo para esse tipo de produtos é adotada por quase todos os países. 'Não vai ter efeito cascata. Vai ter impacto no preço daqueles produtos que fazem mal a saúde, basicamente a gente tem o tabaco e o álcool'. A deputada Jandira Feghali (PCdoB-RJ) também defendeu a rejeição do destaque: 'álcool e tabaco são prejudiciais à saúde e precisam ser mais tributados porque isso dá mais impacto no SUS [Sistema Único de Saúde]. Para que a gente possa ter um olhar diferenciado sobre determinados seguimentos e produtos'" (Luciano Nascimento, Câmara conclui votação da reforma tributária. *Agência Brasil*, 7-7-2023. Disponível em: https://agenciabrasil.ebc.com.br/politica/noticia/2023-07/camara-conclui-votacao-da-reforma-tributaria. Acesso em: 8 jul. 2023).

11. " L'Imposta Selettiva, conosciuta anche come 'Tassa sul Peccato', sarà un tipo di sovrattassa che si applicherà alla produzione, vendita o importazione di beni e servizi dannosi per la salute o l'ambiente. Questi prodotti includono, ad esempio, sigarette e bevande alcoliche" (*Riforma fiscale brasiliana approvata al Senato*: vedi la proposta di modificare le tasse in 5 punti. Câmara de Comércio Italiana de São Paulo, 8-11-2023. Disponível em: https://italcam.com.br/noticias/riforma-fiscale-brasiliana-approvata-al-senato-vedi-la-proposta-di-modificare-le-tasse-in-5-punti/#:~:text=L'Imposta%20Selettiva%2C%20conosciuta%20anche,esempio%2C%20sigarette%20e%20bevande%20alcoliche. Acesso em: 18 dez. 2023).

12. "Art. 1º A Constituição Federal passa a vigorar com as seguintes alterações:

'Art. 43. ......................................................................................................................................

...................................................................................................................................................

§ 4º Sempre que possível, a concessão dos incentivos regionais a que se refere o § 2º, III, considerará critérios de **preservação do meio ambiente**' (grifos nossos).

'Art. 145. ....................................................................................................................................

...................................................................................................................................................

§ 3º **O Sistema Tributário Nacional deve observar os princípios** da simplicidade, da transparência, da justiça tributária e do equilíbrio e da **defesa do meio ambiente**' (grifos nossos).

'Art. 159-A. Fica instituído o Fundo Nacional de Desenvolvimento Regional com o objetivo de reduzir as desigualdades regionais e sociais, nos termos do art. 3º, III, mediante a entrega de recursos da União aos Estados e ao Distrito Federal para:

...................................................................................................................................................

§ 2º Na aplicação dos recursos de que trata o *caput*, os Estados e o Distrito Federal priorizarão projetos que prevejam ações de preservação do meio ambiente'".

"Art. 153. ....................................................................................................................................

VIII – produção, comercialização ou importação de bens e serviços prejudiciais à saúde ou ao meio ambiente, nos termos da lei.

§ 1º É facultado ao Poder Executivo, atendidas as condições e os limites estabelecidos em lei, alterar as alíquotas dos impostos enumerados nos incisos I, II, IV, V e VIII.

...................................................................................................................................................

§ 3º ..............................................................................................................................................

V – não incidirá sobre produtos tributados pelo imposto previsto no inciso VIII.

...................................................................................................................................................

§ 6º O imposto previsto no inciso VIII:

I – não incidirá sobre as exportações;

II – integrará a base de cálculo dos tributos previstos nos arts. 155, II, 156, III, 156-A e 195, V; e

III – poderá ter o mesmo fato gerador e a mesma base de cálculo de outros tributos" (Proposta de Emenda à Constituição n. 45, de 2019. Disponível em: https://legis.senado.leg.br/sdleg-getter/documento?dm=9418093&ts=1694030645124&disposition=inline&_gl=1*19p05cb*_ga*NTUxNjUwNzk3LjE2O TIyODU3MjA.*_ga_CW3ZH25XMK*MTY5NDM0NDE2NS42LjAuMTY5NDM0NDE2NS4wLjAu MA. Acesso em: 10 set. 2023).

como mais uma alternativa destinada a realizar a gestão dos bens ambientais/saúde ambiental em proveito da dignidade da pessoa humana, **DESDE QUE OBEDECIDOS OS PRINCÍPIOS DE NOSSO DIREITO AMBIENTAL CONSTITUCIONAL**, conforme tivemos a oportunidade de aduzir em obra que publicamos em 2005, a saber, *Direito Ambiental Tributário*[13].

O referido IMPOSTO SELETIVO **foi, afinal, confirmado por nosso Congresso Nacional (EMENDA CONSTITUCIONAL N. 132, DE 20 DE DEZEMBRO DE 2023 – Altera o Sistema Tributário Nacional – publicada no** *DOU* **21-12-2023)**[14, 15 e 16]**, RATIFICANDO a possibilidade de o referido tributo incidir**

---

13. Celso Antonio Pacheco Fiorillo e Renata Marques Ferreira, *Direito ambiental tributário*, São Paulo: Saraiva, 2005. Quase 20 anos depois, atualizamos a matéria já em face da Reforma Constitucional Tributária (EMENDA CONSTITUCIONAL N. 132, DE 20 DE DEZEMBRO DE 2023 – Altera o Sistema Tributário Nacional – publicada no *DOU* de 21-12-2023) com a publicação de nossa obra *Os impostos do pecado*: a Reforma Tributária no Brasil e os impostos sobre produção, extração, comercialização ou importação de bens e serviços prejudiciais à saúde ou ao meio ambiente em face do direito ambiental constitucional, Rio de Janeiro: Lumen Juris, 2024.

14. "A Câmara dos Deputados aprovou a reforma tributária (PEC 45/19), que simplifica impostos sobre o consumo, prevê fundos para o desenvolvimento regional e para bancar créditos do ICMS até 2032, além de unificar a legislação dos novos tributos.

A proposta foi aprovada nesta sexta-feira (15) em primeiro turno por 371 votos a 121, e em segundo turno por 365 a 118. O presidente da Câmara, Arthur Lira, comemorou a aprovação e anunciou que o texto poderá ser promulgado na próxima quarta-feira (20-12-2023). Segundo a proposta, uma lei complementar criará o Imposto sobre Bens e Serviços (IBS) – para englobar o ICMS e o ISS – e a Contribuição sobre Bens e Serviços (CBS) para substituir o PIS, o PIS-Importação, a Cofins e a Cofins-Importação.Com recursos federais, aos valores atuais de R$ 730 bilhões ao longo de 14 anos e orçados por fora dos limites fiscais (Lei Complementar 200/2023), a PEC cria dois fundos: um para pagar até 2032 pelas isenções fiscais do ICMS concedidas no âmbito da chamada guerra fiscal entre os estados; e outro para reduzir desigualdades regionais.O texto estabelece ainda outras formas de compensar perdas de arrecadação com a transição para o novo formato, uma dentro do mecanismo de arrecadação do IBS e outra específica para a repartição do Imposto sobre Produtos Industrializados (IPI), que continuará a incidir apenas sobre produtos fora da Zona Franca de Manaus (ZFM) e que sejam produzidos dentro dela também. O objetivo é manter a competitividade dessa área especial de produção. Os valores de compensação do IPI também ficarão de fora dos limites do novo regime de despesas primárias" (Eduardo Piovesan e Carol Siqueira, Câmara conclui votação da reforma tributária; texto será promulgado na quarta-feira. *Agência Câmara de Notícias*, 15-12-2023. Disponível em: https://www.camara.leg.br/noticias/1027138-camara-conclui-votacao-da-reforma-tributaria-texto-deve-ser-promulgado-na-semana-que-vem. Acesso em: 18 dez. 2023).

15. "A versão final da reforma tributária foi divulgada nesta quarta-feira (20-12-2023), horas antes da promulgação da proposta pelo Congresso Nacional, prevista para as 15 horas. **O novo texto, a Emenda Constitucional 132/2023**, foi objeto de décadas de discussão no Legislativo e estabelece um novo sistema para a cobrança de impostos no Brasil. Apesar do avanço com a mudança na Constituição, as alterações ainda levarão anos para serem implementadas em todo o país. Muitas das modificações serão definidas em lei complementar. Segundo o texto, o governo terá 180 dias para enviar esses projetos" (grifos nossos) (Edson Sardinha, Reforma Tributária: veja a íntegra do texto final, a Emenda Constitucional 132. *Congresso em Foco*, 20-12-2023. Disponível em: https://congressoemfoco.uol.com.br/area/congresso-nacional/reforma-tributaria-veja-a-integra-da-versao-final-a-emenda-constitucional-132/. Acesso em: 20 dez. 2023).

16. "O Congresso Nacional promulgou nesta quarta-feira (20-12-2023) a Emenda Constitucional 132, da reforma tributária. O texto que deu origem à reforma foi a PEC 45/2019, iniciada na Câmara dos Deputados. A Câmara aprovou a proposta no dia 7 de julho e a remeteu ao Senado, que a aprovou no dia 8 de novembro, com alterações. A Câmara fez nova votação no dia 15 de dezembro, aprovando a versão final do texto" (Agência Senado, Congresso promulga reforma tributária, 20-12-2023. Disponível em:

**sobre produção, extração, comercialização ou importação de bens e serviços prejudiciais à saúde ou ao meio ambiente**[17, 18 e 19], ou seja, foi criado "pelo legislador,

---

https://www12.senado.leg.br/noticias/materias/2023/12/20/congresso-promulga-reforma-tributaria. Acesso em: 21 dez. 2023).

17. "**Emenda Constitucional n. 132, de 20 de dezembro de 2023 (Publicada no *DOU* 21-12-2023) Altera o Sistema Tributário Nacional.**
**SEÇÃO III – DOS IMPOSTOS DA UNIÃO**
Art. 153. Compete à União instituir impostos sobre:
VIII – produção, extração, comercialização ou importação de bens e serviços prejudiciais à saúde ou ao meio ambiente, nos termos de lei complementar. (Incluído pela Emenda Constitucional n. 132, de 2023)
§ 6º O imposto previsto no inciso VIII do *caput* deste artigo: (Incluído pela Emenda Constitucional n. 132, de 2023)
I – não incidirá sobre as exportações nem sobre as operações com energia elétrica e com telecomunicações; (Incluído pela Emenda Constitucional n. 132, de 2023)
II – incidirá uma única vez sobre o bem ou serviço; (Incluído pela Emenda Constitucional n. 132, de 2023)
III – não integrará sua própria base de cálculo; (Incluído pela Emenda Constitucional n. 132, de 2023)
IV – integrará a base de cálculo dos tributos previstos nos arts. 155, II, 156, III, 156-A e 195, V; (Incluído pela Emenda Constitucional n. 132, de 2023)
V – poderá ter o mesmo fato gerador e base de cálculo de outros tributos; (Incluído pela Emenda Constitucional n. 132, de 2023)
VI – terá suas alíquotas fixadas em lei ordinária, podendo ser específicas, por unidade de medida adotada, ou ***ad valorem***; (Incluído pela Emenda Constitucional n. 132, de 2023)
VII – na extração, o imposto será cobrado independentemente da destinação, caso em que a alíquota máxima corresponderá a 1% (um por cento) do valor de mercado do produto. (Incluído pela Emenda Constitucional n. 132, de 2023)."
18. "Por volta das 17h30, a Câmara tinha aprovado o texto-base da reforma tributária em primeiro turno. Após cerca de três horas de debate, os deputados aprovaram três destaques e rejeitaram sete. Os destaques aprovados mantiveram incentivos ao setor automotivo e a fabricantes de baterias do Norte, Nordeste e Centro-Oeste e reinstituíram a autorização para que o salário de auditores-fiscais estaduais e municipais sejam igualados aos dos ministros do Supremo Tribunal Federal (STF). Os destaques rejeitados impediram alterações em relação ao texto do relator. Os parlamentares não reincluíram os regimes específicos para os setores de saneamento e concessão de rodovias. Mais cedo, os deputados mantiveram, por 326 votos a 161, o imposto seletivo sobre os armamentos e as munições, exceto se comprados pela Administração Pública, mas a questão acabou revertida posteriormente. **O imposto seletivo incidirá sobre produtos prejudiciais à saúde e ao meio ambiente**" (grifos nossos) (Wellton Máximo, Câmara aprova reforma tributária em segundo turno. *Agência Brasil*, 15-12-2023. Disponível em: https://agenciabrasil. ebc.com.br/politica/noticia/2023-12/camara-aprova-reforma-tributaria-em-segundo-turno. Acesso em: 17 dez. 2023).
19. "**O imposto seletivo** deverá ser adotado por meio de lei complementar, mas suas alíquotas por lei ordinária e deverá obedecer aos princípios da anterioridade (publicação no ano anterior ao de sua validade) e da noventena. Inicialmente pensado para substituir o IPI, ele não incidirá sobre todos os produtos industrializados, **devendo ser cobrado pela produção, extração, comercialização ou importação de bens e serviços prejudiciais à saúde ou ao meio ambiente, nos termos definidos em lei complementar**. O novo tributo não será cobrado nas exportações e poderá ter o mesmo fato gerador e base de cálculo de outros tributos, integrando essa base de cálculo do ICMS e do ISS, enquanto ainda vigentes, e do IBS e da CBS. A PEC prevê explicitamente algumas regras: – não incidirá sobre energia elétrica e telecomunicações; – alíquotas poderão ser em percentagem ou por unidade de medida do produto (m³, por exemplo); e – na extração, a alíquota máxima será de 1% do valor de mercado do produto" (Eduardo Piovesan e

com cobrança federal, o Imposto Seletivo (IS), para desestimular a comercialização de produtos e serviços prejudiciais à saúde e à sustentabilidade ambiental"[20], vindo a ser interpretado em face do que determina o novo sistema constitucional tributário, que passa a ter o DEVER EXPLÍCITO de "observar os princípios da simplicidade, da transparência, da justiça tributária, da cooperação **e da defesa do meio ambiente**"[21].

Assim, **a DEFESA DO MEIO AMBIENTE foi estabelecida em superior comando normativo como um dos PRINCÍPIOS GERAIS do SISTEMA TRIBUTÁRIO NACIONAL**[22], em face de contexto em que nosso Supremo Tribunal Federal

---

Carol Siqueira, Câmara conclui votação da reforma tributária; texto será promulgado na quarta-feira. *Agência Câmara de Notícias*, 15-12-2023. Disponível em: https://www.camara.leg.br/noticias/1027138- -camara-conclui-votacao-da-reforma-tributaria-texto-deve-ser-promulgado-na-semana-que-vem. Acesso em: 18 dez. 2023).

20. Agência Senado, Reforma tributária será promulgada na quarta, 18-12-2023. Disponível em: https://www12.senado.leg.br/noticias/materias/2023/12/18/reforma-tributaria-deve-ser-promulgada-esta- -semana-dizem-senadores. Acesso em: 20 dez. 2023.

21. "**Emenda Constitucional n. 132, de 20 de dezembro de 2023 (Publicada no** *DOU* **21-12-2023) Altera o Sistema Tributário Nacional.**

'**Art. 145**. A União, os Estados, o Distrito Federal e os Municípios poderão instituir os seguintes tributos:

**§ 3º O Sistema Tributário Nacional deve observar os princípios** da simplicidade, da transparência, da justiça tributária, da cooperação e da **defesa do meio ambiente**'".

22. Daí ser relevante destacar o que segue:

"**Emenda Constitucional n. 132, de 20 de dezembro de 2023 (Publicada no** *DOU* **21-12-2023)**

Altera o Sistema Tributário Nacional.

As Mesas da Câmara dos Deputados e do Senado Federal, nos termos do § 3º do art. 60 da Constituição Federal, promulgam a seguinte Emenda ao texto constitucional:

Art. 1º A Constituição Federal passa a vigorar com as seguintes alterações:

TÍTULO VI – DA TRIBUTAÇÃO E DO ORÇAMENTO

CAPÍTULO I – DO SISTEMA TRIBUTÁRIO NACIONAL

SEÇÃO I – DOS PRINCÍPIOS GERAIS

**Art. 145**. A União, os Estados, o Distrito Federal e os Municípios poderão instituir os seguintes tributos:

§ 3º O Sistema Tributário Nacional deve observar os princípios da simplicidade, da transparência, da justiça tributária, da cooperação e da defesa do meio ambiente.

SEÇÃO III – DOS IMPOSTOS DA UNIÃO

**Art. 153.** Compete à União instituir impostos sobre:

VIII – produção, extração, comercialização ou importação de bens e serviços prejudiciais à saúde ou ao meio ambiente, nos termos de Lei Complementar. (Incluído pela Emenda Constitucional n. 132, de 2023)

§ 6º O imposto previsto no inciso VIII do *caput* deste artigo: (Incluído pela Emenda Constitucional n. 132, de 2023)

I – não incidirá sobre as exportações nem sobre as operações com energia elétrica e com telecomunicações; (Incluído pela Emenda Constitucional n. 132, de 2023)

II – incidirá uma única vez sobre o bem ou serviço; (Incluído pela Emenda Constitucional n. 132, de 2023)

"já firmou a orientação de que é dever do Poder Público e da sociedade a defesa de um meio ambiente ecologicamente equilibrado para as presentes e futuras gerações"[23].

Estruturado, pois, em concepção que destaca a "impossibilidade do esvaziamento do substrato axiológico dos direitos fundamentais ambientais" e na "inconstitucionalidade de tratamento tributário mais gravoso ao elo mais frágil da cadeia produtiva", bem como visando evitar "afronta às normas fundamentais de defesa do meio ambiente e da valorização do trabalho humano"[24], **o Direito Ambiental Tributário**[25] **passa**

---

III – não integrará sua própria base de cálculo; (Incluído pela Emenda Constitucional n. 132, de 2023)

IV – integrará a base de cálculo dos tributos previstos nos arts. 155, II, 156, III, 156-A e 195, V; (Incluído pela Emenda Constitucional n. 132, de 2023)

V – poderá ter o mesmo fato gerador e base de cálculo de outros tributos; (Incluído pela Emenda Constitucional n. 132, de 2023)

VI – terá suas alíquotas fixadas em lei ordinária, podendo ser específicas, por unidade de medida adotada, ou *ad valorem*; (Incluído pela Emenda Constitucional n. 132, de 2023)

VII – na extração, o imposto será cobrado independentemente da destinação, caso em que a alíquota máxima corresponderá a 1% (um por cento) do valor de mercado do produto. (Incluído pela Emenda Constitucional n. 132, de 2023)

CAPÍTULO VI – DO MEIO AMBIENTE

**Art. 225.** Todos têm direito ao meio ambiente ecologicamente equilibrado, bem de uso comum do povo e essencial à sadia qualidade de vida, impondo-se ao Poder Público e à coletividade o dever de defendê-lo e preservá-lo para as presentes e futuras gerações.

§ 1º Para assegurar a efetividade desse direito, incumbe ao Poder Público:

**VIII** – manter regime fiscal favorecido para os biocombustíveis e para o hidrogênio de baixa emissão de carbono, na forma de lei complementar, a fim de assegurar-lhes tributação inferior à incidente sobre os combustíveis fósseis, capaz de garantir diferencial competitivo em relação a estes, especialmente em relação às contribuições de que tratam o art. 195, I, *b*, IV e V, e o art. 239 e aos impostos a que se referem os arts. 155, II, e 156-A.

Art. 23. Esta Emenda Constitucional entra em vigor:

I – em 2027, em relação aos arts. 3º e 11;

II – em 2033, em relação aos arts. 4º e 5º; e

III – na data de sua publicação, em relação aos demais dispositivos".

23. "Ementa: Agravo regimental no recurso extraordinário. Constitucional. Ação civil pública. **Defesa do meio ambiente.** Implementação de políticas públicas. Possibilidade. Violação do princípio da separação dos poderes. Não ocorrência. Insuficiência orçamentária. Invocação. Impossibilidade. Precedentes. 1. A Corte Suprema já firmou a orientação de que é dever do Poder Público e da sociedade a **defesa** de um **meio ambiente** ecologicamente equilibrado para as presentes e futuras gerações. 2. Assim, pode o Poder Judiciário, em situações excepcionais, determinar que a Administração pública adote medidas assecuratórias desse direito, reputado essencial pela Constituição Federal, sem que isso configure violação do princípio da separação de poderes. 3. A Administração não pode justificar a frustração de direitos previstos na Constituição da República sob o fundamento da insuficiência orçamentária. 4. Agravo regimental não provido" (RE 658.171 AgR, 1ª Turma, Rel. Min. Dias Toffoli, j. 1º-4-2014, public. 28-4-2014).

24. "Ementa: Recurso extraordinário. Repercussão geral. Direito Tributário Ambiental. 2. Tema 304 da sistemática da Repercussão Geral. 3. Arts. 47 e 48 da Lei Federal n. 11.196/2005. Possibilidade de apuração de créditos de PIS/Cofins na aquisição de insumos recicláveis. 4. Coexistência dos regimes cumulativo e não-cumulativo da contribuição ao PIS/Cofins. Dualidade de alíquotas. Prejuízos

a adotar a defesa do meio ambiente TAMBÉM como PRINCÍPIO do SISTEMA TRIBUTÁRIO NACIONAL[26], ratificando PRINCÍPIO GERAL ORIENTADOR da atividade econômica em nosso País[27].

Destarte, e dentro de novo contexto normativo antes referido, a saber, nova determinação estabelecida em nossa Constituição Federal em que a defesa do meio ambiente é estabelecida de forma declarada como princípio geral do sistema

---

econômicos ao contribuinte industrial dedicado à reciclagem. 5. Inconstitucionalidade de tratamento tributário prejudicial à indústria de reciclagem. Princípio do protetor recebedor. Possibilidade concreta de os créditos fiscais superarem o valor do PIS/Cofins recolhido na etapa anterior da cadeia de produção. Afronta aos princípios da isonomia tributária, neutralidade fiscal e ao regime tributário favorecido e simplificado devido à microempresa e à empresa de pequeno porte. 6. Ética ambiental. Estado Socioambiental de Direito. Sustentabilidade ecológica e social. Direito ao **meio ambiente** ecologicamente equilibrado. Arts. 170, inciso VI, e 225, da Constituição Federal. Vinculação do Legislador ordinário. Impossibilidade do esvaziamento do substrato axiológico dos direitos fundamentais ambientais. Inconstitucionalidade de tratamento tributário mais gravoso ao elo mais frágil da cadeia produtiva. População de baixa renda. Afronta às normas fundamentais de **defesa do meio ambiente** e da valorização do trabalho humano. 7. Fixação da tese: 'São inconstitucionais os arts. 47 e 48 da Lei n. 11.196/2005, que vedam a apuração de créditos de PIS/Cofins na aquisição de insumos recicláveis'. Recurso extraordinário provido" (RE 607.109 – Repercussão Geral – Mérito (Tema 304), Tribunal Pleno, Rel. Min. Rosa Weber, Red. do acórdão Min. Gilmar Mendes, j. 8-6-2021, public. 13-8-2021).

25. *Vide*, de forma detalhada, Celso Antonio Pacheco Fiorillo e Renata Marques Ferreira, *Direito ambiental tributário*, 4. ed., São Paulo: Saraiva, 2018.

26. Nossa Carta Magna já vinha evoluindo no sentido de interiorizar em superior plano normativo o direito ambiental constitucional. Daí a EMENDA CONSTITUCIONAL N. 123, DE 14 DE JULHO DE 2022, que alterou o art. 225 da Constituição Federal para estabelecer diferencial de competitividade para os biocombustíveis, a saber:

"Art. 2º O § 1º do art. 225 da Constituição Federal passa a vigorar acrescido do seguinte inciso VIII:

'Art. 225. .................................................................................................................................

§ 1º .........................................................................................................................................

.................................................................................................................................................

VIII – manter regime fiscal favorecido para os biocombustíveis destinados ao consumo final, na forma de lei complementar, a fim de assegurar-lhes tributação inferior à incidente sobre os combustíveis fósseis, capaz de garantir diferencial competitivo em relação a estes, especialmente em relação às contribuições de que tratam a alínea *b*, do inciso I e o inciso IV, do *caput* do art. 195 e o art. 239 e ao imposto a que se refere o inciso II do *caput* do art. 155 desta Constituição'".

27. "TÍTULO VII – DA ORDEM ECONÔMICA E FINANCEIRA

CAPÍTULO I – DOS PRINCÍPIOS GERAIS DA ATIVIDADE ECONÔMICA

Art. 170. A ordem econômica, fundada na valorização do trabalho humano e na livre iniciativa, tem por fim assegurar a todos existência digna, conforme os ditames da justiça social, observados os seguintes princípios:

VI – defesa do meio ambiente, inclusive mediante tratamento diferenciado conforme o impacto ambiental dos produtos e serviços e de seus processos de elaboração e prestação."

*Vide*, de forma detalhada, Celso Antonio Pacheco Fiorillo e Renata Marques Ferreira, *Liberdade econômica (Lei n. 13.874/2019) em face do direito ambiental constitucional brasileiro*: o enquadramento jurídico das atividades econômicas vinculadas ao desenvolvimento sustentável, Rio de Janeiro: Lumen Juris, 2020; Celso Antonio Pacheco Fiorillo, *As empresas transnacionais e sua regulação constitucional em face dos princípios gerais da atividade econômica*, Rio de Janeiro: Lumen Juris, 2022.

tributário nacional em nossa Carta Magna e que "a incolumidade do meio ambiente não pode ser comprometida por interesses empresariais nem ficar dependente de motivações de índole meramente econômica, ainda mais se se tiver presente que a atividade econômica, considerada a disciplina constitucional que a rege, está subordinada, dentre outros princípios gerais, àquele que privilegia a 'defesa do meio ambiente' (CF, art. 170, VI), que traduz conceito amplo e abrangente das noções de meio ambiente natural, de meio ambiente cultural, de meio ambiente artificial (espaço urbano) e de meio ambiente laboral"[28], a reforma tributária criou em nosso País os denominados IMPOSTOS do PECADO[29].

Com efeito.

Modalidade de imposto que, conforme entendimento de alguns autores, teria sido "introduzido por Adam Smith"[30], os impostos do pecado, no dizer de Halle, "geram um debate acirrado", observando que "grande parte deste debate centrou-se na eficácia e justiça dos impostos sobre o pecado e na questão de saber se os governos deveriam usar o seu poder de tributação para modificar o comportamento. Os proponentes veem os impostos sobre o pecado como um meio de aumentar a receita que, ao mesmo tempo, fornece incentivos financeiros para os indivíduos interromperem comportamentos prejudiciais ou autodestrutivos. Os opositores afirmam que os impostos sobre o pecado interferem indevidamente nas liberdades individuais e recaem desproporcionalmente sobre os indivíduos menos capazes de suportar encargos financeiros adicionais".

Assim, efetivamente, "os impostos especiais de consumo sobre fumar, beber, jogar, poluir e dirigir são sempre atuais e controversos. Estes impostos não são apenas fontes convenientes de receitas do governo, mas também podem ser concebidos para reflectir os custos externos que os consumidores ou produtores de produtos sujeitos a impostos especiais de consumo impõem a outras pessoas. **O aquecimento global, a chuva ácida, o congestionamento do trânsito e os custos económicos do consumo de tabaco e álcool são problemas que podem ser corrigidos através de impostos selectivos e outros instrumentos reguladores**"[31] (grifos nossos).

Com efeito.

---

28. STF, ADI 3.540 MC, Tribunal Pleno, Rel. Min. Celso de Mello, j. 1º-9-2005, public. 3-2-2006.

29. Para um estudo detalhado, *vide* Celso Antonio Pacheco Fiorillo e João Antonio Ferreira Pacheco Fiorillo, *Os impostos do pecado*: a reforma tributária no Brasil e os impostos sobre produção, extração, comercialização ou importação de bens e serviços prejudiciais à saúde ou ao meio ambiente em face do direito ambiental constitucional, Rio de Janeiro: Lumen Juris, 2024.

30. Outros entendem que o pai dos impostos do pecado teria sido Hamilton, uma vez que, em 1790, teria proposto "o primeiro imposto especial sobre o consumo de uísque para reembolsar dívidas da Guerra Revolucionária, seguindo a orientação de Adam Smith em A Riqueza das Nações" (Richard A. Williams e Katelyn Christ, Taxing Sin. *Mercatus Center*, jul. 2009. Disponível em: https://www.mercatus.org/students/research/policy-briefs/taxing-sin. Acesso em: 27 dez. 2023).

31. Sijbren Cnossen (ed.), *Theory and Practice of Excise Taxation*: Smoking, Drinking, Gambling, Polluting, and Driving, Oxford, 2005.

Embora os bens e serviços que se enquadrariam na hipótese definida por nossa Carta Magna devam ser definidos por lei complementar[32, 33 e 34], conforme indicado pela nova regra estabelecida pela reforma tributária[35 e 36] (quais são objetivamente os bens e serviços e qual a alíquota do tributo/materialidade da hipótese de incidência), ou seja,

---

32. **"Constituição Federal de 1988**

**Art. 59.** O processo legislativo compreende a elaboração de:

I – emendas à Constituição;

**II – leis complementares**;

III – leis ordinárias;

IV – leis delegadas;

V – medidas provisórias;

VI – decretos legislativos;

VII – resoluções.

**Parágrafo único. Lei complementar disporá sobre a elaboração, redação, alteração e consolidação das leis.**

**Art. 61. A iniciativa das leis complementares** e ordinárias cabe a qualquer membro ou Comissão da Câmara dos Deputados, do Senado Federal ou do Congresso Nacional, ao Presidente da República, ao Supremo Tribunal Federal, aos Tribunais Superiores, ao Procurador-Geral da República e aos cidadãos, na forma e nos casos previstos nesta Constituição.

**Art. 62.** Em caso de relevância e urgência, o Presidente da República poderá adotar medidas provisórias, com força de lei, devendo submetê-las de imediato ao Congresso Nacional.

**§ 1º É vedada a edição de medidas provisórias sobre matéria:**

**III – reservada a lei complementar.**

**Art. 69. As leis complementares serão aprovadas por maioria absoluta"** (grifos nossos).

33. Para José Afonso da Silva, leis complementares "são leis integrativas de normas constitucionais de eficácia limitada, contendo princípio institutivo ou de criação de órgãos, e sujeitas à aprovação pela maioria absoluta dos membros das duas Casas do Congresso Nacional", sendo certo que Celso Ribeiro Bastos assinala que lei complementar é "aquela que contempla uma matéria a ela entregue de forma exclusiva e que, em consequência, repele normações heterogêneas, aprovada mediante um quorum próprio de maioria absoluta". *Vide* José Afonso Silva, *Processo constitucional de formação das leis*, 2. ed., São Paulo: Malheiros, 2006, p. 314; Celso Ribeiro Bastos, *Lei complementar*: teoria e comentários, 2. ed., São Paulo: Celso Bastos; Instituto Brasileiro do Direito Constitucional, 1999, p. 47-48.

34. Victor Nunes Leal já advertia que todas as leis completam a Constituição, havida como lei fundamental. "Em princípio, todas as leis são complementares porque se destinam a completar princípios básicos enunciados na Constituição. Geralmente, porém, se reserva esta denominação para aquelas leis sem as quais determinados dispositivos onstitucionais não podem ser aplicados" (Victor Nunes Leal, Lei complementar na Constituição, *Revista de Direito Administrativo*, v. VII, jan.-mar. 1947, p. 381.

35. "O secretário extraordinário da reforma tributária, Bernard Appy, **confirmou que a ideia do governo é sobretaxar produtos nocivos ao meio ambiente e à saúde com o novo Imposto Seletivo**. Mas a definição de quais produtos serão afetados pelo novo imposto será objeto de um debate posterior à reforma tributária. Appy tem dito que o trabalho do governo 'é dar suporte ao Congresso' nas decisões sobre o assunto" (grifos nossos) (Sílvia Mugnatto, Lei complementar tratará de taxação de produtos nocivos à saúde e ao meio ambiente, diz Appy. *Agência Câmara de Notícias*, 16-6-2023. Disponível em: https://www.camara.leg.br/noticias/972480-lei-complementar-tratara-de-taxacao-de-produtos-nocivos-a-saude--e-ao-meio-ambiente-diz-appy. Acesso em: 9 jul. 2023).

36. **"Emenda Constitucional n. 132, de 20 de dezembro de 2023 (Publicada no *DOU* 21-12-2023)**

Altera o Sistema Tributário Nacional.

SEÇÃO III – DOS IMPOSTOS DA UNIÃO

Art. 153. Compete à União instituir impostos sobre:

"embora muitos detalhes dependam de lei complementar, e os tributos novos comecem a ser cobrados em 2026, já a partir da promulgação da emenda constitucional o Executivo federal poderia", no entendimento de alguns, mas, de nossa parte, de duvidosa constitucionalidade, "encaminhar medida provisória criando o referido imposto seletivo"[37, 38, 39 e 40].

---

VIII – produção, extração, comercialização ou importação de bens e serviços prejudiciais à saúde ou ao meio ambiente, nos termos de lei complementar. (Incluído pela Emenda Constitucional n. 132, de 2023)

§ 6º O imposto previsto no inciso VIII do *caput* deste artigo: (Incluído pela Emenda Constitucional n. 132, de 2023)

I – não incidirá sobre as exportações nem sobre as operações com energia elétrica e com telecomunicações; (Incluído pela Emenda Constitucional n. 132, de 2023)

II – incidirá uma única vez sobre o bem ou serviço; (Incluído pela Emenda Constitucional n. 132, de 2023)

III – não integrará sua própria base de cálculo; (Incluído pela Emenda Constitucional n. 132, de 2023)

IV – integrará a base de cálculo dos tributos previstos nos arts. 155, II, 156, III, 156-A e 195, V; (Incluído pela Emenda Constitucional n. 132, de 2023)

V – poderá ter o mesmo fato gerador e base de cálculo de outros tributos; (Incluído pela Emenda Constitucional n. 132, de 2023)

VI – terá suas alíquotas fixadas em lei ordinária, podendo ser específicas, por unidade de medida adotada, ou *ad valorem*; (Incluído pela Emenda Constitucional n. 132, de 2023)

VII – na extração, o imposto será cobrado independentemente da destinação, caso em que a alíquota máxima corresponderá a 1% (um por cento) do valor de mercado do produto. (Incluído pela Emenda Constitucional n. 132, de 2023)."

37. "**Imposto seletivo** – Embora muitos detalhes dependam de lei complementar, e os tributos novos comecem a ser cobrados em 2026, já a partir da promulgação da futura emenda **constitucional o Executivo federal poderá encaminhar medida provisória criando o imposto seletivo** (grifos nossos). Esse imposto irá 'conviver' com o IPI até 2033, quando este último será extinto. Entretanto, o seletivo não incidirá sobre produtos tributados pelo IPI, devendo ser cobrado pela produção, comercialização ou importação de bens e serviços prejudiciais à saúde ou ao meio ambiente, nos termos definidos pela MP, podendo ainda ser cobrado no mesmo ano de sua criação ou ter as alíquotas mudadas por decreto dentro do mesmo exercício" (grifos nossos) (Eduardo Piovesan e Carol Siqueira, Câmara aprova reforma tributária em dois turnos; texto vai ao Senado. *Agência Câmara de Notícias*, 7-7-2023. Disponível em: https://www.camara.leg.br/noticias/978334-camara-aprova-reforma-tributaria-em-dois-turnos-texto-vai-ao-senado. Acesso em: 8 jul. 2023).

38. "**A jurisprudência plenária do Supremo Tribunal Federal** – reiterando entendimento que já expressara sob a égide da Carta Política de 1969, em tema de decreto-lei (RTJ 107/403 – RTJ 107/408) – **culminou por reconhecer a possibilidade jurídico-constitucional de o Presidente da República, mediante edição de medida provisória, instituir e/ou majorar tributos** (RTJ 143/684 – RTJ 166/102), cabendo-lhe, por isso mesmo, com fundamento no poder normativo derivado do art. 62 da Constituição, dispor, por igual, sobre as contribuições sociais a que se refere o art. 149, *caput*, do texto constitucional, eis que tais exações revestem-se de indiscutível caráter tributário (RTJ 143/684 – RTJ 149/654)" (grifos nossos) (**RE 239.286/PR**, Rel. Min. Celso de Mello, j. 9-11-1999, *DJ* 18-11-1999, p. 51. *Vide RTJ 166/102*. Disponível em: https://www.stf.jus.br/arquivo/cms/publicacaoRTJ/anexo/166_1.pdf. Acesso em: 8 jul. 2023; *RTJ 143/684*. Disponível em: https://www.stf.jus.br/arquivo/cms/publicacaoRTJ/anexo/143_2.pdf. Acesso em: 8 jul. 2023).

Desse modo, a produção, extração, comercialização ou importação de bens e serviços considerados **PREJUDICIAIS**[41 e 42] **à saúde ou ao meio ambiente** passam a ser alcançadas pela nova orientação constitucional[43].

---

"Legitimidade, ao primeiro exame, da instituição de tributos por medida provisória com força de lei, e, ainda, do cometimento da fiscalização de contribuições previdenciárias à Secretaria da Receita Federal.

**[ADI 1.417 MC**, rel. min. Octavio Gallotti, j. 7-3-1996, P, *DJ* de 24-5-1996.]

= **RE 479.134 AgR**, rel. min. Sepúlveda Pertence, j. 26-6-2007, 1ª T, *DJ* de 17-8-2007. (Disponível em: https://portal.stf.jus.br/constituicao-supremo/artigo.asp?abrirBase=CF&abrirArtigo=150. Acesso em: 28 dez. 2023).

39. "Portanto, com o condão de esclarecer e trazer ainda mais elementos de estudo e fonte de pesquisa em relação ao assunto abordado, o presente trabalho detectou diversas situações importantes no que tange à instituição de tributos ou seu aumento, através das denominadas Medidas Provisórias, dentre elas o imprescindível respeito aos axiomas constitucionais da Legalidade e da Anterioridade, seja ela anual ou Nonagesimal, que também foi recentemente inserido no texto constitucional por intermédio da Emenda 42 de 19 de Dezembro de 2003. Infere-se, destarte, diante de tudo isso que, sempre que respeitados preceitos entranhados ao instituto, quando para a criação ou o aumento de uma espécie tributária não se exigir o instrumento normativo estatuído a título de lei complementar, bem ainda, asseguradas as limitações constitucionais temáticas pertinentes, é plenamente possível que tal se dê pela via da Medida Provisória, com entendimento difundido há longa data pelo Pretório Excelso brasileiro" (Paula Veit, Medidas Provisórias podem criar tributos. *Consultor Jurídico*, 26-8-2009. Disponível em: https://www.conjur.com.br/2009-ago-26/nao-violando-constituicao-medidas-provisorias-podem-criar-tributos/. Acesso em: 28 dez. 2023).

40. "As Medidas Provisórias podem criar ou majorar tributos, com exceção das exações que necessitam ser instituídas por lei complementar" (Roberta Moreira, O Poder Público pode instituir tributo por meio de medida provisória?, Rede de Ensino Luiz Flávio Gomes. Disponível em: https://www.jusbrasil.com.br/noticias/o-poder-publico-pode-instituir-tributo-por-meio-de-medida-provisoria-roberta-moreira/35228#:~:text=As%20Medidas%20Provis%C3%B3rias%20podem%20criar,a%20exa%C3%A7%C3%A3o%20deve%20ser%20exigida. Acesso em: 28 dez. 2023).

41. "Que causa prejuízo, que pode fazer mal a alguém ou algo; DANOSO; NOCIVO". Disponível em: https://www.aulete.com.br/prejudicial. Acesso em: 8 jul. 2023.

42. Sinônimo de prejudicial – "sinônimos de prejudicial para um sentido da palavra prejudicial: Que causa dano e prejuízo: negativo, adverso, contraproducente, contrário, daninho, danoso, deletério, desfavorável, desvantajoso, fatal, funesto, grave, inconveniente, infeccioso, infesto, injurioso, insalubre, lesivo, letal, maléfico, maligno, mau, nefasto, nocente, nocivo, nóxio, ofensivo, perigoso, pernicioso, prejudicante, ruinoso". Disponível em: https://www.sinonimos.com.br/prejudicial/. Acesso em: 8 jul. 2023.

43. "**Nove em cada dez brasileiros (94%) apoiam o aumento de impostos para produtos nocivos à saúde, como cigarros, bebidas alcoólicas e alimentos ultraprocessados, e ao meio ambiente, tema recorrente nas discussões em torno da reforma tributária**. A maioria da população (73%) também é favorável que o valor arrecadado com a maior tributação desses produtos vá para o SUS (Sistema Único de Saúde). A conclusão é de uma pesquisa Datafolha, encomendada pela ACT Promoção da Saúde, sobre atribuição de produtos prejudiciais à saúde. O levantamento ouviu 2.005 pessoas a partir de 16 anos em todo o país, entre os dias 10 e 14 de julho deste ano. A margem de erro é de dois pontos percentuais para mais ou para menos. Os resultados, antecipados pela Folha, foram apresentados nesta quarta (23), em audiência pública na Comissão de Direitos Humanos e Legislação Participativa, no Senado" (grifos nossos) (Cláudia Collucci, 94% dos brasileiros apoiam aumento de impostos para produtos nocivos à saúde, diz Datafolha. *Folha de S.Paulo*, 23-8-2023. Disponível em: https://www1.folha.uol.com.br/equilibrioesaude/2023/08/94-dos-brasileiros-apoiam-aumento-de-impostos-para-produtos-nocivos-a-saude-diz-datafolha.shtml. Acesso em: 24 ago. 2023).

Portanto, indicar desde logo quais seriam os produtos ou serviços considerados prejudiciais à saúde e ao meio ambiente para os efeitos do novo imposto, a saber, a indicação de bens e serviços que devem ser taxados pelo novo imposto do pecado, é tarefa que merece análise jurídica em plano superior normativo[44], conforme destacamos em nossa palestra proferida em março de 2023 em evento promovido pelo Conselho Nacional da Ordem dos Advogados do Brasil[45], *uma vez que é a Carta Magna, e não regras infraconstitucionais, que deve orientar de forma estrutural os parâmetros destinados a balizar o tema*, ou seja, qual é a tutela jurídica constitucional que estabelece os critérios fundamentais destinados a direcionar a tutela jurídica da saúde e do meio ambiente em proveito da pessoa humana em face do que determina o art. 145, § 3º, de nossa Lei Maior[46].

Daí entender em que medida é estabelecida a regulação jurídica dos bens e serviços prejudiciais à saúde ou ao meio ambiente indicados em nossa Constituição Federal significa compreender, desde logo e preliminarmente, **que o balizamento jurídico constitucional vinculado à defesa da saúde e do meio ambiente orienta a satisfatória interpretação da matéria.**

---

44. Tivemos oportunidade de explicitamente indicar referida necessidade pela oportunidade de nossa participação, tanto como organizador como também como palestrante vinculado ao tema DIREITO AMBIENTAL TRIBUTÁRIO EM FACE DE SEUS FUNDAMENTOS CONSTITUCIONAIS E SEUS REFLEXOS EM FACE DE UMA EVENTUAL REFORMA TRIBUTÁRIA, no II Encontro de Direito Ambiental Tributário – A Reforma Tributária em face do Direito Ambiental Tributário realizado em 22 de março na Ordem dos Advogados do Brasil em Brasília – Distrito Federal, que reuniou milhares de advogadas e advogados de todo o Brasil. **Constatamos que nossa interpretação a respeito do tema em referido encontro nacional advertindo a necessidade de se estruturar um sistema tributário nacional em defesa do meio ambiente foi EXPLICITAMENTE ACOLHIDA pela Reforma Tributária afinal realizada.** Disponível em: http://centraleventos.oab.org.br/event/624/ii-encontro-de-direito-ambiental--tributario-a-reforma-tributaria-em-face-do-direito-ambiental-tributario. Acesso em: 9 jul. 2023.

45. "A OAB Nacional realizou, nesta quarta-feira (22-3-2023), o 2º Encontro de Direito Ambiental Tributário – A Reforma Tributária em Face do Direito Ambiental Tributário. Com sete painéis, o evento tratou de eventuais impactos ao meio ambiente a partir de alterações projetadas no sistema de tributos brasileiro. O Encontro contou com painelistas de Brasil, México e Espanha. Entre os temas discutidos, estão os desafios e questões constitucionais de eventual reforma trabalhista, aquecimento global, ligação do tema com a reforma previdenciária, ingresso do Brasil na Organização para a Cooperação e Desenvolvimento Econômico (OCDE) **e a criação de imposto seletivo**, a fiscalização ambiental da União Europeia, entre outros" (Impactos da reforma tributária no Direito Ambiental são tema de evento na OAB Nacional, 22-3-2023. Disponível em: https://www.oab.org.br/noticia/60831/impactos-da-reforma-tributaria-no-direito-ambiental-sao-tema-de-evento-na-oab-nacional. Acesso em: 9 jul. 2023).

46. "EMENDA CONSTITUCIONAL N. 132, DE 20 DE DEZEMBRO DE 2023

Altera o Sistema Tributário Nacional.

Art. 145. ........................................................................................................................

............................................................................................................................................

§ 3º O Sistema Tributário Nacional deve observar os princípios da simplicidade, da transparência, da justiça tributária e do equilíbrio e da defesa do meio ambiente".

Todavia, e, ao que tudo indica, atuando em violação à superior orientação constitucional, o Poder Executivo enviou ao Congresso, em 24 de abril de 2024, o **PLP n. 68/2024, que**, dentre outros aspectos, **institui em nosso País o Imposto Seletivo – estabelecido pelo art. 153, VIII –**, fixando fato gerador, imunidades, base de cálculo, alíquotas e sujeição passiva, entre outros aspectos organizados em quatro títulos (Título I – Das Disposições Preliminares; Título II – Da Incidência sobre Operações; Título III – Da Incidência sobre Importações; e Título IV – Das Disposições Finais). **NÃO INCLUINDO BENS e SERVIÇOS NOTORIAMENTE PREJUDICIAIS À SAÚDE OU AO MEIO AMBIENTE, como os alimentos ultraprocessados**[47]**, agrotóxicos**[48] **e, EVIDENTEMENTE, derivados do petróleo, VIOLANDO, POR VIA DE CONSEQUÊNCIA, de forma** *data vênia clara e inequívoca*, **A DETERMINAÇÃO CONSTITUCIONAL QUE ESTABELECE QUE O SISTEMA TRIBUTÁRIO NACIONAL DEVE OBSERVAR O PRINCÍPIO DA DEFESA DO MEIO AMBIENTE (art. 145, § 3º, incluído pela Emenda Constitucional n. 132, de 2023),** conforme tivemos oportunidade de observar na VI Conferência Internacional de Direito Ambiental[49] realizada no Brasil em junho de 2024 **e detalhadamente em face de estudo que publicamos com João Antonio Ferreira Pacheco Fiorillo**[50] .

Destarte, conforme temos defendido em nossas obras e em face de concepção de nosso Supremo Tribunal Federal que destaca não só a **"impossibilidade do esvaziamento do substrato axiológico dos direitos fundamentais ambientais"**, mas principalmente a **"inconstitucionalidade de tratamento tributário mais gravoso ao elo mais frágil da cadeia produtiva"**, visando evitar **"afronta às normas fundamentais de defesa do meio ambiente e da valorização do trabalho humano"**[51]**, as nor-**

---

47. *Vide*, na presente obra, Capítulo V – AGRONEGÓCIO, EMPRESAS ALIMENTARES E A SEGURANÇA ALIMENTAR: AS PRÁTICAS ALIMENTARES SUSTENTÁVEIS, SEU BALIZAMENTO NORMATIVO e a questão dos ALIMENTOS ULTRAPROCESSADOS.

48. *Vide*, na presente obra, Capítulo XVIII – AGROTÓXICOS.

49. *Vide* VI Conferência Internacional de Direito Ambiental – 6 de junho de 2024 – "Projeto de lei complementar que institui o Imposto Seletivo em face do Direito Ambiental Constitucional: 'Impostos do Pecado' ou Greenwashing"? – Palestrante: Professor Dr. Celso Antonio Pacheco Fiorillo. Disponível em: https://www.youtube.com/watch?v=EZ7bs5CpSXw.

50. Celso Antonio Pacheco Fiorillo e João Antonio Ferreira Pacheco Fiorillo, *Os impostos do pecado*: a reforma tributária no Brasil e os impostos sobre produção, extração, comercialização ou importação de bens e serviços prejudiciais à saúde ou ao meio ambiente em face do direito ambiental constitucional, Rio de Janeiro: Lumen Juris, 2024.

51. "Ementa: Recurso extraordinário. Repercussão geral. Direito Tributário Ambiental. 2. Tema 304 da sistemática da Repercussão Geral. 3. Arts. 47 e 48 da Lei Federal n. 11.196/2005. Possibilidade de apuração de créditos de PIS/Cofins na aquisição de insumos recicláveis. 4. Coexistência dos regimes cumulativo e não-cumulativo da contribuição ao PIS/Cofins. Dualidade de alíquotas. Prejuízos econômicos ao contribuinte industrial dedicado à reciclagem. 5. Inconstitucionalidade de tratamento tributário prejudicial à indústria de reciclagem. Princípio do protetor recebedor. Possibilidade concreta de os créditos fiscais superarem o valor do PIS/Cofins recolhido na etapa anterior da cadeia de produção. Afronta aos princípios da isonomia tributária, neutralidade fiscal e ao regime tributário favorecido e simplificado devido à microempresa e à empresa de pequeno porte. 6. Ética ambiental. Estado Socioambiental de Direito. Sustentabilidade ecológica e social. Direito ao **meio ambiente** ecologicamente equilibrado.

870

mas tributárias infraconstitucionais, quaisquer que sejam, devem necessária obediência ao novo **SISTEMA CONSTITUCIONAL TRIBUTÁRIO NACIONAL, NECESSARIAMENTE INTERPRETADO EM FACE DA DEFESA DO MEIO AMBIENTE** (art. 145, § 3º, da CF: "O Sistema Tributário Nacional deve observar os princípios da simplicidade, da transparência, da justiça tributária, da cooperação e da defesa do meio ambiente". [Incluído pela Emenda Constitucional n. 132, de 2023]).

---

Artigos 170, inciso VI, e 225, da Constituição Federal. Vinculação do Legislador ordinário. **Impossibilidade do esvaziamento do substrato axiológico dos direitos fundamentais ambientais. Inconstitucionalidade de tratamento tributário mais gravoso ao elo mais frágil da cadeia produtiva.** População de baixa renda. Afronta às normas fundamentais de **defesa do meio ambiente** e da valorização do trabalho humano. 7. Fixação da tese: 'São inconstitucionais os arts. 47 e 48 da Lei n. 11.196/2005, que vedam a apuração de créditos de PIS/Cofins na aquisição de insumos recicláveis' (grifos nossos). Recurso extraordinário provido" (RE 607.109 Repercussão Geral – Mérito (Tema 304), Tribunal Pleno, Rel. Min. Rosa Weber, Red. do acórdão Min. Gilmar Mendes, j. 8-6-2021, public. 13-8-2021).

# Parte VII
# TUTELA JURÍDICA DA ENERGIA VINCULADA AO DIREITO AMBIENTAL BRASILEIRO[1]

## 1. ASPECTOS GERAIS

Necessária para criar bens a partir dos recursos naturais[2 e 3], bem como para fornecer grande parte dos serviços destinados ao benefício da pessoa humana, a energia[4] pode ser definida como a "capacidade para a ação vigorosa; força inerente; forças

---

1. Para um estudo completo do tema, *vide* Celso Antonio Pacheco Fiorillo e Renata Marques Ferreira, Curso de direito da energia: tutela jurídica da água, do petróleo, do biocombustível, dos combustíveis nucleares, do vento e do sol, 3. ed., São Paulo, Saraiva, 2015.

2. Está vinculado aos recursos naturais, conforme define o *Dicionário de ecologia e ciências ambientais*, "qualquer material fornecido por um ambiente que é utilizado pelos homens, como os combustíveis (madeira, carvão, etc.), recursos minerais ou ainda madeira de corte". Já o *Dicionário de ciência ambiental* define recursos naturais como "substâncias, estruturas e processos frequentemente utilizados pelas pessoas, mas que não podem ser criados por elas". *Vide* Henry W. Art, *Dicionário de ecologia e ciências ambientais*, Melhoramentos, 1998, e H. Steven Dashefsky, *Dicionário de ciência ambiental*, 3. ed., Gaia, 2003.

3. Explica o *Dicionário de ciência ambiental* que os recursos naturais podem ser renováveis ou não renováveis.

Os *recursos naturais renováveis* incluem o sol, o solo, as plantas e a vida animal, uma vez que todos eles se perpetuam naturalmente.

Os *recursos naturais não renováveis* são aqueles que não se perpetuam, sendo certo que, usados continuamente pela pessoa humana, irão esgotar-se algum dia, como os minerais e os chamados combustíveis fósseis (depósito de material orgânico fóssil que é suficientemente combustível para ser usado como tal, conforme explica o *Dicionário de ecologia e ciências ambientais*; o carvão, o petróleo e o gás natural são combustíveis fósseis).

4. O relatório "World Energy Outlook", da Agência Internacional de Energia, **traz perspectivas sobre o futuro da energia mundial até 2035**.

Diante do aumento de 1,7 bilhão de pessoas da população mundial e do crescimento de 3,5% ao ano, seriam necessários investimentos em transporte de energia da ordem de US$ 38 bilhões. Países não membros da OCDE seriam responsáveis por 90% do acréscimo de demanda de energia, com a China assumindo papel proeminente. A procura por novas e mais limpas fontes de energia deve continuar ocorrendo nos próximos anos. **Entretanto, a dependência das conhecidas fontes não renováveis continuará elevada. A participação das fontes de energia renováveis tende a passar de 3% em 2009 para 15% em 2035** (*Folha de S.Paulo*, 4/1, Mercado, p. B4).

potenciais" sendo certo que é uma "quantidade conservada", não sendo "criada ou destruída, mas apenas convertida ou redistribuída de uma forma para outra"[5].

Definida com frequência como capacidade de realizar trabalho[6], pode ser encontrada em muitas formas, como o vento[7] ou a água corrente, bem como armazenada em matéria como os combustíveis fósseis – petróleo, carvão, gás natural –, que pode ser queimada para uma "ação vigorosa"[8].

Ao nos referirmos à questão da energia no Brasil[9 e 10], torna-se necessário o conhecimento de alguns dos conceitos básicos incorporados ao jargão técnico utilizado em nosso país, como ensinam Flávio Maron Vichi e Leonardo Freire de Mello[11], a saber:

ENERGIA PRIMÁRIA – fontes fornecidas pela natureza de forma direta (petróleo, gás natural, carvão mineral, energia hidráulica, lenha etc.);

ENERGIA SECUNDÁRIA – energia transformada a partir das fontes primárias, nos Centros de Transformação. Alguns exemplos são: óleo diesel, gasolina, coque de carvão, eletricidade etc.;

---

5. Conforme manifestado por Roger A. Hinrichs e Merlin Kleinbach na obra *Energia e meio ambiente*, trad. da 3ª edição norte-americana, Thomson, 2003.

6. *Vide Dicionário de ecologia e ciências ambientais*, cit., 1998.

7. A energia eólica, energia do vento, é aproveitada para impulsionar uma máquina (um moinho de vento) ou para mover um gerador elétrico (uma turbina de vento), conforme explica o *Dicionário de ecologia e ciências ambientais*. Os problemas ambientais são diminutos para essa fonte de energia renovável, não causando poluição do ar nem da água. Certamente seu único inconveniente é a poluição sonora, conforme explicam os estudiosos.

8. A natureza, conforme indicado pelo *Dicionário das ciências*, obedece a uma lei de CONSERVAÇÃO, que afirma: num sistema isolado existe uma quantidade, a energia, imutável, qualquer que seja a transformação por que ele passe. Ela aparece sob diversas formas cuja soma, que é a energia total, não varia, embora possa haver transformação de uma em outra. *Vide Dicionário das ciências*, sob a direção de Lionel Salem, Vozes/Unicamp, 1995.

9. Como explicam Hinrichs e Kleinbach, "o Brasil dispõe de uma vantagem comparativa em relação a outros países, pois possui uma grande reserva energética renovável, derivada da CANA-DE-AÇÚCAR: O ÁLCOOL ETÍLICO, ou ETANOL, um combustível renovável e que apresenta taxa de emissões bastante inferior às observadas nos derivados de petróleo".

Segundo a Fapesp, a tecnologia do etanol vem sendo desenvolvida há três décadas e o Brasil tem mais de 6 milhões de hectares de cana-de-açúcar, produzindo 17,7 bilhões de litros de etanol, algo em torno de 35% do total mundial, em 325 usinas sucroalcooleiras. O Brasil e os Estados Unidos – com uma produção de 18,5 bilhões de litros de etanol obtidos a partir do milho – respondem por 70% do mercado mundial de etanol. *Vide Pesquisa Fapesp*, ed. 136, junho de 2007.

10. A energia solar também mereceria atenção em nosso país. Alguns cientistas, explica Dashefsky, "acreditam que o SOL é a fonte de energia alternativa definitiva e a resposta para a maioria dos nossos problemas".

Proporcionando muito mais energia do que todas as pessoas do mundo inteiro precisam, ainda não é ela aproveitada de maneira eficiente, como lembra o autor do *Dicionário de ciência ambiental*, sendo certo que produz pouca ou nenhuma poluição do ar e da água, não adiciona dióxido de carbono (um gás-estufa) na atmosfera e não destrói a terra.

11. A questão energética no Brasil, in Roger A. Hinrichs e Merlin Kleinbach, *Energia e meio ambiente*, Thomson, 2003.

CENTROS DE TRANSFORMAÇÃO – locais onde parte da energia primária é convertida em energia secundária (refinarias de petróleo, usinas de gás natural, coquerias, usinas hidrelétricas etc.).

Dessarte, a *energia é um bem ambiental* tutelado na forma do que estabelece a Constituição Federal e balizado por meio de normas infraconstitucionais[12], conforme suas diferentes formas, visando ao aproveitamento das chamadas "fontes de energia".

A Carta Magna no art. 20 estabeleceu que, além dos recursos ambientais gerenciados pela União (*vide* incisos I a XI), merecem sua tutela jurídica (art. 20, VIII) os chamados *potenciais de energia hidráulica*.

É importante lembrar que mais de 90% da capacidade brasileira de geração de eletricidade é baseada, como explicam Vichi e Mello, "em dois elementos gratuitos: a água e a força da gravidade", uma vez que nosso país, conforme já tivemos oportunidade de afirmar em outras oportunidades, possui grandes bacias hidrográficas, com muitos rios permanentemente espalhados por todo o território nacional, cuja pequena declividade favorece a formação de grandes lagos, que nada mais são do que energia potencial armazenada", existindo evidentemente uma "dependência do regime de chuvas, já que os reservatórios funcionam como um estoque".

Por outro lado, ocorreu clara previsão constitucional em face dos serviços e instalações *nucleares*, estabelecendo inclusive a Lei Maior princípios e condições adstritas ao tema, além de indicar a responsabilidade objetiva por danos nucleares (art. 21, XXIII).

Dessarte, não se pode pensar em qualquer política energética nacional adaptada a parâmetros jurídicos sem observar a tutela jurídica da *energia hidráulica*[13] e mesma da *energia nuclear*[14].

---

12. Tanto a Lei federal n. 6.938/81 (art. 3º, V) como a Lei federal n. 9.985/2000 (esta última regulamentando o art. 225, § 1º, I, II, III e VII, da CF) estabelecem que a atmosfera, as águas interiores, superficiais e subterrâneas, os estuários, o mar territorial, o solo, o subsolo, os elementos da biosfera, a fauna e a flora são recursos ambientais (art. 2º, IV).

O Código Civil brasileiro (Lei n. 10.406/2002), embora inaplicável para a tutela dos bens ambientais, considera móveis para efeitos legais (?) as energias que tenham valor econômico (art. 83, I).

13. Informa o STF que "ao analisar o pleito da União e da Agência Nacional de Energia Elétrica (Aneel) na Suspensão de Liminar (SL) 722, o Ministro Ricardo Lewandowski, no exercício da Presidência do Supremo Tribunal Federal (STF), suspendeu decisão do Tribunal Regional Federal da 1ª Região (TFR-1) que havia determinado a paralisação das obras da Usina Hidrelétrica Teles Pires, em Mato Grosso.

Na origem, os Ministérios Públicos Federal e Estadual ajuizaram ação civil pública pedindo a imediata suspensão do licenciamento ambiental e das obras de execução do empreendimento hidrelétrico UHE Teles Pires, até que fosse realizado o Estudo do Componente Indígena e a consequente renovação do licenciamento a partir de novo Estudo de Impacto Ambiental e Relatório de Impacto Ambiental (EIA/RIMA). O juiz da 2ª Vara Federal de Mato Grosso extinguiu o processo, sem resolução de mérito, acolhendo o argumento de que haveria litispendência em relação a outra ação em trâmite na mesma Vara.

Os autores da ação recorreram ao TRF-1, que afastou a alegação de litispendência e deferiu o pedido de antecipação de tutela, para suspender as obras da hidrelétrica.

De qualquer forma, a Lei n. 9.478/97 foi atualizada em 2005 (Lei n. 11.097/2005) para dispor sobre a denominada "política energética nacional", estabelecendo que as políticas nacionais para o aproveitamento racional das fontes de energia devem estar ligadas aos objetivos indicados no art. 1º, I a XII, da norma referida.

Claro está que o objetivo da lei não foi somente o de procurar disciplinar o APROVEITAMENTO RACIONAL de algumas FONTES DE ENERGIA[15] no plano infraconstitucional, estabelecendo regras jurídicas no que se refere ao uso racional de

---

**Lesão**

No pedido apresentado no STF, a União e a Aneel alegaram que o cumprimento da decisão do TRF-1 acarretaria grave lesão à ordem econômica e administrativa, incapaz de ser sanada no futuro. 'A manutenção da liminar provoca desequilíbrio no mercado de distribuição de energia elétrica, joga por terra todo o planejamento da expansão da oferta de energia prevista no Plano Decenal de Expansão de Energia', além de, no entender da agência, poder acarretar, num futuro próximo, nova crise de energia, nos moldes da de 2001.

**Decisão**

'Analisadas as alegações expostas na inicial, entendo estar configurada a grave ofensa à ordem econômica, alegada pelos recorrentes, a justificar a concessão da medida extrema', disse o ministro em sua decisão. Para Lewandowski, não se desconhece que a defesa e preservação do meio ambiente é um dos mais altos valores atuais. Dessa forma, a exploração de qualquer atividade econômica deve se dar de forma equilibrada a fim de preservá-lo para as presentes e futuras gerações.

Por outro lado, lembrou o ministro, o aproveitamento do riquíssimo potencial hidrelétrico do País constitui imperativo de ordem prática, que não pode ser desprezado em uma sociedade em desenvolvimento, cuja demanda por energia cresce a cada dia de forma exponencial. Nesse sentido, frisou que não se pode esquecer a crise registrada no setor elétrico em 2001, 'a qual tantos transtornos causou aos brasileiros'.

'A paralisação da obra que se encontra em pleno andamento poderá causar prejuízos econômicos de difícil reparação ao Estado', disse o ministro, lembrando que a situação pode, inclusive, acarretar na indesejável demissão de trabalhadores. Conforme a decisão, a suspensão das obras pode levar à necessidade de buscar outras fontes energéticas para suprir a que seria produzida pela Usina Teles Pires. 'Ocorre que a substituição não se faria sem danos ao meio ambiente, pois, como é cediço, até mesmo as chamadas 'fontes alternativas renováveis causam malefícios à natureza'.

Para o ministro, a paralisação abrupta das atividades da Usina Teles Pires, sem o devido planejamento, causará danos ainda maiores ao meio ambiente do que aqueles que se pretende evitar com a liminar do TRF-1, além de acarretar prejuízos econômicos. Com esses argumentos, deferiu o pedido e suspendeu a liminar concedida pelo TRF-1. A decisão, segundo o ministro, se aplica também às SL 723 e 724 e à Suspensão de Tutela Antecipada (STA) 726, que têm semelhante objeto".

MB/AD – **Processos relacionados**: SL 722.

14. O Brasil conta atualmente com duas usinas nucleares em operação, Angra 1 e Angra 2, além de uma terceira em fase de implantação (Angra 3).

Fonte de energia alternativa que se tornou popular na década de 70 proliferando no começo da década de 80 em muitos países (em 1989 havia 110 usinas de energia nuclear nos Estados Unidos fornecendo 20% das necessidades energéticas americanas), não causa poluição do ar nem libera gases-estufa na atmosfera, além de causar uma diminuta poluição da água.

O problema da energia nuclear está vinculado à segurança, ao custo, bem como ao descarte de resíduos nucleares dos materiais radiativos gastos.

15. Na história das fontes de energia, destaca o *Dicionário de ciência ambiental*, que a MADEIRA foi a primeira fonte de combustível, usada para cozinhar alimentos, aquecer moradias e transformar metais em utensílios, ferramentas e armas.

Como a demanda por madeira cresceu, o fornecimento diminuiu em muitas partes do mundo e novas alternativas tiveram de ser encontradas, como o CARVÃO, combustível fóssil criado a partir da vegetação (FÓSSIL, segundo o *Dicionário das ciências*, é o resto de seres vivos conservados durante diferentes eras

referidas fontes, mas também o de fixar deveres e direitos adaptados ao uso das fontes de energia observados em harmonia com as necessidades de brasileiros e estrangeiros residentes no País (art. 1º, II, c/c o art. 5º da CF) articulados com a ordem econômica do capitalismo (art. 1º, IV, c/c o art. 170 da CF).

A proteção do meio ambiente é objetivo explicitamente indicado pelo legislador (art. 1º, IV), assim como a proteção dos interesses do consumidor quanto a preço, qualidade e oferta de produtos (art. 1º, III), guardando rigorosa sintonia com o art. 170 da Carta Magna.

Os *hidrocarbonetos*[16] (líquido em seu estado natural – PETRÓLEO – e em estado gasoso nas condições atmosféricas normais – GÁS –, ambos de origem fóssil), assim como os combustíveis derivados de *biomassa*[17 e 18] (derivada de matéria viva como grãos, árvores, plantas) destinados a substituir parcial ou totalmente os combustíveis de origem fóssil, passam a ser disciplinados pela Lei n. 9.478/97, que procurou fixar

---

geológicas: uma parte de animal ou vegetal – objeto fóssil – ou suas impressões – fóssil impresso), que passou a ser usado e considerado muito importante no século XVIII no âmbito da Revolução Industrial.

No processo de substituição da madeira, os poços de PETRÓLEO (combustível fóssil formado a partir de organismos marinhos) começaram a ser perfurados (meados do século XIX e início do século XX). Primeiramente foi usado como querosene de lamparina, enquanto a gasolina era considerada um subproduto residual, assim como o GÁS NATURAL (que era queimado no poço de petróleo como um resíduo).

A energia HIDRELÉTRICA, produzida pelo movimento da ÁGUA (início do século XX), a energia NUCLEAR, produzida em decorrência da liberação de energia pela mudança de estrutura do núcleo de um elemento – fissão ou fusão de núcleos atômicos –, assim como o URÂNIO (fim do século XX), passaram a assumir lugar de destaque no que se refere às fontes de energia.

16. A queima de combustíveis fósseis emite gases-estufa, que aumentam as temperaturas globais, conforme lembra Dashefsky.

17. Como explica Dashefsky, a energia de biomassa é uma "alternativa aos combustíveis fósseis (petróleo, gás, carvão) que utiliza quase todas as formas de matéria orgânica, especificamente resíduos animais e plantas, como uma fonte de energia".

18. O BIOCOMBUSTÍVEL (art. 6º, XXIV, da Lei n. 9.478/97) é o combustível derivado de biomassa renovável para uso em motores a combustão interna ou, conforme regulamento, para outro tipo de geração de energia, que possa substituir parcial ou totalmente combustíveis de origem fóssil; o BIODIESEL (art. 6º, XXV, da Lei n. 9.478/97) é o biocombustível derivado de biomassa renovável para uso em motores a combustão interna com ignição por compressão ou, conforme regulamento, para geração de outro tipo de energia, que possa substituir parcial ou totalmente combustíveis de origem fóssil.

De maneira geral, "os óleos vegetais podem reagir quimicamente com o álcool anidro (sem água como o utilizado como combustível) ou com o metanol para produzir ÉSTERES. Esses ésteres, quando usados como biocombustíveis, levam o nome de BIODIESEL", que pode ser obtido a partir do processamento de SEMENTES de girassol, soja, dendê, castanha, buriti, amendoim, mamona, algodão e outros vegetais, conforme explicam Vichi e Mello.

O Brasil desenvolve pesquisa sobre o Biodiesel desde 1975, estando atualmente em funcionamento 23 usinas de processamento do biocombustível com capacidade de produção de 964 milhões de litros destinados à mistura de 2% em torno do óleo diesel no país, o que será obrigatório a partir de 2008. Há todavia longo caminho a percorrer no desenvolvimento da citada tecnologia, já que quase todo o biodiesel produzido no Brasil é feito a partir do metanol, que não é considerado propriamente renovável. *Vide Pesquisa Fapesp*, ed. 134 e 136.

definições jurídicas para termos técnicos específicos da indústria de petróleo, gás, seus derivados e mesmo de biocombustíveis (art. 6º, I a XXV).

Para a instalação de obras ou mesmo de atividades relacionadas ao aproveitamento racional de energia (como os CENTROS DE TRANSFORMAÇÃO anteriormente mencionados), o Poder Público tem incumbência constitucional de exigir do empreendedor, em princípio, ESTUDO PRÉVIO DE IMPACTO AMBIENTAL, a que se dará publicidade não só em obediência ao que determina o art. 225, § 1º, IV, da Constituição Federal, mas em atendimento aos objetivos da Lei n. 9.478/97 fixados em seu art. 1º e já apontados anteriormente.

No que se refere à análise do exercício do monopólio, domínio do resultado da lavra de jazidas de petróleo, de gás natural e de outros hidrocarbonetos, assim como à dos direitos e deveres de contratados e concessionários vinculados ao tema, cabe reiterar comentários que já tivemos oportunidade de desenvolver (tutela jurídica dos RECURSOS MINERAIS), bem como reproduzir a decisão do Supremo Tribunal Federal (2-3-2007) na Ação Direta de Inconstitucionalidade n. 3.366 com acórdão redigido pelo Ministro Eros Grau em decorrência de seu caráter didático:

"CONSTITUCIONAL. MONOPÓLIO. CONCEITO E CLASSIFICAÇÃO. PETRÓLEO, GÁS NATURAL E OUTROS HIDROCARBONETOS FLUIDOS. BENS DE PROPRIEDADE EXCLUSIVA DA UNIÃO. ART. 20 DA CB/88. MONOPÓLIO DA ATIVIDADE DE EXPLORAÇÃO DO PETRÓLEO, DO GÁS NATURAL E DE OUTROS HIDROCARBONETOS FLUIDOS. ART. 177, I a IV e §§ 1º E 2º, DA CB/88. REGIME DE MONOPÓLIO ESPECÍFICO EM RELAÇÃO AO ART. 176 DA CONSTITUIÇÃO. DISTINÇÃO ENTRE AS PROPRIEDADES A QUE RESPEITAM OS ARTS. 177 E 176 DA CB/88. PETROBRAS. SUJEIÇÃO AO REGIME JURÍDICO DAS EMPRESAS PRIVADAS (ART. 173, § 1º, II, DA CB/88). EXPLORAÇÃO DE ATIVIDADE ECONÔMICA EM SENTIDO ESTRITO E PRESTAÇÃO DE SERVIÇO PÚBLICO. ART. 26, § 3º, DA LEI N. 9.478/97. MATÉRIA DE LEI FEDERAL. ART. 60, *CAPUT*, DA LEI N. 9.478/97. CONSTITUCIONALIDADE. COMERCIALIZAÇÃO ADMINISTRADA POR AUTARQUIA FEDERAL [ANP]. EXPORTAÇÃO AUTORIZADA SOMENTE SE OBSERVADAS AS POLÍTICAS DO CNPE, APROVADAS PELO PRESIDENTE DA REPÚBLICA (ART. 84, II, DA CB/88).

1. O conceito de monopólio pressupõe apenas um agente apto a desenvolver as atividades econômicas a ele correspondentes. Não se presta a explicitar características da propriedade, que é sempre exclusiva, sendo redundantes e desprovidas de significado as expressões 'monopólio da propriedade' ou 'monopólio do bem'.

2. Os monopólios legais dividem-se em duas espécies: (i) os que visam a impelir o agente econômico ao investimento – a propriedade industrial, monopólio privado; e (ii) os que instrumentam a atuação do Estado na economia.

3. A Constituição do Brasil enumera *atividades* que consubstanciam monopólio da União [art. 177] e os *bens* que são de sua exclusiva propriedade (art. 20).

4. A existência ou o desenvolvimento de uma *atividade econômica* sem que a *propriedade do bem* empregado no processo produtivo ou comercial seja concomitantemente detida pelo agente daquela atividade não ofende a Constituição. O conceito de atividade econômica (enquanto atividade empresarial) prescinde da propriedade dos bens de produção.

5. A propriedade não consubstancia uma instituição única, mas o conjunto de várias instituições, relacionadas a diversos tipos de bens e conformadas segundo distintos conjuntos normativos – distintos regimes – aplicáveis a cada um deles.

6. A distinção entre *atividade* e *propriedade* permite que o domínio do resultado da lavra das jazidas de petróleo, de gás natural e de outros hidrocarbonetos fluidos possa ser atribuído a terceiros pela União, sem qualquer ofensa à reserva de monopólio (art. 177 da CB/88).

7. A propriedade dos produtos ou serviços da atividade não pode ser tida como abrangida pelo monopólio do desenvolvimento de determinadas atividades econômicas.

8. A propriedade do produto da lavra das jazidas minerais atribuídas ao concessionário pelo preceito do art. 176 da Constituição do Brasil é inerente ao modo de produção capitalista. A propriedade sobre o produto da exploração é plena, desde que exista concessão de lavra regularmente outorgada.

9. Embora o art. 20, IX, da CB/88 estabeleça que os recursos minerais, inclusive os do subsolo, são bens da União, o art. 176 garante ao concessionário da lavra a propriedade do produto de sua exploração.

10. Tanto as atividades previstas no art. 176 quanto as contratações de empresas estatais ou privadas, nos termos do disposto no § 1º do art. 177 da Constituição, seriam materialmente impossíveis se os concessionários e contratados, respectivamente, não pudessem apropriar-se, direta ou indiretamente, do produto da exploração das jazidas.

11. A EC 9/95 permite que a União transfira ao seu contratado os riscos e resultados da atividade e a propriedade do produto da exploração de jazidas de petróleo e de gás natural, observadas as normais legais.

12. Os preceitos veiculados pelos §§ 1º e 2º do art. 177 da Constituição do Brasil são específicos em relação ao art. 176, de modo que as empresas estatais ou privadas a que se refere o § 1º não podem ser chamadas de 'concessionárias'. Trata-se de titulares de um tipo de propriedade diverso daquele do qual são titulares os concessionários das jazidas e recursos minerais a que respeita o art. 176 da Constituição do Brasil.

13. A propriedade de que se cuida, no caso do petróleo e do gás natural, não é plena, mas relativa; sua comercialização é administrada pela União mediante a atuação de uma autarquia, a Agência Nacional do Petróleo – ANP.

14. A Petrobras não é prestadora de serviço público. Não pode ser concebida como delegada da União. Explora atividade econômica em sentido estrito, sujeitando-se ao regime jurídico das empresas privadas (§ 1º, II, do art. 173 da CB/88). Atua em regime de competição com empresas privadas que se disponham a disputar, no âmbito de procedimentos licitatórios (art. 37, XXI, da CB/88), as contratações previstas no § 1º do art. 177 da Constituição do Brasil.

15. O art. 26, § 3º, da Lei n. 9.478/97, dá regulação ao chamado *silêncio da Administração*. Matéria infraconstitucional, sem ofensa direta à Constituição.

16. Os preceitos dos arts. 28, I e III; 43, parágrafo único; e 51, parágrafo único, da Lei n. 9.478/97 são próprios às contratações de que se cuida, admitidas expressamente pelo § 2º do art. 177 da CB.

17. A opção pelo tipo de contrato a ser celebrado com as empresas que vierem a atuar no mercado petrolífero não cabe ao Poder Judiciário: este não pode se imiscuir em decisões de caráter político.

18. Não há falar-se em inconstitucionalidade do art. 60, *caput*, da Lei n. 9.478/97. O preceito exige, para a exportação do produto da exploração da atividade petrolífera, seja atendido o disposto no art. 4º da Lei n. 8.176/91, observadas as políticas aprovadas pelo Presidente da República, propostas pelo Conselho Nacional de Política Energética – CNPE (art. 84, II, da CB/88).

19. Ação direta julgada improcedente".

A tutela jurídica da energia merece, por via de consequência, análise contemporânea de nosso direito positivo[19], não guardando nenhuma compatibilidade com interpretações baseadas em subsistemas originários do século XIX ou mesmo estabelecidas com enfoque na superada visão direito público x direito privado.

---

19. É o caso da Lei municipal paulistana n. 14.459, de 3 de julho de 2007, que dispõe sobre a instalação de sistema de aquecimento de água por energia solar nas novas edificações do Município de São Paulo, destinada às categorias de uso residencial e não residencial. A obrigatoriedade estabelecida em referida lei aplica-se, na categoria de uso não residencial, às seguintes atividades de comércio, de prestação de serviços públicos e privados, e industriais:

I – hotéis, motéis e similares;

II – clubes esportivos, casas de banho e sauna, academias de ginástica e lutas marciais, escolas de esportes, estabelecimentos de locação de quadras esportivas;

III – clínicas de estética, institutos de beleza, cabeleireiros e similares;

IV – hospitais, unidades de saúde com leitos, casas de repouso;

V – escolas, creches, abrigos, asilos e albergues;

VI – quartéis;

VII – indústrias, se a atividade setorial específica demandar água aquecida no processo de industrialização ou, ainda, quando disponibilizar vestiários para seus funcionários;

VIII – lavanderias industriais, de prestação de serviço ou coletivas, em edificações de qualquer uso, que utilizem em seu processo água aquecida.

## 2. SOBERANIA ENERGÉTICA EM FACE DA ORDEM ECONÔMICA CONSTITUCIONAL

Historicamente, o aproveitamento racional dos vários recursos energéticos disponíveis em nosso país[20] (particularmente o petróleo) sempre levou o legislador a procurar estabelecer no plano constitucional e infraconstitucional uma equilibrada política energética nacional estruturada, particularmente em face da relevância econômica gerada por referidos recursos em proveito dos brasileiros e estrangeiros residentes no País, associando o tema à própria soberania[21]. Daí, o Livro Branco de Defesa Nacional[22], ao esclarecer as atividades de defesa do País[23], no sentido de exercer completa e exclusiva soberania[24 e 25] sobre seu território, seu mar territorial e o espaço aéreo sobrejacente, não aceitando nenhuma forma de ingerência externa em suas decisões, destacar explicitamente a condição brasileira de grande produtor de energia renovável e não renovável como patrimônio a exigir referida defesa.

---

20. As principais **fontes de energia do Brasil**, atualmente, são: **petróleo** (principal fonte de energia brasileira, é utilizado para a geração de energia para veículos motores, através da produção de gasolina, óleo diesel, querosene, bem como é responsável pelo abastecimento de usinas termoelétricas), **energia hidroelétrica, carvão mineral** e os **biocombustíveis**, além de algumas outras utilizadas em menor escala, como **gás natural** e a **energia nuclear**.

21. A respeito do tema, *vide*, de forma detalhada, Celso Antonio Pacheco Fiorillo e Renata Marques Ferreira, *Curso de direito da energia*: tutela jurídica da água, do petróleo, do biocombustível, dos combustíveis nucleares, do vento e do sol, 3. ed., São Paulo, Saraiva, 2015.

22. A Lei Complementar n. 97/99, modificada pela Lei Complementar n. 136/2010, estabeleceu, em seu art. 9º, § 3º, a obrigatoriedade de o Poder Executivo apresentar ao Congresso Nacional, na primeira metade da sessão legislativa ordinária de 2012, a primeira versão do Livro Branco de Defesa Nacional.

23. "A política de defesa determina a capacidade estatal de oferecer proteção ao povo brasileiro e de garantir a não ingerência externa em seu território e em suas águas jurisdicionais, inclusive o espaço aéreo sobrejacente, o leito marinho e o subsolo. A soberania da Nação, sua inserção econômica competitiva e seu desenvolvimento pleno pressupõe capacidade de defesa condizente com as potencialidades e aspirações do País". Disponível em: https://www.defesa.gov.br/arquivos/2012/mes07/lbdn.pdf. Acesso em: 2 jan. 2019.

24. "A soberania é o primeiro fundamento citado no art. 1º da Constituição Federal brasileira. A soberania é inalienável, indivisível e imprescritível. Deve ser exercida pela vontade geral e ser preservada em nome das futuras gerações e da prosperidade do País. Trata-se de uma ordem suprema, que não deve se submeter a outra ordem" (Disponível em: https://www.defesa.gov.br/arquivos/2012/mes07/lbdn.pdf. Acesso em: 2 jan. 2019).

25. Conforme esclarece o Livro Branco de Defesa Nacional, "O Brasil guia sua atuação na área ambiental pelo 'Princípio 2' da Declaração do Rio de Janeiro sobre Meio Ambiente e Desenvolvimento, adotada por ocasião da Conferência das Nações Unidas sobre Ambiente e Desenvolvimento Sustentável (CNUMAD, ou Rio-92), o qual reafirma o direito soberano de cada nação de explorar seus recursos naturais segundo suas próprias políticas ambientais e de desenvolvimento".

Princípio 2: "Os Estados, de conformidade com a Carta das Nações Unidas e com os princípios de Direito Internacional, têm o direito soberano de explorar seus próprios recursos segundo suas próprias políticas de meio ambiente e desenvolvimento, e a responsabilidade de assegurar que atividades sob sua jurisdição ou controle não causem danos ao meio ambiente de outros Estados ou de áreas além dos limites da jurisdição nacional" (Disponível em: https://www.defesa.gov.br/arquivos/2012/mes07/lbdn.pdf. Acesso em: 2 jan. 2019).

Possuidor tanto de fontes de energia não renovável (petróleo, carvão mineral, gás natural e nuclear) como de fontes de energia renováveis (eólica, hidrelétrica, solar), o Brasil, no que se refere às fontes de energia mais utilizadas no mundo[26], destaca-se tanto nas reservas (15º do mundo)[27] como na produção (9º do mundo)[28] e exportação de petróleo (15º do mundo)[29], assim como nas reservas[30] de carvão (15º do mundo), a saber, nosso país se destaca nas reservas das duas fontes de energia mais utilizadas do mundo (fontes que correspondem a aproximadamente 60% do total) em face de uma realidade que nos coloca em posição estratégica perante a grande demanda de energia mundial[31].

Destarte, embora não renováveis (finitas/esgotáveis), o petróleo e o carvão são fontes abundantes em nosso país, possuindo rendimento energético elevado e preços atrativos, gerando importantes ganhos econômicos para o Brasil[32 e 33], além de empre-

---

26. As **fontes de energia mais utilizadas no mundo** (matriz energética mundial) são: 1º) petróleo: 31,3%; 2º) carvão, turfa e xisto: 28,6%; 3º) gás natural: 21,2%; 4º) biocombustíveis e resíduos (incluindo biomassa): 10,3%; 5º) nuclear: 4,8%; 6º) hidrelétrica: 2,4%; 7º) fontes renováveis de energia (principalmente solar, geotérmica e eólica): 1,4% (Disponível em: http://www.ren21.net/wp-content/uploads/2016/11/REN21_GSR2016_KeyFindings_port_02.pdf).

27. **Reservas Provadas de Petróleo Bruto – 2017** (bilhões de barris): 1) Venezuela; 2) Arábia Saudita; 3) Canadá; 4) Irã; 5) Iraque; 6) Kuwait; 7) Emirados Árabes Unidos; 8) Rússia; 9) Líbia; 10) Nigéria; 11) Estados Unidos; 12) Cazaquistão; 13) China; 14) Catar; **15) Brasil** (Disponível em: https://www.eia.gov/beta/international/).

28. **Produção Total de Petróleo e Outros Líquidos – 2017** (mil barris por dia): 1) Estados Unidos; 2) Arábia Saudita; 3) Rússia; 4) Canadá; 5) China; 6) Irã; 7) Iraque; 8) Emirados Árabes Unidos**; 9) Brasil**; 10) Kuwait; 11) México; 12) Venezuela; 13) Nigéria; 14) Noruega; 15) Catar (fonte: US Energy Information Administration, International Energy Statistics. Disponível em: https://www.eia.gov/beta/international/).

29. **Exportações de Petróleo Bruto, incluindo** Lease Condensate – **2016** (ano mais recente com dados suficientes para classificação) – mil barris por dia: 1) Arábia Saudita; 2) Rússia; 3) Iraque; 4) Canadá; 5) Emirados Árabes Unidos; 6) Kuwait; 7) Irã; 8) Venezuela; 9) Angola; 10) Nigéria; 11) Noruega; 12) Cazaquistão; 13) México; 14) Omã; **15) Brasil**.

30. **Reservas recuperáveis de carvão – 2015** (ano mais recente com dados suficientes para classificação) – milhões de toneladas curtas: 1) Estados Unidos; 2) Rússia; 3) Austrália; 4) China; 5) Índia; 6) Alemanha; 7) Ucrânia; 8) África do Sul; 9) Cazaquistão; 10) Indonésia; 11) Polônia; 12) Peru; 13) Nova Zelândia; 14) Sérvia; **15) Brasil.**

31. As descobertas no pré-sal estão entre as mais importantes em todo o mundo na última década. Essa província é composta por grandes acumulações de óleo leve, de excelente qualidade e com alto valor comercial (Disponível em: http://www.petrobras.com.br/pt/nossas-atividades/areas-de-atuacao/exploracao--e-producao-de-petroleo-e-gas/pre-sal/. Acesso em: 2 jan. 2019).

32. Conforme amplamente noticiado pela mídia, o leilão de campos do pré-sal realizado no final de outubro de 2017 teve seis dos oito blocos arrematados, gerando uma receita de 6,15 bilhões de reais em bônus de assinatura ao governo federal. Foi a primeira série de licitações do pré-sal sob a nova regra que desobriga a Petrobras de participar como sócia em todos os projetos.

33. A escalada dos preços internacionais do petróleo tem ajudado o caixa da União, Estados e Municípios. De janeiro a abril de 2018, conforme amplamente divulgado pela mídia, a arrecadação com *royalties* e participações especiais sobre a produção do petróleo no país cresceu 38,5%, na comparação com o mesmo período do ano passado, garantindo uma receita extra de R$ 3,5 bilhões. Segundo levantamento do Centro Brasileiro de Infraestrutura (CBIE), a partir de dados da Agência Nacional de Petróleo, Gás Natural e Biocombustíveis (ANP), essa fonte de receita atingiu R$ 12,873 bilhões nos 4 primeiros meses do ano, contra uma arrecadação de R$ 9,292 bilhões de janeiro a abril do ano passado.

gos e possuindo infraestrutura construída para geração e distribuição (usinas, dutos, ferrovias e rodovias)[34].

Daí, ainda que exista, conforme observam Mauricio T. Tolmasquim, Amílcar Guerreiro e Ricardo Gorini[35], "uma clara tendência de diversificação da matriz energética brasileira", conforme esclarecem os referidos autores, em 1970, apenas duas fontes de energia, petróleo e lenha, respondiam por 78% do consumo, enquanto em 2000 três fontes correspondiam a 74% do consumo: além de petróleo e lenha, a energia hidráulica. Projeta-se para 2030 uma situação em que quatro fontes serão necessárias para satisfazer 77% do consumo: além de petróleo e energia hidráulica, cana-de-açúcar e gás natural – com redução da importância relativa da lenha.

O petróleo, pois, para o Brasil (e para o mundo...), foi, é e continuará sendo por um bom tempo uma fonte de energia fundamental além de excepcional fonte geradora de riquezas para o País, sendo um dos 10 mais importantes produtos exportados pelo Brasil em 2023[36], não podendo ser pura e simplesmente substituído, na medida em que aludida substituição eliminaria sua função estratégica e não estaria adequadamente concatenada com as necessidades energéticas do País, o que efetivamente poderia fragilizar a confiabilidade e a segurança de todo o nosso sistema energético nacional[37]. Referida situação

---

34. Os principais usos das fontes não renováveis são: 1) na geração de eletricidade; 2) como combustível nos transportes de cargas e de pessoas; e 3) no aquecimento de casas.

35. Mauricio T. Tolmasquim; Amílcar Guerreiro; Ricardo Gorini, Matriz energética brasileira: uma prospectiva, *Novos Estudos – CEBRAP*, n. 79, São Paulo, nov. 2007.

36. "Principais Produtos Exportados pelo Brasil em 2023 – Confira a seguir o ranking dos 10 produtos que mais exportamos até junho de 2023 (Valor FOB US$):

1º Minério de ferro.....................................................................42,2 bilhões
2º Soja......................................................................................37,3 bilhões
3º Óleos brutos de petróleo.......................................................27,4 bilhões
4º Açúcares e melaços................................................................8,5 bilhões
5º Carne bovina..........................................................................7,4 bilhões
6º Farelos de soja.......................................................................7,2 bilhões
7º Óleos combustíveis de petróleo..............................................6,6 bilhões
8º Demais produtos – Indústria de Transformação.......................6,4 bilhões
9º Carnes de aves.......................................................................6,3 bilhões
10º Celulose ...............................................................................6,1 bilhões"

(Sinara Bueno, Exportações no Brasil | Veja os principais produtos exportados, *Fazcomex*, 24-6-2024. Disponível em: https://www.fazcomex.com.br/exportacao/exportacoes-no-brasil/).

37. "A temática ambiental tem progressiva importância estratégica para o Brasil e traz novos desafios para o País na área de defesa. A proteção dos recursos naturais ganhou destaque na formulação da Estratégia Nacional de Defesa, principalmente no que se refere à região amazônica. O Brasil guia sua atuação na área ambiental pelo 'Princípio 2' da Declaração do Rio de Janeiro sobre Meio Ambiente e Desenvolvimento, adotada por ocasião da Conferência das Nações Unidas sobre Ambiente e Desenvolvimento Sustentável (CNUMAD, ou Rio-92), o qual reafirma o direito soberano de cada nação de explorar seus recursos naturais segundo suas próprias políticas ambientais e de desenvolvimento. A contrapartida ao direito de exploração soberana é o compromisso de cada Estado de não causar danos ao meio

foi inclusive reconhecida pelo governo brasileiro ao anunciar sua intenção de aderir à Carta de Cooperação (CoC) da OPEP+ no início de 2024[38], sendo certo que em 2024 a Petrobras "é a maior empresa brasileira em valor de mercado na B3"[39].

Possuindo, pois, importância econômica histórica em nosso país, o petróleo sempre teve por parte do sistema constitucional e infraconstitucional brasileiro análise detalhada em face da importância de referido bem para a Nação.

Atenta, pois, à evolução normativa histórica do petróleo em proveito dos brasileiros, nossa Constituição Federal de 1988 estruturou de forma satisfatória a tutela jurídica do referido bem ambiental, delimitando suas especificidades de gestão na ordem econômica constitucional na forma do art. 177, sem olvidar evidentemente que a gestão do referido hidrocarboneto necessariamente deve ser interpretada preliminarmente em face dos princípios fundamentais de nossa Lei Maior (arts. 1º, 3º e 4º da CF), bem como dos princípios gerais da atividade econômica (art. 170 e s.), assim como obedecendo evidentemente ao regramento jurídico geral definidor da natureza jurídica da mencionada fonte de energia (petróleo como bem ambiental – art. 225 da CF).

Com efeito.

No que se refere à gestão do petróleo em face dos princípios fundamentais de nossa Lei Maior, merece ser destacado, ainda que superficialmente, que toda e qualquer política energética nacional, no plano normativo, deve obedecer preliminarmente aos princípios fundamentais da soberania (art. 1º, I, da CF) e da independência nacional (art. 4º, I), como fundamentos estruturais destinados a interpretar a matéria.

Destarte, "o art. 1º da Constituição assenta como um dos fundamentos do Estado brasileiro a sua soberania – que significa o poder político supremo dentro do território,

---

ambiente em razão de atividades realizadas sob sua jurisdição ou sob seu controle" (Disponível em: https://www.defesa.gov.br/arquivos/2012/mes07/lbdn.pdf. Acesso em: 2 jan. 2019).

38. "Brasil adere à Carta de Cooperação OPEP+" – "Na 36ª Reunião Ministerial da OPEP e não--OPEP (ONOMM), em 30 de novembro, o Brasil anunciou sua intenção de aderir à Carta de Cooperação (CoC) da OPEP+ no início de 2024."

"Cerca de um mês depois de sua visita oficial ao Brasil (ver página 14), o Secretário Geral da OPEP, Haitham Al Ghais, apresentou Alexandre Silveira de Oliveira, Ministro de Minas e Energia da República Federativa do Brasil, ao 36º ONOMM. Num sinal da expansão da plataforma do grupo, Silveira anunciou que o Brasil ingressaria no CoC OPEP+ a partir de janeiro de 2024 e transmitiu a todos os presentes as saudações do Presidente da República Federativa do Brasil, Luiz Inácio Lula da Silva. Silveira destacou que no Brasil acompanhamos com muito entusiasmo o valioso trabalho desenvolvido pelos 23 países participantes do acordo OPEP+ desde a sua fundação em dezembro de 2016 (Declaração de Cooperação). 'O acordo OPEP+ preservou efetivamente a estabilidade dos mercados de petróleo e energia. Esta estabilidade traz benefícios não só para os países produtores, mas também para os países consumidores, afetando diretamente a economia global'" (Brazil joins OPEC+ Charter of Coopetion. Disponível em: https://www.opec.org/opec_web/static_files_project/media/downloads/publications/OB11_122023.pdf).

39. "A Petrobras é a maior empresa brasileira em valor de mercado na B3 em 2024, com mais de R$ 500 bilhões. O Itaú Unibanco aparece em segundo no ranking, com R$ 287,2 bilhões. Em terceiro, está a Vale, com R$ 280,8 bilhões" (Victoria Nogueira Rosa, As 10 maiores empresas do Brasil em valor de mercado. *Valor Econômico*, 4-6-2024. Disponível em: https://valor.globo.com/empresas/noticia/2024/06/04/as-10-maiores-empresas-do-brasil-em-valor-de-mercado-em-2024.ghtml).

e, no plano internacional, no tocante às relações da República Federativa do Brasil com outros Estados soberanos, nos termos do art. 4º, I, da Carta Magna. A soberania nacional no plano transnacional funda-se no princípio da independência nacional, efetivada pelo presidente da República, consoante suas atribuições previstas no art. 84, VII e VIII, da Lei Maior", ou seja, trata-se de entender a soberania, como "poder de mando de última instância, numa sociedade política", para usar a tradicional lição de Matteucci.

Daí o Supremo Tribunal Federal ter estabelecido que "os compromissos assumidos pelo Brasil em tratado internacional de que seja parte (§ 2º do art. 5º da Constituição) não minimizam o conceito de soberania do Estado-povo na elaboração da sua Constituição", mantendo-se, pois, nos dias de hoje, "ainda intacto o padrão westfaliano de relacionamento horizontal entre os Estados, enquanto modelo fundado na soberania, na supremacia da ordem jurídica interna, na aplicação do direito internacional em conformidade com os ditames da legislação local e na consideração de um povo territorialmente localizado como fonte de legitimidade, ainda que, em outras áreas, sobretudo na econômica, a heteronímia decisória tenda a avançar cada vez mais", como lembra Lewandowski.

# Parte VIII
## "DIREITOS" DE LIBERDADE ECONÔMICA (LEI N. 13.874/2019) EM FACE DO DIREITO AMBIENTAL CONSTITUCIONAL

Classificada por seus idealizadores como "liberal"[1,2e3] e tendo como objetivo, na

---

1. "São muitos os idiomas do liberalismo e múltiplos e diversificados os temas dos seus patronos intelectuais. Entre eles, Immanuel Kant e Adam Smith, Alexander von Humboldt e Alexis de Tocqueville, Benjamin Constant e John Stuart Mill, Friedrich Hayek e Raymond Aron, Karl Popper e Isaiah Berlin. Todos esses autores têm afinidades. Resultam de uma compartilhada preocupação com a defesa e a realização da liberdade. Partem de uma visão da sociedade concebida como plural, na qual o ser humano, com a sua dignidade própria, não se dissolve no todo. Pressupõem que o mundo não é uma realidade determinista, mas um conjunto de probabilidades e possibilidades que estão ao alcance do criativo e inovador exercício das múltiplas dimensões da liberdade. É esse terreno comum que permite inserir esses grandes nomes e suas reflexões no âmbito do liberalismo. Caracterizam-se, no entanto, por diferenças apreciáveis. É por isso que cabe falar em liberalismos, no plural, e pontuar que em contraste com a tradição socialista, na qual avulta a hegemonia de Karl Marx, o panteão do liberalismo, desde as suas origens e nos seus desdobramentos, é plural. Não é por acaso que a palavra liberal, como adjetivo, designa a postura de um espírito aberto e não dogmático.

A dimensão plural do liberalismo provém do fato de que a liberdade não é uma, mas múltipla, e passa pela política, pela cultura, pelo social e pelo econômico... é a preocupação com as múltiplas dimensões de liberdade que faz com que os pensadores dos liberalismos tenham como um dos seus temas o papel das instituições que a preservam dos que a denegam política, econômica e culturalmente. Anoto, a propósito de liberdade econômica, que os mercados não operam no vazio; por isso o bom funcionamento da economia requer instituições, como aponta, entre outros, Douglass North" (Celso Lafer, Liberalismo/liberalismos, Jornal *O Estado de S. Paulo*, 16 fev. 2020, disponível em <https://opiniao.estadao.com.br/noticias/espaco-aberto,liberalismoliberalismos,70003198967>).

2. O denominado liberalismo clássico, cabe sublinhar, teria efetivamente acabado depois das guerras mundiais ocorridas no século XX, observando-se que as funções do Estado na economia foram sendo ampliadas depois de referidos conflitos, em face da notória necessidade de se estabelecer, no plano interno dos países, um conjunto mínimo de direitos vinculados à proteção individual da pessoa humana, o que acabou por gerar nos anos seguintes a formação do que se denominou "estado de bem-estar social" assumindo então os Estados, inevitavelemente, o papel de regulador da atividade econômica.

3. "Solo si reconocemos las debilidades de las sociedades liberales podremos preservar sus valores más esenciales. Entre ellos figura, junto con la legitimidad, la libertad individual, que, además de ser valiosa en sí misma, constituye un control necesario al Gobierno. Sin embargo, quienes creen que la autonomía personal es la necesidad humana más profunda revelan su ignorancia en psicología, empezando por la suya propia. Prácticamente para cualquiera, la seguridad y la pertenencia son igual de importantes, y a veces más. El liberalismo, en efecto, ha sido una negación sistemática de este hecho" (John Gray, Adiós globalización, empieza un mundo nuevo. O por qué esta crisis es un punto de inflexión en la historia, *El País* 12 abr. 2020 - 05:36 BRT).

perspectiva daqueles que a conceberam, afastar os obstáculos que estariam impedindo a retomada do crescimento em nosso País, mediante a redução da intervenção regulatória do Estado[4], a Lei n. 13.874/2019 (Declaração de Direitos de Liberdade Econômica), oriunda da Medida Provisória n. 881/2019, acabou por revelar, como bem explica José Eduardo Faria[5], "uma visão distorcida das instituições" no âmbito de uma visão de mercado que parece ser, "no limite, uma economia desjuridificada, inteiramente liberta de todos e quaisquer constrangimentos impostos pelo poder público", ou seja, "uma ideia de um mercado cada vez mais autorregulado, que não precisa responder perante a comunidade, conjugada com a defesa de um Estado minimalista e de formas privadas de Justiça, como a arbitragem"[6].

Referida norma jurídica se revela inclusive objetivamente incompatível com a sociedade em que vivemos em face de **uma economia que necessitou se adaptar ao capitalismo contemporâneo**[7] **do século XXI**[8, 9, 10 e 11]**, ou seja, uma economia vinculada**

---

4. "A política econômica atual baseia-se num liberalismo primitivo, o 'laissez-faire' de Milton Friedman dos anos 1960/70, no qual o monetarismo simplório da Teoria Quantitativa da Moeda foi substituído pela tese da 'austeridade fiscal expansionista'. Sustenta-se que basta retirar o Estado da economia e equilibrar as contas públicas para que a confiança dos investidores privados seja recuperada, e a economia volte a crescer. Trata-se de um duplo equívoco.

Primeiro, porque no mundo contemporâneo, mais do que nunca, um Estado competente é condição para o crescimento. Tanto para garantir serviços públicos de qualidade como para o bom funcionamento da economia competitiva, a ação do Estado é indispensável. Segundo, porque a tentativa de equilibrar as contas públicas, a curto prazo e a qualquer custo, asfixia o setor privado com impostos distorcidos, inviabiliza os investimentos públicos e paralisa serviços básicos. Não há recuperação possível nessas condições" (Entrevista André Lara Resende, Jornal *Folha de S. Paulo*, 15 mar. 2020, disponível em <https://www1.folha.uol.com.br/ilustrissima/2020/03/liberalismo-primitivo-de-guedes-nao-leva-a-crescimento-diz-lara-resende.shtml>).

5. José Eduardo Faria, Economia de mercado e jogo de azar, *O Estado de S. Paulo*, 3 jan. 2020.

6. "Na realidade, o que a equipe do Ministério da Economia parece entender por liberalismo é o que tem sido chamado de libertarismo, na linguagem de salões acadêmicos, ou de economia de cassino, na linguagem dos *saloons* travestidos de mercado financeiro. É uma economia desregulamentada, em que a regra é a exploração ilimitada da conjuntura, com os agentes procurando maximizar a qualquer preço todas as vantagens possíveis. Buscam, egoisticamente, vantagens de curto prazo ao mesmo tempo em que desprezam suas responsabilidades para com os outros e a própria comunidade. É como se o mercado fosse dotado de um poder constituinte absoluto, rejeitando qualquer possibilidade de regulação estranha à economia e aos seus cálculos de oportunidade. É a redução do jogo de mercado a um jogo de azar em que, diante do risco e da indeterminação dos lances futuros, só interessa aos agentes o ganho imediato na jogada presente" (José Eduardo Faria, Economia de mercado e jogo de azar, *O Estado de S. Paulo*, 3 jan. 2020).

7. É a didática análise de Klaus Schwab, Fundador e Presidente Executivo do Fórum Econômico Mundial que se realiza todos os anos em Davos: "Que tipo de capitalismo queremos? Essa pode ser a questão definidora da nossa época. Se queremos sustentar nosso sistema econômico para as gerações futuras, devemos respondê-lo corretamente. De um modo geral, temos três modelos para escolher. O primeiro é o 'capitalismo acionista', adotado pela maioria das empresas ocidentais, que sustenta que o objetivo principal de uma empresa deve ser maximizar seus lucros. O segundo modelo é o 'capitalismo de estado', que confia ao governo o direcionamento da economia e ganhou destaque em muitos mercados emergentes, principalmente na China. Mas, comparada a essas duas opções, a terceira tem mais a recomendar. O 'capitalismo das partes interessadas', um modelo que propus há meio século, posiciona as empresas privadas como administradores da sociedade e é claramente a melhor resposta aos desafios sociais e ambientais atuais". Todavia, como lembra Schwab, "para manter os princípios do capitalismo das partes interessadas, as empresas precisarão de novas métricas. Para iniciantes, uma nova medida de 'criação de valor compartilhado' deve incluir metas de 'meio ambiente, social e governança' (ESG) como um complemento às métricas financeiras padrão" (disponível em <https://www.weforum.org/agenda/2019/12/why-we-need-the-davos-manifesto-for-better-kind-of-capitalism/>).

888

8. "Alcanzar un desarrollo sostenible implica valorar de modo conjunto las implicaciones económicas y ambientales de aquellas decisiones que determinan el desarrollo. No debe primar exclusivamente el aspecto económico, toda nueva inversión debe contemplar una evaluación de sus impactos ambientales, a corto, mediano y largo plazo y ello debe ser incorporado en las evaluaciones de créditos de los bancos e instituciones financieras. Las estrategias de desarrollo deben integrar ambos aspectos" (Carlos Gómez Gutiérrez, El desarrollo sostenible: conceptos básicos, alcance y criterios para su evaluación, disponível em <https://en.unesco.org/>).

9. *Vide*, por exemplo, o programa para acabar com os resíduos na Europa em face da proposta de uma "transição para uma economia mais circular" considerada "essencial para permitir a realização da agenda sobre eficiência na utilização dos recursos no âmbito da Estratégia 2020 para um crescimento inteligente, sustentável e inclusivo" ("Para uma economia circular: programa para acabar com os resíduos na Europa" COM (2014)).

Conceito estratégico estruturado na redução, reutilização, recuperação e reciclagem de materiais e energia, a Economia Circular visa substituir o conceito de fim-de-vida da economia linear, por novos fluxos circulares de reutilização, restauração e renovação, num processo integrado e, por via de consequência, no âmbito da economia do século XXI, passa a ser vista como um elemento chave para promover a dissociação entre o crescimento económico e o aumento no consumo de recursos, relação até aqui vista como inexorável. Conforme apontado pelo COM (2014), "Os sistemas de economia circular mantêm o valor acrescentado dos produtos durante tanto tempo quanto possível e eliminam os resíduos. Mantêm os recursos na economia quando os produtos atingem o final da sua vida útil, de modo a poderem continuar a ser utilizados de maneira produtiva e a gerar mais valor', sendo certo que 'os mercados são um importante motor da eficiência na utilização dos recursos e da economia circular, uma vez que os materiais e a energia representam o principal custo de insumos para muitas empresas".

O conceito de Economia Circular ganhou relevo em 2012, quando a Fundação Ellen MacArthur publicou o primeiro relatório "Towards the circular economy".

*Vide* COM (2014), Para uma economia circular: Programa para acabar com os resíduos na Europa. Comunicação da Comissão ao Parlamento Europeu, ao Conselho, ao Comité Económico e Social Europeu e ao Comité das Regiões.

*Vide* COM (2015), Fechar o ciclo–plano de ação da UE para a economia circular. Comunicação da Comissão ao Parlamento Europeu, ao Conselho, ao Comité Económico e Social Europeu e ao Comité das Regiões.

*Vide* Ellen MacArthur Foundation, "Towards the Circular Economy" (disponível em <https://www.ellenmacarthurfoundation.org/assets/downloads/publications/Ellen-MacArthur-Foundation-Towards-the--Circular-Economy-vol.1.pdf>).

10. ..."los nuevos modelos de economía de ciclos más cerrados tienen que ser implantados prioritariamente en el paradigma sostenibilista, dentro de una estrategia de sostenibilidad global orientada por un enfoque sistémico, atendiendo a los marcos de referencia de la Agenda 2030 y los ODS. Asimismo, se defiende que la circularidad no puede ser completa porque los procesos disipativos derivan en un 'bucle espiral-helicoidal', destacando que el nuevo modelo cíclico es mucho más que una modalidad de uso eficiente de los recursos y de 'súper-reciclado', ya que no todo puede reciclarse porque existen límites termodinámicos y económicos. Por ello, como plantea este autor, más que una Economía Circular sustentada en un reciclado completo habría que plantear una 'Economía Espiral', o incluso una 'Economía Helicoidal' de degradación permanente, donde a pesar de todo se pueden 'encontrar sinergias entre la desmaterialización y la disociación económica-ambiental con otros objetivos estratégicos de protección del capital natural, energía-clima y empleo sostenible', insistiendo en que 'las soluciones definitivas pasan por controlar las formas de consumo material y los estilos de vida de las sociedades que aspiran a vivir bien dentro de los límites ambientales'" (Luis M. Jiménez Herrero, Reseña al Libro: Luis M. Jiménez Herrero e Elena Pérez Lagüela (Coords.). *Economía circular-espiral*: transición hacia un metabolismo económico cerrado. Madrid: Editorial Ecobook, 2019, 343 p. Actualidad Jurídica Ambiental, n. 98, Sección "Recensiones" ISSN: 1989-5666).

11. A Ley espanhola n. 2/2011, de 4 de marzo, de Economía Sostenible (publicada em 5-3-2011) "se estructura en un Título preliminar, donde se define su objeto, el concepto de economía sostenible y los principios resultantes de actuación de los poderes públicos, y em cuatro Títulos que contienen el conjunto de reformas de impulso de la sostenibilidad de la economía española. El primero de ellos se centra en la

889

a um capitalismo progressista[12] dentro de um mundo **"em que o governo terá de assumir um papel maior do que no passado"**, como adverte o Nobel de Economia Joseph Stiglitz[13], **particularmente em face dos impactos econômicos globais que passaram a ocorrer em decorrencia da Covid-19**[14, 15, 16 e 17] e, principalmente, **em face da especificidade de nosso país, em momento que ocorre a maior recessão que o Brasil terá que enfrentar em 120 anos**[18].

---

mejora del entorno económico, entendiendo por tal las actuaciones del sector público que determinan el contexto de desarrollo de la economía; el Título II introduce una serie de novedades diretamente vinculadas con el impulso de la competitividad del modelo económico español, eliminando obstáculos administrativos y tributarios, actuando específicamente sobre tres ejes de mejora de la competitividad de las empresas españolas: el desarrollo de la sociedad de la información, un nuevo marco de relación con el sistema de I+D+i y una importante reforma del sistema de formación profesional, que se lleva a cabo mediante esta Ley y una Ley Orgánica complementaria, que efectúa las modificaciones de carácter orgánico necessárias en las disposiciones vigentes. El Título III contiene una serie de reformas que, desde la sostenibilidad medioambiental, inciden en los ámbitos centrales del modelo económico: la sostenibilidad del modelo energético, la reducción de emisiones, el transporte y movilidad sostenible, y, especialmente relevante en el caso español, el impulso del sector de la vivienda desde la perspectiva de la rehabilitación. Al margen del contenido de la Ley quedan las reformas correspondientes a la sostenibilidad social, esencialmente en materia de empleo y de seguridad social, pues las exigencias específicas de acuerdo en estos ámbitos, en el marco del Diálogo Social y del Pacto de Toledo, respectivamente, aconsejan tramitar las propuestas en textos y procedimientos diferenciados. El Título IV, finalmente, contiene los instrumentos para la aplicación y evaluación de la Ley de Economía Sostenible. La Ley tiene veinte disposiciones adicionales, nueve transitorias, sesenta finales y uma disposición derogatoria". Para referida norma jurídica "se entiende por economía sostenible un patrón de crecimiento que concilie el desarrollo económico, social y ambiental en una economia productiva y competitiva, que favorezca el empleo de calidad, la igualdad de oportunidades y la cohesión social, y que garantice el respeto ambiental y el uso racional de los recursos naturales, de forma que permita satisfacer las necesidades de las generaciones presentes sin comprometer las posibilidades de las generaciones futuras para atender sus propias necesidades" (disponível em <https://www.boe.es/boe/dias/2011/03/05/pdfs/BOE-A-2011-4117.pdf>).

12. "Progressive capitalism is based on a new social contract between voters and elected officials, between workers and corporations, between rich and poor, and between those with jobs and those who are un- or underemployed" (Joseph E. Stiglitz, Progressive Capitalism Is Not an Oxymoron, *The New York Times*, April 19, 2019; a version of this article appears in print on April 21, 2019, Section SR, Page 3 of the New York edition with the headline: Progressive Capitalism Is Not an Oxymoron).

13 "O mundo do século XXI é um em que o governo terá de assumir um papel maior do que no passado – a razão pela qual eu defendo um capitalismo progressista. Quero enfatizar que os mercados ainda serão importantes. Mas não podem ser os mercados irrestritos do neoliberalismo. A desigualdade cresceu" (Joseph Stiglitz, Economia será devastada se não salvarmos as pessoas, *O Estado de S. Paulo*, 5 abr. 2020).

14. Identificada pela primeira vez em Wuhan, na província de Hubei, República Popular da China, em 1º de dezembro de 2019, tendo seu primeiro caso reportado em 31 de dezembro do mesmo, ano a Covid-19 é uma doença respiratória aguda causada pelo coronavírus da síndrome respiratória aguda grave 2 (SARS-CoV-2). Em 11 de março de 2020, a Organização Mundial da Saúde declarou o surto uma pandemia.

15. "Each month Oxford Economics' team of 250 economists updates its baseline global economic outlook using the Global Economic Model, the only fully integrated economic forecasting framework of its kind.

April / May 2020.

The coronavirus pandemic will lead world GDP to shrink by about 7% in H1 2020, roughly double the scale of contraction seen during the global financial crisis.

Com efeito.

Publicada dia 20-9-2019, com a finalidade de criar, no plano infraconstitucional, normas gerais de direito econômico definidas de forma ampla e quase irrestrita, a saber, estruturadas como um conjunto de regras jurídicas de proteção à livre-iniciativa e ao livre exercício de atividade econômica já tratadas, todavia de forma amplamente satisfatória e abrangente por nossa Constituição Federal, a referida norma jurídica, ao pretender estabelecer "princípios" da atividade econômica em nosso país, bem como disciplinar em inferior plano normativo ordens estruturais de imposições de deveres,

---

For Western economies currently in lockdown we expect restrictions to start to be lifted in Q2, leading to a sharp resurgence in activity in H2. But despite this rebound, we project that world GDP will shrink by 2.8% in 2020 overall – in 2009, the global GDP fall was 1.1%.

The H2 pick-up, followed by a return to more normal conditions next year, will result in world GDP growth rising to almost 6% in 2021. But the severity of the coronavirus shock is likely to lead to a permanent output loss for the global economy" (disponível em <https://www.oxfordeconomics.com/>).

16. "Efforts to contain virus and save lives should be intensified, and governments should plan stronger, more co-ordinated measures to absorb growing economic blow" - 26-3-2020.

"Increasingly stringent containment measures, needed to slow the spread of the Coronavirus (Covid-19), will necessarily lead to significant short-term declines in GDP for many major economies, according to new OECD projections.

OECD Secretary General Angel Gurría, in preparation for the G20 Virtual Summit that took place yesterday, unveiled the latest OECD estimates showing that the lockdown will directly affect sectors amounting to up to one third of GDP in the major economies. For each month of containment, there will be a loss of 2 percentage points in annual GDP growth. The tourism sector alone faces an output decrease as high as 70%. Many economies will fall into recession. This is unavoidable, as we need to continue fighting the pandemic, while at the same time increasing efforts to be able to restore economic normality as fast as possible" (disponível em <https://www.oecd.org/>).

17. "The battle against the coronavirus already has made government – federal, state and local – far more visible to Americans than it normally has been. As we tune in to daily briefings from public health officials, listen for guidance from our governors, and seek help and hope from our national leaders, we are seeing the critical role that 'big government' plays in our lives and our health. We also see the deadly consequences of four decades of disinvestment in public infrastructure and dismissal of public expertise. Not only will America need a massive dose of big government to get out of this crisis – as Washington's swift passage of a giant economic bailout package reflects – but we will need big, and wise, government more than ever in its aftermath" (Margaret O'Mara, Big government makes a comeback/ Coronavirus Will Change the World Permanently. Here's How, disponível em <https://www.politico.com/news/magazine/2020/03/19/coronavirus-effect-economy-life-society-analysis-covid-135579#gov>).

18. "O PIB brasileiro deve encolher 5% neste ano por causa da crise do coronavírus, segundo relatório do Banco Mundial sobre a América Latina. Para a instituição, os países devem adotar medidas de emergência para proteger os mais pobres e os empregos. Se a projeção for confirmada, será a maior recessão enfrentada pelo Brasil em 120 anos. A maior retração que o País já enfrentou ocorreu em 1990, ano do Plano Collor, quando o dinheiro dos brasileiros foi confiscado de suas contas nos bancos; instituição, porém, estima que há espaço para retomada gradual em 2021, com alta de 1,5% da atividade econômica. Segundo dados do IBGE, não há registro de queda tão expressiva desde o início da série, em 1901.

Até hoje, o maior tombo na economia ocorreu em 1990, quando houve retração de 4,35% – foi o ano do Plano Collor I e do confisco do dinheiro que os brasileiros tinham em suas contas. A segunda maior queda já registrada foi em 1981, quando o PIB caiu 4,25% na esteira da crise da dívida externa brasileira" (Banco Mundial vê queda de 5% no PIB do Brasil, na maior recessão em 120 anos, *O Estado de S. Paulo*, 13 abr. 2020, Idiana Tomazelli / BRASÍLIA).

assim como incumbências destinadas ao Poder Público vinculadas ao balizamento normativo, dentre eles o ambiental (particularmente no que se refere aos atos públicos de liberação exigidos como condição prévia para o exercício de atividade econômica), acabou por violar claramente a cláusula constitucional proclamadora do direito fundamental ao meio ambiente ecologicamente equilibrado, desobedecendo aos princípios ambientais constitucionais os mais variados, conforme indicados na presente obra. Assim, a pretexto de proteger a livre-iniciativa e o livre exercício de atividade econômica, e em sua "obsessão por reduzir ao mínimo a intervenção regulatória estatal, por um lado, e privatizar indiscriminadamente serviços públicos"[19], a Lei n. 13.874/2019 (Declaração de Direitos de Liberdade Econômica) despreza nosso harmonioso sistema constitucional, uma vez que procura eliminar, em plano normativo inferior, a estrutura de desenvolvimento sustentável recepcionada por nossa Lei Maior, assim como o dever estatal de proteção do meio ambiente determinado por nossa Carta Magna.

Destarte, revelando "uma visão distorcida das instituições" e parecendo "não perceber que políticas públicas são implementadas por meios públicos – e estes envolvem não apenas recursos governamentais, mas, igualmente, as leis e os instrumentos de sua aplicação" dentro de uma "visão distorcida" que "dá ênfase excessiva à ideia de função, em termos de produção de resultados e rentabilidade financeira" – a Lei n. 13.874/2019 "esquece, porém, dois pontos importantes: a) em termos institucionais, função implica noção de responsabilidade; e b) se determinadas funções podem ser terceirizadas ou privatizadas, determinadas responsabilidades não podem. Nessa visão distorcida não há lugar, assim, para ideias como planejamento, metas de médio e longo prazos, políticas compensatórias e tratamento isonômico que deve reger as relações entre capital e trabalho"[20].

Em consequência, a referida Declaração de Direitos de Liberdade Econômica, adaptada a "uma ideia de um mercado cada vez mais autorregulado, que não precisa responder perante a comunidade, conjugada com a defesa de um Estado minimalista", acabou por afrontar as normas de proteção à livre-iniciativa e ao livre exercício de atividade econômica fixadas superiormente em nossa Lei Maior, dentro de uma opção tomada por nosso legislador em 1988 e submetidas aos regramentos específicos de proteção ao meio ambiente determinados no âmbito do direito ambiental constitucional brasileiro (particularmente o art. 225, *caput* e §§ 1º, IV, e 3º, da CF).

Restou, pois, objetivamente evidenciado que, particularmente, as referências ao direito ambiental estabelecidas em referida Lei n. 13.874/2019, além de despiciendas, salvo melhor juízo, são, ao que tudo indica, estruturalmente inconstitucionais, induzindo em erro àqueles que pretendem se valer de aludida regra jurídica, visando interpretar o exercício lícito das atividades econômicas em harmonia com a defesa do meio ambiente e principalmente do desenvolvimento sustentável.

Senão vejamos.

---

19. José Eduardo Faria, Economia de mercado e jogo de azar, *O Estado de S. Paulo*, 3 jan. 2020.
20. José Eduardo Faria, Economia de mercado e jogo de azar, *O Estado de S. Paulo*, 3 jan. 2020.

## 1. A DECLARAÇÃO DE DIREITOS DE LIBERDADE ECONÔMICA ESTABELECIDA NO PLANO INFRACONSTITUCIONAL: OS "PRINCÍPIOS" QUE NORTEIAM A LEI N. 13.874/2019 EM FACE DOS PRINCÍPIOS CONSTITUCIONAIS DO DIREITO AMBIENTAL

Demonstrando absoluto desprezo com as superiores determinações do Direito Constitucional em vigor, conforme amplamente indicado anteriormente no presente livro, a Lei n. 13.874/2019 inventa "princípios" destinados a nortear a Declaração de Direitos de Liberdade Econômica, a saber: o "princípio" da liberdade como uma garantia no exercício de atividades econômicas (art. 2º, I), o "princípio" da boa-fé do particular perante o Poder Público (art. 2º, II), o "princípio" da intervenção subsidiária e excepcional do Estado sobre o exercício de atividades econômicas (art. 2º, III) e o "princípio" do reconhecimento da vulnerabilidade do particular perante o Estado (art. 2º, IV) estabelecendo que "regulamento disporá sobre os critérios de aferição para afastamento do inciso IV do *caput* deste artigo, limitados a questões de má-fé, hipersuficiência ou reincidência" (parágrafo único do art. 2º).

O objetivo de referido dispositivo consistiria em pretender fixar o que seriam os elementos estruturantes no que diz respeito à orientação principiológica destinada à compreensão do direito empresarial ambiental, bem como no que se refere à ordenação pública vinculada à proteção ambiental.

Todavia, conforme amplamente demonstrado na presente obra, a ordenação pública vinculada à proteção ambiental e o direito ambiental empresarial não são balizados por qualquer regra infraconstitucional e sim por princípios CONSTITUCIONAIS, todos eles devidamente detalhados anteriormente, a saber: os princípios da LEGALIDADE, do DESENVOLVIMENTO SUSTENTÁVEL, do POLUIDOR-PAGADOR, da PREVENÇÃO/PRECAUÇÃO, da PARTICIPAÇÃO, da UBIQUIDADE e da SOBERANIA.

Com efeito.

A satisfatória interpretação do direito empresarial ambiental e a intervenção do Estado como agente normativo e regulador no plano das incumbências que lhe são atribuídas no plano constitucional, inclusive no que se refere à ordenação pública vinculada à proteção ambiental, estão necessariamente vinculadas à constitucionalização de uma ordem ambiental voltada ao dever estatal de proteção do meio ambiente, como inclusive já decidiu o Supremo Tribunal Federal[21].

---

21. "O desenvolvimento sustentável passou, assim, a ser o objetivo a ser alcançado por todos os países, com previsão expressa no Princípio n. 4 da Declaração sobre o Meio Ambiente e Desenvolvimento (ECO-92, Rio de Janeiro, 1992), que firma: 'Para alcançar o desenvolvimento sustentável, a proteção ambiental deve constituir parte integrante do processo de desenvolvimento, e não pode ser considerada isoladamente deste'.

No Brasil, a constitucionalização de uma ordem ambiental voltada ao dever estatal de proteção do meio ambiente, bem como seu deslocamento para o rol de direitos fundamentais, consagrou modelo de

Por via de consequência, em momento algum nossa Lei Maior determina uma "intervenção subsidiária e excepcional" por parte do Poder Público no que se refere à proteção ambiental em nosso país.

Ao contrário e com fundamento no direito ambiental constitucional, estabelece nossa Lei Maior, dentre os princípios constitucionais do direito ambiental, regras específicas de necessária e imprescindível intervenção por parte do Poder Público, encargo irrenunciável, visando assegurar o que determinam os arts. 170, VI, e 225 de nossa Carta Magna.

Destarte, por determinação constitucional adaptada aos princípios constitucionais de direito ambiental já indicados no presente trabalho, os "princípios" indicados no art. 2º da Lei n. 13.874/2019 são despiciendos e por via de consequência inaproveitáveis no que se refere à aplicação e à correta compreensão do direito empresarial ambiental, bem como no que se refere à ordenação pública vinculada à proteção ambiental.

## 2. A IMPRESTABILIDADE DA LEI N. 13.874/2019 NA APLICAÇÃO E INTERPRETAÇÃO DO DIREITO EMPRESARIAL AMBIENTAL, BEM COMO NO QUE SE REFERE À ORDENAÇÃO PÚBLICA VINCULADA À PROTEÇÃO AMBIENTAL

Ao instituir normas de proteção à livre-iniciativa e ao livre exercício de atividade econômica, assim como disposições sobre a atuação do Estado como agente normativo e regulador (art.1 º da Lei n. 13.874/2019), pretendeu a Declaração de Direitos de Liberdade Econômica impor as regras infraconstitucionais criadas pela Lei n. 13.874/2019 na aplicação e na interpretação do direito empresarial (pretendendo incluir evidentemente o direito empresarial ambiental), bem como na ordenação pública vinculada à proteção ao meio ambiente (art. 1º, § 1º).

Todavia, a imprestabilidade da Lei n. 13.874/2019, no que diz respeito à aplicação e interpretação do direito empresarial ambiental, bem como no que se refere à ordenação pública vinculada à proteção ambiental, ao contrário do que deseja a referida Declaração de Direitos de Liberdade Econômica, é evidente, uma vez que o direito empresarial ambiental, assim como a ordenação pública vinculada à proteção ambiental, está vinculado e é interpretado e aplicado obedecendo diretamente ao superior balizamento normativo fixado em nossa Constituição Federal.

Senão vejamos.

---

Estado que considera a proteção ambiental e o fenômeno do desenvolvimento 'um objetivo comum, pressupondo a convergência de objetivos das políticas de desenvolvimento econômico, social e cultural e de proteção ambiental' (FIORILLO, Celso Antônio Pacheco. *Curso de Direito Ambiental Brasileiro*. 4. ed. São Paulo: Saraiva: 2003, p. 25)" (ADI 4.269 / DF, Rel. Min. Edson Fachin, j. 18-10-2017, Tribunal Pleno, acórdão eletrônico, *DJe*-019, divulg. 31-1-2019, public. 1º-2-2019).

## 2.1. O DIREITO EMPRESARIAL AMBIENTAL E AS ATIVIDADES ECONÔMICAS ORGANIZADAS DE PRODUÇÃO E CIRCULAÇÃO DE BENS E SERVIÇOS PARA O MERCADO: ESTRUTURA CONSTITUCIONAL

Conforme demonstrado em nossas obras e especificamente no presente livro, incumbe ao Estado e à própria coletividade a especial obrigação de defender e preservar, em benefício das presentes e futuras gerações, o direito ambiental por força do que determina nossa Constituição Federal, a saber, as relações jurídicas vinculadas ao meio ambiente natural, ao meio ambiente cultural, ao meio ambiente artificial (espaço urbano) e ao meio ambiente laboral submetem-se à obrigação constitucional antes referida, inclusive evidentemente em face das atividades econômicas regradas por nossa Lei Maior.

O adimplemento de referido encargo, que é irrenunciável na interpretação estabelecida pelo próprio Supremo Tribunal Federal[22], representa a garantia de que "não se instaurarão, no seio da coletividade, os graves conflitos intergeneracionais marcados pelo desrespeito ao dever de solidariedade, que a todos se impõe", na proteção desse bem essencial de uso comum das pessoas em geral (o bem ambiental).

Destarte, conforme tivemos a oportunidade de desenvolver detalhadamente[23], as atividades econômicas organizadas de produção e circulação de bens e serviços para o mercado (EMPRESAS), balizadas em nossa Constituição Federal (uso evidentemente autorizado, visando a transformação dos bens ambientais em produtos ou mesmo serviços), estão condicionadas não só, evidentemente, ao que determinam os princípios fundamentais constitucionais (arts.1º a 4º da CF), como particularmente às superiores obrigações fixadas diretamente a partir do que determinam os referidos arts. 225 e 170, VI, da Constituição Federal, dentro de uma perspectiva mais ampla destinada a fundamentar a gênese da obrigação ambiental no plano da denominada relação jurídica ambiental em face meio ambiente natural (recursos ambientais como bens ambientais tutelados pelo art. 225 da CF), do meio ambiente cultural (bens culturais como bens ambientais tutelados pelos arts. 215/216 da CF), do meio ambiente artificial (a cidade como bem ambiental tutelada pelos arts. 182 s 183 da CF) e do meio ambiente do trabalho (a saúde como bem ambiental tutelada pelos arts.196 a 200 da CF).

---

22. "Todos têm direito ao meio ambiente ecologicamente equilibrado. Trata-se de um típico direito de terceira geração (ou de novíssima dimensão), que assiste a todo o gênero humano (RTJ 158/205-206). Incumbe ao Estado e à própria coletividade a especial obrigação de defender e preservar, em benefício das presentes e futuras gerações, esse direito de titularidade coletiva e de caráter transindividual (RTJ 164/158-161). O adimplemento desse encargo, que é irrenunciável, representa a garantia de que não se instaurarão, no seio da coletividade, os graves conflitos intergeneracionais marcados pelo desrespeito ao dever de solidariedade, que a todos se impõe, na proteção desse bem essencial de uso comum das pessoas em geral" (ADI 3.540-MC / DF, Rel. Min. Celso de Mello, j. 1º-9-2005, Tribunal Pleno, *DJ*, 3-2-2006, PP-00014 EMENT VOL-02219-03 PP-00528).

23. Celso Antonio Pacheco Fiorillo e Renata Marques Ferreira, *Direito empresarial ambiental brasileiro e sua delimitação constitucional*, Rio de Janeiro, Lumen Juris, 2020.

Assim o uso dos bens ambientais por parte das atividades econômicas organizadas de produção e circulação de bens e serviços para o mercado (EMPRESAS) estabelecida em nossa Constituição Federal está condicionado às obrigações fixadas pela Lei Maior, ou seja, para se estabelecer a exata dimensão das obrigações ambientais vinculadas às empresas necessitamos ter clareza que, no plano constitucional, as obrigações ambientais estão vinculadas não só aos recursos ambientais, mas igualmente a bens ambientais outros também abarcados pela relação jurídica ambiental em face da causa geradora das obrigações ambientais e o uso dos bens ambientais no plano constitucional.

Daí ser inútil pretender estabelecer em regra infraconstitucional, como é o caso do que desejou estabelecer a Lei n. 13.874/2019, normas jurídicas destinadas à aplicação, bem como interpretação do direito empresarial ambiental.

Com efeito.

Tipo de "instituição econômica que, gerada embrionariamente no bojo da Revolução Industrial[24], ampliou-se desmedidamente até dominar o panorama da economia atual"[25, 26 e 27],

---

24. "Expressão surgida nos anos 1820 para designar uma ruptura nas formas tradicionais de produção. Por extensão, aplicou-se ao grande crescimento econômico resultante de inovações técnicas que alteraram radicalmente os métodos de trabalho. Embora o termo *revolução* evoque uma mudança rápida e profunda, a industrialização foi muitas vezes um processo lento, que coexistiu com modos de vida e de produção tradicionais. A Inglaterra, a partir dos anos 1780, foi o primeiro país a entrar na era industrial" (Armelle Ferreira Enders, Marieta de Moraes e Renato Franco, *História em curso da antiguidade à globalização*, São Paulo, Editora do Brasil; Rio de Janeiro, Fundação Getulio Vargas, 2008.

25. Usada na Grécia Antiga para indicar a administração da casa, do patrimônio particular, como lembra Sandroni, a economia, como ciência que estuda a atividade produtiva, "focaliza estritamente os problemas referentes ao uso mais eficiente de recursos materiais escassos para a produção de bens; estuda as variações e combinações na alocação dos fatores de produção (terra, capital, trabalho, tecnologia), na distribuição de renda, na oferta e procura e nos preços das mercadorias. Sua preocupação fundamental refere-se aos aspectos mensuráveis da atividade produtiva, recorrendo para isso aos conhecimentos matemáticos, estatísticos e econométricos" (Paulo Sandroni, *Novíssimo dicionário de economia*, São Paulo, Best Seller,1999.

26. Classificada em 2017 como a oitava maior economia do mundo, com um produto interno bruto (PIB) de 6,559 trilhões de reais, ou 2,080 trilhões de dólares estadunidenses nominais, de acordo com estimativas do Fundo Monetário Internacional (FMI), a economia brasileira é também a segunda maior do continente americano, atrás apenas da economia dos Estados Unidos.

27. O BNDES apresentou trabalho que teve como objetivo apresentar um panorama atual sobre a economia brasileira, destacando a evolução recente e os principais desafios e, sobretudo, apresentando possíveis cenários de crescimento para o período de 2018 a 2023.

Referido documento indica "uma trajetória para a evolução do produto interno bruto (PIB) na forma de um exercício de consistência que considera a existência, na economia brasileira, de um hiato inicial do produto que iria se fechando progressivamente ao longo do horizonte de referência adotado, até o ano de 2023. A dinâmica do crescimento, em que pese a intensidade da queda observada do PIB no biênio 2015-2016, será afetada pela queda muito mais intensa do investimento nesse mesmo período, que, com a redução adicional observada em 2017, alcançou -27% no acumulado de quatro anos: 2014-2017. Consequentemente, o crescimento do produto potencial previsto para 2018 é de apenas 1,7%. Assim sendo, mesmo com um hiato inicial representando um grau de ociosidade de 4,5% em 2017, o maior crescimento do PIB, com uma taxa inicial prevista em 2,5% para 2018, provocaria um encolhimento gradual do hiato do produto ao longo de seis anos. Considera-se que a formação bruta de capital fixo (FBCF) teria um crescimento de 6% em 2018 e de 7% ao ano nos cinco anos posteriores, de modo que a taxa de investimento em

conforme já tivemos oportunidade de destacar[28], citando lição fundamental de Bulgarelli[29], a empresa "como noção referível à atividade econômica[30] organizada de produção e circulação de bens e serviços para o mercado[31], exercida profissionalmente"[32 e 33] passou a ter, observando-se a noção antes referida, inequívoco enquadramento em nossa Lei Maior a partir de 1988.

---

2023 alcançaria 19,5% do PIB. Isso posto, considera-se um crescimento do PIB compatível com a vigência de um hiato do produto que seja, por hipótese, eliminado até 2023, o que corresponde a um crescimento do PIB a taxas gradualmente crescentes, até alcançar 3,4% em 2023. O cenário adotado contempla um crescimento médio anual, na média dos seis anos entre 2018 e 2023, de 4,3% das exportações reais nas contas nacionais, de 5,7% das importações e de 0,8% do consumo do governo, no contexto de vigência de uma forte restrição fiscal. No cenário adotado, o consumo das famílias, nos seis anos compreendidos entre 2018 e 2023, poderia ter uma expansão real média de 2,8% ao ano. Pode-se concluir que, no período considerado, os números apresentados sugerem que a economia brasileira encontra-se em condições de crescer a um ritmo da ordem de 2,5% a 3,0% sem o surgimento de maiores pressões inflacionárias"(PERSPECTIVAS DEPEC 2018 – O CRESCIMENTO DA ECONOMIA BRASILEIRA 2018-2023, documento elaborado por Guilherme Tinoco e Fabio Giambiagi, respectivamente economista e economista chefe do Departamento de Pesquisa Econômica do BNDES, editado pelo Departamento de Comunicação Abril de 2018).

28. Celso Antonio Pacheco Fiorillo e Renata Marques Ferreira, *Direito empresarial ambiental brasileiro e sua delimitação constitucional*, Rio de Janeiro, Lumen Juris, 2020.

29. Waldirio Bulgarelli, *A teoria jurídica da empresa*: análise jurídica da empresarialidade, São Paulo, Revista dos Tribunais, 1985.

30. "Ghidini ressalta que a atividade econômica é um conceito técnico-jurídico, não constituindo portanto uma categoria extrajurídica (econômica, por exemplo) já que está identificada pelo Direito. Constitui, porém, uma categoria histórica porque o seu conteúdo pode variar através do tempo, ou conforme as disposições do direito positivo. E por atividade econômica deve-se entender uma série, uma pluralidade de atos, seja no sentido de negócios jurídicos estipulados com o fim de obter um resultado querido de produção ou de circulação de bens ou de serviços (por exemplo aquisição de matéria-prima, contratos de trabalho) seja no sentido de atos materiais praticados pelo empresário, tendo em vista obter o resultado querido (cf. *Lineamenti del diritto dell'impresa,*cit., p.14 e 16)" (Waldirio Bulgarelli, *A teoria jurídica da empresa*: análise jurídica da empresarialidade, São Paulo, Revista dos Tribunais, 1985; Mario Ghidini, *Lineamenti del diritto del'impresa*, Milão, Giuffrè, 1978).

31. Como alerta Sandroni, o termo mercado, em sentido geral, "designa um grupo de compradores e vendedores que estão em contato suficientemente próximo para que as trocas entre eles afetem as condições de compra e venda dos demais. Um mercado existe quando compradores que pretendem trocar dinheiro por bens e serviços estão em contato com vendedores desses mesmos bens e serviços. Desse modo, o mercado pode ser entendido como o local, teórico ou não, do encontro regular entre compradores e vendedores de uma determinada economia. Concretamente, ele é formado pelo conjunto de instituições em que são realizadas transações comerciais (feiras, lojas, Bolsas de Valores ou de Mercadorias etc.). Ele se expressa, entretanto, sobretudo na maneira como se organizam as trocas realizadas em determinado universo por indivíduos, empresas e governos. A formação e o desenvolvimento de um mercado pressupõem a existência de um excedente econômico intercambiável e, portanto, de certo grau de divisão e especialização do trabalho" (Paulo Sandroni, *Novíssimo dicionário de economia*, São Paulo, Best Seller,1999).

32. A questão do objetivo do lucro, normalmente, é "vista no plano da profissionalidade, no sentido de que, quem se dedica a uma atividade em caráter profissional, o faz com o objetivo de tirar proveito", já ensinava Bulgarelli, lembrando que "a maioria da doutrina propende por admitir que a atividade econômica implica ordinariamente na intenção de ganho" (Waldirio Bulgarelli, *A teoria jurídica da empresa*: análise jurídica da empresarialidade, São Paulo, Revista dos Tribunais, 1985).

33. Waldirio Bulgarelli, *A teoria jurídica da empresa*: análise jurídica da empresarialidade, São Paulo, Revista dos Tribunais, 1985.

Por esse motivo, Eros Grau adverte[34] que "os juristas tradicionalmente se valem dos ensinamentos da teoria econômica para acolher a definição da empresa como 'organismos econômicos, que se concretizam na organização dos fatores de produção e que se propõem à satisfação das necessidades alheias, mais precisamente, das exigências do mercado em geral'[35]; o conceito de empresa firma-se na ideia de que ela é o exercício da atividade produtiva"[36].

Destarte, enquanto atividade econômica[37], a empresa, em nosso país, submete-se juridicamente no plano constitucional não só ao regramento normativo que estrutura as atividades[38], mas também, particularmente, "como noção referível à atividade econômica organizada de produção e circulação de bens e serviços para o mercado, exercida profissionalmente", à delimitação jurídica constitucional que organiza os princípios gerais da atividade econômica.

Assim, em face de nossa atual Carta Magna (arts. 1º, IV, e 170 e s.), a empresa no Brasil, fundamentada nos valores sociais do trabalho e da livre-iniciativa (art. 1º, IV), bem como fundada na valorização do trabalho humano e na livre-iniciativa (art. 170 da CF), passou a assegurar a todos existência digna (arts. 1º, III, e 170 da CF), conforme os ditames da justiça social, observando obediência obrigatória, dentre os princípios gerais das atividades econômicas, ao princípio da defesa do meio ambiente, inclusive mediante tratamento diferenciado conforme o impacto ambiental dos produtos e serviços e de seus processos de elaboração e prestação (art. 170, VI, da CF), destacando-se neste contexto a advertência de Gutiérrez[39], ao aduzir que as preocupações ambientais, como já indicado anteriormente no presente trabalho, "han llegado también al mundo empresarial".

Além disso, a empresa em nosso país, ao ter sua estrutura necessariamente ligada aos referidos princípios fundamentais de nossa Carta Magna, também está vinculada

---

34. ADI 3.273 / DF, Rel. Min. Carlos Britto, Rel. p/ Acórdão Min. Eros Grau, j. 16-3-2005, Tribunal Pleno, *DJ*, 2-3-2007, PP-00025 EMENT VOL-02266-01 PP-00102.

35. Rubens Requião, *Curso de direito comercial*, 8. ed., São Paulo, Saraiva,1977.

36. Rubens Requião, *Curso de direito comercial*, 8. ed., São Paulo, Saraiva,1977.

37. Conforme lembra Bulgarelli, "o substrato que se colhe de variadas e até, por vezes, conflitantes definições de empresa oferecidas pela Economia é o de 'organização da atividade econômica', ou 'organização dos fatores de produção'. Aliás, tudo está a indicar que os juristas formularam o seu conceito econômico de empresa com os elementos colhidos nas variadas definições dos economistas" (Waldirio Bulgarelli, *A teoria jurídica da empresa*: análise jurídica da empresarialidade, São Paulo, Revista dos Tribunais, 1985).

38. Bulgarelli, ao analisar a doutrina especializada em sua obra fundamental, identifica "pelo menos dois princípios básicos orientadores da concepção jurídica da atividade que são: 1) a *efetividade,* caracterizadora do fato de que a atividade só pode ser considerada existente se exercida realmente; e 2) o *resultado*, ou seja, que a atividade deve sempre tender para um resultado, sendo esta tensão um componente necessário da atividade, como o é a efetivação de seu exercício" (Waldirio Bulgarelli, *A teoria jurídica da empresa*: análise jurídica da empresarialidade, São Paulo, Revista dos Tribunais, 1985).

39. Carlos Gómez Gutiérrez, El desarrollo sostenible: conceptos básicos, alcance y criterios para su evaluación, disponível em <https://en.unesco.org/>.

ao que determina o art. 3º de nossa Lei Maior. Destarte, construir uma sociedade livre, justa e solidária; garantir o desenvolvimento nacional; erradicar a pobreza e a marginalização; reduzir as desigualdades sociais e regionais e promover o bem de todos, sem preconceitos de origem, raça, sexo, cor, idade e quaisquer outras formas de discriminação, são também determinações constitucionais impostas a todas as atividades econômicas organizadas de produção e circulação de bens e serviços em nosso país, como princípios fundamentais que devem ser obedecidos.

Cuida-se, portanto, de entender e analisar juridicamente a empresa em nosso país, desde logo e preliminarmente, e particularmente no âmbito do direito empresarial ambiental a partir de seu enquadramento constitucional, constatando especificamente dois fundamentos constitucionais que estabelecem seu superior contorno normativo: a dignidade da pessoa humana (art. 1º, III) e os valores sociais do trabalho e da livre-iniciativa (art. 1º, IV), princípios fundamentais constitucionais que se refletem em todas as normas constitucionais e evidentemente em toda a ordem econômica delimitada a partir do que estabelece o art.170, que aliás, ao fixar os denominados princípios gerais da atividade econômica, praticamente ratifica, no âmbito do conteúdo do art.170, os conteúdos dos incisos III e IV do art. 1º de nossa Lei Maior, impondo a defesa do meio ambiente, inclusive mediante tratamento diferenciado conforme o impacto ambiental dos produtos e serviços e de seus processos de elaboração e prestação (art. 170, VI) em harmonia com o que estabelece o direito constitucional ao meio ambiente ecologicamente equilibrado (art. 225).

Daí a obediência por parte das empresas à defesa do meio ambiente restar claramente caracterizada no superior plano constitucional, tornando despicienda toda e qualquer norma infraconstitucional que não guarde respeito às determinações impostas por nossa Carta Magna, como é o caso do conteúdo indicado no art. 1º, § 1º, da Lei n. 13.874/2019 ao pretender "observar na aplicação e na interpretação do direito empresarial e econômico" o disposto na Declaração de Direitos de Liberdade Econômica.

### 2.1.1. *O direito empresarial ambiental e suas obrigações em face do direito ambiental constitucional brasileiro*

Conforme tivemos oportunidade de explicar detalhadamente, incumbe ao Estado e à própria coletividade a especial obrigação de defender e preservar, em benefício das presentes e futuras gerações, o direito ambiental. As relações jurídicas vinculadas ao meio ambiente natural, ao meio ambiente cultural, ao meio ambiente artificial (espaço urbano) e ao meio ambiente laboral submetem-se à obrigação constitucional antes referida.

O adimplemento de referido encargo, que é irrenunciável na interpretação estabelecida pelo STF conforme demonstrado anteriormente, representa a garantia de que não se instaurarão "no seio da coletividade, os graves conflitos intergeneracionais marcados pelo desrespeito ao dever de solidariedade, que a todos se impõe", na proteção desse bem essencial de uso comum das pessoas em geral (o bem ambiental).

Destarte, é importante ratificar que as atividades econômicas organizadas de produção e circulação de bens e serviços para o mercado (EMPRESAS) balizadas em nossa Constituição Federal (uso evidentemente autorizado, visando a transformação dos bens ambientais em produtos ou mesmo serviços) estão condicionadas não só, evidentemente, ao que determinam os princípios fundamentais constitucionais (arts.1º a 4º da CF), mas também particularmente às superiores obrigações fixadas diretamente a partir do que determinam os referidos arts. 225 e 170, VI, da Constituição Federal, dentro de uma perspectiva mais ampla, destinada a fundamentar a gênese da obrigação ambiental no plano da denominada relação jurídica ambiental em face do meio ambiente natural (recursos ambientais como bens ambientais tutelados pelo art. 225 da CF), do meio ambiente cultural (bens culturais como bens ambientais tutelados pelos arts. 215/216 da CF), do meio ambiente artificial (a cidade como bem ambiental tutelada pelos arts. 182 e 183 da CF) e do meio ambiente do trabalho (a saúde como bem ambiental tutelada pelos arts.196 a 200 da CF)[40].

Assim, o uso dos bens ambientais por parte das atividades econômicas organizadas de produção e circulação de bens e serviços para o mercado (EMPRESAS) estabelecida em nossa Constituição Federal está subordinado às obrigações fixadas pela Lei Maior, ou seja, para se estabelecer a exata dimensão das obrigações ambientais vinculadas às atividades econômicas necessitamos ter clareza que, no plano constitucional, as obrigações ambientais estão vinculadas não só aos recursos ambientais, mas igualmente a bens ambientais outros também abarcados pela relação jurídica ambiental conforme didaticamente indicado na presente obra[41].

## 3. DIREITOS INFRACONSTITUCIONAIS DE TODA PESSOA, NATURAL OU JURÍDICA, ESSENCIAIS PARA O DESENVOLVIMENTO E O CRESCIMENTO ECONÔMICOS DO PAÍS EM FACE DOS DEVERES CONSTITUCIONAIS AMBIENTAIS DE TODA PESSOA, NATURAL OU JURÍDICA, PARA O CRESCIMENTO E DESENVOLVIMENTO SUSTENTÁVEL DO BRASIL

A Lei n. 13.874/2019, ao pretender estabelecer uma declaração de direitos de liberdade econômica, afronta nosso harmônico sistema constitucional estabelecido em superior patamar constitucional.

Com efeito.

Ao indicar como "essenciais para o desenvolvimento e o crescimento econômicos do País" alguns direitos "de toda pessoa, natural ou jurídica", como, por exemplo,

---

40. Para um estudo detalhado/sistemático *vide* Celso Antonio Pacheco Fiorillo e Renata Marques Ferreira, *Direito empresarial ambiental brasileiro e sua delimitação constitucional*, Rio de Janeiro, Lumen Juris, 2020.

41. *Vide* no presente livro Capítulo V – AS OBRIGAÇÕES AMBIENTAIS EM FACE DO DIREITO CONSTITUCIONAL BRASILEIRO.

o de "desenvolver atividade econômica de baixo risco, para a qual se valha exclusivamente de propriedade privada própria ou de terceiros consensuais, sem a necessidade de quaisquer atos públicos de liberação da atividade econômica" (art. 3º, I), ou de "gozar de presunção de boa-fé nos atos praticados no exercício da atividade econômica, para os quais as dúvidas de interpretação do direito civil, empresarial, econômico e urbanístico serão resolvidas de forma a preservar a autonomia privada, exceto se houver expressa disposição legal em contrário" (art. 3º, V) ou ainda o de "ter a garantia de que os negócios jurídicos empresariais paritários serão objeto de livre estipulação das partes pactuantes, de forma a aplicar todas as regras de direito empresarial apenas de maneira subsidiária ao avençado, exceto normas de ordem pública" (art. 3º, VIII), a referida norma jurídica violenta claramente as regras constitucionais delimitadoras da proteção ambiental constitucional, bem como da ordem econômica fixada em nossa Lei Maior conforme tivemos oportunidade de indicar no presente trabalho.

No âmbito do direito ambiental constitucional os deveres de toda pessoa natural, bem como das pessoas jurídicas, estão adstritos às obrigações impostas por nossa Lei Maior, sendo menosprezíveis as tentativas de se definir em âmbito infraconstitucional hipóteses que contrariem o balizamento normativo ambiental estabelecido em nossa Carta Magna.

Assim, os direitos constitucionais e infraconstitucionais de toda pessoa, natural ou jurídica, essenciais para o desenvolvimento e o crescimento econômicos do País, em face dos deveres constitucionais ambientais de toda pessoa, natural ou jurídica, para o crescimento e desenvolvimento sustentável do Brasil estão devidamente estabelecidos em superior âmbito normativo, afigurando-se imprestável a tentativa da Lei n. 13.874/2019 de pretender definir ou mesmo redefinir deveres e direitos já estabelecidos superiormente em nosso ordenamento jurídico.

## 4. PROPOSTAS DE EDIÇÃO E DE ALTERAÇÃO DE ATOS NORMATIVOS DE INTERESSE GERAL DE AGENTES ECONÔMICOS EM FACE DA ORDEM ECONÔMICA CONSTITUCIONAL E A REALIZAÇÃO DE ANÁLISE DE IMPACTO REGULATÓRIO: A RAZOABILIDADE DO IMPACTO ECONÔMICO CONDICIONADA AO DIREITO AMBIENTAL CONSTITUCIONAL

Dentre as exóticas medidas inventadas pela Lei n. 13.874/2019 consta "exigência", no sentido de que as propostas de edição e de alteração de atos normativos de interesse geral de agentes econômicos ou de usuários dos serviços prestados, editadas por órgão ou entidade da administração pública federal, incluídas as autarquias e as fundações públicas, serão precedidas da realização de análise de impacto regulatório, que conterá informações e dados sobre os possíveis efeitos do ato normativo para verificar a razoabilidade do seu impacto econômico (art. 5º), sendo certo que o Decreto n. 10.178/2019 pretende regulamentar dispositivos da referida norma jurídica para dispor sobre os critérios e os procedimentos para a classificação de risco de atividade econômica e para fixar o prazo para aprovação tácita em face da orientação indicada no parágrafo único do art. 5º da Declaração de Direitos de Liberdade Econômica.

Destarte, a norma jurídica infraconstitucional antes aduzida dá seguimento à sua inconstitucional pretensão de condicionar a estrutura do direito ambiental constitucional às inconstitucionais concepções da Declaração de Direitos da Liberdade Econômica que pretende estabelecer, conforme exaustivamente indicado na presente obra, a superioridade de uma simples norma infraconstitucional em face de nossa Carta Magna.

Com efeito.

Propostas de edição e de alteração de atos normativos de interesse geral de agentes econômicos ou de usuários dos serviços prestados, editadas por órgão ou entidade da administração pública federal, incluídas as autarquias e as fundações públicas, submetem-se ao balizamento normativo determinado por nossa Lei Maior, inexistindo em nossa Constituição qualquer condicionamento específico como o indicado no art. 5º da Lei n. 13.874/2019.

Destarte, estabelecer que as propostas de edição e de alteração de atos normativos de interesse geral de agentes econômicos ou de usuários dos serviços prestados, editadas por órgão ou entidade da administração pública federal, incluídas as autarquias e as fundações públicas, serão precedidas da realização do que a nova lei define como "análise de impacto regulatório", análise que inclusive deverá conter informações e dados sobre os possíveis efeitos do ato normativo para verificar a razoabilidade do seu impacto econômico, conforme disciplinado pelo art. 5º da referida lei, violenta o superior sistema jurídico em vigor.

Assim, "inspirada" nas orientações da OCDE[42], que define a Análise de Impacto Regulatório (AIR) como uma abordagem sistêmica para avaliar criticamente os efeitos positivos e negativos dos regulamentos propostos e existentes e de alternativas não regulatórias, visando estabelecer, na perspectiva da OCDE[43], elemento importante

---

42. A OCDE corresponde à sigla em português sendo certo que, em inglês, a formação é denominada Organisation for Economic Co-operation and Development (OECD). Como sabemos, o principal objetivo da OCDE, por meio de seus membros, é o de procurar impor padrões "internacionais" para "resolver" possíveis problemas ou situações no setor econômico, financeiro, comercial, social e ambiental, dentre outros, nos diferentes países em face de orientação estabelecida de forma unilateral por referida Organização (disponível em <https://www.oecd.org/>).

43. "RIA is a process of systematically identifying and assessing the expected effects of regulatory proposals, using a consistent analytical method, such as benefit/cost analysis. RIA is a comparative process: it is based on determining the underlying regulatory objectives sought and identifying all the policy interventions that are capable of achieving them. These 'feasible alternatives' must all be assessed, using the same method, to inform decision-makers about the effectiveness and efficiency of different options and enable the most effective and efficient options to be systematically chosen. According to the OECD1:

'...RIA's most important contribution to the quality of decisions is not the precision of the calculations used, but the action of analyzing – questioning, understanding real-world impacts and exploring assumptions'.

RIA should be integrated with a public consultation process, as this provides better information to underpin the analysis and gives affected parties the opportunity to identify and correct faulty assumptions

de uma abordagem baseada em evidências para a formulação de políticas[44], a Lei n. 13.874/2019 determina que as propostas de edição e de alteração de atos normativos de interesse geral de agentes econômicos ou de usuários dos serviços prestados, editadas por órgão ou entidade da administração pública federal, incluídas as autarquias e as fundações públicas, devem ser precedidas da realização de análise de impacto regulatório, ou seja, devem ser precedidas de uma "abordagem sistêmica", visando avaliar "criticamente" os efeitos positivos e negativos dos regulamentos propostos e estabelecer elemento importante de uma abordagem baseada em evidências para a formulação de políticas públicas, desconsiderando por completo que as políticas públicas no âmbito do direito econômico e mesmo do direito ambiental constitucional JÁ ESTÃO ESTABELECIDAS POR NOSSA LEI MAIOR.

Portanto, o motivo de o legislador copiar a orientação da OCDE se enquadra na inequívoca tentativa de estabelecer opção de controle estatal mínimo em face das atividades econômicas vinculadas ao uso dos bens ambientais, alinhada a uma concepção de "uma economia desjuridificada, inteiramente liberta de todos e quaisquer constrangimentos impostos pelo poder público", exatamente ao contrário do que determina de forma soberana nossa Lei Maior, ratificando a denominada Declaração de Direitos de Liberdade Econômica sua inequívoca "obsessão por reduzir ao mínimo a intervenção regulatória estatal, por um lado, e privatizar indiscriminadamente serviços públicos", por outro lado, como já tivemos oportunidade de aduzir, desprezando nosso harmonioso sistema constitucional ao procurar eliminar, em plano normativo inferior, a estrutura de desenvolvimento sustentável recepcionada por nossa Lei Maior, assim como o dever estatal de proteção do meio ambiente determinado por nossa Carta Magna.

Daí ser despiciendo o conteúdo do Decreto n. 10.178/2019[45], uma vez que os critérios e os procedimentos para a classificação de risco de atividade econômica não podem ser disciplinados pelo mesmo e sim em face do regramento normativo do ESTUDO PRÉVIO DE IMPACTO AMBIENTAL, estabelecido no contexto constitucional normativo (forma e conteúdo específicos) que já tivemos oportunidade de esclarecer no presente livro.

---

and reasoning. RIA is now used in virtually all OECD countries and in many developing countries" (disponível em <https://www.oecd.org/gov/regulatory-policy/44789472.pdf>).

44. "Regulatory Impact Analysis (RIA) is a systemic approach to critically assessing the positive and negative effects of proposed and existing regulations and non-regulatory alternatives. As employed in OECD countries it encompasses a range of methods. It is an important element of an evidence-based approach to policy making.

OECD analysis shows that conducting RIA within an appropriate systematic framework can underpin the capacity of governments to ensure that regulations are efficient and effective in a changing and complex world. Some form of RIA has now been adopted by all OECD members, but they have all nevertheless found the successful implementation of RIA administratively and technically challenging" (disponível em <https://www.oecd.org/regreform/regulatory-policy/ria.htm>).

45. Não é difícil observar, bastando a simples leitura do texto interpretado em face de nossa Constituição Federal, que a inequívoca finalidade do Decreto n. 10.178/2019 é a de tentar estabelecer argumentos jurídicos, visando a dispensa de qualquer ato público de liberação e, por via de consequência, a eliminação das incumbências constitucionais atribuídas ao Poder Público na defesa do Meio Ambiente...

A razoabilidade do impacto econômico, por via de consequência, está condicionada ao direito ambiental constitucional e não ao que estabelece a inferior Declaração de Direitos de Liberdade Econômica[46].

---

46. Para um estudo sistemático/detalhado do tema, *vide* Celso Antonio Pacheco Fiorillo e Renata Marques Ferreira, *Liberdade Econômica (lei 13.874/19) em face do direito ambiental constitucional brasileiro*: o enquadramento jurídico das atividades econômicas vinculadas ao desenvolvimento sustentável, Rio de Janeiro, Lumen Juris, 2020.

# Parte IX
## AS EMPRESAS TRANSNACIONAIS EM FACE DA ORDEM ECONÔMICA CONSTITUCIONAL E SEU ENQUADRAMENTO JURÍDICO NO PLANO DO DIREITO AMBIENTAL CONSTITUCIONAL BRASILEIRO[1]

Como adverte Samuelson, "alguém tem de fazer o pão nosso de cada dia antes de o podermos comer. Da mesma forma, a habilidade da economia para produzir automóveis, gerar eletricidade, escrever programas de computador e fornecer uma diversidade de bens e serviços que compõem nosso produto interno bruto[2] depende de nossa capacidade produtiva"[3].

---

1. Para um estudo detalhado, *vide* Celso Antonio Pacheco Fiorillo, *A gestão sustentável das empresas transnacionais e sua regulação em face do direito ambiental constitucional brasileiro*, Rio de Janeiro, Lumen Juris, 2021.

2. O **Produto Interno Bruto (PIB)** é o valor de mercado de todos os bens e serviços finais de um país em um determinado ano.

Lista de países por PIB nominal – Fundo Monetário Internacional (2020):

| Posição | País | PIB (Trilhões de US$) |
|---------|------|------------------------|
| | *Mundo** | **84.929.508** |
| 1 | Estados Unidos | 20.580.250 |
| | União Europeia | 18.736.855 |
| 2 | China | 14.860.775 |
| 3 | Japão | 4.910.580 |
| 4 | Alemanha | 3.780.553 |
| 5 | Reino Unido | 2.638.296 |
| 6 | Índia | 2.592.583 |
| 7 | França | 2.551.451 |
| 8 | Itália | 1.848.222 |
| 9 | Canadá | 1.600.264 |
| 10 | Coreia do Sul | 1.586.786 |

A referida **capacidade produtiva** "é determinada pela dimensão e qualidade da população ativa, pela quantidade e qualidade do estoque de capital, pelo conhecimento tecnológico do país juntamente com a capacidade para usá-lo e pela natureza das instituições públicas e privadas".

Assim, esclarece o conhecido fundador do departamento de graduação em Economia do MIT (*Massachusetts Institute of Technology*) e primeiro americano a receber o Premio Nobel de Economia em 1970, é necessário "compreender como as forças de mercado[4] determinam a oferta de bens serviços" destacando a importância da função da produção na economia como ciência, entendida como "o estudo da forma como as sociedades **utilizam recursos escassos para produzir bens e serviços que possuem valor para distribui-los entre indivíduos diferentes**" (grifos nossos).

Adverte o conhecido economista que, se pensarmos nas definições de economia", descobriremos duas ideias-chave que permeiam toda a ciência econômica: **os bens são escassos e a sociedade deve usar os seus recursos de forma eficiente**" (grifos nossos), ou seja, em uma sociedade que em momento algum atingiu a utopia das possibilidades ilimitadas "o nosso mundo é um mundo de **escassez**, repleto de **bens econômicos**".

A referida produção é, pois, realizada "por organizações especializadas – as pequenas, médias e grandes empresas que dominam o panorama das economias modernas".

Assim, conforme ensina Samuelson, "**as empresas são organizações especializadas dedicadas à gestão do processo de produção**" (grifos nossos), sendo por via de consequência **o papel das empresas** "gerir o processo de produção, comprar

| 11 | Rússia | 1.464.078 |
|----|--------|-----------|
| 12 | Brasil | 1.363.767 |
| 13 | Austrália | 1.334.688 |
| 14 | Espanha | 1.247.464 |
| 15 | Indonésia | 1.088.768 |
| 16 | México | 1.040.372 |
| 17 | Países Baixos | 886.339 |
| 18 | Suíça | 707.868 |
| 19 | Arábia Saudita | 680.897 |
| 20 | Turquia | 649.436 |

\* Fonte – World Economic Outlook Database. International Monetary Fund. Outubro de 2019.

3. Paul A. Samuelson, *Economia*, Porto Alegre, AMGH Editora Ltda., 2012.

4. **Mercado**, conforme ensina Samuelson "é um mecanismo por meio do qual compradores e vendedores interagem para estabelecer preços, trocar bens e serviços e ativos". Na denominada **economia de mercado** os indivíduos e as empresas privadas tomam as decisões mais importantes sobre a produção e o consumo", ou seja, "uma economia de mercado é um mecanismo elaborado para coordenar pessoas, atividades e empresas por meio de um sistema de preços e mercado". Paul A. Samuelson, *Economia*, Porto Alegre, AMGH Editora Ltda., 2012.

ou arrendar terra, capital, trabalho e matérias-primas". **As empresas**, ainda de acordo com Samuelson, "**são motivadas pelo desejo de maximizar os lucros** (grifos nossos). Os lucros são as receitas líquidas, ou a diferença entre as receitas das vendas e os custos totais"[5].

Destarte, **ao atuar em proveito da gestão de seu processo de produção motivadas pelo desejo de maximizar seus lucros e com a finalidade de buscar mercado consumidor, energia, matéria-prima[6] e mão de obra, ultrapassando os limites territoriais dos países de sua origem**, passaram as corporações a atuar em diferentes nações realizando suas atividades econômicas organizadas visando desenvolver seu papel fundamental: **são as empresas transnacionais também conhecidas como empresas multinacionais[7].**

As empresas transnacionais ou multinacionais são, portanto, grandes corporações que atuam em diferentes países, ou seja, grandes empresas/organizações estruturadas no sentido de desenvolver atividade econômica com foco no lucro e organizadas para desenvolver suas operações entre diferentes nações, sendo certo que, apesar de atuarem em vários países, possuem uma única sede (a maioria delas nos EUA, Europa e Ásia). As 500 maiores empresas do mundo geraram US $ 33,3 trilhões em receitas e US$ 2,1 trilhões em lucros em 2019, sendo certo que, juntas, as empresas Fortune Global 500 deste ano empregam 69,9 milhões de pessoas em todo o mundo e são representadas por 32 países. Daí a importância de indicar no contexto da presente análise as 20 maiores empresas por receita publicada pela revista *Fortune*, a saber:

| Classificação | Sobrenome | Quartel general | País | Receita (bilhões de $) | Lucro ($ bilhões) | Empregado | Filial | CEO |
|---|---|---|---|---|---|---|---|---|
| 1 | Walmart | Bentonville | EUA | 523.964 | 14.881 | 2.200.000 | Comércio de varejo | Doug McMillon |
| 2 | Sinopec | Pequim | República Popular da China | 407.009 | 6.793 | 582.648 | Óleo e gás | Daí Houliang |
| 3 | State Grid | Pequim | República Popular da China | 383.906 | 7.970 | 907.677 | Fornecedor | Xi Baoan |

---

5. Paul A. Samuelson, *Economia*, Porto Alegre, AMGH Editora Ltda., 2012.

6. "Produto natural ou semimanufaturado (bem intermediário) que deve ser submetido a novas operações no processo produtivo até tornar-se um artigo acabado. O minério de ferro no subsolo é apenas recurso natural; depois de extraído, torna-se matéria-prima para produzir o ferro, que, por sua vez, servirá como bem intermediário e matéria-prima para produção do aço; este, finalmente, será matéria prima para um produto final (automóvel, navio). A matéria-prima, portanto, tanto pode ser proveniente do setor primário da economia como do secundário" (Paulo Sandroni, *Novíssimo dicionário de economia*, Rio de Janeiro, Editora Best Seller, 1999).

7. Embora alguns autores apontem diferenças entre as empresas transnacionais e as empresas multinacionais, com uma tendência em favor da expressão transnacional, a circunstância de observamos corporações que, de qualquer forma, ao desenvolver suas atividades econômicas se **submetem às leis dos países em que atuam** é o fator de destaque para a correta análise jurídica no que se refere à atuação e gestão de referidas companhias.

| 4 | Petróleo Nacional da China | Pequim | República Popular da China | 379.130 | 4.443 | 1.344.410 | Óleo e gás | Li Fanrong |
| 5 | Royal Dutch Shell | Haia ou Londres | Holanda Grã--Bretanha | 352.106 | 15.842 | 83.000 | Óleo e gás | Ben van Beurden |
| 6 | Saudi Aramco | Dhahran | Arábia Saudita | 329.784 | 88.211 | 79.000 | Óleo e gás | Amin H. Nasser |
| 7 | Volkswagen | Wolfsburg | Alemanha | 282.760 | 15.542 | 671.205 | Automóveis | Herbert Diess |
| 8 | BP | Londres | Grã Bretanha | 282.616 | 4.026 | 72.500 | Óleo e gás | Robert Dudley |
| 9 | Amazon. com | Seattle | EUA | 280.522 | 11.588 | 798.000 | Comércio eletrônico | Jeff Bezos |
| 10 | Toyota Motor | Toyota | Japão | 275.288 | 19.096 | 359.542 | Automóveis | Akio Toyoda |
| 11 | Exxon Mobil | Irving | EUA | 264.938 | 14.340 | 74.900 | Óleo e gás | Darren Woods |
| 12 | Apple | Cupertino | EUA | 260.174 | 55.256 | 137.000 | Tecnologia | Tim Cook |
| 13 | CVS Health | Woonsocket | EUA | 256.776 | 6.634 | 290.000 | Comércio farmacêutico | Larry J. Merlo |
| 14 | Berkshire Hathaway | Omaha | EUA | 254.616 | 81.417 | 391.500 | Conglomerado | Warren Buffett |
| 15 | United Health | Minnetonka | EUA | 242.155 | 13.839 | 325.000 | Seguro | David S. Wichmann |
| 16 | McKesson | São Francisco | EUA | 231.051 | 0,900 | 70.000 | Comércio farmacêutico | Brian S. Tyler |
| 17 | Glencore | Baar ZG | Suíça | 215.111 | –0,404 | 88.248 | Comércio de *commodities* | Ivan Glasenberg |
| 18 | Engenharia de construção da China | Pequim | República Popular da China | 205.839 | 3.333 | 335.038 | Construção | Zhou Naixiang |
| 19 | Samsung Electronics | Suwon | Coreia do Sul | 197.705 | 18.453 | 287.439 | Tecnologia | Hyun-Suk Kim |
| 20 | Daimler | Stuttgart | Alemanha | 193.346 | 2.661 | 298.655 | Automóveis | Ola Källenius |

Fonte: Fortune Global 500, https://fortune.com/global500/.

Caracterizadas indiscutivelmente como um dos formadores primários da economia global contemporânea, consideradas a força motriz por trás da configuração das cadeias globais de *commodities* (produtos que funcionam como matéria-prima) e desempenhando um papel fundamental nas questões ambientais internacionais, as empresas transnacionais são economicamente muito ricas e, portanto, potencialmente mais poderosas do que muitos dos estados-nação do mundo, tornando-se "the most important players in global business having significant impact on international trade", como bem destacam Predrag Bjelic, Ivan Markovic e Ivana Popovic Petrovic[8].

Deste modo, buscando constantemente os locais de produção mais baratos e eficientes em todo o mundo, possuindo notória flexibilidade geográfica, podendo transferir recursos e operações para qualquer local do mundo e tendo como principais

---

8. Predrag Bjelic, Ivan Markovic e Ivana Popovic Petrović, Transnational Companies and a Changing Structure of International Trade, *Montenegrin Journal of Economics*, v. 8, n. 4, 2012.

características o objetivo de alcançar vantagens competitivas e maximização dos lucros (o lucro é destinado a investimentos para a instalação de novas filiais, e outra parte é direcionada à matriz), as empresas transnacionais possuem parte substancial de sua força de trabalho localizada no mundo em desenvolvimento, tendo os seus ativos (bens e direitos que ela possui e que podem ser convertidos em dinheiro) distribuídos em todo o mundo, em vez de concentrados em um ou dois países. Daí procuram constantemente as empresas transnacionais as fontes de abastecimento mais baratas para os produtos primários e intermediários que processam (*global sourcing*), investindo diretamente no exterior para garantir o acesso a bens primários ou para se beneficiar de baixos custos salariais[9].

Por consequência, a maior parte das empresas transnacionais, após terem conquistado o mercado interno, montaram filiais em outros países, principalmente nos países em desenvolvimento, vez que nestes países a mão de obra é mais barata, além de ter benefícios fiscais e principalmente em face da existência de matéria prima FUNDAMENTAL para elaboração de seus produtos (*commodity*/mercadoria).

O Relatório Brundtlan teve oportunidade de destacar[10] que "Transnationals play an important role as owners, as partners in joint ventures, and as suppliers of technology in the mining and manufacturing sectors in many developing countries, especially in such environmentally sensitive areas as petroleum, chemicals, metals, paper, and automobiles. They also dominate world trade in many primary commodities", sendo certo que "Nos últimos anos, muitos países em desenvolvimento começaram a ter uma visão mais positiva do papel que o investimento em empresas transnacionais pode desempenhar em seu processo de desenvolvimento. Isso foi um tanto influenciado pelas necessidades de divisas desses países e por sua consciência do papel que o investimento estrangeiro pode desempenhar para fornecê-las. A cooperação eficaz com as TNCs é possível na criação de condições iguais para todas as partes. Isso pode ser alcançado pela estrita observância do princípio de soberania do país anfitrião. Por sua vez, muitas empresas reconheceram a necessidade de compartilhar habilidades gerenciais e *know-how* tecnológico com os nacionais do país anfitrião e buscar objetivos de busca de lucro dentro de uma estrutura desenvolvimento sustentável de longo prazo"[11].

---

9. "As empresas multinacionais são responsáveis pela maior parte do IDE global e estão resistindo à crise criada pela pandemia. Apesar da queda nos lucros, as 100 principais empresas multinacionais aumentaram significativamente a liquidez, um sinal de sua resiliência. O número de multinacionais estatais, cerca de 1,6 mil em todo o mundo, aumentou 7%, com algumas novas entradas resultando de programas de resgate governamentais." Covid reduz investimentos diretos estrangeiros em 35%, mas recuperação pode vir este ano. Disponível em: <https://news.un.org/pt/story/2021/06/1754272>. Acesso em: 21 jun. 2021.

10. Our Common Future, Report of the World Commission on Environment and Development: Our Common Future Transmitted to the General Assembly as an Annex to document A/42/427 – Development and International Co-operation: Environment, 1987.

11. Our Common Future, Report of the World Commission on Environment and Development: Our Common Future Transmitted to the General Assembly as an Annex to document A/42/427 – Development and International Co-operation: Environment, 1987.

Esclarecendo o papel desempenhado pelas empresas multinacionais no desenvolvimento recente do Brasil, cabe apontar manifestação de Doellinger e Cavalcanti[12] ao esclarecerem que,

> "na verdade, muitos dos objetivos dessas empresas (multinacionais) tanto implicam benefícios (para os países hospedeiros) como custos: o investimento estrangeiro aumenta a capacidade produtiva da economia, transfere tecnologia e cria empregos, mas também inibe a expansão das empresas locais e muitas vezes implica mesmo a extinção dessas empresas, reduz a soberania económica do país e enfraquece alguns instrumentos de política econômica; pode, eventualmente, transferir tecnologia inadequada à disponibilidade de fatores e subutilizar as potencialidades locais de desenvolvimento tecnológico; pode ainda exacerbar a demanda de profissionais qualificados e elevar os custosas empresas nacionais. As empresas multinacionais são muito mais poderosas, e sua atuação nos mercados nacionais, tanto pode aumentar a competição quanto concentrar a produção em rígidos oligopólios".

Possuindo, pois, campo de atuação em várias partes do planeta (inclusive evidentemente no Brasil) e em diversos segmentos, como o industrial, alimentício, têxtil, tecnológico, entre outros, e possuindo como já dissemos anteriormente as suas sedes preponderantemente em países desenvolvidos (Estados Unidos, Inglaterra, França, Alemanha. Japão, etc.) com suas unidades produtivas ("fábricas") em países subdesenvolvidos ou em desenvolvimento, **as empresas transnacionais**, como meio específico de organizar a produção visando obter lucros de maneira a maximizar a eficiência minimizando custos, caracterizando-se como uma estrutura de maximização de lucros que abarca a produção em vários países, **têm, todavia seu balizamento normativo submetido evidentemente aos diferentes sistemas constitucionais dos diferentes países em que atuam**.

À vista disso, as empresas transnacionais estão vinculadas não só aos superiores deveres e direitos que estruturam as atividades econômicas nos diferentes países do mundo como evidentemente também estão submetidas ao que determinam os modos de criar, fazer e viver estruturados nas diferentes Nações e suas Cartas Magnas, observando-se particularmente a opção adotada por grande parte dos referidos sistemas constitucionais no sentido de interiorizar em suas Constituições, os preceitos destinados a estabelecer a busca de um desenvolvimento sustentável global fixado e fundamentado principalmente a partir do denominado Relatório Brundtland de 1987 (Comissão Mundial sobre Meio Ambiente e Desenvolvimento – NOSSO FUTURO COMUM)[13].

---

12. Carlos von Doellinger e Leonardo Cavalcanti, *Empresas multinacionais na indústria brasileira*, Rio de Janeiro, IPEA/INPES, 1975.

13. Our Common Future, Report of the World Commission on Environment and Development: Our Common Future Transmitted to the General Assembly as an Annex to document A/42/427 – Development and International Co-operation: Environment, 1987.

Com efeito.

Conhecidas também pela denominação de empresas internacionais ou transnacionais, as multinacionais, conforme destaca Sandroni[14],

"resultam da concentração do capital e da internacionalização da produção capitalista. O processo teve início no final do século XIX, quando o capitalismo superou sua fase tipicamente concorrencial e evoluiu para a formação de monopólios, trustes e cartéis – fenômeno que acompanhou a hegemonia do capital financeiro no modo de produção capitalista e se tornou conhecido como imperialismo. Nesse novo processo de realização do capital, surge um mercado mundial de produção de bens, de serviços e de utilização de mão-de-obra, cujos resultados consistem no desenvolvimento do poderio econômico, político e militar das potências industriais: Estados Unidos, Canadá, Japão, Grã-Bretanha, França, Alemanha e outras nações europeias".

Todavia, tendo em vista que os atores transnacionais, conforme esclarecem Hymer[15] e Jones[16], começaram no início dos anos 1960, cabe destacar que o termo multinacional foi introduzido por Lilienthal em 1960.

Portanto, como esclarecem os autores antes referidos, as multinacionais ou transnacionais desde sua gênese foram entendidas como corporações que, embora com sede em determinado País, **operam e se submetem às leis dos países em que atuam**.

Identificadas, pois, como grandes corporações que atuam em diferentes países, ou seja, grandes empresas/organizações estruturadas no sentido de desenvolver atividade econômica com foco em lucro, as multinacionais[17] ou transnacionais são atividades econômicas organizadas que se realizam entre diferentes nações sendo certo que, apesar de atuarem em vários países, elas possuem uma única sede.

Por outro lado, é sempre importante lembrar que a caracterização de uma empresa multinacional, observando a relevância dos estudos de Stephen Hymer[18], primeiro autor que "tentou compreender as razões pelas quais as empresas buscam internacionalizar a produção", conforme adverte Cassiolato, apresenta "variações na literatura" conforme observam Amatucci e Avrichir[19].

Assim, caracterizadas "pelo investimento no exterior (FDI – *foreign direct investment*), através da abertura de subsidiárias, que são assim filiais estrangeiras deste tipo

---

14. Paulo Sandroni, *Novíssimo dicionário de economia*, Rio de Janeiro, Editora Best Seller,1999.

15. Stephen Herbert Hymer, In: Robert B. Cohen et al. (eds), *The Multinational Corporation*, Cambridge, Cambridge University Press, 1979.

16. Geofrey Jones, *The evolution of international business*: an introduction, New York, Routledge, 1996.

17. *Vide* Celso Antonio Pacheco Fiorillo, *A gestão sustentável das empresas transnacionais e sua regulação em face do direito ambiental constitucional brasileiro*, Rio de Janeiro, Lumen Juris, 2021.

18. Stephen Herbert Hymer, *The international operations of national firms, a study of direct foreign investment The MIT Press*, Cambridge, Mass, 1960.

19. Marcos Amatucci e Ilan Avrichir, Teorias de Negócios Internacionais e a entrada de multinacionais no Brasil de 1850 a 2007, *Revista Brasileira de Gestão de Negócios*, v. 10, 2008.

de empresa"[20] e significando não só "investimento direto – colocar dinheiro em outro país"[21] como "além disso, uma decisão: vender diretamente ou fabricar no estrangeiro, ao invés de simplesmente exportar ou importar através de parceiros comerciais estrangeiros", o pressuposto das empresas transnacionais "é a mobilidade do capital: sem esta, fabricar ou vender em representante próprio fora do país de origem não pode entrar nos projetos estratégicos e na alavancagem da competitividade das empresas"[22].

De qualquer forma, e usando a advertência de Maxime A. Crener e Georges Hénault, "Le terme que nous utiliserons pour représenter la notion que de nombreux auteurs appellent 'firme multinationale' sera celui d'entreprise transnationale (ET), tel qu'utilisépar les Nations unies"[23].

As empresas transnacionais, como empresas produtoras de bens e serviços que operam além das fronteiras, "fixaram-se no Brasil ao longo de todo o Século XIX e XX (algumas antes), e em cada fase com um propósito e impulsionadas por uma lógica diferente"[24 e 25], sendo certo que a obra *Empresas multinacionais na indústria brasileira*, de Doellinger e Cavalcanti[26], constitui uma contribuição importante para o estudo sobre as empresas multinacionais no Brasil, ao basear-se em uma pesquisa que teve como universo as maiores empresas industriais do país em 23 setores industriais, relacionando em cada setor as 10 maiores empresas, com base no patrimônio, capital social e faturamento e estabelecendo da união desses três conjuntos uma média de quase 14 empresas, somando um total de 318 empresas, sendo 8 governamentais, 177 nacionais privadas e 133 subsidiárias de multinacionais. Assim, embora tenham pesquisado na oportunidade um universo limitado às maiores empresas de cada setor industrial, "trata-se de pesquisa relevante, já que as grandes empresas pesquisadas tinham na oportunidade uma importância decisiva na economia nacional", conforme reconhece Bresser-Pereira[27]. Já em 2016, a revista *Forbes*, ao apontar as maiores em-

---

20. Marcos Amatucci e Ilan Avrichir, Teorias de Negócios Internacionais e a entrada de multinacionais no Brasil de 1850 a 2007, *Revista Brasileira de Gestão de Negócios*, v. 10, 2008.

21. Marcos Amatucci e Ilan Avrichir, Teorias de Negócios Internacionais e a entrada de multinacionais no Brasil de 1850 a 2007, *Revista Brasileira de Gestão de Negócios*, v. 10, 2008.

22. Marcos Amatucci e Ilan Avrichir, Teorias de Negócios Internacionais e a entrada de multinacionais no Brasil de 1850 a 2007, *Revista Brasileira de Gestão de Negócios*, v. 10, 2008.

23. Maxime A. Crener e Georges Hénault, Le rôle paradoxal des entreprises transnationales (E.T.) dans une ère de tensions protectionnistes, *Études internationales*, v. 8, n. 4, 1977.

24. Marcos Amatucci e Ilan Avrichir, Teorias de Negócios Internacionais e a entrada de multinacionais no Brasil de 1850 a 2007, *Revista Brasileira de Gestão de Negócios*, v. 10, 2008.

25. "As empresas multinacionais são hoje a forma através da qual, e por excelência, as economias dos países caracterizados pelo subdesenvolvimento industrializado se inserem e se solidarizam com o sistema capitalista central. Define-se assim uma nova forma de dependência, da qual o Brasil é um dos exemplos mais perfeitos" (Luiz Carlos Bresser-Pereira, *Encontros com a civilização brasileira*, n. 4, out. 1978).

26. Carlos von Doellinger e Leonardo Cavalcanti, *Empresas multinacionais na indústria brasileira*, Rio de Janeiro, IPEA/INPES, 1975.

27. Luiz Carlos Bresses Pereira, Um estudo sobre as empresas multinacionais no Brasil, RAE – *Revista de Administração de Empresas*, v. 16, n. 1, São Paulo, jan.-fev./1976.

912

presas do mundo que atuavam no Brasil, destacava a presença de corporações vinculadas ao petróleo e gás como a Exxon e Chevron (Estados Unidos), energia como a Total (França) e Sinopec (China) e alimentação como a Nestlé (Suíça)[28].

Atualmente, a presença de multinacionais brasileiras no exterior reflete um imperativo ditado pela concorrência internacional, com destaque para a participação de empresas vinculadas aos setores/operações produtivas que atuam em outros países como os setores de mineração, têxtil, metalurgia e alimentos, dentre outros[29].

No plano normativo e em face do que interessa especificamente para o presente estudo, cabe relembrar manifestação de Baptista[30], conforme já mencionado em nossa obra *O agronegócio em face do direito ambiental constitucional brasileiro*: as empresas rurais sustentáveis[31], ao advertir que "sob o prisma estritamente jurídico-positivo, pois, não existe a empresa transnacional[32], razão pela qual a descrição que dela fazem os economistas é útil para sua conceituação: "um complexo de empresas nacionais interligadas entre si, subordinadas a um controle central unificado e obedecendo a uma estratégia global".

**Na verdade, o conceito jurídico de empresa transnacional está perfeitamente balizado no plano constitucional brasileiro, vez que, exatamente por se caracterizar como atividade econômica organizada que se realiza entre diferentes nações possuindo uma única sede, as empresas transnacionais, ao atuarem em nosso País buscando mercado consumidor, energia, matéria-prima e mão de obra, se submetem ao regramento jurídico que disciplina as atividades econômicas explicitamente estabelecidas em nossa Lei Maior[33].**

## 1. O BRASIL COMO UMA ECONOMIA DE RECURSOS AMBIENTAIS E O USO LÍCITO DE REFERIDOS RECURSOS PELAS EMPRESAS TRANSNACIONAIS EM FACE DO DIREITO AMBIENTAL CONSTITUCIONAL BRASILEIRO

Como sabemos, "as relações econômicas internacionais representam um problema particular para os países pobres que tentam administrar seu meio ambiente, uma vez que a exportação de recursos naturais continua sendo um grande fator em suas economias, especialmente nas dos países menos desenvolvidos. A instabilidade e as tendências adversas de preços enfrentadas pela maioria desses países tornam impossível

---

28. Disponível em: <https://forbes.com.br/listas/2016/06/30-maiores-empresas-do-mundo-que--atuam-no-brasil/#foto30>.

29. *Vide* Celso Antonio Pacheco Fiorillo, *A gestão sustentável das empresas transnacionais e sua regulação em face do direito ambiental constitucional brasileiro*, Rio de Janeiro, Lumen Juris, 2021.

30. Luiz Olavo Baptista, *Empresa transnacional e direito*, São Paulo, Editora Revista dos Tribunais, 1987.

31. Celso Antonio Pacheco Fiorillo e Renata Marques Ferreira, *O agronegócio em face do direito ambiental constitucional brasileiro*: as empresas rurais sustentáveis. 2. ed. Rio de Janeiro, Lumen Juris, 2021.

32. Daí a afirmação de Maxime A. Crener e Georges Hénault, a saber "L'entreprise transnationale est une réalité empirique récente et originale.Elle serait d'ailleurs l'expression d'un stade nouveau du développement économique" (Maxime A. Crener e Georges Hénault, Le rôle paradoxal des entreprises transnationales (E.T.) dans une ère de tensions protectionnistes, *Études internationales*, v. 8, n. 4, 1977).

33. *Vide* Celso Antonio Pacheco Fiorillo, *A gestão sustentável das empresas transnacionais e sua regulação em face do direito ambiental constitucional brasileiro*, Rio de Janeiro, Lumen Juris, 2021.

para eles administrar suas bases de recursos naturais para uma produção sustentada. A carga crescente do serviço da dívida e o declínio nos novos fluxos de capital intensificam as forças que levam à deterioração ambiental e ao esgotamento de recursos que ocorrem às custas do desenvolvimento de longo prazo"[34].

Daí o IBGE indicar que "a sociedade pós-revolução industrial, na qual nos inserimos, demanda grande quantidade de recursos naturais para atender às necessidades de produção e consumo de bens materiais causando grandes transformações na dinâmica natural do meio ambiente. Essas alterações levam a impactos ambientais negativos, que, por sua vez, podem acarretar prejuízos ao sistema produtivo e às populações. Dessa maneira, o conhecimento dos recursos naturais se torna premente, na busca por relações mais harmoniosas com o meio ambiente, visando a melhores condições de vida para a sociedade atual e para as gerações futuras"[35].

Cabe lembrar que em 2008 eclodiu uma grave crise financeira global, não totalmente superada e ainda emitindo sinais de vida na Europa, com riscos de propagação e contágio pelo Velho Continente. Outro fato relevante foi o desempenho expressivo das economias emergentes, a exemplo da China, do Brasil e da Índia, nos mercados de produção e consumo global, ascendendo a um novo *status* de liderança como potências regionais.

Nesse quadro de grandes desafios globais, o Brasil vivencia uma condição histórica única, posicionando-se como um ator relevante no cenário mundial: classificado em 2021 como a 12ª maior economia do mundo, possuindo a quinta maior área territorial (8.510.295 km²), abrigando a sexta maior população do mundo (211.755.692 de habitantes) e detentor de grandes reservas de petróleo, é também classificado por vários organismos científicos internacionais como o país com a maior diversidade e banco genético do mundo, conforme apontamos de forma pormenorizada em nosso livro *Tutela jurídica do patrimônio genético em face da sociedade da informação*[36], considerando-se todas as regiões da Amazônia, a Mata Atlântica, a caatinga, o Pantanal e a chamada Amazônia Azul (que abrange as zonas costeiras marítimas constituídas por 3,5 milhões de quilômetros quadrados sob jurisdição brasileira, interagindo com grande variedade de ecossistemas litorâneos e marítimos)[37].

Além disso, o Brasil é ainda privilegiado por sua disponibilidade de água, contando com uma das maiores reservas de água do planeta: 12% da água doce superficial no mundo, 53% do manancial de água doce na América do Sul, além do maior rio do planeta, o Amazonas, que corre em quase sua totalidade em território brasileiro. Além do mais, 90% do território recebe chuvas com regularidade.

---

34. *Nosso futuro comum*: relatório da Comissão Mundial sobre Meio Ambiente e Desenvolvimento, capítulo 3: O papel da economia internacional. p. 42 a 427.

35. *Províncias estruturais, compartimentos de relevo, tipos de solos e regiões fitoecológicas*, Coordenação de Recursos Naturais e Estudos Ambientais, Rio de Janeiro, IBGE, 2019.

36. Celso Antonio Pacheco Fiorillo e Renata Marques Ferreira, *Tutela jurídica do patrimônio genético em face da sociedade da informação*, Rio de Janeiro, Lumen Juris, 2016.

37. *Vide* Celso Antonio Pacheco Fiorillo e Renata Marques Ferreira, *A Amazônia Azul e seu uso econômico sustentável em face da tutela jurídica do direito ambiental brasileiro*, Rio de Janeiro, Lumen Juris, 2021; Celso Antonio Pacheco Fiorillo e Renata Marques Ferreira, *Comentários ao "Código" Florestal – Lei 12.651/2012*, 2. ed., São Paulo, Saraiva, 2018.

Detentor de um gigantesco espaço territorial, conforme indicado anteriormente, e muito rico em recursos naturais, é possuidor de solo considerado de excelente qualidade para a agricultura.

Daí ser responsável por produzir uma quantidade de alimentos que atende a 800 milhões de pessoas em todo o mundo, sendo o maior exportador líquido (diferença entre exportações e importações) de produtos agropecuários do mundo, tendo entre seus principais produtos exportados em 2019[38], conforme informações da Secretaria Especial de Comércio Exterior e Assuntos Internacionais, a soja, o etanol[39], a celulose, o milho, o algodão, a carne bovina[40], a carne de frango[41], o farelo de soja e o café[42].

---

38. **Os principais destinos das exportações do Brasil**, conforme dados do ComexStat, no período de janeiro a dezembro de 2019, são:

| | Destinos de Exportação | Valor FOB |
|---|---|---|
| 1 | China | US$ 63,4 bilhões |
| 2 | Estados Unidos | US$ 29,7 bilhões |
| 3 | Países Baixos | US$ 10,1 bilhões |
| 4 | Argentina | US$ 9,8 bilhões |
| 5 | Japão | US$ 5,4 bilhões |
| 6 | Chile | US$ 5,2 bilhões |
| 7 | México | US$ 4,9 bilhões |
| 8 | Alemanha | US$ 4,7 bilhões |
| 9 | Espanha | US$ 4 bilhões |
| 10 | Coreia do Sul | US$ 3,4 bilhões |

39. "Principal fabricante de etanol de cana-de-açúcar do Brasil e maior exportadora individual de açúcar de cana no mercado internacional, a Raízen surgiu como uma joint venture entre a Cosan e a Shell do Brasil. Ela é responsável pela produção de cerca de 2,5 bilhões de litros de etanol de cana-de-açúcar por ano, destinados aos mercados interno e externo. Além do biocombustível, as atuais 26 unidades produzem 73 milhões de toneladas de açúcar anualmente e têm 1 gigawatt de capacidade instalada de produção de energia elétrica a partir do bagaço da cana. Na área de combustíveis, a empresa comercializa 25 bilhões de litros para os segmentos de transporte e indústria por meio de seus 65 terminais de distribuição, além de abastecer sua rede de 7 mil postos de serviço da marca Shell e 66 aeroportos. A Raízen emprega mais de 30 mil funcionários." As 100 maiores empresas do agronegócio brasileiro em 2020. Disponível em: <https://forbes.com.br/forbesagro/2021/03/as-100-maiores-empresas-do-agronegocio-brasileiro-em-2020/>.

40. "Maior empresa de proteína animal e segunda maior de alimentos do mundo, a JBS é a segunda maior companhia brasileira e a maior empresa privada em faturamento. Uma gigante com mais de 240 mil colaboradores em 400 unidades produtivas espalhadas por 15 países nos cinco continentes, a companhia que começou como um açougue no interior de Goiás na década de 1950 atualmente vai muito além das carnes bovina, suína e de aves: tem negócios correlacionados, como couros, biodiesel, higiene pessoal e limpeza, soluções em gestão de resíduos sólidos e embalagens metálicas. Uma das companhias de origem brasileira mais internacionalizadas, a JBS atende cerca de 275 mil clientes em mais de 190 países. Em 2019, apresentou seu melhor resultado histórico, com faturamento superior a R$ 200 bilhões e lucro líquido acima de R$ 6 bilhões". As 100 maiores empresas do agronegócio brasileiro em 2020. Disponível em: <https://forbes.com.br/forbesagro/2021/03/as-100-maiores-empresas-do-agronegocio-brasileiro--em-2020/>. Acesso em: 31 ago. 2021.

41. "Em suas primeiras avaliações do corrente exercício para 2021, o Departamento de Agricultura dos EUA (USDA) sugere que o volume de carne de frango proveniente dos cinco maiores produtores mundiais – pela ordem, EUA, China, Brasil, União Europeia e México – deve aumentar apenas 0,98%,

No que se refere ao petróleo, "entre as 100 maiores corporações transnacionais que operam nos oceanos mundo afora, **a Petrobras aparece em segundo lugar** (grifos nossos). A lista, divulgada nesta quarta-feira (13/01/2021), é parte de uma pesquisa publicada na renomada revista Science Advances, feita por cientistas da Universidade Duke, nos Estados Unidos, e das Universidades de Estocolmo e Uppsala, na Suécia. Foram avaliados oito principais setores que operam nos oceanos: petróleo e gás *offshore*, equipamentos e construção navais, produção e processamento de pescados e frutos do mar, transporte de contêineres, construção e reparo de navios, turismo de cruzeiros, atividades portuárias e energia eólica. Combinadas, essas indústrias geraram ganhos de 1,9 trilhão de dólares em 2018 (10,4 trilhões de reais). A brasileira Petrobras faturou 46 bilhões de dólares naquele ano, o equivalente a cerca de 250 bilhões de reais. **O estudo, que tem como objetivo avaliar a concentração da indústria no ambiente marítimo e os perigos que isso representa, mostrou ainda que Arábia Saudita, Brasil, Irã, México e Estados Unidos são, respectivamente, sede das maiores transnacionais de petróleo e gás *offshore*** (grifos nossos). Para os cientistas, esse nível de concentração na economia oceânica, fortemente dependente de recursos naturais, particularmente pesca, apresenta riscos para a sustentabilidade e uso global dos mares. Soma-se a esse cenário o fato de a indústria do petróleo ser fonte considerável de gases do efeito estufa, que aceleram as mudanças climáticas. Além disso, a queima dos combustíveis fósseis produzidos pelas petroleiras, junto com carvão, é responsável por 60% das emissões globais", conforme destacado pelo jornal Deutsche Welle[43] em face de pesquisa publicada na renomada revista *Science Advances*[44].

Por outro lado, conforme observa Carvalho[45], "Austrália, Brasil e China são os maiores produtores mundiais de minério de ferro. Juntos foram responsáveis por 70% de todo o minério de ferro produzido no mundo em 2015. Também é possível observar que Austrália, Brasil e Rússia possuem as maiores reservas com relativo alto teor de ferro contido em 2015. A China possui uma reserva expressiva, entretanto, com um

---

passando de 64,644 milhões de toneladas (resultado preliminar de 2020) para 65,280 milhões de toneladas. Mesmo assim o grupo aumenta sua participação na produção mundial, respondendo por quase dois terços do volume total previsto". USDA: volume de carne de frango dos 5 maiores produtores mundiais cresce menos de 1% em 2021. Disponível em: <https://www.portaldoagronegocio.com.br/economia/brasil/noticias/usda-volume-de-carne-de-frango-dos-5-maiores-produtores-mundiais-cresce-menos-de-1-em-2021>.

42. "O Brasil, maior produtor e exportador de café do mundo, deverá produzir 52,9 milhões de sacas de 60 kg em 2021, 23% abaixo do recorde de 68,21 milhões de sacas visto em 2020". Safra de café do Brasil deve recuar 23% em 2021, diz Montesanto Tavares. Disponível em: <https://www.forbes.com.br/forbes-money/2021/01/safra-de-cafe-do-brasil-deve-recuar-23-em-2021-diz-montesanto-tavares/

43. Petrobras é a segunda maior do mundo em operações no oceano. Disponível em: <https://www.dw.com/pt-br/petrobras-%C3%A9-a-segunda-maior-do-mundo-em-opera%C3%A7%C3%B5es-no--oceano/a-56212807>.

44. J. Virdin; T. Vegh; J.-B. Jouffray; R. Blasiak; S. Mason; H. Österblom; D. Vermeer; H. Wachtmeister and N. Erner, The Ocean 100: Transnational corporations in the ocean economy, *Science Advances*, v. 7, n. 3, 13 jan. 2021.

45. Victor Vasconcelos Carvalho, *Mercado Internacional de Minério de Ferro*, Universidade Federal de Ouro Preto, Escola de Minas, Departamento de Engenharia de Minas, Ouro Preto, 2017.

baixo teor de ferro contido (USGS, 2017)". Além disso, destaca referido autor que "o mercado transoceânico de minério de ferro corresponde a todo minério de ferro que é comercializado através de vias marítimas mundialmente (Silva, 2014), os principais participantes desse mercado hoje são Austrália e Brasil, que levam sua produção para a China, o principal consumidor. A grande diferença de distância entre Brasil e China, comparando-se a distância entre Austrália e China é um dos principais fatores dentro desse mercado (Comtois & Slack, 2016)".

**Daí ser pertinente afirmar que o Brasil é efetivamente uma economia de recursos ambientais.**

Desnecessário, pois, observar que a abundância dos recursos ambientais brasileiros mereceu por parte de nosso sistema normativo rigoroso balizamento.

De fato.

No plano jurídico, e exatamente por estar integrada à tutela jurídica constitucional vinculada aos **RECURSOS AMBIENTAIS/BENS AMBIENTAIS,** a atuação das empresas transnacionais em nosso País, exatamente em decorrência de seus objetivo de obter vários recursos e matérias-primas que estão em falta no país de origem vinculando seus investimentos principalmente em face dos recursos ambientais que sempre existiram no Brasil[46], recebeu a partir da Constituição Federal de 1988 pormenorizados controles vinculados à defesa dos bens ambientais com particular destaque para o uso dos recursos ambientais, a saber o uso das águas interiores, superficiais e subterrâneas, dos estuários, do mar territorial, do solo, do subsolo, dos elementos da biosfera, da fauna e da flora, vale dizer, a referida atividade econômica realizada por aludidas corporações deverá não só observar os princípios constitucionais indicados anteriormente (arts. 1º, 3º, 5º e 170 e s. da Lei Maior) como evidentemente os princípios constitucionais específicos que balizam os recursos naturais/recursos ambientais, ou seja, os princípios constitucionais do direito ambiental (art. 225 da Constituição Federal)[47].

O conjunto de princípios constitucionais antes referidos é que estabelecerá os contornos normativos destinados à aplicação de direitos e deveres no âmbito da atuação lícita das empresas transnacionais no Brasil: é o verdadeiro e único "marco regulatório" destinado a estabelecer balizamentos jurídicos claros das coporações transnacionais modulando todas as demais normas jurídicas infraconstitucionais existentes em face da especificidade de referidas atividades econômicas.

Destarte, os recursos ambientais, estruturados com fundamento em nossa Lei Maior e definidos no plano infraconstitucional como bens ambientais de acordo com a superior orientação antes indicada em face do que estabelecem os arts. 2º, IV, da Lei n. 9.985/2000 (que regulamenta o art. 225, § 1º, incisos I, II, III e VII da Constituição

---

46. *Vide* Celso Antonio Pacheco Fiorillo, *A gestão sustentável das empresas transnacionais e sua regulação em face do direito ambiental constitucional brasileiro*, Rio de Janeiro, Lumen Juris, 2021.

47. *Vide* Celso Antonio Pacheco Fiorillo, *A gestão sustentável das empresas transnacionais e sua regulação em face do direito ambiental constitucional brasileiro*, Rio de Janeiro, Lumen Juris, 2021.

Federal,) e 3º, IV, da Lei n. 6.938/81 (Política Nacional do Meio Ambiente), podem e devem ser usados pelas empresas transnacionais em nosso País, condicionados evidentemente à obediência da disciplina jurídica constitucional dos bens ambientais.

## 2. A EMPRESA TRANSACIONAL EM FACE DA RELAÇÃO JURÍDICA AMBIENTAL

Conforme advertia Kelsen[48], em estreita conexão com os conceitos de dever jurídico e de direito subjetivo (*Berechtigung*) está, segundo a concepção tradicional, o conceito de relação jurídica.

Esta é definida como relação entre sujeitos jurídicos, quer dizer, entre o sujeito de um dever jurídico e o sujeito do correspondente direito (*Berechtigung*) ou – o que não é o mesmo – como relação entre um dever jurídico e o correspondente direito (*Berechtigung*) – definição em que as palavras "dever" (*Pflicht*) e "direito" (*Berechtigung*) devem ser entendidas no sentido da teoria tradicional.

Sujeito do direito[49], já ensinava Clóvis Beviláqua[50] no início do século XX, fundamentando sua ideia nas "bases em que repousa a organização jurídica da sociedade segundo a elaborou a civilização do Occidente"[51], é "o ser, a que a ordem jurídica assegura o poder de agir contido no direito (...) os sujeitos dos direitos são as pessoas naturaes e jurídicas"[52].

Já o objeto é "o bem ou vantagem, sobre que o sujeito exerce o poder conferido pela ordem jurídica. Podem ser objeto do direito:

1º Modos de ser da própria pessoa na vida social (a existência, a liberdade, a honra, etc.);

2º As acções humanas;

3º As coisas corpóreas ou incorporeas, entre estas ultimas incluindo-se os produtos da inteligência".

Assim, ao explicar o conceito de objeto do direito, imediatamente o autor do Código Civil brasileiro de 1916 destacava que "relação de direito é o laço, que, sob a garantia da ordem jurídica, submete o objeto ao sujeito", para logo em seguida esclarecer que:

---

48. Hans Kelsen, *Teoria pura do direito*, trad. de João Baptista Machado, 6. ed., São Paulo, Martins Fontes, 1998.

49. "É sujeito jurídico, segundo a teoria tradicional, quem é sujeito de um dever jurídico ou de uma pretensão ou titularidade jurídica (*Berechtigung*)." Hans Kelsen, *Teoria pura do direito*, trad. de João Baptista Machado, 6. ed., São Paulo, Martins Fontes, 1998.

50. Clóvis Beviláqua, *Teoria geral do direito civil*, 3. ed., Rio de Janeiro, Livraria Francisco Alves, 1946.

51. Clóvis Beviláqua, *Teoria geral do direito civil*, 3. ed., Rio de Janeiro, Livraria Francisco Alves, 1946, prefácio.

52. Clóvis Beviláqua, *Teoria geral do direito civil*, 3. ed., Rio de Janeiro, Livraria Francisco Alves, 1946.

"A relação de direito somente se pode estabelecer entre pessoas, ensinam muitos dos mais notáveis civilistas; porem, melhor traduzem a verdade dos factos os que distinguem duas categorias de relações, umas actuando sobre objetos naturais, e outras ligando pessoas entre si, as quaes podem denominar-se direitos de dominação e direitos que impõem deveres directos às outras pessoas. Foi naturalmente tendo em vista esta diferença fundamental entre as relações de direito que Teixeira de Freitas propoz distribuir toda a matéria do direito civil em duas grandes classes: os direitos reaes e os pessoaes. Effectivamente o direito é uma expansão da personalidade, e essa expansão, que pressuppoe sempre a ordem jurídica, ora se realiza pela apropriação de cousas da natureza, ora pelo relevo de algum dos seus modos de ser ou qualidades, ora, finalmente, pela restricção imposta à atividade jurídica de outrem"[53].

Com efeito.

Nosso sistema constitucional em vigor, ao estabelecer como princípio fundamental interpretativo de todos os dispositivos da Lei Maior a dignidade da pessoa humana, fixou a pessoa humana como "o ser, a que a ordem jurídica assegura o poder de agir contido no direito", indicando os bens ambientais, detalhadamente tratados no Capítulo anterior, como o objeto sobre o qual a pessoa humana exerce o poder conferido por nossa Carta Magna.

Destarte, a relação jurídica ambiental existente em nosso sistema normativo é, pois, o "laço" que sob a garantia da Constituição Federal interpretada em face de seus princípios fundamentais submete os bens ambientais à pessoa humana[54].

---

53. Clóvis Beviláqua, *Teoria geral do direito civil*, 3. ed., Rio de Janeiro, Livraria Francisco Alves, 1946.

54. A Constituição Federal de 1988, ao incluir entre seus princípios fundamentais a dignidade da pessoa humana (art. 1º, III), como fundamento destinado a interpretar todo o sistema constitucional, adotou visão explicitamente antropocêntrica, que reflete em toda a legislação infraconstitucional — o que abarca também a legislação ambiental. O Constituinte originário atribuiu aos brasileiros e estrangeiros residentes no País (arts. 12, I, e 52 da Carta Magna) posição de centralidade em relação ao nosso sistema de direito positivo. Nesse sentido o Princípio n. 1 da Declaração do Rio de Janeiro sobre Meio Ambiente e Desenvolvimento de 1992: "Os seres humanos estão no centro das preocupações com o desenvolvimento sustentável. Têm direito a uma vida saudável e produtiva, em harmonia com a natureza".

(STF, ADI 4066/DF, Tribunal Pleno, Rel. Min. Rosa Weber, j. 24-8-2017, *DJe*-043, divulg. 6-3-2018, public. 7-3-2018).

"A Constituição Federal de 1988, ao incluir entre seus princípios fundamentais a dignidade da pessoa humana (art. 1º, III), como fundamento destinado a interpretar todo o sistema constitucional, adotou visão explicitamente antropocêntrica, que reflete em toda a legislação infraconstitucional – o que abarca também a legislação ambiental. O Constituinte originário atribuiu aos brasileiros e estrangeiros residentes no País (arts. 12, I, e 52 da Carta Magna) posição de centralidade em relação ao nosso sistema de direito positivo. Nesse sentido o Princípio n. 1 da Declaração do Rio de Janeiro sobre Meio Ambiente e Desenvolvimento de 1992: "Os seres humanos estão no centro das preocupações com o desenvolvimento sustentável. Têm direito a uma vida saudável e produtiva, em harmonia com a natureza"

(STF, ADI 3470/RJ, Tribunal Pleno, Rel. Min. Rosa Weber, j. 29-11-2017, *DJe*-019, divulg. 31-1-2019, public. 1º-2-2019).

Portanto, a atuação das empresas transnacionais em nosso País, para que possa se desenvolver licitamente, está necessariamente submetida à relação jurídica ambiental na forma do que foi aduzido anteriormente.

## 3. ESG (ENVIRONMENTAL, SOCIAL AND CORPORATE GOVERNANCE) COMO FORMA DE PUBLICIDADE E SEU BALIZAMENTO NORMATIVO EM FACE DA ATUAÇÃO DAS EMPRESAS TRANSNACIONAIS

### 3.1. INTRODUÇÃO

Ser reconhecido por cuidar do meio ambiente, promover impacto social positivo e adotar uma conduta corporativa ética vem se tornando nos dias de hoje verdadeiro modelo "institucional" no mundo dos negócios, restando bem evidenciado na atual etapa do capitalismo[55] uma nova orientação que poderia ser resumida em três letras: ESG.

A referida sigla, em inglês, significa *Environmental, Social and Corporate Governance*, algo como "melhores práticas ambientais, sociais e de governança", em português[56]. Esses seriam os princípios que norteiam a agenda, e as organizações/

---

55. "Branko Milanović, em seu mais recente livro, por meio de tipos ideais em dois estudos de caso, verifica a existência e a consequência de somente um sistema socioeconômico no mundo, qual seja, o capitalismo. Haveria, todavia, diferentes tipos de capitalismo. Sociedades diferentes construíram distintas versões da mesma ideia basilar em relação ao sistema. A proposta do livro é bastante corajosa, pois não se trata de uma mera comparação entre histórias, que, quase sempre, deixa a sensação de que a narrativa é claramente enviesada, mas de inseri-las a fatores socioeconômicos e institucionais de forma complexa, a fim de desenvolver virtudes e falhas inerentes aos modelos de capitalismo". O livro é dividido em cinco capítulos, sendo certo que o "primeiro apresenta, em termos gerais, o objeto do livro: **mostrar que todo o mundo opera, hoje, com os mesmos princípios econômicos** (grifos nossos), a saber, a produção organizada para obter lucro usando mão de obra legalmente remunerada, a predominância de capital de propriedade privada, com coordenação descentralizada, e o reequilíbrio do poder econômico mundial, por um lado, entre a Europa e a América do Norte e, por outro, da Ásia, liderada pela China". Albuquerque e David Beltrão Simons Tavares. O futuro do capitalismo para Branko Milanović, *Brazilian Journal of Political Economy*, v. 41, n. 3, 2021; Brankjo Milanovic, *Capitalism, alone*: the future of the system that rules the world. The Belknap Press of Harvard University, Press Cambridge, Massachusetts London, England 2019.

56. "In January 2004, recognising the important role the financial sector needs to play to ensure the Global Compact's objectives are met, a group of leading financial institutions were invited to form a joint financial sector initiative under the leadership of the Global Compact. The explicit aim of this initiative was to develop guidelines and recommendations on how to integrate environmental, social and corporate governance (ESG) issues in asset management, securities brokerage services and associated research functions, and to suggest ways in which various financial sectors, such as stock exchanges and pension funds, consider ESG issues". David Gait e Cecilia Bjerborn, *"Who cares wins"*: one year on a review of the integration of environmental, social and governance value drivers. Asset Management, Financial Research and Investment Processes International Finance Corporation (IFC). Association with the Global Compact, 2004. Disponível em: https://www.ifc.org/wps/wcm/connect/d8d38cd8-0279-419a-9475-72e0120979b5/

empresas que abraçam a causa deveriam adotar concretamente boas práticas para cada um deles, a começar pela preservação do meio ambiente (E - *Environmental*)[57].

Destarte, para ser ESG[58], uma empresa precisaria ter iniciativas objetivas e concretas para proteger o meio ambiente, sendo também necessário estar comprometida socialmente (S - *Social*), o que englobaria desde políticas de diversidade para o ambiente de trabalho[59] até projetos concretos para reduzir a desigualdade na sociedade, devendo ainda cuidar da lisura dos processos corporativos (G - *Governance*), garantindo a independência do conselho de administração e investindo em mecanismos para impedir casos de corrupção, discriminação e assédio.

Daí inclusive, como bem observa Celso Fiorillo[60], a figura da empresa chamada "empresa de benefícios" introduzida pela lei italiana de 28 de dezembro de 2015, n. 208 (Lei n. 208/2015, §§ 376-384), adotando como modelo iniciativas existentes nos Estados Unidos[61] e tendo como objetivo "uma nova forma de entender os negócios visando uma tentativa de modificação dos tradicionais paradigmas estabelecidos no plano normativo italiano tradicional", na tentativa de superar a abordagem "clássica" de fazer negócios, estruturada em modelo da procura, no longo prazo, da criação de valor para os acionistas com processo de tomada de decisão tomadas pelos conselheiros

---

Who%2BCares%2BWins_One%2BYear%2BOn.pdf?MOD=AJPERES&CACHEID=ROOTWORKSPA CE-d8d38cd8-0279-419a-9475-72e01. Acesso em: 24 dez. 2021.

57. "Given the skepticism towards ESG-investing reflected in the current rule, fiduciaries have arguably been hesitant to consider ESG-type factors when making investment decisions." G. Bogner, Robert Projansky, Kate Napalkova, Seth Safra, Adam Scoll e Nicholas LaSpina. DOL's latest ESG proposal: the more things change, the more they stay the same. Disponível em: https://www.erisapracticecenter. com/2021/11/dols-latest-esg-proposal-the-more-things-change-the-more-they-stay-the-same/. Acesso em: 24 dez. 2021.

58. "It is difficult to measure whether information available in ESG criteria are already priced in by the market, as reliable firm-level data on ESG measures over sufficiently long periods of time are not publicly available. Ravi Ravikumar Jagannathan e Marco Ashwin Ravikumar. Environmental, social, and governance criteria: why investors are paying attention. *National Bureau of Economic Research*, 1050, Massachusetts Avenue Cambridge, MA 02138, nov. 2017.

59. A respeito do tema, *vide* no presente artigo 2. A obrigação constitucional das empresas em face da defesa do meio ambiente entendida como princípio geral da atividade econômica: a orientação do Supremo Tribunal Federal (ADI 3.540) e seus reflexos no sistema normativo.

60. Celso Antonio Pacheco Fiorillo, A empresa de benefícios em face do direito empresarial ambiental brasileiro. *Revista Novos Estudos Jurídicos* – Eletrônica, v. 26, n. 1, jan.-abr. 2021. Disponível em: file:///C:/Users/USUARIO/Downloads/17549-47589-1-SM%20(4).pdf. Acesso em: 25 dez. 2021.

61. "O modelo é seguramente o norte-americano, conforme consta no Relatório ao Projeto de Lei n. 1.882 apresentado ao Senado Italiano em 17 de abril de 2015 pelo senador Del Barba e outros, que foram então incorporados à lei geral de 'estabilidade'. Nos Estados Unidos, o primeiro estado a aprovar Corporações de Benefícios foi Maryland em 2010 e, a partir de 1º de janeiro de 2016, os seguintes 31 estados já aprovaram leis que admitem Corporações de Benefícios: Arkansas, Arizona, Califórnia, Colorado, Connecticut, Distrito de Columbia, Flórida, Havaí, Idaho, Illinois, Indiana, Louisiana, Maryland, Massachusetts, Minnesota, Montana, Nebraska, Nevada, New Hampshire, Nova Jersey, Nova York, Oregon, Pensilvânia, Rhode Island, Carolina do Sul, Tennessee, Utah, Vermont, Virginia e West Virginia". Celso Antonio Pacheco Fiorillo, A empresa de benefícios em face do direito empresarial ambiental brasileiro. *Revista Novos Estudos Jurídicos* – Eletrônica, v. 26, n. 1, jan.-abr. 2021. Disponível em: file:///C:/Users/USUARIO/Downloads/17549-47589-1-SM%20(4).pdf. Acesso em: 25 dez. 2021.

geralmente definidas para maximizar o lucro para os acionistas[62]. Destarte, as denominadas empresas com o propósito de benefício comum criadas no ordenamento jurídico italiano "procuram estabelecer um compromisso da empresa e, portanto, dos diretores, de perseguir uma finalidade adicional àquela de lucro[63], resgatando em certa medida a advertência de Merrick Dodd[64] do início dos anos 30 do século passado, a saber:

"Instead of talking, as the early judges talked, in terms of the duty of one engaged in business activities toward the public who are his customers, it has become the practice since Munn v. Illinois to talk of the public duty of one who has devoted his property to public use, the conception being that property employed in certain kinds of business is devoted to public use while property employed in other kinds of business remains strictly private. This approach to the problem has been justly criticized as attempting to draw an unreasonably clean-cut distinction between businesses which do not differ substantially, and as furnishing no intelligible criterion by which to distinguish those businesses which are private property from those which are property devoted to public use. The phrase does, however, have the merit of emphasizing the fact that".

Assim, "cobradas" a assumir os "compromissos" anteriormente aduzidos e visando dar visibilidade que poderia ser entendida por parte dos consumidores como iniciativas positivas em proveito de todos, muitas empresas, com a evidente intenção de melhorar sua imagem para o público em geral e evidentemente impulsionadas por mais lucros, **têm usado as três letras como eficiente tática de *marketing* visando vender mais produtos a um preço mais alto e tornando difícil para as pessoas fazerem escolhas inteligentes.**

---

62. "Trata-se do tradicional modelo de *shareholders*, paradigma em que a empresa é apenas vista como uma entidade que gera benefícios econômicos (lucros) aos seus proprietários e acionistas, os denominados *shareholders*, também conhecidos como *stockholders*, constituídos tão-somente pelos proprietários e acionistas, ou seja, por quem detém o capital da empresa". Celso Antonio Pacheco Fiorillo, A empresa de benefícios em face do direito empresarial ambiental brasileiro. *Revista Novos Estudos Jurídicos* – Eletrônica, v. 26, n. 1, jan.-abr. 2021. Disponível em: file:///C:/Users/USUARIO/Downloads/17549-47589-1-SM%20(4).pdf. Acesso em: 25 dez. 2021.

63. "... podem as referidas empresas de benefício perseguir um ou mais objetivos de benefício comum e atuar de forma responsável, sustentável e transparente com as pessoas, comunidades, territórios e meio ambiente, ativos e atividades culturais e sociais, entidades e associações e demais *stakeholders*, em face de sua conceituação original explicada por Edward Freeman, no âmbito de uma nova ordem contemporânea em que as atividades econômicas – principalmente em decorrência dos efeitos da pandemia/coronavírus – indicam a necessidade de sofrer ajustes estruturais – inclusive no âmbito jurídico – em face do desenvolvimento sustentável". Celso Antonio Pacheco Fiorillo, A empresa de benefícios em face do direito empresarial ambiental brasileiro. *Revista Novos Estudos Jurídicos* – Eletrônica, v. 26, n. 1, jan.-abr. 2021. Disponível em: file:///C:/Users/USUARIO/Downloads/17549-47589-1-SM%20(4).pdf. Acesso em: 25 dez. 2021.

64. E. Merrick Dodd, For whom are corporate managers trustees? *Harvard Law Review*, v. 45, n. 8, maio 1932.

Ocorre, todavia, que referida tática de *marketing* adotada por algumas empresas **nem sempre revela objetivamente por parte de aludidas companhias as melhores práticas ambientais, sociais e de governança,** acabando por evidenciar prática caracterizada como *greenwashing...*

Com efeito.

No denominado "cenário da sustentabilidade" em que vivemos, tem sido usado de forma rotineira por parte de algumas firmas o denominado *greenwashing*[65], restando bem evidenciada a atuação de determinadas corporações que fazem alegações falsas ou mesmo fornecem informações enganosas sobre seus produtos ou ações para sugerir que elas seriam "ecologicamente corretas" e socialmente responsáveis, induzindo em erro os consumidores, se aproveitando da deficiência de julgamento e experiência do público em geral e, principalmente, desrespeitando concretamente valores ambientais, levando os potenciais clientes a acreditar que estariam fazendo algo bom em proveito de todas as pessoas e "de todo o planeta" ao comprar os seus produtos/adquirir os seus serviços.

A sigla ESG, portanto, dentro do contexto e em face das circunstancias antes indicadas, nada mais seria objetivamente que uma tática de *marketing*[66] para vender mais produtos a um preço mais alto, tornando difícil para as pessoas fazerem escolhas inteligentes, ou seja, a sigla ESG, **como uma forma de publicidade**, estaria sendo utilizada de maneira indevida e mesmo ilegal no sentido de tornar possível a venda e entrega de produtos aos consumidores ou outras empresas sem adotar efetivamente as melhores práticas ambientais, sociais e de governança (*greenwashing*).

No Brasil, temos balizamento objetivo no sentido de evitar o *greenwashing* por parte das empresas, condicionando a atuação das corporações ao que determina o direito empresarial ambiental em vigor, sendo útil, por via de consequência, desenvolver o tema, ainda que de maneira breve, no sentido de apontar de maneira clara e didática os balizamentos normativos que delimitam o tema.

---

65. "There are also concerns about "*greenwashing*" as the market moves beyond investment grade products. For instance, despite requirements that green instruments contain specific terms on the use of proceeds, many of those instruments state that the issuer may not be able to use the proceeds for the intended purposes. That gives borrowers an out and calls into question the validity of the 'green' label. The EU also intends to introduce more stringent rules requiring impact reporting and external reviews in order for a product to be labelled as a 'European Green Bond'. Issuers will need to make extra efforts to qualify for that designation, but the intention is to achieve cheaper borrowing costs because investors appear willing to pay a premium for ethical quality.)"

"*Greenwashing* continues to be a major concern for ESG investors and regulators alike, as we have discussed above. In response, the U.K. Treasury has formed a new panel, the Green Technical Advisory Group (GTAG), to define the requirements for financial investments to be considered environmentally sustainable. This grew out of concerns that investors do not have enough information to understand the environmental impacts of their investments." Marc S. Gerber *et al.*, ESG in 2021 so far: an update. *Harvard Law School Forum on Corporate Governance*, 2021. Disponível em: https://corpgov.law.harvard.edu/2021/09/18/esg-in-2021-so-far-an-update/. Acesso em: 24 dez. 2021.

66. O *marketing* refere-se às atividades que uma empresa realiza para promover a compra ou venda de um produto ou serviço. O *marketing* **inclui publicidade**, venda e entrega de produtos aos consumidores ou outras empresas. Alexandra Gêmea. Marketing nos negócios: estratégias e tipos explicados. *Investopedia*. 2023. Disponível em: https://www.investopedia.com/terms/m/marketing.asp. Acesso em: 23 dez. 2021.

É o que vamos desenvolver no presente artigo, estruturado através de pesquisa realizada a partir do método hermenêutico, por meio do levantamento dos trabalhos doutrinários elaborados por estudiosos especializados e atuantes no âmbito da matéria investigada e da análise jurídica vinculada ao direito ambiental constitucional, assim como das normas infraconstitucionais delimitadoras do direito empresarial ambiental, tudo com o objetivo de adequar de forma satisfatória o enquadramento do tema em face de nosso sistema jurídico em vigor.

## 3.2. O DIREITO EMPRESARIAL AMBIENTAL BRASILEIRO[67]

Tipo de "instituição econômica que gerada embrionariamente no bojo da Revolução Industrial[68], ampliou-se desmedidamente até dominar o panorama da economia atual"[69, 70 e 71], conforme lição fundamental de Bulgarelli[72], a empresa "como noção

---

67. *Vide* de forma detalhada Celso Antonio Pacheco Fiorillo e Renata Marques Ferreira, *Direito empresarial ambiental brasileiro e sua delimitação constitucional*, Rio de Janeiro, Lumen Juris, 2020.

68. "Expressão surgida nos anos 1820 para designar uma ruptura nas formas tradicionais de produção. Por extensão, aplicou-se ao grande crescimento econômico resultante de inovações técnicas que alteraram radicalmente os métodos de trabalho. Embora o termo **revolução** evoque uma mudança rápida e profunda, a industrialização foi muitas vezes um processo lento, que coexistiu com modos de vida e de produção tradicionais. A Inglaterra, a partir dos anos 1780, foi o primeiro país a entrar na era industrial". *Vide* Armelle Ferreira Enders, Marieta de Moraes e Renato Franco, *História em curso*: da antiguidade à globalização, São Paulo, Editora do Brasil; Rio de Janeiro, Fundação Getulio Vargas, 2008.

69. Usada na Grécia Antiga para indicar a administração da casa, do patrimônio particular, como lembra Sandroni, a economia, como ciência que estuda a atividade produtiva, "focaliza estritamente os problemas referentes ao uso mais eficiente de recursos materiais escassos para a produção de bens; estuda as variações e combinações na alocação dos fatores de produção (terra, capital, trabalho, tecnologia) na distribuição de renda, na oferta e procura e nos preços das mercadorias. Sua preocupação fundamental refere-se aos aspectos mensuráveis da atividade produtiva, recorrendo para isso aos conhecimentos matemáticos, estatísticos e econométricos". *Vide* Paulo Sandroni, *Novíssimo dicionário de economia*, São Paulo, Best Seller, 1999.

70. Classificada em 2017 como a oitava maior economia do mundo, com um produto interno bruto (PIB) de 6,559 trilhões de reais, ou 2,080 trilhões de dólares estadunidenses nominais, de acordo com estimativas do Fundo Monetário Internacional (FMI), a economia brasileira é também a segunda maior do continente americano, atrás apenas da economia dos Estados Unidos.

71. O BNDES apresentou trabalho que teve como objetivo apresentar um panorama atual sobre a economia brasileira, destacando a evolução recente e os principais desafios e, sobretudo, apresentando possíveis cenários de crescimento para o período de 2018 a 2023. Referido documento indica "uma trajetória para a evolução do produto interno bruto (PIB) na forma de um exercício de consistência que considera a existência, na economia brasileira, de um hiato inicial do produto que iria se fechando progressivamente ao longo do horizonte de referência adotado, até o ano de 2023. A dinâmica do crescimento, em que pese a intensidade da queda observada do PIB no biênio 2015-2016, será afetada pela queda muito mais intensa do investimento nesse mesmo período, que, com a redução adicional observada em 2017, alcançou -27% no acumulado de quatro anos: 2014-2017. Consequentemente, o crescimento do produto potencial previsto para 2018 é de apenas 1,7%. Assim sendo, mesmo com um hiato inicial representando um grau de ociosidade de 4,5% em 2017, o maior crescimento do PIB, com uma taxa inicial prevista em 2,5% para 2018, provocaria um encolhimento gradual do hiato do produto ao longo de seis anos. Considera-se que a formação bruta de capital fixo (FBCF) teria um crescimento de 6% em 2018 e de 7% ao ano nos cinco anos posteriores, de modo que a taxa de investimento em 2023 alcançaria 19,5% do PIB. Isso posto, considera-se um crescimento do PIB compatível com a vigência de um hiato do produto que seja, por

referível à atividade econômica[73] organizada de produção e circulação de bens e serviços para o mercado[74], exercida profissionalmente"[75 e 76], passou a ter, observando-se a noção antes referida, inequívoco enquadramento em nossa Lei Maior a partir de 1988.

Daí Eros Grau advertir[77] que "os juristas tradicionalmente se valem dos ensinamentos da teoria econômica para acolher a definição da empresa como "organismos econômicos, que se concretizam na organização dos fatores de produção e que se

---

hipótese, eliminado até 2023, o que corresponde a um crescimento do PIB a taxas gradualmente crescentes, até alcançar 3,4% em 2023. O cenário adotado contempla um crescimento médio anual, na média dos seis anos entre 2018 e 2023, de 4,3% das exportações reais nas contas nacionais, de 5,7% das importações e de 0,8% do consumo do governo, no contexto de vigência de uma forte restrição fiscal. No cenário adotado, o consumo das famílias, nos seis anos compreendidos entre 2018 e 2023, poderia ter uma expansão real média de 2,8% ao ano. Pode-se concluir que, no período considerado, os números apresentados sugerem que a economia brasileira encontra-se em condições de crescer a um ritmo da ordem de 2,5% a 3,0% sem o surgimento de maiores pressões inflacionárias". *Vide Perspectivas DEPEC 2018*: o crescimento da economia brasileira 2018-2023, documento elaborado por Guilherme Tinoco e Fabio Giambiagi, respectivamente, economista e economista chefe do Departamento de Pesquisa Econômica do BNDES. Editado pelo Departamento de Comunicação Abril de 2018.

72. Waldírio Bulgarelli. *Teoria jurídica da empresa*: análise jurídica da empresarialidade, São Paulo, Revista dos Tribunais, 1985.

73. "Ghidini ressalta que a atividade econômica é um conceito técnico-jurídico, não constituindo portanto uma categoria extrajurídica (econômica, por exemplo) já que está identificada pelo Direito. Constitui porém, uma categoria histórica porque o seu conteúdo pode variar através do tempo, ou conforme as disposições do direito positivo. E por atividade econômica deve-se entender uma série, uma pluralidade de atos, seja no sentido de negócios jurídicos estipulados com o fim de obter um resultado querido de produção ou de circulação de bens ou de serviços (por exemplo aquisição de matéria-prima, contratos de trabalho) seja no sentido de atos materiais praticados pelo empresário, tendo em vista obter o resultado querido (cf. *Lineamenti del diritto dell'impresa*, cit., p.14 e 16". *Vide* Waldírio Bulgarelli. *Teoria jurídica da empresa*: análise jurídica da empresarialidade, São Paulo, Revista dos Tribunais, 1985; Mario Ghidini, *Lineamenti del diritto del'impresa*. Milão, Giuffrè, 1978.

74. Como alerta Sandroni, o termo mercado, em sentido geral, "designa um grupo de compradores e vendedores que estão em contato suficientemente próximo para que as trocas entre eles afetem as condições de compra e venda dos demais. Um mercado existe quando compradores que pretendem trocar dinheiro por bens e serviços estão em contato com vendedores desses mesmos bens e serviços. Desse modo, o mercado pode ser entendido como o local, teórico ou não, do encontro regular entre compradores e vendedores de uma determinada economia. Concretamente, ele é formado pelo conjunto de instituições em que são realizadas transações comerciais (feiras, lojas, Bolsas de Valores ou de Mercadorias etc.). Ele se expressa, entretanto, sobretudo na maneira como se organizam as trocas realizadas em determinado universo por indivíduos, empresas e governos. A formação e o desenvolvimento de um mercado pressupõem a existência de um excedente econômico intercambiável e, portanto, de certo grau de divisão e especialização do trabalho". *Vide* Paulo Sandroni, *Novíssimo dicionário de economia*, São Paulo, Best Seller,1999.

75. A questão do objetivo do lucro normalmente é "vista no plano da profissionalidade, no sentido de que, quem se dedica a uma atividade em caráter profissional o faz com o objetivo de tirar proveito", já ensinava Bulgarelli, lembrando que, "a maioria da doutrina propende por admitir que a atividade econômica implica ordinariamente na intenção de ganho". Waldírio Bulgarelli. *Teoria jurídica da empresa*: análise jurídica da empresarialidade, São Paulo, Revista dos Tribunais, 1985.

76. Waldírio Bulgarelli, *Teoria jurídica da empresa*: análise jurídica da empresarialidade, São Paulo, Revista dos Tribunais, 1985.

77. ADI 3.273/DF – DISTRITO FEDERAL. AÇÃO DIRETA DE INCONSTITUCIONALIDADE. Relator: Min. Carlos Britto. Relator(a) p/ Acórdão: Min. Eros Grau. Julgamento: 16/3/2005. Órgão Julgador: Tribunal Pleno Publicação. *DJ* 2-3-2007. PP-00025, ement. vol-02266-01, pp-00102.

propõem à satisfação das necessidades alheias, mais precisamente, das exigências do mercado em geral"[78], estruturando-se na ideia de que ela seria o exercício da atividade produtiva[79], e, portanto, no âmbito das funções de produção que são realizadas "por organizações especializadas – as pequenas, médias e grandes empresas que dominam o panorama das economias modernas", como ensina Samuelson[80], tendo a busca de lucros mais elevados ou o aumento da participação de mercado como objetivo básico, ou seja, o principal objetivo de uma empresa é produzir com poucos custos obtendo o maior lucro possível[81 e 82].

Destarte, enquanto atividade econômica[83], as empresas submetem-se juridicamente no plano constitucional não só ao regramento normativo que estrutura as atividades[84], particularmente, "como noção referível à atividade econômica organizada de produção e circulação de bens e serviços para o mercado, exercida profissionalmente", mas têm como principal objetivo gerar lucros à delimitação jurídica constitucional que organiza os princípios gerais da atividade econômica.

Assim, em face de nossa atual Carta Magna (arts.1º, IV, e 170 e segs.), a empresa no Brasil, fundamentada nos valores sociais do trabalho e da livre-iniciativa (art.1º, IV), bem como fundada na valorização do trabalho humano e na livre-iniciativa

---

78. Rubens Requião, *Curso de direito comercial*, 8. ed., São Paulo, Saraiva, 1977.

79. Rubens Requião, *Curso de direito comercial*, 8. ed., São Paulo, Saraiva, 1977.

80. Paul Samuelson, *Economia*, Porto Alegre, AMGH Editora Ltda., 2012.

81. "That is why, in my book 'Capitalism and Freedom' I have called it a 'fundamentally subversive doctrine' in a free society, and have said that in such a society, 'there is one and only one social responsibility of business – to use its resources and engage in activities designed to increase its profits so long as it stays within the rules of the game, which is to say, engages in open and free competition without deception fraud." Disponível em: https://www.nytimes.com/1970/09/13/archives/a-friedman-doctrine-the-social--responsibility-of-business-is-to.html. Acesso em: 23 dez. 2021. *Vide* Milton Friedman. *A Friedman doctrine*: the social responsibility of business is to increase its profits. *The New York Times*, 13 set. 1970. Disponível em: https://graphics8.nytimes.com/packages/pdf/business/miltonfriedman1970.pdf. Acesso em: 23 dez. 2021.

82. Cabe ratificar que "A questão do objetivo do lucro normalmente é 'vista no plano da profissionalidade, no sentido de que, quem se dedica a uma atividade em caráter profissional, o faz com o objetivo de tirar proveito', já ensinava Bulgarelli, lembrando que "a maioria da doutrina propende por admitir que a atividade econômica implica ordinariamente na intenção de ganho". Waldírio Bulgarelli, *Teoria jurídica da empresa*: análise jurídica da empresarialidade, São Paulo, Revista dos Tribunais, 1985.

83. Conforme lembra Bulgarelli, "o substrato que se colhe de variadas e até, por vezes, conflitantes definições de empresa oferecidas pela Economia é o de 'organização da atividade econômica', ou 'organização dos fatores de produção'. Aliás, tudo está a indicar que os juristas formularam o seu conceito econômico de empresa com os elementos colhidos nas variadas definições dos economistas". *Vide* Waldírio Bulgarelli, *Teoria jurídica da empresa*: análise jurídica da empresarialidade, São Paulo, Revista dos Tribunais, 1985.

84. Bulgarelli, ao analisar a doutrina especializada em sua obra fundamental, identifica "pelo menos dois princípios básicos orientadores da concepção jurídica da atividade que são: 1) a **efetividade**, caracterizadora do fato de que a atividade só pode ser considerada existente se exercida realmente; e 2) o **resultado**, ou seja, que a atividade deve sempre tender para um resultado, sendo esta tensão um componente necessário da atividade, como o é a efetivação de seu exercício". *Vide* Waldírio Bulgarelli, *Teoria jurídica da empresa*: análise jurídica da empresarialidade, São Paulo, Revista dos Tribunais, 1985.

(art.170 da CF), passou a ter por fim assegurar a todos existência digna (arts.1º, III, e 170 da CF), conforme os ditames da justiça social, observando obediência obrigatória, dentre os princípios gerais das atividades econômicas, ao princípio da defesa do meio ambiente, inclusive mediante tratamento diferenciado conforme o impacto ambiental dos produtos e serviços e de seus processos de elaboração e prestação art.170, VI, da CF). Além disso, a empresa em nosso País, ao ter sua estrutura necessariamente ligada aos referidos princípios fundamentais de nossa Carta Magna, também está vinculada ao que determina o art. 3º de nossa Lei Maior. Destarte, construir uma sociedade livre, justa e solidária; garantir o desenvolvimento nacional; erradicar a pobreza e a marginalização, reduzir as desigualdades sociais e regionais e promover o bem de todos, sem preconceitos de origem, raça, sexo, cor, idade e quaisquer outras formas de discriminação são também determinações constitucionais impostas à todas as atividades econômicas organizadas de produção e circulação de bens e serviços em nosso País como princípios fundamentais que devem ser obedecidos.

Cuida-se, portanto, de entender e analisar juridicamente a empresa em nosso País, desde logo e preliminarmente, a partir de seu enquadramento constitucional, constatando especificamente dois fundamentos constitucionais que estabelecem seu superior contorno normativo: a dignidade da pessoa humana (art.1º, III) e os valores sociais do trabalho e da livre-iniciativa (art.1º, IV), princípios fundamentais e constitucionais que se refletem em todas as normas constitucionais e evidentemente em toda a ordem econômica delimitada a partir do que estabelece o art. 170 que, aliás, ao fixar os denominados princípios gerais da atividade econômica, praticamente ratifica no âmbito do conteúdo do art. 170 os conteúdos dos art. 1º, III e IV, de nossa Lei Maior.

Daí a obediência por parte das empresas à defesa do meio ambiente restar claramente caracterizada não só em face dos princípios gerais da atividade econômica, mas principalmente em face dos princípios fundamentais de nossa Constituição Federal.

Por via de consequência, para que possam atuar de forma lícita em nosso País, as empresas necessariamente estão constitucionalmente obrigadas a defender o meio ambiente em face dos balizamentos constitucionais que estruturam referidos direitos.

## 3.3. A OBRIGAÇÃO CONSTITUCIONAL DAS EMPRESAS EM FACE DA DEFESA DO MEIO AMBIENTE ENTENDIDA COMO PRINCÍPIO GERAL DA ATIVIDADE ECONÔMICA: A ORIENTAÇÃO DO SUPREMO TRIBUNAL FEDERAL (ADI 3.540) E SEUS REFLEXOS NO SISTEMA NORMATIVO

Ao assegurar a todos o livre exercício de qualquer atividade econômica, independentemente de autorização de órgãos públicos, salvo nos casos previstos em lei (parágrafo único do art. 170 da CF), nossa Constituição Federal destacou de forma importante a necessidade de interpretar no plano superior normativo o significado de referido conceito de atividade em face de seus evidentes reflexos em toda a ordem econômica constitucional particularmente em decorrência do direcionamento estabelecido pelos próprios princípios gerais da atividade econômica (TÍTULO VII – Da

Ordem Econômica e Financeira – CAPÍTULO I – DOS PRINCÍPIOS GERAIS DA ATIVIDADE ECONÔMICA).

Destarte, não se trata de pura e simplesmente compreender a atividade em face tão-somente da economia, a saber, dentro do termo economia, como o "quadro físico e institucional dentro do qual se realizam as atividades de produção de bens e serviços requeridos pela sociedade, bem como sua evolução no tempo", conforme lição de Leite[85], mas de compreender de que forma as atividades de produção de bens e serviços requeridos pela sociedade tem seu balizamento fixado pela Constituição Federal.

Trata-se, pois, de verificar o que significa atividade no contexto econômico normativo constitucional, lembrando, de forma evidentemente menos ampla, dentro de análise doutrinária jurídica e em contexto infraconstitucional, ser a atividade "conceito básico de direito comercial, fenômeno essencialmente humano (Bonfante, *Lezioni di storia del commercio*). E hoje se pode afirmar que é conceito básico de direito empresarial. A empresa se realiza pela atividade, como o sujeito se realiza por seus atos. Tanto o ato quanto a atividade se exteriorizam por meio de negócios jurídicos, de tal sorte que se afirma que o contrato é o núcleo básico da atividade empresarial (Bulgarelli, *Contratos mercantis*, p. 25)"[86].

Assim, atribuindo posição juridicamente superior, a Constituição Federal passou a entender a partir de 1988 ser a atividade, no plano normativo econômico descrito na Lei Maior, conceito bem mais amplo, abarcando não só as comerciais e empresariais, mas também e particularmente indicando a atividade em face da defesa do meio ambiente, o que significa compreender a matéria ora desenvolvida, como já aduzimos em outras ocasiões[87], em face do conceito amplo e abrangente das noções jurídicas de índole constitucional de meio ambiente natural, de meio ambiente cultural[88], de meio ambiente artificial (espaço urbano) e de meio ambiente laboral.

Com efeito.

Entendida como "qualidade; faculdade ou possibilidade de agir, de se mover, de fazer, empreender coisas; exercício dessa faculdade, ação"[89] em face do que se admite ser ativo ("que exerce ação, que age, que tem a faculdade de agir")[90], o termo

---

85. *Vide* Antonio Dias Leite, *A economia brasileira*: de onde viemos e onde estamos, 2. ed., Rio de Janeiro, Elsevier, 2011.

86. *Vide* Rosa Nery. *Vínculo obrigacional*: relação jurídica de razão (técnica e ciência de proporção). Tese de livre-docência. Pontifícia Universidade Católica de São Paulo, 2004.

87. *Vide* Celso Antonio Pacheco Fiorillo, *Curso de direito ambiental brasileiro*, São Paulo, Saraiva, 2022.

88. Nele incluído o Meio Ambiente Digital, conforme ensina Celso Fiorillo. *Vide* Celso Antonio Pacheco Fiorillo, *O marco civil da internet e o meio ambiente digital na sociedade da informação*, São Paulo, Saraiva, 2015; Celso Antonio Pacheco Fiorillo, *Princípios constitucionais do direito da sociedade da informação*, São Paulo, Saraiva, 2014; Celso Antonio Pacheco Fiorillo, *Crimes no meio ambiente digital em face da sociedade da informação*, 2. ed., São Paulo, Saraiva, 2016.

89. Antonio Houaiss e Mauro de Salles Villar, *Dicionário Houaiss da Língua Portuguesa*, Rio de Janeiro, Objetiva, 2009.

90. Antonio Houaiss e Mauro de Salles Villar, *Dicionário Houaiss da Língua Portuguesa*, Rio de Janeiro, Objetiva, 2009.

atividade também pode ser perfeitamente explicado no âmbito da economia (atividade econômica) como a faculdade de empreender coisas, o que facilita evidentemente seu entendimento no contexto da ordem econômica constitucional com evidentes reflexos no direito ambiental constitucional, ou seja, a livre-iniciativa passa a atuar em absoluta sintonia com os princípios fundamentais do direito ambiental constitucional[91].

Assim, conforme inclusive já definido pelo Supremo Tribunal Federal,

"é certo que a ordem econômica na Constituição de 1988 define opção por um sistema no qual joga um papel primordial a livre-iniciativa. Essa circunstância não legitima, no entanto, a assertiva de que o Estado só intervirá na economia em situações excepcionais. Mais do que simples instrumento de governo, a nossa Constituição enuncia diretrizes, programas e fins a serem realizados pelo Estado e pela sociedade. Postula um plano de ação global normativo para o Estado e para a sociedade, informado pelos preceitos veiculados pelos seus arts. 1º, 3º e 170. A livre-iniciativa é expressão de liberdade titulada não apenas pela empresa, mas também pelo trabalho. Por isso a Constituição, ao contemplá-la, cogita também da 'iniciativa do Estado'; não a privilegia, portanto, como bem pertinente apenas à empresa. Se de um lado a Constituição assegura a livre-iniciativa, de outro determina ao Estado a adoção de todas as providências tendentes a garantir o efetivo exercício do direito à educação, à cultura e ao desporto (arts. 23, V; 205; 208; 215; e 217, § 3º, da Constituição). Na composição entre esses princípios e regras, há de ser preservado o interesse da coletividade, interesse público primário. O direito ao acesso à cultura, ao esporte e ao lazer são meios de complementar a formação dos estudantes"[92].

Por via de consequência, no plano superior constitucional em vigor (princípio fundamental), a livre-iniciativa (art.1º, IV, da CF) como "princípio do liberalismo

---

91. "A QUESTÃO DO DIREITO AO MEIO AMBIENTE ECOLOGICAMENTE EQUILIBRADO – DIREITO DE TERCEIRA GERAÇÃO – PRINCÍPIO DA SOLIDARIEDADE – O DIREITO À INTE-GRIDADE DO MEIO AMBIENTE – TÍPICO DIREITO DE TERCEIRA GERAÇÃO – CONSTITUI PRERROGATIVA JURÍDICA DE TITULARIDADE COLETIVA, REFLETINDO, DENTRO DO PRO-CESSO DE AFIRMAÇÃO DOS DIREITOS HUMANOS, A EXPRESSÃO SIGNIFICATIVA DE UM PODER ATRIBUÍDO, NÃO AO INDIVÍDUO IDENTIFICADO EM SUA SINGULARIDADE, MAS, NUM SENTIDO VERDADEIRAMENTE MAIS ABRANGENTE, À PRÓPRIA COLETIVIDADE SO-CIAL. ENQUANTO OS DIREITOS DE PRIMEIRA GERAÇÃO (DIREITOS CIVIS E POLÍTICOS) – QUE COMPREENDEM AS LIBERDADES CLÁSSICAS, NEGATIVAS OU FORMAIS – REALÇAM O PRINCÍPIO DA LIBERDADE E OS DIREITOS DE SEGUNDA GERAÇÃO (DIREITOS ECONÔ-MICOS, SOCIAIS E CULTURAIS) – QUE SE IDENTIFICA COM AS LIBERDADES POSITIVAS, REAIS OU CONCRETAS – ACENTUAM O PRINCÍPIO DA IGUALDADE, OS DIREITOS DE TER-CEIRA GERAÇÃO, QUE MATERIALIZAM PODERES DE TITULARIDADE COLETIVA ATRIBUÍDOS GENERICAMENTE A TODAS AS FORMAÇÕES SOCIAIS, CONSAGRAM O PRINCÍPIO DA SOLI-DARIEDADE E CONSTITUEM UM MOMENTO IMPORTANTE NO PROCESSO DE DESENVOL-VIMENTO, EXPANSÃO E RECONHECIMENTO DOS DIREITOS HUMANOS, CARACTERIZADOS, ENQUANTO VALORES FUNDAMENTAIS INDISPONÍVEIS, PELA NOTA DE UMA ESSENCIAL INEXAURIBILIDADE." MS 22164/SP – SÃO PAULO MANDADO DE SEGURANÇA. Relator: Min. Celso de Mello. Julgamento: 30/10/1995. Órgão Julgador: Tribunal Pleno. Publicação *DJ* 17-11-1995 PP-39206. EMENT VOL-01809-05 PP-01155.

92. ADI 1.950, Rel. Min. Eros Grau, j. 3-11-2005, *DJ* 2-6-2006.

econômico que defende a total liberdade do indivíduo para escolher e orientar sua ação econômica, independentemente da ação de grupos sociais ou do Estado", implicando em "total garantia da propriedade privada, o direito de o empresário investir seu capital no ramo que considerar mais favorável e fabricar e distribuir os bens produzidos em sua empresa da forma que achar mais conveniente à realização dos lucros"; conforme explicação de Sandroni[93], deixa de ser observada em face de sua interpretação inicial e passa a ser admitida em contexto de evidente equilíbrio.

Trata-se, a rigor, como já tivemos oportunidade de observar[94], de se verificar que a ordem econômica estabelecida no plano normativo constitucional, fundada na valorização do trabalho humano e na livre-iniciativa, tem por fim assegurar a todos existência digna, conforme os ditames da justiça social, observados alguns princípios indicados nos incisos do art.170, sendo certo que dentre os referidos princípios está exatamente o da defesa do meio ambiente (art.170, VI, da CF), cujo conteúdo constitucional está descrito no art. 225 da CF, inclusive mediante tratamento diferenciado conforme o impacto ambiental (art. 225, § 1º, IV) dos produtos e serviços e de seus processos de elaboração e prestação.

Destarte, conforme sempre tivemos a oportunidade de defender, a defesa do meio ambiente embora adote como causa primária no plano normativo os valores sociais do trabalho e da livre-iniciativa (art.1º, IV) necessita respeitar a dignidade da pessoa humana como superior fundamento constitucional (art.1º, III).

Adotando nossa compreensão, o Supremo Tribunal Federal teve a oportunidade de fixar a adequada interpretação da matéria conforme decidiu na conhecida ADI 3.540, cuja ementa, por sua evidente importância para o tema analisado no presente trabalho, merece ser transcrito. A saber:

"A atividade econômica não pode ser exercida em desarmonia com os princípios destinados a tornar efetiva a proteção ao meio ambiente. A incolumidade do meio ambiente não pode ser comprometida por interesses empresariais nem ficar dependente de motivações de índole meramente econômica, ainda mais se se tiver presente que a atividade econômica, considerada a disciplina constitucional que a rege, está subordinada, entre outros princípios gerais, àquele que privilegia a 'defesa do meio ambiente' (CF, art. 170, VI), **que traduz conceito amplo e abrangente das noções de meio ambiente natural, de meio ambiente cultural, de meio ambiente artificial (espaço urbano) e de meio ambiente laboral** (grifos nossos). Doutrina. Os instrumentos jurídicos de caráter legal e de natureza constitucional objetivam viabilizar a tutela efetiva do meio ambiente, para que não se alterem as propriedades e os atributos que lhe são inerentes, o que provocaria inaceitável comprometimento da saúde, segurança,

---

93. *Vide* Paulo Sandroni, *Dicionário de economia do século XXI*, Rio de Janeiro, São Paulo, Editora Record, 2005, p. 492.

94. Celso Antonio Pacheco Fiorillo e Renata Marques Ferreira, *Liberdade econômica (Lei n. 13.874/19) em face do direito ambiental constitucional brasileiro*: o enquadramento jurídico das atividades econômicas vinculadas ao desenvolvimento sustentável, Rio de Janeiro, Lumen Juris, 2020.

cultura, trabalho e bem-estar da população, além de causar graves danos ecológicos ao patrimônio ambiental, considerado este em seu aspecto físico ou natural. [ADI 3.540 MC, Rel. Min. Celso de Mello, j. 1º-9-2005, P, *DJ* de 3-2-2006.]".

Destarte, ao assegurar a todos o livre exercício de qualquer atividade econômica, nossa Constituição Federal condiciona o exercício de referida atividade no plano normativo superior, incluindo-se evidentemente as atividades econômicas organizadas de produção e circulação de bens e serviços para o mercado (**empresas**) à defesa do meio ambiente natural, do meio ambiente cultural, do meio ambiente artificial (espaço urbano) e do meio ambiente laboral, tudo em face dos princípios do direito ambiental constitucional na forma de suas respectivas tutelas jurídicas constitucionais. Daí, particularmente, serem princípios fundamentais interpretativos de todo o nosso sistema constitucional os valores sociais da livre-iniciativa (art.1º, IV, da CF).

Assim, também em face da estratégia de *marketing* que envolve o uso de espaço em um veículo de mídia para divulgar um produto, serviço ou marca, com o objetivo de atingir seu público-alvo no sentido de incentivá-lo a comprar (**publicidade**), a empresa deve obediência ao superior regramento constitucional antes referido, inclusive em face de princípio geral da atividade econômica que assegura a defesa do consumidor (art. 170, V).

Não pode, pois, a empresa valer-se de estratégia usando alegações falsas ou mesmo fornecendo informações enganosas sobre seus produtos ou ações para sugerir que elas seriam "ecologicamente corretas" e socialmente responsáveis, induzindo em erro os consumidores, se aproveitando da deficiência de julgamento e experiência do público em geral e, principalmente, desrespeitando concretamente valores ambientais levando os potenciais clientes a acreditar que estariam fazendo algo bom em proveito de todas as pessoas e "de todo o planeta" ao comprar os seus produtos/adquirir os seus serviços.

## 3.4 A OBRIGAÇÃO CONSTITUCIONAL DAS EMPRESAS EM FACE DAS RELAÇÕES DE CONSUMO: A PUBLICIDADE ENGANOSA E A PUBLICIDADE ABUSIVA

Como ensina de forma clara e didática Rizzatto Nunes[95], "ao estipular como princípios a livre concorrência e a defesa do consumidor, o legislador constituinte está dizendo que nenhuma exploração poderá atingir os consumidores nos direitos a eles outorgados (que estão regrados na Constituição e também nas normas infraconstitucionais)", sendo certo que, "quando se fala em regime capitalista fundado na dignidade da pessoa humana, nos valores sociais e na cidadania, como é o nosso caso, o que se está pressupondo é que esse regime capitalista é fundado num mercado, numa possibilidade de exploração econômica que vai gerar responsabilidade social, porque é

---

95. Rizzatto Nunes, *Comentários à Constituição do Brasil*, 2. ed., São Paulo, Saraiva, 2018.

da sociedade que se trata. Livre mercado composto de consumidores e fornecedores tem, na ponta do consumo, o elemento fraco de sua formação, pois o consumidor é reconhecidamente vulnerável como receptor dos modelos de produção unilateralmente definidos e impostos pelo fornecedor. A questão não é, pois – como às vezes a doutrina apresenta –, de ordem econômica ou financeira, mas técnica: o consumidor é mero expectador no espetáculo da produção". Destarte, adverte de forma pedagógica o autor antes citado que "o reconhecimento da fragilidade do consumidor no mercado está ligado à hipossuficiência técnica: ele não participa do ciclo de produção e, na medida em que não participa, não tem acesso aos meios de produção, não tendo como controlar aquilo que compra de produtos e serviços; não tem como fazê-lo e, na medida em que não tem como fazê-lo, precisa de proteção. É por isso que, quando chegamos ao CDC, há uma ampla proteção ao consumidor com o reconhecimento de sua vulnerabilidade (art. 4º, I) e como decorrência direta do estabelecido no inciso V do art. 170, assim como do inciso XXXII do art. 5º".

Assim, as empresas estão submetidas a todos os comandos constitucionais indicados no presente trabalho, destacando-se no plano infraconstitucional, em face das relações de consumo/defesa do consumidor, o balizamento normativo destinado a orientar sua estratégia de *marketing* que envolve o uso de espaço em um veículo de mídia para divulgar um produto, serviço ou marca, com o objetivo de atingir seu público-alvo no sentido de incentivá-lo a comprar (**publicidade**).

Daí a inequívoca orientação estabelecida pela Lei n. 8.078/90, a saber:

"SEÇÃO III

Da Publicidade

Art. 36. A publicidade deve ser veiculada de tal forma que o consumidor, fácil e imediatamente, a identifique como tal.

Parágrafo único. O fornecedor, na publicidade de seus produtos ou serviços, manterá, em seu poder, para informação dos legítimos interessados, os dados fáticos, técnicos e científicos que dão sustentação à mensagem.

Art. 37. É proibida toda publicidade enganosa ou abusiva.

§ 1° É enganosa qualquer modalidade de informação ou comunicação de caráter publicitário, inteira ou parcialmente falsa, ou, por qualquer outro modo, mesmo por omissão, capaz de induzir em erro o consumidor a respeito da natureza, características, qualidade, quantidade, propriedades, origem, preço e quaisquer outros dados sobre produtos e serviços.

§ 2° É abusiva, dentre outras a publicidade discriminatória de qualquer natureza, a que incite à violência, explore o medo ou a superstição, se aproveite da deficiência de julgamento e experiência da criança, desrespeita valores ambientais, ou que seja capaz de induzir o consumidor a se comportar de forma prejudicial ou perigosa à sua saúde ou segurança".

De fato.

A empresa valer-se de estratégia usando alegações falsas ou mesmo fornecendo informações enganosas sobre seus produtos ou ações para sugerir que elas seriam "ecologicamente corretas" e socialmente responsáveis induzindo em erro os consumidores, se aproveitando da deficiência de julgamento e experiência do público em geral e, principalmente, desrespeitando concretamente valores ambientais levando os potenciais clientes a acreditar que estariam fazendo algo bom em proveito de todas as pessoas e "de todo o planeta" ao comprar os seus produtos/adquirir os seus serviços viola objetivamente os dispositivos da Lei n. 8.078/90, antes indicados, valendo destacar a importante advertência de Rizzatto Nunes, "que se pode ter numa mesma publicidade um anúncio enganoso e ao mesmo tempo abusivo", **bastando que "o produto ou o serviço dentro das condições anunciadas não corresponda àquilo que é verdadeiro** (grifos nossos) e que o anúncio preencha o conteúdo proibido de abusividade"[96].

É exatamente a hipótese enfrentada no presente artigo... produtos ou serviços dentre de condições anunciadas que não correspondem àquilo que é verdadeiro...

Destarte, para que uma empresa possa concretamente ser reconhecida por cuidar do meio ambiente, promover impacto social positivo e adotar uma conduta corporativa ética (ESG), ela necessita **obedecer** às normas constitucionais e infraconstitucionais em vigor de forma clara e inequívoca, assegurando os valores ambientais delimitados pelo direito empresarial ambiental em face de seus produtos e de seus serviços.

## 4. REGULAÇÃO DAS EMPRESAS TRANSNACIONAIS NO ÂMBITO DA ECONOMIA[97] DIGITAL[98] EM FACE DO DIREITO AMBIENTAL CONSTITUCIONAL BRASILEIRO

Tendo entrado em uso durante o início dos anos 1990, o termo Economia Digital foi o título do livro do canadense Don Tapscott, de 1995, *The Digital Economy: promise and peril in the age of networked intelligence*[99 e 100], que teria então "estabelecido"

---

96. Don Tapscott, *The digital economy*: promise and peril in the age of networked intelligence. 1st Edition, McGraw-Hill, 1997.

97. **Economia,** conforme ensina Samuelson, "é o estudo da **forma como as sociedades utilizam recursos escassos para produzir bens e serviços que possuem valor para distribuí-los entre indivíduos diferentes**". Paul Samuelson, *Economia*, 19. ed., Porto Alegre, AMGH, 2012.

98. "**Digital** (adjetivo): registrar ou armazenar informações como uma série dos números 1 e 0, para mostrar que um sinal está presente ou ausente: dados digitais; usado ou relacionado a sinais digitais e tecnologia de computador: uma gravação digital/uma câmera digita/ltelevisão digital; usando ou se relacionando com computadores e a internet: A revolução digital tornou muito mais fácil para nós trabalhar em casa/A mídia social é uma ferramenta essencial em um mundo digital; mostrando informações na forma de uma imagem eletrônica: um relógio/display digital, um relógio digital." *Cambridge Dictionary*. Disponível em: https://dictionary.cambridge.org/us/dictionary/english/digital. Acesso em: 29 abr. 2023.

99. Don Tapscott, *The digital economy*: promise and peril in the age of networked intelligence. McGraw-Hill, 1997.

100. "Don Tapscott has been tracking and predicting cultural and economic changes fueled by technology since 1981. In Office Automation (Plenum Press, 1981), Tapscott predicted that computers would

a "concepção" de economia digital **relacionando-a à economia em que as tecnologias**[101] **de computação digital são utilizadas nas atividades econômicas**[102].

Assim, como adverte Lu Shouqun, a "economia digital refere-se a uma série de atividades econômicas **que usam o conhecimento digital e a informação como fatores-chave de produção**[103 e 104] (grifos nossos), as modernas redes de informação como um importante veículo e o uso efetivo das tecnologias de informação e comunicação como uma importante força motriz para a melhoria da eficiência e otimização da estrutura econômica"[105].

---

prove a double-edged sword, and this theme is echoed throughout The Digital Economy. Tapscott chronicles the increasing pressures on organizations to transform themselves through the total quality movement of the 1980s and the trend of business process reengineering of the 1990s. The reason such transformations typically fail is resistance to change: it is far easier to streamline processes and to cut costs by reducing the number of employees than it is to transform customer service, responsiveness and innovation. Information technology (IT) makes the global economy possible. In a global economy, programmers and other knowledge workers in China, India or anywhere else in the world can become 'virtual aliens' by telecommuting to work for U.S. corporations. The use of IT makes it possible for a wide variety of work to be done where the worker lives instead of in a central office or plant. In previous times, knowledge had to be transmitted by physical means: letters, reports, cash, checks, invoices, face-to-face meetings or telephone calls. Once it has been digitized, information can be transmitted at the speed of light from one location to another, thus eliminating many of the communication barriers caused by time and distance". Joel P. Bowman. *The digital economy*: promise and peril in the age of networked intelligence. 2. ed. The Academy of Management Executive; Briarcliff Manor, v. 10, 1996.

101. **Tecnologia** é "a aplicação do conhecimento científico aos objetivos práticos da vida humana ou, como às vezes é expresso, à mudança e manipulação do ambiente humano". *Vide* technology, *Encyclopaedia Britannica*. Disponível em: https://www.britannica.com/technology/Microsoft-Windows. Acesso em: 22 abr. 2023.

102. **A respeito do conceito de atividade econômica**, *vide* de forma detalhada Celso Antonio Pacheco Fiorillo. As empresas transnacionais e sua regulação constitucional em face dos princípios gerais da atividade econômica. Lumen Juris, 2022.

103. *Vide* na presente obra. 3. A informação como bem ambiental e sua tutela jurídica em face da sociedade da informação: a informação como fator chave de produção no âmbito da economia digital.

104. **As empresas mais dominantes no setor de tecnologia da informação, as denominadas Big Tech, também conhecidas como Tech Giants, estão diretamente vinculadas às cinco maiores empresas americanas de tecnologia, a saber, Alphabet (Google), Amazon, Apple, Meta (Facebook) e Microsoft** (grifos nossos). Basta observar que, "Na última década, as principais empresas de tecnologia – principalmente Meta (Facebook), Alphabet (Google), Amazon, Apple e Microsoft – passaram a dominar seus respectivos segmentos na maior parte do mundo. Algumas estatísticas: a Meta, que também é dona do Instagram e do WhatsApp, tem 3,5 bilhões de usuários em suas redes. Mais de 50% dos gastos globais com anúncios *online* passam por Meta ou Alphabet. Nas buscas, o Google tem mais de 60% de participação nos Estados Unidos e mais de 90% na Europa, Brasil e Índia. A Apple ganha mais em lucro anual do que a Starbucks em receita. A Microsoft é um dos três principais fornecedores para 84% das empresas. E a Amazon absorve mais de 40% dos gastos *online* nos Estados Unidos e administra quase um terço da internet por meio do Amazon Web Services. Coletivamente, as Big Five obtiveram uma receita de cerca de US$ 197 bilhões sobre uma receita de mais de US$ 1 trilhão em 2020, enquanto seu valor de mercado subiu para US$ 7,5 trilhões no final do ano". *Vide* Alison Beard. Can Big Tech be disrupted? Disponível em: https://hbr.org/2022/01/can-big-tech-be-disrupted. Acesso em: 11 maio 2023.

105. "Eu apontei há pouco tempo: 'Até agora, não existe uma definição universalmente aceita, exata e unificada da economia digital no mundo', e a economia digital ainda não está totalmente madura. Com o surgimento do comércio eletrônico, algumas pessoas definem a economia digital inicial como: 'um

Trata se, pois, de compreender a economia em face das denominadas **tecnologias de computação digital**[106], a saber, tecnologias que, conforme adverte Khosrow-Pou, "têm em sua base circuitos eletrônicos que **processam informações**[107] **na forma digital** (sinais discretos, em oposição aos sinais analógicos, contínuos). As tecnologias de computação digital incluem *hardware* (computadores que processam informações) e *software* (instruções aos computadores sobre como as informações devem ser processadas). Cada vez mais no mundo moderno **os computadores estão conectados à internet**, sendo de fato partes de vastos sistemas de computação distribuídos"[108], estando por via de consequências associadas a novas atividades desenvolvidas em todo o mundo, o "que resulta de bilhões de conexões *online* diárias entre pessoas, empresas, dispositivos, dados e processos"[109]. Daí Jinzhu Zhang e outros constatarem que "as tecnologias digitais, tipicamente representadas pela internet, *big data*, 5G, inteligência artificial, aceleram a integração profunda com as indústrias, trazendo o mundo para a era da economia digital"[110]. Daí "a aceitação da internet entre indivíduos e empresas continua a crescer, embora as divisões permaneçam em recursos e uso efetivo"[111].

---

paradigma econômico que usa a tecnologia digital como um indicador de atividades econômicas' ou 'um paradigma econômico que usa dados como fator-chave de produção'. **Agora parece que a definição de economia digital dada pela China como anfitriã da cúpula do G20 realizada em 20 de setembro de 2016 parece ter dado um grande passo em termos de cientificidade e certeza. Esta definição é: 'Economia digital refere-se a uma série de atividades econômicas que usam o conhecimento digital e a informação como fatores-chave de produção, as modernas redes de informação como um importante veículo e o uso efetivo das tecnologias de informação e comunicação como uma importante força motriz para a melhoria da eficiência e otimização da estrutura econômica'.** Deste ponto de vista, esta definição é muito semelhante à nossa explicação e definição do moderno motor de inovação que promove a transformação econômica: 'Internet + Inovação 2.0 baseada na sociedade do conhecimento' e seu mecanismo". Lu Shouqun. Internet + Inovação 2.0. *Office Automation*, 2018.

106. "**Se a digitalização de dados foi o principal impulso para o nascimento da economia digital**, dois grandes impulsos para o seu desenvolvimento vieram da disponibilidade cada vez maior de grandes quantidades de *big data* e da capacidade de extrair deles informações úteis por meio das mais recentes técnicas de IA e análise de ciências sociais computacionais." Dan Kai Li *et. al.* How should we understand the digital economy in Asia? Critical assessment and research agenda. *Electronic Commerce Research and Applications*, v. 44, 2020.

107. *Vide* no presente livro, Capítulo V, de forma detalhada. 3. A informação como bem ambiental constitucional e sua tutela jurídica em face da sociedade da informação: a informação como fator-chave de produção no âmbito da economia digital. 3.1. O que é informação. Conceito de informação na denominada Sociedade da Informação. 3.2. A informação como direito fundamental fixado na Carta Magna relacionada à Comunicação Social: a informação como bem cultural em face da Constituição Federal.

108. *Vide* Mehd Khosrow-Pour. *Encyclopedia of organizational knowledge, administration, and technology business science reference*, 2020.

109. Disponível em: https://www2.deloitte.com/mt/en/pages/technology/articles/mt-what-is-digital-economy.html. Acesso em: 29 abr. 2023.

110. Jinzhu Zhang *et al.* O impacto da economia digital no crescimento econômico e nas estratégias de desenvolvimento na era pós-covid-19: evidências de países ao longo do "cinturão e rota". Front. Public Health, Sec. Health Economics, v. 10, 2022.

111. "Em 2019, 70% a 95% dos adultos usaram a internet nos países da OCDE e os *smartphones* se tornaram o dispositivo preferido para acesso à internet. As pessoas também passam mais tempo *online*, com o uso diário na OCDE aumentando em média 30 minutos em relação a 2014-19. As diferenças de uso

De qualquer forma, é importante destacar que **a espinha dorsal da economia digital "é a hiperconectividade**, o que significa uma crescente interconectividade de pessoas, organizações e máquinas resultantes da internet, da tecnologia móvel e da internet das coisas"[112].

Com efeito.

Substantivo feminino entendido como "qualidade; faculdade ou possibilidade de agir, de se mover, de fazer, empreender coisas; exercício dessa faculdade, ação"[113], em face do que se admite ser ativo ("que exerce ação, que age, que tem a faculdade de agir")[114]. O termo **atividade**, dependendo do contexto em que é entendido, pode significar diferentes formas de agir, sendo certo que sempre e de qualquer forma caracteriza-se por ser um "fenômeno essencialmente humano", como lembra Nery[115].

Destarte, as **atividades econômicas estão relacionadas às formas de agir da pessoa humana em face da economia,** ou seja, em face "**da forma como as sociedades utilizam recursos**[116, 117, 118 e 119] **escassos**[120] **para produzir bens e serviços que possuem valor para distribui-los entre indivíduos diferentes**", conforme lição de Samuelson[121].

---

por faixa etária ou nível de escolaridade, no entanto, persistem. Por exemplo, apenas 58% dos indivíduos com idades entre 55 e 74 anos usaram a internet com frequência em 2019 – acima dos 30% em 2010, mas ainda bem abaixo da parcela de quase 95% dos usuários diários da internet entre 16 e 24 anos. Em 2018, apenas 40% dos adultos nos países da OCDE com baixa ou nenhuma educação formal usaram a Internet para interagir com autoridades públicas, em comparação com 80% daqueles com ensino superior. As lacunas também persistem entre grandes e pequenas empresas. Por exemplo, o comércio eletrônico representou 24% do volume de negócios econômico em grandes empresas em 2019, mas apenas 10% em pequenas empresas". OCDE. Economia Digital Outlook 2020. A pandemia da Covid-19 ampliou todos os aspectos da transformação digital. Disponível em: https://www.oecd-ilibrary.org/sites/bb167041-en/index.html?itemId=/content/publication/bb167041-en&_csp_=509e10cb8ea8559b6f9cc53015e8814d&itemIGO=oecd&itemContentType=book. Acesso em: 1º maio 2023.

112. O que é economia digital. Disponível em: https://www2.deloitte.com/mt/en/pages/technology/articles/mt-what-is-digital-economy.html. Acesso em: 29 abr. 2023.

113. Antônio Houaiss e Mauro de Salles Villar. *Dicionário Houaiss da língua portuguesa*, Rio de Janeiro, Objetiva, 2009.

114. Antônio Houaiss e Mauro de Salles Villar, *Dicionário Houaiss da língua portuguesa*, Rio de Janeiro, Objetiva, 2009.

115. Rosa Nery. *Vínculo obrigacional*: relação jurídica de razão (técnica e ciência de proporção). Tese de livre-docência. Pontifícia Universidade Católica de São Paulo, 2004.

116. Conforme indicado pelo *Dicionário de ecologia e ciências ambientais*. **Recurso** pode ser: "1) componente do ambiente (relacionado com frequência à energia) que é utilizado por um organismo. 2) **Qualquer coisa obtida do ambiente vivo e não vivo para preencher as necessidades e desejos humanos**" (grifos nossos), podendo potencialmente "durar indefinidamente sem reduzir a oferta disponível, porque são substituídos por processos naturais (**recursos renováveis**) ou "recursos que existem em quantidades fixas em vários lugares da Terra e têm potencial para renovação apenas por processos geológicos, físicos e químicos que ocorrem em centenas de milhões de anos", (**recursos não renováveis**). **Como qualquer coisa obtida do ambiente vivo e não vivo para preencher as necessidades e desejos humanos, os recursos desde sempre associam as coisas em face de sua eventual utilidade em proveito da pessoa humana. Daí nosso legislador conceber historicamente no plano infraconstitucional a noção de BEM,** como ensina de maneira didática Clóvis Beviláqua, um dos responsáveis pela elaboração de nosso Código Civil de 1916, **como "uma utilidade"** não sem antes aduzir ser bem "na linguagem philosophica" "tudo quanto corresponde à solicitação dos nossos desejos", observando ainda que, para "a economia política, o bem é aquilo que concorre para satisfazer uma necessidade humana". *Vide* Henry W. Art, *Dicionário de ecologia e ciências ambientais*, São Paulo, Melhoramentos, 1998; Clóvis Beviláqua, *Theoria geral do direito civil*, 3. ed., Livraria Francisco Alves, 1946.

Assim, derivada da palavra grega *oikonomia* (que significa "administração da casa"), a economia[122], ou ciência econômica[123 e 124], geralmente considerada como uma ciência social, pode ser entendida, como adverte Sandroni[125], como uma "ciência que estuda a atividade produtiva" focalizando "estritamente os problemas referentes ao uso mais eficiente de recursos materiais escassos para a produção de bens", analisando "as variações e combinações na alocação dos fatores de produção (terra, capital, trabalho, tecnologia) na distribuição de renda, na oferta e procura e nos preços das mercadorias"[126].

---

117. **"resources** – plural noun inputs, such as the factors of production, which can be used effectively to produce a good or service. Natural resources are those resources which exist in the form of raw materials; human resources are the workforce considered as a factor of production." *Dictionary of Economics*, A&C Black, London, P. H. Collin, 2003.

118. **"resources** – any factor endowments that can contribute to economic activity. This includes natural resources, including both those located on land and those in or under the sea; human resources, including labour of various skills and qualifications; and capital goods, or man-made means of production". John Black, A *Dictionary of Economics*, 4. ed., Oxford University Press Print Publication, 2012.

119. **"The theory of information technology as a strategic weapon has changed in the way that the management of internal and external information as a resource** (grifos nossos) itself is looked upon as important as the management of information technology." Johan Olaisen, Information as a strategic resource: a question of communication. *Advanced information systems engineering*, Editor Springer-Verlag, Berlim, Heidelberg, 1991.

120. Na economia, a escassez "refere-se ao fato básico da vida de que existe apenas uma quantidade finita de recursos humanos e não humanos que o melhor conhecimento técnico é capaz de usar para produzir apenas quantidades máximas limitadas de cada bem econômico". P. Samuelson e W. Samuelson, *Economia*, 11. ed., Nova York, McGraw-Hill, 1980. O tema evidentemente passa por necessária evolução...

121. Paul Samuelson, *Economia*, 19. ed., Porto Alegre, AMGH, 2012.

122. Samuelson afirma distinguir em geral **duas formas fundamentais de organizar uma economia**, a saber: **"Em um extremo, o governo toma a maioria das decisões econômicas,** sendo aqueles que estão no topo da hierarquia os que dão diretivas econômicas aos que estão nos escalões inferiores. **No outro extremo, as decisões são tomadas nos mercados,** em que os indivíduos ou as empresas acertam a troca de bens e serviços, normalmente por pagamento em dinheiro". **Na verdade, toda e qualquer decisão econômica, via de regra, é balizada pelas Cartas Magnas dos países em todo o mundo, ou seja, toda e qualquer decisão em matéria econômica, seja do governo seja dos indivíduos ou empresas, é balizada por deveres, direitos e obrigações estabelecidas pelos sistemas normativos constitucionais.** É, pois, na Lei Maior dos diferentes países do mundo que podemos observar as opções de economia adotadas, seja uma economia de mercado seja uma economia dirigida, concordando porém com a advertência de que **"nenhuma sociedade contemporânea se enquadra completamente em uma dessas categorias extremas. Em vez disso, todas as sociedades são economias mistas, com elementos de mercado e direção centralizada"** (grifos nossos). É exatamente o caso do Brasil, em face do que estabelece nosso sistema constitucional em vigor, conforme temos detalhado em inúmeras obras de nossa autoria já publicadas. Paul Samuelson, *Economia*, 19. ed., Porto Alegre, AMGH, 2012.

123. Paul Samuelson, *Economia*, 19. ed., Porto Alegre, AMGH, 2012.

124. Katelyn Peters, *Is economics a science?* Disponível em: https://www.investopedia.com/ask/answers/030315/economics-science.asp#citation-1. Acesso em: 17 ago. 2023.

125. Paulo Sandroni, *Novíssimo dicionário de economia*, Best Seller, 1999.

126. *Vide* Celso Antonio Pacheco Fiorillo, *O uso sustentável das commodities por parte das empresas transnacionais e sua regulação em face do direito ambiental constitucional brasileiro*. Rio de Janeiro, Lumen Juris, 2022.

Desse modo, a utilização dos denominados recursos[127] escassos destinados à produção de bens e serviços que possuem valor tem sua distribuição balizada por diferentes sociedades[128] que evidentemente organizam sua atividade econômica a partir de critérios fixados em face de sua soberania, ou seja, em face de sua autodeterminação, entendida como o direito de um povo à liberdade de decidir, independentemente de influências estrangeiras, sobre sua forma de governo, seu sistema de governo e o seu desenvolvimento econômico, social e cultural.

Por via de consequência, a economia digital seria a **"atividade econômica que resulta de bilhões de conexões *online* diárias entre pessoas, empresas, dispositivos, dados e processos" tendo como espinha dorsal "a hiperconectividade**, o que significa uma crescente interconectividade de pessoas, organizações e máquinas resultantes da internet, da tecnologia móvel e da internet das coisas"[129].

Nessa "nova economia", **balizada pelo único sistema socioeconômico atualmente existente no mundo, conforme adverte Branko Milanović**[130, 131 e 132],

---

127. "A resource is a physical material that humans need and value such as land, air, and water. Resources are characterized as renewable or nonrenewable; a renewable resource can replenish itself at the rate it is used, while a nonrenewable resource has a limited supply. Renewable resources include timber, wind, and solar while nonrenewable resources include coal and natural gas". Resources types. Disponível em: https://education.nationalgeographic.org/resource/resource-types. Acesso em: 17 ago. 2023.

128. A respeito do tema no âmbito da Sociedade da Informação, *vide* **a necessidade de reconhecer a informação como "fator de produção"**, no Capítulo V, 3. A informação como bem ambiental constitucional e sua tutela jurídica em face da sociedade da informação: a informação como fator-chave de produção no âmbito da economia digital.

129. What is the digital economy and how is it transforming business? Disponível em: https://www.weforum.org/agenda/2022/05/digital-economy-transforming-business/?DAG=3&gclid=CjwKCAjw6IiiBhAOEiwALNqncXPKPEEVX07Br7B7gwg9fERTJWdoI_DbDVNjUAdF3vQ3tcNwNW8w4hoCfnYQA-vD_BwE. Acesso em: 21 abr. 2023.

130. Albuquerque observa que "Branko Milanović, **ao constatar a existência e a consequência de somente um sistema socioeconômico no mundo, qual seja, o capitalismo** (grifos nossos), adverte que todo o mundo opera, hoje, com os mesmos princípios econômicos, a saber, **a produção organizada para obter lucro usando mão de obra legalmente remunerada, a predominância de capital de propriedade privada, com coordenação descentralizada, e o reequilíbrio do poder econômico mundial, por um lado, entre a Europa e a América do Norte e, por outro, da Ásia, liderada pela China**". *Vide* David Beltrão Simons Tavares Albuquerque, O futuro do capitalismo para Branko Milanović. *Brazilian Journal of Political Economy*, v. 41, n. 3, 2021; Branko Milanović, *Capitalism, alone*: the future of the system that rules the world, Cambridge, The Belknap Press of Harvard University Press, 2019.

131. "The fact that the entire globe now operates according to the same economic principles – production organized for profit using legally free wage labor and mostly privately owned capital, with decentralizedcoordination – is without historical precedent. In the past, capitalism, whether in the Roman Empire, sixth-century Mesopotamia, medieval Italian city states, or the Low Countries in the modern era, always had to coexist – at times within the same political unit – with other ways of organizing production. These included hunting and gathering, slavery of various kinds, serfdom (with workers legally tied to the land and banned from offering their labor to others), and petty-commodity production carried out by independent craftspeople or small-scale farmers. Even as recently as one hundred years ago, when the first incarnation of globalized capitalism appeared, the world still included all of these modes of production. Following the Russian Revolution, capitalism shared the world with communism, which reigned in countries that contained about one-third of the human population. None but capitalism remain today, except in

o **capitalismo**[133, 134, 135 e 136], a rede digital e a infraestrutura de comunicação fornecem uma plataforma global na qual pessoas e organizações estabelecem ampla e, pelo menos em tese, irrestrita comunicação, proporcionando não só ampla circulação de informações, como possibilitando, também, conforme observa Mesenbourg[137], o estabelecimento de transferência de produtos e principalmente articulação de negócios/atividades econômicas (prestações de serviços, inclusive). Daí o uso da própria informação tendo como objetivo assegurar a vida econômica como uma "enorme e complexa colmeia de atividades, com as pessoas comprando, vendendo, negociando, investindo

---

very marginal areas with no influence on global developments." Branko Milanović, *Capitalism, alone*: the future of the system that rules the world, Cambridge, The Belknap Press of Harvard University Press, 2019.

132. "The uncontested dominion of the capitalist mode of production has its counterpart in the similarly uncontested ideological view that moneymaking not only is respectable but is the most important objective in people's lives, an incentive understood by people from all parts of the world and all classes. It may be difficult to convince a person who differs from us in life experience, gender, race, or background of some of our beliefs, concerns, and motivations. But that same person will easily understand the language of money and profit; if we explain that our objective is to get the best possible deal, they will be able to readily figure out whether cooperation or competition is the best economic strategy to pursue. The fact that (to use Marxist terms) the infrastructure (the economic base) and superstructure (political and judicial institutions) are so well aligned in today's world not only helps global capitalism maintain its dominion but also makes people's objectives more compatible and their communication clearer and easier, since they all know what the other side is after. We live in a world where everybody follows the same rules and understands the same language of profit-making." Branko Milanović, *Capitalism, alone*: the future of the system that rules the world, Cambridge, The Belknap Press of Harvard University Press, 2019.

133. "Na cultura corrente, ao termo Capitalismo se atribuem conotações e conteúdos frequentemente muito diferentes, reconduzíveis, todavia, a duas grandes acepções. Uma primeira acepção restrita de Capitalismo designa uma forma particular, historicamente específica, de agir econômico, ou um modo de produção em sentido estrito, ou subsistema econômico. Esse subsistema é considerado uma parte de um mais amplo e complexo sistema social e político, para designar o que não se considera significativo ou oportuno recorrer ao termo Capitalismo. Prefere-se usar definições deduzidas do processo histórico da industrialização e da modernização político-social. Fala-se, exatamente, de sociedade industrial, liberal-democrática, ou de sociedade complexa, da qual o Capitalismo é só um elemento, enquanto designa o subsistema econômico. Uma segunda acepção de Capitalismo, ao invés, atinge a sociedade no seu todo como formação social, historicamente qualificada, de forma determinante, pelo seu modo de produção. Capitalismo, nesta acepção, designa, portanto, uma 'relação social' geral. A própria história do conceito de Capitalismo oscila entre estas duas acepções. Não se trata de uma controvérsia nominalista, solúvel através de um acordo entre os estudiosos, mas de uma questão de identificação do mundo moderno e contemporâneo, que envolveu e envolve a identidade e a ideologia de vastos grupos sociais" Gian Enrico Rusconi, *Dicionário de política*, Brasília, Editora Universidade de Brasília, 1998.

134. O **capitalismo**, conforme ensina pode ser definido como "um sistema econômico em que a maior parte da riqueza (terra e capital) é propriedade privada. Neste sistema, os principais veículos usados para a alocação de recursos e para criação de rendas são os mercados privados". Paul Samuelson, *Economia*, Porto Alegre, AMGH Editora Ltda, 2012.

135. "**The essential feature of capitalism is the motive to make a profit**". What is capitalism? Free markets may not be perfect but they are probably the best way to organize an economy. Sarwat Jahan e Ahmed Mahmud, Saber, *Finance & Development*. Principal revista e plataforma editorial *online* do FMI. Disponível em: https://www.imf.org/en/Publications/fandd/About-FandD. Acesso em: 17 ago. 2023.

136. **Os lucros** são as receitas líquidas, ou a diferença entre as receitas das vendas e os custos totais. Paul Samuelson, *Economia*, Porto Alegre, AMGH Editora Ltda, 2012.

137. Thomas L. Mesenbourg, *Measuring the digital economy*, U.S., Bureau of the Census, 2001.

e persuadindo", na primorosa interpretação de Samuelson[138 e 139]. Trata-se, por via de consequência, de abordar o tema em face do denominado **capitalismo digital**, com particular atenção exatamente voltada para as *Big Techs*[140 e 141].

Destarte, objetivamente, não se trata propriamente de uma "nova economia", conforme já tivemos oportunidade de aduzir anteriormente, e sim de **uma economia estabelecida em face dos avanços da tecnologia/computação digital, a saber, uma economia baseada em tecnologias de computação**[142] e, portanto, com o uso de compu-

---

138. Paul Samuelson, *Economia*, Porto Alegre, AMGH Editora Ltda, 2012.

139. *Vide* Capítulo V, 3. **A informação como bem ambiental** e sua tutela jurídica em face da sociedade da informação.

140. "The political debate about **digital capitalism** (grifos nossos), including the special attention paid to Big Tech, has largely focused on antitrust regulations and data governance. More recently, governments have imposed digital taxes or a possible minimum tax rate on major corporations, including tech giants. In 2019, the US Congress opened an antitrust investigation against Google, Amazon, Facebook and Apple. The US Congressional investigation concluded that these four giants misappropriated third-party data and indulged in anti-competitive practices. Since then, several lawsuits have been ongoing. For example, California attorneys general teamed up with the Federal Trade Commission (FTC) to investigate Amazon for potential abuse of market power, and an FTC antitrust lawsuit against Facebook resumed in early 2022 after a previous failed attempt. Furthermore, since the Covid-19 pandemic, European countries have become increasingly concerned about possible antitrust violations by US tech giants. In 2021, UK, German and Australian antitrust regulators conducted a joint investigation into the dominance of internet giants. Germany had previously blocked Facebook from merging data from its own services in 2019. Among the regulations discussed at the European Union (EU) level is the European Commission's (EC) Digital Markets Act (DMA), which aims to regulate platforms that qualify as gatekeepers because they have what the EC defines as a strong economic, intermediary and market position in several EU countries. According to the DMA, gatekeepers will be fined up to 10% of their total annual turnover worldwide or required to pay periodic fines of up to 5% of their average daily turnover if they are found to engage in unfair practices towards companies. and customers using their platforms. One of the initial proposals was to break up any tech company that was fined three times in a five-year period." Cecilia Rikap e Cedric Durand, *Capitalism in the age of intellectual monopoly*. Disponível em: https://projects.itforchange.net/state-of-big-tech/state-of-big-tech-capitalism-in-the-age-of-intellectual-monopoly/. Acesso em: 11 maio 2023.

141. "In late 2020, China introduced antitrust regulations for digital companies, forcing Ant Group, Alibaba's financial arm, to postpone its Shanghai IPO. This was followed by orders to shut down all of Ant Group's financial activities, with the exception of its mobile payments business, a market that in China is dominated by Alibaba and Tencent (94%). In addition, the People's Bank of China has accelerated measures to increase acceptance of its digital currency channeled through state-owned commercial banks that would compete with the electronic payment platforms of Chinese tech giants AliPay and WeChat Pay. In late 2021, the social distress triggered by the pandemic led Chinese President Xi Jinping to call for common prosperity, implemented through stronger regulation of high incomes, among other measures. Alibaba, Tencent and other tech giants have agreed to donations. Subsequently, in early 2022, China's State Administration for Market Regulation (SAMR) fined Alibaba and Tencent for failing to report at least 43 acquisitions and for anti-competitive practices. However, SAMR imposed a fine of around USD 80 per case, which is extremely low compared to the annual revenues of these two companies (about 0.0001% of Tencent's revenue and 0.00007% of Alibaba's revenue)." Cecilia Rikap e Cedric Durand, *Capitalism in the age of intellectual monopoly*. Disponível em: https://projects.itforchange.net/state-of-big-tech/state-of-big-tech-capitalism-in-the-age-of-intellectual-monopoly/. Acesso em: 11 maio 2023.

142. Trata-se, pois da necessidade de adequar o tradicional conceito de economia como "ciência que estuda a atividade produtiva." focalizada estritamente nos "problemas referentes ao uso mais eficiente de recursos materiais escassos para a produção de bens", conforme adverte Sandroni, ajustando o tema das

tadores para criar, processar, armazenar, recuperar e trocar todos os tipos de dados e informações que efetivamente trouxe importantíssimas mudanças para a sociedade em que vivemos, ou seja, **a denominada sociedade da informação**[143 e 144].

Cuida-se, por via de consequência, de **ajustar os fatores de produção**[145 e 146] **(ou insumos**[147]**)** como matérias-primas[148] ou serviços utilizados para produzir bens e

---

"variações e combinações na alocação dos fatores de produção (terra, capital, trabalho, tecnologia), na distribuição de renda, na oferta e procura e nos preços das mercadorias" às necessidades e interesses da sociedade da informação. Todavia permanece a importância da unidade de produção (empresa), da unidade de consumo (família) e principalmente da atividade econômica de toda a sociedade (a sociedade da informação) como aspectos fundamentais balizadores da referida "economia digital". *Vide* Paulo Sandroni, *Novíssimo dicionário de economia,* Editora Best Seller, 1999.

143. **A respeito da Sociedade da Informação,** *vide* de forma detalhada Celso Antonio Pacheco Fiorillo, *Balizamento jurídico da censura em face das empresas transnacionais de mídia social no Brasil no âmbito da tutela constitucional do meio ambiente digital,* Rio de Janeiro, Lumen Juris, 2023; Celso Antonio Pacheco Fiorillo e Renata Marques Ferreira, *Tutela jurídica do patrimônio cultural brasileiro em face do direito ambiental constitucional,* Rio de Janeiro, Lumen Juris, 2018; Celso Antonio Pacheco Fiorillo e Renata Marques Ferreira, *Liberdade de expressão e direito de resposta na sociedade da informação,* Rio de Janeiro, Lumen Juris, 2017; Celso Antonio Pacheco Fiorillo e Renata Marques Ferreira, *Tutela jurídica do Whatsapp na sociedade da informação,* Rio de Janeiro, Lumen Juris, 2017; Celso Antonio Pacheco Fiorillo, Crimes no meio ambiente digital em face da sociedade da informação, 2. Ed. São Paulo, Saraiva, 2016; Celso Antonio Pacheco Fiorillo, *O marco civil da internet e o meio ambiente digital na sociedade da informação,* São Paulo, Saraiva, 2015 e Celso Antonio Pacheco Fiorillo, *O direito de antena em face do direito ambiental no Brasil,* São Paulo, Saraiva 2000.

144. **"A função de acesso à informação ou conteúdo** *online* **é primeiro fornecida pelos motores de busca** (grifos nossos). Nesta área, a **Google exerce domínio absoluto, com uma quota de mercado global superior a 70%, ultrapassando os 90% na Europa** (grifos nossos). **No campo das notícias, o Google e o Facebook são os dois maiores provedores de tráfego para** *sites* **de notícias: representam mais de dois terços do tráfego de entrada em média na França e nos Estados** (grifos nossos). Tornam--se assim imprescindíveis para os editores de imprensa, que se veem obrigados a cumprir tanto as suas exigências econômicas como as suas normas técnicas. **Google (graças ao YouTube) e Facebook também dominam o mercado de vídeos** *online*. **Este mercado é estratégico porque corresponde ao segmento mais dinâmico da publicidade na internet. A publicidade** *online* **é compartilhada principalmente entre o Google e o Facebook, cada um com pontos fortes em** *links* **patrocinados e exibição, respectivamente"** (grifos nossos). Nikos Smyrnaios, *L'effet Gafam*: stratégies et logiques de l'oligopole de l'internet, Dans Communication & Langages, 2016.

145. A respeito do tema no âmbito da sociedade da informação, *vide* **a necessidade de reconhecer a informação como "fator de produção"**, no Capítulo V, 3. A informação como bem ambiental constitucional e sua tutela jurídica em face da sociedade da informação: a informação como fator chave de produção no âmbito da economia digital.

146. **"O consumo é o único objetivo e propósito de toda a produção, ao passo que o interesse do produtor deve ser atendido somente na medida em que possa ser necessário para promover o interesse do consumidor. O princípio é tão óbvio que seria absurdo tentar demonstrá-lo."** Adam Smith, *A riqueza das nações*: investigação sobre sua natureza e suas causas, v. II, Nova Cultural, 1988.

147. Os **insumos**, ajustados à atual sociedade da informação, podem ser indicados em face de três grandes categorias: os bens ambientais, o trabalho e o capital. Para a tradicional concepção da classificação de insumos, *vide* Paul Samuelson, *Economia*, Porto Alegre, AMGH Editora Ltda., 2012.

148. "Data as a raw material-It is often said that data is the most valuable asset in the digital economy – but I can give you truckloads of data, and you're not going to be able to do anything with it. Data is a raw material which provides intelligence about the subjects of data. And therefore, the real asset is intelligence, whereby these digital platform companies can be called intelligence corporations. The corporations

serviços **dentro de uma economia contemporânea** que "usa a sua tecnologia disponível para combinar insumos e gerar produtos" sem esquecer que **os produtos são**" os **vários bens ou serviços úteis que resultam do processo de produção e que ou são consumidos, ou são utilizados em um produto posterior**".

**Destarte, no âmbito da atual sociedade da informação, a atividade produtiva rapidamente se ajustou visando atender à utilização mais eficaz dos atuais recursos disponíveis de nossa sociedade, tendo como objetivo a "satisfação dos desejos e das necessidades da população**"[149] em face de um novo padrão de eficiência, padrão este em que, via de regra, as decisões efetivamente são tomadas "nos mercados, em que os indivíduos ou as empresas acertam as trocas de bens e serviços, normalmente por meio de pagamento em dinheiro"[150].

**Assim a atual economia digital está estruturalmente ligada a um novo mercado**[151 e 152] **em que as tecnologias de computação digital se caracterizam como**

---

that are at the top of the value chain today are those corporations which own the intelligence of a sector. In many ways, these corporations supersede the intellectual property-owning organisations which until recently have been at the top of global value chains. In the age of digital transformation, the new value chain involves data produced in developing countries and collected by platforms which are majorly-owned by big tech companies in the US and China. The product of intelligence resides inside servers and is controlled by these companies. UNCTAD statistics show that 90% of the ownership of the top 70 platforms in the world is divided between big tech companies based in the US and China. This is a greater concentration of wealth and power than we have ever seen". *Vide* Parminder Jeet Singh Big tech monopolies are a form of digital colonization, 2 March 2023. Disponível em: https://www.globaljustice.org.uk/blog/2023/03/big-tech-monopolies-are-a-form-of-digital-colonisation/. Acesso em: 9 maio 2023.

149. Paul Samuelson, *Economia*, Porto Alegre, AMGH Editora Ltda., 2012.

150. Paul Samuelson, *Economia*, Porto Alegre, AMGH Editora Ltda., 2012.

151. **Mercado**, conforme ensina Samuelson, "é um mecanismo por meio do qual compradores e vendedores interagem para estabelecer preços, trocar bens e serviços e ativos". Na denominada **economia de mercado**, os indivíduos e as empresas privadas tomam as decisões mais importantes sobre a produção e o consumo", ou seja, "uma economia de mercado é um mecanismo elaborado para coordenar pessoas, atividades e empresas por meio de um sistema de preços e mercado." Paul Samuelson, *Economia*, Porto Alegre, AMGH Editora Ltda., 2012.

152. "Em contraste com as atividades anteriores de comércio e cadeia de suprimentos, no entanto, há uma nova ênfase no "**comércio digital**" (grifos nossos). Isso se refere a um modelo de negócios que depende da internet e usa transações habilitadas digitalmente como um meio para compradores e vendedores trocarem bens e serviços físicos ou digitais e entregá-los em formato físico ou digital (OCDE, 2020). Tem um escopo mais amplo do que o comércio eletrônico, embora os dois termos sejam frequentemente vistos por muitos como sinônimos. A China tem sido cada vez mais reconhecida como líder global em comércio digital, com sua economia nacional se beneficiando de um ganho estimado de produtividade de até RMB 37 trilhões (USD 5,5 trilhões) até 2030 (Yang, 2019). Também existe um amplo consenso de que o comércio digital será o modo dominante para o intercâmbio internacional e doméstico nos próximos anos, à medida que os modelos de transação da economia digital se espalharem pelo mundo (Akhtar e Morrison, 2017). Uma forma de comércio digital é o comércio eletrônico transfronteiriço, que tem sido discutido no contexto da União Europeia (Sinkovics *et al.*, 2007). Em comparação com o comércio tradicional, o comércio digital encurta a distância espaço-temporal, reduz os custos de transação e melhora a eficiência transacional e de troca (Gomez-Herrera *et al.*, 2014). Além disso, o comércio digital otimizou o sistema comercial tradicional, simplificou o processo comercial e aumentou as oportunidades comerciais (OCDE, 2019)." Dan Kai Li *et al.*, How should we understand the digital economy in Asia? Critical assessment and research agenda, *Electronic Commerce Research and Applications*, v. 44, 2020.

principal mecanismo"[153] **por meio do qual compradores e vendedores interagem para estabelecer preços, trocar bens e serviços ativos em face das formas de expressão bem como dos modos de criar, fazer e viver que caracterizam nossa sociedade da informação, passando também a inserir a informação no âmbito dos bens e serviços que possuem valor para distribuí-los entre indivíduos diferentes,** cabendo reiterar que a definição atual amplamente aceita de economia digital vem da "Iniciativa de Cooperação e Desenvolvimento da Economia Digital do G20", adotada na Cúpula dos Líderes do G20 em Hangzhou, em setembro de 2016[154], ou seja, a economia digital refere-se ao uso de conhecimento e informações digitais como os principais fatores de produção, uma série de atividades econômicas com a moderna rede de informações como um importante transportador, e o uso efetivo da tecnologia da informação e comunicação como uma importante força motriz para a melhoria da eficiência e otimização da estrutura econômica.

**As principais características da economia digital poderiam então didaticamente ser apontadas,** considerando "estas características-chave da economia digital como um todo[155]:

**Inteligência artificial**[156 e 157] (grifos nossos): os setores público e privado agora utilizam inteligência artificial (IA) e *software* de automação para tornar suas

---

153. Paul Samuelson, *Economia*, Porto Alegre, AMGH Editora Ltda., 2012.

154. A respeito do desenvolvimento do tema na China, *vide* o Relatório do Conselho de Estado para o Desenvolvimento da Economia Digital – He Lifeng, Diretor da Comissão Nacional de Desenvolvimento e Reforma, na 37ª Sessão do Comitê Permanente da Décima Terceira Assembleia Popular Nacional em 28 de outubro de 2022.

155. *Vide* Digital Economy Definition: 3 Digital Economy Examples. Disponível em: https://www.masterclass.com/articles/digital-economy. Acesso em: 11 maio 2023.

156. "Em junho de 2020, mais de 60 países haviam desenvolvido uma estratégia ou políticas nacionais de IA e outros estavam seguindo. Os países estavam promovendo pesquisa e desenvolvimento de IA, acesso a dados e habilidades. Ao mesmo tempo, eles estavam explorando abordagens para garantir uma IA confiável e mitigar os riscos associados aos sistemas de IA." OECD Digital Economy Outlook. Disponível em: https://www.oecd-ilibrary.org/sites/bb167041-en/index.html?itemId=/content/publication/bb167041-en&_csp_=509e10cb8ea8559b6f9cc53015e8814d&itemIGO=oecd&itemContentType=book. Acesso em: 1º maio 2023.

157. "**What is artificial intelligence**?
Definitions of artificial intelligence according to eight recent textbooks are shown in four categories (Systems that think like humans, Systems that act like humans, Systems that think rationally and Systems that act rationally) as seen:

1) "The exciting new effort to make computers think... machines with minds, in the full and literal sense" (Haugeland, 19853);

2) "[The automation of] activities that we associate with human thinking, activities such as decision-making, problem solving, learning..." (Bellman, 19784);

3) "The art of creating machines that perform functions that require intelligence when performed by people" (Kurzweil, 19905);

4) "The study of how to make computers do things at which, at the moment, people are better" (Rich and Knight, 19916);

5) "The study of mental faculties through the use of computational models" (Charniak and McDermott, 19857);

organizações mais eficientes. Do lado positivo, isso reduz os custos para consumidores e empregadores. Por outro lado, o faz principalmente interrompendo a necessidade de trabalhadores humanos, levando à perda de empregos e salários para muitas pessoas.

*Big data*[158] (grifo nosso): as plataformas digitais recebem várias informações dos usuários, coletando fluxos gigantescos de dados sobre cada pessoa que se envolve com seus serviços[159]. Isso permite que as empresas criem uma experiência hiperadap-

---

6) "The study of the computations that make it possible to perceive, reason, and act" (Winston, 19928);

7) "A field of study that seeks to explain and emulate intelligent behavior in terms of computational processes" (Schalkoff, 19909).

In any case, being subordinated to the idea of making computers "think" exactly like humans, creating analyzes, reasoning, understanding and obtaining answers to different situations, according to definitions previously indicated, artificial intelligence necessarily has its management in Brazil linked to protection legal forms of expression, ways of creating, doing and living, as well as scientific, artistic and mainly technological creations carried out with the help of computers and other electronic components. Hence the need to observe the application of the provisions of the media rules determined by the Brazilian normative system linked to information management as an environmental asset protected in the form determined by the Federal Constitution of Brazil". *Vide* Celso Antonio Pacheco Fiorillo, Management of Artificial Intelligence in Brazil in the Face of the Constitutional Legal Treaty of the Digital Environment. *RJLB – Revista Jurídica Luso-Brasileira*, v. 6, p. 329-350, 2019. Palestra elaborada vinculada ao convite recebido para o Dialogues & Integration. The 1st International Conference on Humanities Transformation: Technology, Assessment, Management, October 10-12, 2019. Shanghai Jiao Tong University/Shanghai, China.

158. "O termo *big data* não é recente. Embora Diebold admita que "provavelmente se originou nas conversas à mesa do almoço na Silicon Graphics em meados da década de 1990", sua primeira aparição na literatura acadêmica remonta ao início dos anos 2000 em estatística e econometria, onde *big data* foi usado para descrever "a explosão na quantidade (e às vezes, qualidade) de dados disponíveis e potencialmente relevantes, em grande parte resultado de avanços recentes e sem precedentes na tecnologia de gravação e armazenamento de dados." As características atribuídas ao *big data* foram: volume (grandes quantidades), velocidade (alta velocidade de processamento) e variedade (dados heterogêneos), os chamados 3Vs do Big Data. Nos anos seguintes, à medida que maiores quantidades de dados se tornaram prontamente disponíveis, foram desenvolvidas definições adicionais de *big data*, que expandiram os três atributos tradicionais: de Vs adicionais, como veracidade, valor e variabilidade para outras qualidades, incluindo exaustividade, extensionalidade e complexidade. Apesar de suas diferenças, todas essas definições destacam que *big data* consiste em grandes quantidades de dados provenientes de diferentes fontes. A Comissão Europeia define *big data* como: "grandes quantidades de diferentes tipos de dados produzidos a partir de vários tipos de fontes, como pessoas, máquinas ou sensores. Esses dados incluem informações climáticas, imagens de satélite, fotos e vídeos digitais, registros de transição ou sinais de GPS. *Big data* pode envolver dados pessoais: ou seja, qualquer informação relacionada a um indivíduo, e pode ser qualquer coisa, desde um nome, uma foto, um endereço de *e-mail*, dados bancários, postagens em *sites* de redes sociais, informações médicas ou um endereço IP de computador". Da mesma forma, nos Estados Unidos, a National Science Foundation (NSF) refere-se a *big data* como: "conjuntos de dados grandes, diversos, complexos, longitudinais e/ou distribuídos gerados a partir de instrumentos, sensores, transações na internet, *e-mail*, vídeo, fluxos de cliques e/ou todas as outras fontes digitais disponíveis hoje e no futuro". *Vide* Maddalena Favaretto *et al.*, *Editor PLoS One*, v. 15, n. 2, 2020, *online*.

159. "O Relatório de Economia Digital 2021 da UNCTAD, divulgado em 29 de setembro de 2021, afirma que o atual contexto global é caracterizado por abordagens divergentes à governança de dados, notadamente pelos três principais players – Estados Unidos, China e União Europeia (UE). A abordagem dos EUA foca no controle de dados pelo setor privado, o modelo chinês enfatiza o controle de dados pelo governo, enquanto a UE favorece o controle de dados por indivíduos, com base em direitos e valores fundamentais". *Vide* UNCTAD/PRESS/PR/2021/031 UNCTAD calls on countries to make digital data

tada para cada um de seus usuários, direcionando anúncios e serviços específicos para suas necessidades. Alguns críticos insistem que isso é uma invasão de privacidade, enquanto os proponentes refutam essa afirmação dizendo que os usuários fornecem as informações voluntariamente. Destarte, o **"uso de dados – sejam vendidos a terceiros ou usados por empresas para anunciar ou adaptar seus próprios produtos – tornou-se parte integrante dos modelos de negócios** (grifos nossos). Em média, 12% das empresas na OCDE realizaram análise de *big data* em 2017 – e até 33% entre as grandes empresas. As mídias sociais foram a principal fonte com seus dados usados por metade das empresas que realizam análises de *big data* na OCDE"[160]. Destarte, "nos últimos dois anos, vários desenvolvimentos regulatórios significativos ocorreram em todo o mundo[161]. Em 25 de maio de 2018, por exemplo, o GDPR da União Europeia entrou em vigor (União Europeia, 2016[26]). Ao substituir a Diretiva de Proteção de Dados (União Europeia, 1995[27] ), o GDPR introduziu novas regras que regem a coleta, o processamento e o livre fluxo de dados pessoais relativos aos titulares de dados na União Europeia. O GDPR defende os direitos dos titulares de dados. Quando dados originários de estados membros da UE são transferidos para o exterior, o GDPR garante que as proteções de dados pessoais os acompanhem. Isso é possível por meio do uso de diferentes ferramentas, algumas das quais anteriores ao GDPR. Isso inclui "decisões de adequação" em relação aos destinatários e quando "salvaguardas apropriadas" estão em vigor para os dados (como cláusulas modelo, regras corporativas

---

flow for the benefit of all. A new approach is needed for countries to better harness data as a global public good. Disponível em: https://unctad.org/press-material/unctad-calls-countries-make-digital-data-flow--benefit-all. Acesso em: 9 maio 2023.

160. OECD Digital Economy Outlook. Disponível em: https://www.oecd-ilibrary.org/sites/bb167041--en/index.html?itemId=/content/publication/bb167041-en&_csp_=509e10cb8ea8559b6f9cc53015e8814d&itemIGO=oecd&itemContentType=book. Acesso em: 1º maio 2023.

161. "No Brasil, **a Lei Geral de Proteção de Dados (13.709/2018)** (grifos nossos) tem como principal objetivo proteger os direitos fundamentais de liberdade e de privacidade e o livre desenvolvimento da personalidade da pessoa natural. Também tem como foco a criação de um cenário de segurança jurídica, com a padronização de regulamentos e práticas para promover a proteção aos dados pessoais de todo cidadão que esteja no Brasil, de acordo com os parâmetros internacionais existentes. A lei define o que são dados pessoais e explica que alguns deles estão sujeitos a cuidados ainda mais específicos, como os dados pessoais sensíveis e dados pessoais sobre crianças e adolescentes. **Esclarece ainda que todos os dados tratados, tanto no meio físico quanto no digital, estão sujeitos à regulação** (grifos nossos). Além disso, a LGPD estabelece que não importa a sede de uma organização ou o centro de dados dela estão localizados no Brasil ou no exterior: se há o processamento de informações sobre pessoas, brasileiras ou não, que estão no território nacional, a LGPD deve ser observada. A lei autoriza também o compartilhamento de dados pessoais com organismos internacionais e com outros países, desde que observados os requisitos nela estabelecidos. Na LGPD, o consentimento do titular dos dados é considerado elemento essencial para o tratamento, regra excepcionada nos casos previstos no art. 11, II, da Lei. A lei traz várias garantias ao cidadão, como: poder solicitar que os seus dados pessoais sejam excluídos; revogar o consentimento; transferir dados para outro fornecedor de serviços, entre outras ações. O tratamento dos dados deve ser feito levando em conta alguns requisitos, como finalidade e necessidade, a serem previamente acertados e informados ao titular". Lei Geral de Proteção de Dados. Disponível em: https://www.mpf.mp.br/servicos/lgpd/o-que-e-a-lgpd#:~:text=A%20Lei%20Geral%20de%20Prote%C3%A7%C3%A3o,da%20personalidade%20da%20pessoa%20natural. Acesso em: 1º maio 2023.

vinculativas, códigos de conduta e certificação). O GDPR visa garantir um nível consistente e alto de proteção e remover obstáculos ao livre fluxo de dados dentro da União (União Europeia, 2016)". O fato é que, "ao promulgar ou revisar a legislação de privacidade, todos os países, exceto um, consideram claramente os desenvolvimentos regulatórios em nível internacional. Isso inclui as Diretrizes de Privacidade da OCDE, GDPR, APEC Privacy Framework ou a Convenção 108 do Conselho da Europa. Não obstante, os países observaram o desafio de entender como as leis de privacidade se aplicam a tecnologias emergentes, como IA, e seu impacto sobre os consumidores. Para lidar com esses desafios, os países estão desenvolvendo **regulamentação** e orientação específicas"[162, 163 e 164].

**Redes de suprimentos digitais** (grifo nosso): à medida que mais indústrias ficam *online*, certas empresas podem confiar cada vez mais na infraestrutura digital e nas redes de suprimentos do que em escritórios e fábricas do mundo real. Embora ainda haja necessidade de instalações físicas de fabricação para muitos produtos, muitos outros estão agora totalmente disponíveis por meio de redes de suprimentos digitais. Pense em *sites* de mídia social, provedores de *streaming* e vários aplicativos móveis.

---

162. "À medida que os fluxos de dados transfronteiriços se tornam cada vez mais proeminentes na economia digital, a UNCTAD pediu uma nova abordagem para regulá-los adequadamente em nível internacional. Atualmente, as entidades que podem extrair ou coletar dados estão em posição privilegiada para se apropriar da maior parte do valor. 'Um novo sistema internacional para regular os fluxos de dados é necessário para que os benefícios associados possam ser distribuídos de forma mais equitativa', disse Sirimanne. 'Ela disse que o mundo deve prestar atenção adequada às atuais divisões que caracterizam a economia digital global não apenas entre países, mas também entre estados e empresas'. É necessária uma nova abordagem global de governança de dados. As desigualdades ameaçam uma divisão mais ampla à medida que os fluxos de dados da economia digital aumentam. Grandes desequilíbrios de poder perseguem a crescente economia digital à medida que as principais plataformas reforçam suas posições na cadeia de valor global de dados. UNCTAD/PRESS/PR/2021/032. Inequalities threaten wider divide as digital economy data flows surge. Large power imbalances stalk the growing digital economy as major platforms reinforce their positions in the global data value chain. Disponível em: https://unctad.org/press-material/inequalities-threaten-wider-divide-digital-economy-data-flows-surge. Acesso em: 9 maio 2023.

163. Questionário de Diretrizes de Privacidade da OCDE de 2019. OECD Digital Economy Outlook. Disponível em: https://www.oecd-ilibrary.org/sites/bb167041-en/index.html?itemId=/content/publication/bb167041-en&_csp_=509e10cb8ea8559b6f9cc53015e8814d&itemIGO=oecd&itemContentType=book. Acesso em: 1º maio de 2023.

164. "Aparentemente, as legislações de privacidade de dados buscam proteger a privacidade de cidadãos individuais e limitar a coleta de dados por gigantes da tecnologia. Na realidade, eles não limitam os gigantes da tecnologia, mas sim os desenvolvedores de aplicativos e outros players intermediários. Os gigantes da tecnologia operam no nível infraestrutural do capitalismo digital e continuam a coletar dados mesmo na Europa, cuja estrutura do Regulamento Geral de Proteção de Dados (GDPR) é considerada um exemplo para países ao redor do mundo. Brett Aho e Roberta Duffield discutem que, embora essa legislação limite casos como o escândalo da Cambridge Analytica, ela não impede a coleta de dados por gigantes da tecnologia. Além disso, existem várias brechas na regulamentação, incluindo o fato de que a maioria dos gigantes da tecnologia dos EUA tem sua base europeia na Irlanda, cuja Comissão de Proteção de Dados não cumpre o GDPR. Além disso, os gigantes da tecnologia estão desenvolvendo novas abordagens de aprendizado de máquina que podem permitir que eles contornem os regulamentos de privacidade de dados. Uma dessas técnicas é o aprendizado por transferência, no qual os algoritmos transferem o que aprenderam de uma fonte de dados para outros domínios de origem relacionados." Cecilia Rikap e Cedric Durand, *Capitalism in the age of intellectual monopoly*. Disponível em: https://projects.itforchange.net/state-of-big-tech/state-of-big-tech-capitalism-in-the-age-of-intellectual-monopoly/. Acesso em: 11 maio 2023.

**Hiperconectividade** (grifo nosso): a tecnologia de banda larga[165] está no centro da rapidez com que as pessoas podem se conectar pela internet. Embora permaneça uma divisão digital entre ricos e pobres no que diz respeito ao acesso à banda larga, os formuladores de políticas podem ajudar a preencher essa lacuna nos próximos anos para garantir que todos possam usar esse tipo de infraestrutura.

**A Internet das Coisas**[166] **(IoT)** (grifo nosso): o mundo digital está se expandindo além dos computadores e telefones celulares tradicionais para aparelhos físicos em toda a sua casa. Tudo, desde seu termostato até suas luminárias, se conectará e se beneficiará de recursos *online* por meio da Internet das Coisas.

**Tecnologia móvel e anúncios** (grifo nosso): os *smartphones*[167 e 168] tornaram-se, talvez, os sistemas de computação mais amplamente disponíveis globalmente. A qualquer hora do dia, você pode colocar a mão no bolso para interagir com todo o mundo

---

165. "Pela primeira vez, a participação da fibra em todas as assinaturas de banda larga fixa nos países da OCDE aumentou para 27% em junho de 2019, acima dos 12% oito anos antes. Em nove países da OCDE, a fibra de alta velocidade representa pelo menos metade das conexões fixas à Internet. No geral, as redes de banda larga fixa assumem cada vez mais o 'pesado' das demandas crescentes de redes sem fio. As assinaturas de banda larga móvel aumentaram na OCDE de 32 assinaturas por 100 habitantes em 2009 para quase 113 assinaturas por 100 habitantes em junho de 2019. O uso médio de dados móveis por assinatura na OCDE quadruplicou desde 2014, atingindo 4,6 GB em 2018. Machine-to As assinaturas de celulares móveis incorporados à máquina cresceram mais de 21% em 2017-18. Os preços dos planos de alta utilização dos serviços de banda larga móvel diminuíram 59% em relação a 2013-19. Várias operadoras anunciaram o 'desligamento' de redes sem fio herdadas (por exemplo, redes sem fio 2G/3G)." OECD Digital Economy Outlook. Disponível em: https://www.oecd-ilibrary.org/sites/bb167041-en/index. html?itemId=/content/publication/bb167041-en&_csp_=509e10cb8ea8559b6f9cc53015e8814d&itemIG O=oecd&itemContentType=book. Acesso em: 1º maio 2023.

166. "A **Internet das Coisas** é uma infraestrutura global para a sociedade da informação, permitindo serviços avançados interconectando coisas (físicas e virtuais) com base em tecnologias de informação e comunicação interoperáveis existentes e em evolução. Iniciativa Padrão Global. A Internet das Coisas (IoT) é a inter-rede de dispositivos físicos, veículos (também chamados de 'dispositivos conectados' e 'dispositivos inteligentes'), edifícios e outros itens incorporados com eletrônicos, *software*, sensores, atuadores e rede conectividade que permitem que esses objetos coletem e troquem dados." *Vide* D. R. Kiran, Internet of Things in Production Planning and Control, 2019.

167. O *smartphone*, entendido como um dispositivo eletrônico portátil que fornece uma conexão a uma rede celular, teria sido apresentado ao mundo em 1994 pela IBM, mas desde então se expandiram para incluir empresas como Apple e Samsung. Importante indicar que "os *smartphones* tornaram-se quase onipresentes nos países desenvolvidos em todo o mundo. Na verdade, quase três quartos das populações dos 10 principais países desenvolvidos possuem um *smartphone*. Globalmente, quase 90% dos telefones celulares são *smartphones*. E a maioria da população mundial atualmente possui um. Atualmente, existem mais de 6,5 bilhões de *smartphones* em todo o mundo – um número que deve aumentar nos próximos anos". Disponível em: https://explodingtopics.com/blog/smartphone-stats. Acesso em: 30 abr. 2023.

168. "**O Brasil tem atualmente mais de um *smartphone* por habitante**, segundo levantamento anual divulgado pela FGV. **São 242 milhões de celulares inteligentes em uso no país, que tem pouco mais de 214 milhões de habitantes, de acordo com o IBGE** (grifos nossos). A pesquisa mostra que, ao adicionar *notebooks* e *tablets*, são ao todo 352 milhões de dispositivos portáteis no Brasil, o equivalente a 1,6 por pessoa." Brasil tem mais *smartphones* que habitantes, aponta FGV, 26 maio 2022. Disponível em: https://www.cnnbrasil.com.br/economia/brasil-tem-mais-smartphones-que-habitantes-aponta- -fgv/#:~:text=S%C3%A3o%20242%20milh%C3%B5es%20de%20celulares,a%201%C6%20por%20 pessoa. Acesso em: 30 abr. 2023.

do comércio eletrônico por meio da economia digital. Da mesma forma, as empresas podem entrar em contato com você com anúncios por meio de seu dispositivo móvel a qualquer hora do dia.

**Algoritmos**[169] **sofisticados** (grifo nosso): linhas de código elegantes e intrincadas alimentam todos os serviços digitais e plataformas *online* que você usa para concluir atividades econômicas na internet. Esses algoritmos ajudam você a comprar ao mesmo tempo em que ajudam as empresas a anunciar para você. Além disso, os programadores codificam algoritmos para aprender sobre seus gostos e interesses para melhor direcionar o que você pode precisar ou desejar como consumidor"[170 e 171]. Um algoritmo, conforme observa Gillis, "é um procedimento usado para resolver um problema ou executar uma computação. Os algoritmos agem como uma lista exata de instruções que conduzem ações especificadas passo a passo em rotinas baseadas em hardware ou software"[172] existindo vários tipos de algoritmos"[173]. Daí "como os próprios cientistas de dados da Big Tech reconhecem, "algoritmos não são mágicos; eles simplesmente compartilham com você o que outras pessoas já descobriram"[174].

Assim, é importante destacar que o **mercado anteriormente descrito, atrelado à oferta realizada pelas atividades econômicas fornecedoras de produtos e serviços**

---

169. "Um **algoritmo** é um conjunto de instruções para resolver um problema ou realizar uma tarefa. Um exemplo comum de algoritmo é uma receita, que consiste em instruções específicas para preparar um prato ou refeição. Todo dispositivo computadorizado usa algoritmos para executar suas funções na forma de rotinas baseadas em *hardware* ou s*oftware*." Disponível em: https://www.investopedia.com/terms/a/algorithm.asp. Acesso em: 30 abr. 2023.

170. Digital Economy Definition: 3 Digital Economy Examples. Disponível em: https://www.masterclass.com/articles/digital-economy. Acesso em: 30 abr. 2023.

171. "... seguindo o princípio de 'não prejudicar', **deve haver uma ênfase na responsabilidade algorítmica** (grifos nossos). A tomada de decisão algorítmica responsável deve ser mais do que questões de privacidade e preconceitos que levam a resultados discriminatórios e injustos. **O controle sobre os algoritmos torna possível 'modelar, antecipar e afetar preventivamente possíveis comportamentos' de indivíduos e organizações, permitindo assim que os gigantes da tecnologia planejem e governem as esferas da vida social** (grifos nossos). Além disso, essas capacidades estão sujeitas a poderosas forças de monopólio. As autoridades públicas devem, portanto, impedir o uso corporativo de *big data* que incentiva comportamentos prejudiciais, como consumo compulsório, atividades intensivas em carbono ou *bullying online*. No processo de trabalho, esse uso prejudicial inclui o gerenciamento algorítmico e o assédio psicológico dos trabalhadores por meio da implantação da IA. Para o efeito, os aparelhos algorítmicos de grande escala devem ser submetidos a auditorias anuais obrigatórias, seguidas da publicação dos resultados relevantes. Alguns usos devem ser expressamente proibidos, por exemplo, a tomada automática de decisões nas relações de trabalho." Cecilia Rikap e Cedric Durand, *Capitalism in the age of intellectual monopoly*. Disponível em: https://projects.itforchange.net/state-of-big-tech/state-of-big-tech-capitalism-in-the-age-of-intellectual-monopoly/. Acesso em: 11 maio 2023.

172. Alexander Gillis, *Definition algorithm*. Disponível em: https://www.techtarget.com/whatis/definition/algorithm. Acesso em: 6 maio 2023.

173. *Vide* Digital Economy Definition: 3 Digital Economy Examples. Disponível em: https://www.masterclass.com/articles/digital-economy. Acesso em: 11 maio 2023.

174. Cecilia Rikap e Cedric Durand, *Capitalism in the age of intellectual monopoly*. Disponível em: https://projects.itforchange.net/state-of-big-tech/state-of-big-tech-capitalism-in-the-age-of-intellectual--monopoly/. Acesso em: 11 maio 2023.

**vinculados às especificidades do mundo digital, é hoje preponderantemente controlado por empresas transnacionais.** Daí as informações prestadas pela UNCTAD, principal órgão do sistema das Nações Unidas para o tratamento integrado entre comércio e desenvolvimento, observando que "as maiores plataformas digitais – Apple, Microsoft, Amazon, Alphabet (Google), Facebook, Tencent e Alibaba – estão investindo cada vez mais em todas as partes da cadeia global de valor de dados", constatando que "os tamanhos, lucros, valores de mercado e posições dominantes das plataformas se fortaleceram ainda mais durante a pandemia, à medida que a digitalização se acelerou" e advertindo que "graças ao acesso privilegiado a dados, efeitos de rede e economias de escala e escopo, **essas plataformas se tornaram corporações digitais globais com alcance planetário; enorme poder financeiro, de mercado e tecnológico; e controle sobre grandes quantidades de dados sobre seus usuários**[175] (grifos nossos).

A economia digital, por via de consequência, funciona efetivamente em face da atuação das empresas transnacionais que, com o uso organizado das tecnologias de computação digital, desenvolvem suas atividades econômicas visando lucro em todo o planeta[176, 177 e 178].

---

175. "The largest digital platforms – Apple, Microsoft, Amazon, Alphabet (Google), Facebook, Tencent and Alibaba – are increasingly investing in all parts of the global data value chain, the report says. They are investing in data collection through user-facing platform services; data transmissions through submarine cables and satellites; data storage (data centres); and data analysis, processing and use, for instance through artificial intelligence (AI). The sizes, profits, market values and dominant positions of the platforms have further strengthened during the pandemic as digitalization has accelerated. Thanks to privileged access to data, network effects and economies of scale and scope, these platforms have become global digital corporations with planetary reach; huge financial, market and technology power; and control over large swathes of data about their users. According to the report, Amazon has invested some $10 billion in satellite broadband. Amazon, Apple, Facebook, Google and Microsoft were the top acquirers of AI startups between 2016 and 2020. Four major platforms (Alibaba, Amazon, Google and Microsoft) accounted for 67% of global cloud infrastructure services revenues in the last quarter of 2020. By 2022, the share of global digital advertising spending by five major digital platforms – Alibaba, Amazon, Facebook, Google and Tencent – is expected to exceed 73%, up from 50% in 2015." *Vide* Inequalities threaten wider divide as digital economy data flows surge. Large power imbalances stalk the growing digital economy as major platforms reinforce their positions in the global data value chain. UNCTAD/PRESS/PR/2021/032 Inequalities threaten wider divide as digital economy data flows surge. Large power imbalances stalk the growing digital economy as major platforms reinforce their positions in the global data value chain. Disponível em: https://unctad.org/press-material/inequalities-threaten-wider-divide-digital-economy-data--flows-surge. Acesso em: 9 maio 2023.

176. "A integração da economia digital com a economia do mundo real tem o potencial de melhorar a vida das pessoas, com base no trabalho das Nações Unidas (Conferência das Nações Unidas sobre Comércio e Desenvolvimento (UNCTAD), 2019a, Conferência das Nações Unidas sobre Comércio e Desenvolvimento (UNCTAD), 2019 b). As contribuições da economia digital para melhorar o bem-estar das pessoas é um resultado pretendido que é consistente com a Agenda 2030 das Nações Unidas para o Desenvolvimento Sustentável (Nações Unidas, 2015)". Dan Kai Li *et. al.* How should we understand the digital economy in Asia? Critical assessment and research agenda. *Electronic Commerce Research and Applications*, v. 44, 2020.

177. "**Na economia digital, as atividades comerciais das pessoas passaram do *offline* para o *online* e do mundo físico para o digital** (grifos nossos). No entanto, sem as inovações de alta tecnologia associadas a pagamentos, negociações e trocas, as atividades no mundo digital podem estar sujeitas a

949

**Destarte, é necessário balizar no superior plano normativo os deveres das empresas transnacionais que atuam na economia digital em face não só das recentes tendências econômicas e sociais antes indicadas, como em face da realidade econômica de nosso País.** Devemos, portanto, considerar que, embora o Brasil, com a virada do século, tenha combinado um rápido crescimento econômico com avanço social, teve o referido ciclo "virtuoso" encerrado com a grave recessão de 2014 a 2016. Destarte, "após a retração do PIB (-2,1% ao ano) durante esse período, a economia brasileira cresceu a uma taxa anual bem menor (1,4%) nos três anos seguintes (2017-19). A taxa de desemprego pulou para 12% em 2018[179], enquanto o número de pobres aumentou em 7,4 milhões[180]. A desigualdade permanece alta em comparação à OCDE[181],

---

fraudes e danos ao valor da transação (Gomber *et al.*, 2018). A credibilidade do comércio digital e dos participantes da bolsa também costuma ser difícil de estabelecer, e essas atividades são facilmente interrompidas quando ocorrem fraudes e hackers)." Dan Kai Li *et. al.* How should we understand the digital economy in Asia? Critical assessment and research agenda. *Electronic Commerce Research and Applications*, v. 44, 2020.

178. Ao abordar o tema da responsabilidade do provedor da plataforma com base na lucratividade no âmbito da legislação da China, país mais conectado do mundo com 1,02 bilhão de usuários, observa Cao Yang que, "determinar se ele é responsável pela infração com base na lucratividade da plataforma é, na verdade, uma variação do modelo de negócios como critério para julgar a infração. Na verdade, exceto para plataformas de Internet de bem-estar público, **todas as plataformas comerciais usam o lucro como seu propósito comercial** (grifo nosso). Alguns aplicativos aparentemente gratuitos são pagos pelos usuários com muita informação e custos de tempo. Na prática comercial das plataformas de Internet, geralmente existem subsidiadores e pagadores. Os subsidiários geralmente podem usar a plataforma gratuitamente, enquanto os pagadores são a fonte de lucro da plataforma. Definir a responsabilidade por infração dos provedores de plataforma com base na obtenção de lucros significa que todas as plataformas comerciais precisam arcar com algum tipo de responsabilidade por infração. Portanto, surgiu um método flexível de julgar infrações com base no lucro direto." *Vide* Cao Yang, *Análise da responsabilidade civil de provedores de plataforma de internet*, Asia-Pacific Network Law Research Centre Beijing ICP, 2017.

179. "O Brasil iniciou 2023 com aumento da taxa de desemprego no trimestre até janeiro pela primeira vez em um ano, em meio a um esgotamento da recuperação diante da reabertura econômica após a pandemia de Covid-19 e dos efeitos do aperto monetário. A taxa de 8,4% divulgada hoje (17) pelo Instituto Brasileiro de Geografia e Estatística (IBGE) mostra aumento em relação aos 8,3% vistos no trimestre imediatamente anterior, de agosto a outubro. É o primeiro avanço desde o trimestre encerrado em janeiro de 2022 e também representa alta ante a taxa de 7,9% registrada no quarto trimestre de 2022, até dezembro." Taxa de desemprego no Brasil tem 1ª alta em um ano e vai a 8,4% no tri até janeiro. *Forbes/Reuters*, 1t mar. 2023. Disponível em: https://forbes.com.br/forbes-money/2023/03/taxa-de-desemprego-no-brasil--tem-1a-alta-em-um-ano-e-vai-a-84-no-tri-ate-janeiro/. Acesso em: 2 maio 2023.

180. "A pobreza aumentou durante a pandemia no Brasil. A constatação é do estudo 'Mapa da Nova Pobreza', desenvolvida pelo FGV Social, a partir de dados disponibilizados pela Pesquisa Nacional por Amostra de Domicílios Contínua (PNADC), divulgada pelo Instituto Brasileiro de Geografia e Estatística (IBGE). **De acordo com o estudo, o contingente de pessoas com renda domiciliar per capita de até R$ 497 mensais atingiu 62,9 milhões de brasileiros em 2021, o que representa 29,6% da população total do país** (grifos nossos). Em dois anos (2019 a 2021), 9,6 milhões de pessoas tiveram sua renda comprometida e ingressaram no grupo de brasileiros que vivem em situação de pobreza." *Retrospectiva 2022*: Mapa da nova pobreza revela que 29,6% dos brasileiros têm renda familiar inferior a R$ 497 mensais, 30 dez. 2022. Disponível em: https://portal.fgv.br/noticias/retrospectiva-2022-mapa-nova-pobreza--revela-296-brasileiros-tem-renda-familiar-inferior-r. Acesso em: 2 maio 2023.

181. "A desigualdade de renda no Brasil é ainda maior do que o imaginado. A constatação é da pesquisa da FGV Social, que uniu a base de dados do Imposto de Renda da Pessoa Física (IRPF) à da Pnad

com os 10% mais ricos da população recebendo 42% da renda total. Após a crise da Covid-19, a projeção é de que a economia terá uma contração de 7,4-9,1% em 2020, ao mesmo tempo, prevê-se que o desemprego atingirá altas históricas (OCDE, 2020a). Mais fundamentalmente, os atributos favoráveis que impulsionaram o crescimento até a recessão de 2014 (aumento da mão de obra associado ao crescimento nos preços de *commodities*) agora parecem ter se esgotado. A população do Brasil está envelhecendo rapidamente e o financiamento dos gastos públicos está se mostrando cada vez mais difícil (OCDE, 2018a), resultando no lançamento de reformas estruturais pelo governo, como a recente reforma do sistema da previdência"[182].

Daí, a publicação por parte do governo, reconhecendo as oportunidades e desafios trazidos pela transformação digital, ter publicado "a Estratégia Brasileira para a Transformação Digital (E-Digital), abrangendo um período de quatro anos (2018-2021). A estratégia coordena diferentes iniciativas governamentais sobre questões digitais em uma estrutura coerente para fomentar o processo de digitalização da produção, promover o ensino e o treinamento para o ambiente digital, além de possibilitar o crescimento econômico (MCTIC, 2018)"[183].

Em referido contexto é que devemos compreender a Regulação das empresas transnacionais no âmbito da Economia Digital em face do direito ambiental constitucional brasileiro.

---

Contínua, elaborada pelo Instituto Brasileiro de Geografia e Estatística (IBGE). A pesquisa mostrou que o índice de Gini chegou a 0,7068 em 2020. O valor é superior ao 0,6013 calculado apenas na Pnad Contínua. Cada 0,03 ponto corresponde a uma grande mudança da desigualdade. As rendas mais altas do imposto de renda por habitante no Brasil foram notadas em Brasília (R$ 3.148), São Paulo (R$ 2.063) e Rio de Janeiro (R$ 1.754). Nas capitais, Florianópolis ficou na frente (R$ 4.215), seguida de Porto Alegre (R$ 3.775) e Vitória (R$ 3.736). Também tiveram destaque os municípios de Nova Lima, na Grande Belo Horizonte (R$ 8.897); São Caetano, na Grande São Paulo (R$ 4.698) e Niterói, na Região Metropolitana do Rio de Janeiro (R$ 4.192). A menor declaração de patrimônio por habitante foi registrada no Maranhão (R$ 6,3 mil). Ao contrário, a maior é a do Distrito Federal (R$ 95 mil), onde há muita concentração de riqueza, liderada pelo Lago Sul (R$ 1,4 milhão). A renda apresentada no IRPF por habitante no Lago Sul é R$ 23.241. O valor, segundo a pesquisa, é três vezes maior que o alcançado em Nova Lima, o município mais rico do Brasil." As rendas mais altas do imposto de renda por habitante no Brasil foram notadas em Brasília (R$ 3.148), São Paulo (R$ 2.063) e Rio de Janeiro (R$ 1.754). Nas capitais, Florianópolis ficou na frente (R$ 4.215), seguida de Porto Alegre (R$ 3.775) e Vitória (R$ 3.736). Também tiveram destaque os municípios de Nova Lima, na Grande Belo Horizonte (R$ 8.897); São Caetano, na Grande São Paulo (R$ 4.698) e Niterói, na Região Metropolitana do Rio de Janeiro (R$ 4.192). A menor declaração de patrimônio por habitante foi registrada no Maranhão (R$ 6,3 mil). Ao contrário, a maior é a do Distrito Federal (R$ 95 mil), onde há muita concentração de riqueza, liderada pelo Lago Sul (R$ 1,4 milhão). A renda apresentada no IRPF por habitante no Lago Sul é R$ 23.241. O valor, segundo a pesquisa, é três vezes maior que o alcançado em Nova Lima, o município mais rico do Brasil, 14 fev. 2023. Disponível em: https://agenciabrasil.ebc.com.br/economia/noticia/2023-02/pandemia-acentuou-desigualdade-brasileira-aponta-estudo-da-FGV. Acesso em: 2 maio 2023.

182. Recentes tendências econômicas e sociais no Brasil. Disponível em: https://www.oecd-ilibrary.org/sites/0d4a61d4-pt/index.html?itemId=/content/component/0d4a61d4-pt#chapter-1. Acesso em: 1º maio 2023.

183. MCTIC, *Estratégia brasileira para a transformação digital: e-digital*, Ministério da Ciência, Tecnologia, Inovações e Comunicações, Brasília, 2018. Disponível em: http://www.mctic.gov.br/mctic/export/sites/institucional/estrategiadigital.pdf. Acesso em: 17 ago. 2023.

# Bibliografia Básica

## LIVROS PUBLICADOS NO BRASIL

FIORILLO, Celso Antonio Pacheco. *Inteligência artificial e a regulação das empresas transnacionais em face da tutela jurídica constitucional do meio ambiente digital.* Rio de Janeiro: Lumen Juris, 2024.

FIORILLO, Celso Antonio Pacheco; FIORILLO, João Antonio Ferreira Pacheco. *Os impostos do pecado*: a reforma tributária no Brasil e os impostos sobre produção, extração, comercialização ou importação de bens e serviços prejudiciais à saúde ou ao meio ambiente em face do direito ambiental constitucional. Rio de Janeiro: Lumen Juris, 2024.

FIORILLO, Celso Antonio Pacheco. *Curso de direito ambiental brasileiro.* 24. ed. rev., ampl. e atual. São Paulo: Saraiva, 2024.

FIORILLO, Celso Antonio Pacheco. *Neocolonialismo verde em face do denominado "Regulamento de Desmatamento" da União Europeia e a tutela jurídica das commodities no âmbito da atuação das empresas transnacionais no Brasil.* Rio de Janeiro: Lumen Juris, 2023.

FIORILLO, Celso Antonio Pacheco. *As empresas jornalísticas transnacionais no âmbito da sociedade da informação e sua tutela jurídica em face do direito ambiental constitucional brasileiro.* Rio de Janeiro: Lumen Juris, 2023.

FIORILLO, Celso Antonio Pacheco. *A regulação das empresas transnacionais no âmbito da economia digital em face do direito ambiental constitucional brasileiro.* Rio de Janeiro: Lumen Juris, 2023.

FIORILLO, Celso Antonio Pacheco. *Responsabilidade ambiental das empresas transnacionais no âmbito do sistema normativo chinês em face da responsabilidade ambiental das empresas transnacionais no Brasil.* Rio de Janeiro: Lumen Juris, 2023.

FIORILLO, Celso Antonio Pacheco. *Balizamento normativo das empresas transnacionais em face da gestão sustentável do clima no âmbito do direito ambiental constitucional brasileiro.* Rio de Janeiro: Lumen Juris, 2023.

FIORILLO, Celso Antonio Pacheco. *Balizamento jurídico da censura em face das empresas transnacionais de mídia social no Brasil no âmbito da tutela constitucional do meio ambiente digital.* Rio de Janeiro: Lumen Juris, 2023.

FIORILLO, Celso Antonio Pacheco. *As empresas transnacionais e sua regulação constitucional em face dos princípios gerais da atividade econômica.* Rio de Janeiro: Lumen Juris, 2022.

FIORILLO, Celso Antonio Pacheco. *Função social das empresas transnacionais em face do direito ambiental constitucional brasileiro.* Rio de Janeiro: Lumen Juris, 2022.

FIORILLO, Celso Antonio Pacheco. *O uso sustentável das commodities por parte das empresas transnacionais e sua regulação em face do direito ambiental constitucional brasileiro.* Rio de Janeiro: Lumen Juris, 2022.

FIORILLO, Celso Antonio Pacheco. *As empresas transnacionais em face da soberania ambiental brasileira e os denominados acordos internacionais vinculados ao meio ambiente.* Rio de Janeiro: Lumen Juris, 2022.

FIORILLO, Celso Antonio Pacheco; FERREIRA, Renata Marques. *A política nacional do meio ambiente (Lei 6938/81) em face do direito ambiental constitucional brasileiro.* Rio de Janeiro: Lumen Juris, 2021.

FIORILLO, Celso Antonio Pacheco; FERREIRA, Renata Marques. *A Amazônia Azul e seu uso econômico sustentável em face da tutela jurídica do direito ambiental brasileiro.* Rio de Janeiro: Lumen Juris, 2021.

FIORILLO, Celso Antonio Pacheco; FERREIRA, Renata Marques. *O agronegócio em face do direito ambiental constitucional brasileiro*: as empresas rurais sustentáveis. 2. ed. Rio de Janeiro: Lumen Juris, 2021.

FIORILLO, Celso Antonio Pacheco. *A gestão sustentável das empresas transnacionais e sua regulação em face do direito ambiental constitucional brasileiro.* Rio de Janeiro: Lumen Juris, 2021.

FIORILLO, Celso Antonio Pacheco; FERREIRA, Renata Marques. *Liberdade econômica (Lei 13.874/19) em face do direito ambiental constitucional brasileiro*: o enquadramento jurídico das atividades econômicas vinculadas ao desenvolvimento sustentável. Rio de Janeiro: Lumen Juris, 2020.

FIORILLO, Celso Antonio Pacheco; FERREIRA, Renata Marques. *Direito empresarial ambiental brasileiro e sua delimitação constitucional.* Rio de Janeiro: Lumen Juris, 2020.

FIORILLO, Celso Antonio Pacheco; FERREIRA, Paulo; MORITA, Dione Mari. *Licenciamento ambiental.* 3. ed. São Paulo: Saraiva, 2019.

FIORILLO, Celso Antonio Pacheco; FERREIRA, Renata Marques. *Tutela jurídica dos animais de estimação em face do direito constitucional brasileiro.* Rio de Janeiro: Lumen Juris, 2019.

FIORILLO, Celso Antonio Pacheco; FERREIRA, Renata Marques. *Segurança alimentar e desenvolvimento sustentável*: a tutela jurídica da alimentação e das empresas alimentares em face do direito ambiental brasileiro. Rio de Janeiro: Lumen Juris, 2019.

FIORILLO, Celso Antonio Pacheco; FERREIRA, Renata Marques. *Comentários ao Estatuto da Cidade – Lei 10.257/01 – Lei do Meio Ambiente Artificial*. 7. ed. São Paulo: Saraiva, 2019.

FIORILLO, Celso Antonio Pacheco; FERREIRA, Renata Marques. *Direito ambiental tributário*. 4. ed. São Paulo: Saraiva, 2018.

FIORILLO, Celso Antonio Pacheco. *Direito processual ambiental brasileiro*: a defesa judicial do patrimônio genético, do meio ambiente cultural, do meio ambiente digital, do meio ambiente artificial, do meio ambiente do trabalho e do meio ambiente natural no Brasil. 7. ed. São Paulo: Saraiva, 2018.

FIORILLO, Celso Antonio Pacheco; FERREIRA, Renata Marques. *Comentários ao "Código" Florestal – Lei 12.651/2012*. 2. ed. São Paulo: Saraiva, 2018.

FIORILLO, Celso Antonio Pacheco; FERREIRA, Renata Marques. *Tutela jurídica da saúde em face do direito ambiental brasileiro – saúde ambiental e meio ambiente do trabalho*. Rio de Janeiro: Lumen Juris, 2018.

FIORILLO, Celso Antonio Pacheco; FERREIRA, Renata Marques. *Tutela jurídica do patrimônio cultural brasileiro em face do direito ambiental constitucional*. Rio de Janeiro: Lumen Juris, 2018.

FIORILLO, Celso Antonio Pacheco. *Crimes ambientais*. 2. ed. São Paulo: Saraiva, 2017.

FIORILLO, Celso Antonio Pacheco; FERREIRA, Renata Marques. *Liberdade de expressão e direito de resposta na sociedade da informação*. Rio de Janeiro: Lumen Juris, 2017.

FIORILLO, Celso Antonio Pacheco; FERREIRA, Renata Marques. *Tutela jurídica do Whatsapp na sociedade da informação*. Rio de Janeiro: Lumen Juris, 2017.

FIORILLO, Celso Antonio Pacheco. *Crimes no meio ambiente digital em face da sociedade da informação*. 2. ed. São Paulo: Saraiva, 2016.

FIORILLO, Celso Antonio Pacheco; FERREIRA, Renata Marques. *Tutela jurídica do patrimônio genético em face da sociedade da informação*. Rio de Janeiro: Lumen Juris, 2016.

FIORILLO, Celso Antonio Pacheco; FERREIRA, Renata Marques. *Curso de direito da energia*: tutela jurídica da água, do petróleo, do biocombustível, dos combustíveis nucleares, do vento e do sol. 3. ed. São Paulo: Saraiva, 2015.

FIORILLO, Celso Antonio Pacheco. *O marco civil da internet e o meio ambiente digital na sociedade da informação*. São Paulo: Saraiva, 2015.

FIORILLO, Celso Antonio Pacheco; FERREIRA, Renata Marques. *Direito ambiental contemporâneo*. São Paulo: Saraiva, 2015.

FIORILLO, Celso Antonio Pacheco. *Princípios constitucionais do direito da sociedade da informação*: a tutela jurídica do meio ambiente digital. São Paulo: Saraiva, 2015.

FIORILLO, Celso Antonio Pacheco; DIAFÉRIA, Adriana. *Biodiversidade, patrimônio genético e biotecnologia no direito ambiental*. São Paulo: Saraiva, 2012.

FIORILLO, Celso Antonio Pacheco. *O direito de antena em face do direito ambiental no Brasil*. São Paulo: Saraiva, 2000.

FIORILLO, Celso Antonio Pacheco. *Os sindicatos e a defesa dos interesses difusos no direito processual civil brasileiro*. São Paulo: Revista dos Tribunais, 1995.

## LIVROS PUBLICADOS NA EUROPA

### ESPANHA

VADELL, Lorenzo-Mateo Bujosa; FIORILLO, Celso Antonio Pacheco (dir.). *La tutela jurídica de los alimentos ante el derecho ambiental*. Editorial Comares, 2023.

VADELL, Lorenzo-Mateo Bujosa; FIORILLO, Celso Antonio Pacheco (dir.). *Empresas y ciudades ante la necesidad de protección ambiental*. Editorial Comares, 2021.

# Bibliografia Complementar

ABERKANE, Hassen. Essai d'une théorie générale de l'obligation propter rem en droit positif français: contribution à l'étude de la distinction des droits de créance et des droits réels. *Revue Internationale de Droit Comparé*, v. 11, n. 2, abr.-jun. 1959.

AGRIFOGLIO, Sergio. Riflessioni critiche sulle azioni populari come strumenti di tutela degli interessi colletivi. In: *Le azioni di tutela di interessi colletivi*. Magglioli Editore, 1982.

ALBAMONTE. Il diritto ad un ambiente salubre: tecniche di tutela. *Giustizia Civile*, 1980.

ALMEIDA, Virgilio Augusto Fernandes (coord.). *Recomendações para o avanço da inteligência artificial no Brasil*: GT-IA da Academia Brasileira de Ciências, Rio de Janeiro: Academia Brasileira de Ciências, 2023. Disponível em: https://www.abc.org.br/wp-content/uploads/2023/11/recomendacoes-para-o-avanco-da-inteligencia-artificial-no-brasil-abc-novembro-2023-GT-IA.pdf. Acesso em: 17 jan. 2024.

ALPA, Guido. Diritto alla salute e tutela del consumatore. *Rivista Trimestrale di Diritto Pubblico*, 1975.

ALPA, Guido. Danno biologico e diritto alla salute. Una ipotesi di applicazione diretta dell'art. 32 della Costituzione. *Giurisprudenza Italiana*, 1967.

ALPA, Guido. *La responsabilità civile:* Parte Generale. Torino: UTET Giuridica, 2010.

ALPA, Guido; BESSONE, M. Tutela dell'ambiente, ruolo della giurisprudenza e direttiva di "common law". *Rivista Trimestrale di Diritto Processuale Civile*, 1976.

ALVAREZ, Juan Ignacio. Valdiviesco. *Guia Sindical de Seguridad y Salud Laboral*. Comissión Obrera Nacional de Catalunya (CONC). 3. ed. Barcelona, abr. 1989.

AMBROSINI. Le formazioni sociali nella Costituzione. In: *Raccolta di scritti sulla Costituzione*. Milano, 1958. v. 2.

AMENDOLA, Gianfranco. Aspetti giuridici e legislativi della tutela dell'ambiente. In: *Nuovi strumenti ed indirizzi di tutela in materia ambientale*. Roma: Quaderni Fornez, 1980.

BARRIONUEVO, Alexei. Whose Rain Forest is this, anyway? *The New York Times*, 18 de maio de 2008. Disponível em: https://www.nytimes.com/2008/05/18/weekinreview/18barrionuevo.html.

BELCHIOR, Diana Cléssia Vieira; SARAIVA, Althiéris de Souza; LÓPEZ, Ana Maria Córdova; SCHEIDT, Gessiel Newton. Impactos de agrotóxicos sobre o meio ambiente e a saúde humana. *Cadernos de Ciência & Tecnologia*, Brasília, v. 34, n. 1, p. 135-151, jan.-abr. 2014. Disponível em: https://ainfo.cnptia.embrapa.br/digital/bitstream/item/164063/1/Impactos-de-agrotoxicos-sobre-o-meio-ambiente.pdf. Acesso em: 25 jun. 2024.

BELLMAN, Richard. *An Introduction to Artificial Intelligence*: Can Computers Think? San Francisco: Boyd & Fraser Publishing Company, 1978.

BENDA, Ernesto. Dignidad humana y derechos de la personalidade. *Manual de Derecho Constitucional*. Madrid: Marcial Pons, 1996.

BENDA, Ernesto. *Manual de derecho constitucional*. Madrid: Marcial Pons, 1996.

BERTONI, Raffaele. Gli interessi collettivi, una trincea nuova della giustizia. *Giustizia e Costituzione*, n. 6, 1978.

BESSONE, Mario. La tutela costituzionale della salute e lo statuto del diritti della persona-consumatore. *Politica del Diritto*, 1981.

BESSONE, Mario. Politica dell'ambiente, "Judicial role" ed interessi diffusi. *Politica del Diritto*, 1978.

BESSONE, Mario. La tutela del consumatore nella recente evoluzione del diritto francese. *Foro italiano*, 1974.

BESSONE, Mario. *Poteri dei privati e statuto della proprietà*, Padova, CEDAM, 1980.

BETTINI, Romano. Il cittadino supplente per la tutela degli interessi diffusi. In: *Rilevanza e tutela degli interessi diffusi*. Cons. Stato, 1977.

BEVILÁQUA, Clóvis. *Teoria geral do direito civil*. 3. ed. Livraria Francisco Alves, 1928 e 1946.

BEVILÁQUA, Clóvis. *Direito das obrigações*. 8. ed. Rio de Janeiro: Francisco Alves, 1954.

BIAGI, Celestino. L'azione popolare e la tutela degli interessi diffusi. In: *Rilevanza e tutela degli interessi diffusi*. Cons. Stato, 1977.

BOBBIO, Norberto. Libertà fondamentali e formazioni sociali. Introduzione storica. *Politica del Diritto*, 1975.

BOBBIO, Norberto. Nicola Matteucci e Gianfranco Pasquino. *Dicionário de Política*. 13. ed. Brasília: Editora UnB, 2010. v. 2.

BOBBIO, Norberto; MATTEUCCI, Nicola; PASQUINO, Gianfranco. *Dicionário de política*. Brasília: Ed. Universidade de Brasília, 1986.

BOEHNER, Philotheus; GILSON, Etienne. *História da Filosofia Cristã* – Desde as origens até Nicolau de Cusa. 6. ed. Petrópolis: Vozes, 1995.

BORSELLI, Edgardo. Interesse personale e "interesse diffuso" nella giurisprudenza del Consiglio di Stato. *Riv. giur. edil.*, 1973.

BOUVIER, Marcel. *Constitution et réglament du Rikstag*. Rikstag du Suéde, 1975.

BRASIL. Ministério da Saúde. Secretaria de Atenção à Saúde. *Guia alimentar para a população brasileira*. 2. ed. 1. reimpr. Brasília, DF: Ministério da Saúde, 2014. Disponível em: https://bvsms.saude.gov.br/bvs/publicacoes/guia_alimentar_po-pulacao_brasileira_2ed.pdf. Acesso em: 26 jan. 2024.

BUFFONI, Salvatore. Tutela dell'ambiente e attività venatoria. In: *Interessi diffusi e tutela dell'ambiente*. Boccia, 1980.

BUSNELLI; BRECCIA. Note sulla tutela della salute come interesse colletivo. In: *Tutela della salute e diritto privato*. Milano, 1978.

BUZATTO, Gustavo; CAVALCANTE, Miquerlam Chaves. Reforma tributária e re-gressividade: a tributação sobre o consumo e a busca por justiça fiscal. *Revista Direito Tributário Atual*, n. 52, 2002. Disponível em: https://revista.ibdt.org.br/index.php/RDTA/article/view/2136. Acesso em: 23 dez. 2023.

CACCIAVILLANI. Legittimazione alla costituzione di parte civile di ordine profes-sionale per abusivo esercizio di professione. *Giur. Merito*. 1980.

CALAYS AULOY. La loy et le consommateurs. *Dalloz*, 1974.

CAPPELLETTI, Mauro. Appunti sulla tutela giurisdizionale di interessi collettivi o diffusi. In: *Le azioni a tutela di interessi collettivi*. 1975.

CAPPELLETTI, Mauro. Formazioni sociali e interessi di gruppo davanti alla giustizia civile. *Rivista di Diritto Processuale*, n. 3, 1975.

CAPPELLETTI, Mauro. *Processo, ideologias, sociedad*. Buenos Aires: EJEA, 1974.

CAPPELLETTI, Mauro. *La giurisdizione costituzionale delle libertà*. Milano, 1974.

CARAVITA, Beniamino. Interessi diffusi e collettivi. In: *Diritto e società*. 1982.

CARVALHO SANTOS, J. M. de. *Código Civil brasileiro interpretado:* Parte Geral (arts. 863-927). 6. ed. Rio de Janeiro: Freitas Bastos, 1953. v. IX.

CARULLO, A. Appunti in tema di interessi diffusi nel processo amministrativo. In: *Critica giudiziaria*. 1978.

CAS, Gérard. *La défense du consommateur*. Deuxième édition mise à jour. PUF, 1980.

CASADO, Honorio Carlos bando. La publicidad y la protección jurídica de los consu-midores y usuarios. 3. ed. Madrid: Instituto Nacional del Consumo, 1991.

CAVALCANTI, Themistocles Brandão. *A Constituição Federal comentada*. 2. ed. rev. e aum. Rio de Janeiro: José Konfino Editor, 1952. v. III.

CERRI, Augusto. Interessi diffusi, interessi comuni. Azione a defesa. *Dir. soc.,* 1979.

CESARINI SFORZA, Widar. Preliminari sul diritto collettivo (1935). In: *Il corporati-vismo come esperienza giuridica*. Milano: Giuffrè, 1942.

CHARNIAK, Eugene; MCDERMOTT, Drew. *Introduction to Artificial Intelligence*. Reading, Massachusetts: Addison-Wesley, 1985.

CHELI, Enzo. Libertà d'associazione e poteri di polizia. In: *Atti del convegno del'ISAP, la tutela dei citadino*. Vicenza, 1967.

CHIARELLI, Giuseppe. Gli interessi collettivi e la Costituzione (1966). In: *Scritti di diritto pubblico*. Milano: Giuffrè, 1977.

CHITI, Mario; MONETA, Paolo. Contributo allo studio degli strumenti giuridici per la tutela del paesaggio. *Foro amm.*, 1971.

CHRISTIEN, Robert. *Syndicalisme et participation dans la fonction publique*. Paris: Berger-Levrault, 1988.

CICALA, Mario. *La tutela dell'ambiente*. Torino, 1976.

CICALA, Mario. Tutela degli interessi collettivi, costituzione del comune come parte civile e demolizione delle costruzioni edilizie abusive. *Giurisprudenza Italiana*, 1976.

COCCO, Giovanni. Spunti problematici in ordine alla individuazione e alla tutela degli interessi diffusi. In: *Rilevanza e tutela degli interessi diffusi*. 1979.

COGO, G. Interessi diffusi e participazione. *Rivista Trimestrale di Studi Parlamentari e di Politica Costituzionale*, 1979.

COLACINO. Alcune notazioni ricostruttive in tema di interessi, legittimo, diffuso, collettivo. *Guir. mer.*, 1981.

COMPORTI. Responsabilità civile per danni inquinamenti. In: *Tecniche giuridiche e sviluppo della persona*. Bari, 1974.

CONSOLI, G. La tutela degli interessi diffusi alla salute ed all'ambiente. *Giur. agr. it.*, 1979.

CONSOLI, G.; LUCCHESE, P. Rilevanza degli interessi diffusi quali interessi legittimi. In: *Interessi diffusi e tutela dell'ambiente*. Boccia, 1980.

CONTENTI, A. Interessi diffusi. In: *Interessi diffusi e tutela dell'ambiente*. Boccia, 1980.

COPE, Bill; KALANTZIS, Mary. Artificial intelligence in the long view: from mechanical intelligence to cyber-social systems. *Discover Artificial Intelligence*, v. 2, n. 13, 2022. Disponível em: https://link.springer.com/article/10.1007/s44163-022-00029-1#citeas. Acesso em: 7 jan. 2024.

CORASANITI, A. Interessi diffusi. In: *Dizionari del diritto privato, a cura di N. Irti*. Diritto civile. Milano, 1980.

CORASANITI, A. Profili generali di tutela giurisdizionale contro il dano ecologico. *Rivista Imprensa Ambiente e Pubblica Amministrazione*, 1977.

CORASANITI, A. La tutela degli interessi diffusi davanti al giudice ordinario. *Rivista di Diritto Civile*, 1978.

CRESTI, Marco. *Contributo allo studio della tutela degli interessi diffusi*. Milano, Giuffrè, 1992.

CUSANI, D. Evoluzione giuridica dell'istituto. In: *Interessi diffusi e tutela dell'ambiente*. Boccia, 1980.

D'AMATO. Pubblicità commerciale e tutela degli interessi diffusi dei consumatori. In: *Giustizia Civile*, 1980.

DARTORA, Cesar Augusto. *Teoria do campo eletromagnético e ondas,* Universidade Federal do Paraná, Departamento de Engenharia Elétrica.

DELFINO. Ambiente, interessi "diffusi" e tutela giurisdizionale. *Dir. soc.*, 1980.

DELL'ACQUA. *La tutela degli interessi diffusi*. Milano, 1979.

DENTI, Vittorio. Aspetti processuali della tutela dell'ambiente. In: *La responsabilità dellimpresa per i danni all'ambiente ed ai consumatori*. Milano, 1978.

DENTI, Vittorio. L'avvocato e la difesa di interessi collettivi. *Foro italiano*, 1978, v. 5.

DENTI, Vittorio. Le azioni a tutela di interessi collettivi. *Rivista di Diritto Processuale*, 1974, v. 29.

D'EUFEMIA, Giuseppe. *Diritto sindacal*. Napoli: Morano, 1967.

DE VITTA. La tutela giurisdizionale degli interessi collettivi nella prospettiva del sistema francese. Aspetti principali del problema e specificazioni in tema di protezione degli interessi dei consumatori. In: *La tutela degli interessi diffusi*. 1979.

DEVLIN, Jacob *et al.* BERT: pre-training of deep bidirectional transformers for language understanding. *Comput Lang.*, 2018.

DURANT, Robert. *Lhomme, lanimal domestique et lenvironnement du Moyen Âge au XVIIIe siècle*. Ouest Editions, 1993.

ENNECCERUS, Ludwig. *Derecho de obligaciones*. Barcelona: Bosch, 1954.

ENNECCERUS; KIPP; WOLFF. *Tratado de derecho civil*; Parte Geral. 2. ed. Barcelona: Bosch. t. 1.

ESPOSITO, Vitalino. La tutela dell'ambiente nel diritto comparato. In: *Nuovi strumenti ed indirizzi di tutela in materia ambientale*. Roma: Quaderni Formez, 1980.

FARADAY, Michael. *The effects of a magnetic field on radiation.* Scholar's Choice Edition Paperback, February 18, 2015.

FEDERICI, Renato. *Gli interessi diffusi:* il problema della loro tutela nel diritto amministrativo. Padova: Cedam, 1984.

FISCHER, Hans Albrecht. *A reparação dos danos no direito civil.* Coimbra: Arménio Amado Editor, 1938.

FORGES, Jean Michel. *Le droit de la santé.* Paris: PUF, 1986.

FRAGALI, Michele. Osservazioni sulle situazioni soggettivamente collettive. In: *Studi in onore di Santoro Passarelli*. Napoli, 1972.

GALATI. La tutela degli interessi diffusi davanti al giudice ordinario. In: *Studio per Bellavista, Il Tommaso Natale*. 1979.

GALGANO, Francesco. Delle associazioni non riconosciute e dei comitati. In: *Commentario Scialoja-Branca*. 1976.

GAROFALO, M. G. *Interessi collettivi e comportamento antisandacale dell'imprenditore*. Napoli, 1979.

GERMANO. Sulla tutela degli interessi collettivi in agricoltura. *Riv. dir. agr.*, 1974.

GIAMPIETRO, F. *Diritto alla salubrità dellambiente*. Milano, 1980.

GILISSEN, John. *Introdução histórica ao direito*. 2. ed. Lisboa: Calouste Gulbenkian, 1995.

GÓMEZ, Manuel; RIVEROS, Jorge; SACHS, Kevin. Fábricas que empregam mão de obra de forma intensiva – produtividade com alto grau de uso de analytics. *McKinsey & Company*, 21 abr. 2021. Disponível em: https://www.mckinsey.com/capabilities/operations/our-insights/labor-intensive-factories-analytics-intensive-productivity/pt-BR. Acesso em: 7 jan. 2024.

GOULD IV, William B. *A primer on American labor law*. 2. ed. USA: Massachusetts Institute of Technology (MIT), 1986.

GOULD IV, William B.; AVILÉS, Antonio Ojeda. *Nociones de derecho norteamericano del trabajo*. Madrid: Tecnos, 1991.

GRAVES, Alex; MOHAMED, Abdel-rahman; HINTON, Geoffrey. Speech recognition with deep recurrent neural networks. *IEEE international conference on acoustics, speech and signal processing*, ICASSP, 2013.

GRINOVER, Ada Pellegrini. *A tutela dos interesses difusos*. São Paulo: Max Limonad, 1984.

GUALTIERI, Luca; RAUCH, Erwin; VIDONI, Renato. Emerging research fields in safety and ergonomics in industrial collaborative robotics: a systematic literature review. *Robotics and Computer-Integrated Manufacturing*, 2021.

GUERCIO, Vincenzo *et al*. La giurisprudenza sugli interessi diffusi. *Giustizia Civile*, 1981.

HAUGELAND, John. *Editor Artificial Intelligence*: The Very Idea. Cambridge, Massachusetts: MIT Press, 1985.

HE, Kaiming et al. Deep residual learning for image recognition. *Proceedings of the IEEE conference on computer vision and pattern recognition*, IEEE, Piscataway, 2016.

HESSE, Konrad. *Elementos de Direito Constitucional da República Federal da Alemanha*. Tradução da 20ª edição alemã (Grundzüge des Verfassungsrechts der Bundesrepublik Deutschland). Porto Alegre: Sergio Antonio Fabris Editor, 1998.

HILGRUBER, Christian. Soberanía: la defensa de um concepto jurídico [Título original: Souveränität: Verteidigung eines Rechtsbegriffs, *Juristenzeitung* 22/2002, p. 1072-1080]. Traducción a cargo de Ariadna Aguilera Rull, Universitat Pompeu Fabra.

HINTON, Geoffrey et al. Deep neural networks for acoustic modeling in speech recognition: the shared views of four research groups. *IEEE Signal Processing Magazine*, 2012.

HOBSBAWM. Studi di storia del movimento operai. In: BOBBIO, Norberto. *Dicionário de política*. Brasília: Gráfica Editora Hamburg, 1986.

HOBSBAWM. *Os trabalhadores:* estudo sobre a história do operariado. Rio de Janeiro: Paz e Terra, 1981.

HUECK, Alfred; NIPPERDEY, H. C. Compendio de derecho del trabajo. *Revista de Derecho Privado*, 1963.

IACOBONI, A. Costituzione di parte civile degli enti collettivi e postillein tema di lesione di interessi superindividuali alla luce di un decennio di giurisprudenza. *Foro Italiano*, 1982.

ICHINO, Giovanna. Costituzione di parte civile di associazioni e sindacato nel processo penale. *Riv. Giur. Lav.*, 1977.

IVONE, Vitulia. Decisão robótica no direito italiano. In: GUIMARÃES, Maria Raquel; PEDRO, Rute Teixeira (coord.). *Direito e inteligência artificial*. Edições Almedina, 2023.

JAEGER, Pier Giusto. *L'interesse sociale*. Milano: Giuffrè, 1964.

JAKŠIČ, Marko; MARINC, Matej. Relationship banking and information technology: the role of artificial intelligence and FinTech. *Risk Management*, v. 21, n. 1, 2019.

JIANG, Yuchen et al. Quo vadis artificial intelligence? *Discover Artificial Intelligence*, v. 2, n. 4, 2002. Disponível em: https://link.springer.com/article/10.1007/s44163-022-00022-8. Acesso em: 20 maio 2024.

JOSSERAND, Louis. *Les transports en service intérieur et en service international*, Rousseau, 1926.

KURZWEIL, Raymond. *The Age of Intelligent Machines*. Cambridge, Massachusetts: MIT Press, 1990.

LARICCIA, Sergio. *La reppresentanza degli interessi religiosi*. Milano: Giuffrè, 1967.

LENER, Angelo. Violazione di norme di condotta e tutela civile dell'interesse all'ambiente. *Foro Italiano*, 1980.

LEVI, Franco. *La tutela del paesagio*. Torino, 1979.

LIEBMAN, Enrico Tullio. *Manuale di diritto processuale civile*. 4. ed. Milano, Giuffrè, 1980. v. 1.

LIMA, Alvino. *Culpa e risco*. 2. ed. São Paulo: Revista dos Tribunais, 1998.

LONGO, L. Quale tutela per gli interessi collettivi e diffusi? In: *Queste istituzioni*. 1981.

LOPES, Inês Camarinha. Inteligência Artificial e proteção de dados pessoais: a "ditadura" do algoritmo. In: GUIMARÃES, Maria Raquel (coord.); PEDRO, Rute Teixeira (ed.). *Direito e inteligência artificial*. Edições Almedina, 2023.

LOPES DA COSTA, Alfredo Araújo. *Direito civil*. 2. ed. Rio de Janeiro: Forense, 1959.

LOSANO Y CORBI, Enrique. *La legitimación popular e el proceso romano clásico*. Barcelona: Bosch, 1982.

LU, Renzhi; HONG, Seung Ho. Incentive-based demand response for smart grid with reinforcement learning and deep neural network. *Applied Energy*, 2019.

LUGER, George F.; STUBBLEFIELD, William A. *Artificial Intelligence*: Structures and Strategies for Complex Problem Solving. 2. ed. Redwood City, California: Benjamin/Cummings, 1993.

LUISO, Francesco Paolo. In tema di intervento delle associazioni sindacali nel processo del lavoro. *Rivista di Diritto Processuale*, 1975.

MADDALENA, Paolo. Risarcibilità dei danni all'ambiente. In: *Interessi diffusi e tutela dell'ambiente*. Boccia, 1980.

MARTINELLI, Paolo. Interesse collettivo, interesse individuale, interesse sindacale nello Statuto dei Lavoratori. *Quale Giustizia*, 1972.

MATURANO RAFAEL, Herbert Miguel Angel. *Análise do potencial de liquefação de uma barragem de rejeito*. Dissertação (Mestrado em Engenharia Civil) – Pontifícia Universidade Católica do Rio de Janeiro. Rio de Janeiro, 2012.

MAXWELL, James Clark. *Treatise on electricity and magnetism*. Paperback. 1954. v. 1.

MELGAR, Alfredo Montoya; MORENO, Jesús María Galiana; NAVARRO, Antonio V. Sempre. *Instituciones de derecho social europeu*. Madrid: Tecnos, 1988.

MELLO FILHO, José Celso de. *Constituição Federal anotada*. São Paulo: Saraiva, 1986.

MENDONÇA, Márcio et al. Inteligência artificial, fundamentos, conceitos, aplicações e tendências. *Ciência, Tecnologia e Inovação*: Experiências, Desafios e Perspectivas 3, 2023. Disponível em: https://atenaeditora.com.br/catalogo/post/inteligencia-artificial-fundamentos-conceitos-aplicacoes-e-tendencias-2. Acesso em: 26 jan. 2024.

MESSINEO, Francesco. *Manuale di diritto civile e commerciale*. 9. ed. Milano: Giuffrè, 1957.

MNOUAR, Hamid; GUVENC, Ismail; AKKAYA, Kemal. UAV-enabled intelligent Transportation systems for the smart city: applications and challenges. *IEEE Communications Magazine*, 2017.

MONACO, Vito A. *Libertà di antenna aspetti tecnici e giuridici della emittenza radiotelevisiva*. Magioli Editore, 1986.

MONTESANO, Luigi. Sulla tutela degli interessi diffusi e sul difetto di giurisdizione per improponibilità della domanda. *Giurisprudenza Italiana*, 1979.

MORAIS, Diogo Martins Gonçalves de *et al*. O conceito de inteligência artificial usado no mercado de softwares, na educação tecnológica e na literatura científica. *Educação Profissional e Tecnológica em Revista*, v. 4, n 2, p. 98-109, 2020. Disponível em: https://ojs.ifes.edu.br/index.php/ept/article/view/557/539. Acesso em: 26 jan. 2024.

MORAND-DEVILEER, Jacqueline. *Le droit de l'environnement*. Paris: PUF, 1987.

MOREIRA, José Carlos Barbosa. A proteção jurisdicional dos interesses coletivos ou difusos. In: *A tutela...* Max Limonad, 1984.

MOREIRA, José Carlos Barbosa. *Temas de direito processual*. São Paulo: Saraiva, 1977.

MORELLO, Augusto M. *La justicia entre dos épocas*. La Plata: Platense, 1983.

MORELLO, Augusto M. La defensa de los intereses difusos. *Jurisprudencia Argentina*, v. 4, 1982.

MORELLO, Augusto M. Imagen del moderno derecho procesal. *Jurisprudencia Argentina*, v. 4, 1981.

MORELLO, Augusto M.; STIGLITZ, Gabriel. *Tutela procesal de derechos personalísimos e intereses colectivos*. La Plata: Platense, 1986.

MORTATI, C. *L'Ombudsman*. Torino, 1974.

MORTATI, C. La tutela della salute... In: *Problemi di diritto pubblico nel attuale esperienza costituzionale republicana*. Milano: Giuffrè, 1972.

NEUKOM, Raphael; STEIGER, Nathan; GÓMEZ-NAVARRO, Juan José; WANG, Jianghao; WERNER, Johannes P. No evidence for globally coherent warm and cold periods over the preindustrial Common Era. *Nature*, v. 571, p. 550-554, 2019.

NICAS, Jack. A última fronteira da internet: aldeias remotas da Amazônia. *The New York Times*, 2 jun. 2024. Disponível em: https://www.nytimes.com/2024/06/02/world/americas/starlink-internet-elon-musk-brazil-amazon.html. Acesso em: 20 maio 2024.

NIPPERDEY, Hans Carl; ENNECCERUS, L. Derecho civil general. In: ENNECCERUS; KIPP; WOLFF. *Tratado de derecho civil*. 2. ed. Barcelona: Bosch, 1953.

ODUM, Eugene P. *Fundamentos de ecologia*. 4. ed. Lisboa: Calouste-Gulbenkian, 1988.

OLIVEIRA, Waldemar Mariz de. Tutela jurisdicional dos interesses coletivos. In: *A tutela...* Max Limonad, 1984.

OLIVEIRA, Waldemar Mariz de. *Estudos sobre o amanhã (ano 2000)*. Caderno n. 2. São Paulo, 1978.

OLIVEIRA, Waldemar Mariz de. *Substituição processual*. São Paulo: Revista dos Tribunais, 1971.

PALAGI, Stefano; FISCHER, Peer. Bioinspired microrobots. *Nature Reviews Materials*, 2018.

PALOMBI, G. Profili di responsabilità materia di inquinamento delle acque: il ruolo della Corte dei Conti nella tutela degli interessi diffusi della collettività. *Cons. stato,* 1978.

PATTI, S. *La tutela civile dell'ambiente*. Padova, 1979.

PATTI, S. L'esperienza delle class actions in due libri recenti. *Rivista Trimestrale di Diritto Processuale Civile,* 1979.

PERSIANI, Mattia. Condotta antisindacale, interesse del sindacato, interesse collettivo e interesse individuale dei lavoratori. *Politica del Diritto,* 1971.

PIGA, Franco. Diritti soggettivi, interessi legittimi, interessi diffusi e tutela giurisdizionale. *Giustizia Civile,* 1980.

PIRAINO, Salvator. L'interesse diffuso nella tematica degli interessi giuridicamente protetti. *Rivista di Diritto Processuale,* 1979.

PIZZORUSSO, Alessandro. Nozioni generali sugli interessi diffusi. In*: Interessi diffusi e tutela dell'ambiente.* Boccia, 1980.

POCAR, Fausto. La tutela degli interessi diffusi nel diritto internazionale con particolare riguardo alla protezione del consumatore. In: *La tutela degli interessi diffusi.*

POLACCO, Vittorio. *Le obbligazioni nel diritto civile.* Imprenta: Roma: Athenaeum, 1915.

POSTIGLIONI, Amedeo. Localizzazione di centrali nucleari e tutela della salute e dell'ambiente. *Giustizia Civile,* 1979.

POSTIGLIONI, Amedeo. L'iniziativa dei cittadini per la difesa degli interessi collettivi. *Cons. Stato,* 1978.

POSTIGLIONI, Amedeo. Sulla tutela degli interessi collettivi. *Giur. Merito,* 1978.

POUND, R. Rassegna degli interessi sociali. In: *Giustizia, diritto, interessi.* Bologna, 1962.

PROTO PISANI, A. Appunti sui rapporti tra i limiti soggetivi. *Rivista Trimestrale di Diritto Processuale Civile,* 1971.

RAZA, Muhammad Qamar; KHOSRAVI, Abbas. A review on artificial intelligence--based load demand forecasting techniques for smart grid and buildings. *Renewable and Sustainable Energy Reviews,* 2015.

REALE, Miguel. *Teoria do direito e do Estado.* São Paulo: Saraiva, 1984.

RHEINSTEIN, M. The family and the law. Chapter 1, Introduction. In: *International encyclopedia of comparative law*; persons and family. A. Chloros Ditor, 1974. v. 4.

RIBEIRO, Maiara. Entenda o perigo de consumir alimentos ultraprocessados. *Portal Drauzio Varella,* 29 mar. 2023. Disponível em: https://drauziovarella.uol.com.br/alimentacao/entenda-o-perigo-de-consumir-alimentos-ultraprocessados/. Acesso em: 26 jan. 2024.

RICH, E.; KNIGHT, K. *Artificial Intelligence*. 2. ed. New York: McGraw-Hill, 1991.

RODRIGUES, Talita. Dossiê Abrasco: um alerta sobre os impactos dos agrotóxicos na saúde. *Fiocruz*, 20 abr. 2015. Disponível em: https://www.epsjv.fiocruz.br/noticias/reportagem/dossie-abrasco-um-alerta-sobre-os-impactos-dos-agrotoxicos-na-saude. Acesso em: 25 jun. 2024.

RONAN, Colin A. *História ilustrada da ciência* Universidade de Cambridge. São Paulo: Zahar, 1983.

ROSENBERG, Leo. *Tratado de derecho procesal civil*. Buenos Aires: EJEA, 1955.

ROWAZT. *The ombudsman plan*. Toronto: The Charleston Library, 1973.

RUSSEL, Stuart J.; NORVIG, Peter. *Artificial Intelligence*: a Modern Approach. Englewood Cliffs, NJ: Prentice Hall, 1995.

SALEM, Lionel. *Dicionário das ciências*. São Paulo: Peirópolis, 1995.

SALIDU. La legittimazione delle associazioni sindacali ad esecitare l'azione civile. *Mass. giur. lav.*, 1978.

SANDRONI, Paulo Novissimo. *Dicionário de Economia*. Editora BestSeller, 1999.

SCHALKOFF, Robert J. *Artificial Intelligence*: An Engineering Approach. New York: McGraw-Hill, 1990.

SCHÖNKE, Adolfo. *Derecho procesal civil*. 5. ed. Trad. Barcelona: Bosch, 1950.

SCHWABE, Jürgen. *Cinquenta anos de jurisprudência do Tribunal Constitucional Federal Alemão*. Konrad-Adenauer Stiftung, 2005.

SCIALOJA, Vittorio. *Procedimento civil romano*. Trad. Santiago Sentis Melendo e Marino Ayerra Redin. Buenos Aires: Ejea, 1954.

SERRA, Lluís de Carreras. *Régimen jurídico de la información* – Periodistas y médios de comunicación. Barcelona: Editorial Ariel, 1996.

TOLEDO, Karina. Alimentos ultraprocessados são ruins para as pessoas e para o ambiente. *Agência FAPESP*, 17 mar. 2015. Disponível em: https://agencia.fapesp.br/alimentos-ultraprocessados-sao-ruins-para-as-pessoas-e-para-o-ambiente/20820. Acesso em: 26 jan. 2024.

TROCKER, Nicolò. Tutela giurisdizionale degli interessi diffusi, conparticolare riguardo alla protezione dei consumatori contro atti di concorrenza sleale: analisi comparativa dell'esperienza tedesca. In: *La tutela degli interessi diffusi*.

TROCKER, Nicolò. *Processo civile e costituzione*. Milano, 1974.

VAINFAS, Ronaldo. *História da vida provada:* dilemas, paradigmas, escalas. Disponível em: http://www.scielo.br/pdf/anaismp/v4n1/a02v4n1.pdf. Acesso em: 17 ago. 2023.

VALIZADEH, Pourya; NG, Shu Wen. Promovendo compras mais saudáveis: impostos sobre alimentos ultraprocessados e subsídios a alimentos minimamente processados para a baixa renda. *American Journal of Preventive Medicine*, v. 67,

Issue 1, 2024. Disponível em: https://www.sciencedirect.com/science/article/pii/S074937972400076X. Acesso em: 26 jan. 2024.

VIGORITI, Vincenzo. Metodi e prospettive di una recente giurisprudenza in tema di interessi diffusi e collettivi. *Giurisprudenza Italiana*, 1980.

VIGORITI, Vincenzo. *Interesse collettivi e processo. La legitimazione ad agire*. Milano: Giuffrè, 1979.

VIGORITI, Vincenzo. Participazione, sindacato, processo. *Rivista Trimestrale di Diritto Processuale Civile*, 1974.

VILLONE, Massimo. La collocazione istituzionale dell'interesse diffuso (considerazioni sul sistema statunitense). In: *La tutela degli interessi diffusi*.

VON POTOBSKY, Geraldo W. *La Organización Internacional del trabajo*. Buenos Aires: Ed. Astrea, 1990.

WARREN, Samuel; BRANDEIS, Louis. The right to privacy, *Harvard Law Review*, v. IV, 15 dez. 1890, n. 51.890. Disponível em: http://groups.csail.mit.edu/mac/classes/6.805/articles/privacy/Privacy_brand_warr2.html.

WERNDL, Charlotte. On defining climate and climate change. *The British Journal for the Philosophy of Science*, n. 67, p. 337-364, 2016.

WINSTON, Patrick Henry. *Artificial Intelligence*. 3. ed. Reading, Massachusetts: Addison-Wesley, 1992.

WORLD HEALTH ORGANIZATION. *Ethics and governance of artificial intelligence for health: guidance on large multi-modal models*. 2024. Disponível em: https://iris.who.int/bitstream/handle/10665/375579/9789240084759-eng.pdf?sequence=1&isAllowed=y. Acesso em: 18 jan. 2024.

WORLD HEALTH ORGANIZATION. *WHO releases AI ethics and governance guidance for large multi-modal models*. 18-1-2024. Disponível em: https://www.who.int/news/item/18-01-2024-who-releases-ai-ethics-and-governance-guidance-for-large-multi-modal-models. Acesso em: 18 jan. 2024.

YOUNG, Kimball. Censorship: The Negative Control of Opinion. *Social Psychology*: An Analysis of Social Behavior. New York: Alfred A. Knopf, 1930.

YU, Kun-Hsing; BEAM, Andrew L.; KOHANE, Isaac S. Artificial intelligence in healthcare. *Nature Biomedical Engineering*, 2018.

ZANGARI, Guido. Diritto sindacale comparato dei paesi ibero-americani (Argentina, Brasile, Cile, Spagna). Milano: Giuffrè, 1990.

ZANUTTIGH, Loriana. Legittimazione e dano nella costituzione di parte civile di enti esponenzali. In: Studi in onore di E. T. Liebman. Milano, 1981. v. 4.

ZANUTTIGH, Loriana. Profili processuali della tutela dell'ambiente. Padova, 1981.